D1725750

Gottfried Voigt

Die bessere Gerechtigkeit

Die bessere Gerechtigkeit

Homiletische Auslegung der Predigttexte der Reihe V

von Gottfried Voigt

Evangelische Verlagsanstalt Berlin

ISBN 3–374–00481–4

2. Auflage 1988
© Evangelische Verlagsanstalt GmbH Berlin 1982
Lizenz 420.205–31–88. LSV 6010. H 5224
Schutzumschlag und Einband: Joachim Thamm
Printed in the German Democratic Republic
Druck: Graphischer Betrieb Jütte, Leipzig
02280

Vorwort

Fast möchte sich der Autor dafür entschuldigen, daß er – wenigstens im Hauptbereich seiner literarischen Arbeit – immer wieder bei demselben Geschäft angetroffen wird. Soviel vom Hergang: Ich habe mir die Aufgabe nicht selbst gesucht. Anfang der 50er Jahre hat auf Anregung von Martin Doerne der Verleger Hans Laurentius, jetzt Direktor bei der Evangelischen Verlagsanstalt Berlin, mich für die Erstellung des ersten Jahrgangs (damals alttestamentlicher) homiletischer Auslegungen angeworben. Daß diesen noch eine lange Reihe weiterer Bände folgen würden, war im Erscheinen der „Ordnung der Predigttexte" (1958) und – als ich schon meinte fertig zu sein – in ihrer Ablösung durch die neue „Predigttextordnung" (1978) begründet. Wollte ich meine Leser auch fernerhin begleiten, mußte ich mich bereitfinden, noch einmal neu zu beginnen.
Aber ich tue gar nicht immer dasselbe. Der feststehende Duktus meiner Auslegungen könnte den Eindruck entstehen lassen. Aber die Texte selbst sind – auch diesmal – abwechslungsreich, farbig und profiliert, so daß es immer wieder Neues zu entdecken gab. Ich wünsche dem Benutzer gleiche Freude. Ein paar Berührungen gibt es, auch einige Überschneidungen, besonders bei johanneischen Texten. Aber damit kann man fertig werden.
Von den 73 Texten dieser Reihe waren 39 ganz neu zu bearbeiten. Wo Texte aus früheren Reihen wiederkamen, wurden sie meist durchgreifend neu bedacht und ausgearbeitet. Nur ganz wenige Auslegungen konnten i. w. unverändert übernommen werden.
Dem nächsten (letzten) Bande hoffe ich eine Übersicht über sämtliche von mir verfaßte Auslegungen beifügen zu können. So, hoffe ich, wird das dann vollendete Perikopenwerk vielfältig auswertbar sein.
Wieder grüße ich dankbar die vielen Leser, die mir freundlich ermunternd geschrieben haben. Einen solchen Band rechtzeitig zuwege zu bringen, fordert Konzentration und Beschränkung. Ich bitte um Verständnis dafür, daß ich im Briefeschreiben karg sein mußte.

Leipzig, im September 1981   G. V.

Abkürzungsverzeichnis

A.	Anmerkung
AT	Altes Testament
ATD	Das Alte Testament Deutsch
Ausl.	Auslegung
b	babylonisch
Ber.	Berakot (Mischnatraktat)
BHK	Biblia, Hebraica, herausgegeben von Rudolf Kittel
Bkm.	Günther Bornkamm
Bl.-Debr.	Blass–Debrunner, Grammatik des neutestamentlichen Griechisch
Bltm.	Rudolf Bultmann
BS	Bekenntnisschriften der Ev.-Luth. Kirche
CA	Confessio Augustana
conj.	conjecit, conjectura
Czlm.	Hans Conzelmann
Dam.	Damaskusschrift
DGJChr.	(W. Grundmann,) Die Geschichte Jesu Christi
Dib.	Martin Dibelius
EKG	Evangelisches Kirchengesangbuch
EPM	Evangelische Predigtmeditationen
EvTh	Evangelische Theologie
EVuB	(E. Käsemann), Exegetische Versuche und Besinnungen
Ex rabba	Midrasch zu Exodus
FC	Formula concordiae
Ges.-K.	Gesenius-Kautzsch, Hebräische Grammatik
Ges. St. z. AT	(G. von Rad,) Gesammelte Studien zum Alten Testament
Ges. St. z. NT u. sr. Umwelt	(H. Braun,) Gesammelte Studien zum NT . . .
GI	(Martin Noth,) Geschichte Israels
Gl.	(J. Jermias,) die Gleichnisse Jesu
Grdm.	Walter Grundmann
GsTr.	(R. Bultmann,) Geschichte der synoptischen Tradition
hap. leg.	Hapaxlegomenon
HAT	Handbuch zum Alten Testament
Hen.	Henochbuch
Hs., Hss.	Handschrift(en)
it.	altlateinische Bibelhandschriften
jer	jerusalemer (palästinischer Talmud)
KD	(K. Barth,) Die Kirchliche Dogmatik
Ket.	Ketubbot (Mischnatraktat)
Ksm.	Ernst Käsemann

LA	Lesart
Lohm.	Ernst Lohmeyer
LXX	Septuaginta
Mech.	Meklita (tannaitischer Midrasch)
Mg.	(Ignatius,) Brief an die Magnesier
Midr. Qoh.	Midrasch zu Qohelet
MT	masoretischer Text
Ned.	Nedarim (Mischnatraktat)
Nic.	Nicaenum
NT	Neues Testament
NTD	Das Neue Testament Deutsch
Ntl. Th. I	(J. Jermias,) Neutestamentliche Theologie Band I
OP	Ordnung der Predigttexte (1958)
praes. hist.	praesens historicum
Pr.-Med.	Predigt-Meditationen
PTO	Predigttextordnung (1977)
Q	Logienquelle
1 Q	Qumran – Höhle 1
Qid.	Qidduschin (Mischnatraktat)
QS	Qumran Sektenrolle (Gemeindeordnung)
RGG	Die Religion in Geschichte und Gegenwart, 3. Auflage
Sanh.	Sanhedrin (Mischnatraktat)
Schabb.	Schabbat (Mischnatraktat)
Schnbg.	Rudolf Schnackenburg
Schnwd.	Julius Schniewind
S. Luk.	lukanisches Sondergut
S. Matth.	matthäisches Sondergut
Str.-B.	Strack-Billerbeck, Kommentar zum Neuen Testament
Test. XII	Testamente der zwölf Patriarchen
ThAT	Theologie des Alten Testaments
ThNT	Theologie des Neuen Testaments
ThWNT	Theologisches Wörterbuch zum Neuen Testament
Tos.	Tosephta
Tr.	(Ignatius, Brief an die) Trallenser
TRE	Theologische Realenzyklopädie
tt	terminus technicus
Vg	Vulgata
V., VV.	Vers(e)
Vf.	Verfasser
Vit. Mos.	(Philo), De vita Mosis
WB	(W. Bauer,) Wörterbuch zum Neuen Testament
Wbgr.	Hans Wildberger
Wstm.	Claus Westermann
ZdZ	Zeichen der Zeit

Korrekturen

Seite	Absatz	Zeile	statt	setze
9	2	1	zacharias	Zacharias
10	3	3	Gemeinde verstanden	Gemeinde – verstanden
15	Kopfleiste		1. Sonntag	2. Sonntag
16	Kopfleiste		1. Sonntag	2. Sonntag
18	3	7	אֲדָמָה	אֲדָמָה
25	2	6	Sünde	Sühne
32		7 v. u.	und – wirkt	und -wirkt
33	4	4	wer er ist	wer es ist
50		1	aufnehmen	aufzunehmen
68	2	3	durch den Sohn im	im Sohn durch den
104		2 v. u.	habe ihn	habe Jesus
105	2	4 v. u.	das Jakob	daß Jakob
130	2	2 v. u.	ins	in uns
	3	10 v. u.	sich ihnen nicht	sich dem nicht
137	2		meditierte	meditiere
147		4 v. u.	Schatten	Licht
149		12 v. u.	Gekommende	Gekommene
167	2	8 v. u.	das	daß
168	2	7	unvermeindlich	unvermeidlich
178		14	Gemeinrde	Gemeinde
185		14	דַּבִּים	רַבִּים
	2	11	und	uns
		13	uns	und
187		8	7–39	(25–39)
		9 v. u.	Auspringen	Aufspringen
188	2	9	Trillung	Trilling
194	2	18	er-	er
278	2	10	ihren tiefsten	seinen tiefsten
280	2	10	121,18ff	6–8
298		6	ahnen	ahnden
311	4	1	וְצַתָּה	וְצַתָּה
320	3	10	Ökumenischen	Ökonomischen
322	1	1 v. u.	Gestz	Gesetz
	3	5	in Joh. 6	In Joh. 6
348	2	9	dage	sage
358	3	4	לְהֲבָאוֹת	לְהֲרָאוֹת
368		12 v. u.	Israel	Isaak
		5 v. u.	den Formeln	der Formeln
371	2	3	eines unsichbaren	eines
373		10	hervorzubringen	hervorbringen
406	3	1	Höchdistanz	Höchstinstanz
411		1	gilt nur	gilt nun
424	2	7	Übergzeugungen	Überzeugungen

1. Sonntag im Advent. Luk. 1,67–79

Die Stücke VV. 68–75 und VV. 76–79 sind verschiedenen Charakters: das eine ein „eschatologischer Hymnus" (Gunkel) oder eine „Eulogie" (Schürmann), das andere eine Prophetie in Form eines Genethliakon, dem Täufer „an der Wiege gesungen". An die vorausgehende Erzählung schließt der Psalm eng an: das erste Stück führt aus, was in V. 64 gesagt ist (εὐλογῶν τὸν θεόν), das zweite antwortet auf die Frage V. 66, was aus diesem Kinde werden wird. Lukas wird Erzählung und Psalm bereits verbunden vorgefunden haben, denn der einleitende V. 67 ist in der Diktion unlukanisch (Schürmann). Der Psalm ist, wie Sprache und Denkart verraten, jüdischer Herkunft, „wohl ursprünglich in aramäischer (oder hebräischer) Sprache verfaßt" (Bltm., GsTr., S. 323), der ganze Zachariasstoff täuferischer Herkunft (Vielhauer). Anklänge an synoptisches Traditionsgut (V. 70 / Apg. 3,21; VV. 76f. / Mark. 1,2.4) müssen nicht auf christliche Übermalung deuten, denn synoptische Sprache kann sich auch an den (in der urchristlichen Gemeinde gebeteten) Psalm anlehnen. VV. 78.79a fallen syntaktisch aus dem Rahmen; die Forschung sieht darin meist christliche Zufügung. Im Unterschied zu der sonst stark hebraisierenden Sprache ist ἀνατολὴ ἐξ ὕψεως (V. 78) die LXX-Übersetzung von צֶמַח („Sproß" als Messiasbezeichnung, Jes. 9,1; Jer. 23,5; Sach. 3,8; 6,12): Aufgang Christi als eines Gestirns (Vielhauer, Gnilka, vorher schon Schlier ThWNT I, S. 355). Die Vorgeschichte des Textes ist im einzelnen umstritten. Für die Predigt haben wir ihn so zu verstehen, wie Lukas ihn verstanden haben will.

V. 67: Kommen des Geistes deutet auf Anbruch der Heilszeit; zacharias spricht im Geist. – V. 68: Der erste Teil des Psalms hält sich ganz im Rahmen jüdischer Messianologie. Gepriesen wird darum „der Gott Israels". Das ὅτι entspricht dem כִּי des Hymnus. Gehen die Aoriste auf das Konto der christlichen Gemeinde, die, indem sie das Benedictus betet, auf Jesu Kommen zurückschaut? Oder redet der Prophet (V. 67) über Kommendes, als sei es schon erfüllt? „Erlösung": vgl. Ps. 111,9; 130,7; Jes. 45,17. – V. 69: „Horn" ist im AT Ausdruck für „Macht". In der babylonischen Form des Achtzehngebetes heißt es: „Du wirst dein Horn erhöhen durch dein rettendes Tun; gepriesen seist du, der du das Horn des Heils sprossen läßt" (ThWNT III, S. 669). Ἐγείρειν von Gott als dem Lenker der Geschichte, der etwas „auftreten" läßt (ebd.). Der messianische Sinn wird eindeutig durch den Hinweis auf das Haus Davids (vgl. V. 32). – V. 70 ist Parenthese. Die gleiche Wendung wie 2. Kön. 17,23 auch Apg. 3,21; ἀπ᾽ αἰῶνος hier nur: „von alters her". – V. 71: In der Mehrzahl der „Feinde" dürfte die böse Erfahrung der Jahrhunderte summiert sein; Anhaltspunkte für die Entstehungszeit ergeben sich daraus nicht. Die Rettung wird politisch verstanden. σωτηρίαν ist abhängig zu denken von ἤγειρεν (V. 69) oder gar von ἐποίησεν (V. 68). – V. 73: „Barmherzigkeit" bezeichnet das Ungeschuldete des Heilswirkens Gottes, „Bund" die gültige Zusage. – V. 73: „Der Akkusativ ὅρκον (attractio inversa᾽ vgl. Bl. Debr., § 295) nimmt als lose Apposition . . . den Genitiv διαθήκης wieder auf" (Schürmann z. St.). Eid: Gen. 22,16; Deut. 7,8; Ps. 105,9; Jer. 11,5 u. ö. – VV. 74f.: Endlich in Freiheit Gott (kultisch und im praktischen Leben) dienen dürfen! Man denke z. B. an die Erfahrungen der Zeit unter Antiochus Epiphanes.

V. 76: Im Hintergrund die Erwartung des wiederkehrenden Elia (vgl. V. 17; Mal. 3,1). Die christliche Adaption des Psalms sieht im κύριος Jesus und macht den Täufer zu seinem Wegbereiter. Von dem ἑτοιμάσαι waren ursprünglich wohl zwei Infinitive mit τοῦ abhängig (δοῦναι, κατευθῦναι); daß das τοῦ bei ἐπιφᾶναι fehlt, ist ein Grund mehr, an ein Einschiebsel zu denken (s. o.). – V. 77: „Erkenntnis" ein in der Qumransprache beliebtes Wort. Das Heil, das der Täufer „erkennen" lehrt, wird in Vergebung der Sünden bestehen (hierzu: Hartwig Thyen in: Zeit und Geschichte, Dankesgabe an Bltm., ed. E. Dinkler, 1964, S. 97ff., bes. S. 114ff.). – V. 78: σπλάγχνα (eigtl. „Eingeweide", das „Innere") in den Testamenten der Zwölf Patriarchen erstmalig auf Gott angewandt („Barmherzigkeit"); in Jesus ist die göttliche Barmherzigkeit gegenwärtig (vgl. ThWNT VII, S. 551). Zu „Aufgang" s. o. Die Er-

scheinung des Herrn selbst wird Gegenstand der Heilserwartung. Ist der christliche Einschub einmal in den Text „eingewachsen", hängt das κατευϑῦναι nunmehr von ἐπιφᾶναι ab. Jesus lenkt unsere Schritte auf den Weg des Friedens.
Die VV. 76–79 sind in „Der schmale Weg" (S. 338ff.) schon behandelt; vgl. auch den exegetischen Vorspann dort (S. 334f.).

Wo der Psalm auch entstanden und auf welchem Wege er ins Lukasevangelium gekommen sein mag, wir werden ihn so zu lesen und zu predigen suchen, wie ihn Lukas – und vor ihm die christliche Gemeinde verstanden haben dürfte, die ihn gebetet hat. Lukas wird die ganze Vorgeschichte aus judenchristlichen Kreisen übernommen haben; diese wieder haben, wie Kap. 1 erkennen läßt, täuferisches Traditionsgut als ihr legitimes Eigentum angesehen und aufgenommen. Zeigen sich schon sonst im Werk des gebildeten Griechen Lukas semitische Spracheigentümlichkeiten, besonders im lukanischen Sondergut, so ist hier, in der Vorgeschichte, das palästinische Kolorit noch um vieles deutlicher. Lukas hat Zugang zu ältestem judenchristlichen Material. Wenn die Kirche noch heute – in der Mette – das Benedictus betet, dann gebraucht sie frühestes liturgisches Gut.
Vielleicht stört uns die archaische Weise des Redens. Schon Lukas wird sie empfunden haben; er selbst spricht ja anders. Aber er weiß wahrscheinlich, daß eine Aussage sich verändert, wenn man sie aus ihrem geschichtlichen Zusammenhang herauslöst: sie verliert ihre Leibhaftigkeit. Daß liturgische Sprache sich nicht scheut, mit den Worten der Väter zu beten, wird uns in der ganzen Heiligen Schrift vielfältig vorgeführt (man beachte im Benedictus die vielen alttestamentlichen Zitate). Auch daran sollten wir uns nicht stoßen. Hilfe zum Verstehen könnte darin liegen, daß wir den Psalm wie ein großes Wandgemälde betrachten: wir lassen das Auge von einer Einzelheit zur anderen gleiten und bekommen so, nach und nach, das Ganze in den Blick. Der lange Atem liturgischen Betens – der Psalm besteht aus nur zwei Perioden – braucht dann keineswegs Merkmal von „Langatmigkeit" zu sein. Und noch eine Hilfe: Der Psalm ist, wie wir an den VV. 67.72.73 sehen, mit den Glaubenserfahrungen von Zacharias und Elisabeth fest verbunden; ihm eignet das adventliche Halbdunkel der Vorgeschichte des Evangeliums. Deren Erzählweise ist die der Haggada: obwohl Geschehenes berichtend, nicht historischer Bericht; mehr Homologese als Kerygma (Schürmann im Kommentar, S. 20); im Erzählen auf die Aussage des Glaubens bedacht, in der gedeutet wird, was sich ereignet hat und noch ereignen wird. Was sich an Seltsamem und Verwunderlichen in der Enge des Priesterhauses zugetragen hat, signalisiert die ganz im stillen sich anbahnende große Wende in der Geschichte Gottes mit seinem Volke und der ganzen Menschheit. In prophetischer Rede (V. 67) weist Zacharias, der so lange Stummgewesene, auf „der Zeiten ungeheuren Bruch" (C. F. Meyer). Der Täufer ist die Figur, in deren Auftreten diese große Wende sich ankündigt: Prophet des Höchsten, Vorläufer, Wegbereiter ist er (V. 76). Je ernster man ihn nimmt, desto mehr wird man von ihm wegsehen und den Blick auf den Kommenden richten, dem er vorausgeht; dies ist die hermeneutische Entscheidung des Urchristentums in bezug auf die Täufergestalt. Die Welt kommt in Bewegung. Der Messias ist unterwegs, ja, Gott selbst kommt in die Welt. So könnte der Psalm für uns zur Botschaft werden: *Gott besucht uns in seinem Christus.* (1) *Er schenkt uns die Freiheit, ihm zu dienen.* (2) *Er macht uns die Freude, ihn zu erfahren.*

I.

Mit dem Auftreten des Täufers tritt die Heilsgeschichte in ihr adventliches Stadium. Wir leben in einer neuen Weltstunde, am Morgen einer neuen Gotteszeit (Epistel des Sonntags). Ihre Zeichen und Merkmale zu erkennen bedarf es besonderer pneumatischer Aufgeschlossenheit. Zacharias hat, was ihm von dem Engel gesagt worden ist (VV. 13–17), zunächst nicht verarbeitet (V. 18). Jetzt aber hat er begriffen: die messianische Zeit bricht an. In prophetischer Rede spricht er es aus; der Priester ist zum Propheten geworden. Aufgabe dieser Predigt: der Gemeinde den adventlichen Kairos erneut anzusagen. Gott besucht und erlöst sein Volk.

Damit ist gesagt, daß das Heil Gottes den Menschen nicht immer gleichermaßen nah war. Gott hat „vorzeiten geredet", aber die, denen es damals „durch den Mund seiner heiligen Propheten" gesagt wurde, haben warten und sich in Geduld fassen müssen (10,24). Wir möchten die vielen Generationen der Wartenden bedauern. Warum hält Gott mit seinem Heil so lange zurück? Wäre es nicht gerecht, daß es allen Zeiten gleicherweise nah und zugänglich wäre? – gleiches Recht, auch gleiche Gnade für alle? Es träfe sicher nicht biblisches Denken, wenn wir behaupten wollten, auf die Erfüllung komme es nicht an, nur auf die uns in Bewegung haltende Verheißung (wie das Heubündel, das man dem Esel dicht vor die Nase hält, damit er schneller laufe). Wahr ist, daß auch das Evangelium bis zum Tage Christi den Charakter der Verheißung behält; aber die Erfüllung bleibt nicht aus, schon jetzt nicht, erst recht nicht am Tage der Parusie. Warum aber dann das Warten? Wir rühren eine weiträumige Frage an. Die Antwort dürfte darin liegen, daß das Verhältnis zwischen Gott und uns eben so geartet ist, daß es eine Geschichte hat. Eine mathematische Formel gilt immer und überall, steht also zum Gebrauch jederzeit zur Verfügung. Die Wahrheit Gottes ist keine zeitlos-allgemeine Wahrheit. Sie ereignet sich, wann und wo Gott will und sich gibt. So hat auch die Geschichte zwischen Menschen ihre verschiedenen Stadien. So gehören zum Entstehen einer Liebe zwischen Mann und Weib auch die Zeiten des Noch-nicht, des Wartens und Sehnens, in denen das personhafte Miteinander ausreift und sich bewährt (wo dies mißachtet wird, geschieht meist ein Unglück). Gott geht mit uns einen Weg. Dieser Weg hat Stationen. Auch Biegungen, Gefahrenstellen, Verengungen – und dann wieder Stellen mit weitem Ausblick. Wollten wir von Gott verlangen, er müßte uns jederzeit greifbar und verfügbar sein, dann hätten wir verkannt, was sich zwischen ihm und uns abspielt – abspielen muß, damit es zu der von Gott gewollten Gemeinschaft kommt. Wenn Gottes Stunde geschlagen hat, dann heißt es: „Jetzt ist die Zeit des Willkommens" (2. Kor. 6,2), jetzt ist „die Zeit erfüllt" (Gal. 4,4).

Zacharias, voll Heiligen Geistes (V. 67), hat dieses heilsgeschichtliche Jetzt wahrgenommen. So wird das erste, was er nach der Zeit der Sprachlosigkeit ausspricht, ein Gotteslob. (Also ist sein Psalm gerade im Morgengottesdienst der Kirche gut plaziert.) Als hätte alles, was Zacharias zu rühmen hat, sich schon verwirklicht, spricht er im Aorist – wir sahen: prophetischer Vorgriff oder Rückschau der Jahrzehnte später betenden christlichen Gemeinde. In V. 78 wird es (im Urtext) heißen: „uns besuchen wird". Zacharias steht noch vor der Schwelle. Aber er weiß, daß jetzt von Gott her die Welt in Bewegung kommt. Schon die Tatsache, daß mit Zacharias die Prophetie – erstmalig seit Maleachi – neu erwacht, gehört zu den Merkmalen der Heilszeit. In dem „Kindlein" Johannes wird, wenn es so weit ist (V. 80b; 3,2), das Prophetische noch viel eindrucksvoller wirksam werden.

Der erste Teil des Psalms spricht herkömmliche messianische Hoffnung aus. Befreiung des Volkes: wir müßten weit ausholen, wenn wir darstellen wollten, wie Israel – von der Zeit in Ägypten an – Gott immer wieder als Befreier, Loskäufer, Erlöser zu Hilfe gerufen und auch erfahren hat. Freilich, auch die weitere Geschichte des Gottesvolkes war eine Kette von Enttäuschungen, Leiden und Katastrophen. „Daß er uns errettete von unseren Feinden und von der Hand aller, die uns hassen" – nie hat Israel so viel Anlaß gehabt, seinen Gott darum anzurufen, wie in der Schreckenszeit von Warschau, Treblinka und

Auschwitz. Aber schon immer ging durch seine Geschichte der Notschrei zu Gott. Vielleicht wird uns gerade dann, wenn wir daran denken müssen, bange davor, daß wir Christus als den Erfüller solcher Bitten und Hoffnungen proklamieren. Eine Kirche, in deren Hand die Heilige Schrift ist, hätte Israel nicht (mit-)verfolgen, sich nicht unter die mischen dürfen, „die uns hassen" (V. 71), und sie hätte auch nicht schweigen dürfen, als die „Hand" des Feindes Gottes Volk unbarmherzig würgte. Dies muß gesagt sein, damit das Folgende nicht mißverstanden werde.

Wenn die christliche Gemeinde, schon vor Lukas, den Psalm betete, sah sie ihn noch in anderem Zusammenhang. Gerade nach judenchristlicher Überlieferung – aus der auch die Vorgeschichte auf Lukas gekommen ist – war das die vorösterliche Enttäuschung der Anhänger Jesu: „Wir aber hofften, er sei es, der Israel erlösen würde" (24,21). Das ist ganz im Sinne der Eulogie in unserer Perikope gedacht. Im Hause Davids das „Horn des Heils", also der Träger messianischer Macht, der nicht nur die Herrlichkeit des Davidsreiches wiederherstellen, sondern Israel in den Friedens- und Heilszustand versetzen würde, nach dem es sich so lange gesehnt hat. Ein politisches Messiasbild, muß man sagen. Der Messias würde die Feinde besiegen, sein Volk aus ihrer „Hand", aus der tödlichen Umklammerung und dem Würgegriff befreien. Nur zu verständlich, daß ein so geschundenes Volk sich danach sehnt und sich an Gottes Verheißungen klammert. Wir Heutigen weiten es aus: Nur zu verständlich, daß niedergehaltene, ausgebeutete, den Reichen und Mächtigen ausgelieferte, der Knute erbarmungsloser Zwingherren ausgelieferte Menschen nach Freiheit rufen, sei es, daß sie auf den Messias warten, sei es auch, daß sie die Messiasrolle selbst übernehmen. Es wäre Unrecht, wenn wir uns dem, vermeintlich im Namen des Evangeliums, widersetzen wollten. – Aber die christliche Gemeinde hat den Psalm dennoch anders gelesen und gebetet. Die „Feinde" waren einst die Ägypter, Assyrer, Babylonier usw. Der Kampf, den Jesus Christus kämpft, richtet sich nicht gegen Menschen, sondern gegen den „altbösen Feind", dessen Exponenten oder (mit Luther zu reden) „Larven" diejenigen nur sind, die auf dieser Erde die anderen bedrücken, mißhandeln, abschlachten und vergasen. Das Neue Testament sieht in die verborgenen Hintergründe des Geschehens hinein. „Wir haben nicht mit Fleisch und Blut zu kämpfen" (Eph. 6,12). Noch einmal: das heißt nicht, daß im Bereich des Vordergrundes, also des Sichtbaren und unmittelbar Bedrängenden, die Katastrophen weitergehen dürften, wenn wir nur aus der Hand des Urfeindes errettet sind. „Weltlich Ding" ist, an seinem Ort, ernst zu nehmen – „um des Herrn willen" (1. Petr. 2,13). Aber wer „Heil" sagt, muß, wenn er am Evangelium Maß nimmt, auf Tieferes aus sein.

Gehen wir von dem Ziel aus, um das es bei der Befreiung geht: „Daß wir, erlöst aus der Hand unsrer Feinde, ihm dienten ohne Furcht unser Leben lang – in Heiligkeit und Gerechtigkeit, die ihm gefällig ist." Mag dabei zunächst an die „ungestörte Religionsausübung" gedacht sein, die dem Gottesvolk so oft versagt geblieben ist: es geht, wenn man den Satz ganz ernst nimmt, um mehr.

> „Ein Mensch, der schon als kleiner Christ
> Weiß, wozu er geschaffen ist:
> ‚Um Gott zu dienen hier auf Erden
> Und ewig selig einst zu werden!' –
> Vergißt nach manchem lieben Jahr
> Das Ziel, das doch so einfach war,
> Das heißt, das einfach nur geschienen:
> Denn es ist schwierig, Gott zu dienen."

So Eugen Roth. Warum ist es so schwierig, ja menschenunmöglich, Gott „in Heiligkeit und Gerechtigkeit" zu dienen? Unsere Gottesbeziehung ist schlimmer gestört als nur durch die Gewalt äußerer Feinde. Unser sündiger Aufstand gegen Gott hat uns ins andere Lager getrieben, nämlich in das der unsichtbaren bösen Mächte. Dem Bösen nachgeben macht unfrei. Erst wollte man; nun kann man nicht mehr anders. „Wer Sünde tut, der ist der Sünde versklavt" (Joh. 8,34). Wer bei Gott verspielt hat, ist nicht frei zu neuem Anfang. Das „Elend" der Menschen (Pascal) besteht im Verfallensein an die Sünde. Das „Heil" kann dann nur „in Vergebung ihrer Sünden" bestehen (V. 77).

Die neue – adventliche – Weltsituation: Wir sollen „erlöst" sein (VV. 68.74) zur Freiheit der Gotteskinder, die ihrem Gott ohne Furcht (Röm. 8,15; 2. Tim. 1,7) dienen können. Die Zeit des unbereinigten Konflikts ist vorbei. Was auch in unserer Biographie und in den Akten des „Verklägers" (Offb. 12,10) gegen uns spricht: es spielt fortan keine Rolle mehr. Gott hat uns „erlöst". Noch ist der Name Jesu Christi nicht gefallen. Indem die christliche Gemeinde den Psalm betet, sieht sie in dem uns erlösenden Gott niemand anderes als Ihn. Wahr ist also der Psalm im Sinne einer Christus-Homologie. Indem die Predigt die neue Weltzeit ausruft, lädt sie zum Glauben an diesen Erlöser bzw. Befreier ein. Gott – das große unerledigte Problem? – die Macht, vor der man sich in acht nehmen, der man um jeden Preis entgehen muß? Der Grund für unsere (unbewußte) Gottesflucht besteht nicht mehr. Wir können unbesorgt kommen. Anders: er selbst kommt und nimmt uns unsere Sorge. Wenn wir's verstanden haben und annehmen, werden wir nun Gott in unserm ganzen künftigen Leben dienen als die Geheiligten und Gerechtgesprochenen. Christus dienen, das ist die neue Freiheit.

2.

Wir haben soeben betont, daß, was Gott uns gibt – die neue Freiheit – , nur durch Christus realisiert ist. Dennoch könnte es so scheinen, als bestünde das Heil, das die neue Weltstunde uns bringt, in einem *Zustand* oder *Sachverhalt*: nicht mehr dem Bösen unterworfen, frei von äußeren und inneren Zwängen, unbehelligt und nicht mehr genötigt durch fremden, gottwidrigen Willen. Aber das eigentlich Adventliche ist nicht ein „Sachverhalt", ein „Zustand" oder eine „Situation". Das Adventliche ist Er. Gott hat sein Volk „besucht". Er ist selbst gekommen, oder: er *wird* kommen. Wir fragen nicht nur, was er uns bringt und gibt, sondern was er uns *ist*. Er selbst interessiert. Indem Gott in der Person Jesu Christi seinen Advent hält – damals und heute – , macht er der Entfremdung ein Ende, die zwischen ihm und uns bestanden hat. Auf unsere Abwendung reagiert Gott nunmehr mit seiner Zuwendung, auf unsere Gottverschlossenheit damit, daß er erst recht auf uns zugeht und den Zugang zu uns sucht.

Die „Visitation" Gottes wird als Geschehen der Gegenwart oder doch wenigstens der nächsten Zukunft gesehen. Es ist so weit – wir leben in der Zeit der Erfüllung! Das Verbum ἐπισκέπτομαι hat, wie das hebräische Äquivalent פקד, zunächst einfach den Sinn: nach etwas sehen, sodann aber: nachsehen, wie es jemandem geht (1. Sam. 17,18; Apg. 7,23), sich fürsorglich jemandem zuwenden (Exod. 3,16; Jak. 1,27); von da aus bekommt das Wort den Sinn der großen gnädigen Zuwendung Gottes zu seinem Volke (Gen. 21,1; 50,24f.; uns. St.). Gott kommt in die Welt. Er kehrt bei uns ein. Er sieht nach uns. Er kümmert sich um uns. Er tritt über unsere Schwelle. Man darf es sich an Szenen verdeutlichen, in denen Jesus als Gast zu den Menschen kommt. Die Zuwendung Gottes zu uns ist ja nicht nur ein An-uns-Denken von ferneher. Wir erfahren ja Gottes Nähe ganz leibhaft. Schon ist (VV. 26ff.) die Geburt Jesu angekündigt; schon wächst das Kind im Schoße seiner Mutter. Gottes Advent geschieht „im Fleische": in unserer Welt, unter den Bedingungen menschlichen Lebens, wie wir es führen. Unser Gott und Herr will wirklich bei uns sein. Wir finden ihn „in Nachtmahl, Tauf und Wort"

(EKG 8,2). Haben wir ihn hier gefunden, dann geht er mit durch unsere betriebsamen Straßen, zu den Stätten unserer Arbeit, dorthin, wo Menschen sich freuen oder leiden. Wir erfahren den kommenden Gott, den Gott also, der sich zu uns aufmacht, auf uns zugeht, mit uns Verbindung sucht und knüpft und sich, indem er so kommt, zu *unserm* Gott macht. Wer von Advent spricht, der meint nicht den starren, sich ewig gleichbleibenden Gott der metaphysischen Theorie, sondern den Gott, der redend und handelnd auf uns zukommt, uns begegnet – von Angesicht zu Angesicht, Auge in Auge, obwohl unsere Sinne ihn nicht wahrnehmen. Advent: damit ist der Gott-in-Bewegung gemeint, der Gott-für-uns.

Die Kirche tut freilich recht daran, in dem jeweiligen aktuellen Kommen Gottes nicht zusammenhanglose Einzelgeschehnisse zu sehen, Erfahrungen besonders glückbegünstigter Stunden, die einem zuteil werden oder auch nicht zuteil werden, wie es Lust und Laune Gottes wollen oder gar: wie der Zufall es will. Die Entdeckung der Geschichtlichkeit unserer Gottesbeziehung – und darum geht es ja im Advent – bringt es leicht mit sich, daß jemand nur in einzelnen Akten denkt und nicht die heilsgeschichtliche Linie sieht, auf die es dem Text ankommt. Das adventliche Geschehen, von dem hier die Rede ist, wird in großem Zusammenhang gesehen. Wir kommen noch einmal auf die Verheißungen zurück, mit denen Gott sein Heil seit langem angekündigt hat (vgl. EKG 11). Längst ist es – „von Urzeit an" (V. 70) – versprochen, Gott wolle „Erbarmen erweisen an unsern Vätern". V. 78 spricht davon, wie eben dieses Erbarmen – es wird, wie wir sahen, in fast bedenklich kräftiger Sprache beschrieben – das Kommen des Herrn in die Welt bewirkt. Gott läßt sich das Geschick seiner abtrünnigen und darum heillosen Menschen „nahe gehen"; es bewegt ihm das Herz und läßt ihm keine Ruhe. Wem solches Reden von Gott zu menschlich scheint, der frage sich, ob abstrakte Kathedersprache von Gott nicht allzu – ungöttlich redet. Werden Gott so kräftige Emotionen zugeschrieben, dann ist das nur Ausdruck für die Liebe Gottes zu denen, mit deren Verlorenheit er sich nicht abfinden will. – Zugleich spricht der Text aber auch von Gottes bindender Selbstverpflichtung („Bund"). Gott hat mit den Seinen einen „heiligen Bund" geschlossen (V. 72). Damit hat er sich festgelegt. Man mache sich, was das Wort meint, etwa an Gen. 9,11 deutlich: „Ich richte meinen Bund so mit euch auf, daß hinfort nicht mehr alles Fleisch verderbt werden soll durch das Wasser der Sintflut." Jedesmal, wenn Gott den Regenbogen sieht, „gedenkt" er an sein gegebenes Wort (Gen. 9,12f. – vgl. Tosephta Berakoth 7,4: beim Anblick des Regenbogens preist man Gott als den, der „des Bundes gedenkt", זֵכֶר הַבְּרִית). Der Name Zacharias bedeutet übrigens: „Der Herr gedenkt".Die Bibel scheut sich auch nicht, von Gottes Eid zu sprechen. Der Name Elisabeth kann bedeuten: „Gottesschwur". Gott hat sein Wort gegeben und besiegelt. Die Gemeinde glaubt nicht ins Blaue hinein, sondern auf sein Wort hin. Gott läßt sich auf seine Zusagen ansprechen. Er hält Wort.

Die Kirche denkt also nicht geschichtslos. Sie hält sich das Wissen um Gottes Versprechungen und sein vorangehendes Tun gegenwärtig. Daß sie in jedem Gottesdienst das, was Gott einst gesagt und getan hat, zur Sprache bringt, ist nicht theologisches oder liturgisches Barock, sondern etwas sachlich Notwendiges. So sind auch die „Väter" nicht einfach passés; daß sich an uns die Zusagen Gottes erfüllen, bedeutet zugleich, daß Gott ihnen Barmherzigkeit erzeigt (V. 72). „Dahinter steht die Vorstellung, daß die Väter, die im himmlischen Paradies ihren Aufenthaltsort haben . . ., am Geschick ihres Volkes teilhaben" (Grdm. z. St.).

Die nächste heilsgeschichtliche Stufe ist, nun schon am Beginn der Erfüllungszeit, das Auftreten des Johannes (V. 76). Die große Erweckungsbewegung, die sein Wirken auslöst, ist das Vorspiel zum Kommen Gottes selbst. Man denke an Mal. 3,1; Luk. 7,24 Par. Der

Bote signalisiert den Kommenden. Er bereitet ihm den Weg. Die Welt soll Gott nicht unvorbereitet empfangen. Mit dem Ruf zur Umsinnung wird in der Gemeinde heute noch dem kommenden Christus Bahn gemacht.

Dem kommenden Gott – dem kommenden Christus? Was ist richtig? Solange das Benedictus Lied der Täufergemeinde war, dürfte mit dem „Herrn" (V. 76) „der Gott Israels" (V. 68) gemeint gewesen sein. Die christliche Gemeinde hat dann getan, was sich an vielen anderen Stellen des Neuen Testaments ebenfalls findet: sie hat den Jahwe-Kyrios des Alten Testaments in Jesus Christus wiedererkannt. Der messianische „Sproß" der klassischen Stellen (s. o.) ist – in Anlehnung an deren LXX-Übersetzung – zum „Aufgang aus der Höhe" geworden; nicht mehr ein Trieb aus dem Wurzelstock, sondern ein Gestirn, und zwar nicht ein solches, das aufgeht, indem es aus der „Tiefe" hinter der Horizontlinie hervorkommt, sondern „aus der Höhe" am Himmel erscheint, von Gott her. Eine meist übersehene, aber christologisch hoch bedeutsame Aussage, gerade darum, weil sie sich nicht eines der geprägten Hoheitstitel bedient. Advent: Gott kommt in die Welt – er selbst. (Daß Die Gute Nachricht und Das NT 1975 die Paradoxie des von oben „aufgehenden" Sterns beseitigen, indem sie einfach vom „Licht" reden, ist zu bedauern.)

Der uns besuchende Gott und Herr wird denen, die in Finsternis und Todesschatten sitzen, „sichtbar" (V. 79). Der Text sieht das Helldunkel von Jes. 9,1 vor sich. Die „Armen und Elenden" unserer Adventslieder, die „Vielgeplagten" und „Verzagten", das „hochbetrübte Heer" (EKG 7,5; 8,3; 10,6) – man braucht sie nicht weit zu suchen – erfahren ihren Gott und Herrn. Mit „erfahren" greifen wir nicht zu hoch: der menschgewordene Gott ist uns – trotz 1. Petr. 1,8 – anschaulich, menschlich nah (Hebr. 2,14). In seinem Kommen ist Gott uns ganz unmittelbar zugewandt. Sein Programm heißt: „Friede", „Heil". Das bringt auch uns in Bewegung. Redet der Text von unseren Füßen, die der Herr „in die richtige Richtung bringt", dann ist nicht nur an das Ziel gedacht, sondern auch an unser Vorwärtsschreiten auf dieses Ziel hin. Die palästinische Formel (Schlatter z. St.), die menschliches Verhalten als *Bewegung* beschreibt, ist angemessener Ausdruck für die Sache. Hat Christus sich zu uns aufgemacht, dann bedeutet das auch für uns Aufbruch (EKG 8,1).

2. Sonntag im Advent. Jes. 35,3–10

Die in den Kapp. 34 und 35 vorliegende selbständige Apokalypse enthält eine Menge Anklänge an spätexilisches Gut (Deuterojesaja), ja sie gehört, wie „eine genaue Untersuchung des verwandten Materials und der Gesamtvorstellung zeigt" (O. Kaiser im ATD, S. 280), in nachexilische Zeit, nach Eißfeldt frühestens ans Ende des 6. Jahrhunderts. Kap. 34 schildert in grausiger Weise Gottes Zorneswalten über die Heidenvölker, besonders Edom, das wahrscheinlich die Not Judas sich in skrupelloser Weise zunutze gemacht hat (man vergesse bei solchen Texten nicht Luk. 9,55). Daß fast jedes Wort entlehnt ist (Duhm), wird uns den Text nicht verleiden. Der Glaube lebt nun einmal von Erkenntnissen und Erfahrungen derer, die zuvor geglaubt haben; Originalität wäre ein sachfremdes Kriterium. Wir werden die Aufnahme überkommener Botschaft nicht nur hinnehmen, sondern daran ablesen, wie angefochtener Glaube Vorhandenes aktualisiert.

Kap. 35 ist Trost- und Heilsbotschaft. Die VV. 3f. ahmen, nicht dem Wortlaut, aber der Anlage nach, 40,1ff. nach: Gott ist „der Auftraggeber und Instrukteur seiner Boten" (Kaiser). Von V. 5 an spricht der Apokalyptiker selbst. Daß die Perikope mit V. 3 beginnt, kann nicht exegetische Gründe haben, sondern nur homiletische.

V. 3: Die Imperative חַזְּקוּ (hier Abwandlung ins hi, also חַזְּקוּ) und אַל תִּירָאוּ (vgl. auch V. 4) pflegen Heilsorakel einzuleiten. Hebr. 12,12 hat diesen Aufruf aufgenommen. – V. 4: מהר = eilen; wird das Beeilt-Sein passivisch erfahren (ni), dann sind es „abgehetzte" Herzen. „Siehe – euer Gott": die Kardinalaussage des Textes (vgl. 40,9 Ende). „Rache" steht beziehungslos im Text. Man könnte zur Not übersetzen: „Siehe, euer Gott! Rache kommt! Vergeltung ist Gott . . ." Besser, man liest יָבִיא, also: „Rache läßt kommen die Vergeltung Gottes", ein Nachklang von Kap. 34. Letztes Wort lies mit BHK וְיִשְׁעֲכֶם.

V. 5: Während man in 42,7; Ps. 146,8 an übertragene Bedeutung denken kann, sind hier wirklich die körperlichen Gebrechen gemeint. Hier und V. 6a haben wir den Bezugstext für Matth. 11,5 (Evg. 3. Advent). – VV. 6b.7: Bewässerte Wüste vgl. 43,19f.; 48,21; 49,10, wo das Wasser bereitgestellt wird, um die Heimkehr zu ermöglichen; hier sind die Weissagungen „von ihrem zeitgeschichtlichen Hintergrunde abgelöst" (Duhm). Wasser ist für üppige Vegetation und damit für das Glück der Menschen auf heiler Erde nötig. V. 7b ist die genaue Umkehr von 34,13. – V. 8: Die Worte וְהוּא לָמוֹ הֹלֵךְ דֶּרֶךְ sind unverständlich; aus dem LXX-Text ergibt sich keine überzeugende Rekonstruktion – sie las etwas von einem „reinen" Weg. Der durch die Wüste zu bahnende Weg schon 40,3; 43,19; 49,11. Statt von einer מְסִלָּה ist hier von einem מַסְלוּל die Rede. Der Luthertext dürfte, bei Unsicherheit im einzelnen, dem Ursprünglichen nahekommen. – V. 9: Die Pilgerfahrt zum Zion wird nicht mehr durch wilde Tiere gefährdet sein; im Hintergrund steht die kosmische Friedenserwartung von 11,6ff. – V. 10: Aufnahme von 51,11. Bei der „ewigen Freude über ihrem Haupte" ist vermutlich an eine festliche Kopfbedeckung gedacht (vgl. 61,3: Kopfputz statt Asche).

Dieser Text bekommt für uns besondere Bedeutung dadurch, daß Jesus nach Matth. 11,2–6 ihn benutzt, um – in verhüllter, dem Eingeweihten jedoch deutlicher Sprache – dem zweifelnden Täufer zu antworten. Ein für das Verständnis des Werkes und der Person Jesu zentraler Text. Wer darauf verweist, daß Blinde sehen, Taube hören (usw.), der deutet damit auch auf das, was Voraussetzung dieses Geschehens ist: „Seht, da ist euer Gott!" So jedenfalls für den, der Jes. 35 im Ohr hat. (Wir folgen damit dem von J. Schniewind dargelegten Verständnis der Matthäusstelle.)
Matth. 11,2ff. ist Evangelium für den 3. Sonntag im Advent. Daß unser Text am 2. Advent gepredigt wird, dürfte in der kosmischen Weite seiner Botschaft begründet sein. Advent ist gewiß zunächst ein Geschehen am einzelnen Menschen („Zeuch in mein Herz hinein . . . ", EKG 9,4). Aber schon der Text für den 1. Advent zeigte überwiegend die Wir-Aussage. Jes. 35 spricht darüber hinaus von einer Veränderung der *Welt*, nicht nur im Menschheitlichen, sondern auch im Bereich der Natur. In Christus kommt Gott zu seiner ganzen Schöpfung. Mag sich das Heil, das der Glaube ergreift, zunächst auch als etwas Innerliches darstellen, als etwas, wozu nur das Glauben und Trauen des Herzens Zugang hat, und mag, wer nicht glaubt, die Sache Jesu als eine von der Welt bestenfalls geduldete Privateinstellung ansehen, als ein Hobby wie die Philatelie oder das Züchten von Zierfischen: die Sache Gottes besteht darin, daß sein Wille geschieht „wie im Himmel, so auf Erden", und Jesus setzt in seinem Kommen und seiner Selbsthingabe den Anspruch Gottes auf seine ganze Welt durch. „Die ganze Erde ist mein" (Exod. 19,5). „Von ihm und durch ihn und zu ihm sind alle Dinge" (Röm. 11,36). So wie die gesamte Kreatur an dem vom Menschen zu verantwortenden Zwiespalt zwischen Gott und Welt leidet (Röm. 8,19ff.), so will der diesen Zwiespalt überwindende Herr zu aller Kreatur kommen und sie heil machen. Das Evangelium hat universalen Sinn. Wir hören dies wahrscheinlich in unseren Tagen mit geschärftem Ohr, nachdem uns endlich aufgegangen ist, was für Unheil wir anrichten durch unsern verantwortungslosen Umgang mit den Gütern der Schöpfung und darin mit der Welt als ganzer, die doch nur dann unsere Wohnstatt sein kann, wenn wir mit ihr im Nehmen *und Geben* verbunden sind. Es geht nicht an, daß der Mensch gerettet wird, während die außermenschliche Schöpfung heillos bleibt. In seiner Leiblichkeit ist der Mensch ja selbst – Welt; die Bibel kennt ihn nur in seinem Geschaffensein „samt allen Kreaturen". *Kommt* Gott, dann zum Ganzen seiner Schöpfung.
Die erdrückenden Tatsachen scheinen das bisher Gesagte in fataler Weise ad absurdum zu führen. „Seht, da ist euer Gott!" Der Glaubende kann es für sich selbst glaubend

was das Neue Testament über die Doppelschichtigkeit christlichen Lebens unter dem Kreuz sagt: noch ist die Kraft unter der Schwachheit verdeckt, die Geborgenheit unter den Anfechtungen, das Leben unter dem Sterben (z. B. 2. Kor. 4,7ff.; 6,9f.; 12,9f.). Glücklich, wer sagen kann: „in dem allem", was uns bedrängt und verwundet, „überwinden wir weit . . ." (Röm. 8,37). Aber das Evangelium weiß für die, die im Glauben „überwinden", also trotz vieler Wunden im tiefsten Sinne unverletzlich sind, auch diesen Trost, daß Gott es bei dem Bedrückenden nicht lassen wird. Jesu Machttaten sind *Vorzeichen*: „nicht Leid noch Geschrei noch Schmerz wird mehr sein" (Offb. 21,4). Gott will die heile Welt.

Krankheit und körperliche Gebrechen, so wahr sie im Glauben und in gehorsamer Annahme des uns von Gott Zugeteilten getragen und bejaht werden können, als das „Kreuz", das Gott uns auferlegt und in dem er uns nur desto näher sein will, – Krankheit und körperliche Gebrechen sind Merkmale der aus der Gemeinschaft mit Gott herausgefallenen, unerlösten Welt. Es wäre falsch, Sünde und Leiden im Einzelfall – mit Hilfe eines mechanischen Vergeltungsdogmas – gegeneinander aufrechnen zu wollen. Aber man muß wissen: wäre unser aller Gottesverhältnis heil, wäre das Hemmende, Belastende und Zerstörende nicht. Will Gott das *Heil*, schafft er also alle Folgen unseres Abfalls aus der Welt, dann will er auch die *Heilung*. Jesu Heilungswunder lassen dabei erkennen, daß er den Menschen als ein Ganzes nimmt; die Gesundung der Person schließt das Leibliche ein.

Und das Leibliche wiederum schließt uns ganz eng mit unserer Umwelt zusammen. Es gibt den Menschen nicht unweltlich. Der in der Sprache der Theologie unseres Jahrhunderts gern gebrauchte Begriff der Entweltlichung darf nicht bedeuten, daß wir im Glauben unser Weltsein abstreifen und loswerden; er meint, recht gebraucht, nur, daß wir nicht mehr, statt von Gott her, aus der Welt leben, also auch nicht mehr, statt auf Gott, auf Weltliches unser Vertrauen setzen. Es gibt uns nicht anders als in welthaftem Dasein. Der Mensch (אָדָם) ist von der Erde (אֲדָמָה) genommen. Er lebt von dem, was die Erde hervorbringt, er stillt seinen Durst aus dem rinnenden Wasser. Er braucht zum Leben das Licht der Sonne und die Luft zum Atmen, und er braucht zum Leben den Boden, auf dem er gehen und stehen kann. Der Mensch in seiner Umwelt: das ist wieder zu unserm Thema geworden.

Wie könnten wir gesund sein, wenn die Welt „krank" ist? Der Text schildert das Bedrohliche einer aus ihrer geschöpflichen Urordnung gefallenen Welt mit Mitteln, die der biblischen Erfahrungswelt entnommen sind: Wüste, dürres Land, Schakale, Löwen und andere reißende Tiere. Uns stellen sich, von der Lage bzw. der Gefährdung der modernen Welt her, noch andere Stichworte ein: Dürre oder Monsunregen, Erdbeben oder Springfluten, Heuschreckenschwärme, Giftschwaden in der Luft, Gifte im Wasser und in der Nahrung, „verbrannte Erde", strahlungsverseuchte Landstriche. Die Natur kann man nicht verantwortlich machen; für vieles, was Leben bedroht und vernichtet, ist jedoch der Mensch verantwortlich. Langsam begreift er, was er anrichtet, auch dann, wenn er nicht mit ABC-Waffen operiert: er plündert die Erde aus und vernichtet im Raubbau die Existenzgrundlagen für kommende Generationen; er stört das Gleichgewicht im Zusammenleben der Geschöpfe; er verbraucht mehr Sauerstoff, als die Vegetation der Erde hervorbringt; er verändert das Klima, so daß – wenn auch in riesigen Zeiträumen – die Pole abschmelzen. Und dies alles auf einer Erde, die auch künftig die in geometrischer Progression wachsende Weltbevölkerung satt machen soll. Wir bedürfen einer umsichtigen ökonomischen und ökologischen Lenkung und einer tiefgreifenden Umsinnung zu Maß und Bescheidenheit. Klar: die Grenze zum Eschaton überschreiten wir damit nicht.

Aber Gott kommt auf uns zu. Er schafft die heile Welt. Wie sollen wir sie uns vorstellen?

annehmen und im Hoffen über das, was gegenwärtig ist, hinausgreifen. Die auß
menschliche Kreatur kann das nicht. Was hier von der heilen Welt gesagt ist, wartet nc
auf Verwirklichung. „Denn siehe, ich will einen neuen Himmel und eine neue Er
schaffen, daß man der vorigen nicht mehr gedenken und sie nicht mehr zu Herzen ne
men wird" (65,17). Ein mythologisches prognostisches Zukunftsbild? Ein Wunschtraur
Alle christliche Hoffnung ist für diesen Einwand anfällig. Er kommt von außen, und w
erheben ihn je und dann selbst. Aber wird Gott, indem er zu uns „kommt", wirkli
unser Gott, dann werden wir seiner auch als unseres *Gottes* gewiß, d. h. dann ist er nic
mein Privat- und Hausgott, sondern der Gott des Himmels und der Erden. Sein heutig
Advent weist zugleich auf seinen künftigen Advent, auf Jesu Christi Kommen in Her
lichkeit. Wenn wir Jesus Christus als den auf uns zukommenden *Gott* erfahren, dan
gehört ihm nicht nur die Gegenwart, sondern auch die Zukunft – wir meinen die göt
liche, die nicht mehr in irdischen Jahren, Tagen und Stunden gemessene, sondern di
ewige, die eschatische Zukunft. Wir warten auf Jesu letzten Advent.
Mit der ins Eschaton weisenden Adventsbotschaft wird uns das Warten zugemutet
Stammt der Text, wie mit Grund vermutet wird, aus der trüben Zeit bald nach dem Exil
dann wird man es bewegend, vielleicht auch bedrückend und beirrend finden, wie die
damaligen Menschen auf das alles wendende Erscheinen Gottes – allem Anschein nach
vergeblich – *gewartet* haben – sie und die Jahrhunderte und (inzwischen) Jahrtausende
nach ihnen. Das Problem der Parusieverzögerung ist alt. Man kann es kurzerhand damit
abtun, daß man das Ausbleiben Gottes als Widerlegung aller Parusieerwartung ansieht.
Man wird dann, wenn man dabei Christ bleiben will, trotz 1. Kor. 15,19 allein in *diesem*
Leben auf Christus hoffen. Oder man wird den Text ändern: „Stärkt die müden Hände,
macht die wankenden Knie fest, beißt die Zähne zusammen und seht, wie ihr selbst
weiterkommt, denn euern Gott bekommt ihr nie zu sehen!" – Mit gutem intellektuellen
Gewissen wird anders denken, wer sich einmal klargemacht hat, daß die Inkommen-
surabilität von Zeit und Ewigkeit – αἰών οὗτος und αἰών μέλλων – es nicht erlaubt,
beide wie zwei Geschichtsepochen auf ein und derselben Zeitgeraden aufzutragen und
den „Tag" Jesu Christi einfach wie den 1. Januar eines neuen Jahres anzusehen. Der
„Tag", der „aller Tage Tag" ist, begrenzt zwar unsere Zeit, steht aber nicht mehr auf
unsern Kalendern. Der letzte Advent ist das Geschehen, mit dem sich – wann und auf
welche Weise auch immer – die Wirklichkeit Gottes uns so öffnet, daß wir nicht mehr im
Spiegel oder Rätselwort, sondern von Angesicht zu Angesicht ihn schauen werden (1.
Kor. 13,12). Sterben wir ab, ehe der Herr für alle Welt sichtbar wird, wie die vielen Generationen der Glaubenden und Hoffenden vor uns gestorben sind, so werden die, die es
erleben, keinen Vorteil, wir keinen Nachteil haben (1. Thess. 4,15). Der „Grenzübergang"
ist nur bei ihnen und uns ein anderer. Keiner hat es weit zum Erleben des letzten
Advents. Darauf kommt es an. Jeden soll darum die bald sich erfüllende Hoffnung stärken (VV. 3,4a). Wir laufen weder ins Leere noch ins Finstere. „Seid getrost, fürchtet euch
nicht" (V. 4b, vgl. den Wochenspruch). Gottes heimlicher, nur dem Glauben erfahrbarer
Advent wird vollendet werden im Welt-Advent Gottes in Jesu Parusie. Dann wird es
heißen: *Seht, da ist euer Gott. Er schafft* (1) *die heile Welt,* (2) *das heilige Leben.*

I.

Daß Blinde sehen, Taube hören, Stumme reden und Lahme springen, sollte man nicht im
Sinne bildhafter Rede, „geistlich", sondern ganz wörtlich verstehen. So meint es der
Text, so ist es übrigens auch in Matth. 11 gemeint. Auch daß die Welt fruchtbar und
reich – und daß sie „sicher" wird, ist ganz direkt zu nehmen. Damit ist nicht abgetan,

Der Text tut es, indem er in einfältiger Weise die Veränderungen in Gottes neuer Welt beschreibt. Er kann es sich gar nicht anders ausmalen, als daß das Heilwerden der Welt auf ganz weltliche Weise vor sich geht. Verständlich – denn die Auferstehung Jesu Christi, die den eschatischen Qualitätssprung (1. Kor. 15,35ff.) mit sich bringt, ist noch nicht geschehen. Es sieht so aus, als entstehe die neue, heile Welt aus den Bedingungen der alten Welt und im Rahmen ihrer Möglichkeiten. Fangen wir mit dem Landschaftlichen und damit mit den Umweltbedingungen der Menschen an. „Es werden Wasser in der Wüste hervorbrechen und Ströme im dürren Lande"; man wird Teiche und Brunnquellen finden, wo es zuvor trocken war. Darin spiegelt sich, was der Bewohner Palästinas im Wechsel der Jahreszeiten erleben kann: mit dem Einsetzen des Regens verwandelt sich ausgedörrtes, kahles, schrundiges Land in einen Garten. Ja, noch mehr: es wiederholt sich so etwas wie die Schöpfung nach der jahwistischen Darstellung (Gen. 2,5.9). – Die wilden, gefährlichen Tiere stehen für alles, was das Leben bedroht. Der Text erwartet – fast märchenhaft –, daß künftig nicht mehr ein Geschöpf vom Tod des andern lebt und ihm darum ständig gefährlich sein muß. Wir werden, was hier gemeint ist, in noch größeren Zusammenhängen sehen. Wir haben es freilich weit zu dem Paradies, wie es auch 65,25; 11,6–9 geschaut ist. – Und was die Menschen angeht, so sollen wir uns ihr Gesundwerden wie bei Wunderheilungen vorstellen. Wie, wenn den Blinden die Augen aufgehen und sich ihnen die Welt auf eine ganze neue Weise darstellt und erschließt! Wie, wenn die Gehörlosen auf einmal Sprache und Musik vernehmen, auch das Rauschen der Wälder und Gewässer! Wie, wenn Gelähmte mit einem Mal aufspringen wie ein Hirsch! Es gehört zu den erfreulichen Merkmalen unserer Zeit, daß sich unter uns ein neues Gespür für das Schicksal und für die Erlebniswelt und das Persongeschehen der Behinderten durchsetzt. Wie, wenn etwa das Muskelspiel eines Spastikers und damit auch seine Sprache und alle seine Bewegungen gelöst sein und dem Willen gehorchen werden! Wie, wenn der Stumme reden kann – und sein Reden wird ungehemmter Jubel (V. 6)! Dies alles hat wohl der Text so oder so ähnlich im Blick.

Sollten wir mit dem Einwand reagieren: „das gibt's doch nicht!", so wären wir damit der Wahrheit sehr nahe. Der Text denkt noch weltimmanent; wir sagten schon, daß christliche Hoffnung den mit der Auferstehung Jesu gesetzten eschatologischen Bruch einrechnen muß. Aber Jes. 35 selbst spricht schon etwas aus, was als Vorzeichen für das hier Gemeinte keinesfalls vernachlässigt werden darf. „Seht, da ist euer Gott." Gemeint ist die Weltepiphanie Gottes, mit der alle Verhältnisse der Welt grundlegend verändert werden. Abgesehen von diesem Weltadvent Gottes verlöre das hier Gesagte allen Zusammenhang und allen Sinn. Gemeint ist natürlich nicht, Gott müsse, weil wir es selbst leider nicht allein hinkriegen, als der Deus ex machina erscheinen, der das Unmögliche möglich macht. Das Heilwerden der Welt, von dem der Text redet, besteht ja in seiner Mitte, ja seinem Wesen nach darin, daß die Welt wieder zur Welt *Gottes* wird; Schöpfung, die ihren Schöpfer verherrlicht. Das heißt aber, daß Gott uns wieder *Gott* wird, unsere sündige Entfremdung und Trennung von ihm überwunden, seine Verborgenheit und Unerreichbarkeit aufgehoben und die ungestörte und ungetrübte Gemeinschaft Gottes mit seinen Menschenkindern hergestellt wird. Weltadvent – nichts mehr wird zwischen Gott und uns stehen, wir werden seine Herrlichkeit sehen und in allem unmittelbar vor und aus ihm leben. Gott ist dann nicht mehr Mittel zum Zweck – daß wir endlich gesund werden und die Welt in Ordnung kommt –, sondern er wird ganz und gar zur Mitte. „Wenn ich nur *dich* habe, . . ." (Ps. 73,25).

Hat unser Glauben und Hoffen sich darauf eingestellt, dann besteht die Heilung der Blinden nicht bloß darin, daß sie die Welt wieder – oder erstmalig – optisch erleben können. Wir *alle* werden ganz neu sehen lernen. Denn wir werden *Gott* schauen

(Matth. 5,8) und damit alles, was aus Gottes Herzen, aus seinen Gedanken und seinem Willen, seinem Planen und Entwerfen gekommen ist und kommt. Es wird mit dem akustischen Vernehmen der bisher Gehörlosen nicht anders sein: ihr sehnsüchtiges Verlangen, hören zu können, wird „überholt" werden dadurch, daß uns eine ganz neue und zugleich das Bisherige einschließende Wirklichkeit aufgeht. „Was kein Auge gesehen und kein Ohr gehört hat, . . . " (1. Kor. 2,9). Und die in ihrer Bewegung Behinderten werden *in Gott* eine ganz neue Lebendigkeit haben, in eins damit, daß wir *alle* ganz neu werden. Das, worauf es hier durchweg ankommt, hat das Johannesevangelium in den Ich-bin-Worten klassisch formuliert. Ihr sucht das Brot, das Wasser, das Leben, die Auferstehung, den Weg, – das Augenlicht, das Vernehmen-Können, die ungehinderte Beweglichkeit eures Leibes? Das alles „bin *ich*".

Es könnte jemand aus dem eben Gesagten das ins Eschatologische ausgeweitete mystische Ent-Werden, das Aufgehen der Schöpfung im All-Einen Gottes heraushören, das hieße aber letztlich: eine letzte Aufhebung alles Geschöpflichen. So denkt die Bibel *nicht*. Nicht: wir müssen alle vernichtet werden, sondern „wir werden alle verwandelt werden" (1. Kor. 15,51). Darum sind die in Matth. 11 genannten Machttaten Jesu wirklich Vorzeichen: sie *sind* noch nicht Realisierung des vollen Heils, aber sie weisen darauf hin, was kommen soll; und: sie signalisieren das Kommen Gottes. – Dasselbe ins Kosmische ausgeweitet: Gott wird seine ganze Schöpfung verwandeln. Die Welt, die wieder ganz aus der Gottunmittelbarkeit lebt, wird keine Versorgungs- und Sicherheitsprobleme mehr haben, nicht mehr gefährdet und gequält sein vom Kampf ums Dasein, von der Angst vor „Schakalen" jeglicher Art, übrigens auch nicht von dem Unheimlich-Zerstörerischen, das der Angst selber eignet. Wo alles im Einklang mit Gott steht, da ist – heile Welt.

2.

In der heilen Welt als die neue Menschheit eine Gemeinde mit *heiligem Leben*. Wir haben bisher Gesagtes nach dieser anderen Seite hin auszufalten. Eine reiche, fruchtbare, die Menschen ernährende und erfreuende Welt, und darin Menschen, die von allen körperlichen Mängeln und Schäden befreit sind: was wäre das, wenn diese Menschen im Kern ihrer Person unverändert blieben, gottfremd und gottfeindlich (dies meint ja das Wort „sündig"), also gerade so beschaffen und gerichtet, wie sie zur Ursache des status corruptionis der Welt geworden sind (Röm. 8,20)? Eine neue Welt ohne neue Menschen – das hieße wirklich das Übel nur symptomatisch angehen. Wir sahen es schon, daß das verheißene Neuwerden der Welt und auch unserer Leiblichkeit eben darin besteht, daß wir Augen und Ohren bekommen, die der Wirklichkeit Gottes unmittelbar offen sind, und es ist das Schauen Gottes, das auch den Lahmen auf die Beine bringt. „Seht, da ist euer Gott!" Wir wären mit diesem Verständnis des Bisherigen auf falschem Wege gewesen, wenn es nicht nunmehr darum ginge, daß wir in allem, was wir sind, Gott gehören, also heilig sein werden.

Auf der Wunderstraße Gottes, von der schon der zweite Jesaja gesprochen hat, sieht man – so der Text – das bisher in der Diaspora bzw. in der Verbannung lebende, das in eine fremde Welt hineinversprengte Volk Gottes *heimkehren*. Deuterojesaja hat die von ihm angekündigte Heimkehr als neuen Exodus verstanden. Das Wort Heimkehr gewinnt nun eine immer größere Raumtiefe. Man muß fragen, warum die hier Angeredeten – das Exil ist vorbei! – immer noch darauf warten, den „heiligen Weg" gehen zu dürfen und „nach Zion kommen" zu können „mit Jauchzen". Sind sie nicht daheim? Wohnen sie nicht längst am Fuße des Gottesberges? Es soll ja nicht bestritten sein, daß der Zionsberg – im nächstliegenden Sinne des Wortes – ihnen wirklich Ort der Einwohnung und Gegenwart

Gottes ist, so wie wir den dreieinigen Gott, in den Gnadenmitteln verhüllt, unter uns anwesend wissen. Aber die Straße, die die aus der Diaspora Heimkehrenden ziehen, wird
zum Gleichnis für den Weg, auf dem wir zum Eschaton unterwegs sind, und „Zion" ist
dann nur Chiffre für das eschatische Heiligtum, von dem z. B. der Hebräerbrief und die
Apokalypse sprechen. Gott selbst wird sichtbar werden – das ist das große Ereignis, das
uns total verwandeln wird, so daß wir wirklich und ganz zu Menschen werden, in denen
Gott sich durchgesetzt hat.
Der Text weiß also, daß diese neue heilige Gemeinde noch nicht da ist. Es läßt uns aufatmen, wenn uns so deutlich gesagt wird: das, was wir jetzt sind und darstellen, ist noch
nicht der Endzustand. Wir sind die Gemeinde der Sünder. Wir sind angenommen, entlastet, gerechtgesprochen – aber wir haben's noch nicht ergriffen, sondern jagen ihm nach.
Wir wundern uns nicht, daß wir an der Kirche, so wie sie jetzt noch ist, *leiden*. Das Leiden kann sich in schnoddriger Kritik Luft machen – und schon ist es kein Leiden mehr,
sondern ein selbstgerechtes Ausbrechen aus der Gemeinschaft der (gerechtfertigten)
Sünder. Es kann auch ein besorgtes, bessern wollendes, aber jedenfalls solidarisches Leiden sein. Auf alle Fälle sollten wir um den Unterwegs-Charakter der Kirche wissen,
nicht, um, was heute fällig ist, auf das ewige Morgen zu verschieben, sondern im Wissen
darum, daß „noch nicht erschienen" ist, „was wir sein werden". Gott muß viel Geduld
für uns aufbringen. Er sieht uns, die wir's nicht wert sind, schon heute als seine Kinder
und Heiligen an: simul iusti et peccatores. Er wird es nicht unaufhörlich bei diesem
Zwitterzustand lassen. Ich werde nicht für alle Zeit an der Kirche leiden müssen, und –
noch wichtiger! – die Kirche wird nicht unaufhörlich an *mir* leiden. Der Text läßt uns
das Künftige schauen: Auf der von himmlischen Mächten (s. o.) gebauten Straße zieht
das Volk dem „Zion", der ewigen Wohnung Gottes, entgegen. Es befindet sich und bewegt sich auf „heiligem Wege". Kein Unreiner geht da – „heilige Exklusivität"
(W. Krusche, ZdZ, Beilage, 1959, S. 95). Mag sein, daß hier ein werkgerechter Unterton
vernehmbar wird, den Jesus nicht ungerügt ließe. Man könnte den Text in der Tat so
lesen, als liege ihm daran, daß die, die nicht hergehören, ausgeschieden werden, so daß
der Weltadvent Gottes die große Säuberung der Kirche brächte, durch die dann endlich
die reine Gemeinde entstünde – auf dem Wege einer großen Subtraktion. (Es wäre eine
Frage für sich, ob man etwa Matth. 13,30.48; 25,41 in diesem Sinne zu verstehen hätte;
m. E. wäre diese Frage zu verneinen, vgl. Reihe I, S. 127.) Wir werden – wie immer der
Text es meinen mag – von dem sehnsüchtigen Verlangen der Kirche und jedes Glaubenden ausgehen, endlich *das* rein darzustellen, was Gott aus uns machen will. Da findet
keine Selektion statt, sondern das uns noch immer anhaftende Unreine und Törichte wird
abfallen und von uns genommen werden; es verbrennt in der unmittelbaren Nähe des uns
allen sichtbar werdenden Herrn und Gottes. Es muß uns daran gelegen sein. Ohne „hoch-
zeitliches Kleid" können wir nicht an Gottes großem Fest teilnehmen. Ich *kann* – Gott
sei Dank: ich *werde* nicht bleiben, wie ich bin. Wir alle werden von Gottes unmittelbarer
Gegenwart verwandelt, also geheiligt werden. Sind die „Toren" nach alttestamentlichem
Sprachgebrauch (Ps. 14,1) „immer Menschen mit sittlichem und religiösem Makel"
(Duhm), dann sagt unser Text: gerade dies wird behoben sein. Gott wird sich bei uns –
bei allen, die sein Heil annehmen wollen – restlos durchsetzen.
Der zweite Adventssonntag blickt in die Zukunft. „Seht, da ist euer Gott!" Wie wird das
sein? Wir sagen es in der Sprache bzw. Vorstellungswelt des Textes: „Eine Heimkehr-
prozession von einer unbändigen, überwältigenden, jauchzenden, gar nicht mehr zum
Schweigen zu bringenden Freude" (V. 10 – so Krusche, a. a. O.). Uns klingt die Fuge aus
Brahms' Requiem im Ohr. Wir hören den Lobgesang der eschatischen Gemeinde aus
dem letzten Buch der Bibel. Freude über unserm Haupte: gedacht ist wahrscheinlich,

ganz orientalisch, an einen Kopfputz; aber das Äußere tut's nicht. Wir werden die Freude nicht mehr – wie jetzt noch immer unser Auftrag – in eine freudehungrige Welt hineinzutragen haben, sondern die alles umfassende Freude der kommenden Welt wird auch uns „ergreifen". Wir werden nicht mehr anders können als uns freuen. Wer sich wirklich freut, muß die Freude äußern – in Wort, Gesang, Bewegung. Die Gemeinde freut sich schon heute auf den letzten Advent ihres Herrn.

Der Text könnte uns zu einer Predigt verführen, die uns aus unserm gegenwärtigen Leben wegholt und uns alles vergessen läßt, was gegenwärtig ansteht. Homiletische Traumfabrik? Wir werden uns in der Ausmalung der Textaussagen Zurückhaltung auferlegen. Alles, was zu sagen ist – wir haben uns darum bemüht –, ist nur insoweit stichhaltig, als es auf die im Weltadvent des Herrn uns zuteil werdende Gottunmittelbarkeit zurückzuführen ist. Die reines Herzens sind, werden Gott schauen. Und dies wird geschehen, indem sie den kommenden Christus sehen. „Seht auf, erhebt eure Häupter . . .!" (Übrigens: denkt man sich in unsern Text hinein, dann geht einem zugleich auf, daß Matth. 11,2ff. geradezu zum Platzen eschatologisch ist!) Gott wird sich durchsetzen. – Im übrigen ist der Text auch insofern nichts zum Träumen, als er von vornherein auf die Konsequenzen solchen Hoffens für die heutige Situation weist. „Stärkt die müden Hände, richtet auf die strauchelnden Knie, redet zu den verzagten (abgehetzten) Herzen." Hätten wir nichts zu erwarten und zu hoffen, dann wären Lähmung und Resignation verständlich. Wer die große Christusbegegnung in Herrlichkeit vor sich weiß und darauf gefaßt ist, daß Gott selbst unverhüllt auf ihn zukommt, für den lohnt sich das Leben, und für den wird alles, was er denkt, vorhat, redet, tut, ja, sogar das, was er aussteht und leidet, zum Vorspiel für diesen letzten Advent.

3. Sonntag im Advent. Jes. 40,1–8(9–11)

Die VV. 1–11 sind nach Westermann ein planvoll aufgebautes Ganzes (womit über die Abgrenzung der Perikope entschieden sein dürfte): „Damit Gottes Volk getröstet werden kann, muß in der Wüste ein Weg gebahnt werden, muß die Stimme eines Rufenden laut werden, der . . . sagt, daß Gottes Wort bestehen bleibt, muß die Städten Judas jubelnd gekündet werden, daß Gott kommt" (Wstm., ATD, S. 30). Zum Trösten werden nacheinander aufgerufen: die Himmlischen (s. u.), der Prophet, „Zion" (als Pars pro toto für Israel).

VV. 1f.: Der so lange vermißte „Trost" (Klagel. 1,2.9.16.21; 2,13) wird nun gewährt; das Wort meint nicht nur liebevoll-aufmunterndes Zureden (= „zum Herzen sprechen", V. 2a), sondern auch tätige Hilfe (vgl. die Doppelaussage in Klagel. 2,13; Ps. 88,17, bes. aber bei Deuterojesaja 49,13; 51,3.12; 52,9). Gott selbst spricht. Angeredet ist Jerusalem, die heilige Stadt (52,1), nach der sich das ganze „Haus Jakob" nennt (48,2), also Gesamtisrael (vgl. 51,16), dessen Restituierung damit aufs knappste angesagt ist. צָבָא ursprünglich Kriegsdienst, dann aber auch Frondienst; רָצָה abdienen, abbezahlen. Man darf nicht quantitierend denken. „Die Wendung des Geschicks Israels gründet in Gottes Vergebung" (Wstm.). Das כִּי in V. 2b ist dem ersten כִּי in V. 2a neben-, nicht untergeordnet (Duhm, Wstm.). Die VV. 1f. sind der programmatische Obersatz, der nachfolgend entfaltet wird.

Die beiden folgenden Stücke (VV. 3–5.6–8) sind streng parallel eingeleitet: „Horch, es ruft", „horch, es sagt". Den Sprechenden vermag der Prophet nicht zu identifizieren. In V. 3 nach der Einleitungsformel strenger Parallelismus (Metrum: 2 + 2), der in LXX (und in der auf LXX beruhenden ntl. Überlieferung dieses Wortes) zerstört ist. Es soll also nicht die Stimme in der Wüste vernehmbar, sondern der Weg durch die Wüste soll bereitet werden. Angeredet sind nicht Menschen, sondern himmlische Kräfte und Mächte. מְסִלָּה von סָלַל = aufschütten. – V. 4: Daß die Gottesstraße (auf der dann auch das Gottesvolk heimkehren kann) durch die Wüste führt, läßt die Größe der wunderbaren Gottestat erkennen. – V. 5: Wieder geht es, wie in der vorangehenden Perikope, um die Weltepiphanie Gottes. (Wstm. betont, am Geschichtsverlauf werde sichtbar, „daß der geschlagene Gott eines geschlagenen Volkes sein Wort erfüllt", hingegen sehen Volz und Begrich – letzterer in den

„Studien zu Deuterojesaja", S. 98 – die Selbstoffenbarung Gottes vor aller Welt als eschatisches Geschehen an.)
V. 6 lies וָאֹמַר. „Rufe!" hat Luther mit „predige!" sachgemäß wiedergegeben (Wstm.). Die knappe Gegenfrage: „Was (soll ich) predigen?" enthält nach Wstm. „die ganze ... gesammelte Klage und Verzweiflung des geschlagenen Volkes". In der dafür gegebenen Begründung (V. 6b) setzen sämtliche Übersetzungen ein Wort für „Herrlichkeit" voraus (s. d. Kommentare); vielleicht verdient aber doch חַסְדּוֹ als lectio difficilior den Vorzug: „Schönheit", „Anmut". Begrich sieht übrigens in V. 6b bereits die Antwort Gottes auf den Einwurf, so daß V. 8 – nach Wstm. wäre erst dies die Antwort, während VV. 6b.7 „Klage" ist – die bereits gegebene Antwort nur noch einmal aufnimmt und dann allerdings mit entscheidender Wendung weiterführt. Dann wäre schon V. 6b im Effekt gegen Babel gerichtet und gegen die von ihm ausgehende „Faszination" (dies dann der Sinn von חַסְדּוֹ). – Die letzten drei Worte von V. 7 überfüllen nicht nur den Vers, sondern verderben auch seinen Sinn, wenn Begrich recht hat. Anders, wenn Wstm. richtig deutet: ein „Ergriffener" hätte sich dann die Klage zu eigen gemacht.
Mit den VV. 9–11 wird das Volk selbst zum Träger der Freudenbotschaft. Mit dem „eschatologischen Loblied" nimmt Zion die bevorstehende Wende voraus, als sei sie schon geschehen. „Instruktion" für den Herold (Begrich): vom hohen Berge aus soll er rufen, was ihm wörtlich vorgeschrieben wird. Der Kommende ist Jahwe selbst. Die Beute, die er mitführt, ist sein Volk. Das Bild vom Hirten findet sich bei Deuterojesaja wiederholt; das NT hat es eindrucksvoll aufgenommen.

Daß unser Text dem 3. Advent zugeordnet ist, liegt nahe; er wird im Neuen Testament mehrmals zitiert oder wenigstens anvisiert (Matth. 3,3; Mark. 1,3; Luk. 3,4–6; Joh. 1,23; 1. Petr. 1, 24f.; Jak. 1,10–11); insbesondere fühlte man sich, dachte man an den Täufer als „Prediger in der Wüste", an unsere Stelle erinnert. Freilich, Jes. 40 redet nicht vom *Prediger* in der Wüste, sondern von dem durch die Wüste gebahnten *Weg* (die LXX-Fassung des Textes in V. 3 ist für sein ntl. Verständnis maßgebend gewesen). Zudem bringt unser gewohntes Verständnis – „bereitet doch fein tüchtig den Weg dem großen Gast" – das im Text Gemeinte auf erbauliches Kleinformat, denn bei Deuterojesaja „handelt es sich um Worte von Himmlischen an Himmlische, deren Ohrenzeuge der Prophet geworden ist" (Begrich, a. a. O., S. 55). „Eine Stimme ruft ..." (קוֹל) ist der „sound", der Klang, der Schall, den der Prophet durch den Raum hallen hört); und das Bereiten des Weges ist ein Unternehmen, das alles Menschenmögliche übersteigt. Die Predigt wird den Unterschied zwischen Jes. 40 und seiner Zitierung im Neuen Testament zu beachten haben.
Gerade dann aber wird nur um so deutlicher, wieviel dieser Text mit dem vorangehenden, Jes. 35, gemeinsam hat. Schon seiner Herkunft nach ist Jes. 35 mit der Deuterojesajatradition eng verwandt (vgl. unsere Hinweise in der vorhergehenden Auslegung). Noch deutlicher in seiner Thematik. Die Weltepiphanie Gottes (V. 9: „Da – euer Gott!") – durch das bisher Wüste der heilige Weg – die Heimkehr nach Zion. Jes. 40 ist freilich enger auf die Situation des zu Ende gehenden Exils bezogen; dadurch wird der Text griffiger, verlangt aber desto mehr Umsetzung für die Predigt heute. Was ihn mit der dem 3. Adventssonntag gehörigen Täufergestalt verbindet, ist nicht das, wozu der Täufer aufruft („bereitet ..."), sondern die Tatsache, *daß* er *überhaupt* predigt (VV. 6–8) und daß er den *kommenden Gott* verkündigt (VV. 9f.). Mit der Aufforderung (an wen?): „Tröstet!" ist der Akzent deutlich anders gesetzt als beim Täufer, der mehr auf den kommenden Richter hinweist.
„Tröstet, tröstet!" Die Doppelung ist eine Stileigentümlichkeit Deuterojesajas (43,11; 48,11.15; 51,9.17; 52,1): „Ausdruck der Dringlichkeit" (Wstm., S. 31). Westermann legt überzeugend dar, daß der Ruf „Tröstet!" den folgenden Rufen übergeordnet ist, ja die Kette der nun folgenden Rufe auslöst. Damit beantwortet sich auch die Frage, wem die Aufforderung zum Trösten gilt: den Himmlischen (VV. 3–5), dem Propheten (VV. 6–8),

zuletzt dem Volke selbst, das unterderhand vom Empfänger des Trostes zu seinem Träger und Verbreiter wird (VV. 9–11). Dann ist auch der Grund und Inhalt der Trostbotschaft auf alle drei Blöcke des Textes zu beziehen: die Schuld ist abbezahlt, was „Jerusalem" erlitten hat, ist mehr als genug (V. 2). Die Einzelaussagen des Textes, der sich genau auf der Grenze zwischen irdischer Geschichte und Eschaton bewegt, sind also durchweg darauf gegründet, daß eine belastende Vergangenheit bewältigt und gelöscht ist. Die Predigt müßte dies, wenn sie der Struktur des Textes gerecht werden will, eigentlich in allen drei Teilen ausführen; in extenso wird dies nur anfangs geschehen können, und man wird unter (2) und (3) nur daran zu erinnern haben.

So ist uns der Weg für die Predigt vom Text vorgeschrieben. Wir könnten so zusammenfassen: *Der große Trost für Gottes Volk:* (1) *Gottes Weg wird gebahnt.* (2) *Gottes Wort bleibt.* (3) *Gott selbst kommt.*

I.

Mit der Aufforderung zu „trösten" ist der *evangelische* Charakter der Predigt Deuterojesajas vorbestimmt. Der Prophet dürfte nicht trösten, wenn dies eigenem Wunsch und eigener Erfindung entspränge. Selbstgefertigter, utopischer, nur taktisch gemeinter Optimismus wäre bald durchschaut und würde um so deprimierendere Folgen haben; Optimismus muß begründet sein. Dies gilt besonders dann, wenn man es mit Gott zu tun hat. Der zweite Jesaja ist kein „Heilsprophet" in dem der biblischen Theologie geläufigen Sinn; er hätte sich nie an der illusionären Verharmlosung der Situation beteiligt. Er weiß, daß der „Frondienst", in dem sein Volk im Exil gelitten hat, Strafe für begangene Sünden war (V. 2). Aber jetzt tritt eine neue Lage ein. Der Prophet kündigt eine Wende an – sie wird umfassender und eingreifender sein, als man zunächst meint.

So ist also der Trost nicht bloß ein liebevolles gutes Zureden, das lediglich die Stimmungslage im Herzen des Getrösteten zu bessern vermag. Das ist es gewiß *auch.* Die Predigt des Propheten wendet sich „zum Herzen" der Angeredeten (V. 2) – wie wenn ein Liebender zur Geliebten spricht (Gen. 34,3). In ganz neuer Tonart will Gott sein Volk angeredet haben; statt der „Schelt- und Drohworte" der klassischen Prophetie vernehmen wir Worte in der Form des „Heilsorakels" und ähnlicher Formen. „Fürchte dich nicht!" Die hoffnungslosen, abgestumpften, verbitterten Menschen im Exil werden freundlich angeredet. Auch das liegt darin, daß sie ihre derzeitige Lage anders ansehen lernen sollen. „Tröstet, tröstet mein Volk! spricht euer Gott." Man überlese es nicht: *„euer* Gott." Aber es geht nicht nur um subjektive Umstimmung oder um eine neue Interpretation der mißlichen Lage. Gottes Weg wird gebahnt – der Weg Gottes durch die Wüste, der zugleich die Straße der Heimkehr für sein Volk sein wird. Wie kann man dies erwarten und predigen?

Wie es mit der Zukunft des Gottesvolkes aussehen wird, das hängt von seinem „Kontostand" vor Gott ab. Gott ist der Herr der Geschichte. In allem, was wir denken, wollen, reden, tun oder lassen, ist Gottes Herrenrecht anerkannt oder geleugnet; jeder unserer Akte bedeutet ja oder nein zu Gott. Da, was wir tun, Geschichte macht – und wäre es nur ein winziger Beitrag zum Verlauf des Ganzen – , wird unser Gutes oder Böses in der Geschichte wirken und weiterwirken. Gott vergilt uns mit dem, was wir – als Gesamtheit und als einzelne – tun. Wir erfahren, im Guten wie im Bösen, die Folgen unseres Tuns. Wir erfahren auch das Wirken Gottes in Segen oder Gericht, sein antwortendes Handeln, auch seinen Widerstand. Die Verbannten haben es erfahren: bis ins dritte oder vierte Glied kann der „eifernde Gott" die Missetat der Väter heimsuchen (Exod. 20,5; Deut. 5,9). So haben sie das Exil ausstehen müssen: das Preisgegebensein an die Macht

Babels, das Verbanntsein ins unreine heidnische Land. Sie haben die Last der Schuld getragen. *Ihrer* Schuld? Ihr Sprichwort ist uns überliefert (Jer. 31,29; Hes. 18,2), aber es bleibt dabei, daß jeder für sich selbst einstehen muß. Dennoch: es gibt auch stellvertretendes Sühnen. Die einen trifft es mehr, die anderen weniger. Die in Jerusalem und Judäa Verbliebenen hatten ein anderes, aber kaum ein leichteres Los.

Es erübrigt sich, das zur Lage der Exilierten Festgestellte auf ein allgemeines Geschichtsverständnis auszuweiten. Bemerkt sei nur, daß nach allem, was in den Jahren vor 1945 von uns ausgegangen ist, uns die Leichtigkeit schlecht ansteht, mit der wir das eigene Schuldkonto negieren und uns den Folgerungen entziehen, die hier fällig sind. Ein Alibi haben nur die Märtyrer. – Sodann: Es ist kein gutes Zeichen für unser theologisches Denken und geistliches Leben, wenn wir den Gedanken der Sünde von uns wegschieben. Das unterscheidet Deuterojesaja von den Heilspropheten, daß der Trost erst dann am Platze ist, wenn die Schuld *abbezahlt* wurde.

Aber das alles sind nur die Voraussetzungen. Das Eigentliche: Die Schuld ist vergeben; Gottes Volk hat doppelte Strafe empfangen von der Hand Jahwes für alle seine Sünden. Darauf basiert die neue Zukunft. „Doppelte Strafe" – dies „darf nicht rechnend gehört werden" (Wstm.). Es ist ja nicht so, als wäre einer in seinem Verlies vergessen worden. Gott hat sich nicht versehen. Es soll nur dies gesagt sein, daß es nun genug ist. Das Belastende ist aus der Welt. Es ist abgetragen. Wo Schuld beräumt ist, da gibt es ein neues Recht auf Leben. „Tröstet mein Volk!"

Was sich hier an einem bestimmten Ort der Geschichte zugetragen hat, begrenzt sowohl im Woher als auch im Wohin, das gewinnt in Jesus Christus universale Weite. Der Täufer nach Johannes: „Siehe, das ist Gottes Lamm, welches der Welt Sünde trägt" (1,29; vgl. Jes. 53,5). Nicht nur Israel, sondern alle Welt lebt davon, daß er es sich um der Menschen willen schwer gemacht und von Gottes Hand „ein Doppeltes" – also keinesfalls zu wenig – „empfangen hat für alle ihre Sünden". Israels Leidensweg war nur ein Vorspiel zu dem seinen. Der Trost für Israel weitet sich zum Evangelium für alle Welt. Die Fron hat ein Ende, die Schuld ist vergeben. Wer's annimmt, soll in neuer Freiheit leben dürfen, zeitlich und ewig.

Dies ist die soteriologische Voraussetzung für das, was in allen drei Unterabschnitten der Textbotschaft gesagt ist. Hier nun zunächst die VV. 3–5: Die Welttheophanie Gottes bringt die große Wende. Nicht genannte, offenbar himmlische Mächte bauen Gott die Wunderstraße, auf der er einherziehen wird, um sein Reich aufzurichten. Gott ergreift die Herrschaft in der Welt.

„Bahnt Jahwe den Weg!" Was der Prophet als bloße „Stimme" hört, aus dem Raum Gottes, hat Anteil an dem, was der Prophet in Babel selbst erlebt hat. Wege für Götter und Könige spielen im babylonischen Denken und in kultischen Begehungen eine große Rolle. In Babel wurde Marduks Bild in feierlicher Prozession durch die Prunkstraße geführt mit ihren unvergänglich-schönen Begrenzungsmauern und durch das Ischtartor – beides ist in den Staatlichen Museen zu Berlin (Vorderasiatisches Museum) im Original zu bewundern. Man setzt beides als um 580 v. Chr. entstanden an; zur Zeit des Propheten standen die Bau- und Kunstwerke 30 bis 40 Jahre. – Marduk? – nein: Jahwe geht dem feierlichen Zug der Menschen voran, und diese Menschen sind die bisher nach Babel Verbannten. Die Straße, ein Wunderwerk, führt durch die Wüste, durchs Unwegsame. Der kommende Gott läßt sich den Weg bauen, wo keiner ist. Seine Engel bewegen die Erdmassen: Hügel werden abgetragen, Täler und Senken ausgefüllt. Eine מְסִלָּה, eine „Aufschüttung", ein „Damm" entsteht, für die technischen Vorstellungen, Maßstäbe und Möglichkeiten der Alten etwas geradezu Ungeheueres. Die Stimme, die durch den Himmel hallt, spricht von der Verwirklichung des Unmöglichen.

Dies wird erst recht deutlich, wenn man sich klarmacht, daß „Wüste" bei Deuterojesaja „ein überaus vielschichtiger Begriff" ist, keineswegs nur ein geographischer (Eva Heßler in EPM 1975/76, Bd. I, S. 24 – eine sehr instruktive Auslegung, die die Perikope aus dem Ganzen des Werkes Deuterojesajas versteht). „Wüste ist schlechthin jede Existenzweise ‚ohne Gott, den Schöpfer', ein Mangel, der eben nur durch ihn selbst überwunden werden kann: eine gar nicht vorhandene oder zerstörte oder verdorrte, verwüstete, unlebendige, mithin unfruchtbare Existenz." „In dieser ‚Wüste' einen Weg für Gott bahnen heißt: alles, was sein Kommen behindert, angreifen, . . . abbauen, umbauen, wobei das ‚Hohe' (Eigenmachtsansprüche) ebenso hinderlich ist wie das ‚Tiefe' (Ohnmacht und Resignation)" (ebd.). Wir werden nachher (unter 2) darauf noch zurückzukommen haben.

Verwirklicht ist, was hier gesagt ist, zunächst im Ende des Exils (538). „Alles Fleisch wird es sehen": man könnte den Satz in der Tat so auslegen, daß nüchterne Betrachtung der Weltgeschichte dieses Faktum – die Heimkehr – registrieren wird; man braucht nicht an Gott zu glauben, um dazu imstande zu sein. Freilich: zu der Wunderstraße ist es dabei nicht gekommen, und so wird, wenn man schon an das Ereignis von 538 denkt, nur der Glaube sehen, daß Gottes Macht sich durchgesetzt hat und Gott selbst auf der Straße einherzieht. So wird es doch richtig sein, im Sinne des Propheten das hier Angekündigte als die große eschatische Wende anzusehen. „Die Erniedrigung der Berge, die Ausfüllung der Täler erinnert an die eschatologische Katastrophe des Kosmos", und dies gilt besonders für den Zug, „daß Jahwes Herrlichkeit sich enthüllen und alles Fleisch zumal sie sehen werde" (Begrich, a. a. O., S. 98). Gott selbst (V. 5 Ende) tröstet sein Volk, indem er ankündigt, daß alles, was seinem Kommen widersteht, aus dem Wege geräumt wird, also nichts ihn aufhalten kann. Advent – Gott kommt.

2.

Die VV. 6–8 handeln von der *Berufung* des Propheten; sie sind freilich, wie wir sahen, in das Ganze fest eingebunden, so daß der Prophet mit seinem eigenen Erleben ganz hinter der Sache zurücktritt. Aber Jahwes Wort, dessen Träger der Prophet ist, und darum auch das Prophetenwirken dieses Mannes selbst gehören ja in das hier gemeinte Heilshandeln Gottes mit hinein. Damit, daß ein Plakat ein Konzert ankündigt, ist musikalisch noch nichts geschehen; damit jedoch, daß der Prophet Gottes Kommen meldet, vollzieht sich bereits Gottes Advent. Predigt bringt aber auch Geschehen in Gang (55,11). Nicht, weil es in des Propheten Macht gegeben wäre, predigend Gott herbeizuzitieren. Auch nicht, daß das Wort selbst die göttliche Wirklichkeit wäre, so daß wir gar nicht fragen dürften, wer es ist, der dieses Wort spricht. Wohl aber ist es so, daß Gott selbst in seinem Worte wirksam ist – dieses Subjekt (Gott) in diesem Prädikat (predigen).

„Predige!" – eigentlich: „rufe!" Damit ist nicht die Lautstärke gemeint (42,2), der Bote spricht unaufdringlich, „zum Herzen (40,2). Aber was er sagt, muß auch ferne Ziele erreichen (42,6). Er verlautbart nicht seine Privatmeinung über Gott und seine Pläne. Er ist ein Beauftragter, ein Gesandter. Der Text spricht knapp – zu knapp, als daß die Auslegung eindeutig wäre. „Was soll ich predigen?" Wir wissen nicht, wie diese Frage gemeint ist. Und wir wissen nicht, ob VV. 6b.7 die Frage untermalen und erst V. 8 die Antwort ist, oder ob „Alles Fleisch ist wie Gras . . ." schon mit zu der Gottesantwort gehört, die in V. 8 dann noch einmal aufgenommen und mit der großen Kehre („aber das Wort unseres Gottes . . .") ans Ziel gebracht wird. Wir werden beide Möglichkeiten durchspielen – der Prediger wird dann wohl wählen müssen – , uns aber dabei damit trösten, daß V. 8 das Anliegen der einen wie der anderen Deutung aufnimmt.

„Was soll ich predigen?" könnte ein Seufzer sein. Der Angeredete könnte sich gegen das

Prophetenamt wehren (vgl. Jer. 1,6; auch Exod. 3,11; 4,10). Was soll das Predigen, wenn alles vergänglich und hinfällig ist und über uns der Gluthauch des sengenden Wüstenwindes dahingegangen ist, Jahwes Odem? Es kann ja alles nur noch schmählich zu Ende gehen. – Antwort: Es ist wahr, daß alles Kreatürliche schnell verfällt und sicher zugrunde geht; aber mit Gottes Wort ist es anders, und dies ist es ja, was du ausrichten sollst! – Die eindrucksvollste Auslegung, die in diese Richtung geht, ist die von Brahms im Deutschen Requiem. Die früheste uns erhaltene ist die des Glossators (V. 7 Ende).

Die Frage: „Was soll ich predigen?" kann aber auch aus der vollen Bereitschaft heraus gestellt sein, dem Befehl zu folgen, und aus dem Wissen heraus, daß ein Prediger nicht Eigenes zu verkündigen hat, sondern das, was aus Gott kommt (z. B. Jer. 23,16). Die bloße Aufforderung „Predige!" *muß* ja die Frage nach dem Was provozieren. Übrigens würde die Kürze der Frage des Propheten der Kürze des Befehls entsprechen. Wenn die Antwort mit V. 6b begänne, wäre sie aufregend genug. Sie würde den Einwand im voraus parieren, der aus den Reihen der Verbannten gegen die Botschaft von Gottes Kommen und von der bevorstehenden Heimkehr der Exilierten erhoben werden müßte: „Was soll dieses fragwürdige ‚Evangelium' gegen die Weltmacht Babel, die uns grausam festhält? Seid doch nüchtern: die Machtverhältnisse entscheiden über den Geschichtsverlauf. Sinnlos, vom Kommen Gottes zu reden." – Sind VV. 6b–8 die Antwort darauf, dann sind sie selbst wieder Evangelium! Sowohl der fatale Respekt vor Babel als auch die von Babel ausgehende Faszination (so haben wir uns den möglichen Sinn von חַסְדּוֹ deutlich gemacht) sind durchaus unangebracht. Die Ältesten in der Gola haben Nebukadnezars Grausamkeiten angesehen, teils am eigenen Leibe erfahren; alle wissen um Babels zur Zeit bestehende militärische Macht. Die Pracht der Riesenstadt ist vor aller Augen. Aber das alles ist „Gras"; Gott kann im Nu damit Schluß machen. Der Verlauf der Geschichte hat es gezeigt: Babels Stunde schlug bald darauf.

Aber nun laufen die beiden Deutungen in V. 8 doch wieder zusammen. Es ist wahr, alles Kreatürliche ist vergänglich, brüchig, verletzlich. Das gilt für Babel, und das gilt auch (hier hat der Glossator recht) für Gottes eigenes Volk. Das Neue Testament hat das Wort, daß alles Fleisch wie Gras ist, aufgenommen. Das menschlich Große, Stolze, Imponierende, Sicherheit Versprechende, das, was den Menschen gegen Gott auftrumpfen läßt, muß zusammenbrechen und vergehen. Was bleibt, ist das, was Gott selbst schafft und tut. Es mag für uns schmerzhaft sein, die Grenzen des Sarkischen an uns zu erleben. Wird es uns aber zum „Kreuz", dann gibt es dahinter das Auferstehen. Das Erleben der Verbannten ist dazu ein bildhaftes Vorspiel.

Was „bleibt", nein, was immer wieder „aufstehen" wird (יָקוּם), ist das Wort Gottes, der Grund unserer neuen Existenz (1. Petr. 1,23–25). In zweierlei Sinn. Das „sich erhebende", „aufstehende", an uns ergehende Wort schafft bereits, indem es geschieht, eine neue Lage. Wie immer die äußere Situation aussehen mag: Gott redet mit uns, Bisher: das lastende Schweigen, die Verschlossenheit Gottes gegenüber seinem Volk, die abgebrochenen Beziehungen, die nicht mehr bestehende Gemeinschaft. Jetzt: das ergehende, „aufstehende", sich ereignende Wort, die lebendige Anrede Gottes an sein Volk. Wer einmal begriffen hat, daß Gott nicht nur dazu da ist, für einen möglichst angenehmen, ungestörten Ablauf der weltlichen Dinge zu sorgen, sondern daß es auf unsere Gemeinschaft mit Gott und darum zuerst auf *seine* Gemeinschaft mit *uns* ankommt: der weiß, was es bedeutet, daß Gott mit uns *redet*. Gott? Oder doch nur der Prophet? Es heißt: „Predige!" – und dann: „Das Wort unseres Gottes bleibt ewiglich." Predigt ist nicht nur in dem Sinne Wort Gottes, daß sie Zutreffendes über Gott aussagt, sie ist es darin, daß – unter dem schwachen Menschenwort – Gott selbst das Wort ergreift und mit seinem Volk Kontakt aufnimmt. Gott „kommt" in seinem Wort. Er will sein Volk damit „trösten". Mit der

Berufung des Propheten entsteht für die Verbannten eine ganz neue Lage. *Alle* Verkündigung läßt dieses Neue geschehen: Gott spricht mit uns. (Was das für die Art unserer Predigt bedeutet, kann hier nur kurz angerührt werden: sie darf nicht Referat sein oder persönlicher Beitrag zum Gespräch über Gott, sondern Vehikel für Gottes Anrede und Zuspruch.)

Daß Gott redet, schafft schon eine neue Lage. Dies würde auch dann gelten, wenn die Verbannten in ihrer Verbannung blieben. Es könnte dann sein wie bei zwei Liebenden, die lange voneinander getrennt waren: daß sie *sich wiederhaben*, macht sie glücklich, wäre auch ihre Kost bescheiden und würde es auch durchs Dach regnen. Aber Gott läßt es nicht bei dem, was ist. Babel vergeht. Aber was Gott sagt, „steht auf". „Unter Wort Jahwes ist . . . konkret die von prophetischen Worten getragene eschatologische Erwartung zu verstehen", – „das Ende der Reiche dieser Welt. Denn er (Gott) selbst tritt nun die Herrschaft über den Erdkreis an" (Begrich, S. 97 und S. 78). Wie dies ins Neutestamentliche zu übersetzen ist, auch in Anbetracht der Täuferpredigt, braucht hier nicht ausgeführt zu werden. Gott hält im kommenden Christus seinen Weltadvent.

<h2 style="text-align:center">3.</h2>

Nun wird „Jerusalem" selbst – Gottes Volk, wir können auch sagen: die ganze Kirche – zur Trägerin der großen Trostbotschaft. Die hörende Gemeinde nimmt das an sie ergehende Wort auf und macht es zu ihrem eigenen Wort. Die VV. 9–11 werden aufzufassen sein „als Nachahmung der Instruktion eines Siegesboten, der vom Schlachtfeld die Kunde nach Hause überbringen soll" (Begrich, S. 52 – vgl. 1. Sam. 31,9; 2. Sam. 1,20; 18,19ff.). Von hohem Berge aus ruft er; er soll von allen gesehen und gehört werden. „Jerusalem" soll nun als „Freudenbotin" diese Rolle übernehmen. Was an die Welt auszurichten ist, wird wörtlich vorgeschrieben; es ist die Adventsbotschaft von dem kommenden Gott (V. 9 Ende). Der Vergleich mit dem Siegesboten hat auch sonst die Sprache des Abschnitts beeinflußt: „Lohn" und „Erwerb" sind technische Ausdrücke für „Beute" (vgl. Hes. 29,18–20) (V. 20). Gottes „Beute"? Nichts anderes als sein erlöstes Volk – es geht vor ihm her, wie wenn eine Herde vom Hirten geführt und getrieben wird (vgl. etwa Gen. 32,18); V. 11 nimmt dann dieses Bild auch ausdrücklich auf. Jahwe kommt und bringt als Sieger sein Volk heim. Jerusalem, ursprünglich Empfängerin des Trostes, wird zur Botin für alle Städte Judas. Noch sind die Verbannten nicht heimgekehrt, aber das Siegeslied wird bereits angestimmt. Jerusalem soll die Stimme mit Macht erheben und sich nicht fürchten (V. 9).

Die Weltepiphanie Gottes stellt sich hier dar als Sieg, den Jahwe gewonnen hat. Gott kommt seinem bedrängten Volk zu Hilfe. Hier aktualisiert sich älteste Glaubenserfahrung Israels (Richt. 5,4f.; Ps. 18,8–16; 68,8f. 34f.). Ein in babylonischen Epiphanietexten erscheinendes kosmisch-mythisches Motiv wird in Israel ins Geschichtliche gewendet (Wstm., Das Loben Gottes in den Psalmen, Berlin 1953, S. 67) und gewinnt in unserm Text darüber hinaus eschatologischen Sinn. Gott siegt über Babel. Wir dürfen dies auf der Ebene neutestamentlichen Glaubens noch ausweiten oder vertiefen: Gott erscheint bei uns und befreit uns von den hintergründigen Mächten des Verderbens, die uns bisher von ihm getrennt und damit unser Leben zerstört und hoffnungslos gemacht haben. Gott ist für uns – wer kann dann wider uns sein?

Dabei übersehen wir nicht die ekklesiologische Seite der Adventsbotschaft. Der „Hirte" läßt die „Herde" vor sich hergehen. Die hier angewandte Sprache läßt den Sachverhalt von zwei Seiten her sehen. Gott hat sich sein Volk erworben – als Lohn und Ertrag seines Mühens, aber zugleich als Beute, die er dem Feind entrissen hat. Die Kirche ist nicht eine

Vereinigung Gleichgesinnter, zusammengehalten durch gemeinsame Überzeugungen und Interessen. Sie ist das Volk, das Gott sich „erworben, gewonnen" hat (Erklärung Luthers zum 2. Artikel), sozusagen losgeeist, herausgerettet (Kol. 1,13), die „Beute", die er heimbringt. Und diese Beute besteht nicht in Wagenladungen voll Kostbarkeiten, sondern in der „Herde", die er weidet. Babel war die bedrückende, das Leben unfrei machende Gewalt; Herrschaft, die man nur zähneknirschend erträgt, weil sie auf Schwerter, Lanzen und Pfeile gegründet ist. Hier: der Hirt, der für die Herde sorgt, auf ihr Wohl bedacht, liebevoll. „Er wird die Lämmer in seinen Arm sammeln und im Bausch seines Gewandes tragen und die Mutterschafe führen." „Herrschaft" von ganz neuer Qualität: sie besteht in nichts anderem als in liebender Zuwendung. Auch diese Aussage steht unter dem Gesamtthema des Abschnitts: „Tröstet mein Volk!"

4. Sonntag im Advent. Joh. 1,19–23(24–28)

Der Abschnitt VV. 19–34 ist ein Ganzes. Das im Prolog (VV. 6–8.15) angekündigte Thema wird hier ausgeführt: „Das Zeugnis des Johannes" (V. 19). Wieso der Täufer „Zeuge" ist (der das Bezeugte selbst gesehen hat), sagt erst V. 32, worauf am 1. S. n. Epiph. zurückzukommen sein wird (s. d.). Bestechend, dennoch bestritten, ist Bltm.s Versuch der Rekonstruktion einer Urfassung: V. 25 schließt dabei unmittelbar an V. 21 an (VV. 22–24 sind danach kirchliche Interpolation). V. 27 ist nach Bltm. Ergänzung aus synoptischer Tradition, ebenso V. 32. Auf V. 26 läßt Bltm. darum VV. 31.33f. folgen, während VV. 34 und 28 den Schluß bilden. Die Auffüllungen aus synoptischem Überlieferungsgut wären freilich auch dem Evangelisten zuzutrauen, der dessen Kenntnis bei seinen Lesern voraussetzt (1,33; 3,24). Der Prediger halte sich an den vorliegenden Text.
V. 19: Überschrift und Situationsangabe. „Die Juden" (ähnlich nachher in V. 24 „die Pharisäer") sind für den vierten Evangelisten zum Inbegriff der Jesus und damit auch dem Täufer feindlich gesinnten Kreise, ja geradezu der ungläubigen „Welt" geworden. Das Synedrium hat eine aus Priestern und Leviten bestehende (es geht ja bei der Taufe um „Reinheitsfragen", vgl. 3,25) Untersuchungskommission an die Taufstelle gesandt. Der Vorgang hat amtlichen Charakter. Die Frage zielt von vornherein in die mit V. 8 bezeichnete Richtung. – V. 20: Die Täufersekte (noch im 2. Jh.) hielt Johannes für den Messias; darauf zielen wohl auch Luk. 3,15; Apg. 13,25. „Bekennen" und „nicht leugnen" weisen auf den Mut, der zu dem (einstweilen noch per negationem vollzogenen) Christusbekenntnis gehört. – V. 21: Man erwartete den „vor dem Herrn" hergehenden Elias (Mal. 3,1.23; zit. Mark. 1,2; vgl. auch Luk. 1,17; Mark. 9,13 Parr.) und sah diese Erwartung im Täufer erfüllt (Matth. 11,14); hier wird diese Identifizierung abgestritten (s. u.). „Der Prophet" (bestimmter Artikel wie 1,25; 6,14; 7,40; anders 4,19) dürfte die in Qumran (1 QS 9,11) aufgrund von Deut. 18,15.18 erwartete messianische Heilsgestalt sein (Schnbg. z. St. – ursprünglich meint die Deut.-Stelle, daß „immer wieder" ein Prophet wie Mose vorhanden sein werde). Weiteres s. u. – V. 22: Nach den Negationen erwartet die Kommission für ihren amtlichen Bericht nun eine positive Antwort. – V. 23: Was synoptische Tradition *über* den Täufer sagt, bekennt dieser hier von sich selbst (mit betontem ἐγώ, das man am besten mit „ich – nur" wiedergibt). Wiedergabe des Zitats frei; in εὐθύνατε (Luk. 1,79: κατευθῦναι) sind ἑτοιμάσατε und εὐθείας ποιεῖτε in eins zusammengezogen. βοῶντος ist qualitativer Genetiv: nicht ein anderer bedient sich seiner Stimme zum Rufen, sondern er ist selbst der Rufer. „Rufer in der Wüste" wie LXX und die Synoptiker. – V. 24: Keine andere Gruppe. Der Vers ist nur wie ein „aufgesetztes Licht": „Abgesandt waren solche, die zu den Pharisäern gehörten." Die typisierende Sprache des vierten Evg.s nennt sie oft zusammen mit dem Synedrium (7,32.45–48; 11,47.57; 18,3); nach 70 sind sie die alleinigen religiösen Autoritäten. – V. 25: Nach Meinung der Kommission muß die Johannestaufe einen messianischen Sinn haben; der Täufer muß also bisher das Wichtigste über seine Rolle verschwiegen haben. – V. 26: Wieder ein (stark verkürztes) synoptisches Zitat. Der Evangelist *kennt* die weggelassene Fortsetzung (V. 33), aber er aktualisiert: Der Kommende ist schon da, ihr *kennt* ihn nur nicht. – V. 27: Wieder ein Stück synoptischer Überlieferung. Statt ἱκανός hier ἄξιος (wie Apg. 13,25 – Luk. und Joh. sind einander in vielen Details nahe!). – V. 28: Die Örtlichkeit ist für uns nicht mehr auszumachen; sie scheint aber dem Evangeli-

sten nicht unwichtig zu sein (10,40ff.) Der Ort (ein Teil der Texte – auch Origenes – liest Bethabara) ist natürlich nicht mit dem Bethanien bei Jerusalem zu verwechseln.

Trotz des deutlich abschließenden Verses 28 – den Bultmann hinter V. 34 setzt – wird man sagen müssen: die hier geschilderte Verhörsszene bleibt faktisch unabgeschlossen. Man kann nicht einmal sagen, sie ende ergebnislos – als seien die Beauftragten nach Jerusalem mit leeren Händen zurückgekehrt („aus diesem Menschen war nichts herauszukriegen"). Die Szene endet *gar* nicht. Sie öffnet sich zu den Lesern hin, indem sie in Verkündigung ausläuft (wie z. B. auch die Nikodemusgeschichte). Wie es mit dem Täufer und seiner geistlichen Behörde in Jerusalem weitergegangen ist, interessiert nicht; aber *das* interessiert: wie es mit dem von ihm bezeugten Christus und *uns* weitergeht. Die Struktur der Erzählung entspricht genau dem, was sie *sagen* will: Er, der Täufer, ist nichts – Christus ist alles.

Wir sprechen von Verkündigung. Nicht von Polemik, obwohl der Abschnitt davon nicht ganz frei ist. Alle Bezeugung ist zugleich Abgrenzung gegen Widerstreitendes. Das Johannesevangelium setzt sich u. a. mit der Gemeinde der Täuferjünger auseinander, die es nicht nur im palästinisch-syrischen Raum (ist die geographische Notiz in V. 28 Hinweis auf eines ihrer Zentren? s. o.), sondern, wenn Lukas über verläßliche Nachrichten verfügt (Apg. 18,24–19,7), auch in Ägypten und Kleinasien gegeben hat. Der Evangelist selbst ist wahrscheinlich aus Täuferkreisen hervorgegangen (Bltm. im Kommentar S. 5 und S. 76); man kann nach seiner Darstellung ein echter Täuferjünger nur dann sein, wenn man sich von ihm zu Jesus leiten läßt. Der täuferische Satz: „Nicht Jesus ist der Messias, sondern der Täufer" (so nach den Pseudo-Clementinen, Rekognitionen I,54.60) wäre also das Dogma der Johannesjünger, dem sich der Evangelist widersetzt. Wenn es auch Täuferjünger, die nicht zu Jesus übergegangen waren, schon in den Tagen Jesu gegeben hat (Mark. 2,18 Par.), so ist doch – wie auch Apg. 13,25 – die Adresse der Aussagen das Täufertum in der Abfassungszeit unseres Evangeliums. Wir tun nun gut, den Satz von vorhin umzukehren: Polemik ist nur die Kehrseite der positiven Bezeugung. Dem Evangelisten liegt nicht am Sektenstreit. Er will Christus bezeugen – eben in Fortsetzung dessen, was der Täufer als seine einzige Aufgabe angesehen hat. Dabei soll die besondere Rolle des Täufers nicht geleugnet sein (5,35a). Aber was man am Täufer studieren kann, das gilt auch sonst von den Christuszeugen. „In diesem Evangelio wird ausgemalet das Predigtamt des Neuen Testaments, wie sich das halte, was es tu und was ihm widerfahre... Das Evangelion soll ein lebendige Stimme sein; darum ist Johannes ein Figur, Bild, dazu ein Anheber und der erste aller Prediger des Evangelii" (Luther, WA 10/1,2, 204). Aber es ist natürlich nicht nur an das öffentliche Predigtamt zu denken; jeder Christ ist in seinem Lebenskreis beauftragt, zu „bekennen" und „nicht" zu „verleugnen" (V. 20). Was das heißen könnte, soll an diesem Adventssonntag bedacht werden.

Wir sind nur die Zeugen des Kommenden, – (1) des Unverwechselbaren, (2) des Unvergleichlichen, (3) des Unerkannt-Gegenwärtigen.

I.

Daß Johannes mit seiner Predigt und seiner Taufe eine gewaltige, eine jedenfalls nicht zu übersehende Bewegung unter den Menschen ausgelöst hat, ist in unserm Evangelium nicht ausdrücklich vermerkt, aber es ist daraus zu erschließen, daß die geistliche Behörde in Jerusalem sich amtlich mit seiner Person und seinem Wirken befaßt. Man muß ihn stellen und von ihm Auskunft über sein Selbstverständnis verlangen. Ohne ein bestimmtes Sendungsbewußtsein kann niemand so auftreten wie der Täufer, und keiner kann das Interesse der großen Öffentlichkeit „nur so" in Anspruch nehmen, sondern man muß wohl „etwas Großes sein" (Apg. 8,9) oder mindestens von sich meinen, man sei etwas (Gal. 6,3); und dann wäre jedenfalls zu klären, als was der Betreffende sich ansieht und was man darum von ihm zu erwarten hat. Wenn die Szene konstruiert wäre – die Synoptiker bringen nichts dergleichen –, dann ist sie jedenfalls gut erfunden; das öffentliche Wohl verlangte eine solche Erkundigung.

Die in V. 20 mitgeteilte Antwort des Täufers überrascht. Daß er sich für den Messias halten könnte, liegt nicht in der Frage der Kommission, außerdem hat die Kommission nicht gefragt, wer er *nicht* ist, sondern wer er *ist*. Mag sein, der Evangelist schaltet sich unvermittelt in die Diskussion mit den Täuferjüngern seiner Zeit ein. Möglich, er setzt voraus, daß der Messias-Verdacht schon zu des Täufers Leb- und Wirkzeiten diskutiert wurde (Luk. 3,15); möglich auch, daß er, der Evangelist, sagen will, Johannes der Täufer habe auf Anhieb gewußt, worauf die Abordnung aus Jerusalem hinauswill. Einen Augenblick lang könnte es wie Abwehr klingen: „Ihr haltet mich für einen gefährlichen Mann, weil ich mir einbilde, der Messias zu sein? Das liegt mir völlig fern." Aber wir sollen den Täufer nicht so verstehen. Sein verneinender Satz ist von vornherein nicht als ein „Leugnen" zu verstehen, sondern als ein „Bekennen" (so dürfte die etwas umständliche Einleitung in V. 20 zu denken sein). Schon dieser erste Satz ist, wenn auch vorerst nur in der Negation, als ein Christusbekenntnis zu verstehen. „Ihr fragt, wer ich bin? Über mich zu reden lohnt sich nicht. Ich bin jedenfalls nicht der, über den allein zu reden sich lohnen würde: der Christus." Mit dem Christus will der Täufer nicht verwechselt sein. Er ist nur Zeuge des Kommenden, schon in diesem ersten Satz.

Luther hat in der vorhin zitierten Auslegung des Textes (Advents- und Weihnachtspostille) davon gesprochen, daß in der Frage der Abordnung an den Täufer eine Versuchung liegen könnte. Der Gedanke liegt nahe. Wenn die Tausende zu ihm hinauspilgern und auf ihn hören und sich ein fester Kreis um ihn bildet: wie könnte er dagegen gefeit sein, daß er sich selbst wichtig wird? Daß wir solcher Gefahr nur zu leicht erliegen, hat das Amt in der Kirche in Verruf gebracht. Je größer der Verantwortungsbereich seines Trägers – Pfarrer / Bischof / Papst – , desto größer die Gefahr, daß die Person des Amtsträgers interessant wird und den Kommenden verdeckt oder verdrängt. Wir werden darauf noch zurückkommen müssen. – Aber hier geht es nicht um die Mahnung: „Immer schön beschneiden und demütig!" Es geht um eine Glaubenserkenntnis, deren Geltung nicht nach einem Mehr-oder-Weniger zu bemessen ist, sondern uns in das Entweder-Oder stellt. Wir werden dies, am Text entlang, weiter zu bedenken haben.

Die negative Auskunft genügt den Fragern nicht; sie bohren weiter. Bis du *Elias*? Die Frage liegt damals in der Luft. „Keine biblische Persönlichkeit hat das religiöse Denken des nachbiblischen Judentums so stark beschäftigt wie diejenige des Propheten Elias" (ThWNT II, S. 930f.). Er, der einst geheimnisvoll Entrückte (2. Kön. 2,11), sollte wiederkehren (Mal. 3,23f.), und mit ihm würde die Heilszeit anbrechen. Geht er vor dem Herrn her – ein Zusatz zu Mal. 3,1.23f. identifiziert den Bundesboten und Vorläufer mit dem wiederkehrenden Elias (ThWNT II, S. 932) –, dann fragt sich nur, wer „der Herr" ist. Auf alle Fälle ist Elias für die damalige Erwartung eine Heilsgestalt: er stiftet Frieden zwischen den Menschen, beschwichtigt Gottes Zorn (Mal. 3,24), stellt die Stämme Israels wieder her (Sir. 48,10), auch sieht man in ihm einen Nothelfer (Mark. 15,35f.). Mark. 9,11 setzt solche Erwartung voraus. Jesus nimmt sie auf und sieht sie – wenn die diesbezüglichen Worte echt sind – in der Gestalt des Täufers erfüllt (Mark. 9,13; Matth. 11,10.14 und die Parallelen). – „Bist du Elias?", fragt die Kommission. „Ich bin's nicht." Wir brauchen jetzt nicht zu erörtern, ob des Täufers Selbstbeurteilung von der Jesu und seiner Gemeinde abweicht. Wir haben uns an das zu halten, was dieses Nein in unserm Text meint. Wer nachher sofort sagen wird: „nur die Stimme eines Rufenden", will offensichtlich, daß niemand ihm die Funktion eines Heilsbringers zuschreibe, auch nicht in abgestufter Weise, so also, daß des Täufers Wirken schon etwas von dem vorausnähme, was sich durch den Kommenden ereignen werde. Zu viele Hoffnungen hängen sich an den wiederkommenden Elias, als daß der Täufer sich auf eine solche Identifikation einlassen dürfte. Er ist nur Zeuge des Kommenden.

Nicht anders steht es mit der nächsten Anfrage. Wenn die Abordnung ihn auf seine Rolle als *Prophet* anspricht, rührt sie wiederum an zeitgenössische Heilserwartung. In der Heilzeit sollte die seit Maleachi ausgebliebene Prophetie wieder erwachen; das Auftreten eines Propheten wäre dann schon mehr als ein Signal, es wäre ein Stück des sich ereignenden Heils. Aber nun heißt es ja nicht einmal: Bist du ein Prophet?, sondern: „Bist du *der* Prophet?" Nach der Erwartung der Zeit (vgl. 7,40) war die Frage so zu verstehen: „Bist du der Deut. 18,15 verheißene Prophet wie Moses, der am Ende der Zeit als Heilsbringer kommen wird (vgl. Origenes, Kommentar zu Joh. 4,7 u. 15)?" (nach ThWNT VI, S. 840). Ein Prophet? Nein: *mehr* als ein Prophet (Matth. 11,9); keiner von den Weibgeborenen ist größer als der Täufer (Matth. 11,11a). – Johannes muß auch dieses abweisen, wenn die Frage wirklich so steht wie in unserm Text. Er muß auch dann nein sagen, wenn jemand ihn zwar nicht für den Messias, aber doch für einen Heilsbringer geringeren Formates ansieht, sozusagen wie einen kleineren Stern neben dem großen, helleuchtenden Stern. Johannes leuchtet überhaupt nicht im eigenen Licht (5,35, aus dem Zusammenhang erklärt, widerspricht dem nicht). „Er zerschlägt . . . die Versuche der Schriftgelehrten und Pharisäer" – gemeint ist: der Priester und Leviten –, „aus ihm etwas zu machen, das man auch ohne die Sache seiner Botschaft verstehen könnte, also einen frommen, begeisterten, asketischen, prophetischen, messianischen Heroen. Er bleibt der Zeuge. Er sagt, seine Existenz sei nicht aus sich heraus zu begreifen, sondern aus dem, der kommt" (Iwand, Pred.-Med., S. 421).

Solange das Interesse der Fragenden noch auf den Täufer selbst gerichtet ist, können die Antworten nur Negationen sein. Das bedeutet nicht, daß eine positive Antwort nicht möglich sei. Sie wird in den VV. 23 und 26 gegeben, bezeichnenderweise nicht mit Blick auf die Person, sondern auf die Funktion. Der Täufer gibt Zeugnis (V. 7), indem er ruft und tauft. Wichtig ist er nur, sofern er „Stimme" ist und, wenn man so will, taufende „Hand" („Täufer" wird er übrigens im vierten Evangelium nicht genannt, wohl aber wird seine Tauftätigkeit durch die conjugatio periphrastica, V. 28, als anhaltend beschrieben). Weist Johannes auf den Kommenden, dann ist er nicht Mitwirkender, sondern sein Zeuge. Er handelt nicht selbst, sondern er steht mit seinem Zeugnis für das ein, was er, der Kommende, tut. Johannes könnte Jesus nie auch nur zeitweise vertreten. Was Jesus tut, das kann wirklich nur er tun, und was er ist, das ist kein anderer. Der Zeuge und der Bezeugte sind unverwechselbar. Kommt jemand auf den Täufer zu mit der Erwartung, er möchte auf irgendeine Weise in die Rolle Jesu treten, so kann die Antwort nur lauten: „Ich bin's nicht." So verhält es sich mit dem Predigtamt: es hat nur soviel Recht, aus diesem Grunde auch nur soviel Kraft, wie sich aus seinem Auftrag ergibt, im Rufen und Taufen auf Christus hinzuweisen. Wer das Amt der Kirche soziologisch sieht, also danach fragt, wie der Amtsträger als Mensch mit den anderen zusammenlebt und – wirkt, die das Amt nicht haben, – wer also das Amt aus dem Miteinander der verschiedenen Menschen in der Gemeinschaft Kirche begreifen will: der kann es nur – abschaffen. Aber es ist ja die in der Wüste rufende Stimme, die den Kommenden bezeugt. Das wäre in der Tat die große Versuchung, daß der Prediger als Person wichtig wird. Der ist der beste Prediger, den die Hörer vergessen, weil ihnen durch sein Wort Christus über alles wichtig wird. Man wird nichts dagegen haben, wenn Menschenmassen dem Papst zujubeln, weil sie ihn liebhaben; aber nur unter der Bedingung, daß er – wie auch immer – deutlich macht: „Ich bin's nicht – ich bin nur sein Zeuge." (Vgl. u. 3; hier ist festzuhalten:) Der, der auf den Kommenden hinweist, und der Kommende selbst sind unverwechselbar. Der Täufer „war nicht das Licht, sondern er sollte zeugen von dem Licht" (V. 8).

2.

Der Täufer ist Zeuge des Kommenden. Er sagt nicht nur, daß er es ist, sondern das Zeugnis geschieht. Wir werden auf V. 26 nachher einzugehen haben; zunächst wenden wir uns V. 27 zu – vielleicht einer „Ergänzung aus der synoptischen Tradition (Mark. 1,7 Parr.)" (Bltm.). Es ist schwer einzusehen, wieso man sich diesen Vers aus der Perikope sollte wegdenken können (was Bltm. tut). Der Text wäre – seiner betonten Absicht zuwider – ohne Christusaussage, denn für sich genommen kommt ja V. 26 über den Hinweis auf den Unbekannten nicht hinaus. Hier, in V. 27, weist das Zeugnis des Täufers jedoch, bei aller Zurückhaltung in der Aussage, auf die überragende Größe des Unvergleichlichen. Der Täufer weiß, daß er es nicht wert ist, ihm den Sklavendienst des Losbindens der Sandalenriemen zu tun.

Mit dem Wort „Zeugnis" wird ein hoher Anspruch erhoben – nicht hinsichtlich der Person des Zeugen, sondern hinsichtlich des Wertes seiner Aussage. Der Begriff hat seinen Ort im Bereich des Forensischen. Der Zeuge kann vereidigt werden. In jedem Fall hat seine Aussage den Charakter des Verbindlichen. „Die Wahrheit und nichts als die Wahrheit." Wer als Zeuge auftritt und aussagt, muß also um den Tatbestand wissen. Er wird in der Regel Augenzeuge sein, so daß er mit seiner Person für den bezeugten Sachverhalt einstehen kann. Johannes „sollte Zeugnis geben von dem Licht".

Wieso er das kann, wird in unserm Evangelium nicht erörtert. „Auch ich kannte ihn nicht", heißt es VV. 31.33; erst bei Jesu Taufe geht Johannes auf, wen er vor sich hat. Ist die Christusaussage von V. 27 ein Anachronismus im Gang der Erzählung? Hat der Täufer von dem Kommenden gewußt, *was* er ist, ehe er wußte, *wer* er ist? Der Text läßt das offen. Wußte sich Johannes doch als der Vorläufer, dann mag er Mal. 3,1 im Sinn gehabt haben: „Vor mir her den Weg bereiten..., spricht Jahwe Zebaoth." Man sollte nicht allzu dezidiert behaupten, beim vierten Evangelisten sei der Täufer nur Zeuge, nicht aber Vorläufer; wohl liegt der Ton auf dem Zeugnis, aber es heißt doch auch: „der nach mir kommen wird" (V. 27) und: „ich bin vor jenem hergesandt" (3,28). Gilt ihm aber Mal. 3, dann ist der Kommende *Gott selbst*. Also nicht *Jesus*? Wer den Prolog gelesen hat, fragt nicht so.

V. 27 nimmt das synoptische Täuferwort auf; schon dort findet sich also diese christologisch hochbedeutsame Aussage. Johannes fühlt sich nicht wert, dem „Stärkeren" den geringen Sklavendienst zu tun. Das dort gebrauchte Wort ἱκανός bedeutet: genügend, entsprechend, groß genug, passend, geeignet, geschickt, tauglich; das Wort ist hier (wie Apg. 13,25) durch ἄξιος ersetzt. Beide Worte sind sinnverwandt. Wollte man die Bedeutungsdifferenz etwas überschärfen, so würde das erste besagen: „ich kann nicht", das zweite: „ich darf nicht", „es kommt mir nicht zu". Eine schwindsüchtige Christologie würde von Jesus und dem Täufer sagen: beinahe Kollegen – oder etwas poetischer, wie vorhin ausgedrückt: ein großer und ein (etwas) kleinerer Stern. Der Täufer würde sich verwahren: Nicht einmal sein Sklave traute ich mir zu sein. Übertreibende Unterwürfigkeit? Das würde nicht zu dem uns überlieferten Persönlichkeitsbild des Täufers passen (Matth. 11,7f.). Nein: ernst gemeinte christologische Aussage, noch gar nicht formelhaft und klischeeartig, noch feurig-flüssiges Zeugnis, und darum um so sprechender. Der Täufer schaut auf zu dem Unvergleichlichen, dem den Weg zu bereiten seine Aufgabe ist.

Jetzt erst wird deutlich, warum der Täufer zu Anfang des Verhörs sein eindeutiges „Ich bin's nicht" so schroff durchgehalten hat. Es könnte ja sonst geschehen, daß die Besonderheit des Unvergleichlichen undeutlich wird. Der Täufer und der Kommende sind nicht wie zwei Vulkanberge, die, obzwar von verschiedener Höhe, aus demselben Erdgrund hervorgewachsen sind. Zweierlei Woher: „Es war ein Mensch" (V. 6) – und: „Das Wort war im Anfang bei Gott" (V. 2). Nun sind sie sich, nachdem das Wort Fleisch geworden ist (V. 14), in dieser Welt begegnet bzw. werden sich noch begegnen (Luk. 1,41; Joh. 1,32). Aber das hebt die steile Differenz des Ursprungs nicht auf. Darum mußte der Täufer der Versuchung wehren, sich selbst und den Kommenden gemeinsam in die Welt der Religion, d. h. aber: des auf sich selbst gestellten und nur von „unten" her gesteigerten Menschlichen einzuordnen. Wäre der Täufer daran interessiert, unter seinesgleichen ein (relativ) „Größerer" zu sein (noch einmal: Apg. 8,9), dann wäre damit die Einsicht verdunkelt, daß uns nur von dem Ganz-Anderen, dem Unvergleichlichen, geholfen werden kann, der uns zuliebe „Fleisch wird".

Zu Weihnachten wird noch davon zu sprechen sein, was es bedeutet, daß wir in Christus unsern Gott ganz nah und menschlich haben. Es darf nur nicht dies passieren, daß wir dabei ganz vergessen, *wer* da Fleisch geworden ist. Es ist wahr: er schämt sich nicht, uns Brüder zu heißen, aber er ist hoch erhaben über alle Engel und alle anderen Kreaturen (Hebr. 2,11; 1,2ff.). Unsere katholischen Brüder beugen vor dem Christus praesens das Knie – wir Protestanten haben uns das abgewöhnt. Der Täufer: Nicht einmal seine Schuhriemen traue ich mich aufzubinden. Die frommen Formen sind variabel; nur: ist uns etwa mit der Form auch in der Sache etwas verlorengegangen?

Johannes steht als der Zeuge für den kommenden Christus ein. Jesus ist der Christus und der Sohn Gottes (5,31ff.; 8,18f.; 1. Joh. 2,22f. u. ö.). Nicht das Zeugnis macht Jesus zum Christus. Der Zeuge schafft nicht Tatbestände; er hat sie wahrgenommen und macht sie geltend. „Im Zeugnis wird die Wahrheit des Bezeugten von der Person dessen, der sie bezeugt, abgelöst, wird ‚objektiv', öffentlich gültig. Im Zeugnis überführt der Zeuge die Zweifelnden, Ungläubigen, Widersprechenden von der an und für sich gültigen Wahrheit des Bezeugten" (Iwand, a. a. O., S. 421). Noch spricht der Zeuge als Prophet. Er sieht den Kommenden vor sich. Noch ist – im Text – Advent. Bald wird es heißen: „Wir haben den Messias gefunden!" (V. 41). Und: „Wir sahen seine Herrlichkeit" (V. 14). Und: „Wir haben geglaubt und erkannt, daß du der Heilige Gottes bist" (6,69).

3.

V. 26 spricht von dem Unerkannt-Gegenwärtigen. Der Kommende ist nicht weit. Irgendwo in der Menge befindet er sich. Daß Jesus aus der Täufergemeinde hervorgegangen, daß er selbst von Johannes getauft worden ist, gehört zu den von der kritischen Jesusforschung am wenigsten bezweifelten Tatsachen. Nach dem Johannesevangelium haben die ersten Jünger ihn in dieser Menschenschar entdeckt (VV. 35ff.). Auch der Täufer hat ihn erst herausfinden müssen (s. o.). Aber daß er schon unter den vielen ist, die sich um den Täufer gesammelt haben, dies weiß Johannes. „Er ist mitten unter euch getreten." Der Unverwechselbare, der Unvergleichliche, ist – ob auch noch unerkannt – gegenwärtig. Was für ein beglückendes und zugleich beunruhigendes Wissen: hier irgendwo muß er sein!

Unerkannt ist Jesus in zweierlei Sinne. Einmal: man weiß noch nicht, wer unter den vielen der Kommende ist, von dem der Täufer spricht. Zum andern: auch wenn man ihn herausgefunden hätte, wäre er noch unerkannt, weil sein Besonderes in der Niedrigkeit eines schlichten Menschenlebens verdeckt ist. Es bedarf in jedem Fall pneumatischer Erfahrung. Einen, der an den Maßstäben der Welt zu messen wäre, könnte man auf weltliche Weise herausfinden: Wer ist der Klügste, der Gebildetste, der Erfahrenste, der Erfolgreichste, der Frömmste, der Mitreißendste und Überzeugendste, wer ist das Genie des Jahrhunderts? Das, worauf es dem Täufer ankommen muß, weil er um die Vertikale des Ursprungs des Kommenden weiß, bleibt welthaftem Erkennen verschlossen. Das Wort „war in der Welt, und die Welt kannte es nicht" (V. 10). Jesus selbst: „Ihr kennt weder mich noch meinen Vater" (8,19). Wir haben natürlicherweise kein Organ für die in Jesus präsente Gotteswirklichkeit.

So wird es beinahe zum Abenteuer, den vom Täufer bezeugten Christus, den Unerkannt-Gegenwärtigen, zu entdecken. Wie es dabei zugeht, zeigen die Szenen der schon erwähnten VV. 35ff. Die „Initialzündung" ist auf alle Fälle das Zeugnis des Täufers (V. 36), der Jesus selbst – in unmittelbarer Begegnung und pneumatischer Erfahrung (V. 32) – erst hat entdecken müssen. Es geht uns grundsätzlich nicht anders. Der Herr ist zwar nicht mehr auf irdische Weise unter uns gegenwärtig. Aber auch als der Erhöhte ist er mitten unter uns. Advent ist immer. Es bedarf nur manchmal langer Zeit und wohl auch einiger Geduld, bis man ihn so wahrgenommen hat, daß man sagen kann: „wir haben geglaubt und erkannt..." Damit es dazu komme, dazu dient das Zeugnis der Predigt. Die Predigt zeigt auf Christus. Ohne den Hinweis des Täufers, ohne die Engelbotschaft auf dem Hirtenfeld, ohne das Wort des alten Simeon und ohne die Predigt der Apostel und ihrer Nachfolger wäre Jesus Christus unentdeckt geblieben. Das Wort weist auf den Kommenden. Genauso die Taufe des Johannes. Sie hat, wie wir sahen, keinerlei Eigenbedeutung. „Ich" (betont) „taufe (nur) mit Wasser"; wenn das einen Sinn hat, dann nur als Hinweis auf Ihn. Aber diesen Sinn hat die Taufe des Johannes nun tatsächlich. Sie lenkt die Aufmerksamkeit auf den, in dem Gott selbst zu uns kommt.

Nur Zeuge sein: damit ist jedoch nur die eine – freilich unaufgebbare – Seite des Predigtamtes kenntlich gemacht. Die Gebärde des Zeugen ist, so könnte man sagen, der (übergroß dargestellte) Zeigefinger des Täufers auf Grünewalds Isenheimer Kreuzigungsbild, sie hat demonstrativen Sinn. Das Predigtamt hat aber – darüber hinaus, ja sogar recht eigentlich – eine instrumentale und darum exhibitive Funktion. Das, worauf der Zeuge – er steht bei Grünewald bezeichnenderweise *neben* dem Kreuz – *hinweist* („siehe!", V. 36), das *geschieht* ebendort, wo der Prediger steht. Wie das? Soll nun zu guter / böser Letzt doch der, der sagen soll: „Ich bin's nicht", als Mitwirkender dem Herrn beigeordnet werden? Oder soll unsere Unmittelbarkeit zu Christus, dem „einigen Mittler und Erlöser", nun doch bestritten sein, indem der Amtsträger zwischengeschaltet wird, der durch sein Tun die Gemeinschaft mit Christus herstellt? So darf es nicht sein. Ich, der Christ, habe unmittelbar Zugang zu Christus, meinem Herrn, und durch ihn im Geist zum Vater. Wie aber kommt es zu dieser Christusgemeinschaft? Nicht so, wie die Spiritualisten es sich vorstellen, für die das Wirken Christi sich unverleibt vollzieht, unmittelbar, nicht an die Predigt und die Sakramente gebunden. Für sie können Wort und Zeichen nur darauf hinweisen, daß, wann und wo der Geist es will, ein Funke überspringt; aber es handelt sich dabei wirklich nur um ein Überspringen, nicht um leibhafte Vermittlung. Jedoch, so paradox es klingt: die Christusunmittelbarkeit gibt es nur vermittelt, nämlich durch die Gnadenmittel, die zu verwalten dem Amt befohlen ist (1. Kor. 4,1; 9,17: Röm. 10,14–17; CA V). Im Gleichnis geredet: Zu dem Wein, den ich trinke, habe ich ein unmittelbares Verhältnis, wenn er mir über die Zunge geht; aber ohne das Glas, aus dem ich trinke, bekäme ich ihn nicht. (Das Glas ist nicht condicio qua, sondern condicio sine qua non.) Nein, die Person des Amtsträgers und seine Stellung im sozialen Gefüge interessiert überhaupt nicht, und wenn jemand ihn als heilswirksam ansähe, dann hätte er zu protestieren: „Ich bin's nicht." Aber *Werkzeug* ist er, dessen sich Christus bedient. Nicht: wir wirken mit Gott zusammen, sondern *Gott* wirkt *durch uns* (2. Kor. 5,20; 1. Kor. 3,5.9). Wir bezeugen also nicht nur Gottes Wirken, sondern wir sind sein Mund und seine Hand. Ist dies deutlich, dann ergibt sich daraus auch, daß das Zeugnis des Täufers noch nicht christliche Predigt ist und seine Taufe („nur mit Wasser", V. 26) noch nicht christliche Taufe. Er ist eben noch nicht Apostel, der „Botschafter" des Gekommenen ist, sondern nur Prophet, der auf den Kommenden weist; er steht noch vor der Schwelle (Matth. 11,11).

Mitten unter uns ist getreten, den wir noch nicht kennen (V. 26). Oder kennen wir ihn nicht doch? Beides wird richtig sein. Die Gemeinde am 4. Advent weiß, wen sie empfängt, wenn sie das Wort der Predigt hört und annimmt und aus den Sakramenten lebt. Zugleich erfährt sie sein Kommen immer neu. Wir *haben* ihn, indem er *kommt.* Wir *kennen* ihn, indem er sich auf uns zu bewegt und mit uns Verbindung aufnimmt. Wir lassen uns auf den Kommenden hinweisen, aber schon ist dieser mitten unter uns und nimmt in seinen Gnadenmitteln mit uns Verbindung auf. Nach dieser Richtung hin ist die Perikope offen.

Christvesper. Joh. 7,28–29

Dieser und der folgende Text haben nicht wenig gemeinsam. Überschneidungen bzw. Wiederholungen werden, wenn man den Texten gerecht werden will, kaum zu vermeiden sein.

Scheidet man, wie die neueren Kommentare übereinstimmend tun, die VV. 15–24 (hinter 5,47 zu plazieren) aus, so ergibt sich für Kap. 7 eine straffe Folge kurzer Szenen. Die Perikope ist dem Abschnitt VV. 14.25–30 zugehörig: Gespräch mit den Jerusalemern im Tempel in der Mitte, d. h. am vierten Tage des Festes (Bltm. z. St.). Bltm. rechnet Jesu Worte der von ihm vermuteten Quelle der „Offenbarungsreden" zu; löst man sie aus der szenischen Einkleidung, dann reden sie nicht nur zu „einigen Jerusalemern" (V. 25), sondern zur (nichtglaubenden) „Welt" (Bltm. z. St.). Reaktion: ein Verhaftungsversuch; der Leser soll die Herausforderung dieses Selbstzeugnisses Jesu ermessen.

Die Szene spielt im Tempel (V. 14), wo Jesus öffentlich zu lehren pflegte (18,20). Auch nach synoptischer Überlieferung kommt es an heiliger Stätte (Joh. 2,16: „meines Vaters Haus") zu wichtigen Selbstbezeugungen (Davidssohnschaft, Mark. 12,35; Vollmachtsfrage, Mark. 11,27 Parr.), bei Johannes ferner 8,20.59; 10,23; 11,56. – Um seiner Selbstbezeugung willen hatten „die Juden" versucht, ihn zu töten (5,18). Jetzt tritt Jesus wieder öffentlich auf. Darum die Frage der Leute: „Sollten etwa die Ratsherren tatsächlich gemerkt haben, daß er der Messias ist?" Doch sie machen sich selbst den Einwand V. 27. Er beruht darauf, daß das späte Judentum meinte, der Messias könnte unerkannt, ja seiner messianischen Sendung sich nicht einmal bewußt, in der Verborgenheit schon dasein (Justins Dialog mit dem Juden Trypho 8,4; 49,1; 110,1 – vgl. ThWNT IX, S. 515). Weiß man, woher einer stammt und kennt man ihn bereits, dann ist nicht der Messias ist.

V. 28: κράζειν ist inspiriertes Reden (1,15; 7,37; 12,44; Röm. 8,15; Gal. 4,6), weist also auf den Offenbarungscharakter der Worte Jesu. „Ihr kennt mich sowohl von Person als auch meiner Herkunft nach." „Durch das καὶ . . . καί . . . erhält der Satz einen besonderen Ton: ‚Gewiß! Ihr kennt mich und wißt . . .' Weizsäcker trifft den paradoxen Sinn sehr gut: ‚So? Mich kennt ihr und wißt . . .?'" (Bltm. z. St.). Das καί vor ἀπ' ἐμαυτοῦ hat adversativen Sinn (wie 1,10f.; 3,11.19; 7,34; 10,25 u. ö.); das Griechische kennt καί im Sinne von „und doch" (Bauer, WB unter g), aber es dürfte semitisches Sprachempfinden (ו als „aber") dahinterstehen (Bltm. spricht vom „semitischen Text der Quelle"). Das „nicht von mir aus" spielt in Jesu Selbstzeugnissen eine große Rolle (5,19.30; 7,17f.; 8,28; 14,10). Das Perfekt ἐλήλυθα spricht von dem Zustand, der sich aus dem Akt des Kommens ergeben hat: „ich bin hier". Das Gesandtsein Jesu durch den Vater und daß der Vater ἀληθινός ist, sind zwei Gedanken, die sich hier „verschlingen" (Bltm.). „Der Ursprung Jesu liegt nicht in dieser Welt; ein ‚Wirklicher' oder ‚Wahrhafter' ist da, der ihn gesandt hat" (Schnbg. z. St.). Bltm. u. a. übersetzen „wahrhaftig", „zuverlässig" (so auch die – sekundäre – LA ἀληθής). Es soll aber wohl die Existenz (vorangestelltes ἔστιν) des Sendenden und dessen göttliche Wirklichkeit hervorgehoben werden (ἀληθινός ist Attribut Gottes, 17,3) (so Schnbg.). Daß die Jerusalemer Gott nicht kennen (8,55), ist ein hartes Wort. – V. 29: „Ich hingegen"; der adversative Sinn ergibt sich aus dem vorangestellten ἐγώ (wie im Hebräischen). Ein Teil der Überlieferung liest παρ' αὐτῷ; es geht aber um die Sendung *von* Gott *her*, wobei freilich der Ursprung in Gott (1,2; 5,26 u. a.) vorausgesetzt ist.

Es wird Jahr für Jahr zur Christvesper viel Mühe und Liebe aufzubringen sein, wenn es gilt, die Gemeinde – die Gemeinde an *diesem* Abend mit ihren Erfahrungen und Erwartungen – zu der Sache zu führen, um die es im Evangelium geht, d. h. aber zu der Person, nach der das Christfest seinen Namen hat. Es könnte an diesem Abend in der Hörerschaft solche geben, die nicht protestieren würden, wenn der Christusname nicht fiele. Das weihnachtliche Drum und Dran wäre ihnen genug. „Es weihnachtet sehr" – was mögen sich die verschiedenen Menschen darunter vorstellen? Wir haben das jetzt nicht zu erörtern. Wir werden die Menschen nicht einteilen in solche, die als approbierte Christen gelten dürfen, und solche, die eigentlich nicht hergehören. Gekommen ist Christus für *alle*. „Wie viele ihn aufnahmen, denen gab er Macht, Gottes Kinder zu werden" (1,12). Es wird an diesem Abend manchen geben, der nicht gesonnen ist, Christus „aufzunehmen", geschweige denn, eine feste Bindung des Glaubens einzugehen. Aber wenn es danach ginge, wie wir von Hause aus „gesonnen" sind, wäre wahrscheinlich keiner wirklich „bei der Sache". Nicht, weil vieles, was da „weihnachtet", diesmal – nur diesmal – Christus verdrängt, sondern weil das „Annehmen" in jedem Fall Wunder ist. Und wer gibt uns das Recht, das Wunder in dem einen Falle zu erwarten und im anderen *nicht*?

Die Aufgabe des Predigers ist diesmal besonders schwierig, weil die Textaussage in ihrer christologischen Steilheit auf alle Fälle eindringendes Nachdenken, für manchen wohl durchgreifendes Umdenken verlangt. Wer, was im Stalle und auf dem Hirtenfeld geschehen ist, als freundlich-wärmende Poesie verstanden hätte – übrigens in nicht geringer Verkennung dessen, was sich da wirklich ereignet hat –, der müßte von dem, was der Text aussagt, befremdet sein. Vor uns steht der Mann Jesus, auf der Höhe seiner irdischen Wirksamkeit. Er „lehrt" – hier gilt es etwas zur Kenntnis zu nehmen, einzusehen, zu begreifen. Es kommt darauf an, herauszufinden, wer da eigentlich vor den Menschen steht und zu ihnen spricht. Synoptisch gesprochen: Davids Sohn – oder Davids Herr? Einer in der Reihe der vielen – und innerhalb dieser Reihe dann vielleicht herausragend und von sich reden machend –, oder einer, den man überhaupt nicht begreift, wenn man nur irdisch denkt? Wenn letzteres zutrifft, dann hätte man in diesem Manne das Außerordentliche, ja schlechthin Einmalige vor sich, daß einem in einem Menschen Gott selbst begegnet. Dann wären Menschen nicht mehr unter sich (einschließlich dessen, der da vor ihnen steht), sondern dann wäre Gott mitten unter ihnen und dieser Jesus sozusagen das Ursakrament, in dem Gott und Mensch eins geworden sind, der Schöpfer in einem Stück seiner Schöpfung. Tatsächlich, diese unerhörte Aussage ist der Gemeinde diesmal zuzumuten. Wer wird das annehmen?

Mancher wird es auch als unangenehm und störend empfinden, daß die Menschen, die diese „Weihnachtsbotschaft" aus Jesu eigenem Mund vernommen haben, abweisend reagieren – nicht wie „die redlichen Hirten", die „betend davorknien", eher wie der Herodes, der dem Kindlein nach dem Leben trachtet (V. 30). Auch dann, wenn wir nicht bereits einen Vers später läsen: „aber viele vom Volk glaubten an ihn", wäre freilich die Resonanz, die Jesu Wort damals gefunden hat, kein Anlaß, eine polemische Predigt zu halten. Eher sollte man an der Situation im Tempel ablesen, daß das Woher der Person Christi jedenfalls nicht zu den allgemein zugänglichen Wahrheiten gehört (wie die etwa, daß Wasser eine Verbindung aus Wasserstoff und Sauerstoff ist). Wem die steile Selbstaussage Jesu als zu hochgegriffen erscheint, der wundere sich nicht über die Resistenz seines Verstandes oder Herzens; er soll wissen: das biblische Zeugnis selbst wundert sich darüber nicht. Wir dürfen uns mit unseren Schwierigkeiten und Zweifeln verstanden wissen.

Aufgrund dieser Vorüberlegungen könnte man es wagen, die anspruchsvolle christologische Aussage des Textes – in verwandelter Form – aufzunehmen. *Wir bekennen: In Christus ist Gott in die Welt gekommen. Damit deuten wir* (1) *auf Jesu Geheimnis,* (2) *auf seinen Ursprung,* (3) *auf seinen Auftrag.*

I.

Weihnachten: der *Geburtstag* des Herrn. Auch wer mit den Spezifika christlichen Glaubens nicht vertraut oder nicht zurechtgekommen ist, könnte bei diesem Ansatz mitgehen. Geburtstage sind uns Anlaß, uns bewußt zu machen, was der sein Lebensjahr vollendende Mensch uns bedeutet, des näheren: wer er ist, welche Rolle er in unserm Leben spielt, was wir ihm verdanken – und natürlich: was wir ihm wünschen. „Gut, daß es dich gibt!“ – Es sollte jedenfalls niemanden wundern, daß die *Person Jesu Christi* im Mittelpunkt steht. Damit wäre für unsere Weihnachtsfeier, mindestens in der Themastellung, das Entscheidende gewonnen. Übrigens sind wir damit im Brennpunkt johanneischer Verkündigung. Noch *vor* allem, was man über Jesu Reden, Tun und Leiden dem Evangelium entnimmt, rangiert, was zu seiner *Person* zu sagen ist.

Dieses Thema wird in mannigfacher Weise verhandelt: im Prolog, in Offenbarungsworten, besonders in den Ich-bin-Worten, in Streitgesprächen, als Vermächtnis in den Abschiedsreden. Was ist uns Jesus? Für die Jerusalemer ist die Frage *ge*stellt und zugleich *ver*stellt durch die landläufigen Messiaserwartungen. Wir brauchen den Gesprächsgang hier nicht noch einmal nachzuzeichnen. Sie meinen, die Sache sei klar: „ein Mensch, dessen Herkunft man kennt, kann nicht der sein, in dem sich Gott offenbart“ (Bltm. zu V. 27). Ist er der Erwartete, dann muß um seine Person ein *Geheimnis* sein. Er muß – um es mit einem modernen Vergleich zu sagen – wie ein Feuerwerkskörper aus unbekanntem Dunkel aufrauschen. Bei diesem Jesus gibt es kein Dunkel. Man kennt seine Biographie. „Ist dieser nicht Jesus, Josephs Sohn, dessen Vater und Mutter wir kennen?“ (6,42). Übrigens kommt er aus Galiläa (7,41.52); er müßte, *wenn* wenn schon seine Herkunft bekannt ist, der Schrift nach wenigstens aus Bethlehem stammen (7,42). Sie sind sich sicher: er ist nicht der Messias (7,27), er ist nicht vom Himmel gekommen (6,42), Gott ist nicht sein Vater, er macht sich zu Unrecht „Gott gleich“ (5,18).

Die Jerusalemer meinen, das Tatsächliche in Jesu irdischem Leben schließe seine himmlische Herkunft aus. Hinsichtlich dieses Tatsächlichen irren sie sich nicht. „Ihr kennt sowohl meine Person als auch meine Herkunft.“ (Daß er aus Galiläa kommt, scheint gegen seine Geburt in Bethlehem zu sprechen [V. 42; vgl. V. 52 und 1,45]. Es ist nicht sicher auszumachen, ob der Evangelist derselben Meinung ist; er läßt die Umgebung Jesu gern irren oder mißverstehen, und er würde sich kaum ausdrücklich auf die Schrift beziehen, wenn er deren Aussage für irrig hielte. Doch dies ist eine Einzelheit.) Jesus ist ein bestimmter historischer Mensch. Man kennt die Tatsachen seines Lebens, mindestens: man könnte sie kennen. Daß wir heute keine Biographie Jesu zustande kriegen, liegt an der Entstehungsweise und Absicht der evangelischen Überlieferung; daß diese an Jesu irdischer Erscheinung und an seinem wirklich gelebten Menschenleben nicht interessiert sei, wäre ein übles (doketisierendes) Mißverständnis. Es gehört zur Substanz des Evangeliums, daß wir unsern Herrn als ganzen Menschen kennen. Er ist geboren wie irgendeiner von uns – auch für das Kind ist der Vorgang der Geburt eine Strapaze. Er lebt, von seiner ersten Stunde an, ein Menschenleben in Armut, Ruhelosigkeit und Gefahr. Er ist „unter das Gesetz getan“ (Gal. 4,4), auch unter das der römischen Obrigkeit, das sein Leben nicht nur erhält, sondern auch bedrängt. Er wächst auf wie irgendeiner. Nichts im Menschenleben wird ihm fremd sein: die Freude nicht, aber auch nicht Hunger und Durst,

Schwachheit und Angst; er wird geliebt und geehrt, aber auch gehaßt und verfolgt; zuletzt muß er sterben – und wie muß er sterben! Er will alles, was das Menschendasein ausmacht, mit uns teilen. Er ist wirklich „in die *Welt* gekommen" (3,19; 9,39; 11,27; 12,46; 16,28; 18,37). Es soll so sein, daß wir ihn in seiner ganzen Menschlichkeit „kennen" (V. 28). Und er will uns in unserer ganzen Menschlichkeit nahe sein. Das macht uns Weihnachten so lieb: wir haben einen Gott, der uns nicht aus unendlicher Distanz anredet, sondern uns ganz nahe kommt, indem er einer von uns wird.

Allerdings setzt der vom Himmel in die Welt Gekommene sich damit dem Mißverständnis aus, daß er *nur* ein Mensch ist und sein ganzes Wollen und Wirken aus dem Potential des Menschlichen heraus begriffen werden kann. Weihnachten: das hieße dann, daß einer der Großen der Menschheit geboren ist und wir uns an seinem Geburtstag klarmachen, was er nun schon fast zwei Jahrtausende in der Geschichte bewirkt hat und – vielleicht – noch weiter bewirken wird. Wir würden ihn dann als einen gütigen und wahrhaftigen, den Menschen herzlich zugetanen, besonders der Vernachlässigten, Bedrückten, Getretenen, Verachteten sich annehmenden Mann verehren, der uns in dem, was er getan hat, Vorbild sein kann – vielleicht muß –, aber eben nur Vorbild: denn sein nachahmenswertes Menschsein ist ein Appell an *unser* Menschsein, dessen immanente Möglichkeiten wir wahrzunehmen, dessen gute Anlagen und Kräfte wir zu mobilisieren hätten. Gott – ja Gott wäre nicht im Spiel und könnte aus dem Spiel bleiben. An diesem Jesus wäre nichts weiter, als daß er, was Menschen sein und tun können, in optimaler Weise ist und praktiziert.

Wir wären schlecht beraten, wenn wir dies alles über Bord werfen wollten. „Ihr kennt mich und wißt, woher ich bin." Die Ebene des Menschlichen ist nicht außer Betracht zu lassen, und es mag mancher den Zugang zu Jesus gefunden haben, indem er ihn zunächst nicht anders als *so* gesehen hat. Er wäre damit jedoch nicht ganz so weit wie die „Jerusalemer". Diese sind ja auf etwas aus, was sie gerade bei Jesus vermissen, was aber nach ihrer Meinung zum messianischen Heilbringer gehört. Er müßte, so will es spätjüdische Messiaserwartung, nicht einfach aus dem Kontext der allgemeinen Menschen- und Weltgeschichte hervorgehen, sondern an ihm müßte ein *Geheimnis* sein. Die dunkle Herkunft deutet dieses Geheimnis an (V. 27). (In Micha 5,1ff. ist zwar Bethlehem genannt, aber ebenfalls unter dem Gesichtspunkt des Unbekannten und Unscheinbaren; vgl. uns. Ausl. in Reihe III, S. 44ff.) Die Menschen ahnen etwas von dem Außergewöhnlichen, das den Christus auszeichnet; nur, sie können sich dies nur wieder weltlich vorstellen – oder doch wenigstens als eine Durchbrechung des normalen Laufs der Dinge. „Ihr wißt, wer und woher ich bin" – damit ist gesagt, daß bei Jesus das Normale, also das Menschliche und Irdische und darum auch „Wißbare" in keiner Weise durchbrochen ist. Das Christusgeheimnis ist nicht in einer „Lücke" lokalisiert; es steckt im Ganzen der Person Jesu. Die Jerusalemer „kennen" Jesus nur „nach dem Fleisch" (2. Kor. 5,16), sie sehen den Mann aus Nazareth und wissen nicht, wer er *noch* ist. Sie ahnen sein Geheimnis, aber sie suchen es an falscher Stelle.

So sieht der Blick des natürlichen Menschen in der Krippe wiederum nur einen natürlichen Menschen, eben dieses Neugeborene, das schon in den ersten Stunden seines Erdendaseins die ganze Härte der Welt erleidet, die es „nicht erkannte" und „nicht aufnahm" (1,10f.). Wer Christus erkennen und aufnehmen will, muß wissen, daß sich ihm ein Geheimnis auftun muß. (Die Geheimhaltung dessen, was einem zu Weihnachten beschert wird, mag ein bescheidenes, aber diesmal naheliegendes Gleichnis für das hier Gemeinte sein.) Wir könnten es nicht entdecken, wenn der Himmel es nicht selbst im Engelswort aufdeckte: „Euch ist heute der Heiland geboren."

2.

Es wird im Text noch anders gesagt. In Christus ist Gott in die Welt gekommen; damit deuten wir auf Jesu *Ursprung*. Das Geheimnis der Person Jesu – das heißt am heutigen Tage: des Christkindes – soll sich uns erschließen.

Die Sprache in V. 28b ist auffällig umschreibend. Wo Jesus über seinen Ursprung spricht, sagt er es zunächst negativ: „Ich bin nicht von mir aus gekommen." Damit ist verneint, was diejenigen denken müssen, die in Jesus nur einen Menschen unter Menschen sehen und darum auch sein Auftreten auf menschlichen Entschluß, in diesem Falle auf Jesu eigenes Wollen und Sich-Entschließen zurückführen. Daß Jesus da ist, beruht also auf dem Wollen eines anderen. Daß dieser andere *Gott* ist, der *Vater*, bedarf für uns keines Wortes. Aber Gott wird nicht genannt. Nur das wird deutlich: es ist einer, der „mich gesandt" hat, er ist „der Sendende" (daß das Partizip im Aorist steht, besagt, daß dieses Senden ein einmaliger Akt ist, eben: die Sendung des Sohnes in die Welt). Der Sohn kommt also weder von sich aus, noch ist sein Auftreten rein zufällig und ohne nennbares Woher. Doch – da ist ein Sendender! Soll ich ihn nennen? Ihr kennt ihn ja doch nicht. Daß ihr ihn nicht kennt, das bedeutet freilich noch lange nicht, daß er nicht *ist*. Ἔστιν, steht da, mit dem Akzent auf der ersten Silbe! (Es ist auch unter Theologen nicht ganz überflüssig, darauf hinzuweisen.) „Der Ursprung Jesu liegt nicht in dieser Welt; ein ‚Wirklicher' oder ‚Wahrhafter' ist da, der ihn gesandt hat", so lasen wir bereits bei Schnackenburg. Wir vergessen nicht: Jesus spricht im Tempel, in seines Vaters Haus (2,16); für ihn als Menschen hat hier die Gegenwart Gottes eine besondere Dichte, und wenn die Menschen wirklich bei ihrem Gott zu Hause wären, dann müßten sie es, trotz der nur umschreibenden Worte, jetzt knistern hören. Aber des Vaters Haus in Jerusalem ist ja nur die irdische Gestalt des himmlischen „Heiligtums" (Hebr. 9,11.24), aus dem Jesus gekommen ist. Er ist vom Himmel herabgestiegen (3,13; 6,33.38.41f.), vom Vater gekommen (5,43; 8,14; 10,10; 12,47; 15,22). „Ich bin von Gott ausgegangen und gekommen; denn nicht von mir aus bin ich gekommen, sondern er hat mich gesandt" (8,42).

So ist also Weihnachten nicht nur ein Ereignis in der Geschichte der Menschen, sondern es ist das Ereignis, in dem Himmlisches auf die Erde kommt. Himmlisches? Wir haben uns in dem für diese Predigt vorgeschlagenen Thema genauer ausgedrückt: *Gott* ist in die Welt gekommen. Genauer – oder gewagter? Der Name Gottes kommt nicht nur in V. 28b, er kommt in den beiden uns gegebenen Versen überhaupt nicht vor; er wird nur umschrieben. Erst recht könnte man an unserer Formulierung Anstoß nehmen, wenn wir Gott zum Subjekt nicht nur des Sendens, sondern auch des Kommens machen. „In Christus ist Gott in die Welt gekommen", sagten wir. Oder doch nur sein Beauftragter, sein Prophet, sein Herold, sein Sprachrohr, ein gott-erfüllter, ein ihm ganz gehorsamer Mensch?

Man könnte sich den himmlischen Ursprung Jesu so verständlich zu machen versuchen, daß man zwar nicht an einen himmlischen „Raum" denkt, aus dem Jesus kommt, sondern an seine vollendete Willenseinheit mit dem Vater: Jesus sagt nur, was der Vater sagt; er tut, was der Vater tut (5,19.30; 7,18; 8,28.42; 14,10). Man könnte aufatmen: endlich einmal ein Mensch, der sich im inneren Einklang mit Gott befindet! Niemand dürfte, was damit gesagt ist, geringachten. Aber wir träfen nicht die Meinung des Evangelisten und die des von ihm geschilderten und verkündigten Herrn, wenn wir das Bekenntnis zu Jesu himmlischem Woher ins Ethisch-Religiöse transponierten. Gemeint ist allen Ernstes, „daß in der Person Jesu die jenseitige göttliche Wirklichkeit im Raume der irdischen Welt hörbar, sichtbar, greifbar geworden ist"; Jesus ist der Christus, der Sohn Gottes, der in die Welt kommt (11,27) (Bltm., ThNT, § 45,1). Er war eher als der Täufer (1,15.30).

Bevor Abraham war, war er (8,58). Er war, ehe es die Welt gab (17,5.24); durch ihn sind ja alle Dinge gemacht (1,3). Als das „Wort", das Fleisch geworden ist (1,14), ist er selber „Gott" (1,1), man könnte sagen: Gott sofern er sich selbst „ausspricht". Nein, es ist kein eigenmächtiges und darum frevelhaftes Sich-Gott-Gleichmachen, wenn er sagt, Gott sei sein Vater (5,18). In Christus ist wirklich Gott in die Welt gekommen. „Den aller Welt Kreis nie beschloß, der liegt in Marien Schoß."

Der Prediger dürfte es manchem Predigthörer erleichtern, das Selbstzeugnis Jesu anzunehmen, wenn er noch ausdrücklich sagt, was sich eigentlich von selbst versteht: Das Wort „Raum" haben wir vorhin in „ – " gesetzt, weil wir mit dem allem natürlich nicht das Weltbild der Alten repristinieren wollten. „Von himmlischen Dingen reden" ist immer, solange wir noch den irdischen Erkenntnisbedingungen unterworfen sind (1. Kor. 13,12), ein inadäquates Reden (3,11–13). Sagen wir, Jesus Christus sei „von außerhalb" in unsere Welt gekommen, dann ist dieses „Außerhalb" die allgegenwärtige, die ganze Welt durchdringende, jedoch von allem Geschaffenen total unterschiedene Wirklichkeit Gottes; des Gottes übrigens, mit dem wir es, weil alle Dinge von ihm her sind, in jedem Augenblick und an allen Orten und in allen Dingen zu tun haben und den wir doch „nicht kennen". Ebendieser Gott ist in Jesus Christus zu uns gekommen, indem der „totale Unterschied" zwischen dem allgegenwärtigen Schöpfer und uns, seinen Geschöpfen, in dem einen Menschen Jesus Christus aufgehoben wurde. Er ist in *einer* Person wahrer Gott und wahrer Mensch. Dorthin, wo er ist, sollen wir kommen: zur Krippe, zu den Orten seiner Gegenwart (Wort und Sakramente). Hier, wo er ist, ist Gott in unserer nachtdunklen Welt gegenwärtig. „Schaut hin, dort liegt im finstern Stall / des Herrschaft gehet überall. / Da Speise vormals sucht ein Rind, / da ruhet jetzt der Jungfraun Kind" (Bach, Weihnachtsoratorium).

3.

Von seinem Auftrag müssen wir noch reden, man könnte auch sagen: von seiner Sendung. Gott wird ja als der „Sendende" bezeichnet ($\pi\acute{\epsilon}\mu\psi\alpha\varsigma$), er hat den Sohn „gesandt" ($\mathring{\alpha}\pi\acute{\epsilon}\sigma\tau\epsilon\iota\lambda\epsilon\nu$). Auch das $\pi\alpha\rho$' $\alpha\mathring{\upsilon}\tauo\tilde{\upsilon}$ $\epsilon\mathring{\iota}\mu\iota$ ist wohl nicht auf den innergöttlichen Ursprung Jesu zu deuten, sondern soll als Parallelausdruck zu dem $\mu\grave{\epsilon}$ $\mathring{\alpha}\pi\acute{\epsilon}\sigma\tau\epsilon\iota\lambda\epsilon\nu$ verstanden werden. Nach dem unter (2) Gesagten werden wir nach dem, was Jesus in der Welt *tut*, nicht mehr fragen, ohne daran zu denken, wer er *ist*. Also nicht: benimm dich wie ein Gott, dann bist du einer. Sondern: wer Gott ist, hat auch Vollmacht, göttlich zu handeln. Wir könnten Verschiedenes nennen, wozu er gesandt ist: für die Wahrheit zu zeugen (18,37), den Menschen das Leben zu bringen und alles, was sie brauchen (10,10), die Welt zu retten (3,17), die Sünde der Welt wegzunehmen (1,29). Wir greifen statt vielem nur eines heraus, wozu der Text Anlaß gibt. Das Besondere, das Jesus bringt, liegt darin, daß er Gott kennt (V. 29), während wir ihn nicht kennen (V. 28). Was ist damit gemeint?

Es ist eigentlich ein starkes Stück, daß Jesus den Jerusalemern – noch dazu im Tempel – die Kenntnis Gottes abspricht. Sie leben aus der Gotteserfahrung der Väterzeit, der Zeit des Mose, aus der Gottesnähe der Psalmsänger und der Propheten. Sie sind das klassische Volk der Religion – und sollen Gott nicht kennen? Tatsächlich: da er vor ihnen steht, Mensch geworden und darin ihnen ganz nahe, sind sie drauf und dran, sich an ihm zu vergreifen, und eines Tages werden sie es wirklich tun. Das Kreuz steht dich bei der Krippe. Sie meinen Gott zu kennen, und wenn er wirklich da ist, kommt es zum Konflikt auf Leben und Tod. Sie hätten die Voraussetzungen dazu, Gott zu finden. Sie haben die Schrift. Nur leider lesen sie sie nicht so, daß sie Jesus darin suchen, sondern sie lesen sie gegen ihn (5,39f.). „Niemand kommt zum Vater außer durch mich" (14,6).

Es dürfte an diesem Heiligen Abend angebracht sein, so deutlich wie möglich aufzuzeigen, daß Gott, indem er Mensch wird, die Gemeinschaft auf du und du mit uns sucht. In Christus ist Gott in die Welt gekommen. Er wollte nicht, daß es bei dem – bestenfalls – unter uns vorhandenen unkonkreten, distanzierten, unverbindlichen und darum nicht stichhaltigen Gottesbewußtsein bleibt, das wir von Hause aus mit uns herumtragen. „Schon möglich, daß es ein höheres Wesen gibt" – wer so spricht, von dem muß man in der Tat sagen, er kenne Gott nicht. Ja, nicht einmal der kennt Gott, der sich bei seinem Weg durch die Welt ein Dogmatiklehrbuch unter den Arm klemmt mit lauter goldrichtig ausgeführten Loci. Und wenn er die Lehrsätze über Gott nicht nur im Buche, sondern in Kopfe hätte? Sie können nur Hilfen dazu sein, daß das passiert, auf das es ankommt: Daß uns Gott nicht ein unbekannter, wenn auch in treffliche Sätze gefaßter Gegenstand unseres Fragens, Ahnens und Denkens bleibe, sondern daß wir ihm – als unserm Gott – begegnen. Gott – konkret! Gott so, daß er vor uns steht: sichtbar, hörbar, zum Anfassen (1. Joh. 1,1ff.). Dann wird gegenständliches Gotteswissen „sprungartig" (wie wenn aus Wasser Dampf wird) in einen neuen Zustand übergeführt. Der Gott, der eben noch Objekt unseres Gotteswissens war, wird auf einmal das uns angehende und anredende, das uns ergreifende *Subjekt*. Gott in unserer Welt: von seiner Geburt an ganz im Menschlichen zu Hause, antreffbar in allen Situationen unseres Lebens, gegenwärtig in unseren Häusern und an unseren Arbeitsstellen, auf unseren Straßen. Der, der den Vater kennt – so gut, daß er mit ihm „eins" ist (10,30) –, will, daß in ihm Gott *unser* Gott sei.

1. Christtag. Joh. 3,31–36

Nach ihrer jetzigen, wohl durch die Jüngerredaktion (21,24) bewirkten Stellung sind unsere Verse noch Täuferrede. Die meisten Kommentare sehen jedoch darin – nach dem Täufer-Intermezzo – Fortsetzung des Nikodemusgesprächs (Schnbg. ordnet: VV. 1–12.31–36.13–21), wobei wir es wahrscheinlich mit einer die Thematik dieses Gesprächs überbordenden Meditation des Evangelisten zu tun haben, nicht mit einem Selbstzeugnis Jesu.

V. 31: Jesus ist der ἄνωϑεν ἐρχόμενος (das Part. praes. ist zeitlose Kennzeichnung Jesu Christi, die Einmaligkeit seines Gekommenseins soll damit nicht fraglich gemacht sein) = ὁ ἐκ τοῦ οὐρανοῦ ἐρχόμενος oder καταβάς (V. 13). „Der von der Erde ist" (generisch zu verstehen, es ist nicht nur der eine Mensch Nikodemus gemeint) ist „der vom Fleisch Geborene" (V. 6), vgl. auch 1. Joh. 4,5. Jesus ist „über allem" (vgl. Röm. 9,5) oder „über allen": Überlegenheit über die ganze Welt oder über alle Erdenkinder, die „von der Erde her" reden (was bildhafter und deutlicher ist als Schnbg.s Wiedergabe: „nach irdischer Weise"; noch blasser: „redet so, wie Menschen reden" [Die Gute Nachricht]). Aus der Gegenüberstellung ergibt sich, daß Jesus „göttlichen Wesens" ist (Bltm. z. St.), während die Menschen „von der Erde her" sind (Gnostiker würden ganz anders sprechen). – V. 32: Rückgriff auf 3,11. „Der Augenzeuge kann vermöge seiner Kenntnis Tatbestände, die anderen unzugänglich sind, sicherstellen; sein Wort hat daher Autorität (Bltm. zu V. 11). Daß μαρτυρεῖν sonst das Sich-Einsetzen für das im Glauben Gewisse bedeutet, ist gerade hier nicht gemeint: Jesus bezeugt nicht, was er glaubt, sondern was er, als der vom Himmel Gekommene, selbst gesehen hat. Die unmittelbare Wahrnehmung gehört zur innertrinitarischen Gemeinschaft zwischen Vater und Sohn. Für die Irdischen ist Jesu Zeugnis nicht nachprüfbar; es wird im Normalfall von niemandem angenommen (vgl. V. 11). – V. 33: Gedankenwendung wie 1,12. Die Glaubenden unterwerfen sich nicht wider besseres Wissen fremder Autorität, sondern sie bestätigen wie mit einem Siegel, daß Gott selbst hinter dem Zeugnis Jesu steht. Da das, was die μαρτυρία Jesu bezeugt, keinem von uns zugänglich ist, die Übereinstimmung von Zeugnis und Sache also nicht geprüft werden kann, kann das Zeugnis nur vom Glauben bestätigt werden, der „nicht sieht" (20,29). (Anders Bltm.: er spricht nicht von Übereinstimmung zwischen Zeugnis und Sache, sondern von Identität.) – V. 34: Jesus ist der von Gott „gesandte" Logos; redet er, so redet Gott. In Jesus haben wir den ganzen Gott. In V. 34b dürfte ὁ ϑεός von einem Teil der Hss. sachlich richtig hinzugefügt sein. Das in B am Rande nachgetragene, beim Sinai-Syrer fehlende τὸ πνεῦμα hält Bltm. für eine völlig unjohanneische Ergänzung; die erdrückende Mehrzahl der Hss. spricht jedoch für den Nestletext. Ich verstehe den (dunklen) Satz als Parallele zu V. 32, nur mit dem Unterschied, daß dem natürlicherweise zu erwartenden οὐδεὶς λαμβάνει nun die andere, nämlich die pneumatische Möglichkeit des Annehmens entgegengesetzt wird (vgl. noch einmal 1,11f.). Gott gibt also (den Geist) nicht dem Sohn (von dieser Deutung geht Bltm.s Stellungnahme aus), sondern denen, die ihn annehmen werden, und zwar gibt er ihn nicht „karg abgemessen“. So kommt es dann auch zu der in V. 33 erwähnten „Untersiegelung“. Wer bei der Geistmitteilung an den Sohn bleibt (so auch Schnbg.), kann sich auf 1,33f. berufen: Jesus ist der vollkommen Geisterfüllte, der dann freilich den Geist den Menschen austeilt. – V. 35: Der Vater liebt den Sohn (nach Bltm. ein mythologischer Satz – wieso eigentlich?), vgl. 10,17; 15,9; 17,23f.26. „Etwas in die Hand eines anderen geben“ ist „altes Hebräisch“ (Schlatter). Der Vater übergibt dem Sohn all das Seine: seinen Namen (17,11), seine Majestät (17,22.24), Machtbefugnis über alles Fleisch (17,2), sein Leben (5,26), Werke (5,36; 17,4), Worte (17,8), das Gericht (5,22.27), alles, was er bittet (11,22), die Gläubigen (6,37.39; 10,29; 17,2.6 u. ö.), überhaupt: *alles* (3,35; 13,3; Matth. 11,27) (nach Bltm.). – V. 36: Die Aussage ist der von V. 18 parallel: dem οὐ κρίνεται entspricht hier das ἔχει ζωήν αἰώνιον, dem ἤδη κέκριται dem οὐκ ὄψεται ζωήν ... Bltm.: „Der Ungläubige stand schon immer unter dem Gericht Gottes; durch seinen Unglauben, seine Entscheidung gegen Gottes Offenbarung, macht er diese Situation zu einer definitiven.“

Lukas hat von Jesu Geburt erzählt. Johannes tut es nicht. Das muß keineswegs heißen, daß er nichts davon erzählen *könnte*. Sein Evangelium will weder vollständig erzählen, noch sieht es überhaupt im Erzählen seine erste Aufgabe. Es verkündigt, verdeutlicht, und, wo nötig, ficht es und zieht Grenzen. Es setzt die Kenntnis der sichtbaren, hörbaren, greifbaren Gestalt Jesu voraus. Meditierend sagt es, was es bedeutet, daß Gott „ins Fleisch“ gekommen ist (1,14; 1. Joh. 4,2; 2. Joh. 7). Geht es zu Weihnachten um Jesu Kommen in die Welt, dann ist das vierte Evangelium das am stärksten weihnachtliche. Jesus ist „gekommen“ (5,43; 7,28; 8,14; 10,10; 12,47; 15,22): das könnte zur Not nichts anderes bedeuten als das Auftreten irgendeines anderen in der Geschichte der Menschheit. Er ist „vom Vater“ bzw. „von Gott gekommen“ (8,42; 13,3; 16,27f.30; 17,8): das könnte noch im Sinne einer prophetischen Sendung verstanden werden. Er ist „in die Welt gekommen“ (3,19; 9,39; 11,27; 12,46; 16,28; 18,37): das deutet schon auf ein Eintreten in die raum-zeitliche Wirklichkeit von außen her. Er ist „vom Himmel herabgestiegen“ (3,13; 6,33.3841f.): damit ist sein Woher unmißverständlich zum Ausdruck gebracht. Für uns Moderne klingt das phantastisch. Unerhört klang es auch in den Ohren der ersten Leser des Evangeliums, obwohl deren Weltbild formal eine solche Vorstellung möglich machte. Wir kommen noch darauf zurück. Keinesfalls hat sich der johanneische Christus nach der Darstellung des Evangelisten mit dem hier geltend gemachten Anspruch und mit dem diesen Anspruch begründenden Hinweis auf dieses Woher bei den Menschen Eingang verschafft. „Sein Zeugnis nimmt keiner an“ (V. 32). Daß Jesus vom Himmel zu uns gekommen ist, kann man ihm nicht ansehen. Sein Ursprung bei Gott ist schlechterdings unanschaulich, jenseits aller Erfahrungsmöglichkeit, auch rational nicht zu begründen. Es gibt von außen, „von der Erde“, von uns Menschen her keinen Zugang zu Gott und seiner Wahrheit. Es gibt ihn darum auch nicht zum Geheimnis der Person Jesu. Man müßte „aus der Wahrheit sein“, um Jesu Stimme zu hören (18,37), wie man auch Gott nur anbeten kann „im Geist und in der Wahrheit“ (4,24), d. h. so, daß die ganz-andere Wirklichkeit, die Wirklichkeit Gottes, uns in sich einschließt („wir in ihm“) oder in uns Wohnung bezieht („er in uns“) (14,20.23). Der Vater selbst müßte zum Sohne „ziehen“ (6,44); das Kommen zu Jesus müßte uns vom Vater „gegeben sein“ (6,65 u. ö.). Dasselbe in etwas anderer Sprache: „Ich glaube, daß ich nicht aus eigener Vernunft noch Kraft an Jesus Christus glauben oder zu ihm kommen kann, sondern der Heilige Geist hat mich durch das Evangelium berufen, mit seinen Gaben erleuchtet, im rechten Glauben geheiligt und erhalten." Unser Evangelium weiß um die Zumutung, die in dem Ruf zum Glauben an den Fleischgewordenen liegt. Unsere Predigt wäre unredlich, wenn sie diese Zumutung verschleierte. In der Krippe liegt, „den aller Welt Kreis nie beschloß", als eben geborenes Kind. Vor uns steht, nach unserm Text, Jesus von Nazareth als ein Mensch mit allen Merkmalen echten Menschseins. Daß er „der eingeborene Sohn" ist (1,14; 1,18 – nach wichtigen Zeugen; 3,16.18; 1. Joh. 4,9), entdeckt nur der Glaube, der sich von Jesu Wort überwunden weiß. Christusglaube – etwas grundsätzlich Menschenunmögliches. Aber es kommt, weil Gott seinen Geist nicht kärglich gibt (wenn wir den von der Überlieferung selbst als dunkel empfundenen V. 34 so im Sinne des Evangelisten verstehen), tatsächlich dazu, daß Menschen Christi Zeugnis annehmen und damit unter die aus ihm sprechende Wahrheit Gottes ihr Siegel drücken (V. 33). Nur in solcher Erwartung kann gepredigt werden.

Was predigen wir nun aufgrund unseres Textes – zumal dann, wenn die Gemeinde den Text der Christnachtpredigt noch im Ohr hat? Wir werden z. T. dasselbe noch einmal sagen müssen, aber doch wohl in veränderter Schau: *Der Christus, an den wir glauben, kommt von oben* – (1) *als der sachverständige Zeuge,* (2) *als der geliebte Sohn,* (3) *als der bevollmächtigte Herr.*

I.

Man könnte in dem Gloria der Engel in der Geburtsnacht (Luk. 2,14) das beschrieben und besungen finden, worum es – wenn Jesus ihn richtig verstanden hat – dem Nikodemus ging: das Reich Gottes sehen (3,3). Braucht man dazu Jesus? Der Text gibt, als Hintergrund für das Evangelium, eine sehr nüchterne Antwort. Für uns, wie wir sind, gibt es keine Möglichkeit, darin den „Frieden" zu finden, daß Gott bei uns wieder zu seiner „Ehre" kommt. Wir sind „von der Erde her"; unser Sein und auch unser (Denken und) Reden ist von „unten" her. „Was vom Fleisch geboren wird, das ist Fleisch" (V. 6). Was wir selber erkennen, gewinnen, vollbringen, sind immer nur Spiegelungen und Variationen unseres alten, unseres eigenmächtigen, von Gott gelösten Lebens – gerade auch da, wo wir nach menschlichen Maßstäben Achtunggebietendes leisten. Wir sind von Hause aus nicht aus Gott und nicht bei Gott. Wir sind „aus der Erde" – womit keineswegs geleugnet sein soll, daß diese Erde Gottes Schöpfung ist (1,3); Johannes ist kein Gnostiker. Aber wir selbst haben – johanneisch gesprochen – die Erde zur „Welt" verdorben. Daß wir „aus der Erde" sind, besagt nun, daß wir den Zugang zur „Wahrheit" Gottes nicht mehr haben. Gott ist uns fremd geworden. *Der* Gott, mit dem wir im „Hausgebrauch" ganz gut zurechtzukommen meinen, *ist* gar nicht Gott; wer an diesem Gott irre geworden ist, weil er seine vermeinten Versprechungen nicht hielt, ist vielleicht sogar an der Wahrheit bereits ein Stück weiter dran. Der – gedachte – Gott der Philosophen wäre auch nur eine Fiktion „von der Erde her": Verlängerung der in unserer Welt- und Menschenkenntnis angelegten Linien in die Unendlichkeit hinaus (Feuerbach hatte recht, als er diesen Gott entlarvte). Der Gott aller natürlichen Theologie ist der Gott „von unten her"; es mag in ruhigen Zeiten leicht sein, mit ihm auszukommen, denn er paßt gut in unsere vorgefaßten Vorstellungen, aber im Ernstfall zeigt sich, daß er nicht *Gott* ist. Es gibt in Sachen Gottes nur *einen* „Sachverständigen": „Ich bin der Weg, die Wahrheit und das Leben; niemand kommt zum Vater denn durch mich" (14,6). „Niemand hat Gott je gesehen; der eingeborene Sohn (Gott? – vgl. den Apparat), der im Busen des Vaters ist, der hat ihn uns ‚exegesiert'" (1,18). Das eben ist das Wesentliche und – man muß schon sagen: – Aufregende an Weihnachten. Mensch geworden ist der eine und einzige, der uns die Wahrheit, d. h. aber erkennbare Wirklichkeit Gottes erschließt. Der eine und einzige: es ist also nicht so, daß Jesus unter allen Gottesmännern der erfahrenste und bestunterrichtete, der Superlativ oberhalb von allerlei Positiven und Komparativen (auch der Superlativ ist etwas Relatives!), gewissermaßen der Gipfelpunkt in der Geschichte aller natürlichen Religion wäre. Er ist der schlechterdings Unvergleichliche. Er allein kommt vom Vater. „Der vom Himmel kommt, ist über allen."

Jesus ist der sachverständige *Zeuge.* Zeuge in dem nächstliegenden, an unserer Stelle offensichtlich gemeinten Sinn ist, wer etwas selbst gesehen und gehört hat und darum authentisch informieren kann. „Wir reden, was wir wissen, und bezeugen, was wir gesehen haben" (V. 11). „Der vom Himmel kommt . . ., bezeugt, was er gesehen und gehört hat" (VV. 31 f.). Macht uns das Wort Himmel zu schaffen? Wir müssen uns, wie schon in der vorangehenden Auslegung, klarmachen, daß bereits Johannes den Begriff nicht naiv gebraucht. Für die Zeitgenossen der neutestamentlichen Gemeinde wäre es kein Anstoß gewesen, daß einer aus dem Himmel auf die Erde kommt. Himmel und Erde bildeten für die Menschen damals *einen* großen Kosmos. Die Stoffe und Kräfte der oberen und der Erdenwelt wirkten aufeinander ein, tauschten sich gegenseitig aus, und die Götter unternahmen Erdenreisen, die Seelen der Menschen Himmelsreisen. Wer so dachte, hätte sich nur wundern können, daß es zwischen „oben" und „unten" so schwere Probleme gibt. Andererseits: die Bibel weiß, daß „Himmel" und „Erde" zwei Wirklichkeiten sind, die man nicht im Raume wie zwei Gegenstände addieren kann; sind sie doch – wir sagen es in moderner Sprache – durch einen „unendlichen qualitativen Unterschied" voneinander getrennt, so daß nicht nur jeder Versuch scheitern muß, den „Himmel" zu beschreiben, sondern genauso alles Bemühen, das Verhältnis von Himmel und Erde so zu bestimmen, als könne man dies nach der Analogie uns bekannter Relationen. Den Himmel zu negieren, den die Bibel meint, wenn sie etwa von „Wohnung Gottes" spricht, wäre aus demselben Grunde ein reiner Willkürakt oder eine (negative) Glaubensentscheidung. Daß wir ihn nicht sehen und auch sonst auf keine Weise ausmachen können, ist kein triftiges Argument. Natürlich: wir haben diesen „Himmel" nicht gesehen. Aber Jesus sagt: „Wir reden, was wir wissen, und bezeugen, was wir gesehen haben." Sagen wir es ruhig in aller Einfalt: „Ubi sunt gaudia? Nirgendwo, denn da, da die Engel singen mit den Heil'gen all und die Schellen klingen im hohen Himmelssaal! Eia, wär'n wir da!" – Und von dort kommt Jesus! Er kennt sich aus im „Raum" der göttlichen Doxa. Für ihn besteht die Fremdheit nicht, die uns von Gott distanziert. Er redet, weil er selbst der Logos ist, Gottes Wort (V. 34). Er denkt Gottes Gedanken. Er will, was Gott will. Er ist in Gott und in seinem Planen und Tun zu Hause. Das ist der Grund seiner sachverständigen Zeugenschaft. Wer auf ihn hört, hört nicht auf irgendeine Stimme, sondern auf die Stimme, die aus einer letzten und tiefsten Vertrautheit mit Gott zu uns redet.

2.

Der Christus, an den wir glauben, kommt von oben – als der geliebte Sohn. „Des ewgen Vaters einig Kind / jetzt man in der Krippen findt." Sohn: wir wissen, daß auch dieses Wort verständig gebraucht sein will. Alles, was menschliche Sprache über Gott aussagt, ist – wieviel Wahrheit darin auch liegt – in einem letzten Sinne unangemessen. „Aus des Vaters Schoß" (1,18) – das ist Gleichnisrede. Und doch singen wir fröhlich und in kindlicher Einfalt: „Gottes Sohn ist Mensch geborn." Auch der Evangelist spricht einfältig. „Der Vater hat den Sohn lieb" (V. 35). „Vater, . . . du hast mich geliebt, ehe denn die Welt gegründet wurde" (17,24). Der Sohn ist dem Vater kostbar. Der Vater hängt an ihm mit seinem väterlichen Herzen. Es müßte ihm schwer sein, sich von ihm zu trennen. Erst daran wird deutlich, wie sehr er die Welt geliebt hat, als er den eingeborenen Sohn hingab (V. 16). Erst so wird umgekehrt deutlich, was es heißt, daß Jesus *uns* so liebt wie der Vater *ihn* (15,9).

Es könnte gewagt scheinen, liegt aber doch wohl in der Linie des Textes, wenn wir auch diese Liebe des Vaters zum Sohne – und umgekehrt – vom Ursprung Jesu her verstehen. Der Vater liebt im Kind sein eigen Fleisch und Blut, ein Stück von ihm selbst. Vater und Kind sind gewissermaßen aus dem gleichen Material gemacht. „Liebe bezeichnet hier nicht die Einheit im Willen vermöge einer affektvollen Beziehung, sondern die Einheit des Wesens vermöge göttlicher Qualität" (M. Dibelius, in: Festgabe für Ad. Deißmann, 1927, S. 174, zit. n. Bltm. z. St.). „. . . und *Gott* war das Wort" (1,1). Die altkirchliche Christologie hat, so gut sie es vermochte, die biblischen Aussagen nachbuchstabiert; wenn wir versuchen, in neuer Sprache zu sagen, wer Christus ist, dann sollten wir jedenfalls nicht hinter dem zurückbleiben, was sie gewußt und gesagt hat, und zwar im angestrengten Hören auf das Neue Testament. Jesus ist nicht bloß ein Mensch, auf den nur in besonderem Maße die Liebe Gottes gefallen ist, sondern er ist „der einziggeborene Sohn". Seine Gottessohnschaft besteht auch nicht lediglich darin, daß es ihm gelungen wäre (obwohl dem Sein nach nur einer unter den vielen) Gott ganz gehorsam zu sein; er wäre dann die Ausnahme von dem, was wir „allzumal" sind (Röm. 3,23), im Sinne einer – besonders glücklichen – Variante des Menschlichen, der eine Treffer unter den unzähligen Nieten, damit aber zugleich der Beweis, daß man könnte, wenn man nur wollte, mithin: daß Pelagius im Prinzip recht hätte. Das Neue Testament, namentlich das Johannesevangelium, denkt und verkündigt anders. Der, durch den alle Dinge geschaffen sind, ist nicht selbst κτίσμα (1,3); ehe Abraham ward, war er (8,58). Er war vor aller Welt, und zwar πρὸς ϑεόν, „auf Gott zu" (1,1 f.), ihm zugewandt, mit ihm eins, Auge in Auge, Herz zu Herzen. Der Vater ist im Sohn, wie dieser im Vater ist (17,21). Sie sind nicht zwei Götter gleicher Art und gleichen Ranges, die nebeneinander stünden wie die Olympier, unverbunden oder gar als Konkurrenten. „Ich und der Vater sind eins" (10,30). Darum ist zwischen Vater und Sohn volle Übereinstimmung, ungetrübte Gemeinschaft, das volle innere Ja zueinander, die Freude aneinander, der selbstverständliche Wille zum Beisammensein und Zusammenwirken, der aus dem innersten Einverständnis kommt. So etwa mag man sich verdeutlichen, was mit Liebe gemeint ist; das vierte Evangelium bietet genug Aussagen, die dieser Umschreibung recht geben.

Dieser also ist es, der in die Welt gekommen ist. Schon wahr: er ist einer von uns, ganzer Mensch. Das vierte Evangelium läßt deutlich erkennen, was das heißt, daß er Fleisch geworden ist („geworden", heißt es). Er hat Hunger und Durst, er kann müde und erschöpft sein, seine Seele kann betrübt sein, er kann im Geist ergrimmen und erschüttert und verwirrt sein in sich selbst. Wir sollten ihn ganz nahe bei uns haben. Er geht nicht über die Erde wie einer der Götter, die sich, wenn es gefährlich wird, jedesmal im rechten Augenblick entziehen und unverletzt bleiben. Das hat Christus allen seinen Konkurrenten voraus: keiner von ihnen hat sich für die Welt kreuzigen lassen. Aber, so nah er uns ist, so menschlich und brüderlich er uns begegnet, so konsequent er zu uns steht, bis zum Letzten: er ist und bleibt der von oben Gekommene, trotz und in aller Verhüllung göttlicher Majestät der geliebte Sohn.

3.

Der Text kennzeichnet ihn endlich als den bevollmächtigten Herrn. „Der von oben her kommt, ist über allen (Menschen und Dingen)" (V. 31). „Der Vater . . . hat ihm alles (alle Dinge, alle Menschen) in seine Hand gegeben" (V. 35). Wie alle Dinge durch ihn geschaffen sind (1,3), so ist ihm nun Macht gegeben über alles Fleisch (17,2). Er hat das erste

Wort gesprochen, er spricht auch das letzte. Wir feiern seinen Geburtstag anders als den
irgendeines bemerkenswerten Menschen, der seinen bestimmt-umschriebenen Platz in der
Welt hatte und für einen engeren oder weiteren, jedenfalls aber für einen begrenzten Bereich der Welt wirksam war. Hier geht es um den, dessen Bedeutung schlechthin universal ist. Daß die Welt ihn nicht erkannt hat (1,10), ändert nichts an der Tatsache, daß sie
von ihm her lebt. Nicht ein Stücklein Welt, das nicht ihm gehörte. „Alle Dinge" – Jesus
hat es nicht nur mit den Menschen zu tun. Aber indem er mit Menschen Verbindung
sucht, tut er es auf spezifisch menschliche Weise. Darin ist das Paradox begründet, daß
der Träger göttlicher Allmacht als winziges (schreiendes, strampelndes usw.) Geschöpf-
chen unter uns ist, späterhin als ein armer, ein hartes Leben führender, verfolgter und zuletzt grausam umgebrachter Mensch. Er riskiert es, daß sein Zeugnis von uns nicht angenommen wird (V. 32). Nur so kann er uns – den Verlorenen – die Freiheit lassen, die ein
glaubendes, ein aus persönlicher Zusage an ihn entspringendes neues Leben ermöglicht.
Seine Allmacht und seine Niedrigkeit gehören in einem tiefen Sinn zusammen: Gott ist
Mensch geworden. Wir sollten seine Niedrigkeit nicht mißverstehen. Er macht sich mit
ihr nicht zu einer Größe, die man ohne Schaden übersehen und übergehen könnte, und
zu einer Privatperson, zu der ein jeder sich stellen mag, wie es ihm beliebt. Seine Niedrigkeit ist nur die Weise, in der er, „der über allem und allen ist", um uns wirbt, um uns zu
gewinnen.
Der Vater hat alles in seine Hand gegeben, lasen wir. Er übt also nicht eine Teilfunktion
aus in Gottes großer Welt, sondern wirkt im Ganzen. Dies bedeutet aber auch, „daß die
Offenbarung, die Jesus bringt, vollständig, suffizient ist und nicht der Ergänzung bedarf ... Die Vollständigkeit ist nichts anderes als der definitive Charakter des in ihm sich
ereignenden Geschehens" (Bltm. zu V. 34). Gott hat zuletzt, d. h. aber auch: letztgültig,
durch den Sohn geredet (Hebr. 1,2). Es ist nicht zu erwarten, daß noch einmal einer erscheint, der diesen von oben her gekommenen Herrn ablösen und überbieten werde. Es
ist also auch abwegig, zu befürchten, es könnte das befreiende Wort, das Jesus spricht und
ist, von irgendwoher in Frage gestellt oder gar anulliert werden. Jesus ist der General-
bevollmächtigte des Vaters. Es gibt keinen heimlichen, das Wort und Werk Jesu eingren-
zenden oder gar teilweise oder ganz außer Kraft setzenden verborgenen Willen Gottes. Es
gibt kein decretum absolutum, das das Reden und Tun Jesu unter einen letzten göttlichen
Vorbehalt stellt und uns die Gewißheit des von Jesus uns zugesagten Heils streitig macht.
Wir können nicht über Gott verfügen, als läge es bei uns, ihn zu gewinnen, zu nötigen, zu
binden. Aber nachdem Gott in Christus – in der Freiheit seiner Gnade – sich so zu uns
bekannt und gestellt hat, *sollen* wir „verfügen": über die Zusage des Heils, auf die wir uns
berufen, die wir festhalten, die wir gegen Sünde, Tod und Teufel als Waffe einsetzen, auf
der wir im Leben und Sterben beharren dürfen.
Der Satz, daß, „der vom Himmel kommt, über allem ist", kann freilich mißverstanden
werden. Die Herabkunft des Sohnes vom Himmel auf die Erde ist ein großes Ja zur gesamten Welt. Aber wie ist dieses Ja gemeint? Versuchen wir, es so einfältig wie möglich
zu sagen. Es steht nicht hier: Gott hat zur Welt sein Ja gesagt – da damit alles im reinen
ist, braucht sich nun niemand mehr für Christus zu interessieren. Einen Satz wie diesen
könnte man zur Not bejahen, wenn Christus nur der Überbringer einer Botschaft wäre,
gewissermaßen Gottes Briefträger. Aber nun nehmen wir doch die Formulierung Bultmanns auf, die uns aus bestimmter Sorge zunächst bedenklich stimmte (vgl. den exegetischen Vorspann): es geht nun doch nicht nur um „Übereinstimmung" zwischen dem
Wort des Zeugen und der bezeugten Sache, sondern um „Identität". Oder anders gesagt:
So wahr Christus – redend, was er weiß (V. 11) – vom Himmel „berichtet", so wahr sein
Kommen also auch den Charakter einer Information hat (Beispiel: 14,2), so wahr ist das

andere, daß ihm *Vollzugscharakter* eignet. Der Vater liebt die Welt (V. 16) – der Sohn verwirklicht, wenn man so will: er „vollstreckt" diese Liebe. Darum entscheidet sich an unserer Stellung zu Christus, ob wir das ewige Leben haben oder aber – diese andere Möglichkeit ist keineswegs hinfällig geworden – unter dem Zorne Gottes bleiben (V. 36). Nicht, daß man die Aussagen über das *künftige* Gericht als verfälschende Additamenta einer orthodox-kirchlichen Redaktion des vierten Evangeliums auszuscheiden hätte! Aber *das* ist allerdings gemeint: ob ich *heute* an Christus glaube und mich von ihm zum Vater führen lasse oder ob ich das nicht tue, das entscheidet darüber, ob und wie ich *einst* im letzten Gericht bestehen werde. Das johanneischen Christuszeugnis ist so weise, das eschatologische Tunc nicht zu streichen, wohl aber es ständig aktualisierend auf die Ebene des Nunc zu projizieren. Für uns kann das nur die Einladung sein, uns heute dem zuzuwenden, der zu unserm Besten vom Himmel gekommen ist, und unser Leben und Heil allein bei ihm zu suchen.

2. Christtag. Jes. 11,1–9

Was uns in Ps. 72 als Inthronisationszeremoniell vorliegt, ist hier Orakel, das auf einen zukünftigen Herrscher hinweist. Ähnlich wie Micha 5,1ff. ist hier nicht von unmittelbarer Thronfolge die Rede, sondern von Abbruch und Neuanfang, wenn auch wieder aus der „Wurzel" Isais. Daß Jesaja so geredet haben könne, wird von vielen bestritten (Marti, Guthe, Hölscher, Budde, Fohrer), von anderen bejaht (Duhm, H. Schmidt, Greßmann, Procksch, von Rad, Kaiser, S. Herrmann, Wildberger u. a.). Eißfeldt sieht die VV. 6–8 als einer späteren Zeit zugehörig an. Der Prediger ist nicht genötigt, sich hier zu entscheiden. Daß PTO die VV. 1–9 als Ganzes sieht (V. 10 ist Zutat, durch die die prophetische Aussage universalistisch ausgeweitet wird), ist zu begrüßen; die Auslegung wird dies, wie ich hoffe, zeigen.
V. 1: Das konsekutive Perfektum, das in (unbestimmte) Zukunft weist, beherrscht den ganzen Text. Statt יִפְרֶה (er wird Frucht tragen) wird man, nicht nur dem Parallelismus gemäß, sondern auch den Übersetzungen folgend יִפְרַח (er wird aufsprossen) zu lesen haben. Das davidische Königshaus wird wie ein Baum gefällt sein; aus der Isai-Wurzel erwächst ein neuer Sproß. – V. 2: נָחָה von נוּחַ = sich niederlassen, ruhen, verweilen, wohnen: bleibender Geistbesitz. Jeweils zwei Gaben des Gottesgeistes sind verkoppelt: das erste Paar ist die Ausrüstung zum Erkennen, das zweite die zum Handeln, das dritte die zur Erkenntnis Jahwes (nach Duhm). Jeder König gilt als Charismatiker; der erwartete Herrscher wird es in vollendeter Weise sein. – V. 3a: „Und sein Riechen (Inf. hi. von רוּחַ) ist in der Furcht Jahwes" – mutet seltsam an. LXX: ἐμπλήσει αὐτὸν πνεῦμα scheint denselben Text vorauszusetzen und ihn im Sinne einer Inspiration zu deuten. Es handelt sich wohl bei diesem (aus dem Metrum fallenden) Sätzchen um eine (freilich alte) versehentliche Wiederholung von Worten aus der vorhergehenden Zeile. – V. 3b: Der König war oberste richterliche Instanz (2. Sam. 8,15; 12,1–6; 14,4–11; 1. Kön. 3,28 u. ö., vgl. auch Ps. 72,1f.4). Der kommende König hat ein tieferes Wissen. – V. 4: Statt עֲנָוֵי lies עֲנָיֵי, statt אֶרֶץ lies עָרִץ = Gewalttäter. „Er wird den Armen ihr Recht verschaffen." Er kann auf Machtmittel (vgl. Ps. 2,9!) verzichten; er regiert mit seinem Wort (vgl. 2. Thess. 2,8, wo es freilich etwas anders klingt). Die אֱמוּנָה ist hier wahrscheinlich nicht der Glaube, sondern „die absolute Zuverlässigkeit, mit welcher derjenige sollte rechnen können, der der Rechtshilfe bedarf" (Wildberger z. St.).
Mit V. 6 beginnt ein neues Thema. Was hier gesagt ist, wird nicht vom Heilskönig bewirkt, aber sein Auftreten geschieht in einem befriedeten Kosmos. נָמֵר ist der Leopard. נהג = das Vieh auf neue Weidegründe treiben. Die reißenden Tiere werden zu Vegetariern (Wldbgr.). Erwartet der Prophet wörtlich-reale Erfüllung (wie die Apokalyptik), oder „sind es Bilder, die einfach den allgemeinen Frieden der heilvollen Zukunft ankünden wollen?" (ebd.)? Ähnliche Erwartungen finden sich auch 65,25; Hos. 2,20, und auch Jes. 35,9 (2. Advent) spielte darauf an. – V. 9: Die Befriedung der Welt hängt mit der Heiligung der Menschen zusammen. Der heilige Berg ist der Zion (Ps. 2,6; 3,5; 48,2 u. a.), „Erkenntnis Jahwes" דֵּעָה statt יָדֹעַ ist Infinitiv, darum auch die Akkusativpartikel) ist wie דַּעַת אֱלֹהִים bei Hosea eigentlich das „Vertrautsein mit Gott und seinem Tun" (vgl. von Rad, ThAT II, S. 153).

„Es ist ein Reis entsprungen" – wir werden dieses Weihnachtslied auch diesmal singen. Es nimmt Elemente aus unserm Text auf, aber es transponiert seine Aussagen in die Situation des Stalles von Bethlehem. Man darf sich dadurch das Verständnis des Textes nicht versperren. Die „zarte Wurzel" ist im Text der Stumpf eines gefällten Baumes; das neue „Reis" interessiert nicht als das „Blümelein so kleine", sondern als ein neuer, sich zu großer Kraft entfaltender Trieb. Es wäre töricht, das kostbare Weihnachtslied wegen der Unangemessenheit seines Textgebrauchs zu schelten. Die Stille und Unscheinbarkeit, in der sich Jesu Geburt vollzieht, wird in ihm treffend und feinsinnig wiedergegeben. Aber wir haben die andere, die verborgene Seite der Sache nicht zu übersehen. In Bachs Weihnachtsoratorium wird dem „großen Gott und starken König" gehuldigt, der freilich „der Erden Macht" sehr wenig achtet. Also ist er kein König? Eben daß er es ist, soll uns durch diesen Text deutlich gemacht werden. Daß Jesaja die Gestalt Jesu von Nazareth mehr oder weniger deutlich vor Augen gehabt habe, sollte man nicht behaupten. Überhaupt geht alttestamentliche Messiashoffnung mit Vorstellungen um, die durch Jesus, indem er sie verwirklicht, erheblich variiert, in vielem geradezu in ihr Gegenteil verkehrt werden. Man darf nur nicht übersehen: Jesus läßt diese Messiashoffnungen nicht auf sich beruhen, sondern tut ihnen Genüge – eben auf *seine* Weise. Er ist der, der kommen soll; wir haben nicht auf einen anderen zu warten (Matth. 11,3). Damit bekennen wir, daß im christlichen Glauben die Weltbezogenheit alttestamentlicher Christushoffnung nicht etwa zugunsten eines rein persönlichen Verhältnisses zwischen Christus und „der Seele" preisgegeben, sondern daß sie in neuer Weise aufgegriffen, festgehalten und realisiert ist. Verlieren wir uns zu Weihnachten nicht ins „Erbauliche"! Den Hirten, die vom Felde kamen, war es nicht um „Erbauung" zu tun, sondern um Hilfe – um die längst ersehnte Wendung in ihrem armseligen Leben. Die Hirten sind nur Exempel. *Allen* ist dieser „große Gott und starke König" geboren, und es geht bei seinem Kommen um nichts Geringeres als um die radikale und totale Verwandlung der Welt.
Reden wir zu vollmundig? Die abgründige Differenz zwischen Behauptung und Anspruch einerseits und der noch immer bedrückenden Weltwirklichkeit andererseits liefert nicht nur den Kritikern der Christusbotschaft reichlich Stoff, sondern macht auch die Prediger kleinlaut und verlegen. „Mit diesem Kind verbindet sich eine unendliche Hoffnung. Aber wo ist sie bei uns zu finden? Wo wirkt sie? Wo verändert sie etwas? Wie kommen resignierende Wirklichkeit und überschäumende Weihnachtshoffnung zusammen?" (R. Gebhardt in: Predigtstudien V/1, hrsg. von Peter Krusche ..., 1976, S. 55). Wir wollen, geleitet von der Frage nach der Verwirklichung, diesmal nicht am Text entlanggehen, sondern jeweils das Ganze seiner Aussage nacheinander auf drei Ebenen bedenken. Wir nehmen in Kauf, daß die erste Teilüberschrift zunächst Bedenken oder Widerspruch weckt; aber als erste Schaltstufe wird solche Betrachtung nötig und sinnvoll sein. Wagen wir es: *Der Friedenskönig ist das Kind in der Krippe. Sein Friede ist* (1) *utopischer Traum,* (2) *stichhaltige Verheißung,* (3) *geglaubte Wirklichkeit.*

I.

Das in Jesajas Worten entworfene Zukunftsbild fasziniert. Doch schon einen Augenblick später urteilt man bedauernd: „Schön wär's!", oder man weist es als Märchentraum zurück, vielleicht nicht nur ungläubig, sondern erbost: solche Träumereien können uns von den wirklichen Aufgaben und Problemen der Weltgestaltung nur ablenken; sie haben ja auch in mehr als zwei Jahrtausenden, wie es scheint, nichts bewirkt, im Gegenteil, die Menschheit ist in mancher Hinsicht von dem, was hier gesagt ist, weiter entfernt denn je. Unsere Predigt wird immer wieder auf Einwände solcher Art nicht nur gefaßt sein müssen, sondern sie sollte sich bemühen, was daran richtig ist, wahrhaftig und realistisch aufnehmen. Man sollte dabei freilich nicht vergessen, daß es sich um Dichtung handelt. Dichtung ist nicht das Gegenteil von Wahrheit, sondern Aussage der Wahrheit in eigener Schau und Sprache. Lassen wir es uns gefallen, wenn vorerst – es handelt sich dabei nicht um das letzte Wort in dieser Sache – vom utopischen Traum die Rede ist. Das Wort „Utopie" (Thomas Morus) besagt zunächst: das, wovon hier die Rede ist, ist so, wie es sich hier darstellt, bisher an „keinem Ort" der Welt verwirklicht, ja, es wird als transzendentes Ziel (so Morus) auch nie voll verwirklicht werden. In Abwandlung einer alltäglichen Sentenz wird man sagen: „Es gibt eben doch etwas, was es nicht gibt." Wer an das Prophetenwort mit der Humorlosigkeit eines sog. Tatsachenmenschen herangeht, wird seine Wahrheit nicht begreifen.

Welche Wahrheit? Die neue Welt, von der hier „geträumt" wird, ist durchweg neu, nicht nur teilerneuert (Jesus würde sagen: nicht neuer Flicken auf altes Kleid, Mark. 2,21). Es ist, so würde Jesaja sagen, sinnlos, Frieden zu erwarten ohne daß „den Geringen ihr Recht wird" und ohne daß der, der die Gerichtsbarkeit in den Händen hat, „in Vertrauenswürdigkeit" „für die Armen im Land eintritt" (V. 4). Dies wieder ist nicht möglich, ohne daß „Gewaltmenschen" und „Frevler" ausgeschaltet werden (ebenfalls V. 4) – dies nun freilich nicht so, daß der Herrscher der Zukunft (den Messiasnamen meidet Jesaja, wie schon 9,1ff.) der Gewalt wiederum mit Gewalt begegnet, sondern so, daß er sie nur mit dem Wort und mit dem Hauch seiner Lippen unschädlich macht. Damit stimmt überein, daß auch in der ganzen Natur ein Zustand des friedlichen Miteinander waltet (VV. 6–8): Friede zwischen Mensch und Tier und bei den Tieren untereinander. Nirgendwo wird mehr an Gewalt gedacht und mit Gewalt gedroht oder Gewalt angewendet. Der Friede ist unteilbar. Wie macht das der Friedenskönig der Zukunft? Er ist, was seine Person angeht, bleibend mit Jahwes Geist begabt (der Geist wird auf ihm „ruhen", in ihm „wohnen", V. 2): mit dem „Geist der Weisheit und der Einsicht, dem Geist der rechten Entschlüsse und der Kraft, sie zu verwirklichen (Wldbgr.: „ziviler Gebrauch" von Worten, die sonst den Feldherrn kennzeichneten), dem Geist der Vertrautheit mit Gott und der Respektierung Gottes (V. 2). Dieser König denkt und handelt also nicht aus dem Eigenen, sondern aus dem, was Gottes ist. So wird er auch fähig, in seiner Funktion als Richter sich nicht durch Augenschein und Gerüchte täuschen zu lassen (V. 3b), sondern er sieht „dahinter". Er regiert freilich auch ein Volk, das „nichts Böses und Frevelhaftes" tut. Es findet sich „auf meinem (Gottes) heiligen Berg", dort also, wo man Gott ganz nahe ist. Überhaupt wird das Land überschwemmt sein von gelebter, von den Menschen gewußter und bejahter Gottesnähe (V. 9). Die ganze Welt wie aus einem Guß!

Wieso ist das *Wahrheit*? Man braucht eigentlich nur die Probe zu machen, indem man aus diesem Gewölbe einen Stein oder mehrere herauslöst, und man wird sehen: der Heilszustand wird durchlöchert, ja, verunmöglicht. Wo der Arme geschunden wird und sein Recht nicht bekommt, wo Gewaltmenschen regieren und das Recht gebeugt wird (usw.), da wird kein friedliches Zusammenleben möglich sein; da wird der eine stehen können nur, wenn der andere fällt, und da wird dieser andere, weil er nicht fallen will, gegen den einen aggressiv werden. Nein, Gerechtigkeit und Friede müssen „sich küssen" (Ps. 85,11). Wie aber kommt es dazu? Jesaja zeigt die Zusammenhänge auf.

Ein ergreifendes Bild der Sehnsucht nach einer Welt, in der es sich endlich sorglos leben läßt: ohne Mangel, ohne Benachteiligung, ohne Unterdrückung, ohne Verletzung der Würde des Menschen, ohne Drohung mit Gewalt und ohne deren Anwendung. So, wie der Text hier steht: ein utopischer Traum. Es bedarf keines Wortes: wir können dabei nicht stehenbleiben – im politisch-gesellschaftlichen Handeln nicht, auch im christlichen Glauben nicht. Aber es wäre unangebracht, utopische Träume von vornherein für indiskutabel zu erklären; man muß sich nur über die Ebene klar sein, auf die sie gehören.

Viele Völker haben in solchen Träumen ihren Protest gegen das Bestehende objektiviert. Sie haben darin – vor sich selbst und vor anderen – zum Ausdruck gebracht, daß sie sich mit dem, was ist, nicht abfinden. Utopien sind eine Gestalt der Kritik, zugleich einer noch um ihre Konkretisierung ringenden Hoffnung. Sie unterscheiden das, was sein soll, von dem, was ist. Sie können Kräfte entbinden, denn sie sind eine Absage an einen Fatalismus, der nur Zwangsabläufe kennt. Wer Jes. 11 annimmt, kann nicht sagen, Elend, Unterdrückung und Krieg werde es immer geben. Utopien sind, wie man gesagt hat, erfüllt vom Pathos des menschlichen Seinkönnens; sie sind Imperative, die an das Seinkönnen und an die Bestimmung des Menschen appellieren; sie sind Anrufe in Form von eschatologischen Symbolen. Sie bringen etwas in Bewegung, ohne freilich – und darin liegt ihre Grenze und ihr Scheitern – das Ganze zu bewältigen, und wir sahen ja: das Heil und der Friede sind unteilbar. Es bedarf im politisch-gesellschaftlichen Bereich der umfassenden Lösung – nicht bloß unkoordinierter Teilinitiativen –; und Gott sagt erst recht: „Siehe, ich mache *alles* neu" (Offb. 21,5). Dennoch: wir hören ein solches Prophetenwort mit Bewegung, und diese verlangt danach, sich in Tat umzusetzen. Die weltverändernde Tat muß rational begründet, geplant und verwirklicht werden; aber daß es zum Willen zur Veränderung kommt, dafür hat der „Traum" immer wieder große Bedeutung gehabt. Er realisiert nicht, aber er stimuliert und motiviert. Er ist zur Kritik der Schelt- und Drohworte (z. B. 5,8ff.) das positive Gegenstück. Er weckt Hoffnung und treibt damit zur Tat.

Indem gesagt wird: „Euch ist heute der Retter und Helfer geboren" und: „Friede auf Erden", wird der „Traum" des Propheten auf Christus gedeutet, vgl. Röm. 15,12; Offb. 5,5. Noch kann der Neugeborene, in Krippe und Windeln, nicht tätig werden. Es wird noch davon zu sprechen sein, wann und wie er die Hoffnung erfüllen wird.

2.

Wir sollten die Ebene des Utopischen verlassen. Mag der „Traum" – vielleicht – die Weise sein, in der der Prophet das Reden Gottes erlebt: um dieses *Reden Gottes* geht es dem Propheten, nicht um sein Träumen. An den Himmel projizierte Wünsche? Nein: vom Himmel her uns gegebene Zusagen, die stichhaltige Verheißung.

„Solches wird tun der Eifer des Herrn Zebaoth", heißt es 9,6. Hier ist nur von dem Friedensherrscher die Rede, dem Gott als bleibende Ausstattung seinen Geist gibt. Der Messias ist im Denken des Alten Testament immer ein Mensch. Wenn es heißt, daß Gott König wird, so ist dies eher ein Gedanke, der dem messianischen Denken zuwiderläuft. In Jesus Christus schneiden sich die beiden Linien; aber das ist hier noch nicht im Blick. Bleibt Gott in unserm Text, dem Wortlaut nach, fast ganz im Hintergrund, so ist er doch der Handelnde, auch dann, wenn er sich dafür der Menschen bedient. Er schickt den Heilskönig. Er gibt ihm seine Gaben. Er wird wirksam in der Befreiung der im Elend befindlichen Menschen. Er verändert den ganzen Kosmos und schafft den totalen Frieden. Er schafft die neue Verbundenheit der Menschen mit ihm auf seinem ganzen heiligen Berge. Wie geht das alles vor sich?

Wer Jesajas „Königsorakel" vernimmt, muß aufhorchen. Ein neues Reis aus dem Baumstumpf Isais! Hat man recht gehört: „Baumstumpf"? Also wird der Baum des davidischen Königtums gefällt, und der neue Mann wird einer der Nachkommen der sieben Söhne sein, die damals von Jahwe *nicht* erwählt worden sind (1. Sam. 16,10). Also soll die Nathanweissagung über den Davidenstamm nicht gelten (2. Sam. 7)? Wenn Jasaja sich auf Gott berufen kann, dann steht hier Gott gegen sein eigenes Wort. Dann ist es demnach nicht so, wie man erwartet: daß aus dem Königtum in Jerusalem das Neue hervorgeht. Dann ist also die Realisierung nicht möglich ohne einen schockierenden *Bruch*. Das

Ende muß kommen, auch für Juda (vgl. Amos 8,2). Das Davidshaus kann nicht bleiben, weil es nicht glaubt (7,9). Ahas hat mit Assur paktiert; das hieß auch, daß Assurs Götter im Tempel zu Jerusalem eingezogen sind (2. Kön. 16,10–18). Damit hat Hiskia Schluß gemacht, als er sich erhob (2. Kön. 18,1ff.); aber dafür paktierte er mit Ägypten, gegen Jesajas Warnungen (30,1–5; 31,1–3 u. ö.). Mit der Unterwerfung unter Sanherib 701 kam auch der assyrische Staatskult wieder. Durch Stillesein und Hoffen wären sie stark gewesen (30,15). Sie waren es nicht. Im Lande Unordnung, Rechtsbruch, Korruption, Wehegeschrei der Entrechteten und Unterdrückten. So geht es nicht weiter. Gott muß an ganz anderer Stelle neu anfangen.

Wie hat man sich die Diskontinuität zu denken? Wie fast im ganzen Alten Testament ist die Heilszeit innerweltlich und innergeschichtlich vorzustellen. Ein neuer Mann – aus einer Nebenlinie, die bis auf Isai zurückreicht – ein neues Regime – eine neue Ordnung. Mit der „Wachablösung" ist ein „Systemwechsel" verbunden. Endlich soll „es" anders werden! – Was Jesaja erwartet, geht über das eben Genannte freilich noch hinaus. Es kommt zu einer tiefen qualitativen Veränderung in der zu erwartenden Neuordnung des judäischen Staates – und, nach V. 10 (s. o.), der ganzen Welt – dadurch, daß der neue Mann vom Geist Jahwes erfüllt, damit ausgerüstet und zu seinem Amt in einer bisher nie dagewesenen Weise befähigt ist, aber auch dadurch, daß die vom ihm Regierten ganz andere Menschen werden. „Man wird nirgends Sünde tun noch freveln auf meinem ganzen heiligen Berge" (V. 9). Die Totalerneuerung der Menschen in der unmittelbaren Vertrautheit mit Gott verändert die Gesamtlage so sehr, daß man sich fragt, ob dies unter den Bedingungen dieses Äons überhaupt möglich ist. Ethisches Umdenken, Umerziehung zu neuen gesellschaftlichen Normen – das ja. Aber keine Sünde mehr? Wenn man 1,18 als Frage auffaßt (so neuerdings wieder Wldbgr.), es also für unmöglich hält, daß blutrote Sünden schneeweiß werden: was bedeutet es dann, wenn nirgends mehr Sünden getan werden? Was muß da inzwischen geschehen sein?

Erst recht kommt man auf solche Gedanken, wenn man sich den großen Frieden vorstellt, der auch die außermenschliche Kreatur einschließt (VV. 6–8). Daß der Mensch das Tier als sein Mitgeschöpf ansehen lernt und ihm gegenüber – endlich! – zu einem entsprechenden Verhalten findet (noch immer ein trübes Kapitel innerhalb des Gesamtthemas „Menschlichkeit"): das müßte unter den Bedingungen unserer gegenwärtigen Weltwirklichkeit möglich sein. Aber Wölfe bei den Lämmern, Leoparden bei den Böcken; Kälber, junge Löwen und Mastvieh auf *einer* Weide von einem kleinen Jungen gehütet; der Löwe frißt Stroh, und das Kleinkind spielt und vergnügt sich mit einer Schlange: wie das – in unserer Welt? Man kann darin nur einen Ausdruck dafür sehen, daß die *ganze* Welt – durch und durch – zu einer Welt des Friedens umgeschaffen werden soll und muß. Gewiß steht der Mensch, kraft seiner Vernunftbegabtheit, innerhalb der Schöpfung Gottes an einem besonderen Ort, aber man kann ihn vom (übrigen) Tierreich auch wiederum nicht abspalten. Ihm ist Verantwortlichkeit gegeben, aber in ihm sind auch die tierischen Urtriebe. Auch er lebt, wie die Tiere in Wald, Feld und Steppe, davon, daß anderes stirbt, und er bringt „Furcht und Schrecken" über alle Tiere des Landes, des Meeres und der Luft (Gen. 9,2). Der Kampf ums Überleben kann sie einander zu Feinden machen: Tier und Tier, Mensch und Tier, Mensch und Mensch. Daß sie einander bedrohlich und gefährlich sind, weckt Ängste und Aggressionen. Beim Menschen ist dies um so verderblicher, als er seine Macht vervielfältigt: durch Summierung und Organisierung in der großen Zahl (Staaten) und deren Multiplikation mit den Gewaltmitteln der Kriegstechnik. Wer dies alles – biologische, psychologische, politische, kriegstechnische Faktoren – im Zusammenspiel sieht, der atmet auf, wenn Gott ihm verspricht, daß er die Welt zu einer Welt des totalen Friedens umschaffen will. Je ernster wir das im Text Gesagte nehmen, desto deutlicher ist, daß es sich um eschatologische Aussagen handelt. Was hier geschaut ist, ist nicht aus dem Bestehenden abgeleitet und entwickelt. Es kommt „senkrecht von oben", von Gott. Sind wir damit nicht wieder bei dem utopischen Traum von vorhin? Nein – es besteht ein himmelweiter Unterschied zwischen Wunschbild und „stichhaltiger Verheißung". Gott spricht mit seinen Zusagen gegen unsere Befürchtungen und unsere Verzweiflung, gegen den pessimistischen Fatalismus einer Weltanschauung, die keine Perspektiven kennt, vor allem aber: gegen das uns lähmende Wissen darum, daß wir den Untergang verdient haben. Verdient? Man muß die Gerichts- und Unheilspredigt Jesajas im Hintergrund sehen. „Blutrote Sünde – auf einmal schneeweiß?" Bleiben, obwohl wir nicht „geglaubt" haben? Man hat Jesaja diese in unserem Text dargestellte Zukunftsschau abgesprochen, weil man meinte, Gericht und Gnade, Untergang und Friede passen nicht zusammen. Man übersehe nicht: der Baum wird abgehauen sein, aber es wächst ein neuer Trieb. Die Gnade Gottes hat das letzte Wort. Gott spricht es. Wunschbilder sind nicht stichhaltig, aber Gottes Zusage ist es.

Nun scheinen Heil und Friede wieder verschoben, nämlich ins Eschaton hinein. Vertröstung – dann nämlich, wenn auf Gott kein Verlaß ist. Jedoch kräftige Tröstung, wenn es gilt, was Gott sagt. Es wäre übel, wenn wir die Hoffnung nicht ergriffen, zu der Gott uns ermächtigt. Übel wäre es freilich auch, wenn wir dem lieben Gott und damit der Zukunft überließen, was *wir heute* tun sollen. Wir werden die sündige, vom Tode umklammerte Welt nicht zum Paradies machen. Aber im Rahmen des Menschenmöglichen sollen wir tun, was unserer Hoffnung gemäß ist. Eine Übersicht über die Rüstungsbudgets der Staaten der Welt würde schlagartig demonstrieren, wie weit wir von dem hier geschauten Zustand entfernt sind; und ein umfassendes Wissen um die (leider) Geschichte bewirkenden Konfliktsstoffe in der Welt würde zeigen, wie gefährdet wir sind. Sähen wir, was Gottes Augen tagtäglich ansehen müssen, wir würden nicht ruhig. Zum Träumen ist keine Zeit. Die Zukunftshoffnung des Glaubens darf uns nicht verführen, daß wir seine Gegenwartsaufgaben versäumen. Im nüchternen Wissen um die Grenzen des Menschenmöglichen haben wir, was an uns ist, zu tun, nicht nur um Krieg zu verhindern, sondern um den – umfassenden – Frieden zu schaffen. Dazu gehört, wie der Text uns lehrt, die Befreiung der „Armen" und „Elenden" aus ihrer unerträglichen gesellschaftlichen Situation, die Entmachtung der „Gewalttäter" und „Frevler" und die Beseitigung des „Wolfsgesetzes" – nun nicht nur im wirtschaftlichen und gesellschaftlichen Leben, sondern auch zwischen den Völkern und Staaten der Welt. Dazu gehört nach unserm Text, daß wir nicht mehr Sünde tun und freveln, sondern uns bestimmen, leiten uns erfüllen lassen von der uns angebotenen Gemeinschaft mit Gott. Die „stichhaltige Verheißung" sollte – bei aller Nüchternheit und Sachlichkeit weltlichen Handelns – ihre Lichter vorauswerfen und die heute fälligen Entscheidungen bestimmen.

3.

Wildberger überschreibt unsern Text: „Messias und Friedensreich", und wir haben den „Friedenskönig" in der Hauptüberschrift unseres Entwurfes stehen. Wo bleibt Christus in den bisherigen Überlegungen und Besinnungen? Die Frage wird um so dringlicher, weil zwischen dem eschatischen Friedensreich und unseren zeitlichen, sich menschlicher Mittel bedienenden Friedensbemühungen nun wirklich noch immer die eschatologische Grenze liegt. Er, der in Bethlehem Geborene, ist die Klammer, die das Jetzt und das Dann zusammenhält. Jesaja wird sich den Friedensherrscher der Zukunft anders gedacht haben; das gilt für alle alttestamentliche Messiashoffnung. Denn was Christus einmal in „Doxa" sein wird, das ist er jetzt, zur Weihnacht, in Schwachheit und Niedrigkeit. Frei-

lich: eben damit hebt er die Welt und ihren alten Zustand aus den Angeln. Dies zu begreifen und in der Predigt anzusagen, ist unsere Aufgabe.

Daß Jesus nun doch nach neutestamentlicher Überlieferung ein Nachkomme Davids ist,
wird uns nicht beirren; auf die Genealogie kommt es nicht an; V. 1 wird für uns Gleich-
nisbedeutung haben. Aber auch sonst werden wir den Text nicht nach einzelnen Chri-
stusmerkmalen absuchen. Dennoch: wir erkennen Christus in dem Friedensherrscher von
Jes. 11 wieder. Wir hätten das Geheimnis seiner Person nicht zureichend beschrieben,
wenn wir in Jesus lediglich einen mit Gottes Geist begabten, wenn auch *bleibend* begabten, Menschen sähen. Aber warum sollte man nicht dieses Geheimnis der Christusperson
auch einmal von dieser Seite her sehen (vgl. z. B. das Kapitel „Geistesgegenwart" in
W. Pannenbergs „Grundzüge der Christologie", 1964, S. 114ff.)? Der Messias, ein Mensch
in dem Gottes Geist unaufhörlich am Werke ist, durch dessen Tun also Gott selbst tätig
wird. Hier ist also nicht einfach von dem die Rede, was Menschen von sich aus tun können und sollen, – in Gottes „Reich zur Linken". Denkt man an die hier gemeinte Gesundung der Welt in Gerechtigkeit und Frieden, dann so, daß – mit Worten der Weihnachtsgeschichte gesprochen – das „Friede auf Erden" unlöslich zusammengesehen wird mit
dem „Ehre sei Gott in der Höhe". Das eschatische Friedensreich verwirklicht sich dadurch, daß *Gott* unter uns wieder zu seinem Recht kommt. Keine Sünde, kein Frevel auf
Gottes heiligem Berge, und das Land voller Gotteserkenntnis und Gottesverbundenheit
(s. o.), „wie Wasser das Meer bedeckt" (V. 9). Da ist zwischen Gott und uns allen nichts
Störendes mehr. Da leben wir ganz aus Gott: ewiges Leben, das nicht mehr vom Tode bedroht ist und sich ängstlich und erbittert gegen die Todesdrohung wehrt und eben damit
anderen gefährlich wird; also unverwesliches Leben aus Gott, in Gott und vor Gott. Das
Reich Gottes ist eschatische Realität. – Allerdings sagt nun dieser Satz nicht, daß wir uns
abermals auf den Aufschub einzurichten hätten, denn in Jesus Christus ist das Reich Gottes unter uns, real, nur dem Glauben erkennbar, aber leibhaft heute schon wirksam. Wo
Glaubensgehorsam geschieht, da wirkt es sich aus. Man braucht ja nicht darauf zu warten, daß unter uns Gotteserkenntnis sich breit macht wie der Meeresspiegel. Mitten in der
Welt, die ihren Gott nicht kennt, wird so gedacht, geredet und gehandelt, daß im Glauben
an Christus Gott zu seinem Recht kommt.

Christen bezeugen in ihrem Reden und Tun, das sie diesem Herrn gehören. Geist der
Weisheit: er kennt sich in der Welt und im Menschenherzen und -leben aus. Geist des
Verstandes: er sieht die großen Zusammenhänge zwischen Gott, Welt und Mensch. Geist
des Rates: er läßt Wege finden und Entschlüsse fassen. Geist der Stärke: er weiß sich auch
in der Schwachheit durchzusetzen. Geist der Erkenntnis und der Furcht des Herrn: er ist
mit seinem himmlischen Vater im vollen Einklang und nimmt ihn so ernst wie keiner
von uns. Gerechtes Urteil: er weiß, was im Menschen ist (Joh. 2,25 u. ä.) – und läßt doch
keinen von uns fallen. Er erledigt die Gewalttätigen und Frevler und erhebt doch keine
Waffe gegen sie. Er läßt die Armen und Elenden seine Brüder sein. Er opfert sich für die,
die bei Gott hoffnungslos verspielt haben, und schafft ihnen wunderbarerweise ein neues
Recht auf Leben. Er liebt auch seine Feinde und betet für sie. Er ficht nicht wie ein ge-
reiztes Tier um sein Leben und behauptet sich nicht selbst, sondern opfert sich für die
Sünder aller Zeiten. Er kommt mitten in diese ihrem Gott und damit auch ihm selbst
feindlich gesinnte Welt in der Hingabe an seine Mitmenschen ohne Wenn und Aber. Er
teilt die Menschen nicht ein in solche, die man annehmen und mit denen man sich verbinden kann, und solche, die man abstoßen und verloren sein lassen sein muß. Seine Versöhnung beginnt in dieser Welt das schlechthin Neue. Nicht nur die zu Unrecht Verachteten, sondern auch die Verachtenswerten nimmt er an und läßt sie seine Brüder sein.
Das ist der Anfang der neuen Welt.

Dies alles hat ihn ans Kreuz gebracht. Man kann darin den Zusammenbruch dieses ganzen „Konzepts" sehen. Ja freilich: den Juden ein Ärgernis und den Griechen eine Torheit. Aber anders war und ist die Welt nicht zu retten. Das Kreuz hat der erste Jesaja noch nicht gesehen. Aber ohne das Kreuz kommt die sündige Welt nicht zum Frieden mit Gott. Mitten in der Welt, in der Zukunfts- und Überlebenschancen nach dem Pegel des Rüstungspotentials eingeschätzt werden, lebt der machtlose Christus in seiner Gemeinde. Sie weiß, daß die Zukunft der Welt nur mit dem Mut und der Bereitschaft zum Leiden erkauft werden kann. Kein Zweifel: die kleinen Entscheidungen des Alltags und die großen, bei denen es um die Schicksale der Völker geht, sind Sache einer in der Verantwortlichkeit für das Humanum gebundenen Vernunft. Wenn unser Text recht hat, wird es darüber hinaus der Kraft der Herzen bedürfen, die aus dem Geist Gottes stammt. Kann sein, daß der Alltag uns im Extremfall Auseinandersetzungen aufzwingt. Aber wer von der Versöhnung mit Gott herkommt und auf Gottes Friedensreich zugeht, sieht auch im Widersacher den potentiellen Bruder. Denn Christus ist für alle gestorben, und das Kind in der Krippe ist der Friedenskönig.

1. Sonntag nach dem Christfest. Joh. 12,44–50

Der Abschnitt ist nach Bultmann „ein situationsloses Stück, das offenbar ein versprengtes Fragment der Lichtrede ist". Rekonstruktion der Lichtrede nach Bultmann: 9,1–41; 8,12; 12,44–50; 8,21–29; 12,34–36; 10,19–21. Man kann aber auch in der vorliegenden Anordnung einen guten Sinn erkennen. Unser Stück hat „ähnlich prinzipiellen und resümierenden Charakter wie 3,13–21 und 3,31–36" (Schnbg., S. 514). Mag sein, ein Redaktor hat – unter Verwendung von Material des Evangelisten – diesen Epilog formuliert und damit die öffentliche Wirksamkeit Jesu abgeschlossen (vgl. V. 36b). So schon Bengel: „Epilog zu den öffentlichen Reden Christi und deren Zusammenfassung." Das Festhalten an futurischem Gericht (V. 48) hat man dabei als besonderes Merkmal der Redaktion angesehen (ähnlich wie 5,28f.; 6,39f.44.57), wobei die Rede vom „Jüngsten (= letzten) Tage" weder in der apokalyptischen Literatur noch im übrigen NT, vielmehr nur bei Johannes vorkommt. Die literarkritische Lösung der m. E. scheinbaren Widersprüche zwischen johanneischer und „kirchlicher" Eschatologie ist nicht unbestritten (vgl. L. Goppelt, ThNT 2, S. 640ff.); wir kommen darauf zurück.
V. 44: Der Evangelist nimmt sich die Freiheit, Jesus – obwohl er untergetaucht ist (V. 36b) – noch einmal das Wort zu geben. κράζειν (laut rufen) meint ein Reden im Heiligen Geist (1,15; 7,28.37; Röm. 8,15; Gal. 4,6). An Jesus glauben – wie die Konkordanz zeigt, immer wieder gebrauchte Formel, die man mit dem Verbum „vertrauen" wohl behelfsweise erläutern, aber nicht durch dieses ersetzen kann („Die Gute Nachricht"). „Der Abgesandte eines Menschen ist wie dieser selbst" (Berakot V,5). Gott ist in Jesus ganz gegenwärtig. – V. 45: vgl. 14,9. Parallelaussage zu V. 44. Wer dort aus dem „nicht an mich" eine Entwertung Jesu abgelesen hätte, müßte in der Parallele umlernen: man muß Jesus „sehen", wenn man den Vater „sehen" will. Gemeint ist ein Sehen des Glaubens. – V. 46: Jesu Kommen als Lichteinfall in die Welt der Finsternis – ein im vierten Evangelium häufig auftretendes Motiv. σκοτία ist der Bereich, in dem sich die Menschen ständig befinden; damit befinden sie sich im Bereich des Gerichts, des Zornes, des Todes. Wohin das Licht kommt, ist die Finsternis aufgehoben. – V. 47: vgl. 3,17f. Die Rettung liegt im Hören und Bewahren (sonst meist τηρεῖν; φυλάσσειν in dieser Bedeutung nur hier, gemeint ist der Glaube, vgl. 6,29; 7,17). Jesus will nur retten; im Gericht bleibt, wer sich nicht retten lassen will. – V. 48: Das rettenwollende Wort (jetzt Singular) wird faktisch zum Richter, weil die Ablehnung, Verwerfung und Mißachtung eine bisher unentschiedene, offene Situation negativ qualifiziert (vgl. 15,22). Am Jüngsten Tage wird die Tatsache des Angesprochenseins sich den Weigernden belasten. – V. 49: Dies um so mehr, als Jesu Wort ja eigentlich das des Vaters ist (vgl. VV. 44ff.), also in höchster Autorität gesprochen ist. Hierzu: 3,11; 8,26.28.40; 15,15 u. ö. – V. 49: Das Wort ἐντολή muß hier ganz un-gesetzlich verstanden werden; man mag an Deut. 32,47 denken, auch an Amos 5,6. Das ewige Leben besteht in der Gottesgemeinschaft, die in Jesu Anrede an uns realisiert wird, sie (8,31) ist wieder nichts anderes als Gottes eigenes Wort.
Die Häufung johanneischer Texte mit verwandter Thematik in den Weihnachtstagen ist entweder auf eine schwer durchschaubare tiefgründige Absicht der Perikopenkommission

zurückzuführen, oder sie stellt einen Kunstfehler dar. Da man immer nur Gutes voneinander denken soll, nehmen wir das erstere an, trösten uns mit Phil. 3,1b und versuchen, die bei allen Ähnlichkeiten noch immer erkennbare Differenziertheit herauszuarbeiten. Es wird sich schon aus diesem Grunde empfehlen, den Text genau abzuhören. Außerdem könnten zur Veranschaulichung Querverbindungen zum alten Evangelium des Sonntags dienlich sein: Simeons Augen haben den *Heiland* gesehen, ein *Licht* zu erleuchten die Heiden, und den Christus, der zum *Fall* und *Auferstehen* vieler gesetzt ist (Luk. 2,25ff.).

Dachten wir zu Weihnachten zuerst an Jesu Geburt, fanden wir ihn am 1. Christtag bereits auf der Höhe seiner Wirksamkeit, so führt uns dieser Text an deren Ende. Mit Kap. 12 schließt nach Johannes das öffentliche Auftreten Jesu ab; von Kap. 13 ab hören wir ihn nur noch zu seinen Jüngern sprechen. Eigentlich ist Jesus seit V. 36b schon von der Bühne weg; der Vorhang ist gefallen. Ein Schlußwort des Evangelisten bzw. des Herausgebers, das Jesu eigene Worte verwendet, faßt das bisher Berichtete zusammen. Zwiespältige, im ganzen dürftige Bilanz: viele sind verstockt und glauben nicht; andere würden wohl gern glauben, aber sie fürchten die Gegenwirkung der „Pharisäer" (VV. 37–43). Wir sollten uns nicht wundern, daß auch der Weihnachtsglaube „nicht jedermanns Ding" ist (2. Thess. 3,2). Die Zitate aus dem zweiten und ersten Jesaja (VV. 38–40) lassen Gründe erkennen. Die Unscheinbarkeit und Ärmlichkeit der Christgeburt und des Christuslebens bringen es mit sich, daß es hier einer *Entdeckung* bedarf, wenn man mitbekommen will, was der Welt in der Geburt dieses Mannes geschehen ist. Die meisten Menschen merken es überhaupt nicht! – Die Predigt hat nicht die Aufgabe, darüber zu lamentieren oder gar die zu beschimpfen, die nur eine Weihnacht ohne Christus kennen. Aber mit denen ist zu reden, die in diesem Gottesdienst anwesend sind. Was haben *sie* entdeckt? Wenn mit Jesu Kommen in die Welt sein Wirken in dieser Welt begonnen hat: was hat sich für sie – also: für uns – aus Jesu Erdenwirksamkeit ergeben? Jetzt bekommt der im Johannesevangelium erreichte Punkt noch einmal Bedeutung. Epilog, sagten wir. Mindestens: vorläufiges Resümee, ehe die Passion und damit die priesterliche Hingabe des Lebens beginnt (sie wird uns später im Kirchenjahr zu beschäftigen haben). Jetzt: was ist uns dieses Erdenleben Jesu?

Es ist nicht nur für die Weise johanneischen Denkens bezeichnend, sondern auch für unsere Predigtaufgabe wegweisend, daß Jesus, trotz der konstatierten und sogar biblisch verständlich gemachten Erfolglosigkeit, doch noch einmal vor den schon geschlossenen Vorhang tritt und zu einem eindringlichen Ruf die Stimme erhebt (ἔκραζεν). Man hat den Eindruck: hier wird nicht nur die bittere Erfahrung mit den Menschen, sondern sogar das „es steht geschrieben" überboten, ja geradezu überrannt von der Heilandsliebe Jesu, die sich mit der Mißerfolgs- und Unglaubensbilanz nicht abfinden will und es noch einmal, ja eigentlich (indem wir's heute predigen) immer wieder versucht, Menschen begreiflich zu machen, was sich in seiner öffentlichen Wirksamkeit eigentlich ereignet hat. Das Wort, das er spricht und von dem im Text selbst die Rede ist, ergeht weiter, auch nach Abschluß des leibhaften Auftretens unter den Menschen. Setzen wir darum so an: *Die Summe der Wirksamkeit Jesu:* (1) *Hier ist Gott.* (2) *Hier ist das Licht.* (3) *Hier ist das Leben.*

I.

Wenn das wahr ist, daß in Jesus Christus Gott selbst vor uns steht und um uns bemüht ist, dann ist die ihm widerfahrende Nichtbeachtung oder Ablehnung geradezu eine Ungeheuerlichkeit. Weihnachten: Gott kommt in die Welt. Er wendet sich ihr nicht nur zu – unter Beibehaltung der gar nicht beschreibbaren Distanz zwischen Schöpfer und Geschöpf (1,3) – , er wird selbst ein Stück Welt (1,14); er wird es so sehr, daß man an diesem Stück Welt, das Jesus heißt, das Göttliche ganz übersehen kann, ja, eigentlich übersehen muß. Umgekehrt: wenn man schon auf das Göttliche aus wäre, in diesem einfachen Bauhandwerker aus Nazareth könnte man es normalerweise nicht entdecken, ja, man müßte sich, wenn man etwas von Gottes Majestät und Größe, von seinem Glanz und seiner Herrlichkeit wüßte, geradezu dagegen verwahren, daß man Gott in diesem Menschen Jesus suchen sollte. Daß gerade die Juden widersprechen, die so klar um den Unterschied und die Unverwechselbarkeit von Gott und Mensch wissen, darf niemanden wundern.

Trotzdem: hier ist Gott. Jesus selbst (trotz 5,31 – die Blickrichtung ist dort eine andere) gibt sich als den zu erkennen, in dem Gott bei uns ist. Er tut es nur mit dem Wort; andere Mittel der Selbstbekundung und -darstellung wären unangemessen. Und er tut es nicht kalt dozierend, erst recht nicht anklagend oder drohend, sondern werbend. Sein „Ruf" ist Evangelium, also Einladung, Anerbieten, ein Ausstrecken der Hände nach den Menschen, die er nicht aufgeben will, sie mögen sich ihm gegenüber reserviert verhalten oder ihn ablehnen, sie mögen heimlich mit ihm sympathisieren, jedoch die Konsequenzen des Bekenntnisses zu ihm scheuen (VV. 42f.).

Die VV. 44f. stehen zueinander in einem – synthetischen – Parallelismus. Wer nur den Menschen Jesus sähe, müßte lernen, daß, wer an ihn glaubt, in Wirklichkeit nicht an diesen Menschen, sondern an Gott glaubt. Umgekehrt: wer nur auf den unsichtbaren Gott aus wäre, müßte begreifen, daß man Gott tatsächlich sieht, indem man Jesus sieht. Wer V. 44 so verstünde, als wollte Jesus, daß wir von ihm wegblicken und nur an den Vater denken, der würde aus V. 45 ersehen müssen, daß wir den ihn sendenden Gott nirgendwo anders erblicken als eben in Jesus. Wir haben Gott nur in Jesus – und wir haben in Jesus den ganzen Gott. Beides sollte die Predigt entfalten.

In V. 44 wird der Anstoß der Zuhörer bzw. der Leser des Evangeliums ernst genommen. An einen Menschen glauben? Das hieße ja, daß man ihm entgegenbringt, was nur Gott gebührt. Wer an Jesus glaubt, schenkt ihm volles Vertrauen, sieht sein Wort als gültig und verbindlich an, wagt alles auf dieses Wort hin, geht mit Jesus jedes Wagnis ein, weil ihm, von innen her gesehen, das Mitgehen mit Jesus überhaupt kein Wagnis ist, sondern das Gewisseste und Verläßlichste. Solchen Glauben kann und darf man keinem Menschen zuwenden, erst recht keiner Sache. Die unbedingte Bindung des Glaubens kann nur Gott gelten: ihn sollen wir „über alle Dinge fürchten, lieben und vertrauen". Wie dann an Jesus glauben („an seinen Namen", 1,12, „an ihn", 2,11, „an den Sohn", 3,36 – die Stellen sind zahlreich)? In einer Weihnachtspredigt legt Luther Gott die Worte in den Mund: „Mein Gottsein ist (ganz und) gar in ihm, und wenn du ihn anbetest, betest du auch mich an, er ist dein Herr und Gott . . . ", und Luther deutet dies so: „da nimmt unser Herr Gott das erste Gebot und zeucht es dem Sohn an" (WA 36,415). „Wenn ich an Christus glaube, dann ist Gott (wirklich) Gott" (WA 32,287). „Das Kindlein liegt in der Wiegen – das ist mein Sohn, ich hab ihn dir gegeben, gehorche ihm. Nehmt ihn an für einen Gott, denn er *ist* ein Gott; werdet ihr den nicht annehmen, werdet ihr mich auch nicht haben, denn in dem Sohn will ich mich – und sonst nirgends – finden lassen" (WA 49,241 – nach der Stoltz'schen Nachschrift).

„Wer an mich glaubt, der glaubt nicht an mich, sondern an den, der mich gesandt hat." Schon wahr: an *Jesus* glauben! Aber das heißt ja gerade nicht, sich von Gott abwenden und sich statt seiner Jesus verschreiben. Es heißt vielmehr: in Jesus Gott finden. Jesus ist nicht nur Prophet, Bote, Interpret, Lehrer. Er ist der eingeborene Sohn, das fleischgewordene Wort, das selber Gott ist. Nicht ein zweiter Gott neben dem einen, sondern der eine Gott in seiner Zuwendung zu uns, in seiner Solidarisierung mit uns. Wir sollen nicht einen Gott haben, der schweigendes Geheimnis bleibt, unerreichbar, unfaßbar, unvorstellbar, immer nur der Ganz-Andere, gar nicht zu reden vom „höchsten Prinzip" oder vom „Absoluten" oder auch von der „Tiefe des Seins". Gott hat, indem er Mensch wurde, sich uns erreichbar gemacht, ein Gott zum Anfassen, ein Gott, mit dem man reden kann, auf du und du, ein Gott auch, den man sehen kann (vgl. zu dem allem die Epistel des Sonntags). Daß Jesus sich von dem ihn sendenden Vater unterscheidet, der Vater ihm also personales Gegenüber ist, darf dabei nicht vergessen sein. Das Zueinander von Vater und Sohn wird im Text so dargestellt, daß der Sohn, indem er redet, dem „Gebot" des ihn sendenden Vaters gehorcht (V. 49) und weitersagt, was der Vater ihm selbst gesagt hat (V. 50). Der hier als Mensch vor uns steht, ist, als der ewige Sohn, in nie abreißender oder versagender Sprechverbindung mit Gott. Bei Jesus sind Hören und Sagen eins. Das macht seine unvergleichliche Autorisierung aus. Also gibt es das doch, daß ein Mensch, wenn er sich nur entschließt, gespannt zu hören und das Gehörte treulich zu sagen und zu tun, mit Gott in ungestörter Gemeinschaft leben und ihn darum geradezu vertreten kann? Dieselbe Frage noch schärfer gestellt: Also hat der eine geschafft, was wir alle schaffen sollten und auch könnten: die allgemeine Gottentfremdung und Verlorenheit zu überwinden? Nein – der hier vor uns steht, ist, was wir alle *nicht* sind. Er hat nicht nur ein gutes Gehör für Gottes Worte, sondern er ist selbst das ewige Wort. Er hat die Übereinstimmung mit dem Vater nicht durch ein bestimmtes Verhalten hergestellt; er kommt aus ihr und bleibt in ihr. Hier ist Gott!

Wäre dies alles entdeckt und angenommen, dann könnte es bei mehr oder weniger wohlwollender Neutralität oder gar bei der uns gewohnten Verschlossenheit gegenüber dem in Christus auf uns zukommenden Gott nicht bleiben. Der in unserm Text redende Christus muß mit solchen rechnen, die sich auf dies alles nicht einzulassen bereit sind. In diesem Jesus den Vater sehen? Zu ungöttlich sind sein Auftreten und seine Erscheinung. Man könnte sagen: ein Gott, der etwas auf sich hält, wahrt seine Majestät, seine Unnahbarkeit. Freilich: ein solcher Gott wäre nicht *unser* Gott. Der gedachte Gott hält still, fügt sich unseren Vorstellungen und Wünschen, bereitet uns im Ernst keine Unruhe, läßt uns, wie wir sind, und – im Stich. Ganz anders, wenn wir an Jesus glauben. Da wird Gott uns ganz konkret und darum verbindlich. Hier wird es ernst! Nicht an Jesus glauben, das hieße: sich am wirklichen Gott vorbeidrücken. Es wird sofort noch davon die Rede sein, was dies für unsere Existenz im einzelnen bedeutet.

2.

Man kann die Wirksamkeit Jesu auch so charakterisieren: hier ist das *Licht*. Aussagekraft wird dieser Satz nur dann haben, wenn wir durch die kirchliche Formelsprache zur gemeinten Sache vordringen. Dies gilt für das wörtliche wie für das übertragene Verständnis von „Licht". Niemandem ist gedient, wenn wir den Menschen zum soundsovielten Male unerläutert beteuern, mit Jesus sei das Licht in die Welt gekommen. Was ist damit gesagt?

Was lichtloses Leben ist – das Wort im natürlich-physikalischen Sinne verstanden – , wissen wir kaum noch. Schwindet das Tageslicht, dann gehen die Millionen von Lichtern an, die den Fortgang normalen Lebens ermöglichen. Im Bedarfsfall stehen Scheinwerfer zur Verfügung. Es sind für uns ganz seltene Situationen, in denen wir die Hand vor den Augen nicht sehen. Die Alten erlebten dies viel öfter. Ein künstliches Licht anzuzünden war ein mühsamer Vorgang, und wenn es brannte, war's ein winziges Ölflämmchen. Mond- und Sternenlicht konnte die Nacht „erhellen"; in mancher Nacht blieb auch dies aus. Im Dunkel sieht man den Weg nicht, auch nicht die Abgründe und Hindernisse. Gesuchtes bleibt unerkennbar. Man kann nicht unterscheiden. Gefahren nimmt man nicht wahr. Der Feind hat leichtes Spiel. Das Böse und Lichtscheue verbirgt sich im Dunkel. So gewinnt das Gegensatzpaar Licht – Finsternis den Sinn zweier kosmischer Dimensionen, in denen man „wandelt" und die zugleich bestimmende, herrschende Mächte sind. „Die Finsternis ist bei Johannes Sphäre = Macht", aber sie ist nicht, wie in der Gnosis, als Substanz zu verstehen, sondern als „das der Welt eigene Wesen, in dem sie sich wohlbefindet" (ThWNT VII, S. 444; vgl. Bltm., ThNT, § 42). Wir sind damit über den physikalischen Ursinn von „Licht" längst hinaus. Wie könnte man sonst die vielfältig erleuchtete Welt als lichtlos bezeichnen? Und wie könnte Jesus sich als das Licht (8,12; 9,5; unsere Stelle) bezeichnen und „das wahrhaftige Licht" genannt werden (1,9)? Biblische Sprache weiß von einem Licht, das noch vor allen Gestirnen leuchtete (Gen. 1,3). Wo kein Licht ist, ist kein Leben, und – es wird davon nachher noch zu reden sein – Leben ist „Licht für die Menschen" (1,4). Man versteht diese übertragene Rede vielleicht dann leichter, wenn man sich klarmacht, daß Licht und Finsternis nicht zwei Größen sind, die gleichartig einander gegenüberstehen. Die Finsternis kann das Licht nicht verdrängen, wie etwa ein unter höherem Druck ausströmendes Giftgas die reine Atemluft verdrängt. Lichteinfall macht Finsternis zunichte; das Umgekehrte ist nicht möglich. So wird verständlich, daß Schöpfung mit dem „Geschehen" des Lichts einsetzt, das Gott selbst ist, ferner, daß der johanneische Dualismus nicht Gott und Gegengott widereinandersetzt, sondern geschichtlich zu verstehen ist. Doch, auch die Finsternis ist aktiv, vollbringt „Werke" (Eph. 5,12); aber es ist die von Gott geschaffene Welt, die sich gegen ihren Gott abriegelt; „Finsternis ... ist nichts anderes als das Sich-Verschließen gegen das Licht, sie ist die Abwendung vom Ursprung der Existenz, in dem allein die Möglichkeit der Erleuchtung der Existenz gegeben ist. Indem sich die Welt dem Licht verschließt, empört sie sich gegen Gott, macht sie sich dem Schöpfer gegenüber selbständig, – d. h. sie versucht es, sie bildet sich ein, es zu können" (Bltm., ThNT, § 42,2). Indem Christus in die Welt kommt, leuchtet ihr göttlicher Ursprung in ihr auf, ist dieser Ursprung – als „das eigentliche Licht, das alle Menschen erleuchtet" (1,9) – mitten im Dunkel gegenwärtig, und wo dieses Licht sich durchsetzt, da muß das Dunkel weichen. Wie am ersten Schöpfungstag leuchtet die Gottespräsenz als Licht auf, wo wieder einer zum Glauben an Christus kommt (2. Kor. 4,6). Die Welt wird wieder als Schöpfung Gottes erkannt, Leben als etwas Geschenktes, Gewährtes. Indem das Geschöpf seinen Schöpfer entdeckt, kommt es zu dem Gegenüber, zu dem wir geschaffen sind und in dem wir unsere menschliche Bestimmung und Würde haben. In Jesus redet unser Gott mit uns. Das ist die Erhellung unseres Lebens. „Es ist das Licht noch eine kleine Zeit bei euch ... Glaubet an das Licht, solange ihr's habt" (VV. 35f.). Dazu ist Christus gekommen, daß wir nicht in der Finsternis bleiben (V. 46). Wir hörten vorhin, die Welt fühle sich in der Finsternis wohl. Es hat nicht viel Sinn, denen, die das hier gemeinte Licht nicht kennen, einreden zu wollen, sie tappten im Dunkeln. Wer Christus entdeckt hat, ist gewiß: *Hier* ist das Licht.

Wir haben damit zu rechnen, daß mancher der Zumutung, an Christus zu glauben, widersteht, weil er von daher Verdunkelung fürchtet. Man kann leider nicht leugnen, daß die Kirche immer wieder zur Verdunkelung der Welt beigetragen hat; dies geht auf *unser* Konto, nicht auf das unseres Herrn. Zu Beförderern der Finsternis sind wir nicht dadurch geworden, daß wir Jesus zuviel, sondern dadurch, daß wir ihm zuwenig vertraut und gehorcht haben. Die „Sphäre" der Finsternis könnte öfter, als uns bewußt ist, Einfluß auf uns gewinnen, auch da, wo wir meinen, mitten in Gottes Volk zu stehen. Umgekehrt: Zur Erhellung der Welt, im nächstliegenden Sinne des Wortes, tragen auch solche bei, die Jesus nicht kennen: wir haben ihr Werk nicht geringzuachten oder gar zu hindern, uns vielmehr daran zu beteiligen. Christus ist nicht gekommen, um unsere natürliche Vernunft auszuschalten: ja, er befreit geradezu zu ihrem rechten Gebrauch. Wieso bedarf es dazu einer Befreiung? Solange wir Sünder sind, ist alles, was wir tun, umgriffen von einer letzten Finsternis, deren man erst gewahr wird, wenn das „wahrhaftige Licht" bereits scheint. „Sind wir auch blind?, fragen die Gegner Jesu (9.40); sie meinen, im Hellen zu leben. Sie merken nicht, daß sie – trotz aller ihrer Religiosität und Kirchlichkeit – an Gott vorbeileben, von Gott wegsehen, sich gegen Gott abschirmen. Hat das Licht bei uns Zutritt, oder versuchen wir, es abzublenden? Gibt es lichtlose Ecken bei uns? Winkel, in denen Unrat liegengeblieben ist? Dinge, in die wir Jesus nicht „hineinleuchten" lassen? Bereiche, über denen seine Sonne noch nicht aufgegangen ist? Wir bekommen, indem wir uns so prüfen, bestenfalls Einzelheiten zu fassen. Letzten Endes geht es aber immer ums Ganze (Matth. 6,22). Wer an Jesus glaubt, dem scheint das Licht. Er weiß nun, vor wem er lebt und wo er hingeht (V. 35 Ende). Er kann nun unterscheiden. Er kennt den Gott, von dem ihm alles Gute kommt. Er weiß, daß er in allem von ihm her lebt – und getrost leben und, wenn es soweit ist, sterben kann (Luk. 2,29 – altes Evangelium). Er wird nicht mehr resignieren, weil er weiß, wieso er hoffen darf. Er wird sich nicht mehr wild verteidigen, weil er aus der Vergebung lebt. Er wird sich nicht mehr ängstigen, seit ins Unheimliche das Licht fällt. Wo Jesus ist, da ist es.

3.

Wenn das Leben das Licht der Menschen war (1,4), dann wiederholt sich in unserer dritten Aussage – hier ist das Leben – die zweite. Wir haben dieses Leitwort aufgenommen, weil Jesus selbst nach dem Text das in seiner Wirksamkeit realisierte Wollen Gottes darin zusammenfaßt: des Vaters Gebot, also der Jesus erteilte Auftrag zielt auf „ewiges Leben". Man könnte mit gleichem Recht auch vom „Heil" reden: „Ich bin gekommen, daß ich die Welt rette". Die Wirkung des von „oben" einfallenden Lichtes ist: das Leben, das Heil. Licht meint Sein Scheinen, die von ihm ausgehende und verbreitete Helligkeit. Leben meint, was bei uns daraus entsteht, indem wir uns von ihm bescheinen lassen. „Ewiges Leben" ist das unzerstörbare Leben; es beginnt schon hier. Indem mit Jesus Gott in unsere Welt und auch in den persönlichen Lebenskreis jedes einzelnen Glaubenden eintritt, geschieht „Rettung", „Heil": verlorenes Leben wird wiedergefunden und findet zum Ursprung zurück; Leben, in dem die Du-Beziehung zu Gott erloschen ist, erwacht in der Herstellung der Gottesgemeinschaft zu dem, wozu es bestimmt ist. Indem wir Jesu Worte hören und bewahren (V. 47), sind wir im Stromkreis der Gottesgemeinschaft. Wir sind dann nicht mehr die Geschöpfe, die zwar ohne Gott faktisch nicht leben könnten, sich aber, als wäre das nicht so, gegen ihn abkapseln und verschließen und damit die für das christliche Menschenbild entscheidende Dimension ihres Menschseins verleugnen und verlieren: das Leben im personalen Gegenüber zu Gott, das Leben aus Gott und in Gott. Jesu Worte im Ohr und wohl-„bewahrt" im Herzen: dies macht uns zu Menschen Gottes. (Um es noch etwas praktischer zu sagen: Wir sollten uns nicht an einem allgemeinen christlichen Bewußtsein genügen lassen, das wir mit uns herumtragen. Jesu Worte wollen „gehört" und „bewahrt" sein. Sie sollten uns – z. B. in Gestalt der Herrnhuter Losung und des Lehrtextes – als ständige Anrede begleiten, also auch im Gedächtnis haften, was wiederum voraussetzt, daß wir sie nicht in immer neuen Übersetzungen und Umschreibungen hören, sondern als festgeprägten und darum auch sich einprägenden Text.)

Dieses „Leben" verwirklicht sich in personaler Existenz. Es will angenommen sein. Man kann es auch verfehlen und sich selbst davon ausschließen. So nötigt uns Jesu Kommen und Rufen zur Stellungnahme und Entscheidung. Jesus ist gekommen, „um die Welt zu retten". Es kann freilich geschehen, daß sein Kommen beim einzelnen Heillosigkeit bewirkt (VV. 47f.). Nicht, weil Jesus Richter sein wollte. Das vierte Evangelium arbeitet dies – im scheinbaren Widerspruch zu 2. Kor. 5,10; Matth. 25,31ff.; Apg. 17,31; Röm. 2,16; 1. Kor. 4,5 – scharf heraus, vgl. 3,18; 5,24. Findet also gar kein Gericht statt? Doch! „Wer mich verachtet und nimmt meine Worte nicht auf, der hat schon seinen Richter." Jesu Kommen in die Welt hat Entscheidungscharakter und erzwingt Entscheidung. Wie der, der das Licht nicht an sich heranläßt, in der Finsternis bleibt (V. 46), so bleibt, wer sich nicht retten läßt, im Gericht. Im Gleichnis gesprochen: Schiffbrüchig sind wir alle – umkommen muß, wer sich nicht retten lassen will; niemand kommt dadurch um, daß der Mann mit seinem Rettungsboot etwas zu seinem Untergang täte – dieser will wirklich nichts anderes als *retten* –, sondern nur dadurch, daß er die Rettung ausschlägt und damit in seiner Verlorenheit verharrt. Das Kommen Jesu verschärft allerdings insofern die Lage, als das, was vordem noch offen war, nunmehr entschieden wird, also definitiven Charakter gewinnt. Man kann nicht sagen, daß, wenn Jesus abgewiesen wurde (VV. 37–43) und nun weiterzieht, die Situation wieder ist wie vordem. Auch im personalen Geschehen gibt es Fakten, die nicht dadurch aus der Welt und dem eigenen Leben geschafft werden, daß wir sie ignorieren. Jesus begegnen bedeutet auf alle Fälle – sei es, daß ich glaube oder nicht glaube – eine neue Situation für mich (noch einmal: 15,22). Verschmähte Gnade bedeutet Gericht.

Also geschieht nach johanneischem Verständnis das Gericht schon heute. Also nicht am „letzten Tage" (V. 48)? Hat eine kirchliche Redaktion die Elemente einer futurischen Eschatologie, den Evangelisten verfälschend, erst nachträglich eingebracht? Man kann diese verbreitete Kathedermeinung nur bedauern. Johannes ist kein Schwärmer, der das Eschaton perfektionistisch vergegenwärtigt (vgl. 1. Kor. 4,8; 15,12–19; 2. Tim. 2,18). Er aktualisiert nur die eschatologischen Aussagen so, daß er sie, Entscheidung herausfordernd, ins Heute projiziert (wie etwa ein Professor einem Studenten jungen Semesters sagt: „Wie Sie *heute* studieren, entscheidet über ihr Examen. Examen ist *immer!*"). Schade: der Evangelist ist um neuen Ausdruck für die alte Botschaft und um seelsorgerliche Aktualisierung bemüht – und seine Ausleger verfestigen dieses seelsorgerliche „Ceterum censeo" zu einer dogmatischen Aussage! Wie bei den Synoptikern und bei Paulus, so sind auch bei Johannes das Nunc und das Tunc aufeinander bezogen (eine Scharnierstelle wäre z. B. 1. Joh. 4,17f.), mögen auch bei dem einen die Akzente anders gesetzt sein als beim anderen.

Auf diesem Hintergrund wird Jesu „Rufen" nun um so dringlicher. Er läßt sich durch die ihm widerfahrene Ablehnung nicht entmutigen. Die diesmal die Weihnachtsbotschaft übersehen, vernachlässigt, übergangen oder gar abgewehrt und von sich gestoßen haben, *werden noch einmal gerufen*. Jesus will ja nicht richten; er will nur eins: retten.

Altjahrsabend. Joh. 8,31–36

Ob man mit Bultmann die Stücke 12,20–33; 8,30–40; 6,60–71 unter der Überschrift „Das Mysterium des Todes Jesu" zusammenstellt oder es, wie z. B. Schnackenburg, bei dem im Evangelium gegebenen Zusammenhang beläßt, dürfte sich in der Predigt nicht auswirken. Das im Abschnitt anklingende Thema der Abrahamsabstammung wird sich V. 37–40 fortsetzen; wir brauchen ihm in der Predigt kein besonderes Gewicht zu geben.

V. 30: Daß viele gläubig geworden seien, behauptet der Evangelist wiederholt (7,31: 10,42; 11,45; 12,42). Wenn V. 31 dies aufgreift (das Perfektpartizip deutet sogar auf eine Ein-für-allemal-Entscheidung), hernach aber von Widerspruch, ja sogar Tötungsabsicht die Rede ist (VV. 33.40.59), wird man darin nicht Situationelles, sondern Prinzipielles zu sehen haben. Es gibt verschiedene Weisen der Zugehörigkeit zu Jesus. Jesus geht es darum, daß die Menschen „in Wahrheit" seine

Jünger werden; es muß sich zeigen, was damit gemeint ist. μένειν mag wohl die Treue bezeichnen (1. Tim. 2,15; 2. Tim. 3,14 – so Bltm. z. St.), doch wird man die Bedeutung „wohnen", „zu Hause sein" mithören müssen. Das Bleiben an Jesu Rede entscheidet über die Erkenntnis der Wahrheit (s. u.) und damit auch über die Freiheit. – V. 32: Die Verheißung bezieht sich zunächst auf die ἀλήθεια, die nicht als theoretisch-rationale Erkenntnis bzw. deren Gegenstand zu verstehen ist, sondern als die sich erschließende Wirklichkeit Gottes, die „Leben ist und Leben gibt" (Bltm. z. St.). „Die Verheißung der Erkenntnis der ἀλήθεια ist also sachlich mit der Verheißung der ζωή identisch" (ebd.). Erkenntnis und Wahrheit ist darum deren Aufnahme in gehorsamer Beugung unter die Offenbarung dergestalt, „daß der Mensch, sich selbst preisgebend, nicht aus dem ψεῦδος in angemaßter Selbständigkeit, sondern als Geschöpf leben will" (ebd.). Die ausführliche Untersuchung des Wahrheitsbegriffs bei Schnbg. (Exkurs 10, Band II, S. 265ff.) geht noch stärker vom jüdischen Hintergrund aus und sieht in der Wahrheit „das Offenbarungsgeschehen in Jesus Christus" im Sinne der „Heilsoffenbarung vor allem durch sein Wort", kurz: „die Offenbarungs- und Heilswahrheit, die uns in Jesus Christus geschenkt ist" (a. a. O., S. 279ff.). Die Worte „frei" und „frei machen" bei Joh. nur hier. Die „Freiheit" ist hier weder die Wahlfreiheit (im Gegensatz zur Determiniertheit) noch das Lossein von Gebundenheiten von außen (vgl. die Lage des Sklaven oder des Gefangenen), sondern die von Gott selbst gewährte und immer neu zu empfangende Möglichkeit des Lebens aus Gott und für Gott. Die Freiheit ist eschatische Gabe. – V. 33: Motiv des Mißverständnisses (wie oft bei Joh.). Natürlich wissen die Juden, daß sie immer wieder unter fremder Herrschaft gelebt haben, auch zur Zeit Jesu leben; aber sie betonen mit um so größerem Stolz ihre innere Ungebrochenheit, wohl nicht ohne Übertreibung. Abstammung von Abraham war ihr Stolz. So „heißt es in Ex rabba 15,11: ‚Damit, daß Israel gesagt ist: Ihr seid Söhne dem Herrn, eurem Gott (Deut. 14,1), sind sie aus der Knechtschaft in die Freiheit geführt" (Schnbg. z. St.). – V. 34: Die feierliche Einleitungsformel (mit der Verdoppelung des für den synoptischen Jesus charakteristischen „Amen") kennzeichnet Offenbarungsrede. „Sünde tun" ist umfassend und prinzipiell zu verstehen (1. Joh. 3.8f.) als „Auflehnung gegen Gott. Ablehnung seines Heilsangebotes, Verharren im menschlichen Eigensinn. Es geht nicht um einzelne Sünden, sondern um ‚die Sünde' als gottwidriges Verhalten schlechthin" (Schnbg.). – V. 35: Der Vergleich trifft nur punktuell zu: Der Sohn ist bei Gott zu Hause. Jüdische Sklaven waren nur 6 Jahre im Diensthaus, im 7. Jahre mußten sie freigelassen werden. – V. 36: „Der Sohn" – deutlich Jesus selbst – gehört zur Wirklichkeit Gottes; er allein kann Menschen, indem sie in seinem Worte „zu Hause sind", an seiner Zugehörigkeit zu Gott und damit an seiner Freiheit teilnehmen lassen. Der Scheinfreiheit steht die wahre Freiheit gegenüber (ὄντως).

Der Jahreswechsel erinnert uns besonders eindringlich daran, daß wir sowohl als einzelne wie auch als Gesamtheit im *Fluß der Zeit* leben. Vor einem Jahr war, wenn wir an lebendiges Geschehen denken, das inzwischen Geschehene *noch nicht*; zugleich ist dieses Geschehene jetzt schon *nicht mehr*. Die Stunden mit ihren Ereignissen verrinnen: unser Vordenken und Planen, unsere Aktivitäten, die freudigen Überraschungen und die erlittenen schmerzhaften Schläge, die Wege und Reisen, die wir gemacht, die Begegnungen, die wir gehabt haben (usw.). Vieles mag auch konstant geblieben sein: Dinge, die wir aus der Vergangenheit in das jetzt schließende Jahr übernommen haben, andere, die – durch eigenes oder fremdes Tun – dazugekommen sind und uns für die Zukunft verbleiben. Freilich: auch das Konstante unterliegt der Vergänglichkeit. Aus dem Hause, in dem wir wohnen, wird man uns eines Tages hinaustragen, und das Haus selbst zeigt vielleicht bereits deutliche Merkmale des Verfalls. Daß wir in der Zeit leben, ist die Bedingung dafür, daß Neues entsteht; unser Leben ist nicht wie ein stehendes Bild, sondern ein interessanter, zeitweilig spannender laufender Film. Aber zugleich ist damit gegeben, daß wir das Vergehende hinter uns lassen müssen – in ständigem Abschiednehmen. Zu diesem Abschiednehmen gehört auch, daß wir Geschehenes so stehen lassen müssen, wie es geschehen ist; wir können – womöglich – heute und morgen Besseres tun und schaffen; aber aus den vergangenen Tagen und Stunden können wir nachträglich nicht *mehr* machen, als was sie enthielten oder in ihnen geschah. Das Bessere, das ich heute oder morgen tue, ist mir für heute und morgen sowieso aufgegeben; ich kann nicht nachholen oder kompensieren. Man hat alle Tragik in der Nichtumkehrbarkeit der Zeit begründet gesehen; dasselbe müßte von unserm Schuldkonto gelten. Was habe ich in dem zu Ende gehenden Jahre getan, was habe ich versäumt? Wie habe ich meine Gaben eingesetzt, meine Chancen genützt? Was habe ich in das Leben meiner Mitmenschen und auch in mein eigenes eingebracht? Was ist liegengeblieben? All diese – und ähnliche – Fragen hängen damit zusammen, daß wir in der Zeit leben. Das Vergehen alles Vergänglichen macht unser Leben zu einem Lehen: unser Leben und alles, was dazugehört, ist uns auf Zeit überlassen. Eines Tages werden wir abtreten. Was werden wir dann aus der uns zugemessenen Zeit gemacht, wie werden wir sie ausgekauft, was werden wir in ihr gewonnen haben?

Fragen dieser Art stellen sich für unser Dasein in der Welt – in dem Raume unseres verantwortlichen Lebens –, wobei mit „Welt" sowohl der weitere wie auch der engere Schauplatz unseres Daseins gemeint ist. Sie stellen sich aber auch, und zwar keinesfalls mindergewichtig, für unser Verhältnis zu Gott. Was sich zwischen Gott und mir abspielt, hat zwar Bedeutung für jeden einzelnen Punkt in der Horizontale meines irdischen Lebens; aber die Gott-Mensch-Beziehung geht nicht in den irdischen Relationen auf. Das erste Gebot steht vor allen anderen. So stellen sich alle bezüglich unseres Daseins in der Zeit gestellten Fragen noch einmal in bezug auf unser Verhältnis zu Gott. Was ist in den zurückliegenden 365 Tagen in dieser Hinsicht geschehen bzw. unterblieben? Im Sinne unseres Textes formuliert: Was hat sich ereignet, daß wir „in Wahrheit" Jesu „Jünger" wurden? Daß wir das werden, ist sozusagen die Existenzfrage Nr. 1 – alles andere wird uns „zufallen" (Matth. 6,33). So wahr Silvester gegebener Termin für eine geistliche Inventur ist: was in dem im Text vorliegenden Gesprächsgang gesagt ist, ist eigentlich ein *Angebot Jesu.* Wie sich zeigen wird: nicht effektiv für solche, die schon alles, was nottut, zu haben meinen; wohl aber heilsam, ja befreiend für solche, die begreifen, daß sie noch vorankommen müssen.

Eigentlich müßte man, um das im Text Gemeinte deutlich herauszubringen, alles Nötige in *einem* Satz sagen. Das wäre theoretisch möglich, aber für die Predigtgemeinde unverdaulich. Wir müssen Zusammengehöriges auseinandertrennen, doch sollte es dabei so zugehen, wie wenn man weißes Licht in die Regenbogenfarben zerlegt: man kann das Spektrum zu weißem Licht wieder zusammenspiegeln. Vielleicht ist es angebracht, den Text von rückwärts aufzurollen, etwa so: *Jünger, wie Jesus sie will, haben* (1) *das Leben in der Freiheit,* (2) *die Freiheit in der Wahrheit,* (3) *die Wahrheit im Wort.*

I.

Das Thema der Freiheit, bei Paulus ein zentrales Thema, wird in den Johannesschriften nur hier angesprochen; hier jedoch mit großem Nachdruck. Man kann fragen, ob es nicht zu speziell ist, als daß es in sich befassen könnte, was die Gemeinde am Altjahrsabend bewegt. Der Verfasser dieses Buches steht noch im Bann einer eindrucksvollen Leipziger Aufführung von Schillers „Wilhelm Tell": „Wir wollen frei sein, wie die Väter waren" – für viele Völker ist das ein noch unerreichtes Ziel, und man könnte in solchem Wollen eine der großen Triebkräfte der Geschichte sehen und damit auch ein Thema für den Silvesterabend. Aber sosehr die Befreiung der sozial Niedergehaltenen, der rassisch Verfolgten, der imperialistisch und kolonialistisch Unterdrückten auch für die christliche Gemeinde eine Schicksals- und Gewissensangelegenheit sein muß: der Text spricht von frei machen und frei werden in anderen Zusammenhängen. Die christliche Anthropologie sieht in der Freiheit das Spezifische des Menschseins. In welchem Sinne?

Sofern uns der Mensch als Objekt darstellbar ist, finden wir ihn lückenlos eingefügt in kausale Abläufe. Geschaffen „samt allen Kreaturen" ist auch er Natur. Derselbe Mensch ist aber zugleich Person. Das Geheimnis des Personalen ist die Unableitbarkeit, die Tatsache also, daß wir als sittliche Person nicht willenlos „verursacht" sind (wie ein Stück Holz, das im Wasser treibt, oder wie ein Muskel, der unter einem Nervenreiz zusammenzuckt), sondern uns, sofern wir uns zu entscheiden haben, als „erste Ursache" verstehen müssen, die in den Akten des Wollens neue Kausalreihen beginnt. Wäre es anders, so müßte man uns bei Fehlverhalten reparieren wie eine versagende Uhr, aber niemand könnte uns verantwortlich machen. Verantwortlichkeit und Freiheit gehören zusammen. Wo und wie die Freiheit „entspringt", dies aufzeigen zu wollen würde den Menschen unvermeidlich wieder zum Objekt machen; durch diesen methodischen Fehler wäre die Freiheitsfrage bereits negativ vorentschieden. Freiheit ist nicht beweisbar, aber indem wir uns als sittliche Subjekte verstehen, rechnen wir alle mit ihr. – Ebenso wahr ist, daß der Freiheit von außen her Grenzen gesetzt sind. Was hilft es einem Ballettänzer, daß er sich einen faszinierenden Tanz ausdenkt, während er beinamputiert im Krankenhaus liegt? Freiheit kann von außen her zur Unfreiheit hin gemindert werden. Aber es wäre – so hat man mit Recht gesagt – unmöglich, von der Notwendigkeit naturhafter Abläufe aus durch Vermehrung und Steigerung – von was? – zur Freiheit zu gelangen. – Dies alles ist jedoch nur die im Humanum liegende strukturelle Voraussetzung dessen, worum es im Text eigentlich geht. Verantwortlichkeit kann sich für den Menschen verschieden auswirken, je nachdem, ob Gott über ihm sein annehmendes Ja oder sein zorniges Nein spricht. Wirklich frei sind wir nur unter dem in Christus uns widerfahrenden Ja Gottes. Dies gilt es in der Predigt begreiflich zu machen.

Mit dem eben Ausgeführten ist schon deutlich, was Jesus mit seinem Angebot der Freiheit meint. Es gibt jedoch im Gang des Gesprächs einen Aufenthalt. Die – halb gläubigen – Juden haben Jesus mißverstanden. Du bietest uns Befreiung an? Wir haben sie nicht nötig. Wir sind Nachkommen Abrahams und haben uns niemals jemandem als Sklaven unterworfen. – Der Einwand ist nicht so unverständig, wie er im ersten Augenblick scheinen mag. Die Juden leugnen nicht, daß die Geschichte ihres Volkes die eines immer neuen Unterjocht- und Unterworfenwerdens gewesen ist. Die Predigthörer werden's nicht so gegenwärtig haben, daß wir uns eine knappe Aufzählung ersparen könnten (Ägypter, Philister, Aramäer, Assyrer, Babylonier, Perser, Alexander und seine Nachfolger, zuletzt die Römer). Daß man abhängig, oft unterdrückt und gepeinigt war, konnte man nicht leugnen; wie man's trägt und wie man sich in solcher Lage benimmt, darauf kommt es an. „Wir sind nie jemandes Knechte gewesen." Man muß in unwürdigen Verhältnissen nicht würdelos sein. Man mag sich an Bonhoeffers Gedicht „Wer bin ich?" (WE, S. 242f.) verdeutlichen, was das heißt: zuweilen „zitternd vor Zorn über Willkür und kleinlichste Kränkung", aber doch – wenn es drauf ankommt – „gelassen, heiter und fest ... Sie sagen mir oft, ich spräche mit meinen Bewachern frei und freundlich und klar, als hätte ich zu gebieten, ... gleichmütig, lächelnd und stolz, wie einer, der Siegen gewohnt ist." Wieso das bei Bonhoeffer möglich ist, sagt der Fortgang des Gedichts. Die Juden würden meinen, in ihrer Abrahamskindschaft liege das Geheimnis ihres Stolzes und ihrer Nicht-Unterwürfigkeit. Zahllose Menschen, die für das Bessere gekämpft haben, können uns Beispiele dafür sein, daß Freiheit nicht nur, ja nicht einmal eigentlich eine Sache der äußeren Lebensbedingungen ist, sondern eine Sache der Haltung, der inneren Beschaffenheit, des Mutes und des ungebrochenen Willens. Man kann auch unter „freiheitlichen" äußeren Umständen unfrei sein, und indem man es ist, verspielt man angebotene Freiheit. Umgekehrt: Freiheit hat man nur, indem man sie sich nimmt. Damit ist nicht alles gesagt, was hierhergehört. Die Juden selbst haben auch nach der äußeren Freiheit getrachtet; der rote Faden der Menschheitsgeschichte ist der Kampf der Niedergehaltenen um ihre Freiheit. Man mag sich wundern, daß dies alles – an seinem Ort wichtig und richtig – von Jesus nicht positiv aufgenommen wird. Aber in der Tat: Jesus will die „gläubiggewordenen" Juden auf anderes lenken. Worauf?

Es gibt eine „Sklaverei", ein Unterworfensein, eine Abhängigkeit, gegen die alle Unfreiheit (z. B.) der fremd-beherrschten Juden etwas Harmloses und leicht zu Ertragendes ist. Die erniedrigendste Sklaverei liegt im Verfallensein an die Sünde. Wir sehen es meist anders: man kann auch als Sünder ganz gut leben – Hauptsache, man ist äußerlich frei und kann tun und lassen, was man will. Vielleicht beziehen sich etwaige Sorgen beim Jahreswechsel zumeist gerade darauf. Unser Denken, Sorgen, Wünschen, Fürchten und Hoffen kreist um uns selbst. Wir messen alles an uns. Eben darin kommt zum Ausdruck, daß Gott uns nicht wirklich *Gott* ist, – und das ist unsere Sünde. Sünde wäre ein vergleichsweise leicht zu behebender Schaden, wenn sie lediglich das Versagen auf dem Gebiet des Moralischen wäre. Wir nehmen auch dieses nicht leicht. Unter Menschen geschieht soviel Skandalöses, Scheußliches, Zerstörendes, daß unsere Selbstprüfung und, wenn diese nur tief genug ging, meinetwegen auch eine kritische Analyse des Ethos unserer Umwelt nicht konkret genug ausfallen kann. Mit unserem Fehlverhalten, das wir vielleicht als harmlos und leichtentschuldbar ansehen, können wir unsere Ehe und Familie kaputt machen, einen unguten Geist in den Kollegenkreis einbringen, Mißtrauen wecken (usw.); die Gesamtmisere der unruhigen, geplagten, gefährdeten Menschheit dürfte mehr, als uns bewußt ist, nicht auf die abgefeimte Bosheit einzelner Drahtzieher, sondern auf unser aller unscheinbare Beiträge zum Geschehen im Menschheitsganzen zurückgehen. Und schon auf der Ebene des Moralischen gilt: Wer Sünde tut, ist (der Sünde) Knecht (V. 34). „Das ist der Fluch der bösen Tat, daß sie fortzeugend Böses muß gebären" (Schiller); und: mein eigenes Böses nötigt mich in verhängnisvoller Weise, mir selbst „treu" zu bleiben. – Aber das alles ist noch nicht das im Text Gemeinte. Die Sünde ist *theologisch* zu verstehen. Sie besteht darin, daß ich nicht von-Gott-her sein will, also auch nicht auf-ihn-hin sein will. In meiner Eigenmächtigkeit leugne ich meine Abhängigkeit von ihm und meine Coram-Deo-Existenz. Diese Eigenmächtigkeit nimmt sich, moralisch gesehen, oft gar nicht übel aus. Das Sich-Lossagen von Gott muß durchaus nicht zum Kriminellen tendieren. Es gibt eindrucksvolle, moralisch hoch zu bewertende Formen solcher sündigen Eigenmächtigkeit, wohlgemerkt: es gibt sie auch und sogar besonders gefährlich in ihrer religiösen Spielart („durch Werke gerecht" sein wollen). Der sich auf sich selbst stellende Mensch scheint der freieste zu sein. Jesus behauptet, gerade er *bedürfe* der Befreiung. Es gibt keine „freitragende" Existenz. Johanneisch gesprochen: entweder bin ich „von oben her" oder „von unten her", d. h. „aus der Welt". Die angemaßte Gottunabhängigkeit ist nicht Freiheit, sondern das Abhängigsein vom Widergöttlichen; es gibt keine neutrale Zone. Einmal aus dem Sein-von-Gott-her herausgefallen, stehen wir auf der „anderen Seite"; sogar mit seinen besten Werken behauptet der Sünder noch immer seine Unabhängigkeit von Gott, und seine Werkerei ist Sünde zweiten Grades.

In V. 34 lesen die meisten und besten Zeugen: „Sklave der Sünde", einige wenige nur: „Sklave". Der Sünde versklavt: das berührt sich mit Aussagen des Paulus (Röm. 6,16–18). Sie ist eine Macht. Sie redet uns ein: hätten wir's bei Gott ein für allemal verdorben, so bleibe uns nur die Konsequenz des Lebens auf eigene Faust, also das Sündigen, sei es in gemeiner, sei es in edler Weise. – Nur Sklave, ohne den Genitiv: dann sind wir Sklaven nicht nur Sünde, Tod und Teufel gegenüber, sondern auch vor Gott. Letzteres scheint V. 35 vorauszusetzen; wir werden darauf zurückzukommen haben. Ist dem so, dann ist unsere – unentrinnbare – Bezogenheit auf Gott nicht die der freien Gemeinschaft, sondern die eines gezwungenen, letztlich aussichtslosen Unterworfenseins („Gesetz", vgl. 1,17). Das Gute ist dann nicht mehr ein Geschenktes und damit in Freiheit Ge-wolltes, sondern ein – gegen den eigenen Willen – Gesolltes und Gemußtes und eben-darum das Gegenteil von Gehorsam.

Aber in Jesus haben wir das Leben in der Freiheit. Der Sohn macht uns frei (V. 36). Er ist ja selbst der Freie schlechthin (V. 35). Seine Freiheit kommt auch uns zugute. „Der dem wahren Kosmokrator Gehörige bewegt sich aufrechten Ganges durch dessen Macht-bereich, bricht durch die dort willkürlich aufgerichteten Sperren und Tabus . . . und be-zeugt damit, dem Augenschein zum Trotz, mitten im irdischen Kampffelde den Frieden Gottes und die Offenheit für den Bruder als Wahrheit des Regnum Christi und als An-kündigung der Auferweckungswelt" (Ksm. zu Röm. 6,17ff. im Kommentar). Trotz ge-wisser Differenzen in der Sprache ist die Epistel dieses Tages das schönste Seitenstück zu unserm Text.

2.

Wie aber geschieht diese Befreiung? Wie also kommt es zu dieser rechten Jüngerschaft, die sich in der Freiheit auswirkt? Jedenfalls nicht so, daß der Mensch auf sich selbst ge-stellt würde – rundherum das Nichts, in das hinein er sich selbst zu entwerfen und zu ver-wirklichen hätte. Eine Freiheit, in der der Mensch mit sich selbst allein wäre, beziehungs-los, seiner Willkür überlassen, in der er – wie Herkules am Scheidewege – nach links oder rechts gehen oder sich ohne jede vorgegebene Marschrichtung durchs Gelände bewegen könnte: das wäre ja gerade die sündige, die von Gott abgetrennte, die eigenmächtige und eben damit paradoxerweise versklavende Freiheit! Unsere Freiheit haben wir nie ohne – und das hieße ja immer zugleich: gegen – Gott, sondern immer nur vor, mit und aus ihm. Frei sind wir nur, indem wir unserer Bestimmung gerecht werden. Man kann sich das vom gelebten Leben her leicht veranschaulichen: Ein genial begabter Musiker wird sich so lange unfrei fühlen, wie er gehindert ist, sich seiner Kunst hinzugeben; frei wird er nur in der Betätigung seiner Kunst sein, in ihr ist er „in seinem Element". Allgemein geredet: Frei sind wir dann, wenn wir sein können, was wir sein sollen. Wer frei ist, ist nicht dar-über allein froh, daß er sagen kann: „ich muß nicht", sondern noch viel mehr und recht eigentlich darüber, daß er weiß: „ich kann". Worin aber liegt des Menschen Bestim-mung? Darin, daß er Mensch Gottes ist – das von Gott geschaffene, angesprochene, also in die Gemeinschaft mit Gott gerufene und in dieser Gemeinschaft geliebte Wesen. Meine Freiheit: daß ich endlich wieder dem gehöre, von dem ich komme und der mich zu sei-nem Ebenbild gemacht hat. „Du hast uns zu dir geschaffen" (Augustin).

Daß die Juden, die sich – mit manchem Vorbehalt freilich – Jesus angeschlossen haben, an ihre Abrahamskindschaft erinnern, ist nicht ganz abwegig. Es liegt darin ein in unserm Zusammenhang wichtiges Wissen: Gott hat uns gerufen, erwählt und uns im Ganzen der Völkerwelt einen Auftrag gegeben (Gen. 12,1ff.). Dieses Wissen ist es offensichtlich, daß es den Juden immer wieder ermöglicht hat, unter den äußeren Bedingungen der Unfrei-heit innerlich frei zu sein. Allerdings in einer Freiheit, die ihre Kraft aus dem Trotz des eigenen Herzens nimmt, als wäre sie etwas, das der Mensch aus sich heraus gewinnen und entwickeln könnte. Die Freiheit, die Jesus in unserm Text meint, ist nicht die „autogene" Freiheit des Menschen, sondern die im Erkennen der Wahrheit empfangene Freiheit. „Wenn euch der Sohn frei macht, so seid ihr wirklich frei" (V. 36).

Man kann es auch so sagen: „Die Wahrheit wird euch frei machen" (V. 32). Wie ist das zu verstehen? Jesus meint damit etwas, was die Juden, die zu ihm gestoßen sind, noch be-greifen müssen. „Wir haben Abraham zum Vater", das haben sie schon dem Täufer ent-gegengehalten (Matth. 3,9), doch wohl in der Meinung, ihre Abkunft von Abraham sei eine Art „Gehäuse", in dem man sich wohnlich eingerichtet hat und das einem Sicherheit bietet. Würden sie die „Wahrheit" erkennen, dann müßte ihnen aufgehen, daß mit dem „Kommen" Jesu – so oft bei Johannes – etwas ganz Neues geschieht, eben „Wahrheit". Nicht die Wahrheit einer theoretischen – also distanzierten – Welt- oder Gotteskenntnis. Wir befänden uns auf falscher Ebene, wenn wir dem Satz: „Wissen ist Macht" jetzt einen analog gemeinten Satz an die Seite stellten: „Erkenntnis der Wahrheit ist Freiheit". Jesus spricht ja nicht von einer Wahrheit, die zur Kenntnis zu nehmen und zu verbuchen wäre, als brauchte man auf sie gar nicht einzugehen, sie gar nicht glaubend anzunehmen. Wer sich auf die hier gemeinte Wahrheit nicht einlassen will, der nimmt sie überhaupt nicht wahr. Natürlich kann man dogmatische Richtigkeiten festhalten. Man kann es nicht nur, man muß es sogar. Wir kommen nicht ohne das Credo aus, das unsere Gotteserfahrung festhält und theologisch aussagbar macht. Dabei kommen Sätze über Gott und seine Offenbarung heraus. Auch die Bibel enthält – in großer Fülle – solche Sätze. Aber die Wahrheit ist nicht eine Summe von solchen Sätzen. „*Ich* bin die Wahrheit" (14,6). Die Wahrheit ist Gott selbst in seiner Selbsterschließung und Selbstmitteilung, in seiner Zuwendung zu uns, in der Gemeinschaft mit uns, die er herstellt und lebt. In dieser Gemeinschaft ist alles „drin", was Gott, der Dreieinige, an uns getan hat, wovon er und wir, wenn wir einander begegnen, immer schon herkommen: daß er uns geschaffen hat; daß er es auf uns schon abgesehen hatte, ehe wir waren; daß der Sohn Mensch geworden ist, für uns gestorben und auferstanden ist; daß er in unserer Taufe das Seine in unser Leben investiert hat und wir nun immer auf den Spuren seiner gratia praeveniens gehen – dies und vieles andere ist in der je heute geschehenden Selbsterschließung Gottes präsent und wirksam. Man kann sie in der Tat als ein Gegebenes festschreiben. Aber dies alles würde uns nicht befreien, wenn die Wahrheit, die Selbstentbergung (ἀ-λήϑεια) Gottes, seine persönliche Zuwendung zu uns, in der er uns sich verbindet und zueignet, nicht *geschähe*. (Man kann sachgemäß davon reden, wie es ist, wenn ein Mensch sich verliebt. Aber die Liebe selbst ist ein Geschehen, das sich zwischen zwei Menschen ereignet.) Indem Jesus zu uns kommt, uns anspricht und einlädt, sich selbst uns schenkt und uns damit in „Gnade und Wahrheit" (1,17) zum Gegenüber Gottes macht, wird unsere Bestimmung verwirklicht, Gottes Partner, besser: seine „Kinder" (1,12 u. ö.) zu sein – und eben darin frei für diese Bestimmung. Endlich, endlich sind wir das, was wir sein sollen! Wir werden es, indem wir durch Christus in die geschehende Wahrheit hineingenommen, in den Stromkreis seines Offenbarungshandelns einbezogen werden. So sind wir dann seine rechten Jünger. „Soll" ich Gott lieben – über alle Dinge? Ich „soll" nicht mehr, ich „kann" – einfach darum, weil die sich mir zuwendende Gottesliebe mich weckt, zieht, gewinnt, überwältigt, lebendig macht.

Es ist sicher längst deutlich geworden, daß Johannes in der ihm eigenen Sprache nichts anderes verkündigt, als was Paulus in seinen juridischen Kategorien Rechtfertigung nennt, was er aber auch pneumatologisch ausdrücken kann: „Wo der Geist des Herrn ist, da ist Freiheit" (2. Kor. 3,17).

3.

Jünger, wie Jesus sie will, haben die Wahrheit – und damit auch die Freiheit – im Wort. Es ist nötig, auch dies noch zu entfalten, damit deutlich wird, wie sich das soeben Beschriebene verwirklicht.

Denn wirklich ist es zunächst einfach im „Sohne" (V. 35). Er hat seit je und für immer seine Bleibe „im Hause". Er hat nicht wie wir seine Freiheit verloren, indem er in die Fremde ausgezogen wäre wie der verlorene Sohn aus Luk. 15. Daß der Vater ihn zu einem seiner Tagelöhner machen könnte, ist ein Gedanke, der für ihn schlechterdings nicht in Betracht kommen kann. Bei ihm ist der Kontakt mit dem Vater ungestört; wir brauchen früher dazu Gesagtes hier nicht zu wiederholen. Er will nichts anderes, als was der Vater will. Das ist seine Freiheit. (Wieder dürfen wir uns das Gleichnis von den beiden Liebenden zunutze machen: sie haben ihre Freiheit darin, daß sie einander lieben; einander nicht liebhaben zu dürfen, wäre grausamer Zwang.) Solange wir mit Gott noch nicht versöhnt waren, war die Liebe zu Gott ein unerfüllbares Gesolltes. Jetzt hat Jesus die „Knechte" zu seinen Brüdern gemacht und damit zu Kindern des Vaters.

Nun sind wir „im Hause" – wie der Sohn selbst. Wie das? Die VV. 31 und 35 enthalten dasselbe Verbum: μένειν. Ein Blick in die Konkordanz zeigt, daß die Johannesschriften dieses Wort immer wieder gebrauchen. Der Vater will durch den Sohn im Geist in uns „wohnen"; wir sollen im dreieinigen Gott unsere „Wohnung", unser „Zuhause" haben. Beides ist nur möglich, indem Jesu Wort in uns wohnt und wir in seiner Rede „bleiben" oder „zu Hause sind".

Die „zum Glauben gekommenen" Juden sind keineswegs so weit; Jesu Wort „findet" in ihnen „keinen Raum" (V. 37), ja, sie trachten zuletzt Jesus sogar nach dem Leben (V. 40). Wir brauchen in der Predigt nicht viel Mühe darauf zu verwenden, herauszubekommen, wie sich dies auf das „zum Glauben gekommen" reimt. Es geht ums Grundsätzliche. Was Jesus uns sein und geben will, empfangen wir, wie man sieht, nicht schon dadurch, daß wir uns in einem äußerlichen Sinne zu ihm rechnen. Zugehörigkeit zur Kirche, Christsein, in dem „Unternehmen Kirche" irgendwie mitmachen: das allein würde es nicht tun. Rechte Jünger „bleiben" in Jesu Rede. Wir werden den realen und darum geordneten und kontinuierlichen Umgang mit den vom Herrn seiner Kirche gegebenen Gnadenmitteln (vgl. auch 3,5 und 6,53–58) hoch zu veranschlagen haben. Die Predigt sollte sich nicht scheuen, an dieser Stelle Verbindliches über das Leben in guter geistlicher Ordnung zu sagen. Aber daraus würde sofort lästiges Gesetz, wenn nicht deutlich würde, was darin eigentlich geschehen soll und was Jesus seinen Jüngern darin zugedacht hat. Das Wort, die Rede Jesu, ist nicht ein Studien- und Lernpensum. In, mit und unter dem im Gottesdienst verkündigten oder in der Hausandacht gelesenen Wort spricht der Herr selbst zu uns. Er möchte gern, daß wir in seiner an uns ergehenden Anrede „wohnen". Denn er will darin für uns da sein. Er will uns bergend umschließen wie unser vertrautes Zuhause. Er will mit uns persönlich Kontakt haben. Indem die Beziehung auf du und du nicht nur aufgenommen, sondern kontinuierlich praktiziert wird, bleibt unser altes Leben dahinten und beginnt das neue – in der Wahrheit und damit in der Freiheit. Ein Angebot am Silvesterabend und immer wieder. Man kann die „rechten Jünger" nur beglückwünschen, daß sie eine solche Zukunft haben.

Neujahrstag. Spr. 16,1–9

Die Abgrenzung der Perikope ist kein mit exegetischer Methodik zu bewältigendes Problem; die einzelnen Sprichwörter hängen lose zusammen, und es wäre verfehlt, enge Zusammenhänge oder gar eine bestimmte Systematik zu suchen. H. Ringgren (ATD) nimmt zu VV. 1–9 den V. 33 hinzu; der Denkstruktur nach zu Recht, doch spielt dies für die Predigtaufgabe keine Rolle. Die LXX setzt deutlich einen ganz anderen Text voraus. Im Grundstock dürfte die Spruchsammlung, die Spr. 10 bis 22,16 umfaßt, vorexilisch sein (G. Fohrer, Das AT, II/III, S. 169).

V. 1: ערך = zurichten, ordnen; das davon gebildete Substantiv also = Entwurf; das, was man sich „zurechtgelegt hat". Wo die Zunge dann anderes „ausspricht" (es geht keine Frage voraus, also hat das Wort allgemeinen Sinn), ist sie von Gott gelenkt. – V. 2: Vgl. 21,2. זַךְ = rein, unschuldig, lauter (im Nominalsatz unflektiert, Ges.-K., § 145r). תֹכֵן = prüfen – das Partizip zeigt, daß Jahwe „immerzu" prüft. – V. 3: „Rolle", „wälze" deine Taten auf Jahwe (Ps. 37,5; 55,23; vgl. 1. Petr. 5,7), wie man

einen schweren Stein „wälzt". Ni. von כּוּן: fest stehen, bestehen, also nicht scheitern. – V. 4: Lies
לְמַעֲנֵהוּ – der Artikel befremdet; es gibt jedoch dafür Seitenstücke in Jos. 7,21; Jes. 24,2; Micha 2,12
und Esra 10,14. Wahrscheinlich soll der Unterschied zu der Präposition לְמַעַן angedeutet werden.
Ringgren weist auf Brockelmann, Hebr. Syntax, § 73d. Der düstere Gedanke von Jahwes Allmacht,
die auch verderben kann, auch in 1 QH XV, 17, s. Bardtke, Die Handschriftenfunde am Toten Meer
II, S. 255). – V. 5: תּוֹעֵבָה = Greuel, Abscheu. Was der rev. Luthertext mit „gewiß" wiedergibt, lautet
im Urtext etwa: „Hand aufs Herz" (eigentlich: „Hand zu Hand"). Der Hochmütige wird „nicht straf-
los bleiben", wir würden sagen: „nicht ungeschoren davonkommen". – V. 6: Der Infinitiv (סוּר) kann
eine finite Verform vertreten („man entgeht") (Ges.-K., § 113y). „Auffallender Parallelismus zwischen Liebe und Jahwe-Furcht, Sühne und Heiligung" (B. Gemser im HAT z. St.). „Zu bemerken ist
hier die Übertragung des kultischen Begriffs ‚(Schuld) sühnen'. . . auf das moralische Gebiet" (Ringgren z. St.). – V. 7: Ungewöhnlich die doppelte Genitiv-Verbindung: „das Wohlgefallen Jahwes" ist
zu einem festen Begriff geworden. – V. 8 vgl. 15,16. – V. 9: vgl. 19,21; 20,24.

Inhalt des Neujahrsfestes ist nicht eines der großen Ereignisse der Heilsgeschichte. Ein
neues „bürgerliches" Jahr beginnt. Naturgegeben ist der Umlauf der Erde um die Sonne
und damit die Tatsache, daß wir nach 365 Tagen wieder an den Punkt gekommen sind,
an dem wir uns zu deren Beginn befanden; an welchem Punkt der Erdumlaufbahn und
damit zu welchem Zeitpunkt wir Neujahr begehen, ist Sache der Konvention. Wir sind
als Christen – in einem neutralen Verständnis dieses Wortes – auch Kinder dieser Welt.
Wir nehmen am großen Weltgeschehen teil und am natürlichen Geschehen auch in
kleineren Bereichen unseres Lebens. Wir versuchen Prognosen, machen Pläne, sehen bestimmte Aufgaben auf uns zukommen, werden Termine wahrzunehmen haben. Wenn
wir nicht vorher abgerufen werden, so werden zwölf Monate Alltag zu durchlaufen sein.
Alltagsgeschehen hat auch der Text im Sinn. Es stellt sich nicht unter apokalyptischen
Gesichtspunkten dar – auch dies wäre beim Begehen des Neujahrsfestes sinnvoll –, sondern im engeren Sinne schöpfungstheologisch, ja, zunächst sogar fast im Sinne einer
„Lebenskunde", wie sie Menschen aus ihrer eigenen Erfahrung geschöpft und gewonnen
haben.

Man soll die Weisheit der Gasse nicht verachten. Luther hat mit großer Liebe Fabeln und
Sprichwörter gesammelt. Daß Sprichwörter auch im Kanon stehen, hat schon seine Richtigkeit. Vielleicht liegt der Gemeinde diese Art von Text. Hier ist man unmittelbar am
gelebten Leben. Hier spricht die Erfahrung. Hier wird, wie es scheint, „undogmatisch"
geredet. Man möchte sagen, das hier Ausgesprochene sei einfach am Leben abgelesen.
Die „Weisheit" hat Israel weithin mit anderen Völkern gemeinsam. Man hat Einsicht
gewonnen in bestimmte Zusammenhänge und Ordnungen der Welt. Jede solche Gnome
erhebt Anspruch auf Gültigkeit und Praktikabilität. Sie hat ihre Einsichtigkeit in sich –
sie spricht behauptend, verzichtet auf Begründung und Ableitung und ist auch nicht an
einem (philosophischen oder theologischen) System interessiert (G. von Rad, ThAT I,
S. 419). „Die Weisheit ist immer offen und unabgeschlossen" (ebd., S. 420). Sie ergeht sich
oft in Paradoxen und Antinomien. „So ist das Leben." Weisheit hilft, sich durchzufinden.
„Die späteren Weisen haben einmal höchst plastisch von der Weisheit als einer ‚Steuer-
mannskunst' gesprochen (תַּחְבֻּלוֹת LXX κυβέρνησις Spr. 1,5), als von der Kunst, sich durch
die Wirrnis des Lebens „durchzulotsen", wobei es nicht so sehr darauf ankommt, fertige
Lebensregeln zu übernehmen, vielmehr darauf, daß man Orientierungshilfen für eigene
Erkenntnis gewinnt. „Herder sagt sehr klug: Man soll nicht ‚aus' solchen Sprüchen
lernen, sondern ‚mit ihnen'" (ebd. S. 418f.).

Also befinden wir uns auf dem Boden des Allgemein-Menschlichen und nicht auf dem
der besonderen Offenbarung Gottes? Sozusagen in der Horizontalen unseres Lebens, ohne
daß auf sie von Gott her das Lot gefällt würde? Man übersehe nicht, daß in acht von den
neun Versen unseres Abschnitts von Jahwe die Rede ist. Die Furcht des Herrn ist über-

haupt der Anfang der hier gemeinten Weisheit (1,7; 9,10; 15,33; Ps. 111,10). Und wer
Jahwe sagte, der meinte die im göttlichen Geschichtshandeln und in den gottgesetzten
kultischen Vorgängen geoffenbarte Wirklichkeit ebendieses Gottes, den man als den Gott
Israels kannte und dessen „Allkausalität" (ebd., S. 383) man sich unterworfen, ausgesetzt
und heilsam eingefügt wußte. Der in den Weisheitssprüchen sich ausdrückende „gesunde
Menschenverstand" wird durch die Furcht Gottes nicht etwa ausgeschaltet, sondern nun
erst recht „gesund" gemacht. Man sieht, wie Glaube an Gott die täglichen Erfahrungen
nicht etwa unwichtig macht oder gar überspielt, sondern erst recht zur Geltung bringt. Es
sollte schon so sein: keiner kennt sich im Leben so gut aus wie der, der sich in Gottes
Hand weiß und der, da er Gott am Werke sieht, durch sein Wort scharfsichtig und unter-
scheidungsfähig wird.
Es wird schwer sein, die Aussagen des Textes auf eine Formel zu bringen. Eigentlich steht
jeder Satz auf eigenen Füßen. Das bedeutet, daß unsere Systematik den einzelnen Sätzen
Gewalt antun könnte. Man könnte sogar fragen, ob diese Sätze in der Predigt entfaltet
werden sollen – oder ob sie nicht am besten unkommentiert für sich selbst sprechen
wollen. Wir werden behutsam sein müssen. Dennoch: der Gemeinde wäre wahrscheinlich
wenig geholfen, wenn sie nur einen – in Einzelsätze zerfallenden – Text hörte und das
nun doch vorhandene Gemeinsame nicht verstehen könnte. Versuchen wir es darum so:
Auf Schritt und Tritt haben wir es mit Gott zu tun, (1) *der unsere Pläne durchkreuzt*, (2)
der unser Werk voranbringt, (3) *der alles in allem bewirkt*.

I.

Den gültigsten Ausdruck hat das, worauf es uns zuerst ankommen muß, in V. 9 gefunden.
Er schließt sich uns am Anfang eines neuen Jahres vergleichsweise leicht auf. Das Verb
für „erdenken" (חשׁב im Piel) bedeutet zugleich „berechnen". Der Vorblick auf das begonnene Jahr ist so etwas wie ein Kalkül; wie wenn man vor einer Reise Fahrpläne studiert und Zuganschlüsse ausklügelt. Man hat Wünsche und Hoffnungen. Man sieht Aufgaben und Möglichkeiten ihrer Erfüllung. In beruflicher Arbeit und gesellschaftlichem
Leben sieht man erstrebenswerte Ziele vor sich. Man nimmt sich Wichtiges vor. Man
erhofft sich Angenehmes und Erfreuliches. Besonders junge Menschen ergehen sich im
Plänemachen, und ein bißchen jung ist man dabei hoffentlich auch noch in höheren Jahr-
gängen. Weil der Mensch wollen, wählen und initiativ werden kann, muß er seine Zukunft in eigene Regie zu nehmen willig sein. „Prometheus" bedenkt das Künftige. Wir
wären nicht Mensch, wenn es anders wäre.
Dreimal heißt es in den neun Versen in der Versmitte: *aber*. Unsere Gedanken und Pläne
werden durchkreuzt. „*Aber*! sagt die Weisheit der Bibel, ... dieses umsichtige, bedeu-
tungsvolle, inhaltsschwere biblische Aber ... *Aber* bedeutet, daß noch etwas übersehen
und vergessen ist, daß noch etwas zu berücksichtigen ist, daß noch eine andere neue Möglichkeit vorhanden ist. *Aber* bedeutet, daß es mit unserm Denken und Reden, Sehen und
Handeln um eine Ecke gehen muß" (Barth-Thurneysen, Komm, Schöpfer Geist, Predigten, [4]1932, S. 14). Wir haben es – und das könnten wir bei unseren Vorhaben vergessen
– unter allen Umständen mit Gott zu tun. Er lenkt die Schritte. Indem der hebräische
Text die Subjekte voranstellt, wird der Gegensatz unübersehbar deutlich.
Wir haben die Tragweite dieses Sachverhalts zu bedenken. Das *Aber* könnte uns lästig
sein. Heimlich postulieren wir immerzu einen Gott, dessen Gedanken, Vorhaben, Ziele
und Grundsätze sich mit den unseren decken müssen. Wir kennen die Rede: „Wenn es
einen Gott gäbe, dann müßte er doch ...". Was müßte er? Es ist im Ansatz verkehrt, so
zu argumentieren. Die Denkweise ist anthropozentrisch. Der so gedachte, vorgestellte

Gott ist Projektion der eigenen Gedanken, Vorstellungen und Wünsche an den Himmel. Daß man mit diesem Gott Schliff bäckt und dann dekretiert, es könne ihn nicht geben, ist von diesem falschen Ansatz her unvermeidlich. Mag sein, das biblische *Aber* erschreckt uns. Das wäre nicht das Schlimmste. Der Gott, der in unser Schema paßt, ist nicht der wirkliche, der lebendige Gott. Der Mensch denkt – Gott lenkt. Es wird ohne Kollisionen zwischen seinem Willen und dem unseren nicht abgehen.

Nun befinden wir uns hier an einer besonders schwierigen Stelle im theologischen Denken. Man könnte es an Luthers „De servo aribitrio" studieren, welche Mühe es macht, Gottes allmächtigen und allwirksamen Willen und die Freiheit menschlichen Wählens und Entscheidens zusammenzudenken. Wir wären des Problems enthoben, wenn Gott der Weltgeist oder die Weltvernunft wäre, die sich im individuellen Geist verwirklicht, so also, daß unsere Gedanken, Vorhaben und Bestrebungen von vornherein die göttlichen wären, darum auch so, daß der Weltgeist *in uns* denkt, plant, will und wirkt. Aber das sind idealistische Irrtümer. Gott ist der freie Herr seiner Schöpfung. Wir müssen sagen: seiner gefallenen, also nicht im Einklang mit ihm befindlichen, sondern sich gegen ihn stellenden Schöpfung. Ich denke eben leider von Hause aus *nicht* die Gedanken Gottes, denn ich bin Sünder – meinem Gott entfremdet, mit ihm zerfallen. Mein irrendes Herz will immer wieder *nicht*, was Gott will. Was für törichte Dinge habe ich mir schon ausgedacht! Wie heillos und zerstörerisch sind oft meine Affekte, meine Träume, meine Ideen! Meist merke ich's nicht einmal – erst lange danach wird mir klar, wohin es mit mir trieb. Gott nimmt mir mein Wollen nicht. Er hat mich ja als Menschen, also mit der Freiheit des Wählens geschaffen. Aber er muß sich mir oft genug in den Weg stellen und muß meine Gedanken durchkreuzen.

Wir haben bisher nur auf V. 9 geschaut (ohne das, was er sagt, schon zu Ende zu denken). Mehr im Detail zeigt sich dasselbe in V. 1. Man „legt sich zurecht" (ערך), was man sagen will: ausgeklügelte Gedankengänge, schlüssige Deduktionen, schlagkräftige Formulierungen. Aber dann, „vor Ort", kommt es ganz anders heraus – sei es zu unserem Vorteil, sei's zum Nachteil. Man merkt, daß ein anderer einen in der Hand hat. Und man merkt, daß man mit seinen Konzeptionen und Klügeleien nicht allein auf der Welt ist. – Oder ein Blick auf V. 2: „Einem jeglichen dünken seine Wege rein." Der Mensch hat falsche Gedanken nicht nur im Vorausschauen und Planen, sondern auch im Rückschauen auf die eigenen Taten. Merkwürdige Blindheit! *Wollen* wir nicht sehen, oder *können* wir nicht sehen? Man sollte meinen, niemand müßte um uns so gut Bescheid wissen wie wir selbst. Aber wir sind uns selbst gegenüber unsachlich. Der Grund ist deutlich. Der Mensch kann nicht leben, ohne „gerecht" zu sein. Fehlt einem die „Gerechtigkeit", so muß man sich einreden, man hätte sie, denn es hängt daran letztlich mehr als das Leben. Wird einer unsachlich, dann verrät er damit, daß er sich in der schwächeren Position befindet; und wir *sind* – vor Gott und oft auch vor Menschen – in der schwachen Position. „Einem jeden dünken seine Wege rein" – das ist die Fiktion, die wir machen, bloß um uns selbst zu erhalten. Aber Gott prüft die Geister, d. h. das, was in den Menschen ist. Unser eigenes Urteil über uns ist unmaßgeblich. Gott hat das letzte Wort (1. Kor. 4,3–5). Worauf wir stolz sind und womit wir uns verteidigen, das streicht Gott durch. Es ist nichts mit dem von uns naiverweise immer wieder vorausgesetzten Einvernehmen zwischen Gott und unserm natürlichen Menschen. „Gott müßte doch ...": dieses Postulat einer aufklärerisch-bürgerlichen, der biblischen Gotteserfahrung durchaus fremden Gottesvorstellung wird uns abgewöhnt. Gott durchkreuzt unsere Pläne.

D. Bonhoeffer hat 1934 der Londoner Gemeinde eine Predigt über V. 9 gehalten (Gesammelte Schriften Band 4, S. 174ff.; 623ff.). Er sieht im Schachspiel „ein wunderbares Symbol für das Leben der Menschen. Leben ist wie das Schachspiel gegen einen überlegenen

Partner. Es sind zwei Personen, die sich zum Spiel zusammensetzen. Jeder entwirft seinen
Plan zu gewinnen. Der Schwächere wird jedoch bald folgende Beobachtung machen: er
hat seinen Plan, es scheint voranzugehen, er hat Erfolg, der Partner weicht zurück, seine
Züge scheinen ganz unbedeutend zu sein, er scheint ihn nicht einmal zu durchschauen –
die Absichten des schwächeren Spielers; mehr und mehr gibt er nach, so daß er seinen
Zügen nicht einmal mehr besondere Aufmerksamkeit schenkt – da plötzlich, gerade in
dem Augenblick, als er den letzten entscheidenden Zug machen will, sieht er seinen
Zusammenbruch. Er muß zugeben, daß der Partner das Spiel schon gewonnen hatte, ehe
er einen seiner Züge verstand . . . Der Mensch ist der Verlierer. Gott der Gewinner." Und
dazu noch einen Satz, den man bei diesem Prediger mit besonderer Bewegung liest: „Niemand hat das Ende erreicht. Wir haben unsere Straße noch weiter zu wandern, und
niemand weiß, wohin sie ihn morgen führt."

2.

Unsere Lebensgeschichte: eine Beispielsammlung dafür, wie Gott unsere Gedanken und
Vorhaben und unsere Selbsteinschätzung durchkreuzt hat. Nur das? Wir registrieren im
Bewußtsein viel deutlicher die Fälle, in denen die Ampeln vor uns auf Rot stehen; die
„grüne Welle" lassen wir uns meist unbedacht gefallen. Unser Leben geht seinen Gang
unter der fördernden und segnenden Einwirkung Gottes, meist ohne das Aber; oder doch
so, daß eben in dem Aber die Wohltat des fördernden, bewahrenden, zurechtbringenden
Wirkens Gottes steckt. „Ein Schiff in voller Fahrt, fröhliche oder auch traurige Reisende,
vielbeschäftigte Heizer und Matrosen an Bord, immer vorwärts, immer geradeaus. *Aber* –
da wirft der Steuermann das Steuer herum und hat ein Unglück verhütet, denn es lag eine
Sandbank in der Fahrtlinie. Man kann eben nicht immer geradeaus fahren" (Barth-
Thurneysen, a. a. O., S. 14). Was uns Hinderung zu sein scheint, kann Bewahrung oder
Befreiung sein. Wo wir uns nicht erhört fühlen, hat Gott in Wirklichkeit aufmerksam
zugehört und weise entschieden. Wo wir uns verlassen wähnen, ist Gott unsichtbar zur
Stelle und tut, oft unbegreiflich, sein Bestes für uns. Es sieht so aus, als durchkreuzte Gott
nur unsere Pläne, in Wirklichkeit bringt er unser Werk voran. Das Kreuz bewirkt unser
Heil.
„Befiehl dem Herrn deine Werke, so werden deine Vorhaben sich verwirklichen" (V. 3).
Es lohnt sich, diesen Satz sehr genau abzuhören. Das eigene Tun auf Gott „abwälzen" –
wie wenn man einen schweren Stein bewegt –, kann schweren Verzicht bedeuten (גלל)
auch Ps. 22,9 – Urtext –; 37,5). Die Werke, die Wege, ja sogar die Rettung Gott überlassen? Wir hätten den Text sicher mißverstanden, wenn wir meinten, er wolle uns zur
Passivität verführen. Es ist etwas Wahres an dem Sprichwort, nach dem jeder seines
Glückes Schmied ist. Und es ist sicher nicht alles verkehrt, wenn wir uns ermuntern: Hilf
dir selbst, so hilft dir Gott! Wir sind verantwortliche Menschen. Glaube an den lebendigen Gott will uns weder zu Fatalisten noch zu tatenlos Abwartenden machen. Unsere
Lebensführung will überlegt und vorbedacht sein. Blind drauflosleben ist nicht Glaube.
Das Glücklichsein ist nie allein Sache des Loses, das einen getroffen hat, des Schicksals,
dem man sich unterworfen findet; es ist auch und zuallererst Aufgabe! Es gilt, aus dem
vorgegebenen „Material" des eigenen Lebens etwas zu machen! Die Chancen gilt es auszuschöpfen, die Aufgaben sind entschlossen anzufassen, die Schwierigkeiten wollen bewältigt, die Leiden sinnvoll verarbeitet und in etwas Fruchtbares und Aufbauendes verwandelt werden. Nur: wie ist das möglich? Eben gerade nicht so, daß man, als wäre kein
Gott, sein Leben allein bestreitet und, als käme man aus dem Nichts und lebte ins Nichts
hinein, sich selbst zum Ersten und Letzten macht. Es bekommt uns nicht, wenn wir uns

zu unserm eigenen Gott machen. „Ein Greuel ist für den Herrn jeder Hochmütige – Hand aufs Herz!, er wird nicht ungeschoren davonkommen" (V. 5, s. o.), seine Selbstherrlichkeit wird sich rächen.

Wir haben dies alles auf uns selbst zu beziehen. In den dunkelsten Stunden leben leider auch wir Christen, als wäre kein Gott. Da will man sich nicht führen lassen, sondern selbst steuern. Da stellt sich die Frage nach dem (vermeintlichen) Erfolg und Gewinn vor die nach dem Gehorsam. Da weiß das aus Gottes Gebot ausbrechende Herz viele – verdächtig viele! – Gründe dafür, daß das Gebot Gottes für alle anderen Situationen, nur nicht für diese – eben die meine – gemacht ist. Da redet man sich ein, in diesem Augenblick sei es purer Leichtsinn, sich auf Gott zu verlassen; jetzt, in dieser Lage, könne man sich nur noch selber helfen. – Wir haben mit solcher Einstellung in unserm Leben schon viel verdorben. Wir trauen uns selbst mehr zu als Gott. Wir überlassen uns den Neigungen, Entwürfen und Launen unseres eigenen Herzens. Wir fahren nicht gut damit.

„Wälze dein Tun auf Jahwe" (V. 3). Ein starkes Wort für eine kraftaufwendige Sache. Wir vergleichen Ps. 37,5: „Wälze deinen Weg auf Jahwe und vertrau ihm – er selbst wird es machen." Schon das „Wirf!" von 1. Petr. 5,7 klingt seltsam, aber es hört sich vergleichsweise „leichtathletisch" an. Hier klingt es so, als sollten wir die auf uns liegende Last von uns weg-„wuchten" und getrost unserm Gott auflasten. Das könnte heißen, daß wir, statt selbst zu sorgen, ihn sorgen lassen; statt uns zu zermartern, wie es wohl weitergehen soll, gespannt darauf warten, welchen Weg er uns zeigt; statt uns damit abzuquälen, wie wir wohl aus dieser verfahrenen Situation herauskommen, einfach Ausschau halten, was sein gutes Gebot uns sagt. Man kann, was hier gemeint ist, etwa an einer Problemehe durchexerzieren. Solange die beiden, die es schwer miteinander haben, sich in den Wünschen und dem Verlangen ihres Herzens verfangen, ihre eigenen Vorstellungen von dem kultivieren, was in diesem Falle nötig wäre, mit ihren eigenen inneren Verwundungen und Depressionen (beinahe strategisch) operieren: so lange werden sie sich aneinander aufreiben und an der Eigenwilligkeit ihrer bedauernswert kranken Herzen leiden und einander leiden machen. „Wälz deine Sache auf Gott ab!" „Lade bei ihm ab!" Gib die Sache aus der Hand. Verbeiß dich nicht in die so ungeheuer schlüssig zurechtgelegten (ערך – V. 1) Gedankengänge deiner schlaflosen Nächte! Tritt auf den Platz, den Gott dir angewiesen hat, – gehorsam, vertrauensvoll! Nur „am dritten Ort" kann man sich treffen und finden. Mit dem Abwälzen der Last verschiebt sich der Schwerpunkt der Problematik; der entscheidende Punkt wird zum Externum, er liegt in dem, was Gott fügt, befiehlt, erwartet, gibt, vergibt, ausrichtet. Man kann sich an V. 6 klarmachen: Als neutestamentlich (speziell paulinisch) geschulte Leute werden wir nicht so schnell davon reden mögen, daß Güte und Treue Missetat sühnt, und wir werden uns als Kenner der Geheimnisse des Parallelismus membrorum auch nicht dazu entschließen können, in Parallele zu „Furcht des Herrn" im ersten Halbvers „Güte und Treue" auf Gott zu beziehen. (In den Psalmen bedeuten diese beiden – schon zum Hendiadyoin gewordenen – Worte sowohl Gottes Wesen und Eigenschaft [40,12] als auch menschliches Frommsein [85,11].) Kommt beides, sowohl „Güte und Treue" wie „Furcht des Herrn", auf einen Nenner zu stehen, dann liegt darin, daß Gott ernst genommen wird. Und damit wären wir wieder bei der Verlagerung des Schwerpunktes.

Hatten wir zunächst den Eindruck, daß der Gott, der unsere Gedanken und Aktivitäten „durchkreuzt", sich uns hindernd in den Weg stellt, so merken wir nun: er will keineswegs „wider uns sein". „So wird dein Vorhaben gelingen", heißt es V. 3. Wir stehen vor der erstaunlichen Tatsache, daß ebendas, was uns zunächst aus der Hand geschlagen wurde, uns in Wahrheit wiedergegeben wird. Gib's aus der Hand – und Gott wird mit dir sein gerade in dem, was deine Hände tun! Halt nicht krampfhaft fest, was doch nicht deine

Sache ist, – und du wirst es erleben, daß das Losgelassene auf unerwartete Weise zu dir zurückkommt. Wir ergänzen vorhin Gesagtes: Wer auf sein (selbstgebasteltes) Glück aus' ist, wird's verfehlen; wer sich Gott in die Hände gibt, wird's finden (vgl. Matth. 16,25). Überlassen wir Gott unsere Probleme, dann werden wir dadurch nicht zur Passivität verurteilt, sondern dann bekommt unser Denken, Vorüberlegen, Vorbereiten, Tun und Bemühen *Halt* in Gott, die Verankerung also, die Festigkeit gibt (כּוּן ni., V. 3). Wir sollen nicht Gott überlassen, was uns selbst zu tun aufgegeben ist; aber in dem, was wir zu tun haben, sollen wir uns von ihm leiten, festmachen und tragen lassen. Gott ist zur Stelle. Gerade wenn es nach ihm geht, geht es voran.

In dieses Mosaik paßt nun auch V. 7. Er ist ganz gewiß nicht das Rezept, mit Hilfe dessen man alle Konflikte dieser Welt im Handumdrehen neutralisieren und aus dem Wege räumen könnte. Aber es ist ein unerhört wichtiger Faktor bei der Bewältigung solcher Konflikte – im großen wie im kleinen Maßstab –, daß, wer von Gottes versöhnender Macht weiß, ihrer keinen als grundsätzlich unlösbar ansieht, also auch nicht mehr die einzige Möglichkeit der Bewältigung darin sieht, daß der Gegner „ausgeschaltet" wird. Es könnte einer, der mir feindlich gesinnt ist, dadurch überwunden werden, daß er merkt: das ist einer, an dem Gott Gefallen hat. Was könnte es bedeuten, wenn uns bei Zerwürfnissen die Frage: wie werde ich mit dem andern fertig? verschlungen würde von der andern: wie kann ich Gott gefallen? Auch darin liegt ein Angebot Gottes.

3.

Es scheint sich – obwohl wir der Eigenart des Textes entsprechend nicht darauf aus sein konnten – nun doch noch so etwas wie eine Systematik der hier ausgesprochenen Gedanken herauszubilden. Nicht erst jetzt. Wir mußten schon im Vorangehenden scheinbar Widersprechendes zusammenbiegen. Daß Gott sich uns in den Weg stellt (Teil 1), bedeutete, wie wir sahen, gerade nicht, daß wir festsitzen (Teil 2). Daß er die Dinge oft anders lenkt, als wir es uns gedacht hatten, bedeutet gerade nicht, daß er uns in unserm Vorankommen hinderlich sein und unsere Vorhaben vereiteln will. Unser Wollen und Tun ist auf eine geheimnisvolle Weise in Gottes Handeln einbezogen. Darin aber stellt sich die Frage, wie denn überhaupt Gottes Allwirksamkeit (Teil 3) und das vorher Besprochene zusammenzudenken sind.

Dies ist zunächst eine Frage des Verstehens in bezug auf unser Dasein. Die in den hier vorliegenden Proverbien gemeinten Aktivitäten der Menschen einerseits und Gottes andererseits können ja, wie sich bereits gezeigt hat, nicht auf einer Ebene zueinandergeordnet werden (wie etwa im Vorstellungsmodell des Tauziehens oder des Parallelogramms der Kräfte). Wir betonten schon: was wir tun, kann nicht – pantheistisch – mit dem Tun Gottes indentifiziert werden, als habe Gott sein Sein nur im Sein der Welt. Aber er ist auch nicht der Gott, der nur „von außen stieße" (Goethe). Er ist selbst, als Kreator von der Kreatur mehr als himmelweit unterschieden, der frei schaltende und waltende Gott, und er läßt doch den Menschen Freiheit zu verantwortlicher Entscheidung, und indem er das tut, bezieht er doch als unser Tun – auch das des „Gottlosen" (V. 4) – in sein zielgerichtetes Walten ein. (Mit „Gottloser" ist nicht der Atheist gemeint, der durch eine bestimmte theoretische Einstellung gekennzeichnet ist, sondern der „Frevler".) „Alles hat Jahwe zu seinem Zweck geschaffen, sogar den Frevler für den Tag des Unheils" (V. 4). Man könnte sich diesen Sachverhalt gleichnishaft anschaulich machen, indem man die Kontingenz im physikalischen Mikrobereich mit der (statistischen) Notwendigkeit im Großen zusammensieht; man darf nur nicht vergessen, daß dies nur ein (hinkender) Vergleich ist. Auf Schritt und Tritt haben wir es mit Gott zu tun. Er bewirkt alles in allem. Die Kreatur kann sich selbst in Widerspruch und Auflehnung ihm nicht entziehen. „Quando ergo Deus omnia in omnibus movet et agit, necessario movet etiam et agit in Satana et impio" (Wenn also Gott alles in allem bewegt und wirkt, so bewegt und wirkt er notwendigerweise auch im Satan und im Gottlosen. Luther, WA 18,709; Cl. 3,204. Aufschlußreich der Doppelsinn von *agere:* treiben und wirken). Es gibt keine Bereiche und Vorgänge im Weltgeschehen – das gilt auch für das begonnene Jahr –, in denen Gott nicht seine Hand hätte. Selbst „der altböse Feind" muß letztlich Gott in die Hände arbeiten. Darum müssen, so schwer es dem Glaubenden auch zuweilen ankommen mag, alle Dinge ihm zum Besten dienen (Röm. 8,28). Es ist zuletzt alles einbezogen in die allumfassende Teleologie Gottes.

Eine tröstliche Einsicht. Wir werden uns freilich nicht verhehlen, daß wir uns hier in einem theologischen Problembereich befinden, der nicht nur unserm Denken, sondern auch unserm Glauben Anfechtungen bereitet. Wir brauchen die Dinge nicht auf die Spitze zu treiben. Mit V. 4 befinden wir uns hart an der Grenze des Aussagbaren. Daß es Menschen gibt, die Gott zu Frevlern erschaffen hat – nur für den Tag des Unheils –, ist eine alleräußerste Grenz- und Konsequenzaussage, die wir (trotz gewisser verwandter Sätze in Röm. 9) nicht dogmatisieren werden; vollends hat die Predigt nicht die Aufgabe, die Gemeinde in unnötige Denk- und Glaubensnöte zu stürzen. Trotzdem werden die Dinge, die uns wirklich Anfechtungen bereiten, aufzunehmen und zu besprechen sein. Warum eigentlich das – unter (1) – prononcierte *Aber*? Warum in unserm Leben immer wieder Situationen, in denen es nicht weitergehen will (Aporien)? Warum werden unsere Vorhaben und Konzepte so oft durchkreuzt? Warum tut Gott das uns Unverständliche? Warum muß sich sein guter, förderlicher, hilfreicher Wille immer wieder einmal *gegen* uns durchsetzen, so daß wir oft wie vor den Kopf geschlagen sind? Man kann auch so fragen: Warum ist Gott für uns, sofern er – große und kleine – Geschichte macht, der verborgene Gott, der Deus absconditus? Ein Satz wie V. 5 ist ein Glaubens-, nicht ein Erfahrungssatz; Israels „Weisheit" hätte sich nicht im Hiobbuch strapazieren müssen, wenn das gelebte und erlittene Leben dem Glauben an Gottes Gerechtigkeit und Liebe nicht so oft widerspräche.

Gott wird sein letztes Wort noch sprechen (VV. 4f.). Noch spricht er es nicht. Das Nochnicht ist die Not des wartenden, hoffenden Glaubens. Aber der Glaube weiß auch, wie gut es ist, daß er auf das Wagnis des Vertrauens angewiesen ist. Die VV. 6f. sind ganz auf dieses Wagnis zugespitzt. Wer sich nur auf glatte Lösungen einlassen will – „Gott müßte doch eigentlich ..." –, weiß noch nichts von der Freude des wagenden Vertrauens. „Mit dir geh ich durch dick und dünn": wie beglückend, wenn ein Mensch, der uns liebhat, so zu uns spricht; wie schön, wenn wir einen anderen haben, zu dem wir so sprechen können. Gott läßt es nicht bei seiner Verborgenheit. In Christus – das schließt ein: in seinem Kreuz – ist er uns zugänglich. An seinem, des Herrn, großen Tage werden wir Gott von Angesicht zu Angesicht sehen. Da wird herauskommen, was Gottes „Zweck" (V. 4) ist. Gott läßt sich nicht beirren. Auf dem Wege zur Realisierung dieses Zweckes finden sich auch die Widrigkeiten, aber ihnen ist der Charakter des Endgültigen genommen. Uns müssen alle Dinge zum Besten dienen.

2. Sonntag nach dem Christfest. Joh. 7,14–18

Was die Häufung johanneischer – und zwar speziell christologisch-offenbarungstheologischer – Texte in den weihnachtlichen Tagen angeht, vgl. meine schon früher hörbar gewordenen Seufzer (Christvesper zu Beginn der exegetischen Bemerkungen, 1. S. n. d. Christfest unmittelbar danach). Es hat sich in der Exegese durchgesetzt, den Abschnitt 7,15–24 an 5,47 anzuschließen (Blattver-

tauschung? unrichtige Einordnung durch Redaktion?). V. 23 weist deutlich auf eine Sabbatheilung
(vgl. 5,9b. 10.16.18), V. 15 bezieht sich auf Jesu Umgang mit der Schrift (vgl. 5,39.45–47), das Bedacht-
sein auf Gottes Ehre (V. 18) knüpft an 5,44 an. Weitere „Klammern" bei Schnbg. z. St.,S. 183f. Von
V. 14 war bereits in der Auslegung zum Christvespertext die Rede; er ist 7,25–36 voranzustellen und
wird diesmal wegzulassen sein.

V. 15: Jesus hat sich auf die Schrift berufen: sie lege für ihn Zeugnis ab (5,39). Die „Juden" (Inbegriff
für Jesu Gegner überhaupt) bezweifeln seine Kompetenz. ϑαυμάζειν hier = befremdet sein (vgl. 7,21;
Mark. 6,6; Bltm.); das Imperfekt deutet auf die Dauereinstellung. Die Frage bezieht sich auf das
Woher der Schriftkenntnis Jesu, wird aber – wie es scheint, böswillig überzogen – so formuliert, daß
Jesus (γράμματα ohne Artikel!) überhaupt keine Bildung hat, vielleicht gar: Analphabet ist (s. jedoch
Luk. 4,16ff.). Die Frage ist also zugleich grotesk überspitzt und andererseits milde gehalten: es wird ja
nicht bestritten, daß Jesus „schriftkundig" (im doppelten Sinne des Worts) ist, sondern es wird nur
gefragt, wieso er das sein kann. Jesus ist nicht Rabbinenschüler. – V. 16: Jesu „Lehre" stammt also
nicht aus der Tradition, sondern vom Vater selbst. Wir werden wieder auf Jesu göttliche Herkunft
gewiesen. Jesus „verkündigt unmittelbar Wort und Weisung Gottes, so wie ihn der Vater ‚gelehrt' hat
(8,28)" (Schnbg.). Der Vater wird, wie oft bei Johannes, nicht genannt, sondern als „der Sendende"
bezeichnet; damit ist jedoch auf Jesu Gesandtsein von Gott verwiesen – Jesus steht nicht in eigener
Vollmacht vor den Menschen, sondern darf sich wie kein anderer auf Gott selbst berufen. – V. 17:
„Nichts anderes als glauben bedeutet . . . das ποιεῖν τὸ ϑέλημα αὐτοῦ. Es ist ein beliebtes, aber grobes
Mißverständnis, daß V. 17 den Weg zum Glauben erleichtern wolle durch den Rat, man möge zuerst
mit der ethischen Forderung als dem allgemein Einsichtigen Ernst machen und werde dann schon
ein Verständnis für die dogmatische Lehre gewinnen. Für Joh. gibt es keine ‚Ethik', kein Tun des
Willens Gottes, das nicht primär Gehorsam des Glaubens wäre . . . Freilich kennt Joh. auch keine
‚Dogmatik' ohne ‚Ethik'; aber die geforderte Liebe erwächst aus dem Glauben und ist nicht ohne
ihn" (Bltm. z. St.). In der Sache so auch Schnbg. und Wikenhauser. – V. 18: Das Motiv schon
5,41–44. Daß Jesus seine eigene Ehre suche, ist gerade der Vorwurf. „In der Tat: wenn ich das täte,
hättet ihr recht." Wieder greift Jesus auf sein Gesandtsein zurück und bezeugt, daß er die Ehre
Gottes sucht, was ihn „zuverlässig, glaubwürdig" (ἀληϑής, vgl. 5,31) macht. Die Verkennung Jesu
wird nur im Glauben überwunden, denn „ob dieses Kriterium nun im konkreten Falle, und also hier
bei Jesus, zutrifft, – das sieht nur der Glaube" (Bltm.). Es könnte sein, daß das letzte Sätzchen des
Verses Überleitung des Evangelisten zum Folgenden ist. Im Zusammenhang bedeutet dann ἀδικία
„Lüge", „Trug".

Daß die predigende und glaubende Kirche sich immer aufs neue darüber Rechenschaft
gibt, daß ihr Glaube sich auf *einen* Punkt der Menschheitsgeschichte richtet und daß es
gerade *der* Punkt ist, an dem Jesus Christus steht, ist sachgemäß und notwendig. Man
könnte sich ja auch auf den Standpunkt stellen, daß Gotteserkenntnis und Gotteserfahrung vielerorts – grundsätzlich: überall – zu gewinnen sei. Wie sich große Musik eben
nicht nur bei Bach und Mozart, sondern auch bei vielen anderen findet, so gibt es zahllose Menschen, die mit der Gottesfrage beschäftigt sind, ernsthaft hingegeben und tiefgründig, so daß man Mut findet, sich ihnen anzuvertrauen und von ihnen zu lernen. Zerlegt sich das eine Sonnenlicht nicht in ungezählte Farben? Bricht es sich nicht in verschiedenen Medien verschieden? Bedarf es überhaupt einer gestaltgewordenen, ausgeformten Religion? einer klar umrissenen „Botschaft"? Gibt es nicht eine Gottunmittelbarkeit, die sich in der Begegnung mit Natur, Geschichte und dem eigenen Herzen ereignet? Ist nicht die ganze Welt „voll Gott"?

Die Kirche, die die Menschwerdung Gottes in Jesus Christus verkündigt, wird das eben
Gesagte nicht rundweg ablehnen. Wir sind tatsächlich, wo immer wir sind, auf den Spuren Gottes und auf irgendeine Weise immer mit ihm im Kontakt, so sehr, daß wir uns
keinesfalls herausreden können, wir hätten von ihm nichts gewußt. Gegenwärtig ist Gott
auf alle Fälle, und von ihm sind alle Dinge. Die Frage ist, wo und wie er *offenbar* ist.
„Niemand hat Gott je gesehen" (1,18). Kein Atemzug ohne ihn – nur: wir kennen ihn
nicht, von dem her wir sind. Oder wenn wir doch ahnend von ihm wissen, so wird er uns

doch nicht zum persönlichen Gegenüber. Und wenn er uns zum persönlichen Gegenüber würde, dann finge es erst recht an, problematisch zu werden: ich, der Sünder, kann ihm ja nicht in die Augen sehen; ich, der Abtrünnige, darf mich doch bei ihm nicht blicken lassen; ich kann mich so, wie ich bin, vor ihm nicht halten. Es ist zweierlei, ob ich ihn „suche" und „fühle" (Apg. 17,27) oder ihm Auge in Auge begegne. Und wenn ich ihm begegne, dann doch nur deshalb, weil er sich zu mir aufgemacht und etwas unternommen hat, um dem Widereinander zwischen Gott und dem Sünder ein Ende zu machen. Das ganze Evangelium führt mit seinen verschiedenen Aussagen ebendies aus, wie Gott selbst kommt und die Rebellion seiner Menschengeschöpfe durch Versöhnung, Vergebung und Verwandlung ungeschehen macht, so daß es zu einer neuen Gemeinschaft kommt. Diese „Gnade und Wahrheit" – vgl. uns. Ausl. zum Altjahrsabend – bewirkt ein neues Miteinander, sie ist uns „durch Jesus Christus geworden" (1,17).

Verständlich, daß den „Juden" dieser Sachverhalt nicht eingeht. Immer wieder zeigt das vierte Evangelium Jesus mit ihnen in Gespräch und Auseinandersetzung. Die Christusfrage kann nicht zur Ruhe kommen. Sie ist auch der Gemeinde heute gestellt, sei es, daß sie, wie wir sagten, Rechenschaft über ihr Christusbekenntnis zu geben hat, sei es, daß sie selbst ihres Christusglaubens gewiß werden muß. Dazu kann dieser Text helfen.

Die Nähe dieser Perikope zu anderen Johannestexten dieser Weihnachtszeit macht uns zu schaffen. Wie man um eine Plastik herumgehen und so ein und demselben Kunstwerk in neuen Aspekten begegnen kann, so sollte der Prediger auch hier auf das Besondere bedacht sein und dies womöglich noch betont herausarbeiten. Dies sei – vielleicht nicht zum Gefallen aller – bereits in der Disposition versucht. Zu größerer Farbigkeit unserer Predigt könnte ein kleiner Kunstgriff dienen: wir werden, wenigstens tangential, das „alte" Evangelium vom zwölfjährigen Jesus als „Gegenmelodie" mithören; die Perikope dürfte um dieser Korrespondenz willen dem heutigen Sonntag zugeordnet sein. *Wer es mit Jesus wagt, wird merken:* (1) *Der Himmel ist seine Hochschule,* (2) *Gott sein Ordinator,* (3) *Gottes Ehre sein Berufsziel.*

I.

Jesus redet von Gott, er beruft sich auf die Schrift. Sie, behauptet er, rede von *ihm*, Mose habe von *ihm* geschrieben (5,39.46). Hinweise auf die Schrift und Anklänge an ihre Aussagen und Erwartungen sind zahlreich (1,41.45.49; 2,17; 3,14; 6,14f. 31ff.45; 7,38; 10,24.34ff.; 12,13.39ff.; 13,18; 15,25; 17,12; 19,24. 28.36f. u. ö.). Jesus ist offensichtlich in der Schrift zu Hause. Woher hat er das? Er hat doch nicht studiert, er gehört nicht zur Zunft der Schriftgelehrten (Bltm.). Daß er „nicht schriftkundig" sei, ist eine böswillig-zweideutige Formulierung (V. 15, s. o.). Lesen können und die Schrift kennen, das ist allerdings dicht beieinander, denn ein junger Jude lernte Lesen und Schreiben anhand der Bibel (ThWNT I, S. 764f.), so daß der ἀγράμματος (Apg. 4,13) der Ungebildete überhaupt ist. Wir sahen: Jesus kann lesen (Luk. 4,16ff.), also auch schreiben (8,6.8 – wenn man diesen späten Text zitieren will). Aber im Zusammenhang kann sich die spitz formulierte Aussage nur auf Jesu fehlende Schriftgelehrsamkeit beziehen. Er ist ein Laie – das Wort im Sinne des Nicht-kundig-Seins verstanden (ein Jammer, daß im kirchlichen Sprachgebrauch der Wortsinn von daher eingefärbt ist). Er ist also kein Schriftgelehrter. „Meine Lehre", sagt er noch – offensichtlich im Unterschied zu der der Fachleute. Er ist ein Sektierer, der – gewissermaßen auf eigene Rechnung und Gefahr – seine Sonderfündlein vorträgt und dies mit einer dem Sektierer nun einmal eigenen Beharrlichkeit und Unbelehrbarkeit tut. In der Tat, er spricht anders als die Schriftgelehrten (Matth. 7,29; in uns. Kapitel vgl. V. 46). Jesus bekennt sich dazu, daß er eine Lehre hat, die nun eben „seine"

Lehre ist, so daß er wissen muß: er riskiert den Ketzerprozeß. Woher aber hat er diese Lehre?

Seine Vertrautheit mit dem Alten Testament haben wir – nur an johanneischen Beispielen, noch nicht einmal vollständig – belegt. Jesus steht durchaus in der frommen Tradition seines Volkes. Das Lukasevangelium erzählt vom Zwölfjährigen, der den Fachleuten zuhört und sie fragt, sogar mit erstaunlichem Verständnis. Und wenn man den (von uns bewußt beiseite gelassenen) V. 14 hinzunimmt, so sehen wir ihn im Tempel; der Tempel ist ihm das Haus seines Vaters (2,16; Luk. 2,49). Es ist gut, sich dessen zu erinnern. Jesus ist offensichtlich nicht so aufgetreten wie die Enthusiasten, die sich über alles Tradierte erheben, weil sie jederzeit die Himmelswelt direkt anzapfen können. Wer Gott als „innere Stimme" vernimmt oder als „inneres Licht" erlebt, kann auf das Zeugnis der Schrift und auf die besondere Offenbarung, in der Gott sich uns gibt, verzichten. Wenn Jesus wollte: er könnte es auch – nein, er *allein* könnte es. Aber er tut es nicht. Er stellt sich – mit uns – hinein in die Offenbarungs- und Glaubensgeschichte seines Volkes. Er, von dem die Schrift redet, hört selbst auf sie. Er will uns nicht dazu verführen, von ihr abzusehen und Gott irgendwo anders zu suchen. So lautet denn auch der Vorwurf der Juden in unserm Text nicht, er setze sich über die Schrift hinweg; sie werfen ihm vor, er gebrauche sie ohne die dazu nötige Vorbildung, ja, wenn man genau hinhört, fragen sie nur: „Wie (ist es möglich, daß) dieser (die) Schriften kennt, ohne unterrichtet zu sein?" (Textwiedergabe Schnbg.)

Ihm mangelt ein Studium der Theologie? Der Himmel ist seine Hochschule! Es ist wahr: er hat nicht bei Schammaj oder Hillel oder bei einem ihrer Kollegen studiert. Aber seine göttliche Herkunft und überhaupt sein Gottsein befähigen ihn zum rechten Verständnis der Schrift. Er ist, als der ewige Logos, im Anfang bei Gott gewesen (1,2). „Wir reden, was wir wissen, und bezeugen, was wir gesehen haben" (3,11). „Wie mich der Vater gelehrt hat, so rede ich" (8,28). „Das Wort, das ihr hört, ist nicht mein, sondern des Vaters, der mich gesandt hat" (14,24; vgl. den Text vom 1. S. n. d. Christfest). Man könnte sagen: die Gottunmittelbarkeit seiner Präexistenz bringt er mit in sein Erdendasein, nicht nur als Erinnerung („er kommt aus seines Vaters Schoß", EKG 21,2), sondern als das ständig präsente Woher („der im Schoß des Vaters *ist*", 1,18). Der Vater spricht, er hört und sagt es. Er spricht, und der Vater bestätigt es. Jesus redet, was er beim Vater „gesehen" hat (8,38). Er tut, was er den Vater tun sieht (5,19f.). Er ist der Sachverständige von seinem Ursprung her. Noch einmal: der Vater hat ihn gelehrt (8,28) – an dieser „Hochschule" hat er studiert.

Genaugenommen heißt das nicht nur, daß er sich in der Schrift auskennt; er kennt sich im Himmel, er kennt sich im Herzen des Vaters aus (z. B. 16,27). Redet die Schrift von Gott, dann versteht er, der selbst göttlichen Wesens ist, sie besser, als sie sich selbst verstehen kann, erst recht besser, als alle Ausleger sie verstehen können. Er legt ja eigentlich nicht die Schrift, er legt *Gott* aus (1,18). Verträten wir eine Christologie, nach der Jesus nur ein besonders reich begnadeter religiöser Mensch ist, dann wäre nicht einzusehen, wieso ihm die von unserm Evangelium behauptete Einzigartigkeit und Einmaligkeit zukäme. Dann könnte man auch andere befragen. Es gäbe dann unter den Gottesmännern nur noch Gradunterschiede. Vielleicht würde dann ein Konkurrenzkampf einsetzen: wer hat die höheren geistlichen Erfahrungen? Wir wissen: Paulus hat sich mit enthusiastischen Gegnern über diesen Irrtum streiten müssen. Aber Jesus gehört nicht in diese Reihe. Die Unmittelbarkeit seiner Gotterkenntnis ist darum sein Besonderes und Einmaliges. Wir haben diese Unmittelbarkeit nicht. Sein Gottesverhältnis ist – als das des Sohnes zum Vater – ungestört, unseres ist *gebrochen*, wenn nicht überhaupt *abgebrochen*. Als Sünder können wir Gotteserkenntnis nur durch Christus gewinnen – und zwar durch den Menschgewordenen, durch den zu uns Gekommenen. *Er* braucht das Zeugnis von Gottes Offenbarung, also die Schrift, nicht. Aber *wir* brauchen sie. Beruft er sich auf die Schrift, dann uns zuliebe (der Gedanke ganz ähnlich: 11,42). *Er* braucht die Theologie nicht, aber *wir* brauchen sie. Weil wir auf die Schrift als Zeugnis der Offenbarung, nunmehr auch und erst recht der Offenbarung Gottes in seinem *Sohne*, angewiesen sind, ist es nötig, in verantwortlichem Denken immer wieder auf die Schrift zurückzugreifen – und eben das ist ja das Amt der Theologie. Bereits das Neue Testament zeigt es: solange wir nicht von Angesicht zu Angesicht sehen, ist die Gotteserkenntnis im Spiegel und im Rätselwort – schöne Beschreibung der Theologie! – unentbehrlich (1. Kor. 13,12). Christus allein sieht den Vater unmittelbar.

Nehmen wir Jesus dieses Selbstzeugnis ab? Es liegt im Wesen der Sache, daß Glaubensfragen nur im Glauben beantwortet und entschieden werden können. Wie sollten wir sonst Gott in Christus erkennen, wenn Gott und das Göttliche dem natürlichen Erkennen verschlossen ist? Verlangten wir, daß uns das Gottsein Jesu vorgängig bewiesen oder sichtbar gemacht wird, so würden wir notwendigerweise auf Sachverhalte geraten, die Gegenstand natürlich-vernünftigen Erkennens sind, also gerade *nicht* zur Wirklichkeit Gottes gehören. Was Gottes ist, erschließt sich nur von innen her. Wie geschieht das? „Wenn jemand seinen (des Sendenden) Willen tun will, wird er erkennen, ob die Lehre von Gott stammt oder ob ich von mir aus rede" (V. 17). Das heißt nicht: Versuch's erst einmal mit christlicher Moral! Wir sahen: es mit Jesus wagen, das ist ein ganzheitliches Geschehen, das, wenn man so will, Dogma und Ethos in einem umfaßt. Auf Jesus und damit auf Gott setzen, also den praktischen Glaubens- und Lebensvollzug mit Jesus wagen, das wird den Erweis der Zuständigkeit Jesu erbringen. Ein banaler Vergleich: Wer die Aussage des auf eine Schallplatte aufgeklebten Etiketts bezweifelt, kommt nicht weiter, wenn er die Rillen betrachtet; er muß die Platte spielen, wie diese ihren Sinn überhaupt nur darin hat, gespielt zu werden. Wer Jesus ernst nimmt, wird merken, mit wem er es zu tun hat. Er erkennt Jesus wieder in seinem eigenen Wort: „Nicht, daß jemand den Vater gesehen hätte; nur der, der von Gott her ist, der hat den Vater gesehen" (6,46).

2.

Nun ist Jesus aber nicht nur der wohlinformierte Überbringer göttlicher Wahrheit, als ginge es, wenn er „lehrt", um Sachverhalte, die es zur Kenntnis zu nehmen gelte. Bultmann weist gern darauf hin, daß die Aufgabe des „Offenbarers" nicht darin bestehe, über Gott und das Göttliche Mitteilungen zu überbringen; das Geschehen der Offenbarung selbst, Jesu Kommen also, ist das Heilsereignis. Damit ist etwas Richtiges m. E. in überspitzter, vereinseitigter Weise ausgesprochen; doch, es gibt von Gott auch etwas zu erfahren, und es gibt – in der ganzen Heiligen Schrift und auch bei Johannes – genug Sätze, die von Gott in dritter Person sprechen und aussagen, wie „es" bei Gott ist und sein wird. Aber das Kommen und Wirken Jesu Christi ist in der Tat ein Vorgang, ist Geschehen, Ereignis. Nicht: Im Himmel wohnt ein liebender Gott. Sondern: Zu euch kommt in Christus dieser Gott und will sich euch zu engster Gemeinschaft schenken. Nicht: Sünden werden künftig erlassen. Sondern: Dir sind deine Sünden vergeben. Die Wahrheit *geschieht*. So kann es, wenn uns geholfen werden soll, auch nicht darum gehen, daß wir Erkenntnisse „über" Gott gewinnen, also „über" Gott reflektieren oder diskutieren. Das Evangelium spricht vom Kommen Gottes als Geschehen. Dies bedeutet aber nun für unsern Text: Jesus ist nicht bloß darin legitimiert, daß die Aussagen seiner Lehre mit der Wirklichkeit Gottes übereinstimmen, sondern darin, daß er zum Vollzug dessen, was sich

zwischen Gott und uns ereignet, autorisiert ist. Als einer, der „von sich selbst redet" (V. 17), wäre er das nicht. Aber er kommt ja im Auftrag des „Sendenden" (V. 16).
In der Frage der „Juden" steckt also nicht nur das Bestehen auf Sachgemäßheit, sondern auch die Frage nach der Bevollmächtigung; ihnen geht es nicht nur um das Informiertsein, sondern auch um das Autorisiertsein. Jesu Antwort setzt jedenfalls diesen Sinn der Frage voraus. Rabbinen waren ordiniert (Ed. Lohse, Die Ordination im Spätjudentum und im NT, 1952; ThWNT VI, S. 962ff.). Sie walteten ihres Amtes aufgrund eines ihnen zuteil gewordenen Auftrags. Jesus hat diesen Auftrag nicht.
Sowohl der Einwand der Gegner als auch Jesu Antwort ist dem unter (1) Besprochenen genau parallel. Man könnte leicht umformulieren: Wie kann dieser in der Vollmacht Gottes handeln, wo ihm doch die Ordination fehlt? Auch hier mag der Unterton mitschwingen: tatsächlich handelt er ja in der Autorisierung durch Gott – nur: mit welchem Recht? Auch hier besagt Jesu Antwort nicht, das, was sie so wichtig nehmen, sei belanglos. Wie er tatsächlich die Schrift benutzte, auslegte und für sich geltend machte, so behauptet er auch hier seine Ordination. Nur: er hat sie vom Vater; der ist es, der ihn „gesandt" hat. Gott ist sein Ordinator. Indem sich Jesus darauf beruft, drückt er aus, „daß hinter seinen Worten und seiner Person Gott selbst steht und nicht etwa sein eigenes Begehren" (ThWNT I, S. 404).
Über die Ordination der Amtsträger der Kirche wird in unseren Gemeinden wenig nachgedacht. Im Text ist sie nicht thematisch; das Wissen um sie und um ihre Wichtigkeit ist vorausgesetzt. Von *Jesu* Sendung ist die Rede. In dieser gründet freilich wiederum die Sendung der von ihm Beauftragten (20,21): „Wie mich der Vater gesandt hat, so sende ich euch." Jesus teilt grundsätzlich die Meinung seiner Gesprächspartner, daß in Gottes Gemeinde keiner „von sich selbst reden" darf. Wer sein Eigenes vorzubringen hat – sein religiöses Sehnen und Ahnen, seine Erfahrungen mit Gott, auch das, was das Pneuma in ihm bewirkt hat, das durch Wort und Sakrament über ihn gekommen ist – : der braucht keine Autorisierung. Aber der Verwalter der Gnadenmittel Gottes braucht sie. Luther zu Gal. 1,1: „Paulus pocht mit Beharrlichkeit und großem Freimut auf seine apostolische Autorität... und verteidigt sein Amt... Was bezweckt Paulus mit diesem seinem Rühmen? Antwort: Was Paulus ausführt, kann jedem Diener des Wortes Gottes Gewißheit geben im Blick auf seine Berufung, so daß er vor Gott und den Menschen mit Zuversicht rühmen kann, er predige das Evangelium, als der dazu berufen und gesandt ist. In gleicher Weise darf ein Königsbote sich dessen rühmen und darauf trotzen, daß er nicht als Privatperson kommt, sondern als Gesandter des Königs. ... Darum soll ein Prediger des Evangeliums gewiß sein, er habe göttliche Berufung... Gott ruft uns heute alle zum Wortamt durch mittelbare Berufung, ... sie geschieht durch Menschen, und dennoch ist sie göttlich" (WA 40,1,56.59, zit. nach D. Martin Luthers Epistel-Auslegung, ed. Hermann Kleinknecht, Göttingen 1980, S. 29–31). Dies ist die Ordination, die Jesus, wie 20,21 zeigt, aus seiner eigenen Sendung ableitet.
Eine Ordinationsurkunde kann Jesus nicht vorweisen. Aber sein Gesandtsein muß er geltend machen. Offenbarung und Amt gehören zusammen. Jesus – ein „freischaffender Künstler" in Gottes Gemeinde? Einer, der sich anmaßt, was ihm nicht zukommt? Ein Wichtigtuer, der sich selbst nach vorn spielt? Ein vermeintlich Gottbegeisterter, der in Wirklichkeit – er weiß es vielleicht selbst nicht – sein eigenes Spiel spielt? Einer, der sich selbst als die geheime Mitte der ganzen Heiligen Schrift ansieht (noch einmal 5,39) und Mose zu überbieten vorgibt – ohne daß er Gott hinter sich hat? Einer, der Sünden vergibt – ohne Auftrag (Luk. 5,21; 7,49; vgl. Joh. 5,12)? Mit welchem Recht beruft er sich auf Gott?
Gott ist sein Ordinator. Gerade wenn man an die Fortsetzung dieses ordinatorischen

Handelns in 20,21 denkt, also die in der Abgeleitetheit des Auftrags liegende Stufung sieht, wird sich im Verständnis der Person Jesu Christi ein subordindinatianischer Zug einstellen. Er liegt schon im Sohnes-Begriff (vgl. auch 14,28), wäre aber noch viel deutlicher, wenn Jesus *nur* Gesandter, Beauftragter, nur „Botschafter an Gottes Statt" (vgl. 2. Kor. 5,20) wäre. Die Sicht verändert sich schlagartig, wenn man – wieder in Parallele zu dem unter (1) Gesagten – festhält, daß der Vater nicht einfach einen Menschen gesandt hat, sondern daß dieser Gesandte wirklich aus des Vaters Schoß stammt (1,18). Bestätigt wird das damit Gesagte noch durch eine sprachliche Beobachtung (ThWNT I, S. 404): Die Verben ἀποστέλλειν und πέμπειν werden auch im vierten Evangelium zumeist gleichbedeutend gebraucht, ἀποστέλλειν von Gott jedoch nur im Aussagesatz, während Jesus (nominal) von Gott nur als dem πέμψας με redet (5,37; 6,44; 8,18; 12,49; 14,24); diese Formel dient dazu, „die Beteiligung Gottes am Werke Jesu eben in der actio seiner Sendung festzustellen" (ebd.).

Wieder wird man sagen müssen: einen Beweis für diesen Sachverhalt gibt es nicht. Nicht einmal dies ist ein Beweis, daß das Volk meinte, dieser Jesus sei – im Unterschied zu den Schriftgelehrten – „wie einer, der Vollmacht hat" (Matth. 7,29). Wohl kann damit Richtiges gemeint sein: Jesus ist von höchster Stelle autorisiert. Leider wird im Sprachgebrauch unseres kirchlichen Alltags mit dieser Formel auch die Überzeugungskraft, die rhetorische Vehemenz und Faszination eines Verkündigers bezeichnet, und darauf will Jesus gerade *nicht* hinaus! Genaugenommen steht Jesus mit seinem Anspruch schutzlos da. Aber wer es mit Jesus wagt, wird es merken: Gott ist sein Ordinator. Auch wenn Jesus ganz still und zurückhaltend auf uns einwirkt (Matth. 12,19): sein Wort macht gewiß. Was er sagt, ist von Gott, er redet nicht von sich aus. Man kann sich ihm anvertrauen, im Leben und im Sterben.

3.

Bestärkt werden wir darin noch dadurch, daß Gottes Ehre Jesu Berufsziel ist. „Berufsziel": eine bewußt alltagsbezogene und allgemein-menschlich gefaßte Formulierung. Wir könnten auch von „Sendung" sprechen, wären dann aber dem Stichwort „Ordination" wieder sehr nahe, so daß es einer Präzision bedürfte. Sagen wir es ganz schlicht: Jesus sucht in seinem ganzen Wirken nichts anderes, als daß Gott zu seiner Ehre kommt.

Es wäre zu kurz gegriffen, wenn wir in dem Verzicht auf Trachten nach eigener Ehre lediglich eine Sache des Ethos oder gar des gesitteten Benehmens sehen wollten. Freilich, menschlicher Ehrgeiz hat in der Geschichte der Menschheit unübersehbar großen Schaden angerichtet. Nicht weniger in der Kirche. Wir Pastoren müßten eines Besseren belehrt sein, wenn wir etwas von der Rechtfertigung des Sünders aus lauter Gnade wissen; mit unserer widerlichen Geltungssucht – es gibt sie übrigens auch bei Laien – benehmen wir uns nicht nur unerfreulich, sondern wir verleugnen damit das, was wir predigen. Aber es geht um mehr. Man kann die ganze Reichs-Gottes-Botschaft so übersetzen: Gott will unter uns wieder zu seiner Ehre kommen. Gott soll für uns wieder *Gott* sein. Der Sünder – das ist der ich-zentrierte, auf sein Prestige bedachte, eitler Ehre geizige, selbst Gott sein wollende Mensch; er will groß dastehen, sich wichtig machen, Recht haben – gegen Menschen, gegen Gott. Wer auf eigene Gerechtigkeit aus ist, bringt dieses Sich-Rühmen (καυχᾶσθαι) noch in die Gott-Mensch-Relation ein: Ich danke dir, daß ich nicht bin wie die anderen. Selbstgeltung – als Heilsweg und -ziel. Jesus hingegen sucht nicht eigene Ehre (V. 18). Täte er es, so wäre seine Ehre nichtig (8,50.54). Er nimmt auch keine Ehre von Menschen an (5,41). Gott soll zu seiner Ehre kommen, ihn will er verherrlichen. Der, der seiner Herkunft nach auf sein Gottsein pochen könnte, erniedrigt sich zur Sklavengestalt und wird gehorsam bis zum Tode (Phil. 2,6–8). Sein Leben und Wirken wird zum Opfer. Dieses Opfer soll dazu dienen, daß Recht und Ehre Gottes gewürdigt, anerkannt und durchgesetzt werden. Im Sohn wird der Vater verherrlicht (14,13). Hier ist einer, der bis zur Selbstaufgabe Gott sein Recht gibt. Er rüstet sich für seinen schwersten Gang, indem er betet: „Vater, verherrliche deinen Namen" (12,28).

Es ist, menschlich gesprochen, ein gewagtes Unternehmen, dieses „Berufswirken" Jesu. Alle Trümpfe, die er in der Hand hat, wirft er weg. Er darf in dieser abgefallenen, ihrem Gott entlaufenen Welt nicht wieder so auftreten, wie es, zu ihrem und aller Welt Unheil, der Menschen Art ist. Er darf sich, Mensch geworden, nicht so vor Gott stellen, daß er damit dessen Ehre verdeckt, auch dann nicht, wenn diese Ehre ihm selbst zukommt. So beugt er sich und ehrt den Vater. „Geheiligt werde dein Name." Es kostet ihn viel, dies durchzustehen, denn auf dem Boden dieser sündigen Welt kann, wenn sie nicht verloren bleiben soll, Gottes Ehre nur im stellvertretenden Opfer für die Menschen gewahrt und zur Geltung gebracht werden. – Aber zu Ostern zeigt sich, daß der Vater gerade dies dem Sohne so hoch anrechnet, daß es zuletzt auch seiner, des Sohnes, Ehre dient. Vorausblickend vertraut er sich so dem Vater an: „Nun verherrliche du mich, Vater, bei dir selbst mit der Herrlichkeit, die ich bei dir hatte, ehe die Welt war" (17,5).

Auch mit diesem allem ist nichts bewiesen. Auch mit dieser – uns zweifellos Respekt abfordernden – Haltung könnte Jesus einer fixen Idee verfallen und von Gott selbst in seinem Wollen nicht gedeckt sein. Denn dies alles steht und fällt eben doch mit Jesu göttlichem Woher. Das Leben in Niedrigkeit kann Schicksal sein, das Kreuz Mißgeschick. Erst auf dem Hintergrund des himmlischen Ursprungs wird es zu dem Geschehen der großen Wende für alle, die daran glauben (3,14–16). Immerhin: einem solchen, der sich nicht aufspielte, sondern Gott die Ehre gab, dem, der nicht auftrumpfte, sondern sich aufopferte, dem vertraue ich mich gern an. Er ist wahrhaftig, und an ihm ist keine Ungerechtigkeit (V. 18).

Epiphanias. Jes. 60,1–6

Die Kapp. 60–62 bilden den „Kern" (Westermann) der Prophetie Tritojesajas (Kapp. 55–66). Zur Lage: Man ist wieder daheim, in Juda bzw. Jerusalem. Die erste Rückkehr (537) ist ein sehr bescheidener Anfang gewesen. Erst wenige sind da (V. 22); die Sammlung der Zerstreuten steht noch aus (VV. 4.9b). Im Lande wütet Gewalt (V. 18). Die Stadt wird gemieden und ist verhaßt (V. 15), sie liegt in Trümmern und ist verwüstet (61,4). Äußere Not ist immer zugleich Glaubensnot – dies lassen die Klagelieder erkennen, die die drei Kernkapitel einrahmen (59; 63f.). Aber Gott antwortet auf die Klagen in „gottesdienstlicher Prophetie" (Kraus bei Eichholz, Herr tue meine Lippen auf, [2]1959, S. 87), vielleicht beim Laubhüttenfest, das ein Lichtfest war (Volz), übrigens auch, wie man bei Tritojesajas Zeitgenossen Sacharja (14,16) liest, an die Völkerwallfahrt denken ließ.

Kap. 60 ist – mit Ausnahme des formal und inhaltlich aus dem Rahmen fallenden V. 12 – eine Einheit. Die ersten 6 Verse für die Predigt herauszuschneiden, bedeutet eine gewisse Gewaltsamkeit, die für die Predigtaufgabe dann gerechtfertigt bzw. entschuldigt sein mag, wenn der Prediger das Ganze des Kapitels im Auge behält (M. Doerne, Die alten Episteln, 1967, S. 42 erwägt sogar Beschränkung auf die VV. 1–3 oder gar 1–2). Gliederung: VV. 1–3: „das Aufgehen des Lichtes im Kommen Jahwes zu Israel", VV. 4–6 (und die Fortsetzung): „das Kommen der Völker zu Israel bzw. zum Zion" (Wstm.).

V. 1: Angeredet ist eine weibliche Person, nach V. 14 „die Stadt Jahwes, das Zion des Heiligen Israels", d. h. die dort versammelte Gemeinde Gottes. Sie soll „aufstehen" und „hell werden". Wer die Augen aufmacht, in dessen Leib fällt, wie durch ein Fenster, das Licht (Matth. 6,22). Vgl. Röm. 13,11ff.; Eph. 5,14. Das aufgehende Licht ist Gott selbst (VV. 19f.); es „kommt" (Perf. propheticum), genauer: es „geht hinein" (so der Ursinn von בוא) – und die Doxa Jahwes „geht auf" wie die Sonne (Gen. 32,32; Ps. 104,22). Ob man im Sinne von S. Mowinckel und A. Weiser von einer kultischen Theophanie auszugehen hat, ist zweifelhaft; hier ist an ein eschatologisches Geschehen zu denken, für das es keine Analogien und Erfahrungen gibt. Dafür, daß „Jahwe aufgeht", kennt das AT keine Parallelen. – V. 2: Die „Erde" (fast soviel wie „Welt") und die Völker bleiben im Dunkel (der Artikel bei חֹשֶׁךְ ist als Dittographie zu streichen). – V. 3: Das über dem Zion aufstrahlende Gotteslicht wird von den Völkern wahrgenommen (vgl. 40,5), und es zieht sie an; so kommt es zu der großen Wallfahrt der Völker zum Zion (2,2–4). – V. 4: Die Gemeinde muß zum Sehen ermuntert, sie muß auf das, was um sie her geschieht, erst aufmerksam gemacht werden. Eine Menge Menschen, darunter Zions Söhne und Töchter, von den heranziehenden Heiden gebracht und getragen: die Heimkehr der Zerstreuten. – V. 4a = 49,18a. – V. 5: Zion strahlt vor Freude, das Herz klopft heftig. Warum? In V. 5bβ wird meist übersetzt: „das Vermögen der Völker", also ihr Reichtum; dann müßte in V. 5ba bei der „Fülle des Meeres", des Parallelismus wegen, ebenfalls an Sachgüter zu denken sein, also an Fische. Denkt man aber nach V. 9a an die zur See Herankommenden, dann dürfte es sich in der zweiten Vershälfte um „das Heer der Völker" handeln (der nichtrevidierte Luthertext war exegetisch besser). Daß die Völker ihre Schätze bringen, steht in den folgenden Versen, soll also nicht vertuscht sein, aber in V. 5 scheint doch an die sich nähernden Menschen gedacht zu sein. – V. 6: Auch hier, wie im folgenden, dürften Kamele und Dromedare mehr als Verkehrsmittel in Betracht kommen (vgl. V. 9 die Tarsisschiffe); auf dem „Parkplatz" kann man studieren, wie viele ferne Länder vertreten sind (vgl. die folgenden Ländernamen). „Gold und Weihrauch" – vgl. Matth. 2,11 – von Duhm als (den Text überfüllende) Glosse gestrichen. So wahr durch das, was hier angekündigt ist, das Volk Gottes aus seiner Schande erhöht und zu Ehren gebracht wird, so wahr ist, daß die große Wende zuletzt und eigentlich der Verherrlichung Gottes dient: seinem „Namen" (= Ehre, V. 9). „Für mich" sammeln sich die Boote (emendierte LA, vgl. Wstm., V. 9). Die Hölzer des Libanon schmücken Gottes heiligen Ort und den Platz für seine Füße (V. 13). Israel ist „das Werk seiner Hände, sich zu verherrlichen" (V. 21).

So bildhaft und darum unmittelbar ansprechend der Text wirkt, es ist doch gut, daß er nicht mehr in Reihe II, als alte „Epistel", gelesen, also fünf Jahre hintereinander der Gemeinde unerläutert dargeboten wird, sondern nur noch als Predigttext erscheint. Es bekommt dem Text nicht, wenn man ihn allzu unmittelbar auf die Magierperikope bezieht. V. 3b hat ja die Magier zu Königen werden lassen; die enge Beziehung beider Texte hat sich somit auch auf das Verständnis von Matth. 2 nicht günstig ausgewirkt. Unser Text denkt in weiteren Räumen als die Magierperikope. Das Aufscheinen Gottes macht Sonne und Mond überflüssig (V. 19). Daran wird deutlich, daß der Prophet an die eschatologische Erneuerung des Kosmos denkt, wie sie Offb. 21 angekündigt wird. Die unmittelbare Gottesgegenwart verwandelt die Welt. Das ist doch noch etwas anderes, als was die Weisen bei dem Kindlein und seinen Eltern zu sehen bekommen.
Dennoch: es ist gut, daß das alte Evangelium durch unser Prophetenwort den weltweiten Hintergrund bekommt. Letztlich zielt ja auch das Geschehen von Bethlehem auf die umfassende Welterneuerung und -verwandlung. Wenn man auch das offensichtliche Aufleuchten Gottes, wie Jes. 60 es sieht, in der Armseligkeit des Christuskindes nicht direkt wahrnimmt: es ist doch wahr, daß „das ewig Licht" da „hereingeht", und man braucht, was hier geschehen ist, nur mit den Augen des Glaubens und in seiner Perspektive zu sehen, und man wird dessen inne, was es bedeutet, daß mit Jesu Erscheinen die Stunde der Präsenz Gottes angebrochen ist. Im Neuen Testament ist Epiphanie zwar meist gleichbedeutend mit Parusie (1. Tim. 6,14; 2. Tim. 4,1.8; Tit. 2,13), einmal sind beide Worte sogar (plerophorisch) miteinander verbunden (2. Thess. 2,8); aber auch Jesu Erscheinung in Niedrigkeit kann als Epiphanie bezeichnet werden (2. Tim. 1,10), und eben daran denken wir ja zunächst, wenn wir singen: „Jesus ist kommen, Grund ewiger Freuden" (EKG 53). Macht die *Weise* seiner Erscheinung so viel aus? Genug, daß wir den bei uns haben, der zu seiner Zeit auch das letzte Wort sprechen wird. „Das wahre Licht scheint schon" (1. Joh. 2,8b). Wir werden die Verschiedenheit der Kairoi zu bedenken haben und sie doch in ihrer Verbundenheit sehen. Dann wird Jes. 60 tatsächlich

zur Ankündigung Jesu Christi, und die Magier sind uns dargestellt als die ersten, die sich aus der Ferne aufgemacht haben, um dem Kind zu huldigen. In ihnen wird, anfangsweise, die Wallfahrt der Völker anschaulich, die seitdem nicht abgerissen ist.
Unsere Schlagzeilen: *Das Ende der Gottesfinsternis:* (1) *Gott leuchtet auf,* (2) *die Völker ziehen heran,* (3) *die Gemeinde wird beschenkt.*

I.

Gott wird in seiner himmlischen Herrlichkeit und Helligkeit sichtbar, wie wenn die Sonne aufgeht. Man darf das, was der Text als überwältigendes Wunder verkündigt, nicht zu einer platten Selbstverständlichkeit machen. Man sollte die Klagelieder der Kapp. 59.63.64 gelesen haben, damit einem deutlich wird, was Tritojesaja seiner Generation und der Gemeinde aller Zeiten zu verkündigen hat. Hintergrund ist die Gottesfinsternis, die das Erdreich deckt (V. 2). Nicht gemeint ist die theoretische Leugnung Gottes; sie wird von denen, die sie für richtig halten, gerade nicht als „Finsternis" und „Dunkel" empfunden, sondern als Aufhellung. Dies zu diskutieren, ist hier nicht der Ort. Der Text meint die Erfahrung, daß der Himmel verschlossen (63,19), das Angesicht Gottes verborgen (64,6), Gott also unzugänglich, nicht ansprechbar, abgekehrt ist. Diese Gottesfinsternis könnte man sich aus dem Schicksal der vor wenigen Jahren Heimgekehrten und schwer Enttäuschten verständlich machen. Nur: sie ist im Text deutlich nicht vom besonderen Schicksal des Gottesvolkes her verstanden, sondern als ein Weltzustand (V. 2). Die Abkehr Gottes von seiner Welt ist die Folge der Abwendung der Welt von ihm. Paulus hat es in den ersten drei Kapiteln seines Römerbriefs ausgeführt: die Heiden sind Sünder, die Juden sind Sünder. Auch die Juden, das Gottesvolk, die alttestamentliche „Kirche"! „Sie waren widerspenstig und betrübten seinen heiligen Geist; darum wurde er ihr Feind und stritt wider sie" (63,10). Ist Gott wider uns, wer könnte dann für uns sein? Gottesfinsternis meint nicht: Gott ist nicht – es gibt keinen Himmel und darum auch keine Hölle. Gottesfinsternis: Gott *ist* – aber wir haben es mit ihm verdorben. Zwischen ihm und uns ist nicht alles aus, aber es besteht eine von uns nicht zu behebende Fremdheit. Gott hat die, die ihn nicht Gott sein ließen, „dahingegeben" (Röm. 1,24.26). Tritojesajas Zeit: in Trümmern wohnen, nicht das Nötigste zum Leben haben. Andere Zeiten leiden in ähnlicher oder auch ganz anderer Weise unter den Folgen der Sünde. Aber das ist nicht das Eigentliche, was Schmerz macht. Gott ist in seiner (vermeintlichen) Abwesenheit nicht etwa abgetan. Viele Menschen sehnen sich – trotz allem – nach ihm, suchen ihn, bemühen sich, ihn zu gewinnen und zu versöhnen, plagen sich mit ihren heidnischen Kulten und Übungen, quälen sich in Ängsten, verfallen – aktiv oder passiv oder in beiderlei Richtung – dem Zauber. Oder sie richten respektgebietende theologische Denkgebäude auf und können Gott doch nicht in die Augen sehen. Oder ihr Heidentum nimmt säkulare Formen an: Geschaffenes, das keine Götternamen trägt, wird zum Gegenstand von Furcht, Liebe und Vertrauen (erstes Gebot). Das Wort „dahingegeben" stellt sich in ganz neuen Zusammenhängen ein. Es bedarf keiner Konkretisierungen, weil die modernen Varianten von „Finsternis" und „Dunkel" zur Genüge bekannt sind. Man muß nur sehen: Gottesfinsternis gibt es nicht nur in der „bösen Welt", sondern auch in Gottes eigenem Volk.
Aber da vernimmt man mit einem Male die prophetische Rede VV. 1–3. Der abgewandte, „abwesende", jedenfalls nicht zugängliche, der unansprechbare, uns fremd gewordene, feindselige Gott ist auf einmal über ihnen und – noch erstaunlicher: – für sie da. Wie wenn die Sonne aufgeht, erscheint er über seiner Gemeinde. Haben sie sich getäuscht? Wäre er schon immer für sie zu sprechen gewesen, hätte sein Herz schon immer

offen gestanden, und sie hätten es nur nicht gemerkt? In einem letzten, tiefsten Sinne ist dies wahr; denn Gott selber leidet darunter, daß er („opus alienum") zürnen und richten muß. Aber man sollte nicht sagen, die Gewinnung des Heils sei lediglich das Ergebnis einer neuen Einstellung unserseits zu Gott, zu der wir uns durchgerungen und die wir gefunden hätten. Wäre es so, dann läge es lediglich an uns, ob bei Gott für uns gut Wetter ist. Nein, der verschlossene Himmel wird aufgerissen (63,19b bzw. 64,1). „Die Herrlichkeit des Herrn geht auf über dir" (V. 1b).

Der Text will nicht nur gelesen und gehört, er will „gesehen" sein. Rembrandt könnte ihn malen: Dunkel über der Erde, aber dort, über dem Zion, der Einfall des Lichtes Gottes. B. Duhm meint, ein guter Dichter müßte die zweite Hälfte von V. 2 „gespart" haben; wie gut, daß es nicht nach Duhm gegangen ist! Nachdem die Gemeinde Gottes staunend erlebt hat, was zwischen Gott und ihr passiert ist, wird sie nun (V. 2) aufgefordert, um sich zu schauen, und sie wird dieses verblüffenden, vielleicht befremdenden Lichtkontrasts gewahr. Im Theater kann man es erleben: die Bühne im Dunkel – nur auf *eine* Stelle, auf den Platz der eben vor sich gehenden Handlung, fällt das Scheinwerferlicht, damit alle Augen des Publikums sich dorthin richten.

Es könnte in unserer Gemeinde Menschen geben, denen dieses Wunder der veränderten Gott-Mensch-Beziehung nicht viel bedeutet, weil für sie die Problematik der Mensch-Mensch-Beziehungen von erheblich größerem Gewicht ist. Wir können auch dies hier nicht diskutieren. Wen das „Dunkel" bedrückt, das über den hungernden, verelendeten, heimatlosen, tyrannisierten, ausgepowerten, ihrer Menschenwürde beraubten „Völkern" liegt, der soll nicht fürchten müssen, die Botschaft von dem aufscheinenden Gott wolle uns von dem allem ablenken. Man denke an die aufs menschliche Miteinander zielende Bußpredigt der klassischen Prophetie; auch sie ist zu predigen. Aber die erste Tafel des Dekalogs steht nicht nur der zweiten voran, sondern das erste Gebot ist sogar das Vorzeichen aller anderen. Ordnung und Wohlstand im Hause – aber alle Glieder der Familie mit dem Vater im heillosen Zerwürfnis? Das Aufleuchten Gottes darf auch in seiner Bedeutung für die Weltprobleme nicht unterschätzt werden (Matth. 6,33). – Es könnten auch Menschen unter uns sein, die den Hinweis auf die Epiphanie Gottes über dem Zion zurückweisen: Kann nicht überall Gotteslicht einfallen? Hat Gott nicht „hundert Namen" (Goethe)? Überall weiß man von ihm, jeder spricht von ihm auf seine Weise. Hier Licht – dort Dunkel? Nein, sagt man: überall Licht, wenigstens Dämmerlicht. – Die Bibel weiß, daß Gott überall als Schöpfer wirksam ist; auf seinen Spuren sind wir auf Schritt und Tritt. Die Bibel bestreitet auch nicht, daß die Heiden etwas von Gott wissen können. Aber das ist hier nicht das Thema. Es geht überhaupt nicht um Wahrheiten über Gott, sondern um die „Erscheinung" Gottes als Ereignis (vgl. das in der vorangehenden Auslegung Gesagte). Ein „Wissen" oder „Ahnen" von Gott spricht sich auch in der Klage Kapp. 63f. aus. Aber hier geschieht die *Wende*. Die Gottesfinsternis weicht. „Das ewig Licht geht da herein." Der bisher abgewandte Gott „geht auf über dir". Darum der aufregende Lichtfleck auf der Erde – auf dem Zionsberg. Da, wo Gott sich gibt, und so, wie er sich gibt, gewinnen wir mit ihm Gemeinschaft. Nicht, daß wir dies und jenes von ihm wissen, macht uns zu seiner Gemeinde, sondern daß er selbst uns begegnet – und wir ihm. Hier ist er! Einst im Dornbusch oder in Bethel. Dann im Allerheiligsten auf dem Zion. Für uns: in der Krippe. Unser „Bethel" ist Jesus (Joh. 1,51).

Man kann einwenden: eine geradezu beklemmende Verkleinerung des Maßstabs. Statt des großen Lichteinbruchs ein (zeichengebender) Stern (Matth. 2,2.7.9f.). Statt des machtvoll gegenwärtigen Gottes das Kind von Bethlehem – und wenn die Zeit herankommt, der Mann am Kreuz. Karfreitag: nun erst recht „Gottesfinsternis". Soll man auf die anstehende Parusie verweisen? Gewiß – wir werden noch darauf zurückkommen. Trotzdem gilt schon heute: wer Jesus begegnet, dem geht der Himmel auf. Jesus nennt sich selbst „das Licht der Welt". Der „helle Schein" ist in unsere Herzen gegeben (2. Kor. 4,6). Ist in unserm Gottesdienst – in seinen Gnadenmitteln – der Herr gegenwärtig, dann „reißt" tatsächlich für uns „der Himmel auf". Da öffnet sich Gottes Herz für uns. Wir gewinnen „Zugang" zu der Gnade, in der wir stehen (Röm. 5,2; Eph. 3,12). Die Gottesfinsternis weicht. „Wer mich sieht, der sieht den Vater" (Joh. 14,9).

2.

Wenn es so ist, daß Gott in seinem Aufleuchten, in seiner Selbstmitteilung, also in seiner Offenbarung zu den Menschen strebt und zu ihnen kommt, um sie wieder mit sich zu verbinden, dann ist *Mission* eigentlich nur ein anderes Wort für diese Bewegung Gottes auf uns hin. Jes. 60 ist ein Missionstext im exzellenten Sinne. Allerdings: kein Wort davon, daß wir uns zu den Heiden in Bewegung setzen sollen; sie selbst setzen sich in Bewegung. Wahrscheinlich meint der Prophet, daß die Lichterscheinung über dem Zion so weit sichtbar ist, daß die Völker von allein aufmerksam werden und sich angezogen fühlen. Das wäre eigentlich die schönste und wünschenswerteste Weise, daß Menschen zu Gott finden: die Gegenwart des dreieinigen Gottes in seiner Gemeinde müßte so deutlich, so unübersehbar und überzeugend sein (1. Kor. 14,25), daß es die Menschen geradezu magnetisch zu Gott zieht. Je weiter sich im Laufe der Jahrhunderte Christi Gemeinde in die Welt hinein ausgebreitet und vervielfacht hat, desto weniger müßte es nötig sein, daß Missionare sich auf den Weg machen; unser Christsein müßte auf die anwesende Herrlichkeit Gottes zurückweisen (Matth. 5,16) und in den Menschen die Lust wecken, auch dahin zu gehören.

Leider ist das nicht so. Aus zwei Gründen. Einmal: An uns, die wir *simul iusti et peccatores* sind, kann die Präsenz und die verwandelnde Kraft Gottes nicht direkt anschaulich werden. Ich kann nicht sagen: Sieh mich an, und du wirst sehen, wer Christus ist und wie er sich in einem Menschen durchsetzt. Ich kann nur sagen: Sieh Ihn an und staune – und freue dich mit mir – darüber, daß Christus sich mit solchen Leuten, wie ich bin, abgibt und mit mir etwas anzufangen weiß! Man beachte, daß es im Text nicht heißt, die Heiden würden von dem zur Herrlichkeit erhobenen Israel angezogen, vielmehr: „die Heiden werden zu deinem Lichte ziehen und die Könige zu dem Glanz, der über dir aufgeht" (womit bis in den Wortlaut hinein V. 1 aufgenommen ist). – Dazu kommt ein zweites, das freilich mit dem ersten zusammenhängt: Jes. 60 ist ein eschatologischer Text. G. von Rad hat uns in seinem Aufsatz „Die Stadt auf dem Berge" (EvTh 1948/49, S. 439ff. – abgedr. in: Ges. St. z. AT, 1958, S. 214ff.) auf die Zionstradition aufmerksam gemacht, die (soweit wir sehen) mit Jes. 2,2–4 (= Micha 4,1ff.) beginnt und über Jes. 60 zu Hagg. 2,6–9 läuft und mit der wohl auch die „Zionslieder" im Psalter zu vergleichen sind (46; 48; 76; 84; 87; 122; 132). Jes. 2 weist ausdrücklich auf die „Endzeit" und auf die „elementare, naturhafte Umgestaltung der bisherigen geographischen Verhältnisse": der Tempelberg wird alle Berge der Welt überragen. „Der Ort, an den Jahwe sein Heil gebunden hat, wird aus seiner Unansehnlichkeit und seinem Inkognito emporsteigen und in Doxa aller Welt sichtbar werden. Die Wirkung davon wird eine universale Wallfahrt der Völker zu diesem Ort sein" (ebd.). Unser Kapitel sieht die Erfüllung dieser Zusage Gottes dicht vor Augen, in malerischer Farbigkeit. Schiffe, die vom Ende der damals bekannten Welt herkommen, zahlreich wie Wolken oder Taubenschwärme. Menschen aus aller Herren Ländern samt ihren Königen. Schafe und Widder, Kamele und Dromedare. (Wer mit Mission und Ökumene umgeht, hat Farbensinn!) Die große Völkerwallfahrt dorthin, wo Gott zu finden ist.

Wunschbilder und -vorstellungen? Die große zentripetale Menschheitsbewegung auf den Zion zu hat – bisher – nicht stattgefunden. Verständlich, denn noch ist Epiphanie nicht Parusie, noch ist also Christus nicht wie der Blitz allen Menschen vom Aufgang bis zum Niedergang mit einem Male sichtbar (Matth. 24, 27). „Sichtbar" ist er – wenn auch umschlossen von der Hülle der Niedrigkeit – dort, wo er gepredigt wird und seine Sakramente gebraucht werden. So ist es also nichts mit der konzentrativen Bewegung von Jes. 2 und Jes. 60, denn das Wort muß ausgerichtet und ausgestrahlt, die Sakramente müssen den Empfängern gebracht werden. Mission ist eben schon dem Wortsinn nach das Losschicken der Boten und Überbringer. Damit ist aber das zentripetale Verständnis dessen, was in der Mission geschieht, nicht abgetan. Sendung und Sammlung gehören zusammen. Wir „gehen", damit sie „kommen". Sie „kommen", damit auf dem Heimweg etwas mit ihnen „mitgehe". Unterscheidet man eine zentrifugale und eine zentripetale Bewegung, so steht beides schon deshalb nicht im Verhältnis der Alternative, weil bei der vom Mittelpunkt ausgehenden Bewegung die Menschen nur die Vehikel sind, der eigentlich Ausziehende aber der Herr selbst ist in seinen Gnadenmitteln. Der „Zion" wird sozusagen beweglich und zerteilt sich in alle Welt. Die Frage, ob Jerusalem oder der Garizim aufzusuchen ist, wird gegenstandslos; das Heil kommt zwar „von den Juden", aber doch nur deshalb, weil es dort ist, wo Jesus Christus ist (Joh. 4), den man wiederum nirgendwo anders findet als in seinen Heilsmitteln. Andererseits: das Heil wird nicht in die Welt hinein versprüht, sondern seine Empfänger müssen schon „kommen", auch dann, wenn jeder an seinem Ort bleibt; denn man findet es, indem man in die Gemeinde „eingeht", in der Christus in seinem Wort und seinen Sakramenten präsent ist.

Was der Text schildert, ist nicht einfach Erfahrung, sondern Verheißung, auch noch für uns. Tritojesaja scheint das Verheißene für sehr nah zu halten. Man braucht nur die Augen aufzuheben, und man wird die Völker sich auf den Zion zubewegen sehen. Jesus selbst sagt: „Sie *werden* kommen" (Matth. 8,11; vgl. Luk. 13,28). Die Magier machen den ersten Anfang. Fast zwei Jahrtausende Missionsgeschichte zeigen den Zustrom der Völker zum Ort der Offenbarung und Erscheinung Gottes. Doch: hebe deine Augen auf und sieh umher! Es ist nur meist viel mühsamer, hindernisreicher, leidensvoller, oft auch weniger geistlich gewesen, als Jes. 60 erkennen läßt. Auch die Gegenwartslage und die Zukunftsaussichten der Evangelisation im Weltmaßstab stellen sich erheblich weniger triumphal dar. Dies sollte und wird uns nicht überraschen. Unseres Herrn Gottheit, Macht und Herrschaft ist unter dem Kreuz verborgen. Was Jes. 60 steht, gilt; aber es verwirklicht sich nicht anders als so, daß Gott das, was er erreichen will, immer wieder unter dem Schein des Gegenteils erreicht. Dann und wann, ubi et quando visum est Deo, kommt es zum „Erfolg", den der Unglaube in Zweifel ziehen oder gar bestreiten kann, den der Glaube aber dankbar wahrnimmt. Die missionierende Kirche muß sich durchglauben. Sie ist nicht durch Erfolge legitimiert, sondern durch den Auftrag. Sie ist ermutigt und getröstet nicht durch ihre Statistiken, sondern durch Gottes Verheißung. Läßt Christus sie die Macht seines Geistes spüren, dann nimmt sie das dankbar entgegen. Bleiben die sichtbaren Wirkungen aus, dann klammert sie sich erst recht an das Verheißungswort. „Dann wirst du deine Lust sehen und vor Freude strahlen, und dein Herz wird erbeben und weit werden" (V. 5).

Geht es darum, daß *wir* froh werden und die Genugtuung haben, daß viele zu uns gestoßen sind und noch zu uns stoßen werden? Unser Kapitel enthält solche Töne; manches scheint „fleischlich" gedacht zu sein. Es ist immer ungut, wenn der Auftrag und die Verheißung Gottes überlagert und verzerrt werden durch „Einspeisung" fremder Frequenzen. Ohne Bild: Wenn menschliche Interessen sich einmischten, wurde die Sache Gottes immer verdorben. Die missionierende Kirche selbst muß hier kritisch sein und *ist* kritisch. Gemeint ist von Gott immer nur das eine: daß Menschen die ihnen bewußte oder auch nicht bewußte Gottesfinsternis verlassen und in den Strahlenkegel seiner Selbstmitteilung eintreten. Man frage die, denen es widerfahren ist: sie preisen Gott über ihre Rettung.

3.

Von Gott und von den Völkern war die Rede. Und Israel selbst? Umgesetzt in unsere Situation: Und die Kirche? Auf diese Frage muß schon deshalb noch einiges geantwortet werden, weil der Text uns zu einem „ekklesialen Triumphalismus" verführen könnte, der dem, was er eigentlich meint, zuwider wäre.

Es ist nicht zu verkennen, daß die Gemeinde Gottes nach diesem Text zu Ansehen und auch zu Reichtum kommen soll. Die sich bisher an Israel bereichert haben, werden ihre Schätze bringen. Die es haben fronen lassen, werden selbst arbeiten und bauen – für Israel. „Ich mache dich zur dauernden Pracht, zur Freude für Geschlecht um Geschlecht" (V. 15). Aus der ecclesia sub cruce tecta soll eine ecclesia triumphans werden. Theologie der Glorie? Wir werden uns hüten müssen, „der Kirche zuviel – und Gott zu wenig Ehre" zu geben (M. Doerne, a. a. O., S. 43). Wir werden freilich auch nicht verschweigen, daß die Kreuzesgestalt der Kirche ein Interim ist, das am Tage Christi aufgehoben wird. Manches, was man bei uns hört und liest, klingt so, als sei das Heil nur die dialektische Kehrseite der Karfreitagsfinsternis und als sei dieses dialektische Junktim das Ende der Wege Gottes. Nein, „wir rühmen uns der Hoffnung der zukünftigen Herrlichkeit, die Gott geben wird" (Röm. 5,2). Es ist nicht nur menschlich verständlich, daß die Gemeinde, zu der der dritte Jesaja spricht, auf die Erlösung von aller Schande, Quälerei und Ausplünderung wartet; das große Aufatmen hat Gott selbst den Seinen versprochen. Das Evangelium sagt nicht nur: lerne deine Leiden als etwas Positives zu interpretieren, sondern es sagt auch: Gott wird, wenn seine Stunde da ist, alle Last von dir wegnehmen und dir ungetrübte Freude schenken.

Schon in der Exegese wurde darauf hingewiesen, daß unser Abschnitt es nicht auf die Bereicherung Israels abgesehen hat. Er schaut nicht auf die Verherrlichung der Kirche, sondern auf Gottes Herrlichkeit und Ehre. „Für *mich* sammeln sich die Boote" (s. o.) „und die Tarsisschiffe voran, deine Kinder aus der Ferne zu bringen" – Sammlung der Zerstreuten des Volkes –, „ihr Silber und Gold mit ihnen – zum Ruhme Jahwes, deines Gottes, des Heiligen Israels, weil er dich herrlich macht" (V. 9). Alles für Gott! Nach Matth. 2: alles für das göttliche Kind, Gold, Weihrauch und Myrrhe. So ist es überhaupt beim Evangelium: was zum Besten der Menschen dient, bewirkt, daß zuletzt *Gott* reichlich gepriesen wird (2. Kor. 4,15). Alles, was wir unseren Besitz nennen, ist ja sowieso Eigentum Gottes, und was wir ihm darbringen, geben wir eigentlich nur an ihn zurück. „Mir gehört das Silber, mir gehört das Gold, raunt Jahwe Zebaoth" (Hagg. 2,8). Dazu G. von Rad (a. a. O.): „Es ist, als stünden sie" – gemeint sind „die Kostbarkeiten, die dann kommen werden" – „bisher in einer interimistischen Verwendung; noch sind sie ihrer ursprünglichen Bestimmung, nämlich Gott zu gehören, entzogen. Aber im Eschaton werden sie aus dieser Usurpation heraus in das alleinige Besitzrecht Jahwes einkehren. Es sollte nicht nötig sein, daß noch mehr über diese Stelle, d. h. über die vermeintliche materielle Gewinnsucht gesagt wird, die so viele Ausleger als unreinen Ton aus unserer Weissagung und auch aus Jes. 60 glaubten heraushören zu müssen. Es geht hier nicht um Profitgier, sondern um einen Anspruch Jahwes, den der Prophet in steiler Intransigenz ausrichtet, und eine Exegese, die diesen penetranten Diesseitswillen Jahwes derart verdächtigt, richtet sich in ihrem vermeintlichen Spiritualismus selbst."

Vor ekklesialer Selbstüberschätzung sollte uns auch warnen, was vorhin schon anklang. Das Prophetenwort ist voller Staunen darüber, daß Gott sich einer Gemeinde zuwendet, die die bisherige Verschlossenheit des Himmels selbst aufs schwerste verschuldet hat. Nicht an Israel richten sich die Völker aus und auf, sondern an Gott. Nicht für die Kirche werden Menschen gesammelt, sondern für Gott – und weil Gott ihr Bestes will, zu deren eigenem Heil. Was die Kirche selbst ist, ist sie durch Gott und um Gottes willen. „Steh auf, werde hell!" „Wer das Aufstehen unterließe, für den wäre die Sonne Gottes nicht aufgegangen. Gottes heilbringendes Tun will und kann sich nicht erfüllen ohne Menschen, die sich den Wächterruf ‚steh auf' gesagt sein lassen ... Wir als hörende Gemeinde ... [werden] zum Aufstehen gerufen ..., nicht gewaltsam-unwiderstehlich, aber unbedingt verbindlich, so daß das Nicht-Aufstehen, das Verharren in der gewohnten Ruhelage, auch in der Dämmerstunde beschaulicher Andacht, uns der Gnade des hellen Gottestages würde verlustig gehen lassen" (Doerne, a. a. O.). Es kann sein, Gott hat mit uns die größten Dinge im Sinn – und wir sind verdöst und passiv. „Werde licht!", das heißt doch wohl: laß die Doxa Gottes erst einmal in dich selbst eindringen. Und dann: „Kopf hoch!" (V. 4). Merkst du gar nicht, was gespielt wird? Merkst du nicht, was bei Gott zur Stunde „dran" ist? Ein bißchen von der Lust und Freude, vom Zittern des Herzens und seiner Weite müßte uns durch den Text vom aufscheinenden Gott zuteil werden.

1. Sonntag nach Epiphanias. Joh. 1,29–34

In der Woche, die mit 1,19 beginnt und bis zur Hochzeit zu Kana führt (vgl. 1,29.35.43; 2,1), wird das Geschehen der Christusoffenbarung eröffnet (ähnlich der Exposition im Drama). In unserm Abschnitt beachte die Consecutio temporum (nicht nur grammatisch): 1. Der Täufer hat einen Kommenden angekündigt, der vor ihm gewesen ist und den er selbst noch nicht kannte (VV. 30b.31). 2. Gott hat dem Täufer zur Identifizierung dieses Kommenden ein Erkennungsmerkmal vorausgesagt (V. 33). 3. Bei Jesu Taufe hat Johannes dieses Merkmal wahrgenommen (VV. 32.34). 4. Nun kommt – wie lange danach? – der Getaufte, und der Täufer stellt ihn den Anwesenden als das Lamm Gottes vor (V. 29) und identifiziert ihn ausdrücklich mit dem in Szene 1 Angekündigten. – Die Taufe Jesu ist also nicht Thema der johanneischen Darstellung; auf sie wird nur angespielt: bei Jesu Taufe hat der Täufer Jesus als den Kommenden erkannt, den er nun als das Lamm Gottes verkündigt. Ihn zu verkündigen und „für Israel offenbar zu machen" (V. 31) ist Auftrag des Täufers und Sinn der Perikope.
V. 29: Wer außer dem Täufer und Jesus sonst noch auf der Szene ist, wem also das „Siehe!" gilt, bleibt unerörtert. Jesus als „Lamm Gottes" nur in VV. 29.36, sonst im ganzen NT nicht, ähnlich jedoch Apg. 8,32; 1. Petr. 1,19; vergleichen kann man auch die ἀρνίον- Stellen der Apokalypse. Ist an den Gottesknecht von Jes. 53,7 oder an das Passalamm (1. Kor. 5,7; nochmals 1. Petr. 1,19) gedacht? Die Herkunft der Vorstellung ist nicht so wichtig wie die Sache: „Jesus ist der Heilbringer, weil er der ist, der die Sünde der Welt hinwegnimmt"; es „ist ... zweifellos an die sündentilgende Kraft des Todes Jesu gedacht, das Lamm also als Opferlamm verstanden" (Bltm. z. St., vgl. 1. Joh. 3,5: ἵνα τὰς ἁμαρτίας ἄρῃ; auch 1. Joh. 1,7.9; 2,2; 4,10; etwas entfernter Joh. 11,50f.). Sünde der Welt: es ist an den ganzen Kosmos gedacht. – V. 30: πρῶτος μου svw. πρότερός μου (V. 15: ἔμπροσθέν μου), vgl. - Bl.–Debr., § 62. Von der Präexistenz Christi ist außer im Prolog auch 6,62; 8,58; 17,5.24 die Rede; sie vorausgesetzt auch 6,33.50f.58; 7,28f.; 8,14.23.26.42; 10,36; 16,28. Die Aussage zielt auf die Überlegenheit Jesu über den Täufer. – V. 31: „auch ich kannte ihn nicht" – wie alle anderen (V. 28 – so auch V. 33); „meine Aufgabe bestand (besteht) nur darin, daß"; ἀλλὰ ἵνα ist elliptischer Ausdruck, bezeichnend sowohl für rabbinische Redeweise als auch für den Stil des Evangelisten (1,8; 9,3; 13,18; 14,31; 15,25; 1. Joh. 2,19). Die Aufgabe: der Messias sollte Israel bekannt gemacht werden. Auch die Taufe stand im Dienste dieser Aufgabe. – V. 32: Das, was V. 33, nachtragend, als Ankündigung Gottes beschrieben ist, ist hier bereits als Faktum berichtet. Das Perfekt deutet an: „Ich seh es noch vor mir, wie der Geist herabstieg ..." Anschluß an synoptische Tradition. Neu ist, daß der Geist

blieb. Der Messias hat den Geist (Jes. 9,2; 61,1), auch der Gottesknecht (Jes. 42,7; Luk. 4,18). – V. 33: s. o. Eingearbeitet ist der Gegensatz: Wassertäufer – Geisttäufer; auch dies entsprechend synoptischer Überlieferung (Matth. 3,11; Mark. 1,8; Luk. 3,16). – V. 34: „Der Erwählte", von Nestle im Apparat mit dem Vorzugszeichen versehen, ist wahrscheinlich die ältere LA. Änderung in „der Sohn Gottes" ist im 4. Jahrhundert (gegen adoptianische Christologie, so J. Jeremias) verständlich, eine Änderung in umgekehrter Richtung nicht. Der Gottesknecht wird Jes. 42,1 בְּחִירִי (mein Erwählter) genannt; ganz ähnlich „mein Geliebter, an dem ich Wohlgefallen habe" (Mark. 1,11 Parr.). „Auch ‚der Sohn Gottes' müßte im Munde des Täufers ... zunächst messianisch verstanden werden, auch wenn der Evangelist diesen Titel darüber hinaus im Sinne der wesensgleichen Gottessohnschaft aufgefaßt wissen wollte (vgl. 20,31)" (Schnbg.).

Die Perikope von der Taufe Jesu gehört ursprünglich dem Epiphaniasfest zu und bildet zusammen mit Jesu Geburt und der Verwandlung von Wasser in Wein dessen Gehalt (G. Kunze in: Leiturgia I, S. 462). Religionsgeschichtlich erklärt sich dieses Ensemble daraus, daß die Ägypter am 6. Januar die Geburt des Gottes Aion begingen und aus dem Nil Lebenswasser schöpften, und am gleichen Tage soll Dionysos in bestimmten Quellen und Flüssen Wasser in Wein gewandelt haben (ebd.). Man könnte die Zusammengehörigkeit dieser drei Festinhalte auch von Joh. 1 und 2 her erklären. Die Zählung der Tage im Zeitraum einer Woche (s. o.) schließt das Initialgeschehen der Christusoffenbarung bzw. -erscheinung zusammen: Jesus „offenbarte seine Herrlichkeit, und seine Jünger glaubten an ihn" (2,11). Innerhalb dieser Woche kommt es zu den eröffnenden Christusbegegnungen der ersten Jünger, in denen uns Jesus mit den wichtigsten Hoheitstiteln vorgestellt wird: „Gottes Lamm" (V. 36), „Messias" (V. 41), „König von Israel" (V. 49), „Gottes Sohn" (V. 49), „Menschensohn" (V. 51). Diese Folge von Begegnungen wird eingerahmt – nach hinten von dem Wunder der Verwandlung, vorn von unserer Perikope, die an die Taufe Jesu erinnert. Die drei Festinhalte der alten Epiphaniasfeier sind, wie man sieht, nicht nur durch das religionsgeschichtlich „besetzte" Datum des 6. Januar, sondern auch durch den Aufbau der dem Prolog folgenden Initial-Epiphanie – der dann die Inkarnation (1,14) vorangestellt wäre – zusammengebunden.

Nicht nur im Gang des Kapitels, sondern auch sachlich schließt sich diese Perikope dicht an die vom 4. Advent an, z. T. mit wörtlichen Berührungen. Die Auseinandersetzung der christlichen Gemeinde mit der Täufersekte geht uns nichts mehr an; aber der Streitpunkt, der diese Auseinandersetzungen nötig machte, muß uns wichtig sein. Christus ist mehr als Johannes, und dies nicht nur im Sinne einer Steigerung, sondern darin, daß er der Ganz-Andere ist, wir sagten am 4. Advent: der Unverwechselbare und Unvergleichliche. Davon wird, in anderen Worten, auch diesmal die Rede sein müssen. Die Christenheit wird sich immer wieder Klarheit darüber verschaffen müssen, warum sie an Jesus Christus glaubt. Glaubt – also nicht nur auf ihn hört, sich ihn zum Vorbild nimmt, sich von ihm belehren läßt, Impulse von ihm aufnimmt, sondern glaubt, also ihn Gott sein läßt, den man über alle Dinge fürchtet und liebt und dem man mehr vertraut als irgend jemandem anders. Glauben – das hieße: sein Herz an ihn hängen und sich auf ihn verlassen. An Menschen und Menschliches zu glauben wäre Götzendienst. Die Tatsache, daß wir uns solchen Götzendienstes immer wieder schuldig machen, indem wir Geschaffenes zu diesem Höchstwert bzw. zu dieser Höchstinstanz erheben, kann nichts daran ändern, daß uns die Frage, an wen wir *zu Recht* glauben, immer wieder zu stellen ist. Das vierte Evangelium stellt sie Seite für Seite.

Epiphanie ist das Offenbarwerden Gottes in Jesus Christus. „Ihr kennt ihn nicht" (V. 26), „auch ich habe ihn nicht gekannt" (VV. 31.33) – das ist sozusagen die Ausgangslage. Der Grund ist einfach: Gott kann nur durch Gott erkannt werden. Soll es dazu kommen, daß wir in diesem Menschen Jesus von Nazareth Gottes selbst gewahr werden, dann muß uns das gegeben, wir müssen von Gott selbst dazu instand gesetzt werden. Gott hat dem

Täufer das Zeichen gegeben (V. 32), und der Täufer ist dann der „Zeuge" geworden (V. 32); das Ziel seines gesamten Wirkens besteht darin, daß er (Christus) offenbar würde in Israel (V. 31). Wir sehen nachträglich noch in das Geschehen hinein, in dem, nach der Darstellung des Evangelisten, dem Täufer die Gewißheit „aufging": der ist es! – Mit der Frage, wieviel von dem hier Erzählten auf den „historischen Täufer" zurückgeht, brauchen wir uns nicht zu quälen. Der Evangelist hat Überliefertes – Schenke spricht in seiner Einleitung (II, S. 182) von „Einzelgut aus mündlicher Tradition" und nennt unsere Stelle „eine besondere (apokryphe) Version der Erzählung vom Täufer und der Taufe Jesu" – in Verkündigung umgeschmolzen (wir werden uns unter [2] den Vorgang besonders zu verdeutlichen haben); er geht vom Täuferzeugnis für die Messianität Jesu aus, zeigt aber seinen Lesern sogleich das Besondere und Einzigartige dieser Messianität auf (so Schnbg. z. St.) So sind wir berechtigt, die Textaussage als an uns gerichtet anzusehen: *Er ist es –* (1) *der Ewige,* (2) *der Geopferte,* (3) *der Geisttäufer.*

1.

Versteht man Präexistenz (V. 30) nicht als das Vorhandensein bestimmter Dinge in vorkosmischer Wirklichkeit oder doch wenigstens in den Gedanken Gottes (Tora, Thron der Herrlichkeit, Heiligtum, Paradies und Hölle), sondern als das ewige personale Sein des Logos; versteht man Präexistenz auch nicht als die vorzeitliche Existenz aller Pneumatiker vor ihrem Absturz in die Welt der Hyle, sondern als das besondere vorzeitliche Sein dieses *Einen:* dann ist, was der Täufer hier sagt, stärkstes Zeugnis für die Gottheit Jesu. „Der Weg des Logos-Christus aus der Präexistenz in die Inkarnation ist ihm eigen und vorbehalten; damit wird nur die Einzigartigkeit des Offenbarers und Lebensbringers herausgestellt" (Schnbg., S. 300). Man wird natürlich fragen müssen, inwieweit dem Täufer eine solche „Christologie" zuzutrauen ist; doch wir haben uns schon klargemacht, daß das Täuferzeugnis hier bereits in spezifisch christliche Verkündigung eingeschmolzen ist, also nicht auf historische Stichhaltigkeit befragt sein will. Der Täufer hat, wenn er auf den „Kommenden" wies (messianischer Geheimname, Matth. 3,11; 11,3; 21,9 u. ö.), an einen Menschen gedacht. Nur einem *Menschen* könnte man die Sandalenriemen aufbinden. Immerhin: dieser Kommende ist „der Stärkere" – stärker als Johannes (Matth. 3,11), vielleicht auch, falls es sich um einen geprägten Ausdruck handelt, „stärker" als „der Starke", d. h. der Satan (Luk. 11,21f.) und dann schon nicht mehr nur der menschlichen Ebene zugehörig. Hartwig Thyen sogar ganz direkt: „ό ἰσχυρότερος ist jüdische Umschreibung des Gottesnamens" (in: Zeit und Geschichte, ed. E. Dinkler, 1964, S. 100 A. 15). Jesus ist auch der Weltenrichter (Matth. 3,12). Aber er tauft nicht nur mit Feuer, sondern auch mit dem Geist (Matth. 3,11) – man muß fragen: wie kann er das? Was das Neue Testament über Johannes sagt, verstärkt noch diese Ansätze. Ist der Täufer der wiedergekommene Elia (Matth. 11,14), dann geht er vor dem kommenden *Jahwe* her (Mal. 3,1), und gehört das Zitat aus Jes. 40,3 wirklich hierher, dann bereitet er *dem Herrn* den Weg (Matth. 3,3). Diesem „nach ihm Kommenden" (diese Formel nimmt unser Text aus Matth. 3,11) ist der Täufer weit unterlegen; er darf ihm nicht den geringsten Sklavendienst leisten (ebd.).

Der, den der Täufer auf sich zukommen sieht, ist also schon „im Anfang" gewesen (1,1), „Gott zugewandt" (ebd.), Mittler der Schöpfung (1.3), so daß man also sagen muß: der da am Jordan daherkommt, steht hinter allem, was ist, und alle Welt ist, ob sie's weiß oder nicht, von vornherein auf ihn bezogen. Ist er „Gott" (1,1), dann sind in ihm auch Leben und Licht (1,4). An allem, was ist und geschieht, ist er von vornherein beteiligt. Kein Augenblick, seit es Zeiten gibt, in dem er nicht dabei gewesen wäre, unerkennbar zwar, aber doch real. Ehe es einen Abraham gegeben hat, war er schon (8,58) – und man muß die biblische Sprache verstehen, um zu fühlen, was das besagt: „Ich bin" (ebd. – Exod. 3,14; Ps. 46,11; Jes. 43,3.11 u. a.). Daß der, von dem hier die Rede ist, ganz ins Menschliche eingegangen ist, hat V. 14 in gedrängtester Weise ausgesprochen: Kernsatz des ganzen Evangeliums. Aber man darf eben Jesus nicht nur „nach dem Fleisch" sehen – er ist „der Ewige".

Das ist das Thema der Epiphaniaszeit: daß wir im Menschen Jesus den vom Himmel Gekommenen entdecken. Wir würden an dem Eigentlichen vorbeigehen, wenn wir uns damit beruhigten, daß er uns – menschlich gesehen – zusagt, wir ihn bemerkenswert finden und vielleicht ein Faible für ihn haben. Das Jesusbild der modernen Welt, besonders im 18. und 19. Jahrhundert, hat sich daran bewußt genügen lassen. Es ist zuweilen bewegend, mit wie hohen Prädikaten man Jesus preist. Ein ganz Großer in der Menschheit, ein guter Mensch, ein Auserwählter, der, der vollendet hat, was die Besten vor ihm gewollt haben, der die Vergeistigung der Religion gefördert hat wie kein anderer. Ja, man hat sogar gesagt, er sei von so göttlicher Art, wie nur je auf Erden das Göttliche erschienen ist, – aber dabei ist vorausgesetzt, daß das Göttliche in *vielen* Menschen sich manifestiert, da ja eigentlich jeder Mensch etwas Göttliches an sich habe, Jesus nur in besonderer Dichte und Fülle. Man würde sich heute anders ausdrücken. Man würde vielleicht von einer einzigartigen Deckung von Lehre und Leben in seiner Person reden. Was er sagte, hat er uns vorgelebt; man sollte sein und handeln wie er. Sein Auftreten und Wirken hat „Folge gehabt", hat vielen Jahrhunderten eine andere Gestalt gegeben. Jesus: ein höchster Gipfel innerhalb des Humanum. Eingeschlossen den Bereich der Religion: ein besonders Gottnaher, darum ein Mittler, ein Prophet, ein großer Lehrer.
Der Täufer sieht es ganz anders. Der Unterschied zwischen dem „Zeugen" und dem „Kommenden" ist nicht ein gradueller. „Er ist vor mir gewesen, er war eher als ich." Synoptisch gesprochen: „Ich hab's nötig von dir getauft zu werden, und du kommst zu mir?" (Matth. 3,14). Man bekommt, worauf alles ankommt, nicht in den Blick, wenn man nur Menschliches und Menschenmögliches vergleicht. Der hier auf uns zugeht, unterliegt nicht der Vergänglichkeit. Ein Mensch, der sich selbst zu Gott macht (10,33)? Nein, er *ist* es.
Der Entdeckung des Gottseins Jesu bedarf es, weil Divinum und Humanum himmelweit unterschieden sind und wir Menschen für das Göttliche kein entsprechendes Organ haben. Findet sich der Erwartete tatsächlich in der um den Täufer versammelten Menschenmenge, dann kann er normalerweise nur übersehen werden bzw. unentdeckt bleiben. Nicht einmal Johannes selbst kann ihn herausfinden. Er weiß nur: der Kommende ist unterwegs. Gott hat ihn dessen gewiß gemacht. Nur: wer ist es? Eine spannende Situation – man mustert die einzelnen Menschen durch: wer könnte dieser Kommende sein?
Gott selbst gibt dem Täufer das Zeichen. Daß der Geist auf Jesus herabfährt wie eine Taube, ist bei Markus ein Gesicht Jesu, bei Lukas eine auf sein Gebet hin ihm widerfahrende Antwort Gottes, bei Matthäus und Johannes ein Geschehen, das auch den Täufer angeht (Grdm. zu Matth. 3,16); bei Johannes mit der Besonderheit, daß der Geist bei Jesus *bleibt* (V. 32). Der Messias ist Geistträger. Nicht einfach ein geistbegabter Mensch wie jeder andere Pneumatiker. Auch nicht so, daß der Geist hier erst mitgeteilt und Jesus so erst zum Sohne Gottes würde (die Gnostiker, für die ja die Inkarnation ein unvollziehbarer Gedanke ist, haben das Hereinkommen des Göttlichen überhaupt erst in der Taufe sehen wollen). Im Zusammenhang der Perikope hat das Herabsteigen des Geistes in Taubengestalt deutlich Zeichencharakter. Jesus *wird* nicht Gottes Sohn, er *ist* es. Er muß nur als der, der er ist, entdeckt werden. Der Täufer bekennt: „Ich sah es" (V. 34). Auf das Phänomen kommt es nicht an; es ist Zeichen; Gott hätte dem Täufer auch ein

anderes Erkennungsmerkmal angeben können. In der Weihnachtsgeschichte sind es Krippe und Windeln. In keinem Falle könnten „Fleisch und Blut" es offenbaren (Matth. 16,17; vgl. Joh. 6,44). Das uns gegebene Zeichen ist das Wort: „Ich bezeugte, daß dieser ist Gottes Sohn (oder: der Erwählte Gottes)." Die erste Zeugengeneration (Kanon) steht mit ihrer Christuserfahrung für das Christusbekenntnis der Kirche. Er ist es – der Ewige.

2.

Und er ist „das Lamm Gottes, das der Welt Sünde wegträgt", also der Geopferte. Aus dem Munde des Täufers eine ganz erstaunliche Äußerung, in der synoptischen Überlieferung ohne wörtlichen Anhalt. Der synoptische Täufer kündigt wohl, wie nach ihm Jesus, das Kommen des Reiches Gottes an, aber die Akzente sind doch erheblich anders gesetzt. Die Buße ist dringlich, weil man mit dem „künftigen Zorn" zu rechnen hat, mit dem Schlag der Axt, die den Baum abhaut, mit dem richtenden Handeln des „Stärkeren", der seine Tenne fegt, den Weizen einsammelt und die Spreu verbrennt (Matth. 3,7–12). Freilich, die Formulierung „Bußtaufe zur Vergebung der Sünden" (Mark. 1,4; Luk. 3,3) „kennzeichnet die Johannestaufe als Buße und Vergebung wirkendes eschatologisches Sakrament" (Thyen, a. a. O., S. 98) – und beides, Buße und Vergebung, ist zur Rettung nötig. Jedoch – und damit unterscheidet sich die hier gemeinte Predigt und Taufe von der, die besonders das vierte Evangelium dem Täufer zuschreibt: neben ihr ist, wie Thyen meint, „kein Platz mehr für irgendeine auf Johannes folgende messianische Figur" (a. a. O., S. 100). Schon bei Matthäus zeigt sich eine Wendung: er hütet sich ängstlich, die Johannestaufe als wirksames Sakrament zur Sündenvergebung erscheinen zu lassen und spricht darum nur von „Bußtaufe" (3,11), wobei das εἰς μετάνοιαν stärker finalen Sinn hat als der Genitiv bei Markus und Lukas. Vergebung gibt es nur bei Christus.

Hier, in unserer Perikope, hat die Johannestaufe den Charakter des Hinweises auf Christus; sie bewirkt nicht Heil, sie deutet nur auf den, der es bewirkt (ganz anders 3,5: hier handelt Christus durch die Taufe). Ja, man kann sogar sagen: „Jesus zu taufen, war die eigentliche Sendung des Täufers" (Goppelt, ThNT 1, S. 92).

„Siehe, das ist Gottes Lamm . . .!" Die Szene VV. 29f. ist „stilisiert wie ein altes Bild, das alles Überflüssige fortläßt – dem Leser den zeigt, dem die μαρτυρία gilt" (Bltm.); keine Hörerschaft, kein Hintergrund. Man denkt an Matthias Grünewalds Isenheimer Kreuzigung. „Er ist es" – darauf kommt alles an. Was ist er? Nicht der zornige Richter, sondern das Lamm. Man könnte sagen: Verkehrung des synoptischen Befundes um 180°. Indes findet sich bei Matthäus ähnliches. Jesus: mitten unter denen, die sich zur Buße rufen lassen, sich vor dem künftigen Zorn fürchten müssen, wie der Baum sind, dessen Wurzeln schon für die Axthiebe freigelegt wurden, wie das Getreide, das auf der Tenne in Korn und Spreu geschieden wird; und nun: Jesus unter denen, die sich taufen lassen. Jesus unter den Sündern, mit ihnen solidarisch und darum nun – er macht Ernst mit dieser Solidarität – selbst in der Situation der Sünder, ja geradezu selbst „zur Sünde gemacht" (2. Kor. 5,21). Als Sünder getauft werden: darin bejaht er jetzt schon die ganz andere – und doch letztlich nicht anders gemeinte – „Taufe", die ihm noch bevorsteht (Mark. 10,39c). Indem Jesus vor Johannes ins Jordanwasser steigt, wird die Johannestaufe etwas anderes, als was sie zunächst gewesen ist, ehe Jesus kam. Sie bekommt ihren Sinn vom Karfreitag her, sie nimmt den Karfreitag zeichenhaft voraus. Mit dem eben Gesagten sind wir genau bei unserm Text. Der vierte Evangelist hat – ob er nun Matthäus gekannt hat oder nicht – das bei Matthäus Vorliegende umgedacht und umgesprochen. Ein schönes Beispiel dafür, wie er überhaupt an zahlreichen Stellen mit synoptischem Überlieferungsgut umgeht.

Hält man sich vor Augen, daß der Eingang des Johannesevangeliums programmatischen Charakter hat, dann muß die Kennzeichnung Jesu als Agnus Dei von größter Bedeutung sein. Man bedenke doch: zum ersten Male tritt Jesus auf, noch hat er selbst nicht ein einziges Wort gesprochen, da wird er, da wird sein Auftrag *so* beschrieben. Unverständlich, wie man je auf den Gedanken hat kommen können, das vierte Evangelium vertrete eine theologia gloriae. Jesus: der Geopferte. Noch steht dieses Zeugnis isoliert im Raum; Menschen, die das hätten hören können, sind, wie wir sahen, weggelassen (der vierte Evangelist liebt die aus der Gesamtszene herausgenommenen „Großaufnahmen" (z. B. in den Ostergeschichten: Maria Magdalena, Thomas, Petrus). Aber gleich in den ersten Jüngerbegegnungen – nach Bltm. einem Traditionsstück – mit der Aufreihung der Hoheitstitel steht „Gottes Lamm" wieder vornan. Man weiß noch nichts von diesem Mann, aber da zeigt schon der Täuferfinger auf ihn: Der wird geopfert werden. Deutlicher: Der wird, indem er stirbt, die Sünde einer ganzen Welt „wegtragen". Das Lebens- und Heilswerk dieses Mannes: die Welt von ihrer Sünde befreien, sein Tod wird sündentilgende Kraft haben. Dazu ist er erschienen, damit er die Sünden wegnehme (1. Joh. 3,5). Gott hat seinen Sohn gesandt zur Versöhnung für unsere Sünden; und eben darin „steht" seine Liebe (1. Joh. 4,10). Man sollte, was hier gesagt ist, mit den Erwartungen konfrontieren, die gewöhnlich an Jesus gestellt wurden und werden. Ein Prophet? Ein Lehrer? Der Bringer einer neuen Ethik, speziell einer neuen Sozialethik? Der Umgestalter der Welt? Der Urgnostiker? Ein Weiser? Ein Genie der Religion? Was immer sich davon – vielleicht in Spurenelementen – in ihm, seinem Denken, Reden und Tun, finden mag: seine große Aufgabe und der Dienst, in dem sein Leben bestand, war dies, daß er es gäbe zur Erlösung für viele (Mark. 10,45). Der Hohepriester hat – kraft seiner Amtsgnade – recht gesehen (Joh. 11,50).

In der Kirche sagt man immer so. Im praktischen Leben scheinen andere Probleme dringlicher zu sein als die, die mit unberäumter Schuld zusammenhängen, und Vergebung der Sünden – noch dazu aufgrund eines solchen Opfers – ist weniger gefragt als vieles andere. Wir irren sehr. Die Sünde spielt gerade im praktischen Leben eine verhängnisvolle Rolle – in der Geschichte des einzelnen Menschen, im täglichen Miteinander, im Verhältnis der Völker und Staaten zueinander. In bezug auf uns selbst pflegen wir Sünde zu bagatellisieren, zu verdrängen, abzustreiten, grundsätzlich zu leugnen (ich bin niemandem Rechenschaft schuldig). In bezug auf den anderen (die anderen) nehmen wir Sünde meist sehr schwer, und wir entwickeln im Aufdecken fremder Schuld einen unheimlichen Scharfblick und Scharfsinn. Im übrigen können wir uns unseren Illusionen nur so lange hingeben, wie Gott noch nicht in unsern Blick gekommen ist oder wir uns selbst als „vor Gott" stehend entdecken. Die Bibel nimmt die vielerlei Bezüge geschöpflichen Lebens ernst, aber sie weiß: daran, ob Sünde weggeräumt wird oder im Raume stehen bleibt, hängt letztlich Sein oder Nichtsein.

In dem Wort „Lamm" steckt die innere Beziehung zu dem, was im alttestamentlichen Opferdienst geschah bzw. gemeint war, „Schatten" dessen, was kommen sollte (Kol. 2,17; Hebr. 10,1). Christus ist der Geopferte. Als der Geopferte übt er sein priesterliches Amt aus. „Ob jemand sündigt, so haben wir einen Fürsprecher beim Vater, Jesus Christus, der gerecht ist. Und derselbe ist die Versöhnung für unsere Sünden, nicht allein aber für die unseren, sondern auch für die der ganzen Welt" (1. Joh. 2,1f.). Unter uns ist, der für uns und alle Welt vor Gott eintritt. Das ist die Mitte unseres Christusglaubens; übrigens: die Mitte unseres Gottesdienstes. „Siehe, das ist Gottes Lamm."

3.

Christus räumt etwas aus unserm Leben weg: die Sünde und ihre Folgen. Und er bringt
etwas in unser Leben hinein: das neue Leben aus dem Geist. Er ist der Geisttäufer. Wieder nimmt das vierte Evangelium synoptisches Gut auf, diesmal weniger verwandelt als
vorhin, aber entschlossen in das johanneische Christuszeugnis eingepaßt. Der Christus-
für-uns ist zugleich der Christus-in-uns. Er tauft uns mit seinem Geiste.
Hier und da findet sich unter uns die Meinung, Geistestaufe und Wassertaufe seien
voneinander abzuheben. Die Problematik kann hier nicht ventiliert werden, so wichtig
und für das Ganze theologischen Denkens bedeutsam sie ist. Daß die Taufe „den
Hl. Geist verleiht,... ist gemeinchristliche Anschauung... In der Taufe wird der
Hl. Geist empfangen" (Bltm., ThNT, § 13.1). Das ist in den Johannesschriften nicht anders. Es ist keineswegs so, daß nach V. 33 die Wassertaufe durch eine Taufe ohne Wasser
abgelöst würde; wohl aber wird eine Taufe, die *nur* mit Wasser geschah, durch eine solche abgelöst, die den Geist bringt. Wir sahen schon: durch Jesus wird die Taufe etwas
anderes. Es steht ja nicht da: Jesus wird nicht taufen, er wird den Geist nur „geben"
(3.34), „hauchen" (20,22), „ausgehen" oder „kommen lassen" (15,26; 16,13). Hier steht:
er „tauft". 4,1 lesen wir: Jesus „taufte"; 4,2 korrigiert: nicht er, sondern seine Jünger,
vielleicht eine redaktionelle Korrektur im Sinne der Anpassung an die Tatsache, daß die
Taufe vom Erhöhten eingesetzt ist und von seinen Jüngern praktiziert wird. Die Taufe ist
keineswegs durch eine allgemeine Geistmitteilung ersetzt, die an den Gnadenmitteln vor-
beigeht. Die Johannesschriften spielen deutlich auf sie an (3,5; 19,34f.; 1. Joh. 5,6–8). 1,25
„setzt ein ganz bestimmtes Taufverständnis voraus: Eigentlich kann nur der taufen, in
dessen Namen später getauft wird..." (G. Harder in: Begründung und Gebrauch der heiligen Taufe, hrsg. von O. Perels, 1963, S. 73; vgl. auch die ausführlichen Darlegungen bei
O. Cullmann: Urchristentum und Gottesdienst, 1962, S. 58ff. 74ff. u. ö.). „Das Evangelium [ist] an der Taufe als solcher interessiert" (Harder a. a. O.).
Die Johannestaufe hatte den Sinn, auf Jesus hinzuweisen: „Daß er offenbar würde in
Israel, darum bin ich gekommen, zu taufen mit Wasser." Die Johannestaufe hat demonstrativen, kognitiven, signifikativen Sinn. Die Christustaufe hat effektiven, exhibitiven
Sinn. Sie bringt, vermittelt den Geist, sie führt ihn mit sich. Dabei bleibt es bei dem „Ubi
et quando visum est Deo" von CA V (vgl. Joh. 3,8): dennoch sind die Gnadenmittel die
„Instrumente", durch die der Geist gegeben wird (abermals CA V).
Ist dies klargestellt, dann kann man, um unsere Stelle zu verdeutlichen, gern Barths
schöne Ausführungen zur Geisttaufe zitieren (wobei wir bei dem Satz, die Wassertaufe sei
keine Gestalt der Gnade, kräftig den Rotstift ansetzen): Die effektive, den Geist mit sich
führende Christustaufe ist „die wirksame und Wirklichkeit schaffende Gnade Gottes...
Es ist das *ganze* Heil, des Menschen *volle* in Jesus Christus geschehene Rechtfertigung,
Heiligung und Berufung, die ihm in dieser Wendung (Gottes zu ihm) offenbar – nicht nur
bekannt gegeben, sondern ... innerlich und von innen heraus, einen neuen Anfang seiner
Existenz begründend, offenbar wird;... an der Realität und Fülle des dem Menschen in
ihr Zugewendeten wird man auch im Blick auf das schlimmste menschliche Versagen
keine Abstriche machen dürfen. Als des lebendigen Jesus Christus Selbst*bezeugung* im
Werk des Heiligen Geistes ist sie ja ... dessen Selbst*mitteilung* an den Menschen, sein
eigenes, vollmächtiges und vollständiges Handeln an und in ihm." Die Geisttaufe „ist
effektives, kausatives, ja kreatives u. zw. *göttlich* wirksames, *göttlich* verursachendes, *göttlich* schöpferisches Handeln am und im Menschen...: sie reinigt, erneuert, verändert ihn
wirklich und gänzlich" (KD IV/4, S. 37).
War also vorhin davon die Rede, daß das Gotteslamm die uns belastende und vor Gott

unmöglich machende Sünde „davonträgt" und uns damit – auf der Ebene des Forensischen – vor Gott einen ganz neuen Status verschafft, so ist hier davon die Rede, daß uns
im Geist eine neue Lebendigkeit, eben die des – mitten im Heute schon anbrechenden –
ewigen Lebens gegeben wird, des Lebens also mit Gott und aus Gott, wie wir es in Jesus
Christus geschenkt bekommen. Der Vater und der Sohn werden, indem der Geist zu uns
kommt, in uns „Wohnung machen" (14,23), sich in uns ansässig machen. Was für Jesus
gilt – der Geist „fährt" nicht nur „herab", er „bleibt" auf ihm –, das wird, als sein
Geschenk, auch uns zuteil. Wir leben das gottgeschenkte Leben. Der neue Status vor Gott
und das neue Sein aus Gott: beides wird in dem Evangelium vielfältig beschrieben und
angeboten. Der Text ist wirklich Programm – nicht nur für den Evangelisten an seinem
Schreibtisch; es wird in diesen wenigen Versen zusammengefaßt, was Gott uns zugedacht
hat.

2. Sonntag nach Epiphanias. Mark. 2,18–20(21–22)

Nach M. Dibelius ein klassisches Paradigma, dem freilich nur dann die „äußere Rundung" eignet,
wenn man die Perikope mit V. 19, allenfalls mit V. 20 enden läßt. Nach Bultmann (GsTr., S. 17f.) ein
Streit- und Schulgespräch, von der nachösterlichen Gemeinde mit Täuferjüngern geführt, und zwar
so, daß man ein (wahrscheinlich echtes) Jesuswort als Argument benutzte. Von V. 19b ab liegen
spätere Hinzufügungen vor, die die nachösterliche Fastensitte, V. 19a entgegen, rechtfertigen wollen.
J. Roloff (in: Das Kerygma und der irdische Jesus, 1970/1973, S. 223ff.) sieht die „zeitliche und sachliche Differenz zwischen der Jüngerschaft der Erdentage und der nachösterlichen Kirche" verdeutlicht, es gehe um ein historisches Motiv. Dabei sei das Wort vom Bräutigam ein Rätselwort, das als
christologische Selbstprädikation zu verstehen ist: wo Jesus mit den Seinen Mahlgemeinschaft hält,
ist Heilszeit. W. G. Kümmel (Verheißung und Erfüllung, 1967, S. 68ff.) führt den Doppelspruch
VV. 19a–20 als ganzen auf Jesus zurück. Jesus habe mit einer Zwischenzeit zwischen seiner Auferstehung und Parusie gerechnet; „der Bericht" sei freilich „am Ende von den Vorstellungen der Gemeinde aus erweitert" worden. Zu dem scheinbaren Widerspruch von Nicht-Fasten und Fasten
J. Schniewind: „Die Lösung liegt in der Doppelgestalt der Gottesherrschaft. Sie ist schon da in Jesu
Person und Wort: sie ist noch nicht da, bis Himmel und Erde vergehen. Mit Jesus kommt ein völlig
Neues in ‚diesen Äon' hinein, das alles sprengt, was ‚dieser Äon' heißt; und dieser Weltlauf besteht
dennoch fort, und Jesus lebt in ihm und stirbt an ihm" (z. St.). Gerade letztere Überlegungen lassen
es geraten sein, die (von Matth. und Luk. so übernommene) Perikope als Ganzes zu predigen.
V. 18 dürfte für nichtjüdische Leser als Erläuterung formuliert sein (conjugatio periphrastica: sie
pflegten so zu tun), in seiner Allgemeinheit auch die Pharisäer einbeziehend, obwohl diese ursprünglich nicht mit im Spiel sind (vgl. Apparat zu V. 18b), nach dem Gesetz der Parallelisierung aber in
der Überlieferung dazugenommen werden. Johannes scheint ein dauernd Fastender (beschränkte
Nahrungsaufnahme) gewesen zu sein. Die Pharisäer fasteten zweimal in der Woche (Luk. 18,12) (bei
kurzem Fasten gänzlicher Nahrungsverzicht). „Jünger der Pharisäer" gibt es übrigens nicht; „wenn
einzelne Pharisäer einen Schülerkreis sammeln, so tun sie es, weil sie Rabbinen, nicht weil sie Pharisäer sind" (Lohmeyer z. St.). Das Fasten hat sühnende Bedeutung. – V. 19: Gegenfrage nach Art rabbinischer Streitgespräche. Ist Jesus da, so ist Heilszeit, eschatologische Erfüllungszeit. Hochzeit ist
stehendes Bild dafür (Matth. 22,2ff.: 25,1ff.; Joh. 3,29; Apk. 19,7; 21,2; 22,17; aber auch Hos. 2,21
u. ö.). οἱ υἱοὶ τοῦ νυμφῶνος ist sklavisch getreue Übersetzung von בְּנֵי־הַחוּפָּה; der griechische Artikel zu
„Söhne" hat generische Bedeutung (Aramaismus) und muß im Deutschen fortfallen (ThWNT IV,
S. 1096), also: „Können etwa Hochzeitsgäste fasten, solange der Bräutigam unter ihnen ist?" V. 19b
baut das „Widerlager" zu dem Gegensatz auf, der mit V. 20 einsetzt; stilistisch etwas füllig, aber
pädagogisch geschickt. – V. 20: Der Bräutigam wird „weggerissen" – klingt Jes. 53,8 an? Markus fügt
hinzu: „an jenem Tage" und begründet damit wahrscheinlich die für Rom bezeugte Sitte des Fastens
am Freitag. – V. 21: Ein neues Logion, das „Gewohnheiten und Regeln des ärmlichen Lebens im
Orient" knapp schildert und zum Bilde macht. Lohmeyer tüftelt peinlich am Wortlaut: „Einen sachlich klaren Text hat allein Luk.: Es ist unsinnig, ein neues Gewand zu zerreißen, um ein altes zu

flicken; das neue wird unbrauchbar, das alte häßlich." „Nicht der Flicken reißt etwas ab, sondern das alte Kleid reißt beim Tragen an den Nähten ein." Was gemeint ist, dürfte trotz ungenauer Bildverwendung deutlich sein. V. 22 macht es vollends klar: Altes und Neues passen nicht zusammen.

„Der Freudenmeister" (EKG 293,6) ist nach Spieker (Lesung für das Jahr der Kirche) das Thema des Sonntags (nach dem alten Evangelium Joh. 2,1–11). Die Fastenfrage ist – auch nach der uns jetzt vorliegenden Gestalt des Textes – nur äußerer Anlaß, von der Zeit des Messias als der Zeit der großen Freude zu sprechen. Der Text tut das, indem er das Thema der Freude – im Sinne des Wochenspruchs (Joh. 1,17) – mit dem Thema Gesetz und Evangelium verbindet: die Formulierung, um die das paulinische Denken kreist, ist freilich noch nicht da, aber die Sache ist im Blick. Daß Johannesjünger und Pharisäer – zumindest in der allgemeinen Situationsangabe V. 18a – in dieser Hinsicht zusammenrücken, ist nicht zufällig. Der Täufer gehört eben doch noch ins Alte Testament; der Kleinste im Himmelreich ist größer als er (Matth. 11,11). Wir sahen es auch an der vorangehenden Perikope, trotz der in ihr stattfindenden evangelischen Überhöhung. Eine solche liegt freilich auch an einer anderen Täuferstelle vor, die sich mit unserm Text berührt: „Wer die Braut hat, der ist der Bräutigam; der Freund des Bräutigams steht und hört ihm zu und freut sich hoch über des Bräutigams Stimme. Diese meine Freude ist nun erfüllt" (Joh. 3,29). Nach Johannes gehört der Täufer selbst zu den Hochzeitsgästen, wenn auch nur in der Funktion des Brautwerbers und Zeremonienmeisters, die dem besten Freund des Bräutigams zufiel. In der vorliegenden Perikope hingegen wird der Gegensatz herausgestellt. Wer nicht zu Jesus übergegangen ist, der fastet noch, als müsse man das Reich Gottes herbeizwingen (Matth. 11,12 dürfte in diese Richtung denken), als sei also die Zeit der Freude noch nicht angebrochen und man warte noch auf den Bräutigam. Die Johannesjünger sind zu Lebzeiten Jesu nicht eine Sondergemeinde gewesen wie die Essener, sondern wie die Jünger Jesu ein Schüler- bzw. Anhängerkreis; erst nach dem Tode des Täufers bildet sich eine Sondergemeinde aus seinen Jüngern (L. Goppelt, ThNT I, S. 87). Mit ihr dürfte die christliche Gemeinde im Streitgespräch gewesen sein, und die gegenwärtige Diskussion der nachösterlichen Gemeinde dürfte diese veranlaßt haben, sich analoger Auseinandersetzungen aus Jesu Erdentagen zu erinnern (gegenwärtiger „Sitz im Leben" und Rückgriff auf das Historische müssen durchaus nicht miteinander konkurrieren).

Die Johannesjünger, sofern sie es geblieben sind, haben sich nicht davon überzeugen können, daß der Erwartete da sei. Stehen wir heimlich auch da, wo sie stehen? Es könnte sein, wir leben so, als sei Jesus nicht gekommen. Vieles in der Welt sieht ja auch so aus, als sei er nicht da. Und er ist *doch* da! Uns sollen die Augen dafür aufgehen, daß, wenn es nach Jesus geht, unser Leben eine große „Hochzeit" ist. *Jesus ist da! – Wo Jesus ist,* (1) *da ist die Freude, und* (2) *da ist die Freiheit.*

I.

Das christliche Reden von der Freude leuchtet offenbar nicht allen Menschen ein. Vielleicht wirkt, was wir sagen, wie ein ungedeckter Scheck. Nicht nur unsere Rede, sondern auch, was wir sind und tun, sollte – könnte – Ausdruck der Freude sein, und zwar so, daß man uns unsere Freude glauben kann. Man kann Freude nicht befehlen. Die Beteuerung, daß Christen fröhliche Menschen sind, nützt ebensowenig. Wie kommt es zur Freude? Daß es in uns nicht festlich aussieht und zugeht, damit werden wir uns nicht abfinden dürfen. Wir verleugnen unsern Herrn, wenn wir unfroh, grämlich, sauer, verbittert, müde, hoffnungslos und voller Negation sind. Aber was haben wir eben gesagt: wir dürfen uns nicht abfinden? Wir sind in Gefahr, die Freude zum Gesetz zu machen – wie

sinnlos! Im Text steht die Frage so, ob man fröhlich sein *darf.* Vielleicht formt sie sich
uns so um, daß wir fragen, ob und wie man fröhlich sein *kann.* Wer sehnt sich nicht nach
Freude? Dürfen und Können hängen freilich miteinander zusammen. Es wird für die Predigt darauf ankommen, diesen Zusammenhang aufzudecken.

Freude ist mehr als Vergnügen. Das Vergnügen wird oft dann gesucht, wenn es an Freude
fehlt. Die im Text verkündigte hochzeitliche Freude hat ihren Grund jedenfalls nicht in
der äußeren Situation Jesu und seiner Jünger. Günstige Zeitumstände? Äußerer Wohlstand? Ausgiebiger Gebrauch von Glücksgütern, die dieses Leben bietet? Erfolg? Ansehen? Sicherheit? Man könnte so weiterfragen und würde im Blick auf Jesus und seine
Jünger überwiegend zu einer Fehlanzeige kommen. Wieso? War Jesus, obwohl er von der
Freude und von der Hochzeit sprach, eben doch ein Verächteter alles dessen, was die
Welt zu bieten hat? Hat er auf eine – für den Normalverbraucher sowieso unerschwing-
liche – *innere* Freude gezielt, so daß er alles, was unser natürliches Herz erfreut, von sich
wies, als läge darin der Verrat an Gott? Wir finden ihn selbst auf der Hochzeit zu Kana
unter denen, die sich freuen, und er hält sich dort offensichtlich nicht auf, um Wasser in
den Wein der Freude zu gießen, sondern, umgekehrt, um aus Wasser Wein zu machen.
Man hat ihn selbst einen „Schlemmer und Weinsäufer" geschimpft (Matth. 11,19). Die
weite, bunte Welt Gottes konnte ihm Stoff für seine Gleichnisse bieten – er hatte Sinn für
die Schönheit der Schöpfung Gottes und freute sich an ihr. Sein Leben in Armut und
Verzicht ergab sich nicht aus einer prinzipiellen Negation, als dürfe man nicht nehmen,
was Gott gibt; es ergab sich vielmehr aus der gegebenen Situation, die nun einmal die
Unruhe solchen Dienstes, die Anfeindung, das Leiden und Verzichten mit sich brachte.
Gott kann schenken und fordern, austeilen und verweigern. Wir lernen von Jesus, unser
Leben – einschließlich seiner Aufgaben und Chancen – so aus Gottes Hand zu nehmen,
wie er es gibt; also in der großen Freiheit, die im Haben wie im Entbehren fröhlich ist.

Doch dies alles ist nur Hintergrund. Unabhängig von allen äußeren Gegebenheiten, sogar
mitten in dem entbehrungsreichen und unruhigen Wanderleben Jesu und seiner Leute, ereignet sich das, was man von außen nicht wahrnimmt: Es ist Hochzeit, der Bräutigam ist
da. Jesu Wort V. 19a muß solchen, die Jesus noch nicht entdeckt haben, ein Kopfschütteln abnötigen. Wir haben in der für die Predigt vorgeschlagenen Überschrift gesagt:
Jesus ist da. Wir haben also Jesus mit dem Bräutigam V. 19a identifiziert. Für zeitgenössische Hörer verstand sich diese Gleichsetzung sowenig von selbst wie die zwischen Jesus
und dem Menschensohn, von dem ja auch in dritter Person die Rede ist, so daß es noch
heute solche gibt, die annehmen, Jesus habe nicht sich, sondern einen anderen gemeint.
Jesus wahrt das Messiasgeheimnis. Er sagt nicht „Ich bin es" – anders bei Johannes –,
sondern spricht in Andeutungen und läßt es darauf ankommen, ob bei den Hörern der
Funke überspringt. Das mag in diesem Falle noch ein wenig schwieriger gewesen sein als
sonst, denn „Bräutigam" ist kein eingeführter Messiastitel (ThWNT IV, S. 1094).

Jesus vergleicht das Reich Gottes mit einer Hochzeit (Stellen s. o.). Dies mag weniger ver-
wundert haben, denn im Alten Testament wird die Verbundenheit Gottes mit seinem
Volk unter dem Bilde der Ehe dargestellt (Hosea 2,19; Jes. 54,4ff.; 62,4ff.; Hes. 16,7). Die
Rabbinen preisen den Bundesschluß am Sinai als Hochzeit Jahwes mit Israel; die Braut
des Hohenliedes gilt ihnen als die Brautgemeinde; von den Tagen des Messias erwartet
man die Wiederherstellung dieser Ehe, ja das eigentliche Hochzeitsfest (ThWNT I,
S. 652). Nur: wenn man in dem allem nach dem *Bräutigam* fragen würde, dann bekäme
man die Antwort: *Gott* ist der Bräutigam. V. 19 könnte man also so verstehen, als wüßten
Jesu Jünger Gott selbst in ihrer Mitte. Aber das Logion hat es in sich! Wer feine Ohren
hat, vernimmt eben doch darin ein messianisches Knistern: in den Tagen des Messias
wird die Ehe zwischen Gott und seinem Volke wieder heil, ja, sie wird zu dieser Zeit erst

richtig hergestellt. Und noch mehr: sollte Jesus etwa haben sagen wollen, nicht Gott sei der Bräutigam, sondern *er*? Sollte Jesus nicht vielmehr, indem er die alttestamentlichen Stellen gewissermaßen an sich zieht, ausdrücken wollen, daß *Gott* sich *in ihm* nunmehr aufs neue, ja sogar jetzt eigentlich erst richtig mit den Seinen verbinde? Ist dem so, dann verbirgt sich hinter dem Wort vom Bräutigam ein Selbstbekenntnis Jesu zu seinem Gottsein. „Bräutigam" ist eine christologisch unerhört bedeutsame Selbstbezeichnung.

So sagt unser Wort also zunächst: Es ist Heilszeit, jetzt ist die große Stunde Gottes. Die Türen bei Gott sind offen. Wer jetzt fasten wollte, gäbe damit zu erkennen, daß er die Gegenwärtigkeit des Heils noch gar nicht bemerkt hat. Noch mehr: Nicht-Fasten wird nun geradezu zu der der Situation angemessenen, diese Situation kennzeichnenden demonstrativen Geste. Nicht-Fasten ist Signal. Ihr Johannesjünger (und ihr Pharisäer), versteht ihr gar nicht, daß damit etwas ausgesagt und bezeugt werden soll? Ihr übt Kritik – ihr solltet vielmehr diese Sprache verstehen und diesen Zuruf aufnehmen!

Es wird noch konkreter. Der Text läßt erkennen, *wieso* Heilszeit ist. Der Bräutigam ist mitten unter der kleinen Jüngergemeinde. Damit hat das angefangen, worin man das ganze Lebenswerk Jesu beschrieben sehen könnte. Hochzeit, d. h. Bräutigam und Braut beginnen die unauflösliche Gemeinschaft, in der sie nichts mehr voneinander trennt. Gen. 2,24 wird zum Gleichnis für das Verhältnis von Christus und Gemeinde. Paulus hat die Selbstbezeichnung Jesu als Bräutigam aufgenommen. Daß wir Glieder des Leibes Christi sind, wird in 1. Kor. 6,15ff. im Sinne der leibhaften Gemeinschaft von Mann und Frau verstanden, in Eph. 5,25ff., vgl. bes. 5,31, geradezu von der genannten Genesisstelle her. Der Apostel versteht seinen Dienst so, daß er dem Bräutigam die Braut zuführt (2. Kor. 11,2). War der Abfall der alttestamentlichen Gottesgemeinde zu den falschen Göttern Hurerei (Hos. 2,7; 6,10; 9,1; Hes. 16 u. ö.), so gewinnt nunmehr Gott in Christus seine geliebte Braut zurück. Die irdische Liebe wird zum Gleichnis der göttlichen Liebe. Getrenntsein tut weh. Einander finden und haben macht glücklich. Wo man liebt, will man einander nie mehr loslassen; man gelobt und hält sich gegenseitig die Treue. Beglückende Erfahrung: was du jetzt eben ausgesprochen hast, habe ich im selben Augenblick auch gedacht. Wir haben voreinander keine Geheimnisse. Wir gehen miteinander durch dick und dünn. Undenkbar, daß wir verschiedene Wege einschlagen und nicht ein Schicksal miteinander tragen und teilen wollten. Noch mehr: die Bezugnahme auf Gen. 2,24 läßt erkennen, daß die Gemeinschaft zwischen Christus und der Gemeinde nicht nur ethisch-personal beschrieben werden kann, sondern das Leibhafte einschließt. Die Kirche ist der Leib Christi. Damit ist von einem In-Sein des Herrn in seiner Gemeinde geredet, das zwar – wie in der Ehe – personales Gegenüber ist, sich aber darin nicht erschöpft. Christus ist „in" seinem Leibe, wie – umgekehrt – die Gemeinde als ganze und auch jeder einzelne Christ „in Christus" ist. Die Ehe besteht nun einmal nicht nur in Anrede und Antwort – so daß man sich auf telefonische Verbindung beschränken könnte –, sondern zugleich in einem Einswerden, das nicht in der Wortbeziehung aufgeht, mit Worten nicht einmal hinlänglich beschrieben werden kann. Hochzeit: stärker kann man es nicht sagen, wie eng unser Gott und Herr sich mit uns verbindet. Jesus ist da – und wo Jesus ist, da ist die Freude.

Wenn wir das Logion V. 19 in die vom Text vorausgesetzte Situation hineindenken, dann muß es – Messiasgeheimnis! – für die Jünger selbst, erst recht für die Fragenden, einen änigmatischen Charakter gehabt haben. „. . . solange der Bräutigam bei ihnen ist"! Darin liegt übrigens auch eine Leidensankündigung versteckt; wer Jesus ein Wissen um die Notwendigkeit seines Todesganges abspricht, muß die in dem ἐν ᾧ versteckte zeitliche Beschränkung ebenfalls leugnen. Aber auch sonst will das Wort in seiner Hintergründigkeit verstanden werden. Die heutige Gemeinde müßte das leichter können als die

ersten Hörer. Wer's merkt, was hier gemeint ist, wird sich freuen. Die Predigt wird in der
Ausdeutung der bräutlichen Liebe Geschmack, d. h. Sparsamkeit und Zurückhaltung
walten lassen. Aber wir sollten auch nicht prüde sein – Prüderie ist eine Gestalt der Un-
keuschheit. Die Predigt wird gut tun, der Gemeinde eine kleine Hilfe zu geben zum Verständnis der zarten geistlichen Erotik in Philipp Nicolais Lied „Wie schön leuchtet der
Morgenstern" (EKG 48). Es wäre nur – im Sinne eines Korrektivs – darauf hinzuweisen,
daß das biblische Bild liebenden Einswerdens nicht an den einzelnen Menschen, sondern
an die ganze Ekklesia als „Braut" denkt, ein erheblicher Unterschied! Die Gemeinde als
ganze soll und darf sich der – im Gottesdienst sich ereignenden – Gegenwart dessen
freuen, der sie liebt wie niemand sonst. Wir fasten nicht und trauern nicht (Matth. 9,15),
wenn wir Jesus unter uns wissen.

2.

Und die christliche Gemeinde hat *doch* gefastet. Jesus selbst hat es getan (Matth. 4,2),
wohl nicht nur vor Beginn seiner öffentlichen Wirksamkeit (Joh. 4,31); jedenfalls ist uns
nicht bekannt, daß die Gegner ihm selbst Verletzung des Fastengebots vorzuwerfen
hätten (ThWNT IV, S. 932, A. 60). Matth. 6,16ff. setzt Fasten als Frömmigkeitsübung
voraus, wenn auch in einem anderen Sinn als bei den Juden. Das erste Jahrhundert
kennt, soweit wir sehen, noch keine sehr feste Fastensitte. Aber es gibt Anlässe, sich
durch Fasten für Gottes Wink und Weisung wach und offen zu halten (Apg. 13,2; 14,32).
Das Neue Testament weiß, daß es gut sein kann, die innere Freiheit für Gott zuweilen in
Enthaltung und Fasten zu trainieren (1. Kor. 7,5), und Paulus selbst bekennt sich zum
Fasten in seiner eigenen Lebenspraxis (2. Kor. 6,5; 11,27). Auch unser Text weiß, daß es
Zeiten geben wird, in denen Anlaß zum Fasten ist (V. 20).
Man hat es leicht, wenn man sich mit der Auskunft begnügt, hier zeige sich eben eine
widersprüchliche Praxis in den verschiedenen Zeiten und Kreisen der Urchristenheit;
V. 20 zeichne das Bild der Leute Jesu am Karfreitag und in der nachösterlichen Zeit, in
der die junge Christenheit mit Enttäuschungen fertig werden mußte und darum, ernüch-
tert, in die Frömmigkeitsformen von ehedem zurückfiel. Wer so denkt, kann es sich erlassen, das scheinbare Unvereinbare zusammenzudenken. Er muß freilich in Kauf
nehmen, daß der Vorwurf der Widersprüchlichkeit nicht nur die „rückfällige" Urchristenheit trifft, sondern auch auf die zurückfällt, die uns die vorliegenden Texte – in
diesem Punkte sind sich die Synoptiker völlig einig – in die gegenwärtige Gestalt und
Ordnung gebracht haben. Näher liegt es freilich, anzunehmen, daß für die Evangelisten
bzw. für ihre Gewährsleute hier eben kein Widerspruch vorliegt. So bleibt uns die Aufgabe, nach dem – zunächst nicht offenbar zutage liegenden – Zusammenhang wenigstens
zu *fragen*.
Wir haben diese zweite Überlegung der Predigt unter den Gesichtspunkt der *Freiheit* gestellt. Das Wort kommt im Text sowenig vor wie das Wort Freude, die Sache freilich hier
wiederum nicht weniger deutlich als dort. In den beiden Gleichnissen vom Alten und
Neuen, die wir jetzt im einzelnen gar nicht mehr auszudeuten brauchen, spricht Jesus
von der Unvereinbarkeit des Verschiedenen: Ihr Johannesjünger (und Pharisäer) könnt
euch, wie es scheint, nichts anderes vorstellen, als daß man Gott auf eine bestimmte,
nämlich auf die euch gewohnte Weise ernst nimmt und ehrt. Ihr meint also offensichtlich
auch, die von mir angekündigte und ausgerufene Königsherrschaft Gottes werde dadurch
verwirklicht, daß man das Gesetz hält – besser und ernster als je zuvor – und sich in
seinem Sinne bestimmten Verpflichtungen unterwirft. Man braucht ja nur an die von
euren Rabbinen vertretene Meinung zu denken, nach der ein einziger von allen gehal-

tener Sabbat die Königsherrschaft Gottes anbrechen lasse. Ich muß eure Frage, gerade wenn ihr sie an *mich* richtet, so verstehen, als erwartet ihr den Anbruch des Gottesreiches von einer bestimmten asketischen Bußhaltung. Ich muß euch antworten: Das Reich Gottes kommt nicht durch menschliches Bemühen und Verzichten. Was Menschen machen, wird immer wieder nur Menschliches sein. Ihr stellt euch das Heil so vor, als ob das Vorhandene einfach zu *reparieren* wäre: ein neuer Flicken auf ein altes Kleid. Ihr denkt nicht radikal genug. Es gilt jetzt nicht, ein altes Gesetz zugunsten eines neuen abzuschaffen, sondern es gilt zu begreifen, daß die Herrschaft Gottes eben überhaupt nicht Sache irgendwelcher menschlicher Anstrengungen und Leistungen ist, sondern – das große Fest, zu dem Gott *einlädt*: „Siehe, meine Mahlzeit habe ich bereitet, meine Ochsen und mein Mastvieh ist geschlachtet und alles bereit; kommt zur Hochzeit!" (Matth. 22,4). Die Königsherrschaft Gottes ist kein neues religiöses Exerzierreglement, sondern das große Angebot Gottes! – Indem ihr fragt: fasten oder nicht fasten?, macht ihr aus der „Gnade und Wahrheit" eben doch wieder ein „Gesetz" des Mose (Wochenspruch). Das wäre der neue Lappen auf dem alten Kleid; das wäre der neue Wein (Joh. 2,1–11!) im alten, morschen Schlauch.

Fragt man nun aber doch einmal so, wie es in der Perikope geschieht, dann gibt es, wie der Text zeigt, nicht nur *eine* Antwort, sondern mindestens zwei. Ist das Reich Gottes nicht Essen und Trinken, sondern Gerechtigkeit und Friede und Freude im Heiligen Geist (Röm. 14,17), dann ist es eben auch nicht Fasten oder Nicht-Fasten, sondern das Leben in der Freiheit des Geistes. (Wieder konstatieren wir die geradezu frappante Nähe zwischen der synoptischen Tradition und den paulinischen Briefen.) Was Widerspruch schien, ist nichts weiter als der Ausdruck der vom Evangelium ausgerufenen Freiheit. Fasten oder nicht fasten? ist nicht mehr unsere allerdringlichste Frage. Der Prediger wird aus Gemeindearbeit und Seelsorge genug Fragen wissen, die uns näher liegen. Wie haben sich Christen zu verhalten – im Geschäftsleben, in der Politik, in bezug auf den Waffendienst, im Bereich der Beziehungen der Geschlechter, gegenüber dem Geld, dem Alkohol usw.? Freiheit!, sagt das Evangelium. Entscheidung und Handeln in ernster Verantwortung, aber keine Verhaltensweise, die als die allein mögliche christliche auszugeben wäre. Fasten? Nein, wenn Hochzeit ist; aber ja, wenn der Bräutigam „weggerissen" wird (Joh. 16,20). Die Situation wird es ergeben. Freilich: die Situation ist nicht der Maßstab, sondern sie fordert uns heraus, unsere über alles entscheidende Verbundenheit mit Christus je neu tätig zu realisieren; die Situation ist nicht die Norm für unser Verhalten, sondern der Ort, an dem wir unsere Zugehörigkeit zu Christus zu bewähren haben, oder, wenn man will, das Material, an dem wir unser Christsein Form gewinnen lassen.

Die Christenheit war, wie wir sahen, in der Tat der Meinung, daß es Situationen gebe, in denen das Fasten – als „eine feine äußerliche Zucht" – angemessen und richtig wäre, und diese Meinung finden wir eben nicht nur bei solchen Christen des Neuen Testaments, bei denen die alten jüdischen Lebensgewohnheiten immer wieder durchscheinen wie der Wasserfleck an der frischgestrichenen Stubendecke, sondern auch bei einem so scharf, grundsätzlich und kritisch denkenden Mann wie Paulus. Sagen wir es recht deutlich: Daß wir nur V. 19 gelten lassen wollen, V. 20 jedoch in unserer prostestantischen Ethik kaum mehr Platz hat, ist *kein* Erweis unseres rechten Verständnisses der Freiheit. „Es soll mich nichts gefangennehmen" (1. Kor. 6,12) – es kann sein, daß ich mich aus einer bestimmten Gefangenschaft und Verstrickung frei machen muß, indem ich mich in Abstinenz übe. Wohlgemerkt: nicht *damit* ich Christus gehören möge, sondern *weil* ich ihm gehöre! Man könnte es auch so ausdrücken: Wir fasten *nicht*, weil der Bräutigam da ist und wir darum in der großen Freude leben. Und wir fasten *doch*, weil wir mit dem Bräutigam vereint sind und darum alles abstoßen, was das Glück dieser Gemeinschaft stört.

Wir müssen noch einen Spaten tiefer graben. Unsere Perikope will im Zusammenhang mit dem Ganzen der Predigt Jesu gesehen sein. Das „Reich" ist Zukunft; aber weil und sofern Jesus da ist, ist es schon Gegenwart. Die Nah-, ja geradezu Nächsterwartung läßt Zukunft und Gegenwart beinahe koinzidieren. Dies darf uns aber nicht darüber hinwegtäuschen, daß das in Jesus gegenwärtige Reich für ihn in seinen Erdentagen wie für uns in der Unterwegssituation noch immer „cruce tectum" ist. Theologia gloriae will voreilig das Eschaton vorwegnehmen; theologia crucis weiß wohl um die Realität, zugleich aber um die Verborgenheit des neuen Äons (vgl. noch einmal das Schniewindzitat in den Vorbemerkungen). Die dem irdischen Jesus das Wissen um die Notwendigkeit des Kreuzes absprechen, seinen Leidensweg also nicht als Bewährung des Gehorsams, sondern als entscheidungslos ihm widerfahrendes Mißgeschick ansehen, machen ihn zu einem – leider vom Pech verfolgten – theologus gloriae. Es erübrigt sich, dazu Stellung zu nehmen. Der Bräutigam ist unter den Hochzeitsleuten. Seine Gegenwart ist fürs erste befristet („solange"). Aber die Hochzeit fällt nicht aus. „Das Reich Gottes ist gleich einem Könige, der seinem Sohn Hochzeit machte" (Matth. 22,2). Schon ist für ihn, den Erhöhten, die Hochzeit im Gang; eines Tages wird er „von" dieser Hochzeit zu uns „aufbrechen" (Luk. 12,36), und dann wird die irdische Gemeinde in den Ruf ausbrechen: „Der Bräutigam kommt!" (Matth. 25,6). Dann wird, was jetzt sub specie contrarii, in der Verhüllung des Kreuzes, gegenwärtig ist, *unmittelbar* geschaut und erfahren werden: „die Hochzeit des Lammes" (Apk. 19,7) wird stattfinden, zu der die Braut sich bereitet hat (Apk. 19,7; 21,2.9) und nach der sie sich sehnt (Apk. 22,17). Die Gemeinde steht zur Zeit noch mitteninne zwischen Haben und Entbehren, zwischen Freude am Gegenwärtigen und Verlangen nach dem Kommenden, zwischen zukunftsgewisser Verbundenheit mit Christus heute und gegenwartswirksamer Vorfreude aufs Morgen. Von daher ist beides sinnvoll: Fasten und Nichtfasten, Bereitung aufs Kommende und festliches Begehen dessen, was wir heute schon haben. Jeder Gottesdienst ist voller Freude über die Realpräsenz des Herrn und voller Warten zugleich: Maranatha! In allem die Freiheit, die uns von daher kommt, daß die Verbundenheit mit unserm Gott und Herrn unauflöslich ist.

3. Sonntag nach Epiphanias. Joh. 4,5–14

Daß Kap. 3 und der Abschnitt 4,1–42 parallel gebaut sind (Bltm.), kann für uns auf sich beruhen. Eher wird den Prediger interessieren, daß in den VV. 5–9.16–19.28–30.40, wozu vielleicht auch noch die VV. 20–26 zu rechnen sind, ein Traditionsstück vorliegt, in das der Evangelist Gedanken seines besonderen Interesses eingefügt hat. Ursprüngliche Pointe der Geschichte: die Frage nach dem Verhältnis von Juden und Samaritern (Bltm.). Die spezifisch johanneischen Bestandteile VV. 16–19.27. 31–38.39.41–42) zehren z. T. von den Offenbarungsreden (VV. 13f.). Wenn diese Analyse (Bltm.) stimmt, werden wir die Predigt auf eine komplexe Thematik gefaßt machen müssen. Die VV. 1–4 werden wir z. T. mit zu bedenken haben. Daß die Predigtperikope mit V. 14 endet, tut dem Textganzen notwendig Gewalt an, ist aber für die Predigt unvermeidlich (Pfingsten II werden wir über die VV. 19–26 zu predigen haben).
Die Erfolge Jesu in Judäa haben die Gegner mobil gemacht; Jesus weicht ihnen aus (VV. 1.3, vgl. 7,1); die Eile scheint ihn zu nötigen (V. 4: ἔδει), den kürzeren Weg durch Samaria zu wählen. So kommt es zu unserer Szene. – V. 5: Angaben verraten Ortskenntnis und setzen sie voraus. Sychar, höchstwahrscheinlich das heutige Askar, ist nicht mit Sichem zu verwechseln, das zwar näher am (heute noch vorhandenen) Jakobsbrunnen liegt, aber nicht in Betracht kommt. Zu dem Feld vgl. Gen. 33,19; 48,22; Jos. 24,32. – V. 6: Der Jakobsbrunnen ist 32 m tief, führt frisches quellendes Grundwasser. οὕτως nach Bauer (WB) hier: „ohne Umstände, ohne weiteres, kurzerhand, einfach", nach der Catena des Ammonius svw. ὡς ἁπλῶς bzw. ὡς ἔτυχε. 6. Stunde = um die Mittagszeit. – V. 7: Fürs Wasserholen ist die heißeste Tageszeit beschwerlich und daher ungewöhnlich. Daß die Frau gerade jetzt kommt, wird nicht erörtert. Daß Jesus um einen Trunk bitten muß, wird V. 11 begrün-

det. Wenn Jesus diese Bitte an die Samaritanerin richtet, so bedeutet dies wegen der zwischen Juden und Samaritanern bestehenden Spannung bzw. Feindschaft „die Preisgabe des jüdischen Standpunktes" (Bltm.), vgl. V. 9. – V. 8: Daß die Jünger die Szene verlassen, kann vom Erzähler so gefügt sein, um den Dialog zum ganz persönlichen Gespräch werden zu lassen (wieder: „Großaufnahme", vgl. uns. Ausl. z. 1. S. n. Epiph.), kann aber auch einfach dem Hergang entsprechen. – V. 9: Es gab strenge jüdische Vorschriften, die den Umgang mit Samaritanern ebenso einschränkten wie den mit Heiden. Näheres dazu s. u. Das letzte Sätzchen, von einem Teil der Überlieferung weggelassen, ist ebenso Kommentar für den Leser wie das erste in Mark. 2,18a.
V. 10: Sind die „Offenbarungsreden" benutzt (so Bltm.), dann doch so, daß das Wort in die Szene eingepaßt ist. Umkehrung der Rollen (wer gibt, wer empfängt?) und damit wohl auch der „Maßstäbe" (Bltm.). „Lebendiges Wasser" ist doppeldeutig: es bezeichnet zunächst einfach fließendes, also Quellwasser, dann aber das himmlische Lebenswasser. Gott selbst ist die „Quelle lebendigen Wassers" (Jer. 2,13: 17,13), auch die „Weisheit" (Sir. 15,3; 24,30ff. u. ö.). – V. 11: Motiv des Mißverständnisses, bei Joh. häufig. – V. 12: Mit der auf Verneinung ausgerichteten Frage („bist du etwa größer ...?") ist die Frau dicht an der Wahrheit. Auch Jakob war darauf angewiesen, aus dem Brunnen zu trinken. – V. 13: Geschaffenes hilft nur eine Strecke weit, vgl. 6,58. – V. 14: Das Wasser, das Jesus spendet, stillt den Durst für immer. Es macht den Menschen selbst zu einer Quelle. Es bewirkt eine Lebendigkeit, die weiterfließt wie ein Bach, der sich ins Meer, ohne Bild: ins ewige Leben ergießt. Vgl. bes. 7,37–39.

Thema des Sonntags: Der Heiden Heiland (Spieker, Lesung ...). Nun stehen die Samaritaner dem Glauben Israels gewiß erheblich näher als der Hauptmann des alten Evangeliums. Ihr Gott ist Jahwe – mögen sie sich auch, lang ist's her, durch Abfall zu anderen Göttern in den Augen der rechtgläubigen Juden ein für allemal kompromittiert haben (2. Kön. 17,29.33f.). Immerhin sagt Jesus ihnen, sie wüßten – im Unterschied zu den Juden – nicht, was sie anbeten (V. 22). Jesus ignoriert den Glaubensunterschied nicht, der infolge des Schismas eingetreten ist. Aber er überschreitet die Schwelle. In dieser Geschichte bildet sich ab, was sich später in der Samaritermission (Apg. 8,5–7) ereignet hat.
Für den Weg, den das Evangelium durch die Welt nehmen wird, gibt Lukas programmatisch bestimmte Stationen an: Jerusalem – ganz Judäa – Samarien – die Enden der Erde (Apg. 1,8). Das Johannesevangelium scheint diesen Weg schon im Erdenwirken Jesu vorgebildet zu sehen. „Als er aber zu *Jerusalem* war am Osterfest, glaubten viele an seinen Namen" (2,23). Jesus wirkt dann in *Judäa*, macht mehr Menschen zu Jüngern als der Täufer, zieht dadurch die Aufmerksamkeit der Pharisäer auf sich und verläßt Judäa (4,1.3). So kommt er nach *Samarien* (4,4). Später, wenn Griechen nach ihm fragen (12,20), geschieht in der Ausweitung des Wirkungskreises Jesu der letzte Schritt, man könnte sagen: „*die Enden der Erde*" (Apg. 1,8) kommen in den Blick. Dies aber ist für Jesus das Zeichen, daß „die Zeit gekommen" ist für seine „Verherrlichung" (12,23). Haben Lukas und Johannes auch sonst viel Gemeinsames (Zusammenfassung bei Grdm., Lukas, S. 17ff.), so stimmen sie auch in dem – am wirklichen Gang der frühesten Missionsgeschichte abgelesenen – Schema des Weges überein, den die Sache Jesu genommen hat (womit nichts gegen Galiläa als den anderen Ausgangspunkt gesagt sein soll).
Die Übereinstimmung besteht auch in einem Detail, das man nicht übersehen sollte. Nach Lukas ist die erste missionarische Grenzüberschreitung dadurch bedingt, daß die Gemeinde in Jerusalem verfolgt wird und sich zerstreut (Apg. 8,1.4); so ist es zum Überschritt nach Samarien gekommen (Apg. 8,5). Ganz analog stellt sich der Verlauf des Geschehens in unserem Text dar (VV. 1.3ff.). Heißt es eines Tages in Jerusalem: „Samarien hat das Wort Gottes angenommen!" (Apg. 8,14) – es klingt wie die Schlagzeile eines Extrablattes –, so liest man hier am Schluß: „Es glaubten aber an ihn viele der Samariter aus dieser Stadt, ... und sie baten ihn, daß er bei ihnen bliebe" (VV. 39f.). Man wird sich fragen müssen, ob der vierte Evangelist das von Lukas beschriebene Geschehen in Sama-

rien in die Erdentage Jesu zurückprojiziert – also in der Freiheit des Dichters erfunden und gestaltet – hat, oder ob er wirklich Geschehenes erzählt und es so darstellt, daß in dem Einzelvorgang von Sychar sich der künftige Glaubensweg der samaritanischen Christen im voraus darstellt. Die Stildifferenzen innerhalb des Abschnitts lassen erkennen, daß der Evangelist auf ein Traditionsstück zurückgreift und dieses mit Eigenem verbindet (s. o.). Schnackenburg meint, die Frau spiele in der Erzählung eine nicht unwichtige persönliche Rolle, so daß man ihr „das Recht auf Individualität" lassen müsse (S. 456). Sicher ist nicht so vieles, wie manche meinen, „Dichtung", was aus den Tagen der wirklichen Jesusbegegnungen auf uns gekommen ist. Es wäre seltsam, wenn in einer jungen Christenheit, deren ganzes Glauben und Denken auf Jesus ging, an wirklichen Jesuserfahrungen und -erinnerungen so wenig sich gehalten hätte, wie in vielen unserer zünftigen Bücher behauptet oder vorausgesetzt wird. Fragt man, wie denn die Kenntnis von diesem Zwiegespräch am Jakobsbrunnen auf uns gekommen sein mag, so ist die Antwort in diesem Falle sehr einfach: durch die Frau selbst (VV. 28f. 39.42.) Wir sagen: „mag", denn ein Beweis ist natürlich auch hier nicht möglich.

Damit soll auf keinen Fall geleugnet sein, daß Johannes, indem er *berichtet*, *verkündigen* will. (Daß eines das andere ausschlösse, ist ein Irrtum, den die Forschung mehr und mehr überwunden hat.) Sicher kann man davon reden, daß in dieser Szene Seelsorge geschieht; aber eine psychologische oder poimenisch-methodische Ausdeutung und Auswertung des Erzählten wäre verfehlt. Dem Evangelisten geht es um Christuspredigt. An dem, was hier erzählt ist, soll deutlich werden, was Christus an *uns* tut. Das gilt für alle Verkündigung. So versuchen wir, aus dem, was damals geschehen ist, das uns Angehende herauszuhören: *Christus kommt auch zu den anderen.* (1) *Er durchbricht das Tabu.* (2) *Er spendet das Leben.* (3) *Er ist es selbst.*

I.

Der heidnische Hauptmann hat Jesus um Hilfe gebeten, die Syrophönikierin hat Jesus sogar überwinden müssen. Hier ist es anders. Jesus beginnt das Gespräch, und er wird in seinem Verlauf mehr und mehr der dieses Gespräch Bestimmende. Wenn sich in der Begegnung mit dieser Frau seine Zuwendung zu den Samaritanern überhaupt abbildet: ist dann dieser Schritt ein Akt seines souveränen Willens? Ehe wir ja sagen, bleibt zu bedenken, daß Jesus auch hier durch das, was ihm widerfährt, zu diesem Schritt gedrängt wird. Solange sein „Kairos", seine „Stunde" noch nicht da ist (7,6.30 u. ö.), hält er es für richtig, den Gegnern auszuweichen (7,1), und sogar daß er durch Samaria zieht, unterliegt diesem „Muß" (4,4). Er läßt sich vom Vater leiten. So kommt es zu dem Durchbruch; wieso es ein Durchbruch ist, wird sofort noch darzulegen sein. So wird es auch zugehen, wenn Philippus das Evangelium nach Samaria bringt: Bedrängnis und Verlegenheit der Gemeinde dienen nach Gottes Willen dazu, Türen zum Neuen aufzustoßen. Jesus untersteht der Regie seines himmlischen Vaters.

Aber das ändert nichts daran, daß er nun auf diesem neuen Arbeitsfeld selbst aktiv wird. Und dies in einer für die Frau überraschenden Weise. Er durchbricht im Laufe des Gesprächs drei Tabus. Das erste: sie ist eine Frau. Die Jünger werden sich bei ihrer Rückkehr aus der Stadt darüber wundern, daß er „mit einer Frau spricht" (V. 27). (Die Frau ist bei den Juden den Sklaven und Kindern gleichgestellt, sie gehört nicht zum Qahal, sie soll nicht in der Tora unterwiesen werden. Rabbi Juda ben Elaj preist Gott für dreierlei: daß er ihn nicht als Heiden, nicht als Frau und nicht als Ungelehrten erschaffen hat [Tos. Ber. 7,18]. In V. 27 wird betont, niemand habe ihn deswegen zur Rede gestellt [„was hast du da im Sinn, und was redest du mit ihr?"]; dahinter steht wohl: bei jedem anderen hätte

man so gefragt.) – Jesus durchbricht diese Barriere. Er gibt der Frau die volle Würde als
Mensch Gottes. Er unterweist sie, nimmt sie ernst. Man mag sich ausmalen, was das für
sie bedeutet haben mag. – Das zweite Tabu kommt in dem uns gegebenen Abschnitt noch
nicht zur Sprache: Die Frau hat eine allzu bewegte Lebensgeschichte (VV. 16–18). Unsere
Erzählung stellt sich den vielen Szenen an die Seite, in denen Jesus es mit Sündern zu tun
hat und sie „annimmt", hineinzieht in seine Gemeinschaft, von der Last ihrer Schuld
befreit und ihnen ein neues Ansehen gibt. – Und Jesus setzt sich darüber hinweg, daß die
Frau eine Samaritanerin ist. „Die Juden haben keine Gemeinschaft mit den Samaritern" (V. 9). Warum? Schon seit Jerobeam I. (Stierdienst in Bethel und Dan) ist hier die
Jahwereligion stärker als im Süden mit kanaanäischen Elementen durchsetzt. Nach 721
sind zudem Fremdstämmige hier angesiedelt worden, und die haben ihre heidnischen
Götter mitgebracht (2. Kön. 17). Nach dem Exil hält man Samaritaner für ansteckend
unrein (Hagg. 2,14). Daß sie vom Tempelbau ausgeschlossen sind, zwingt sie zur Errichtung eines Sonderheiligtums auf dem Garizim (nach Alt: 4. Jh.), das 128 v. Chr. durch
Johannes Hyrkanus zerstört wurde, den Samaritanern aber heilig blieb (V. 20). Von der
Feindschaft zwischen Juden und Samaritanern kann man sich durch folgende Stellen
einen Eindruck verschaffen: Sir. 50,28; Matth. 10,5; Luk. 9,53; 10,33; 17,18. – Drei Tabus
– wer Jesus nicht kennt, muß sich wundern, daß er sie durchbricht.
„Gib mir zu trinken!" Beinahe das Selbstverständlichste von der Welt – wenn wir Menschen nur nicht so seltsam begabt darin wären, das Selbstverständliche problematisch zu
machen. Die Samaritanerin weiß, daß sie einen Juden vor sich hat. Sie versäumt nicht,
ihre Verwunderung darüber auszudrücken, daß er seinen Judenstolz des Durstes wegen
verleugnet. Sie genießt es sichtlich, daß er, der kein Gefäß zum Schöpfen hat und nur in
mehr als 30 m Tiefe das schöne kühle Wasser blinken sieht und plätschern hört, von ihr
in dieser Sache abhängig, gewissermaßen in ihrer Hand ist. „Ihr Juden schneidet uns
sonst so geflissentlich; sieh da, jetzt brauchst du mich!" Sie meint sogar, seine schwache
Stellung des weiteren auskosten zu können, als dieser müde, verschwitzte, erschöpfte
Mann dem Gespräch bereits die überraschende Wendung gegeben hat, durch die er, der
eben noch Bittende, zum Anbietenden geworden ist. „Lebendiges Wasser" hat er ihr
geboten. Sie kann das nur mißverstehen. Fließendes Quellwasser – etwa gar besseres noch
als das vorzügliche Wasser aus dem Jakobsbrunnen? Ob der Jude seinerseits aus gekränk-
tem Stolz sich mit seinem Anerbieten übernommen hat? Sie hat vielleicht Menschenkenntnis genug, um zu wissen, daß oftmals einer, wenn er getroffen ist, die Schlappe mit
Großsprecherei wettzumachen sucht. Sie wird ihm nichts schenken – die schwache Stelle
meint sie sofort zu erkennen. „Bist du mehr als unser Vater Jakob, der uns diesen Brunnen gegeben hat?" Es scheint, sie will dem Juden den Erzvater nicht mehr zugestehen.
Und wenn man, wohlwollend, so auslegte, als ob das „unser" sie und ihn noch immer
zusammenschließt: der Hinweis darauf, das Jakob „uns" diesen Brunnen gegeben hat,
spielt samaritanische Lokaltradition *gegen* den jüdischen Mann aus. „Jakob hat daraus
getrunken und seine Kinder und sein Vieh" – und nach deiner großsprecherischen Rede
(nächster Hieb!) soll das Wasser dieses Brunnens nicht gut genug sein!
Der unbekannte Jude reagiert auf das spitze und schnippische Gebaren der Frau in keiner
Weise gereizt. Sie hat den taktischen Vorsprung, den er ihr mit seiner Bitte gab, genossen
und genutzt. Er reagiert nur mit einem *Angebot*. Er wird ihr nicht nach dem Munde
reden, ihr auch nichts ersparen, sondern sie ihrer Schuld und ihres Irrtums überführen.
Für ihn spielt die Feindschaft zwischen Juden und Samaritanern keine Rolle. Was er zu
bringen hat, ist er allen schuldig, auch ihr. Er ist der Heiland aller. Seine Liebe durchbricht alle Schranken des Herkommens, der Vorzüge, die die einen gegen die anderen zu
haben meinen, der sozialen und religiösen Stellung. Christus kommt auch zu den anderen.

Wir sind sehr schnell dabei, Unterschiede festzustellen und festzuschreiben, Fronten aufzubauen, uns zu distanzieren, den anderen herabzusetzen und zu verachten, weil er anders als wir ist, lebt, denkt, sich benimmt, glaubt und hofft. Das Aufbrechen von Tabus könnte man zunächst einfach als ein Gebot der Menschlichkeit ansehen. Zur Menschlichkeit gehört der Respekt vor dem anderen Menschen, auch in seinem Anderssein. Die Gewaltsamkeit, mit der wir alle Menschen an uns selbst messen und in unser Schema pressen wollen, zersetzt und zerstört Gemeinschaft, bringt üble Schärfen in unsern Alltag, macht auch die Völker unfähig zum friedlichen Miteinander. Respekt vor der Würde des anderen Menschen, wer er auch sei! – Aber daß Jesus die Tabus durchbricht, hat noch einen weitaus tieferen Grund. Jesus handelt als der grenzenlos Gnädige, der – wir müssen es so paradox ausdrücken – die Würde des anderen wahrt, indem er ihn auch in seinem Unwert annimmt. Man kann es an der Epistel des Sonntags studieren: was wir vor Gott durch Christus sind, bringt uns, „Juden und auch Griechen", auf *eine* Ebene, reißt – nach Eph. 2,14 – den „Zaun" nieder, der zwischen uns war, als wir noch dem „Gesetz und den Satzungen" unterworfen waren. Keiner hat dem anderen etwas voraus, aber alle sind grundlos geliebt: das durchbricht die Tabus. Es ist eine große und dringliche Aufgabe für unsere Predigt, aus unseren kirchlichen Gewohnheiten, Verhaltensweisen, aus unserem Denkstil und dem kirchlichen Betrieb die Vorurteile, Bedenken, Aversionen und Dünkel auszufegen, die sich vor dem Evangelium nicht halten können. Die Frau ist durch das, was ihr von dem Unbekannten widerfahren ist, überwältigt (man hat es z. B. aus V. 28a zu erkennen gemeint). Wann werden „die anderen", die noch Draußenstehenden, uns so erleben, daß sie sich angenommen fühlen?

2.

Wer bittet wen? Jesus bittet. Die Frau wundert sich, daß er sich, wie sie meint, dazu überwindet. Wir sahen, daß Jesu Angewiesensein auf das Wohlwollen dieser Samariterin das Gespräch eine Weile in Gang hält. Müde von der Wanderung und durstig in der Mittagshitze sitzt Jesus am Brunnenrand. Es liegt bei der Frau, ob der Mann durstig bleibt und wie lange. Wasser ist im heißen Lande sowieso eine Kostbarkeit. An der Lage, in der Jesus sich befindet, kann man sich unser aller Abhängigkeit von den äußeren Dingen des Lebens deutlich machen, zugleich dies, wie diese Abhängigkeit sich auch aufs Zwischenmenschliche auswirkt. Wer am langen Hebel sitzt, kann dem anderen gewähren oder versagen, was er braucht, und das bedeutet Macht; wer sie hat, läßt es den anderen spüren und setzt sie ein. Schon in dieser kleinen Geschichte zeigt es sich – im Großen wird damit Weltgeschichte gemacht. – Jesus unterwirft sich dem. Er gesteht es durch sein Verhalten der Frau zu, daß sie es in der Hand hat, ihn mit dem Becher Wasser (Matth. 10,42) zu erquicken oder nicht. Daß wir das Leben nicht in und aus uns selbst haben, wird uns im Hunger und Durst unmittelbar anschaulich. Durst quält noch mehr als Hunger.
Wir erfahren nicht, ob Jesus sich hat satt trinken dürfen. Zu wichtig ist dem Evangelisten das andere, auf das es ihm ankommen muß: das Lebenswasser, das Jesus spendet. Man soll daraus nicht schließen, daß Jesus die äußere Bedingtheit unseres kreatürlichen Lebens unterschätzt. Die Jünger sind unterwegs, um Verpflegung einzukaufen (V. 8); trotz V. 32 hat auch Jesus nicht allein von der Luft gelebt. In Kap. 6 spricht er von sich selbst als dem Brot des Lebens, nachdem er die Menschen im schlichtesten Sinne des Wortes satt gemacht hat. Er will uns nicht einreden, daß wir Speise und Trank nicht nötig hätten; daran, wie nötig wir beides haben, will er uns vielmehr die ganz andere, von uns meist unterschätzte oder gar übersehene Bedürftigkeit, das ganz andere Angewiesensein deutlich machen. Diesen Schritt gilt es zu begreifen.

„Wer von diesem Wasser trinkt, wird wieder Durst bekommen." Die Frau weiß es. Nicht verwunderlich, daß sie ohne Zögern darauf eingeht, als Jesus ihr das andere Wasser anbietet, nach dessen Genuß man keinen Durst mehr bekommt. Keinen Durst mehr leiden – und nicht mehr Tag für Tag den beschwerlichen Weg zum Brunnen gehen und die schweren Krüge tragen müssen! „Herr, gib mir solches Wasser!" Jetzt hat *sie ihn* gebeten. – Allerdings: sie hat ihn mißverstanden. Geht es uns ebenso?

Das Trinken gehört, wie das Essen, zu dem biologischen Kreislauf, in dem sich geschöpfliches Leben abspielt. Wir sind nicht autark. Wir sind nicht ein in sich geschlossenes System, das sein Leben aus sich selbst bestreitet. Gut – dann sind wir eben Teil des Systems „Welt", das alles in sich hat, was es zum Leben braucht; innerhalb dieses Systems findet ein ständiges Geben und Nehmen statt, ein Umlauf nach dem jeweiligen Bedarf. Das ist so und wird so bleiben. Nur: Durst ist für uns längst ein Symbolwort geworden für ein Begehren und Verlangen, das über den äußeren Bestand und die Erhaltung des Lebens hinausstrebt. Das gilt auch schon, solange wir uns noch im Gesichtskreis der samaritanischen Frau bewegen. Berechtigte Wünsche: Weniger Plackerei, etwas mehr Bequemlichkeit (V. 15). Ein paar mehr Annehmlichkeiten im täglichen Leben, erst recht in festlichen Stunden. Etwas, worauf man sich freuen kann. Wir lassen uns die Erfüllung unserer Bedürfnisse einiges kosten. Alles, was wir genießen, will erarbeitet, erhalten, gepflegt sein. Diogenes hatte beim Großreinemachen nicht viel Mühe; bei uns ist es anders. Es zeigt sich auch eine gewisse Spiralbewegung zwischen Angebot und Bedarf. Weh uns, wenn wir stehenbleiben! Inzwischen kommen uns Bedenken. Aber können / wollen wir denn zu Diogenes zurück? Woher eigentlich dieser Durst nach mehr, diese Unersättlichkeit? Die Menschheit weiß längst, daß sie sich das, was sie genießt und erstrebt, eigentlich nicht leisten kann. Wohin treibt's?

Wir müssen noch anders ansetzen. Werden wir durch Steigerung der natürlichen Lebensbedingungen das „Leben" gewinnen, das Jesus meint? Das System Welt, innerhalb dessen wir an uns reißen, was uns glücklich machen soll, ist als Ganzes abhängig – vom Schöpfer. Es ist nichts mit der Autarkie. „Es warten alle auf dich" – man sollte den 104. Psalm ganz lesen. Aber wir wären damit immer noch bei dem Wasser, das aus dem Jakobsbrunnen zu schöpfen ist. „Leben" ist mehr. Unsere Bestimmung: Menschen Gottes zu sein. „Du hast uns zu dir geschaffen" (Augustin). Würde die Erde aus der Bahn geschleudert und triebe – von der lebenerhaltenden Sonne weg – immer weiter ins All, wäre unser Schicksal besiegelt. Weg von Gott – wohin führt uns das? (Wir sprechen von dem, was die Bibel Sünde nennt.) Das Geheimnis unserer Unersättlichkeit, der Sehnsucht, des Durstes: wir suchen – befangen im Mißverständnis der Samaritanerin – das Leben da, wo es nicht ist. Übrigens auch dann noch, wenn wir treuherzig versichern: ich hab auch meinen Glauben. Die Samaritanerin lebte durchaus in der religiösen Tradition ihres Volkes, aber Jesus muß ihr sagen: Ihr wißt nicht, was ihr anbetet (V. 22). In Gott zur Ruhe gekommen – wir denken noch einmal an das bekannte Augustinwort – ist ihr Herz noch nicht – man könnte es z. B. an der Geschichte ihres Lebens demonstrieren. Ihr Leben und Streben ist nur *ein* Beispiel; es ist nicht schwer, im Leben der modernen Menschheit – gerade da, wo sie sich im Wohlstand befindet – die Symptome der Unersättlichkeit wahrzunehmen. „Wenn du erkenntest die Gabe Gottes!" (V. 10).

Gabe Gottes: Es wird darauf ankommen, daß wir nicht nur unser natürliches Dasein als Geschenk verstehen lernen, sondern begreifen, daß gerade unser Sein vor Gott und auf Gott hin seine Gabe ist. Wir müssen leer und durstig sein, solange wir – in säkularer oder religiöser Variante – immer nur mit dem rechnen, was wir selbst fertiggebracht haben. Wann werden wir da sein, wo wir sagen können: jetzt ist es geschafft, jetzt habe ich erfüllt, was Gott von mir erwarten konnte? Und *wenn* ich's geschafft hätte: wie wäre darin zum Ausdruck gekommen, daß ich in allem doch nur ein auf Gott Angewiesener und darum auch in meinen Erfolgen nichts weiter als ein gnädig Beschenkter bin? Warum bloß poche ich noch immer auf die Statistik meiner Erfolge? Warum die Selbstbespiegelung, die Gier nach Beifall? „Wenn du erkenntest . . .!" Leben – das wirkliche Leben – ist Geschenk, „Gabe Gottes". Was für ein Aufatmen gäbe es, wenn uns das aufginge!

3.

Aber der Satz geht weiter. „Wenn du erkenntest die Gabe Gottes und wer der ist, der zu dir sagt: Gib mir zu trinken!, du bätest ihn, und er gäbe dir lebendiges Wasser." Die Rollen würden sich vertauschen. *Jesus* ist der Geber. Er ist zugleich die Gabe. Wir brauchen ihn nur zu nehmen.

Wir haben kein Jesuswort, das lautet: „Ich bin das lebendige Wasser." Aber Joh. 6, bes. die VV. 34f., zeigt, daß es dieses Wort geben könnte. Wenn wir vorhin richtig gedeutet haben, so lag ja das, was im johanneischen Sinn „Leben" ist, überhaupt in der Gemeinschaft mit Gott. Steht Jesus vor uns und sind wir mit ihm verbunden, dann haben wir sie.

Wenn der Frau geholfen werden soll, dann muß in ihrem Leben zweierlei geschehen: sie muß merken, daß es nicht genügen kann, den Durst auf physische oder sonst auf weltliche Weise zu löschen, es vielmehr des Lebens aus Gott bedarf; und sie muß den entdecken, in dem sie dieses Leben aus Gott findet. Was unser zergliederndes Denken in zwei Sätzen sagt, dürfte in der Wirklichkeit eines sein: wie sehr man Jesus – und damit Gott – *braucht*, merkt man, indem man ihn *findet*. Eigentlich kommt es zu diesem Finden erst später (V. 26). Aber der Leser des Evangeliums und erst recht der Hörer dieser Predigt weiß auch schon vorher, worauf es hinaus will. Ja, wir bemerken nicht ohne Spannung und vielleicht mit einem zarten Lächeln, wie die Frau, nicht wissend, wen sie da vor sich hat, wiederholt doch an das Geheimnis der Person Jesu rührt. Wer sagt: „gib mir solches Wasser, das den Durst ein für allemal löscht", der erwartet von dem so Gebetenen mehr, als einer aus der vergänglichen und erschöpflichen Welt geben kann. Und wenn die Frau sich von diesem Fremdling – bis in die Details ihrer Lebensgeschichte hinein – durchschaut findet, dann liegt es nahe, daß sie ihn für einen Propheten hält (V. 19). Hat sie eben von Jesus Belehrung darüber empfangen, wie es mit der rechten Weise, Gott anzubeten, steht, und gibt sie – im Augenblick noch so, als griffe sie damit ins Künftige – zu erkennen, daß dies eben vom Messias verlautbart werde (V. 25): so ist sie aufregend dicht an der Wahrheit. Ja, sie war es schon zuvor einmal: „Bist du mehr als unser Vater Jakob?" (V. 12). Ob er wohl mehr ist als der Erzvater! „Heiß!" möchte man ihr zuflüstern.

Noch weiß und versteht sie es nicht, aber sie erfährt in der Begegnung mit Jesus die gnädige Zuwendung der Liebe Gottes. Wir sehnen uns danach, daß uns jemand liebhat – ein Mensch, Gott selbst. Sie darf sich Lebenswasser wünschen, und sie bekommt es, indem sie Jesu Liebe erfährt. „Wen dürstet, der komme; und wer da will, der nehme das Wasser des Lebens – umsonst" (Offb. 22,17).

Daß Jesus das Leben nicht nur spendet, sondern ist, schließt erstaunlicherweise ein, daß Menschen, die er beschenkt, selbst zur Quelle werden (V. 14; 7,38). Eine Zusage, ein Versprechen. Niemand wird von sich behaupten, er sei für andere Quelle des Lebens. Aber wahrscheinlich kennen wir Menschen, von denen – beglückend, befreiend, ermutigend – Leben ausgegangen ist. Wenn es so war, dann hatten diese Menschen es nicht aus sich; das Erfrischende und Erquickende ihres Wesens ist ihnen selbst auch nur zugeflossen. Das von Jesus gespendete Leben hat es an sich, daß es weiterströmen will. Es quillt und sprudelt und mündet ins ewige Leben (V. 14). Wasserlauf und Einmündung werden unterschieden; auch dies ein – meist nicht beachteter – Beitrag zur johanneischen Eschatologie. So folgenreich, so vieles in Bewegung bringend, so wirksam – weit über das Heute hinaus – ist, was Jesus gibt und selber ist. Was diese Frau am Brunnen Jakobs erfahren hat, ist allen zugedacht (VV. 30.39), auch den Fernsten.

4. Sonntag nach Epiphanias. Jes. 51,9–16

Westermann sieht in 51,9 bis 52,2 „eine geschlossene, beabsichtigte Komposition": es folgt 52,4–6 eine Randglosse in Prosa und 52,7–10 ein lobendes Responsorium auf 51,9ff., so daß dieses große Gedicht das letzte ist vor dem Befehl zum Auszug (52,11–12). Begrich hingegen grenzt ab wie unsere Perikope, indem er in VV. 9–11 die Klage, in VV. 12–16 das Erhörungsorakel erkennt (Studien zu Deuterojesaja, 1963, S. 114); die Gattungen bestimmt Wstm. ebenso, findet aber in VV. 12–14 noch Elemente des Disputationswortes („Bestreitung"), so daß die Formen zu einer neuen Ganzheit verschmolzen sind, die er „gestillte Klage" nennt.

VV. 9–11: Volksklage (Hilfeschrei, Beweggründe zum Einschreiten, Bitte). – V. 9: Stürmischer Hilferuf wie Ps. 44,24 u. ö. Gott wird an frühere Machterweise erinnert, zunächst an sein Handeln in der Schöpfung. Schöpfung wird als Kampf mit Chaosungeheuern dargestellt, also in mythischer Sprache. Statt des nur hier vorkommenden hi. הַמַּחְצֶבֶת liest man besser mit der Vulgata: הַמֹּחֶצֶת (vgl. Hiob 26,12). Rahab und Tannin sind Ungeheuer der Urzeit wie auch Leviathan (Hiob 9,13; 26,12; Ps. 87,4; 89,11; vgl. 74,14). Schöpfung ist Überwindung des Urmeeres (Gunkel, Schöpfung und Chaos, 1894); der Gedanke ist in Babylonien zu Hause, aber auch, wie die Ras-Schamra-Texte zeigen, in der syrisch-kanaanäischen Welt (O. Eißfeldt, Gott und das Meer in der Bibel, 1953). Die mythischen Vorstellungen vom Chaoskampf und die Schöpfung durch das Wort schließen einander nicht aus. – V. 10: Rückgriff auf den Stoff des Hymnus: Durchzug durchs Rote Meer, wobei die Chaosvorstellung noch im Hintergrund steht. Gottes Schöpferhandeln und sein Geschichtshandeln werden zusammen gesehen (von Rad, ThAT II, S. 254ff.). – V. 11: Im Volksklagelied hat nun die Bitte zu folgen. Sähe man V. 11 als fälschliche Eintragung von 35,10 an, so würde dies gerade fehlen. Statt imperativischer Bitte hier: Wunschbitte (Gunkel-Begrich, Einleitung in die Psalmen, § 6,15). Zum Verständnis dieses Verses vgl. uns. Ausl. zum 2. Advent.

V. 12: Beginn des (frei nachgeahmten) Heilsorakels. „Ich, ich selbst bin es, der euch tröstet." (Das doppelte „ich" ist kaum angemessen wiederzugeben.) Der Vers greift auf 40,1ff. zurück (vgl. uns. Ausl. zum 3. Advent); daß wir dort „alles Fleisch" speziell auf Babel bezogen, wird durch diesen Vers bestätigt. Der Wechsel zwischen Singular und Plural in der Anrede hat manchen Exegeten zu schaffen gemacht; auch das *du* meint das Gottesvolk als ganzes. – V. 13: Der Glaube an Gott den Schöpfer hat bei Deuterojesaja zentrale Bedeutung (40,12–17.21–31: 42,5–9; 43,1; 45,6–11 u. ö.). Die Anfechtung, die in der Klage vernehmbar wurde, beruht darauf, daß der Glaube an den Schöpfer fehlte. Wer sich vor dem Bedränger fürchtet, vergißt seinen Schöpfer. – V. 14: Befreiung angekündigt. – VV. 15f.: Die begründende Selbstprädikation greift auf die Motive des Schöpfungsglaubens zurück. – V. 16: Vgl. Jer. 1,9. Rückgriff auf die Berufungsvision (3. Advent). Sellin rechnet bes. aufgrund dieses Verses den ganzen Text zu den Ebed-Jahwe-Liedern. vgl. 49,2; Wstm. erwägt, ob unser Vers ein versprengtes Fragment eines Gottesknechtsliedes ist. Man wird mit der syrischen Übersetzung לִנְטֹת (= auszubreiten) zu lesen haben; anders Begrich (S. 167): er vergleicht 49,8 und liest לִנְטֹעַ שָׁמְמָה (= Wüstes zu bepflanzen).

Daß Jesus sich als „Herr der Naturmächte" erweist (altes Evangelium, Thema des Sonntags nach Spieker), könnte uns dazu verführen, das in unserem Text angesprochene Schöpfungsthema zu isolieren und aus seinem heilsgeschichtlichen Bezug herauszulösen. Wer unsere Auslegung des alten Evangeliums (Reihe I) vergleicht, wird sofort sehen, daß ein solches Vorgehen auch dort unangemessen wäre. Daß Jesus über die Natur gebietet, wirkt sich darin aus, daß er seinen in Todesangst befindlichen, dem Sturm und den Wellen preisgegebenen Jüngern hilft; und wenn man die Matthäusfassung heranzieht, dann zeigt sich zudem, wie diese Gewißheit seiner Verfügungsgewalt über Wind und Meer von eschatologischer Bedeutung ist: auch im Beben der letzten Zeit ist er bei den Seinen. Jesu

Herrschaft über die Natur wird hier im zwar angefochtenen, aber unter Jesu Zuruf
(Mark. 4,40) neu geweckten und gestärkten Glauben erfahren.

Wir müssen das betonen, weil sonst das Bekenntnis zu Christus als dem Herrn der Schöpfung leicht zu einer bloß weltanschaulichen Aussage entartet. Schöpfung – „die Ursache
vom Dasein einer Welt oder der Dinge" (Kant, Kritik der Urteilskraft, Ausg. Vorländer,
S. 335): dies wäre zwar mit der Aussage des Glaubens vereinbar, ließe aber gerade das,
was dem Glauben das wichtigste ist, außer Betracht. Schöpfungsglaube ist – persönlicher,
im Gegenüber auf du und du bestehender – Glaube an den dreieinigen Gott – eine Sache
nicht bloß der Welt- und Lebensdeutung, sondern eine Sache des Verbundenseins mit
dem Schöpfer in Demut und Dankbarkeit, Liebe und Vertrauen. Also nicht: da hat einmal einer die Welt geschaffen, und in der Welt die Pflanzen, darunter den Roggen, aus
dem das Brot gebacken wird. Sondern: Ich danke dir, Gott, für das Brot, mit dem du mir
aufs neue Leben gibst und erhältst. Nicht, daß Schöpfung nur darin geschähe, daß *ich*
Gott meinen Schöpfer sein lasse. Schöpfung ist ein transsubjektiver Sachverhalt. Gott ist
der Schöpfer auch der Kreaturen, die nichts von ihm wissen können; übrigens auch der
Menschen, denen es nicht in den Sinn kommt, ihn als ihren Schöpfer anzuerkennen und
zu ehren. Er ist es auch dann, wenn ich „des Herrn vergesse, der mich gemacht hat"
(V. 13); auch die abgefallene Schöpfung lebt aus dem Schöpferwillen Gottes. Nur: sowohl
die Abhängigkeit wider Willen als auch das Ausgeliefertsein an den ewigen Richter entspricht nicht der Absicht Gottes mit seiner Schöpfung. Der gefallenen Welt gegenüber
wirkt sich Gottes Schöpfersein so aus, daß diese von ihm nicht loskommt und auf ihn
angewiesen bleibt. Aber das ist ein Tatbestand, mit dem Gott sich in seiner Liebe nicht
abfindet. Gemeint ist Schöpfung ganz anders. In ihr soll sich Gottes Herrlichkeit spiegeln,
und alle Kreatur soll ihn loben; mit seinen Menschenkindern will Gott als Vater in Liebe
verbunden sein. Gott hat Gedanken des Heils und hält sie über die Zeit des Abfalls, der
Entfremdung, des Gesetzes und Gerichts hinweg fest. Gemacht ist die Welt für das Heil
Gottes, das uns im Glauben zuteil werden soll.

G. von Rad arbeitet heraus, wie im Alten Testament Schöpfung „in einem theologischen
Zusammenhang mit der Heilsgeschichte" zu sehen ist. Durch Jahwes Offenbarung war
für Israel „der Bereich der Geschichte aufgerissen ... Daß Israel tatsächlich diesen Bezug
der Schöpfung zu der Heilsgeschichte – und nicht zu einer mythisch verstandenen
Gegenwart – herzustellen imstande war, das war theologisch eine große Leistung"
(ThAT I, S. 140f.). Schöpfung ist nicht neben dem Geschichtshandeln ein Werk für sich,
sie ist „das erste der geschichtlichen Wunder Jahwes und ein sonderliches Zeugnis seines
Heilswillens" (ebd. II, S. 254f.). Das ist der theologische Hintergrund für unseren Text.

Auch an ihm zeigt sich übrigens, daß der Hinweis auf den Schöpfer dienende Funktion
hat. Ein Angefochtener wird angesprochen und getröstet und mit ihm das Volk der Verbannten. Wie weit sind wir hier weg von bloß theoretischen Erörterungen über den Anfang der Welt! Da sind Menschen, die nun schon über ein halbes Jahrhundert im Exil
ihrer Väter Sünden und ihre eigenen büßen, aber nun erfahren haben: die Schuld ist
abgetragen, Gott fängt mit euch neu an (40,1ff. – 3. Advent). Der Prophet hat in hohem
Amts- und Sendungsbewußtsein den Trost Gottes unter die Leute gebracht. Auch wenn
man Begrichs Periodisierung der Tätigkeit Deuterojesajas nicht übernimmt: deutlich ist,
daß hier – Volksklage – aus Glaubensnot und Zweifel heraus gedacht und geredet ist. Die
Ereignisse sind anders gelaufen, als der Prophet gesagt hat. In der Klage wird Gott
bestürmt. Der Text spricht uns unmittelbar an, weil Anfechtungen dem Glauben zu
keiner Zeit fremd sind und auch wir in dem Gottesheil ferner Zeit ähnlich wie der Prophet nach Gott fragen könnten. Zusammengefaßt gesagt: *Kein Grund, an Gott irre zu
werden!* (1) *Er hat Macht über seine Schöpfung.* (2) *Er will das Heil für sein Volk.*

I.

In der Klage äußert sich angefochtener Glaube. Die Weltgeschichte läuft anders, als der Prophet es vorausgesehen und vorausgesagt hat. Nichts vom Einbruch des Eschaton wird spürbar, wie Deuterojesaja es versteht: nichts von der Niederwerfung der Feinde (42,13; 49,26 u. ö.), von der Aufrichtung der Gottesherrschaft (40,10; 52,7–10 u. ö.), von der Verwandlung der gesamten Welt (50,3; 51,6; 41,18; 43,19; 44,3; 49,10 u. a.). In dieses Gesamtgeschehen wäre die Heimkehr der Gola einzubeziehen gewesen. Hieß es doch: Jahwe tröstet und erlöst sein Volk, indem er seinen herrlichen Arm vor den Augen aller Völker offenbart und aller Welt Enden sein Heil sehen läßt (52,9f.). Aber es bleibt still in der Welt. Gott sollte seine Waffenrüstung anziehen („Arm": anthropomorphes Symbolwort für Kraft und Macht) und kräftig ins Weltgeschehen eingreifen, vgl. Ps. 44. Leidenschaftlich wird er nun angerufen, er soll „sich regen", ja, „sich erregen" und „wach werden" (עור). Aber – er scheint zu schlafen wie Jesus im Schiff.

Das Schweigen Gottes und das Ausbleiben seiner Zusagen ist denen, die nicht an Gott glauben, das mit jeder Menge von Beispielen zu belegende Argument. Dem Glauben ist es nicht fremd; er ist darum auch nicht überrascht, wenn es ihm entgegentritt, denn er weiß von der Verborgenheit Gottes; aber der darin begründeten Anfechtung ist er nicht entnommen. Einer, der wie wenige in die Finsternisse und Abgründe der Welt und der Geschichte geblickt hat, äußert sich über Bildwerke im Wiener Stephansdom, die die Schrecknisse der gefallenen Welt darstellen: „Es müssen Tod und Zweifel *in* der Kirche sein. *Vor* ihren Mauern bedeuten sie wenig, sind sie überall. Aber hier!" (Reinhold Schneider, Winter in Wien ⁴1958, S. 114). Aus der Bibel sprechen viele Menschen zu uns, die unter der vermeintlichen Abwesenheit Gottes gelitten haben. Der Glaube lebt nicht davon, daß die Probleme sich auflösen. Noch einmal R. Schneider über ein Gespräch mit Experten der Theologie: „Ich kann nur staunen über diese Kunst..., den Gott der Liebe zu demonstrieren. Für mich ist die Offenbarung ein personales Wort an den, der glaubt, der zu glauben vermag, kein Wort an die Kreatur, die Räume, die Gestirne" (in deren Bereich er soviel Sinnloses entdeckt). „... Aus einer unbegrenzbaren kosmischen Dunkelwolke schimmert schwach ein einziger Stern; das muß uns genug sein; mehr ist uns nicht geoffenbart" (ebd., S. 241).

Der Glaube Deuterojesajas ist freilich etwas flächenhafter. Der Prophet beruft sich – vor Gott – auf alte Glaubenstraditionen Israels. Gerade dem Angefochtenen können die Überlieferungen, in denen sich Glaubenserfahrung niedergeschlagen hat, hilfreich sein. Keiner steht für sich allein. Es ist nicht gut, wenn wir in unseren Zweifeln, Enttäuschungen, im Verwundetsein und – vielleicht – in Hoffnungslosigkeit in uns selbst verschlossen bleiben. Der Prophet tröstet nicht nur sich selbst mit den Glaubenserfahrungen anderer; er rennt damit Gott die Tür ein. „Warst du es nicht, der...?" Spürt man jetzt nichts von Gottes Macht – einst hat Gott sie ja eingesetzt und offenbart. So bei der Schöpfung. Rahab, das mythische Untier der Urzeit, und Tannin, „das langgestreckte Ungeheuer" (König), das riesenhafte Urkrokodil, symbolisieren die Chaosmächte, mit denen Gott kämpfte, als er die Welt schuf (17,12–14; Hiob 7,12; Ps. 89,11 u. ö.). Das Meer wurde zur Zeit des Alten Bundes als ein Ungeheuer empfunden, das Gott besiegte (Ps. 77,17–20). Die Welt ist sozusagen dem Negativen, dem Verwirrenden und Zerstörerischen abgerungen.

Uns Heutigen dürfte dieses Denken und Reden in mythologischen Vorstellungen und Bildern fremd sein. Wir denken uns Gott, wenn er die Welt schafft, schwerlich als Kämpfer, eher als Entwerfer, sozusagen – wenn man's bildlich ausdrücken will – am Reißbrett. Gewiß hat diese Sicht ihr Recht. Wissenschaftliche Forschung katalogisiert nicht nur, was *ist*, sondern sie macht sich Zusammenhänge und Gesetzmäßigkeiten klar und bringt sie auf (z. B. mathematische) Formeln. Das Ungeordnete und Sinnlose läßt sich nicht verstehend und ordnend erfassen. Nach-gedacht kann nur werden, was vor-gedacht ist. Der Glaube sieht also in der geordneten Welt nicht das Produkt des Zufalls aller Zufälle, sondern etwas planvoll Gewolltes und Gedachtes (Ps. 104,24). – Dennoch könnten uns auch die in VV. 9f. vorliegenden mythischen Vorstellungen etwas sagen. Nicht, daß die grausigen Ungeheuer Rahab und Tannin zu einer von Gott unabhängigen Urwirklichkeit gehörten, so daß, ehe die Welt wurde, erst einmal Feinde zu besiegen und widergöttliche Gewalten zu bändigen gewesen wären. „Ich bin Jahwe und keiner sonst; ich bilde das Licht und schaffe die Finsternis; ich wirke Heil, und ich schaffe Unheil; ich, Jahwe, wirke *alles*" (45,7). Wohl aber ist, wenn Schöpfung als Kampf dargestellt ist, begriffen, daß nicht nur im Kosmos Kampf ist, sondern daß das Vorhandensein des Kosmos dem zerstörenwollenden Nichtigen abgerungen ist. Schöpfung besteht nicht nur im Entwurf des Weltarchitekten. Sie ist ein fortgehendes Geschehen, in jedem Augenblick. Die Alten dachten an die Bedrohtheit der Welt durch das alles ersäufenwollende Urmeer (Gen. 7,11; nochmals Hiob 38,11). Das Atomzeitalter hat noch andere Vorstellungen von der Macht des schlechthin Vernichtenden. Schöpfung besteht darin, daß Gott sagt: „Bis hierher und nicht weiter!" Gott hält mit seinem „Arm" das Zerstörerische auf. Er *will* seine Welt, er liebt sie, er kämpft um sie und für sie. Schöpfung ist atemberaubend aktuales Geschehen. Ist dies eingesehen, dann ist es nur ein Schritt zu dem anderen: Derselbe Gott, der über die Urungeheuer Macht hat, kann auch sein Volk durchs Schilfmeer führen, und er *hat* es getan. „Der Herr wird für euch streiten, und ihr werdet stille sein" (Exod. 14,14). Gott will seine Welt, und er will sein Volk; beides sollen wir zusammensehen. „Schaffen und erlösen (גאל) können bei Deuterojesaja geradezu synonym gebraucht werden" (von Rad, ThAT II, S. 255). Damals schon, zu Moses Zeiten: „die Erlösten" (V. 10). Nun, in nächster Zukunft: „Die Erlösten des Herrn sollen heimkehren" (V. 11).

Israels Glaubenserfahrung bezeugt: Gott *kann*. Er hat die Macht. Angefochtener Glaube erinnert Gott an das, was er früher getan hat und eigentlich – creatio continua – immerzu tut.

Die Antwort Gottes im Erhörungs- oder Heilsorakel überrascht. Eben hat der Prophet Gott auf seine Schöpfermacht angesprochen, da bekommt er gesagt: „Du hast Jahwes vergessen, der dich gemacht hat, der den Himmel ausgebreitet und die Erde gegründet hat, – und du hast dich ständig gefürchtet . . ." Genau das, was er geltend macht, wird ihm abgesprochen: sein Wissen um Gottes Schöpfertätigkeit. Doch wird man genauer hinsehen müssen – und das ist für unseren eigenen Glauben von hoher Bedeutung –: Es kann sein, man hat das Glaubenswissen der Gemeinde Gottes parat, aber man lebt nicht damit, man nimmt es nicht ernst, man ruft es nicht ab. Wir können es uns an Martha in Bethanien klarmachen: sie weiß (aus dem Konfirmandenunterricht) wohl, daß Lazarus am Jüngsten Tage auferstehen wird, aber sie ist gänzlich ungetröstet (Joh. 11,24). Glaube ist nicht Zustimmung zu allgemeinen Wahrheiten – es gibt einen Gott, der Rahab bändigt und das Schilfmeer wegsam macht –, sondern das persönliche Befestigt- und Verankertsein in Gottes sprechender, auf uns direkt zukommender Zusage. Dazu kommt noch ein weiteres. Der Appell an die Schöpfermacht Gottes ergeht von der Voraussetzung aus, daß Gott früher aktiv war, jetzt aber schweigt. Du hast Rahab zerhauen und das Urkrokodil durchbohrt – wie Siegfried den Drachen –, du hast auch in großer Stunde Israel durch das Schilfmeer geholfen, aber – seitdem ist Ruhe, dein Arm greift nicht ein. Gottes Antwort: Du übersiehst völlig, daß ich, dein Gott, mit meiner Schöpferkraft ständig am Werke bin. Gottes Schaffen nur am Anfang, wie die Deisten es sich denken? Ein Gott „im Ruhestande"? Gott ist der „Deus semper actuosus", der Gott, der unablässig am Werke ist.

„Allmacht Gottes nenne ich nicht jenes Vermögen, kraft dessen er vieles nicht tut, was er tun könnte, sondern jene wirksame Macht, mit der er machtvoll alles in allem tut" (Luther, WA 18,718). Gott ist der „nie ruhende Wirker in allen seinen Kreaturen, und keine läßt er untätig sein" (ebd., S. 711). „Du hast des Herrn vergessen, der dich gemacht hat" (V. 13). „Dich" – Gottes aktuales Schaffen erfahren wir zunächst an uns selbst. Ich bin da, also *will* mich Gott. Er spannt den Himmel aus wie einen Schleier – wir würden es, unserem Weltbild gemäß, anders ausdrücken –, er führt das Herr der Sterne vollzählig übers Firmament (40,21.26ff.). Müden Menschen führt Gott neue Kraft zu (40,29). Du fragst nach Gottes Arm, nach seiner sichtbaren Macht? Gott hält sich ja gar nicht zurück, er bleibt ja – der Glaube nimmt es wahr – gar nicht so im Verborgenen, wie du klagst! Sein „Arm", nach dem du rufst, greift pausenlos mächtig in den Lauf der Dinge ein – nein, anders: *im* Lauf der Dinge selbst ist er wirksam. Du machst die Gegenwart gott-los, indem du tust, als müsse Gott erst in Zukunft wieder dein Gott sein und deinem Volke helfen. „Herr, hilf uns, wir verderben!" „Ihr Kleingläubigen, warum seid ihr so furchtsam?" Gott hat Macht über seine Schöpfung, es ist kein Grund da, an ihm irre zu werden.

2.

Gott steht zu seinem Wort. Er will das Heil für sein Volk. Kurz vor dem Aufbruchsbefehl, der die Heimkehr einleitet (52,11), wird das Volk der Verbannten noch einmal getröstet (V. 12). Es scheint nur so, als habe Gott seine Rettungsgedanken vergessen oder gar aufgegeben.
Wir übersehen nicht, daß unser Text nicht etwa ein oder gar *der* Schlüssel zum Verständnis der gesamten Weltgeschichte sein will, als wäre Weltgeschichte automatisch zugleich Heilsgeschichte und als sei mit dem Wort „Schöpfung" zugleich das „Heil" gemeint. Wir werden noch sehen, daß gerade dieser Text auf den besonderen Weg hinweist, den Gott geht, wenn er das Heil für sein Volk realisieren will. Es ist wahr: Gott will sein Gutes aller Welt zuteil werden lassen, aber er tut das in geschichtlicher, d. h. aber: die Glaubensentscheidung der Menschen einschließender Weise. „Du bist mein Volk" (V. 16).
Inzwischen ist Gottes Gemeinde noch in Babylonien festgehalten. In den Zeiten der Verfolgung hat die bedrängte Christusgemeinde „Babel" zum Symbolwort genommen für das Widergöttliche, Zerstörerische, Götzendienerische und Sündige in der Welt. „Und ich sah das Weib" – „das große Babylon" – „trunken vom Blut der Heiligen und von dem Blut der Zeugen Jesu" (Offb. 17,5f.). Der Schatten des Kreuzes Jesu Christi über dem Weg seiner Kirche. Die Erfahrung der in der Christusnachfolge stehenden Kirche: „Da erhob sich ein großes Ungestüm im Meer, so daß auch das Schiff mit Wellen bedeckt ward" (Matth. 8,24). In Leidens- und Kampfzeiten hat sich die Kirche immer wieder dieser Zusammenhänge erinnert.
Der Gotteszusage – ihr kommt heim! – steht Babels Macht und „der Grimm des Bedrängers" entgegen. Wir werden es den in Babel Festgehaltenen nicht übelnehmen, daß sie sich vor Menschen fürchten (V. 12). Gottes Zusagen klingen so unwirklich, während Babels Macht etwas geradezu körperlich Spürbares ist. Sind die Tatsachen nicht ernster zu nehmen als das Wort? Wie, wenn dieser „Bedränger" sich vornimmt, dich zu verderben" (V. 13)? Es ist mit *allen* Zusagen Gottes so: sie wollen gegen Erfahrung und Augenschein geglaubt sein. Man schaut sich um und sucht nach Stützen und Halt, verlangt Argumente, die das von Gott Zugesagte plausibel machen und es von unten her „untermauern"; aber damit kann man, was Gott verspricht, nur verlieren. „Ich, ich selbst", man könnte auch übersetzen: „ich allein bin's, der euch tröstet" (V. 12). Jetzt

kommt es wirklich darauf an, daß ihr nicht irgendwo anders „festmacht" – dies die Urbedeutung von הֶאֱמִין (glauben) –, sondern mich mit meinem Zuspruch an euch heranlaßt! Da ist ein Gefangener – eigentlich ein von seinen Fesseln Gekrümmter (צֹעֶה), ein in grausamer Weise in den Stock Geschlossener; er hungert – wer weiß, wie lange schon. Sein Schicksal scheint besiegelt: mag ihm das Todesurteil in aller Form gesprochen sein und er nur noch auf den Tag der Vollstreckung zu warten haben, oder mag es auch sein Los sein, in dieser verzweifelten Lage langsam, aber sicher einzugehen. Ihm wird gesagt: Du wirst frei, „eilends" sogar. (Ähnlich: 42,7.22.) Hinter dieser Ankündigung steht der schaffende Gott. Merkwürdig, wie sein Schöpfersein sich hier darstellt: „Ich bin der Herr, dein Gott" – darin liegt die Zusage der Verbundenheit, der Zusammengehörigkeit, der Zuwendung –, „der das Meer erregt, daß seine Wellen wüten" (V. 15). Wie das? Sollten wir nicht erwarten: der das Meer beschwichtigt und still macht? Also sind die Wellen, mit denen Jesu Jünger kämpfen, *seine* Wellen, der Sturm von Gott selbst erregt? Also ist es gar nicht so, daß die Situation der Anfechtung, in der sich Gottes Gemeinde – und in vergleichbaren Situationen der einzelne Christ – befindet, eine Situation der Gottesverlassenheit ist? In der Tat, das „Kreuz", das uns treffen kann, ist in jedem Fall *Christi* Kreuz. Man braucht sich das nur klarzumachen, um sofort zu wissen: daß Gott für sein Volk das Heil will, muß nicht bedeuten, daß es aus jeder Situation dieses Lebens einen glücklichen Ausgang gibt. Die Verbannten aus Babel *sind* heimgekommen – wie es scheint, schon bald, nachdem dieses Gotteswort erging. Es kann, fürs erste, auch anders sein. „Fürs erste", das meint: Deuterojesaja hat recht gesehen, wenn er die Botschaft der Hoffnung in den großen eschatologischen Horizont eingezeichnet sah. Die glaubende Gemeinde weiß – auch im Neuen Testament –, was Aufschübe bedeuten, „Parusieverzögerung". „Meine Seele wartet auf den Herrn – mehr als die Wächter auf den Morgen" (Ps. 130,6). „Herr, wie lange noch...?" (Offb. 6,10).

Aber es kommt ja nicht allein, ja, nicht einmal eigentlich auf den äußeren Szenenwechsel an, wie er etwa in V. 11 sich ankündigt. Derselbe Gott, der sich dazu bekennt, daß er das Meer nicht nur bändigen, sondern auch erregen kann, geht auf den Propheten und auf sein Volk auf eine andere Weise zu. „Ich habe mein Wort in deinen Mund gelegt und habe dich unter dem Schatten meiner Hände geborgen." Man nehme es so, wie es dasteht: Gottes eigenes Wort (z. B. V. 12a) im Munde eines Menschen. Das soll nicht heißen: verbriefte und versiegelte, meinetwegen verschnürte und konservierte Wahrheit, die ein Mensch dann verlautbart. Wort Gottes ist lebendige, geschehende Anrede. Er redet mit uns! Das gilt von aller Predigt des Evangeliums (1. Thess. 2,13). Sein Wort läßt den Funken überspringen von ihm zu uns, wenn man so will: vom Herzen Gottes zu unserem Herzen. Was auch geschehe, Gott und uns soll niemand mehr auseinanderbringen. Das bewirkt sein geschehendes Wort. Sollten wir Gottes „Arm" vermissen: die bergenden „Hände" sind da. Wie immer er uns führt, in der Schaffung seines Heils läßt er sich nicht irremachen. Sind wir doch – sein Volk (V. 16).

Letzter Sonntag nach Epiphanias. Joh. 12,34–36(37–41)

Bultmann hält VV. 34–36 – ebenso wie VV. 44–50 (uns. Ausl. zum 1. S. n. d. Christfest) – für ein versprengtes Fragment der Lichtrede, die sachlich an die Blindenheilung Kap. 9 anknüpft. Er meint, unser Stück schließe sich ausgezeichnet an 8,28f. an; die Rückbindung von V. 34 an V. 23 sei zu entfernt. Zwingend ist das nicht. Das Auftreten der Griechen ist für Jesus Zeichen dafür, daß sein Kairos gekommen ist (V. 23), und von da an ist von Jesu bevorstehendem Tod die Rede, in V. 33 mit deutlichem Hinweis auf das Kreuz. Die VV. 34–36 sind (mit Ausnahme des „Epilogs" VV. 44–50, vgl. uns. Ausl.) der Schluß der öffentlichen Predigt Jesu. Die VV. 36bff. ziehen eine (deprimierende)

Bilanz: Ablehnung, Verstockung. Es wird der Konzentration der Predigt dienlich sein, wenn wir die in Klammern stehenden VV. weglassen.

V. 34: Obwohl Jesus von seinem Tode nur andeutend gesprochen hat, antwortet das Volk genau auf diese Ankündigung, hat insofern also gut verstanden, was gemeint ist. Trotzdem Mißverständnis, wie oft bei Johannes. „Gesetz" meint wie 10,34; 15,25 (an beiden Stellen Anspielung auf Psalmen) die Heilige Schrift. Hier ist möglicherweise an Ps. 89,37 gedacht, vielleicht auch an Hes. 37,25; 1. Kön. 8,25; 9,5; Dan. 7,13f. In allen diesen Stellen ist freilich nur an die Dauer des königlichen Geschlechts bzw. des Königtums gedacht. Der Menschensohn ist nach allen 13 Stellen bei Johannes der Messias, der Lebensspender und Richter, der als der vom Himmel Herabgestiegene und wieder dorthin Aufsteigende diese Funktionen schon jetzt ausübt (Schnbg. Kommentar I, Exkurs V, S. 414). Hier Anknüpfung an 8,28; 12,23; daß der Menschensohn erhöht werden „muß", ergibt sich aus 3,14 (worin wieder deutlich Mark. 8,31 nachklingt: „Menschensohn", „muß", Kreuz). Das Volk weiß mit dieser Selbstbezeichnung Jesu nichts anzufangen. – V. 35: Jesus antwortet auf die beiden Fragen nicht. Statt dessen Aufruf zum Glauben, „solange ihr das Licht habt". Statt der phantastischen Messiaserwartung und der Wunschbilder nun Ruf zur Glaubensentscheidung. Sie ist nicht nur bis zu Jesu Hingang erforderlich und möglich, sondern grundsätzlich; freilich unter der Voraussetzung der Gegenwart Jesu als des Lichtes. – So auch V. 36. „Kinder" nach hebräischem Sprachgebrauch: „zugehörig zu" (vgl. Luk. 16,8; 20,36; 1. Thess. 5,5 u. v. a.). Man muß nicht in diesem Zusammenhang an die „Söhne des Lichts" in den Qumranschriften denken.

Für diejenigen, die auch die VV. 36b – 41 der Predigt zugrunde legen wollen, einige Hinweise: Wie schon 8,59 entzieht sich Jesus jetzt der Menge, er wird ab 13,1 nur noch zum Jüngerkreis sprechen. Das „Licht" ist nun wirklich nicht mehr bei den Leuten. – V. 37: „So große" oder (20,30) „so viele" Zeichen (von Offenbarungsworten ist nicht die Rede, obwohl man das gerade hier erwarten würde; es dürfte sich um den Abschluß der Semeiaquelle handeln). – V. 38: Jesus sieht darin eine göttliche Notwendigkeit: Jes. 53,1 (LXX), vgl. Röm. 10,16. – V. 39: Sie wollten – nein: sie konnten nicht glauben, vgl. 9,39. Jes. 6,9f. ist auch Matth. 13,14f. Parr. und Apg. 28,26f. zitiert. Der Ruf zum Glauben (VV. 35f. u. ö.) wäre sinnlos, wenn die Menschen von vornherein durch Verstockung blockiert und damit entschuldigt wären. Umstellung der Aussage: erst Verblendung, dann Verstockung. – V. 41: Wie Abraham den Tag Christi sah und sich freute (8,56), so hat auch Jesaja die Herrlichkeit Christi gesehen. Ein verstecktes (oft übersehenes) Zeugnis für die Gottheit Christi.

Es ist mir nicht deutlich geworden, was dieser Text am letzten Sonntag der Epiphaniaszeit soll, speziell: was er mit dem Thema der Verklärung – im Sinne des alten Evangeliums – zu tun hat. Zwar sind im johanneischen Denken „Erhöhung" (V. 34) und „Verherrlichung" (V. 23) eng aufeinander bezogen, nämlich als die beiden Seiten desselben heilsgeschichtlichen Ereignisses, aber beide sind – schon dem Wortlaut nach – von dem, was auf dem Berge der Verklärung geschieht, ganz verschieden: handelt es sich doch da um das ὅραμα, das „Gesicht", in dem den Jüngern die sonst verborgene himmlische Herrlichkeit Jesu erfahrbar wird (Matth. 17,9). In Matth. 17 erscheint die Doxa des auf Erden weilenden Jesus. Hier ist es die Doxa, die Jesus gewinnt, indem er ans Kreuz erhöht und damit zu der himmlischen Seinsweise erhoben wird, aus der er gekommen ist (3,13; 6,62; 17,5.24). In Matth. 17 geht es um die der Epiphanienzeit zugehörige Frage: wer ist der, der unter uns weilt? In Joh. 12 um die andere: wo und wie wird der sein, der nunmehr von uns weggeht? Und im Zusammenhang damit um die andere, die in Matth. 17 überhaupt nicht zur Verhandlung steht: wieso muß er überhaupt weggehen? müßte er nicht bleiben? und wenn er nicht bleibt, was für ein Menschensohn-Messias ist er dann überhaupt?

Gut könnte man sich den Text an zwei anderen Stellen des Kirchenjahres denken. Einmal: am Sonntag vor der Passionszeit, Estomihi. Auch der vorliegende Abschnitt ist eine Art Leidensankündigung, sofern er auf das eingeht, was Jesus zuvor verlautbart hat. Die Zeit der Verherrlichung des Menschensohns ist da, das Weizenkorn muß in die Erde, Jesu Seele ist betrübt. V. 33 weist noch auf Jesu Todesart: das Kreuz wird aufgerichtet werden, und Jesus zieht alle mit sich hinauf (VV. 23f.27.32f.). Da meldet sich nun die Frage: Soll das der Menschensohn-Messias sein, dem dies widerfährt? Müßte er nicht „ewiglich bleiben", um auf dieser Erde das Reich des Glücks und des Friedens aufzurichten und aufrechtzuerhalten? Wieso dieses schreckliche „Muß" der Passion (V. 34)? – Oder man könnte den Text zu Himmelfahrt predigen, indem man die andere Seite des Erhöht-werdens betrachtet. Wie regiert dieser Menschensohn-Messias? Nicht auf irdische Weise, sondern als der Erhöhte. Auf uns, die von ihm Regierten bezogen, würde das heißen: Es gilt, nicht auf irgendeine äußere Veränderung der Lage zu warten, sondern jetzt, solange uns Zeit gegeben ist, unser Leben im Licht zu führen, d. h. aber: im Strahlungsbereich dessen, der selbst das Licht ist. „Was ist das für ein Menschensohn?" Eben ein solcher, der regiert, indem die Seinen an ihn – das Licht – „glauben" (VV. 35f.).

Aber ein solcher Einspruch gegen die Plazierung des Textes muß uns nicht veranlassen, nach einem anderen Text zu greifen (etwa nach dem wichtigen Marginaltext Exod. 34,29–35). Das Kirchenjahr ist kein Gesetz. Wir haben unsere Bedenken hauptsächlich nur deshalb vorgetragen, weil daran zugleich deutlich wird, in welche Richtung uns der Text führt.

Die Herrschaft dieses Königs sieht ganz anders aus. (1) *Sucht ihn droben!* (2) *Glaubt an ihn heute.*

I.

„Herr, das verhüte Gott; das soll dir nicht widerfahren!" Was – nach Matth. 16,22; Mark. 8,32 – Petrus seinem Herrn entgegnet, wird hier, bei Johannes, der Volksmenge in den Mund gelegt – jetzt nicht im beschwörenden Ton der Sorge, sondern im Sinne einer distanzierten Kritik. Zur Sorge ist nicht mehr Zeit; als Johannes dies niederschreibt, ist Jesus den schweren Weg längst gegangen. Jetzt meldet sich der Widerspruch, der zu allen Zeiten gegen einen Christus erhoben wurde, der ans Kreuz geschlagen wird. Johannes sagt es in seiner Sprache. Er vermeidet die Rede vom Leiden Jesu; vom Kreuz ist nur im Passionsbericht selbst die Rede. Immerhin: Jesus läßt erkennen, „was für einen Tod zu sterben er im Begriff ist" (V. 33): er wird – schreckliche Aussicht – „erhöht" werden: man wird ihn samt dem Kreuz, an das er befestigt ist, aufrichten. Aber nach johanneischer Redeweise ist eben dies seine Verherrlichung (vgl. die VV. 23 und 32). Zwar wird schon im irdischen Leben seine Doxa für den Glauben anschaulich (1,14; 2,11), aber seine eigentliche, volle Verherrlichung geschieht in Jesu „Stunde" (V. 23, vgl. 7,39; 12,16), in der alles „vollendet" wird (19,30). Diese Stunde steht dicht bevor.

Wie stark der Evangelist – man stößt immer wieder darauf – geprägte Überlieferung im Ohr hat, sieht man an dem „muß" in V. 34. Die Volksmenge zitiert Jesus selbst. Weder in V. 23 noch in V. 32 steht das „muß", auch nicht in 8,28. Es findet sich in 3,14 – und in den synoptischen Leidensverkündigungen (vgl. bes. Mark. 8,31), in denen auch das Wort Menschensohn seinen festen Platz hat (so auch 3,14). Es braucht uns jetzt nicht zu beschäftigen, wie es dazu gekommen ist, daß der Menschensohn aus Dan. 7, vielleicht auch aus dem äthiopischen Henochbuch und aus 4. Esra hierher gelangte. Genug: die Leidensankündigungen sagen aus, daß der Verheißene, der Heilbringer, dem „Macht, Ehre und Reich gegeben" wird (Dan. 7,14), den Menschen ausgeliefert und umgebracht werden muß, freilich so, daß er danach auferstehen wird. Genau das liegt ja in der Doppelbedeutung von „erhöht werden": der zwischen Himmel und Erde hängen muß, wird zum Himmel erhöht, dahin also, von wo er gekommen ist (3,13; 6,62; 12,23; 17,5.24). Wir sprachen vorhin vom Menschensohn-Messias. Für das Volk ist diese „Gleichsetzung" (Bltm. z. St.) selbstverständlich; Menschensohn ist eine Messiasbezeichnung. Nur eben: von Jesus hören die Menschen, daß der Menschensohn, das, was sie vom Messias erwarten, nicht erfüllen wird. Er dürfte nicht weggeben, irgendwohin entrückt oder erhoben werden, schon gar nicht einen so schrecklichen Tod sterben; er müßte „ewig bleiben", in dieser Welt ein stabiles Reich aufrichten, in dem sich alle Hoffnungen erfüllen, die man für diese Welt haben kann: Wohlstand und Glück, Freiheit, Glanz, Ansehen, Friede. – „Wir aber hofften, er sei es, der Israel erlösen würde" (Luk. 24,21). Sind das denn vage Hoffnungen, aus den Fingern gesogene Wünsche? Im „Gesetz" haben wir's gelesen bzw. daraus vernommen. Die Herrschaft dieses Erwarteten soll „groß werden und des Friedens kein Ende auf dem Thron Davids und in seinem Königreich, daß er's stärke und stütze durch Recht und Gerechtigkeit von nun an bis in Ewigkeit" (Jes. 9,6).

Johannes erhebt, wie wir sehen, den Widerspruch des Petrus ins Allgemeingültige. Der Anstoß ist heute noch derselbe. Er bezieht sich auf beide Aussagen, die in dem Wort Erhöhung gegeben sind. Zunächst: Was nützt uns, wenn es um die Rettung der Welt geht, ein toter – noch dazu auf diese schmähliche Weise umgekommener (V. 33) – Christus? Was nützt uns dieser tragische Verlierer? Wir brauchen den Mann des Erfolgs, nicht den Scheiternden. Wir brauchen nicht einen, der da oben an dem Querbalken des Kreuzes hängt, sondern einen, der fest auf seinem Thron sitzt. Elend gibt es schon genug auf der Welt – was kann der Elendeste unter den Elenden ausrichten? Sieg muß sein, nicht Niederlage. Macht, nicht erbärmliches Sterben. „Bist du Gottes Sohn, so steig herab vom Kreuz!" (Matth. 27,40). – Sodann: Wenn es schon wahr ist, daß die Erhöhung die ganz andere Seite hat, nämlich die volle Anerkenntnis durch Gott bedeutet und die Erhebung zur Macht Gottes: was nützt uns ein König aller Könige, wenn er nicht *da* ist, sondern „droben"? Die Verjenseitigung der Herrschaft Christi bedeutet die Preisgabe des Diesseits. Ist man auch gewiß, daß der erhöhte Herr gegenwärtig ist und die Seinen ermächtigt, „größere Werke" zu tun, als er selbst getan hat (14,12): das „Reich" diese Königs bleibt doch eschatische Wirklichkeit, die auch dann, wenn sie als gegenwärtig zu verstehen ist, unanschaulich ist, jedenfalls nicht direkt in Weltliches umgesetzt werden kann. Und eben darauf käme es ja an! Soll das Klagen der Elenden und das Geschrei derer, denen Unrecht widerfährt, ungehört bleiben? „Das Verlangen der Elenden hörst du, Herr" (Ps. 10,17) – Hört er es wirklich in seinem hohen Himmel? Eine diesseitige Messiaserwartung drängt auf Verwirklichung – hier und heute. Da die Christenheit ihren Herrn im Himmel sucht, haben nun irdische Bewegungen und Mächte die messianische Hoffnung verwirklicht, oder sie sind doch wenigstens darum bemüht. Was ist das für ein Menschensohn (V. 34), der nicht bleibt und sich behauptet und sein Gutes in der Welt durchsetzt?

Daß wir ihn „droben" suchen – Abkürzung für sein Erhobensein zu Gott, von dem er kommt –, also auch nach dem trachten, was „droben" ist (Kol. 3,2), darf nicht bedeuten, daß wir die Dinge der Welt ihren Lauf nehmen lassen. Christsein verpflichtet und befähigt zum Dienst an den Menschen in den gegebenen Ordnungen dieser Welt. Dies kann auch und wird in vielen Fällen bedeuten, daß die „Ordnungen", sofern sie „Unordnungen" sind, bekämpft und durch Besseres ersetzt werden müssen. Die Urchristenheit hat, soweit wir sehen können, in dieser Hinsicht wenig getan; aber das mag, zum Teil wenigstens, in ihrer Situation innerhalb der Gesellschaft begründet sein. In dem Maße, in dem die christliche Gemeinde sich in die Welt hinein ausbreitete und in ihr geschichtsbildende Kraft gewann, wuchs auch ihre Verantwortung innerhalb der Welt. In ihrer Bibel standen und stehen ja auch die Worte des Gesetzes Gottes und seiner Propheten. Christen dürfen selbst nicht Unrecht tun, und sie dürfen es nicht zulassen, daß anderen Unrecht geschieht. Dies bedeutet nicht nur, daß sie im Einzelfall im Sinne des Rechts aktiv werden müssen, sondern auch, daß sie sich für die Beseitigung menschenfeindlicher Ordnungen einsetzen und – gemeinsam mit ihren nichtchristlichen Mitbürgern – eine gerechte und menschenwürdige Ordnung schaffen helfen. – Nur: dies alles bedeutet nicht, daß damit die Königsherrschaft Jesu Christi geltend gemacht und realisiert wird. Wir befinden uns mit dem eben Genannten durchaus noch auf der Ebene des Gesetzes, also im Bereich der Herrschaft Gottes „zur Linken", da also, wo Gott mit seinen Notordnungen das Leben der zeitlichen Welt erhält bis zum großen Tage Jesu Christi. Gesetz, sagen wir; nicht Evangelium. Man kann die Königsherrschaft Jesu Christi nicht durch Parlamentsbeschlüsse und Anordnungen von Regierungen durchsetzen. Auch muß man wissen, daß weltliche Ordnung nicht allein auf der Einsicht und dem guten Willen der Bürger beruhen kann; sie muß, solange wir Sünder sind, durch Macht geschützt und durchgesetzt werden. Unmöglich, daß Christus die Seinen auf solche Weise regiert. Er, der sich zu seinem himmlischen Königtum bekennt (18,37), erkennt doch die gottgesetzte Macht des Pilatus an (19,11). Es wäre gefährlich, wenn beides vermengt würde. Christi Reich verlöre sein Eigentliches, nämlich, daß es ganz auf die Gnade gegründet ist. Und dem irdischen Staatswesen wäre nicht gedient, wenn ihm abverlangt und zugemutet würde, was es gar nicht leisten kann, das nüchterne und illusionslose weltliche Handeln seine Sachlichkeit einbüßte durch religiöse, auf Heil gerichtete Überblendung. Der Ehre Gottes ist, wie die Geschichte zeigt, mit schwärmerischen Gottesstaat-Versuchen nicht gedient.

Der Christus muß ewiglich bleiben? Nein, des Menschen Sohn muß erhöht werden. Gottes Lamm muß der Welt Sünde tragen – das Kreuz. Und der vom Himmel Gekommene muß, indem er sich selbst für uns heiligt (17,19), zur Herrlichkeit erhöht werden, die er bei Gott hatte, ehe die Welt war (17,5). Sein Reich ist nicht von dieser Welt. Das ist der Irrtum der hier gegen die Leidensankündigung Opponierenden, „daß sie in ihren Phantasien das eschatologische Ereignis in die Dimension des weltlichen Geschehens hinabziehen und nicht verstehen, daß es die Welt verneint. Der ὄχλος vertritt das Wunschbild der jüdischen Apokalyptik, wonach der Heilbringer vom Himmel kommt, um auf Erden die Heilszeit aufzurichten, die kein Ende nehmen wird. Diesem apokalyptischen Bilde gilt hier wie sonst der Kampf des Evangelisten" (Bltm. z. St.). Die Herrschaft dieses Königs sieht ganz anders aus. Sucht ihn droben!

2.

So war es also falsch, wenn solche, die an Jesus Christus glauben, auf Realisierung bestehen, d. h. auf dem konkreten Tun des Willens ihres Herrn? Soll es etwa beim „Herr-Herr-Sagen" bleiben (Matth. 7,21)? Darf der Blick nach „droben" uns ablenken von dem, was auf Erden zu tun ist? Entfremdet uns die Erwartung des Eschaton dem Heute? Der Text weist uns mit großem Nachdruck auf dieses Heute. Merkwürdig übergangslos – der Einspruch der Menschen scheint allzu schnell abgetan. Immerhin gibt es eine Klammer. Indem Jesus sich auf sein schweres Ende gefaßt zu machen hat, bleibt noch eine kleine Zeitspanne, die genützt werden soll. Das klingt beinahe irreführend. Man könnte danach meinen, seit dem Karfreitag sei nun das Licht tatsächlich nicht mehr da, und zu einem Wandel im Licht sei es nun ein für allemal zu spät. In der Tat: es gibt ein Zuspät (7,33.; 8,21): es kommt die Zeit, in der man Jesus suchen und nicht finden wird. Aber wir sollen dabei nicht an die Zeit nach seiner Erhöhung denken, als sei er als der Erhöhte unerreichbar. Er ist erreichbar, gerade als Erhöhter. Aber darauf lenkt Jesus zunächst die Aufmerksamkeit, daß das, was ein neues Leben, den neuen „Wandel", bewirkt, *er selber* ist. Man muß *ihn* dabeihaben. Das Licht, in dem es zu wandeln gilt, ist er selbst. Den ὄχλοι war es ja gar nicht um die Person des Messias zu tun, sondern um das Reich, das er bringt, und all die Annehmlichkeiten, die man sich von diesem Reiche erhofft. Das steht so nicht ausdrücklich im Text; es kann nur von V. 35 aus – e contrario – geschlossen werden, und es ergibt sich aus den messianischen Glückserwartungen biblischer und außerbiblischer Messiaszeugnisse. Jesus lenkt demgegenüber den Blick auf seine Person. „Er *gibt* das Licht, und *ist* es zugleich; er gibt es, indem er es ist, und er ist es, indem er es gibt" (Bltm. zu 8,12). Die Menschen sollten nicht irgend etwas erwarten, sondern ihn; nicht auf irgend etwas aus sein, sondern ihn suchen. – Dazu kommt, daß hier tatsächlich der limitierende Satz angebracht ist: „solange ihr das Licht habt". Daß Jesus sich anschickt, seinen letzten Weg zu gehen, die Möglichkeit der Gemeinschaft mit ihm – äußerlich gesehen – kurz befristet ist, macht einen Tatbestand deutlich, der überhaupt gilt, wo man mit Jesus zusammen ist. Begegnung ist immer eine Sache des jeweils gegenwärtigen Augenblicks. Das schließt nicht aus, daß es auch ein „Bleiben-in-ihm" gibt (6,56; 8,31; 15,4f.9f.; 1. Joh. 2,6.24.28; 3,6.24; 4,15f.). Aber was uns dauerhaft gegeben ist, will im persönlichen Zusammensein mit Christus wahrgenommen, ergriffen und ausgelebt sein. Und da ist die uns gegebene Zeit allerdings von größter Bedeutung. Den gegenwärtigen Augenblick gilt es wahrzunehmen – *jeweils* den gegenwärtigen Augenblick. Die Menschen waren auf etwas Bleibendes aus (V. 34). Sie sollten aber auf etwas aus sein, was immer wieder *geschieht*: Wandel im Licht. Daß wir es mit dem erhöhten Christus zu tun haben, der beim Vater ist in himmlischer Herrlichkeit, bedeutet nicht, daß unser Leben in seinem Reich verschoben wäre auf das Eingehen ins Eschaton, also auf den Tag Christi oder unseren Überschritt ins künftige Leben. Was Christus uns sein und geben will, sollen wir *heute* haben. Ja, man muß sogar darauf hinweisen, daß es ungewiß ist, ob wir's morgen noch werden haben können. Für Jesus selbst gilt, daß er die ihm gegebene Zeit auskauft (9,4f.). Wer wirklich „lebt", wird das Heute nicht verträumen oder verdösen. Er wird die Zeit auskaufen, die ihm gegeben ist, nicht im Sinne hastiger Geschäftigkeit, sondern so, daß er sich dem Licht aussetzt, das ihn bescheint. Wir werden sofort noch zu bedenken haben, was das heißt. Jetzt gilt es, daß wir uns die Befristung unserer Chancen verdeutlichen. Ich weiß nicht, wie oft Christus noch bei mir anklopfen wird (in seinem Wort und in seinen Sakramenten). Ich weiß nicht, wann der „fahrende Platzregen" vorbei ist. ich weiß nicht, wie lange mir selbst noch Zeit gegeben ist. Das ewige Leben fängt *jetzt* an.

Worin besteht es? Was heißt es, daß wir „dem Licht zugehörig" sein sollen bzw. können („Kinder des Lichts", V. 36)? Das „Wandeln" (περιπατεῖν) ist „metaphorisch gebraucht und bezeichnet die gesamte Lebenshaltung oder Lebensrichtung"; es ist „von dem περιπατεῖν der paränetischen Terminologie (1. Thess. 2,12; Röm. 13,13 usw.) zu unterscheiden. Dieses bedeutet die praktische Lebensführung, die durch die Frage nach der Norm bestimmt ist . . ., während das joh. περιπατ. durch die Frage nach der Sphäre, innerhalb deren sich das Leben bewegt, bestimmt ist" (Bltm. zu 8,12). „Geht euren Weg, solange es hell ist!" Fragt man, wie das geschehen soll, dann bekommen wir vom Text die Antwort: „Glaubt an das Licht!"

Licht und Finsternis: zwei „Sphären", zwei Seinsbereiche – ähnlich der paulinischen Zweiheit von Geist und Fleisch. Im Anfang hat Gott das Licht von der Finsternis geschieden; der Prolog des Evangeliums greift auf dieses Urgeschehen zurück. Was von Gott kommt, ist Licht. Im Licht gedeiht das Leben, die Wahrheit, das Gute. Der Tod ist finster. Die Lüge braucht das Dunkle, um bestehen zu können; der Satan ist der Vater der Lüge (8,44). Die dunkle Welt des Widergöttlichen steht dem lichtvollen Sein und Wirken Gottes gegenüber. Wo Bruderhaß ist, ist Finsternis, nicht Licht (1. Joh. 2,9). Licht, Liebe und Leben gehören zusammen. „Wer in der Finsternis wandelt, weiß nicht, wo er hingeht" (V. 35), denn er kann den Weg nicht wahrnehmen, Hindernisse nicht unterscheiden, Abgründe nicht erkennen, die Richtung nicht ausmachen. Man läuft irgendwohin und merkt nicht, daß man in sein Verhängnis läuft. Dabei kann man sich für sehend halten (9,39), aber das, worauf alles ankommt, nimmt man nicht wahr. Ob man sich in einer völlig unerleuchteten Welt befindet oder mit Blindheit geschlagen ist, kommt auf dasselbe hinaus – in dem Wort „Augenlicht" ist beides zusammengebunden. Lichtloses Leben könnte in mangelndem Unterscheidungsvermögen bestehen, darum im Beirrtsein, in Ungewißheit und Angst, in einem Dahindämmern ohne die Fähigkeit, die Helligkeit der bunten, reichen Welt wahrzunehmen, in dem quälenden Nichtwissen darum, wohin die Reise geht. Ganz anders, wenn wir Jesus begegnen. Da spricht Gott selbst uns an, da werden wir aus dem Nichtsein der Urfinsternis herausgerufen. Wir werden wach für Gott. Wir begreifen unsere Existenz als Geschaffensein – und zwar als Geschaffensein auf Gott hin, zum Gegenüber Gottes. Wir erkennen im Licht der Präsenz Christi, daß wir ernst genommen und angehört werden, geschätzt trotz allem und geliebt. Mehr noch: gerettet und bewahrt. Man darf ja nie vergessen, daß die Finsternis nach biblischem Verständnis eine aktive Größe ist, eine Macht, die uns „überfallen" will (V. 35); sie macht uns unserer Zugehörigkeit zu Gott ungewiß, sie redet uns das Vertrauen aus und stürzt uns in Verzweiflung, sie verlockt uns zu Dingen, mit denen wir unser eigenes Leben und das Leben anderer kaputt machen, sie macht uns gleichgültig gegenüber dem, was um uns her passiert, sie verbittert uns zum Haß. Jesus: „Wer mir nachfolgt, der wird nicht wandeln in der Finsternis, sondern wird das Licht des Lebens haben" (8,12).

Was hat das alles mit der Herrschaft des Erhöhten zu tun? Es ist sofort deutlich: hier geht es nicht um etablierte Macht, um ein System, um ein Regime, auch nicht um eine sozialethische Doktrin, um ein Programm der Umorganisierung der Welt. All das hat an seinem Ort seinen Sinn. Aber Jesu Herrschaft ist anderer Art. Da werden mitten in diesem Leben Menschen von dem angestrahlt, was nicht von dieser Welt ist. Nun wissen sie ihr Woher und Wohin. Sie leben ihr tägliches Leben wie alle andern; sie gehen zu ihrer Arbeit, sie tun auch sonst, was zum alltäglichen und sonntäglichen Leben gehört, sie tragen auch ihre Leiden und kämpfen mit ihren Problemen. Aber in allem ist Christus, in dem Gott selbst sie anspricht. Sie wissen, von wem sie kommen und wem sie gehören.

Septuagesimä. Matth. 9,9–13

In den Parallelen Mark. 2,14–17; Luk. 5,27–32) sind Berufung und Gastmahl bereits verbunden. Handelte es sich um nur gedachte Szenen, hier als Einrahmung für das Apophthegma V. 12, so hätte eine der beiden Szenen – Berufung oder Mahl – genügt. Wahrscheinlich steckt in dem Erzählten doch auch Erinnerung. Dem muß nicht widersprechen, daß sich sowohl Jüngerberufungen als auch gemeinsames Essen öfter ereigneten, das Dargestellte also typische Bedeutung hat. Wo sich die vorangehende Szene (Heilung des Gelähmten) abgespielt hat, bleibt bei Matthäus offen (anders Markus); Grdm. meint: noch außerhalb der Stadt. So reiht sich die Berufungsgeschichte an, indem der neue Jünger von der Zollstation weg berufen wird.
V. 9: παράγειν = vorbeigehen (Grdm. übersetzt „weitergehen" und kommt so zu seiner Aufreihung). Daß der Name des am Zoll sitzenden „Menschen" erst nachträglich genannt ist, will nichts bedeuten; es entspricht dem Stil guter Erzählung. Der Name Levi (bei Mark. und Luk.) ist in Matthäus geändert. Zwei Namen derselben Person? Doppelnamen gibt es nur, wo der griechische Name dem hebräischen zugefügt wird (Saul/Paulus) oder der Betreffende einen signifikanten Beinamen bekommt (Simon Petrus). Der erste Evangelist hat den Namen geändert – entweder weil ihm eine Apostelliste vorlag, die nicht den Namen Levi, wohl aber den des Matthäus enthielt, oder aber, weil es sich bei dem Zöllner Matthäus um einen Mann handelt, der für die Tradition, auf die sich das Evangelium gründet, Gewicht besitzt (Schnwd., Grdm., Schweizer; anders Schenke, der dies nur für diese Perikope in Erwägung zieht, Einl. S. 121). Die Papiasüberlieferung (Eusebios, KG III 39,16), nach der Matthäus dieses Evangelium (oder wenigstens seinen Grundstock, wie man gemeint hat) geschrieben habe (und zwar in hebräischer Sprache), unterliegt erheblichen Zweifeln. Die Szene ist holzschnitt-

artig vereinfacht. Vollmächtiger Ruf in die Nachfolge – sofortiges Mitgehen ohne Wenn und Aber. („Wir haben alles verlassen", 19,27.)

V. 10: In welchem Hause das Gastmahl stattfindet, wird nicht gesagt. Es könnte das des Matthäus sein (Luk. 5,29), auch das des Petrus (Matth. 8,14), auch Jesu eigenes Haus (4,13). „Sünder sind keine Klasse oder kein Stand neben ‚Zöllner'" (Lohmeyer zu Mark. 2,15); der Streit mit den Pharisäern (so bei Matth. – vgl. Mark. 2,16) mag diese Zusammenordnung mit sich gebracht haben, oder es sind eben einfach die Menschen, die man in Jesu Umgebung zu finden gewohnt ist (11,19). Man kann mit Grdm. sagen: Sünder kommen, weil sie am Gelähmten erfahren haben, wie Jesus zu ihnen steht (V. 2), Zöllner, weil Jesus einen der Ihren berufen hat (V. 9). Tischgemeinschaft verbindet; sie ist die Vorausnahme des himmlischen Mahles (8,11f.; Luk. 14,15ff.). – V. 11: „Auffallend, . . . daß bei Gastmählern so oft ungeladene Personen erscheinen: Mark. 2,15f.; 14,3; Luk. 7,37; 14,2" (Bltm., GsTr., S. 70); aber man konnte „diese Gemeinsamkeit des Mahles beobachten . . ., ob von der Straße her oder als Zuschauer beim Mahle, wie es nach orientalischen Gewohnheiten möglich wäre" (Lohmeyer zu Mark. 2,15f.). – V. 11: „Euer Lehrer" auffällig respektvoll. Jesus war kein ordinierter Rabbi. – V. 12: Entscheidender Gesichtspunkt: sie haben es nötig. – V. 13: Das kultkritische Hoseawort, das Matthäus noch einfügt, bringt einen neuen Gesichtspunkt ins Spiel. Hier schaut man nicht auf den Empfänger der Wohltat (er braucht es), sondern auf den Täter (Gott will es so). Die Formel „geht hin und lernt" ist „Wiedergabe eines palästinischen Schulausdrucks" (Grdm. n. Str.-B. I, S. 499). Jesus weist die Gesprächspartner nicht ab, sondern fordert sie auf, sich eine Erkenntnis anzueignen. Am Schluß einer der ἦλϑον-Sprüche (ThWNT II, S. 664f.), die das messianische Selbstbewußtsein Jesu widerspiegeln. So auch 5,17; Luk. 12,49; 19,10 u. a.

Der Sonntag Septuagesimä spricht davon, daß wir ganz und gar auf Gottes Gnade angewiesen sind; dies wiederum ist nur die andere Seite dessen, daß Gott uns tatsächlich bedingungslos gnädig sein will. Wir stehen mit Gott nicht in einem Kontrakt auf Gegenseitigkeit. Die es nicht wert sind, die nimmt Gott an und belohnt sie noch, einfach weil er „so gütig" ist (Matth. 20,15). War schon das Gleichnis von den Arbeitern im Weinberg solchen gesagt, die aufgrund ihrer größeren Verdienste ein Recht auf höheren Lohn zu haben meinten, so ist, was in dieser Perikope geschieht, noch unmittelbarer eine Zurechtweisung derer, die an der von Jesus den Verworfenen zugewandten Güte und Barmherzigkeit Anstoß nehmen; unmittelbarer deshalb, weil hier nicht im Gleichnis geredet ist, sondern der erlebte Vorgang selbst für sich spricht und durch Jesu Wort gedeutet und durchleuchtet wird.

Oder ist, was wir hier lesen, doch nur eine Lehrerzählung, die – Bultmann meint, sogar in recht ungeschickter Weise – um Jesu Wort von den Gesunden und Kranken herumgelegt worden ist? Hat das Wort „keine straffe Beziehung zur Situation", ist die Szene des Mahles für dieses Logion sogar „deplaciert" (GsTr., S. 16)? Richtig ist sicher, daß das hier Berichtete gar nicht auf uns gekommen wäre, wenn die Gemeinde Jesu nicht immer wieder Anlaß gehabt hätte, auf die Frage Antwort zu geben, wieso sich in ihr so viele „Zöllner und Sünder" sammeln und wieso sich Jesus durch die Tischgemeinschaft (Abendmahl) mit solchen Menschen aufs engste verbinden kann. Die Kirche der Sünder ist von den Pharisäern aller Spielarten immer wieder nach dem Rechtsgrund ihrer Offenheit für die Verachteten, Ordnungswidrigen, Gottfernen, Entgleisten gefragt und sie ist deswegen bekämpft und beschimpft worden (zur Illustration etwa: 1. Kor. 1,26–29; 6,11a). Ihre Antwort – nicht nur an die Außenwelt, sondern zunächst an sich selbst – konnte nur im Rückgriff auf ihres Herrn eigenes Wort und Verhalten bestehen. Das heißt: die Gemeinde hat, so zur Rede gestellt, einfach aus den Erdentagen Jesu erzählt: so und so hat der Herr es selbst gehalten (VV. 9f.), so hat er dieses Verhalten begründet (V. 12), so hat er überhaupt sein Heilandswerk verstanden (V. 13c). Das Interesse beim mündlichen Weitergeben der Sprüche Jesu und der Szenen, in die hinein sie gesprochen sind, ist also ein jeweils gegenwärtiges (Sitz im Leben); die zu erteilende Antwort greift aber auf das zurück, was man sich aus den Erdentagen Jesu zu erzählen wußte (historischer Bericht). (Daß dazwischen die brechenden und filtrierenden Einwirkungen der mündlichen, ja auch der schriftlichen – redaktionellen – Überlieferung liegen, versteht sich von selbst.) An wen wird sich die Predigt wenden: an die Gerechten oder an die Sünder? Wir werden am 3. Sonntag n. Trin. vor ähnlichen Fragen stehen. Man wird sich in beiden Fällen nicht ausschließlich für das eine und damit gegen das andere entscheiden, aber man wird wahrscheinlich diesmal der Predigt an die Sünder den Vorrang geben: Gott ist in Christus denen gnädig, die ganz auf die Gnade angewiesen sind. Im Sinne einer dynamischen Ökonomie in unserer Predigt – Steigerung –, empfehle ich einen Aufriß, bei dem der Text von rückwärts durchgegangen wird. Also etwa so: *Jesus ist bei den Verachteten,* (1) *weil er Barmherzigkeit will* (2) *weil er die Sünder will,* (3) *weil er deren Dienst will.*

I.

Jesus bei denen, die von den auf Reputation Bedachten gemieden wurden; bei denen also, die wegen ihres Berufes (Steuereinnehmer, Zöllner, Geldwechsler, Gerber, Hirten) oder wegen ihrer Lebensweise (Ehebrecher, Huren, Würfelspieler) oder wegen ihres Bildungsgrades (der Tora Unkundige, schon darum nicht in der Lage, „gerecht" zu leben) verachtet waren. Daß Jesus sich ihnen zuwendet, würden wir heutzutage keineswegs als anstößig empfinden. Im Gegenteil: um sozial Benachteiligte sollte man sich kümmern, ihre Lage sollte man sich verständlich machen, man sollte ihnen ihre Ehre als Menschen zuerkennen – nicht mitleidig, von oben herab, sondern in nüchterner Erkenntnis ihres Schicksals, denn nur so können sie den gehörigen Platz für ihr Leben finden. Jesus hat uns das vorgemacht. Er dürfte gesehen haben, daß der soziale Status solcher Menschen nicht nur in Schuld, sondern vor allem in ihrem Schicksal begründet ist. Wir wissen heute, daß sozial gerechte Veränderungen in der Gesellschaft nötig sind, um Menschen – wir denken besonders an *junge* Menschen – aus der Lage zu befreien, in der ihr Humanum kaputt gehen muß oder sich von vornherein gar nicht entfalten kann. Jesus weiß: die ins „Aus" Geratenen bedürfen besonderer Zuwendung; man muß sie ernst nehmen, ihnen ein wirkliches Gegenüber werden, ihnen zu neuem Selbstwertbewußtsein verhelfen, sie liebhaben. Gedanken solcher Art dürften den Evangelisten dazu gebracht haben, der Markusvorlage noch Hos. 6,6 einzufügen; hier schon und 12,7 noch einmal. „An Barmherzigkeit habe ich Gefallen und nicht am Opfer." Matthäus sieht in Jesus einen Fortsetzer der klassischen Prophetie mit ihrer Kultkritik und ihrem Drängen auf tätigen Gehorsam gegen Gott im Verhalten zu den Menschen. In unserer Sprache würden wir statt von Barmherzigkeit lieber von Menschlichkeit reden: Achtung vor dem Menschen, wer er auch sei, zufassendes Helfen, Treue und Verläßlichkeit in der Hinwendung zu dem, mit dem wir es jeweils zu tun haben. Man könnte aus dem deutschen Wort Barmherzigkeit etwas heraushören, was weniger aus dem von Hosea gebrauchten Wort חֶסֶד, wohl aber aus dem LXX-Wort ἔλεος hervorgeht: das innerste Anteilnehmen am Ergehen des anderen, das mitleidende Eingehen in sein Erleben und Erleiden. So würde es dem neuen Ethos entsprechen, das zu verkündigen und unter die Leute zu bringen Jesu Auftrag gewesen wäre. Hört man noch die Unter- und Obertöne des hebräischen Wortes mit, dann wird die Aussage noch reicher: was hier „Barmherzigkeit" heißt, umschließt Güte, Milde, Gunst, Liebe, Anmut, Liebreiz, Charme. In der Tat: Menschen, wie sie hier um Jesus versammelt sind, können dies schon gebrauchen, daß in ihr Leben solche Sonnenstrahlen fallen. Dies will Gott – nicht Opfer. Daß wir Jesu Verhalten als beispielhaft für die von ihm erwartete Menschlichkeit ansehen, könnte durch die gegen den Kult gerichtete Einstellung noch unterstrichen werden. Für Hosea scheint die Ablehnung des Opferkultes festzustehen (5,6; 8,11 ff.), obwohl der Wortlaut im hebräischen Urtext nicht ganz eindeutig ist (zweite Satzhälfte deutlich komparativ; vgl. W. Rudolph, Hosea, S. 139 f.). Jesus selbst hat die Gefahr der Flucht in den Kultus und der Entartung des Kultus zur Ersatzleistung für den geschuldeten Gehorsam gesehen (15,1–9.19 f.; 23,25–28; 6,1–6.16–18). Aber er besucht den Tempel, der als seines Vaters Haus angesehen werden soll (diese Formulierung Joh. 2,16; Synoptiker: „mein Haus" nach Jes. 56,7; Jer. 7,11). Er lehrt die Seinen beten. Er hält das Passa und knüpft daran die Einsetzung seines Mahles. Als der Erhöhte stiftet er die Taufe. Das Wort 5,23 f. setzt die Beteiligung der Leute Jesu am Tempelkult als selbstverständlichen Brauch voraus (Bltm., ThNT, § 2,3); Goppelt freilich sieht darin ein reines Bildwort (ThNT I, S. 147). Jesus ist nicht kultfeindlich gesinnt. Aber das Herr-Herr-Sagen wird zur Farce, wo man nicht des Vaters Willen tut (7,21). Und was Gott will, ist klar: er will Barmherzigkeit.

Also ein neues Ethos, dem auch Jesus sich unterzog und das er beispielhaft betätigte? Wir müssen die Frage so stellen, weil das Evangelium unter uns nicht selten zu einer neuen Sozialmoral verkürzt und entstellt wird. Nicht, daß wir uns dem entziehen sollten oder dürften, was Jesus in der Gastmahlszene tut; es gilt nur, das, was hier geschehen soll, im Ganzen des Evangeliums zu begründen. In zweierlei Hinsicht.

Das Wort Barmherzigkeit (חֶסֶד) ist eng mit dem anderen verwandt, das wir meist mit Gerechtigkeit übersetzen (צְדָקָה). „Im alten Israel wurde ein Verhalten, ein Handeln nicht an einer ideellen Norm gemessen, sondern an dem jeweiligen Gemeinschaftsverhältnis selbst, in dem sich der Partner gerade zu bewähren hatte", so „daß צדק durchaus ein Verhältnisbegriff ist, und zwar in dem Sinne, daß er sich auf ein wirkliches Verhältnis zwischen zweien ... bezieht, nicht aber auf das Verhältnis eines der Beurteilung unterzogenen Objektes zu einer Idee" (von Rad, ThAT I, S. 369 unter Bezugnahme auf H. Cremer). Das, was hier mit „Barmherzigkeit" wiedergegeben ist, ist, mindestens bei Hosea, das bundesgerechte Verhalten, das die Beziehung zu Gott und den Menschen einschließt: „die Hingabe und die Treue zu Jahwe", aber auch „die Zuwendung zum Nebenmenschen" (W. Rudolph zu Hos. 6,6). Das Opfer darbringen – und damit genug? Gott will den ganzen Menschen.

Die andere hier anzustellende Überlegung kann das eben Gesagte nur bestätigen. Jesus denkt an viel mehr als an eine neue mitmenschliche Verhaltensweise. Von „Barmherzigkeit" sprachen auch die damaligen Musterfrommen; sie meinten damit das „Almosen"(= ἐλεημοσύνη), das sie gaben – „an der Selbstverwirklichung und nicht am andern orientiert" (Goppelt, ThNT I, S. 175). Jesus preist die Barmherzigen selig, die nichts anderes tun als das, wovon sie selber leben: eben Barmherzigkeit. Die Denkfigur ist dieselbe in 5,7 und 6,14 f.: indem man barmherzig ist oder Übertretungen vergibt, tritt man in den Raum ein, in dem man von nichts anderem lebt als von Gottes Barmherzigkeit und Vergebung. „Barmherzig im Sinne der Seligpreisung wird, wer von ihrer" – nämlich der Gottesbarmherzigkeit – „Verheißung seine Zukunft erwartet" (Goppelt, ebd.). „Seid barmherzig, wie auch euer Vater barmherzig ist" (Luk. 6,36). In Jesus tritt nicht nur ein solcher in das (Zöllner-)Haus, der neue moralische Grundsätze verkündigt, sondern der eine, in dem die Barmherzigkeit Gottes selbst zu den Menschen kommt. Wir sprachen eben vom „Raum" der Barmherzigkeit. Es ist nicht so, daß Jesus in diesen schon längst vor ihm vorhandenen Raum der Barmherzigkeit hineinginge, um dort selbst einer der Barmherzigen zu sein. Indem er kommt, *schafft* er diesen Raum. In ihm ist die Barmherzigkeit Gottes zu uns gekommen; sie wird die Luft, die wir atmen und in der wir leben. Gott hat ein „Herz", in dem „Erbarmen" ist; Gott kann es nicht ansehen, daß Menschen ausgestoßen, verachtet, entwürdigt, „abgehängt", aufgegeben und ihrem Schicksal überlassen werden. Deshalb ist Jesus bei den Verachteten. Wir haben zu überlegen, wo in unserer ganz anders strukturierten Gesellschaft Menschen sind, zu denen Jesus *heute* vornehmlich gehen würde, weil das „Erbarmen" Gottes gerade auf sie gerichtet ist. Es besteht Anlaß zu der Sorge, daß unsere mit sich selbst beschäftigte und sich ihres Frommseins freuende Gemeinde kopfschüttelt, wenn Jesus sich – wie anders als durch den Dienst seiner Leute? – mit Outsiders und (vermeintlich) hoffnungslosen Fällen beschäftigt. Leben wir im Raum der Barmherzigkeit?

2.

Versteht man die Perikope als Zeugnis von dem Wunder der Gnade, die sich Sündern zuwendet, und damit als Hinweis auf die große Chance, die Gott in Christus Sündern gibt, dann ist nicht zuerst von der Barmherzigkeit die Rede, die wir anderen schulden, sondern von der Barmherzigkeit, die wir empfangen. Jesus ist bei den Verachteten, weil er die Sünder will. (Die ergiebigste Auslegung der Perikope finde ich bei Barth, KD IV/3,2, S. 671ff.; nachfolgend sei einiges daraus aufgegriffen, ohne daß dies im einzelnen kenntlich gemacht ist.)
Es sieht in der Perikope so aus, als habe die Berufung des Zöllners Matthäus (s. u.) „viele Zöllner und Sünder" ermutigt, Verbindung mit Jesus zu suchen. Da in der Zollstation des Matthäus nicht gerade „viele" seiner Berufskollegen anwesend gedacht werden können, muß man die Aussage V. 10 als verallgemeinernd verstehen. So war das, wo Jesus hinkam: Sünder fühlten sich von ihm angezogen, weil er sie „annahm" (Luk. 15,2). Überall waren sie schlecht angesehen. Von allen wurden sie gemieden und verachtet. Allenfalls untereinander konnte sie die Solidarität derer verbinden, aus denen nach der Meinung der Maßgebenden nie etwas Rechtes werden würde und für die man darum nichts mehr zu hoffen habe. Und nun kommt dieser Jesus und setzt sich mit ihnen an *einen* Tisch.
Tischgemeinschaft – das Wort ist neuerdings unter uns fast zu einem Zentralbegriff des Kerygmas geworden. Es spricht viel dafür, daß wir diesen Zug des Evangeliums wiederentdecken. Christus will seine Leute beisammen haben, miteinander verbunden in gemeinsamem Leben, in sichtbarer, erfahrbarer und im tätigen Miteinander sich bewährender Gemeinschaft. Und er will, daß diese christliche Tischrunde sich nicht exklusiv gibt, sondern für andere offen ist, von wie weither sie auch immer kommen mögen. Wir haben Verlangen nach gelebter Gemeinschaft. Mancher, der mit Botschaft und Lehre der Kirche nicht zurechtkommt, wird durch die Weise angezogen, in der man hier miteinander verbunden ist und umgeht. Pendelt sonst das Leben zwischen dem Einbezogensein in die große Zahl (etwa in einem Großbetrieb) und der Enge der „vier Wände", so bindet das Sitzen an einem Tisch in die überschaubare und darum konkrete und funktionskräftige Gemeinschaft ein. Liebhaber der Genitiv-Theologien könnten eine „Theologie der Tuchfühlung" daraus entwickeln. Aber nein: was ernst gemeint und ernst zu nehmen ist, soll nicht mit einem billigen Scherz abgetan sein. Es muß nur alles seinen rechten Platz bekommen. Zum Beispiel: Daß das Herrenmahl nicht aus der Stiftung Jesu „in der Nacht, da er verraten ward" (1. Kor. 11,23) hergeleitet wird, sondern als Fortsetzung der alltäglichen Tischgemeinschaft Jesu mit seinen Leuten – im engeren oder weiteren Kreis – anzusehen ist, wird von einer Reihe von Exegeten – aus religionsgeschichtlichen und formgeschichtlichen Gründen – behauptet, von anderen energisch bestritten. Der Eifer, mit dem manche Praktiker dieses Behauptete und Bestrittene aufgreifen und das Herrenmahl sozialethisch umdeuten, muß uns beunruhigen; isolierte Teilwahrheiten sind oft Irrtümer. Daß Jesus mit den Verachteten an einem Tische sitzt, *ist* noch nicht das Sakrament, das er vor seinem Tode einsetzen wird. Aber da er – als Lösegeld für die vielen – sein Leben gibt und sich selbst in seinem Mahl an die Seinen austeilt, schließt dieses

Mahl auch das ein, was er in seinen Erdentagen an den Sündern getan hat. Er ist durch
sein Sakrament nicht nur bei uns, sondern nun auch in uns: dies führt und bindet uns auf
eine neue Weise zusammen.

Jesus hält es mit den Sündern. Wir brächten uns um den Trost dieses Satzes, wenn wir
jetzt nur an das soziale Schicksal der hier um Jesus Versammelten dächten und ihre
Sünde lediglich in dem Mißgeschick sähen, das in ihrem Herkommen, ihrem Beruf,
ihrem Lebensgang und ihrer sozialen Stellung liegt. Gott weiß, wie Schuld und Schicksal
bei einem jeden von uns ineinander verfilzt sind, und er weiß sicher gut zu scheiden. Die
Allgemeinheit des Adamitischen in uns (Röm. 3,23; 5,12ff.) darf uns nicht dazu verführen, daß wir unsere eigene Sünde leugnen. Jesus hat es nicht mit Quasi-Sündern, sondern mit wirklichen Sündern zu tun. ·

Die Gerechten nehmen Anstoß (V. 11). Gerechte sind Leute, die nach ihrem eigenen Urteil und nach dem der anderen Gerechten auf der Seite Gottes stehen. Sie sind so, wie
man sein soll: gewissenhaft, korrekt, zuverlässig, fromm, darum vorbildlich und ehren-
haft. Auf der anderen Seite stehen die Sünder: nicht nur Menschen mit Eintragungen im
Strafregister, sondern auch die, die man nicht erwischt und verantwortlich gemacht hat,
ja sogar in der Mehrzahl die, mit denen sich kein Gericht beschäftigen würde, weil, was
an ihnen auszusetzen ist, nicht in diesen Bereich gehört; mit Gott zerfallen und darum in
allem Denken, Wollen, Streben, Hoffen, Jammern, Schimpfen (usw.) weit von ihm weg;
auf anderes vertrauend und hoffend, letztlich auf sich selbst; mehr oder weniger verliebt
in sich selbst oder auch – das liegt dicht daneben – sich selbst und andere Menschen ver-
achtend, diese anderen Menschen übersehend oder übergehend oder aber für sich aus-
nutzend. Dies die andere Gruppe. Und wohin gehört Jesus? Er steht nicht im Lager der
Gerechten, sondern ist bei den anderen zu finden. „Sage mir, mit wem du umgehst, und
ich will dir sagen, wer du bist."

Der Arzt wendet sich den Kranken zu; die Gesunden bedürfen seiner nicht (V. 12). Gibt
es überhaupt Gesunde? Hat Jesus die Gerechtigkeit dieser Gerechten doch anerkannt?
Auffällig, wie er hier argumentiert. Er hat sonst diese „Sorte Mensch" (γενεά) als böse
(12,39), ungläubig (Mark. 9,19), treulos (Matth. 12,39; 16,4), überhaupt die Menschen als
arg (Luk. 11,13) bezeichnet. Nur: einen allgemeingehaltenen Lehrbuchsatz über die Sünd-
haftigkeit aller Menschen hat er nicht formuliert. Wozu auch? Wen's nicht im Gewissen
trifft, dem würde ein solcher theoretischer Satz nichts sagen. Auf Zuschauerfragen geht
Jesus nicht ein; er beantwortet sie so, daß er sie, von der Antwort her, in Existenzfragen
verwandelt (Luk. 10,29; 12,41; 13,23). Ob einer „gerecht" ist, das kann sich nur im Konkreten
ergeben. Tatsächlich ist es so, daß die „Gerechten" und „Gesunden" sich Jesus entzogen
haben, und solange einer in eigener Gerechtigkeit lebt, kann Jesus auch mit ihm nichts
anfangen. Man gebrauche die Rede vom Arzt und den Kranken mit Vorsicht. Jesu Bemühen um die Verachteten hat nicht das Ziel, daß sie zu guter Letzt doch noch auf die Seite
der „Gesunden" zu stehen kommen, die meinen, sie lebten nicht mehr von Gnade und
Vergebung, sondern könnten ihren Stand bei Gott durch das Selbstgeleistete behaupten.
Ist Jesus dazu da, sich überflüssig zu machen? Uns zu solchen Menschen umzuformen,
die seiner nicht mehr bedürfen? Zu solchen, die, was ihre Geltung vor Gott angeht, auf
eigenen Füßen stehen? Ist das nicht die Wurzel unserer Sünde, daß wir behaupten (oder
unausgesprochen meinen), es gehe ohne Gott? Wollte jemand einwenden, es müsse ja
schließlich bei Jesu Tischgenossen sich im praktischen Leben vieles ändern – „sündige
hinfort nicht mehr!" –: so wäre darauf hinzuweisen, daß eben dieses Anderswerden nicht
darauf beruht, daß jemand wieder auf die „eigenen Füße" kommt, sondern darauf, daß er
nur noch aus der unverdienten Zuwendung seines Herrn lebt. *Hier* ist das Verwandelnde
und Erneuernde; *so* wird man gesund. Gerecht sein kann man nur aus Gnade, und auch

die gelebte, die praktizierte „bessere" Gerechtigkeit ist keine solche, in der man auf Gnade verzichten könnte, sondern eine, die – auf Schritt und Tritt – aus Gnade lebt.

3.

Das größte Wunder freilich liegt in dem, was der zunächst so unsensationell klingende Anfangsvers der Perikope besagt. Die Zuwendung zu den Verachteten wird da am eindrucksvollsten als Werk der freien Gnade erkennbar, wo einer nicht nur Liebe erfährt und es staunend erlebt, daß sich jemand um ihn kümmert, sondern wo er, der bisher Verachtete, so sehr angenommen und ernst genommen wird, daß einer ihm etwas zutraut: „Folge mir!" Darin liegt ja: Ich kann dich brauchen, du bist es in meinen Augen wert, einer meiner Gefolgsleute zu sein. Wir wissen es aus vielfältiger Erfahrung, daß es einen Menschen anspornt, wenn von ihm Gutes und Großes erwartet wird, wie es denn, umgekehrt, tief entmutigend wirkt, wenn einer immer nur bescheinigt bekommt, daß er für anspruchsvollere Aufgaben nicht taugt. Ein Teufelskreis: je entmutigter, desto untüchtiger; je untüchtiger, desto verachteter; je verachteter, umso mehr entmutigt. Jesus setzt in seiner schöpferischen Gnade zu einem Zirkel an, der gerade andersherum läuft: sein Ruf schafft Vertrauen und Mut; zum ersten Mal seit langem erwartet einer von diesem Zolleinnehmer etwas Gutes; so „angenommen" wird er brauchbar für große Aufgaben.

Jetzt wird es darauf ankommen, daß wir es deutlich machen: Die Begnadung, die in dem Ruf liegt, widerfährt dem Mann am Zoll völlig voraussetzungslos, als reines Wunder. Der Text unterstreicht es in meisterlicher Kürze. „Im Vorübergehen" sieht Jesus diesen Matthäus. Diese Geschichte hat keine Vorgeschichte. Kein Betrieb könnte es wagen, einen Menschen so ungeprüft, so ohne jeden Eignungstest, sogar ohne jedes Vorgespräch einzustellen. Und man mache sich klar: Matthäus ist ja nicht etwa nur ein unbeschriebenes Blatt, er ist vielmehr ein übel berüchtigter Mann wie alle seinesgleichen. Jesus holt sich einen, von dem jedermann sagen würde: bloß nicht den! Wo bleibt Jesu Menschenkenntnis? „Das Ganze (ist) auf der Seite des Berufenden wie des Berufenen ebenso eindeutig, wie gänzlich unvorbereitet und insofern tief unwahrscheinlich ... Wie kommt Jesus dazu, diesen Mann zu berufen? Er *tut* es. Wie kommt dieser Mann dazu, Jesus zu gehorchen? Er *tut* es. In solchem auf beiden Seiten schlechthin erstaunlichen, nur eben faktisch stattfindenden einfachen *Ereignis* entsteht Jesu Meisterschaft, dieses Menschen Jüngerschaft" (Barth, S. 672). Jesu Berufung ist wie eine Schöpfung aus dem Nichts. Wo einer sich als völlig unwürdig jedes Vertrauens erwiesen hatte, da schenkt Jesus ihm Vertrauen. Einer, der der Sache Gottes gänzlich fern gestanden hat – wie sich aus seiner Stellung in der Gesellschaft zwingend ergibt –, wird hier für Gottes Sache engagiert. Wodurch? Einfach dadurch, daß Jesus ihn ruft und an sich bindet.

Eine Ausnahme? Man könnte es so sehen. Nicht in jedem Falle werden die natürlichen Voraussetzungen für den Dienst in der Nachfolge Christi so ungünstig sein. Es soll ja nicht geleugnet werden, daß Jesus auch natürliche Anlagen und Gaben, auch erlerntes Wissen und natürliche Fertigkeiten in seinen Dienst nimmt (z. B. pädagogische Fähigkeiten, theologisches Denkvermögen, künstlerische Gaben, Hände, die geschickt sind für diakonische Hilfeleistung, die Fähigkeit zur Kommunikation). Aber solches alles spielt in V. 9 nicht die geringste Rolle. Das, worauf es hier ankommt, liegt ja auch auf ganz anderer Ebene. „Zöllner und Sünder" will Jesus für den Dienst in seiner Sache gebrauchen. Darin ist Matthäus nun wirklich keine Ausnahme. Jesus betreibt seine Sache nur mit Sündern – also mit solchen, die (was für Gaben und Fähigkeiten sie sonst auch haben mögen) vor Gott „unmöglich" sind. „Nicht, daß wir tüchtig sind von uns selber ...; sondern daß wir tüchtig sind, ist von Gott" (2. Kor. 3,5). Zu Jesu Kirche gehören und in dieser Kirche – wie Matthäus (10,3) – einen besonderen Dienst versehen: das ergibt sich nicht aus unserm natürlichen Status, sondern allein aus Jesu schöpferischem und erwählenden Ruf. Ja, noch mehr: nicht nur am Start – beim Aufbruch von der Zollstation – sind Jesu Leute untauglich und nur durch Jesu Wunder brauchbar; es bleibt bei dieser Untauglichkeit und Unwürdigkeit und damit bei dem Angewiesensein auf die „Tüchtigkeit", die „von Gott" ist. Es gilt das vorhin Gesagte: Jesu Werk besteht nicht darin, daß er „Zöllner und Sünder" in „Gerechte" verwandelt, die nunmehr ohne seine Barmherzigkeit auskommen können; das „neue Leben" der Christen bleibt das von Christus geschenkte, ja, strenggenommen, Christi eigenes Leben. Darum stehen auf der Kanzel, am Altar und am Taufstein lauter solche, die wie Matthäus sind: voraussetzungslos berufen, an sich selbst unwürdig und doch von Jesus für sein Tun benutzt. Um es noch deutlicher zu sagen: Apostel und überhaupt Amtsträger der Kirche ist man nicht, weil man im Glauben, in der Nachfolge, in der Heiligung, in der Gewißheit (usw.) den anderen voraus wäre, sondern weil man von Christus berufen und bevollmächtigt (= befugt, autorisiert) ist (10,1). Dies festzuhalten ist wichtig gegenüber allen anmaßenden Selbsteinschätzungen und Ansprüchen der Amtsträger, aber auch gegen alles Irrewerden am Auftrag, wenn sie unter der eigenen geistlichen Unzulänglichkeit leiden. Festzuhalten ist dies aber auch gegenüber falschen Erwartungen der Gemeinde, besonders dann, wenn sie unter den geistlichen Schwachheiten ihres Pfarrers zu leiden hat. Es kann befreiend wirken, wenn beide, Pfarrer und Gemeinde, wissen: Jesus treibt seine Sache mit lauter Sündern, die er sich vom „Zoll" holt.

Wie immer man sich bei den Pastoralbriefen in der Verfasserfrage entscheidet, das Selbst- und Amtsverständnis des Paulus ist genau getroffen: Ihm ist „Barmherzigkeit widerfahren". Er weiß, „daß Christus Jesus gekommen ist ..., die Sünder zu retten", unter denen er „der vornehmste" ist, gewissermaßen „Modellfall" (ὑποτύπωσις) „für die, die glauben sollten" (1. Tim. 1,13.15f., vgl. in uns. Text bes. V. 13). Das große Wunder: Jesus kann mit Sündern etwas anfangen, seine ganze Kirche besteht aus lauter solchen „Matthäussen" und ist doch – darum, weil er, der Herr, in ihr wirkt – die „heilige christliche Kirche". Wer das annimmt, daß er selbst von Christus so angenommen ist, wird Mut fassen; er wird – ähnlich wie Matthäus – „aufstehen" und „ihm folgen".

Sexagesimä. Jes. 55,(6–9)10–12a

Abgrenzung: Wenn man mit Westermann VV. 6–11 und 12f. je besonders nimmt, ist die Hinzufügung von V. 12a zur Perikope ein Versuch, dem Passus über das wirksame Wort Gottes inhaltliche Fülle zu geben. Dieser Versuch ist m. E. unnötig, ja, er überlastet die Perikope. (Von der Heimkehr haben übrigens schon die Texte vom 3. Advent und 4. S. n. Epiph. gesprochen.) Ob man V. 7 ausscheidet oder stehen läßt, hängt von der Bestimmung der Gattung ab. Begrich sieht in VV. 6f. eines der prophetischen Mahnworte, in denen, der Form nach, die priesterliche Tora nachgebildet ist: pluralischer Imperativ, Fortführung mit Jussiv in der 2. Person, am Schluß die Folge des hier verlangten Verhaltens. Ich neige jedoch jetzt mehr Wstm. zu (vor ihm so schon Duhm), der in V. 7 den Zusatz eines Lesers sieht, der „Gedanken und Wege" anders verstand als V. 8 und eine Mahnung einfügte. So würde die Perikope die VV. 6.8–11 zu umfassen haben. Davon gehen wir im folgenden aus.

Das Stück ist ein Epilog zur Sammlung der Sprüche Deuterojesajas, ein Pendant zu 40,6–8. Ein abschließender Imperativ (V. 6) wird in zwei Gängen begründet: VV. 8f. begründen die Gültigkeit der Verheißung mit dem Hinweis auf Gottes hohe Gedanken, VV. 10f. begründen die Gewißheit des Gelingens des Heilswerkes mit dem Bekenntnis zur Wirkkraft des Wortes. Aus dieser Anlage ergibt sich wie von selbst auch die Gliederung der Predigt.

V. 6: שׁרד hat ursprünglich kultischen Sinn: man „sucht" Gott im Heiligtum und begehrt seine Hilfe; schon Amos 5,6 und Jer. 29,12f. ist das Wort vom unmittelbar Kultischen abgelöst. Wstm. legt Wert darauf, das das Suchen sich auf das angesagte Heil bezieht. Dann wäre das ‏ב‎ vor dem ni.-Infinitiv zeitlich zu verstehen. Man kann es auch lokal nehmen: „in seinem Gefundenwerden" = dort, wo er zu finden ist (s. u.); beide Möglichkeiten auch in V. 6b: „während seines Naheseins" oder „in seinem Nahesein". – V. 7: s. o. – V. 8: ‏מַחֲשָׁבָה‎ kommt von ‏חשׁב‎ = ausdenken, meint also den Entwurf, das Vorhaben. „Weg" ist dann die Verwirklichung des Vorbedachten. – V. 9: Gedacht ist im alten Weltbild; auch dieses rechnet mit ungeheuren Entfernungen. – V. 10: „Das Gleichnis ist aus dem Bereich des Segenswirkens genommen" (Wstm.). Zugleich steckt darin treffende Naturbeobachtung. Nur: hier sind die Naturvorgänge als Wirken Gottes verstanden und darum mit dem Ergehen des Wortes und seiner Effektivität vergleichbar. Der Regen gibt der Erde eine zeugende Kraft (‏הֹולִיד‎). So unterschiedlich der Naturvorgang (Regen und Schnee) und das personale Geschehen (Wort) sind: beide bewirken etwas, schaffen Frucht und Leben. – V. 11: „Der Stil des Orakels verlangt notwendig ‏יָצָא‎ statt ‏יָצָא‎" (Begrich, Studien, S. 15 A. 1). Es handelt sich um das bestimmte, das Heil ansagende Gotteswort, das der Prophet verkündigt hat. In ihm ist Jahwe „zu finden" (V. 6).

Ob J. Begrich recht hat? Er meint, unser Prophetenwort sei in einer Zeit gesprochen, in der die eschatologische Erwartung des Propheten durch den wirklichen Verlauf der Geschichte enttäuscht und der Prophet vor die Frage gestellt ist, ob denn das Angesagte noch gilt (Studien zu Deuterojesaja, S. 112f.). Fast sieht es so aus, als gehöre Deuterojesaja zu den windigen Heilspropheten aus den Tagen Jeremias. Seine Botschaft hat sich, wie es scheint, als Täuscherei und Betrug erwiesen. Aber der Prophet glaubt fest an die Wirkkraft des göttlichen Wortes, das ihm in den Mund gelegt wurde. Man müsse nur wissen, daß Gottes Gedanken himmelhoch über Menschengedanken sind, und seine Wege ebenso hoch über den unseren. Eine Ausflucht? Ein letzter Versuch, Unhaltbares dennoch zu verteidigen? Ein apologetisches Rückzugsmanöver? Begrich meint, des Propheten eigene „Sicherheit" werde späterhin „erschüttert" (S. 113), er werde weitergeführt (z. B. zu Einsichten, wie wir sie in 51,9–16 ausgesprochen fanden, 4. S. n. Epiph.). Das würde bedeuten, daß die Worte unseres Textes in der Erkenntnis- und Glaubensgeschichte des Propheten nur vorübergehend von Bedeutung gewesen sind und dann – wahrscheinlich – auch für uns nicht als stichhaltig angesehen werden können.

Wir werden dem zu widersprechen haben. Schon darum, weil Begrichs Periodisierung Zweifeln unterliegt. So z. B. O. Kaiser: „Der Versuch, in der Verkündigung des Propheten eine ältere Periode, in der er das Heil von einem unmittelbaren göttlichen Eingreifen erwartete, von einer jüngeren zu unterscheiden, in der er Kyros als das Werkzeug Gottes betrachtete, beruht auf einer Verkennung der engen Zusammengehörigkeit von göttlichem und geschichtlichem Geschehen, die beide zwei Seiten des gleichen Vorgangs darstellen" (RGG³ III, Sp. 606f.) Zudem wird man bedenken müssen, daß der „Epilog" (s. o.) dem einleitenden Kapitel 40 korrespondiert und sich offensichtlich auf das Ganze der Botschaft unseres Propheten bezieht. Dies ist für Glauben und Theologie insofern von größter Bedeutung, als die Anfechtung, die das Textwort überwinden will, nicht nur das Ganze der Verkündigung Deuterojesajas begleitet, sondern – fast wie ein Schatten – aller Verkündigung folgt. Der Glaube wagt es mit Gott gegen die oft scheinbar erdrückende Macht der Tatsachen. Die Situation des – wie es scheint, nicht enden wollenden – Exils ist nur ein besonders eindrucksvolles Beispiel für die Lage der Gemeinde Gottes, solange der Tag Christi noch nicht angebrochen ist, sie also „unter dem Kreuz" lebt. Es wird immer wieder nötig sein, der Gemeinde den Irrtum auszureden, es müßten doch, wenn Gott uns liebt, die Lasten, Schmerzen und Bedrängnisse aus unserer Welt längst ausgeräumt sein, und die Erde müsse sich, 2000 Jahre nach Christus, der himmlischen Vollendung mindestens spürbar angenähert haben. Daß dem nicht so ist, davon kann uns, wie Barth gelegentlich gesagt hat, schon mancher Zahnschmerz überzeugen, von Schlimmerem nicht zu reden. Versagt Gott? Was Begrich als die Glaubensnot einer bestimmten Stunde herausarbeitet, werden wir auf alle Anfechtungssituationen zu beziehen haben. Andererseits: was der Prophet damals geltend gemacht hat, gilt für alle Zeit.

Die Aufforderung, Jahwe zu „suchen", scheint dadurch veranlaßt zu sein, daß die Angeredeten ihren Gott entweder überhaupt nicht mehr angehen, ihn nicht um Hilfe und Rettung bitten, vielleicht nichts mehr von ihm erwarten, oder daß sie dies in falscher Weise tun. Das erstere läge nahe: Enttäuschungen mit Gott haben zu völliger Resignation geführt. Wir kennen das als Erfahrung aus unserm eigenen Lebenskreis und mindestens als Gefahr in uns selbst: „Nun glaube ich an gar nichts mehr." Das andere ist von dem ersten nicht weit entfernt. *Falsche* Erwartungen und Hoffnungen müssen ja enttäuscht werden, und der Überschwang einer den eigenen Wünschen entspringenden Gläubigkeit kann nur in – vielleicht schmerzhafte – Ernüchterung umschlagen. „Zion spricht: Der Herr hat mich verlassen, der Herr hat meiner vergessen" (49,14); Gott sieht nicht, wie es uns geht, und er denkt gar nicht daran, uns zu unserm Recht zu verhelfen (40,27). Der Prophet widerspricht – wie in seiner ganzen Heilsverkündigung, so auch hier. Er macht seinen Zuhörern Mut, sich an ihren Gott zu wenden. Die Voraussetzungen von seiten Gottes sind dafür die allergünstigsten, man muß sie nur wahrnehmen. *Sucht den Herrn, da er sich finden läßt!* (1) *Er ist mit seinen hohen Gedanken weit über uns.* (2) *Er ist mit seinem wirksamen Wort dicht bei uns.*

I.

Soll Gott „gesucht" werden, so ist das hier im Text nicht eine Arbeit des Denkens oder auch des Herzens wie bei modernen „Gottsuchern", sondern es ist, vom Ursprung her, daran gedacht, daß Menschen sich zu ihrem Gott auf den Weg machen, indem sie ein Heiligtum aufsuchen (wie Amos 5,5 vorausgesetzt) und sich bittend oder auch Auskunft holend an ihren Gott wenden. Schon bei Amos und Jeremia (s. o.) ist aber dieses kultische Verständnis des Wortes abgewandelt: es gilt, nicht in eigensüchtigem Sicherheitsbedürfnis das Heiligtum zu „suchen", sondern *Gott selbst* (Amos 5,4.6). Die Gola ist nicht in Gefahr, sich in vorexilischer Kultfrömmigkeit zu ergehen; sie hat keine Heiligtümer. Aber die Menschen dort können, was sie derzeit gar nicht für möglich halten: sie können *Gott finden*, er ist für sie zu sprechen, er ist ihnen zugewandt.

Der Urtext spricht äußerst dicht, wörtlich: „Sucht Jahwe in seinem Gefundenwerden, ruft zu ihm in seinem Nahesein." Das „in" kann zeitlichen Sinn haben. Luther: „solange"; doch denkt der Text kaum an eine zeitliche Begrenzung nach der Zukunft hin. Gemeint ist wohl: Die Zeit des harten Dienens ist vorbei (40,2), jetzt ist Zeit der Gnade (49,8). Zu allgemeinen Wahrheiten hat man grundsätzlich jederzeit Zugang. Zu Gott nicht. Die Türen können wohl verschlossen sein – auch künftig (Matth. 25,11; Luk. 13,25.27). Die Hand des zürnenden Gottes kann ausgereckt sein (5,25; 9,11.16.20; 10,4). Gott kann sich mit einer Wolke bedecken, die so dicht ist, daß kein Gebet hindurch kann (Klagel. 3,44). Das ist jetzt anders. Jetzt ist das Gnadenjahr des Herrn (Luk. 4,19, vgl. Lev. 25,10). Jetzt ist „die Zeit, in der man bei Gott willkommen", also „wohl aufgenommen" ist (2. Kor. 6,2 nach Jes. 49,8).

Hoffentlich verfehlen wir das Evangelium nicht! Es heißt nicht, durch unser Suchen lasse Gott sich erweichen, sich finden zu lassen; auch nicht: auf unser Rufen hin kommt er uns nahe (Jak. 4,8 könnte uns zu solchem Mißverständnis verführen). Gott selbst hat die Voraussetzungen dafür geschaffen, daß wir ihn suchen können. Duhm übersetzt das „in" mit „weil". Was sich zwischen Gott und seinen Menschen ereignet, beruht allein auf seinem Entgegenkommen, seiner gnädigen Zuwendung, darauf also, daß er sich gibt, um gefunden zu werden, daß er uns so nahe kommt, daß wir ihn anrufen können, als wollte er sagen: Da habt ihr mich – ich bin für euch da! Dann bekommt das בְּ sofort noch einen anderen Sinn: wir sollen Gott suchen, „wo" und „wie" er sich finden läßt. Dann geht es um viel mehr als um eine Synchronisierung von Suchen und Sich-finden-Lassen. Gemeint ist dies, daß wir auf Gottes Entgegenkommen eingehen, daß wir ihn da suchen, wo er für uns anzutreffen ist. Wir sollten Gottes Hand da ergreifen, wo sie sich uns entgegenstreckt. Es bedarf keiner langen Ausführung darüber, wie *Christen* dieses Sich-Darbieten Gottes verstehen und wo es für sie konkret wird. Christus aber haben wir im gepredigten Wort und in den Sakramenten. Da gibt sich uns der dreieinige Gott, und da sollen wir ihn finden.

Der Ton liegt also in V. 6 auf den beiden Infinitiven: nicht, daß wir Gott suchen sollen, um ihn irgendwo zu finden, sondern daß wir ihn *da* suchen sollen, wo er sich, allem unserm Suchen voraus, finden läßt und uns nahe ist. Damit wird auch der Zusammenhang deutlich, der zwischen V. 6 und V. 8f. besteht: „denn . . ." (V. 7 sehen wir als Einschiebsel an). Es stünde wirklich alles auf dem Suchen, wenn wir annehmen dürften, daß unsere Gedanken und Wege zugleich die Gedanken und Wege Gottes wären. Und es bedürfte weder besonderer Gnadenzeiten noch der Selbstkundgabe Gottes und seiner Gnadenmittel, wenn zwischen dem, was wir denken, und der Wirklichkeit Gottes eine solche Übereinstimmung bestünde, daß wir nur ins selbst hineinhorchen oder auch unser eigenes Denken mobilisieren müßten, um Gott zu erkennen.

Was in der akademischen Sprache als natürliche Theologie bezeichnet wird, kritisch bedacht und sorgsam eingegrenzt, spielt im praktischen Leben eine große Rolle. Übrigens nicht nur da, wo Menschen sich naiv ihre Gottesvorstellungen zurechtbasteln, sondern auch unter uns, die wir es besser wissen sollten. Wir können ja den Anthropomorphismen in unserm Denken gar nicht entgehen; wir müssen uns der Unangemessenheit unserer Begriffe und Vorstellungen von Gott nur bewußt sein. Wir sollen uns von Gott kein Bildnis machen, auch in Gedanken nicht; und doch müssen wir es, und es wäre nicht einmal gut, wenn wir die höchsten Weihen der Glaubenserkenntnis darin sähen, daß uns – weil wir theologisch gar so korrekt sind – unser himmlischer Vater zu etwas Wesenlosem wird, das vor lauter Unaussprechlichkeit zu nichts zerrinnt. Die Bibel redet menschlich von Gott, und wir dürfen es auch; wir müssen nur wissen, daß solche Rede unangemessen ist und wir, wenn wir Gott einst „von Angesicht zu Angesicht" schauen (1. Kor. 13,12), ihn ganz neu entdecken werden. Täuschen wir uns nicht: auch ein ganz abstrakt beschriebener Gott ist ein Begriffsgötze, und auch wer abstrakt redet, muß wissen: in Wirklichkeit ist Gott „ganz anders", anders auch – und vielleicht viel „menschlicher" – als unser papierener Gottesbegriff. – Was wir eben dargelegt haben, läßt sich an unserem Text bestens studieren: es ist von „Gedanken", „Plänen" und „Wegen" Gottes die Rede – und es ist doch sofort aufs deutlichste gesagt, daß Gott mit dem, was er vorhat und verwirklicht, himmelhoch über uns ist. Mit unseren natürlichen Gottesvorstellungen aber – und hier erst wird die Sache gefährlich – verfehlen wir den wirklichen Gott. Wir legen es uns zurecht, wie Gott sein müßte, und wenn er sich ihnen nicht fügt, erklären wir kurzerhand, es sei nichts mit ihm. Wir machen uns an Gott und Menschen schuldig, weil der selbsterdachte Gott sich mit dem, was unser alter Adam will, nur allzu leicht in Übereinstimmung befindet. Meist wird es ein bequemer, spießiger Gott sein, den wir uns nach unserm eigenen Bilde zurechtbasteln; ein Gott, der einen nicht aus der Ruhe bringt, das Gewissen nicht strapaziert (er wird alles verstehen und verzeihen), die Weltgeschichte immer schön nach unseren Überzeugungen lenkt und unsere selbstgezogenen Kreise nicht stört. Lauter Illusionen. Sie reichen bis tief in die Kirche hinein. Es besteht immer Gefahr, daß wir sie auch von den Kanzeln hinab kultivieren. Daß das Evangelium von Jesus Christus Klassenideologie sei, ist ein Vorwurf, den Christus nicht verdient, den *wir* – die Kirche – uns aber leider nur zu oft eingehandelt haben. Daß dieser Deus fictus, der erdichtete Gott, von der Wirklichkeit her immer wieder unmöglich wird, sollte niemanden wundern. In allen unseren Glaubensanfechtungen zerbricht etwas von dem Gott, von dem wir nicht wahrhaben wollen, daß er „himmelhoch" über uns ist. Wir haben aber nicht nur allgemein an unsere Vorstellungen von Gott und unser Reden über ihn zu denken. Das Wort מַחֲשָׁבָה kommt, wie wir sahen, von der Wurzel חשׁב = ausdenken. „Das, was ich mir ausgedacht habe, ist anders, als was ihr euch ausdenkt." Das Wort hat im Alten Testament oft einen negativen Sinn (Hiob 5,12; Esth. 8,3.5; 9,25; Hes. 38,10): böses Vorhaben, Anschlag, Komplott. Positive Bedeutung hat das Wort Spr. 12,5; 21,5. „Was sich Menschen ausdenken, ist nichtig wie Hauch" (הֶבֶל), lesen wir Ps. 94,11. Gott durchkreuzt es (Hiob 5,12), während sein Vorhaben Bestand hat (Ps. 33,11). – Das Wort דְּרָכִים = Wege, nicht nur im Sinn der gebahnten Straßen, auf denen man geht, sondern im Sinn der Handlung, des Gehens also. Was zuvor „ausgedacht" war, das wird, indem man den Weg geht, praktiziert. In beidem also, im Planen wie in der Realisierung, im Entwurf wie in der Ausführung, besteht zwischen dem Unseren und dem, was Gottes ist, ein im wahrsten Sinne „himmelweiter" Unterschied (V. 9). Dies wird gerade auch dann zu bedenken sein, wenn Gottes Worte und Verheißungen in unsere Hände geraten und wir damit hantieren, als sei nun Gottes Handeln in das unsere eingespannt und eingegliedert. Ganz dicht liegen hier Wahrheit und Irrtum beieinander. Wohl: Gott will uns „dienen" (Mark. 10,45; Luk. 12,37; Joh. 13,44ff.). Aber er läßt sich nicht zum ausführenden Organ für unsere eigenen frommen oder unfrommen Einfälle machen.

VV. 8f. sind schon oft bei schwerem Leiden, häufig in Bestattungspredigten verwendet worden. Von daher kommt es leicht zu der Tonart: wir haben uns zu beugen, auch wenn Gott in seinem uns unverständlichen Planen und Tun anderes verfügt, als wir uns gewünscht hätten. Übersehen wir nicht, daß in unserer Perikope die Blickrichtung ganz anders ist. Ihr seid enttäuscht, traut Gott nichts mehr zu? Ihr habt über den Lauf der Welt eure sehr menschlichen Vorstellungen und Überzeugungen. Vergeßt nicht, daß Gott unendlich höhere Gedanken denkt, unvorstellbar Größeres vollbringen will, ganz andere Trümpfe in der Hand hat, als ihr meint. Wir würden viel zu kurz greifen, wenn wir dabei nur an die Heimkehr 538 dächten. Gott handelt anders, als wir denken. Wir meinen, er müßte sich mit Macht und Glorie in der Welt durchsetzen – und er kommt in unauffälligster, erbärmlichster Gestalt. Wir warten auf ein messianisches Reich – und er bringt das Reich, das nicht von dieser Welt ist. Aber es ist so gut, daß Gottes Gedanken nicht die unseren sind und umgekehrt. Die Seligkeit, die unser törichtes Herz sich ausdenkt, würde sich wahrscheinlich als eine Variante der Hölle erweisen. Gott weiß, was uns not tut, und er geht mit uns *seine* Wege. Kein Wort von dem, was Deuterojesaja angekündigt hat, ist zurückzunehmen; es ist alles bestätigt und realisiert in Christus – in dem, was er schon getan und gebracht hat, und in dem, was wir von ihm noch zu erwarten haben und was in seiner Person heimlich schon Gegenwart ist. Es lohnt sich, *diesen* Gott zu „suchen".

2.

Man könnte in dem Hinweis auf Gottes himmelhohe Überlegenheit und Andersheit einen Rückzug sehen, ein Ausweichen aufs Unkontrollierbare. *Diese* Ausrede, könnte man sagen, paßt immer! Und in der Tat: alles, womit es der Glaube zu tun hat, ist solcher Kritik ausgesetzt. Ein Gott, dessen Gedanken man menschlich begründen und dessen Wege man im Weltlichen und mit den Methoden weltlicher Erkenntnis nachweisen könnte, wäre nicht Gott. Der Glaube ist solcher Kritik besonders da ausgesetzt, wo er sich zum Tun Gottes im Kreuz seines Sohnes und zum noch Ausstehenden seiner Zukunft bekennt. Der Glaube trägt das; er weiß ja, warum es so sein muß.

Einen Rückzug darf man indes in den Worten des Propheten nicht sehen. Ist Gott mit seinen hohen Gedanken zwar weit über uns, so ist er doch mit seinem wirksamem Wort dicht bei uns. Gottes Anderssein ist damit nicht aufgehoben. Aber der Glaube ist der Effektivität des Handelns Gottes in seinem Wort gewiß. Es sieht so aus, als ob das Weltliche und darum Faß- und Meßbare, besonders das Bedrückende und Lastende im Lauf der Welt gegen Gottes unsichtbares Wirken sich immer wieder durchsetzen müßte. In Wirklichkeit ist es umgekehrt: Deuterojesaja weiß etwas „von der Wirksamkeit des Wortes in der Geschichte auszusagen. In seiner Berufung" – vgl. uns. Ausl. zum 3. Advent – „wird von einer himmlischen Stimme das gesamte Wesen des Menschen (‚alles Fleisch‘) scharf dem Worte Jahwes kontrastiert. Jenes – der Prophet denkt sicher zuerst und zuletzt an die geschichtliche Selbstdarstellung des Menschen in den Weltreichen – ist ganz hinfällig; der Zorneshauch Gottes wird es völlig zunichte machen. Dieses aber, ‚das Wort unseres Gottes, besteht in Ewigkeit‘ (Jes. 40,8)" (von Rad, ThAT II, S. 105). Besteht? – wörtlich: es wird „aufstehen" (יָקוּם), wird Geschichte machen, die die ganze Welt nicht nur verändert, sondern ins Eschaton einbezieht. „Nur das von diesem Wort Gewirkte wird Bestand haben; einen anderen Halt gibt es für die verzweifelnden Exulanten in Babylon nicht" (ebd., S. 106).

Werden wir hier in die Innerlichkeit des Herzens verwiesen? Der Prophet ist nicht selten so mißverstanden worden. Es ist etwas Wahres dran: Das effektive Wort schafft Glauben in den Herzen der einzelnen Menschen, und, soviel davon auch verlorengeht, es trägt dort Frucht, „hundertfältig" (Luk. 8,8 – Evg. des Sonntags). Wir werden das im Auge behalten. Doch der Text will mehr sagen. – Auf keinen Fall darf man jedoch aus dem Text herauslesen, hier solle die greifbare, sichtbare, erfahrbare wirkliche Welt vergleichgültigt werden zugunsten einer nur gedachten, vorgestellten, konstruierten idealen „Welt". Der Gedanke, daß sich der Menschengeist kühn über das Materielle erhebt und so alle Widrigkeiten und Belastungen dieses Lebens überwindet, ist kein christlicher, sondern ein idealistischer Gedanke, auch dann, wenn man diesen Menschengeist als Teil oder als Verwirklichung des Gottesgeistes ansieht (vor letzterem sollten uns u. a. die VV. 8f. bewahren). Das Wort, von dem der Prophet redet, ergeht zwar durch Menschen – er selbst ist einer seiner Träger (vgl. z. B. 40,6–8; 49,2) –, aber es ist das Wort, das von Gott ausgeht. Es bewegt sich vom Himmel, von Jahwes Mund zur Erde, um dort das ihm Aufgetragene zu wirken (von Rad, S. 106). Ihm wohnt eine geradezu unwiderstehliche Wirkungskraft inne. Wir haben das nicht magisch zu verstehen. Das Wort will erfragt, vernommen, angenommen sein („suchet!"). Es appelliert an unser Denken und an unser Herz. Es ist nicht in dem Sinne unwiderstehlich, daß es nicht auch überhört und abgewiesen werden könnte (49,4; 53,1). Aber es ist unter allen Umständen wirksam.

Die Sprache, die der Prophet gebraucht, ist außerordentlich bildkräftig. „Regen und Schnee sind . . . wie das Wort Beauftragte Gottes, die zu ihrem Werk ausgesandt werden und zu Gott mit einer ‚Erfolgsmeldung‘ zurückkehren müssen. Eine großartige Vorstellung von Gottes Allwirksamkeit im Reich der Schöpfung und der Geschichte" (J. Fichtner, in: Eichholz, Herr, tue meine Lippen auf, Bd. 5, S. 301ff.). Nur für moderne Leser legt sich hier „die Assoziation des Naturgesetzlichen" nahe; „das alte Israel sah in beidem, in der Spendung des Regens wie des Wortes, ein kontingentes Geschehen, das allein von Jahwe ausging" (von Rad, ebd.). Worauf es ankommt, ist dies: Gott ist in seinem Wirken nicht aufzuhalten – im Lauf der Natur nicht, im Lauf der Geschichte ebensowenig. Sein Wort ergeht über die Welt und wirkt – wie wenn im heißen Lande Regen fällt: aus dem Hell-

braun der ausgedörrten Erde sprießt es grün und bunt, und in Stunden verändert das
ganze Land sein Gesicht. Deuterojesaja weiß, daß dies nicht unmittelbare Erfahrung ist;
wir sahen soeben, daß der Mißerfolg den Propheten bedrückt hat, aber an der wirkenden
Allmacht Gottes in seinem Wort kann ihn dieser Mißerfolg nicht irre machen. Sehen wir
auch nicht, wie es zugeht: Gottes Wort kehrt nicht „leer", nicht unverrichteter Sache zu
ihm zurück.

Man muß sich von der Vorstellung frei machen, daß das Wort nur zeichenhafte Ab-
bildung von Wirklichkeit sei. Es ist selbst Wirklichkeit, Macht, die etwas bewirkt. Gott
sprach – und es ward. Mit dem Wort wird also nicht nur „etwas" beschrieben, mitgeteilt,
beredet. Es ist schöpferische Tat. Es bringt Leben hervor – wie der „zeugende" Regen
(V. 10c, s. o.); der Gedanke ist in 1. Petr. 1,23 aufgegriffen, in bewußter Bezugnahme auf
das Wort unseres Propheten (40,6–8). Wir haben es wahrscheinlich nicht leicht, dies aufzunehmen; zu leicht entartet unser Menschenwort zum „Gerede" und „Geschwätz", und
es wird inflationistisch entwertet. Bei Gott ist alles anders. Wenn er spricht, so geschieht
es, und wenn er gebietet, so steht's da (Ps. 33,9; 148,5). Von daher versteht der Glaube die
geschaffene Welt, und von daher erwartet er die neue, kommende Welt. „Noch einmal
will ich bewegen nicht allein die Erde, sondern auch den Himmel" (Hagg. 2,6;
Hebr. 12,26). Gott ist mit seinem schöpferischem Wirken nicht am Ende. „Seine
Stimme" ist es, die das Neue bewirkt (Hebr. 12,26). – Aber wir haben nicht nur auf
Kommendes zu warten. Das Wort macht allezeit Geschichte. Jetzt ist es an der Zeit,
davon zu reden, daß es im Entstehen des Glaubens wirksam ist (wir hatten uns vorhin
vorgenommen, dies noch einmal aufzunehmen). Das Wort bewirkt Gemeinschaft. Indem
Gott mich anspricht, verbindet er sich mit mir und mich mit ihm. Das ergehende Wort
macht Geschichte, ist selbst Geschichte, verstanden als lebendiges Geschehen. Das Wort
sagt also nicht nur, daß etwas geschieht; in seinem Ergehen, geschieht es: Gott macht
mich zu seinem Gegenüber, und er wird mir selbst zum Gegenüber. Er sagt du zu mir
und erlaubt mir, ja er erwartet geradezu, daß nun auch ich zu ihm du sage. Nun sind wir
nicht mehr voneinander getrennt, Er und ich. Die Gemeinschaft ist hergestellt. Aber was
zwischen Gott und mir geschieht, geschieht ja zugleich – eigentlich sogar zuvor – in der
Kirche als ganzer. Ist diese unter der Predigt des Wortes versammelte Anzahl von Menschen wirklich Gottes Gemeinde, sein Volk? Man könnte es bezweifeln, wenn man so
viel Schwächliches, Kleinliches, Faules, Gottfremdes sieht. Aber: Gottes Wort kommt
nicht leer zurück. Der Prediger soll sich, bei allen Mißerfolgen, damit trösten. Die
Gemeinde soll, wie viele Anfechtungen hier auch noch zu bestehen sind, dessen gewiß
sein: *etwas* geschieht auf jeden Fall, wie unscheinbar die Wirkung des Gotteswortes für
unsere Augen auch sein mag.

Noch einmal wird der Prophet seine Botschaft kurz zusammenfassen (VV. 12f.). Damit
schließt sein Buch. „Ich dachte, ich arbeite vergeblich" (49,4) – aber das war einer der
nichtigen Menschengedanken. Wenn man nur weiß, wo das, was wir zu verkündigen
haben, seinen Ursprung hat. „Wir haben nicht zu fragen, wieviel wir uns zutrauen, sondern wir werden gefragt, ob wir Gottes Wort zutrauen, daß es Gottes Wort ist und tut,
was es sagt" (Martin Niemöller).

Estomihi. Luk. 18,31–43

Die Zebedaidenperikope, die bei Matth. und Mark. zwischen den beiden hier zusammengestellten
Stücken steht, läßt Lukas weg, dafür läßt er – aus seiner (semitisierenden) Sonderquelle – die
Zachäusperikope folgen, die am Stadtausgang von Jericho spielt. Ist letzteres der Grund, daß er die
Heilung des Blinden (gegen Matth./Mark.) an den Eingang der Stadt verlegt? Oder verfügt er über

andersartige Nachrichten (Grdm.)? Oder liegt ihm daran, Leidensverkündigung und Blindenheilung zusammenzubinden? Träfe dies zu, so wäre das eine Rechtfertigung der Abgrenzung unserer Predigtperikope: Zachäus wäre dann nicht in die Zebedaidenlücke gestellt, und der Schauplatz der Heilung wäre an den Stadteingang verlegt, um den kerygmatisch bedeutsamen (s. u.) Zusammenhang zu schaffen.

Das erste Stück: Schon wiederholt hat, nach Lukas, Jesus sein Leiden angekündigt (9,22.44; 12,50; 13,32f.; 17,25); von der „dritten" Leidensankündigung reden wir entsprechend den Parallelen. Sie enthält die meisten Details – ganz im Gegensatz zu 9,44 (Mark. 9,31 etwas reicher), wo sehr kurz und unbestimmt, vor allem aber durchaus aramaisierend geredet ist, Merkmal der Ursprünglichkeit (J. Jeremias, Ntl.Th., S. 267f.). Hier hat die Leidensgeschichte in ihrem Verlauf einen deutlichen Niederschlag gefunden (s. u.), wobei freilich das Verspotten und Anspucken sowie die Geißelung in der Lukaspassion nicht vorkommen. – V. 31: Die Zwölf – auch nach 1. Kor. 15,5 schon in vorösterlicher Zeit als festumrissener Kreis berufen, vgl. das alte Logion Matth. 19,28 – nimmt Jesus besonders. Ziel: Jerusalem, hier wohl noch spezifischer gemeint als 9,51; es ist also nicht nur an die Passa-Pilgerreise (2,41) gedacht, sondern an die „Vollendung" des Werkes Jesu (vgl. 12,50; 13,32; 22,37, Berührung mit Johannes 19,28–30). Menschensohn hier als Niedrigkeitsbezeichnung für den Heilbringer (Mark. 8,31: „Der Menschensohn wird in die Hände der Menschen" – aramäisch: „Menschensöhne" – ausgeliefert" – paradoxer Rätselspruch). Was die Propheten „dem Menschensohn" (Dat. incommodi, von westlichen Texten in eine Aussage mit περί umgewandelt) „zugeschrieben" haben, ist im einzelnen nicht zu verifizieren; man kann an Sach. 13,7; Jes. 53, auch an Ps. 118,22a denken; vgl. 24,25f.44–47. – V. 32: Ist παραδοϑήσεται das Passivum divinum, das dem παρέδωκεν von Röm. 8,32 entspricht? Oder wird, ohne daß nach dem Subjekt gefragt ist, allein von seinem Preisgegebensein gesprochen? Jes. 53,6.12 LXX und Apg. 2,23 deuten auf ersteres: Gott wird ihn preisgeben, und zwar an die „Völker" (Heiden), womit die Römer gemeint sind. VV. 32f. wirken wie ein Summarium der Passionsgeschichte, ex eventu formuliert. Geißelung ist ein Teil der Kreuzigung. – V. 34: Lukas unterstreicht aufs stärkste das Unverständnis, das sich nicht auf die klaren Worte Jesu beziehen kann (Grdm.), sondern darin besteht, daß sie das Angekündigte für unmöglich halten.

Das zweite Stück: V. 35: Lukas nennt den Namen des Bartimäus nicht (Mark. 10,46). – V. 36: Der Blinde hört einen Zug von vielen Menschen, er vermutet darin etwas Besonderes (die Szene wirkt wie ein Vorspiel zum Einzug in Jerusalem). – V. 37: Jesus ist in Jericho schon bekannt (vgl. Mark. 10,1). – V. 38: Der Blinde sieht in Jesus den Messias; ἐλέησον ist zugleich Huldigungs- und Bittruf. Christen sind solche, die den Namen des Herrn anrufen (Apg. 9,14.21; 22,16; 1. Kor. 1,2; Röm. 10,11–13), die Anrede κύριε hört man V. 41. Davidssohn: Röm. 1,3; Matth. 9,27; 15,22; 21,9; 22,42; Luk. 1,69. – V. 39: Die Stille des feierlich-pilgernden Zuges nach Jerusalem soll nicht von dem schreienden Bettler gestört werden (Grdm. zu Mark. 10,48). Der Bettler läßt sich nicht zurückhalten, er glaubt (V. 42). Die Erzählung bei Markus ist reicher und anschaulicher. – V. 42: Jesus erweist sich als der Heilbringer nach Jes. 29,18; 35,5. – V. 43: Der Geheilte geht nicht nur „auf dem Wege" mit (Mark. 10,52), sondern „folgt" Jesus „nach", indem er Gott preist. Auch nach Markus ist dies die letzte Jüngerberufung; man kennt den Namen dieses Mannes (den Markus seinen griechischen Lesern übersetzt), vielleicht hatte er sogar den Beinamen „der Blinde" (Mark. 10,46 – C, Θ und die Koinegruppe).

„Seht, wir gehen hinauf nach Jerusalem" (V. 31). Dieser Aufbruch ist noch etwas anderes als der, in dem man sich anschickt, mit den vielen Tausenden das große Fest in Jerusalem zu feiern. Was die Propheten über den Menschensohn gesagt haben, soll nun „vollendet", „ans Ziel gebracht" werden. „Ich sage euch: Es muß an mir vollendet werden, was geschrieben steht (Jes. 53,12): ‚Er ist zu den Übeltätern gerechnet worden.' Denn was von mir geschrieben ist, kommt jetzt zum Ziel" (22,37). Eine seltsame „Anabasis". Einhelliges Zeugnis der Evangelien: Jesus ist wissend seinen schweren Weg gegangen – nicht nur in dem Sinne, daß ihm, dem als Ketzer und Verführer Angesehenen, der Tod – mindestens die Steinigung – droht, sondern so, daß dieses Scheitern gottgewollt, ja sogar durch die Schrift vorausgesagt ist. Indem Jesus „hinaufzieht", beginnt sein Todesweg. Es ist schon äußerlich ein beschwerlicher Marsch: 25 km mit – bis Bethanien – 1200 m Steigung, durch einsames (10,30), felsiges Gelände mit tiefen Schluchten (eindrucksvolle Fotos bei Gerh. Kroll, Auf den Spuren Jesu, S. 397f.). Aber Jesus durchmißt diese Strecke anders als die anderen Pilger. Er ist zum Gehorsam entschlossen bis zum Tode (Phil. 2,8). Er müßte ja nicht hinaufziehen, aber er tut es. Auf das, was kommt, ist er nicht nur gefaßt, er weiht auch die Zwölf in sein Vorwissen ein – nur: sie verstehen es nicht.

Der zweite Teil der Perikope ist auf einen ganz anderen Ton gestimmt. Man hat gemeint, sie in eins mit der Leidensankündigung zu predigen, „wäre eine frostige homiletische Künstelei" (Doerne, Er kommt auch noch heute, [3]S. 65). Hätten wir wirklich zu wählen, dann wäre klar, was wir – an der Schwelle der Passionszeit – wählen müßten. Aber die Perikopentradition scheint mir doch auf gutem exegetischen Instinkt zu beruhen. Man überlese nicht, daß der Sehendgewordene Jesus nachfolgt, sich also dem Zug „hinauf nach Jerusalem" anschließt. Weiß er, worauf er sich einläßt? Was bevorsteht, hat Jesus den Zwölfen allein gesagt. Aber der Geheilte ist eben – nach Markus – der Bartimäus, dessen Namen man noch weiß, der also wohl in Jesu Nachfolge *geblieben* ist und sein Bekenntnis zum „Sohne Davids" und zum „Kyrios" (VV. 38.39.41) nicht widerrufen, sondern durchgehalten hat. Jesu Messianität, deren er im Glauben (V. 42) gewiß ist, soll – nach der Meinung des Evangelisten – mit dem Wissen um die Notwendigkeit des Leidens zusammengesehen sein (24,26). Man bedenke: Messiasbekenntnis und Leidensansage (einschließlich des Rufs zur Kreuzesnachfolge) waren schon einmal zusammengekoppelt (9,18–24 Parr.), nur in anderer Reihenfolge als hier. Mit der Leidensvoraussage – ein Abrücken von der herkömmlichen Messiaserwartung – wird hier ein Messiasbekenntnis in neuem Sinne verbunden. Die beiden Stücke, die in der Perikope vereinigt sind, stehen zwar zueinander in Spannung, aber sie gehören doch zusammen. Der Evangelist, der sie zusammengerückt hat, will es so; es entspricht ja auch seiner Sicht von der Notwendigkeit des Leidens des Herrn (24,44) und der Nachfolge gerade auch in der „Trübsal" (Apg. 14,22). Gerade so aber erfährt der nunmehr Sehende „Heil" (σέσωκεν, V. 42, heißt mehr als „hat dich gesund gemacht"), und so wird das durch die Propheten Angekündigte „vollendet" (τελεσθήσεται, V. 31, heißt mehr als „wird ausgeführt werden", nämlich: „wird ans Ziel gebracht werden", vgl. ThWNT VIII, S. 60f.). Beide Stücke, die die Perikope bilden, zeigen: „Passion ist Durchgang zur Vollendung" (Grdm. zu 18,31ff.), und beide zielen darauf, daß die Seinen mit Jesus mitgehen („seht, wir gehen..." – „und folgte ihm nach") – vgl. das Wochenlied EKG 252. *Wir wollen mit Jesus mitgehen – mit ihm,* (1) *der gehorsam ist, indem er leidet, und* (2) *der regiert, indem er hilft.*

I.

Jesu letzte Dienst- und Lagebesprechung vor dem Hinaufzug nach Jerusalem. Jesus sagt den Zwölfen, was auf ihn – und damit auch auf sie – zukommt, ja eigentlich sogar: worauf er selbst bewußt zugeht. Der Prediger wird vielleicht Bedenken tragen, dies der Gemeinde so unmittelbar weiterzusagen; er entnimmt einer nicht geringen Zahl theologischer Lehrbücher und Monographien (seit Eichhorn und Wrede), daß die Voraussage der Leiden und darum auch ihre bewußte Übernahme durch Jesus Rückprojektionen der (nachösterlichen) Glaubensgedanken der Urchristenheit in Jesu Erdentage sind, Jesus selbst aber von seinem Todesverhängnis überrascht worden sei. Das würde bedeuten, daß die Rede von Jesu Leidensgehorsam (Röm. 5,19; Phil. 2,8) nachträgliche erbauliche Ausdeutung des tragischen Ausgangs Jesu gewesen wäre, sein Tod also nicht persönliche, bejahte Tat, sondern einfach Mißgeschick. Wenn dann wirklich für Jesu Tod (und Auferstehung) eine höhere Notwendigkeit bestanden hätte, so wäre sie Jesus unbekannt gewesen, so daß er selbst nicht gewußt hätte, wie ihm geschah. Es gibt freilich gewichtige Stimmen, die den Sachverhalt anders darstellen (am leichtesten zugänglich: J. Jermias, Ntl.Th., S. 264ff; L. Goppelt, ThNT I, S. 234ff.).

Kein Zweifel: die Formulierung in den VV. 32f. läßt – im Unterschied zu der Leidensankündigung 9,44 – soviel Vertrautheit mit dem wirklichen Hergang des Leidens und Sterbens Jesu erkennen, daß man sie der tradierenden Gemeinde zuschreiben muß. Wir haben es mit einem „Summarium" der Passionsgeschichte zu tun, das wahrscheinlich in festformulierter Gestalt in urchristlichen Gemeinden umging, noch bevor es zu ausgeführten Passionsberichten kam. Lukas hat, wie der synoptische Vergleich zeigt, noch besondere Lichter aufgesetzt. Literarisch gesehen haben wir es mit einem vaticinium ex eventu zu tun. Aber was besagt das schon? Daß Jesus sein Ende nicht – mindestens in Umrissen – vorausgesehen und mit seinen Jüngern davon auch nicht gesprochen habe, ist aus der Ex-eventu-Formulierung nicht zu erschließen. Daß Jesus damit ein übernatürliches Wissen zugeschrieben würde, ist ebenfalls kein Argument. Warum sollte ihm das nicht gegeben sein? Historische Forschung kann dies weder beweisen noch bestreiten. Übrigens bedürfte es zu solcher Voraussicht nicht einmal eines übernatürlichen Wissens. Selbstverständlich hat Jesus gewußt, wie das Synedrium mit Ketzern, Abtrünnigen und Lästerern verfuhr, und er mußte wissen, daß sein Auftreten und Wirken im Sinne der Behörden diesen Tatbestand vielfältig erfüllte. Daß die Jünger nach solchem Vorherwissen nicht hätten fliehen und daß Jesus, wenn er um seine Auferstehung weiß, am Kreuz nicht hätte verzweifeln dürfen, kann nur von solchen behauptet werden, die nicht ahnen, was Anfechtung ist. Eine einzige Möglichkeit dafür, daß Jesus seinen Tod für vermeidlich gehalten habe, würde ich sehen: die, daß Jesus gewiß gewesen sein müßte, Gottes Reich werde spätestens am Gründonnerstag in Herrlichkeit hereinbrechen. Aber es gibt dafür kein Zeugnis in der Überlieferung. Hingegen ist Jesu ganze Botschaft und ist sein gesamtes Wirken darauf angelegt, daß es zu dem tödlichen Konflikt kommen muß. So schwer Jesu Umwelt, so wenig selbst der Kreis der Zwölf dies zu Jesu Lebzeit begriffen hat: der der Zöllner und Sünder Geselle war, hatte sich darauf einzustellen, daß er unter die Übeltäter gerechnet wurde (noch einmal: 22,37).

Was an dem von Jesus den Jüngern Mitgeteilten ist den Jüngern so unverständlich? In dreifachem Parallelismus betont der Evangelist dieses Nichtverstehen. Was ausliefern, verspotten, schmähen, anspucken, geißeln, umbringen heißt, weiß jeder. Auferstehung kann man sich nicht vorstellen, aber man kann sie ahnen und hoffen, und der Gedanke der Auferstehung der Toten ist jüdischem Denken durchaus geläufig (Apg. 23,8, vgl. z. B. das Achzehngebet: „Gepriesen seist du, Jahwe, der die Toten lebendig macht"). Was bedeutet also dieses Unverständnis? Man hat gemeint, damit kaschiere die evangelische Überlieferung die Tatsache, daß Jesus über sein bevorstehendes Ende nichts gewußt und gesagt habe und die Seinen aus diesem Grunde tatsächlich nicht an einen solchen Ausgang der Dinge haben denken können. Diese Sicht erledigt sich durch das vorhin Gesagte. Viel näher liegt, daß die Voraussage Jesu viel weniger deutlich gewesen sein dürfte, als der von der Überlieferung mitgeteilte Wortlaut es darstellt (man denke noch einmal an den rätselhaften Satz 9,44), so daß, was Jesus ausgesprochen hat, erst nachträglich für die Jünger feste Konturen gewann. Am einfachsten erklärt sich das Unverständnis jedoch so, daß Jesu Hinweis, gerade wenn er in sich deutlich und verständlich war, nicht in das Bild der Erwartungen paßte, die die Jünger erfüllten (man denke z. B. an Mark. 10,37) und die durch Jesu ersten Satz (V. 31) neu angefacht worden sein können. Jetzt, meinen sie, ist es so weit: Jesus richtet sein Reich auf und ergreift in der Macht Gottes die Herrschaft, um „Israel" zu „erlösen" (24,21). Es klingt ja auch geradezu triumphal: „Es wird alles vollendet werden", noch dazu, wenn man die Aussage als Passivum divinum versteht: *Gott* bringt, was er längst vorhat, ans Ziel! – Aber nun, schon im nächsten Augenblick, die Ernüchterung: nicht der Sieg steht bevor, sondern – zunächst jedenfalls – die Katastrophe. „Den Juden ein Ärgernis": Paulus trifft das hier Gemeinte, oder anders: Lukas hat in V. 34 in seiner erzählenden Sprache das von Paulus gemeinte Irrewerden am Wort vom Kreuz dargestellt. Man meditierte einen Augenblick das harte, scheinbar sinnlose „Denn" (V. 32): alles soll ans Ziel kommen, indem Jesus am Kreuz scheitert. Schreiender Widerspruch: Kreuz heißt Mißlingen, wo man doch auf den Sieg gewartet hat.

Genau hier wird unsere Verkündigung ihre Spitze haben müssen. Es gilt die Notwendigkeit der Passion zu begreifen, soweit menschliches Denken dies überhaupt vermag. Sie ist, besonders nach Lukas, *Durchgang* – am Ende kommt es zur Auferstehung und damit zum Eingang in die Doxa (24,26). Es könnte sein, uns läge weniger an einem solchen Heilsgeschehen, bei dem die Todesgrenze überschritten und, was wir sind, im Eschaton „vollendet" wird, statt dessen vielmehr an einem Ordnungmachen in den Strukturen dieser vergänglichen Welt und damit an der Beseitigung himmelschreiender Ungerechtigkeit und jämmerlichen Elends in dieser Welt. Nur: Jesus hat in der Sorge um die Dinge des weltlichen Rechts nicht seine Aufgabe gesehen (12,14). Das heißt nicht, daß hier alles so bleiben dürfte oder sollte, wie es ist; menschliches Recht ist mit menschlichen Mitteln durchzusetzen (Anerkennung staatlicher Ordnung). Jesus durchbricht gesellschaftliche Vorurteile (s. Septuagesimä); was seinen geringsten Brüdern wohl – oder zuleide getan wird, trifft ihn. Aber eine grundsätzliche Umgestaltung der Welt in ihrem zeitlichen Bestand faßt er nicht ins Auge; er kündigt das „Reich" und die Gottesstadt auf dem Berge an. Aber warum bedarf es des „Durchgangs" durch die Passion? Ohne Jesu priesterliches Werk wäre der Eingang in die Doxa die Preisgabe der sündigen Welt. Wäre der „Kelch" an ihm „vorbeigetragen" worden (22,42), hätte der Vater den Sohn ohne Leiden entrückt, dann wären die Sünder, mit denen Jesus sich solidarisiert hat (z. B. 15,2), auf der Strecke geblieben; diese Solidarität wäre abgebrochen und damit aufgegeben worden. Statt dessen hält Jesus bei den Sündern aus – mit allen Konsequenzen. Er offenbart das Unrecht der Menschen, indem er ihre Sünde sich an ihm austoben läßt, und steht dennoch zu ihnen. Indem die jüdischen Behörden ihn den „Heiden" ausliefern (V. 32 Parr.), wird die *fromme* Sünde entlarvt; indem Israel seinen Messias preisgibt, gibt es sich selber auf. Schreckliche Selbstdarstellung der menschlichen Sünde, indem der einzig Gerechte gepeinigt, geschändet und zu Tode gequält wird. Und Jesus steht doch zu den Sündern! „Vater, vergib ihnen!" Das Heil besteht in der Vergebung der Sünden (1,77). Wird Christus verkündigt, so wird „die Vergebung der Sünden durch diesen" verkündigt, und „von allem, wovon ihr durch das Gesetz des Mose nicht konntet freigesprochen werden, ist der gerechtfertigt, der an ihn glaubt" (Apg. 13,38f.). Krankt die Welt an ihrer Sünde: wie soll sie gesund werden, wenn die Sünde nicht weggeräumt wird? *Darum* mußte Christus leiden.

Lukas hat das Wort vom Lösegeld nicht (läßt er die Zebedaidenperikope aus, um Johannes und Jakobus zu schonen?). Aber er weiß von dem „Blut, das für euch vergossen wird" (22,20). In die Hintergründe des Geschehens läßt uns eine Vereinfachung und Umformung blicken, die Lukas gegenüber Matth. 20,19 und Mark. 10,33 vornimmt. Dort heißt es von den Hohenpriestern und Schriftgelehrten: „und sie werden ihn den Heiden ausliefern". Lukas: „Denn er wird den Heiden preisgegeben (ausgeliefert) werden". Dies kann dasselbe bedeuten, es kann sich aber auch um das (bei Matth./Mark. kurz zuvor gebrauchte) Passivum divinum handeln, so daß Lukas hier eigentlich nicht nach dem Handeln der Menschen fragt, sondern nach dem in Jesu Leiden und Sterben wirksamen Handeln Gottes – „welcher auch seines eigenen Sohnes nicht verschont hat, sondern hat ihn für uns alle dahingegeben" ($\pi\alpha\rho\acute{\epsilon}\delta\omega\kappa\epsilon\nu$ – dasselbe Verbum im Aktivum, Röm. 8,32). (Ist Lukas wirklich ein *so* schlechter Paulusschüler?) Jesu Passion ist Gottes Werk. Was sollte es auch sonst bedeuten, daß darin verwirklicht wird, was durch die Propheten von des Menschen Sohn geschrieben ist (V. 31)?

Der zum Leiden sich anschickende Herr weiß sich in der Fluchtlinie alttestamentlicher Gottesoffenbarung. Es ist schwer, einzelne Stellen anzuführen (wir sehen: Lukas bezieht sich 22,37 auf Jes. 53). Das Alte Testament steht aber in großer Breite hinter dem, was Jesus als seinen Weg erkennt. Gott ist von seinem Volk immer wieder verworfen worden. Wo er sich um die abtrünnigen Seinen bemühte, kam es nicht selten zu schweren Leiden (6,23c; man denke an Mose, Elia, Hosea, Jeremia, den Gottesknecht, die Sänger der Klagepsalmen). Das Alte Testament weiß um die Notwendigkeit der Versöhnung (Beispiel: das Ritual des großen Versöhnungstages, Lev. 16). Aber Opfer sind nur Ersatz (Gen. 22,13), nur „Schatten des Künftigen" (Hebr. 10,1). Es gilt beides: Gottes unerbittliche Strenge und seine unbeirrbare Liebe. So wird das Kreuz zum überwältigenden Beweis der „Bundestreue" (Gerechtigkeit) Gottes (Röm. 3,25; 5,8; 8,39; 1. Joh. 4,10). Man müßte die Bibel Israels schlecht gelesen haben, wenn man nicht begriffen hätte, daß zwischen Gott und seinem Volk, ja eigentlich der ganzen Menschheit, ein Konflikt schwelt, der ausgetragen und so überwunden werden muß. Dazu ist Jesus gekommen, und dazu zieht er mit den Seinen nach Jerusalem.

2.

Auch im zweiten Stück der Perikope geht es um die Messianität Jesu. Sie erweist sich anders, als die Menschen denken. Jesus regiert, indem er hilft. Nimmt er das Kreuz auf sich, weil er es mit den Sündern hält und auch dann nicht von ihrer Seite geht, wenn er für die Sünde der Welt teuer bezahlen muß, so ist er hier, in der Heilungsszene, der Heiland derer, die seine Hilfe brauchen, also wieder der, der sich der Menschen erbarmt und sich ihrer Nöte annimmt. Auch hier sind Heil und Kreuz zusammengesehen: der Blinde, der, indem er sehend wird, einen Anfang des Kommenden, der vollendeten Welt, erlebt, wird anschließend mit Jesus und seinen Leuten den Serpentinenweg nach Jerusalem hinaufsteigen, in der „Nachfolge" dieses leidenden Christus. Man kann es auch so sagen: Der Menschensohn, der das letzte Wort über diese Welt sprechen wird, steht hier vor uns in seiner Verbundenheit mit uns, einfach „Mensch" trotz seiner auch in dieser Szene zum Ausdruck kommenden Hoheit („und er gebot, ihn zu sich zu führen"). Seine Messianität besteht nicht in der Machtausübung, sondern in der hilfreichen Zuwendung zu seiner Gemeinde und zu jedem einzelnen.

Wir wissen nicht, woher der Blinde Jesus kennt. Als er von dem Zug von Menschen hört, der nahe bei Jericho an ihm vorüberzieht, erkundigt er sich, was hier „los ist". Mit dem Namen Jesus von Nazareth verbindet sich für ihn sofort die Messiasvorstellung, und zwar so, daß er von diesem Messias die Wende in seinem persönlichen Schicksal erwartet. „Zu der Zeit werden ... die Augen der Blinden aus Dunkel und Finsternis sehen" (Jes. 29,8). An die Befreiung seines Volkes durch einen gottgesandten Weltherrscher scheint der Blinde nicht zu denken; er erwartet Heil als Heilung. „Sohn Davids" und „Herr" redet er ihn an (statt „Herr" steht bei Markus „Rabbuni"), und Jesus läßt es sich gefallen. „Eleison" – das ist huldigendes Bekenntnis und zugleich inständige Bitte. Unsere sonntägliche Liturgie nimmt dies auf, in beiderlei Sinn (benutzt der Prediger die Gelegenheit, der Gemeinde ein Stück ihres Gottesdienstes aufzuschließen und nahezubringen?). Jetzt bist du da! – das ist meine große Chance. Nein, ich lasse mich nicht abweisen! Wird Jesus nur auf mich aufmerksam, so wird mir geholfen sein! Der Blinde *glaubt*.

Siebenmal lesen wir den von Jesus gesprochenen Satz: „Dein Glaube hat dich gerettet" (Matth. 9,22; Mark. 5,34; 10,52; Luk. 7,50; 8,48; 17,19; 18,42); verwandte Aussagen finden sich Matth. 8,13; 9,28f.; 15,28; 17,20; Mark. 9,23. „Alles ist dem möglich, der glaubt" (Mark. 9,23) – „alles ist möglich bei Gott" (Mark. 10,27). Es ist wichtig, die beiden eben zitierten Sätze zusammenzusehen. Der Glaube ist nicht autogen: er bringt weder sich selbst hervor noch die ihm widerfahrende Rettung. Glaube ist „das Gott-wirken-Lassen, das Gott-in-Aktion-treten-Lassen" (G. Ebeling in: Wort und Glaube, 1960, S. 239). Jesus ist es, der den Glauben weckt; irgend etwas ist von ihm ausgegangen, was die Menschen veranlaßte, ihn anzugehen. Ja, die Betreffenden haben wahrscheinlich nicht einmal gewußt, was da eigentlich mit ihnen geschieht (so Ebeling S. 241), sie haben sich ganz einfach Jesus anvertraut, wie man an unserer Perikope sieht: mutig, gewiß, voll Hoffnung und Erwartung. Wir würden von Jesus mehr empfangen, wenn wir ihm mehr zutrauten. Markus nennt den Namen des Geheilten: Bartimäus, doch wohl deshalb, weil dieser Mann der Gemeinde bekannt war, für die er schrieb (vgl. Simon von Kyrene, Alexander und Rufus – Mark. 15,21). Ein Glaubender. Man hat in seiner Person ein Bild der glaubenden Kirche gesehen. Was die Obersten in Jerusalem nicht sehen, hat dieser Mensch entdeckt, noch ehe er gesund wurde: Jesus ist der Davidssohn, der Erwartete, der Kommende. Die Kirche bekennt ihren Glauben an Jesus, den Christus. Und sie ruft ihn an, vielleicht „schreit" sie nach ihm. Sie erfährt es, wie der Herr sich denen, die ihn brauchen, persönlich zuwendet: „Was willst du, daß ich dir tun soll?" So kommt es zu dem Gespräch, in dem beide verbunden sind, der Herr und der blinde Bettler. So wird Jesus auch, indem er hilft, der Herr dieses Mannes. Sein Glaube hat ihm nicht nur dazu geholfen, daß er das Augenlicht zurückerhielt, sondern dazu, daß er „gerettet" ist im umfassenden Sinn. Er gehört jetzt Jesus. So ist es bei allen, in deren Leben Jesus tritt. Sie sind jetzt seine Leute. Urbild der Kirche ist Bartimäus auch darin, daß er Gott preist und alles Volk („Chorschluß") in dieses Gotteslob mit hineinzieht. Was hier *einem* widerfährt, ist kennzeichnend für die Kirche als ganze.

Heißt das nun, daß, wer glaubt, „alsbald" ($\pi\alpha\rho\alpha\chi\rho\tilde{\eta}\mu\alpha$) von all seinen leiblichen Gebrechen geheilt und überhaupt in die „vollendete" (vgl. V. 31) Welt versetzt werden müßte? Die Machttaten Jesu sind „Zeichen" (vgl. 7,22). Sie haben proleptischen Sinn. An Bartimäus ist geschehen, was in der Vollendung an allen leidenden Menschen geschehen wird. Es ist Vor-schein der Auferstehungswirklichkeit. Darin liegt nicht nur, daß wir uns nicht wundern dürfen, wenn „dieser Zeit Leiden" (Röm. 8,18) nicht pauschal von uns genommen werden, sondern unser Menschenleben dem Sterbenmüssen ausgesetzt bleibt, wir also nicht nur mit körperlichen Mängeln und Leiden behaftet bleiben können, sondern von einer letzten Krankheit dahingerafft werden. Das Ende aller Anfälligkeit ist das Auferstehungsleben. „Was du säst, wird nicht lebendig, es sterbe denn" (1. Kor. 15,36). Wir stehen hier vor derselben Situation wie im ersten Stück der Perikope. Ohne den Karfreitag kein Ostern. Das schließt nicht aus, daß man in diesem weltlichen Leben tut, was man vermag. Wir sprachen vorhin von der Durchsetzung menschlichen Rechts mit menschlichen Mitteln. Analog dazu hätten wir hier etwa von einer Staroperation zu sprechen, und wir werden sie uns – wie alles, was die ärztliche Wissenschaft zu leisten vermag – im Bedarfsfall gern gefallen lassen. Nur: Jesus will mehr. Mit dem neuen Gottesverhältnis, das er begründet, ist uns das neue Leben eröffnet, das sich in der Auferstehung der Toten „vollendet". Es gibt keinen anderen Weg dahin als den, der im ersten Stück der Perikope anschaulich wurde.

Der Geheilte hat sich dem nicht entzogen. Er tritt in die Nachfolge dessen, der in seinen Tod geht. „Lasset uns mit Jesu ziehen" – das gilt auch für ihn. Auch darin ist er Typos der Kirche. „Jesus ist nicht deshalb für uns in den Tod gegangen, um uns die Not des Leidens und Sterbens abzunehmen. Er will Gefolgsleute, die in seiner Nachfolge denselben Weg gehen lernen, die mit ihm ihr Leben ganz in den Gehorsam des Vaters geben, die tapferer mit dem Kreuz in ihrem eigenen Leben rechnen lernen, die endlich aufhören, sich zu verwundern, wenn auch der Weg der Kirche in der Welt, durch allen Wandel der

Konstellationen hindurch, der Weg des Kreuzes und der Schmach bleibt" (M. Doerne, a. a. O., S. 67). Wer glaubt, wird Christus bekennen, auch wenn er noch nicht „sieht", und er wird, auch wenn er sich dem leidenden Christus anschließt, Gott preisen. Was die Jünger damals nicht verstehen konnten, sollte uns, der christlichen Gemeinde, durchschaubar sein. Jedenfalls spricht Jesus Christus seine Gemeinde auch heute an, um uns die innere Notwendigkeit seines und darum auch unseres Weges verständlich zu machen.

Invokavit. Luk. 22,31–34

Mark. 14,27 (alle Jünger werden in dieser Nacht an Jesus irre werden) ersetzt Lukas durch VV. 31 f., das denselben Sachverhalt – besonders akzentuiert – auf Petrus zuspitzt, ein Stück S. Luk., erkennbar u. a. an der Anrede „Simon" (wie 5,3–5.10; 24,34). Die VV. 33 f. entsprechen Mark. 14,29 f. Bultmann entnimmt dem Bild vom Aussieben, daß nicht alle Jünger abgefallen sind, Jesu Fürbitte also bewirkt haben müsse, daß es zu der Verleugnung – nach dieser (selbständigen) Überlieferung – nicht gekommen sei; V. 32b versuche, beides auszugleichen (GsTr., S. 287 f.). Doch ist, was der Satan vorhat, damit noch nicht Faktum, und es ist mindestens eine recht eigenwillige Auslegung, wenn man behauptet, der von Jesus erbetene Glaube könne nur dann durchhalten, wenn es nicht zum Versagen im praktischen Verhalten kommt. Und wenn Bltm. wirklich recht sähe, so würde doch für den Prediger die von Lukas hergestellte Endgestalt des Textes maßgebend sein, die sich durch konsequent evangelisches Denken auszeichnet (also der – etwa vorliegenden – irrigen Überlieferung widerspricht).
V. 31: Einleitungsformel nur von einem Teil der Überlieferung bezeugt; sie ist in dieser Form bei Lukas möglich (11,39; 17,6; 18,6). Doppelanrede wie 10,41; Apg. 9,4, auch Luk. 6,46, nach spätjüdischen Zeugnissen in Palästina geläufig (Schlatter, S. 294). Die Gefahr, an Jesus irre zu werden; wird in dem allein an Petrus gerichteten Wort der Lukasfassung auf den Satan zurückgeführt, der sich die Jünger – und zwar alle, nicht nur Petrus – von Gott „ausgebeten" hat, um sie wie im Sieb zu trennen, wie Weizen und Spreu getrennt werden (ähnlich 3,17). Man denkt an Hiob 1 und 2. Der Satan ist also Gott untergeordnet. Daß er, nachdem Jesus ihn hat stürzen sehen (10,18), das hier Angekündigte gar nicht mehr können dürfte, setzt voraus, daß Jesu Vision (10,18) schon die Vollendung des gesamten Heilswirkens konstatiere, so daß es also des Kreuzes, der Auferstehung und der Parusie gar nicht mehr bedürfe. Dies wäre natürlich vollkommen abwegig (vgl. 22,3; Apg. 5,3; 1. Kor. 5,5; 2. Kor. 11,14; 12,7; 1. Petr. 5,8 u. ö.). Jesu Vision nach der Rückkehr der Siebzig bezog sich auf das Ganze seiner Sendung. – V. 32: Der Glaube der Jünger Jesu wird von der Fürbitte des Herrn getragen und gehalten. Dies wird hier dem Petrus persönlich zugesprochen. ἐκλείπειν = ausgehen, zu Ende gehen, „auslassen" (im Sinne von: unterbrochen werden). ἐπιστρέφειν meint hier die Rückkehr des Petrus zu seinem Herrn; „das Verbum ist hier nicht als terminus technicus der Bekehrung des Petrus gebraucht, sondern intransitiv von der Wandlung, die durch dieses Jesuswort vorbereitet und durch die Offenbarung des Auferstandenen an ihm vollendet wird" (ThWNT VII, S. 727). – V. 33: Bei Markus ist die Versicherung des Petrus in zwei Sätze aufgespalten, dazwischen kündigt Jesus die Verleugnung an. Bei Lukas kürzer und eindrucksvoller: nachdem Jesus die Verleugnung angekündigt hat, erwidert Petrus nicht. Hinzugefügt ist „sowohl ins Gefängnis . . ."; daß der schlimmere Fall erst in zweiter Linie ins Auge gefaßt ist, klingt realistischer. – V. 34: Auch hier ist bei Lukas schlichter formuliert. Jesus sieht, was kommen wird, genau voraus.
Während das ganze auf den Abfall und die Verleugnung bezogene Gespräch bei Markus auf dem Weg zum Ölberg geführt wird (14,26), findet es nach Lukas noch im Abendmahlssaal statt; H. Schürmann (Jesu Abschiedsrede Luk. 22,21–38, 1957, S. 115) erklärt dies vom „Sitz im Leben" her: Ermahnung an die Amtsträger der Gemeinde, die stärkende Mahnrede nicht zu vernachlässigen, geschah beim urchristlichen Gemeindemahl.

Der Text ist eine dankenswerte Neuerwerbung in der PTO. Man fragt sich, wie es geschehen konnte, daß ein so unerhört aussagestarker, zentral evangelischer Text in OP völlig unberücksichtigt geblieben ist. Der Text ist eine der drei großen „Papststellen", auf die sich die röm.-kath. Kirche beruft. Hat dies eine abschreckende Wirkung gehabt? Die

Scheu könnte durch die neuere Einsicht verstärkt werden, daß der ntl. Kanon als solcher nicht die Einheit der Kirche, sondern die Vielzahl der Konfessionen begründet (E. Käsemann, EVuB I, S. 211, II, S. 281), ein etwa vorhandener auf Selbsterhaltung bedachter Konfessionalismus sich darum vielleicht hüten wird, auf das Glatteis solcher Schriftpartien zu geraten, die für eine andere Konfession sprechen. Wir wünschen uns jedoch ökumenische Unbefangenheit und damit auch volle Offenheit für einen solchen Text.

Er handelt von Petrus. Dies ist noch kein Präjudiz. Wie wir in der vorangehenden Perikope an Bartimäus abgelesen haben, was jedem Christen gilt, so hindert uns nichts, auch diesmal Petrus als Modell für das zu nehmen, was der Herr an *jedem* der Seinen tut (dies wird nachher noch einzuschränken sein). Lukas verfährt hier so, wie wir es zuweilen auch bei Johannes finden: er nimmt aus einem größeren Kreis eine Figur heraus und zeigt an ihr, was – im einzelnen variiert – allen widerfährt, in „Großaufnahme" (vgl. 5,1ff. mit Mark. 1,16ff.; Joh. 20,1.11ff. mit Matth. 28,1.9f.). Alle werden sich „ärgern", aber allen wird Jesus in Galiläa wiederbegegnen (Mark. 14,27ff) – so wird auch Petrus vom Satan attackiert werden, aber die Geschichte seines Glaubens wird weitergehen (unser Text). Für Petrus bittet der Herr, wie er – nach dem hohepriesterlichen Gebet bei Johannes – für *alle* beten wird (Joh. 17, bes. VV. 9.11.15.25f.).

Dennoch: keiner von den Zwölfen wird in der evangelischen Überlieferung so oft genannt wie *Petrus*. Er steht an der Spitze sämtlicher Apostellisten. Daß er für die erste Christenheit von besonderer Bedeutung war, ist nicht zu leugnen. Die Überlieferung, die Lukas hier aufgreift, zeigt besonderes Interesse für Petrus, nicht von ungefähr. Daß, was hier steht, für die ganze Kirchengeschichte institutionalisiert und für alle Nachfolger des Petrus – wennschon Jesus eine solche Nachfolge vorgesehen hätte – in besonderer Weise gesichert wäre, davon steht kein Wort da. Auch aus anderen Stellen des Neuen Testaments wäre solches nicht herauszuholen. Im Gegenteil: Paulus lag zwar daran, Kephas kennenzulernen (Gal. 1,18), aber daß dieser etwa – weil ihm der Glaube in besonderer Weise garantiert war – für die ganze Christenheit oberste Autorität und Schiedsrichter in Streitfragen gewesen wäre, auf den man sich zu berufen hätte oder den man gar anrufen könnte, davon läßt das ganze Corpus Paulinum nichts erkennen; ja, wenn es sein muß, ist dem Petrus ins Angesicht zu widerstehen (Gal. 2,11). „Jakobus, Kephas und Johannes" – beachte die Reihenfolge – sind die (drei!) „Säulen" in Jerusalem (Gal. 2,9); wenn jemand unter Berufung auf eine Tradition, wie sie uns Matth. 16,18 vorliegt, Petrus als Fundament der Kirche ansähe, würde Paulus mit 1. Kor. 3,11 oder mit Eph. 2,20 kontern (mag letzteres von Paulus selbst oder aus seiner „Schule" stammen). Petri Vorrang ist nicht institutioneller Art, er ist einfach (kontingentes) Faktum. Kephas war nun einmal der erste, der den Auferstandenen gesehen hat (24,34; 1. Kor. 15,5). So konnte er auch als erster seine Brüder stärken und das Wort von Christus in die Öffentlichkeit bringen. Im Sinne des konkret Tatsächlichen gelten dann so starke Worte, wie sie Schlatter im Kommentar (S. 426) findet: „Petrus wird ausgezeichnet als der Apostel unter den Aposteln; der Primat des Petrus erscheint wieder wie in der Erzählung von der Berufung der Jünger, 5,4–11." – Selbstverständlich ist mit diesen wenigen Andeutungen die Frage nach dem Petrusamt – einst und heute – nicht zureichend behandelt. Wir konnten sie nur – die Predigt braucht darauf nicht einzugehen – bei der Durchleuchtung des Textes nicht ganz übergehen, bei dessen homiletischer Auswertung wir Unbefangenheit nötig haben. Es gibt vom Evangelium her keinen Einwand gegen einen „Ersten" im Kreis der Apostel (Matth. 10,2), auch nicht gegen einen „Ersten" im Kreis der leitenden Amtsträger der Kirche überhaupt; vom Evangelium nicht gedeckt sind die – das Papsttum vermeintlich stützenden, es in Wirklichkeit jedoch problematisierenden – Ansprüche und dogmatischen Überfrachtungen, mit denen es sich u. E. selbst im Wege steht.

Wir haben uns also Unbefangenheit vorgenommen und sie auch, wie wir hoffen, in dem soeben Gesagten nicht verloren. Zu dieser Unbefangenheit gehört auch, daß man den Text so stehen läßt, wie er lautet. Wir sehen in VV. 31f. und der angekündigten Verleugnung nicht konkurrierende Überlieferungen (N. Walter in Theologische Versuche VIII, S. 45–61 – so schon Bultmann, s. o., und auch E. Fuchs in ThWNT VII, S. 290f.), sondern sehen die Perikope als Einheit an; gerade in ihrer Spannung liegt das *Evangelium*! Eben den Versagenden und Schuldigwerdenden trägt die Fürbitte Jesu, und der vom Herrn selbst in der Fürbitte durchgezogene Glaube *bleibt* dem Schwachgewordenen – sozusagen „höher als alle Vernunft". (Ein gar so schlechter Paulusschüler, wie ihm oft nachgesagt wird, ist Lukas nicht!) Wir versuchen, die Spannung auch in der Zusammenfassung deutlich zu markieren: *Der Jünger, für den sein Herr einsteht:* (1) *versucht, aber gehalten,* (2) *eingebrochen, und doch bleibend beauftragt.*

I.

Jesus weiß, was Versuchungen sind; er weiß, wie es ist, wenn Menschen in akute Gefahr geraten, aus der Verbundenheit mit Gott zu fallen, sich von ihm loszusagen und dem Bösen zu dienen. Jesus selbst war Versuchungen ausgesetzt (4,1ff.; Hebr. 4,15). Sein ganzes Leben und zuletzt sein Leiden und Tod sind eine einzige große Gehorsamsprobe gewesen. Jetzt, nach der Einsetzung des Altarsakraments, wird es der ganzen Kraft des Herzens bedürfen, daß er nicht ausbricht und seine Sendung verfehlt. – Er kann den Jüngern bestätigen, daß sie bisher in seinen Anfechtungen mit ihm ausgeharrt haben (V. 28). Werden sie jetzt durchhalten? Jesus weiß, wie zerbrechlich der Glaube ist. Es muß nicht einmal zu solchen außerordentlichen Belastungen kommen wie in der Nacht der Verhaftung Jesu und dann während des Prozesses und der Exekution. Nicht verwunderlich, daß in solcher Lage zerbricht, was so gewiß schien: daß man am ersten nach dem Reiche Gottes trachtet und für Jesus „durchs Feuer geht"; der Geist ist willig, aber das Fleisch ist schwach. Hat es der Glaube sowieso mit unsichtbarer, überhaupt unerfahrbarer Wirklichkeit zu tun, mit dem Gott, der unmittelbarem Erkennen entzogen ist: in solchen Stunden äußerster Bedrängnis und Gefahr scheint nicht nur nichts *für* Gott, sondern alles *gegen* ihn zu sprechen. Aber, wie gesagt, es muß ja nicht erst zum Äußersten kommen. Unser Glaube hat schon bei geringeren Belastungen versagt. Dann, wenn eigener Wille oder fremde Einflüsterung uns zum Unrechten verleitete; wenn wir mit dem, was Gott uns auferlegte, uns um unser Glück betrogen fühlten; wenn uns das uns Aufgegebene zu schwer dünkte; wenn wir Angst hatten und meinten, da sei keiner, der uns auffängt; wenn das Gottwidrige in uns und um uns so mächtig schien, daß wir es für sinnlos hielten, von Gott noch etwas zu erwarten. Petrus weiß es: Wasser hat keine Balken, der Glaube ebensowenig (Matth. 14,28–31). Der Glaube „macht sich fest" in Gott (hi. von אמן) – eben in dem Gott, der unser auf alle Stützen verzichtendes Vertrauen will. Verständlich, daß Glaube und Anfechtung, Glaube und Irrewerden dicht beieinander sind. „Da verließen ihn alle Jünger und flohen" (Mark. 14,50). Jesus hat es vorausgewußt.

Die Lukasüberlieferung sieht hinter dem Tatsächlichen den Satan am Werk. Wir hätten nicht verstanden, was sich hier abspielt, wenn wir im Irrewerden der Jünger an Jesus nur ein zwischenmenschliches Vertrauensverhältnis zu Bruch gehen sähen. Jesu ganzes Werk wäre unverständlich, wenn wir es bloß darin sähen, daß Jesus als Lehrer, Mahner und Vorbild gottentfremdeten Menschen bessere Einsichten beibringt, ein besseres Wollen einimpft und damit ihr Leben umprogrammiert. „Gottes Herrschaft muß gegen die Mächte des Bösen, der ‚Dämonen', Satans durchgesetzt werden. Mit der Radikalität der Gottesbotschaft Jesu ist als ‚Rückseite' eine radikale Erfassung des Widergöttlichen verbunden. Diese Mächte kulminieren in einer Größe, die die Jesus-Überlieferung ‚Satan‘ heißt" (W. Trilling, Die Botschaft Jesu, 1978, S. 49). „Diese Macht, die dem ‚lebendigen Gott‘ widersteht, kann ... unmöglich ein bloß dingliches Kraftquantum sein" – noch viel weniger bloß etwas von uns selbst Hervorgebrachtes –; „sie ist selbst Widerspruch wider Gott und in solchem Widerspruch ‚persönlich‘. Wenn es nicht nur um ‚Gut und Böse‘ geht, sondern um Gott und Wider-Gott, dann kann auch der Wider-Gott" – wie Gott selbst – „kein Neutrum sein" (F. K. Schumann, Wort und Gestalt, 1956, S. 129). Wer beherrscht die Welt – Gott oder sein finsterer Gegenspieler? Jesu ganze Sendung – wie sie sich seinem inneren Blick bildhaft darstellt (10,18) – besteht darin, die Herrschaft des Satans zu brechen. So ist denn gerade das Geschehen, das in den Kapiteln 22–24 des Lukasevangeliums dargestellt ist, die große Auseinandersetzung mit dem Widersacher. Judas ist sein Werkzeug (V. 3). Die anderen Jünger hat er sich „ausgebeten" – wie einst den Hiob; er will sie „durchsieben" wie das Getreide – sicher nicht mit dem Ziel, die herauszufinden, auf die Jesus sich verlassen kann, sondern um sie alle als „Spreu" zu erweisen. Er wird das, was man „Gottesherrschaft" nennt, liquidieren: den Anführer liefert er ans Kreuz, die Nachfolger läßt er untertauchen und sich zerstreuen.

Einen Augenblick werden wir darüber nachzudenken haben, was das heißt, daß der Satan sich die Jünger „ausbitten" muß. Er ist ja nicht – wie im Parsismus – ein Gegen-Gott, der von gleicher „Aseität" wäre wie der wahre Gott: gleich ursprünglich, selbständig, mächtig. Der Satan ist abgefallenes Geschöpf, das sich das Gottsein und die Herrschaft nur anmaßt. Es kann ihn nur deshalb geben, weil Gott seinen persönlichen Geschöpfen, den Engeln und Menschen, die Freiheit gewährt hat, ohne die es keine Liebe geben kann, die aber eben die Möglichkeit des Abfalls einschließt. Die Möglichkeit des Satanischen ist sozusagen der teure Preis, den Gott zahlt, damit Liebe möglich wird. Wir stoßen hier auf Fragen, die niemand von uns zu Ende denken kann. Genug: wir ahnen etwas von dem dramatischen Kampf, der hier um Welt und Menschen ausgefochten wird.

Wie wird dieser Kampf um den Glauben der Jünger und besonders des Petrus ausgehen? Wie kann er überhaupt bestanden werden? Die Frage stellt sich nicht nur für extreme Anfechtungssituationen, wie Petrus sie zu bestehen haben wird. Der Glaube ist immer bedroht; die dunkle Macht, die uns von Christus lostrennen will, ist immer zur Stelle. Wir sahen: Anfechtung hat viele Gestalten. Unter Paul Gerhardts Bild in der Kirche zu Lübben steht: „Theologus in cribro Satanae versatus" („Ein Theologe, in Satans Sieb um und um gewendet"), eine direkte Bezugnahme auf unsere Stelle. Der Christ tut gut daran, sich zu rechter Zeit auf etwa eintretende Krisensituationen seines Glaubens einzustellen. Jesus selbst sorgt bei Petrus dafür. Wie?

Man könnte erwarten, daß Jesus den Jünger ermuntert: Glaub dich durch! Glaube versetzt Berge! Wenn alles versagt: glaube nur! Wir lesen's ganz anders. Der Herr steht vor Gott für seinen Jünger ein: Laß ihm den Glauben nicht ausgehen! Kein Appell an das glaubende bzw. in seinem Glauben gefährdete Subjekt Petrus. Kein Aufruf zu einer selbst zu vollbringenden Leistung des Herzens. Kein Gedanke daran, daß der Glaube ein Werk sein könnte, das der Jünger vollbringt, – das letzte sozusagen, nachdem er in der Anfechtung mit allen anderen Leistungen gescheitert ist. Sondern nur der Hinweis auf das, was Jesus selbst tut. Der Glaube soll nicht auf sich selbst reflektieren; er würde damit sofort zum Werk. Der Glaube verläßt sich allein darauf: Der Herr macht's, und das genügt. Es ist die Art des Glaubens, daß er nicht auf sich selbst schaut, sondern auf etwas, was außerhalb seiner liegt, auf ein Externum. Der Glaube ist selbstvergessen. Er kann sich das leisten. Er weiß, daß alles darauf ankommt, was *Christus* tut. Ich kann mich nicht mehr halten, aber Christus hält mich. Ich hätte gern einen starken Glaubensmut und eine unerschütterliche Zuversicht, aber daran fehlt es mir; aber was werde ich darüber nervös? Christus ist nicht nur für die Leute mit dem starken Glauben da, sondern ebenso, nein: erst recht für solche, wie ich bin. Der Satan interessiert sich für mich: er will mich an Jesus irremachen und mich in Sünde, Traurigkeit und Verzweiflung stürzen. Aber da ist Jesus, an mir keinesfalls weniger interessiert als der Widersacher; er betet für mich, daß die Linie des Glaubens – die bei mir in fataler Weise unterbrochen ist, ja empirisch überhaupt ein beschämendes Bild bietet – durchläuft und „nicht abreißt" (V. 32). Fast könnte man sagen: „So glaube denn nicht mehr ich, sondern Christus glaubt in mir" (vgl. Gal. 2,20); es darf dabei nur nicht herauskommen, daß meine Person dabei ausgelöscht wäre (was ja in Gal. 2,20 bei dem in mir vorhandenen Christusleben ebenfalls nicht eintritt). Mag sein, es liegt einer krank – frisch operiert, sehr schwach, am Leben verzweifelnd – und kann nicht mehr glauben und beten: da soll er sich daran erinnern, daß sein Herr zugleich unsichtbar an seinem Bett und vor Gottes Thron steht: Laß ihm den Glauben nicht ausgehen! Oder ein anderer fühlt sich erdrückt durch die Übermacht des Bösen, der ihn und alle Welt attackiert, und ihm will der Mut zum Leben ausgehen: da soll er daran denken, daß Christus für ihn und alle Welt priesterlich einsteht und das schlimmste Unheil durch sein Heil überwinden will. Wie betet er? „Ich bin nicht mehr in der Welt; sie aber sind in der Welt, und ich komme zu dir. Heiliger Vater, erhalte sie in deinem Namen, den du mir gegeben hast ... Ich bitte nicht, daß du sie von der Welt nehmest, sondern daß du sie bewahrest vor dem Bösen" (Joh. 17,11.15). Es wäre sonst um unsern Glauben längst geschehen; aber so sind wir „gehalten" – wie an einem Seil. Ginge es nach unserm empirisch faßbaren inneren Zustand, hätten wir längst verspielt. Aber es hat Sinn, zu bitten: „Ich glaube – hilf meinem Unglauben!" (Mark. 9,24). Und wer nur noch auf den schaut, der ihn hält, der eben – glaubt.

2.

Der zweite Teil der Perikope ist der markinischen Überlieferung näher – *noch* näher, möchte man sagen, denn wenn in dem Vorangang Jesu nach Galiläa (Mark. 14,28) die Zusage bleibender Gemeinschaft liegt, dann ist es zu dem Wort vom fortdauernden Glauben in der Tat nicht weit, und wenn bei Markus (14,29–31) Petrus im Vordergrund steht, so ist bei Lukas nichts anderes geschehen, als daß der ganze Gesprächsgang auf die Person des Petrus hin verengt ist. Daß Lukas im ersten – vielleicht auch im zweiten – Teil des Abschnitts aus anderer Quelle schöpft, als sie ihm in Markus vorlag, liegt nahe. Daß er Unvereinbares zusammenzwingt, ist zu bestreiten.

Bewegend, wie Petrus im Überschwang der Liebe zu seinem Herrn sich übernimmt – in ehrlicher Absicht, wie wir annehmen dürfen, und besten Glaubens an sein Durchstehvermögen. Dabei wirkt sein Treueversprechen bei Lukas noch zurückhaltender als in den Parallelen: es fehlt der Seitenblick auf die anderen, bei denen mit dem Versagen gerechnet werden kann, während er, Petrus, durchhalten wird. Bei Lukas ganz schlicht: „Herr, ich bin bereit, mit dir ins Gefängnis und in den Tod zu gehen." Tatsächlich wird Petrus unter den dreien sein, die Zeugen der Verhaftung werden, und er allein wird so weit Kontakt halten, daß er vom Hof des hochpriesterlichen Hauses aus den Verlauf der Ereignisse verfolgen kann. Während die anderen bereits untergetaucht sind, befindet er sich noch auf der Szene. Er scheint es ernst zu meinen.

Petrus sieht seine Glaubenstreue als etwas an, was er selbst aufzubringen hat, also auch, da er guten Willens ist, aufbringen kann und wird. Er scheut nicht die Gefangenschaft um Jesu willen und mit ihm, nicht einmal den Tod. Man kann dies für – wohlgemeinte – Großsprecherei halten und dem Petrus auf die Schulter klopfen: Immer hübsch bescheiden! Immer maßvoll in dem, was man sich zutraut! Mit solcher Mahnung wäre das

Wesentliche nicht getroffen. Mancher hat für das, was ihm groß und lieb war, Freiheit und Leben geopfert; er hatte es gelobt und hat des Versprochene gehalten. Es ist beim Glauben anders. Petrus sollte wissen, daß der Glaube nicht aus dem Heroismus des eigenen Herzens lebt. In dem Konfliktsfeld zwischen Gott und Satan kann der gute Wille allein nicht bestehen. Petrus scheint, indem er für sich die Hand ins Feuer legt, nicht begriffen haben, was sein Herr ihm soeben über die Absichten des Satans und über sein – eben dieses Herrn – Einstehen für seinen Jünger gesagt hat. Wie kann man sich soviel Treue und Konsequenz, soviel Durchhaltevermögen und Leidensbereitschaft zutrauen, wenn man weiß, wie anfällig man ist, wie sehr den „listigen Anläufen des Teufels" (Eph. 6,11) ausgesetzt, wie leicht von ihm zu Fall zu bringen? Glaube ist nicht zu bestreiten mit den Aufschwüngen und Anstrengungen des eigenen Herzens. Glaube ist nicht die Haltung des innerlich starken Menschen. Wer glaubt, wird sich leichtfertiger Zusagen und Gelübde enthalten. Er wird wissen, daß er heute stehen und morgen schon fallen kann. Er wird das Verhältnis zwischen dem Herrn und seinem Jünger ganz und gar in der Aktivität dieses Herrn begründet wissen, sola gratia.

Sollte etwa Petrus uns entgegnen, dies alles wisse er, nur: er nehme eben das Wort seines Herrn ernst, daß dieser für ihn gebeten habe und priesterlich einstehe, und von daher – allein von daher – nehme er die Gewißheit, daß er in den kritischen Stunden des Gründonnerstag und Karfreitag durchhalten werde? Das würde heißen, daß Jesu Fürbitte bei uns einen Zustand bewirkt, in dem aktive Bewährung und unbeirrte Nachfolge möglich werden, so daß, wer Jesus die ganze Treue verspricht – komme, was da immer kommen mag –, eigentlich nichts weiter tut, als daß er an die Effektivität der Fürbitte Jesu glaubt, man könnte auch sagen: an den aus der Rechtfertigung hervorgehenden stetigen Existenzwandel.

Die alten Dogmatiker – seit Augustin – haben das, worum es hier geht, als das Problem der Perseveranz bezeichnet. Kann der neue Mensch in dem, was Christus aus ihm gemacht hat, „beharren"? Kann der Wiedergeborene aufgrund dessen, was der Herr an ihm getan hat, für sich selbst gutsagen? Wir können das Problem nicht ausführlich diskutieren. Am Text ist abzulesen, daß auch der, für den Jesus einsteht, „einbrechen" kann, ja – Jesus sieht es voraus – einbrechen wird. Auch die Wiedergeborenen sündigen, mehr oder weniger massiv, und sie sind in Gefahr, abzufallen. Der Zustand des Christen, der durch den Existenzwandel eröffnet wird, ist kein einfaches Kontinuum. Petrus „bricht ein", dreimal wird er behaupten, er habe mit diesem Jesus nichts zu tun. Nein, Petrus hat „es" noch nicht „ergriffen" – aber er ist von Christus ergriffen (Phil. 3,12). Er bricht aus der Spur, aber sein Herr hält ihn fest. Daß Jesus an Petrus festhält, gründet nicht in der realen Verwandlung, die sich an Petrus vollzogen hätte, sondern in der Unbeirrbarkeit der vergebenden, den Sünder rechtfertigenden Christusgnade. „Herr, gehe von mir hinaus! Ich bin ein sündiger Mensch!" – aber Jesus zog diesen Mann doch in seine Nachfolge (5,8.11). So, wie es beim ersten Mal war, so ist es auch späterhin, also auch in der Situation des großen Zusammenbruchs, in der Petrus, menschlich gesehen, total verspielt.

Damit noch nicht genug. Petrus wird umkehren. Man sieht: leicht genommen wird sein Versagen nicht, und daß des Petrus Verhältnis zu seinem Herrn ganz auf dessen festem und beharrlichen Zugriff beruht, bedeutet nicht, daß der Existenzwandel vergleichgültig würde. Petrus darf „umkehren" (V. 32b) – nicht nur dieses eine Mal, sondern immer wieder. Aber er soll es auch. – Wie aber? Wird er in das Leben bei Christus erst wieder hineinwachsen und sich darin bewähren müssen? Wird ihm von solchen, die nicht so wie er eingebrochen sind, zurechtgeholfen werden? „Stärke deine Brüder!" Der Auftrag bleibt ihm, ohne Wenn und Aber. Mehr noch: der sich als *schwach* erwiesen hat, wird die anderen *stärken*! Es heißt nicht: Stärkt euch untereinander. Petrus soll die Brüder stärken. Dies ist die Stelle, an der tatsächlich dem Petrus ein besonderer Auftrag zuteil wird. Er ist wohl vor allem darin zu sehen, daß er, der erste Empfänger einer Erscheinung des Auferstandenen, auch der erste Osterzeuge und -prediger sein soll; wir erwähnten dies bereits. Daß dieser „Primat" in der frühesten Geschichte der jungen Christenheit eine Bedeutung hatte, sahen wir schon. Petrus hat ein Amt. Er hat es nicht allein. Aber – das ist das Wunder – Jesus will gerade den, der „eingebrochen" ist, zuerst für seine Zwecke benutzen.

Die Stelle ist von größter Bedeutung für das neutestamentliche Verständnis des Amtes. „Stärke deine Brüder!" – ein offensichtlich einbahniges Geschehen. Daß man sich in Jesu Gemeinde *gegenseitig* zum Glauben und zum Leben im neuen Gehorsam Mut macht, das gibt es *auch*. Aber keinesfalls in dem Sinne, daß jeder jedem aus dem Seinen gibt. Die „Einbahnigkeit" oder „Einsinnigkeit" des Vorgangs hat ihren Grund darin, daß der Herr selbst es ist, der durch seinen Diener wirkt (10,16; 2. Kor. 5,20). Werden wir gestärkt, dann nicht so, daß wir das Unsere mobilisieren und einsetzen, sondern so, daß wir, was der Herr austeilt, *empfangen*. Der Amtsträger gibt nichts aus dem Eigenen; er ist ein Armer, der viele reich macht (2. Kor. 6,10); einer, der einen Namen hat, der nach „Leben" klingt (Zosimos, Vitalis?), aber tot ist und dennoch wach werden und „das andere stärken" soll, „das im Begriff ist zu sterben" (Offb. 3,1f.). Die Gnadenmittel „sind kräftig, obschon die Priester, durch die sie gereicht werden, nicht fromm sind" (CA VIII); der mit diesen „Instrumenten", Evangelium und Sakramenten, umgeht, ist eigentlich Christus selbst. Der Paulusschüler Lukas – die Perikope erweist ihn als solchen – zeigt uns eindrucksvoll, wie es zugeht, daß Christus sich des Sünders bedient und darum auch mit dem etwas anfangen kann, der an ihm schuldig geworden ist. Wir werden am Sonntag Miserikordias Domini darauf zurückzukommen haben.

Reminiszere. Joh. 8,(21–26a)26b–30

Auch wenn man die „Lichtrede" nicht so komponiert wie Bultmann (9,1–41; 8,12; 12,44–50; 8,21–29; 12,34–36 – vgl. Komm. S. 237), wird man unser Stück (wohl ohne den V. 30, der nach vorn weist) ihr zugehörig sehen. Aber schon die Einleitungsformel („wiederum") zeigt: es ist ein in sich geschlossener Gesprächsgang. Schwierig sind VV. 25b–27. V. 28a würde sich gut an V. 25a anschließen. Da aber V. 28b mit V. 26b korrespondiert, wird man schwerlich sezieren dürfen, obwohl die VV. 26f. so, wie sie dastehen, „nur ein Trümmerstück" zu sein scheinen (Bltm. S. 266). Überdies ist die Übersetzung von V. 25b unsicher. Eine letzte Klarheit wird nicht zu gewinnen sein. Die charakteristischsten Aussagen des Abschnitts stehen m. E. in den in Klammern stehenden Versen; wir werden sie nicht übergehen.

V. 21 greift auf 7,33f. zurück; 13,33 wird Jesus darauf noch einmal kommen, diesmal in bezug auf die Jünger, so daß in *dieser* Hinsicht zwischen „Juden" und Jüngern kein Unterschied besteht. Für die „Juden" freilich ist damit die große Gelegenheit verpaßt, von ihrer Sünde frei zu werden. Jesus wird ihnen dann entzogen und unerreichbar sein, es gibt also ein Zuspät (12,35f.). Glaubten sie, so könnten sie ihm dorthin folgen, „wo er ist" (13,33.36; 14,3f.). ὑπάγω: futurisches Präsens (Schnbg.). – V. 22: Motiv des Mißverständnisses diesmal in böswillige Mißdeutung abgewandelt. Selbstmord galt den Juden als schwerste Sünde. Die Juden müssen „zu Propheten werden, ohne daß sie es wissen" (Bltm.): tatsächlich ist Jesu „Hingang" nicht nur das Werk seiner Gegner, sondern nach des Vaters Willen auch sein eigener Entschluß: er „legt sein Leben hin" (10,17f.), er läßt es für die Freunde (15,13). – V. 23: zu εἶναι ἐκ vgl. Bltm., ThNT, § 42,2 (wir sind schon wiederholt auf diese Formel gestoßen, die Begriffe sind neutral zu verstehen: τὰ κάτω, τὰ ἄνω). – V. 24: „Sünden" jetzt im Plural (vgl. V. 21); die eigentliche Sünde ist der Unglaube (16,9). Über das absolut gebrauchte ἐγώ εἰμι s. u. – V. 25: Vorangestelltes, also betontes σύ, vgl. Bl.-Debr., § 300,2. „Ausgerechnet du – wer bist du?" Jesu Antwort bereitet für die Übersetzung Schwierigkeiten. Luther: „Erstlich der, der ich mit euch rede", d. h. ihr solltet die Antwort auf eure Frage nirgendwo anders suchen als in dem an euch gerichteten Wort. Ähnlich Schlatter: „Ganz und gar das bin ich, was ich zu euch rede." Bauer (WB) versteht τὴν ἀρχὴν mit den griechischen Kirchenvätern adverbial = ὅλως im Sinne von „überhaupt": „Daß ich überhaupt noch zu euch rede!" „Gegenüber Nichtglaubenden ist es zwecklos, schon Gesagtes zu wiederholen" (Schnbg.). – V. 26: Über *sie*, die ungläubigen Juden, gäbe es noch viel zu reden! Vgl. nochmals 16,8–10.

V. 26b (vgl. V. 29b) – von der Übereinstimmung mit dem Vater war in ähnlichen Perikopen schon wiederholt die Rede, vgl. Bltm., ThNT, § 48,2. Jesus „redet und handelt ständig aus der Einheit mit Gott" (ebd.). – V.27: Juden (!) bemerken nicht, daß von Gott die Rede ist. Redet Jesus von sich, dann redet er eben zugleich vom Vater (14,9). V. 28: „Menschensohn" ist messianischer Titel Jesu, zunächst auf seine irdische Erscheinung bezogen (1,51). Er muß „erhöht" werden (3,14; 8,28; 12,34). Er ist – schon jetzt – der Richter (5,27), im Sinne der Vergegenwärtigung des Eschatischen im johanneischen Denken. Die Juden werden ihn „erhöhen" (hier aktiv gewendet – anders 3,14; 12,32.34) und versetzen ihn damit unwissend in die Rolle des Menschensohn-Richters, der *hier zukünftig* zu denken ist (τότε γνώσεσϑε) und den sie, nachdem sie ihn bisher nicht haben erkennen *wollen* (V. 27), dann werden erkennen *müssen* (vgl. das Sacharjazitat 19,37 mit Offb. 1,7). Der Menschensohn ist hier also doch im Sinne der jüdisch-urchristlichen Apokalyptik verstanden; das 4. Evg. kennt auch eine futurische Eschatologie! Am „Jüngsten Tage" (6,39f. 44.54; 11,24; 12,48) wird die Übereinstimmung Jesu mit dem Vater offenkundig werden. – V. 29: Gegentext zu Mark. 15,34 Par. – die andere Seite der Passion (s. u.).

Dem Prediger zum Trost: dies ist in unserer Perikopenreihe der vorletzte Text, der es thematisch mit der johanneischen Christologie zu tun hat. Wir ärgern uns nicht über diese Christologie, wohl aber über deren allzu häufige Wiederholungen im Perikopenplan. Eine Chance, mit den Schwierigkeiten fertig zu werden, liegt darin, daß die Aussagen über die Person Christi hier ins *Passionszeugnis* eingebunden sind. Jedoch bereitet gerade dieser Tatbestand wieder neue Nöte. Worin sie bestehen, kann man sich an Ernst Käsemanns Schrift „Jesu letzter Wille nach Johannes 17" ([3]1971) klarmachen; wir werden darauf zurückkommen. Der Unterschied zu synoptischen und paulinischen Passionstexten könnte uns aus der Fassung bringen. Es bestehen freilich nicht nur Unterschiede, sondern auch Gemeinsamkeiten. „Ihr werdet . . . in eurer Sünde sterben" – das Gleichnis von den bösen Weingärtnern kündigt es ebenfalls an (Mark. 12,9). „Erhöhung" kann man das nennen, daß der verworfene Stein zum Eckstein wird (Mark. 12,10). Umgebracht wird „der Sohn", hier wie dort (Mark. 12,6); nur: bei Markus wissen die Mörder, daß er es ist, bei Johannes wissen sie es nicht – oder wollen es nicht wissen. Auseinandersetzung mit den „Juden" in beiden Texten. Und doch sind die Aussagen im Text, wenn sie schon synoptische Motive aufnehmen, so stark filtriert, daß wir es schwer haben werden, das Gemeinsame im Detail aufzuweisen. – Dazu kommt, daß johanneische Aussagen über Christus und besonders über sein Leiden ganz anders akzentuiert sind als in den synoptischen und paulinischen Texten. Der Evangelist hat der Passion „die Züge des Sieges Christi" aufgeprägt (Ksm., a. a. O., S. 23); es fehlt die theologia crucis (SS. 111.159). „Niedrigkeit ist das Wesen der Situation, in die Jesus hineingerät. Er selber wird dabei aber nicht erniedrigt, sondern behält die Hoheit des Sohnes bis ans Kreuz" (S. 45f.). So „muß Jesu Passion in unserm Evangelium statt als Schmach als Siegesweg geschildert werden" (S. 45). Kommen und Gehen, Hinabsteigen und Auffahren, Sendung und Heimkehr sind die Begriffe, in denen Jesu Weg beschrieben ist. Unangefochten geht Jesus durch den Tod, sieghaft und jubelnd (19,30) fährt der himmlische Gesandte am Ende dorthin auf, von wo er herabgestiegen ist, Passion ist Heimkehr.

Käsemann sieht in 1,14 die Fleischwerdung ganz im Schatten der Herrlichkeitsaussage (S. 28). Jesu Tod „erfolgt am Kreuz, wie die Tradition es erfordert. Doch ist dieses Kreuz nicht länger der Schandpfahl dessen, welcher der Verbrecher Geselle wurde" (S. 29). Unsere Perikope scheint dem recht zu geben. Indes werden wir genau hinzusehen haben.

Meine These: Es besteht kein ausschließender Gegensatz zur synoptischen und paulinischen Kreuzestheologie, sondern nur eine andere Sicht derselben Wirklichkeit. Wir benutzen ein altbewährtes Bild: Die theologia crucis sieht den Teppich von seiner unansehnlichen Rückseite, Johannes erblickt im Glauben das eindrucksvoll-schöne Muster an der Vorderseite. Daß der Teppich zwei Seiten hat, würde Johannes nicht leugnen (Bltm., ThNT, § 46 – der Anstoß der Fleischwerdung); im Gespräch mit den „Juden" muß er nur die andere, von den Gegnern geleugnete Seite der Sache betonen, nämlich das, worin Jesus in den Bereich Gottes gehört. Gerade die Passion hat diese beiden Seiten. Erkennt man das göttliche „Muß" des Leidens und Sterbens Jesu, wie es in prophetischer Vorausschau deutlich wird (vgl. uns. Ausl. zu Estomihi), dann sind es zwar die feindseligen Menschen, die den Angenagelten mit dem Kreuz „erhöhen" (V. 28), aber darin wird der Plan und Wille Gottes verwirklicht, mit dem sich Jesus eins weiß (V. 29c). Jesus leidet und stirbt – aber es ist nicht so, daß seine Gegner damit über ihn triumphieren, als hätten sie vereitelt, was Jesus ausrichten wollte. Gar nichts haben sie vereitelt, sie haben vielmehr der Verherrlichung Jesu und damit der Durchsetzung des Gottseins Gottes dienstbar sein müssen. Der verworfene Stein mußte zum Eckstein werden.

Wir werden das im einzelnen noch darzulegen haben, indem wir den Text abhören. Aber es dürfte damit der Ansatz für sein Verständnis gewonnen sein. *Jesu Passion ist göttliche Aktion, denn Jesus ist* (1) *der Himmlische,* (2) *der Eine,* (3) *der Letzte.*

I.

Der Evangelist befindet sich im Gespräch mit solchen, die nicht an Jesus glauben; nur darum reproduziert er Jesu Gespräch mit den Juden. Das bedeutet: indem die Christusbotschaft verkündigt wird, ist die Situation noch immer offen. Noch könnten „Juden" begreifen, was sie bisher nicht begriffen haben; noch könnte geschehen, was V. 30 sagt: viele glaubten an ihn.

In dieser Absicht ist auch die Predigt über diesen Text zu halten. Wir sind nicht „Juden" im Sinne des Evangelisten. Aber es könnte sein, wir sehen Jesu Passion zwar nicht in derselben (feindseligen) Gesinnung wie sie, wohl aber mit denselben (ungläubigen) Augen. Passion: da wird – wieder einmal – einer das Opfer von Unmenschlichkeit. Wir sagen sicher nicht, er habe das verdient. Aber wir sehen in ihm einen der unglücklichsten Menschen, von denen wir wissen, ein Opfer menschlicher Sünde. Umso tragischer, als dieser Jesus der Meinung war, er treibe die Sache Gottes; in den Augen der Juden lästerliche Anmaßung. Kann uns das Kreuz ermutigen, an Gott zu glauben? Es kann uns eigentlich nur dazu bringen, daß wir an Gott – und an diesem angeblichen Gottgesandten – irre werden. „Den Juden ein Skandalon" (1. Kor. 1,23). Jesus: der Unterlegene, der Gescheiterte.

„Ich gehe hinweg" (V. 21). Die Passion kommt nicht so über ihn, daß er dabei willenloses Objekt wäre. Jesus ist aktiv, auch in Leiden und Sterben. Er „legt" sein Leben „hin" (10,11), er stellt es zur Verfügung, gibt es dran. Wenn er stirbt, dann nicht, weil er unter die Räder kommt. Geht er bewußt in seinen Tod, dann ist dieser Tod – er weiß es – nur Durchgang: „Ich verlasse die Welt und gehe zum Vater" (16.28). Die Gegner meinen, sie seien es, die seiner habhaft werden und ihn auslöschen. In Wirklichkeit ist – letztlich – er selbst der Handelnde. Jesu Passion ist Aktion.

Das Mißverständnis der Juden (V. 22) unterstreicht das Gesagte. Wissen die Gegner nicht, wer Jesus ist (V. 25), merken sie auch nicht, daß er zum „Vater" gehört (V. 27), dann können sie auch nichts davon wissen, wohin Jesus geht. Also müssen sie in seinem „Weggehen", wenn es dazu kommt, Selbstmord sehen. In diesem Falle läge wirklich, wie Jesus behauptet, die Initiative bei ihm. Aber es wäre Ausdruck seines schrecklichen Scheiterns, und, da Selbstmord den Juden als schwerste Sünde galt, die Selbstverbannung in die Hölle. Die Juden haben etwas Richtiges begriffen: Jesus selbst bestimmt seinen Weg. Aber sie verkennen völlig, daß Jesu Weggang gerade nicht die letzte Konsequenz des Scheiterns und der Absturz ins Verderben ist, sondern der Aufstieg Jesu in seine himmlische Heimat. Passion ist Heimkehr, Vollendung, Sieg. Der Bereich Gottes, in den er geht, ist den Juden unerreichbar. Er wird, wenn sie ihn „suchen" – d. h. wohl: nach ihm fahnden –, für sie nicht mehr zu fassen sein. Sie wissen nicht, daß er *der Himmlische* ist (3,13.31; 6,38.41), „von oben her" (V. 23), „aus Gott" (vgl. 7,17; 8,47). Von da ist er gekommen, und dahin geht er wieder.

Dies ist von Bedeutung zunächst für die Erkenntnis der Person Jesu Christi. Wer „von unten her" ist, kann das nicht erkennen, was „von oben her" ist. Nur wer von Gott ist, kennt Gott (7,29; 8,55; 10,15); nur der kennt auch Jesus, den Sohn (8,19), und nur der kennt auch den Geist (14,17). In seiner Sprache hat Paulus dasselbe 1. Kor. 2 ausgeführt. Es ist vergeblich, mit solchen, die „von unten her", „von der Welt her" sind, über Jesu himmlischen Ursprung zu reden (V. 25c; vgl. 19,9); sie haben keine Antenne dafür. Begreift ein Mensch, wer dieser Jesus ist, dann ist er eben „von oben geboren" (3,3), er ist „aus der Wahrheit" (18,37), paulinisch gesprochen: er hat Gottes Geist. Ist dies der Fall, dann ist das Kreuz auch nicht mehr Anstoß und Unsinn, sondern Gotteskraft und göttliche Weisheit (1. Kor. 1,24). Der Evangelist verkündigt, weil er von der Hoffnung erfüllt ist, daß dies bei seinen – vielleicht noch widerstrebenden – Lesern sich ereignen wird. Nicht anders steht es mit der zu haltenden Predigt.

Daß Jesus *der Himmlische* ist, ist aber auch für das Verständnis seines Heilswerkes wichtig. Daß Jesus „erhöht" wird – in dem bekannten johanneischen Doppelsinn –, bedeutet ja nicht, daß er aufgrund seines Gehorsamstodes zu etwas würde, was er vorher nicht gewesen ist. Man hätte auch Phil. 2,9 nie so verstehen dürfen; Kenosis meint nicht, daß er aufgehört hätte, Gott zu sein, sondern dies, daß er auf seine Existenzweise in göttlicher Glorie verzichtet hat, und der „Name über alle Namen" bezieht sich auf seine Geltung und Machtstellung, nicht aber auf sein – etwa erst jetzt erlangtes – Gottsein. Gekreuzigt wurde auch nach Paulus nicht „ein bloßer Mensch" (ψιλὸς ἄνϑρωπος, Paul von Samosata), sondern „der Herr der Herrlichkeit" (1 Kor. 2,8), und auch Röm. 1,4 ist die Rede von der auf die Erniedrigung folgenden „Einsetzung in Kraft", die, wie der Obersatz (1,3) zeigt, dem widerfährt, der, unabhängig von dem jeweiligen Status, der Gottessohn Jesus Christus ist. Johannes meint nichts anderes, er gibt diesem Sachverhalt nur in besonders pointierter Weise Ausdruck. Jesus *wird* nicht erst durch die Erhöhung zum „Himmlischen", er *ist* es auch als der Fleischgewordene. Nicht „in *purer* Menschlichkeit" (Bltm. zu 1,14), sondern „in *ganzer* Menschlichkeit" ist Jesus „der Offenbarer", der vom Himmel Gekommene und auch auf Erden dem Bereich Gottes Zugehörige. Wenn er demnächst „weggeht", dann verläßt er nur den irdischen Schauplatz, aber er wird kein anderer als der, der er von „Anfang" her (1,1) gewesen ist. „Der durch die Erde als ein Fremder ging, nämlich als der vom Vater Gesandte, und durch den Tod unangefochten und jubelnd geht, weil er in das Reich der Freiheit zurückgerufen wird, hat ganz einfach seine Sendung erfüllt, wie sein letztes Wort am Kreuz anzeigt" (Ksm., S. 48f.). „Jesus als das präexistente Himmelswesen geschildert, dessen Erdendasein nur eine Etappe seines zum Himmel zurückführenden Weges bildete" – der Jesus, wie ihn eine „enthusiastische Frömmigkeit" preist (S. 51)? Käsemann sagt Richtiges in einer herausfordernden, zum Widerspruch reizenden Weise. Nein, Jesu Erdenwerk ist nicht nur „Etappe". Er kam in sein Eigentum (1,11). In ihm hat Gott die Welt geliebt (3,16). Jesus hat diese Liebe Gottes verkündigt, aber nicht nur im Sinne einer bloßen Bekanntgabe, sondern so, daß diese

Liebe „im Fleische" Ereignis wurde. Daß Johannes die Gottheit Jesu herausstreicht, bedeutet doch nicht, daß er die Menschwerdung entwertet (gegen Ksm. S. 27). Käsemann fragt: „Meint die Aussage, daß das Wort Fleisch ward, wirklich mehr, als daß es in die Menschenwelt hinabstieg, mit dem Irdischen in Berührung kam und so Begegnung mit ihm möglich wurde?" (S. 28). Ja, sie meint mehr. Der nie aufgehört hat, der Himmlische zu sein, hat sich tief mit dem Irdischen verbunden. Die Liebe Gottes wird auf leibhafte, greifbare Weise Ereignis. Sie „steht" darin, daß Gott seinen Sohn gibt zur Versöhnung für unsere Sünden (1. Joh. 4,10 – auch wer starke Gründe zu haben meint, für das vierte Evg. und den 1. Joh.-Brief verschiedene Verfasser anzunehmen, wird die Verwandtschaft der „Schule" und des „Lebenkreises" nicht bestreiten können). „Siehe, das ist Gottes Lamm!" (1,29.36), der Hirt, der das Leben für die Schafe läßt (10,11.15), der in Person „die Versöhnung für unsere Sünden" ist (1. Joh. 2,2), der „erschienen ist, damit er die Sünden wegnehme" (1. Joh. 3,5), der auch das Leben für die Brüder gelassen hat (1. Joh. 3,16). Passion ist nicht nur ein äußerer Szenenwechsel im ewigen Weg und Gang des „Himmlischen", sondern das schwere, keineswegs ohne Anfechtung und Erschütterung zu bestehende (12,27) Werk der Lebenshingabe für die verlorene Welt.

Dies alles haben die „Juden" nicht verstanden. Sie hängen ihn ans Kreuz (V. 28) und verpassen damit ihre eigene – nie wiederkehrende – große Gelegenheit der Rettung (3,16–18). „Ihr werdet in eurer Sünde sterben" (VV. 21.24). „In der Gegenwart dessen, der die Sünde der Welt wegnimmt, sterben sie, weil sie ihre Sünde behalten" (Schlatter, Erläuterungen z. St.). Ihr Unglaube ist ihre Sünde. In Mark. 12,9 ist wohl an die Ereignisse des Jahres 70 gedacht. Johannes sieht tiefer: Wer es sich nicht gefallen läßt, daß der Erhöhte ihn zu sich zieht (12,32), muß dem Tode verfallen bleiben, unversöhnt, im ewigen Widerspruch gegen Gott. Man sollte Jesu Absicht heraushören: wenn ihr doch merktet, mit wem ihr es zu tun habt!

2.

Wer ist Jesus? Die Juden fragen so (V. 25). Er selbst hat schon geantwortet: „Ich bin von oben her." Aber „von oben geboren" könnte auch, durch die Wirkung des Geistes, einer von uns sein (3,3.7). Was Christus „von Anfang" war und immer sein wird, kann auch im abgeleiteten Sinne nicht für uns zutreffen. „Gott war das Wort", das Fleisch geworden ist und unter uns gezeltet hat (1,1.14). Die Juden wissen nicht, mit wem sie es zu tun haben. Hat es überhaupt Sinn, mit ihnen weiter darüber zu reden (V. 25b)? (Klingt hier Luk. 22,67b nach? Auf Mark. 14–62/Luk. 22,69 kommen wir nachher. Johannes schmilzt nicht selten synoptisches Gut ein.) Über *sie* müßte man reden: über ihr „Sein-von-unten", über ihre Unansprechbarkeit und Verständnislosigkeit (V. 26a), über ihre Verlorenheit in der Sünde (VV. 21.24). Es gibt keine Möglichkeit, die Hoheitsaussage des Herrn aus den Voraussetzungen abzuleiten, von denen her sie denken. Man muß sich klar machen, was das heißt, wenn dies zu Repräsentanten des klassischen Volkes der Religion, mehr noch: zu Gliedern des Volkes der Erwählung gesagt ist. Für uns könnte das heißen: gut-kirchlich, in der frommen Tradition zu Hause, ins kirchliche Brauchtum eingewöhnt, Wortführer in kirchlichen Gremien, aktiv in ernsthaft diskutierenden Kreisen – aber wenn man es mit dem wirklichen Gott zu tun hat, dann ist da ein weißer Fleck. „Sie verstanden aber nicht, daß er ihnen vom Vater sagte." Und die Aussage: „Ich bin es" wird nur mit einer Rückfrage beantwortet, die erkennen läßt, daß man eben diese Aussage in keiner Weise begriffen hat.

Was besagt sie denn? Schwierig genug, aber immerhin leichter faßlich sind die berühmten „Ich-bin-Worte", die eine konkrete Selbstbezeichnung enthalten (Brot des Lebens, Licht,

Hirt, Tür, Auferstehung, Weg, Wahrheit, Leben, Weinstock, vielleicht auch Lebenswasser), wobei zu bedenken ist, daß das „Ich" jedesmal Prädikatsnomen ist. (Ihr verlangt
nach Brot? Das Brot bin *ich*.) In unserm Text steht das „Ich bin" absolut; das „es" der
deutschen Übersetzung geht über den Wortlaut des Urtextes hinaus. Man könnte meinen,
hier würden die bekannten Ich-bin-Worte zusammengefaßt, wie man die Farben des
Spektrums zu weißem Licht versammeln kann, aus dem sie durch Brechung entstanden
sind. Das wird, der Sache nach, richtig sein. Doch wird man nicht übersehen dürfen, daß
es sich um eine geprägte Formel handelt, die besonders bei Deuterojesaja auftritt, aber
nicht nur dort (Jes. 41,4; 43,10.25; 45,18.22; 46,4.9; 48,12; 51,12; 52,6 – Deut. 32,39f., wobei zu bedenken ist, daß ein besonders herausgestelltes אֲנִי immer emphatischen Charakter hat, also prägnant zu nehmen ist – Ps. 46,11f.; 50,7; Jer. 24,7; Hes. 6,7.13 u. a.). Es
handelt sich um Formeln der Selbstoffenbarung Gottes. „Von אֲנִי יְהוָה, wie die atl. Offen-
barungsformel im hebräischen Text lautet, geht der Weg über אֲנִי הוּא . . . zu dem absoluten ἐγώ εἰμι der LXX, das als Brücke für das ἐγώ εἰμι des NT zu gelten hat" (H. Zim-
mermann, zit. n. Schnbg. z. St.). Die kultische Theophanieformel kommt in der jüdischen Festliturgie des neutestamentlichen Zeitalters vor, besonders am Passa und Laubhüttenfest. Man hat darin „eine echt jesuanische Ichformel (aram. ANA HU)" sehen
wollen; „der historische Jesus hat nicht geringer von sich selbst gesprochen als der johanneische Christus, sondern geheimnisvoller und anspruchsvoller zugleich" (ThLZ 1956,
Sp. 148). Ob dies so zutrifft, stehe dahin. Jedenfalls ist im vierten Evangelium die Aufnahme dieser Formel ein deutliches Bekenntnis Jesu zu seinem Gottsein. „Ich bin Gott,
und außer mir gibt es keinen, der hilft" (Jes. 43,10f.). „Die Juden sollen sich auf die Seite
Gottes stellen, sein Zeugnis annehmen und glauben, daß Gott in Jesus sein „Ich bin es"
spricht (Schnbg. z. St.).
Jesus = Gott? Die Aussage ist differenzierter. Daran sollte uns schon die Bemerkung erinnern, daß Jesus vom „Vater" spricht (V. 27). In der Person des Sohnes begegnet der
Vater. Niemand kommt zum Vater als durch den Sohn (14,6). Er und der Vater sind eins
(10,30). Der Vater ist bei ihm (VV. 16,29; 16,32). Der eine ist jeweils im andern (10,38;
14,10f.; 17,21–23). Der Sohn tut nichts von sich selber; er redet zur Welt nur das, was er
gehört hat (VV. 26.28f). Wir träfen nicht das Gemeinte, wenn wir in Jesus nur einen
Menschen sähen, der sich in besonderer Weise auf die Gedanken und den Willen Gottes
eingestellt hätte. Das Einssein zwischen Vater und Sohn geht tiefer: weil es im göttlichen
Ursprung des Sohnes begründet ist, kommt es nicht aus menschlicher Möglichkeit, sondern aus göttlicher Wirklichkeit. Hier ist der Eine und Einzige, der nichts anderes denkt
als der Vater und darum auch in seinem Reden dem Vater völlig gemäß ist. Und hier ist
der Eine und Einzige, der nichts anderes will als der Vater. „Der Menschensohn ist . . .
Gott, in die menschliche Sphäre hinabsteigend und dort epiphan werdend" (Ksm., S. 35).
Man könnte sagen: Jesus Christus ist als der Logos Gott, sofern er der Welt, besonders
den Menschen, zugewandt ist. Jesus ist Gott in seinem Zugehen auf die verlorene, abtrünnige Welt; Gott in seinem Werben um sie; Gott, der sich wie das in der Erde ver-
kommende Samenkorn (12,24) selbst aufgibt, damit das Neue entstehe. Wenn doch die
„Juden" sähen, daß sie es in Jesus mit diesem um sie bemühten Gott zu tun haben! Aber
da sie nicht glauben, „daß ich es bin", eben dieser *Eine*, müssen sie in ihren Sünden sterben (V. 24).
Das vierte Evangelium beginnt mit der Gottheit des Logos, und es schließt in seinem ursprünglichen Teil mit dem Bekenntnis des Thomas: „Mein Herr und mein Gott!" (20,28).
Daß es – in seiner Gesprächslage – die Gottheit Jesu so stark betont, darf keinesfalls so
ausgelegt werden, daß das Menschsein dadurch entwertet würde. Wohl aber steckt darin,
daß das Gottsein nicht etwas Erworbenes oder gar Jesus nachträglich Beigelegtes, Proji-

ziertes wäre. Die altkirchliche Zweinaturenlehre spricht mit ihren Denkmitteln nach, was hinsichtlich der Doxa Jesu in den Hoheitsaussagen des vierten Evangeliums ausgesprochen ist (von Käsemann mit instruktiver Einseitigkeit betont). Die theologia gloriae, die man – zu Unrecht – dem Evangelisten anlastet, meinen viele auch in der reformatorischen Lehre von der communicatio idiomatum (besonders ihrem genus majestaticum) wiederzufinden; diese ist (mindestens) im vierten Evangelium begründet und gegen eine Christologie, die den bloßen Menschen Jesus erst in seiner Erhöhung zu Gott *werden* läßt, eindeutig im Recht.

Doch das ist nur die dogmatische Seite der Sache. Der Predigt muß es darum gehen, daß Lehre sich in Botschaft und Anrede verwandelt und zuspitzt. Jesu Passion ist göttliche Aktion. Der Jesus, der seinen Gegnern – sozusagen auf Tod und Leben (7,30; 8,20.40.59 – gegenübersteht ist der Gott-in-Aktion, der auf sie zugehende, um sie bemühte, sich ihnen bezeugende Gott. Mit dem „Lehrbuchgott" sind sie vertraut. Aber als der wirkliche, der lebendige und tätige Gott auf sie zutritt, da versperren sie sich. Predigt ist nicht Mitteilung über Gott, sondern lebendige Anrede Gottes an seine Menschen. Sie ist, eingehüllt in Menschenwort, das Wort des erhöhten und gegenwärtigen Christus. „Meine Schafe hören meine Stimme" (10,27). Jesus will – auch in dieser Predigt – der auf uns zugehende, uns zugewandte Gott sein.

3.

Die Auslegung von V. 28 bereitet Schwierigkeiten. Will Jesus sagen, daß die Juden nach seiner Erhöhung anderen Sinnes werden, also doch noch zum Glauben kommen? Schnackenburg meint dies; es „dürfte dabei nicht ... an das Gericht über die Schuldigen gedacht sein, sondern eher an die sieghafte Heilsgewalt des Erhöhten" (z. St.); γινώσκειν meine immer „gläubiges Erkennen", und der Erhöhte werde nach 12,32 „alle an sich ziehen"; auch nach der Kreuzigung Jesu sei es „für die Juden nicht zu spät, den Glauben an Jesus zu finden" (ebd.). Kann der johanneische Jesus dies gemeint haben, daß seine Erhöhung einen solchen Wandel bringt (vgl. z. B. 15,18–25)? – Man wird eher daran zu denken haben, daß Jesus den Gegnern das *Gericht* ankündigt (wie vorhin das Sterben in Sünden). „Die Erkenntnis, die den Ungläubigen aufgehen wird, wenn es zu spät ist", wird „durch das τότε γνώσεσθε ὅτι ἐγώ εἰμι als die des *Richters* charakterisiert" (Bltm. z. St.). Sie werden es also einsehen, daß Jesus sich im Reden und Tun im vollen Einklang mit dem Vater befindet und der Vater immer an seiner Seite ist; nur: für sie ist es „zu spät" (Bltm.), die Erkenntnis kann ihnen nicht mehr zum Heile werden; sie müßte ja dann – seltsam, daß die Kommentare dies nicht unverblümt aussprechen – in der schrecklichen Einsicht bestehen: Wir haben *Gott* umgebracht! – Nur, ich frage wieder: Kommen denn die Juden nach dem Karfreitag zu dieser Einsicht? Würde also der Evangelist dieses Gespräch deshalb reproduzieren, weil er den jüdischen Lesern sagen will, daß sie hoffnungslos schuldig sind, weil sie sich an dem vergriffen haben, der „es ist"? Ich gestehe, daß ich die Stelle von diesen Voraussetzungen her nicht zu erklären vermag.

Schuld an der Aporie ist die fixe Idee einer nur-präsentischen Eschatologie des vierten Evangelisten, die es verbietet, den Menschensohn an dieser Stelle – im Unterschied zu 1,51 und 3,14 – im Sinne der jüdischen Apokalyptik zu verstehen. Wer wollte bestreiten, daß Johannes das, was am „Jüngsten Tage" (s. o.) kommen wird, seinen Lesern so ins Herz und Gewissen spricht, daß es Entscheidungen auslöst, die *heute* zu fällen sind, so wahr der erhöhte Herr unsichtbar schon *heute* mitten in seiner Gemeinde lebt? Aber wer dürfte bestreiten, daß das Schon-jetzt in einem endgültigen Dann begründet ist und auf dieses endgültige Dann vorausweist? Es ist klar, daß die Problematik nicht mit diesen beiden rhetorischen Fragen bewältigt ist; dies könnte im Vorübergehen nicht gelingen. Jetzt nur soviel: VV. 28f. werden einfach und durchsichtig, wenn man an den Menschensohn der Apokalyptik denkt, der mit den Wolken kommt und den alle Augen sehen werden, auch die, „die ihn durchbohrt haben, und es werden wehklagen um seinetwillen alle Geschlechter der Erde" (Offb. 1,7, vgl. Joh. 19,37). (Bei allem Unterschied der Gattung, also auch des Sitzes im Leben, also auch der Denk- und Redeweise wird man die Apokalypse wohl dem johanneischen Lebenskreis zuzurechnen haben; die vielen Berührungen können nicht zufällig sein.)

Es ist wahr: indem Jesus in die Welt gekommen ist und wir in Glauben oder Unglauben ihm gegenüber Stellung beziehen, geschieht schon das Gericht (3,18f. u. ö.). Aber was sich jetzt noch im Verborgenen ereignet, wird dann vor „aller Augen" offenkundig werden. Jetzt heißt es: nicht sehen und doch glauben (20,29), dann: wir werden ihn sehen, wie er ist (1. Joh. 3,2). Dies gehört zu den Hoheitsaussagen dessen, der sich anschickt, ans Kreuz zu gehen. Er sagt hier den „Juden" nichts anderes, als was er nach Mark. 14,62 – ebenfalls mit der ἐγώ-εἰμι-Formel – dem Synedrium sagen wird: „Ich bin's, und ihr werdet sehen des Menschen Sohn sitzen zur rechten Hand der Kraft und kommen mit des Himmels Wolken." Wie er der Erste war (1,1ff.), so wird er der Letzte sein (Offb. 1,17). „Geht" er „dahin", dann durch den Tod hindurch in diese Zukunft.

Okuli. Jer. 20,7–11a (11b–13)

Eine der „Konfessionen Jeremias" (11,18–23; 12,1–6; 15,10–12. 15–21; 17,14–18; 18,18–23; 20,7–13.14–18), die z. T. den Klageliedern des einzelnen verwandt sind, teils auch Antworten Gottes hervorrufen, in der Form aber verschieden sind, da der Prophet „von Fall zu Fall die Konvention der alten kultischen Form mit seinem prophetischen Anliegen durchdrungen und verwandelt hat" (von Rad, ThAT II, S. 213 – dort sehr einfühlsame Ausführungen über die Konfessionen überhaupt). – Abgrenzung: Der Bruch zwischen VV. 13 und 14 ist offensichtlich, so daß es zwingend ist, die Perikope mit V. 13 abschließen zu lassen. V. 11 rein feststellend, hingegen V. 12 „Rachewunsch"; V. 12 ist „beigeschrieben, um auf die Parallele 11,20 aufmerksam zu machen" (Rudolph z. St.). V. 11b bringt gegenüber V. 11a nichts Neues, ist also für die Predigt entbehrlich. V. 13 wird von einigen für unecht gehalten, doch von Weiser und Rudolph verteidigt: dem Beter wird Gewißheit zuteil.

V. 7: das pi. von פתה bedeutet verlocken, verführen (Exod. 22,15: ein Mädchen), das pu. sich bereden, betören, verleiten lassen; im qal deutet es auf die Einfalt, die Dummheit (פֶּתִי = einfältig, unerfahren). Bei חֲזַקְתַּנִי ist das Suffix ungewöhnlich (sonst mit לְ oder מִן), Bedeutung: fest, stark, stärker sein, zu stark sein. Gegenstand des „Gelächters", des „Spottes" (שְׂחֹק, verwandt mit צחק, wovon der Name Isaak kommt, Gen. 21,3.6), vgl. 48,26f.39. – V. 8: in der ersten Zeile ist „dreifaches Verständnis möglich: Gewalttat und Unterdrückung ist a) die von Jer. angekündigte Strafe (Gerichtspredigt), b) die von Jer. gerügte Sünde (Scheltrede, vgl. 6,1), c) die dem Jer. angedrohte Mißhandlung. Nach dem Zusammenhang ist c am wahrscheinlichsten" (Rudolph). – V. 9: iterativ: „so oft ich (mir) sagte". עָצַר müßte fem. sein, also עָצְרָה, aber zwingend ist das nicht (Ges.-K., Gramm., § 132d). כֹּל pilp. = „aushalten, ertragen". – V. 10: „Schrecken von allen Seiten" (6,25; 20,3; 45,6; 49,29: wohl eines der Schlagworte seiner Gerichtspredigt). Dasselbe Verb in verschiedenen Formen läßt die vielen Stimmen erkennen, die so reden. Das Wort פתה wird erneut benutzt (vgl. V. 7), diesmal im pu.: diesmal wollen Menschen den Propheten betören und verleiten. – V. 11: Den Propheten tröstet in der Anfechtung das Wort aus der Stunde seiner „Ordination"(1,19). Lies: אֹתִי. Wir lesen nur bis „nicht gewinnen". – Aus dem in Klammern stehenden Stück empfiehlt es sich nur V. 13 aufzugreifen. Daß nach der Klage eine Theophanie erfolgt ist (Weiser), braucht nicht angenommen zu werden. Die Rückerinnerung an Gottes anfängliche Zusage gibt die neue Gewißheit und löst das Gotteslob aus. Vgl. Ps. 6,9; 22,22.

In der Spur des angefeindeten, bedrängten, leidenden Christus gehen (Evg. des Sonntags), das kommt nicht nur bei solchen vor, die gleichzeitig mit ihm oder nach ihm leben, sondern das ereignet sich auch vor Christus, „denn also haben sie verfolgt die Propheten, die vor euch gewesen sind" (Matth. 5,12b). Man sieht es deutlich am Gottesknecht von Jes. 53; er trägt, wie Paulus (Gal. 6,17), gewissermaßen die Stigmata Christi an sich. Dasselbe wäre auch von Jeremia zu sagen. Dem Prediger heute wird nichts an irgendwelchen typologischen Spielereien liegen. Es kommt nur darauf an, daß wir sehen: Christusnachfolge ist, solange wir noch im Schatten des Kreuzes leben, nie ein Triumphzug, und es sollte uns die uns etwa widerfahrende „Hitze" „nicht befremden" (1. Petr. 4,12). Jeremia ist eine Leidensgestalt. Dies zeigt schon der äußere Verlauf seines Lebens, soweit es uns bekannt ist (vgl. die Jeremiaromane von Jan Dobraczynski und Franz Werfel); die Predigt wird der Gemeinde davon ein wenig erzählen müssen. Die Konfessionen lassen uns in sein Inneres sehen. Was in ihm vorgegangen ist, wird aus ihnen erkennbar wie bei keiner anderen Gestalt des Alten Testaments. Er ist ein hochsensibler Mensch gewesen. Sein Gott hat ihm zugesagt, ihn zur Festung, zur eisernen Säule und ehernen Mauer zu machen (1,18; 15,20); das besagt offensichtlich nicht, daß Jeremia im äußeren Sinne ein rocher de bronze gewesen wäre oder vielleicht ein Mensch, der – hart im Nehmen – alle Feindseligkeiten von außen unerschüttert ertragen hätte und dabei seiner Sache, d. h. aber: der Sache Gottes problemlos gewiß gewesen wäre. Er leidet an Gott und an dem von Gott ihm erteilten Auftrag. Der Halt, den er von Gott bekommt, ist höher als alle Vernunft und alle Empirie. Es kann einer mehr und mehr vom Dunkel umfangen werden – und Gott hält doch zu ihm. So ist es ja bei Jeremia, „daß das innere Gefälle dieser dialogischen Texte, aber auch der monologischen, immer auf das Dunkle hinführt, auf das Nichtbewältigte und Unerfüllbare" (von Rad, a. a. O., S. 214), „in eine immer tiefere Verzweiflung", in „ein zunehmendes Nicht-mehr-Zurechtkommen" (S. 216). Die VV. 11–13 unseres Textes sind dann wie ein letztes kurzes Durchbrechen des Sonnenlichts; gleich darauf, in der zornigen und grausamen Verfluchung der eigenen Geburt, versinkt der Prophet ungetröstet in eine Finsternis, die an den Karfreitag erinnert (VV. 14–18).

Man könnte in dem allem den Ausdruck einer bestimmten seelischen Veranlagung Jeremias sehen, als sein individuelles inneres Schicksal. Ohne Zweifel lassen die Konfessionen die besondere Prägung seiner Individualität erkennen. Aber wir würden das, worauf es ankommt, verkennen, wenn wir meinten, Menschen mit einem robusteren Naturell könnten Leiden dieser Art erspart bleiben. Was hier auszutragen und zu durchleiden ist, ist der Konflikt zwischen Gott und der Welt, wie sie ist, also das Widereinander zwischen Gott, der seinen Anspruch auf die von ihm geschaffene Welt geltend macht, und der Welt, die sich gegen diesen Anspruch auflehnt. Jeremia trägt ein Leiden, das seinen Ort im Felde dieses Konfliktes hat; er trägt es sicher auf seine – hochsensible – Weise, aber er könnte dem, was hier auszutragen ist, auch sonst nicht entgehen. Denn es ist ja sein Auftrag, ebendiesen göttlichen Anspruch, von dem soeben die Rede war, anzumelden und darin, wie immer die Hörer darauf reagieren, nicht locker zu lassen. Auch Jesus ist, indem er starb, an diesem Gott-Welt-Konflikt zerbrochen – nicht zufällig, sondern notwendig. „*Mußte* nicht Christus solches leiden?" Im Geschick der Vorläufer wie der Nachfolger wird das Kreuz des Herrn sichtbar, dem sie bewußt nachfolgen oder auf den sie hinweisen, noch ohne ihn zu kennen. Die Christuspredigt, die wir diesmal halten, wird nur mittelbar auf Christus hinweisen; an seinem (vorauslaufenden) Boten lesen wir seine Kennzeichen ab, erkennen wir ihn wieder. *Der leidende Gottesbote* (1) *unter dem Druck der Verfolgung*, (2) *unter dem Zwang der Sendung*, (3) *in der Gewißheit der Bewahrung.*

I.

Wie kommt es, daß dieser Mann alle gegen sich hat, nicht nur die Fernstehenden, sondern auch seine „Freunde und Gesellen" (אֱנוֹשׁ שְׁלֹמִי = der Mensch meines Heils und Wohlbefindens, meiner ungestörten Umweltbeziehung, also der, mit dem ich freundschaftlich verbunden bin)? Wohin auch immer er kommt, die Menschen begegnen ihm mit nicht endendem Spott und Glächter. Immerzu sieht er sich veranlaßt, nach Hilfe zu rufen: „Frevel und Gewalt!" (so die nächstliegende Deutung von V. 8, s. o.). Aber was nützt es, wenn alle seine Feinde sind? Er hat nicht nur Schlimmstes für Leib und Leben zu befürchten, er wird durch den Spott – und das ist schlimmer – moralisch vernichtet. Alles ist gegen ihn verschworen. Er ist völlig einsam. Wie kam es dazu?

Jeremia tritt in einer Zeit hervor, in der Assurs Macht im Versinken ist und Juda sich – unter Josia – in äußerem Glück befindet. Wer, wie Jeremia, den inneren Zustand seines Volkes am ersten Gebot mißt (1,16; 2,20ff. u. ö.), kann jedoch nicht in das Gerede der Heilspropheten einstimmen (23,9–11). Gottes Volk hält der Prüfung nicht stand (6,27–30). Josias Reform scheint eine Wende zu bringen, doch sie erweist sich als ein kurzes Zwischenspiel. Abergläubisches Vertrauen auf den Tempel gibt falsche Sicherheit, der Frevel gegen Gottes Gebote geht weiter (7,1–15), auch der Götzendienst (7,17f. 30f.). Jeremia sieht das Verderben kommen, „vom Norden her" (1,14; 4,6 u. ö.) – bald wird man wissen: Babel wird Gottes Gericht vollstrecken. Jeremia warnt und droht, und er muß das Gericht ankündigen. Dem Zweckoptimismus der Jerusalemer Kriegspartei widersteht er, als die Babylonier herannahen, und während der Belagerung. „Grauen von allen Seiten" (V. 10): das ist seine Diagnose der politischen, militärischen und religiösen Situation. Man hat diesen Miesmacher und Totenvogel verspottet und gehaßt, verachtet und verfolgt. Spott schon in seiner Frühzeit (6,10), erst recht später (15,15; 17,15; unser Text). Das Attentat seiner Verwandten mißlingt (11,18ff.). Der Konflikt mit Jojakims hoher Beamtenschaft geht noch einmal gut aus (26,1ff.), aber es gibt keine Ruhe (18,18ff.; 20,10). Die Tempelpolizei mißhandelt ihn, er wird in den Block gesteckt (19,14f.; 20,1ff.). Ihm wird es untersagt, den Tempelplatz zu betreten (36,5). Jojakim läßt sich die Aufzeichnung der Prophetensprüche vorlesen und verbrennt sie ostentativ im offenen Kaminfeuer (36,21ff.). Auch Zedekia hört nicht auf den Propheten (37,2). Auch nach (vorübergehender) Aufhebung der Belagerung weist Jeremia auf die Sinnlosigkeit des Widerstands – nicht nur gegen die Übermacht Babels, sondern gegen Gottes verdientes Gericht. Jeremia wird des (versuchten) Überlaufs zu den Babyloniern bezichtigt und gefangengesetzt (37,11ff.), danach in eine verschlammte Zisterne im Schloßhof geworfen, in der er umgekommen wäre, wenn nicht ein kuschitischer Hofbeamter beim König seine Rettung erwirkt hätte (38,1ff.). Gefangen bleibt er bis zum Fall der Stadt. Danach wird Jeremia von den Jerusalemern gezwungen, sich mit ihnen nach Ägypten abzusetzen, und dort verliert sich für uns seine Spur (43,6). – Diese Hinweise wurden zusammengestellt, um dem Prediger ein wenig zu helfen, daß er der Gemeinde – die von Jeremias Schicksal nur ein undeutliches Bild haben wird – die Aussagen des Textes (in dem ihm zweckmäßig erscheinenden Ausmaß) konkretisieren kann.

Daß der Gottesbote unter dem Druck der Verfolgung leidet, ist nicht sein persönliches Pech, sondern hängt tief mit seinem Auftrag zusammen. Er muß die Sünde der Menschen ans Licht ziehen: die zweifache Sünde, daß sie Gott, die Quelle, verlassen und sich Zisternen graben (1. Gebot, 2,13); die Bosheit, den Frevel und die Gewaltübung, die Gier nach unrechtem Gewinn (6,7.13), den Ehebruch und andere geschlechtliche Sünden (5,7), Gewaltübung gegen Fremdlinge, Waisen und Witwen, das Vergießen unschuldigen Blutes (7,6), scheinheiliges Reden in Hinterhältigkeit (9,7). In allem: der große Abfall von Gott

und die lästerliche Selbstsicherheit. „Es gibt niemand, dem seine Bosheit leid wäre und
der spräche: Was hab ich doch getan!" (8,6). – Jeremia muß gegen die Heilspropheten
auftreten, die den Menschen nach dem Munde reden (bes. 23,9ff.). Propheten, die einem
bestätigen, was man selber denkt, erstrebt und treibt, sind einem immer lieb. Wer wollte
nicht gern anerkannt und gelobt werden? Man kann solche Propheten, wie Jojakim und
Zedekia es getan haben, benutzen, damit sie einem beim eigenen Vorhaben behilflich
sind. Der Kriegspartei in Jerusalem wäre es lieb gewesen, wenn Jeremia ihr mit „religiösen" Argumenten beigestanden hätte. War man doch selbst „religiös"; das Vertrauen
in die Unbesiegbarkeit Jerusalems gründete sich auf Gott! Man muß sagen: auf den Gott,
wie er den eigenen Vorstellungen und Wünschen entsprach. Wenn der wirkliche, der heilige, der unbequeme Gott sich – durch Jeremias Mund – meldete, der Gott, der die eigenen Kreise stört, der den Menschen die Maske abreißt und ihre Heillosigkeit aufdeckt,
ihre Selbstzufriedenheit und Selbstgerechtigkeit anficht, dann war man nicht mehr willens, auf diesen Gott zu hören. Mit den „anderen Göttern" ist man eben nicht nur dort
im Geschäft, wo sie die Namen der kanaanäischen Baale tragen oder die der Götzen Assurs, sondern auch dort, wo man sich der eigenen Weisheit und Stärke und des eigenen
Reichtums rühmt (9,22). Spricht der Prophet gegen diese Selbst- und Menschengläubig-
keit, macht er also das Gottsein Gottes geltend, dann macht er sich verhaßt und wird als
Gegner abgestempelt. Jeremia hat dies in schmerzhafter Weise erfahren. Wieso er darin
dem Kommenden verwandt ist, den er noch nicht kennen kann, liegt auf der Hand. Auch
Jesus ist belauert, provoziert (V. 10), angezeigt und verklagt worden, weil er störte. Er hat
eine als Frömmigkeit sich ausgebende Selbstgerechtigkeit entlarvt und gebrandmarkt, ist
der unfrommen und frommen Lüge entgegengetreten, der Unbarmherzigkeit, die den
Ausgestoßenen verkommen läßt, der Sicherheit, die das Kommen Gottes nur als Selbst-
bestätigung erwartet, der falschen Gottverbundenheit, die den wirklichen Gott gar nicht
an sich heranläßt. Man muß wissen: wo mit Gott Ernst gemacht wird, da können die
Menschen nicht bleiben, wie sie sind. Keiner hat recht vor Gott. Uns allen wird, wo wir
ihm begegnen, der Boden unter den Füßen weggezogen; können wir doch stehen, dann
deshalb, weil Gott uns ohne unser Recht und Verdienst den „festen Punkt außerhalb"
gibt, wie Archimedes ihn sich für sein Weltexperiment wünschte: „Gib mir, wo ich
stehen kann!" „Der Grund, da ich mich gründe, ist Christus und sein Blut." Die vielen
Feinde Jeremias haben davon nichts gewußt – nicht bloß, weil sie 700 Jahre zu früh geboren waren, sondern weil sie Gott nicht Gott sein lassen wollten. Der Zusammenprall zwischen dem Gottesboten und der Welt, sofern sie sündig ist, also ohne und gegen Gott lebt,
ist unvermeidlich. Es ist nur die Frage, wer dabei auf der Strecke bleibt. Jeremia: „Meine
Verfolger . . . müssen ganz zuschanden werden." Bei Jesus ist es anders. Er bleibt auf der
Strecke, weil er nicht will, daß wir an unserer Verkehrtheit zugrunde gehen. Was uns
zukäme, das trifft ihn. Soviel Jeremia auch gelitten hat, so tief er auch in die Verzweiflung hineinmußte (VV. 14–18): dieses eine und Letzte blieb Jesus Christus vorbehalten.

2.

In diesem vergeblichen, opferreichen, zermürbenden Kampf für Gottes Recht soll der
Prophet durchhalten. Kann er es? Seine prophetische Sendung ist früher schon in den
Konfessionen das Thema gewesen. Auch da die Klage über erlittene Schmähungen, über
den Verlust an froher Gemeinschaft mit Menschen, über die Einsamkeit (15,15ff.). Aber
die Grundstimmung ist anders. Der Prophet hat das ihm aufgetragene Gotteswort wie
eine Speise empfangen, es war seines Herzens Freude und Trost (ebd.). In dem uns diesmal gegebenen Text steht er zu seiner Sendung von Anfang an in Spannung. „Du hast

mich verführt" – wie ein Mädchen, das in seiner Einfalt der List eines Mannes erliegt. „Du hast meine Dummheit ausgenutzt, Herr, und ich habe mich dumm machen lassen." Und dann war es einfach eine Frage der Kräfte: „Du bist mir zu stark geworden und hast mich überwältigt" (um nicht zu sagen: „vergewaltigt"). Geradezu blasphemische Worte (Rudolph). Du hast mich „hereingelegt"! Hier wird Gott „groß Macht und viel List" vorgeworfen. List: Gott ist falsch und hinterhältig. Stärke: Gott hat den Jeremia durch das Übergewicht seiner Allmacht einfach zu Boden gedrückt. So redet einer nur, wenn er an seiner Sendung – obwohl er sie als Faktum nicht leugnet – im tiefsten irre geworden ist. Wer nach Kap. 1 hinübersieht, merkt sofort: Jeremia hat seinen prophetischen Auftrag damals ganz anders angesehen. Er hat zwar das scharfe Wort Gottes vernommen, das kein Räsonieren und Disputieren zuläßt (1,7). Aber er hat doch zugleich die höhere Notwendigkeit seines Auftrags begriffen; er hätte sonst nicht so über seine Berufung berichtet. Jetzt, unter dem Druck der – jahrzehntelangen – Anfechtungen sieht er es anders an. Hat er sich schon anfangs gesträubt, nach seinen bedrückenden Erfahrungen hat er zu seinem Amt kein Verhältnis mehr. Nichts von einem fröhlichen Ich-kann-nicht-anders, das im Neuen Testament παρρησία genannt wird. Kein gott-begeisterter Mensch, dem es inneres Bedürfnis ist, sich für seinen Gott einzusetzen (Apg. 4,20: „Wir können's ja nicht lassen…"). Hier ist einer innerlich mit seinem Auftrag zerfallen – und damit auch mit dem Auftraggeber. Immer wieder (s. o.) dachte der Prophet: ich will nichts mehr von ihm (oder davon) wissen, ich will nicht mehr in seinem Namen reden. Gott den Auftrag vor die Füße werfen! Sich zurückziehen aus der großen Öffentlichkeit an ein Fleckchen, wo einen niemand mehr findet. Endlich Ruhe! Das würde freilich bedeuten, daß man alles auslöschen müßte, was bisher gewesen ist. Die Berufung würde nicht mehr gelten. Was man von Gott vernommen hat – verschlungen wie eine Speise, so daß es ins Innerste eingegangen ist –, das müßte man vergessen. Man müßte, was war, ungeschehen machen. Man müßte nicht mehr wissen, was man bisher gewußt hat: die Sünden, Verfehlungen und Verirrungen des Volkes, das seinem Gott die Treue gebrochen hat, und die Folgen dieses fortgesetzten Treubruchs, das heraufziehende apokalyptische Unwetter. Wie soll man sich in die Stille zurückziehen mit einem solchen Auftrag, mit einem solchen – auf Gott selbst zurückgehenden – Wissen? Wie das, wenn man sich an diesen Gott innerlichst gebunden weiß (15,16: „ich bin ja nach deinem Namen genannt")? Irgendeinen Job kann man aufgeben. Die Sendung durch Gott nicht. Jeremia empfindet richtig: wollte er Gott den Gehorsam aufsagen, dann müßte er Gott selbst aus seinem Denken und Gewissen ausradieren. Anders käme er nicht zur Ruhe. Was für ein Entschluß: „Ich will sein nicht mehr gedenken!" Weg mit dem – beunruhigenden – Gedanken an Gott! Tun, als wäre er nicht! Als gäbe es den nicht, der doch Herz und Nieren prüft (11,20; 17,10; 20,12)! (Für wen Gott nichts anderes sein könnte, als eine – untaugliche – Chiffre für einstweilen noch stehengebliebene Lücken in unserm Wissen, müssen Sätze wie diese völlig unverständlich bleiben; aber die Bibel denkt eben anders von Gott!)

Kaum hat der Prophet sein inneres Zerfallensein mit Gott und der von Gott ihm widerfahrenen Sendung ausgesprochen, da ist ihm klar: ein solches Davonlaufen, ein solches Desertieren ist unmöglich. In ihm wird's wie ein brennendes Feuer, das in seine Gebeine eingeschlossen ist und nicht herausschlagen kann, sondern ihn innerlich verbrennt. Er kann es nicht ertragen, fast wäre er dadurch umgekommen. Ein ihm lästiges, mehr noch: ein sein ganzes Dasein bedrohendes inneres Müssen verlangt, daß er seinen Prophetenberuf fortführt, bis zum bitteren Ende. Unter diesem – inneren – Zwang steht er. Die Lage ist ausweglos. Der Untergang steht bevor. Er selbst muß, indem er Jahwes Wort ausrichtet, „ausreißen und einreißen, zerstören und verderben" (1,10). Er muß die in der Sendung liegenden Leiden bis zur Neige auskosten. „Grauen von allen Seiten": das kündigt er nicht nur an, das muß er selber mit ertragen, als Israelit unter dem Herannahen der Babylonier und ihrer unbarmherzigen Kriegführung, und als Bote Gottes von seinen eigenen Leuten, die in ihm den Defätisten, den Verräter, den Überläufer, den Totenvogel sehen. Der Kelch geht an ihm nicht vorüber. Er ist ja der Vorbote dessen, den er noch nicht kennt, und der doch seine Malzeichen in ihn einprägt. Auch Christus muß zittern und zagen. Auch er wird versucht, aus dem Gehorsam auszubrechen. „Herr, schone dich!" Jesus sieht den unentrinnbaren Konflikt mit denen vor sich, die sich beharrlich gegen Gott sperren, so fromm sie auch scheinen; und dieser Konflikt kann für ihn selbst nur das bittere Ende sein. „Der Menschensohn *muß* in die Hände der Sünder überantwortet werden." Steht Jeremia unter dem Zwang der Sendung, dem er unwillig nachgibt, nur um innerlich nicht zu verbrennen, so geht Jesus seinen schweren Weg aus der Einsicht in das götttliche „Muß" und darum im Gehorsam gegen den Vater, also im Einklang mit ihm. Das Sterben gehört zu seinem Auftrag. Die Kollision mit der sündigen Welt ist nicht zu vermeiden. Was wird dabei herauskommen?

3.

Die äußere und innere Situation Jeremias stellte sich uns so dunkel und verzweifelt dar, daß man fragen muß, ob die VV. 11–13 wirklich in diese Konfession hineingehören und ob die Predigt sie nicht besser beiseite lassen sollte. Eigentlich steigt ja schon V. 10 aus der Schilderung der verzweifelten inneren Zwangslage aus, indem er auf die von außen den Propheten bedrängende Feindschaft zurücklenkt (anknüpfend an V. 8); V. 10 könnte durchaus von einem gesprochen sein, der sich mit seinem Gott im Einverständnis weiß und darum den feindseligen Menschen trotzen kann (etwa wie 15,15–21). So hätte man sich bereits zwischen V. 9 und V. 10 einen „Umschwung" zu denken – wenn man nicht gar der Meinung ist, die sich unterscheidenden Partien hätten von Anfang an auf verschiedenen Blättern gestanden. In letzterem Falle müßte sich der Prediger entscheiden, wie er seine Perikope abgrenzen will.

Es wäre freilich auch vorstellbar, daß der Prophet, die Aussichtslosigkeit seines inneren Widerstandes gegen Gott einsehend, sich wieder in den „Dienst" begeben hat und nun das einzige tut, was einer in solcher Lage überhaupt tun kann: daß er den Gott, der ihn nicht losläßt, seinerseits in Anspruch nimmt, ja, daß er sich der Zusagen erinnert, die ihn auf seinem Wege von der Stunde der Berufung an begleitet haben (1,17–19). Was er erwartet, klingt noch sehr alttestamentlich: die Verfolger müssen stürzen und siegen nicht, sie werden zuschanden und geraten in ewige, unvergeßliche Schmach (V. 11). Man könnte sagen, das Erwartete sei dem Propheten in der Katastrophe von 586 zuteil geworden: er hat recht behalten, die Babylonier schonen ihn und lassen ihn über sein künftiges Schicksal selbst entscheiden (39,11ff.; 40,4ff.), während die Oberschicht, in der man die Hauptschuldigen zu suchen hat, ins Exil geht. Der Prophet ist rehabilitiert. In den VV. 11–13 der Perikope sieht er, aufgrund der Zusagen seines Gottes, diese Wendung voraus.

Wahrscheinlich haben wir soeben zu modern gedacht: als beruhe der „Stimmungsumschwung" auf einem inneren Vorgang im Herzen des Propheten, in dem er, der eben noch Verzweifelte, sich gefangen und sich eines besseren besonnen habe. Schon J. Köberle hat in seinem Kommentar (1908) auf parallele Erscheinungen in den Psalmen verwiesen. Er sagt von Jeremia: „In der Gewißheit, daß Gott auf seiner Seite steht, kann er ... Gott bereits loben und preisen als den, der sich des Armen und unschuldig Verfolgten annimmt. Ein solcher Umschwung der Gebetsstimmung aus tiefster Niedergeschlagenheit zum frohen Preis der Hilfe Gottes, begegnet uns öfter in alttestamentlichen Gebeten, zumal auch in den Psalmen (vgl. Ps. 6,9; 22,22). Er ist eine Tatsache des Gebetslebens" (zit. nach Rudolph z. St.). Im individuellen Klagelied – dies ist ja die Gattung der vorliegenden Konfession – ist der Überschritt von der Klage zur Gewißheit so häufig, daß man geradezu von einer Grenzverwischung zwischen Klage und Lob gesprochen hat (C. Westermann, Das Loben Gottes in den Psalmen, 1953, S. 47f.; H. Seidel, Auf den Spuren der Beter/Einführung in die Psalmen, 1980, S. 31f.). Gleich, ob man sich zwischen der Klage und dem Lob ein Heilsorakel, durch den Mund des Priesters erteilt, zu denken hat oder nicht: die Gebetserfahrung des Volkes Gottes, festgehalten und geprägt in den Psalmen, trägt den in Not Befindlichen und den der Verzweiflung Nahen oder Verfallenen. Das, was sich uns als „Umschwung" darstellt, ist sozusagen eine andere Stimme: die Stimme der betenden Kirche, die die eigene klagende und mit Gott rechtende Stimme ablöst und die Gedanken des Beters auf den Weg lenkt, der durch die Glaubenserfahrung des Volkes Gottes getreten und gebahnt ist. Calvin zu Ps. 6,9: „Nachdem er (der Psalmist) seine Schmerzen und Beschwernisse ins Herz Gottes hinein abgeladen hat, zieht er jetzt gleichsam eine neue Person an" (nach H.-J. Kraus im Psalmenkommentar I, S. 50). Die Kraft der formulierten, geprägten und immer wieder gebrauchten Gebete: der einzelne Beter hört auf, sich auf seine eigenen Nöte, Verlegenheiten und Schmerzen zu fixieren und geht mit seinem Beten in die Glaubenserfahrung der Kirche ein. (Diese Einsicht ist dem noch verschlossen, der spöttisch fragt, wieso ein Gebet wie Jona 2 im Bauche eines Fisches möglich ist.)

Jesu Leidensankündigungen sind nicht individuelle Klagelieder; ein Vergleich wird darum nicht in jeder Hinsicht zutreffen. Dennoch: daß Jesus auf seine Auferstehung vorausgeblickt haben kann, ist nicht so abwegig, wie man in der theologischen Literatur zuweilen lesen muß. Es kann einer in auswegloser Situation sein und doch die Rettung voraussehen, ja sogar das Lob des Geretteten vorausnehmen. Jesus war in den Gebeten und Gesängen seines Volkes zu Hause. Nach der Überlieferung hat er am Kreuz den 22. Psalm gebetet – bis VV. 23ff. ist er nicht mehr gekommen. Die Anfechtung besteht noch, auch ein Jeremia befindet sich, als er unser Textwort schreibt, tief im Dunkel; aber der Glaube transzendiert diese Situation und bekennt – noch ist „die Seele betrübt" – : „Harre auf Gott; denn ich werde ihm noch danken" (Ps. 42,6). Wieder stoßen wir auf den archimedischen Punkt außerhalb des Vorfindlichen. Der leidende Gottesbote lebt – mitten im Gedränge und mitten in der Lage, die man nur mit „Grauen ringsum" bezeichnen kann – in der Gewißheit der Bewahrung: als ein Sterbender, aber siehe, er lebt; als ein Gezüchtigter, und doch nicht getötet; als ein Trauriger, aber allezeit fröhlich (2. Kor. 6,9). So geht es denen, die sich in der (vor- oder nachzeitigen) Nachfolge des Gekreuzigten befinden.

Lätare. Joh. 6,47–51

Die Perikope ist schon in dem Bande der Reihe I (Der schmale Weg, S. 182ff.) besprochen. Daß der Text nach Reihe V versetzt würde, war, als damals der Umbruch schon vorlag, noch nicht bekannt. Ersatzweise soll hier einer der für diesen Sonntag vorgesehenen Marginaltexte ausgelegt werden.

5. Mose 8,2–3

Das ganze Deuteronomium gibt sich als eine letzte große Rede des Mose vor der Einwanderung ins Land der Verheißung. Außer erzählenden Stoffen (1–3.31–34), Rechtstexten (12–25) und liturgischen Texten (26–30) finden sich „Paränesen" (4–11), also predigtartige Ermahnungen des Volkes. Aus einer dieser Predigten (8,1–6) sind die beiden Verse der Perikope genommen. Sie stellen den zentralen Gedanken heraus (der in V. 5 noch unterstrichen wird). Die VV. 1.4.6 sind für die Predigt entbehrlich, ja, sie würden den Gedankengang belasten.

Die im Du-Stil gehaltenen Texte sind wahrscheinlich die älteren Bestandteile des Buches (V. 1 ist pluralisch überarbeitet; dies kommt oft vor). Gedacht ist trotzdem an das Volk als ganzes, und zwar an das Israel der späten Königszeit (von Rad, ATD, S. 20), freilich so, daß dieses Volk die Wüstenzeit als die klassische Zeitspanne seiner Geschichte ansah (vgl. Jer. 2,2).

V. 2: Israel soll seiner Geschichte gedenken, besonders in den 40 Jahren der Wüstenzeit (זֶה häufig vor Numeralworten = „nun schon" – bei Gesenius Bedeutung 3b), vgl. Amos 2,10. Die 40 (oder 38) Jahre sind eine Strafzeit (Num. 14,33; Deut. 2,14), 40 ist eine runde Zahl. Jahwe hat sie diesen Weg „gehen lassen", nicht im Sinne der Zulassung, sondern im Sinne der Verursachung, als ihr Gott. עִנָּה pi. = demütigen, erniedrigen (1. Kön. 11,39; 2. Kön. 17,20; Jes. 64,11); davon leiten sich die עֲנָוִים ab, also die sich Gott Unterordnenden, die Demütigen, oft gleichbedeutend mit den Armen und Frommen. נסה pi. = prüfen, auf die Probe stellen: Gott will „wissen, was in deinem Herzen ist". – V. 3: Zur Demütigung gehört auch der Hunger (Hendiadyoin). Das Manna war etwas völlig Neues (V. 16); so erklärte man sich auch seinen Namen (Exod. 16,15), der nach dem Unbekannten fragt. Gegenüber der Mannageschichte, wie JE sie bieten (Exod. 16,2–5.13b–14), auch gegenüber der P-Fassung (Exod. 16,15–26), liegt in diesem Text eine starke Spiritualisierung vor, die dann in Joh. 6 weitergeführt und christologisch durchdrungen wird. „Der Satz, daß der Mensch ‚von allem, was auf Jahwes Befehl entsteht' oder ‚was der Mund Jahwes hervorbringt', lebt, lehnt sich an eine altägyptische Formulierung an und ist (vielleicht gerade deswegen) nicht ganz eindeutig. Soll man sie so verstehen, daß Jahwe viele Möglichkeiten hat, die Menschen zu fristen, also diesmal durch das Manna? Im Horizont der deuteronomischen Theologie liegt es aber doch näher, an das Wort Jahwes zu denken, das für Israel Leben bedeutet" (30,15; 32,47 – von Rad, ATD z. St.).

Wer seine Gegenwart verstehen und seine Zukunft ergreifen will, muß in seiner Vergangenheit zu Hause sein. Israel wird in unserem Text ermahnt, seiner Geschichte zu gedenken. Es sind „nur zwei Völker, die im Altertum wirklich Geschichte geschrieben haben: die Griechen und lange Zeit vor ihnen die Israeliten" (G. von Rad, Ges. St., 1958, S. 149). Israel dachte geschichtlich. „Wir sehen eine fast ausschließliche Ausrichtung des Geistes auf die Geschichtsbezogenheit alles Seins und können deshalb füglich von einem Primat des Realen vor dem Idealen sprechen" (ebd., S. 150). Wer geschichtlich denkt, fragt nach Fakten, aber er sieht die Fakten in ihrem Zusammenhang und ist bemüht, nicht nur festzustellen, sondern auch zu begreifen. In alledem ist für Israel das Vertrautsein mit seinem Gott von höchster Bedeutung gewesen. „Gedenke des ganzen Weges, den Jahwe, dein Gott, dich in der Wüste hat gehen machen" (V. 2). „Gedenke": halte das Wissen um die Geschichte wach! „Des ganzen Weges": sieh die Geschichte in ihrer Kontinuität! „Jahwe, dein Gott": sei dir klar darüber, wer – unbeschadet des lückenlosen Zusammenhangs weltlichen Geschehens – die Geschichte eigentlich macht und mit wem du es folglich in allem, was geschieht, zu tun hast! – Das Deuteronomium ist darauf ausgerichtet, das Gottesvolk der Zeit anzusprechen, aufzumuntern und zu unterweisen, in der das Buch geschrieben ist; von der literarischen Fiktion der Moserede her gedacht: es spricht von dem, was sein wird, wenn die Wüstenzeit vorüber und das Land, in das sie kommen sollen, von ihnen bewohnt ist. Das Buch will in die Zukunft weisen. „Wenn dich nun Jahwe, dein Gott, in das Land bringen wird..., so hüte dich..., und ihr sollt die Gebote Jahwes, eures Gottes, halten..." (6,10–19). Der Blick geht nach vorn. Aber Israel würde nicht wissen, wohin es gehen soll, wenn es nicht daran dächte, woher es kommt. Das gilt, wie wir sehen werden, gerade auch dann, wenn sich das Gegenwärtige und Zukünftige erheblich von dem unterscheidet, was einst war. Geschichte muß vergegenwärtigt werden, damit man den eigenen „Weg" versteht und die richtigen Schritte in die Zukunft tun kann. Es ist unweise und unbesonnen, nur der jeweiligen Stunde leben zu wollen.

Das Deuteronomium ist seiner Form nach eine einzige große Predigt des Mose. Der „deuteronomische Stil... ist durch und durch paränetisch, ist werbende, herzlich beschwörende Anrede" (von Rad, ThAT I, S. 219). In ihm hat eine offenbar ausgedehnte Predigtpraxis ihren literarischen Niederschlag gefunden. „Wer spricht so, so andringlich, so breit, so herzlich mahnend, verheißend, guten Willen voraussetzend, Bekanntes wiederum sagend, sittlich und geistlich zugleich? So redet nicht der Prophet. Sein Wort ist knapper, bestimmter, entscheidender, neuer und größer in Form und Gehalt. So spricht auch nicht der Volksredner; er tut es ungeistlicher, kecker, laienhafter, weltlicher, minder getragen. So redet der Prediger. Mit dem 7. Jahrhundert tut der Prediger seinen Mund auf. Die Predigt, die größte und beste Form der Menschenbelehrung, sie setzt damals ein" (Ludwig Köhler, in: Der hebräische Mensch, 1953, S. 163f.). An Neh. 8,7f. – obwohl wir damit 2 Jahrhunderte überspringen – kann man sich klarmachen, was hier vorgeht: nach der Verlesung des Gesetzes bringen die Leviten der Gemeinde den fordernden und lebenbewahrenden und -fördernden Gotteswillen nahe; das Deuteronomium zeigt die Weiträumigkeit der darin liegenden Aufgabe, zu deren Erfüllung es der „Ermächtigung durch ein Amt" bedurfte, eben des Amts der Leviten (von Rad, ThAT I, S. 80). Soviel nur, damit die uns aufgegebenen beiden Verse von ihrem Sitz im Leben her anschaulich werden.

Daß von der Wüstenzeit die Rede ist, hängt nicht nur mit der erwähnten literarischen Fiktion zusammen. Schon bei Hosea (2,16) war die Wüste der Ort der noch (relativ) heilen Ausgangssituation, in die das abgefallene Israel zurückkehren sollte; ähnliches lasen wir bei Jeremia (2,2). Nicht, daß Israel damals so gewesen wäre, wie sein Gott dies will (vgl. z. B. Deut. 1,32ff.). Aber es war die Zeit der großen Nähe zum erwählenden und sein Volk grundlos liebenden Gott (7,7–9). Einem Volk, dessen Jugend nichts mehr von den Glaubenserfahrungen der Väter weiß (6,20f.; 11,2) und in Gefahr ist, Gottes Wohltaten zu vergessen (6,10–12), wird in Erinnerung gebracht, was einst geschehen ist. „Das Deuteronomium löscht etwa sieben im Ungehorsam vertane Jahrhunderte aus und stellt Israel noch einmal in die Wüste unter den Mund Moses" (von Rad, a. a. O., S. 230). So soll es sich selbst verstehen lernen und zum neuen Glauben und Gehorsam finden. *Die Geschichte Gottes mit seinem Volk:* (1) *Erziehung,* (2) *Prüfung,* (3) *Begegnung.*

I.

Wir leben *heute*, haben an jedem Tag unsere Entscheidungen zu fällen und das Gebot der Stunde zu erkennen und zu erfüllen. Aber in dem, was heute ist, ist ja immer präsent, was ehedem war: empfangener Segen, überkommenes Gut, gewonnene Erfahrung, eingeübtes Können (was „Hänschen" gelernt hat), Menschen, die ins eigene Leben eingegangen sind und es reich gemacht haben, aber auch Versäumnisse und Verschuldungen, Mißgriffe und Fehlentscheidungen mit vielleicht langandauernden Folgen. Ob es mir angenehm ist oder nicht: meine Vergangenheit ragt ins Gegenwärtige hinein und bestimmt es mit. Hoffentlich weiß ich es. Ist es Negatives, so wäre es gut, ich könnte damit fertig werden: indem ich anders werde, Versäumtes nachhole, mich von Unheilvollem löse, Verschuldetes nach Möglichkeit wiedergutmache. Ist es Positives, so würde es sich gehören, daß ich es dankbar aufnehme und bewahre, fruchtbar mache und einsetze. Ich kann und soll meiner eigenen Geschichte nicht davonlaufen wollen. Israel ist hier als Volk, und zwar als Gottesvolk angeredet. Auch Völker haben sich mit ihrer Geschichte auseinanderzusetzen, und dasselbe gilt vom Volke Gottes, der Kirche. Man muß die Geschichte kennen. „Gedenke des ganzen Weges . . ."

Was wir eben allgemein gesagt haben, gewinnt neue Aspekte, wenn uns aufgeht, daß die zu erinnernde und aufzuarbeitende Geschichte ein Geschehen zwischen Gott und uns, also zwischen ihm und seinem Volk ist. Wir haben es ja nicht bloß mit Menschen und mit irgendwelchen Größen und Mächten der geschaffenen Welt zu tun. Wir sind immerzu mit Gott im Kontakt, gewollt oder ungewollt. In zweierlei Weise. Gott „leitet" uns, er macht, daß wir den uns zugedachten „Weg" gehen; er ist also der Verursacher des Geschehens – in seinem gubernatorischen Handeln. Sodann aber spielt sich Geschichte zwischen ihm selbst und uns ab, wie wir in unserer Überschrift sagen: die Geschichte Gottes mit seinem Volk. Da führt er nicht nur – im Hintergrund, hinter den Kulissen – Regie; da ist er, trotz seinem unbeschreiblichen göttlichen Anderssein, Mitspieler; das göttliche Ich, das uns zu seinem Du und Ihr macht. „Ich bin Jahwe, dein Gott" (5,6). Es wird nachher noch eigens davon zu reden sein, was es bedeutet, daß wir aus seinem Worte leben. Jetzt nur soviel: Gott verbindet sich am Sinai (das Deuteronomium sagt, wie der Elohist, Horeb) mit seinem Volk, so entsteht Gemeinschaft. Gott erwartet Gehorsam, Vertrauen, Liebe, Hingabe – „von ganzem Herzen, von ganzer Seele und mit aller deiner Kraft" (6,5). Ist er doch selbst mit seiner Liebeswahl allem, was Menschen ihm widmen könnten, zuvorgekommen (noch einmal: 7,7f.). So hat all das, wessen Gottes Volk gedenken soll, Ausdehnung nicht nur in der Horizontalen – erfahrbarer Geschichtsverlauf –, sondern auch in der Vertikalen – Geschehen zwischen Gott und Menschen, das nur der Glaube wahrnimmt.

Da gibt es nun viel zu „gedenken". „Wir waren Sklaven des Pharao in Ägypten, und der Herr führte uns aus Ägypten mit mächtiger Hand und tat große und furchtbare Zeichen und Wunder" (6,21f.). Man müßte von Exod. 1 an die ganze Geschichte noch einmal nacherzählen – das Deuteronomium tut es zugleich auswählend und zusammenfassend in seinen ersten drei Kapiteln. Das ist nötig. Zu schnell vergißt man, was gewesen ist, weil das Gegenwärtige die Erinnerungen verdrängt und auslöscht. „Hüte dich nur und bewahre deine Seele gut, daß du nicht vergißt, was deine Augen gesehen haben, und daß es nicht aus deinem Herzen kommt dein ganzes Leben lang" (4,9). Noch spezieller: Wenn es dir im Lande der Verheißung gut geht und du den Reichtum des Landes genießt: „so hüte dich, daß du nicht den Herrn vergißt, der dich aus Ägyptenland, aus der Knechtschaft, geführt hat" (6,12). Wohlgemerkt: der Segen des Landes kommt von Gott; es ist nicht so, daß Gott nur für die dürren und notvollen Zeiten da wäre und er gewissermaßen aus Gründen seiner eigenen Geltung darauf aus sein müßte, uns kurz zu halten. Aber leider ist es unsere Art, daß wir ihn in glücklichen Phasen unseres Lebens vergessen – ja, nicht einmal nur ihn, sondern zugleich alles, was uns in harten Zeiten an Segen und Erfahrung zugewachsen ist. Wir sehen die glücklichen und problemlosen Zeiten als das Normale an, auf das wir Gott gegenüber geradezu Ansprüche geltend machen, als gäbe es kein Christuskreuz und kein Christenkreuz. Nicht, daß das Deuteronomium uns ein schlechtes Gewissen machen wollte, wenn wir ein Leben ohne Mangel und Not führen (VV. 7–9). Aber darüber dürfen wir die andere Seite des menschlichen Daseins nicht vergessen. Nicht etwa bloß im Sinne des Sprichworts: „Gehabte Schmerzen hab ich gern." Die gesamte Wüstenzeit soll Israel nicht vergessen: die Gottestat der Befreiung nicht, den Bundesschluß nicht, die Durchhilfen und Siege nicht – aber auch die Nöte und Verlegenheiten nicht, nicht die Ängste und Verbitterungen, den Hunger, den Durst, die Schlangen, die Bedrohung durch Feinde.

Von *Erziehung* des Volkes durch seinen Gott wollten wir sprechen. Das Wort kommt in VV. 2f. nicht vor, aber in V. 5, wo יסר (pi) steht (= züchtigen, zurechtweisen). Es soll uns jetzt nicht beschäftigen, welche Vorstellungen von Erziehung in der Welt der Bibel zu Hause waren (vgl. Hebr. 12,4–11); wir sollten uns überdies dessen bewußt sein, daß menschliches Handeln auch im besten Fall nur ein unzureichendes Bild für das Handeln Gottes ist. Worauf es hier ankommt, ist dies: Der Prediger, der hier spricht, sieht in dem Geschichtsabschnitt der Wüstenzeit „vor allem das väterliche Führen Gottes, das Offenbarwerden einer weisen göttlichen Pädagogik, die einmal durch Mangel, ein andermal durch Segen das Volk zu einer reifen Erkenntnis erzog" (von Rad, ATD z. St.). In VV. 2 und 16 ist davon die Rede, daß Gott sein Volk „gedemütigt", „erniedrigt" habe. Wir hören das nicht gern – besonders dann, wenn die Demütigung uns selbst widerfährt. Es kann auch sein, wir haben genügend geistliche Erfahrung, daß wir Gott danken können: „Du hast mich in Treue gedemütigt" (Ps. 119,75 – dasselbe Verbum). Es ist ein Unterschied, ob Menschen es sind, die uns demütigen, – wir sind dann mit Recht verletzt –, oder ob Gott es ist. Es ist, wie Luther uns in der Auslegung des Magnifikat zeigt (WA 7,559ff.; Cl. 2,147ff.) Gottes Art, immer in die Tiefe zu sehen, denn er ist hoch über uns Menschen erhaben und beugt sich vornehmlich zum Niedrigen. Uns fällt keine Perle aus der Krone, wenn wir *vor ihm niedrig* sind. Es gab in der Wüstenzeit mancherlei Situationen, in denen der Stolz der gegen Gott Aufbegehrenden gebrochen wurde; dies war nötig und heilsam. Wir sollten die „Wüstenzeiten" unseres Lebens nicht vergessen. Nichts, was in ihnen ausgestanden wurde, war umsonst, auch die uns widerfahrenen Demütigungen waren nicht vergeblich, wenn uns daran aufgegangen ist, wie nötig wir Gott – seine Treue und sein Erbarmen – haben. Aus dem „Gedenken" könnte ein neues Verständnis unseres Daseins und eine neue Weise zu leben entstehen.

2.

Die Geschichte Gottes mit seinem Volk enthält auch die Israel widerfahrenen Prüfungen, Erprobungen, Versuchungen (VV. 2.16). Der Text rührt hier an ein Thema, das uns von biblischen Einsichten her, aber auch durch rationale Kritik leicht zum Problem wird. Ist es wahr, daß Gott sein Volk „versucht" hat (V. 2)? „Niemand sage, wenn er versucht wird, daß er von Gott versucht werde, denn Gott... versucht niemanden" (Jak. 1,13). Dann ist es wohl Gottes finsterer Gegenspieler, der uns, wie wir unlängst sahen, „sichten", sortieren, letztlich zur Vernichtung ausliefern will? Jesus selbst wurde – in der Wüste – versucht (Mark. 1,12f.), und zwar vom Satan, der auch im Wort des Freundes verborgen war (Mark. 8,33; vgl. auch 1. Kor. 7,5; 1. Thess. 3,5; Offb. 2,10). Doch auch Gott versucht Menschen – offenbar in ganz anderer Absicht (Gen. 22,1; Exod. 16,4; 1. Kor. 10,13). Der Text sagt: „damit man wisse, was in deinem Herzen wäre, ob du seine Gebote halten würdest oder nicht" (V. 2). Man kann es sich an verschiedenen Exodus-Szenen und Wüstenerfahrungen klarmachen. Vor Israel das Schilfmeer, im Rücken der Pharao: werden sie jetzt ihrem Gott etwas zutrauen oder nicht (Exod. 14,10ff.)? Drei Tage Wanderung in der Wüste und kein Wasser; endlich ein Brunnen – aber das Wasser ist bitter: werden sie glauben – oder murren (Exod. 15,22ff.)? Zum Durst kommt der Hunger: wird das Volk mit seinem Schicksal hadern und sich nach Ägypten zurückwünschen – oder seinem Gott auch in dieser Lage etwas zutrauen (Exod. 16,1ff.)? Werden sie das Opfer ihrer Verdrossenheit, Mißstimmung und Ungeduld werden, wird ihnen der Weg durch die Wüste zu reich an Entbehrungen? Was werden sie tun, wenn Gott auf diesen inneren Widerstand reagiert, indem er feurige Schlangen sendet? Werden sie zu der ehernen Schlange aufschauen, die Gott als Heilsmittel aufzurichten befiehlt (Num. 21,4ff.)?
Man könnte protestieren: wozu solches Katz-und-Maus-Spiel, wenn Gott sowieso weiß, was in den Herzen der Menschen ist? Wozu gar dieses Beinstellen, mit dem Gott die schwachen Menschen zu Fall bringt? Hat er Freude am Experimentieren – auf Kosten der Menschen, die der Versuchung erliegen und dann die Folgen ihres Versagens tragen müssen? Wie kann er einen Hiob dem Teufel überlassen – wenn auch mit der Einschränkung, daß dieser Hiobs Leben nicht antasten darf –, ja wie kann er seinen eigenen Sohn vom Geist in die Wüste geführt werden lassen, „damit er vom Teufel versucht werde" (Matth. 4,1)?
Fragen solcher Art kommen uns dann, wenn wir aus einer theoretischen Grundein-

stellung heraus denken. Wir postulieren in solcher Haltung gern, daß Gottes Hauptaufgabe die weltweite Unfallverhütung sei und es darum sein göttliches Amt wäre, seinen Geschöpfen die Situationen von vornherein zu ersparen, in denen es gilt, Gehorsam und Glaubensernst, Gottesfurcht und Hoffnung auf Gott zu bewähren. „Wüste", meinen wir gern, dürfte überhaupt nicht sein. Wir denken gern vom Technischen her: die Maschinen und Apparate, die wir herstellen, möchten möglichst störungsfrei arbeiten und nicht für Funktionsversagen anfällig sein. Hat Gott den Apparat Mensch mangelhaft konstruiert? Wir haben uns mit dieser Frage total verirrt. Wir sprechen von einer *Geschichte* zwischen Gott und seinem Volk, zwischen Gott und jedem einzelnen Menschen. Geschichte ist der Bereich der freien Entscheidung – wohl im Vorfindlichen, das bestimmten Gesetzmäßigkeiten unterworfen ist, aber doch so, daß man das Geschehende nicht dem Selbstlauf zu überlassen, sondern in ihm entscheidungsbewußt zu handeln hat. Gott hat uns nicht als Apparate geschaffen, sondern als verantwortungsbewußt handelnde Wesen. So hat er uns die Freiheit mitgegeben. In der Freiheit ist auch die Möglichkeit des SichVersagens, des Verneinens, des Abfalls, des Ungehorsams, des Frevels gegeben. Wollten wir nachträglich von Gott verlangen, er hätte uns so schaffen müssen, daß wir gar nicht sündigen können, so hieße das, daß er auf das Geschöpf „Mensch" hätte verzichten müssen. So war es offensichtlich ein Fehlgriff, als man meinte, Jesus hätte, wenn man denn seine Sündlosigkeit behaupten will, nicht einmal den Versuchungen des Urfeindes ausgesetzt sein dürfen, denn wer die Möglichkeit zum Bösen in sich habe, sei damit schon nicht mehr ganz bei Gott. Nein – Jesu Kampf mit dem Satan war kein Scheinfechten. Zur Freiheit des Menschseins gehört auch die Möglichkeit des Fallens. Gehorsam wäre kein Gehorsam mehr, wenn er sich von selbst verstünde wie die Rotation eines Zahnrades in einer wohlfunktionierenden Maschine.

Was sich zwischen Gott und uns abspielt, geschieht in Freiheit, wie Gott sie uns gibt. Wir haben hier nicht das Freiheitsproblem zu erörtern. Jeder weiß: er kann nicht mit dem Kopf durch die Wand, und auf Schwerelosigkeit zu setzen, würde uns wahrscheinlich übel bekommen. Wir sagen: Freiheit, wie Gott sie uns gibt. Die Stunden, in denen „es drauf ankommt", sind solche, in denen wir uns in Freiheit vor Gott bewähren sollen. Gott will „wissen, was in deinem Herzen wäre". Er führt uns in Situationen, in denen wir es zeigen können, ja zeigen müssen. Das werden sozusagen die Spitzenbelastungszeiten sein. Gott will wissen, was bei uns „drin" ist. Kann sein, er stellt uns eine schwere Aufgabe. Vielleicht sind wir besonderen Widerständen und Gegenkräften ausgesetzt. Vielleicht macht uns ein Mensch schwer zu schaffen. Vielleicht eigene Krankheit und die bange Frage nach ihrem Ausgang. Wir verbrauchen oft viel Kraft damit, solche Belastungen abzuwehren oder uns ihnen zu entziehen. Es könnte aber auch sein, wir erkennen darin die Chance, unserem Gott zu zeigen, was er uns wert ist und wie wir uns ihm anvertrauen. Was uns bisher gestört und gedrückt hat, könnte in demselben Augenblick ganz anders aussehen, in dem wir die Möglichkeit wahrnehmen, Gott Gehorsam und Vertrauen zu bekunden. Er will wissen, „was in meinem Herzen wäre". Immer will er das wissen, nicht nur in der „Wüste", sondern auch mitten in den Annehmlichkeiten des „Landes der Verheißung". Der Hebräerbrief legt größten Wert darauf, daß wir uns – da das Eschaton noch aussteht – als das wandernde Gottesvolk verstehen (4,6ff.). Man könnte fragen, warum wir noch immer nicht am Ziel sind, sondern in der Zeit der Erprobungen. Die uns widerfahrende Erziehung und die Prüfungen, denen wir unterworfen sind, gehören in die Geschichte zwischen Gott und seinem Volk: Trübsal bringt Geduld, Geduld bringt Bewährung, Bewährung bringt Hoffnung – und die läßt nicht zuschanden werden (Röm. 5,3–5). Die Predigt will, daß wir uns von dem, was in der „Wüste" geschehen ist, nicht lossagen und losmachen; wir sollen des „Weges" „gedenken".

3.

Eine der Belastungsproben, denen Israel in der Wüste ausgesetzt war, endete in der gnädigen Spende des Manna, von dem das Volk sich lange Zeit ernährt hat. Das Wunder bestand nicht darin, daß es dieses Manna *gab*, sondern darin, daß dem Volk damit *zu rechter Zeit geholfen* wurde. Die Manna-Tamariske ist uns noch heute bekannt; wenn eine Schildlaus sie anfraß, sonderte sie ein harziges Sekret aus. Gott „weiß viel tausend Weisen, zu retten aus dem Tod" (EKG 197,5). Gott bekennt sich dazu: „ich ließ dich hungern"; das soll doch wohl, dem Zusammenhang nach, sagen: eine der Erziehungs- und Erprobungsmaßnahmen, die nötig waren, damit du merktest, daß es ohne deinen Gott nicht geht. Aber „dann speiste ich dich mit Manna". Gott will nicht nur gesucht sein, er läßt sich auch finden.

Gott? Das Deuteronomium sieht vor sich, was geschehen wird, wenn das Volk das Land der Verheißung besiedelt haben wird. Es wird zu einem – aus der Situation der Wüste heraus kaum vorstellbaren – Wohlstand kommen. Da braucht's kein Manna mehr. „Große, schöne Städte, ... Häuser voller Güter, ... ausgehauene Brunnen, ... Weinberge und Ölbäume ...; und wenn du nun ißt und satt wirst, so hüte dich, daß du nicht den Herrn vergißt" (6,10–12). Gott soll nicht vergessen werden, weil er es ist, der dies alles gegeben hat. Wovon sollten wir leben, wenn er nicht gäbe, was wir zum Leben brauchen? – Aber nun eine Wende des Gedankenganges: Der Mensch lebt nicht vom Brot allein. Er braucht darum auch nicht nur einen, der das Brot gibt. Der Mensch braucht *Gott selbst*. Genauer: er braucht das *Wort*, das aus dem Munde des Herrn hervorgeht. Er braucht die Gemeinschaft mit Gott, die *Begegnung* mit ihm.

Es wird gut sein, ehe wir noch ein wenig weiterdenken, uns klarzumachen, welchen Wandlungen die Mannaüberlieferung unterworfen war. „Die jehovistische Mannageschichte will noch ganz dinglich verstanden werden und ist voller geschichtlicher Schwere. Ganz anders die Fassung der Priesterschrift. Das Ereignis wird scheinbar in seiner ganzen Konkretheit geschildert, aber doch so, daß sich kein Leser bei den Äußerlichkeiten aufhalten wird, sondern den heimlichen spirituellen Sinn mit Händen greifen kann. Aus dem örtlich und zeitlich beschränkten Wunder ist etwas Allgemeines, fast zeitlos Gültiges geworden ... Aber der Deuteronomiker ist auch über diese Position noch einen großen Schritt hinausgegangen." In Deut. 8,3 ist „der alte Sinn überhaupt preisgegeben; mit dürren Worten ist gesagt, welchen bedeutungsvollen geistigen Hintersinn jenes materielle Geschehen damals in Wirklichkeit gehabt habe" (G. von Rad, Das formgeschichtliche Problem des Hexateuch, 1938, S. 45). Das Mannageschehen ist spiritualisiert. Die Linie wird sich in Joh. 6 fortsetzen.

Der Mensch lebt nicht nur von dem Wort, das Gott *über* ihn ergehen läßt – wie über alle seine Mitgeschöpfe –, sondern von dem Wort, das *an* ihn ergeht. Das macht nach biblischem Verständnis den Menschen zum Menschen, daß Gott mit ihm redet und ihm im Wort begegnet, so daß der Mensch zum Gegenüber Gottes wird, in persönlicher Gemeinschaft. Wir müssen uns deutlich machen, wie weit nicht nur das „normale" Selbstverständnis der Menschen davon entfernt ist, sondern wie weit auch wir Christen davon weg sind, mindestens in den gebetsarmen Zeiten unseres Lebens, dann auch, wenn wir zwar mit „Gottes Wort" beschäftigt sind wie mit irgendwelchen anderen Gegenständen geistigen Lebens, aber die Anrede nicht vernehmen, mit der sich Gott selbst an uns wendet. Im Du-Stil werden wir in der Perikope angesprochen. Die grammatische Form macht's nicht. (In unseren Predigten könnte das Du als feststehendes Stilmittel geradezu verderblich wirken!) Aber das sollten wir wissen: Gott selbst sucht in seinem Wort uns selbst. Wir sprechen darum von Begegnung, um wiederzugeben, was es bedeutet, daß aus Gottes

Mund sein Wort „hervorgeht". Wir werden das, was er uns zugedacht hat, nur dann sein, wenn wir nicht mehr „vom Brot allein" leben, sondern von seiner persönlichen Zuwendung zu uns. Was das für das Verständnis unseres alltäglichen Lebens und seine Praxis, was es für unser Begehren, Streben, Mühen und Hoffen bedeutet, daß wir nicht nur vom Brot leben (und allen sonstigen lebenserhaltenden Dingen, für die das Wort „Brot" steht), sondern von der Zufuhr von Leben aus Gottes Munde, dies deutlich zu machen, gerade für den modernen Menschen mit seinen vielen Bedürfnissen und seinen Wohlstand, ist eine große Aufgabe für unsere Predigt.

Judika. Joh. 11,47–53

Aus dem Abschnitt VV. 45–54 sind hier, homiletisch sinnvoll, die unmittelbar auf den Todesbeschluß des Synedriums bezogenen VV. 47–53 ausgegrenzt. Das eindrucksvollste Wunder Jesu, so das vierte Evangelium, verursacht ihm gesteigerten Zulauf; so werden die Maßgebenden „auf die Gefahr aufmerksam . . ., welche der so unerwartet und so erfolgreich wieder erschienene Wundertäter für ihre Machtstellung bedeuten wird" (Strathmann z. St.). Pharisäer erfahren von Jesu Tun. Dies ist der Anlaß, eine Sondersitzung des Synedriums einzuberufen.

V. 47: Die hochpriesterlichen Dynastien und die (das Laienelement vertretenden) Pharisäer sind offenbar die treibenden Kräfte. Das Synedrium trat als Plenum nur selten zusammen; die laufende Arbeit leisteten Ausschüsse und Kleinsenate. Der Evangelist denkt in diesem Falle wohl an das Plenum, „Hohepriester und Pharisäer" nennt er gern zusammen (7,32.45; 18,3). „Was tun wir?" wahrscheinlich im Sinne von „Was sollen wir tun?" (im Semitischen gleichlautend). – V. 48: Kaiphas (18 – 36 n. Chr.) ist dafür bekannt, daß er, auch mit zweifelhaften Mitteln, die öffentliche Ruhe zu wahren suchte und sich damit das Wohlwollen der Römer und eben damit sein Verbleiben im Amt sicherte. Seit dem Sturz Sejans i.J. 31 – er war ein Freund des Pilatus – war Rom mißtrauisch (verstärkte Razzien gegen Verschwörer). Jesu große Gefolgschaft konnte als messianische Bewegung gedeutet werden. Der „Ort" (מָקוֹם) ist der Tempel. – V. 49: „Ein gewisser" (εἷς τις) „Kaiphas", hier erstmalig im Joh.-Ev. genannt (noch: 18,13f.24.28), ist „jenes Jahres Hoherpriester"; das klingt, als stelle der Evangelist sich jährlich wechselnde Hohepriester vor. Man hatte das Amt aber grundsätzlich auf Lebenszeit, faktisch war es anders (K. hatte sich jedoch schon lange gehalten). Mangelnde Sachkenntnis des Evangelisten? τοῦ ἐνιαυτοῦ ἐκείνου könnte aber auch temporaler Genitiv sein: „in jenem" (denkwürdigen!) „Jahr" (als Jesus starb) (der Ausdruck wiederholt sich V. 51). Vgl. ThWNT III, S. 270, auch: Historische Elemente im vierten Evangelium, in: Bekenntnis zur Kirche, Festgabe für Sommerlath, 1960, S. 35. Der Hohepriester hatte das Schlußvotum. Es klingt überheblich und sehr autoritär. – V. 50: So entspricht es spätjüdischer Rechtsauffassung. Die Wendung „für das Volk" wäre im Satz eigentlich entbehrlich. Hat der Evangelist mit der ὑπέρ-Formel den prophetischen Sinn des (vielleicht aus einer Quelle stammenden) Satzes noch verstärkt? – V. 51: Wider Willen und ohne sein Wissen sagt Kaiphas Wahres – eine interessante Variante des johanneischen Mißverständnis-Motivs. So harte Worte sonst auch gegen die Juden und die Maßgeblichen im Judentum fallen: dem Hohenpriester wird in diesem Falle die prophetische Gabe zugestanden (indirekter Hinweis übrigens auch auf die johanneische Amtstheologie, von der man immer wieder einmal liest, es gebe sie gar nicht). ἔθνος hier svw. λαός (V. 50). – V. 52: Gedacht ist an die Sammlung des zerstreuten Israel zu *einem* Volk, freilich so, daß alle, die an seinen Namen glauben und dadurch zu Gotteskindern werden (1,12), aus aller Welt gesammelt (17,21f.) und zu einer Herde werden (10,16), also zu der einen Kirche aus Juden und Heiden. – V. 53: Damit steht der Beschluß des Synedriums fest, Jesus aus dem Wege zu räumen. Ein Fahndungserlaß wird alsbald ergehen (V. 57).

Auch dieser Johannestext ist Zeugnis des Glaubens an Jesus Christus. Man muß nicht fragen, wie der Evangelist zur Kenntnis der Vorgänge und Überlegungen innerhalb der Sitzung des Synedriums gelangt ist. Er will seinen Lesern die Notwendigkeit des Todes Jesu begreiflich machen – übrigens: das Thema dieses Sonntags, des „Passionssonntags" im engeren Sinn –, und er tut dies in erzählender Weise. Wir müßten ihm das Recht zugestehen, im Erzählen völlig frei zu fabulieren; die hier vorgetragene Deutung des (wirklich geschehenen) Todes Jesu wäre „wahr", auch wenn eine solche Sitzung des Hohen Rats nie stattgefunden hätte, denn es ist hier Wesentliches über den wirklichen Jesus Christus und seinen schweren Leidens- und Todesweg ausgesagt. Aber Johannes verfährt anders. Er lehnt sich an Überlieferungsgut an, das uns aus synoptischer Tradition bekannt ist, und schmilzt es ein und um, so daß es zur Botschaft an seine Leser wird, hineingesprochen in deren Fragehorizont und in ihre Denkformen. Es hat Sinn, nach den synoptischen Hintergründen des hier Erzählten zu fragen.

Wer Matth. 26,3–5 heranzieht, sieht das sofort; er bekommt dort Auskunft über den Ort, an dem die Sitzung stattgefunden hat; Kaiphas wird genannt; auch die Sorge vor dem Aufruhr im Volk kommt zum Ausdruck. Es bleibt auch für die Synoptiker die Frage: woher solche Kenntnis? Der Verlauf der Passionsgeschichte setzt einen solchen Beschluß voraus; man kann das hier Erzählte einfach erschließen (Bltm., GsTr., S. 282). Der vierte Evangelist behauptet freilich, daß Jesus Kontakte zu Synedristen gehabt habe. Nikodemus ist Ratsherr ($\check{\alpha}\rho\chi\omega\nu$, 3,1; vgl. auch 3,10; 7,50; 19,39). „Ein anderer Jünger" – der Lieblingsjünger? – folgt, zusammen mit Petrus, dem verhafteten Jesus nach; er ist dem Hohenpriester persönlich bekannt und geht mit hinein in dessen Palast (18,15). Ja, Johannes behauptet sogar, „viele von den $\check{\alpha}\rho\chi\omega\nu\tau\epsilon\varsigma$" hätten heimlich an Jesus geglaubt (12,42). Einer von ihnen ist Joseph von Arimathia (19,38); er stellt das Grab zur Verfügung (19,41) und sorgt mit Nikodemus für die Bestattung. Lukas will wissen, daß er in der hier berichteten Sitzung des Hohen Rats gegen die Mehrheit gestimmt habe (23,51), ähnlich wie vordem Nikodemus (Joh. 7,50–52); alle drei Synoptiker nennen ihn (Matth. 27,57; Mark. 15,43.46; Luk. 23,51). Nach Lukas ist auch der „reiche Jüngling" ein $\check{\alpha}\rho\chi\omega\nu$ gewesen (18,18); das Jesus ihn „liebte" (Mark. 10,21), hat zu der Vermutung geführt, er sei der Lieblingsjünger; auffällige Berührungen gibt es auch mit der Nikodemusperikope (vgl. „Der schmale Weg", S. 294). Sind das alles aus der Luft gegriffene Behauptungen, die den Zweck verfolgen, die Tür zur Synagoge – und wäre es nur um einen Spalt – offen zu halten? Oder ist es so, daß es auch in den höchsten Kreisen solche gab, die „auf das Reich Gottes warteten" (Luk. 23,51) und sogar für Jesus offen waren? Und wenn dem allem nicht so wäre: sollte nicht wenigstens Judas Kontakt mit maßgebenden Stellen gehabt haben, ohne dies seinen Mitjüngern total verheimlichen zu können?

Bei den Synoptikern ist die entsprechende Szene Exposition zur Leidensgeschichte. Bei Johannes ergibt sich – darüber hinaus – eine tiefe Deutung des Sterbens Jesu aus der seltsamen Korrespondenz von Menschen- und Gottesgedanken, wie sie in der doppelbödigen Äußerung des Kaiphas erkennbar werden. Vielleicht soll man, im Sinne des Evangelisten, vom Opfergedanken aus zu einer (mit jeweils verschiedenem Vorzeichen versehenen) Analogie zwischen den beiden Hohenpriestern gelangen: „Der irdische Hohepriester spricht dem himmlischen Hohenpriester das Urteil und dient damit, ohne es zu ahnen, dem Heilsplan Gottes" (R. Spieker in: Lesung für das Jahr der Kirche – Freitag nach Judika). Aber es könnte sein, daß wir die Stelle damit typologisch überdeuten. Sachgemäß wäre es aber auf alle Fälle, die beiden hier einander gegenübergestellten Opfervorstellungen zu bedenken. Einer muß sterben, damit Schlimmes für alle abgewendet werde. So meint es, von seinen Voraussetzungen her, der Hohepriester; und so will es, in ganz anderem Sinne, Gott selbst. Man sage nicht, Johannes wisse nichts von einer Theologie des Kreuzes. Zugegeben: der Sühnegedanke tritt im vierten Evangelium zurück (anders 1. Joh. 2,2; 4,10). Aber der Tod Jesu ist keineswegs nur Zutat, mit der der Evangelist – ohne inneren Grund – sich an synoptische und überhaupt gemeinchristliche Vorstellungen anschlösse. Es wird sich noch zeigen müssen, wie tief er den Sinn des Kreuzes durchdacht hat.

Einer stirbt für alle – (1) *so will es das Gesetz der Menschen,* (2) *so verkündigt es das Evangelium Gottes.*

I.

Mußte Christus sterben? Genauer: gehörte es zu Jesu Amt als Retter und Heilbringer, daß er starb? Mehr noch: war dieser Tod das Zentrale seines Wirkens? Mancher hat in seinem Tun zu Lebzeiten sein Eigentliches gesehen: in der Botschaft, die er verkündigt hat, in dem „neuen Gebot", das er in Kraft gesetzt und selbst praktiziert hat, in der Bewegung, in die er die Menschheit versetzt hat. Sieht man sein Wirken so, dann ist der Tod der jähe Abbruch eines verheißungsvollen Geschehens, das tragische Ende, das man nur bedauern kann. Anders, wenn man die Christusbotschaft wie Paulus charakterisiert als „das Wort vom Kreuz". Johannes scheint hier nicht anderer Meinung zu sein, trotz der ihm eigenen Diskussionslage. Jesus – der „Offenbarer", das Licht der Welt, der Bringer des Lebens. Ja, aber nicht ohne das Kreuz. Das Weizenkorn muß in die Erde fallen (12,24). Es ist von höchster Bedeutung, daß, da Jesus sich am Grabe des Lazarus in eindrucksvollster Weise als der Sieger über den Tod erwiesen hat, in Jerusalem der Todesbeschluß für ihn gefällt wird. Wer in ihm nur den Lichtbringer und Lebensspender sehen will und seinen Weg vom Himmel auf die Erde und wieder zum Himmel zurück als eine Straße des Triumphes ansieht, der muß hier erschrecken. Das Synedrium beschließt seinen Tod.

Muß das so sein? Wir werden noch darauf zurückkommen: was der Hohepriester ausspricht, beruht auf dem Willensentschluß Gottes, ohne daß der Redende sich dessen bewußt ist. Hier waltet höhere Notwendigkeit. Das Synedrium ahnt davon nichts. Es denkt vordergründig. Der Text stellt die Überlegungen, die zu dem Todesbeschluß geführt haben, dar. Der Leser des Evangeliums kann sich selbst einiges davon zusammenreimen. Der Konflikt, der am Karfreitag sein vorläufiges Ende findet, ist in der Tat unvermeidlich. Man sieht es am äußeren Hergang – auch ohne schon in das – durch diese seltsame Prophetie enthüllte – göttliche Muß Einblick zu haben. Der Beschluß soll Abhilfe schaffen in einer tiefen Verlegenheit, in der sich das Synedrium befindet. „Wenn wir den so gewähren lassen, werden alle an ihn glauben" (V. 48) – die Folgen sind abzusehen. Fast könnte man von einer Zwangslage sprechen, in der der Hohe Rat sich befindet. Wir übersehen die eigentlichen Schwierigkeiten, wenn wir in diesem Beschluß des Synedriums lediglich den Effekt von Bosheit und Willkür sähen. Der Konflikt ist tiefer begründet.

Man hätte es längst merken müssen: Jesus paßt nicht in diese Welt, er ist mit allem, was er ist und tut, ein Angriff auf diese – sündige – Welt, einschließlich dessen, was in ihr im Namen der „Religion" geschieht. Die oberste jüdische Kirchenbehörde gibt vor, die Sache Gottes zu vertreten; und als dann, in der Gestalt Jesu Christi, Gott wirklich auf den Plan tritt, da kommt es zum Zusammenprall. Daß Menschen sich Jesus anschließen und darin Gott finden, kann man nicht dulden. Zunächst sind es ganz einfach Gründe der politischen Räson, die die Beseitigung dieses gefährlichen Mannes fordern. Kaiphas hat bereits ein Dutzend Jahre lang die äußere Ruhe und Ordnung zu wahren verstanden und sich damit selbst an der Macht erhalten. Das Synedrium und sein Vorsitzender, der Hohepriester, führen ihr Amt von Gnaden der Römer. Es ist in der Tat nicht damit zu rechnen, daß Pilatus die späterhin im Prozeß zu erörternden feinen Unterschiede im Verständnis des messianisches Amtes wahrnehmen wird (18,33ff.). Eine messianische Volksbewegung werden die Römer – wie denn später auch geschehen – zum Anlaß nehmen, den heiligen „Ort", den Tempel also, zu zerstören und den Juden den bescheidenen Rest ihrer nationalen Existenz zu nehmen. Dies wird mutmaßlich das Ende der Amtstätigkeit des Synedriums und des Hohenpriesters einschließen. Er oder wir? Jesus aus dem Wege zu räumen ist einfach ein Gebot der nationalen und „kirchlichen" Selbsterhaltung.

Gesetzt den Fall, Jesus hätte recht mit allem, was er zu sein beansprucht und was er sagt und tut: Überlegungen der Zweckmäßigkeit verlangen es, daß man ihn aus dem Wege räumt. Soll man sich Skrupel um das Recht bereiten? Recht ist, was nützt. Kaiphas argumentiert mit dem Gesetz der Menschen.

Er sollte es als Hüter der religiösen Tradition seines Volkes anders und besser wissen. Der Kaiser Ferdinand I. (1556–64) pflegte zu sagen: „Das Recht muß seinen Gang haben, und sollt die Welt drüber zugrund gehen" (zitiert meist: „pereat mundus, fiat iustitia"). Der Satz ist überspitzt formuliert. Das Recht soll ja gerade die Welt erhalten, als Damm gegen das Böse, die Willkür, die Unordnung. Es verfehlt diese Wirkung, wo es verzwecklicht wird, also als leicht handhabbares Instrument der Durchsetzung eigener Interessen dient. Wir haben noch den schrecklichen Satz im Ohr: „Recht ist, was dem Volke nützt." Wir müssen ihn umkehren: Nur das Recht wird dem Volke nützen, und zwar auch dann, wenn es im Augenblick Einbußen verursacht und Schwierigkeiten bereitet. Spricht das Recht gegen mich, dann sollte ich es auch in solchem Falle ehren; dient es der Rechtsgemeinschaft als ganzer, so dient es zuletzt auch mir. Wo es relativiert wird, wird Vertrauen untergraben und wankt die Ordnung im menschlichen Miteinander. Kaiphas müßte das wissen, z. B. aus der Geschichte von Naboths Weinberg (1. Kön. 21).

Die Lage ist freilich, wo es um Jesus geht, noch kritischer. Das kommende Reich Gottes macht alle Reiche dieser Welt, auch das des Kaiphas, zu etwas Vorläufigem, Befristetem; sofern es schon gegenwärtig ist, ist es in der Welt etwas Fremdes. Die Römer hätten wirklich nichts zu fürchten; Jesus erkennt an, daß sie ihre Macht von Gott haben (18,11). Aber nicht nur das Gesetz der Menschen, sondern das Gesetz überhaupt wird durch Christus begrenzt und überholt. Wir sagten, Jesus passe nicht in diese Welt. Eindrucksvoll stellt dies F. M. Dostojewski in „Die Brüder Karamasow" (Berlin 1962, Band 1, S. 378ff.) in der Legende vom Großinquisitor dar. „Ihn", Jesus, verlangt es wieder einmal, sich für eine kleine Weile dem sich quälenden leidenden, greulich sündigen Volk zu zeigen. Er kommt in das Spanien der Inquisition, im 16. Jahrhundert, nach Sevilla, wo erst tags zuvor vor König, Hof, Granden, Kardinälen und den reizendsten Damen des Hofes, dazu im Beisein des ganzen Volkes von Sevilla fast hundert Ketzer verbrannt worden sind. Die Sonne der Liebe brennt in Seinem Herzen und weckt bei den Menschen Gegenliebe und Vertrauen. Ein Blinder wird sehend, ein siebenjähriges Mädchen wacht aus dem Tode auf. Die Menschen scharen sich um Ihn. Da geht der Kardinal-Großinquisitor vorüber, ein fast neunzigjähriger Greis, und läßt Ihn verhaften. Nachts erscheint der Mächtige, einen Leuchter in der Hand, in dem Verlies. „Was bist du gekommen, uns zu stören?" Anderntags wirst, als der ärgste Ketzer, *du* verbrannt werden. Du hast den Menschen – so die Legende – die Freiheit gebracht. „Fünfzehn Jahrhunderte haben wir unsere Not gehabt mit dieser Freiheit, doch jetzt ist es zu Ende mit ihr, und zwar ein für allemal." Du hättest auf den Versucher in der Wüste hören sollen: Brot, Wunder, Macht. Du hättest dir damit die Menschen unterworfen. Genau das brauchen sie. „Anstatt nun dem Menschen ein für allemal feste Grundlagen zur Beruhigung seines Gewissens zu geben, hast du ihm alles aufgebürdet, was ungewöhnlich, rätselhaft und unbestimmbar ist, alles, was die Kräfte der Menschen übersteigt, und hast damit so gehandelt, als liebtest du sie überhaupt nicht, du, der du gekommen bist, dein Leben für sie hinzugeben ... Du wolltest die freiwillige Liebe des Menschen, frei sollte er dir nachfolgen, angerührt und durchdrungen von dir. ... Du hattest eine zu hohe Meinung von den Menschen, denn sie sind nun einmal Unfreie, wenn auch als Empörer geschaffen ... Du hast zuviel von ihnen gefordert." *Seine* Art, die Menschen zu unterwerfen, meint der Großinquisitor, mache sie glücklich. „Haben wir die Menschheit nicht geliebt, als wir so gütig ihre Ohnmacht erkannten?" Ich werde dich verbrennen, „weil du gekommen bist, uns zu stören. Denn wenn je einer mehr als alle anderen unsern Scheiterhaufen verdient hat, so bist du es." – Der Inquisitor wartet auf Seine Antwort. Doch da tritt – wortlos – Er auf einmal zu dem Greise hin und küßt ihn schweigend auf die blutleeren neunzigjährigen Lippen. „Geh!", ruft dieser, „doch komm nie mehr zurück . . . nimmermehr!" Sieht man einmal von den besonderen Akzentuierungen und wohl auch Überzeichnungen des Dichters ab, so wird die Parallelität zu dem Wort des Hohenpriesters im Text noch immer deutlich sein. Jesus stört. Er paßt nicht in diese Welt. Er weckt und schärft die Gewissen und stellt die Menschen unmittelbar vor Gott – und er liebt die Sünder und gibt ihnen die wunderbare Möglichkeit, unbefangen (1. Joh. 4,18) vor Gott leben zu können. Damit tritt etwas ganz Neues auf den Plan, das Kaiphas im Gefüge seiner Gedanken und seiner Praktiken nicht unterbringen kann. Ob Jesus recht hat oder nicht, wird nicht erörtert; er ist eine Gefahr, also muß er weg. Es gehört zum Kalkül eines solchen Denkens, daß, damit das Ganze im Lot bleibt, der einzelne geopfert wird.

Es wäre voreilig und unbesonnen, wenn wir jetzt gegen Kaiphas Partei nähmen und übersähen, daß er, von seinen Voraussetzungen aus gesehen, gar nicht anders kann. Jesus stirbt nicht, weil Kaiphas ein besonders gehässiger Mensch gewesen wäre, sondern – weil die Welt so ist, wie sie ist. Kaiphas hat mit der Anwesenheit der Römer zu rechnen. Auch sonst ist die Welt – darin sieht der Großinquisitor richtig – voll harter Tatsachen. Die „Sünde der Welt" (1,29) besteht nicht in gelegentlichen Webfehlern, sondern ist – um in dem Bilde zu bleiben – der „Schuß", der quer zum Ganzen der „Kette" liegt. Der allgemeine Abfall (Röm. 3,9–20) kann nicht ohne Folgen sein. Mit Jesus ist der Gott in die Welt gekommen, für den in ihr kein Platz ist. Will die Welt – in der Verfassung, in der sie sich befindet – sich halten, so muß sie den Gott, der sie stört, umbringen. Sie hat dabei noch ein gutes Gewissen, wenn der, um den es sich dabei handelt, der schlimmste Ketzer (s. o.) ist. Jesus ist als Ketzer und Lästerer verurteilt worden.

2.

Daß das hochpriesterliche Amt prophetische Qualität habe, ist nicht ein erbaulicher Gedanke, den erst der vierte Evangelist ersonnen hat. Was Kaiphas denkt – so vordergründig und pragmatisch es uns erscheint –, führt er selbst auf Inspiration zurück. „Ihr wißt nichts und bedenkt nicht, daß es besser für euch ist, ein einziger Mensch stirbt für das Volk, als daß das ganze Volk zugrunde geht." Sie wissen es nicht – er weiß es. „Er handelt aufgrund seiner prophetischen, d. h. hier seiner die Situation erhellenden Autorität" (E. Bammel in ThLZ 1954, Sp. 355). Nur, er ist tiefer inspiriert, als er selber weiß. Einer stirbt für alle: so entspricht es nicht nur dem Kalkül des irdisch-geistlichen Machtträgers, sondern auch dem weltumgreifenden Plan Gottes. Jesu Tod ist nicht nur Ergebnis eiskalter politischer Erwägungen der Gegner Jesu, sondern – in, mit und unter dem Menschlichen – Gottes Liebesgedanke, der sich mit der Verlorenheit seiner Welt nicht abfindet.

Was es mit dem Versöhnungstod Jesu Christi auf sich hat, ist in dieser Perikope nicht ausgeführt. Wir müssen herauszufinden suchen, was die knappe Formel enthält, indem wir uns im johanneischen Schrifttum nach konkretisierenden Aussagen umsehen. Man könnte so fragen: Warum konnte die „Erhöhung", von der das vierte Evangelium wiederholt spricht, nicht ohne die Erniedrigung im Kreuzestod geschehen? Müßte es, nach der johanneischen Grundanschauung nicht genügen, daß Jesus unsere Welt durchschreitet – als der gnostische Wegbereiter – und uns, indem er einfach „weggeht" ($\dot{\upsilon}\pi\dot{\alpha}\gamma\varepsilon\iota\nu$), als die ihm ähnlichen Geistträger mitnimmt? Warum dieses Geschehen am Karfreitag, das, wie unser Text zeigt, in Vokabeln der Opferterminologie beschrieben werden muß? Einer stirbt für alle: das gilt in einem viel tieferen Sinn, als Kaiphas weiß.

Merkwürdig, daß der Hohepriester so wenig in den Kategorien seines priesterlichen Amtes denkt (Großer Versöhnungstag!). Ihn sollte die Frage nach der Beräumung menschlicher Schuld vor Gott umtreiben; statt dessen denkt er nur an die Stabilität weltlicher Ordnung. Keiner darf die Frage nach den Bedingungen für den äußeren Fortbestand des Lebens in der sündigen Welt geringachten. Aber daß wir darüber die Lösung des Schuldproblems vergessen, wäre verhängnisvoll. Die Predigt wird an dieser Stelle einen Nagel einschlagen müssen; es könnte sein, daß auch die christliche Gemeinde, obwohl sie „Vergebung" und „Versöhnung" aus ihrer Formelsprache keineswegs gestrichen hat, die zentrale Bedeutung des Versöhnungswerkes Jesu nicht begreift. Brot, Wunder, Macht: der Großinquisitor sieht in der Beseitigung der Schuld offensichtlich nicht das Hauptproblem der Menschheit. Es scheint, als könne man, wenn es nur sonst „stimmt", mit der Schuld ganz gut leben. Hauptsache: gesund, wohlversorgt, glücklich, sicher – dafür zu sorgen, ist des lieben Gottes dringlichste Aufgabe; wenn Jesus dazu etwas tun kann, soll er uns willkommen sein. Der Großinquisitor wirft ihm vor, daß er gerade in dieser Hinsicht versagt habe. Aber: was hülfe es dem Menschen, wenn er die ganze Welt gewönne und dabei sein Leben verlöre (Matth. 16,26)? in der Sprache unseres Textes: zugrunde ginge (V. 50)? Da, wo der Mensch sein Besonderes, sein Eigentliches hat, in der Verantwortlichkeit vor Gott, liegt die – meist unterschätzte oder gar übersehene – Existenzfrage, nämlich die nach der Vergebung der Sünden. Es ist nicht wahr, daß wir sie ohne Schaden übergehen könnten. Sie spielt eine entscheidende Rolle schon in unseren zwischenmenschlichen Beziehungen. Keiner sagt: du bist nun mal, wie du bist. Wir messen einander, bewerten einander, urteilen, erheben Vorwürfe, machen einander verantwortlich, rechnen uns gegenseitig die Enttäuschungen vor, die wir einander bereitet haben, arbeiten Vergangenheit auf, indem wir andere bezichtigen – zu Recht oder auch zu Unrecht –, uns selbst dabei allerdings zumeist außer Betracht lassend. In dem allem meldet sich etwas, was für unser Menschsein charakteristisch ist. Wir tragen Verantwortung. Wir haben ein Gewissen. Verdrängen wir, was es verlautbart, so werden wir krank. Nehmen wir seine Stimme nicht ernst, so zerstören wir Gemeinschaft, verderben wir unser Leben. Haben wir einmal begriffen, daß nicht nur Menschen unsere Gläubiger sind, sondern Gott, dann rückt alles, was wir eben kurz benannt haben, in unendlich große Räume. Dann sind wir gefragt: Was hast du aus deinem Leben gemacht? Was aus dem Leben deiner Mitmenschen? Was ist unter euren/deinen Händen aus der Welt geworden – Gott sagt: aus *meiner* Welt? Wir täuschen uns, wenn wir (heimlich) denken: lieber ein schlechtes Gewissen und unbereinigte Schuld, aber satt und glücklich. Der Hohepriester denkt in Kategorien der Zweckmäßigkeit. Der Gott, der – höher als des Kaiphas Vernunft – in seinem Worte redet, meint das, worin sich unser Menschsein (coram Deo!) entscheidet. Es sagt sich leicht, solange es uns gut geht, aber es müßte wohl auch in mißlicher Lage stichhaltig sein: Lieber hungrig und elend, aber ein mit Gott versöhntes Gewissen! Das ist die Existenzfrage aller Existenzfragen: wie es dazu kommt. Im übrigen würden wir uns verschätzen, wenn wir darin das äußere Wohl und Wehe vergleichgültigt sähen. Kaiphas hat Jesus geopfert, weil er die Römer fürchtete; eben damit hat er die Ereignisse des Jahres 70 heraufbeschworen. Die Rechnung des Großinquisitors stimmt nicht einmal!
Jedoch: bedurfte es zur Beseitigung der Menschenschuld des Todesganges Jesu? Der Evangelist meint es. Gottes Lamm „beseitigt" die Sünde der Welt (1,29.36). Nach Johannes ist Jesus das neue Passalamm (19,36, vgl. 13,1; 18,28; 19,14): sein Blut wehrt den „Würger" ab (EKG 76,5 – Exod. 12,23). Jesus ist das Opfer, in dem alle alttestamentlichen Opfer – wir denken mit dem Hebräerbrief noch einmal an den Großen Versöhnungstag – ihren Sinn haben und ihre Erfüllung finden (die Wirklichkeit, die den Schatten wirft, Kol. 2,17; Hebr. 10,1). Dreimal findet sich in dem kurzen Text das ὑπέρ, dessen es,

wenigstens in V. 50, nicht bedurft hätte, um den Gedanken des Kaiphas auszudrücken; der Evangelist nimmt es aus der Sprache der gesamten neutestamentlichen Gemeinde auf („zugute" – vgl. z. B. Mark. 14,24; Joh. 6,51; Röm. 5,6.8; 8,32; 1. Kor. 1,13; 11,24; 15,3; 2. Kor. 5,14f.21; Gal. 1,4; 3,13; Eph. 5,2.25; 1, Thess. 5,10; Tit. 2,14; 1. Petr. 3,18; 4,1; 1. Joh. 3,16; Hebr. 5,1a; 9,7; 10,12). Johannes drückt sich in der Opfersprache aus. Das ἁγιάζειν in 17,19 wird in LXX für die Weihe von Opfertieren gebraucht (Exod. 13,2; Deut. 15,19); so ist es gemeint, wenn Jesus selbst „sich heiligt", also sich als Opfer in die Verfügungsgewalt Gottes begibt, sich Gott „für sie" darbringt. Opfer: es ist etwas gutzumachen, Schuld wird gesühnt. „Das Blut Jesu Christi, seines Sohnes, macht uns rein von aller Sünde" (1. Joh. 1,7; vgl. 2,2; 4,10).

Bedarf es dieses Todes, dessen Bedeutung Kaiphas unwissend und wider Willen zum Ausdruck bringt? Könnte Gott nicht auch ohne ein solches Opfer die zerstörte Gemeinschaft mit seinen verlorenen Menschen wiederherstellen? Wir haben nicht darüber zu spekulieren, was Gott „könnte". Wir sollten dem nachzudenken suchen, was Gott wirklich getan hat. Gegen den Gedanken einer Sühne hat sich A. von Harnack ausgesprochen: es sei ein „schrecklicher Gedanke, daß Gott das gräßliche Vorrecht vor den Menschen haben sollte, nicht aus Liebe verzeihen zu können" (Dogmengeschichte III, 4. Aufl., S. 409). Aus Liebe, das hieße: ohne daß die Sünde der Welt durch Jesu Kreuzesopfer „weggetragen" wird (1,29). Man sollte jedoch Gottes Liebe und Jesu Opfergang nicht gegeneinander ausspielen; die Liebe „besteht" eben darin, daß Gott den Sohn opfert (1. Joh. 4,10; Joh. 3,16). Nur: mußte Gott es sich bzw. seinem Sohn so schwer machen?

Man wird („a posteriori") sagen müssen: sie mußte es. Sind wir zu bequem, einen Schmutzfleck vom Teppich wegzuputzen, so sagen wir scherzhaft: Das tritt sich ein. Es wäre zu fragen, ob wir so nicht gern auch mit unserer unbereinigten Schuld verfahren. Oder sollte es gar Gottes Art sein, mit ihr fertig zu werden, daß er erklärt: Reden wir nicht mehr davon!? Das, was uns vor Gott unmöglich macht und uns mit ihm entzweit, was uns mit Menschen in Konflikt bringt und die Welt verdirbt, das, worunter Menschen leiden und woran sie kaputtgehen, einfach so aus der Welt schaffen, daß man's ignoriert? Oder anders gesagt: Sollte Gott, damit wir nicht „zugrunde gehen" (V. 50), sein Gebot zurücknehmen, außer Kraft setzen? Sollte er, um gnädig sein zu können, auf sein Recht verzichten? Sollte er das, was auf den Rechtsbruch steht, unterlassen und nachträglich erklären, so ernst sei es nicht gemeint gewesen? Sollte Sünde vergeben werden, ohne daß Gottes heiliger Wille geehrt wird? Das Lamm Gottes trägt die Sünde der Welt hinweg. Das ist die Rettung der Welt.

Man kann auch sagen: Darauf ruht die Kirche, also die große weltweite Gemeinde der Kinder Gottes. Von der Zusammenführung der in der Welt verstreuten Glieder des Gottesvolkes ist die Rede. Darin dürfte liegen, daß die ganze Unheilsgeschichte, wie sie im Alten Testament sich darstellt, „aufgehoben" wird in das Christusheil, in dem sich die Verheißungen der Wiederherstellung des Gottesvolkes verwirklichen. Zugleich aber öffnet sich die Szene weltweit. Der gute Hirte, der sein Leben für die Schafe „hinlegt" (10,11), hat noch andere Schafe, die nicht aus diesem Stalle sind, und die muß er heranführen (10,16). Die neue Gemeinschaft, die er herstellt, beruht auf seinem Kreuzesopfer. Wie die Liebe Gottes in der Hingabe des Sohnes „besteht" (s. o.), so besteht auch die neue Gemeinschaft nicht darin, daß weltweit – sozusagen über alle Sender – proklamiert wird: Gott hat künftig gegen niemanden mehr etwas!, sondern sie besteht darin, daß Menschen in das Geschehen einbezogen werden, in dem Gott selbst die Tür aufmacht, in das Geschehen des Kreuzesopfer des Sohnes. Das Heil ist in Christus konkret; er proklamiert es nicht nur, er verwirklicht es. Davon hat Kaiphas nichts geahnt. Aber uns wird es verkündigt, und wir leben davon.

Palmarum. Joh. 17,1 (2–5) 6–8

Ob Kap. 17 an der ursprünglichen Stelle steht, ist bezweifelt worden. Nach Bultmann müßte auf 14,31 sinngemäß 18,1 folgen. So stünden schon die Kapp. 15f. falsch. Bultmann will Kap. 17 hinter 13, 30 einfügen, so daß 13,31 geradezu die Erfüllung des Gebets darstellte; als Einführung schaltet er dem Gebet 13,1 vor (vgl. im Kommentar bes. S. 351). Anders Schnackenburg: „In der jetzigen Anlage des Ev. gibt es keine passendere Stelle, und auch für die Urform wird sich keine bessere finden lassen" (Komm. III, S. 189); wir befinden uns an den „Höhepunkt"; „wo Jesus seine Reden an die Jünger beendet hat (. . . V. 1)" (ebd.). Für das Verständnis ist es nicht wesentlich, wie man sich hier entscheidet. „Das Gebet gehört zum Typus der Gebete des aus der Welt scheidenden Gesandten, wie sie in verschiedenen Variationen aus der gnostischen Literatur bekannt sind" (Bltm., S. 374). Die „Stunde" (V. 1) ist wesentlich: es betet der, der sich selbst „heiligt", also als Opfer darbringt (V. 19); haben wir in der vorangehenden Auslegung recht gesehen, so steht hier das AT im Hintergrund, so daß das Gebet eben auf diese Selbstdarbringung zugeht.

V. 1: Jesus betet mit zum Himmel erhobenen Blick (vgl. 11,41; Ps. 123,1; Mark. 6,41; indirekter Beleg: Luk. 18,13). Anrede wie Matth. 11,25; 26,39; Luk. 23,24; Joh. 11,41; 12,27f.; 17,11.24f. Die „Stunde", die 7,6.8.30; 8,20 noch ausstand, ist nun gekommen, vgl. 12,23.27; 13,31. Die δόξα ist der überirdische Lichtglanz Gottes, in den Jesus durch seine Metabasis (vgl. 13,1), also durch die Rückkehr zum Vater (14,12.28; 16,16f.28 u. ö.) wieder eingeht. In die Doxa ist der Erhöhte aufgenommen (1. Tim. 3,16). Der Glaube sieht die Doxa schon im Erniedrigten (1,14; 2,11; 11,4), obwohl er „noch nicht verherrlicht ist" (7,39; 12,12). Gerade durchs Kreuz kommt es zur Verherrlichung Jesu. Durch sein Werk wird aber wiederum die Doxa des Vaters von den Menschen im Glauben erkannt, so daß der Vater bei ihnen zu seiner Doxa kommt. Der Text bezeugt also „die Einheit der δόξα des Vaters und des Sohnes . . .: eine ist nicht ohne die andere" (Bltm. z. St.). Der überirdische Glanz bedeutet auch göttliche Macht und Ehre. – V. 2: Der Erhöhte hat „Macht" (messianischer Terminus) über „alles Fleisch" = alle Menschen (der Ausdruck im 4. Evg. nur hier); das Leben teilt er freilich nur denen mit, die der Vater ihm gegeben hat (Denkschema wie 5,20–27). πᾶν ὃ ἐδωκας αὐτῷ ist absoluter (undeklinierter) Nominativ, das αὐτοῖς nimmt ihn „ad sensum" auf (erklärt sich vom Semitischen her). – V. 3: Deutlich „Zusatz" (Bltm.) bzw. „Glosse" (Schnbg.), wie die Namensnennung „Jesus Christus" ausweist; Berührung mit 1. Joh. 5,20. „Das ewige Leben" (ungewöhnlich der Artikel und die Voranstellung des Adjektivs) besteht in der Gottes- und Christuserkenntnis (1. Joh. 3,2). – V. 4: Jesus hat das ihm aufgetragene Werk „auf der Erde" vollbracht; nun wird er im Himmel sein und wirken. Es galt, den Vater zu „verherrlichen" (vgl. 13,31f.), sein Gottsein in der Welt zur Geltung zu bringen (vgl. „Reich Gottes"), man könnte auch von der Durchsetzung des ersten Gebots sprechen. 19.30 läßt erkennen: das Kreuz gehört in diese Lebensaufgabe hinein. – V. 5: Gnostische Grundvorstellung. Jesus kommt vom Himmel und geht wieder dorthin zurück. Präexistenz und Erhöhung entsprechen einander; ähnlich Phil. 2,6–11, wo die δόξα als μορφὴ ϑεοῦ bezeichnet ist, jedoch (wenn man ὑπερύψωσεν so auszulegen hat) gegenüber der Präexistenz noch eine Steigerung ausgedrückt ist. – V. 6: φανεροῦν (2,11; 7,4; 9,3) svw. γνωρίζειν (15,15; 17,26). Gottes Name enthält Gottes Wesen (vgl. Hes. 39,7) – auch dies ein Ausdruck für das Herrwerden Gottes in der Welt. Alle Menschen gehören von Hause aus Gott. „Aus der Welt" (Erwählung) hat der Vater dem Sohn Menschen gegeben, die sein Wort bewahren (τηρεῖν = נצר, möglicherweise wie Matth. 28,20 Anspielung auf „Nazarener", auch dort die himmlische „Vollmacht" des Erhöhten). – V. 7: Jesu Reich ist des Vaters Reich. – V. 8: Bewahren des Wortes – vgl. 8,31. Über Jesu Autorisierung und Herkunft vgl. 8,28f., uns. Ausl. zu Remininszere). – Zum gesamten Kapitel, ja zum Ganzen des Joh.-Evangeliums vgl. E. Käsemann, Jesu letzter Wille nach Johannes 17, ³1971; man findet dort keine Auslegung des Textes, sondern (z. T. gewagte) Durchblicke durch die johanneische Theologie.

Zum Verständnis auch dieses Textes ist es wichtig, sich die besondere literarische Eigenart des vierten Evangeliums klarzumachen. Es enthält, anknüpfend an – oft nur punktuelle – Erzählungselemente *Christusmeditationen,* in denen der Glaube die Bedeutung des Tatsächlichen (etwa der Nikodemusbegegnung, der wunderbaren Speisung oder der Heilung des Blindgeborenen) sinnend durchdringt und das dem bloßen Auge nicht sichtbare Göttliche und Himmlische aufzudecken sucht. Dem Evangelisten ist der fleischge-

wordene (1,14; 1. Joh. 4,2), also mit Ohren zu hörende, mit Augen zu sehende, mit
Händen zu fassende Jesus (1. Joh. 1,1–3) wichtig, er überliefert sogar manche historisch
vertrauenswürdige Einzelheit, die bei den Synoptikern nicht zu finden ist. Aber er greift
dies alles auf, nur weil es ihm für den Glauben wichtig ist, er durchleuchtet es in seiner
pneumatischen Hintergründigkeit und in seiner Bedeutung für das Leben derer, die an
Christus glauben. So wird man auch dieses „hohepriesterliche Gebet" – so benannt von
dem Rostocker Professor David Chytraeus (1531–1600) – dem Wortlaut und der gedank-
lichen und begrifflichen Gestaltung nach als ein Werk des Evangelisten oder als „Konzeption der johanneischen Schule" (Schnbg.) anzusehen haben. Und doch geht es auf
Jesus zurück. „Ist Jesus in der Gemeinde, indem die Offenbarung in ihr lebendig ist, so ist
er auch in diesem Gebet in ihr. Wer spricht das Gebet? Nicht der ‚historische Jesus', sondern historisch gesprochen: die Gemeinde. Aber in der Gemeinde spricht er ja selbst als
der δοξασϑείς" (Bltm., S. 401), und dieser „Erhöhte", „Verherrlichte" ist kein anderer als
der, der im Kreise seiner Jünger gelebt hat. Ist auch die Sprache des hier aufgrund medi-
tativer Durchdringung Niedergeschriebenen die des Evangelisten oder seines Kreises: so
könnte Jesus, der Sache nach, gebetet haben, ja so *hat* er gebetet. So müssen wir es uns
denken, wenn er die Einsamkeit suchte, um die priesterliche Seite seines Auftrags zu
erfüllen (Mark. 1,35; 6,46); so bezeugt er selbst, daß er für seinen gefährdeten Petrus gebeten habe (Luk. 22,32a – wir sind in der Invokavitauslegung von selbst auf das „hohepriesterliche Gebet" gekommen). Wird, was man von Jesu Beten weiß, hier pneuma-
tisch-meditativ durchdrungen und weitergedacht, so ist es doch nach des Evangelisten
eigenem Wort immer nur ein „Erinnern" an das, was Jesus selbst gesagt, in diesem Falle:
gebetet hat (14,26; vgl. 16,13–15).

Joh. 17 ist „von der Grenzsituation des Karfreitags aus formuliert" (Strathmann z.St.).
„Gekommen ist die Stunde" (V. 1 – Voranstellung des Prädikats ist semitisch). Jesus
schaut auf sein abgeschlossenes Erdenwerk zurück (V. 4). Nun soll der Vater ihm den
himmlischen Lichtglanz zurückgeben, den er vor seinem Erdenleben hatte (V. 5). Die
Jünger bleiben zurück – in der Welt (VV. 11.14f.), ohne ihn (V. 12); er befiehlt sie dem
Vater. Das Gebet gehört (wie immer man sich seine Stellung im Ablauf des Evangeliums
denkt, s. o.) in die Abschiedssituation hinein, hat da also seinen historischen Ort. Dies
schließt aber nicht aus, daß wir uns von diesem Kapitel aus eine Vorstellung über die
ewige intercessio des himmlischen Hohenpriesters machen sollen (1. Joh. 2,2; Hebr. 7,25;
Röm. 8,34). In ihr bringt er sein gesamtes Heilswirken vor den Vater: sein Erdenwirken
(V. 4), sein Kreuzesopfer (V. 19), seine Fürsorge für die Seinen (V. 15), die Fortsetzung
seines Werkes durch sie (VV. 18.20), die Einheit der weltweiten Gemeinde (VV. 11.21),
ihre ewige Vollendung (VV. 3.24). Jesus, unermüdlich in der Fürbitte für die Seinen! Das
gottesdienstliche Beten der Gemeinde ist ja nur ein Anteilnehmen an der Fürbitte des
Erhöhten; es geschieht „durch Jesum Christum, unsern Herrn". Joh. 17 ereignet sich
insofern Sonntag für Sonntag und darüber hinaus immer, wann und wo Christen „in
seinem Namen versammelt" sind (Matth. 18,20). So brauchen wir nicht weit zu suchen,
wenn wir den Sitz dieses Textes im Leben der – Himmel und Erde erfüllenden – Kirche
aufspüren wollen. Wir sollten dabei das Ganze des Kapitels ins Auge fassen (die
VV. 20–26 jedoch seien Himmelfahrt vorbehalten).

Die Gebetsanliegen des sich opfernden Christus: (1) *das Gottsein des Vaters,* (2) *die Herr-*
lichkeit des Sohnes, (3) *das himmlische Leben für die Kirche.*

I.

H. J. Iwand schreibt, Joh. 17 erinnere an das Gebet unseres Herrn (Pr.-Med. ²1966, S. 636), und H. Bezzel meint sogar, es baue sich ganz auf dem Vaterunser auf (Betrachtungen über das Hohepriesterliche Gebet, in: Der Dienst des Pfarrers, ²1916, S. 63f.). Daran ist Richtiges, obwohl ich mir eine durchgängige Korrespondenz nicht aufzuzeigen getraue. Deutlich ist es aber bei den ersten drei Bitten, die in unterschiedlicher Ausprägung doch nur das eine meinen: das Erkennbar- und Wirksamwerden der Gottheit Gottes in dieser Welt. Wir haben das in der Teilüberschrift aufgenommen.

Jesus schaut auf sein Erdenwirken zurück. „Ich habe dich verherrlicht auf Erden und das Werk vollendet, daß du mir gegeben hast, daß ich es tun sollte" (V. 4). Wohl ist es wahr, daß das vierte Evangelium Zeugnis vom erhöhten Christus ist. „Es ist euch gut, daß ich hingehe" – „sonst käme der Tröster nicht zu euch" (16,7); der Tröster ist aber der Geist Jesu. „Ich will euch nicht verwaist lassen, ich komme zu euch (18,18); „ich will euch wiedersehen" (16,22). Man kann es auch mit Worten aus dem Schluß des Matthäusevangelium sagen, mit dem sich unser Text mehrfach berührt: „Ich bin bei euch alle Tage." So ist es in der Gemeinde Jesu auch heute. Wir haben es nicht mit einem vergangenen Christus zu tun, sondern mit dem Christus praesens. – Aber das bedeutet nicht, daß sein Erdenleben und -wirken uninteressant geworden wäre. Jesus selbst bringt es in der „Stunde", da es zu Ende geht, noch einmal dar. Es ist nicht Episode, Zwischenspiel. Es gehört notwendig zu dem priesterlichen Werk Jesu. Wie hätte Johannes sonst ein Evangelium schreiben, wie hätte er seine Christusmeditationen an lauter einzelne Fakten aus diesem Leben anheften sollen? Auch für ihn ist Jesus Christus gestern, heute und in Ewigkeit derselbe (Hebr. 13,8). Darum kann sein „Zeuge" nur sein, wer von Anfang bei ihm gewesen ist (15,27); „wir verkündigen euch", „was wir gehört und gesehen haben" (1. Joh. 1,3). Die mit dem Karfreitag zu Ende gehende Zeit der konkreten Christusgegenwart ist nicht nur um der Menschen willen wichtig – damit für sie der Herr, an den sie glauben, nicht ein gestaltloses Schemen sei. Wichtig ist das Erdenwirken auch vor dem Vater. Ihm „meldet" er die Erfüllung seines Auftrags. Dieser bestand nicht darin, ein Schattenspiel zu veranstalten, in dem sich ewige (= zeitlose, geschichtslose) Wahrheiten abbilden; in Jesu Kommen in die Welt ist das Gott-Welt-Verhältnis grundlegend verändert worden, es hat nicht nur kognitiven, sondern effektiven Sinn.

Dies ist nun von Bedeutung gerade für Jesu Beten, also für seine priesterliche intercessio. Er kommt zum Vater als der, der das ihm aufgegebene Werk vollbracht hat. Er ist durch seinen Gehorsam legitimiert. In der Fürbitte, mit der er vor Gott für die Seinen einsteht, steckt die ganze Geschichte seines Erdenwirkens drin. In der Inkarnation hat er sich den abgefallenen, heillosen Menschen in allem gleichgemacht – ohne doch selbst abzufallen –, hat mit ihnen Hunger und Durst getragen, hat die Fassung verloren und geweint (11,33f.; 12,27; 13,21), ist der Menschen Freund geworden, trotz allem (15,14); er hat den Haß derer ertragen, die zu lieben er gekommen ist (7,7; 15,18.23); er will sie zu Gott führen, aber sie trachten ihm nach dem Leben (8,37.59; 10,31; 11,8) und bringen ihn zuletzt und tatsächlich um (19,18). Die ganze Solidarität mit den Verlorenen, die Parteinahme für die, die sonst nichts zu hoffen hätten, die Liebe, die nicht nur alles riskiert (s. o.), sondern ihr Leben läßt für die Freunde (15,13): dies alles bringt Jesus mit, wenn er vor dem Vater erscheint. Zeigt er, auferstanden, den Jüngern die Hände und seine Seite (20,20), so wird auch der Vater die Wunden nicht übersehen. Jesu ganzes Lebens- und Sterbenswerk ist in seiner Fürbitte gegenwärtig. Ist der priesterlich-fürbittende Christus im Sakrament seiner Gemeinde realpräsent, so ist auch sein Leben und Tod realpräsent; so verstanden ist der thomistische Repraesentatio-Begriff biblisch legitim und von uns anzuerkennen.

Wir haben Jesu Lebenswerk, auf das das Gebet zurückblickt, aus dem Ganzen des Evangeliums veranschaulicht. Jesus selbst beschreibt es als „Verherrlichung" des Vaters, als das Wirken also, in dem Gottes Doxa, seine göttliche Lichtherrlichkeit und Majestät, von den Menschen entdeckt, geglaubt, anerkannt, respektiert und verehrt wird. Worum es hier geht, könnte man – mit Bezzel und Iwand – von den ersten drei Bitten des Vaterunsers her deutlich machen. Unsere Schlagzeile spricht vom Gottsein Gottes als dem Gebetsanliegen Jesu. Gott soll von seinen Geschöpfen wieder als Gott erkannt und gewürdigt werden. Unser Evangelium spricht nur an einer Stelle vom Reich Gottes (3,3.5); mit Verherrlichung Gottes ist nichts anderes gemeint. Wir sind dicht bei dem, was hier gewollt ist, wenn wir „die Rede von der Gottesherrschaft als spezifische *Explikation* der Rede von Gott . . . begreifen. Gott kommt zur Sprache als der, der sich den Menschen zuwendet und den Jesus in dieser Zuwendung Vater nennt *und* als Herrn geltend macht" (W. Trilling, Die Botschaft Jesu, 1978, S. 15). Indem Jesus da war – und ist –, indem er gehört wird und Glauben findet, wird Gott wieder Herr seiner verlorenen Schöpfung. Da wird sein Name geheiligt – „ich habe deinen Namen offenbart den Menschen, die du mir von der Welt gegeben hast" (V. 6). Da kommt sein Reich. Da geschieht sein Wille. Was „im Himmel" schon realisiert ist, von Ewigkeit her, das geschieht nun auch „auf Erden". Es geht, wie Trilling (a. a. O.) schreibt, „um das Kommen Gottes selbst". Es ereignet sich im Kommen Jesu. Indem sie glauben, daß er vom Vater ausgegangen ist und der Vater ihn gesandt hat (V. 8), setzt Gott sich als Gott in den Menschen, die es getroffen hat, durch. Indem Menschen sich der in Christus auf sie zukommenden Liebe Gottes anvertrauen, kommt Gott zu seiner Ehre, wird sein Name geheiligt, ist er ihnen *Gott*. Man kann, worum Jesus hier bittet, auch vom Begriff des *Lebens* her verständlich machen. Christus gibt den Menschen das Leben (V. 2) – und dies besteht eben darin, daß der Vater als der wahre Gott erkannt wird und der Sohn als der, den er gesandt hat (V. 3). Das Leben hat, wer seinen Ursprung in Gott wiedergefunden hat, sein himmliches Woher. Wir könnten tausend schöne und wichtige Dinge haben, die wir fürs „Leben" für wichtig halten: das, was „Leben" genannt zu werden verdient, haben wir nur in Gott. „Wenn ich nur dich habe, so frage ich nichts nach Himmel und Erde" (Ps. 73,25). Andererseits: wer Christus bekommt, dem wird eben damit „das All" geschenkt (Röm. 8,32). Die Welt wird wieder zur Welt Gottes. Gott wird in ihr wieder in seiner Doxa erkannt und geehrt.

2.

Es ist für Jesu Art und Wesen bezeichnend, daß er um seine eigene Verherrlichung nicht anders bitten kann als so, daß er im gleichen Atemzug an die Verherrlichung des Vaters denkt (V. 1). Das liegt an seinem Einssein mit dem Vater (VV. 11.21). Undenkbar, daß Jesus etwas für sich haben, erbitten oder durchsetzen könnte auf Kosten des Vaters, so also, daß dieser etwas von seinem Gottsein auf Jesus delegierte und insoweit aufhörte, zu sein und zu tun, was ihm zukommt. Das war ja immer der Verdacht, nein: der Vorwurf und die Anklage der „Juden": daß Jesus in seinem Wirken in Anspruch nehme, was nicht sein, sondern Gottes ist; sie haben nicht gemerkt, daß Gott nicht anderswo handelt als eben in diesem Jesus und auch nicht anderswo zu finden ist als in ihm. Der Logos ist Gott in seiner Zuwendung zu uns; der fleischgewordene Logos ist eben dieser Gott mitten unter uns, eingegangen ins Menschliche. Hier, in Jesus, haben und finden wir Gott, nirgends sonst. Der Vater verzichtet nicht zu Jesu Gunsten auf sein Gottsein. Gerade weil sie eins sind, darf nun aber auch der Sohn um die Herrlichkeit seines Gottseins bitten. „Vater, verherrliche deinen Sohn! . . . Verherrliche mich mit der Doxa, die ich bei dir hatte, ehe die Welt war" (VV. 1.5).

Man wird fragen, was hier eigentlich geschehen muß, damit es dazu komme. Käsemann
betont aufs stärkste, daß in 1,14 der Satz: „wir sahen seine Herrlichkeit" den Ton trage
(a. a. O., S. 28); Züge der Niedrigkeit („Fleisch"), die nicht zu bestreiten sind, können die
Aussagen der späteren Inkarnationsdogmatik über den „wahren Menschen" nach seiner
Meinung nicht glaubhaft machen (ebd.). Eine ausführliche Auseinandersetzung ist hier
nicht unsere Aufgabe. Nur: wer Joh. 17 auslegen will, muß fragen, wieso es zu einer
Verklärung bzw. Verherrlichung erst kommen muß, wenn die Doxa des Sohnes schon am
Irdischen wahrgenommen wird.
Der Jesus der Erdentage ist tatsächlich der Erniedrigte. Sein Gottsein kann von denen, die
„von unten", „von der Welt her" sind, nicht erkannt werden. Der Anstoß der Fleischwerdung (Bltm., ThNT, § 46) ist im vierten Evangelium vielfältig und eindrucksvoll dargestellt. Der Unglaube nimmt nichts von Jesu Doxa wahr. Aber der Glaube erkennt sie –
gegen den Augenschein. „Wir sahen seine Herrlichkeit." Der Glaube *bekennt* und
bezeugt sie auch – zuweilen auch auf seltsame und uns nicht überzeugende Weise (18,6);
es sollte uns nicht wundern, wenn Johannes darin nicht sehr wählerisch ist. Aber daß er
sein Evangelium mit der Formel schließt: „nicht sehen und doch glauben", sollte uns
vorsichtig darin machen, ihm eine theologia gloriae anzulasten. Die Alternative zur theologia gloriae ist freilich nicht die Behauptung der „puren Menschlichkeit" des Fleischgewordenen (Bltm. zu 1,14). Die wahre Gottheit ist nur so tief in die Menschlichkeit eingehüllt, daß allein der Glaube sie entdeckt. Für Jesus selbst bleibt es bei diesem Niedrig-
keitszustand bis zu der hier erbetenen „Verherrlichung"; für uns, die wir auch den
Erhöhten noch nicht sehen können, „wie er ist" (1. Joh. 3,2), bleibt bis zum Jüngsten
Tage bestehen, was mit dem „nicht sehen und doch glauben" gemeint ist.
Für Jesus selbst kommt es zur Verherrlichung schon zu Ostern, wobei für Johannes Karfreitag und Ostern zusammenzusehen sind (ähnlich schon Luk. 23,43). Was hier mit δόξα
bezeichnet ist, ist in der alten Röm. 1,3 zitierten Glaubensformel δύναμις genannt (wohlgemerkt: Jesus wird nicht erst durch die Auferstehung zum Sohne Gottes – wie man oft
aus dieser Stelle hat herauslesen wollen –, sondern er wird es, nachdem er es bisher in
Niedrigkeit gewesen ist, nunmehr „in Kraft"; man übersehe nicht, daß das περὶ τοῦ υἱοῦ
αὐτοῦ *beiden* Partizipialaussagen übergeordnet ist). Der Herr, der sich zur Erfüllung
seines Werkes in die Niedrigkeit des Weltlichen hinein verhüllt hat, ins Inkognito des
Verzichts auf göttliche Ehren (Phil. 2,6), bittet den Vater, er möchte ihn in die Doxa
zurückkehren lassen, die er bei ihm hatte, ehe die Welt wurde (V. 5): die Heimkehr
dessen, der schon in seinen Erdentagen unerkannt (doch im Glauben erkennbar) der
Sohn war, in den Raum seines göttlichen Woher. Was Jesus hier betet, schlägt sich – in
leichter Abwandlung – in dem Christushymnus Phil. 2,6–11 nieder, den Paulus in der
Christenheit schon vorfand und seinerseits mit einigen verstärkenden Strichen versah.
Der sich unter uns in menschlicher Ohnmacht, in Sklavengestalt bewegte und den
Schandtod des Verfluchten erlitt (Gal. 3,13), ist zu göttlicher Majestät erhöht. Wir stehen
noch vor dem Vorhang – er ist schon hindurch.
Rückkehr in die göttliche Seinsweise. Damit ist an den Prolog mit seinen Präexistenz-
aussagen angeknüpft. Jesus ist, indem der Vater sein Beten erhörte, wieder in seine Welt-
Exusia eingesetzt (vgl. Matth. 28,18). Bisher: eine Wirksamkeit in den engen Grenzen
eines Menschenlebens – soweit die Füße gehen können, soweit der Schall der Stimme
reicht. Nun: weltweite Wirksamkeit. Sie vollzieht sich für unser Erkennen noch immer
aus dem „Hintergrund"; noch ist Jesu weltweite „Vollmacht", die universale Kompetenz
des Regierens in seiner „Königsherrschaft", Gegenstand des Glaubens. Aber wie alle
Dinge durch den Logos geschaffen sind (1,3), der ganze Kosmos – verstanden als Schöpfung Gottes – also in Christus verfaßt und sogar noch im sündigen Widerspruch

(1,5b.10b) auf ihn bezogen ist, so ist der Gekreuzigte und inzwischen Erhöhte der heimliche Herr des ganzen Kosmos. Er hat teil an Gottes weltgegenwärtiger Gewalt. Die Geschichte läuft auf ihn zu; für den Glauben ist er der Retter, für den Unglauben der Richter. Alle perspektivischen Linien der Weltgeschichte treffen sich in seiner Gestalt. So muß der ganze Verlauf der Geschichte, auch in den Einzelschicksalen, seiner Herrschaft dienen: die Knie aller beugen sich zuletzt vor ihm (Phil. 2,10f.). Die Gemeinde weiß es schon heute. Sie glaubt nicht an einen vergangenen und räumlich weit entfernten Christus, sondern an den Herrn, der bei ihr ist alle Tage, bis an der Welt Ende (Matth. 28,20). Von jedem Punkt der Erde aus ist er erreichbar, weil er, gerade als der Himmlische, überall gegenwärtig ist. Die Kirche ist „die Schar unter dem Worte" (Ksm., a. a. O., S. 88). Sie hat ihren Herrn gegenwärtig auf ihren Altären; ist er hier realpräsent, so ereignet sich, wie wir sahen, seine intercessio aus ihrer Mitte heraus (es sei noch einmal das Bultmann-Zitat erwähnt: Jesus ist auch in diesem Gebet in der Gemeinde, s. o.). So betet die Gemeinrde in seinem Namen, und was sie bittet, will er tun (14,13; 16,24); sie fügt sich damit in sein Wollen ein, hat aber eben darum auch Anteil an dem, was er kraft seiner kosmischen Kompetenz (ἐξουσία) vermag. So läßt er auch die Glaubenden an seiner Herrlichkeit teilhaben (V. 24). Das hat tiefe christologische und trinitarische Gründe. Verherrlichung meint ja nicht, daß Jesus sein Menschsein abstreifte wie ein häßliches, lästiges Kleid. Hat er in der Inkarnation nicht aufgehört, Gott zu sein, so hört er in der Verherrlichung nicht auf, Mensch zu sein. Nur die Niedrigkeitsgestalt, das ὁμοίωμα τῆς σαρκός (Röm. 8,3), legte er ab, nicht sein Menschsein. Jesu Verherrlichung ist ein hochbedeutsames innertrinitarisches Geschehen: der Mensch Jesus geht in die Gottheit Gottes ein. „Wir haben einen Bruder im Himmel" (Luther). Der in seinem Verherrlichtsein Macht über alles hat, ist nicht einer, der an uns nicht interessiert wäre und auf das Treiben der Menschen herabschaute wie auf einen Ameisenhaufen, sondern es ist der, der sich im Gebet unaufhörlich für die Seinen einsetzt. Er bindet uns an sich – im Leben und Sterben.

3.

Jesus bittet – so drängen wir die Aussagen zusammen – um das himmlische Leben für die Kirche. Sehen wir's richtig? Man hat gemeint, Johannes habe keine explizite Ekklesiologie zu bieten. Nicht verwunderlich: wer Christusmeditationen schreibt, ist nicht zur Vollständigkeit verpflichtet, und daß er etwa eine Lehre von der äußeren Gestalt der Kirche (ihrem Gottesdienst, dem Amt, ihrer Verfassung usw.) entwickelt, darf man ihm billigerweise nicht abverlangen; es wäre aber sehr unbesonnen, aus dem spärlichen oder gar fehlenden Erscheinen solcher Themata zu schließen, Johannes „wisse" von dem allem nichts. (Man stelle sich bloß vor, es hätte in Korinth keine Nöte um das Herrenmahl gegeben oder unser 1. Korintherbrief wäre verlorengegangen: dann müßte man sich ständig sagen lassen, Paulus wisse nichts vom Abendmahl.) Sagen wir es rundheraus: Joh. 17 hat die *Kirche* im Blick. Ihr gilt die Fürsorge und Fürbitte ihres Herrn – damals in der Nacht zum Karfreitag, aber auch in seiner unaufhörlichen intercessio im himmlischen „Raume" Gottes. In seinen Erdentagen war Jesus bei den Seinen, da konnte er sie im Namen des Vaters erhalten, und er konnte sie vor dem Verlorengehen bewahren (V. 12). Von nun an ist er nicht mehr auf die bisherige Weise unter ihnen; jetzt muß er auf andere Weise für sie einstehen. „Ich habe für dich gebeten . . . " (Luk. 22,32) – „ich werde für euch bitten". „Ich bin nicht mehr in der Welt; sie aber sind in der Welt, und ich komme zu dir, heiliger Vater, erhalte sie in deinem Namen" (V. 11). Sie werden dem Haß der Welt ausgesetzt sein und sollen – vorerst – auch nicht aus der Welt herausgenommen, ja

sogar in sie hineingesandt werden (VV. 13.16.18). Ein Auftrag, eine Sendung voller
Risiko. Es besteht ja keine Aussicht, daß der Unterschied zwischen Kirche und Welt sich
mehr und mehr verringert (V. 14bc), sofern man „Welt" nicht als Schöpfung Gottes, sondern als Summe und Inbegriff des Widergöttlichen versteht (ThWNT III, S. 892ff.). Es wäre
viel Anlaß, sich um die Kirche des Gekreuzigten (V. 16) Sorgen zu machen. Aber die Kirche
– mag sie äußerlich und innerlich noch so gefährdet sein – wird von der Fürbitte ihres Herrn
getragen. Soviel auch Anlaß ist, den Mut zu verlieren, auszubrechen oder aufzugeben: Jesus
steht für uns, für unseren Glauben, unsere Erkenntnis, unsere Heiligung und unser Bewahrtwerden im „Namen", d. h. im Offenbarsein Gottes ein (VV. 3.6–8.11ff.).

Man könnte meinen, die Verherrlichung Jesu bringe insofern eine totale, globale Veränderung des Verhältnisses Christi zur Welt mit sich, als dem Herrn ja nun „Macht über
alles Fleisch" gegeben ist – also die letzte Retter- und Richtervollmacht über alle Menschen (V. 2). Aber der Text zeigt, daß man hier nicht an eine Total-Vereinnahmung zu
denken hat. Die Lebensmitteilung wird „auf diejenigen beschränkt…, die der Vater
Jesus gegeben hat" (Schnbg., S. 194). Joh. 17 weist auf das Geheimnis der Erwählung
(VV. 2.6.9). Diejenigen Menschen gehören Jesus, die der Vater ihm „gegeben" hat. Er hat
sie sich nicht eigenmächtig genommen; sie haben sich ihm auch nicht spontan zugewandt. „Es kann niemand zu mir kommen, es sei denn, ihn ziehe der Vater" (6,44). Es ist
nicht anderes gemeint, wenn vom Glauben die Rede ist. Die an Christus glauben, werden
nicht verloren werden, sondern haben das ewige Leben (3,16). Das Heil, das Jesus realisiert, hat geschichtlichen Charakter: es besteht nicht in einer Pauschalveränderung der
Welt, sondern darin, daß Menschen durch Christus und in ihm in die neue Gemeinschaft
mit Gott gezogen werden. Es entsteht die „Kirche". Das Wort kommt im vierten Evangelium nicht vor. Es spricht von den Menschen, die Christus an sich bindet: sie sind „die
Freunde Jesu, die Geliebten Gottes, die im Heilsratschluß Auserwählten, durch das Wort
Geheiligten" (Ksm., a. a. O., S. 66), die Herde, die auf die Stimme des Hirten hört, und
jedes Schaf hört auf seinen Namen, den der Hirte kennt, wie auch die Schafe die Stimme
des Hirten erkennen (10,3).

Wie aber geht das vor sich? Jesus hat den Seinen den „Namen" des Vaters offenbart.
Name steht für die Person. Wessen Namen wir kennen, den können wir anreden. Wir
dürfen „Vater" sagen. „Er selbst, der Vater, hat euch lieb" (16,27). Indem man Jesus
findet, findet man auch den Vater (10,30; 14,9). – Jesus hat den Seinen sein *Wort* gegeben,
dies haben sie „bewahrt" und „gehalten" (beides steckt in τηρεῖν) (V. 6); sie haben Jesu
Worte angenommen und gemerkt, woher sie kommen (V. 8). Ihre Zukunft als Gemeinde
Jesu wird davon abhängen, daß sie das Wort festhalten. Das kann nicht heißen, daß das
schriftlich Niedergelegte lediglich die „unantastbare" Urkunde ihres Glaubens bleiben
müsse und man durch dogmatische Richtigkeit selig wird. Das „Wort" ist immer die viva
vox evangelii, die lebendige Anrede, die, indem sie geschieht, den Kontakt mit Jesus und
damit auch mit dem Vater im Geiste herstellt, den Stromkreis schließt, Gottes Sein in
uns und unser Sein in Gott verwirklicht. „Für Johannes ist die Kirche konstitutiv und
ausschließlich die Gemeinschaft von Menschen, welche Jesu Wort hören und ihm glauben" (Ksm., S. 88). Freilich: *Jesu* Wort muß es sein! Darum ist ja das Werk des Parakleten, immerzu an das zu erinnern, was Jesus seinen Leuten gesagt hat (14,26); er ist ja
selbst ein „hörender" Geist und nimmt, was er spricht, von dem, was Jesu ist (16,13f.).
„Die Tradition dient dazu, auf Jesus aufmerksam zu machen, und darin ist sie unentbehrlich. Sie bleibt jedoch zutiefst unverstanden, wenn sie nicht zum eigenen Glauben
anleitet" (Ksm., ebd.). Davon lebt die Kirche. Ja, darin hat sie das „ewige Leben" – nicht
nur den Fortbestand als religiöse Gemeinschaft auf dem Boden dieser Welt. Ebendiese
Gottesgemeinschaft auf du und du, dieses persönliche Vertraut- und Verbundensein ist

mit der Erkenntnis des Vaters und des Sohnes gemeint; darin aber besteht, wie die Glosse richtig verdeutlicht, das ewige Leben (V. 3), man könnte auch sagen: die vollkommene Freude (V. 13). Eine in die Zugluft der feindlichen Welt gestellte (VV. 11.14–16), in sich selbst angefochtene (16,33), unzuverlässige (6,66f.) Kirche wird durch Jesu Gebet so gehalten, daß man (mit der beunruhigenden, dunklen Ausnahme) sagen kann: „keiner von ihnen verloren" (V. 12). Dafür steht Jesus beim Vater ein.

Gründonnerstag. 2. Mose 12,1.3–4.6–7.11–14

Der Name Passa ist dunkel; die Übersetzung des Verbs פסח mit „vorübergehen" ist „rein hypothetisch" (M. Noth, ATD). Der Brauch dürfte vor-ägyptisch sein; er erklärt sich aus den Lebensverhältnissen wandernder Kleinviehhirten, die vor dem Weidewechsel, im Aufbruch, Mensch und Vieh durch den apotropäischen Ritus schützen wollten (L. Rost). Schon J (VV. 21–23.27b.29–39), auch die deuteronomistischen Elemente (VV. 24–27a) historisieren, erst recht P (VV. 1–20.28.40–51), der die „Einsetzung" des zu seiner Zeit geltenden Brauchs (V. 3: Auswahl des Lamms 4 Tage vorher – bei solcher Eile?) darstellt. Er setzt die familienweise gehaltene Passafeier voraus; Josias Zentralisation (Deut. 16,1–8) hat sich also auf die Dauer nicht durchgesetzt, jedoch vgl. 2. Chron. 30,1.5. Später Schlachtung der Lämmer auf dem Tempelplatz, aber Zubereitung und Verzehr in den Häusern; so auch zu Jesu Zeit. Schon früh hat sich mit Passa das (agrarische) Mazzotfest verbunden. Daß die Perikope die Kalendertransformation V. 2 (Noth, ATD S. 74) und rituelle Einzelheiten V. 5.8–10 (P!) wegläßt, ist für die Predigt nützlich.

V. 3: „die ganze Gemeinde Israel" ist eine anachronistische Vorstellung, eigentlich sogar für P selbst, für den sonst auch alle Ordnungen frühestens vom Sinai herstammen. בֵּית אָבֹת = Familie. – V. 4: מִן מְעַט = zu wenig sein für (Ges.-K., Gramm. § 133c). לְפִי (16,21: כְּפִי) = „nach Bedürfnis" (der Ausdruck ist ganz anschaulich!). כסס mit עַל = auf einen bestimmten Teil anrechnen. – V. 6: „Aufbewahrung" bis zum 14. Nisan. Die Formulierung erweckt den Eindruck, als fände die Schlachtung der Lämmer gemeinsam in der „Versammlung der Gemeinde Israels" statt – so nach späterem Brauch. Zeit: zwischen Sonnenuntergang und Dunkelwerden (Ges. zu ערב). – V. 7: V. 7 (P) und V. 23 (J) erklären den Sinn des Blutanstrichs; Doppelaussage über das Subjekt des Gerichtshandelns: Jahwe oder der Verderber. – Die (weggelassenen) Zwischenverse schreiben in priesterschriftlicher Umständlichkeit die Modalität der Zubereitung und des Essens vor. – V. 11: Die Marschbereitschaft erklärt sich zunächst aus dem vormosaischen Ursprung des Brauchs (s. o.). Sie konnte bei der Historisierung sinnvoll aufs neue betont werden: Israel im Aufbruch (s. u.). – V. 12: vgl. 11,4–6, wo freilich das Geschehen unmittelbar auf die Ankündigung folgt (J). Was die Erwähnung der „Götter Ägyptens" soll, ist nicht deutlich. Soll deren Ohnmacht gegenüber dem Strafhandeln Gottes dokumentiert werden? – V. 13: Auch Jahwe selbst braucht das „Zeichen" zur Unterscheidung. – V. 14: Das Passa – ein „Fest für Jahwe" (vgl. VV. 11.27.48; Lev. 23,5), es gehört zu den Handlungen, die sich in dem heiligen Raum abspielten, der dem Recht und Anspruch Jahwes eigen war (vgl. von Rad, ThAT I, S. 240f.). „In allen euren Generationen": das Bleibende des Passaritus wird uns noch zu beschäftigen haben.

Zur Orthographie: „‚Passa' ist die aramäische Wiedergabe (= paschä) des hebräischen pesach, hat also so wenig wie Martha (= marta) ein orthographisches h am Schluß zu beanspruchen" (O. Procksch in: Vom Sakrament des Altars, ed. H. Sasse, 1941, S. 11).

Dieses Geschehen der Auszugsnacht wird unseren Gemeinden fremd sein. Der Passaritus gehört zu den Zeremonien Israels, die – im Gegensatz zum Psalmengebet oder zum aaronitischen Segen (u. a.) – uns nicht mehr unmittelbar berühren. Mit Museumsstücken der Religionsgeschichte werden wir unsere Gemeinden nicht beschäftigen dürfen; wir haben ihnen zu zeigen, wovon *unser* Glaube lebt. Vielleicht gruselt uns hier besonders stark. Hier walten sehr altertümliche Vorstellungen: Blut an den Türen, ein Abwehrritus, der magischem Denken entspricht. Jahwe selbst bedarf, um nicht an falscher Stelle zuzuschlagen, des Zeichens: hier wohnen Israeliten. Der „Verderber" (part. hi. von שחת), in V. 23 von Jahwe unterschieden: eine persönlich gedachte Macht, die, wie es scheint, blind wütet und nicht fragt, wen es treffen soll, und die darum durch Blut abgewehrt werden muß. Das Ganze hineingestellt in ein Geschehen, das nicht frei ist von Menschlich-Allzumenschlichem: Schadenfreude darüber, wie Gottes Macht die Zwingherren schlägt und wie man ihnen sogar noch kostbare Gegenstände ablisten kann (11,2; 12,35). Was soll uns das?

Das Passa hat, wie unsere knappen Vorbemerkungen andeuten, eine lange Geschichte gehabt. In diese Geschichte gehört – für uns Christen als deren End- und Zielpunkt – die Passafeier „in der Nacht, da er verraten ward". „Mich hat sehr verlangt" – in der Ursprache haben wir uns einen absoluten Infinitiv oder eine figura etymologica zu denken –, „dieses Passa mit euch zu essen, bevor ich leide" (hier dürfte freilich ein griechisches Wortspiel – πάσχα – πάσχειν – vorliegen) (Luk. 22,15). Darüber, ob Jesu letztes Mal wirklich ein Passamahl war, ist viel gestritten worden. Eine andere Frage ist die, ob die Evangelisten hier Zusammenhänge gesehen haben, und sie haben sie gesehen. Der Abend der Einsetzung des heiligen Mahles ist der Passaabend (Mark. 14,12.14.16; Matth. 26,17ff.; Luk. 22,11.13.15). Jesus vollzieht als Hausvater den Passaritus. Die johanneische Chronologie gibt ein anderes Bild, knüpft aber die Beziehung zwischen Jesus und dem Passalamm desto enger: wer Joh. 19,36 mit Exod. 12,46 vergleicht und noch dazu bedenkt, daß Jesus nach Joh. 18,28 in der Stunde gekreuzigt wurde, in der im Tempel die Passalämmer geschlachtet wurden, sieht: „Jesus" ist „das Passalamm des Neuen Bundes" (so der Titel einer Schrift von G. Walther, 1950). Auch für Paulus ist Jesus das Passalamm der christlichen Gemeinde (1. Kor. 5,7). 1. Petr. 1,13–21 werden die Christen mit den auf die Wanderung ausziehenden (V. 17) und darum gegürteten (13), durch das Blut des fehl- und fleckenlosen Lammes erlösten (V. 18f.; Exod. 12,5.11) Gliedern des Gottesvolkes verglichen. (Vgl. bes. ThWNT V, S. 898ff.) Das Passa hat seine Geschichte. Schon damals, als der Brauch der Kleinviehhirten historisiert, also mit dem dramatischen Geschehen des Auszuges verbunden und damit neu verstanden, man könnte sogar sagen: neu geschaffen wurde, war beides da: Kontinuität und Neueinsatz. So auch am letzten Abend des Erdenlebens Jesu.

Was in unserem Text steht, hat zweifellos die Stunde bestimmt und geprägt, in der Jesus dann, souverän und vollmächtig, das Altarsakrament gestiftet hat. Wie die Passavorschrift es will, hat Jesus, soweit wir sehen können, das Mahl gefeiert. Er befiehlt, alles zuzurichten (Mark. 14,12f.). Er spricht jedesmal die Benediktion (בְּרָכָה = εὐλογία). Daß (nach Lukas und Paulus) einer der Becher als der Nachtischbecher (im Passaritual der dritte) gekennzeichnet ist, läßt erkennen, daß die Vorschrift auch hier eingehalten wurde (daß Paulus „keinerlei Beziehung zwischen Herrenmahl und Passa behauptet", wie G.Bkm. meint, stimmt insoweit also nicht). Der zur Passaliturgie gehörige Lobgesang (Ps. 113–118) wird Mark. 14,26 und Matth. 26,30 ausdrücklich erwähnt. Nicht erwähnt, aber vorauszusetzen ist, daß Jesus auch darin dem Brauch gerecht wurde, daß jemand an ihn, den Hausvater, die Frage stellte, die Exod. 12,26 vorschreibt; Jesu Antwort bestand dann nach frommer Sitte in der üblichen Passa-Haggada, die (in vielleicht halbstündiger Rede, so J. Jeremias) den uns als Predigttext vorliegenden Einsetzungsbericht des Passa umschrieb. Man kann sagen: Jesu eigene Abendmahlspredigt in der Stunde der Einsetzung seines Mahls war eine Predigt über unsern Text. Der fromme Israelit gedachte bei der Passafeier andächtig des Geschehens beim Auszuge, und wie die Sinaioffenbarung für alle nachfolgenden Generationen (V. 14) „gleichzeitig" war (Deut. 5,2–4; 29,10ff.), so wird es auch mit dem Passa gewesen sein: die Feiernden fühlten sich als die Verschonten, die zur Gemeinschaft Zusammengeschlossenen, die in die Freiheit Aufbrechenden. G. Walther spricht von der „Macht der Stunde"; man soll das nicht psychologisch verstehen, sondern als Ausdruck für die Kraft der liturgischen Überlieferung. In die so „vergegenwärtigte" Situation hinein stiftet Jesus das Sakrament seines Leibes und Blutes. Das „Gesetz der liturgischen Erbfolge" (Fr. Rendtorff) waltet auch hier. Es wäre nicht nur dem Gesetz der Religionsgeschichte zuwider, es wäre geradezu unverständlich und mißverständlich, für die Jünger wie für uns, wenn Jesus das neu zu stiftende Sakrament in einen völlig leeren Raum hineinkonstruiert hätte. Es ist wie eine Pflanze, die in diesen Boden eingesetzt wird, also schon etwas anderes ist als der Boden selbst, aber doch aus diesem Boden lebt.

Jesus ist unser neues Passa. Er bewirkt (1) *Verschonung,* (2) *Zusammenschluß,* (3) *Aufbruch.*

I.

Das Leitwort „Verschonung" ergibt sich nicht unmittelbar aus dem Text, schon gar nicht aus dem uns undeutlichen Wort Passa. Es will den Passaritus in dem Zusammenhang sehen, in den er durch die Historisierung hineingestellt ist. Er gehört in das wunderbare Handeln Gottes hinein, durch das Gott sein Volk befreit hat. Wie hat sich Israels Glaube immer wieder an den großen Taten seiner Anfangszeit aufgerichtet!

Wie oft liest man von dem Gott, „der dich aus Ägyptenland geführt hat, aus dem Hause des Sklavendaseins"! Theologisch gesprochen: die Sinaitradition ist *Gesetz*; die Auszugs- und Landnahmetradition, die wir von der Sinaitradition säuberlich zu unterscheiden gelernt haben, ist *Evangelium*, „Zeugnis von dem . . . Heilswillen Gottes" (von Rad, Das formgeschichtliche Problem des Hexateuch, in: Ges.St. S. 26). Die Passanacht ist die Erlösungsnacht. Gott holt sein Volk aus Fremdherrschaft und Sklavenschicksal heraus. Dies bedenkt und begeht das Volk Gottes jedesmal, wenn es Passa feiert; auch Jesus und die Seinen haben das getan. „In jeder Generation ist man verpflichtet, sich so anzusehen, als ob man selbst aus Ägypten ausgezogen wäre" (Traktat Pesachim X, 5, zit.n.Str.–B. IV, S. 68). Das Passa ist „nicht ein Fest der frommen Erinnerung, sondern der immer wiederkehrenden Gegenwärtigkeit des ureinst Geschehenen. Jedes feiernde Geschlecht wird eins mit dem Urgeschlecht und mit allen" (M. Buber, Moses, [2]1952, S. 87).

Die Befreiung mußte den Ägyptern abgetrotzt werden. Es gehört zu den Merkmalen der unerlösten Welt, daß Menschen, die Macht über andere haben und diese Macht für ihre Interessen ausnutzen, nicht freiwillig bereit sind, den Unterdrückten und Ausgebeuteten ihr Recht zuzugestehen, also die politischen und gesellschaftlichen Verhältnisse zu deren Gunsten zu verändern. So kommt es, daß die Geschichte der Menschheit eine Geschichte von Klassenkämpfen ist. In der Geschichte der Befreiung Israels ist es Gott selbst, der sein Volk freikämpft. Den harten Widerstand der Zwingherren bricht er mit dem Einsatz harter Mittel (7,14–11,8). Auch dafür gibt es zahlreiche Analogien in der Geschichte. Diese Feststellung rechtfertigt nicht die vielen Grausamkeiten, die Menschen aneinander begehen. Aber der Glaube sieht, daß sich in Natur- und Geschichtskatastrophen, ja, überhaupt im Gang der Geschichte, Gottesgerichte vollziehen, ohne daß wir jeweils in der Lage wären, Gottes Gerichtshandeln nachzurechnen. „Die Weltgeschichte ist das Weltgericht" (Schiller, „Resignation", 1784) – der Glaube gibt dem Satz recht, wenn er nicht den Blick auf Gottes Endgericht verstellt. Wir haben nicht die Formel, Geschichte von Gott her zu deuten (Röm. 11,33b), aber wir haben uns dem Gericht Gottes, wenn es uns trifft, zu beugen.

Nun heißt aber unser Leitwort nicht „Befreiung", sondern „Verschonung". Dies entspricht ja auch dem, was sich nach dem Text in Ägypten zuträgt. Israel wird aus dem grausigen Gerichtsgeschehen auf wunderbare Weise ausgespart – wo der „Verderber" (so J in V. 23, andeutend auch P in V. 13) an der Tür das Blut des Passalammes findet, da geht er vorbei. Für Gottes Volk bedeutet das: Draußen der vieltausendfache Tod – drinnen die Verschonung.

Wir müssen an dieser Stelle ein wenig einhalten. Es könnte sein, daß uns eine im Text vermeintlich verborgene Schadenfreude stört oder – schlimmer – in einem finsteren Winkel unseres Herzens solche Schadenfreude tatsächlich aufkommt: so verfährt Gott mit der bösen Welt – und so sorgsam ist er auf das Wohl seiner lieben Kinder bedacht (und letztere sind selbstverständlich wir). Es stünde uns nicht gut an, uns in der Arche Noah wohlig zusammenzukuscheln, während draußen die Menschen in Angst zugrunde gehen. Es bekäme uns nicht gut, wollten wir neugierig den Untergang von Sodom und Gomorra beobachten oder, wie Jona, uns am Untergang Ninives selbst bestätigen. Auch die ägyptischen Plagen könnten wir nur mit Herzklopfen wahrnehmen, auch dann, wenn wir gewiß wären: uns trifft es nicht. „Gott will, daß alle Menschen gerettet werden" (1. Tim. 2,4). Extra ecclesiam nulla salus – dieser Satz ist wahr, aber nicht als Ausdruck „frommer" Eigensucht, also nicht im Sinne der Preisgabe der Welt, sondern als Ausdruck der missionarischen Weltverpflichtung der Kirche: „auf daß alle, die an ihn glauben, nicht verloren werden, sondern das ewige Leben haben" (Joh. 3,16).

Das Stichwort Verschonung darf auch nicht oberflächlich verstanden werden, als könne dem Volke Gottes und dem einzelnen Christen nichts Arges widerfahren. Hier spricht der Gründonnerstag deutlich genug; Christusnachfolge ist keine Lebensversicherung, erst recht keine Methode, die durch eine Versicherung auszugleichenden Schadensfälle von vornherein unmöglich zu machen. Die zeitliche Errettung und Bewahrung im Passagesehen weist über sich hinaus auf eine „Verschonung" im viel umfassenderen Ausmaß. Es könnte einer im vordergründigen Sinne ein seltenes Glückskind sein: gesund, erfolgreich, vor Problemen und Einbrüchen bewahrt; aber wenn er mit Gott nicht im reinen wäre, stünde er zuletzt, wenn der ewige Richter sein Wort spricht, neben dem Pharao. Gerichte wie die „Plagen" sind ja nur Hinweise auf die letzte Entscheidung, die über uns fallen wird. Verschonung ist dann das wunderbare Geschehen, durch das solche, die es genau so treffen könnte, das Gericht überstehen. Dann sieht man auf einmal: gefährlicher als der Pharao ist uns der „Verderber", der „Würger", der im Text auf so seltsame Weise mit dem richtenden Gott alterniert. Aber da ist das Blut an der Tür, und drinnen im Hause essen sie das Passalamm. Der Ritus ist eingesetzt, damit die, die an ihm teilhaben, vor dem bewahrt und verschont bleiben, was draußen umgeht.

Modernes Denken fragt, wozu es eines Passalammes bedarf, wenn Gott verschonen will. Einen wütenden „Würger" mag Blut abschrecken, wenn diesem Blut von Gott eine abweisende, abstoßende Kraft verliehen ist, eine magische Mächtigkeit, vor der er fliehen muß. Wir sind sehr schnell dabei, Magisches abzutun; vielleicht entdecken wir irgendwann einmal wieder, daß Vorgänge in der – transpersonalen – magischen „Schicht" des Menschen mehr Realitätsgehalt haben, als wir zur Zeit zuzugeben bereit sind; und wenn es sich gar um die Verderbensmächte handelt – sofern wir sie nicht inzwischen auf die mythologische Mülldeponie verbracht haben –, so wissen wir erst recht nicht, wie sie reagieren. Mehr Kopfzerbrechen könnte uns V. 13 machen: Gott selbst läßt sich von dem Blut an den Pfosten zum Weitergehen bestimmen. Weiß er denn nicht, wer in den Häusern wohnt? Kann er nicht „verschonen", ohne daß Blut vergossen wird? Die Antwort müßte eigentlich weit ausholen. Für diesmal nur soviel: Ein Gott, der Idee wäre und sich im Irdischen nur wie in Schattenbildern zu erkennen gäbe, brauchte seine Liebe nur zu proklamieren, so daß das Geschehen der Offenbarung lediglich kognitiven Sinn hätte. Der Gott der Bibel aber ist der „in, mit und unter" dem Offenbarungsgeschehen handelnde, geschichtlich wirkende Gott. Seine erwählende, erbarmungsvolle, rettende, schonende Liebe geschieht „*in* etwas", hier: im Passagesehen, das seit Jesu Leiden und

Sterben „abgelöst" ist durch das Opfer des „Lammes Gottes, das der Welt Sünde trägt". Nicht: Gott verschont „sowieso" – wer will, lese es am Symbol der hingebenden Treue Jesu ab. Sondern: Gott verschont „in" dem Geschehen des Christusopfers; „darin besteht die Liebe" (1. Joh. 4,10). „So hat Jesus, als er dem volkstümlichen Erlösungscharakter des Passa, der in seiner Zeit vorwog, sein Blut als Sühnmittel entgegenstellte, den Versöhnungscharakter betont, der dem ältesten Passafest innewohnte. In ihm als dem Passalamm der Christenheit ist die Versöhnung durch sein Blut gegeben, in der Versöhnung aber die Erlösung von den Sünden" (O. Procksch, a. a. O., S. 25).

2.

Aber das Lamm liefert ja nicht nur das sühnende, unheilabweisende Blut. Es wird auch gegessen. So entsteht in der Passafeier *Zusammenschluß*, Gemeinschaft. In der Bibel ist das Essen ein Vorgang von hoher sozialer Bedeutung. Gemeinsames Mahl stiftet Gemeinschaft. Man taucht den Bissen in die eine Schüssel, die für alle auf dem Tisch steht (Matth. 26,23) – der Gedanke der menschenverbindenden gemeinsamen „Teilhabe" (κοινωνία) stellt sich wie von selbst ein, denn das „Anteilhaben" (1. Kor. 10,21) schließt nicht nur mit dem zusammen, *woran* man Anteil hat, sondern auch *mit denen, die* in dieser gemeinsamen Teilhabe verbunden sind. Wir deuten unsere Verbundenheit meist nur „horizontal": ich bin mit dir und dir und dir verbunden, ihr seid es untereinander auch – und so auch mit mir. Die Bibel sieht „Gemeinschaft" von der „Teilhabe" her begründet, also quasi „vertikal": jeder von uns hat Anteil an dem, was „über" uns ist, und über dieses Gemeinsame sind wir auch untereinander verbunden (dies auch der Sinn von „communio sanctorum" = Anteilhabe an den sancta, den Gnadenmitteln).

Das Passa wurde familienweise begangen. Die Situation macht dies ohne weiteres verständlich;, ja, der Sachverhalt würde sich schon von dem vormosaischen Stadium des Passabrauchs erklären: Kleinviehherden, die es zu schützen galt, wenn ein Weidewechsel bevorstand, waren Familienbesitz (M. Noth, ATD, S. 74). In der Nacht des Auszugs fand man sich in den Häusern zusammen. Nach dem ursprünglichen Bestand der Erzählung ist die letzte und schrecklichste Plage den Ägyptern nicht angekündigt worden (10,28f. – Noth, S. 68). Aber in Israel wußte man, was bevorstand. Da das Verderben – hier die Verschonung. Wo das Passa als Heilmittel wirksam war, da war man geborgen. Das eine Lamm, von dem sie alle aßen – und es war aufzuessen (V. 4) –, band sie zusammen. Daß man sich nachbarschaftlich zusammenschließen konnte, ja, dies sogar mußte, wenn das eine Lamm für eine Familie zuviel war, läßt erkennen, daß nicht die natürliche soziale Gegebenheit der Familie die Gemeinschaft entstehen läßt, auf die es hier ankommt, sondern tatsächlich das Beteiligtsein an demselben Passalamm.

Dies wird man zu bedenken haben, wenn man nach Maßstab bzw. Ebene unserer Sakramentsfeier fragt. Es entspricht offensichtlich einem unter uns verbreiteten Bedürfnis, daß wir uns in kleinen Kreisen zusammenfinden, in denen persönliches Vertrautsein miteinander und praktizierte Lebensgemeinschaft möglich sind. Es ist hier nicht der Ort, die vielerlei Möglichkeiten zu erörtern, in denen diesem Bedürfnis entsprochen und in denen es realisiert wird (Kommunitäten, Hausgemeinschaften, bruderschaftliche Zusammenschlüsse, Konventikel usw.). Wir sehnen uns heraus aus der Anonymität der Großgemeinden (auch wo es sie nicht mehr gibt: die Anonymität ist geblieben!), aus einem ekklesialen (oft: liturgischen) Objektivismus, der die Gemeinde funktionslos macht. Vielleicht fassen wir begierig zu, wenn das Passa sich hier als Familienfeier und Nachbarschaftsveranstaltung darstellt, und berufen uns auf die Urgemeinde, in der das Brotbrechen (was ist damit gemeint?) „hausweise" gehalten wurde (Apg. 2,46).

Was jetzt zu sagen ist, sei nicht gesagt, um auszurotten, was hier wächst. Wir brauchen die Gruppe mit ihren effektiven sozialen Beziehungen. Aber es ist festzuhalten, daß das Herrenmahl auf die Gemeinde angelegt ist, auf die Ekklesia, wie sie sich als Ortsgemeinde darstellt, ohne dabei ihre ökumenische Qualität zu vergessen (1. Kor. 1,2). Schon an der Geschichte des Passa kann man sich den Sachverhalt verdeutlichen. Die Gesamt-gemeinde (עֵדָה, VV. 3.6) war in der Zeit der ägyptischen „Knechtschaft" noch nicht kon-stituiert und kaum greifbar; wir müssen uns den Zusammenhalt lose vorstellen. Die Prie-sterschrift greift also, indem sie das Wort gebraucht, den Ereignissen vor; man wundert sich nicht: Josias Reform (vgl. Deut. 16) liegt hinter ihr. Sie muß es im Ohr haben: „*Ein* Jahwe" (Deut. 6,4) – man könnte im Sinne von Eph. 4 fortfahren: *ein* Glaube, *eine* Taufe, *ein* Passa. „Die ganze Gemeinde", heißt es V. 6; der spätere Brauch, der auch zu Jesu Zeiten galt, steht P vor Augen. Familie – Gesamtgemeinde: die Spannung liegt bereits in unserm Text vor. Wir sagten, das Herrenmahl sei auf die Gemeinde angelegt. Jesus spricht von den רַבִּים – schon Jes. 53 ist dabei an die gesamte Gemeinde gedacht; in Qumran ist das Wort technisch gebraucht für die Vollversammlung der Sekte. Zu einer Erlösung für die „vielen" gibt Jesus sein Leben, also für *alle* (Mark. 10,45). Vom Kelch sagt er: „trinkt *alle* daraus" (Matth. 26,27). Paulus spricht von den „vielen" (οἱ πολλοί = οἱ πάντες, 1. Kor. 10,17): die Anteilhabe am sakramental gegenwärtigen Christus macht uns zu *einem* Leibe. Schloß das Passalamm damals eine Familie oder Nachbarschaft zu-sammen, so vereinigt das Passalamm Christus (1. Kor. 5,7) die ganze Kirche, und es sollte, auch dann, wenn das Herrenmahl im kleinen Kreis gefeiert wird, das Wissen um das Einssein im Ganzen dominieren und daher auch in der äußeren Gestaltung die Ten-denz zum Ganzen bestimmend sein.

Zusammenschluß im Innern bedeutet immer zugleich: Ausgegrenztsein aus dem, was drumherum ist. Der Text – samt dem Zusammenhang, in dem er steht – macht das un-mittelbar deutlich. Man kann es eigentlich nur mit angehaltenem Atem zur Kenntnis nehmen. Hoffentlich vergessen wir in keinem Augenblick, was vorhin über die Arche Noah, über Sodom und Ninive zu sagen war. Gott will das Heil aller Menschen – der Pharao, seine Vögte (1,11) und Soldaten (14,6f.) eingeschlossen. Nur: Gott ist damit nicht zum Ziel gekommen, der Pharao war für jeden Zuspruch unzugänglich. Wieder wird deutlich, daß das Heil Gottes nicht ein idealer Gesamtzustand der Menschheit ist, an dem teilzuhaben sich für jeden Menschen von selbst versteht, nur: die „drinnen" wissen darum, während die „draußen" noch nicht davon wissen. Es ist anders. Das Heil verwirk-licht sich geschichtlich – also nicht im Zur-Kenntnisnehmen eines entscheidungslos und zufallenden ewigen Loses, sondern so, daß man in das mit dem Passablut gekennzeichnete uns geschützte „Haus" geht, in den Raum, zu dem der Würger keinen Zutritt hat. Neutesta-mentlich gesprochen: das Heil ist „in Christus", also da, wo der, der es uns geschaffen hat, präsent ist, in seinen Gnadenmitteln. „Kein Mensch gehe zu seiner Haustür heraus bis zum Morgen" (V. 22), denn draußen ist das Verderben. Noch einmal müssen wir uns vor dem Mißverständnis schützen, als solle die Kirche nicht ihre Grenzen überschreiten und missio-narisch in die Welt vorstoßen. Sie soll es, weil Gott alle retten will. Aber retten kann Gott nur den, der sich „in Christus" hineinziehen lassen will. (Was Gott darüber hinaus noch „kann", ist in dem „Niedergefahren zur Hölle" unseres Credo angedeutet.)

So gehören die Teilnehmer am – alttestamentlichen oder auch neutestamentlichen – Passamahl zusammen als die gnädig Geretteten. Macht Jahwe einen „Unterschied zwi-schen Ägypten und Israel" (11,7), so schließt er, die zu seinem Volke gehören, desto enger zusammen. Was für eine Fürsorge: den Jüngern, die in einer oder zwei Stunden „zer-streut" sein werden, davongelaufen, geflohen (Mark. 14,27.50), gibt der Herr das Sakra-ment, das sie erneut und ein für allemal zusammenschließt. Er in ihnen – und sie in ihm.

3.

Vom „Aufbruch" ist jetzt zu reden. Das Volk Gottes schickt sich an, das Land der Zwangsherrschaft und des Sklavendaseins zu verlassen. Sie feiern das Passa gegürtet, mit Schuhen an den Füßen, schon den Stab in der Hand – als die Hinwegeilenden (V. 11). Jesus und seine Jünger sind, wenn auch in anderer Weise, ebenfalls im Aufbruch. Der Verräter wird sich alsbald auf den Weg machen. Jesus selbst geht hinaus an den Ölberg. Dann werden die Dinge ihren Lauf nehmen.

Man könnte die Unterschiede beider Situationen herausarbeiten. Israel zieht in die Freiheit. Es wird ein langer Weg sein bis ins Land der Verheißung; so ist es immer, wo geglaubt wird. Es wird Augenblicke geben, in denen Israel nach Ägypten zurückverlangt. Es mag solche gegeben haben, denen schon der Aufbruch wie ein wahnwitziges Abenteuer erschien. Aber das Ziel war ermutigend. Die den Erzvätern gegebenen Verheißungen wurden wach, begannen sich zu realisieren. Passa ist ein Drängen nach vorn, dem Gott entgegen, der sein Volk gerufen hat, in die Zukunft hinein, die dieser Gott seinem Volk zugedacht hat. – Auch das Abendmahl Jesu Christi steht im Zeichen des Kommenden. „Bis daß er kommt" – in diese Richtung schauen die Korinther, wenn sie das Mahl ihres Herrn feiern (1. Kor. 11,26), und in ihrer Liturgie heißt es: Maranatha (1. Kor. 16,22). Das Abendmahl ist einerseits ein Interim: solange die christliche Gemeinde ihren Herrn nicht mehr und noch nicht wieder leibhaft vor Augen hat, ist er, verhüllt in Brot und Wein, leibhaftig in ihr gegenwärtig, und sie wartet darauf, daß diese Verhüllung einmal fällt und das, was jetzt nur indirekt anschaubar und greifbar ist, geschaut wird „von Angesicht zu Angesicht" (1. Kor. 13,12). Andererseits ist das Abendmahl eine Vorausnahme bzw. Vorausgabe: wir werden in der Vollendung Jesu Tischgäste sein (Luk. 13,29; 14,15ff.). Jesus selbst blickt in der Stunde der Einsetzung voraus auf das Kommende – ein Amen-Wort, in die Liturgie der Gemeinde, soweit wir wissen, nicht eingegangen und gerade darum, nach Meinung der Fachleute, ein Stück ältester Überlieferung (Mark. 14,25). Jesus schaut nach vorn. Er hat das Schwerste noch vor sich, aber er weiß, was dann kommt. Johannes würde von der Verherrlichung sprechen. Im Herrenmahl ist dies – obzwar im Glauben, noch nicht im Schauen – vorausgenommen.

Auf dem Gründonnerstag lastet die Abschiedsstimmung und die Bangigkeit vor dem, was in den nächsten Stunden zu bestehen sein wird. Es kann nicht anders sein. Die Gemeinde wird, wenn sie mit ihrem Herrn im Geiste mitgeht, dies nicht überspielen wollen. Es käme nur darauf an, beides – wenn möglich, mit einem Griff – zu fassen: die Verkündigung des Todes unseres Herrn und die Vorfreude auf sein Kommen (noch einmal: 1. Kor. 11,26). Die ἀγαλλίασις, mit der die ersten Christen das Mahl gehalten haben, ist der eschatologische Freudenjubel der Hoffenden. Wir sind im Aufbruch. Wir schauen nach vorn.

Ist dem so, dann könnten wir auch nicht eine „stagnierende" Kirche sein – bzw. bleiben. Das soll nicht heißen, daß wir uns – der Abwechslung wegen – allerlei Novitäten einfallen lassen sollten. Kirche im Aufbruch? Wir haben etwas zu erwarten, haben etwas vor uns! Es gibt dringliche Aufgaben in der Welt, und es gibt ein lohnendes Ziel im Himmel. Beides in einem: Gott will sich bei uns durchsetzen – zu unserm Besten. Menschen im Aufbruch kleben nicht an dem, was ist; sie hängen ihr Herz nicht an das, was es zu verlassen gilt; sie verwenden an das, was sie zurückzulassen gedenken, nicht unnötige Mühe. Sie beginnen ihre Zukunft. Sie leben für das Neue. Sie sind mobil, marschbereit. Christen haben das Beste immer vor sich.

Karfreitag. Matth. 27,33–50(51–54)

Matthäus schließt sich hier eng an Markus an, in der Abfolge ganz und gar, in der sprachlichen Gestaltung teils glättend, teils akzentuierend. Sondergut sind VV. 51b–53. W. Schenk (Der Passionsbericht nach Markus, 1974, S. 65) spricht von einer weitergehenden sekundären Historisierung und theologischen Uminterpretation. Die beiden Schichten, die Schenk im Markustext feststellt, wären von Matthäus aus nicht mehr voneinander abzuheben, weil Matthäus stärker ausgeglichen hat; gemeint sind die auf Simon von Kyrene zurückgehende Tradition (Mark. 15,20b–22a.23a.24.27.29b) und die apokalyptisch bestimmte Überlieferung (Schenk: „Sieben-Stunden-Apokalypse") 7–39). Vorhanden sind aber selbstverständlich diese beiden Stränge auch bei Matthäus, besonders deutlich an den in Klammern stehenden Schlußversen der Perikope zu erkennen.

V. 33: „Schädelstätte" deutet nach Meinung der meisten Forscher auf die Hügelform der Hinrichtungsstätte vor dem NW-Tor der Stadt; nur A. Schlatter sieht darin einen Hinweis nicht auf das Gelände, sondern auf die Unreinheit des Ortes (Tosefta Ahil 4,2: Wenn ein Schädel am Boden liegt, ist der Ort unrein). So auch Schenk: „Die Kreuzigung Jesu ist nach Gottes Willen auf unreinem Boden geschehen" (a. a. O., S. 30); Matth. dürfte jedoch den Namen Golgotha „zu einer reinen Ortsangabe gemacht" haben (S. 66). – V. 34: Statt des „mit Myrrhe vermischten" Weins, der die Schmerzen mindern und wohl auch die Prozedur erleichtern sollte, ist bei Matth. „Wein mit Galle vermischt" geworden: „Die Tränkung ist bei Matthäus eine Jesus absichtlich zugefügte Qual" (J. Schreiber nach Schenk S. 66). Jesus kostet und weist den Trank zurück. – V. 35: Vollzug der Kreuzigung nicht beschrieben, nur Partizip. Kleider stehen als Beute dem Vollstreckungskommando zu; Verteilung durchs Los nach Ps. 22,19. – V. 36: Bewachung (so nur Matth., vgl. 27,62–66; 28,4.11–15), damit es nicht zu einer Befreiung des Hinzurichtenden kommt (Josephus berichtet einen solchen Fall). – V. 37: Der Kreuzes-Titulus (in allen vier Evgg. in nahezu gleichem Wortlaut) ist „judenverächtlich und römisch" (E. Dinkler, Petrusbekenntnis und Satanswort, in: Zeit und Geschichte, Dankesgabe an Bltm., ed. Dinkler, 1964, S. 174f.); die Urchristenheit würde den Christustitel gewählt und nicht vom „König der Juden", sondern allenfalls vom „König Israels" gesprochen haben (ebd.). Matth. fügt den ihm auch sonst wichtigen, weil kerygmatisch bedeutsamen Jesusnamen hinzu. – V. 38: Die λῃσταί sind Zeloten, nationalistische Aufrührer (Schenk: Partisanen). – V. 39: Das Schütteln des Kopfes ist Zeichen spöttischer Verachtung (Ps. 22,8; 44,15; 64,9; Jer. 18,16). – V. 40: Anspielung auf 26,61. „Konditionalsatz mit Gottessohnanrede und nachfolgendem Imp. ist genaue Angleichung an die Versuchungsgeschichte (4,3.6.) (Schenk S. 68): hier findet eine letzte, schwere Gehorsamsprobe statt. – VV. 41ff.: schon V. 40a könnte man sich am ehesten im Munde der Zeugen des Prozesses denken. Die Synhedristen treffen ins Zentrum der Sendung Jesu und fordern eine Art Gottesurteil heraus. Wieder Bezugnahme auf Ps. 22. – V. 44: Auch die Schicksalsgenossen verspotten Jesus, er wird immer einsamer.

V. 45: Bei Vollmond (Passatermin!) ist Sonnenfinsternis nicht möglich; es wäre an einen Sandsturm zu denken – oder man erklärt dies (wie das folgende) aus der Symbolsprache der Apokalyptik (s. u.), vgl. Mark. 13,24. 6. Stunde: Mittag. – V. 46: „ungefähr" (περί) 15 Uhr. Jesus „schrie auf" (das Wort nur hier). Matth. hebraisiert den aramäischen Wortlaut des Mark. zum Teil (אֵלִי), wodurch die Verwechselung mit Elia – V. 47 – verständlicher wird. Jesus betet den 22. Psalm. – V. 48: Weinessig ist der Erfrischungstrank der Soldaten (Grdm./Mark.); die Labung soll den Tod hinauszögern, bis der möglicherweise zu erwartende Elia eintrifft. Bei Markus: Spott? oder „letzter Versuch eines Glaubenden" (Grdm.)? Bei Matthäus – V. 49 –: letzter vernichtender Spott. – V. 50: κράζειν ist Gebetsschrei.

V. 51: Gemeint ist der *innere* Tempelvorhang, nur er hat kultische Bedeutung. Beginn der Zerstörung des Tempels (Rabbiner sahen im Ausspringen der Tempeltüren drohende Vorzeichen?) Oder Hinweis darauf, daß durch Christi Tod der Weg zu Gott frei ist? Beide Deutungen schließen einander nicht aus. Erdbeben und (V. 52:) Totenauferstehung sind „Ereignisse des Endgeschehens" (Schenk, S. 79), das mit Jesu Tod inauguriert ist. Den Unterschied zwischen Gegenwart und der Zukunft des Tages der Parusie deutet V. 53 an: erscheinen können die Erweckten erst nach Jesu Auferweckung. – V. 54: Matth. bezieht das Hinrichtungskommando ein. Gnilka sieht (zu Markus) im Bekenntnis des Hauptmanns und der Nachfolge der Frauen (gehört nicht mehr zur Perikope) „eine Art Kompendium des ganzen Evangeliums" (II, S. 327). Oder ist es die Vorausnahme der Christuserkenntnis der gesamten Menschheit am Tage der Parusie?

Der Bericht von der Hinrichtung eines Menschen muß auf uns beklemmend wirken: hier
endet nicht nur ein Menschenleben, hier wird es ausgelöscht; gewaltsam, aber doch nicht
in der Wut eines Kampfes, sondern bedacht und mit Methode, wie wenn eine Arbeit verrichtet wird, die zu leisten ist, ja in der Weise einer grausam-feierlichen Prozedur: Du bist
nicht wert, ferner zu leben; im Namen des Rechts machen wir jetzt deinem Leben ein
Ende. Der Leser der Perikope und die Gemeinde, die sie hört, müssen wohl den Schauer
des Grausigen spüren, die Tragödie erleben, die sich an dem armen Opfer abspielt mit
der schrecklichen Notwendigkeit des Unentrinnbaren. – Freilich, mit einem Erschauern
ist dem nicht entsprochen, was hier gemeint ist. Schon darin nicht, daß dabei nicht bedacht wäre, *wer* hier stirbt, erst recht nicht, *wozu* hier gestorben wird. Luther hat immer
wieder vor einer fides historica gewarnt, vor einer Einstellung, in der nur Geschehenes
entscheidungslos zur Kenntnis genommen wird; E. Bizer macht auf eine Lutherpredigt
aufmerksam, in der dargelegt ist, ,,die Evangelien hätten nicht gut vom Tod Jesu geredet,
weil sie bloß die Fakten erzählen; der Apsotel Paulus und der Prophet Jesaja aber hätten
vom rechten usus geredet'' (Das Kreuz Christi als Grund des Heils, ed F. Viering, 1967,
S. 28 – die Predigt: WA 21,221 ff.).
Nun wird man tatsächlich finden, daß die Faktizität des Geschehens bei Matthäus stärker
betont ist als bei Markus (W. Schenk, s. o.; W. Trilling in: Das Wort an die Gemeinde, C
1, ed. K. J. Lange, 1973, S.245). Kleine Eingriffe in den Markus-Wortlaut lassen das erkennen. Verfehlt Matthäus seine – kerygmatische – Aufgabe? Sicher nicht. Wir haben inzwischen begriffen, daß es verkehrt ist, Berichterstattung und Verkündigung als Entweder-Oder zu sehen. Daß man, da alle Jünger geflohen waren (26,56b), für die Kreuzigung keine Zeugen gehabt und die Vorgänge zumeist aus Psalmstellen zusammengebastelt
habe, behauptet heute kaum noch jemand. Die Evangelisten, besonders Matthäus, achten
sorgfältig auf die Zeugen des Geschehens (Trilling, a. a. O., S. 246). ,,Von ferne'' sehen
die Frauen zu (V. 55); daß sie – kerygmatisch – als Nachfolgerinnen charakterisiert sind,
mindert nicht ihre Zeugenschaft. Und dann: *Simon von Kyrene*, dessen Söhne Alexander
und Rufus den Lesern des Markus bekannt sind (15,21; vielleicht ist hier auf Röm. 16,13
hinzuweisen, vielleicht auch auf das von E. L. Sukenik 1942 im Kidrontal entdeckte Grab
eines ,,Alexander, des Sohnes Simons von Kyrene''), des Mannes also, dem man
,,genötigt'' hat, für den erschöpften Todeskandidaten das Querholz zu tragen, und dessen
Name der christlichen Gemeinde nicht geläufig geblieben wäre, wenn er sich, kaum an
der Hinrichtungsstätte angelangt, entfernt und Jesus seinem Schicksal überlassen hätte.
Vielleicht soll auch die das Kreuz bewachende Legionärsgruppe (ähnlich wie VV. 64 ff.)
für die Faktizität des Berichteten gutstehen; nur spräche dies mehr für die Meinung des
Evangelisten als für die Zuverlässigkeit der Fakten.
Nun ist freilich, schon bei Markus, die ,,Kreuzigungs-'' oder ,,Siebenstundenapokalypse''
eingelagert (s. o.); von V. 51 ab tritt sie ganz deutlich ans Licht. Auch sie spricht im Erzählstil. Aber sie bringt in Wirklichkeit geistliche Deutung. Daß sich die Erde verdunkelt,
der Tempelvorhang zerreißt, die Erde bebt, Felsen sich spalten, Gräber sich öffnen, Tote
aufstehen und in der heiligen Stadt erscheinen: dies alles sind *Zeichen*, die nicht selber
historische Fakten sind, sondern die Bedeutung des Geschehenen beleuchten. ,,Das endzeitliche Geschehen... wird zeichenhaft sichtbar'' (Ed. Schweizer im NTD). Wer – in
fundamentalistischer Engherzigkeit – darauf bestünde, daß sich alles so zugetragen habe,
geriete mit der Schrift selbst in Konflikt: der erste Auferstandene wäre nicht mehr Christus (1. Kor. 15,20); schon die ,,Heiligen'' (V. 52) hätten ,,das Leben und ein unvergängliches Wesen ans Licht gebracht'' (2. Tim. 1,10). Nein, wir haben es hier zu tun mit den
den Fakten der x-Achse des Geschehens zugeordneten eschatologischen, wenn man so
will: himmlischen Realitäten der y-Achse. Diese Art Sprache ist nicht die unsere; wir

würden es eher mit den Wortzeichen unserer dogmatischen Begrifflichkeit versuchen. Aber entbehren können wir diese apokalyptisch ausgeformten Aussagen nicht; sagen sie doch deutlich, was dieses tragische Geschehen von Golgatha *uns* angeht. Vielleicht treffen wir das Gemeinte am besten, wenn wir von V. 51 ausgehen.Das Zerreißen des Vorhangs bezeichnet das Ende des alten Kults, zugleich aber auch den Neubeginn. Jesus hat den Tempel abgerissen (26,61; Joh. 2,19.21), er selbst ist durch den Vorhang hindurchgegangen (Hebr. 6,19f.; 10,20), so daß wir nun „die Freiheit haben zum Eingang in das Heilige" (Hebr. 10,19). Darin könnten wir die Mitte einer Predigt über diesen Text sehen. *Jesus hat den Vorhang zerrissen.* (1) *Er war unter denen, die davorstanden.* (2) *Er ist der eine, der durchgedrungen ist.* (3) *Er hat uns zugänglich gemacht, was dahinterliegt.*

I.

Versteht man, im Sinne der apokalyptischen Sprache, den Tempelvorhang als das, was die Distanz zwischen Gott und den sündigen Menschen sichern soll, was also die Menschen, so wie sie nun einmal sind, von der verzehrenden Heiligkeit und Macht Gottes abhält: dann ist, was sich diesseits des Vorhangs befindet, *sündige Welt*, der Versöhnung bedürftig, mag sie diese nun begehren oder nicht. Was den besonderen Ort in der „heiligen Stadt" (V. 53), nämlich das Haus Gottes, von der Hinrichtungsstätte „draußen vor dem Tor" (Hebr. 13,12) unterscheidet, soll zwar nicht übersehen sein; aber die Sünde ist auch da, wo man vor Gott steht, im Bereich der Religion. Die Kreuzigungsszene zeigt es. Wo sich die Sünde der Welt am schrecklichsten austobt, da sehen wir Jesus am Kreuze hängen.

Am schrecklichsten: der Superlativ bezieht sich nicht allein auf diesen grausamen Martertod. Den haben Ungezählte erlitten. Erfunden haben diese Hinrichtungsart die Perser; durch die Karthager kam sie zu den Römern, die sie bei Schwerverbrechern, entlaufenen Sklaven und Aufständischen anwandten, nie bei römischen Bürgern. Quintilius Varus hat einmal 2000 Juden in einer Strafaktion kreuzigen lassen; Titus während der Belagerung Jerusalems an manchem Tag mehrere Hunderte. Wie Menschen mit Menschen umgehen! Die drei Gekreuzigten in unserm Text stehen zunächst ganz einfach da als Beispiele für die zahllosen Opfer der Unmenschlichkeit in der Geschichte der Menschen. Was tut's, daß sie alle drei als politische Verbrecher gelten und ihre Richter, die für die Hinrichtung unmittelbar Verantwortlichen, von harten Notwendigkeiten sprechen? Aller Terror, woher er auch komme und unter welchen – vermeintlichen oder wirklichen – Zwängen er auch geübt werde, ist Merkmal der adamitischen Welt. Druck und Gegendruck bedingen einander. Jesus ist Opfer dieses Mechanismus, obwohl er, der Bergprediger, keinen bedrängt hat; er hat nur – und das verträgt die in ihre Sünde verstrickte Welt nicht – eben diesen Mechanismus insgesamt angegriffen – nicht moralisch (als könne man dem Übel mit einer bloßen Ethik des Machtverzichts beikommen), sondern indem er das (eschatische) Reich Gottes ausrief. Jesus ist unter den Opfern. Mehr noch: der Sohn Gottes an der Seite der Gemarterten aller Zeiten und Völker. Am sündigen Zustand der Welt geht er zugrunde. Er ist da, wo man nichts mehr spürt von der Präsenz eines Gottes, der den Lauf der Welt schön in Ordnung hält und wohl achtgibt, daß niemand ein Unrecht widerfährt. Jesus ist dort, wo die Sünde tobt und ihr wahres Gesicht zeigt. Er nimmt es auf sich, von ihr grausam vernichtet zu werden.

Den betäubenden Trank, der dem Todgeweihten vor der Vollstreckung gereicht wurde – Wein mit Myrrhe (so Markus) – lehnt Jesus ab; er nimmt das Leiden bewußt und willig auf sich. Wein mit Galle (so Matthäus): hier wäre die Erleichterung des Rauschs mit der zusätzlichen Qual des Ekels verbunden; der Rest von Menschlichkeit, der im Üblichen liegt, wird noch durchsetzt mit Gehässigkeit. Man kann sagen: Menschenverachtung, Frivolität und Gefühllosigkeit sind die Schutzschicht, die Henker – wenn sie es schon einmal sind – um ihr Innerstes legen müssen. Die Brutalität – beim Festhalten, Annageln, beim Einheben des Querholzes mit seiner Last in den fest eingerammten Pfahl – gehört zum Handwerk. Die Verlosung der Kleider – auch das war das Übliche, die biblische Reminiszenz hat nicht generative Bedeutung (s. u.) – ist für das Vollstreckungskommando willkommene Ablenkung. Arme Menschen, deren Dienst darin besteht, solche Exekutionen auszuführen; was Matthäus am Schluß (V. 54) von ihnen erzählt, eröffnet eine neue Sicht.

Der Evangelist, ja überhaupt die Golgatha-Überlieferung, berichtet die Kreuzigung mit einer geradezu aktenmäßigen Kürze und deutet die körperlichen Qualen, die Jesus erleidet, nur an. Ausführlich hingegen beschreibt Matthäus den Spott der Umstehenden. Die Römer spotten; der Titulus – auch er gehört zum Üblichen – verspottet nicht nur Jesus, sondern – wie Johannes richtig empfindet und tiefsinnig unterstreicht (19,19–22) – auch die Juden. Bemerkenswerte Umkehrung: die Schmäher sind selbst die Geschmähten, und Jesus befindet sich mit ihnen in einer von ihnen nicht gewollten Solidarität. Die Vorübergehenden spotten – also wohl solche, die dort nichts zu tun haben, aber sich das grausige Schauspiel nicht entgehen lassen wollen – wie die Menschenmenge bei Autodafés und Hexenverbrennungen oder bei den Guillotinierungen der französischen Revolution (oder wo auch immer): so sind die Menschen! Die Würdenträger und Maßgebenden spotten. Und zuletzt noch die beiden Schicksalsgenossen. Was geschieht hier eigentlich? Hier kommt zu den körperlichen Qualen und zur Not des Vergehen-Müssens noch die bewußt und von vielen Seiten gewollte moralische Vernichtung. Kein Wort des Mitgefühls, der wenigstens versuchten und angedeuteten Solidarität mit dem, der – unschuldig oder auch schuldig – seinen schweren Tod ausstehen muß. Erst recht nicht der Zuspruch, wie ihn ein Märtyrer verdiente: Du bist zwar unter die Räder gekommen (wir konnten's nicht hindern), aber wir haben Respekt vor dir, du stirbst für eine große Sache! Nicht der leiseste Versuch von irgendeiner Seite, dem Gequälten beizustehen. Statt dessen nur Hohn. Da stellen sich die Menschen vor den Stöhnenden und schütteln die Köpfe – man müßte sich, wenn man die Geste verbalisieren wollte, wohl eine Negation hineindenken: „Nein, nein – wie einem nur sowas passieren kann!" Da werden ihm die kühnen (hintergründigen, Joh. 2,21) Worte vom Niederreißen und Neubau des Tempels vorgehalten und sein Selbstbekenntnis zur Gottessohnschaft: Siehst du, ein solcher Großsprecher bist du – und nun so erbärmlich! Und da wird, um den Spott auf die Spitze zu treiben, von den höchsten Würdenträgern ein Gottesurteil herausgefordert – selbstverständlich in der sicheren Erwartung, daß Gott sich zu diesem Ketzer und Lästerer *nicht* bekennen wird. „Andern hat er geholfen": sie sind so aufregend dicht an der Wahrheit, die Provokation ist so unheimlich versuchlich, daß es bei Jesus eigentlich nur eines winzigen Anstoßes bedürfte, um die Herausforderung anzunehmen! Aber Jesus nimmt die persönliche Vernichtung, die ihm widerfährt, hin. Er verteidigt nicht die in seinem leiblichen Schicksal doch verbleibende oder ihm wenigstens zustehende menschliche und göttliche Würde.

Was man noch sehen muß: Mit jedem Pfeil des Spotts, der ihn trifft, wird er einsamer. Die Jünger haben ihn verlassen – nur die Frauen stehen „von ferne". Die Soldaten sind nur da, um ihn umzubringen. Die Spottenden haben nichts im Sinn als ihn moralisch „fertigzumachen". „Mal sehen, ob Elia kommt!" – eine Mißdeutung seines Verzweiflungsrufes aus jüdischer Zukunftserwartung und purem Unverstand gemischt. „Er hat Gott vertraut" (der gemeinte LXX-Text wird in dieser Formulierung noch verstärkt) – die Spötter sagen ja zutreffend, worauf sein ganzes Leben und Wirken beruhte. Jesus könnte seinen letzten Halt darin finden, daß, wenn schon alle Menschen sich gegen ihn wenden – zuletzt noch die beiden Mitexekutierten –, Gott doch zu ihm steht. Aber er kann sich nur dahin flüchten, wo schon einmal einer sich in seiner Gottverlassenheit zu Gott geflüchtet hat (Ps. 22,2). Der Sterbende „schreit auf", er betet eins der Gebete seiner Kirche, läßt sich davon tragen, auch wenn er für seine Person mit Gegenwart und Beistand Gottes nicht mehr rechnen kann. Er sieht sich von Gott verlassen – und betet doch: „Mein Gott".

Der Vorhang ist dicht. Jesus ist dort, wo die sündige Abkehr der Menschen – die Vertreter der Religion eingeschlossen – am scheußlichsten offenbar wird, und er hält dort aus und nimmt, was ihm widerfährt, auf sich. Unter den Verlorenen ein Verlorener, ja der Verlorenste. Nun hat ihn auch noch sein Gott im Stich gelassen. Jesus trägt die Heillosigkeit der gegen Gott verschlossenen und nun auch von Gott ausgeschlossenen und ferngehaltenen Welt. Der Vorhang gibt zu erkennen: Bis hierher, aber keinen Schritt weiter. „Unser Gott ist ein verzehrendes Feuer" (Hebr. 12,29).

2.

Aber der Vorhang reißt. Wir sagen, *Jesus* habe ihn zerrissen. Die apokalyptische Rede würde *Gott* als Subjekt des Zerreißens voraussetzen. Aber Matthäus meint offenbar, daß hier ein Zusammenhang besteht. „Jesus schrie abermals laut und verschied" – und daraufhin geschah das, was die Weltwende signalisiert, zunächst also: das Aufgehen des Vorhangs vor dem Allerheiligsten im Tempel. Wir sahen: damit ist auf das Ende des jüdischen Kultus hingewiesen; es ist die erste Lädierung des Tempels, von dem, wenn es so weit ist, kein Stein auf dem andern bleiben wird (24,2). Aber es ist zugleich ein neuer, ein nun wirklich passierbarer Zugang zu Gott geschaffen. Gott läßt uns wissen: wir dürfen kommen. Der zerrissene Vorhang ist Zeichen für eine völlig neue Situation zwischen Gott und der sündigen Welt.

Es hat, auch nach unserer Besinnung, zunächst so ausgesehen, als hätten hier allein die Menschen das Sagen: alle wie verschworen gegen den einen. Jesus selbst hat – in der neunten Stunde, in der tiefsten Tiefe seiner Leiden – gemeint, sein Gott habe sich völlig zurückgezogen und den feindseligen Menschen das Feld überlassen, und die beängstigende Finsternis läßt dies nur um so stärker empfinden. Doch der Evangelist läßt uns auch sehen, daß bei diesem gesamten Geschehen Gott selbst die Hand im Spiel hat. Schon bei Markus ist die Kreuzigungsszene von Ps. 22 her gestaltet. Wir sagten schon: nicht in dem Sinne, daß aus dem Psalm die einzelnen Vorgänge im Geschehen herausfabuliert wären, um die Lücken zu füllen, die bei deren mangelnder Kenntnis blieben. Schniewind wird recht haben: „niemand in der Gemeinde hätte gewagt, dies fremdartige und anstößige Wort" von seiner Gottverlassenheit „Jesus in den Mund zu legen" (NTD z. St.). Die Zitate haben den Sinn, aufzuzeigen, daß Gott in diesen schrecklichen sechs (oder sieben) Stunden (Mark. 15,25.34) dabei war. Die Jesus verspotten, sehen dies natürlich nicht, sie sind „blind dafür, daß Gott gerade hier, wo sie ihn für abwesend halten, so gegenwärtig ist wie nie und nirgends sonst auf Erden" (Schweizer im NTD). Wenn die alte Glaubensformel sagt, Jesus sei für unsere Sünden gestorben „nach der Schrift" (1. Kor. 15,3), so könnte auch an diese Zusammenhänge gedacht sein. Sind die Psalmstellen auch nicht so eingeführt wie die uns sonst bei Matthäus bekannten Reflexionszitate, so dürfte doch ihr Sinn bzw. ihre Funktion diesen ähnlich sein.

Auf ein ähnliches Ergebnis führt uns die Beobachtung, daß die bissigen, Jesus verletzen und innerlich zerstören sollenden Schmähworte alle zweideutig sind, also eine „Rückseite" haben, auf der sie – gegen allen Augenschein – wahr sind. „Der du den Tempel zerbrichst und baust ihn in drei Tagen": das scheint, da er jetzt elend am Kreuz hängt, so hohl und großsprecherisch zu sein wie nur möglich, ihn als Scharlatan entlarvend, – aber es ist ja *wahr*, man wird es hernach merken. „Bist du Gottes Sohn": es scheint jetzt, da er im totalen Zusammenbruch völlig desavouiert ist, sein Vollmachtsanspruch erwiesen als schlimmste Hochstapelei und Gotteslästerung; aber er *ist* es ja (V. 54), und was er bisher in Niedrigkeit und Zweideutigkeit war, wird er künftig „in Kraft" sein (Röm. 1,4). „Der Juden König", sagt der Titulus verächtlich; er ist nicht nur dies, er ist noch mehr: ihm wird alle Vollmacht im Himmel und auf Erden gegeben sein (28,18). „Andern hat er geholfen": das müssen sogar seine Gegner zugeben, nur sehen sie in seiner augenblicklichen (vermeintlichen) Hilflosigkeit die Widerlegung alles dessen, was bisher war; aber damit, daß er sich selbst jetzt nicht hilft, hilft er tatsächlich allen anderen, nämlich denen, die an ihn glauben und sich von ihm retten lassen. Matthäus fügt dem Titulus den Jesusnamen zu, historisch wahrscheinlich; was Jesus an der Wiege gesungen wurde, das wird hier Wirklichkeit: „Er wird sein Volk retten von ihren Sünden" (1,21). Diesen Jesusnamen bezeichnet der Evangelist – wieder doppeldeutig – als „die Ursache seines Todes" (V. 37). Doch, doch: „andere hat er gerettet" (dasselbe Verbum σώζειν, das den Namen „Jesus" wiedergibt); die Honoratioren von Jerusalem sprechen viel wahrer, als sie wissen.

Jesus macht sich den Weg durch den Vorhang frei durch seinen konsequenten Gehorsam. Die alte, von Paulus noch mit einem kräftigen Strich verstärkte Formel Phil. 2,8 könnte deutlich machen, daß die Urchristenheit verstanden hat, was hier auf dem Spiele stand. „Bist du Gottes Sohn, so steig herab vom Kreuz!" Der Satz ist genauso gebaut wie die versucherischen Vorschläge des Teufels in Kapitel 4. Der Anklang ist gewollt; er „will sagen, daß sich hier die Versuchung Jesu wiederholt und fortsetzt. Jesus aber ist der, der die Versuchung im Gehorsam durchsteht, auch am letzten Tage seines Lebens" (Schenk, S. 68). Sie spitzt sich noch zu, wenn die Synhedristen den Gekreuzigten zum Gottesurteil herausfordern. Steigt er vom Kreuz, „dann wollen wir an ihn glauben" (V. 42). Sollte Jesus nicht seiner Qual ein Ende machen? Diese Versuchung ist noch nicht so schwer wie die andere: daß er – mit den zwölf Legionen Engeln (26,53) oder ohne sie – sich selbst befreit und sich damit die Anerkennung der Widerstrebenden verschafft. Es steht alles, wie schon in Kap. 4, auf des Messers Schneide. Aber Jesus hält durch. Das Kreuz ist ihm bestimmt. Er weiß von dem ihm auferlegten „Muß" (16,21). Anders als durch den Gehorsam des Opfers kommt er nicht durch den Vorhang. Wer vom Vorhang spricht, beschwört das Geschehen des großen Versöhnungstages. Diesmal ist der Hohepriester selbst das Opfer.

Matthäus beschreibt Jesu Tod, anders als Markus, mit der Wendung: ἀφῆκεν τὸ πνεῦμα (V. 50); der Tod wird hier „noch stärker als Handlung Jesu empfunden und dargestellt" (Schenk, S. 74); man fühlt sich an Joh. 10,18ab erinnert. Mitten in der apokalyptischen Finsternis des Karfreitags und in der Verzweiflung einer letzten Einsamkeit und des völligen Preisgegebenseins stirbt Jesus bewußt und willentlich. Auch bei Matthäus mit einem unartikulierten Schrei. Aber im Unterschied zu Markus gebraucht Matthäus das Verbum κράζειν, ein ekstatisches, vom Heiligen Geist bewirktes, also gottverbundenes Schreien. Der Geist „seufzt" nicht nur „wortlos" (Röm. 8,26), er kann auch schreien. Höher als alle Vernunft, also auch höher als alles psychologisch Deutbare, kann Gottes Geist in dem beten, der selber völlig am Ende ist. So wird dann doch der letzte Schrei Jesu zum Merkmal der Gottverbundenheit. Lukas verbalisiert ihn im Hinblick auf Jesu persönliches Gottesverhältnis (23,46), Johannes im Hinblick auf Jesu gesamtes Heilswerk (19,30). Jesus ist *durch* – hindurchgelangt durch seinen für alle Welt erlittenen Tod, hindurch also durch die Gottverlassenheit, in der er die Heillosigkeit der sündigen Welt auf sich nimmt, und damit durch den Vorhang, der uns von Gott getrennt hat. „So hat Jesus durch sein Verhalten, durch das Weitergehen auf dem Weg des Dienens bis zum Ende und durch das Aufnehmen seines Leidens als Leiden unter Gottes Gericht, die Deutung seines Sterbens als Verwerfung des Gerechten und als Sühne für das Sosein des Menschen sachlich selbst begründet" (Goppelt, ThNT 1, S. 276).

3.

Wer von Sühne spricht, gibt damit zu erkennen, daß es galt, dem Recht Genüge zu tun, das Gott an uns hat, das von uns immerzu mißachtet und verletzt wird und das Jesus durch sein Eintreten für uns stellvertretend wiederhergestellt hat. Nun steht nichts mehr zwischen Gott und uns. Das ist der Ertrag des Karfreitags. „So haben wir Frieden mit Gott durch unsern Herrn Jesus Christus, durch welchen wir im Glauben den *Zugang* haben zu dieser Gnade, darin wir stehen" (Röm. 5,1f.).

Die apokalyptischen Schlußverse der Perikope lassen erkennen, daß – über dieses grundlegend neue Gottesverhältnis hinaus – von der kosmischen Bedeutung des Todes Jesu zu reden ist. Es soll hier „die eschatologische Macht dieses Todes" offenbar werden (Lohmeyer z. St.). Ist der Friede mit Gott geschlossen, dann gibt es auch neues Leben jenseits des Todes, und die ganze Welt bekommt eine neue – eschatische – Zukunft. Wie diese apokalyptischen Textaussagen zu verstehen sind, wurde schon in unseren Überlegungen zum hermeneutischen Ansatz besprochen. Wir würden es uns nur unnötig schwer machen und, wie wir sahen, mit anderen Schriftaussagen in Konflikt kommen, wenn wir uns nicht klarmachten, daß hier anders geredet ist als in den berichtenden Partien der Perikope. Man kann wohl von einer „Antizipation des für" Matthäus „heilsentscheidenden Parusiegeschehens reden" (J. Schreiber nach Schenk, S. 80). Nur müßte man sich darüber klar sein, daß sie nicht im Faktischen liegt, sondern im Zeichenhaften. Es könnte sein, daß die Worte „nach seiner Auferstehung" (V. 53) von späterer Hand hinzugefügt sind, weil ja die Toten dem „Erstling" (nochmals 1. Kor. 15,20, auch Röm. 8,29; Kol. 1,18) nicht voraus sein können; nur behebt dieser Eingriff, wenn es einer ist, nicht die Schwierigkeit, die dann entstehen muß, wenn man nur auf *einer* Ebene denkt. Genug: die apokalyptischen Vorstellungen sagen aus, was – im eschatologischen Sinne – sein wird, weil Jesus durch seinen Tod die ganz neue Situation zwischen Gott und Menschen geschaffen hat.

„Du strecktest den in Grab und Sarg, vor dem die Felsen springen" (EKG 62,3). Der Schluß der Perikope spricht von dem, was hinter der Schwelle liegt, die bisher von dem Vorhang gesperrt wurde und daher unüberschreitbar war. Wo Jesus ist, da soll sein Diener auch sein (Joh. 12,26). Weil nichts uns mehr von Gott scheidet, gehört uns die Zukunft in einer neuen Welt. Der Text denkt nicht akosmistisch: als ginge es nur um Gott und die Seele, die Seele und Gott. Die alte Erde bebt (V. 52), daran wird erkennbar, daß Gott eine neue Welt will. Aber eben: eine neue *Welt*! Gott liebt seine Schöpfung, er hat ihr die Auferstehung zugedacht. Der Text nimmt die Osterbotschaft voraus. Wir werden am Karfreitag an dieser Stelle Zurückhaltung üben. Aber das sollen wir sagen, daß, wie der Mensch das Schicksal der ganzen Welt ist – unsere Zeit empfindet das ganz unmittelbar –, so auch die Versöhnung des Menschen mit Gott Folgen für den ganzen Kosmos hat. Gott liebt seine Welt – so sehr, daß er den eingeborenen Sohn für sie opfert. Es sollte nichts in der Welt sein, von dem wir nicht wüßten, daß es Gott gehört und daß er es wiederhaben will. Die mit Gott versöhnt sind, haben eine neue Einstellung zur Welt und eine neue Hoffnung für sie.

Ostersonntag. Joh. 20,11–18

Die Geschichte beginnt eigentlich mit V. 1. Jedoch ist der „Wettlauf" (VV. 2–10) deutlich eine Einschaltung. Es ist gut, daß die Predigt damit nicht belastet wird. Man sollte V. 1 mitlesen und V. 11 (ohne Wiederholung des Subjekts) anschließen. Schnackenburg wird recht haben: die Erzählung stellt eine relativ späte Traditionsstufe dar. Anders P. Benoit, dem sich J. Jeremias (Ntl. Th. 1, S. 289) anschließt: der literarisch späteste Text (so auch Jeremias) habe „die älteste Gestalt der Überlieferung aufbehalten" (ebd.). Die VV. 11–18 sind mit synoptischer Überlieferung jedenfalls verwandt. Aus drei (Markus), zwei (Matthäus) und einer Mehrzahl (Lukas) von Frauen ist *eine* geworden; ihr Name ist bei allen Synoptikern vertreten. Maria Magdalena ist sonst erwähnt Luk. 8,1–3; Joh. 19,25 und bei der Grablegung Mark. 15,47 Parr. Der Ort Magdala 5 km nordwestlich von Tiberias, am Westufer des Sees Genezareth. Eine gewisse Parallele zu VV. 11–18 bietet nicht nur der „unechte" Markusschluß (s. zu Quasimodogeniti), sondern besonders auch Matth. 28,9f. Besondere Nähe zu Lukas (24,1–4.9.12) behaupten Schnbg. u. a.

V. 11: Der Text versetzt (nach V. 2) Maria wieder ans Grab. Sie weint (duratives Imperfekt); $\varkappa\lambda\alpha\iota\epsilon\iota\nu$ meint nicht die rituelle Totenklage ($\vartheta\varrho\tilde{\eta}\nu o\varsigma$, vgl. ThWNT III, S. 148–155), sondern das persönliche Trauern und Weinen (Schnbg. II, S. 418). Während der Anblick des abgewälzten Steins sie veranlaßt hat, Petrus zu alarmieren (der andere Jünger gehört wohl schon zur Einschaltung), bückt sie sich jetzt selbst in das Grab hinein. – V. 12: Zwei Engel (wie Luk. 24,4), ebenfalls weiß gekleidet, an den beiden Enden der Steinbank, auf der der Leichnam Jesu „gelegen hatte" – nur in dieser indirekten Weise ist das Auferstehungsgeschehen angedeutet. – V. 13: Grund ihres Weinens: „sie" haben meinen Herrn weggenommen (der Satz ist mehrdeutig). Mit der 3. Pers. plur. kann auch der Gottesname umschrieben werden (vgl. z. B. Luk. 16,9). Diese Doppeldeutigkeit ist natürlich nicht von Maria, sondern vom Evangelisten gewollt. V. 2 schon genauso. – V. 14: Die Gestalt des Auferstandenen wird nicht leicht erkannt (Luk. 24,16; Joh. 21, 4.7.12). Manche Exegeten stoßen sich an der Konkurrenz zwischen den Engeln und dem Auftreten Jesu selbst (so schon Matthäus!). Formgeschichtliche Vorurteile sollten nicht die kerygmatische Pointe verdecken, daß die Erzählung von den (in der Tradition fest platzierten) himmlischen Boten möglichst schnell zum Auferstandenen selbst weist. Daß dieser zunächst genauso fragt wie vordem die Engel (einige Hss. haben in V. 13 die Parallelität noch vervollständigt), verstärkt noch die Verhülltheit seiner Person. – V. 15: Mit der zweiten Frage lenkt Jesus auf sich selbst. Er, der vermeintliche Gärtner, könnte ihn weggetragen haben; auch damit ist Maria dicht an der Wahrheit. Anrede höflich – dennoch: in dem, was sie sagt, liegt ein Vorwurf; sie will, was ergetan hat, rückgängig machen. Die Erzählung deutet den Eifer der Frau an: sie will den Leichnam wieder „holen" ($\alpha\iota\varrho\epsilon\iota\nu$), obwohl sie dazu allein schwerlich in der Lage ist. – V. 16: Die direkte Anrede führt zum Erkennen, vgl. 10,3. „Da fährt sie herum" ($\sigma\tau\varrho\alpha\varphi\epsilon\tilde{\iota}\sigma\alpha$). Rabbuni (aram. = „mein Meister"), vgl. 1,39. – V. 17: Einige Hss. behaupten, Maria habe Jesus tatsächlich angerührt (Matth. 28,9b). Der Text kann meinen: „Rühr mich nicht an!", aber auch: „Halt mich nicht fest!" Vgl. Bauer, WB Sp. 186f. Die zweite Übersetzung ist einfacher; die Auffahrt zum Vater steht noch aus und darf nicht gehindert werden. Für die erste Übersetzung spricht: „Es ist eine Eigentümlichkeit des Semitischen, das im Deutschen unentbehrliche ‚nur' öfter fortzulassen" (J. Jeremias, Die Gleichnisse Jesu, Berlin ³1955, S. 25 A. 6). Dann würde der Satz besagen: Rühre mich nicht an – ich bin nur noch nicht zum Vater aufgefahren (gehöre aber schon dorthin). „Mein Vater" – „euer" Vater; an keiner Stelle: „unser Vater" (nur im Vaterunser, das aber die *Gemeinde* beten soll); ein christologisch bedeutsamer Sachverhalt. „Brüder": vgl. Matth. 28,10. – V. 18: Was Maria sagt, entspricht wieder stärker dem synoptischen Stil. „Den Herrn": der dem Auferstandenen angemessene Titel.

Nach den „regierenden" Texten der Reihen I und II ist der erste Ostertag mehr der großen Gottestat der Auferweckung Jesu gewidmet, der zweite Ostertag der Erfahrung, der Aneignung und den Wirkungen von Ostern. Unsere Perikope würde danach, wenigstens auf den ersten Blick, dem Ostermontag zugehören. Man könnte sie als Seitenstück zu der zarten Geschichte von den Emmausjüngern ansehen, als ihr weibliches Pendant. Und man könnte geltend machen, daß am Ostersonntag zunächst vom „Tatsächlichen" die Rede sein müsse: Ihr habt ihn gekreuzigt – Gott aber hat ihn auferweckt (Apg. 2,23f. u. ö.). Modell für diese Aussagekategorie ist das urchristliche Bekenntnis 1. Kor. 15,3f. Es ist wichtig, dies herauszustellen. So wahr die Auferstehung Jesu Christi

nur vom Glauben erfaßt werden kann und nur dem Glauben dienlich ist: der Glaube
bezieht sich auf das transsubjektive Faktum, also auf das, was Gott getan hat, ohne daß
ein Mensch diesem Geschehen hat zusehen können (auch Matth. 28,2–4 *be*schreibt den
Auferstehungsvorgang nicht, sondern versucht ihn nur zu *um*schreiben), auf ein Geschehenes also, das allem Glauben voraus ist und das als Faktum bestehen bleibt, auch wenn
der Glaube ins Wanken kommt. Es ist nicht überflüssig, dies zu betonen. Man hat gerade
das Zeugnis der Maria Magdalena unter Hinweis auf ihre Krankheits-Anamnese
(Luk. 8,2) in Frage gestellt. Man könnte übrigens, auch wenn da nichts zu vermerken
wäre, Ostern zu einer bloßen Herzenserfahrung umdeuten, zu etwas, was sehnsüchtig-
liebender Glaube aus sich selbst hervorbringt. Da ist es schon wichtig, daß die lapidare
Aussage am Anfang steht: Der Herr ist auferstanden – er ist wahrhaftig auferstanden.
Hier sind nun die VV. 1–10 von Bedeutung. Sie spielen am Grab und im Grab. Das Grab
ist leer. Davon muß nachher noch die Rede sein. Jetzt nur soviel: Bezeugt das leere Grab
die Auferstehung nur in Form einer Negation, so doch als etwas Vorgefundenes
(VV. 5–8), wenn auch noch Unverstandenes (V. 9). Man sagt immer wieder, den Grabes-
geschichten eigne ein apologetischer Zug. Dies trifft insofern zu, als die Auferstehung
Jesu Christi gegen ihre Bestreiter zu verteidigen war und es nahelag, das Leersein des
Grabes als Argument zu benutzen. Nur darf das anrüchige Wort „apologetisch" nicht
dazu verführen, daß man damit die theologische Sachaussage beiseite schiebt, die in dem
Hinweis aufs leere Grab liegt. Auferstanden ist kein anderer als der Gekreuzigte und
Begrabene; er hat sein Menschsein nicht hinter sich gelassen oder abgestreift; Gott hat
den wirklichen Jesus von Nazareth ins neue – ganz andere – Leben hinein erweckt.
Andererseits: Der Glaube an die Auferstehung Jesu Christi gründet sich auf den Glauben
an den Auferstandenen – nicht umgekehrt. Der Auferstandene hat sich selbst bezeugt.
Dafür ist die Geschichte von Maria Magdalena eines der schönsten Beispiele. Die duf-
tigste und zarteste aller Ostergeschichten, die auf uns gekommen sind, in lichtesten
Pastellfarben gezeichnet. (Der Prediger sehe zu, daß er mit dem Stoff behutsam umgeht!)
Die Handschrift des vierten Evangelisten ist leicht wiederzuerkennen. Wieder, wie so oft,
nimmt er synoptischen Stoff auf und gestaltet ihn in freier Weise. (Die Wettlauf-Passage
lassen wir jetzt außer Betracht.) Er bezeugt die Tatsache des leeren Grabes in Übereinstimmung mit synoptischer Tradition. Was Matth. 28,9f. erzählt ist, verlegt er in den
Garten Josephs von Arimathia. Statt von zwei Frauen (Matth. 28,1) spricht er nur von
einer. Das ist sinnvoll, wenn man bedenkt, daß der Auferstandene nur in einer inneren
Schau und Begegnung erfahren werden kann. Wir sind unlängst bei dem literarischen
Sachverhalt gewesen, der uns zum Vergleich mit einer Großaufnahme im Film anregte:
wer auch sonst noch auf der Szene sein mag, die Kamera erfaßt für Augenblicke die *eine*
Person, deren Erleben eben jetzt dargestellt werden soll (vgl. auch uns. Ausl. zu Mis.
Dom.). Gewiß erscheint der Auferstandene in der *Gemeinde* (VV. 19ff.); aber wenn mein
Glaube von ihm angerührt wird, dann bin ich mit ihm auf du und du *allein*, und die
Gewißheit seiner Gegenwart wird jeweils dem einzelnen zuteil. Wir brauchen uns für die
Predigt nicht der Mühsal traditionsgeschichtlicher Einzelüberlegungen zu unterziehen
(Schnbg., S. 355ff.). Johannes hat – auswählend und umformend – Matth. 28 (bes.
VV. 5–7.9–10) nachgestaltet. Er wird dabei verarbeitet haben, was man sich in den
Gemeinden von Maria Magdalenas eigenem Zeugnis erzählte (V. 18; Matth. 28,8b;
Luk. 24,10.22) – oder was er, der hinter dem vierten Evangelium stehende Augenzeuge,
selbst aus ihrem Munde gehört hat (V. 18).
Johannes schreibt für uns, seine Leser. Was Maria Magdalena als Erstzeugin erfahren hat,
soll – mutatis mutandis – auch uns zuteil werden. Unsere Begegnung mit dem Aufer-
standenen wird in anderer Weise vor sich gehen als bei ihr (V. 17). Gleichwohl: der vom

Tode Erweckte will auch uns begegnen. *So erfahren wir den auferstandenen Herrn:* (1) *uns persönlich zugewandt,* (2) *unserm Zugriff entzogen,* (3) *auch bei Gott mit uns verbunden.*

I.

Die Erfahrung des Auferstandenen ist Erfahrung ganz eigener Art. Einmal darum, weil der Auferstandene nicht mehr der raumzeitlichen Welt und damit auch nicht mehr dem mit den uns zur Verfügung stehenden Mitteln und Methoden zu erkundenden historischen Zusammenhang angehört. Zum anderen darum, weil wir auch dann noch nicht bei der „Sache" wären, wenn uns Organe gegeben wären, die die neue, die eschatische Auferstehungswirklichkeit wahrnehmen und uns den Auferstandenen sichtbar machen könnten. Es kommt auf die persönliche *Begegnung* an. Begegnung ist ein geschichtliches Sich-Ereignen. Der Auferstandene ist kein Gespenst, das an der Wand erscheint und uns bloß staunen oder erzittern macht. Er kommt und spricht uns an. Damit zeigt sich, daß wir eben doch nicht, wie eben geschehen, von einer „Sache" zu reden haben, sondern von „Ihm"; auch nicht nur von einem Wort, obwohl der Herr uns vornehmlich im Wort begegnet, sondern von dem, der das Wort *spricht.* Wäre er nicht auferstanden, dann wäre das Wort, das wir von ihm haben, eine von der Person abgelöste, man könnte sagen: ins Metaphysische zurückverwandelte Wahrheit. Aber er ist auferstanden und ist uns in seinem Wort und seinen Sakramenten gegenwärtig. Die uns vorliegende Ostererzählung zeigt dies schön.

Das leere Grab ist auch hier fester Bestandteil des Berichteten. Von Salbung (Mark. 16,1; Luk. 24,1) ist schon Matth. 28,1 nicht mehr die Rede; nach Johannes ist sie bereits beim Begräbnis geschehen (19,39 f.). Maria weint, sie überläßt sich ihrer Traurigkeit und Verzweiflung. Sie ist ganz früh am Morgen gekommen, noch vor Sonnenaufgang (V. 1). Das Grab findet sie aufgebrochen, den Verschlußstein beiseite gerollt; der Leichnam ist nicht mehr da. Leichenraub? Die Matthäustradition will davon wissen, daß ein solches Gerücht umgegangen ist; die Hohenpriester und Ältesten haben es ausgestreut, um die Kunde von Jesu Auferstehung niederzuhalten. Von einem solchen lancierten Gerücht, daß die *Jünger* den Leichnam ihres Herrn gestohlen haben könnten, verlautet bei Johannes nichts. Es scheint vielmehr, daß der Verdacht, das Grab Jesu könnte geschändet und der Tote verschleppt worden sein, für einen Augenblick bei *Petrus* und dem *Lieblingsjünger* aufgekommen ist. Die Inspektion schließt den Verdacht aus: so aufgeräumt sieht es nicht aus, wo eine solche Freveltat begangen worden ist. Für den „anderen Jünger" ist das Rätsel gelöst: „er sah und glaubte". Für Maria ist noch gar nichts gelöst! Sie steht vor dem Grab und weint. Sie ist noch immer so weit wie vorhin. Fast mit denselben Worten, mit denen sie den Jüngern den Tatbestand mitgeteilt hat (V. 2), klagt sie auf Befragen den beiden Engeln ihr Leid (jetzt sagt sie: „ich weiß nicht" – in V. 2 hieß es noch „wir": Joh. 20 ist aus synoptischer Überlieferung abgeleitet). Ihr größter Schmerz scheint nicht darin zu bestehen, daß Jesus tot ist. Niemand wird bezweifeln, daß sie über den Tod Jesu, gerade über *diesen* Tod, getrauert hat. Aber was sie jetzt so fassungslos macht, ist – das leere Grab! Man kann wie der Lieblingsjünger sehen und glauben. Aber man kann auch ganz andere Schlüsse ziehen. Das leere Grab – angenommen, es sei auch historisch unbezweifelbar – ist keineswegs ein Beweis für die Realität der Ostertatsache. Es kann u. a. bedeuten, daß verbrecherische Menschen nicht einmal dem zerschundenen, elenden Leichnam die Ruhe gegönnt haben. Als ob es mit dem Schandtod vorgestern noch nicht genug sei! Bitter für Maria: ihr bleibt nicht einmal die Möglichkeit, dem Toten an seiner Grabstätte Liebe und Dankbarkeit zu bewahren. Das Letzte ist ihr entrissen!

Wir sagten schon, das Grab sei, für sich genommen, nichts weiter als eine Negation: die Leiche ist weg, versuche jeder, sich diesen Sachverhalt irgendwie zu erklären. Nach den synoptischen Osterzeugnissen bringt das Wort der Engel Licht in die Situation – man muß sagen: noch immer nur beschreibend, hinweisend. Johannes geht sofort einen Schritt weiter. Wir brauchen nicht anzunehmen, daß er den Synoptikern habe widersprechen wollen. Er weiß genug von der Bedeutung des verkündigenden Wortes. Aber das Gespräch zwischen den Engeln und Maria faßt er ganz kurz – so kurz, daß es Ausleger gibt, die meinen, es gehöre eigentlich gar nicht in den Text (wer Matth. 28 im Hintergrund sieht, urteilt anders). Dem Evangelisten kommt alles darauf an, daß *der Auferstandene* sich der Maria *persönlich zuwendet*, er selbst. Sie wird des Auferstehungswunders erst dann gewiß sein, wenn der persönliche Kontakt hergestellt ist. Noch weint Maria, also auch noch in dem Augenblick, in dem der vermeintliche Gärtner sie von hinten anspricht. Dabei ist sie so nahe an der Sache! „Sie haben meinen Herrn weggenommen, und ich weiß nicht, wo sie ihn hingelegt haben." „Sie"? Das ist wie eine Anklage gegen Unbekannt. Irgendwelche Menschen, denen nichts heilig ist und die sich, offenbar aus infernalischem Haß, noch an diesem Toten vergriffen haben. Aber – Maria ist sich dessen gar nicht bewußt – mit „sie" kann auch der Gottesname umschrieben bzw. ersetzt sein. Wenn Maria *daran* dächte! So dicht ist sie an der Wahrheit! – Es ist nicht anders in dem kurzen Gespräch mit dem Gärtner: „Herr, hast du ihn weggetragen . . ." Auffällig schon, daß es sie drängt, den Mann mit „Herr" anzureden. Aber dann rechnet sie doch damit, er könnte der Schuldige sein, und sie gibt ihrer Entschlossenheit Ausdruck, das, was er getan hat, rückgängig zu machen. Wieder ist sie dicht dran! Ja, freilich, der vermeintliche Gärtner hat mit dieser Sache schon etwas zu tun, sehr viel sogar! Man könnte, wenn man Bescheid weiß, sagen, nächst dem Vater im Himmel, der den Sohn auferweckt hat, ist ebendieser Gärtner der Hauptschuldige am Leid dieser Frau. Man kann von der rechten Erkenntnis des Glaubens wie durch eine Wand aus Seidenpapier getrennt sein. Nur ein weniges müßte noch geschehen.

Da hört die Frau ihren Namen: Maria! Der Name macht die Person unverwechselbar. Durch Nennung des Namens wird die Rede, die ohne ihn ein Wort für jedermann wäre, zu einem bestimmt adressierten Wort. Ja, eigentlich ist die Nennung des Namens schon die entscheidende Aussage. Vor Maria steht nicht irgendwer, ein Fremder. Der hier redet, kennt sie. Es ist *Jesus.* – Rabbuni – so hat sie ihn immer angeredet. Das Gegenüber ist hergestellt. Osterglaube sagt nicht, es sei „einer" von den Toten auferstanden. Osterglaube sagt zum auferstandenen Jesus „du"! Es geht nach Ostern nicht „etwas" weiter – die Worte, die Jesus gesprochen hat; die Bewegung, zu der er den Anstoß gegeben hat; die Weise, sich selbst zu verstehen, in der er uns unterwiesen hat (usw.). *Er ist da!* Und zwar so, daß er uns anredet und damit zu erkennen gibt, daß er uns will, unsere Gemeinschaft sucht, daß wir ihm wichtig sind und er uns so annimmt, wie wir sind. Der uns zugewandte Herr! Indem er uns anspricht und uns zu seinem persönlichen Gegenüber macht, weckt er uns zu personhaftem Leben. Ich kann nicht entscheidungslos dahindämmern, wenn er mich gerufen hat. Rabbuni – du bist mein Meister, mein Lehrer, mein Herr! – Der Evangelist hat „dieses erste Wort eines erlösten Herzens, dieses ‚Rabbuni', in der Ursprache mitgeteilt und damit angedeutet, daß es eigentlich unübersetzbar ist. So, wie die Maria sich selbst und dieses eine Wort gefaßt und sich in diesem einen Wort dem Herrn Christus anvertraut hat, so wollte er es stehen lassen" (G. von Rad, Predigten, 1972, S. 21).

2.

Maria hat freilich noch nicht alles gelernt, was hier zu lernen ist. Ihre Anrede an Jesus
läßt erkennen, daß sie offenbar meint, nun sei alles wieder, wie es vordem war. Wir
haben Jesus wieder! Er ist als der „Meister" unter uns und wirkt wie vor dem Karfreitag:
hörbar, sichtbar, trotz seiner Göttlichkeit ein Mensch unter Menschen, mitten im Kontext irdischen Geschehens. So mag Maria denken. Sie kann dann Jesus auch „mit
Händen greifen" (1. Joh. 1,1). Er ist wieder da!
Es ist jetzt nicht wichtig, ob ein „Noli me tangere" sie von vornherein daran hindert, ihn
anzufassen. V. 27 unseres Kapitels scheint die Möglichkeit einer solchen Erfahrung des
Auferstandenen nicht auszuschließen, obwohl man nicht übersehen wird, daß es in der
Thomasgeschichte nicht – jedenfalls nicht ausgesprochenermaßen – dazu kommt, daß der
Zweifler von Jesu Angebot Gebrauch macht, und obwohl die Thomasgeschichte ins
„Nicht-Sehen und (Dennoch-)Glauben" ausläuft. Sieht man Matth. 28,9 im Hintergrund,
dann hätten die Frauen, hätte also auch Maria Magdalena die Füße Jesu umfaßt. Da die
in den Evangelien demonstrierte Leiblichkeit des Auferstandenen die „verwandelte"
(1. Kor. 15,51), „in eine andere Verfassung gebrachte" (Phil. 3,21), mit dem Himmlischen
„überkleidete" (2. Kor. 5,4), kurz: die eschatische Leiblichkeit ist, ist sie sowieso natürlicher Sinneserfahrung entzogen.
Es geht ums Grundsätzliche. Der Auferstandene gehört der „himmlischen" Welt an, er
gehört in den „Raum" Gottes. Dies ist in den Ostergeschichten auch sonst angedeutet.
Jesus kommt und geht, durch nichts gehindert, wie er will, auch durch verschlossene
Türen. Der Prediger kann, wenn es nötig ist, der Gemeinde die Beispiele dafür leicht
erzählen. Jesus ist nicht einfach „wieder da". Lazarus ist – wenn man die Geschichte
nicht „transparent" zu verstehen hat – in sein altes Leben zurückgekehrt; in 12,2 sitzt er
wieder mit am Tische. Jesus gehört nicht mehr in unsere Welt hinein. Man sollte dies
deutlich sagen, denn es könnten in der Gemeinde Reste einer sarkischen Auferstehungs-
vorstellung vorhanden sein, die dem Osterglauben nur im Wege stehen. Wir sollten es
lernen: der Herr ist seiner Gemeinde gerade so gegenwärtig, daß er sich dem Zugriff
unserer natürlichen Hände entzieht. Der „natürlichen" Hände, sagen wir, denn für den
Glauben ist er gewiß gegenwärtig, wo er gepredigt, wo in seinem Namen getauft, das
Mahl gehalten und die Lossprechung erteilt wird. Geht es um diese Verhüllungsgestalten
seiner Präsenz, da sollen wir zufassen und uns durch kein Vielleicht schwanken machen
lassen.
Wir haben Gemeinschaft mit dem Erhöhten. Das heißt wiederum nicht, daß der Erhöhte
ein anderer wäre als der, der auf Erden war. Der Mann zwischen Bethlehem und Golgatha bleibt auch dem Glauben unentbehrlich (dies gegen das, wie es scheint, unausrott-
bare Mißverständnis von 2. Kor. 5,16). Wie sollten wir den Erhöhten kennen, wenn wir
ihn nicht als den Irdischen kennengelernt hätten? Was wäre das für eine gnostizierende
Christologie, wollten wir behaupten, der Herr habe sein Menschsein mit der Auferstehung abgeschüttelt und aufgehört, unser „Bruder" zu sein (V. 17)? „Rabbuni", reden
wir ihn an, und wir erkennen ihn an den Nägelmalen (V. 20). Der Glaube hat es mit dem
Auferstandenen zu tun, nicht mit Reminizenzen an einen Mann von ehedem; aber der
Auferstandene bliebe ein Schemen, wenn er uns nicht gegenwärtig wäre als der Fleischgewordene. Osterbegegnung ist ein Wiedererkennen.
Dennoch: die Begründung dafür, daß Maria den Auferstandenen nicht berühren bzw.
nicht festhalten soll, macht Schwierigkeiten. Es könnte so aussehen, als kämen wir mit
der johanneischen Christologie und Eschatologie in Konflikt. Das οὔπω (V. 17) scheint
eine zeitliche Abfolge von Ostern und Himmelfahrt vorauszusetzen, wie sie Lukas in

Apg. 1 bietet. Schon Luk. 24,51 läßt ein anderes Bild entstehen; nicht einmal der (gut bezeugte) Langtext wartet die vierzig Tage ab. Erst recht scheint das johanneische ὑψωϑῆναι ein solches Nacheinander zu verbieten: mit der Erhöhung ans Kreuz ist Jesus zugleich zur Herrlichkeit erhöht. Wie kann es dann hier heißen: „Noch bin ich nicht aufgestiegen zu meinem Vater"? Es zeigt sich hier abermals, daß es einfach falsch ist, beim vierten Evangelisten nur eine Jetzt-Eschatologie finden und ihm die Eschatologie des Nacheinander, der Abfolge, absprechen zu wollen. Die Jetzt-Aussagen verneinen nicht die Dann-Aussagen, sondern aktualisieren sie. (Man kann sich denselben Sachverhalt an Kap. 11 klarmachen: VV. 25f. machen VV. 43f. – Vorausdarstellung des Geschehens am Jüngsten Tag – nicht überflüssig, sondern begründen das, was von der Zukunft zu erwarten ist.)

Wenn dem so ist, dann ist die Art und Weise, in der Maria Magdalena den Auferstandenen erlebt, „noch nicht" die, in der Jesus künftig seiner Gemeinde präsent sein wird. Sie sieht ihn noch – wir sehen ihn nicht (noch einmal: V. 29). Die Weise der Ostererfahrung ist verschieden bei der ersten Zeugin und bei uns. Aber der Auferstandene selbst ist für sie wie für uns gleichermaßen der Erhöhte, in den „Raum" Gottes Versetzte. Wir umschreiben V. 17: „Faß mich nicht an! Ich stehe nicht mehr so vor dir wie in meinen Erdentagen. Ich gehöre jetzt der Welt zu, die für euch noch unsichtbar und ungreifbar ist. Wenn du mich jetzt so erlebst, als wäre es anders, dann nur, weil ich noch nicht zum Vater aufgefahren bin, sondern mich noch den Meinen auf Erden zeige. Künftig wird das anders sein."

3.

Aber auch, wenn Jesus beim Vater ist, ist er noch immer und erst recht mit uns verbunden. Es gilt jetzt, vor allem V. 17cd zu verstehen.

Es läge nahe, daß Maria Magdalena das ihrer beglückenden Entdeckung so schnell folgende Ende der Begegnung mit dem Auferstandenen als eine große Enttäuschung empfindet. Was man liebt, will man nicht verlieren. Hat sie den Herrn nach zwei oder drei Augenblicken gefunden und wieder verloren? Was sie – nach Johannes die erste Überbringerin der Osternachricht – den Jüngern mitteilt (mittelbar schon V. 2, in V. 18 dann in voller Gewißheit), läßt nichts von der Klage über einen neuerdings erlittenen Verlust erkennen. Ἑώραϰα τὸν ϰύριον – das klingt wie ein Freudenschrei. Man überlese nicht das schöne, sprechende Perfekt: „Ich habe ihn gesehen – dies kann mir niemand wieder wegnehmen." – Und dann – der Evangelist verfällt nach diesem Fanfarenstoß wieder in die indirekte Rede – „meldet" Maria: „das habe er ihr gesagt". Was?

Jesus fährt auf zu seinem Vater. Man könnte sagen, dies entferne ihn von uns. Aber er fährt ja auf zu dem Gott, der zugleich *unser* Vater ist. Er ist hinfort bei *seinem* Gott, der ja nunmehr auch *unser* Gott ist. Wir erinnern daran, daß Jesus sich in der gesamten evangelischen Überlieferung nicht mit unter dieses „unser" stellt. „Mein Vater" – „euer Vater." Sein Verhältnis zum Vater ist von anderer Art als unser Verhältnis zum Vater. Und doch sind wir mit dem Auferstandenen in bedeutungsvoller Weise zusammengeschlossen. „Gehe hin zu *meinen Brüdern*": darin steckt das ganze Evangelium. Er schämt sich nicht, uns Brüder zu nennen (Hebr. 2,11). Durch ihn ist sein Vater auch unser Vater geworden. So bedeutet dies, daß er beim Vater ist: auch uns steht der Zugang zum Vater offen (vgl. uns. Ausl. zu Karfreitag; Röm. 5,2; Eph. 2,18; 3,12), wir dürfen unbefangen hinzutreten (Hebr. 4,16; 7,25; 10,22). Sähe jemand von uns es als einen Mangel an, daß wir einen Herrn haben, der nicht mehr als unsersgleichen auf Erden ist, sondern beim Vater, so würde Jesus entgegnen: „Es ist euch gut, daß ich hingehe" (16,7). Durch ihn sind wir mit Gott verbunden, und da Gott sein und unser Vater ist, sind wir in Gott wiederum mit *ihm* verbunden. Ist sein „Auffahren" sein priesterliches Vorstelligwerden für uns bei Gott (Kap. 17; 1. Joh. 2,1), dann sind wir – dann ist die ganze Welt – unaufhörlich Gegenstand seines Denkens, Sprechens, Eintretens für uns. Er bereitet uns die Stätte (14,2). Er ist „der Erstgeborene unter vielen *Brüdern*" (Röm. 8,29). Er macht aber nicht nur für uns Wohnung bei Gott, er macht mit dem Vater im Heiligen Geiste auch Wohnung bei uns (14,23). Niemand denke, der Auferstandene sei weit weg. Wir sehen und greifen ihn nicht, aber er ist da.

Ostern und Pfingsten fallen nur für unser Begreifen nicht zusammen und nicht für den Weg, den Gott seine Kirche durchlaufen läßt; der Sache nach sind die beiden eins (V. 22). Der Auferstandene ist uns ganz nah, er ist, wie er bei Gott ist, so auch bei seiner Kirche. Es braucht uns nicht zu wundern, daß Maria, die wir eben noch weinen sahen, ihre Nachricht mit einem Jubelruf überbringt.

Ostermontag. Jes. 25,8.9

Die beiden Verse sind der „Jesaja-Apokalypse" (O. Plöger: ein wenig ansprechender Name) – Jes. 24–27 – entnommen, die nach Sellin-Rost (Einleitung) zum Gewaltigsten und Schönsten im AT gehört und von einem (?) Helden des Hoffens sondergleichen geschrieben ist. In der zeitlichen Ansetzung schwankt die Forschung sehr (so schon Duhm zu Beginn von Kap. 24; neuerdings Otto Kaiser im ATD, S. 143f.). Der Prediger mag sich damit trösten, „daß die Frage nach der Vorgeschichte der Einheiten jedenfalls belanglos für das Verständnis der vorliegenden Komposition ist" (ebd.). Verbietet sich die Duhmsche Spätestansetzung (um 128 v. Chr.) schon durch die Tatsache, daß die Apokalypse in der Jesajahandschrift von Qumran enthalten ist, wird man unsere Verse spätestens „in das erste Drittel des zweiten Jahrhunderts setzen" (Kaiser).
Abgrenzung: VV. 6–8 sind eine Einheit („Das Mahl für die Völker auf dem Gottesberg"). Lindblom verbindet damit V. 9. Doch deuten sowohl die Schlußformel in V. 8 als auch der Neueinsatz in V. 9 auf Zugehörigkeit zu verschiedenen Stücken. Das Spottlied auf Moab (VV. 10bff.) paßt schlecht zu dem eschatologischen Dankpsalm VV. 9.10a. Daß V. 10a auf den „Berg" zurückverweist, läßt jedoch eine thematische Nähe zu VV. 6–8 erkennen. Die Abgrenzung der Perikope folgt nicht exegetischen, sondern homiletischen Gesichtspunkten. Der Text ist der Gemeinde des Neuen Testaments wichtig (1. Kor. 15,54; Offb. 21,4).
V. 8: Die ersten drei Worte gelten zumeist als Zutat, mit der über die Thematik von VV. 6–8 hinausgegriffen wird. Procksch, Rudolph u. a. halten sie für echt (Rud. versetzt sie vor die Abschlußformel V. 8), aber die meisten Ausleger urteilen anders. Werner Kessler deutet die „Verhüllung" (V. 7) von 2. Sam. 19,5 her und meint ebenfalls, das Thema der Überwindung des Todes sei von daher fällig (vgl. jedoch 2. Sam. 15,30; Jer. 14,3; Esth. 6,12). Kaiser: die Glosse denke den ursprünglichen Text sachlich richtig weiter. Für uns ist diese Zutat geradezu der Aufhängungspunkt. Paulus hat den Vers zitiert; er las ihn mit Theodotion בְּלַע (κατεπόϑη) und verstand נֶצַח nicht als „Dauer", „Ewigkeit", sondern als „Glanz", „Ruhm", „Sieg". Indem Gott den Tod vernichtet, nimmt er auch alles Leid von den Menschen und tröstet sie. Daß damit auch von Israel die Schmach genommen sein wird, wirkt nach der universalen Aussage wie ein Zurückfallen auf eine niedere Stufe. Denkt man dabei nicht nur an den (so oft gekränkten) nationalen Stolz, sondern an die Niedrigkeitsgestalt der Gemeinde Gottes, also an das „Wie lange noch?" der bedrängten Christenheit (Offb. 6,10), so ist dem auch vom Glauben her ein guter Sinn abzugewinnen. In Gottes Zusage ist die Hoffnung verbürgt. – V. 9: Nach Kaiser ein proleptisches und insofern paränetisch ausgerichtetes Danklied: so werden wir es noch einmal ansehen! Die Hoffnung wird sich eines Tages erfüllt haben, und zwar bei der großen Epiphanie Gottes (40,9). Der doppelte Hinweis auf das Hoffen – von LXX ist die Verdoppelung weggelassen – könnte Absicht sein.

In diesem Falle sind Textaussagen und Predigtaufgabe ein gutes Stück voneinander entfernt. Gälte es, einfach den Text wiederzugeben und zu erklären, dann käme keine Osterpredigt heraus. Es müßte davon die Rede sein, wie Gott – man denkt an die Völkerwallfahrt von 2,1–5 – die Völker „auf diesem Berge" versammelt und sie freigebig bewirtet, wie er die Decke von den Völkern wegnimmt, die den Aufblick zu Gott, also Gotteserkenntnis und Gottesgemeinschaft, bisher unmöglich gemacht hat, wie er alles Leid wegnimmt und die Menschen tröstet und auch der Schmach und Schande seines erwählten Volkes ein Ende macht. Er selbst, Gott, wird mit seiner Gegenwart das weltweite Gotteslob der Menschen auslösen. In diesen Gedankengang hätte ein Späterer noch den Gedanken der Überwindung des Todes eingebracht; aber dies ist mehr ein „aufgesetztes Licht", als daß es die Thematik des Ganzen bestimmte. Sähen wir die Aufgabe der Predigt einfach in der Textinterpretation, dann müßten wir unseren Verkündigungsauftrag – diesmal – verfehlen.

Auslegung des Textes ist als solche noch nicht Verkündigung. Sie steht *im Dienste* der Verkündigung. Die Verkündigung jedoch ist *viva vox evangelii*, die eben jetzt an die Gemeinde gerichtete Anrede Gottes, Gottes je heute ergehender Zuspruch, in dem Gott die lebendige Gemeinschaft der Angeredeten mit sich selbst herstellt. Diesmal, zu Ostern, muß der Zuspruch gerade in dem bestehen, was „eine wohl jüngere Hand" (W. Zimmerli, Grundriß der atl. Theologie, S. 204) hinzugefügt hat, eben in dem „aufgesetzten Licht" – um es in der Sprache der Maler zu sagen. Damit wird die Perspektive des Textes nicht unerheblich verschoben. Nicht, daß die um den zum neuen Kernsatz gewordenen kleinen Satz herumliegenden Textaussagen dahinfielen; sie werden nur diesem Kernsatz zugeordnet, und dieser wird zum Schwerpunkt des Textes.

Man kann natürlich fragen, ob ein solches Verfahren vertretbar ist. Wir sahen: Paulus hat V. 8aα in der Auferstehung Jesu Christi erfüllt gefunden (1. Kor. 15,54), und die Apokalypse des Johannes greift die anschließenden Worte auf: Gott selbst wird seinen Menschenkindern die Tränen abwischen (7,17; 21,4). Vielleicht haben wir Einwände gegen den Schriftgebrauch der Urchristenheit; die Tatsache, daß ein Zitat vorliegt, kann uns nicht von vornherein vom inneren Recht der Zitierung überzeugen. Wir müssen die Verschiebung des Schwerpunktes schon vom Text selbst her begründen können. Ursprünglich dürfte im Text an alles Leid der Menschen gedacht sein; Duhm nennt: Vergewaltigung, Plünderung, Verödung der Erde, und wir würden noch manches hinzuzufügen haben, besonders den Hunger in weiten Teilen der Menschheit und den Krieg. Der Glossator hat die Linien ausgezogen: was menschliches Leben *letztlich* bedroht, ist nicht das einzelne Leiden, das erduldet werden muß oder auch abgewendet werden kann, sondern – der Tod. Auf ihn läuft alles Leben zu – wie das Wasser des Stromes unaufhaltsam auf den Katarakt zuläuft. Alle Leiden dieser Welt sind Lebensminderung, in ihnen meldet sich vorgreifend der Tod. Man kann einzelner Leiden Herr werden; bleibt der Tod unbesiegt, dann ist jeder Einzelsieg nur Aufschub. Der Glossator könnte sich selbst interpretieren: Was nützt das fette Mahl, der kostbare Wein? Was nützt es, wenn die Decke weggenommen wird und man sogar Gott vor Augen hat? Der Tod streicht alles Gewonnene wieder durch, es sei denn, Gott „verschlingt" ihn.

Die Jesaja-Apokalypse sagt – in dem von uns anvisierten Kernsatz – ebendies aus. Das prophetische Perfekt drückt, was sein wird, so aus, als sei es schon Wirklichkeit: „Er hat den Tod für immer verschlungen". Ein Vorgriff auf Künftiges, auf Ostern. Die neutestamentliche Gemeinde sieht auf das vorausschauende Denken und Hoffen der Alten wie im „Rückspiegel". Sie erkennt darin ihre eigene Geschichte des Sehens, Hoffens und Glaubens. Sie liest an der prophetischen Vorausschau ab, was in der Auferstehung Jesu Christi ihr selbst und allen Glaubenden zuteil geworden ist und wird. *Der Tod ist für immer verschlungen. Das ist* (1) *unsere Sehnsucht*, (2) *unsere Hoffnung*, (3) *unsere Gewißheit.*

I.

Sehnsucht – ein bedenklicher Ansatz. Wie dürfte man hier beim Begehren und Verlangen des menschlichen Herzens einsetzen? Gegen die harte Wirklichkeit des Todes kann man nicht mit Wünschen angehen. So ist menschliche Sehnsucht kein Ausgangspunkt für die Bewältigung des Todes. Der Wille zum Leben ist eine der Bedingungen zeitlicher Existenz; wäre er uns vom Schöpfer nicht anerschaffen, hätten wir längst aufgegeben. Wir hängen am Leben. Den Tod empfinden wir als bedrohlich und feindlich. Wir wünschten uns den, der ihn besiegt.

Nicht alle werden so empfinden. Wir schieben den Tod hinaus. Aber wenn man alt geworden ist, schwach, gebrechlich, überflüssig, dann wird man ihn als das natürliche Ende gern hinnehmen. Der Arzt kann die Schmerzen der letzten Krankheit mindern. Ist man tot, so spürt man nichts davon, was aus einem weiter wird. Der Tod – ein natürlicher Vorgang. Ihn zu „besiegen“ wäre unter den Lebensbedingungen der Raum-Zeit-Welt geradezu eine Katastrophe. So sollte man ins Vergehen einwilligen. Man kann dem Tod gelassen gegenüberstehen und die etwa noch bestehende oder eintretende kreatürliche Angst als etwas Normales ansehen, über das man hinwegkommt. Wir sind ein Stück Natur. Die Bibel sagt: von Erde genommen, werden wir wieder zu Erde werden.

Wir sind ein Stück Natur, das ist wahr, aber nicht die ganze Wahrheit. Der Mensch hat ein anderes Verhältnis zum Tode als die übrige Kreatur. Er *weiß* um sein Sterbenmüssen. Er weiß von der Nichtumkehrbarkeit der Zeit. Daß er nur *ein* Leben hat, bedrängt ihn. Ihm macht es zu schaffen, daß er Möglichkeiten ungenutzt gelassen, seine Kraft an Nutzloses gewendet und vieles getan hat, was er vor Gott und Menschen nicht vertreten kann. Er ist ja *Person*. Er lebt unter seiner menschlichen Bestimmung, die er soundso oft verfehlt hat, ja, der er im ganzen nicht gerecht geworden ist. Der Glaubende weiß, er sollte Mensch *Gottes* sein, Gottes Gegenüber. Er lebt anders als der Sperling oder die Kröte. Und wenn er von seinem Personsein vor Gott nichts wissen wollte: auch in der Negation wird er Gott als sein Gegenüber nicht los. Im Tiefsten weiß er es, und das macht ihn so unruhig. Wir lehren nicht die Unsterblichkeit der Seele, wohl aber die Unentrinnbarkeit unseres Gottesverhältnisses. „Wo also und mit wem Gott redet, es sei im Zorn oder in Gnaden, der ist gewißlich unsterblich. Die Person Gottes, die da redet, und das Wort zeigen an, daß wir solche Kreaturen sind, mit denen Gott bis in Ewigkeit und unsterblicher Weise reden will“ (Luther, WA 43,481). Der Tod brauchte uns wenig zu erregen, wenn wir einfach vergingen wie ein vom Baume fallendes Blatt. Aber wir vergehen eben *nicht*! Nicht, weil in uns eine unvergängliche Seelensubstanz wäre, der der Tod nichts anhaben kann; sondern weil wir – wie immer wir uns im Leben dazu gestellt haben – von Gott Angesprochene sind, die das, was sie sind, vor Gott zu verantworten haben. So sterben wir wohl, von der Natur her gesehen, am Herzversagen oder am Krebs, oder wir verbluten uns. Hinsichtlich unseres Personseins aber sterben wir an Gott: „das macht dein Zorn, daß wir so vergehen“ (Ps. 90,7). Die Sünde ist „der Stachel des Todes“ (1. Kor. 15,56), der Tod „der Sünde Sold“ (Röm. 6,23). Das Todesgeschehen wäre als bloßer Naturvorgang harmlos; es gehört aber, und das macht es so bitter, in die Konfliktgeschichte zwischen Gott und uns.

Sieht man das so – und der Glaube muß es so sehen –, dann wird verständlich, warum wir uns mit unserem Todesschicksal nicht abfinden können, anders gesagt: warum in uns die elementare Sehnsucht nach Überwindung des Todes ist. Es ist gar nicht an dem, daß wir nur von Wünschen reden, die sich das Menschenherz ausdenkt. Die Sehnsucht, von der wir sprechen, ist in einem (uns durchaus nicht immer bequemen oder willkommenen) anthropologischen Sachverhalt begründet: in unserem unentrinnbaren Bezogensein auf

Gott. Denken wir vom Gottesverhältnis her, dann ist der Tod, wie man gesagt hat, etwas unserer Schöpfungsbestimmung Fremdes, etwas Hinzukommendes und Feindliches, ein Eindringling (Röm. 5,12.14; 1. Kor. 15,26). Tod oder Leben: das entscheidet sich dann nicht mehr allein daran, ob ich noch atme und mein Blut noch kreist, sondern daran, was sich *zwischen Gott und mir* abspielt. Ja, es wird, so gesehen, das natürliche Sterben nicht nur harmlos sein, sondern wir werden es geradezu als eine Notwendigkeit ansehen: „Was du säst, wird nicht lebendig, es sterbe denn" (1. Kor. 15,36). Aber damit ist eben die Todesfrage noch nicht erledigt – jetzt kommt's erst! *Das* ist das Geheimnis unserer Unruhe, des Sich-Aufbäumens gegen den Tod – und zugleich der Sehnsucht nach Überwindung des Todes, daß *hinter* dem irdischen Vergehen das große Entweder-Oder steht. Der irdische, natürliche Tod ist eigentlich nur die sichtbare Außenseite dieses Geschehens, in dem unser Personsein sich auswirkt, so oder so. Dahinter steht die Frage, ob ich das bin – oder werde –, was ich sein soll.

Unser Sündersein macht uns den Tod so beunruhigend und unheimlich. In unserer Unruhe drückt sich aus, daß wir es in den tiefsten Schichten unseres Herzens genau wissen: so, wie wir sind, ist unser Sein-Sollen nicht erfüllt. Was wir sind, haben wir aber zu verantworten. Unsere Sehnsucht nach Überwindung des Todes ist gar nicht bloß das selbstische Verlangen, der Verwesung zu entrinnen und endlich in der Sorglosigkeit der vollendeten Welt Gottes zu landen, – so wahr dies in unseren allzu-menschlichen Gedanken immer mit im Spiel sein mag –, sondern diese Sehnsucht ist das Verlangen, aus dem Widereinander herauszukommen zwischen dem, was wir sind, und dem, was wir sein sollten. Wir können uns als Menschen Gottes mit dem Tode nicht abfinden, denn wir sind nicht für den Tod bestimmt. Gott hat uns die ewige, unzerstörbare Gemeinschaft mit uns zugedacht. Darum müssen wir unruhig sein. Mit der Zeit verrinnen uns auch die Möglichkeiten der Realisierung dessen, was wir sein sollen.

Und das soll alles aus den ersten drei Worten von V. 8 hervorgehen? Natürlich nicht. Alttestamentliches Denken bleibt im allgemeinen in den Horizont dieses Irdisch-Zeitlichen eingeschlossen. Man stirbt, ohne nach einem „Drüben" zu schauen, „alt und lebenssatt" (Gen. 25,8; 35,29; Hiob 42,17). Die Toten sind „im Land des Vergessens" (Ps. 88,13); nicht einmal an Gott denken sie mehr (Ps. 6,6; 30,10; 115,17; Jes. 38,18). Ist dies Befreiung? Immer wieder betet man: Überlaß mich nicht dem Tode! Man denkt auch über die Grenze hinaus, gelegentlich: „Deine Gnade ist besser als Leben" (Ps. 63,4). Leib und Seele können verschmachten, wenn uns nur Gott bleibt (Ps. 73,26). An wenigen Stellen lichtet sich der Horizont. Wo einmal die Gemeinschaft mit Gott im Blick ist und man ihrer gewiß wird, da kann man nicht in der Enge des flüchtigen Daseins (Ps. 90,5f.10c) ausharren. Wischt Gott seinen Menschen die Tränen ab, dann nicht, um sie alsbald ins Bodenlose fallen zu lassen. Wer glaubt, findet sich mit der Todesgestalt der vergänglichen Welt nicht ab. Die Sehnsucht muß ins Kommende ausgreifen, ja, sie wagt es, vom Kommenden so zu sprechen, als wäre es schon da. Gott „hat für immer den Tod verschlungen".

2.

Sprachen wir von Sehnsucht, dann nicht in dem Sinne, daß der vom Tode bedrohte, eingekreiste, ja geradezu versklavte (Hebr. 2,15) Mensch sich irgend etwas ausmalt, was sein müßte oder sollte, gleich, wie es mit den Realisierungschancen steht. Wir meinten, der Mensch sei *darauf angelegt*, über den Tod hinauszufragen und sich nach Leben zu sehnen. Immerhin: in diesem Angelegtsein auf Leben ist die Überwindung des Todes noch lange nicht garantiert. Wir dürfen nicht vergessen, was wir sind. Als Sünder haben wir ja vor Gott verspielt; das Leben ist für uns kein einklagbares Recht. Daß wir zum Bilde Gottes geschaffen sind, als seine Partner-Geschöpfe, als die zur Gemeinschaft mit ihm Berufenen, das geht zwar unablässig mit uns mit und bleibt unsere Bestimmung auch dann, wenn wir diese Gottbezogenheit abstreiten und nicht kennen wollen. Nur: was wir faktisch *sind*, das steht auf einem anderen Blatt. Unser Konstituiertsein auf Gott hin gehört zu den Merkmalen unseres Menschseins, aber die Imago Dei ist zum Negativ geworden: die Konturen sind noch da, die Lichtwerte sind verkehrt. Gott ist nicht verpflichtet, uns anzunehmen und uns das Leben zu geben.

Nun reden wir aber von *Hoffnung*. Hoffnung ist mehr als ein – mehr oder weniger aussichtsreiches – Verlangen. „Wir rühmen uns der Hoffnung der zukünftigen Herrlichkeit", und diese Hoffnung „läßt nicht zuschanden werden" (Röm. 5,2.5). Wieso nicht? Paulus fährt mit einem „Denn" fort. Dieses Denn weist auf das Evangelium. Hoffnung ist kein Greifen ins Leere, sie ist begründet – jetzt nicht im anthropologischen Soll, sondern – (wenn man so will) im theologischen Ist, in der Aussage des Evangeliums.

Sollten wir uns über den Mut des Glossators von V. 8a*a* wundern, dann sind wir genau auf der richtigen Fährte. Seine Aussage ist kühn. Das allem Augenschein und allen gegenwärtigen Erfahrungen zuwiderlaufende Perfectum propheticum sowieso. Kühn ist die Aussage aber auch im Kontext alttestamentlichen Glaubens. Wir sagten: nur an wenigen Stellen lichten sich die Horizonte (G. von Rad, ThAT I, S. 402ff.), da etwa, wo von Entrückung die Rede ist (Ps. 49,16; 73,24b; 2. Kön. 2,1ff.) oder von Auferstehung der Toten (Jes. 26,19; Dan. 12,1–3). Es ist eigentlich in Ordnung, daß das Alte Testament hier noch karg und sparsam ist in seinen Aussagen. Denn Jesus Christus ist der „Erstling" unter den Auferstandenen; alle Hoffnung auf Überwindung des Todes hat ihren Halt in *ihm*. Es ist tatsächlich ein mutiges Bekenntnis der Hoffnung, das in den drei Worten liegt, die für uns der Angelpunkt des Textes sind. Überwindung des Todes ist nur möglich als *Wunder*.

Der Tod muß also durch Gottes Tun tatsächlich überwunden und verschlungen werden. Diese Einsicht trennt uns von der – in der Kirche und Theologie immer wieder mitgeschleppten und auch im heutigen Gemeindebewußtsein noch immer tief eingewurzelten – Lehre von der Unsterblichkeit der Seele. Die Seele, meint man, könne vom Tod sowieso nicht berührt oder gar vernichtet werden, denn sie sei unsterblich. Wäre dem so, dann bedürfte es des Wunders nicht, und der Tod brauchte nicht durch Gottes besonderes Handeln vernichtet zu werden. Die Hoffnung auf unzerstörbares Leben gründete im Sein des Menschen, nicht in Gott. Die Geschichte, die sich zwischen Gott und uns zuträgt, unser Abfall von Gott und, wenn Gott gnädig ist, unser Zurückgeholtwerden zu ihm – diese Geschichte also würde dann belanglos sein, denn das Ewige läge in unserem menschlichen Wesen, und der Übergang ins Ewige vollzöge sich gewissermaßen automatisch. – Dem wäre zunächst von der Anthropologie her zu widersprechen: Wir kennen den Menschen nur als Einheit von Leib und Seele; das Personsein – Freiheit, Verantwortlichkeit, Entscheidung, Geschichtlichkeit – hat seinen Ort nicht in einer vom Leibe unabhängigen Seinsschicht, sondern, so problematisch das Ineinander von Gesetz und Freiheit auch sein mag, im Ganzen des Menschseins. Zu diesem anthropologischen Sachverhalt kommt ein theologischer. Unser Personsein ist im schaffenden Wort Gottes aktuell begründet, nicht in einer von Gott unabhängigen menschlichen Qualität. Ewiges Leben hat seinen Ort in dem, was sich zwischen Gott und mir zuträgt. Ist der Tod der Sold der Sünde, dann trifft er alles, was sich von Gott abgewandt hat, die Seele nicht weniger als den Leib. Schafft Gott mich in seinem gnädigen Zuspruch neu, dann lebe ich mein neues Leben in der Ganzheit meines Menschseins, als die neue Kreatur. Was sich zwischen Gott und mir zuträgt: hier wird über Tod und Leben entschieden.

Und nun wird man feststellen müssen, daß der Glossator die Aussagen des von ihm vorgefundenen Textes tatsächlich *richtig* weitergedacht hat. Der Text – im Verlauf der Predigt mag er im Umfang VV. 6–10a zitiert oder inhaltlich kurz referiert werden – ist ja voller Evangelium. Alle Völker lädt Gott zu sich auf den Zionsberg ein, als ein nobler Gastgeber. H. W. Hertzberg teilt eine Nachdichtung von F. C. Meyer mit – sie sei auch hier wiedergegeben:

Es sprach der Geist: Sieh auf! Es war im Traume.
Ich hob den Blick. Im lichten Wolkenraume
sah ich den Herrn das Brot den Zwölfen brechen
und ahnungsvolle Liebesworte sprechen.
Weit über ihre Häupter lud die Erde
er ein mit allumarmender Gebärde.

Es sprach der Geist: Sieh auf! Ein Linnen schweben
sah ich und vielen schon das Mahl gegeben;
da breiteten sich unter tausend Händen
die Tische, doch verdämmerten die Enden
im grauen Nebel, drin auf bleichen Stufen
Kummergestalten saßen ungerufen.

Es sprach der Geist: Sieh auf! Die Luft umblaute
ein unermeßlich Mahl, soweit ich schaute;
da sprangen reich die Brunnen auf des Lebens,
da streckte keine Schale sich vergebens,
da lag das ganze Volk auf vollen Garben,
kein Platz war leer, und keiner durfte darben.

Alle Völker beisammen, und Gottes Volk, das vielgeschmähte und gequälte, erleichtert, befreit und zu Ehren gekommen. Warum und wie? Gott ist da, sichtbar vor allen und für alle (V. 9). Die Decke, die über der Menschheit gelegen und den Aufblick zu Gott unmöglich gemacht hat, ist weg. „Sieh da, unser Gott, auf den wir gehofft haben, daß er uns helfe!" Er macht seine Menschenkinder nicht nur satt beim fröhlichen Mahle. Er tröstet auch die „Kummergestalten". Vielleicht ist das Wegnehmen der Decke auch so zu deuten: das Verhüllen des Hauptes (s. o.) ist Trauerritus, wobei vielerlei Leid die Trauer verursacht haben kann, auch das Leid des Todes (nochmals: 2. Sam. 19,5). Gott tröstet die Menschen, in väterlicher Liebe wischt er ihnen die Tränen ab. Er teilt nicht nur freigebig aus, er läßt sich nicht nur von allen sehen, er wendet sein Herz denen zu, die Trost brauchen: der Gott-für-uns.
Wir sprechen von *Hoffnung*. Für den Apokalyptiker, der hier redet, und auch für den Glossator ist, was hier steht, Zukunft. Die Kommentare erörtern die verschiedenen Möglichkeiten historischer Ansetzung des Textes – sie kommen sämtlich auf leidvolle Situationen und Phasen in der Geschichte des Volkes Gottes. Wie kommt es dazu, daß Menschen im Hoffen über den mißlichen Status quo hinausgreifen und sich an das klammern, was noch nicht ist? Kierkegaard hat die Hoffnung als „Leidenschaft für das Mögliche" beschrieben. Für das Menschenmögliche? In der Tat, es wäre erbärmlich, wenn wir mit einer bloß verbalen Botschaft von Gottes üppigem Mahl den ungezählten Millionen hungernder Menschen das Wasser im Munde zusammenlaufen machten, ohne in der Leidenschaft für das Mögliche Abhilfe zu schaffen: in der Steigerung der Erträge der Erde, in gesamt-menschheitlichem Denken und Handeln, in umfassenden organisatorischen Leistungen (die uns besser anstünden als der Rüstungswahnsinn), im eigenen Verzicht zugunsten anderer. Auch im Kampf gegen den Tod darf, was Menschen möglich ist, nicht

unterbleiben. Nur muß man sehen: in der bloßen Verlängerung menschlichen Lebens – die nicht nur Probleme löst, sondern zugleich neue, unlösbare Probleme schafft – kann das hier Gemeinte nicht bestehen. Gott wird uns aus der Enge unseres raum-zeitlich begrenzten Lebens herausholen. Wir hoffen im Glauben – nicht weil wir eine Entwicklung voraussehen, die V. 8a recht gibt, sondern weil wir Gott kennen. Grund christlicher Hoffnung: „Der Herr hat's gesagt" (V. 8).

3.

Wir dürfen, indem wir das Evangelium hören, noch eine Stufe höher steigen: von der Hoffnung zur *Gewißheit*. Nicht, daß Hoffnung der Gewißheit entbehrte. Wir wollen nur zum Ausdruck bringen, daß von dem aus, was der alttestamentliche Fromme in kühner, allem Tatsächlichen trotzender Vorausschau gesagt hat, noch ein weiterer Schritt getan werden kann, darum nämlich, weil *Gott* noch einen Schritt weiter gegangen ist. Er hat Jesus Christus von den Toten auferweckt. „Der Tod ist verschlungen in den Sieg." J. Brahms hat es uns in seinem Requiem unvergeßlich ausgelegt. Ein großes Aufatmen, mehr noch: ein Triumphgeschrei. „Tod, wo ist dein Stachel? Hölle, wo ist dein Sieg?" (so nach der Lesart, die Luther vorfand).
Es ist nicht so, daß die Gewißheit die Hoffnung ablöste. Wir sind noch immer Hoffende (Röm. 8,24). Noch immer streckt sich die bedrängte Kirche nach der Zukunft: „Gott *wird* abwischen alle Tränen von ihren Augen" (Offb. 21,4). Wir haben den Tod noch vor uns. Der Christ nimmt ihn ernster als der Nichtchrist, weil er nicht nur die biologische Seite des Todes sieht, sondern seine personale Mitte und Tiefe. Der fleischliche Mensch muß zunichte werden. „Wenn wir wieder zu Staub geworden sind, dann endlich sind auch die Sünden restlos ausgelöscht" (Luther, WA 39 I,95). Dieses Sterben kann auch beim Christen nicht ohne Erschütterung des Herzens abgehen. „Also im Sterben muß man sich auch in die Angst hineinwagen und wissen, daß danach ein großer Raum und Freude sein wird" (WA 2,685). Wir hoffen noch immer.
Aber Christus, der „Erstling", ist schon auferweckt. „Das soll unser Trost sein: er ist lebendig und lebt im ewigen Leben und besiegt den Tod und ist herauskrochen aus dem Loch, wo er begraben war, und hat dem Teufel den Bauch zerrissen" (Predigt, WA 36,544). „Die Hälfte vom Sterben ist schon hinweg" (ebd., 553). „Ist das Haupt auferstanden, so ist das andre Teil nur ein Traum – ... wie die Weiber sagen: ist des Kindes Haupt geboren, so hat's nicht not. So ist unser Haupt ein Herr über Tod und Teufel" (ebd., 547f.). Getaufte sind in Christus eingeleibt; sein Auferstehungsleben ist, unsichtbar noch, auch das ihre.
Begreift man, wo das eigentliche Osterwunder seinen Ort hat, dann wird man beim Predigthörer zugleich unnötige Glaubens- und Verstehenshindernisse beräumen. Daß, was wirklich tot ist, nicht wieder lebendig wird, ist ein unanfechtbarer Satz; er mag durch die Totenerweckungen Jesu begrenzt sein – sie sind Zeichen des Kommenden –, aber er gilt für den Bereich unserer natürlichen Welt unstreitig. Das neue Leben, das Jesus zu Ostern „ans Licht gebracht" hat (2. Tim. 1,10), ist nicht wiederhergestelltes physisches Leben, sondern eschatisches Leben, aus ganz anderem „Stoff" gemacht (1. Kor. 15,35ff.). Es gibt keinen möglichen empirischen Einspruch gegen die Osterbotschaft, denn was sie aussagt, gehört nicht zur empirischen Welt. Kein menschlicher Machtspruch kann die kreatorischen Möglichkeiten Gottes begrenzen. Nur: das eigentliche Osterwunder besteht nicht darin, daß Gott das schlechthin Neue schaffen *kann*, sondern daß er es *will*. Niemand sage, Gott müsse unser neues Leben wollen; er hätte Grund, uns für immer abzutun. Nicht einmal dies sollte man sagen, daß sich für Gott, wenn er einmal *kann*, die Aufer-

weckung seines Sohnes von selbst verstehe. Man vergesse doch nicht: der Gekreuzigte hat sich – auf Gedeih und Verderb, ja, man muß sogar sagen: auf Verderb – mit seinen sündigen Menschenbrüdern solidarisiert. Er ist, indem er das tat, zum „hoffnungslosesten Fall in der Geschichte der Menschheit" (Heinrich Vogel) geworden: er hat die Folgen aller Gottwidrigkeit der Menschen auf sich gezogen und ist von Gott fallengelassen worden, verflucht und verdammt (Gal. 3,13). Damit ist sein und unser Todesschicksal besiegelt. – Aber Gott hat ihn auferweckt und hat, da er Jesu Solidarisierung mit den verlorenen Menschen anerkennt, zugleich uns eine neue Zukunft gegeben. Hier, im Forensischen, fällt die Entscheidung über unser ewiges Leben. „Der Stachel des Todes ist" nicht der Herzinfarkt oder das Karzinom, sondern „die Sünde" (1. Kor. 15,56). Und die ist *weg*! Es steht nichts mehr zwischen Gott und uns. Was Gott *liebt*, das *lebt* auch. Das ist der Grund unserer Gewißheit, daß die Aussagen des Textes – reiches Mahl, unbehinderte Gotteserkenntnis, göttlicher Trost – christologisch „aufgefüllt" und „realisiert" sind. Nichts kann uns mehr von Gottes Liebe scheiden. Damit ist auch der Tod ein für allemal vernichtet.

Quasimodogeniti. Mark. 16,9–14(15–20)

Wie echt oder unecht der „unechte Markusschluß" ist, darüber sind die Meinungen geteilt. Er fehlt bei B und א (ein etwaiger Blattverlust müßte sehr früh passiert sein); auch für Clemens Alexandrinus, Origenes, Cyprian und Cyrill von Jerusalem schließt das Evg. mit V. 8. Den (auf den Apostelschüler Aristion zurückgeführten) uns gegebenen Text bezeugen A, C, D, Irenäus Tertullian und Tatian (2. Jhdt.). E. Linnemann (Der [wiedergefundene] Markusschluß, ZThK 1969, S. 255ff.) sieht in VV. 15–20 den originalen Schluß; ein Abschreiber habe einen ursprünglich vorhandenen Übergang von V. 8 zu V. 15 (uns vorliegend in Matth. 28,16f.) gestrichen und die ihm aus den anderen Evgg. bekannten Ostergeschichten in summarischer Form eingefügt. W. Schmithals (Markusschluß, Verklärungsgeschichte, Aussendung der Zwölf, ZThK 1972, S. 379ff.) meint, Markus habe in seiner Vorlage vier Ostergeschichten vorgefunden: 16,1–8; 9,2–8a; 3,13–19; 16,15–20; er habe um seiner Theologie der geheimen Epiphanien willen die beiden mittleren in Jesu Erdentage verpflanzt, mußte dann freilich, dieser Konzeption zuliebe, „die Geschichten streichen, die Jesu Messianität überhaupt erst österlich epiphan werden lassen" (S. 410). P. Pokorný (Anfang des Evangeliums, in: Die Kirche des Anfangs, Festschrift für Schürmann, hrsg. v. Schnackenburg, Ernst und Wanke, [1977] S. 115ff.) meint, Markus wolle nur, einem Mangel in der Urchristenheit abhelfend, den „Anfang" des Evangeliums von Jesus Christus (1,1) bieten, komme also mit 16,8 an sein Ziel. H. Lubsczyk (Kyrios Jesus, ebenfalls in der Festschrift für Schürmann, S. 133ff.) untersucht theologische und wortstatistische Zusammenhänge und hält VV. 9–20 für markinisch (auf die Übereinstimmung des Vokabulars hatte u. a. schon J. Schniewind im NTD hingewiesen).
Die Abschnitte VV. 9–13 und 14–20 unterscheiden sich anscheinend stilistisch stark voneinander. Man könnte in VV. 9–13 Auszüge aus bekannten Ostergeschichten sehen: Joh. 20,11–18; Luk. 24,13–35; Matth. 28,16–20 wäre dann Parallele zu VV. 14–20. Lubsczyk vergleicht jedoch den Sammelbericht des Paulus und setzt mündliche Überlieferung als Hintergrund voraus. Der Unglaube und die Verhärtung der maßgebenden Osterzeugen könnten für einen Teil der Überlieferung Anlaß gewesen sein, VV. 9ff. zu streichen. Das Motiv kommt indes bei Markus mehrfach vor (7,18; 6,52; 8,17 – letztere beiden Stellen hat Matthäus abgeschwächt). – V. 9: Maria Magdalena wird eingeführt, als wäre sie in V. 1 gar nicht erwähnt worden; sie hat die erste Erscheinung des Auferstandenen erlebt (vgl. Ostern I). – V. 10: Nun spricht sie *doch* (vgl. V. 8). „Die mit ihm gewesen waren": so charakterisiert Markus – nur er! – die Jünger (2,26; 5,18; 14,67 – nur an letzterer Stelle übernimmt Matth. die Wendung). – V. 11: Auch die sonstige Osterüberlieferung spricht vom Unglauben. – V. 12: Die Emmausjünger erleben ihn „in anderer Gestalt": anders als Maria von Magdala oder anders, als sie ihn aus den Erdentagen kannten? Daß sie ihn nicht erkannten, deutet auf letzteres.
V. 14: Mit ὕστερον wird – ähnlich wie mit μετὰ ταῦτα (V. 12) – die Aufzählung fortgesetzt; V. 14 könnte also zum Vorangehenden gehören. Zugleich schaut aber der Vers nach vorn. Epiphanie des

Auferstandenen bei Tische (Luk. 24,30.42f.; Joh. 21,12f.). (Matth. 28,16: Berg.) – V. 15: Auftrag zum
Heroldsdienst für alle Welt (Schöpfung hier wohl = Menschheit). Absoluter Gebrauch von εὐαγγέλιον
bei Markus 6mal, bei den anderen Evangelisten nicht (vgl. 1,14; 8,35; 10,29; 13,10; 14,9). – V. 16:
Auch „glauben" ist eines der markinischen Zentralworte (vgl. z. B. 1,15; 4,40; 6,6; 9,23; 11,23; das
Ineinander der beiden Perikopen 5,21–43 ist vom „Glauben" her zu begreifen). Glaube und Taufe
„retten"; auch dieses Wort bei Markus häufig. Wer nicht glaubt, läßt sich auch nicht taufen; das
zweite Satzglied nimmt die Notwendigkeit der Taufe nicht zurück. – V. 17: Zeichen begründen nicht
den Glauben; die Glaubenden erfahren sie aber, und zwar nicht nur die Apostel, sondern alle Glau-
benden. Austreibung von Dämonen wie 1,34.39; 3,15.22; 7,26; 9,38. Handauflegung: 5,23; 6,5; 7,32;
8,23.25. Zungenrede bes. 1. Kor. 12; 14. – V. 18: Fertigwerden mit Schlangen im eigentlichen
(Apg. 28,3–6) oder übertragenen Sinne (Luk. 10,19). Euseb schreibt, ein Justus Barsabas habe vom
Gifttrank keinen Schaden gehabt; auch hier kann hintergründig gedacht sein. – V. 19: Luk. 24,50;
Apg. 1,12 (anderer Schauplatz). – V. 20: Im Blick ist die Kirchengeschichte. „Mitwirkung" (gewagtes
Wort) des Herrn durch Zeichen, die das Wort (wieder absoluter Gebrauch) „festmachen".

Wenn die Perikope (früher Himmelfahrtstext) mit Bedacht auf den Sonntag Quasimodogeniti gelegt ist, dann soll sie nicht so sehr auf die Erhöhung des Herrn zielen,
sondern, diese voraussetzend, auf das Neuwerden der Menschen, die durch seine wirkenden Gegenwart erfaßt und verwandelt werden. Das, was die Menschen zu Wiedergeborenen macht, ist dieses Handeln des Auferstandenen in Kerygma und Taufe und sind,
in zweiter Linie, die „begleitenden" Zeichen. Man wundert sich, daß gerade die das
Evangelium enthaltenden Verse in Klammern gesetzt sind; die Rede vom Unglauben und
der Verkrustung der Herzen bei den Jüngern ist nicht „gute Nachricht". Wohl ist der
Unglaube des Thomas (altes Evangelium) zu VV. 9–14 parallel, aber in Joh. 20 wird
dieser Unglaube überwunden, in den VV. 9–14 unseres Textes hingegen nicht. Anders,
wenn man die VV. 15–20 einbezieht. Auch da wird nicht von Wiedergeburt gesprochen,
wohl aber, trotz dieser deprimierenden VV. 9–14, von Auftrag, von Rettung und Beglau-
bigung, mit dem die ganze Kirchengeschichte einleitenden ermutigenden Schlußvers, aus
dem deutlich wird, was Christus aus solchen ungläubigen Jüngern machen und wie er mit
ihnen seine Sache treiben kann. Wiedergeburt ist hier nicht auf den einzelnen Christen
bezogen, sondern auf die ganze Jüngerschaft und so auf die in die Welt gesandte Kirche.
Es lohnt sich nicht, in der Vorbereitung auf die Predigt der Frage nach der Unechtheit
oder auch Echtheit des Markusschlusses allzuviel Mühe zuzuwenden. Aristion, wenn er
denn der Verfasser wäre, ist von Papias von Hierapolis in einem Atem mit Johannes
genannt, er gilt als Jünger des Herrn. Hat er die uns vorliegenden Verse geschrieben oder
irgendein anderer: im Wortschatz und Stil und – was noch wichtiger ist – in der theologischen Gesamtauffassung besteht zum Markusevangelium im ganzen stärkste Übereinstimmung (Lubsczyk passim). Nur in *einer* Hinsicht könnte es stärkere Zweifel geben.
E. Lohmeyer hat bekanntlich den jähen Abbruch des „echten" Markus mit V. 8 daraus
erklärt, daß den Jüngern (in 14,28 und 16,7) in Galiläa die Parusie in Aussicht gestellt war
und sie darin enttäuscht worden sind. Das Reich ist nicht gekommen, es kam nur die
Kirche. Wenn es sich so verhielte, dann wäre der Text ein Dokument der Verlegenheit:
unmittelbar nach der Auferstehung sollte Christus vor aller Welt in Herrlichkeit erscheinen – nun muß er aller Welt *gepredigt* werden, und das heißt: sein Reich ist noch immer
„ein Hörereich" (Luther). Man wird jedoch feststellen müssen, daß das Markusevangelium auch sonst damit rechnet, daß das Evangelium „allen Völkern" (13,10), „in aller
Welt" (14,9) verkündigt werden wird, es also vor der Parusie eine (für diese Riesenaufgabe nicht zu knapp zu bemessende) Zeit der missionierenden Kirche geben wird. Nur so
erklärt sich auch die besondere Erwähnung des Petrus in 16,7: er ist dem Auferstandenen
in besonderer Weise begegnet (1. Kor. 15,5; Luk. 24,34; Joh. 20,2ff.; 21,7.11.15–19) und ist
der Erste im Kreis der Sendboten (Apostel) des Auferstandenen. Nein, es liegt auch in

dieser Hinsicht zwischen dem Evangelium und dem uns vorliegenden Schluß kein sachlicher Bruch vor.

Man könnte sich vorstellen, daß der Prediger nur V. 16 herausgreift und mit der Gemeinde über den Zusammenhang von Glaube und Taufe spricht. Am „weißen Sonntag" trugen in der alten Kirche die zu Ostern Getauften noch einmal im Gottesdienst ihre Taufkleider. An die eigene Taufe zu denken ist dem Christen jederzeit dienlich. – Unsere Auslegung faßt, wie sie schuldig ist, das Ganze des Textes ins Auge, dessen Spannung gerade durch die Quasimodogeniti-Thematik schön herauskommt: *Der Auferstandene wirkt in seiner Kirche.* (1) *Aus Ungläubigen macht er Boten,* (2) *aus Verlorenen Gerettete,* (3) *aus Unfähigen Beglaubigte.*

I.

Die weltweite, missionierende Kirche könnte nicht sein, wenn Christus nicht auferstanden wäre. Nicht nur, weil sie dieser Weltsendung gar nicht gerecht werden könnte ohne die von ihm kommende Dynamis, sondern weil sie ohne ihn gar nicht wäre, was sie ist. Eine Bewegung, die für eine Idee kämpft, – und wäre es die des Reiches Gottes? Eine Sammlung von Menschen zur Verbreitung eines neuen Ethos, zur Stimulierung eines neuen Wollens unter den Menschen? Mission: Versuch der Durchsetzung eines vielversprechenden Weltprogramms? So verstanden, wären Kirche und Mission tausendfältig widerlegt. „Geht hin in alle Welt" – dieser Befehl hat einen anderen Hintergrund. Es geht nicht einmal um die bessere, die reinere, die höhere „Religion". Es geht um Ihn, um den Kyrios (VV. 19.20). Der Schluß des Evangeliums greift auf den Anfang zurück: dem Kyrios – das ist in dem Deuterojesajazitat Jahwe – sollte der Weg bereitet werden (1,3), und der Kyrios ist Jesus (Röm. 10,9 u. ö.). Der Auferstandene wirkt in seiner Kirche; die Kirche ist geradezu von daher zu definieren.

Eben dies aber ist am Anfang der Perikope den Elfen ganz ungewiß. Der Maria Magdalena glaubten die Jünger nicht; den beiden von Emmaus ebensowenig. Wollten wir fragen, warum diese kleine – früheste – „Evangelienharmonie" (Schniewind) nicht auch von Petrus, Jakobus und Thomas spricht (1. Kor. 15,5.7; Joh. 20,24ff.), so ist zu antworten, daß die VV. 9–13(14) ja eben die Exposition sind zu den Erfahrungen, die die eben Genannten noch machen sollten und die in unserer Perikope (ähnlich Luk. 24,36ff.; Joh. 20,19ff.) zusammenfassend dargestellt und kerygmatisch zugespitzt sind. Anfangs waren die Elf (V. 14) auf das Wort der allerersten Zeugen angewiesen. Und denen haben sie nicht geglaubt. Der Thomas des alten Evangeliums ist die – auf johanneische Art – „herausphotographierte" Gestalt, an der der Zweifel und Unglaube aller demonstriert wird, vgl. auch Matth. 28,17; Luk. 24,22–25. Der Auferstandene trifft auf verhärtete Herzen (V. 14). Er muß den Unglauben seiner engsten Gefolgsleute schelten. Man beachte: das sind die, auf deren „Grund" die Gemeinde gebaut werden soll (Matth. 16,18; Eph. 2,20).

Bedenkt man, daß (z. B.) Lukas die Zebedaidenperikope (Mark. 10,35–45) weggelassen hat – doch wohl, um die beiden Apostel zu schonen –, dann wundert man sich nicht, wenn ein Teil der Überlieferung den fatalen Markusschluß nicht bringt. Das Freer-Logion, das Codex W hinter V. 14 einschaltet (bei Nestle im Apparat) und das Hieronymus zu kennen scheint, versucht sogar die Jünger zu verteidigen. Schade, muß man sagen. Zweifel, Unglaube, und Verkrustung des Herzens werden auch sonst im Evangelium nicht totgeschwiegen; ja, das ist gerade das „Evangelische" am Evangelium, daß menschliches Unvermögen und Versagen für Christus nicht nur kein Anlaß sind, die Menschen aufzugeben, sondern daß der Herr – trotz des harten Tadels – eben mit solchen Ungläubigen etwas anfangen kann. Apostel, die *nicht* zweifelten, könnten unsereinen nur entmutigen. Aber aus Ungläubigen macht Christus *Boten*. – Also kann er auch uns gebrauchen. Sie hätten auch ohne die Christophanie glauben können und sollen. Aber sie wird ihnen zuteil (ὕστερον kann „danach" oder auch „zuletzt" bedeuten; da sich die Himmelfahrt anschließt, ist die [zusammenfassend dargestellte] erste Erscheinung des Auferstandenen zugleich die letzte). Jesus „erscheint" den Jüngern, wie er zuvor den beiden Jüngern „in anderer Gestalt" „erschienen" ist (V. 12); man kann mit gleichem Recht übersetzen: „er offenbarte sich". Gegenstände der Erfahrungswelt kann man sehen, wenn man nur will; was der Doxa der Auferstehungswelt zugehört (1. Kor. 15,35ff.) kann nur dann gesehen werden, wenn Gott es „sichtbar werden läßt" (Apg. 10,40). Den Elfen ist dies widerfahren (übrigens sollte man – bis zum Beweis des Gegenteils – annehmen, daß es sich auch in der johanneischen Parallele, dem alten Evangelium [20,19], um die Elf handelt). Apostel ist, wer den Auferstandenen gesehen hat (1. Kor. 9,1; 15,5ff.), wer also durch Autopsie für die (eschatische) Realität des zu Verkündigenden eintreten kann (ein noch anspruchsvollerer Apostelbegriff bei Lukas [Apg. 1,21f., vgl. Luk. 1,2, und Johannes 15,27; 1. Joh. 1,3]). Darüber hinaus aber ist den Erscheinungen des Auferstandenen vor seinen Aposteln dies gemeinsam, daß sie in Beauftragung und Sendung auslaufen. Wer Christus als den himmlischen Kyrios erfahren hat, ist auch von ihm in die Welt geschickt. „Apostel" bedeutet seinem Wortsinn nach Abgesandter, Losgeschickter, Auf-den-Weg-Gebrachter (πορευϑέντες wie Matth. 28,19), In-Marsch-Gesetzter. Er hat die Aufgabe des „Heroldsdienstes"; wir sagten in unserer Schlagzeile schlicht: „Bote", womit wir freilich – dem modernen Sprachgebrauch zuliebe – den Sachverhalt geschmälert haben. Der Herold überbringt nicht nur, wie der Bote, eine Nachricht an einen bestimmten Adressaten; er ruft etwas aus, „proklamiert" etwas in die Öffentlichkeit hinein, gibt – das Ausgerufene damit in Kraft setzend – den Willen eines Regierenden kund. Nicht die Lautstärke macht's (Matth. 12,19), aber die Gültigkeit und Verbindlichkeit des Bekanntgegebenen. Ist die Predigt der Kirche Kerygma, dann ist sie nicht unverbindlicher Beitrag zu irgendeinem Gespräch, also nicht private Meinungsäußerung eines an religiösen und ethischen Fragen Interessierten, also auch nicht ein die Hörer nicht bindendes Aussprechen bestimmter Erfahrungen oder gar Stimmungen. Sowenig die Verkündigung der Kirche Macht hinter sich haben darf und sowenig sie sich aus dem Raum des Weltlichen Beweise holen darf: sie kann nur mit dem Anspruch auftreten, das ins Menschenwort verpackte gültige Wort des Kyrios zu sein. Der Auferstandene wirkt in seiner Kirche. Wäre dem nicht so, dann sollten wir lieber heute als morgen „zumachen".

Wir danken es dem Aristion oder dem Markus selbst bzw. seiner Gewährstradition, daß er die große Sendungsszene mit dem peinlichen Eingeständnis des Unglaubens der leidtragenden und weinenden, aber gegen die Auferstehungsbotschaft verhärteten Jünger eingeleitet hat. Alles, was in der Kirche gepredigt wird, müßte uns des Allzu-Menschlichen verdächtig sein, wenn es aus der „Glaubensstärke", aus der Unerschütterlichkeit des Menschenherzens, aus der Stärke seiner Überzeugtheit oder gar aus seiner ansteckenden Euphorie käme. Übrigens: auch die Schwachheit, sofern sie ebenfalls wieder nur menschlich ist, ist keine Legitimation. Die „Wiedergeborenen" (Epistel des Sonntags) sind die, in denen sich – ohne Voraussetzungen menschlicherseits – der Auferstandene durchgesetzt hat. Man sieht es am Text: aus Ungläubigen macht er Boten. – Glaubensnöte und -krisen eines Predigers können zu ernsten Problemen werden. Herauskommen wird man früher oder später, wenn einem aufgeht, daß unsere Vollmacht in guten Zeiten nicht auf der Stärke unseres eigenen Herzens beruht und darum auch in schlechten Zeiten durch seine Schwäche und Verwirrtheit nicht gestört werden kann, wenn wir nur auf Christi Verantwortung hin predigen und ausrichten, was er uns aufgetragen hat. Wir, die Prediger, werden dann die ersten Empfänger seines aufrichtenden Wortes sein.

Wir beneiden die Apostel, die den Herrn wirklich bei sich hatten und in seinem Auftrag zugleich ihre Ermächtigung bekamen (Joh. 20,21b). Wir, die Nachgeborenen, sind nun vielleicht in der Lage, in der sich die Elf befanden, als Maria Magdalena und die Emmausjünger zu ihnen hereinplatzten. Sie „hörten" nur, „daß er lebe und ihnen erschienen wäre" und „glaubten denen nicht, die ihn gesehen hatten auferstanden" (VV. 11.14). In der Tat, wir sehen ihn nicht. Aber seiner Gegenwart dürfen wir doch gewiß sein: in seinem Wort (V. 15), in seinem Mahl (V. 14). Matthäus verlegt die Szene auf den galiläischen „Berg", Symbolwort für den Ort der Offenbarung (28,16), Lukas auf den Ölberg (Apg. 1,12). Der Markusschluß spricht vom Sitzen zu Tische. Fahren wir uns nicht in der Frage fest, welcher Ort nun der historisch zutreffende gewesen sei. Es kommt darauf an, zu hören, was die Ortsangabe aussagen will. Der seine Gemeinde sendende Christus praesens ist in seinem Sakrament leibhaft bei uns. Gottesdienst ist Ostergeschehen.

2.

Der in seiner Kirche wirkende Herr macht aus Verlorenen Gerettete. Damit dies geschehe, ziehen die Boten aus; es soll zum Glauben kommen und damit – so selbstverständlich, daß es dafür keiner besonderen Begründung bedarf – zur Taufe. Wer Christ ist, ist getauft (Röm. 6,3; Gal. 3,27; Eph. 4,5 u. ö.). War vorhin eben – fast wie im Vorübergehen – vom Herrenmahl die Rede, so hier von der Taufe. Die Leser des Evangeliums sind darauf eingestellt. Der Kommende „wird euch mit dem heiligen Geist taufen" (1,8). Nachdem er selbst die „Taufe" an sich geschehen lassen haben wird, die ihn durch den Tod zum neuen Leben führt (10,38f.), zieht er auch die Seinen in der Taufe in sein Auferstehungsleben hinein, durch den Tod hindurch; Paulus zeigt in Röm. 6 die Zusammenhänge auf. Die Taufe verbindet mit dem auferstandenen Christus, und damit „rettet" sie (V. 16).

Ergibt sich die Weltsendung der Kirche aus der Kyrioswürde ihres auferstandenen Herrn, so hat sie ihre entsprechende irdische Notwendigkeit im Soteriologischen: in der Rettungsbedürftigkeit der Menschen. Das Wort „selig werden" dürfte für viele von uns nicht mehr die Raumtiefe und den Entscheidungsernst dieses Geschehens wiedergeben, das (im Aktivum) mit σώζειν gemeint ist. Man könnte das Werk der Mission auf sich beruhen lassen, wenn das Christwerden den Menschen nur zu einer Art seelischer Befriedigung oder zu religiöser Überhöhung oder zu geistiger Bereicherung oder zur Aufbesserung des inneren Standards oder zur frommen Ausschmückung des Lebens oder zu einem oberflächlichen Glücklichwerden dienen sollte. Es geht um „Rettung". Den Passagieren eines in Seenot geratenen Schiffes oder den Bewohnern eines brennenden Hauses liegt nicht an der Steigerung ihres seelischen Komforts, sondern daran, daß sie aus ihrer verzweifelten Lage herausgeholt werden. Es ist nicht müßig, dies in der Predigt herauszuarbeiten. Mit Gott im reinen oder nicht: das ist nicht eine Frage des Geschmacks und der Besonderheit der Persönlichkeitsstruktur oder des selbstgewählten Lebensleitbilds. Worum es in Jesu Rettungswerk geht, mag man sich an 3,22–27; Luk. 10,18; 1. Joh. 3,8; Kol. 1,13 klarmachen. Bekommt Gott seine Menschen wieder oder nicht? Es könnte sein, ein Leben kommt äußerlich ganz gut in Ordnung, und man wird es z. B. den neun geheilten Aussätzigen gönnen, daß sie mit heiler Haut zu den Ihren zurückkehren können; aber „gerettet" ist nur einer: der, der zu Christus zurückgekehrt ist (Luk. 17,19). Es könnte sein, einer gewinnt die ganze Welt, aber sein Leben – das wirkliche „Leben" – verfehlt er (8,36). Aber es wird zumeist gar nicht so sein, daß in unserem Leben und in unserer Welt alles stimmt, nur das eine nicht: das Verhältnis zu Gott. Unser Konflikt mit Gott zieht meist eine Menge anderer Verirrungen und Einbrüche, Kollisionen und Katastrophen geringeren oder größeren Ausmaßes nach sich. Das „Heil" ist ein Ganzes. Jesus will das Heil. Es soll alles gut werden. Die Welt soll wieder ihrem Schöpfer gehören. Die Menschen sollen, befreit von ihrer Schuld, wieder unbefangen vor ihrem Gott und für ihn leben können.

Wie kommt es dazu? Das in die Welt hineingerufene Wort weckt *Glauben*. Eines der Zentralworte des Evangeliums. „Kehrt um und glaubt an das Evangelium!" (1,15). „Fürchte dich nicht, glaube nur! (5,36). „Alle Dinge sind möglich dem, der glaubt" (9,23; vgl. 11,23). „Dein Glaube hat dir geholfen" (= dich gerettet) (5,34; 10,52). Wie die erste Predigt der Kirche, die der Apostel, so soll auch unsere Predigt Glauben wecken und zum Glauben Lust machen. Es könnte im Text – auf dem Hintergrund der Anfangsverse – so aussehen, als ob es einfach um die theoretische Anerkenntnis gehe: ja, es hat seine Richtigkeit mit diesem auferstandenen Kyrios. Wem wäre damit „geholfen"? Glaube greift tief ins Leben ein. Das von Christus ausgehende Wort nötigt zur Stellungnahme. Man kann es aufnehmen oder ablehnen. Wohl wird uns Zeit gelassen, wenn wir sie brauchen; Jesus setzt uns keine Pistole auf die Brust. Aber von einem gedankenlosen Aufschub werden wir gewarnt. Jesus erwartet Nachfolge. Wer ihm glaubt, hört auf ihn, vertraut sich ihm an, läßt ihn seinen Anwalt und Fürsprecher sein, hängt sich an ihn, wenn er zu Gott geht, lebt in der von ihm begründeten Hoffnung, verläßt sich auf die Barmherzigkeit und gewährt Barmherzigkeit, sucht sein Ansehen und seinen Wert bei ihm. Wer das alles nicht will, muß die Folgen tragen (V. 16b).

Wer Glaube sagt, sagt sofort auch *Taufe*. „Ein Glaube, eine Taufe" (Eph. 4,5). „Ihr seid alle Gottes Kinder durch den *Glauben* an Christus Jesus. Denn (!) wie viele von euch auf Christus *getauft* sind, die haben Christus angezogen" (Gal. 3,26f.). So auch hier: „zum Glauben gekommen und getauft" (die Patrizipien des Urtextes sind lapidarer als die Übersetzung Luthers). Fast klingt es wie ein Hendiadyoin, denn beides zusammen macht das Christwerden aus. Daß einer Christ wird, schließt ganz gewiß eine Neuorientierung des Denkens, Wollens, Begehrens und Tuns ein, geht aber nicht darin auf. Denn die Beschreibung des Taufgeschehens als Sterben und Auferstehen will nicht gleichnishaft verstanden sein, sondern so, daß dabei von Jesu Tod und Auferweckung ausgegangen wird. Von den Toten auferweckt werden, das ist nicht bloß ein personaler Vorgang am alten Menschen, bedeutet vielmehr, daß Gott dem, was nicht ist, ruft, daß es sei (Röm. 4,17); ein Schöpfungsakt, der *vor* allem Denken, Wollen, Begehren und Tun ist. Wer getauft wird, „zieht Christus an" (s. o.), oder anders ausgedrückt: er wird in den Leib des auferstandenen Christus „eingetaucht" (1. Kor. 12,13), verborgenermaßen in die himmlische Wirklichkeit des erhöhten Christus einbezogen (Kol. 3,1–4). Ein Geschehen, das man nur eschatologisch be- bzw. umschreiben kann.

Man hat aus der Reihenfolge: „glauben und getauft werden" immer wieder schließen wollen, erst müsse bewußter, entschiedener Glaube vorhanden sein, und dann könne es zur Taufe kommen. In der Missions- und auch Diasporasituation wird es faktisch immer wieder so sein. Aber es muß nicht so sein. Wir können und wollen nicht im Vorübergehen die Frage der Kindertaufe abhandeln, sie vielmehr nur insoweit berühren, als an ihr das Taufverständnis überhaupt durchgeprobt werden kann. Wäre die Taufe, wie manche meinen, symbolischer Bekenntnisakt des *Menschen*, dann müßte man auf besagter Reihenfolge bestehen; sie ist aber Tat *Gottes* bzw. *Christi* (1,8; Eph. 2,4–7; 5,26; Tit. 3,5). Wäre sie nur ein von Gott benutztes Lehr- und Veranschaulichungsmittel, dann müßte ebenfalls der bewußte Glaube vorausgehen oder doch wenigstens gleichzeitig möglich sein. Aber sie hat nicht nur kognitiven, sondern effektiven Sinn, ist Heilstat Gottes, der in Christus unser Gott sein will. Wie Christus für mich geboren, gestorben und auferstanden ist, bevor ich davon wissen konnte, so ist er mit dem Faktum seiner Zuwendung zu mir und meiner Einbeziehung in ihn allem meinen Begreifen und Glauben zuvorgekommen. Die Taufe ist nicht bloß „Nachrichtenmittel", sondern Heilstat, die als eschatisch-kreatorisches Handeln Gottes (s. o.) mein neues Sein begründet, das vor allem Begreifen und Annehmen liegt. Ich kann, was Gott in der Taufe an mir getan hat, *ablehnen*, kann also von dem Schiff, das mich aufnahm, abspringen, zu meinem eigenen Verderben; aber daß ich auf dem Schiff bin, das hat Gott gemacht, er hat mich in der Taufe „auferweckt und mit Christus in das himmlische Wesen gesetzt in Christus Jesus" (nochmals: Eph. 2,6). „Er" ist das Subjekt im Taufgeschehen. Es gilt auch hier: Der Auferstandene wirkt in seiner Kirche. Menschen taufen, aber der eigentliche Täufer ist Er. Unser Glaube ist, wenn er lebendig ist, ein Leben lang damit beschäftigt, das aufzunehmen und anzunehmen und dem entgegenzuwachsen, was Christus an uns getan hat, ehe wir von ihm wußten.

3.

Die VV. 17–20 sprechen von der „Kirche der Tat" (Doerne, Er kommt... – Himmelfahrt). Wohin die Boten Jesu mit dem Wort und mit der Taufe kommen, da passiert etwas. Das Wort wird bekräftigt durch mitfolgende Zeichen (V. 20). Man möchte aufatmen: endlich einmal nicht bloß der Hinweis aufs Unsichtbare, nur in besonderer Offenbarung sich Erschließende; endlich einmal das Aufweisbare, Registrierbare, das, wie man hoffen darf, auch auf die Nichtglaubenden Eindruck macht und die Kirche vor der Welt legitimiert.
Wir werden vorsichtig zu reden haben. Einmal deshalb, weil die Welt, wenn sie schon etwas von der „Kirche der Tat" erlebt hat, zugleich auf die Unterlassungen der Kirche und auf ihr immenses Schuldkonto hinweisen wird. Hoffentlich wissen wir davon selbst genug und werden und bleiben darüber unruhig. Erst recht wird uns das Defizit an solchen speziellen Merkmalen des Christusheils Unruhe bereiten. Jede Wunderperikope macht uns zu schaffen: nicht nur, weil sie uns mit unserem Weltbild in Konflikt bringt, sondern auch, weil unser ungläubiger Glaube streikt. Und nun soll, was uns bei Jesus verlegen macht, zu den Merkmalen des gesamten Weges und Werkes der Kirche gehören. Wir werden vorsichtig reden – aus Verlegenheit.
Dazu kommen Überlegungen von der Sache selbst her. Wir sprachen vom Aufweisbaren und Registrierbaren. Man bedenke: wo das Zeichen verlangt wird als Bedingung für den Glauben, da versagt sich Jesus (8,10–12). Hier, in der Perikope, „folgen" die Zeichen den Glaubenden. Daß die nichtgläubige Welt statt durch die Predigt durch Zeichen gewonnen werde, steht nicht da. Die Zeichen „machen das *Wort* fest" (V. 20). Die Herrschaft des Erhöhten wird nach wie vor darin verwirklicht, daß Menschen *hören* und *glauben*. Vielleicht bemerkt der Unglaube gar nichts von diesen Zeichen; das *Wort* muß gezündet haben – dann wird es beglaubigt.
Man hat den vorliegenden Markusschluß einer späten Zeit zuweisen wollen wegen seiner auffälligen Wundergläubigkeit. W. Schmithals (a. a. O. , S. 406) macht demgegenüber darauf aufmerksam, daß unser Text ebenso wie die Wundergeschichten aus Jesu Erdentagen „strikt theologisch zu verstehen" sind: „Die Gemeinde der Glaubenden wird als die eschatologische Heilsgemeinde beschrieben; vgl. Jes. 11,6–9; 65,25; Joel 3,1ff.; ... 1. Kor. 12,9f.; Mark. 9,38; Matth. 11,2–5; Apg. 2,4; Joh. 14,12; Hebr. 2,4 ... Von der alttestamentlichen und rabbinischen Vorstellung aus, daß die messianische Heilszeit bereits in der Wüstenzeit einmal da war, sind möglicherweise jene Motive zu erklären, die an den soeben angeführten Stellen nicht direkt begegnen: zu dem schadlosen Trinken von Gift

vgl. Ex. 15,22ff.; zu dem Anfassen von Schlangen Exod. 4,3 bzw. Deut. 21,6ff." Sind die „mitfolgenden Zeichen" Merkmale der Heilszeit, dann interessieren sie nicht als Demonstrationen der Christusmacht vor dem Unglauben, und dann haben sie ihr Eigentliches nicht darin, daß hier Naturgesetze überspielt werden; vielmehr sind sie Signale dafür, daß die Macht des Bösen, des Widergöttlichen gebrochen ist und Menschen von dem ergriffen worden sind und werden, was der neuen Welt Gottes zugehört. Die zerstörende Macht des Widergöttlichen, das Dämonische, wird ausgetrieben. Der Geist lehrt Menschen in himmlischer Sprache zu reden. Die Boten Jesu werden auf wunderbare Weise beschützt sein vor Gift und Schlangen. Die Handauflegung wird Kranken dazu helfen, daß es ihnen gut geht. Schon wahr: Sprache und Anschauungswelt sind die der neutestamentlichen Zeit. Wir werden nicht engherzig auslegen und umsprechen, als müßte das hier Aufgezählte phantasielos imitiert werden. Aber ich denke, unter uns geschieht, was hier gemeint ist. Daß wir in der Heilszeit leben, besagt ja nicht, daß alles Belastende wie weggeblasen wäre. Gotteskraft kommt in der Schwachheit ans Ziel (2. Kor. 12,9). Das Kreuz bleibt, ja, Christusnachfolge läßt es im Leben der Nachfolgenden erst recht wirksam werden (8,34f.). Das Heil ist eingewoben in die noch immer bestehenden und gegen das Weltfinale hin sich steigernden Bedrängnisse (Kap. 13). Wir werden uns vor allzu glatten Heilsvorstellungen hüten. Aber wir brauchen wirklich nicht verlegen und kleinlaut zu sein. Die Boten Jesu – die eingeschlossen, die durch ihr Wort an Jesus glauben werden (Joh. 17,20) – *sind* von der Fürbitte des himmlischen Christus getragen. Es wäre seltsam, wenn wir, die Prediger, davon nichts zu sagen wüßten. Weiß der Verfasser unseres Textes nicht, daß die hier Entsandten nahezu alle den Märtyrertod gestorben sind? Er weiß es – nur: auch dieser konnte ihnen „nicht schaden". Oder wären die Jünger Jesu schlechter dran als Sokrates, der gewiß war, der Schierlingsbecher werde ihm letztlich nur zum Besseren verhelfen? Aber ehe es soweit kommt: Führung, Behütung, Durchhilfe, immer wieder! – Und sollten wir wirklich nichts wissen von der Kraft der Fürbitte und des Segens – mit oder ohne aufgelegte Hand? Wir sind schnell dabei, die Fälle zu registrieren, in denen die Hilfe Gottes – scheinbar – ausblieb. Wir bemerken nicht, was Gott, indem er unser Leben erhält, täglich abwendet und in Ordnung bringt. Sollten wirklich nur die Therapeuten davon wissen, daß Bereinigungen in der Seele, besonders im Gewissen, gestörtes und verstricktes Leben bis ins Leibliche hinein heil machen? Wir kennen die Wirkungen der Umkehr zu Jesus Christus in zerstörten und verfahrenen Existenzen. Da muß das auf sich selbst und sein Recht und seine Geltung bedachte trotzige alte Ich nicht mehr ums Überleben kämpfen. Christus steht für die Seinen ein; das genügt. Der Krampf löst sich. Die Ehe wird wieder heil. Die Nachbarn merken es. Doch, doch: es geschehen noch Wunder. Wir müßten nur bereiter sein, auf das zu achten, was Christus wirklich tut. Jeder von uns weiß Menschen, durch deren Hände er uns Gutes getan hat. Die diakonische Liebe Christi ist mit seinen Sendboten unterwegs.

„Der Herr wirkte mit ihnen": darin liegt beides, nämlich daß Menschen am Werke sind, aber das heimliche Subjekt ihres Tuns ist Christus. Nicht „teils – teils", sondern: Christus in seinen Boten. Wir haben etwas herausfordernd formuliert: aus Unfähigen werden Beglaubigte. Man braucht nur 9,18b.19 zu lesen, und man wird ermessen, was sich inzwischen an den – „wiedergeborenen" – Jüngern ereignet hat und weiter ereignen soll. Was schwach ist, macht Christus brauchbar. Anders könnte sich die Kirche nicht in die Welt hineinwagen.

Miserikordias Domini. Joh. 21,15–19

Innerhalb des der johanneischen Schule entstammenden Nachtragskapitels, das – von der Redaktion her gesehen – als Einheit genommen sein will (Eugen Ruckstuhl, Zur Aussage und Botschaft von Johannes 21, in: Die Kirche des Anfangs, Festschrift für Schürmann, 1977, S. 339ff.), bilden unsere Verse dennoch eine Zelle für sich. „Mehr als diese" (V. 15) setzt die Jüngerszene am Strand voraus; auch daß mit V. 20 der Lieblingsjünger noch einmal auftritt (vgl. V. 7), läßt an den Hintergrund der VV. 1–13 denken. Aber V. 14 ist eine deutliche Schwelle. Unser Stück könnte die johanneische Ausformung der Ersterscheinung des Auferstandenen vor Petrus sein (1. Kor. 15,3–5; Luk. 24,34; mittelbar Mark. 16,7). Mit der Petrustradition der Kapp. 1–20 verbindet unsere Perikope manches: die Verleugnung (18,15ff.), das Bild vom Hirten (10), aber auch die Szene 13,36–38 und die Redewendung 12,33. Unsere Stelle muß im Material des Evangelisten vorhanden gewesen sein; 13,36–38 verlangt geradezu diese Fortsetzung. Die VV. 15–17 „dürften ... aus alter Tradition stammen", „eine Variante der Beauftragung des Petrus mit der Gemeindeleitung Matth. 16,17–19", die man ebenfalls auf den auferstandenen Christus hat zurückführen wollen (Bltm., GsTr., S. 277f.; 287f.).

V. 15: Bei den Synoptikern duldet Jesus keine Rivalität zwischen den Jüngern (Schnbg. z. St.); die Frage erklärt sich daraus, daß Petrus sich mit seinem Treueversprechen tatsächlich vor den anderen hervorgetan hat (s. u.) und nun, im Beicht- und Absolutionsgespräch, eben um seines Vorrangsstrebens willen zurechtgewiesen werden soll. Die Anrede vermeidet den Petrusnamen (vgl. 1,42), der Vatername Johannes nur im 4. Evg. (Matth. 16,17: Sohn des Jona, in unserer Stelle von jüngerer Überlieferung angeglichen). Ob ἀγαπᾶν und φιλεῖν nur aus stilistischen Gründen wechseln (wie βόσκειν und ποιμαίνειν, ἀρνία und πρόβατα und προβάτια [Deminutivum]), darüber s. u. – V. 16: Petrus hat vielfach erfahren, daß Jesus ins Innere der Menschen sieht (1,42.47; 2,25; 16.30, vgl. auch Offb. 2,2 Parr.). – V. 17: Nun gebraucht auch Jesus das Wort φιλεῖν (s. u.). Petrus ist betrübt. Glaubt ihm Jesus nicht? Er muß doch wissen, daß Petrus es ernst meint, da er ja „alles weiß"! Dreimal hat Petrus versagt; darum muß er sich auch die dritte Frage gefallen lassen. Das zweimal vorangestellte σύ (noch bemerkenswerter, wenn man vom Semitischen her denkt), betont: „du selbst", „du wie kein anderer"; damit liefert Petrus sich völlig dem Urteil seines Herrn aus.

V. 18: Das zweifache Amen ist die johanneische Form der feierlichen Beteuerung (Synoptiker: *ein* Amen), die für die Sprache Jesu (nach J. Jeremias) kennzeichnend ist. „Wie Petrus an der Fürsorge für die Herde Jesu teilhat, so auch an seinem Todesgeschick" (Schnbg. z. St.). Als „junger Mensch" (der Komparativ wird nicht mehr empfunden) „gürtet" man sich selbst, d. h. man rafft das Gewand auf und bindet es hoch, um beweglich und arbeitsfähig zu sein (vgl. Luk. 12,35; Eph. 6,14). Im Alter wird man geführt. Vielleicht ist hier ein Sprichwort aufgenommen. Es könnte mit der Doppelbedeutung von „gürten" gespielt sein: es kann auch „fesseln" bedeuten und – V. 19 – auf die Todesart hinweisen: gewaltsamer Tod, oder speziell Kreuzestod (W. Bauer: der Verurteilte mußte den Querbalken mit ausgestreckten und daran angebundenen Armen zum Hinrichtungsort hinaustragen). Vom Märtyrertod des Petrus spricht, in umschreibender Rede, 1. Clem. 5,4; daß Petrus gekreuzigt worden ist, sagt erst Tertullian, vgl. O. Cullmann, Petrus, Berlin 1961, S. 98. Der Ruf in die Nachfolge (Mark. 1,17; Joh. 1,41f. ohne diesen ausdrücklichen Imperativ) wird hier im Sinne von Mark. 8,34 präzisiert und gefüllt.

Wir sollten diese Geschichte so verstehen, wie sie sich durch ihren Ort in der Reihe der Ostergeschichten selbst verständlich macht. Historische Erforschung des Neuen Testaments mag fragen, wie sich etwa Matth. 16 und Joh. 21, übrigens auch die von uns früher schon besprochene Perikope Luk. 22,31–34, zueinander verhalten (vgl. Cullmann, a. a. O., S. 212); wir haben als Prediger die Gemeinde jedoch nicht mit subtilen historischen Fragen aufzuhalten. Freilich wird sich der historisch-exegetische Standort auf die Predigt auswirken, und deshalb bedarf es doch – am Schreibtisch – einer kurzen Rechenschaft.

Die Perikope handelt m. E. nicht von der Einsetzung des Petrus ins Apostelamt, sondern von seiner Rehabilitierung, d. h. aber: von seiner *Wieder*einsetzung nach der Verleugnung (so u. a. H. Graß, Ostergeschehen und Osterberichte, Berlin ²1964, S. 82; Schnakkenburg im Kommentar, S. 431). Gewiß, Ostergeschichten sind meist Sendungsgeschichten (vgl. die vorhergehende Perikope). Aber daraus zu schließen, daß „ursprünglich alle Geschichten, die von einer Berufung der Jünger durch Jesus erzählen, Osterge-schichten gewesen" seien (Bltm. im Kommentar S. 552, A. 1), halte ich für unerlaubt. Man wird auf solche Gedanken kommen, wenn man meint, daß Jesus nicht nur zu Leb-zeiten keine Kirche gegründet, sondern auch für die Zeit danach keine Kirche im Blick gehabt und darum auch Menschen nicht zugerüstet und mit dem Auftrag für die kommende Zeit versehen habe. In der Tat, Jesus sammelt in seinen Erdentagen keine fest organisierte Gemeinde; er ruft Menschen in seine Nachfolge. Aber „Jesu Erdenwirken weist über sich hinaus auf eine Situation, in der ein Anschluß an seine Person allen mög-lich ist. Das ist die entscheidende Antwort auf die Frage: Hat Jesus Kirche gewollt? Sein Erdenwirken weist sachlich über sich hinaus auf eine Zeit der Kirche und nicht auf das sichtbare Hereinbrechen der Gottesherrschaft unmittelbar nach seinem Ende" (L. Gop-pelt, ThNT 1, S. 257). So sind die Zwölf Keimgestalt des kommenden Zwölfstämme-volkes (Matth. 19,28) und zugleich die „Abgesandten", die Jesu Person vertreten – „denn der Abgesandte eines Menschen ist wie er selbst" (Mischna Ber. 5,5, vgl. Luk. 10,16; Matth. 10,40). Ostern ist nicht ekklesiologischer Nullpunkt. Es gibt keinen zureichenden Grund, die Berufungsgeschichten durchweg in die Zeit nach Ostern zu versetzen. – Daß gar die Verleugnung Jesu durch Petrus – sachliche Voraussetzung unserer Perikope – unhistorisch wäre (Goguel), leuchtet nicht ein; die Urchristenheit wird den Apostel, der in ihrer Anfangszeit den wichtigsten Platz einnahm, nicht grundlos mit einer so negativen Story belasten. Auch scheint die feierliche Dreimaligkeit des Dialogs in unserm Text mit kultischen oder magisch-juristischen Bräuchen (Gaechter) weniger überzeugend erklärt zu sein als damit, daß die hier gestellten Gewissensfragen sich eben auf die Sache beziehen, die tatsächlich das Gewissen betrifft, nämlich die dreifache Verleugnung. Es geht um ein Beichtgespräch – sehr unformell (keine ausdrückliche Absolution), dafür desto mensch-licher, feinfühliger und tiefgründiger.

Eine weitere Vorfrage wird sich der Prediger noch zu stellen haben. Der Text erzählt die Geschichte eines einzelnen Menschen, der an seinem Herrn schuldig geworden und nach dessen Auferstehung von ihm von seiner Schuld losgesprochen und aufs neue ins Amt gesetzt worden ist. Man könnte bei dieser sehr individuell gehaltenen Geschichte stehen-bleiben und an ihr ganz einfach ablesen, wie der Auferstandene sich seelsorgerlich um einen Sünder bemüht. Damit hätten wir aber übersehen, daß es sich nicht um irgend jemanden, sondern um Petrus handelt, um einen Apostel also, sogar um den, der in allen Apostellisten an der Spitze steht. Man hat in unserm Text eine der drei klassischen Papststellen gesehen. Es ist nicht Aufgabe der Predigt, die Diskussion um das Petrusamt – im Sinne des Papsttums – zu führen. Eine Predigthilfe würde sich, versuchte sie es, über-nehmen. Ja, auch der Exegese sind hier, vom Text her, Grenzen gesetzt (Schnbg., S. 436). Man wird die Petrusstellen des vierten Evangeliums gerade darum wichtig nehmen, weil dieses sonst offensichtlich am „Lieblingsjünger" besonders interessiert ist, – ein indirekter Beweis für die Vorrangstellung des Petrus. Andererseits: aus dem Auftrag: „Weide meine Schafe!" die Suprematie über die ganze Kirche abzuleiten, geht nicht an; der Befehl könnte jedem Amtsträger der Kirche ebenso gegeben sein (Apg. 20,28; 1. Petr. 5,2). (Viel eher könnte man in V. 11 eine Papststelle sehen: ist nämlich der Fischfang Bild für die Weltmission, sind die 153 Fischarten Symbol für Menschen aus allen Völkern und ist das „an Land gezogene" und nicht zerreißende, also die Einheit der Kirche darstellende Netz die Kirche, dann ist der „An-Land-Zieher", Petrus, die – in welchem Sinne, ist damit noch nicht gesagt – auf die Einheit der Kirche bezogene Figur.) Petrus empfängt das ver-lorene Hirtenamt aufs neue. Also wird vom Amt der Kirche zu reden sein. – Dazu kommt ein drittes: Was das Martyrium angeht, so widerfährt dem Petrus hier eine gubernatio specialissima, die erst recht der Verallgemeinerung widerstrebt. Ein Stück Hagiographie; „man soll der Heiligen gedenken, auf daß wir unsern Glauben stärken" (CA XXI).

Der Grundriß also: *Das Werk des Auferstandenen an dem Verleugner Petrus:* (1) *Lossprechung,* (2) *Beauftragung,* (3) *Führung.*

I.

Fragt man nicht nach der Herkunft unseres Abschnittes, sondern nach dem Zusammenhang, den der Autor des 21. Kapitels hergestellt hat, dann will der Text von V. 1 an mitgehört sein. Theologisch: Die VV. 1–13 enthalten so etwas wie ein Programm der Kirche. Wir sahen, daß die Menge der Fische – aus allen Arten – nicht nur im Netz eingeschlossen, sondern auf festen Boden gebracht wird, dorthin, wo der auferstandene Herr zu finden ist, der den Seinen das Mahl bereitet hat (ICHTHYS – das Christussymbolwort). In dieses Gesamtbild gehört auch das Amt der Kirche. – Aber auch erzählerisch schließt sich die Perikope an das Vorangehende an. Die Szene, die eben noch sieben Männer (Zahl der Ganzheit – vgl. bes. die Apokalypse) um den Einen versammelt zeigt, verengt sich, man könnte sagen: die Kamera rückt dicht heran und zeigt, wie es der Herr im Augenblick nur noch mit *einem* zu tun hat, mit Petrus. Das Gespräch ist äußerst knapp gefaßt. Am knappsten dann, wenn – wie man z. T. meint – jeder Gesprächsgang trotz verschiedener Worte das gleiche enthält. Daß dem so ist, davon kann ich mich jedoch nicht überzeugen. Im Nacherzählen werden wir eine deutliche Antiklimax feststellen.

„Simon, Sohn des Johannes" – die Anrede geht scharf auf Petrus zu, diesmal und genauso bei den folgenden Fragen. Eben noch, in der Einleitungsformel, hieß es: „spricht Jesus zu Simon Petrus". Jetzt wird der Name Kephas, also Petrus, unterdrückt (vgl. 1,42; Matth. 16,18); wir sollen dies als Leser offenbar deutlich empfinden. Daß Simon seinen Herrn enttäuscht und gekränkt hat (18,17.25–27), läßt dieser ihn – zart, aber unmißverständlich – im Nichtgebrauch des Petrusnamens spüren. Der Mann, der hier angeredet ist, *ist* kein „Petrus" mehr. Aber selbst wenn Petrus diesen Stachel nicht gespürt hätte, in der ersten Frage müßte er ihn spüren. „Liebst du mich mehr als diese (mich lieben)?" Ich bekenne, Bultmann an dieser Stelle nicht zu verstehen: „Schwerlich darf man in dem Rückgang vom Mehrlieben auf das bloße Lieben einen grundsätzlichen Gedanken finden: die menschliche Weise der Liebe, in der es ein Mehr oder Weniger gibt, hört auf vor dem Auferstandenen, dem gegenüber es nur das Entweder–Oder von Lieben oder Nichtlieben gibt und vor dem kein Mensch sich eines Mehr rühmen kann" (Kommentar S. 551, A. 1). Rühmen – natürlich nicht; wir haben uns weder einer großen noch einer kleinen Gabe zu rühmen. Aber gibt es nicht große und kleine, wachsende und abnehmende, heiße und erkaltende Liebe? Und wenn Bultmann damit recht hätte, daß es im Bereich des eschatischen neuen Lebens nur das mathematische + a und – a und keine Zwischenwerte gibt: rechnet in unserm Falle der Auferstandene nicht immer noch mit dem alten Menschen Petrus ab, der in der Absolution und Neubeauftragung der neue erst wieder werden soll? War das nicht eben die „fleischliche" Art des Petrus, den anderen immer überlegen sein zu wollen? „Und wenn sie alle an dir irre werden – ich nicht" (Matth. 26,33). „Ich will mein Leben für dich lassen" (Joh. 13,37). Petrus vornean – man kann es schon an der voraufgehenden Perikope sehen; Jesu Seelsorge könnte gerade durch den hastig durchs Wasser watenden, auf den Herrn zustürzenden Petrus (V. 7) zu einer solchen Formulierung der Frage erneut veranlaßt sein (dies wieder im Sinn der Redaktion gedacht). Wichtiger aber: Kurz vor der Verleugnung hat Petrus – in eben diesem Alleingang, durch den er sich von den anderen abhob – in großen Versprechungen, ja sogar indem er mitging und anfangs noch kämpfte, sein inneres Konto überzogen. „Hast du mich lieber als diese?" Zu dieser komparativisch gefaßten Frage hat er wohl Anlaß gegeben; nun muß er sie sich gefallen lassen. (Wir werden darauf an anderer Stelle noch zurückzukommen haben.)

Aber er wird künftig nicht mehr der alte Petrus sein. Er spürt die Sinnlosigkeit jeglicher Beteuerung. Steht doch vor ihm der Herr, dem er nie etwas hat verbergen können, der also auch die ganze Geschichte seines Versagens kennt und selbstverständlich auch in diesem Augenblick besser weiß als er selbst, wie es um ihn steht. „Ja, Herr, du weißt . . ." – in dem vorangestellten „du" liegt: keiner weiß es so wie du. Aber wie führt Petrus den Satz zu Ende? Er nimmt nicht das gefüllte Wort ἀγαπᾶν auf, das der Herr in seiner Frage gebraucht hat und das z. B. dann verwendet wird, wenn von der Liebe zwischen Gott-Vater und Gott-Sohn die Rede ist oder von der großen Wunderliebe Gottes zur sündigen Welt. Petrus sagt nur: „Du selbst weißt, daß ich dich gern habe" (φιλῶ, wie zwischen Freunden, ernst gemeint, fürsorglich, aber ein anders getöntes Wort, vgl. ThWNT I, S. 36). Ganz bescheiden, beinahe kleinlaut drückt Petrus sich aus; gerade darin tut sich unbeabsichtigt die *große* Liebe kund. (Es folgt der neue Auftrag.)

Als Jesus zum zweiten Mal fragt, hält er an dem Verbum ἀγαπᾶν fest; aber der Vergleich mit den anderen Jüngern fällt weg. Die zweite Frage fragt nach weniger als die erste (Antiklimax); noch aber liegt, wenn wir den Wortsinn der Verben richtig erfaßt haben, das Gefragte eine Stufe über dem, was die erste Antwort des Petrus versichert hat: nach der ἀγάπη fragt der Herr. Die Antwort des Petrus lautet wie beim ersten Mal.

Ein drittes Mal setzt der Herr zur Frage an. Petrus soll wissen: sein dreimaliges „Ich kenne ihn nicht" verlangt in dieser Stunde auch ein dreimaliges: „Ich habe dich lieb." Aber wie fragt der Herr? „Hast du mich gern?" – jetzt braucht er eben das von Petrus bewußt gewählte, das dem „understatement" des Reuigen angemessene zurückhaltende Wort φιλεῖν – und stellt auch dies in Frage! – Aus der Antwort des Petrus klingt große Traurigkeit, aber kein Aufbegehren, nicht die Spur einer Selbstrechtfertigung. Nur: „Herr, alles weißt du selbst (wie kein anderer)" – darin liegt die ganze Kapitulation und zugleich das ganze Vertrauen – „du weißt (merkst) ja selbst am besten, daß ich dich lieb-habe."

Das Handeln des Auferstandenen „erweist sich als vollendete Einheit von bedingungslosem Vergeben und tiefen Beschämungsgericht" (M. Doerne, Siehe, ich sende euch, Dresden 1935, S. 7). Es fällt kein hartes Wort. Aber darüber, daß das Versagen des Petrus eine ernsthafte Störung des Verhältnisses zwischen dem Herrn und seinem Jünger mit sich gebracht hat, besteht kein Zweifel. Der Herr hält ihm nicht die konkrete Sünde vor – nur mit der Dreizahl der Fragen gibt er zu erkennen, was gemeint ist. Er fragt ihn einfach nach der Liebe. Das könnte so gemeint sein, daß, hätte Petrus seinen Herrn nur wirklich geliebt, es zur Verleugnung, zu diesem Sich-Distanzieren und dem darin geschehenden Abfall nicht hätte kommen können. Darin käme zum Ausdruck, daß dem Petrus – wie jedem anderen Christen – bei der bedingungslosen Lossprechung das Gericht nicht erlassen, sondern daß es gerade so vollzogen wird. Nicht: Gott läßt es auf sich beruhen, will alles großzügig übersehen. Sondern: Die aufgedeckte, die in ihrer Häßlichkeit und Scheußlichkeit erkannte, die nicht mehr abgestrittene, sondern bereute Sünde wird vergeben. Was tut es, daß die Absolutionsformel fehlt? In der Traurigkeit, die nicht die Traurigkeit der Welt, sondern die aus Gott stammende Traurigkeit ist und zur Rettung eine Reue bewirkt, die man danach nicht zu bereuen braucht (2. Kor. 7,10), hat Petrus Buße getan, und der Herr hat keine Zweifel daran gelassen, daß Simon nun wieder sein alter Petrus ist: „Weide meine Schafe!" „Die Absolution des Herrn verschmilzt mit dem Auftrag" (Graß, a. a. O., S. 83). – Aus der Frage nach der Liebe kann man jedoch auch

noch das andere heraushören (und darauf dürfte Bultmann gezielt haben, s. o.): sie
könnte eine Variante der Frage nach dem Glauben sein. Dann läge darin, daß Petrus für
sein Christsein im allgemeinen und für sein Amt im besonderen nicht die Tadellosigkeit
und Zuverlässigkeit eines Menschen braucht, der nirgends aneckt oder einbricht. „Wenn
du nur mit dem Herzen an mir hängst", könnte der Herr sagen wollen; in diesem Satz
wären Glaube und Liebe tatsächlich fast kongruent. Die Liebe wäre dann nicht etwas
Geleistetes, sondern die Einstellung des bloßen Empfangens. „Ja, Herr, du weißt selbst,
daß ich auf nichts anderes aus bin."

2.

Beauftragung – so unser Stichwort, genauer: Wiederbeauftragung. Petrus bekommt sein
Amt zurück; das Petrusamt oder das Amt der Kirche überhaupt – wir können an dieser
Stelle die Frage offen lassen. (Je weniger Besonderes das „Petrusamt" gegenüber dem
Amt der Kirche im allgemeinen beansprucht, desto diskutabler wird es, desto mehr entspricht es dem neutestamentlichen Befund.)
Die Meinung, die johanneischen Schriften kennten das apostolische Amt nicht, ist verbreitet, aber falsch. Zwar fehlt im Evangelium (außer der unspezifischen Stelle 13,16) und
in den Briefen das Wort Apostel, aber was Apg. 1,2.8b.21f. über das Apostelamt gesagt
ist, ist in Joh. 15,27 zusammengefaßt und in 1. Joh. 1,1–3 – von der Augenzeugenschaft
und der Aufgabe her – expliziert; in 20,21–23 ist ordinatorisches Handeln in geradezu
klassischer Weise beschrieben (wir haben in dieser Perikope traditionsgeschichtlich eine
Variante zu 1. Kor. 15,5 zu sehen), und unsere Stelle kennzeichnet das Amt der Kirche
als Hirtenamt. (Wer bereit ist, die Apokalypse dem johanneischen Kreis zuzurechnen, sei
auf 18,20; 21,14, auch auf 2,2 hingewiesen und auf die „Engel" der sieben Gemeinden, die
wahrscheinlich ihre Bischöfe sind.)
Die Aufgabe des Amtes: *weiden*. Wir sprechen von der Gemeindeleitung; βόσϰειν und
ποιμαίνειν sind viel farbiger und anschaulicher. Mit emotionalem Widerstand gegen die
Vorstellung ist in der Gemeinde zu rechnen. In dem Maße, in dem begriffen wird, was
gemeint ist, wird er gegenstandslos. Das Hirtenamt ist ein Regieramt; Götter und Könige
wurden in der Alten Welt „Hirten" genannt. Sollte ein Amtsträger daraus eine Rechtfertigung seiner Herrschaftsgelüste ableiten oder das Gemeindeglied einen Argwohn gegen
das „herrscherliche" Amt überhaupt, dann haben beide das Gemeinte gründlich mißverstanden. Wer nur auf der Ebene des Zwischenmenschlichen denkt, wird, wenn er etwas
vom „Weiden" hört, diesem Mißverständnis fast notwendig verfallen. Er wird meinen,
der Amtsträger, als Hirt verstanden, dürfte oder sollte sich die Gemeinde unterwerfen. Es
heißt aber: „Weide *meine* Schafe!" Nicht einer von uns regiert die Herde, sondern allein
er, der „gute Hirte" (10,11), der „Erzhirte", der „Hirt und Bischof eurer Seelen"
(1. Petr. 5,4; 2,25). Die Gemeinde gehört nicht mir, dem Pfarrer, sondern Christus. „Der
Vater hat Jesus, seinem Sohn, die Schafe anvertraut, so daß sie dem Sohn genauso wie
dem Vater gehören (vgl. 10,3f.14; 17,9f.), und ohne sich seines Besitzrechtes zu begeben,
vertraut sie der Auferstandene, zum Vater Heimkehrende dem Petrus zu treuer Fürsorge
an" (Schnbg. z. St.). „Weidet die Herde Christi – nicht als die über die Gemeinden herrschen, sondern werdet Vorbilder der Herde" (1. Petr. 5,2f.). *Der Herr* regiert seine
Gemeinde – durch das Amt. Und wie erfüllt das Amt seinen Auftrag, wie also geht das
Weiden vor sich? Allein durch die Verwaltung der Gnadenmittel, also durch die Predigt
des Wortes, die Darbietung der Sakramente und der Absolution. Warum diese Beschränkung? Weil nur so gewährleistet ist, daß der Herr selbst seine Gemeinde „weidet". In
allem, was nicht zu dem Bereich der Gnadenmittel gehört, hat der Amtsträger der Kirche

machtlos und *kompetenzlos* zu sein – gleich, ob Pfarrer, Bischof oder Papst. Das „Weiden" des Amtes ist in Wirklichkeit Christi eigener Hirtendienst. Die Frage, wie innerhalb der Gemeinde, soziologisch gesehen, die Kompetenzen verteilt sind, steht auf einem ganz anderen Blatt. Es wäre befreiend, wenn das Verständnis des Amts der Kirche nicht mehr verbaut würde durch den Argwohn oder den falschen Anspruch auf der Ebene des Sozialgebildes Gemeinde. Allerdings, der Zuspruch und die Willenserklärung des Herrn der Kirche wird nicht auf demokratischem Wege ermittelt. Das gepredigte Wort ist, als das Wort des Herrn, das fremde, von „oben" ergehende, also das auch den Prediger selbst autoritativ bindende Wort – „die Botschaft, die wir von *ihm* gehört haben" (1. Joh. 1,5). Der Prediger ist „Botschafter an Christi Statt" (2. Kor. 5,20). Stellvertreter? Ja, aber das Wort bekommt sofort einen falschen Ton, wenn man sich nicht ein „nur" dazudenkt – wie denn 1. Kor. 3,9 sinngemäß zu übersetzen ist: „*nur* Mitarbeiter Gottes", denn das Ackerfeld und der Bau, hier: die Herde ist *sein.* Geistlich regiert werden kann die Kirche nicht anders als so, daß das Wirken des Amtes das Mittel ist, dessen sich Christus in seinen Gnadenmitteln bedient, also – wenn man so will – in größtmöglicher Transparanz und, was die Haltung des Amtsträgers angeht, im völligen, auf alle Eigenmächtigkeiten verzichtenden Gehorsam. „Ein anderer wird dich gürten" – wir kommen gleich noch darauf.
Wie wenig – über den Auftrag hinaus – die Person des Amtsträgers in Betracht kommt, zeigt sich in unserer Perikope sehr deutlich. Der mit dem Dienst der Leitung Beauftragte ist ein Sünder, dem vergeben wurde. Christus tut sein Werk durch Sünder, „et sacramenta et verbum propter ordinationem et mandatum Christi sunt efficacia, etiamsi per malos exhibeantur" (CA VIII, 2– die deutsche Fassung ist nicht so präzis). Wissen wir Pfarrer es wirklich, und wissen es die Gemeinden? Nichts macht uns so unglaubwürdig und unfähig, das Evangelium zu verkündigen, wie der falsche Schein, wir müßten als Amtsträger der Kirche etwas anderes sein als begnadigte Sünder. Wohl sollen wir darauf aus sein, nicht anderen zu predigen und selbst disqualifiziert zu werden (1. Kor. 9,27). Aber übel wäre der Zwang zu pharisäischer Heuchelei. Der Pfarrer – ein Muster-, ein Rekord-, ein Spitzenchrist? Einer, der um seiner persönlichen Vorzüge willen dominiert? ein Virtuos der Religion (Schleiermacher, Reden)? Es wird alles falsch, wenn wir so denken. Es gehört zu der nötigen Desillusionierung, daß dem Petrus das „Mehr-Lieben" (V. 15) ausgetrieben wird, denn nicht *das* gibt ihm seine besondere Funktion innerhalb der Kirche Jesu Christi, sondern ganz schlicht – der Auftrag. Wer sich darüber nicht wundert, daß Christus ihn in Dienst genommen und darin, trotz allem, erhalten hat, weiß nicht, was er tut, wenn er sein Amt führt. Es gehört zu dem Befreienden und Ermutigenden im Neuen Testament, daß es uns zeigt, wie Christus seine Kirche mit lauter Sündern und Versagern baut, auch im öffentlichen Amt der Kirche, – „auf daß sich kein Fleisch rühme" (1. Kor. 1,29).
Bei alledem darf nun aber auch nicht vergessen werden, daß das Leitungsamt, indem es als Hirtendienst beschrieben wird, nicht ein Amt des Befehlens und Herrschens ist, sondern ein Amt der Fürsorge, des Behütens, der Versorgung. Ist es nur Organ des Sorgens Christi, des guten Hirten, dann fällt der Einwand fort, man wolle nicht durch einen anderen versorgt und behütet werden. Im Hintergrund steht Joh. 10. Wir sind vor Jesus in einer anderen Lage als untereinander. Und wenn jemand auch das Herrsein *Jesu* als Zumutung empfindet, so sei er darauf aufmerksam gemacht, daß *dieser* Hirte sein Leben für die Schafe gegeben hat. Er wollte sein Herrsein auf nichts anderes aufbauen als darauf.

3.

Das Stichwort *Führung* – besser: *Geführt-Werden* – sagt nur sehr allgemein aus, was in den letzten beiden Versen gemeint ist. Man kann in ihnen den weiteren Weg des Petrus aus der Rückschau beschrieben sehen. V. 19a tut dies sogar ausdrücklich. Aber wir wären armselige Exegeten, wenn wir an jedem vorausschauenden Wort solange herumhebeln wollten, bis wir eben das, was in die Zukunft weist, nämlich den Glauben, das Wagnis, den Gehorsam, die Verheißung usw., nicht mehr zu Gesicht bekommen. Wer sich wie Petrus für seinen Herrn auf den Weg macht, muß seine Zukunft ihm anvertrauen. Wer im Dienst des guten Hirten stehen will, der sein Leben für die Schafe gelassen hat, muß einkalkulieren, daß er ihm auch darin gleich oder ähnlich wird. Jesus hat die Hand auf Petrus gelegt. Er wird über ihn verfügen.

Als junger Mann war auch Petrus auf „Selbstverwirklichung" bedacht. Was das Bild vom Hochgürten des Gewandes bedeutet, haben wir angemerkt. Wer selbst Pläne macht und sich seiner Eigeninitiative freut, mag nicht gern vom Gehorsam hören. Es steckt in solcher Einstellung ja auch Richtiges und Unaufgebbares. Wer verantwortlich denkt, wird sich nicht treiben lassen, sondern faßt eigene Entschlüsse. Antriebsschwäche soll wahrhaftig nicht zur geistlichen Tugend gemacht werden. Aber die Indienstnahme durch Christus bedeutet nun doch, daß Petrus hinsichtlich der Richtung, die sein Leben nehmen wird, festgelegt ist. Ja, er wird sogar von Station zu Station *geführt* werden. „Wer nicht sein Kreuz auf sich nimmt...", das hört sich ganz gut an, solange man mit der Möglichkeit spielt, daran vorbeizukommen. Der Hirt hält bei der Herde aus. Mancher Pfarrer ist in Situationen geraten, in denen ihn nur das Wissen um seine Hirten- und Gehorsamspflicht gehalten hat (Ina Seidels Roman „Lennacker" bietet ergreifende Beispiele). Petrus selbst wird ein Leben in gehorsamem Aposteldienst führen. Er wird zum Leiter und Sprecher der Gemeinde in Jerusalem werden. Kommt Paulus erstmals nach Jerusalem zur christlichen Gemeinde, dann wird ihm zunächst daran gelegen sein, Kephas kennenzulernen (Gal. 1,18), den Apostel besonders für die Judenchristenheit (Gal. 2,7) und eine der drei „Säulen" in Jerusalem (Gal. 2,9). Hier wird Petrus – die Apostelgeschichte schildert es – wiederholt verhaftet werden. Er wird auch einmal untertauchen – „und zog an einen anderen Ort" (Apg. 12,17), und seine Spur wird sich für uns verlieren; nur allgemein wissen wir: er wird als Sendbote seines Herrn durch die Welt ziehen (1. Kor. 9,5). Er wird (auch wenn 1. Petr. unecht ist) in „Babylon", d. h. in Rom zu finden sein. Er wird zuletzt die Hände ausstrecken wie sein Herr; der Text weiß von seinem inzwischen geschehenen Märtyrertod (s. o.). Im Palasthof hat Petrus seinen Herrn verleugnet, um sich das Kreuz zu ersparen. Aber zuletzt ist er fest geblieben.

Es wäre töricht, wollten wir unsere Predigt so schließen, als stünde uns das Martyrium bevor. Der Prediger vermeide alle pathetischen Worte und alle Selbstgefälligkeit. Durch das Opfer des Lebens „Gott verherrlichen" – das wird nur wenigen aufgegeben und zugemutet. Keiner von uns wüßte, wie er bestünde, wenn Gott es ihm zugedacht hätte. – Aber damit ist, was hier gesagt ist, nicht abgetan. Der Auferstandene will uns dahin bringen, daß wir es lernen, unseren allzumenschlichen Eigenwillen, die eigensüchtigen Wünsche des in uns wohnenden adamitischen Philisters dranzugeben, damit wir nicht versagen, wenn es dahin kommen sollte, daß ein anderer uns „gürtet" und „führt, wohin wir nicht wollen". Was für den Amtsträger der Kirche gilt, ist in erweitertem Sinn auf jeden Christen anzuwenden. Es könnte sein, wir werden Gelegenheit haben, in der Übernahme dessen, was wir uns selbst nicht gewünscht hätten, „Gott" zu „preisen". Vielleicht haben wir schon vieles auf uns genommen, was in unserem eigenen Programm nicht vorgesehen war. Wir werden geführt. Der uns führt, wird in jedem Falle der gute Hirte selbst sein.

Jubilate. 1. Mose 1,1–4a.26–31; 2,1–4a

Die priesterliche Schöpfungserzählung – die von PTO ausgewählten Partien stehen für das Ganze
– hat fließenden, majestätisch strömenden, undramatischen Charakter (Wstm., S. 111), verhaltenes
Gotteslob. Acht Schöpfungswerke sind ins Schema der Woche eingepaßt, wobei der siebente Tag der
Ur-Sabbat Gottes ist. Aufbau bei den ersten sieben Werken: Einleitung / Befehl (Jussiv) / Vollzug /
Beurteilung / zeitliche Einordnung. Anders bei der Erschaffung des Menschen: Einleitung / Entschluß / Erschaffung / Segnung und Auftrag / Versorgung (n. Wstm.). Der Unterschied des Schemas
läßt bereits erkennen: „Die Erschaffung des Menschen war einmal eine selbständige Schöpfungs-
erzählung" (Wstm., S. 198), sie bildet jetzt den Höhepunkt des Ganzen. Der Gebrauch des Wortes
„Stammbaum" in 2,4a dürfte auf „Systemzwang" (G. von Rad) der priesterlichen Darstellung beruhen (vgl. 5,1; 6,9; 10,1; 11,10 u. a.). Gottes „Schaffen" (ברא hat nur Gott zum Subjekt) ist gerade
nicht genealogisch zu verstehen; Gott schafft, indem er *spricht*, Wort und Tat sind dicht beieinander
(Faust: „Im Anfang war die Tat" ist nicht so abwegig, wie man denken könnte). Die Vorstellung der
Göttergeburten ist, wie auch sonst alles Mythische, wohl im Sprachlichen z. T. noch spürbar, sach-
lich aber entschlossen abgewiesen (z. B. kein Kampf wie im babylonischen Schöpfungsmythos
Enuma elisch).

Kapitel 1. V. 1: Man wird den Vers als Hauptsatz zu verstehen haben, der alles Folgende zusammenfaßt (von Rad, S. 37; Wstm., S. 130.135). Sonst müßte man lesen: „Zu Beginn des Schaffens Gottes . . ." (בְּרֹא?). – Der Anschluß mit „und" in V. 2 ist nach V. 1 als Hauptsatz durchaus möglich
(Ges.-K. § 143d; 111h). תֹהוּ ist, wie auch בֹּהוּ, kein mythologischer Begriff; er bezeichnet die (pfad-
lose, lebensbedrohende) Wüste (Deut. 32,10; Hiob 6,18; 12,24; Ps. 107,40), das Grauenhafte, Verderbenbringende, auch das Nichts (1. Sam. 12,21; Jer. 29,21; 40,17 u. ö.). Auch Finsternis deutet auf das
Unheimliche. תְּהוֹם, das Chaosmeer, hat zwar mit dem babylonischen Chaosdrachen Tiamat die
Wurzel gemeinsam, ist aber gänzlich entmythisiert, d. h. nicht mehr als Person gedacht, also: Urflut.
Ein „Gottessturm", soll heißen: ein furchtbarer Sturm „schwebt" „zitternd" (nicht: „brütend") über
der Flut. – V. 3: Schöpfung durch ein „Sprechen", „Gebieten" (s. o.). Es ist „niemand da, an den der
Befehl gerichtet wird oder durch den er ausgeführt werden könnte" (Wstm.). Dennoch sollte man
nicht von „Schöpfung aus dem Nichts" reden – nicht, weil dies theologisch falsch wäre, sondern weil
es (mit dem Materiebegriff) griechische Denkformen voraussetzt (Sap. 11,17; 2. Makk. 7,28;
Röm. 4,17). „Licht" sollte man sich darum auch nicht als feinen Stoff vorstellen; ist in V. 4 von
„Scheidung" die Rede (so auch VV. 7.14 und [der Sache nach] 9), so ist (nach Wstm., S. 155) an die
„Ermöglichung zeitlicher Ordnung" gedacht. – V. 4: „Gut" ist nur das Licht, nicht die Finsternis, das
Licht hat einen Vorrang, die Ungleichheit bewirkt ein Gefälle (Wstm., S. 157f.). Das Licht gehört zur
geschaffenen Welt, nicht (wie Ps. 104,2 oder 1. Tim. 6,16) zum „Raum" und Wesen Gottes.
V. 26: Andere Form (s. o.): göttlicher Entschluß, nicht Tatwort + Geschehen. 1. Pers. plur. läßt an
Beratung mit dem Hofstaat denken. (1. Kön. 22,19; Hiob 1; Jes. 6), kann aber auch Majestätsplural
sein. צֶלֶם = Skulptur, Abbild (Ps. 39,7; 73,20). דְּמוּת (von דמה = gleichen) ist Abstraktum, doch wäre
„Ähnlichkeit" zu wenig, auch hier ist an Plastik zu denken (S. Herrmann in ThLZ 1961, Sp. 420).
„Herrschaft" über die Tierwelt, das Wort רדה = niedertreten ist der Königsideologie entnommen, will
gerade deshalb nicht im Sinne brutaler Herrschaft und Ausbeutung verstanden sein, eher im Sinne
des Hirtenbildes. – V. 27: Von vornherein geschlechtliche Differenzierung (anders Kap. 2, J). – V. 28:
Segen gibt Kraft der Fruchtbarkeit; „Erhaltung" des Geschaffenen in vorwärtsdrängender, Zukunft
wirkender Kraft (Wstm., S. 222). – V. 29: die Versorgung mit Pflanzenkost; Kraut und Bäume „besa-
men" sich, die Vorräte werden sich nicht erschöpfen.

Kapitel 2. V. 1: Kein weiteres Tagewerk – das Stück hat anderen Charakter. Der siebente Tag ist
Abschluß einer Ganzheit (Wstm., S. 234). Gott gibt der geschaffenen Welt die Zweiheit von Werktag
und Ruhetag mit; die Zeit ist gegliedert, der Menschheit ist eine gute Ordnung gegeben. Von „Einsetzung" des Sabbat sollte man nicht sprechen, die Perikope hat „urgeschichtlichen" Sinn. Aber Gott
macht den siebenten Tag „ertragreich" (Segen) und „heilig". Bei Gott ist Ruhe – von Rad spricht
von einem aufs Eschaton hintendierenden Heilsgut (vgl. Hebr. 4).

Daß von der Schöpfung von Welt und Mensch auf dem ersten Blatt der Bibel erzählt ist
– noch dazu mit der „Zeitbestimmung": „Im Anfang" –, hat immer wieder zu einer
optischen Täuschung verführt. Glaube an Gott als Schöpfer ist erst in jüngeren Texten

bezeugt. Israels Glaube nimmt seinen Ausgang und „macht sich fest" (Grundbedeutung von האמין) in der Erfahrung des Erwähltseins, also in der Soteriologie. Hier hat Israel seinen Gott kennengelernt und dessen Zuwendung erfahren. Sowohl die Schöpfungserzählung von P als auch die von J ist „Vorbau" (von Rad) zur Geschichte des Heils; was hier ausgebreitet wird, hat dienende Funktion. Freilich weiß Israel die Geschichte, die es mit seinem Gott erlebt, eingebaut in das Ganze der Welt. Schon die Berufung Abrahams stand im weltweiten Horizont (12,3b), und die Erwählung Israels zum Eigentum Gottes steht auf dem Hintergrund des Satzes: „Die ganze Erde ist mein" (Exod. 19,5). Wir wären nicht mehr auf der Linie biblischen Glaubens und Denkens, wenn wir weltlos dächten und das, wovon in der Bibel die Rede ist, lediglich als das isolierte Geschehen zwischen Gott und Mensch ansähen. „Ein Gott, der nur noch als der Gott der Menschen verstanden wird, ist nicht mehr der Gott der Bibel" (Wstm., S. 242). In allem Geschaffenen bzw. durch alles Geschaffene hindurch blickt biblischer Glaube auf den Gott, der sich selbst in seiner Schöpfung verherrlicht und aus dessen Händen man dankbar und vertrauend das Leben empfängt.

Schöpfung ist Ur-Geschehen (Wstm., S. 230). Gibt sich auch die biblische Urgeschichte als ein Nacheinander, dem dann die Väter-, die Auszugs- und Bundesgeschichte folgt, so wäre es doch im Ansatz falsch, wollten wir in dem בְּרֵאשִׁית, mit dem die Bibel beginnt, eine (vielleicht im apologetischen Rückzug immer weiter zurückverlegte) Zeitbestimmung sehen. Augustin wußte schon: die Zeit ist mit der Welt erschaffen, und dem entspricht, was der Text sagt (V. 14). Der „Anfang", der hier gemeint ist, steht – als urgeschichtlicher Anfang – über jedem Welt-Augenblick, so wie sich das Wunder der Erschaffung des Menschen in jeder Geburt ereignet (Ps. 139,13–16), der Ur-Fall (J) in jeder Sünde, die ich tue. Gott *war* nicht einmal – lang ist's her – der Schöpfer der Welt, er ist es in jedem Augenblick. Ist dies begriffen, dann erledigt sich eine ganze Reihe Fragen, mit denen sich Leser von Gen. 1 immer wieder gequält haben.

Befreiend müßte auch die Einsicht wirken, daß der „Schöpfungsbericht" – ein irreführendes Wort – weder die Entstehung der Welt (etwa gar in sieben Tagen) naturwissenschaftlich beschreiben noch das Bedürfnis nach theoretischer Welterklärung befriedigen will. Daß es darauf nicht abgesehen sein kann, ergibt sich ja schon daraus, daß wir *zwei* Schöpfungserzählungen haben (die zweite, 2,4bff., thematisch noch viel weniger selbständig), und daß beide „hinsichtlich ihrer Sprache wie ihrer ganzen geistigen Art und Vorstellungswelt voneinander denkbar weit verschieden" sind (von Rad, ThAT I, S. 144f.). Daß wir nach der *Botschaft* des Textes fragen, kann uns davor bewahren, uns in fruchtloser Apologetik bei Fragen des Weltbildes und bei naturwissenschaftlichen Einzelheiten aufzuhalten. Selbstverständlich erwarten wir bei einem Dokument des späten 6. oder des 5. vorchristlichen Jahrhunderts nicht den naturwissenschaftlichen Forschungsstand unserer Zeit; die hier vorliegende, zumeist babylonischem Denken entsprechende Kosmologie kann nicht die unsere sein. Wir hüten uns auch, den ehrwürdigen Text damit zu „retten", daß wir moderne Naturerkenntnis in ihn hineinprojizieren. Die Bibel predigt Gott, den Schöpfer, „in, mit und unter" den Erkenntnissen, Einsichten und Vorstellungen, in denen die biblischen Zeugen lebten; *wir* haben denselben Gott und Schöpfer „in, mit und unter" *unseren* Erkenntnissen, Einsichten und Vorstellungen zu predigen. Die Tendenz kann bei uns keine andere sein als im Text: „das ehrfürchtige Wahren des menschlicher Vorstellung nicht zugänglichen Geheimnisses der Schöpfung" und in allen Aussagen die „direkte Nähe zum Gotteslob" (Wstm., S. 238).

Das Geheimnis der Schöpfung: (1) *Welt – weil Gott sie will.* (2) *Mensch – weil Gott ihn ruft.* (3) *Ruhe – weil Gott sie hat und gibt.*

I.

Wir sprechen vom „Geheimnis" der Schöpfung (so auch der Aufsatz von F. K. Schumann in: Wort und Gestalt I, Witten 1956, S. 226ff.). Dächte man sich Schöpfung als Erstverursachung im Zusammenhang der Kette von Ursache und Wirkung, dann könnte der Rückgang auf die prima causa nur auf aus äußeren Gründen – und damit nur relativ – Unbekanntes stoßen; grundsätzlich müßte man – wie bei allen kausalen Ermittlungen – auch diese Erstverursachung in den Griff bekommen. Dies ist der (unter Christen und Nichtchristen noch immer verbreitete) Irrtum deistischen Denkens. Soviel auch an Wissen und Nachdenken über die Welt, ihre Zusammenhänge und Abläufe, nach dem Wissen jener Zeit, in unser Kapitel eingegangen ist – priesterliches Wissen in konzentriertester Form (von Rad im Kommentar) – , die Sätze von Gen. 1 sind „primär Glaubensaussagen" (a. a. O., S. 36). „Die Eigenart des biblischen Redens von der Weltschöpfung besteht darin, daß es ganz allein auf den Schöpfer weist: *Gott* hat die Welt geschaffen, damit ist alles gesagt, was ein Mensch sagen kann" (Wstm., S. 150). „Durch den *Glauben* erkennen wir, daß die Welt durch Gottes Wort gemacht ist, so daß alles, was man sieht, aus nichts geworden ist" (Hebr. 11,3, vgl. V. 1). Die Schöpfung ist nicht so, wie sie ist, einfach *da*; sie wird verstanden als etwas Gewolltes, durch Gottes befehlendes Wort ins Dasein Gerufenes. Sie ist nicht bloß Natur, die man in ihrem Vorhandensein einfach hinzunehmen hätte und die kraft der in ihr wohnenden Gesetzmäßigkeit alles, was ist, selbst hervorbrächte. Nicht, daß unser Text nicht auch dafür Sinn hätte! Er spricht von Ordnung, nicht abstrakt, sondern konkret. Die scheinbare Statik, die hier herrscht, das Verständnis des gegenwärtigen Weltbestandes als eines Definitivum (2,1), könnte eine unbesonnene Auslegung doch zu deistischen Folgerungen führen. In Wirklichkeit ist etwas anderes gewollt. Die Welt ist geordnet. Man kann sich darauf verlassen. Gott improvisiert nicht. Hier wird aus einem großen Zutrauen, aus dem Wissen um Gottes weises Ordnen heraus geredet (Ps. 104,24). Gottes Schaffen ist ein „Scheiden": es scheidet Licht und Finsternis, Tag und Nacht, untere und obere Gewässer (babylonisches Weltbild), Meer und Festland. Im „Scheiden" wird aus dem Chaotischen, dem Ungegliederten, Unberechenbaren ein Kosmos. Gott schafft „ein jegliches nach seiner Art", er schafft Mann und Weib. Daß die Welt „vollendet" ist (2,2), will sagen, daß ihr bestimmte Strukturen und Gesetze eingeschaffen sind, die ihren Bestand erhalten und die man nur respektieren, annehmen, sich dienstbar machen, aber nicht ändern kann, und wo man es doch versucht, geschieht es zum eigenen Schaden. Aber die Welt ist nicht starr. Leitet man den Sinn von „Natur" aus dem Wortsinn ab, dann ist die Natur das „Hervorbringende". Der Text weiß, daß ein Geschöpf das andere „hervorbringen" kann: die Erde läßt aus sich die Pflanzenwelt hervorgehen (V. 11), auch die Landtiere (V. 24); die Pflanzen tragen Früchte und Samen (V. 11), Tiere und Menschen stehen unter dem Fruchtbarkeitsauftrag und -segen (VV. 22.28). Die Geschöpfe werden also selbst zu Organen der fortgehenden Schöpfung. Man könnte sagen: es hat alles seinen natürlichen Hergang. Der innerweltliche Zusammenhang der Dinge wird weder übersehen noch gar geleugnet. (Der Evolutionsgedanke kann noch nicht da sein, aber er hat im biblischen Denken Raum.) Und doch sieht der Text eben nicht nur in sich selbst wesende Natur. Die Horizontale des naturhaften Geschehens wird (unanschaulich) in jedem Augenblick – wir könnten sagen: mit jedem Quantensprung – „geschnitten" (nicht aufgehoben oder gestört bzw. unterbrochen!) durch Gottes befehlendes Wort. Die mathematisch präzis darstellbare Ordnung der Welt ist nicht der unbegreiflich-glückliche Grenzfall von unzähligen Möglichkeiten des Chaos, also des Ungeordneten. Die Welt kann *nach*gedacht werden, weil sie *vor*gedacht ist. Umfassender gesprochen: Die Welt *ist*, weil Gott sie *will*. Das ist keine theoretische Aussage. Der Gott, der die Sterne durch den Himmelsraum führt, ist seiner Welt, ist seinen Menschen in Liebe zugewandt (Jes. 40.27ff.). Wir haben es, indem wir in der Welt leben, eben nicht mit sinn- und seelenlosen Gegenständen, Sachverhalten, Lasten, Kräften, Gesetzmäßigkeiten zu tun, innerhalb derer wir uns zu bewegen und mit denen wir umzugehen hätten, ohne daß dabei von irgend jemandem (außer uns) an uns *gedacht* wäre. Das Leben – mit allem, worin es sich abspielt – ist Gabe, Geschenk, etwas Gewolltes, durch Gottes machtvolles Reden Bewirktes und darum etwas Zu-Verdankendes. Wer die Welt mit solchem Staunen sieht wie der Priester, der hier schreibt (hinter ihm haben wir eine ganze Gruppe seines Standes zu denken), für den ist die Welt transparent geworden für das wunderbare Schöpferhandeln Gottes. Er nimmt das Vorhandensein der Welt und sein eigenes Dasein nicht als etwas Selbstverständliches hin. Er sieht hinter und in der Welt ein gütiges, liebreiches Wollen.

Und er spürt auch ein *mächtiges*, alle *Widerstände brechendes* göttliches Wollen. Zwar ist vom Chaoskampf altorientalischer Mythen nichts zu spüren. Gott hat kein ihm gleichgeordnetes Gegenüber. Alles, was nicht Gott selbst ist, ist Gottes Schöpfung – auch das Chaos, wenn auch als zurückgedrängtes und überwundenes; auch die Finsternis, wenn sie auch nur das bei Schöpfung des Lichts „Übriggebliebene" ist und nicht ein Geschaffenes für sich (Westermann sprach vom „Vorrang des Lichts" und einem „Gefälle", S. 157f.); auch die Meeresungeheuer (V. 21), auch die Sterne (V. 14). Merkwürdig, daß das Licht am ersten Tage geschaffen wurde, die Gestirne erst am vierten. Es wäre töricht, diesen biblischen Befund als geheimnisvollen Hinweis auf das moderne Verständnis der Materie deuten zu wollen. Etwas Theologisches ist hier ausgesagt: Die Gestirne sind nicht, wie die alte Welt meint, Gottheiten. Sie werden entmythisiert und entdämonisiert. Sie sind nur „Lampen" „Beleuchtungskörper" (V. 14) – die Worte Sonne und Mond und die Namen anderer Himmelskörper werden bewußt vermieden, weil sie in der Umwelt Götternamen sind. Wohl „herrschen" Sonne und Mond – letzte blasse Erinnerung an die ihnen einst zuteilgewordene göttliche Verehrung –, aber ihre „Herrschaft" ist zu einem sehr bescheidenen Dienst geworden: sie teilen die Zeit ein, sind sozusagen Uhr und Kalender, nicht mehr (Ps. 104,19–23)! Man übersehe nicht, was dieser Vorgang geistesgeschichtlich bedeutet. Erst indem die vermeintlichen Gottheiten, die man bis dahin fürchtete, zu bloßen Geschöpfen und damit zu natürlichen Größen der Welt wurden, konnten sie auch Gegenstand nüchterner, sachlicher Forschung werden. Der Glaube an Gott den Schöpfer erst – das ist eine einfache geistesgeschichtliche Feststellung – hat die Welt zu unvoreingenommener wissenschaftlicher Durchdringung freigegeben.

Nein, kein mythischer Kampf. Dennoch: daß die Welt *ist*, ist keine langweilige Binsenwahrheit. Indem Gott die Welt will, verneint er das Nichts, widersetzt er sich dem Nichts, dem Zerstörenden und Lebensfeindlichen. Vorwitzige und weltfremde Zuschauer können natürlich fragen, wieso es überhaupt „Nichtendes" und Zerstörerisches geben kann, wenn Gott der Schöpfer aller Dinge ist; er muß dann doch die große Weltmaschine von vornherein störungsfrei geschaffen haben, wenn er sich vor uns Technokraten nicht blamieren will. Als ob Gott die Welt wollen *müßte*! Als ob es nicht Gründe genug geben sollte, sie *nicht* zu wollen! Sobald Schöpfungsglaube im Heilsglauben verankert ist (s. o.), nimmt man das eigene Dasein und auch den Bestand der Welt nicht mehr als etwas Selbstverständliches. Der Text weiß von der – durch Gottes Schöpferwillen niedergehaltenen – Möglichkeit des Nichtigen. Tohu – das Gefährliche und Verderbenbringende der Wüste, Bohu – das Grausige, Unheimliche, auch die Finsternis – die notwendige andere Seite des Lichts, und der beängstigend tobende Sturm (s. o.) über dem Urmeer. Erst auf solchem Hintergrund wird deutlich, von welchem Wunder der spricht, der „Schöpfung" sagt. Vermögen wir uns einen Augenblick lang vorzustellen, es wäre so, wie das babylonische Weltbild meint? Die (flache) Erde und der halbkugelig darüber gewölbte Raum ist danach unsere Welt. Sie ist unten und oben von dem uns bedrohenede Urmeer umschlossen. Jederzeit könnte die Chaosflut wieder einbrechen (7,11) und Gottes Schöpfung zunichte machen. Jederzeit könnte das an seine „besonderen Örter" gebannte Meer das Trockene wieder verschlingen. Jederzeit könnte auch die Nacht, die als Überbleibsel des Chaosdunkels verstanden wird, den Kosmos wieder zudecken und damit die Schöpfung auslöschen. Könnte – wenn Gott es nicht gerade *anders* wollte! Er setzt dem Meer die Grenze: „Bis hierher und nicht weiter!" (Hiob 38,8–11). Er breitet den Himmel aus, „der fest ist wie ein gegossener Spiegel" (Hiob 37,18). Für Gott gibt es keine Finsternis (Ps. 139,12), und er sorgt, daß Tag und Nacht in geordnetem Rhythmus wechseln. Wer dies so sieht, der kann nicht mehr gedankenlos und stumpfsinnig in den Tag hineinleben. Er wird es täglich neu und zunehmend dankbar bedenken: daß es die große, schöne, bunte Welt Gottes *gibt*, beruht nicht darauf, daß nichts sie bedrohte, sondern daß ein Gott ist, der die Welt will und liebt und sie mit seiner Schöpfermacht gegen das Nichts verteidigt. „Gott hat die Welt aus dem Gestaltlosen herausgehoben und hält sie unablässig über ihrem eigenen Abgrund" (von Rad, ThAT I, S. 148). Creatio continua, Schöpfung in jedem Augenblick! Die Erde auf der wir stehen – der Sternhimmel über uns – reifende Kornfelder – junges Leben – Energien, die uns dienstbar sind: in dem allem und überall sonst leben wir von dem Ja, das Gott über seine Schöpfung ergehen läßt. Als Menschen des Neuen Bundes wissen wir, daß Christus der Mittler der Schöpfung ist: um seinetwillen und auf ihn hin wird dieses Ja gesprochen.

2.

Mensch – weil Gott ihn ruft. Das in der Schlagzeile gebrauchte Verb könnte befremden. Zwar spricht Gott die Menschen an (V. 28), aber das bei allen vorhergehenden Schöpfungswerken ergehende Befehlswort *fehlt* hier gerade. Der „Ruf" trifft ja auch den Menschen auf ganz andere Weise; davon wird noch zu sprechen sein. Daß die Erschaffung des Menschen auch formal auf bisher noch nicht dagewesene Art erzählt ist, davon war schon die Rede. Man kann das literarisch erklären: die Erschaffung des Menschen war ursprünglich selbständige Überlieferung. Man wird darin aber auch eine Sachaussage zu finden haben. In der Schöpfung des Menschen erreicht das Schöpfungswerk Gottes seinen Höhepunkt. Der Entschluß zur Schaffung dieses höchsten, gottnächsten Wesens unter den Kreaturen wird im Himmel – sozusagen vor allen Engeln (und literarisch auch vor uns) – vorbereitet; es wird, ehe Gott den Menschen schafft, gleichsam tief Atem geholt. Wurde uns schon eingangs klar, daß im Werden israelitischer Glaubenserkenntnis die Erfahrung des Heils und der Erwählung zeitlich und sachlich voraufging, so nimmt es nun nicht wunder, daß die Schöpfungserzählung nicht nur auf den Menschen zustrebt, sondern in seiner Erschaffung auch ihren Höhepunkt erreicht.

Wie von selbst mußten wir schon im Bisherigen immer wieder auf den Menschen und sein Selbstverständnis kommen. Ist ihm auch im Rahmen seines Geschöpfseins über die anderen Geschöpfe hinaus das „Schöpferische" gegeben – es gehört zur Gottebenbildlichkeit –, so ist und bleibt er eben doch selbst: *Kreatur*. Er ist „erschaffen ... samt allen Kreaturen", mit den Landtieren an *einem* Schöpfungstag und als letztes Geschöpf in der langen Aufzählung, nachdem schon alles andere da und fertig ist. Unfaßlich, daß es solche hat geben können, die dem biblischen Glauben die Meinung haben anhängen können, für ihn existiere die Welt nur in der Vorstellung! Das Natur- und Leibhafte am Menschen wird ganz ernst genommen. An ihn wie an das Tier ergehen Auftrag und Segen der Fruchtbarkeit (VV.22.28). Dem Menschen wie dem Tier wird Nahrung angewiesen

(VV.29f.). Damit ist zugleich auf die beiden animalischen Triebe hingedeutet, die Art und Individuen erhalten. Die Bibel achtet das Natürliche am Menschen nicht gering, sondern gibt ihm sein Recht. Dies würde insbesondere auszuführen sein in bezug auf die Unterschiedenheit und Zusammengehörigkeit der Geschlechter (V. 27) – ein Thema, mit dem wir uns für diesmal übernehmen würden.

Nun hat freilich der Mensch sein Besonderes. Wir werden nicht vergessen, daß auch das, was über die Schöpfung des Menschen gesagt ist, letztlich auf *Gott selbst* blickt. Wir glauben nicht an den Menschen, sondern an den Gott, der ihn geschaffen hat, indem er ihn rief. Wieso hat er ihn gerufen?

Das Rätselwort von der Gottebenbildlichkeit des Menschen deutet offensichtlich auf des Menschen – auf *meine* – hohe Berufung. Greifen wir zu hoch? Es könnte etwas sehr Schlichtes gemeint sein. „Bild" und „Gestalt" bedeuten das steinerne oder gegossene Abbild. Hinter der anthropologischen Aussage VV. 26f. könnte ein primitiv-anthropomorphes Denken über Gott stehen. Indes wird man dem durch das strenge Bilderverbot hoch-sensibilisierten Glaubensdenken Israels eine solche Naivität nicht zutrauen dürfen. Der Sinn der Imago-Dei-Aussage liegt nicht in der Gestalt des Menschen, sondern in seinem Auftrag, seiner Berufung (dies ist der *eine* Grund, warum wir das Wort „Ruf" gebrauchten). Der Mensch soll über die Welt, besonders über die Tierwelt, „herrschen". Die hier gebrauchten Verben drücken dies sehr kräftig aus: רדה = niedertrampeln, כבש = niedertreten. Zu viel Stolz, zu wenig Solidarität mit der übrigen Kreatur? Wir müssen in der Tat die Gefahr sehen. Daß wir uns die Erde untertan machen sollen, davon ist – oft nicht ohne apologetischen Unterton – in den vergangenen Jahrzehnten genug und übergenug gesprochen worden. Es soll auch nicht zurückgenommen sein, was dem Menschen damit als Auftrag an seiner Welt mitgegeben ist. Kultur, Zivilisation, Beherrschung der Welt auch mit den Mitteln der Technik – Gott will es. Freilich: in dem allem sollen wir die Art unseres Gottes an uns haben, der nicht ausbeutet, sondern schenkt; nicht verdirbt, sondern erhält und segnet; sich nicht bereichert, sondern seine Geschöpfe mit Leben und allem Gut beschenkt; ein jedes in seiner Art erschaffen hat und darin erhält. Ist der Weltauftrag des Menschen angebunden an das Schöpferwalten Gottes („Ebenbild"), dann ist der Mensch verpflichtet, sorgsam, schonend, pflegend, fürsorglich, lebenerhaltend mit den Gütern und Kräften der Natur umzugehen. Es ist eben nicht alles „machbar". Ist der Mensch, indem er die Welt beherrscht, *Gottes Mandatar*, dann hat er nicht nur zu respektieren, daß die Welt Gottes ist und ihm damit Grenzen gesetzt sind, sondern dann hat er den Willen des Schöpfers in der Welt aktiv zu vertreten, zu vollstrecken und durchzusetzen. Uns ziemt Respekt vor der geschaffenen Welt, weil wir ihren Schöpfer Ehre schulden. Nicht unsere Bedürfnisse und Gelüste sind Maßstab unseres Umgangs mit der Welt, sondern unsere *Verantwortung*.

Damit ist sofort die andere Seite der Sache angerissen. „Die Erschaffung des Menschen zielt auch hier auf ein Geschehen zwischen Gott und Mensch", indem Gott nämlich ein „Geschöpf schuf, das ihm entspricht" (Wstm., S. 217). „Des Menschen Eigentlichkeit wird in seinem Gegenüber zu Gott gesehen" (ebd., S. 218). Menschsein, hat man mit Recht gesagt, ist „responsorisches, gottbezügliches" Sein. Die übrigen Kreaturen erschuf Gott, indem er sein Wort *über* sie ergehen ließ; den Menschen schafft Gott, indem er sein Wort *an* ihn richtet, ihn „ruft". Der Mensch ist dasjenige unter Gottes Geschöpfen, zu dem Gott *du* sagt und von dem er eine Antwort erwartet – nicht nur einmal, sondern immerzu. Gott hat sich im Menschen ein Gegenüber geschaffen, mit dem er in Liebe verbunden sein kann bzw. will. Man hat sich immer wieder mit der Frage gequält, ob die imago Dei uns noch eigen ist, ob wir sie verloren haben, ob uns ein Rest geblieben ist (hier ist auf die Lehrbücher der Dogmatik zu verweisen). Die Frage ist falsch gestellt. Mit der Bestimmung unseres Daseins, Gottes Ebenbild zu sein, geht es um „Ermöglichung eines Geschehens zwischen Gott und Mensch, nicht aber um eine Qualität des Menschen an sich" (Wstm., S. 217). Diese Bestimmung werden wir nicht los; sie steht über uns, auch wenn wir sie verleugnen. Biblischer Glaube sieht das Humanum wesentlich erst da erfüllt, wo der Mensch sich als Mensch Gottes hat begreifen lernen und wo er es – in Jesus Christus – wieder geworden ist.

                                         3.

Himmel und Erde sind vollendet (2,1) – was nun noch? Daß die Schöpfungserzählung von P weitergeht, muß verwundern. Man könnte – einfältig – sagen: der Priester kann es sich nicht anders vorstellen als daß der Sabbat, dem er so großen Wert beimißt, von Gott selbst gehalten wird. Oder man geht gar (wie Gunkel) noch weiter und spricht von einem starken Anthropomorphismus: Gott muß sich erholen (Exod. 31,17). Schade, kann man nur sagen: im Duktus des Vorangehenden liegen solche Gedanken nicht, und Israel kennt seinen Gott anders (Jes. 40,28).
G. von Rad nennt den Abschluß unseres Textes „eines der merkwürdigsten und gewagtesten Zeugnisse der ganzen Priesterschrift" – „am äußersten Rand des Protologischen" (ATD, S. 48). Nicht am sechsten, am *siebenten* Tage vollendete Gott sein Werk (2,2) – obwohl es jetzt nicht mehr heißt: es wurde Abend und wurde Morgen. Man könnte sagen: noch einmal ein „Scheiden" – der Wechsel von Tätigkeit und Ruhe, im gesunden Rhythmus, gehört zu den wohltätigen Ordnungen der geschaffenen Welt. Aber warum soll dieser Tag dann nicht auch seinen Abend und seinen Morgen haben? Es scheint schon so, wie von Rad empfindet: „Die Aussage steigt gleichsam empor in den Raum Gottes selbst und bezeugt, daß bei dem lebendigen Gott – Ruhe ist" (ebd.). Wir werden diese Aussage nicht zu schnell eschatologisch ausmünzen. Man versteht das Menschenleben falsch, ja, man zerstört es, wenn man nur in Aktivitäten, Unternehmungen, Erfolgen (usw.) denkt. Wir müssen beides: ein- und ausatmen. Wir können nicht geben, wenn wir nicht auch empfangen. Wir gehen sonst an unserer Non-stop-Motorik zugrunde. Wir brauchen nicht nur zuweilen Ruhe und Gelöstheit, sondern auch die Offenheit fürs Beschenktwerden von Gott. „Du sollst von deim Tun lassen ab / daß Gott sein Werk in dir hab" (EKG 240,4). Die Ruhe besteht also nicht nur im Nichtstun und im tiefen, bewußtlosen Schlaf, sondern auch im Bereitsein für Gott.
Solches Entspannen hat Gott selbst jedoch nicht nötig (Ps. 121,4). Und er ruht doch. Wieviel der Verfasser der Priesterschrift davon schon ahnt oder auch nicht ahnt: „vollendet" wird die geschaffene Welt erst in der „Ruhe" sein, die Gott selbst schon hat und den Seinen gibt. „Im christlichen Schöpfungsglauben ist immer der eschatologische Aspekt eingeschlossen; wird er preisgegeben, so geht dem Schöpfungsglauben mit seiner Spannungstiefe beinahe schon seine Wahrheit verloren" (M. Doerne, Christlicher Schöpfungsglaube, 1950, S. 34). Er ist jedenfalls ohne die Hoffnung auf die neue Schöpfung nicht durchzuhalten. Es ist wahr, wenn Gott selbst alles ansieht, was er gemacht hat, dann ist es „sehr gut", „sehr schön", und das heißt auch: „sehr brauchbar und zweckmäßig". Für uns mag es sich zuweilen anders darstellen. Nehmen wir das „sehr gut" auf, dann kann es nur Aussage eines Dennoch-Glaubens sein, jedenfalls dann, wenn wir „alles" hinzufügen. Die Welt, wie sie ist, ist ein Gewebe aus Schöpfung und Sünde. „Unser Glauben an Gottes in ihr verborgenes Gut-sein ist heute noch Glaube wider den Augenschein, Glaube an eine noch nicht erfüllte Verheißung" (Doerne, ebd.). An sein Ziel kommt das, was Gen. 1 erzählt ist, erst mit der „neuen Kreatur", die thematischer Gegenstand dieses Sonntags ist. Was wir heute schon sind, werden wir im Verbundensein

mit Christus noch vollends werden. Noch seufzt die harrende Kreatur (Röm. 8,19.22). Die geschaffene Welt wartet auf den Tag Jesu Christi.

Kantate. Jes. 12

Daß in V. 6 vom „Heiligen Israels" die Rede ist, könnte auf jesajanische Herkunft deuten (5,19.24; 30,11f.15; 31,1), doch kommt diese Bezeichnung Jahwes auch anderwärts vor (z. B. 41,14.16.20; 43,3.14 u. ö., auch 60,9.14; Jer. 50,29; 51,5; Ps. 71,22; 78,41; 89,19). Zitate aus „jungen Dichtungen" (Exod. 15; Ps. 105 – so Duhm) deuten auf späte Zeit. Doch meint man, der letzte Bearbeiter von Jes. 1–11 könnte die Sammlung mit diesem Psalm abgeschlossen haben (Würthwein, Kaiser).
Die Bestimmung der Form stößt auf Schwierigkeiten, da hier in verschiedenen Ebenen gedacht und geredet ist. In der Vorausschau („an jenem Tag", VV. 1.4) wird davon gesprochen, daß ein einzelner („ich") oder mehrere („ihr") ein *Danklied* singen *werden* (VV. 1b–2) bzw. einen *Hymnus* (VV. 4f.), und es wird im Blick auf diese Zukunft (V. 3) *heute schon* zum Gotteslob aufgerufen (V. 6). Ob man dann noch von einer „Heroldsinstruktion" reden will (Wildberger nach Crüsemann), in die das Ganze eingebunden ist, trägt nicht viel aus. Geprägte Formen werden frei angewandt. Angeredet sein wird insgesamt die „Bürgerschaft Zions" (V. 6), auf die „du" und „ihr" gleicherweise paßt.
V. 1: „Jener Tag", den nur Gott kennt, wird nach atl. Auffassung ein Tag in diesem Weltlauf sein; noch ist ja der mit Jesu Auferstehung geschaffene neue Horizont nicht aufgerissen. Die Luther-Übersetzung setzt die LXX-LA voraus: ἀνέστρεψας (= וְשָׁב oder וַיָּשָׁב) . . . καὶ ἐλέησάς με (= וַתְּבַחֲמֵנִי) oder, wenn man bei dem Verb des MT bleiben will, (וַתְּנַחֲמֵנִי). Die Vulgata liest ähnlich. Die Übersetzungen verstehen die fragliche Zeile als rückschauende Aussage vom Standpunkt der Zukunft aus, während der MT nach „gezürnt" auf die Ebene der Gegenwart zurückfällt (wie V. 6). In der Sache ist hier kein Unterschied; wir bleiben beim Luthertext. „Der Zorn ist ein objektiv über dem betreffenden Menschen schwebendes Verhängnis, das beseitigt werden muß, wenn Gott die Möglichkeit haben soll, seine Gnade wirksam zur Geltung zu bringen" (Wbgr.). „Trösten" svw. „helfen" (Ps. 86,17), „zu hohen Ehren bringen" (Ps. 71,21), also nicht nur: „gut zureden". – V. 2: Jahwe schafft nicht nur Hilfe, er *ist* Hilfe, Heil, Rettung (Nominalsatz!), vgl. Ps. 62,3.7; 68,20; 118,14.21; 140,8. (Daß in dem Wort „Hilfe", „Heil" der Name Jesajas anklingt, sei nur nebenher bemerkt.) – V. 3: Das Schöpfen und Ausgießen von Wasser vor Jahwe gehört möglicherweise zum Ritus des Laubhüttenfestes (Wbgr. und Kaiser nach Mowinckel), bei dem in späterer Zeit unser Vers zitiert wurde, vgl. Joh. 7,37–39. – V. 4: Wenn schon in VV. 1–3 Zion angeredet war, muß man hier keinen neuen Psalm beginnen lassen. „Mit Namen anrufen": kennt man den Namen, hat man Zugang zu dem Angerufenen (Exod. 31,3ff.; Richt. 3,17); zugleich kann die Formel aber besagen: (preisend) den Namen ausrufen (Kraus zu Ps. 105, S. 719). Die „Völker" sollen Gott preisen hören, vgl. V. 5: „auf der ganzen Erde". Zitiert sind Ps. 105,1; 148,13. Verkündigt werden „die großen Taten" (Apg. 2,11), also – nach Ps. 105 – das Geschichtshandeln Gottes. זכר hi. nach Wbgr. hier kaum = „in Erinnerung rufen", vielmehr „bekanntmachen". – V. 5: Dies geschieht im Singen – זמר ist „der liturgische Lobpreis unter Musikbegleitung" (Wbgr.) (Ps. 9,12; 30,5 u. ö.). גֵּאוּת eigtl. abstrakt: Gottes „Hoheit", „Majestät", hier aber die seine Hoheit bekundenden Taten, die er „getan hat". Lies mit dem Qᵉrē מוֹדַעַת = erkennbar gemacht. Es dürfte noch nicht an eine ausstrahlende missionarische Bewegung gedacht sein, sondern wie in 2,1ff.; 11,10 an ein zentripetales Geschehen. – V. 6: „Bewohnerin" Zions kollektiv zu verstehen.
Die erste Sammlung von Jesajatexten (Kapp. 1–12) schließt mit einem *Psalm*. Es wird uns noch zu beschäftigen haben, wie das möglich und zu verstehen ist: Gotteslob in einer Zeit, in der der Prophet überwiegend Unheil hat verkündigen müssen. Diese Frage würde sich auch dann stellen, wenn wir den Text, wie manche gewollt haben, spät ansetzen. Wer auf „jenen Tag" vorausblickt (VV. 1.4), weiß sich noch nicht in der Situation der Erfüllung. Aber schon wird gesungen, und Gottes Name wird gepriesen. Die Gemeinde Gottes *singt*. Sie hat das immer getan. Formgeschichtliche Forschung hat uns gezeigt, wieviel von dem uns vorliegenden Überlieferungsgut – Alten und Neuen Testaments – seinen „Sitz im Leben" im Gottesdienst hat und wieviel davon wieder gesungen wurde, sei es vom einzelnen Beter bzw. Sänger oder von der ganzen Gemeinde.

Art und Weise kirchlichen Singens können sehr verschieden sein, je nach der jeweiligen Eigenart poetischer und musikalischer Veranlagung und Kultur. Wie wir uns den Psalmengesang in Israel vorzustellen haben, darüber gibt Hans Seidel ein lebendiges Bild (Auf den Spuren der Beter, 1980, S. 84–93): zweistimmige Psalmodie mit Instrumentenbegleitung. Der aus der alten Kirche stammende gregorianische Gesang ist einstimmig, instrumentenfrei, durch die Kirchentonarten bestimmt, im germanischen Dialekt noch etwas weiträumiger gestaltet als im romanischen, wohl in einer gewissen Rhythmik, doch mehr fließend. Unser strophisches Kirchenlied ist uns geläufig, es braucht hier nicht charakterisiert zu werden, ebensowenig das – vielgestaltige – Neue, das unter uns aufkeimt. Kein Stil kirchlichen Singens ist *der* Stil aller Stile; die Gemeinde wird weder auf Altes verzichten – denn sie weiß sich in einer Kontinuität des Glaubens und Lebens mit den Vätern – noch sich gegen Neues versperren – denn sie will ihrem Glauben auf neue Weise Ausdruck geben. Aber jedenfalls wird sie *singen*. Es wäre etwas in ihrem Glauben nicht in Ordnung – erstorben vielleicht oder mindestens verkümmert –, wenn sie nicht sänge. Das heißt nicht, daß jedes Beisammensein in christlicher Gemeinde mit Liedern eröffnet und geschlossen werden muß; der Zwang (oft) leerläufiger Formen ist der Sache nicht dienlich. Aber der Glaube wird da, wo ihm etwas von Gott her widerfahren ist, nicht stumm bleiben können; bliebe er stumm, dann wäre er seiner „Natur" zuwider. Die erste Sammlung von Jesajasprüchen muß in Gotteslob auslaufen.

Entsteht Glaube aus der Begegnung mit Gott, dann wird es zum Singen kommen. Dies gilt nicht im Sinne einer zu erfüllenden Pflicht – schon gar nicht für den, dem es an dieser Stelle an Gaben mangelt. Aber Gottes Wort ruft Ant-wort hervor. Drängt es uns nicht zum Antwortgeben, dann haben wir wahrscheinlich die an uns ergangene Anrede noch gar nicht vernommen. Die Antwort wiederum wird, wenn wir recht gehört haben, aus dem Ganzen unseres Menschseins kommen. Nicht etwa nur aus dem zustimmenden Intellekt. Sie will selbstverständlich auch in Taten bestehen. Aber mit einer isolierten Geschäftigkeit allein wäre dem, „was Gott an uns gewendet hat", wiederum nicht richtig entsprochen. Haben wir unsern Gott und Herrn verstanden, dann wollen wir ihm Antwort geben mit allem, was wir sind, auch mit unseren Emotionen, auch mit unserer Leibhaftigkeit, mit Stimme, Artikulation, Atem und, wo es sein kann, auch mit unserer Bewegung. Singen auf alle Fälle ist ein ganzheitliches Geschehen. Nicht nur darin, daß der Körper davon in Anspruch genommen und bewegt wird. Auch die Kräfte des Herzens sind im Spiel: schon im Aufnehmen dessen, „was mich singen machet", die Aufmerksamkeit und Wachheit, sodann Bedürfnis und Wille, sich singend und lobend Gott zuzuwenden und hinzugeben, auch das Vermögen zum Schönen für ihn einzusetzen, ihm zum Ausdruck zu bringen: ich habe dich verstanden, ich muß es dir singen und sagen. Es wird uns, einer des Singens weithin entwöhnten Generation, nicht viel damit geholfen sein, daß wir auf unser diesbezügliches Defizit hingewiesen werden, wohl aber damit, daß uns der Grund zum Singen gezeigt und die in uns schlummernden Kräfte wachgerufen werden. Wie es überhaupt im Reiche Gottes ist, so auch hier: man muß es nicht *können*, Gott läßt sich, wenn wir's nicht besser zustande bringen, auch die falschen Töne und den kurzen Atem gefallen, und wenn's uns einmal gepackt hat, wird es sowieso von einem Mal zum andern besser. Gottes „Taten", das „Große, das er getan hat" (VV. 4f.) machen uns singen.

Damit ist zugleich der Maßstab angegeben, nach dem alles Singen in der Kirche zu beurteilen ist. Gottes „Name", Gottes „große Taten", mit Luther zu reden: „was Gott an uns gewendet hat", ist Ursprung und Gegenstand unseres Singens. Die Gemeinde sollte ein Gespür dafür gewinnen, soweit sie es nicht schon hat. Wo man sich an Gottes rettendem Rufen und Handeln freut und glücklich ist über die von ihm hergestellte Gemeinschaft, da ergeht man sich nicht in Rührseligkeit, da doziert man nicht, da betäubt man sich nicht im musikalischen Rausch oder im elektronisch verstärkten Lärm und Rummel. Unser Singen (und sonstiges Musizieren) wird der Wider-Schall dessen sein, was von Gott her uns entgegengeklungen ist; je mehr unser Lied aus der Haltung frohen Empfangens, Staunens, Sich-Wunderns und des Rühmen Gottes kommt, desto besser entspricht es seiner Absicht. Man kann das an unserm Psalm studieren.

Unsere Predigt könnte so ansetzen: *Gott loben und ihm danken* – (1) *über den gegenwärtigen Augenblick hinaus*, (2) *über mich selbst hinaus*, (3) *über die Grenzen der Kirche hinaus*.

I.

Unser Psalm greift vorhandenes liturgisches Gut auf (Exod. 15,1f.4; Ps. 105,1; 148,13). Es wäre ganz unsachgemäß, seinem Verfasser mangelnde Originalität vorzuwerfen. Der Glaube lebt in und aus den Erfahrungen der Väter mit ihrem Gott. Daß irgendein auf den Markt gebrachtes Produkt „neu" ist, ist in der modernen Werbepsychologie als Empfehlung gedacht; der Kunde ist, wie es danach scheint, automatisch der Meinung, daß das Neue dem Alten überlegen ist. In den Dingen des Glaubens ist es anders. „Bekanntmachen" ist, wie der hebräische Wortstamm ausweist, sehr oft einfach ein „Erinnern". Der Glaube hat es zwar mit Gott *in diesem Augenblick* zu tun, aber er denkt dabei an Gottes Tun auch in vergangener Zeit und an das, worin er sich herrlich bewiesen hat (VV. 4f.). So sind z. B. die wunderbaren Erfahrungen der Exodus-Generation noch präsent (הִזְכִּיר hat ja geradezu den Sinn von repraesentatio – vgl. P. A. H. de Boer, Gedenken und Gedächtnis in der Welt des AT, 1962 und M. Thurian, Eucharistie, 1963 mit dem Begriff „Mémorial"). Wie gegenwärtiger Glaube sich an die großen Taten Gottes von einst hält, weil die heutige Begegnung mit Gott durch sie bestimmt und qualifiziert ist, so nimmt er auch gern die Glaubensformulierungen früherer Beter- und Sänger-Generationen auf und kleidet in sie sein eigenes Lob und Bekenntnis. Wohl drängt es ihn, Gott auch mit seinem „neuen Liede" zu loben (Ps. 33,3; 40,4; 96,1; 98,1; 149,1). Aber er kann auch und wird sogar in der Regel sich des vorhandenen „Liedes der Kirche" bedienen. Das ist mehr als bloß eine literarische Anleihe. Das, was hier abzulesen ist, gilt für alles Beten und Singen der Kirche: hier hat nicht der einzelne das Wort – mit seinen vielleicht bescheidenen geistlichen Erfahrungen, mit seinen über- oder unterschätzen Nöten, mit seinen persönlichen Wünschen und Hoffnungen –, sondern hier betet *die Kirche* mit ihren sehr viel größeren Erfahrungen und Einsichten und mit der Glaubenserkenntnis, die sie als ganze gewonnen und von einer Generation zur anderen weitergegeben hat. Natürlich wartet die Glaubenserfahrung der Kirche darauf, daß ich sie mir aneigne und für mein Leben fruchtbar mache. Aber ich sollte immer daran denken, daß die vielen anderen vor mir und neben mir – nicht nur in der Summe ihrer Erfahrungen, sondern auch in ihrer Einheit als Leib Christi – ein anderes geistliches Volumen haben als ich mit meiner (vielleicht dürftigen) Glaubenskapazität. Ob man an die Psalmen denkt oder die Hymnen der alten Kirche, an das Lied der Reformationszeit oder an die Lieder des „im Siebe Satans um- und umgewendeten" Paul Gerhardt – wir haben früher schon einmal an diese Inschrift auf seinem Gemälde erinnert –: wir können uns so in das Lied und Gebet der Kirche hineingeben, daß sie uns ihre Sprache leiht und wir uns von ihrer Glaubenserfahrung tragen lassen können. So sind wir auch mit dem Lied der Kirche in der glücklichen Lage, über den gegenwärtigen Augenblick hinausschauen und -greifen zu können.

Aber nun tut eben dies, was unsere Schlagzeile anpeilt, der Psalm noch in einem anderen

Sinne. „Zu der Zeit wirst du sagen: . . ." (VV. 1.4). Ein „eschatologisches Danklied". Ein Psalm also, der eigentlich nicht für die gegenwärtige Stunde gedacht ist, sondern für eine „Zeit", von der bisher kein Mensch sagen kann, wann sie anbrechen wird. Kap. 11 hat schon auf diese Zeit vorausgeschaut. Nun wird formuliert, was die Gemeinde Gottes dann singen wird. Hier wird also vorausgegriffen auf etwas, was noch nicht ist. Man denke doch: der Psalm ist als Abschluß der Sammlung von Jesajatexten zugefügt! Die darin enthaltenen Heilstexte – wenn sie denn von Jesaja selbst stammen – weisen in eine Zukunft, die noch aussteht. „Der Zorn Jahwes ist entbrannt über sein Volk", lesen wir 5,25; und dann heißt es in dem schrecklichen Kehrvers: „Bei alledem hat sich sein Zorn nicht gewandt, und noch ist seine Hand ausgereckt" (9,7–20; 5,25–30). Das ist die gegenwärtige reale Lage! Es wäre Zeit zum Klagelied – nur: wie wollte ein klagender Beter jetzt argumentieren, wenn die prophetische Predigt mit ihrem „Wehe!" immerzu aufzeigt, womit Gottes Volk sich diesen Zorn verdient hat?

Trotzdem: der Psalm schaut über den gegenwärtigen Augenblick hinaus, und es muß dafür Gründe geben. Die vorausgenommene Rückschau gibt sie an. Der Herr hat sich herrlich bewiesen, er wird das auch künftig tun, denn was Israel von und mit seinem Gott erfahren hat, das bleibt in Geltung und Kraft. Der Blick in die Vergangenheit rechtfertigt die glaubende und hoffende Vorausnahme dieser Zukunft, von der man noch nicht weiß, wann sie anbricht. So kann der Glaube die in der Abfassungszeit unseres Psalms gegebene Situation transzendieren. Kennen wir nur unseren Gott und halten wir uns vor Augen, was er uns zugesagt hat, dann ist die gegenwärtige Situation keinesfalls lichtlos, sondern voller Hoffnung; mehr noch: dann formuliert man heute schon den Dank, der einmal fällig und real begründet sein wird, wenn der Gotteszorn vorbei ist (wir denken in dem allem von der im Text vorausgesetzten Situation aus). Glaube ist immer auch Hoffnung. Wer in gewisser Hoffnung lebt, für den ist auch eine Situation wie die zu Jesajas Zeit schon überwunden. „Harre auf Gott! Denn ich werde ihm noch danken, daß er meines Angesichts Hilfe und mein Gott ist" (Ps. 42,6.12; 43,5). Wer weiß: „ich werde ihm noch danken", hat in jedem Falle das Schlimmste hinter sich.

Wer so über den Augenblick hinausdenkt, kann dann auch (wir denken jetzt wieder von Jesaja hier) unter der Erfahrung des gegenwärtigen Gotteszornes überlegen sein. Nicht, daß er den Zorn Gottes als Täuschung ansähe. Ein Blick in die Konkordanz zeigt, daß die Bibel – und das gilt auch fürs Neue Testament – von Gottes Zorn nicht als von einer atavistischen menschlichen Schreckensvorstellung redet, die durch bessere Einsicht zu beheben sei, sondern von einer göttlichen Wirklichkeit. Gott kann zürnen. Die Menschheit gibt ihm auch genügend Anlaß dazu. Das Evangelium sagt nicht, die Vorstellung vom zürnenden Gott sei eine irrige Vorstellung, die man sich ausreden lassen soll, sondern es sagt, daß Gottes Zorn, gerade indem er ganz ernst genommen wurde, überwunden ist. Anders gesagt: Gott hat sich nicht gegenüber dem sündigen Abfall der Menschen zu einer laxeren Auffasung bekehrt, sondern seinen Gerichtsernst bewahrheitet. Keiner weiß so gut, was es mit Gottes Zorn auf sich hat, wie der, der ihn zu unseren Gunsten erlitt.

So begreift gerade der Glaube die Notwendigkeit des Zornes Gottes. „Ich danke dir, Herr, daß du bist zornig gewesen über mich." Denkt man über den gegenwärtigen Augenblick hinaus, dann bekommt der Zorn Sinn. Der Glaube nimmt das „Danach" (Hebr. 12,11) vorweg. „Gehabte Schmerzen hab ich gern", sagt das Sprichwort; wollte man in der Consecutio temporum des Textes denken, müßte man den monströsen, aber sachlich richtigen Satz bilden: „Überstanden haben werdenden Gotteszorn hab ich gern". Ich begreife seinen Sinn, ich bejahe ihn, stelle mich drunter. ich muß dem zürnenden Gott – gegen mich selbst – recht geben. Ich muß sozusagen für den zürnenden Gott – gegen mich selbst – Partei ergreifen. Indem es dazu kommt, ist der Zorn schon nicht mehr die mir verhaßte Gegenwirkung gegen mein böses Wesen; was mir widerfährt, wird mir zum „Kreuz", das ich willentlich übernehme. Verstehe ich, was Gott mir auflädt, als Christi „Kreuz", dann kann ich, indem ich's annehme, sogar Gott darin ehren und preisen. Mag sein, es tut auch dann noch weh; aber es hat seine Bitterkeit verloren, denn Gott ist nicht mehr mein Widersacher, ich stimme ihm ja zu. Und ich weiß, daß der Zorn, an seinem Ort nötig, nicht das Ganze und Letzte in Gottes Geschichte mit uns ist. Wir werden eines Tages darauf zurückblicken, daß Gottes Zorn sich „gewendet hat", daß er „umkehren" wird (dasselbe Wort, für das im NT $\mu\varepsilon\tau\alpha\nuo\varepsilon\tilde{\imath}\nu$ steht). „Sein Zorn währt einen Augenblick – und lebenslang seine Gnade" (Ps. 30,6; vgl. Jes. 54,7). Der vorausgreifende Glaube weiß den eben jetzt noch währenden Zorn bereits überwunden. Er denkt über den Augenblick hinaus.

2.

War der Beter bzw. die betende Gemeinde („Zion", V. 6) eben noch mit seiner/ihrer Situation unter dem noch währenden, aber sich wendenden und damit aufhörenden Zorn beschäftigt, so wendet sich der Psalm nun ganz Gott-selbst zu. Nicht: was habe ich von dir, Gott, zu erwarten, was wirst du mir geben? Sondern: was bist du mir, was wirst du mir sein? Der Text spricht in Nominalsätzen. „Daß Jahwe Hilfe ist (nicht nur Hilfe gewährt), ist ... ein häufiges Bekenntnis in der Kultliteratur, s. Ps. 62,3.7; 68,20; 118,14.21; 140,8; er hilft nicht nur, sondern ist sozusagen die Hilfe in Person" (Wbgr. z. St.). Gott loben und ihm danken – über mich selbst hinaus, formulierten wir in der Schlagzeile. Indem die Gemeinde Gott lobt und ihm singt, gewinnt das Denken, Wünschen, Hoffen, Begehren einen ganz neuen Mittelpunkt. Man singt für Gott, in der Freude an Gott, in der Hinwendung zu ihm und in der Hingabe an ihn. Man fragt nicht mehr, was bei Gott zu gewinnen und zu „holen" ist. Er allein ist wichtig. Gott wird gepriesen um Gottes willen, nicht um unsertwillen. Das zweckfreie Tun des Lobens und Rühmens ist weit davon entfernt, mit Gott Geschäfte zu machen oder gar Gott für uns in Pflicht zu nehmen. „Gott ist meine Hilfe, ... meine Kraft und Stärke ...; ja, er wurde mir zum Heil."
Es tut der Gemeinde gut, am Kantatesonntag einmal darüber nachzudenken, was das eigentlich soll: *Gott loben*. Wird eine Ware gelobt, so dient das ihrer Empfehlung und damit dem Geschäft. Erhält ein Kind, vielleicht vor versammelter Schulklasse, ein Lob, so soll dies im Wettbewerb der Leistungen anspornen. Empfängt einer – bei Verleihung eines Preises oder einer akademischen Würde – eine Laudatio, so ist dabei, mindestens zum Teil, im Schema von Verdienst und Lohn gedacht. Bei Gott trifft dies alles nicht zu. Wir können auch seine Majestät und Herrlichkeit durch unser Lob nicht vergrößern, und Gott bedarf dessen nicht. Wir können ihm nichts geben, was er nicht schon hätte; ja, wir sind's ja, die immer nur von ihm empfangen (Apg. 17,25). Unser Gotteslob bewirkt nichts. Es ist wirklich, wie wir sagten, zweckfreies Handeln. Stellen wir uns selbst damit dar? Auch das – Freude will sich selbst Ausdruck geben. Aber die Freude selbst wiederum entsteht an Gott und seiner Herrlichkeit. „Gott ist ... (mein) Psalm", d. h. mein (mit Saiten-instrumenten begleiteter) Lobgesang (זִמְרָה von זמר = „zupfen"). (So jedenfalls nach der herkömmlichen Übersetzung, vgl. Exod. 15,2; Ps. 118,14, wo wörtlich dasselbe steht. Die Form des Substantivs ist freilich „ganz ungewöhnlich", und man empfiehlt die Bedeutung „Stärke" [Wbgr., auch Kaiser]. Eine dringende Nötigung dazu vermag ich nicht zu erkennen.) Nicht ich dichte, komponiere, singe einen Lobgesang für Gott, sondern er selbst weckt in mir, nein: er *ist* sogar der Lobgesang selbst. Haben wir einen Menschen besonders lieb, dann müssen wir es ihm sagen: der geliebte Mensch selbst bringt in uns

das Lob zum Klingen. Unser Singen entsteht wie von allein aus der Gottesfreude. (Am Lied der Woche, EKG 239, kann man es sich klarmachen.) Wenn es überhaupt ein angemessenes Reden über Gott gibt, dann kann es nur das – ausdrückliche oder verborgene – Lob Gottes sein, das sich gerade im Singen aller einsetzbaren Mittel bedient, um das Ganze unseres Herzens auszudrücken. Das echte Gotteslob ist also Gott-selbst, wie er sich in uns spiegelt und in uns tönt. Fast könnte man formulieren: „So singe denn nicht mehr ich, sondern Christus singt in mir" (vgl. Gal. 2,20); was die Gemeinde singt, ist „geistgewirkt" (Kol. 3,16), ist also Gottes eigenes Leben in unseren Herzen und in Lunge, Kehle und Zunge.

Über mich selbst hinaus: die Nominalsätze des Textes zeigen es. Gott schafft mein Heil, Gott garantiert mein Heil, Gott schenkt mir das Heil? Er *ist* es! „Wenn ich nur dich habe, . . .!" (Ps. 73,25). Hier ist also in der Direktbeziehung zu Gott gedacht. Etwas von ihm empfangen? *Ihn selbst* haben! Was uns singen macht, ist er. „Ich vertraue und fürchte mich nicht" (Grundbedeutung von פחד ist „zittern"). Der Psalm sieht die Dinge anders, als uns geläufig ist. Wir sind schon der Meinung, Gott sei es, der uns Hilfe gibt, Stärke und Unversehrtheit bzw. Unversehrbarkeit. Nur: das Leben sichert *das Brot*, das er gibt; *die Kraft*, die er gewährt, damit wir bestehen können; die „Ganzheit, Unversehrtheit, Integrität, der Zustand also, in dem es zur vollen Ausgestaltung dessen kommen kann, was der Mensch seiner Bestimmung nach ist" (so umschreibt Wildberger das dem Wort שָׁלוֹם dem Sinne nach so ähnliche Wort יְשׁוּעָה), dies alles haben wir von ihm, damit unser Leben „heil" sei. Jesus aber würde sagen: Ich bin das Brot des Lebens. Er könnte auch sagen: Ich bin in Person eure Kraft und Stärke. Ich bin selbst für euch „der Raum zu ungestörter Entfaltung" (so noch einmal Wbgr. zur Erläuterung von „Hilfe"). Man könnte mit Paulus formulieren: Christus „ist uns geworden von Gott her zur Weisheit und zur Gerechtigkeit und zur Heiligung und Erlösung" (1. Kor.1,30). Das Befreiende in dieser Wendung zur Mitte liegt darin, daß wir lernen, von uns, also auch von unseren Erfolgen oder Mißerfolgen, von unserem Übermut und unseren Einbrüchen und von unserer Verzagtheit abzusehen und nur noch auf diesen „archimedischen Punkt *außerhalb*" zu schauen. Was ich brauche: Gott *ist* es, und zwar für mich. Ich kann von mir und meinen äußeren und inneren Zuständen absehen. „Ich habe Zutrauen und brauche nicht zu zittern" – nicht, weil ich so unerschütterlich dastehe, sondern weil Gott so zu mir steht. Über mich selbst hinaus – der Blick des Glaubens ist auf Gott gerichtet. Was wir vom Sinn des Gotteslobes sagten, bestätigt sich hier, wenn es um Heil, Kraft und Unversehrtheit geht. Geholfen ist uns, indem Gott für uns die Mitte wird.

Fast könnte man meinen, die hier beschriebene und besungene Seligkeit bestehe darin, daß man auf das eigene Leben verzichtet und nur noch an Gott denkt, nur noch ihn sucht und begehrt. Wer für sich selbst nichts mehr will – wie der Mystiker, der ganz in Gott versinken möchte –, kann eigentlich keine Enttäuschungen mehr erleben. Läuft dies nicht hinaus auf einen Verzicht auf „Heil", „Stärke" und „Unversehrtheit"? Man könnte mit einem Jesuswort antworten und träfe dabei auch das, was der Text meint: „Wer sein Leben verliert um meinetwillen, der wird's *finden*" (Matth. 16,25). Daß Gott unser Heil ist, bedeutet ja nicht, daß es uns genommen, abgesprochen, versagt sein soll, sondern daß wir es in ihm *haben* werden. An der Lebensfreude des Laubhüttenfestes (s. o.) mag man es sich klarmachen, was es heißt: „mit Freuden Wasser schöpfen aus dem Heilsbrunnen" (V. 3). Wir verstehen die Symbolik: wo Wasser ist, keimt, sprießt, reift, fruchtet das Leben. Gott will uns, indem er selbst uns wichtig wird, nicht arm machen. Schenkt er uns in Christus sich selbst, so schenkt er uns eben damit – *alles (Röm. 8,32).*

3.

Wie von selbst entsteht, wenn man das annimmt, in der Gemeinde Gottes das Gotteslob und der Dank an Gott. Beides soll nun auch über die Grenzen der Kirche hinaus vernehmbar werden.

Daß der „Heilige Israels" groß ist „bei dir", also auf dem Zion, dem Ort seiner Gegenwart und Offenbarung, bedeutet zwar Konzentration – hier kennt man ihn, hier ist er zu finden –, aber verpflichtet zugleich zur Expansion im ökumenisch-missionarischen Sinne. „In allen Landen" soll von Gott die Rede sein – mehr: soll sein Lob vernehmbar werden. „Den Völkern" soll sein Tun bekanntgemacht werden. In Israel „ruft" man „seinen Namen" an: im Namen hat Gott sich zu erkennen gegeben, sich unverwechselbar gemacht, sich ansprechbar gemacht. Nun soll, was Israel von seinem Gotte weiß, aller Welt vernehmbar werden.

Am Sonntag Kantate wird die Gemeinde sich auch der über die Grenzen der Kirche hinaus reichenden Aufgabe der Verkündigung und des Gotteslobs bewußt werden. Die Musica sacra hören auch solche, die von der Predigt der Kirche nicht erreicht werden. Es sollte uns Predigern zu denken geben, daß dies so ist. Man könnte kritisch feststellen: Im Ästhetischen wird das Wort, das sonst in die Tiefe des Menschen dringen könnte (Hebr. 4,12), neutralisiert, entschärft, abgedämpft; hier kann man ins Unverbindliche ausweichen. Es mag sein, daß viele Menschen einen solchen distanzierten Umgang mit den Dingen des Glaubens lieber haben als die direkte Anrede. Es ist die Sache des Geistes Gottes, daß dennoch der eine oder andere getroffen und erfaßt wird. – Viel eher sollte uns ein anderer Gedanke beschäftigen: Spricht etwa die Kirchenmusik eine Sprache, die zahlreiche Menschen mehr, besser, kräftiger anspricht als unsere Predigt? Könnte es nicht viele geben, die gar nicht vor Gott und seinem Wort fliehen, sondern vor unserer wenig überzeugenden Weise, es auszurichten? Denken wir an „die Völker" – auch an die, die als (noch) Draußenstehende bisher unserer Verkündigung nichts abgewinnen konnten? Sagt die Musik des Lobes und der Anbetung besser, verständlicher, glaubwürdiger, was zu sagen ist, als wir?

Auf alle Fälle darf die Kirche nicht für sich behalten, was sie von ihrem Gott weiß und was sie mit ihm erlebt hat. Daß wir uns in unseren frommen Innenraum verschließen, ist – trotz vielen Redens von der missionarischen Verpflichtung der Kirche – unsere Gefahr. Das reformatorische Kirchenlied hat vor 450 Jahren dem Evangelium in der Welt besser Bahn gemacht als vieles andere, was in der Kirche betrieben worden ist. Es war gesungene Verkündigung. VV. 4–6 lassen deutlich erkennen, daß es gerade darauf ankommt. Wir singen, „was Gott an uns gewendet hat, und seine süße Wundertat". Je mehr wir selbst von dem erfaßt haben, was wir Gott verdanken, desto mehr werden wir zur singenden Kirche werden. Man darf es zu den ermutigenden Wirkungen des Heiligen Geistes rechnen, daß gerade in unserem Jahrhundert eine Kirchenmusik hörbar ist, in der Verkündigung und Gotteslob eines sind.

Zuletzt sei daran erinnert, daß Jes. 12 ein Psalm ist, der „zu dieser Zeit", also in der Heilszeit gesungen werden wird, auf die die Gemeinde wartet. Dieser ganze Psalm ist, wie wir sahen, ein Vorgriff auf das Kommende. Im Gotteslob und Dank wird überhaupt Kommendes Gegenwart. Die Lobgesänge der christlichen Gemeinde, die in die Apokalypse eingegangen sind, stellen sich dar als Lied der Himmlischen und Vollendeten, sind aber zugleich liturgisches Gut der Gemeinden Kleinasiens. Zukunft und Gegenwart, Himmel und Erde werden im Gotteslob eins. Die von uns mehrfach bedachte (eschatologische) Consecutio temporum, die Jes. 12 bestimmt, ist kennzeichnend für den Glauben überhaupt. Unser Gotteslob greift fröhlich nach Zukünftigem, und das Zukünftige wird in ihm heute schon wirksam. Wer immer diesen Psalm angefügt hat: er war ein Wartender, der sich im Kommenden zu Hause wußte, obwohl dieses Kommende, äußerlich gesehen, noch auf sich warten ließ. Aber man kann, wie der Text zeigt, aus diesem Kommenden leben. Die Osterzeit soll uns darin befestigen.

Rogate. Matth. 6,(5–6)7–13(14–15)

Matthäus bietet (ohne synoptische Parallelen) in 6,2–4.5–6.16–18 drei Sprüche über die Hauptwerke jüdischer Frömmigkeit. Diese Sprüche sind streng parallel gebaut. Eingeschaltet ist ein locker geformtes Logion vom Beten (VV. 7f.), das Vaterunser (VV. 9–13) und ein antithetisch gestalteter Doppelspruch (VV. 14f.), der an die fünfte Bitte anschließt und das Thema des Schalksknechtsgleichnisses (18,23–35) vorausnimmt. Laufen die VV. 5f. (zusammen mit VV. 1–4) mehr auf eine Kritik an jüdischer Werkfrömmigkeit hinaus, der die Verborgenheit christlichen Lebens entgegengesetzt wird (so auch in den korrespondierenden Sprüchen VV. 2–4 und 16–18), so haben wir es in den VV. 7–15 mit einem urchristlichen *Gebetskatechismus* zu tun. Auch Luk. 11,1–13 findet sich ein solcher. Während der matthäische offensichtlich für Judenchristen bestimmt ist, die vor dem Gebetsmißbrauch gewarnt werden müssen, gilt der lukanische für Heidenchristen, die das Beten erst lernen müssen. Die (kürzere) Lukasfassung des *Vaterunsers* steckt, der Sache nach, völlig in der des Matthäus drin. Der Wortlaut konnte variieren, denn er war nicht Gesetz, sondern Muster. In Einzelheiten steht wohl Matthäus der alten Form näher, in der Gesamtgestalt Lukas (Ed. Schweizer im NTD). J. Jeremias (Das Vaterunser im Lichte der neueren Forschung, 1962 und: Zeichen der Zeit 1962, dort S. 1ff. – ich zitiere nach ZdZ): „Die Möglichkeit, daß Jesus selbst . . . seinen Jüngern das Vater-Unser in verschiedener Fassung . . . gegeben haben könnte, ist nicht von vornherein auszuschließen" (S. 5). Die Matth.-Fassung findet sich auch in Didache 8,2 (wohl noch 1. Jh.); dort auch erstmalig die Doxologie (vgl. 1. Chron. 29,11–13), die man sich, auch wenn nicht ausdrücklich überliefert, nach jüdischer Gewohnheit sowieso in irgendeiner Form dazudenken muß (Jeremias, S. 13). V. 5: Feste Gebetszeiten (vgl. unser Gebetsläuten), durch Hornsignale angekündigt. Man ließ sich gern davon überraschen. Man betete flüsternd, stehend, Gebetsrichtung Jerusalem. – V. 6: Vorratskammer und Geräteschuppen, der einzig verschließbare Raum. – V. 7: βατταλογεῖν in der Literatur nicht nachweisbar (ähnlich unserem vulgären „quattern"). Viele Worte, auch viele Anreden, auf gut Glück gebildete Götternamen (vielleicht kommt man so dem Geheimnamen der Gottheit durch glücklichen Zufall nahe!), alles dies ist Ausdruck der Erhörungsungewißheit. Durch endlose Gebete sollen magische Wirkungen erzielt werden. – V. 8: Der Vater kennt im voraus unsere Bedürfnisse (vgl. die schöne D-LA nach Jes. 65,24 und V. 32 unseres Kapitels). – V. 9: Abba ist Sprache des Kleinkindes. Der Urlaut der Sprache Jesu wird in der griechisch sprechenden Urchristenheit nicht vergessen (Röm. 8,15; Gal. 4,6). Der Zusatz „in den Himmeln" entspricht rabbinischem Brauch; so wird Gott vom irdischen Vater unterschieden. Die ersten drei Bitten erflehen das Kommen des Herrseins Gottes; der Nachsatz „wie im Himmel, so auf Erden" dürfte zur gesamten ersten Strophe gehören. – VV. 11f.: Den Du-Bitten folgen die Wir-Bitten (die siebente wohl noch zur sechsten gehörig). „Die zweite Hälfte des Gebets korrespondiert der ersten. Sie nennt, was den Beter von Gottes Herrschaft scheidet. Wird er in Gottes Herrschaft hineingenommen, dann nimmt Gott die Sorge um das Brot und die Schuld weg" (L. Goppelt, ThNT 1, S. 121). Das „tägliche" Brot ist nach Hieronymus das „Brot für morgen", wobei man an das „morgen" der Endvollendung zu denken hat, ohne daß dabei vom „täglichen" Brot abzusehen wäre (Jeremias, a. a. O., S. 10f.). Atl. und spätjüdische Aussagen führen nicht auf eine Zeit-, sondern auf eine Maßangabe: das für den Tag nötige Quantum Brot (W. Vogler, Gib uns, was wir heute zum Leben brauchen, in: Das lebendige Wort, Festschrift f. Voigt, 1981, S. 52ff.). Sowohl die Brot- als auch die Vergebungsbitte stehen dem Aramäischen näher (Jeremias, S. 5). ὀφειλήματα entspricht dem aramäischen *hobha* (Geldschuld), von Lukas verallgemeinert. Das matthäische ἀφήκαμεν (Lukas: ἀφίομεν) ist sachlich schwieriger, gibt aber das aram. Perfectum praesens genau wieder; hier dürfte also der Urwortlaut besser erhalten sein. Daß der ὡς-Zusatz, „formal ein Fremdkörper", in Kauf genommen wird, zeigt, daß es hier um ein zentrales Anliegen geht" (H. Schürmann, Das Gebet des Herrn, [4]1964, S. 84), wie auch die VV. 14f. erkennen lassen. – V. 13: Bewahrung vor dem Abfall (vgl. Luk. 22,31f.; Joh. 17,14f.). Gott führt nicht in Versuchung (Jak. 1,13); die Bitte hat „eine permissive Nuance" (Jeremias, S. 12). Gemeint ist die Anfechtung der letzten Zeit.

Hingewiesen sei besonders auf Schniewinds Auslegung des Vaterunsers im NTD und auf K. H. Rengstorf, Das Vaterunser in seiner Bedeutung für unser Zusammenleben, in: Kerygma und Melos, Festschrift f. Mahrenholz, 1970, S. 13 ff.

Vielleicht haben wir es aus sachlichen Gründen schwerer als frühere Generationen, diese Gebetsweisung Jesu anzunehmen. Der Personalismus und das geschichtliche Denken der modernen Theologie müßten eigentlich der Gebetspraxis dienlich sein; im Gebet ereignet sich die je heutige Begegnung zwischen Gott und dem Glaubenden, und es geht ja im Glauben nicht um das Zur-Kenntnis-Nehmen zeitloser Wahrheiten, sondern um die Ereignung der Gottesgemeinschaft. – Nur: wo ist der Gott, mit dem wir reden? Nicht wenige unter uns haben hier Schwierigkeiten. Sie kennen Gott nicht mehr als das Gegenüber; sie meinen, man habe die Wirklichkeit Gottes nur noch im Weltprozeß zu suchen, als den ihm immanenten Logos. Wenn dem so ist, dann kann das Gebet nur noch das Selbstgespräch sein, in dem man die Welt- und Lebenswirklichkeit, in der man sich befindet, reflektierend durchnimmt. Es ist dann kein wirkliches Gegenüber vorhanden, an das man sich wendet, dem man die eigenen Anliegen vorträgt oder von dem man sich gar etwas erbittet. Man kann dann nicht mehr „Vater" sagen. Oder soll man sich in die Auskunft flüchten, Gott sei eben dieses Gebetsgeschehen selbst, durch das ich in Bewegung komme? Weh mir, wenn das so wäre; denn dann müßte ich das, was sich hier ereignet, zuletzt selbst tragen, leisten und aufbringen. Aber es ist nicht so. Ich wüßte keinen zwingenden Grund, mich in solche Verlegenheiten treiben zu lassen. Gott „*ist* jemand". All unser Glaube ist vom Externum getragen. Besonders das Gebet ist das Gespräch mit dem (externen) Du, das vor allem Beten für mich da ist und auf mein Gebet wartet und mir sogar dann zugewandt bleibt, wenn mein Beten versagt. Jesus verbindet uns mit dem *Vater*. Was immer für Überlegungen in unserer theologischen Gotteslehre nötig sein werden: ihr Ergebnis wird sein, daß Gott das Du ist, das wir anreden können und sollen „wie die lieben Kinder ihren lieben Vater"; oder – wir wären nicht mehr christliche Theologen. Das Wohin allen theologischen Denkens und, was noch wichtiger ist, unseres Betens ist unter allen Umständen unser Woher – man könnte sagen: im Sinne aller drei Artikel unseres Credo.

Zu den sachlichen Schwierigkeiten kommen technische. Man könnte der Überfülle der Perikope zu entgehen versuchen, indem man (im Sinne der von PTO gesetzten Klammern oder auf andere Weise) auswählt. Vielleicht so, daß man über VV. 5–8 predigt oder über VV. 9–13 (die VV. 14 f. unterstreichen und schärfen ein, stecken aber sachlich schon V. 12). Das erste möchte angehen: Reinigung unseres Betens von falschen Motiven und Voraussetzungen. Die äußere Beschränkung auf das Vaterunser jedoch würde uns erst recht vor eine Riesenaufgabe stellen. Nach J. Jeremias „ist das Vater-Unser die klarste, trotz seiner Knappheit umfassendste Zusammenfassung der Verkündigung Jesu, die wir besitzen" (a. a. O., S. 7), ein „breviarium totius evangelii" (Tertullian). *Wenn* man sich schon auf das Vaterunser konzentriert, dann liegt darin eine unerhörte Verpflichtung. Man hat es mit Reihenpredigten versucht; ein möglicher Weg – nur ist dann die Gefahr groß, daß dabei das Herrengebet, statt als Ganzes verstanden zu werden, in seine Bestandteile zerfällt (vgl. hingegen den meisterlich kurzen Durchblick bei Goppelt, a. a. O.). Wer die Gefahr sieht, wird ihr zu begegnen wissen.

Wie aber nun diesmal? Ein Buch wie dieses ist es dem Benutzer wohl schuldig, das Ganze der Perikope auszuleuchten, soweit dies überhaupt möglich ist. Ohne Verzichte wird es nicht abgehen. Aber es dürfte hilfreich sein, die Teile der Perikope im Zusammenhang zu sehen, so also, daß sie sich gegenseitig beleuchten. Der darzubietende Versuch hat gegen sich, daß er dem Prediger den Weg allzusehr vorschreibt; wen das anficht, der versuche es getrost ganz anders. Für den, der es sich gefallen läßt, seien die Leitlinien die folgenden: *Unser Beten, wie der Herr es befiehlt und erlaubt:* (1) *ein Reden mit Gott hinter verschlossener Tür,* (2) *ein Gehen zu Gott durch eine geöffnete Tür.*

I.

Kann sein, es steht verzweifelt mit unserem Beten. Dann könnte dieser „Gebetskatechismus" auch unserer Gemeinde dienlich sein. Bei näherem und nüchternem Zusehen wird sich der Potentialis solchen Redens in einen Realis verwandeln. Die Schäden unseres Gebetslebens beruhen ja nicht auf Zufälligkeiten, nicht einmal auf den besonderen Gegebenheiten der geistigen Situation unserer Zeit. Sie sehen von außen freilich anders aus als die, gegen die sich Jesu Kritik richtet. Die Gefahr, daß jemand sich auf belebter Großstadtstraße planvoll vom Mittags- oder Abendläuten „überraschen" läßt und dann, selbstgefällig, genießerisch oder auch in missionarischer Absicht, sein Gebet zur Schau stellt, ist nicht groß. Innerhalb der christlichen Gemeinde oder auch in der Familie könnte es schon anders sein. Vielleicht haben wir es schon erlebt, daß Beter gar nicht bei Gott waren, als sie beteten, sondern sehr bei sich selbst und bei ihrer Umwelt. Aber unsere Gefahr besteht zumeist doch nicht darin, daß wir demonstrativ beten, sondern darin, daß wir überhaupt nicht beten, auch nicht im „Kämmerlein". Keine Zeit. Keine Lust. Keine Spannkraft mehr nach dem aufreibenden Arbeitstag. Vielleicht nicht einmal dieses „Kämmerlein", das ein bißchen Ruhe garantieren könnte. Und wenn man es hat: man erträgt die Stille nicht, sondern läßt das Radio spielen. Haben wir Angst? Schon ernster, denn hier sitzt der Schade tiefer. Kein Kontakt mit „oben"? Dem Beten entwöhnt? Die Sache mit Gott überhaupt ein bißchen fragwürdig? Gott außer Sicht? Man könnte sagen: alles ganz anders als zu Jesu Zeit; seine Warnungen treffen mich nicht. Oder findet sich, vielleicht stark verwandelt, ähnliches bei uns?
Wer aus dem Gebet eine Schau macht, ist nicht bei Gott. Man wird ihm Geschmacklosigkeit vorzuwerfen haben, Mangel an Keuschheit, Unaufrichtigkeit. „Heuchler" (ὑποκριταί) – darin liegt der Vorwurf der Unwahrhaftigkeit; das Wort bedeutet auch „Schauspieler". Respekt vor der Kunst! Aber wo es ums Beten geht, kommt es auf etwas anderes an. Da setzt man sich nicht in Szene, da stellt man nicht etwas dar, da gibt es kein Publikum, da wäre Beifall tödlich. Schniewind spricht vom „objektiven Selbstwiderspruch"; der „Heuchler" tut in Wirklichkeit etwas anderes, als er zu tun vorgibt und sogar vorhat. Es gehört zu den Regeln des guten Tons, daß man den anschaut, mit dem man redet; damit gibt man zu erkennen, daß man alle Aufmerksamkeit auf ihn konzentriert, ihn ernst nimmt, ihn ehrt und, indem man mit ihm spricht, ihn selbst – nicht nur das, was von ihm zu erfahren ist – aufrichtig *sucht.* Wer betet, um „vor den Leuten in Erscheinung zu treten", spricht und handelt nicht auf Gott hin, sondern *sieht weg,* nämlich auf sein Publikum. Jetzt kommt es heraus: er meint gar nicht Gott, sondern sich. Ihn verlangt auch nicht nach Gemeinschaft mit Gott, sondern er trachtet danach, vor den Menschen als Muster der Frömmigkeit dazustehen. Wenn Gott nicht zuhörte, käme es auf dasselbe hinaus. Der Beter sieht auf die Menschen – nicht aber um ihretwillen, weil ihnen damit etwas Gutes geschähe (Joh. 11,42 – eine nicht ungefährliche Stelle), sondern weil ihr Respekt, ihr Beifall ihm ein Genuß ist. Nun ja – ein solcher hat eben dann seinen Lohn bereits kassiert (V. 5).
Fragt man nach den Hintergründen solcher „Heuchelei", dann wird man wohl zweierlei feststellen müssen. Was hier – auf den Straßen, vor den Leuten – geschieht, ist Ausdruck gesetzlichen Denkens. Wer seine Stellung vor Gott durch eigene Leistung gewinnen muß,

kann dem gar nicht entgehen, sich seiner selbst durch das Lob der Menschen zu ver-gewissern. Geltungsbedürfnis, Karrieresucht, Empfindlichkeit, Angeberei, Verachtung anderer, Hochmut, Eitelkeit: dies und ähnliches kommt daher, daß wir nicht aus Gottes unverdienter Zuwendung leben wollen, sondern aus dem Gesetz. Und das andere: Eben damit muß uns beim Beten der Kontakt mit Gottes Du verloren gehen. Solange ich um meinen Status bei Gott besorgt sein muß, solange ich vor Gott um Sein oder Nichtsein kämpfe, muß ich auf mich selbst reflektieren, auch beim Beten. Und damit ist mir Gott verloren. Gesetzlichkeit ist – im Widerspruch zu dem, was sie erstrebt – Gottlosigkeit (Röm. 5,6). Hätte eben noch jemand gemeint, das sei der Unterschied zwischen den Schau-Betern von einst und den Gebets-Stümpern von heute, daß jene Gott noch vor sich gehabt hätten, wir ihn aber verloren haben, so wäre einfach darauf hinzuweisen, daß, bei Licht besehen, keiner die Verbindung hatte und hat, jene nicht, wir ebensowenig. Beschö-nigen wir nichts. Es gibt viele Symptome der verlorenen Gebetsverbindung: Dieser *Liturg* würde wahrscheinlich am Altar beim Fürbittgebet nicht so widerlich *predigen*, wenn er „Verbindung" hätte; die *Laienbeter*, die ihre ad hoc formulierten Gebete von rascheln-den Papierzetteln vortragen und dabei, statt mit Gott zu reden, der Gemeinde in Gebets-form ihre Ermahnungen erteilen, haben es ihm, dem Liturgen, oft nur nachgemacht. Jener *Erweckte* würde in der Gebetsgemeinschaft erheblich sachlicher sein, wenn er nicht mit jedem Satz sein Bekehrtsein dokumentieren müßte. Vielleicht käme, wenn wir wirk-lich in der Telefonleitung drinwären, manches erheblich unbeholfener heraus, aber Gott brauchte sich nicht soviel Floskeln anzuhören.

Reden mit Gott hinter verschlossener Tür! Im „Kämmerlein" war man allein. Es war verschließbar. Die „Öffentlichkeit" war ausgeschlossen. Noch mehr: es hatte keine Fenster; wer darin betete, sah nicht einmal sich selbst (vgl. V. 3, wo der Gebende selbst nichts davon merkt). Macht es der Raum, die Einsamkeit? Wer „Vater *unser*" betet, hat auch im Kämmerlein seine Brüder und Schwestern dabei, in Gedanken, im Herzen. Er braucht auch das sichtbare Miteinander nicht zu fliehen. Wieviel Zeugnisse *gemeinsamen* Betens finden sich im Neuen Testament! Das Vaterunser ist das vom Herrn selbst der Ge-meinde gegebene Muster- und Leitgebet. Matthäus und Lukas bieten es offensichtlich nicht nach Q, sondern nach der in ihren Gemeinden eingehaltenen liturgischen Übung. Die Didache steht in derselben Tradition wie Matthäus. Die Gemeinde darf und soll beten. Es ist nicht Jesu Absicht, uns zu Gebets-Eremiten zu machen. Erfahrene Beter wis-sen, was das Wir der Gemeinde gerade hierbei bedeutet. Sie wissen übrigens auch die überkommenen Gebetsformulare zu schätzen; die Gefahr der Selbstdarstellung ist gerin-ger, wo man sich, wie die biblischen Beter sehr oft, ins Vorgegebene, Überlieferte einblen-det (vgl. die vorhergehende Auslegung). Was Jesus schenkt, sind total neue Vorausset-zungen für unser Beten, solche nämlich, in denen die Kämmerlein-Situation – nicht im äuße-ren Sinne, sondern auf überraschend neue Weise – sozusagen „von oben her" geschaffen ist. Was wir vor Gott sind, sind wir nicht aus uns selbst, sondern kraft unserer Zugehörig-keit zu Christus. Er steht zu uns, wie immer wir sind. Wir brauchen uns nicht mehr „dar-zustellen", weder vor anderen noch vor uns selbst. Es steht nichts mehr zwischen Gott und uns.

Die Kinder sagen „Vater" – ganz unbefangen, selbstvergessen, ungehemmt zärtlich. „Abba" – man muß noch gar nichts sein und – verglichen mit den selbstbewußten Erwachsenen – kaum etwas können, um dies sagen zu können. So spricht der Glaube. „Wenn ihr nicht werdet wie die Kinder . . ." Und wenn ich nicht so bin? Empirisch bin ich tatsächlich nicht so, denn ich werde die Selbstreflexion nicht los, das leidige Regi-strieren jeder frommen Regung, die trotzige Eitelkeit des Gesetzesmenschen. Aber es geht nicht nach der Empirie. Was ich bin, bin ich „in Christus". *Er* darf sagen: Abba (11,27)!

Sogar in dem heißen Gethsemanegebet redet er Gott noch so an (26,39.42). Er ist *der*
Sohn. Aber er ermächtigt uns, „unser Vater" zu sagen. Was Unerhörtes ist da passiert!
Der Prediger sage es der Gemeinde ja recht deutlich! Υίοϑεσία, schreibt Paulus und weiß,
daß niemand dies sagen kann, indem er ausspricht, was er empirisch in sich vorfindet,
sondern daß dies nur der Geist Gottes selbst uns – wider alle Erfahrung – bezeugen kann
(Röm. 8,15.23; Gal. 4,5; Eph. 1,5). (Daß Paulus auch sonst unsern Zusammenhang im
Ohr hat, ergibt ein Vergleich zwischen Röm. 2,29ac mit Matth. 6,4b.6b.18b.)
Damit sind im Grunde die ersten drei Bitten des Vaterunsers schon erklärt. Jesus lehrt
uns um das Reich bitten, darum also, daß Gott uns und seiner Schöpfung wieder *Gott*
werde. Dies geschieht, indem Gott selbst „kommt" – im Auftreten und Wirken Jesu
Christi. Gottes Name war nicht geheiligt, wo Menschen unter dem Zwang des Gesetzes
lebten. Sein Herrsein war verachtet, wo Menschen in gesetzlicher Eigenmächtigkeit und
im Stolz der Selbstgerechten sich gegen Gott verbarrikadierten und ihm die Um- und
Heimkehr schuldig blieben. Gottes Wille geschah nicht, wo man sich mit gesetzlicher
Korrektheit selber groß machte und nicht merkte, daß man Gott das Herz entzog. Was
würde aus unserm Gebet, wenn Gott endlich wieder an uns herankäme! Kinder würden
wieder mit ihrem Vater reden. So würde sein Name heilig. So würde er wieder Herr bei
ihnen. So geschähe sein Wille. Würde, geschähe? Im Kommen Jesu *geschieht* es. Indem wir
beten, wie er uns lehrt, ereignet sich das Herrwerden Gottes, der unser Vater sein will.

                                              2.

Daß wir, indem wir beten, durch eine geöffnete Tür gehen, ergibt sich eigentlich schon
aus dem zuletzt Gesagten. Der Text verdeutlicht es noch. Christen beten anders als Heiden. Nicht weil sie es besser könnten, sondern weil sie „durch Jesum Christum, unsern
Herrn" beten.
Das heidnische Plappern kommt nicht aus Dummheit, sondern aus Not. Beten ist dem
Heiden eine Anstrengung. Die Götter wollen nicht, man darf nicht lockerlassen. Man
muß sie nötigen. Sie müssen es zuletzt satt kriegen (Seneca: fatigare deos). Beten ist eine
Machtfrage. Die Götter sind die Mächtigen. Sie allein können geben, helfen, retten. Lei-
der kann man ihrer Gnade nicht gewiß sein; ja, man muß sogar damit rechnen, daß sie an
den Menschen von sich aus nicht interessiert sind. So muß man sie eben bedrängen. Wie
mit Fäusten muß man gegen die verschlossene Tür schlagen.
Jesus: Gottes Tür ist offen! „Euer Vater weiß, was ihr nötig habt, noch ehe ihr den
Mund aufmacht" (V. 8b nach D). Ihr müßt Gott nicht umstimmen und bereitmachen.
Er will ja euer „Vater" sein. Er will euch mehr geben, als ihr ihm abnehmt. Offene Türen
braucht man nicht einzurennen. – Wozu dann beten? Wenn Gott sein Gutes sowieso für
uns bereithält, braucht es doch wohl nicht, daß man ihn darum angeht? Doch – Gott ist
nicht eine anonyme Versorgungsstelle, die das Nötige automatisch heranbringt; er ist der
Vater seiner Kinder, er will mit seinen Kindern persönlich im Kontakt sein. So läßt er
sein Heil nicht über uns abregnen, so daß es uns entscheidungslos trifft. Er sucht unser
Herz und darum auch unser Gebet.
Es fällt auf, daß die ersten drei Bitten des Vaterunsers Gottes eigene Sache zum Gegenstand haben. Wir werden angehalten, um den Voran- und Fortgang der Sache Gottes zu
beten, weil Gott die Heiligkeit seines Namens, seine Herrschaft und seinen Willen nicht
gegen uns durchsetzen will, sondern bei uns und in uns. Es wäre ja auch töricht, wenn
wir nicht sehen wollten, daß Gottes Sache tatsächlich unsere Sache ist. Wir werden, wenn
wir durch Jesus Christus den Vater gefunden haben, wiederum nur wünschen können,
daß unsere Sache nicht mehr der seinen zuwiderlaufe. Im Sieg seiner Sache ist, so gese-

hen, auch unser Interesse am besten gewahrt. Darum ist es richtig, daß wir auch im Beten
„am ersten nach dem Reiche Gottes trachten". Aber wir brauchen wahrhaftig nicht zu
fürchten, daß wir dabei zu kurz kommen. Wenn Gott unser Bestes will: was kann uns
Besseres widerfahren, als daß sein Wille nicht nur im Himmel, sondern ebenso auch auf
Erden geschieht – und zwar auch und zuerst *durch uns* geschieht? „Darum sollt ihr also
beten:..." Man überlege, was in dieser Weisung liegt. Leuten, wie *wir* sind, wird hier
von Gott nicht nur aufgegeben, sondern zugetraut, daß sie in dieser Sache so reden, wie
das Herrengebet es vorsieht. Ist es nämlich nicht ein Beten auf eigene Faust, ein beschwö-
rendes Eindringen auf Gott, vielmehr ein von Gott selbst so geordnetes und gesetztes und
damit „lizenziertes" Beten, dann ist es ein Eingehen auf Gottes Initiative, das Ergreifen
seiner nach uns ausgestreckten Hand. Dann erfüllt sich das Gebet nicht nur, *nachdem* wir
es gebetet haben, sondern eben darin, *daß* wir es beten.

„Die drei letzten Bitten des Unser-Vaters" – die siebente ist hier mit zur sechsten gerechnet – „sind die Umkehrung und die Konsequenz der drei ersten: Die ‚Wir' treten jetzt in
den Vordergrund" (K. Barth, KD III/4, S. 115). „Es kann nicht darum gehen, daß des
Menschen eigene Sache unter den Tisch falle. Es geht vielmehr darum, daß sie dadurch
zu Ehren komme, daß Gott sie zu der seinigen macht" (a. a. O., S. 116). Auch hier steht
also die Tür offen. Das tägliche Brot ist Gottes gern gewährte Gabe. Brot, soviel wir für
den Tag nötig haben: Gott will, daß wir immer wieder veranlaßt werden, mit unserer
Bitte zu ihm zurückzukehren. Der Aktionsradius soll kurz bemessen sein; es wäre uns
nicht zuträglich, wenn wir auf den Gedanken kämen, nun hätten wir genug, nun werde es
ohne Gott gehen. Vielleicht würde Jesus, spräche er heute unmittelbar zu uns, der Brot-
bitte – in Analogie zu V. 12 – hinzufügen: „wie auch wir das Brot mit den Hungernden
teilen". Denn Gott will keine hungernden Menschen. (Das deklamiert sich leicht; wüßte
man nur, wie es zu bewerkstelligen ist, daß alle Hungernden satt werden. Das Gebet des
Herrn greift weit aus in die Probleme der Weltökonomie und der Weltpolitik.) Ob die
patristische Auslegung, die an *mehr* denkt als an die äußere Fristung des Lebens, im
Recht ist, stehe, solange es um die Vaterunserauslegung geht, dahin; recht hat sie in der
Sache auf jeden Fall. Der Mensch lebt nicht vom Brot allein. Jesus sagt, *er* sei das Brot
des Lebens. „Das Brot, das er darreichte, wenn er mit den Zöllnern und Sündern zu
Tische lag, war alltägliches Brot und doch mehr: Lebensbrot. Das Brot, das er den Seinen
beim letzten Mahl brach, war irdisches Brot und doch mehr: Sein für die vielen in den
Tod gegebener Leib" (Jeremias, a. a. O., S. 11). Das Kommende reicht in die Gegenwart
hinein. Damit stehen auch in diesem Sinne die Türen Gottes offen.

Wir behalten immer im Auge, daß das Vaterunser uns *gegeben*, daß es uns zu beten
befohlen ist. Das gilt ebenfalls für die Vergebungsbitte. Auch hier beten wir nicht aufs
Ungewisse. Wir *sollen* so beten: also haben wir Gottes Vergebungsbereitschaft nicht erst
zu erwirken, sondern wir dürfen uns die bereitliegende Vergebung abholen. Das schon
erwähnte Perfectum praesens („wie auch wir vergeben *haben*") hat bei genauer Wiedergabe noch einen anderen Sinn: „wie auch wir *hiermit* denen vergeben, die uns etwas
schuldig sind" (Jeremias, S. 6 und 11). Hier findet nicht ein „Kopplungsgeschäft" statt.
Wohl aber trete ich, indem ich Vergebung erbitte und empfange, in den Raum ein, in
dem auch der an mir schuldig gewordene Bruder Platz hat, ja schon anwesend ist. Ver-
gäbe ich ihm nicht, so schlösse ich nicht ihn, wohl aber mich aus diesem Raum der
Gnade aus. Die VV. 14f. leiten zum Schalksknechtsgleichnis hin; daran kann man sich
den Sachverhalt gut verdeutlichen.

An *einer* Stelle könnte es noch ungewiß scheinen, ob uns die Tür wirklich offen steht, bei
der sechsten/siebenten Bitte. Unser Glaube wird noch erprobt werden. Das Neue Testament sagt an vielen Stellen, daß für jeden von uns die Gefahr des Abfalls und damit der

Verlorenheit besteht. Wir sind noch nicht am Ziel. Keiner kann für sich selbst die Hand ins Feuer legen. Wir wären wieder beim Gesetz, wenn wir für uns selbst garantierten. Aber wir wären auch nicht mehr beim gekreuzigten Christus, wenn wir meinten, der Erprobung unseres Glaubens nicht mehr ausgesetzt zu sein. Wir müssen dem Bösen noch endgültig entrissen werden. Nun ist es aber auch hier wie bei den anderen Bitten: wir beten nicht sozusagen mit „Druck" auf Gott, sondern wir stehen im „Sog" seines Angebots. Die Zeiten der Anfechtung werden – wann immer sie kommen und wie immer sie sich gestalten mögen – die Gelegenheiten sein, unsere Erfahrungen mit Gott zu machen. Der Glaube sieht sich nicht in einem Raum der Problemlosigkeit gestellt. So wie Gott seine Gaben auch sonst nicht automatisch gewährt, sondern so, daß wir bewußt empfangen, was er gibt: so ist es auch mit der Bewahrung vor bzw. in der großen Versuchung. Ahnungslos, wer sich einen Gott denkt, dessen Pflicht und Schuldigkeit darin besteht, dafür zu sorgen, daß nichts uns anficht. Wie Gott zu uns steht, das werden wir am herrlichsten erfahren, wenn wir in der Lage sind, ihn zu Hilfe zu rufen: „Erlöse uns von dem Bösen." Er wird uns nicht im Stich lassen.

Das Gebet ist uns von Jesus gegeben. So beten wir in seinem Namen. Man darf hinzufügen: In diesem Gebet werden wir von Jesus unterstützt. Der Fürsprecher macht sich stark für uns. Wer betet, hängt sich an ihn an (vgl. den nachfolgenden Text). Daß die Tür für uns aufgegangen ist und für immer offensteht, ist ja *sein* Werk.

Himmelfahrt. Joh. 17,20–26

Der Eingang des hohenpriesterlichen Gebets war Perikope zu Palmsonntag, wo Grundsätzliches zu diesem Kapitel gesagt wurde (s. d.). Die Formulierungen stammen vom Evangelisten bzw. von der von ihm repräsentierten Gemeinde; aber *was* sie formuliert, ist das Gebet nicht nur des irdischen (hier: des sich auf den Karfreitag rüstenden), sondern zugleich des erhöhten Christus, von dessen ständiger Fürbitte die Gemeinde sich getragen weiß. Die VV. 20f. einerseits und VV. 22f. andererseits laufen bis in Einzelheiten hinein parallel (ich habe dies schematisch aufgeschlüsselt in: Der rechte Weinstock, S. 209). Schnackenburg begründet ausführlich den Verdacht, daß VV. 20f. Hinzufügung der Redaktion sind (S. 215). Daß hier ausdrücklich in Richtung auf die Kirche und damit auf „deren Erstreckung in der Zeit" (Bltm., S. 392) weitergedacht ist, ist sachlich legitim.

V. 20: Was Jesus bisher für die erbeten hat, die der Vater ihm gab, wird ausgeweitet auf die, die von ihrer Predigt erreicht werden. Die auf die Zukunft weisende LA πιστευσόντων (D, ein Teil der lateinischen Zeugen und die sahidische Übersetzung), der Luther folgt, sagt sachlich nichts anderes. In anderen Worten weist auf dieselbe Sache 1. Joh. 1,3. – V. 21: Das Anliegen der Einheit klang schon V. 11 an; jetzt wird es breit ausgeführt. Ein konkreter Anlaß, darauf zu kommen, wird nicht erkennbar. Das *Einssein* wird mit dem (reziprok zu verstehenden) *Insein* begründet: der Vater im Sohn, der Sohn im Vater, die Glaubenden in Vater und Sohn, vgl. 14,10f.20. Das Einssein der Gemeinde ist Voraussetzung dafür, daß die Welt glauben kann. Bittet Jesus auch „nicht für die Welt" (V. 9), so denkt er doch an die Möglichkeit, daß die Welt zum Glauben kommt (und damit aufhört, „Welt" zu sein). Eins ist die Gemeinde gerade dadurch, „daß sie nicht mehr zur Welt gehört" (Bltm.). – V. 22: Überraschend die Gabe (das Perfekt weist auf das Bleibende solchen Gegebenseins) der „Herrlichkeit", die Jesus seit Uranfang eigen ist, die er in der Erhöhung erneut erlangt und nun den Seinen mitteilt. Gemeint ist das „Leben" in der unmittelbaren Gemeinschaft mit Gott, also in der himmlischen Lichtherrlichkeit, an der der Christ im Glauben schon jetzt (aller gegenteiligen Erfahrung entgegen) Anteil hat. Was dem Sünder fehlte (Röm. 3,23), der mit Christus Verbundene, der in ihm und dem Vater Seiende hat es. Wieder begründet das neue Sein im Vater und im Sohne das Einssein der Kirche. – V. 23: τελειοῦν eschatologisch zu verstehen: wer „im" Vater und Sohn ist und „in" wem beide sind, der ist „ans Ziel gebracht", in die eschatische Wirklichkeit hinein – und damit auch „in das Eine hinein" (so die LA von D) oder – mit der Mehrzahl der Zeugen – „zu *einem* vollendet". Das Einssein realisiert sich immer im eschatologischen Überschritt. Nur darin wird auch erkannt, daß der Vater den Sohn gesandt hat und daß er die Welt geliebt hat, indem er ihn liebe.

V. 24: Erneute Anrede (die jüngeren Textzeugen haben die korrekte Vokativform). Statt des bisherigen „Bittens" nun das dezidierte „Wollen". Der neutrische Ausdruck („was du mir gegeben hast") scheint auf das Ganze der Welt zu gehen (vgl. Matth. 11,27a), verengt sich dann aber auf „jene", also auf die, von denen zuvor immer die Rede war. Hier ist noch ein anderes Schauen der Herrlichkeit Jesu gemeint als 1,14: sie werden „die von der Hülle der σάρξ befreite δόξα" sehen (Bltm., S. 398 – eine für Bultmanns *futurische* Eschatologie höchst bemerkenswerte Stelle). Rückgriff auf Präexistenz: der Vater hat den Sohn geliebt „vor Gründung der Welt" (ein im Judentum [vgl. ThWNT III, S. 623] und Urchristentum [Matth. 25,34; Luk. 11,50; Eph. 1,4; Hebr. 4,3; 9,26; 1. Petr. 1,20; Offb. 13,8; 17,8] geläufiger Ausdruck). – V. 25: „Gerechter Vater" gewohntes Gottesattribut (vgl. Bltm., S. 399 A. 3), wohl ohne besondere theologische Akzentuierung. „Alle Glaubenserkenntnis hat ihren Grund in *seiner* Gotteserkenntnis" (Bltm. z. St.). – V. 26: Jesus setzt seine bisherige Tätigkeit unter den Seinen fort: er macht ihnen auch als der Erhöhte (man könnte auch sagen: als der Paraklet) den Namen des Vaters bekannt, ist er doch selbst „der wirkliche Gott und ewiges Leben" (1. Joh. 5,20).

Die Frage, wo Christus sich seit seiner Himmelfahrt befinde, ist falsch gestellt. Er ist zum Vater erhöht – nach johanneischer Vorstellung schon mit seinem Sterben, mit dem seine Auferstehung in eins zu sehen ist. Christus ist da, wo Gott ist, und für Gott gibt es kein Wo. Auch als man noch im mythischen Weltbild dachte, war das Dreistockwerkweltbild, wo es um Gott ging, zuweilen durchbrochen oder überholt – da nämlich, wo von Gottes Allgegenwart her gedacht wurde. Gott ist „mitten in unserer Welt jenseitig" (Bonhoeffer); dies gilt auch vom himmlischen Christus.

Ist Christus da, wo Gott ist, dann hat er an des Vaters Herrschaft und Allmacht teil. Das All ist ihm unterworfen. Es gilt freilich zu bedenken, *in welcher Art und Weise* der Herr in die Welt hinein und für die Welt wirkt. Sprechen wir von seinem Regiment, dann stellt sich leicht die Vorstellung ein, alles müsse auf sein Kommando hören, und alle Welt müsse sich seinem befehlenden Worte beugen. Wenn irgendwo im Neuen Testament solches stünde: in unserm Kapitel findet man davon nichts. Jesu Herrsein besteht im priesterlichen Eintreten Christi für die Welt. Er „ist zur Rechten Gottes und vertritt uns" (= wird für uns vorstellig, setzt sich für uns ein, Röm. 8,34). „Wir haben einen Fürsprecher beim Vater, Jesus Christus, der gerecht ist" (1. Joh. 2,1). Er „hat darum, daß er ewig bleibt, ein unvergängliches Priestertum, ... denn er lebt immerdar und bittet für sie". Für wen? Für die, „die durch ihn auf Gott zugehen" und vor sein Angesicht treten (Hebr. 7,24f.). Erscheinen wir in unseren Gottesdiensten vor Gott, dann „durch ihn", so also, daß er, als stünde er selbst am Altar, unser priesterlicher Vorbeter ist und wir uns seinem kompetenten Beten nur anschließen. (Es ist zu fürchten, daß viele in der Gemeinde nicht wissen, was es bedeutet, wenn sie beten: „durch Jesum Christum, unsern Herrn".)

Das hohepriesterliche Gebet will natürlich als ein Ganzes verstanden werden (vgl. unsern Durchblick zu Palmsonntag). Es kann in einer Predigt nicht ausgelegt werden. Immerhin schließt V. 20 einen Rückblick ein: das bisher (VV. 1–19) Erbetene soll auch für die gelten, die durch das Wort derer zum Glauben kommen, an die in der letzten Nacht des Erdenlebens Jesu gedacht ist. Damit kommt die Zeit der Kirche in den Blick. Jesus denkt an kommende Generationen. Was er, als der Erhöhte, den derzeitigen und den künftigen Gläubigen, was er also seiner Kirche sein und tun wird, davon muß zuerst die Rede sein. Es wird sodann um die Einheit der Gemeinde zu gehen haben; was in V. 11 thematisch anklang, wird in unserm Abschnitt – in zwei ganz ähnlich angelegten Strophen – ausgeführt. In beiden Überlegungen sehen wir den erhöhten Christus in seine – in der Welt befindliche (VV. 11.15.18) – Kirche hineinwirken. Am Schluß aber geht der Blick nach „oben": Christus will seine Kirche vollenden, indem er die Seinen dort sein läßt, wo er selbst ist, damit sie auf neue Weise seine Doxa sehen. So bekommt der

uns aufgegebene Abschnitt Konturen: *Der himmlische Christus betet für seine Kirche.* (1)
So bewahrt er sie. (2) *So eint er sie.* (3) *So vollendet er sie.*

I.

Der erhöhte Christus hat „Macht über alles Fleisch" (V. 2), aber sein priesterliches Gebet
gilt der *Kirche* (V. 9). Man könnte darin eine unstatthafte Verengung sehen, die auf das
Konto derer kommt, die diesem Gebet Jesu die Sprachgestalt gegeben haben. Diese Verengung könnte schon darin liegen, daß Christus sich hier als priesterlicher Fürbitter und
Anwalt darstellt. Ist er nicht auch der Richter, dem alle Welt Rede und Antwort stehen
muß? Wir hätten viele Stellen des Neuen Testaments gegen uns, wenn wir dies verneinen
wollten. Aber es entspricht johanneischem Denken, daß Christus Richter nur dort ist,
wo er – wegen unserer Verhärtung und Unansprechbarkeit – mit seinem retten wollenden
Tun scheitert, und auch dann eigentlich nicht so, daß er in seiner richterlichen Funktion
aktiv wird, sondern so, daß er uns dem Gericht, d. h. der Verlorenheit *überläßt* (3,17–21).
Er will aus der vorgefundenen Verlorenheit *retten*, das ist sein Auftrag und Wollen. Mit
der *Welt* will er schon zu tun haben, sofern Gott sie liebt und sie sich lieben läßt; gerade
so aber wird die „Welt" zur „Kirche" oder – da das Wort in unserem Text wie überhaupt
in unserm Evangelium und in 1. und 2. Joh. nicht vorkommt – zu der Gemeinde derer,
die der Vater dem Sohn „gegeben hat" und die „an ihn glauben", Menschen, die „in uns
sind", nämlich im Vater und im Sohne, und in denen Christus „ist" und mit ihm der
Vater (VV. 21.23). Christus selbst ist in die Welt gesandt, um dies zu bewirken; und so
sendet er auch die Seinen (V. 18). Nach seiner Auferstehung wird es geradezu zu einer
Ordination zu diesem Dienste kommen (20,21). Durch das Wort der Ausgesandten
werden neue Menschen „glauben" (V. 20). Indem die Abgesandten verkündigen, was sie
gesehen und gehört haben, entsteht „Gemeinschaft" – nicht nur mit den Verkündigern,
sondern – durch ihren Dienst – mit dem Vater und seinem Sohn Jesus Christus
(1. Joh. 1,3), wobei das Wort „Gemeinschaft" genauer mit „Anteilhabe" zu übersetzen
wäre, was wieder den „In"-Formeln unseres Textes entspricht. Hier Jesu Beauftragte –
dort die, die durch ihren Dienst zum Glauben kommen. Jesus betet nicht nur für die, die
er gerade um sich hat; er betet für die kommenden Christengenerationen. Und dies eben
nicht nur am Gründonnerstagabend, sondern – so sollen wir Joh. 17 verstehen – seit
seiner Erhöhung allezeit, in Wahrnehmung seines „ewigen Priestertums" (s. o.).
So ist also die Kirche nicht ein Unternehmen, das sich selbst tragen muß bzw. von der
Initiativ- und Durchhaltekraft ihrer Glieder getragen wird. „Sie sind nicht von der Welt,
wie denn auch ich nicht von der Welt bin" (V. 14). Der einzige, der den Vater kennt
(V. 25), ist in die Welt gekommen und hat den Menschen den Namen Gottes offenbart
(VV. 6,26). Menschen haben erkannt, daß dieser Jesus vom Vater gesandt ist (VV. 3.25),
also auch von höchster Stelle autorisiert (VV. 7f.). So, indem sie in Christus den Vater
fanden, haben sie das ewige Leben gefunden (V. 2). Indem Jesus in ihnen zu sein begann,
haben sie in sich die Liebe, mit der der Vater den Sohn liebt (V. 26). Dieser Sohn hat sich
selbst für die Menschen „geheiligt", d. h. Gott hingegeben, also geopfert; so sind aus
unheiligen und darum verlorenen Menschen solche geworden, die „geheiligt", also Gott
zugeeignet wurden „in der Wahrheit", also in der gnädigen Selbsterschließung Gottes
(V. 19). So handelt Christus an den Menschen, und so kommt es dazu, daß diese ihm
gehören und damit seine Gemeinde sind.
Sein Lebenswerk! Man könnte das ganze Evangelium unter diesen Gesichtspunkten nacherzählen. Freilich, das beträfe die Zeit, „solange ich bei ihnen war" (V. 12). Wie nun?
Nun „bin ich nicht mehr in der Welt – sie aber sind in der Welt" (V. 11). Ihnen steht der

Wind entgegen (V. 14). Soll ich sie aus der Welt herausnehmen, sie in Sicherheit bringen? Das gerade nicht! Sie haben ja eine Aufgabe in der Welt (V. 18). Es sollen ja andere durch ihr Wort glauben lernen (V. 20). Es kommt die Zeit der Kirche. Der himmlische Beter weiß um die Gefährdung der Menschen, die er nun auf der Erde – scheinbar – sich selbst überlassen muß. Er kann nur beten: „Erhalte sie in deinem Namen" (V. 11). „Bewahre sie vor dem Bösen" (V. 15 – es ist wahrscheinlich nicht nur an *das* Böse gedacht, sondern zugleich an *den* Bösen)! Sie haben ja dein Wort (VV. 6.8). Sie kennen ja sein Woher (s. o.). Habe ich sie bisher im Glauben „bewahrt" (V. 12), so mögen sie es auch künftig sein. Vater, es sind ja die Deinen (V. 9) – du wirst doch die nicht loslassen, die dir und mir gehören (V. 10). Ich habe mich selbst für sie geopfert – nun sind auch sie geheiligt, in dein Eigentum zurückgeführt (V. 19). Sieh, hier, meine Nägelmale! Von meinem Opfer leben sie. Der himmlische Beter „ist die Versöhnung für unsere Sünden, nicht allein aber für die unseren, sondern auch für die der ganzen Welt" (1. Joh. 2,2 – Fortsetzung der vorhin zitierten Stelle).

Die Kirche lebt von der Fürbitte ihres erhöhten Herrn. Die Frage, wie ihr äußerer Bestand unter den Bedingungen welthaften Daseins und Wirkens erhalten werden kann, klingt an (V. 14), wird aber sofort von der anderen verdrängt, wie die Kirche wohl dem „Bösen" standhalten könne (V. 15). Es ist nicht die Frage aller Fragen, wie es wohl im Gedränge des Weltgeschehens mit uns weitergehen kann. Viel aufregender ist die im Gebet „aufgehobene" Sorge des erhöhten Herrn, ob und wie es unter uns weiter zur Erkenntnis Christi und seiner Sendung, zum Glauben an den „Namen" Gottes, zum Festhalten am Wort, zum Bewahrtwerden vor dem Bösen und vor dem Abfall (V. 12b) (usw.) kommen könne. Wie es *geistlich* mit und in ihr steht, das ist die Schicksalsfrage der Kirche. Da ist es nun wichtig zu wissen, daß die Kirche auf ihrem Weg durch die Zeiten von der Fürbitte ihres Herrn begleitet, mehr noch: umschlossen, gehalten und bewahrt wird. Wenn man ein Lehrbuch der Kirchengeschichte durchblätterte, so müßte man, wenn man die geistlich-eschatologische Tiefendimension der Kirche mit in Betracht zieht, auf jeder Seite den fürbittenden Christus am Werke sehen. Sollen wir, angesichts des Verlaufs der Kirchengeschichte, schließen: also ein vergebliches Beten? Wir hätten damit gerade das *Wunder der Kirche* verpaßt und übersehen: es besteht darin, daß der Herr sie, trotz der immer neuen Schändung seines heiligen, teuren Namens, als sein Volk und als Instrument seines Wirkens erhält und – man staune! – sogar brauchbar und tüchtig macht. Das Geheimnis der Fortdauer und Wirkkraft der Kirche (wir erinnern erneut an den Invokavit-Text): „Ich habe für dich gebeten, daß dein Glaube nicht aufhöre" (Luk. 22,32).

2.

Indem der himmlische Christus für seine Kirche betet, *eint* er sie. Die Einheit der Gemeinde: Jesu Sorge in der letzten Erdennacht und seit seiner Erhöhung allezeit. Hinter dem uns vorliegenden schriftlichen Niederschlag dessen, was Johannes und sein Kreis von Jesu Beten wußte, könnte bereits kirchengeschichtliche Erfahrung stehen; der 3. Johannesbrief läßt davon einiges erkennen. Auf alle Fälle stellt das Uneinssein der Kirche zu allen Zeiten, auch für uns, eine schwere Belastung dar. Es muß uns zu schaffen machen, daß wir wissen: der Herr betet ständig um das Einssein seiner Kirche, während wir, die Christenheit, so schmerzhaft zerrissen sind. Die Kirche wird dadurch vor der Welt unglaubwürdig. Auch wo am Ort das Konfessionsproblem nicht unmittelbar empfunden wird, muß es uns quälen. „Ich glaube die *eine* heilige christliche Kirche": also denke ich doch hoffentlich über den Kirchtumhorizont hinaus an das Ganze der Christenheit, und ich denke hoffentlich an die Welt, die – wir formulieren in Analogie zu einem berühmten Vorbild – das „spectaculum horribile" unseres Zertrenntseins erlebt und um unsertwillen an Christus irre wird, und wir denken an Christus selbst, dem die Zerissenheit seines Leibes weh tun muß. Das Anliegen der Einheit geht alle Gemeinden mit sämtlichen Gliedern an, es kann nicht einigen Ökumene- und Una-sancta-Spezialisten überlassen bleiben.

Nun träfen wir freilich nicht das im Text Gemeinte, wenn wir nur an die konfessionelle Zerspaltenheit der Kirche und deren Überwindung dächten. Das vierte Evangelium ist zwar auch sonst auf die Einheit der Kirche aus: es soll *eine* Herde und *ein* Hirte werden (10,16); die Kinder Gottes sollen „zu *einem*" gesammelt werden (11,52); das Netz, in dem sich 153 (= alle) Fischarten finden, zerreißt nicht (21,11). Aber Johannes denkt dabei erstaunlich wenig an Organisatorisches. So ist es überhaupt im Neuen Testament. Es finden sich nur Spuren eines Interesses an einem auch äußerlich anschaubaren Einssein. Man könnte an die Vermittlung des Geistes an die bis dahin noch defektive Kirche Samariens durch Petrus und Johannes denken (Apg. 8,14ff.) oder an das Apostelkonzil, das – über die eigene Faktizität hinaus – nicht viel mehr Greifbares erbringt als die Zusage der mazedonisch-achaischen Kollekte (Gal. 2,10). Über die Rolle des Petrus haben wir zu Joh. 21,15ff. (Mis. Dom.) gesagt, was u. E. hier zu sagen möglich ist. Über Kontakte zu Gemeinden in anderen Gegenden lassen die johanneischen Schriften kaum etwas erkennen; man darf dies freilich bei seiner literarischen Eigenart nicht erwarten. Offenbar bestand kein Bedürfnis, das Einssein der Gemeinde Jesu in aller Welt sinnenfällig darzustellen.

Eher könnte man sagen, daß das vierte Evangelium ein Interesse an der Einheit der in der Kirche verkündigten Botschaft bekundet. Auch dies freilich nicht in einem vordergründigen Sinne. Es gibt im Neuen Testament keinen Verkündigungs- oder, wenn man so will, Lehrtyp, der das Evangelium in so eigenwilliger Weise formuliert und ausgestaltet wie gerade die Johannesschriften. Ein anderes Evangelium? Sicher nicht. Die exegetische Forschung sollte, nachdem sie zumeist auf das Besondere johanneischen Denkens und Redens aus war, in extenso zeigen, wieso gerade dieses Besondere nur missionarische Transformierung und Adaption gemeinkirchlicher Überlieferung ist (diese Aufgabe bestünde grundsätzlich für *alle* Schriften des NT). Aber deutlich ist, daß die Einheit der Kirche nicht in der Einheit ihres sprachlichen (bes. dogmatischen) Ausdrucks besteht. Wir haben sehen gelernt, daß das Neue Testament ein bunter Garten ist. „Einheit in der Unterschiedenheit": dies ist ein zutreffender Ausdruck für das, was sich in der Urchristenheit und ihrem Glauben findet.

Worin besteht aber dann die Einheit, von der im Text so eindringlich die Rede ist?

Sie besteht zunächst ganz einfach darin, daß der Herr um sie *betet*. Darin liegt: wir sind auf Gottes Erhören und Gewähren angewiesen – denn die Einheit der Kirche kann man nicht *machen* –, und (was nicht weniger wichtig ist) der göttliche Beter macht sie zu seinem eigenen, offenbar sehr dringlichen Anliegen. – Sie beruht sodann auf Jesu Einssein mit dem Vater. Das vierte Evangelium führt es mannigfaltig aus. Was Jesus spricht, ist nicht von ihm her, also eigenmächtig geredet, sondern entstammt einem gespannten, wachen Hören auf den Vater und entspricht ganz und gar dem Auftrag des Vaters (5,30; 8,26.28.40; 12,49; 17,8.25). So vollbringt Jesus nicht die eigenen Werke, sondern die des Vaters (9,4; 10,25; 14,10); davon lebt er geradezu (4,34). Er verherrlicht den Vater, der Vater ihn (12,23; 13,31; 17,1f.). Aber das Einssein des Sohnes mit dem Vater beruht nicht nur auf einem *Hören* Jesu, sondern besteht im *Sein* Jesu. Das ist wichtig für das Verständnis nicht nur der Person Jesu Christi, sondern auch für das der Einheit seiner Kirche. Sicher bedarf es in ihr der Kommunikation im Wissen und Willen. Die Gleichgerichtetheit und Gleichgestimmtheit Jesu mit dem himmlischen Vater soll sich auf uns, die Seinen, übertragen. Dasselbe denken, dasselbe wollen! „Die Liebe, mit der du mich liebst, sei in ihnen und ich in ihnen" (V. 26). Aber was das Johannesevangelium über das Verhältnis Jesu zum Vater zu sagen hat, geht über das Willentliche weit hinaus. Der Sohn ist in des Vaters Schoß (1,18), von Anfang her (1,1ff.), er hat an der Doxa des Vaters teil, „ehe die Welt war" (17,5), er und der Vater sind eins (10,30), man kann sie beide gar nicht auseinanderbringen. Und nun hat das seine Folgen auch für die Einheit der Kirche. Jesus sagt nicht nur, sie möchten sein *wie* du und ich; er sagt: sie sollen „*in* uns sein" (V. 21). „Du, Vater, in mir und ich in dir" – und andererseits: „ich in ihnen" und – da „du in mir" bist – wir beide in ihnen bzw. „sie in uns" (VV. 21–23). Die Reziprozität des In-Seins läßt die Kirche an der Einheit zwischen Vater und Sohn teilhaben. Man kann das auch noch anders ausdrücken: „Ich habe ihnen die Doxa gegeben, die du mir gegeben hast" (V. 22), das (in ihnen noch tief verborgene) Himmlische, an dem sie teilhaben sollen. „Teilhaben" – wir haben uns nicht vergriffen: das „Anteilhaben" an dem, was der Christusgemeinde gegeben ist und was sie verkündigend weiterreicht, ist zugleich ein „Anteilhaben" am Vater und seinem Sohne Jesus Christus (1. Joh. 1,3). Die Einheit der Kirche ist also himmlischer, eschatischer Art. Sie ist also auf weltliche Weise nicht machbar, denn sie hat ihre Realität in Gott.

Am besten versteht man das Gemeinte, wenn man – im Wissen um die Unaussprechbarkeit der Geheimnisse Gottes und darum im Wissen um die Unangemessenheit des Gesagten – nun doch *lokal* denkt: „In-Sein". Sagen wir es mit Karl Barth: „Christus in den Christen und . . . die Christen in Christus . . . Was heißt ‚in' in allen diesen Zusammenhängen? . . . Gewiß hat dieses ‚in' allen Ernstes auch lokalen Sinn . . .: daß die räumliche Distanz zwischen Christus und den Christen verschwindet, daß Christus auch räumlich dort ist, wo die Christen sind, die Christen auch räumlich dort sind, wo Christus ist: nicht irgendwo daneben, sondern genau dort!" (KD IV/3, S. 628f.). Der erhöhte Herr, der an der Ubiquität des Vaters teilhat, gibt sich im Wort, in der Taufe, in den Elementen des Mahles und leibt und gliedert uns so in sein himmlisches Sein ein, und damit auch in die Einheit, die er mit dem Vater hat.

Also wird die Frage nach dem Einswerden der bisher zerspaltenen Kirche ins Himmlisch-Eschatische ver- und aufgeschoben? Nicht aufgeschoben, sondern von daher begründet und zugleich dringlich und möglich gemacht. Denn gerade, daß wir nicht auf unsere Einheitsbestrebungen und -unternehmungen trauen, sondern auf den um die Einheit betenden Herrn, macht uns untereinander zur Einheit frei. Das gilt schon für unser Einssein innerhalb der vorfindlichen Ortsgemeinde. Was dich und mich, was euch und uns auch trennen mag: in dir und mir und in uns allen, die wir Christen sind, ist der eine Christus. So „darf auch innerhalb der Gemeinde der Eine im andern nicht die Individualität sehen, schätzen oder kritisieren, sondern er darf ihn nur als Glied der Gemeinde sehen" (Bltm. z. St., vgl. 2. Kor. 5,16f.). So besteht denn auch die Einheit der Kirche nicht in dem, was wir Menschen tun, gestalten, treiben und ordnen, sondern in dem, was der dreieinige Gott tut (CA VII); und was er tut, das tut er durch seine Gnadenmittel (CA V). In dieser Reduktion auf das „Wir in ihnen" – unter gebührender Abwertung all dessen, was Menschen in der Kirche machen – liegt die Chance, die in Christus fraglos bestehende Einheit – das Netz zerreißt tatsächlich nicht! – auch greifbar zu praktizieren.

3.

Nun spricht aber Himmelfahrt nicht nur von dem, was der Herr – vom „Himmel" aus – an seiner irdischen Kirche tut, sondern auch davon, daß mit seiner Erhöhung der Anfang gemacht ist zur himmlischen Vollendung der Seinen. „Ich, wenn ich erhöht werde von der Erde, so will ich alle zu mir ziehen", und „wo ich bin, da soll mein Diener auch sein" 12,32.26). „Ich will", heißt es auch in unserem Text.

Hier sei die bemerkenswerte Stelle aus Bultmanns Kommentar mitgeteilt bzw. in Erinnerung gebracht: „Was die Gemeinde ist, das ist sie ja nicht in einer erfüllten gegenwärtigen Zuständlichkeit, sondern im Glauben als der ständigen Überwindung der Gegenwart, des Weltseins, in ständiger Überwindung des Anstoßes, daß die δόξα nur an dem σὰρξ γενόμενος zu sehen ist. Aus der Zukunft lebt die Gemeinde, lebt der Glaubende; und der Sinn seines Glaubens hängt daran, daß diese Zukunft nicht ein illusionärer Traum, *nicht* ein *futurum aeternum* ist. Daß sie sich realisiere, darauf geht die Bitte. Heißt es, daß die Seinen sein sollen, wo er ist, so blickt die Bitte offenbar auf die Aussagen zurück, daß er die Welt verläßt und schon nicht mehr in der Welt ist, in der die Seinen sich noch befinden (VV. 11.13). Der Sinn der Bitte kann also nur der sein, daß sie nach ihrer weltlichen Existenz mit ihm vereint werden sollen. Das ‚mit ihm sein, wo er ist' ist etwas anderes als sein Sein ‚in ihnen', von dem V. 23 redete; und die Schau der δόξα, die V. 24 meint, ist eine andere als die von 1,14. Es ist die von der Hülle der σάρξ befreite δόξα, in die er selbst eingeht und in die ihm sein ‚Diener' nach 12,26 folgen soll; er wird ja nach 14,3 wiederkommen und die Seinen zu sich holen. Es ist also die Schau gemeint, von der 1. Joh. 3,2 sagt: ὀψόμεϑα αὐτὸν καϑώς ἐστιν" (S. 398).

Die apokalyptischen Vorstellungen – Parusie, Auferstehung der Toten, neuer Himmel und neue Erde – sind hier preisgegeben oder zurückgetreten. Macht man sich im Sinne des vorhin Gesagten klar, daß alle unsere Vorstellungen an das Geheimnis des Nichtaussagbaren nicht heranreichen können, dann sieht man sofort: die Linien christlicher Zukunftserwartung konvergieren (wie schon in 1. Thess. 4,15ff. die Vollendung der Entschlafenen und das Erleben der Parusie letztlich auf dasselbe hinauskommen; der Bildgehalt der Rede deutet auf verschiedene Linien, doch diese schneiden sich im Eschaton). Die johanneische Sicht ist „eine reife Besinnung auf das Wesentliche christlicher Hoffnung" (Schnbg. z. St.). Genug: wir, die wir Christus von seiner Fleischwerdung her kennen und nun, seit Himmelfahrt, nicht mehr sichtbar unter uns haben, werden „ihn sehen, wie er ist". Sehen wir *ihn*, dann auch den *Vater*. Es wird auch in Ewigkeit nicht anders sein als so, daß Christus, indem er Gott „erkennt", uns in diese Erkenntnis Gottes, d. h. aber zugleich: in die Liebe zwischen Gott und uns hineinzieht. Die Liebe, die dem Sohn gehört, soll in alle Ewigkeit auch uns gehören. Wo Christus ist, da sollen wir sein. Noch einmal wird deutlich, daß Himmelfahrt in keinerlei Sinne von einer Trennung des Herrn von seiner Kirche reden will. Gerade als der Erhöhte ist er bei ihr (VV. 20–23), als der Erhöhte zieht er sie zuletzt zu sich (VV. 24–26). Beides meint seine nie erlahmende Fürbitte.

Exaudi. Joh. 14,15–19

Bultmann nimmt die VV. 15–24 als *einen* Abschnitt (wofür u. a. der Vergleich von VV. 15 und 23 spricht). Schnackenburg sieht zwischen VV. 12–17 und VV. 18–24 eine Zäsur. Wir können bei der Abgrenzung der Perikope bleiben, wenn wir nur den Zusammenhang von VV. 12–17 deutlich genug sehen und bedenken, daß VV. 18ff. tatsächlich das Vorangehende fortsetzen.

V. 15: Der futurische Indikativ („ihr werdet halten") dürfte wie das doppelte „wird tun" (V. 12) und das „ich werde tun" (VV. 13f.) zu sehen und daher ursprünglich sein (s. Apparat). Das Halten der „Gebote" wird in VV. 23f. mit dem Halten „des Wortes" gleichgesetzt. Bultmann legt Wert darauf, daß die Liebe zu Christus nur der Glaube sein kann; auch das Halten der Gebote meine nichts anderes. So richtig beides ist, man wird auch an den in der Nachfolge zu praktizierenden Gehorsam (im Sinne von Matth. 28,20a) zu denken haben, wie denn diese Matthäusstelle überhaupt hinter unserem Abschnitt stehen könnte. Daß die Liebe sich nicht auf die Person Christi richten, sondern nur im Halten des Wortes bestehen könne (Bltm., S. 474), verstehe ich nicht (s. u.). Die Liebe zur Person wird sich im Glauben und Gehorsam ausdrücken und bewähren. – V. 16: Der erste der (fünf) Paraklet-Sprüche (14,26; 15,26; 16,7b–11.13f.). „Paraklet" (passivisch) der Herbeigerufene, als solcher dann auch der Helfer, Fürsprecher (hierzu vgl. 1. Joh. 2,1), Anwalt. (Daß Jesus, wie Bltm. S. 439 schreibt, bei Joh. nicht „Fürsprecher" sei – auch in Kap. 17 nicht –, leuchtet mir nicht ein.) Der Paraklet ist der Geist, der die Jünger lehrt und erinnert (14,26; vgl. 1. Joh. 2,27), sie in die Wahrheit hineinführt (16,11–13), Zeugnis für Christus ablegt – wohl nach außen hin, speziell im forensischen Bereich (15,26f. – im Hintergrund: Mark. 13,9.11; Matth. 10,20; Luk. 12,11f.), die Welt ihrer Sünde überführt (16,8–11). – V. 17: Der „Geist der Wahrheit" ist der Geist, der die Wahrheit bezeugt (1. Joh. 5,6), die Jünger in die Wahrheit führt (16,13, s. o.). Nach Schnbg. „geht es vor allem um Glaubensstärkung für das Jüngersein und die Jüngeraufgaben in der Welt. Der zum Vater heimgekehrte Jesus unterstützt ihr Wirken vom Himmel her; der Geist der Wahrheit aber erfüllt sie innerlich und ist ihnen in ihrer Selbstbehauptung gegenüber der Welt ein dauernder Beistand ($\pi\alpha\rho'$ $\dot{\nu}\mu\tilde{\iota}\nu$) und eine beständige innere Kraft ($\dot{\varepsilon}\nu$ $\dot{\nu}\mu\tilde{\iota}\nu$)" (z. St.) Die Welt hat für den Geist kein Organ. Es besteht „ein Wesensgegensatz zwischen Gemeinde und Welt" (Bltm.). Nicht, daß der Nichtglaubende nicht zum Glauben kommen könnte; er würde nur, wenn er glauben lernt, aufhören, „Welt" zu sein, denn „Kennen" und „Empfangen" beschreiben den gleichen Vorgang (Bltm.).

V. 18: Das Verwaistsein kann übertragen gebraucht sein; an eine Vaterrolle Jesu ist wohl nicht zu denken. Es ist aus der Situation der Abschiedsreden heraus gedacht. Hieß es eben, Jesus werde einen „anderen Helfer" geben, so zeigt sich hier: im Geist ist er selbst präsent. Jesu „Kommen": V. 3. – V. 19: Ostern, Pfingsten und Parusie sind hier zusammengesehen. Freilich wird zwischen dem „Sehen" der Gemeinde heute und dem Sehen in der Parusie ein Unterschied sein (vgl. Offb. 1,7), doch davon spricht das vierte Evangelium nicht. Der Welt bleibt der auferstandene Christus verborgen, jedoch die Jünger sehen ihn (20,20.25.29). Daß johanneisches Denken nicht im Gegenwärtigen des Heils aufgeht, zeigte die vorangehende Perikope, hier das Futur $\zeta\dot{\eta}\sigma\varepsilon\sigma\vartheta\varepsilon$. Paulus würde sagen, der Geist sei „Anzahlung" auf das Kommende.

Sonntag Exaudi: Pfingstbereitung. Die Situation der Abschiedsreden paßt dazu; es wird auf das, was die Gemeinde empfangen soll, vorausgeblickt. Man könnte – ähnlich wie in der Adventszeit, sofern sie Warte- und Vorbereitungszeit ist – einwenden, wir befänden uns doch in der Zeit der Erfüllung; die Rückblende in die Zeit des Noch-nicht sei etwas Künstliches. Aber der Einwand würde doch an unserer wirklichen Lage vorbeigehen. Die Kirche, der der Reichtum neuen Lebens und geistlicher Gaben geschenkt ist, ist zugleich die arme Kirche. Sie hat nur, sofern sie empfängt. Pneumatisches Leben ist nicht ruhender Besitz. Religion, verstanden als eine bestimmte Geisteshaltung und als eine dieser Geisteshaltung entsprechende Betätigung, könnte in der Tat menschlicher Besitz sein, etwas, was man *hat* und *pflegt*, sozusagen eine Sache der Kultur. Es ist nicht zu bestreiten, daß unser „Christentum" auch dies ist. Glaube hat sich in einem bestimmten geistigen Habitus niedergeschlagen, bestimmt mit seinen Sekundär- und Fernwirkungen Denken und Gesittung der Menschen – auch der Menschen, die inzwischen vom Glauben bewußt abgerückt sind –, geht ein in Literatur, Musik und bildende Kunst und durchdringt sauerteigartig unser Leben. Aber das sind Ableitungen vom eigentlichen Glaubensgeschehen, Folgewirkungen, Niederschlag. Der frühe Barth sprach davon, daß der himmlische Blitz sich in einen irdischen Dauerbrenner verwandle. Das ist eine Umwandlung, die sich gar nicht verhindern läßt: Glaube setzt sich um in Christentum. Aber wir wären nicht bei der Sache, wenn wir uns an unserm Christentum genügen ließen und dabei vielleicht noch sagten: „ich bin reich und habe gar satt und bedarf nichts" – und wir wären dabei „elend und jämmerlich, arm, blind und bloß" (Offb. 3,17). Wir könnten es uns so sehr angewöhnt haben, Christen zu sein, daß wir der wunderbaren Zuwendung Christi und der Gemeinschaft mit ihm gar nicht mehr bedürften – es ginge auch ohne ihn.

Soll damit gesagt sein, daß uns, was wir aus seiner Hand empfangen, immer sofort wieder genommen wird? Gewiß nicht. Oft genug redet gerade das Johannesevangelium von Gottes „Wohnen" in uns und unserm „Bleiben" in ihm (8,31; 14,17; 15,7.9; auch 14,23; 15,4). Es gibt im Christsein Kontinuierliches: vor allem die Dauerhaftigkeit, die Unverbrüchlichkeit der Treue Gottes (Taufe!), auf unserer Seite auch der immer wieder gesuchte (!) Kontakt mit den Gnadenmitteln (noch einmal 8,31; 6,54). In dem, was Gott tut, ist die Stetigkeit; auf unserer Seite das immer neue Empfangen, also auch das immer neue Entbehren und Bedürfen – „auf daß die überschwengliche Kraft sei Gottes und nicht von uns" (2. Kor. 4,7). Der Pharisäer „hat", der Zöllner „bedarf". Das soll nun wirklich nicht heißen, daß der Christ nicht fröhlich bekennen dürfte: „ich bin gewiß" (Röm. 8,38; 2. Tim. 1,5.12), „wir wissen" (Joh. 21,24; Röm. 5,3; 8,28; 2. Kor. 5,1; Phil. 1,19 u. ö.). Nur: mit diesem gewissen Wissen legen wir nicht für uns selbst die Hand ins Feuer, sondern wir bekennen das Verankertsein in dem einzig Zuverlässigen, in Gott selbst. Nicht ich halte durch, aber er. Wir sind „die Armen, die doch viele reich machen; die nichts haben und doch alles haben" (2. Kor. 6,10).

Wenn das so ist, dann ist die Kirche – mit ihrem Glauben, ihrem frommen Tun, mit ihren Alltags-Aktivitäten, auch mit ihren in die Welt einsickernden Fernwirkungen – nichts ohne den in ihr gegenwärtigen Herrn. Eine auf sich selbst gestellte und allenfalls von Jesuserinnerungen lebende Kirche wäre übel dran. Sie müßte, wenn sie Christus nicht hätte, ihr „Christentum" als die Sache selbst ausgeben. Gerade dies darf nicht eintreten, und wo es eingetreten ist – und es unterläuft ja immer wieder –, haben wir es uns abzugewöhnen. Der Sonntag „von der armen Kirche" sollte uns hier zur Ernüchterung dienen, gleichzeitig aber dazu, daß wir uns erneut darauf besinnen, woher das kommt, was uns zur Kirche macht.

Christus läßt seine Kirche nicht verwaist. (1) *In ihr sein Leben.* (2) *In ihr sein Geist.* (3) *In ihr er selbst.*

I.

„Solange ich bei ihnen war, erhielt ich sie in deinem Namen" (17,12) – und nun? Die Situation der Abschiedsreden ist nicht nur menschlich bewegend, ja belastend – Jesus wird den Seinen genommen –, sondern, wenn man so will, ekklesiologisch bedrückend – die Jünger werden auf sich gestellt sein, müssen Kirche sein ohne *ihn*, müssen ihr eigenes Christsein und ihre Weltsendung ohne ihn bewältigen. Müssen sie das wirklich? „Ich will euch nicht verwaist lassen" (V. 18) – „ich bin bei euch alle Tage, bis an der Welt Ende" (Matth. 28,20). Wie hat man sich dies vorzustellen?

Wir setzen beim Schluß der Perikope ein. „Und ihr werdet leben." Der Satz ist an die Selbstaussage gebunden: „Ich lebe." Werden die Jünger leben, dann deshalb, weil Jesus lebt, und ihr Leben wird kein anderes sein als das seine (vgl. Gal. 2,20). Die Futurform läßt zunächst an die Auferstehung aus dem Tode denken. Die Abschiedsreden nehmen die nachösterliche Situation voraus: Jesus lebt. Irgendwann in der Zukunft wird man das auch von den Seinen sagen können (6,54b). Gegenwart – Zukunft: genauso wurde kurz vorher vom Heiligen Geist gesprochen („er bleibt bei euch und wird in euch sein"). Diese Beobachtung läßt uns daran denken, daß doch nicht nur an postmortales „Leben" gedacht ist. Das Leben wird ja auch sonst als gegenwärtiger Besitz des Glaubenden angesehen (3,36 u. ö.). Sofern Jesus bei uns ist und uns sein Leben gibt, haben wir es schon heute. Wir haben, wie der Zusammenhang zeigt, zweistufig zu denken. „Jesus kann als Sohn Gottes, der das Leben ursprunghaft vom Vater in sich trägt (vgl. 5,26), nur im Präsens sprechen: Ich lebe. Die Jünger aber, denen er das Leben vermittelt, können als Glaubende grundsätzlich im Präsens (5,24 u. ö.), aber als solche, die das Leben erst vom Verherrlichten empfangen (vgl. 17,2), auch im Futur angesprochen werden (vgl. 6,57)" (Schnbg. z. St.). Zunächst ist wohl an das der Kirche gegenwärtig gegebene Christusleben gedacht.

Überblickt man den Zusammenhang, dann ist offenbar nicht nur an ein Leben gedacht, das man „hat", sondern an ein solches, das man „betätigt". V. 12 spricht davon, daß die Jünger ebensolche Werke tun werden, wie Jesus sie tut, ja noch größere. Wir wollen uns jetzt nicht mit diesem schwierigen Komparativ aufhalten; gemeint ist kaum eine qualitative oder quantitative Steigerung, sondern die Entschränkung der Wirksamkeit Jesu seit seinem Hingang zum Vater. Aber das muß uns jetzt interessieren: Die Werke der Glaubenden werden deutlich den Werken Jesu an die Seite gestellt, seine Werke werden die ihren, ihre Werke sind seine Werke. Es besteht offensichtlich ein enger Zusammenhang zwischen dem Tun des Erhöhten und dem der Jünger.

Man kann dies noch etwas genauer sagen, gerade dann, wenn man zwischen VV. 14 und 15 keine Zäsur sieht. Eben war, wie wir feststellten, vom Zusammenhang der Werke Jesu und denen seiner Jünger die Rede, und schon heißt es, der Erhöhte werde die Bitten, die die Jünger in seinem Namen vorbringen, erfüllen. Sie ihrerseits werden, indem sie ihn lieben, seine Gebote halten. Man wird also beides zusammenzubinden haben: Er tut, was sie bitten – sie tun, was er gebietet.

Das Halten der Gebote (Matth. 28,20a) wird man zunächst im weiteren Sinne verstehen dürfen. In Jesu Kirche gilt Jesu Wille. „Das ist mein Gebot, daß ihr euch untereinander liebt, gleichwie ich euch liebe" (15,12; vgl. 13,34). Was im 1. Johannesbrief über die Bruderliebe gesagt ist, kann der Aussage unserer Perikope Farbe geben. Es wäre schon viel, wenn wir das „gleichwie ich euch liebe" im Sinne von Maßstab und Vorbild verstünden, vgl. 15,13f. Aber es geht um mehr. „Wenn ihr meine Gebote haltet" – Plural wie 1. Joh. 2,4 –, „so bleibt ihr in meiner Liebe, gleichwie ich meines Vaters Gebote halte und bleibe in seiner Liebe" (15,10). Das Tun-wie ist umschlossen von einem Sein-in. Indem die Christen dem Liebesgebot ihres Herrn folgen, ist sein eigenes Leben in ihnen. „Wir sind in das *Leben* gekommen – denn wir lieben die Brüder" (1. Joh.3,14). Man kann diese großen Seins-Aussagen – ohne daß sie verblassen dürften – nun auch zurückverwandeln in die schlichte Festellung: „Wenn ihr mich liebhabt, dann werdet ihr" – es kann ja gar nicht anders sein – „meine Gebote halten" (V. 15). Seid ihr in mir und ich in euch, dann kann es ja keinen Willenswiderstreit geben. Im Zusammenhang von V. 12 spricht Schnackenburg von dem „breitere(n) Einströmen der Lebenskräfte Gottes in die Menschenwelt"; gemeint ist damit eben das wirksame Leben des Auferstandenen.

Ein anderes Verständnis von V. 15 befürworten Bultmann und Schnackenburg. Da „Gebote" in VV. 21.23f. mit „Wort" bzw. „Worte" alternieren, sei nicht an das Liebesgebot Jesu zu denken. „Das ‚Wort', das nicht Jesu eigenes ist, sondern von dem stammt, der ihn gesandt hat (V. 24), bezieht sich sonst auf seine ganze Offenbarungstätigkeit (vgl. 8,28.31 43.51; 12,48ff.) und die Forderung τηρεῖν τὸν λόγον Jesu auf den Glauben (8,51f.; 15,20; vgl. 17,6" (Schnbg., S. 84). So sei beim Halten der Gebote an die „Glaubenstreue" gedacht, „freilich einschließlich aller Forderungen, die sich daraus für die christliche Existenz ergeben" (ebd.). Auch dann wird freilich die Verbundenheit in Liebe und Treue sich in konkretem Tun auswirken. „Gleichwie du mich gesandt hast in die Welt, so sende ich sie auch in die Welt" (17,18; vgl. 20,21; 15,27). Sie haben im Auftrag Jesu etwas zu verwalten (z. B. 20,23). Andere werden durch sie an Christus glauben lernen (17,20, vorangehende Perikope). All dies könnte zum Tun der „größeren Werke" gehören (14,12), durch das der Herr selbst sein Leben in die Welt hineingibt. Bleibt jemand an Jesu Wort, ist er sein Jünger (8,31). Bleibt Jesus in ihm und er in Jesus, nimmt er am Leben und an der Fruchtbarkeit des Weinstocks teil (15,4). So bleibt es bei der Verbundenheit Jesu mit den Seinen.

Der Herr ist erhöht, aber die Kirche ist nicht verwaist. Das Leben ihres Herrn pulsiert in ihr, und indem das geschieht, ereignet sich anbruchsweise auch das künftige, das postmortale Leben. Es ist wahr: im johanneischen Denken – und es ist bei Paulus, genau genommen, nicht anders – ist das Leben des Auferstandenen (V. 19) nicht eine bloß zukünftige Gabe an die zu Jesus Gehörenden, sondern gegenwärtige Realität. Freilich darf das Zukünftige damit nicht abgetan sein. Der Zusammenhang von V. 19 läßt es deutlich erkennen. Wird die Welt Jesus nicht mehr sehen, dann kann das Leben, das er haben wird, nur Leben sein, das auch nach dem Tode nicht zu Ende ist, sondern erst recht durch den Tod hindurch ans Ziel kommt (Kap. 11). Die Kirche ist die Schar derer, denen mit ihrem Herrn zusammen das unzerstörbare, ewige Leben gehört. Die Kirche lebt heimlich schon ihre eschatische Zukunft.

2.

Wie eng die VV. 15 und 16 miteinander zusammenhängen, zeigt das „ich meinerseits" (V. 16): während die Jünger auf Erden ihre Verbundenheit mit Jesus im Tun seiner Gebote bewähren, setzt Jesus sich beim Vater für sie ein, indem er den Vater bittet, er möchte der verwaisten, sich selbst überlassenen Gemeinde einen anderen „Beistand" und „Helfer" geben. Die Gemeinde soll, solange Jesus nicht leibhaft in ihrer Mitte ist, auf andere Weise Hilfe erfahren, nicht durch „etwas Hilfreiches", sondern durch einen „Helfer". Einen anderen Beistand – darin liegt, daß Jesus selbst als ein solcher Paraklet anzusehen ist. Umgekehrt: das Werk des Parakleten wird sich mit dem, was Jesus seinen Leuten getan hat, vergleichen lassen; mögen auch die äußeren Umstände andere sein – Jesus ist beim Vater –, so geht doch das, was Jesus unter den Seinen bewirkt hat, weiter. Die Gemeinde Jesu ist sich dessen bewußt, daß sie den Geist hat: Gottes eigenes Leben inmitten der Menschen, ausgegossen in ihre Herzen. Sollte noch ein Zweifel darüber bestehen, ob das Pneuma nur eine neutrale Kraft, Mächtigkeit oder Dynamik ist – oder ob man den Geist persönlich zu verstehen hat: in dem Wort Paraklet ist darüber entschieden. Gott selbst ist Person – wie wir gegenüber allen in der Theologiegeschichte aufgetretenen Zweifeln getrost behaupten –; so ist es auch sein Geist. Der Vater gibt den Geist (14,16), er sendet ihn (14,26), von ihm geht er aus (15,26). Es heißt aber auch: Jesus sendet ihn (16,7), und zwar „vom Vater" (15,26); er selbst haucht die Jünger an und teilt ihnen den Geist mit (20,22). Der Geist ist nicht „etwas", er gehört zur Wirklichkeit Gottes selbst. „Der Herr ist der Geist", sagt Paulus (2. Kor. 3,17).

Im Glaubensbewußtsein der Gemeinde kommt dies leider allzuoft zu kurz. Enthusiastische Bewegungen, die in der Geschichte der Kirche zuweilen aufflammen, dürften nicht selten aus dem Bedürfnis entstehen, einem Mangel abzuhelfen; alles Sektiererische deutet auf wunde Stellen in der Kirche. Es wird uns gut tun, von der Nüchternheit johanneischer Pneumatologie zu lernen; wir kommen sogleich darauf zurück. Aber eine Verkürzung oder gar Eliminierung des Zeugnisses vom Geist darf dies nicht bedeuten. Der christlichen Gemeinde ist der Geist versprochen. Sie wird wissen, daß sie seiner immer neu bedarf, aber sie darf sich auch darauf verlassen, daß er ihr gegeben wird (Luk. 11,13). Denn was sich an Hilfreichem, Heilsamem, Rettendem, Stichhaltigem in ihrer Mitte ereignet, ist nicht ihr eigenes Tun und Wirken, sondern das Wirken Gottes, des Heiligen

Geistes. Wir haben das alle gut gelernt („nicht aus eigener Vernunft noch Kraft"). Trotzdem ertappen wir uns selbst und andere immer wieder damit, daß wir „Religion" treiben – frommes Denken, Fühlen, Wollen und Tun des natürlichen Menschen. Die Verwechslung ist beinahe unvermeidlich. Denn alles, was Gott an uns tut, schlägt sich in einer bestimmten Denk- und Verhaltensweise des das Tun Gottes akzeptierenden Menschen nieder. Es wäre schlimm, wenn es anders wäre. Gottes Anrede weckt unsere Antwort (Gebet). Gottes große Taten lassen uns in Dank und Jubel ausbrechen. Erkenntnis setzt sich in Bekenntnis um. Angerührt von Gottes entlastendem, befreiendem, aktivierendem Wort wollen, ja müssen wir tun, was diesem neuen Gottesverhältnis gemäß ist: der Glaube tut Werke. Das alles stellt sich äußerlich als „Religion" dar. Nur: nicht die Antwort macht selig, sondern das Wort; nicht der Dank, sondern Gottes Tun; nicht unser gehorsames Tun, sondern die uns von Gott her widerfahrende Entlastung und Befreiung. So ist die Kirche jederzeit aufs Empfangen angewiesen. Sie bringt, was ihr hilft, nicht aus sich selbst hervor. Es ist auch nicht so, daß es die Funktion des Heiligen Geistes wäre, sie so zu aktivieren, daß ihre „Religion" – eben das Frommsein des natürlichen Menschen – zu etwas Heilsamem umqualifiziert würde. Etwa so: Werke aus Menschenkraft – heillos; Werke aus dem Heiligen Geist – verdienstlich. Oder so: Haben wir nur den Geist, dann produzieren wir die Glaubenserkenntnis der Kirche aus uns selbst. Es ist ganz anders. Es ist nicht Art des Heiligen Geistes, daß er „aus sich selber redet"; „was er hören wird, das wird er reden" (16,13). Was mich mit Gott verbindet, das kann ich mir keinesfalls selber sagen; ich muß es *hören*. Wenn jemand jetzt entgegnete, das schon oft Gehörte stehe ihm doch nun zur Verfügung, so daß er damit umgehen, es in Diskussionen einbringen und vertreten könne, so ist daran zweifellos Richtiges, nur: verfügen kann man nur über allgemeine, objektive Wahrheiten, also gerade nicht über das lebendige Wort Gottes. Die befreiende, lebenschaffende Anrede Gottes kann ich nicht im Selbstgespräch ermitteln, ich muß sie mir sagen lassen. Es ist unter uns vielmehr Vertrauen auf „Religion", als wir uns bewußt sind. Wir gehen mit unseren Einsichten und Meinungen, frommen Stimmungen und Erfahrungen um, wie wir mit unserer natürlichen Musikalität oder unserem Sinn für Mathematik umgehen. Dabei ist, was Gott an uns tut, immer das Fremde, weil Ganz-Andere – und eben darin das Heilsame.

Man kann denselben Sachverhalt auch ganz anders ausdrücken. Wir haben streng zwischen Menschengeist und Gottesgeist zu unterscheiden. Die Welt kann den Geist der Wahrheit nicht empfangen; denn sie sieht ihn nicht und kennt ihn nicht (V. 17). Die Welt ist für die Wirklichkeit des Göttlichen blind. Das gilt auch für den Geist des Menschen. Viel zu lange hat christliche Theologie sich durch das Geistverständnis des Idealismus irreführen lassen, als sei der Geist des Menschen die Individuation des Welt-, also des Gottesgeistes. Bestünde diese Meinung zu Recht, dann bestünde zwischen der Menschenwelt und dem Geiste Gottes eine im Sein begründete Affinität; V. 17 sagt genau das Gegenteil. Die Welt sieht den Geist Gottes nicht, sie hat gar kein Organ für ihn. Sie kennt ihn nicht. Sie kann ihn auch nicht empfangen, denn würde sie ihn empfangen, dann wäre an ihr eben damit das Wunder geschehen, daß sie gar nicht mehr „Welt" im alten Sinne ist. Menschengeist und Gottesgeist fließen in ganz verschiedenen Stromkreisen; sie können nicht miteinander verschaltet werden. Wohl kann der Mensch zum Gefäß, zum „Tempel" des Geistes Gottes werden (1. Kor.3,16; 6,19); dies gilt für seinen Leib und auch für seinen Geist. Aber die Unterschiedenheit bleibt (zum ganzen Gedankengang: 1. Kor. 2,6–16).

Der armen, scheinbar auf sich selbst gestellten Jüngerschaft wird die Gabe des Geistes versprochen. Gott selbst ist – als Heiliger Geist – in ihr präsent und wirksam. Dabei legt Johannes – in der Akzentuierung von anderen christlichen Zeugnissen abweichend –

Wert darauf, daß der Geist „die Kraft der Erkenntnis und der Wortverkündigung in der Gemeinde" ist (Bltm., ThNT, § 50,7). Der Geist „lehrt" (14,26), „führt in die ganze Wahrheit" (16,13), ist selbst „der Geist der Wahrheit", also der Selbstentbergung Gottes (14,17); er „erinnert" an das, was Jesus gesagt hat (14,26). Wäre jemand der Meinung, der Geist führe über die Christusoffenbarung „im Fleische" sachlich hinaus, überbiete sie also, so wäre nicht nur an die letztgenannte Stelle zu erinnern, sondern auch daran, daß Johannes, der um die Präsenz des Geistes in der Gemeinde weiß, es nicht nur für nötig hält, der Kirche das „äußerliche Wort" zu bringen, indem er sein Evangelium schreibt, sondern auch deutlich zu machen, wieso die Verkündigung sich immer wieder in der Begegnung mit dem Menschgewordenen festbinden muß (1. Joh. 1,1–4). Der Geist wird die Doxa Jesu von Nazareth zum Leuchten bringen (16,14). Wo immer Menschen von ihm erfaßt werden und sich ihm anvertrauen, da geschieht dieses Wunder, ja, da *ist* es geschehen.

3.

Wer Jesus sieht, sieht den Vater. Der Vater verklärt den Sohn. Dieser und der Vater sind eins. Beide senden den Geist, den „anderen Helfer". Der Geist verklärt Jesus. Was er hat, nimmt er von ihm. Will man dies alles zusammenbringen, dann ergibt sich notwendig die Rede vom dreieinigen Gott. Probe aufs Exempel: ist der Geist bei der Gemeinde, „bleibt" er in ihr und „wird" er in ihr „sein", dann ist auch der Herr selbst da: „Ich will euch nicht als Waisen zurücklassen; ich komme zu euch" (V. 18). Im Geiste kommt Jesus selbst zu den Seinen. „Ich bin bei euch alle Tage ..."

Der Text begann so, daß er von der persönlichen Verbundenheit der Jünger mit Jesus sprach. Bultmann fragt: „Können die Jünger ihn noch lieben, wenn er gegangen ist? Kann der Nachgeborene, der kein persönliches Verhältnis zu ihm hatte, ihn lieben?" (S. 473). Die Liebe, meint Bultmann, könne nun nur noch im Halten der Gebote und des Wortes bestehen, nicht jedenfalls in einem direkten persönlichen Verhältnis. Es sei jetzt nicht untersucht, wie Bultmann von seinen Denkvoraussetzungen her zu solchen Sätzen kommt. Wir entgegnen getrost: Doch – es besteht „ein direktes persönliches Verhältnis". Warum soll es nicht bestehen, wenn der „Gegangene" inzwischen auferstanden ist? Muß man denn sehen, um zu glauben (20,29)? Können wir nicht Gott, den wir nicht sehen, Vater nennen? Können wir nicht zu Jesus sagen: „Mein Herr und mein Gott"? Hat er nicht auch für uns Nachgeborene – vermittels des apostolischen Zeugnisses (noch einmal: 1. Joh. 1,1–4) – so konkrete Züge, daß er uns kein Schemen ist, sondern einer, den man anreden und – liebhaben kann? Kommt er zu uns nicht in seinem Wort – und „mit Wasser und Blut" (1. Joh. 5,6)? Die Kirche ist die Gemeinschaft derer, die ihn mitten unter sich haben.

Wir wären und blieben ein für allemal die „arme Kirche", wenn wir eine Versammlung von solchen wären, die sich die religiösen und ethischen Ziele des Mannes von Nazareth zu eigen gemacht hätten, ihn aber, der doch lebendig ist, bei den Toten suchten. Arm wären wir auch, wenn wir nur das Wort hätten, nicht aber den, der es spricht. Unsere Art und Weise, Gottesdienst zu halten, wäre daraufhin zu überprüfen, ob wir heimlich etwa doch der Meinung sind, wir versammelten uns nur, um miteinander eine bestimmte „Sache" zu bedenken und, wenn's gut geht, zu betreiben. Es wäre vielleicht an dieser Stelle einiges Wesentliche zu entdecken. Es muß keine Ewige Lampe vor dem Tabernakel brennen, aber wissen sollten wir: Er ist da! Jetzt zieht er bei uns ein – wir huldigen ihm mit der Akklamation: *Kyrie eleison!* Wir grüßen uns: *Der Herr sei mit euch – und mit deinem Geiste.* Wir sind uns bewußt, daß er im Evangelium selbst mit uns sprechen will: *Ehre sei dir, Herre! – Lob sei dir, o Christe!* Will er im Sakrament zu uns kommen,

singen wir ihm: *Gelobt sei, der da kommt im Namen des Herrn. Hosianna in der Höhe!*
„Ich komme zu euch", verspricht er den Jüngern in der Gründonnerstagnacht. *Friede sei
mit euch!*, grüßt er sie, als er dann auferstanden ist und sein Versprechen wahrmacht. Die
Predigt sollte sich nicht scheuen, der Gemeinde Hilfen dazu zu geben, daß sie versteht,
wie er seine Zusage auch heute noch erfüllt.

Pfingstsonntag. Jes. 44,1–5

Statt des in Reihe V vorgesehenen Textes (4. Mose 11,11–12.14–17.24–25) sei diesmal einer der Texte
der Marginalreihe besprochen. Die Perikope von der Beauftragung und Geistbegabung der 70 Ältesten scheint mir nicht sehr ergiebig zu sein. Zwar sind die dort angesprochenen Themen: (1) Verteilung der Lasten, (2) Vervielfältigung der Gaben (Geist) für die Gemeinde immer wieder aktuell,
jedoch gibt der Text nicht viel mehr als diese Themen an, denn wie es zur Lastenverteilung kommt,
wird im Text gar nicht ausgeführt (vgl. M. Noth, ATD S. 79) und das durch den Text gerechtfertigte
Ekstatikertum ist so nicht mehr unsere Sache (zum Ganzen vgl. G. von Rad, ThAT II, S. 23). Andere
Texte (z. B. die alte Epistel am Pfingstmontag) sind hier hilfreicher.
Der Deuterojesajatext ist freie Nachahmung eines priesterlichen Heilsorakels (J. Begrich, Das prie-
sterliche Heilsorakel, ZAW 1934, S. 81ff.; ders., Studien zu Deuterojesaja, 1938). Am ursprünglichen
Ort, im Jerusalemer Tempel, hätte man sich als vorausgehend ein Klagelied zu denken, auf das
Jahwe durch den Priester antwortet. Zu dieser Redeform gehören Wendungen wie „fürchte dich
nicht, ich habe dich erlöst, ich stärke dich, ich bin mit dir, du bist mein" (41,10.13f.; 43,1.5; 44,2 u. a.
– von Rad, a. a. O., S. 256).
V. 1: וְעַתָּה = „nun aber", Hinweis auf eine vom Bisherigen unterschiedene neue Situation. Israel wird
oft „Knecht Jahwes" genannt (41,8; 42,19; 44,21; 45,4; 48,20); was das etwa für die Ebed-Jahwe-
Lieder zu bedeuten hat, steht hier nicht zur Diskussion. Wie der Prophet gern an alte Glaubenstraditionen Israels anknüpft (Exodus, Davidsbund, Zion), so hier an die Israel widerfahrene Erwählung
(vgl. 41,8; 51,1ff.). – V. 2: Zu den das Denken Deuterojesajas beherrschenden Gedanken gehört auch
der der Schöpfung, wobei die Schöpfung geradezu soteriologisch verstanden ist. Jahwe ist der Schöpfer der Welt und zugleich der Schöpfer Israels (43,1.7.15; 44,2.21). Weil Jahwe das Chaos zu überwinden vermochte, hat er auch Macht, Israel zu helfen. Schaffen und Bewahren gehören zusammen.
Jeschurun ist Kosename: יְשֻׁר = redlich, gerecht mit der Diminutivendung: „mein kleiner Braver".
Dies zusammengestellt mit dem Namen Jakob (= Überlister, vgl. 43,27): Kritik und Erbarmen in
einem Atemzug. – V. 3: יצק = ausgießen, נֹזְלִים Part. plur. = die Rinnenden, also Bäche. צֶאֱצָאִים =
Sprößlinge (von יצא), also Nachkommen (die Zusage gilt nicht nur der Generation der Heimkehrer).
– V. 4: בְּבֵין חָצִיר („im Zwischen des Grases") ist zweifelhaft, aber nicht unmöglich, s. Apparat; dort
„sprossen" sie. In der Zeit der Dürre wächst Grünes nur dort, wo Wasser fließt. – V. 5: Es ist ni. zu
lesen: יִקְרָא – sonst würde Jakob als Gott erscheinen, vgl. Exod. 33,19. Das letzte Wort des Verses ist
als hoph'al zu punktieren (כנה = benennen, anreden).

„Ich glaube an den Heiligen Geist, die heilige christliche Kirche." Im Credo sind Geist
und Kirche so eng miteinander verbunden, daß das Bekenntnis bei der Erwähnung des
Geistes nicht stehenbleiben, sich also nicht erst einmal über Wesen und Wirken des Geistes aussprechen kann, sondern sofort zur Kirche weitergehen muß. Der Geist schafft die
Kirche und wirkt in ihr. Allerdings ist auf einen Unterschied zu achten: ich glaube „an"
den Heiligen Geist – und: ich glaube „die" eine, heilige, katholische und apostolische
Kirche. Der Glaubende ist dem Geist als der dritten Person der Trinität *personhaft zuge-
wandt* – „komm, Heiliger Geist" –, während die Kirche *Gegenstand* des Glaubens ist (im
Credo: Akkusativ). Ich kann nicht „an" die Kirche glauben. Aber ich glaube, daß der
Geist Gottes sie schafft, erhält, ausbreitet, erweckt, erneuert, heiligt, zu tätigem Gehorsam befreit und treibt, zum Bekennen ermutigt, zum Leiden befähigt, zum Dienen motiviert und tüchtig macht, zur Einheit in der Erkenntnis der Wahrheit führt. Denn die
Kirche gibt es nicht deshalb, weil Menschen gleicher oder ähnlicher Glaubensüber-
zeugungen zu einer Gesinnungs- und Tätigkeitsgemeinschaft sich zusammengeschlossen

haben, aus eigenem Antrieb und auf eigenes Risiko; die Kirche ist da, weil Gott der Heilige Geist, Menschen berufen und weil er ihnen Anteil am göttlichen Leben gegeben hat, damit sie seien, was Gott gewollt hat, ehe der Welt Grund gelegt war.

Wir können in dieser einen Predigt nicht eine ganze Lehre von der Kirche entwickeln. Aber soweit der Text es will, sollten wir über die Kirche nachdenken. Es gehört zur Predigt des Evangeliums, daß die Gemeinde erfährt, was sie ist und woraus sie lebt. Sie muß ihr Kirchesein reflektieren. Gottesdienstlich versammelte Gemeinde ist nicht nur mit anderem *beschäftigt* als ein Publikum im Theater, im Konzert oder Kino, sie *ist* auch etwas anderes als ein solches Publikum. Sie ist eine Wirklichkeit von pneumatisch-eschatischer Qualität. In ihr ereignet sich das, was der Menschen Bestimmung ist: persönliches Gegenüber Gottes zu sein in dem festen Liebesbunde, in dem der Schöpfer mit ihnen verbunden sein will. Die Kirche *ist* dies, obwohl die folgenschwere Störung unseres Gottesverhältnisses passiert ist – durch unsere Schuld –, der Bruch zwischen ihm und uns, die Abkehr des Geschöpfs von seinem Schöpfer. Durch Jesus Christus ist nun wieder ermöglicht, was der Heilige Geist verwirklicht: Menschen, auf die er „ausgegossen" wird, werden aufs neue mit Gott verbunden. Wo Gott in seinen „Heilsmitteln" wirkt – eben in der Kirche (CA V und VII) –, ereignet sich dieses Wunder: mitten in der gottentfremdeten Welt, in sie hineinverstreut (Diaspora), die neue Menschheit, wie Gott sie sich vom Ursprung her gedacht hat. Wüßten wir alle, was wir – als Kirche – *sind*: keiner würde sich fernhalten und auf sein lebendiges Anteilhaben an diesem Gotteswunder „Kirche" verzichten.

Allerdings: diese Kirche kann man nur *glauben*. Credo ecclesiam. Die elektrische Ladung – z. B. einer „Leidener Flasche" – sieht man nicht, es sei denn, es werde ein Schluß hergestellt, der die Ladung aufhebt. Die Präsenz und Effizienz des Geistes ist ebenfalls unsichtbar – bis zum Tage Christi –, und damit ist auch die pneumatische „Qualität" der Kirche nicht Gegenstand natürlicher Erfahrung. Die Kirche stellt sich oft recht schäbig und unansehnlich dar. Wir leiden an ihr, und wir wundern uns nicht, daß solche, die für ihre pneumatisch-eschatische Qualität kein Organ haben und darum, was für die Kirche sprechen könnte, nur im Bereich des Anschaulichen und Erfahrbaren suchen, an ihr irre werden oder sie verachten. An *Sündern* tut Gott sein Werk – nicht nur im Ausnahmefall, sondern grundsätzlich. Wir leugnen nicht, daß es in der Kirche auch vieles zum Freuen gibt. Aber wenn wir gefragt werden, warum wir „die Kirche glauben", dann können wir nur auf das hinweisen, was Gott der Heilige Geist selbst tut. Davon redet dieser Text.

Man muß natürlich fragen, wieso das, was hier von Israel gesagt ist, auf die Kirche zutrifft. Die Synagoge würde uns diesen Text streitig machen. Die neutestamentliche Gemeinde sieht sich als die legitime Erbin aller Gottesverheißungen des Alten Bundes an (z. B. 2. Kor. 1,20; Röm. 1,2; 15,8ff.); die VV. 2 und 6 sind z. B. in Offb. 1,17 ausdrücklich zitiert und auf Christus bezogen. Wir sind „das Israel Gottes" (Gal. 6,16). Israel ist die alttestamentliche Gestalt des Gottesvolkes, der Kirche. Wir haben ein Recht, uns in dem wiederzuerkennen, was Israel gesagt und gegeben ist. So könnte unsere Predigt folgendermaßen angelegt sein: *Die aus dem Geist erneuerte Kirche* – (1) *von Gott erwählt,* (2) *mit Gott erfüllt,* (3) *nach Gott genannt.*

I.

Was die Kirche zur Kirche macht und worin die Zuversicht begründet ist, mit der sie in die Zukunft blickt, ist nicht an dem Zustand abzulesen, in dem sie sich in Glanzzeiten befindet, sondern aus der Besinnung auf das Eigentliche zu gewinnen, nach dem sie

besonders in kümmerlichen und bedrängten Situationen zu fragen veranlaßt ist. Der Text
spricht die Gemeinde Gottes im Exil an. Kann sie sich noch als Gottes Volk ansehen?
Was man gehabt hat, scheint dahin zu sein: der Besitz des Landes, die staatliche Existenz, das Ansehen in der Welt, die Verbundenheit mit dem im Tempel wohnenden Gott,
die göttlichen Garantien hinsichtlich der Festigkeit des Zions und der Gottesstadt (z. B.
Ps. 46,5ff.). Der äußeren Lage entspricht die innere: man fühlt sich von Gott verlassen
und vergessen (z. B. 40,27; 49,14), so daß man alle Hoffnungen begraben muß. Arme, resignierende, an sich selbst und an Gott irre werdende Kirche (EKG 177,1).
Der Prophet ist nicht darauf aus, den Verbannten diese Sicht der Dinge auszureden. Was
sie erleben und erleiden, ist in der Tat harte Fron (40,2). Aber die große Wende steht
bevor („nun aber", 44,1). Gott nimmt sich seines Volks aufs neue an. Er sagt es selbst.
Unser Text ist ein Gottesspruch („so spricht Jahwe"); auch aus der Form des Heilsorakels könnte man's entnehmen. Als wäre „Jakob" vor seinem Gott erschienen und
hätte ihm sein Klagelied gesungen, kommt nun von Gott die Antwort. Gott will sein
Volk zu neuem Leben erwecken und aufblühen lassen.
Woher solche Hoffnung für die müde und stumpf gewordene Kirche? Die Antwort
könnte uns überraschen: Deuterojesaja hält sich an Israels *Überlieferung* (J. Begrich,
a. a. O., S. 105). Tradition, für manchen von uns mit dem Odium des Unschöpferischen,
Veralteten und darum Hemmenden belastet, interessiert nicht als Gestriges, sondern als
das, was in die Zukunft weist. Israel soll nicht vergessen, wovon es herkommt. Gott hat
die einst gegebene Zusagen nicht zurückgenommen. „Es tut ihn nicht gereuen, / was er
vorlängst gedeut': / sein Kirche zu erneuen / in dieser fährlichn Zeit" (EKG 205,5). Es
wäre irrig und gefährlich, die Situation der Kirche nach dem jeweiligen Zustand und nach
den jeweiligen äußeren Gegebenheiten zu beurteilen. Überhaupt wird der Glaubende die
vorfindliche Lage immer „transzendieren": zu Gott und seinem Tun hin, das immer über
das unmittelbar Sichtbare und Erfahrbare hinausgeht, damit aber zugleich auch zu dem
hin, was war und was sein wird. Wir leben aus dem, was Gott getan hat und was er uns
zusagt; wir tun nicht gut daran, uns von dem, was ist, gefangennehmen zu lassen.
Zweimal lesen wir: „den ich erwählt habe". Gott hat sein Volk *erwählt* (41,8f.; 43,10.20;
44,1f.; 45,4). Immer wieder kommt der Prophet auf Fakten der Exodustradition zu sprechen (43,16f.; 48,21; 51,10; 52,12), besonders auch auf den unverbrüchlichen Bund
(54,10). „Ihr sollt mein Eigentum sein vor allen Völkern" (Exod. 19,5). Israel kann auf die
Erwählung zurückschauen als auf ein Faktum, das Gott in Israels Geschichte gesetzt hat.
Neutestamentliches Denken taucht in die Tiefen der ewigen Liebesgedanken Gottes ein
(Röm. 8,28–30; Eph. 1,4f.). Warum sind wir Gottes Volk und Eigentum? Doch nicht etwa
deshalb, weil wir selbst dafür irgendwelche Voraussetzungen geschaffen hätten. Längst
ehe es uns gab, waren die Gedanken Gottes schon bei uns, den Seinen. Wir haben nichts
dazu getan. Daß es Gottes Volk, also Kirche gibt, beruht allein auf Gottes Willen –
genauer: auf der uns seit aller Ewigkeit erwählenden Liebe Gottes. Sprechen wir von
Erwählung, dann meinen wir, daß unsere Zugehörigkeit zu Gott sich nicht von selbst versteht. Gott greift nach uns – er könnte uns auch unbeachtet liegen lassen. Er hätte sogar
viel Grund dazu, nachdem wir uns gegen ihn gestellt haben. Aber seine Aufmerksamkeit,
sein Wohlwollen, seine wählende Liebe hat sich uns zugewendet. Erwählung bedeutet
Auswahl. Man könnte interpretieren: euch – ja; die anderen – nicht. Wir wissen, was für
schwerlastende Gedanken sich an das Wort Erwählung gehängt haben: die Lehre von der
vorentschiedenen Erwählung der einen und der unentrinnbaren Verdammnis und Verlorenheit der anderen. Menschliche Logik muß so weiterdenken; aber sie überschreitet
ihre Zuständigkeit. Es ist nicht unsere Sache, die Vorhaben Gottes mit der Menschheit
vorzudenken und uns die Rolle von Beratern Gottes anzumaßen (Röm. 11,34). Aber dar-

über können wir nicht genug nachdenken und staunen: ungeschuldetermaßen, aus seinem freien Entschluß hat Gott sich Menschen erwählt, die seine Kirche sein sollen: und die von seinem Wort getroffen sind und noch werden, die *sind* es.

Es kommt nahezu auf dasselbe hinaus, wenn wir vom Geschaffensein des Gottesvolkes sprechen. „Schaffen und erlösen (גאל) können bei Deuterojesaja geradezu synonym gebraucht werden" (von Rad, ThAT II, S. 255). Es wird uns gut tun, dies ganz grundsätzlich zu nehmen. Das Bekenntnis zu Gott, dem Schöpfer, ist doch nicht – wie man immer wieder gemeint hat – der (untaugliche) Versuch, für das Woher der Welt eine theoretische Erklärung zu finden. Als sollte hier ein Bedürfnis des die Welt erklären wollenden Verstandes befriedigt werden! Man sehe nur genau hin: mitten in der Situation der Anfechtung wird Israel auf den Gott verwiesen, dem es sich verdankt. Weshalb gibt es uns? Weil Gott in seiner Liebe uns *will*! Er hat uns „gemacht", „gebildet" und er hat uns „vom Mutterleibe an" „geholfen". Daß wir *da* sind: Erweis der Liebe Gottes, die es bewirkt hat, daß es uns gibt, und im Helfen unser Leben gelenkt, behütet und erhalten hat. Und ins Ekklesiologische gewandt: „Er hat uns gemacht – und nicht wir selbst – zu seinem Volk und zu Schafen seiner Weide" (Ps. 100,3). Wer an seinen Schöpfer glaubt, bleibt bei dem Satz: „ich bin nun einmal da – warum, weiß ich nicht" nicht stehen; „ich bin *geliebt – darum* bin ich da!" Als Kirche sagen wir: Gott will uns, seine Kirche; deshalb gibt es uns.

Wir sollten die Herztöne nicht überhören, die in der Sprache dieser Gottesrede vernehmbar werden. „Mein Knecht Jakob", „Israel – ihn hab ich mir ausgesucht". Schon hierin verbirgt sich eine Feinheit. Jakob ist einfach der Name des Erzvaters, Israel der ihm zuteilgewordene Ehrentitel (Gen. 32,29). Noch deutlicher in V. 2: Jakob ist eine zwielichtige Gestalt (von Rad, S. 253 – vgl. 43,27). Sein Name wird nicht nur als „Fersenhalter" gedeutet, sondern auch als der „Hinterlistige", der „Betrüger" (von עקב). Dieser den Erzvater und damit seine Nachkommen nicht schonende Name wird genannt – aber parallel dazu sofort „Jeschurun" (nur noch Deut. 32,15; 33,5), das Schmeichelwort: „der liebe Brave" bzw. „Gerechte". Fast möchte man in diesem harten Beieinander die Formel vom „simul iustus et peccator" vorgebildet finden. Es ist viel einzuwenden gegen diesen „Jakob" und gegen seine Nachkommen im Alten wie im Neuen Bunde. Zwielichtige Kirche! Was gegen sie vorgebracht wird, stimmt leider – nicht in allen, aber in vielen Fällen. Vor allem: Gott selbst weiß, wie zweifelhaft es um die „Geradlinigkeit" (ישר) seiner Leute bestellt ist. Aber: er bekennt sich zu uns. Hinter dem Vorhaben Gottes, seine Kirche zu erneuern, steht dieser unbedingte Wille, an uns festzuhalten und uns anzunehmen, wie wir sind. Eher sollten Berge weichen und Hügel hinfallen!

2.

Sollte der Prediger die vorgeschlagene Teilüberschrift „mit Gott erfüllt" aufgreifen, dann muß er wissen, daß sie sich nicht unmittelbar aus dem Text ergibt. Man könnte sagen: sie erweitert die Textaussage ins Neutestámentliche. Oder auch: sie verengt die Aussage aufs Nur-Menschliche. Es wird darüber noch nachzudenken sein.

Das bisher Aufgezeigte bezog sich ausschließlich auf Gottes Einstellung zu seinem Volk. Wie immer es dort aussehen mag: Gott hält zu den Seinen, nimmt seine Erwählung nicht zurück und läßt sein Volk auch ferner bestehen. Gott denkt freundlich von uns – läßt aber alles beim alten? „Erneuerte Kirche": das besagt jedenfalls mehr, und es wäre am Text zu prüfen, ob diese Aussage fundiert ist.

Es sieht zunächst so aus, als sei an eine Verwandlung der Welt gedacht. Gott läßt es regnen, so kräftig, daß geradezu Ströme fließen. 43,19 zeigt, daß Gott die Wüste zum Frucht-

land machen will (vgl. 41,18; 49,10; 51,3). Wir haben dies zunächst wahrscheinlich wörtlich zu nehmen. Was hier gemeint ist, haben wir uns an den klimatischen Verhältnissen
Babyloniens oder auch Palästinas zu verdeutlichen, oder noch eindrucksvoller: an denen
der Sahelzone oder anderer Dürre- und Hungergebiete der Welt. Die Bibel denkt so welt-
und leibhaft, daß sie sich das Heil Gottes nicht anders vorstellen kann, als so, daß auch
die äußeren Verhältnisse dem Leben günstig sind und die Menschen die guten Gaben des
Schöpfers im reichen Maße genießen können. Trotzdem wird B. Duhm recht haben:
diese äußere Verwandlung der Welt wird beim Propheten, wenn nicht von Anfang an, so
doch im Laufe der Zeit „immer mehr im übertragenen Sinne" verstanden sein. Ein dürstendes und dürres Land – und darin ein – im umfassenden Sinne – dürstendes Volk. Eine
Kirche: ausgetrocknet, welk, mühsam vegetierend und sich dahinquälend, im günstigeren
Falle lechzend nach dem lebensnotwendigen Naß, im ungünstigeren Falle schon so
ermattet und kraftlos, daß sie nicht einmal mehr den Durst empfindet. Es könnte sein –
und nun verlassen wir das Bild –, daß in ihr viel „los" ist, großer Aufwand getrieben
wird, eine große Zahl von Menschen emsig-hastig arbeitet, Einfälle hat (zugegeben: darunter viele gute), vielleicht in Betriebsamkeit sich verzehrt, – aber Gott kommt nicht zum
Zuge, es entsteht nicht Glaube, nicht Hoffnung, nicht Liebe, die Anrede Gottes wird
nicht mehr gehört. Der geistliche Zustand des Mangels und Darbens kann sehr verschieden aussehen. Es muß nicht so sein wie in Babylonien, wo die Gola sich von Gott
abgehängt und aufgegeben fühlte und darum die Hoffnung sinken ließ. Es kann auch sein,
der kirchliche Betrieb läuft, die Statistik weist stattliche Zahlen aus, die Bautätigkeit flo-
riert, Liturgie „gekonnt", Matthäuspassion perfekt aufgeführt, sogar mit innerer Spannung, Jugendgottesdienste „poppig" – man würde sein eigenes Wort nicht verstehen –
und man hört nicht das Klopfen des Herrn, der zu seiner Gemeinde kommen will
(Offb. 3,20). Man könnte ähnliches für den theologischen Betrieb aufzeigen: enormer Aufwand an wissenschaftlicher Methode, angestrengte Denkarbeit, eindrucksvolle wissenschaftliche Leistungen – nur: in dem, was Christus seiner Kirche mitgegeben und anvertraut hat, wird man immer ungewisser, und dem Herrn der Kirche gelingt es nicht, sich
uns verständlich zu machen. – Man soll uns nicht falsch verstehen: Wir wünschen uns
nicht eine Kirche, in der es – vermeintlich „aus Glauben" – mies und kleinkariert zugeht.
Wir wünschen uns, daß alle unsere menschlichen Aktivitäten Gefäße und Instrumente für
Gottes eigenes Wirken werden.
Unser Wünschen wäre vergeblich, wenn der erwählende, schaffende, das Unwürdige
annehmende Gott nicht seinen *Geist* gäbe. Wie einen fruchtbaren Regen will er ihn über
die Gemeinde der entmutigten Verbannten in Babylonien ausgießen. Er hat ihn zu Pfingsten über die Zwölf ausgegossen, die bis dahin wartend in ihrem Winkel gesessen hatten,
bis der Tag käme, den der Herr ihnen angekündigt hatte. Wo immer Menschen zum
Glauben kamen und Gemeinde wurden, ist es geschehen, immer wieder. Wo Menschen
willig wurden, im Dienst Christi diakonisch tätig zu werden. Wo sie auszogen, um die
Fernen heranzuholen. Wir könnten in dieser Aufzählung noch eine ganze Weile fortfahren. Der eine Geist wirkt auf vielerlei Weise. Überall bewirkt er das Wesentliche, das
also, worauf es ankommt. Sagen wir es sofort recht deutlich: Mit dem Heiligen Geist
kommt Gottes eigenes Leben in seine Kirche, die aus dem Geist erneuerte Kirche wird,
wie wir sagten, „mit Gott erfüllt".
Die aus dem Naturgeschehen genommene Bildsprache des Textes hat allzu besorgte Ausleger veranlaßt, zugleich mit der Feststellung, hier werde ganz „naturhaft" gedacht
(„Ausgießung"), darauf zu dringen, daß wir die Textaussage in „Religiöse" und „Sittliche" umdenken müßten. In der Tat: ein Naturvorgang ist das Pfingstwunder Gottes
nicht. Nur wären wir ebenfalls auf falscher Ebene, wenn wir vom Religiösen oder Sitt-

lichen oder Geistigen sprächen. Gottesgeist und Menschengeist sind eben gerade *nicht* aus
dem gleichen „Material" gemacht. Gott ist „der Ganz-Andere". Mag sein, Deuterojesaja
stellt sich den Geist Gottes nicht personhaft vor, sondern als unpersönliche von Gott ausgehende Kraft und als das in Gott entspringende Fruchtbarkeit wirkende Leben. Wir
wären damit nicht so sehr auf das aus, was der Geist *ist*, sondern auf das, was er *gibt*. Wir
müssen aber danach fragen, was bzw. wer der Geist ist, und bekommen die Antwort:
„Der Herr ist der Geist" (2. Kor. 3,17), wobei wir – nicht zufällig – im Zweifel sind, ob bei
Kyrios an Jahwe oder an Christus gedacht ist; es sind eben beide Antworten richtig. Wird
also über uns „der Geist des lebendigen Gottes" (2. Kor. 3,3) „ausgegossen" (Apg. 2,17;
10,45; Tit. 3,6), dann werden wir, die Kirche, mit ihm „erfüllt", so daß wir für diesen Geist
Gefäß werden, das ihn auffängt, oder der „Tempel", in dem dieser Geist wohnt (1.
Kor. 3,16; 6,16). Gegeben wird er uns durch die Predigt des Evangeliums und die Sakra-
mente. So will sich Gott auch der diesmal zu haltenden Pfingstpredigt bedienen, um in
seine Gemeinde und ihre einzelnen Glieder einzugehen: Pfingstereignung auch unter uns.
So entsteht das Leben in der Gemeinde: Menschen finden zu Christus, treten in seinen
Dienst, empfangen Gaben, setzen sie zum Besten des Ganzen ein, werden zu Gliedern des
Leibes Christi. Man übersehe nicht, daß die Zusage Gottes nicht nur der unmittelbar angesprochenen Generation gegeben ist, sondern auch den Nachkommen. Die Kirche setzt und
pflanzt sich fort, mehrt sich. Und zur Ausbreitung in die Länge und Weite kommt das
Wachstum, die Entfaltung und das Gedeihen des einzelnen Glaubenden (V. 4). Wieder denken wir an die klimatischen Verhältnisse der warmen Länder: an Wasserläufen gedeiht die
Vegetation (Ps. 1,3). Gott bietet uns reiches Leben an. Es gibt – neben dem schwärmerischen – einen legitimen „Enthusiasmus": „Gottes Geist wohnt in euch" (1. Kor. 3,16).

3.

Was Gott in uns hineingibt, indem er selbst im Geist zu uns kommt, verschafft sich auch
seinen Ausdruck nach außen hin (V. 5). Der Glaube drängt zum Bekennen. Er will also
auch nach außen hin zu dem stehen, an den und woran er glaubt. Mitten in einer nicht-
oder andersgläubigen Welt gibt der Glaubende zu erkennen, wohin er gehört. Die Apostel, eben noch zurückgezogen lebend in dem „Obergemach" (Apg. 1,13), treten nun an
die Öffentlichkeit und bekennen Christus, und die durch die Predigt des Petrus Getroffe-
nen (Apg. 2,37) ziehen aus dem, was ihnen da widerfahren ist, Konsequenzen
(Apg. 2,41f.). Wer das „dem Herrn eigen" in seine Hand tätowiert, geht damit eine
dauernde Bindung ein; spricht das Neue Testament von „Versiegelung", dann meint es
dasselbe (z. B. 2. Kor. 1,22; Eph. 1,13; 4,30).
V. 5 ist aus zwei sachlich parallelen Teilen aufgebaut. In beiden Teilen bekennt sich einer
zunächst zu Jahwe – sei es mit dem Wort oder mit der Einzeichnung in die Hand –, sodann der andere zu „Jakob" oder zu „Israel", also zum Volke Gottes, zur Kirche. Es ist
dabei offen, ob an solche Menschen gedacht ist, die schon immer zu Israel gehörten, oder
an solche, die dazustoßen, also aus der heidnischen Welt kommen. Wie im Reflex wird
hieran die Erhöhung deutlich, die der bisher verachteten Gola widerfährt. Man hat sich
bisher geschämt, zu diesem verachteten Volk zu gehören (Ps. 137). Jetzt ist man stolz darauf. Oder wenn es sich um dazugekommene Heidenmenschen handelt: sie erleben etwas
an dieser Gemeinde, das in ihnen den Wunsch, ja den Entschluß weckt, ebenfalls dazu zu
gehören. Es muß uns zu schaffen machen, daß unsere christlichen Gemeinden sehr oft
nicht die Anziehungskraft ausüben, die Menschen ganz von allein auf sie und das in ihr
pulsierende Leben aufmerksam werden läßt. Paulus rechnet damit, daß ein Außen-
stehender zufällig in eine Gemeindeversammlung hineingerät und dabei nicht nur in

seinem Gewissen getroffen wird, sondern zugleich die Überzeugung gewinnt, „daß Gott wahrhaftig in euch ist" (1. Kor. 14,24f.). Wir wünschen es uns, daß Menschen es merken: hier wohnt Gott, hier ist Leben aus Gott. Es wird dann wie von selbst dazu kommen, daß die, die es erleben und begreifen, zugleich zu Gott und zu seiner Kirche stoßen: „Jahwe" und „Israel". Man kann Gott nicht ohne die Gemeinde haben. „Ich glaube an den Heiligen Geist, die heilige christliche Kirche."
Wirkung des Geistes Gottes ist dabei nicht nur das (gemeinsame) Bekenntnis der ganzen Gemeinde, sondern auch das persönliche Bekenntnis und Zeugnis. „Ich bin des Herrn", „ich gehöre Jahwe", christlich: „ich bin ein Christ", „ich gehöre zum Volke Gottes", also „zur christlichen Kirche". Wen „es" getroffen hat, der nimmt seinen Glauben auf seine eigenste Verantwortung. Er sagt, wer er ist und wohin er gehört; nicht, weil er von außen dazu genötigt würde, sondern weil er es so will, ja gar nicht anders kann. Die Predigt sollte die, die sie hören, dazu motivieren. Man soll in dem Hause, in dem ich wohne, wissen, daß ich Christ bin; auch meine Kollegen und Freunde sollen es wissen. Es gibt Situationen, in denen ein Christ sogar bekennen muß (status confessionis); Schweigen wäre Leugnen (Matth. 10,32f.). Andererseits: wir würden dem, was hier gemeint ist, keinesfalls dienen, wenn wir unseren (z. T. nichtchristlichen) Mitmenschen damit auf die Nerven fielen, daß wir nicht nur bei passenden, sondern auch bei allen unpassenden Gelegenheiten betonten: „Ich bin ein Eigentum Jesu Christi" (so die in manchen Kreisen eingeführte Formel). Zur Liebe gehört auch Takt. Die Predigt sollte mit der Gemeinde auch darüber sprechen.
Vielleicht macht uns die Differenz verlegen zwischen dem, was hier angeboten wird, und dem, was wir in der Gemeinde wirklich aufnehmen. Wenn die Kirche so wäre, wie sie nach dieser Zusage Gottes aussehen müßte! Wir leiden an ihr. Es ist zu hoffen: wir lieben sie dennoch. Denn – das müßte herausgekommen sein – *Gott* liebt sie *dennoch*. In der Kirche kann man eingestehen, daß man „geistlich arm" ist. Die peinlichsten Dinge in der Kirche ereignen sich da, wo dies nicht eingestanden, sondern geleugnet oder vertuscht oder überspielt wird. Unsere Pfingstlieder bitten: „*Komm*, Heiliger Geist!" Wir *haben* nur, indem wir *empfangen*. Wir würden glaubwürdiger, wenn wir aus dieser Erkenntnis lebten.

Pfingstmontag. Joh. 4,19–26

Über die VV. 5–14 haben wir am 3. S. n. Epiphanias gepredigt. Das dort zum Ganzen des Kapitels Gesagte soll nicht wiederholt werden. Daß die Perikopenordnung des Ganze des Gesprächs – notwendigerweise – zerhackt, wird man bedauern; es hat ja eine geheime Dramatik, trotz der unterschiedlichen Herkunft seiner Bestandteile. Mit V. 26 erreicht es seinen Ziel- und Höhepunkt.
V. 19 gehört sowohl dem Vorangehenden zu als auch unserem Abschnitt. Daß Jesus die Lebensgeschichte der Frau so genau kennt, führt zu dem Schluß, er müsse ein Prophet sein. Nicht „der" Prophet (6,14; 7,40), den gerade die Samaritaner (ihr Kanon ist nur der Pentateuch) nach Deut. 18,15.18 erwarten. Es deutet noch nichts darauf hin, daß die Frau sich der Einzigartigkeit Jesu bewußt ist. – V. 20: Die Frau stellt sofort die alte Streitfrage zwischen Juden und Samaritanern. Über die samaritanische Gemeinde vgl. M. Noth, GI, S. 317ff. Der politische Gegensatz zwischen den Juden und den Samaritanern ist alt, aber nach dem Exil von den Juden her versteift worden. Die Samaritaner galten als kultisch unrein und durften sich am Bau des neuen Tempels nicht beteiligen. So kam es zur Abspaltung. Kult auf dem Garizim – man sieht den Berg vom Jakobsbrunnen aus vor sich liegen – wohl seit Beginn der hellenistischen Zeit, obwohl die Existenz des Heiligtums erst im 2. Jh. erstmalig bezeugt ist (2. Makk. 6,2), wenn auch zu dieser Zeit bereits eine gefestigte Tradition vorauszusetzen ist. 128 v. Chr. wurde dieser Tempel durch den Hasmonäer Johannes I. Hyrkanos zersört, blieb aber auch als Ruine Kultort. Heute noch dürftiger Restbestand von Samaritanern in der Stadt Nablūs (Sichem). Das Verbum προσκυνεῖν meint nicht die bestimmte Gebärde, sondern steht im abgeblaßten Sinne für die kultische Gottesverehrung ganz allgemein (Bltm.). – V. 21: Was

Jesus jetzt sagen wird, verlangt „Glauben" bzw. „Vertrauen"; Jesus redet jetzt nicht als Jude gegen die Samariterin, sondern wirbt darum, daß sie sich ihm anvertraut. Das Entweder-Oder der alten Streitfrage wird durch die neue Gottesoffenbarung überboten und damit überholt. Es „kommt die Stunde", in der beide Kultstätten ihre alte Bedeutung verlieren. Zwar ist der Zustand von Offb. 21,22 noch nicht erreicht (anders Bltm.), aber wo *Jesus* ist, da ist der Tempel (2,21, vgl. 1,51). „Den *Vater* anbeten": darin kommt das Besondere der Gebetsunterweisung Jesu zum Ausdruck (vgl. J. Jeremias, Abba, 1966); darin liegt schon ein Hinweis auf die durch Jesus bewirkte ganz neue Weise der Anbetung Gottes. – Daß V. 22 „ganz oder teilweise eine Glosse der Redaktion sei" (Bltm., Kommentar S. 139, A. 6), ist zu bestreiten (Schnbg.). So kritisch der johanneische Jesus auch über die Juden urteilt: Jesus selbst ist Jude, und auf ihn will das Gespräch ja die Aufmerksamkeit der Samariterin lenken. Nicht vom Tempel in Jerusalem kommt die neue Gottesgemeinschaft, aber von Jesus. Das „wir" meint Jesus (wie 3,11). – V. 23: Die angekündigte Zeit ist schon „jetzt" (vgl. 5,25). Wieder das Wort „Vater" (1,12; 1. Joh. 3,1f.). Der „Geist" ist „Gottes Wunderwirken an den Menschen, das sich in der Offenbarung ereignet", und die Wahrheit ist „die in Jesus offenbare Wirklichkeit Gottes" (Bltm. z. St.). Doppelwendung wie „Gnade und Wahrheit", „Wahrheit und Leben" u. a. „Ein spiritualistisches Verständnis, als wolle Jesus dem äußeren Kultort eine rein innerliche, im Geist des Menschen erfolgende Gottesverehrung gegenüberstellen, verbietet sich aus dem Pneuma-Begriff" (Schnbg. – näheres s. u.). Die „echten" Anbeter beten in der „Wahrheit" (Wortspiel: ἀληϑινός, ἀλήϑεια). Wie Gott anzubeten ist, richtet sich nicht nach unserem Geschmack, sondern nach dem, was „der Vater" selbst „sucht", also „haben will". – V. 24: Keine Definition (ebensowenig 1. Joh. 4,8.16), aber eine (synthetische) Aussage über Gott. Ebenso wie 2. Kor. 3,17 ist hier die Personalität des Geistes ausgesagt. Man muß aus dem Geist gezeugt sein, um Gemeinschaft mit dem zu haben, der selbst Geist ist (3,5f.). – V. 25: Die Frau hat noch nicht verstanden (johanneisches Mißverständnis). Das Fehlen des Artikels bei „Messias" fällt auf. Die Samaritaner erwarten nach Deut. 18,18 den „Wiederkehrenden" („Ta'eb"), der (nach einer samaritanischen Quelle, s. Schnbg. z. St.) „die Wahrheit offenbaren wird". Bei euch Juden „spricht man" vom „Gesalbten". – V. 26: Jesus gibt sich selbst zu erkennen.

Ob man in der Samaritanerin eine greifbare Gestalt der evangelischen Geschichte sehen soll oder eine vom Evangelisten erfundene Person, an der eine bestimmte Sache verdeutlicht werden soll, darüber gehen die Meinungen der Exegeten auseinander; die meisten nehmen letzteres an. Auch Schnackenburg, der meint, der Evangelist wolle die Frau als Einzelperson verstanden wissen und wolle von der Bekehrung eines Samariterdorfes schon zu Jesu Lebzeiten berichten, meint doch: „In der geschichtlichen Gestalt erkennt er (der Evangelist) das ‚typische' Bild des samaritanischen Volkes in religiöser Hinsicht" (S. 492). Der Christuszeuge spricht mit den Samaritanern. Ja, unser Kapitel projiziert geradezu die Samaritermission (Apg. 8,5ff.) in die Erdentage Jesu zurück. Wie Philippus durch jüdischen Widerstand in Jerusalem gezwungen wird, nach Samarien auszuweichen (Apg. 8,1–4), so auch Jesus (Joh. 4,1–4, in V. 4: ἔδει). Wie Samarien mit „großer Freude" „das Wort Gottes annimmt" (Apg. 8,8.14), so kommen die Leute aus Sychar zu Jesus, bitten ihn, er möchte bei ihnen bleiben und glauben um seines Wortes willen (Joh. 4,30.40–42). Ein Stück Missionsgeschichte, jedoch eingekleidet in die wunderbare – zugleich nuancen- und spannungsreiche – Geschichte von dem Gespräch am Brunnen. Ist dies richtig gesehen, dann handelt es sich in dem Kapitel um einen klassischen Missionstext (vgl. bes. V. 35). Wahrhaftig: eine pfingstliche Thematik!

Nun ist uns aber nicht der Abschnitt 4,1–42 gegeben, sondern nur eine bestimmte Gesprächsphase. Damit verengt, mindestens: verändert sich die Thematik. Sie gehört natürlich ins Ganze; es wäre nicht nur ergiebig, sondern auch reizvoll, dieses Ganze in seiner Einheit zu bedenken. Aber der Abschnitt verdient es auch, einzeln in den Blick genommen zu werden. Er spricht davon, wie die alte Kontroversfrage der Juden und Samaritaner – wo will Gott verehrt sein? – aus den Angeln gehoben wird durch die neue, die endzeitliche Selbstmitteilung Gottes in Geist und Wahrheit, das heißt aber zugleich: in

Jesus Christus. Eine liturgisch-dogmatische Grundsatzfrage. Ja, aber eben nicht in abstrakter Lehrbuchsprache erörtert, sondern im Zuge dieses so anmutigen Gesprächs mit seiner kontroversen Gespanntheit, seinen tiefsinnig-rätselhaften Wendungen, seinen Mißverständnissen und Irrtümern, mit der heimlichen Schadenfreude der Frau und ihrer verwirrenden Erfahrung, gekannt und entdeckt zu sein – bis sie selbst erlebt, wie er, der bisher Unbekannte, sich ihr ent-deckt. Hoffentlich machen wir das alles in unserer Predigt nicht kaputt, indem wir doktrinär oder auch unzart damit umgehen.

Gottesdienst, wie der Vater ihn will: (1) *ihn im Geist anbeten,* (2) *ihn in Christus finden.* Oder so: *Im Wirken des Geistes hat das ewige Jetzt begonnen:* (1) *Gott wird im Geist angebetet,* (2) *Christus wird im Geist erkannt.*

I.

„Herr, ich sehe, daß du ein Prophet bist." Zu Anfang unserer Perikope klingt es schon etwas anders als in den ersten Sätzen des Gesprächs. Die Frau hat es genossen, daß einer von den überheblichen Juden sie jetzt, da die Mittagssonne ihn durstig gemacht hat, um einen Becher Wasser bitten muß; sie hat es ihn spüren lassen, daß er seinen Grundsätzen untreu geworden ist. Und als er selbst ihr sein Wunderwasser anbietet, da „nimmt" sie ihn „hoch": Du hast ja nicht einmal ein Gefäß zum Schöpfen. Aber gut – *wenn* du „solches Wasser" hast: gib mir davon! – Und dann fängt es damit an, daß der Fremde sich eingeweiht zeigt in die Geheimnisse ihres unglücklichen, durstigen Lebens. Sollte das zu dem gehören, was dieser Mensch anzubieten hat, daß er „der Welt die Augen auftut über die Sünde" (16,8)?, daß er einem Menschenkind wie diesem das Geheimnis seines Durstes deutet? Wird sie jetzt vor diesem Propheten kapitulieren und seine Überlegenheit eingestehen? Bei Nathanael hat Jesu wunderbares Wissen sofort gewirkt: „Rabbi, du bist Gottes Sohn, du bist der König von Israel" (1,49 – wenn man dort nicht ein Fragezeichen zu lesen hat, vgl. Apparat). Bei dieser Frau ist es anders. Sollte sie im Gewissen getroffen sein, so hat sie jedenfalls noch Kraft und Geistesgegenwart genug, von den kritischen Punkten ihres eigenen Lebens abzulenken und das Gespräch auf ein kirchliches Sachthema zu bringen – ein taktischer Zug übrigens, den wir oft anwenden. Ein Thema, das nicht schlecht gewählt ist, denn es enthält reichlich Zündstoff. Ich merke, du bist ein Prophet – da fällt mir gleich etwas ein, das mich schon lange beschäftigt. Der Angriff ist die beste Verteidigung. Aggressiv ist die Frau vom ersten Augenblick des Gesprächs an gewesen; sie weiß: in der Frage nach dem gottgewollten Kultort wird sie mit diesem Juden ganz bestimmt nicht einig werden, ist dies doch geradezu *das* Kontroversthema, das zwischen Jerusalem und Sichem von jeher strittig war. Man wird doch nicht annehmen, daß sie, die Samariterin, in dieser Sache keine Meinung habe. Muß sie auch annehmen, daß dieser „Prophet" mit seinem Tiefenblick ihr zu antworten weiß: sie wird sich auf die jüdische Standardantwort gefaßt machen, die sie kennt. Selbstverständlich, wird der Jude sagen, ist Gott in Jerusalem anzubeten. Um eine Erwiderung wird sie nicht verlegen sein. Für die Denkgewohnheiten ihrer Zeit und ihres Volkes entscheidend: Sichem hat die viel älteren Traditionen! Schon Abraham war in Sichem und errichtete dort einen Altar (Gen. 12,6f.). Auch Jakob (Gen. 33,18ff. und 35,4) – der Brunnen stammt von ihm. Die Mumie Josephs ist hier beigesetzt (Jos. 24,32). Der Landtag Josuas hat hier stattgefunden (Jos. 24). Hier kam Israel zusammen, um – unter Segen und Fluch – Gottes Recht immer neu zu hören (Jos. 8,30ff.; Deut. 27). Mit solchem allem kann sich Jerusalem nicht messen. Überlegungen solcher Art dürften sich hinter dem herausfordernden Satz der Frau (V. 20) verbergen. Die angeschnittene Thematik hat es so in sich, daß die Frau annehmen darf, ihre bewegte Lebensgeschichte werde darüber für eine ganze Weile vergessen sein. Sie soll sich getäuscht haben; sie selbst wird darauf zurückkommen (VV. 29,39).

Sie hat sich auch in der Erwartung der Antwort dieses Juden getäuscht. Welches ist der richtige „Berg"? (Berg ist klassisches Symbolwort für den Ort der Gottesoffenbarung.) Wo ist die Stelle, an der man mit Gott Verbindung bekommt und ihn verehren und anrufen kann? Antwort: Weder auf diesem Berge noch zu Jerusalem. Das zwischen euch und uns stehende Entweder-Oder ist ein vorläufiges, ein überholtes und damit gegenstandslos gewordenes. Man kann sagen: „es kommt eine Stunde", in der ein alter Zustand durch einen neuen abgelöst werden wird, die Stunde der neuen Offenbarung, die Stunde des Anbruchs des „Letzten", des Eschaton. Man kann auch sagen: diese Stunde „ist schon jetzt". Jesus „stellt dem jetzigen kultischen Zwiespalt die Zukunft entgegen, in der jeder lokal gebundene Kult – der jüdische wie der nichtjüdische – seine Bedeutung verloren hat" (Bltm. z. St.). Daß wir jetzt nur nicht mißverstehen: „der kultischen Gottesverehrung wird nicht eine geistige, innerliche, sondern die eschatologische entgegengestellt" (Bltm.; vgl. das oben zu V. 23 mitgeteilte Schnackenburg-Zitat). Wie oft ist diese Stelle mißverstanden und mißbraucht worden, als rede sie von einer „rein geistigen" Religion: ohne das Wort, ohne die Sakramente, ohne die Gemeinde, ohne alles Leibhafte und Greifbare. Nicht mehr „lokal gebunden" ist die Gemeinschaft mit Gott aber deshalb, weil mit Jesu Erhöhung sein Wirken weltweit entschränkt ist und er darum mit seinem Wort und seinen Sakramenten überallhin kommen kann. Sein Wirkungsfeld ist die Welt. Juden und Heiden werden in dieser neuen Gottverbundenheit vereinigt sein. Erst recht werden die Samaritaner in sie eingeschlossen sein; sie sind sozusagen im Missionsprogramm Jesu nach Jerusalem und Judäa die nächsten (Apg. 1,8).

Eine neue Gottverbundenheit: dies meint die Rede von der Anbetung „im Geist und in der Wahrheit". Fangen wir mit dem letzteren an. „*Wahrheit*" ist göttliche Wirklichkeit, die sich offenbart (Bltm., Komm., S. 50, A. 1). Gott bleibt nicht verschlossen und verborgen, sondern schließt sich uns auf. Daß dies *in Jesus* geschieht, davon wird nachher noch zu reden sein. Jetzt ist zunächst wichtig, *daß* es geschieht. Wir werden es alttestamentlicher Frömmigkeit, wie sie an den genannten Kultorten zu Hause war, nicht bestreiten, daß sie es mit dem wirklichen Gott zu tun hatte. Der Heilige Geist ist auch schon im Alten Bunde wirksam. Dennoch: die Sendung des Sohnes und die Ausgießung des Geistes auf alle Glieder der Gemeinde sollten in der Zeit der Erfüllung und in der eschatologisch qualifizierten „Stunde" geschehen. Gott hat sich aufgeschlossen wie nie zuvor. Zweimal heißt es in V. 23: „Vater". Jesus hat uns ermächtigt, zu Gott „Vater" zu sagen. Wir haben uns an diese Anrede Gottes so gewöhnt, daß wir uns nicht mehr darüber wundern, daß wir sie gebrauchen dürfen. Wer Jesus aufnimmt, dem gibt er die Erlaubnis, Gottes Kind zu werden, und das sind Menschen, die „von Gott geboren" sind (1,12f.). Als solche, denen der Gottesgeist gegeben ist – ein Kindes-, nicht ein Sklavengeist –, können wir beten: Abba, lieber Vater (Röm. 8,14–16; Gal. 4,4–6 – das vierte Evangelium befindet sich in tiefer Übereinstimmung mit der sonstigen neutestamentlichen Überlieferung). Jesus gibt uns durch sich und in ihm (!) die Gottunmittelbarkeit. Das ist die neue Lage. – Wir mußten schon vom *Geist* sprechen. Wir beten „im Geist", unser Gottesdienst geschieht „im Geist". Was heißt dies? Nicht, daß christlicher Gottesdienst – unter Ausgrenzung des Leibhaften – sich lediglich in den „oberen", den „geistigen" Schichten des Menschseins abspielte: in dem, was der Mensch denkt, sinnt, vielleicht spekuliert, oder gar in mystischer Versenkung. Solange wir noch beim Geist des *Menschen* sind, sind wir bei dem, was das Neue Testament „Fleisch" nennen würde. Nikodemus war aufs Fleischliche aus; er muß lernen, daß das Reich Gottes nur der sehen kann, der „von oben" geboren ist und damit Gottes eigenes „Leben" in sich hat. Wir bedienen uns eines schon

früher gebrauchten Bildes: Man muß an den göttlichen Stromkreis an- bzw. in ihm eingeschlossen sein. Der Mensch denkt Menschliches, auch in seinen höchsten Gedanken,
auch in seiner Religion. Er kann als homo religiosus Gott ahnen, auch von ihm „wissen",
ihn suchen, ihn respektieren, ihm seine Opfer und Gaben darbringen, sogar im Gebet ihn
anrufen. Aber in alledem bleibt er in seinen eigenen Lebens- und Stromkreis eingeschlossen. Gibt Gott den Geist, dann gibt er sein eigenes Leben in uns hinein. Wovon der
natürliche Mensch nichts vernimmt (1. Kor. 2,14), das ist dem gegeben, der den Geist des
Vaters und des Sohnes empfangen hat. Habe ich den Geist empfangen, dann denkt Gottes
Geist in mir; er ist es, der in mir will, hofft, betet, seufzt und schreit. „Welche der Geist
Gottes treibt, die sind Gottes Kinder" (Röm. 8,14, vgl. auch die VV. 16.26f.). Gottes Geist
löscht mein menschliches Subjekt nicht aus, aber er spricht es an (Röm. 8,16), und mein
Menschsein wird für den Geist zum „Gehäuse" (1. Kor. 3,16). Vergreifen wir uns, wenn
wir einen johanneischen Text mit paulinischen Gedanken erläutern? Ich denke: nein.
Das Geborgensein von oben gibt uns das Kindesrecht (s. o.), man kann auch sagen: der
Ursprung im Geist (3,5f.). Der Geist lehrt uns (14,26), leitet uns in alle Wahrheit, d. h.
hinein in die sich uns erschließende Wirklichkeit Gottes (16,13). Der Geist „wohnt" in
uns (14,17). Er verherrlicht Jesus (16,14), läßt uns also seiner Doxa innewerden. Das alles
gehört zu der neuen Weise unserer Gottverbundenheit, die sich im neuen Gottesdienst
auswirkt und dort entsteht. Wir werden durch den Geist in die himmlische, die eschatische Gotteswirklichkeit eingeschlossen. Damit sind all die Entweder-Oder-Fragen der
alten Religiosität überholt.
An der Art, wie die Frau darauf reagiert, erkennt man, daß sie dies noch nicht „vereinnahmt" hat. Das „ist schon jetzt" ist ihr nicht aufgegangen. Noch wartet sie auf den
Messias – nein, auf den „Ta'eb", wie die Samaritaner ihn nennen; nur die Juden sagen
„Messias". Dann wird das Verwirrende, was Jesus gesagt hat, deutlich werden. Immerhin: aufs kontroverse Argumentieren ist die Frau nicht mehr aus. Sie scheint dicht vor
der entscheidenden Erkenntnis zu stehen. Sie weiß nur noch nicht, daß ebender, auf den
sie wartet und von dem sie sich Aufschluß erhofft, vor ihr steht. Eine letzte – dünne –
Schicht muß noch durchstoßen werden. Dazu soll es alsbald kommen.

2.

„Gott ist Geist." Idealistisches Denken hat diesen Satz immer wieder zu seiner Rechtfertigung beansprucht. Das bisher Gesagte macht deutlich, wieso dies verfehlt ist. Gott ist
der Ganz-Andere. So sind auch Gottesgeist und Menschengeist keineswegs verwandt oder
gar gleichartig. So kann sich auch eine spiritualistische Frömmigkeit nicht auf unseren
Text berufen, denn der Geist, den das vierte Evangelium meint, ist kein freischwebender
Geist. Zwar bleibt sein Woher und Wohin geheimnisvoll (3,8), aber es ist der Geist, den
Jesus Christus selbst den Seinen mitteilt (20,22), den der Vater, wie Jesus sagt, „in
meinem Namen" sendet (14,26), ja, Jesus selber sendet ihn (15,26; 16,7), und der alles,
was er redet, von dem nimmt, was Jesus ist und hat (16,13f.). Der Geist zeugt von Jesus
(15,26). „In Wahrheit kommt im Geiste Jesus selbst zu den Seinen" (Bltm., ThNT,
§ 50,7). „Der Geist wird von mir zeugen – und ihr zeugt von mir" (15,26): der Geist wirkt
in der Verkündigung, die von Jesus spricht, ja, sein eigenes Wort ist. Und er kommt mit
dem Wasser der Taufe (3,5), aber nicht nur mit dem Wasser, sondern auch mit dem Blut
(1. Joh. 5,6f.; Joh. 6,53). Wollten wir aus unserer Perikope schließen, daß mit Jerusalem
und dem Garizim aller konkrete Gottesdienst überholt ist und unsere Beziehung zu Gott
„rein geistiger Art" sei, an nichts Greifbares gebunden, dann hätten wir das hier
Gemeinte gröblich verkannt.

Dies wird erst recht klar, wenn man daran denkt, daß die Geist-Stelle unseres Abschnittes
in das Ganze des Kapitels eingebettet ist, in dem es um das Offenbarwerden der Person
Jesu Christi geht. „Wenn du erkenntest..., wer der ist, der zu dir sagt: Gib mir zu
trinken!" (V. 10). „Bist du mehr als unser Vater Jakob?" (V. 12). Ja, gewiß, er *ist* mehr,
die Frau hat es nur noch nicht entdeckt. Jesus ist es, der das Wunderwasser geben wird
(V. 14). Er ist es – ganz allmählich enthüllt sich das Geheimnis seiner Person –, der sich
in seinem wunderbaren Wissen, das menschliche Schuld aufdeckt, als „Prophet" erweist
(V. 19). Und dann, auf dem Höhepunkt des Gesprächs, lüftet Jesus selbst das Geheimnis
seiner Person. Fragt die Frau nach dem Wissen des erwarteten Messias, so gibt er selbst
sich als dieser zu erkennen (V. 26). Und am Ende wird es zum Bekenntnis der Leute in
Sychar: „Dieser ist wahrlich der Welt Heiland" (V. 42).

So ist also nicht mehr Jerusalem oder der Garizim der Ort, an dem man Gott findet, sondern Christus. Hat Jakob Bethel als Kontaktstelle zwischen Himmel und Erde entdeckt
(Gen. 28,17): *unser* „Bethel" ist Christus, über ihm sieht man Gottes Engel auf- und
niedersteigen (1,51). Welcher Jesus nun: der Jesus der Erdentage – oder der Erhöhte? Es
könnte ja sein, wir finden im vierten Evangelium den Geist-Christus, der uns nicht nur
von den heiligen „Bergen" auf dieser Welt wegholt, sondern uns über allen irdischen
Gottesdienst hinausführt zu einer himmlischen Unmittelbarkeit, wie sie in Offb. 21,22
sich darstellt: „Ich sah keinen Tempel darin (in der himmlischen Stadt); denn der Herr,
der allmächtige Gott, ist ihr Tempel und das Lamm." Der vierte Evangelist hat ja auch
die Tempelreinigung in ihrer eschatologischen Hintergründigkeit gesehen: Jesus meinte
den Tempel seines Leibes (2,21). Sind wir schon da, wo es der irdisch-leibhaften Vermitt-
lungen gar nicht mehr bedarf und man Gott bzw. den erhöhten Christus bereits sieht,
„wie er ist" (1. Joh. 3,2)? Ist der vierte Evangelist etwa doch ein Befürworter einer enthusiastischen Gottunmittelbarkeit? Kann er – weil im Geist mit Jesus verbunden – auf den
irdischen Gottesdienst überhaupt verzichten? Braucht man nach seiner Meinung die
Gemeinde nicht? Johannes spricht nicht von der „Kirche" – übrigens: die anderen Evangelisten brauchen das Wort ebenfalls nicht, außer Matth. 16,18 und 18,17. Ist mit „Jerusalem" und dem „Garizim" das Kultische – im weiten Sinne verstanden – überhaupt überholt?

Die Antwort ergibt sich bereits aus dem bisher Gesagten. 1. Joh. 3,2 sagt es deutlich: noch
ist die eschatische Unmittelbarkeit nicht gegeben. Noch bedarf es der Vermittlung der
Christuspräsenz in den Gnadenmitteln (s. o.). Johannes denkt nicht daran, die auf Erden
befindliche Kirche durchzustreichen zugunsten einer unsichtbaren Geist-Kirche, die des
Zusammenseins der Glaubenden unter dem Wort und im Brauch der Sakramente nicht
nötig hätte. Die Apostel verkündigen, was sie gesehen und gehört haben, „auf daß auch
ihr mit uns Gemeinschaft habt", und diese Gemeinschaft unter glaubenden Menschen
lebt davon, daß sie auch Gemeinschaft mit dem Vater und dem Sohne ist (1. Joh. 1,3).
Jesu Wort will weitergesagt, bezeugt werden, nicht nur vom „Tröster", sondern auch von
den Boten Jesu (15,26f.). Es gilt, an Jesu Rede zu bleiben (8,31). Ohne Jesu Selbstmitteilung im Altarsakrament hat man das Leben nicht (6,53), so wie man ohne die Wiedergeburt aus Wasser und Geist nicht in das Reich Gottes kommen kann (3,5).

Das eben Ausgeführte wird nun noch kräftig verstärkt durch V. 22 unseres Textes. Daß er
von manchen als Glosse angesehen wird, soll uns nicht beirren; die Gründe dafür sind
unzureichend. Findet sich bei Johannes auch viel Polemik gegen „die Juden", so wird
doch die Zugehörigkeit Jesu zu seinem Volk nicht geleugnet. Daß die Seinen Jesus nicht
aufnahmen, spricht nicht dagegen, daß er seiner irdischen Herkunft nach zu ihnen gehört
(1,11). Daß einer ein waschechter Israelit ist, hindert nicht seine Zugehörigkeit zu Jesus
(1,47; vgl. auch 3,1; 7,50; 19,39). Jesus ist als ein ganzer Mensch in die Welt hineinge-

boren; das Wort wurde Fleisch. Die neue Gottesoffenbarung ereignete sich nicht durch eine unmittelbare Geisteinstrahlung von „oben", sondern durch Jesu „Kommen in diese Welt". So ereignete sie sich auch an bestimmtem Ort: eben da, wo Jesus ist. Er ist das heilige „Zelt" (1,14) und, wie wir sahen, das neue „Bethel". – Von hier aus wird deutlich, warum V. 22 in dem Gespräch mit der Frau nicht fehlen darf. Das ganze Gespräch ist auf die Enthüllung des Christusgeheimnisses angelegt. Jetzt gilt es, daß die Frau begreift: das Heil kommt tatsächlich von den Juden. Nicht so, wie es in der alten Kontroverse immer wieder behauptet worden ist: als wäre der Jerusalemer Tempelkult die Stelle, an der –und an der allein – das Heil zu finden ist. Die alte Diskussion zwischen Juden und Samaritanern darf jetzt wirklich auf sich beruhen bleiben. Auf ganz andere Weise werden die Juden auch für Samaria wichtig: aus ihnen kommt der, der „es ist" (V. 26), der einzig Kompetente, der die Wahrheit nicht nur *weiß*, sondern der sie *ist* (14,6). So, wie Jesus dem „Obersten unter den Juden" gesagt hat: „Wir reden, was wir wissen, und bezeugen, was wir gesehen haben" (denn Jesus ist vom Himmel gekommen, 3,11.13): so muß er es auch der Samariterin erklären: „Ihr wißt nicht, was ihr anbetet, wir wissen aber, was wir anbeten" (V. 22). Schon, sie haben den Pentateuch, und die Juden haben eine noch viel breitere Glaubensüberlieferung. Aber nur Jesus kennt den Vater wirklich, und mit seinem Kommen geht der Himmel auf eine ganz neue Weise auf. „Niemand kommt zum Vater denn durch mich."

Wir haben die Gebundenheit der Geisterfahrung an den vom Himmel gekommenen und Mensch gewordenen, also sichtbar, hörbar und betastbar uns begegnenden (1. Joh. 1,1ff.) Jesus Christus so ausführlich dargestellt, weil der Enthusiasmus nicht nur durch allerlei religiöse Gruppen auf uns zukommt – nach Luthers Schmalkaldischen Artikeln steckt er seit Adam im Menschen –, sondern auch die fromme Mentalität vieler Menschen unter uns bestimmt. „Anbetung in Geist und Wahrheit" – wie schön: da kann man sonntags ausschlafen. Die Entfremdung vieler vom Gottesdienst stammt aus dem Mißverstand unserer Stelle. Es ist wahr: keiner der Orte frommen Lebens in dieser Welt ist um seiner selbst willen heilig. Nicht Bethel, Gilgal, der Zion, Mekka oder einer unserer Dome bringt uns mit Gott in Kontakt. Aber das, was in den dem heiligen Geschehen geweihten Räumen sich ereignet: Selbsterschließung Gottes durch Jesus Christus im Heiligen Geist vermittels der „instrumenta", deren Gott sich bedienen will, wenn er zu uns kommt (CA V), also der Gnadenmittel. Daß wir, zu Unrecht uns auf V. 24 berufend, überhaupt keine heiligen Orte mehr kennen wollen – auch nicht in dem eben dargelegten *abgeleiteten* Sinne –, ist ein schwerer Verlust, ja eine Verirrung. Unser Umgang mit dem Kultischen sollte der in die heiligen Dinge verhüllten Präsenz des Herrn gemäß sein (Matth. 7,6). Unter uns gesagt: unsere protestantische Unerzogenheit und Hemdsärmligkeit ist ein völlig unangemessener Ausdruck der neuen Verbundenheit mit unserm Gott und Vater. Man überlese nicht, daß Jesus wiederholt das Wort προσχυνεῖν gebraucht – sicher in einem abgeblaßten Sinne, doch so, daß dabei die Ehrfurcht mitschwingt. „Derhalben beuge ich meine Knie vor dem Vater" (Eph. 3,14). Wer Gott im Geist und in der Wahrheit anbetet, ist in die himmlische Gotteswirklichkeit hineingenommen. Er wird glücklich und fröhlich darüber sein, daß das so ist, aber er wird nicht nur bedenken, sondern auch durch sein Gebaren zum Ausdruck bringen, daß er weiß, vor wem er steht.

Trinitatis. 4. Mose 6,22–27

An der Stelle, an der die Sinaierzählungen sich ihrem Abschluß nähern, sind von P gesetzliche Anweisungen verschiedener Art und verschiedenen Umfangs zusammengestellt, untereinander nicht zusammenhängend und auch mit dem Vorhergehenden und Folgenden nicht erkennbar verbunden (Kapp. 5; 6). So ist auch unser Abschnitt, der vom priesterlichen Segen handelt, in sich geschlossen. Auf P deutet die formelhafte Einführung VV. 22.23a (vgl. 1,1; 4,1; 5,14.20; 6,1.12.17), auch die Formel „Aaron und seine Söhne" als Bezeichnung der Priesterschaft. Wann Jahwe diesen Befehl gegeben, also den Segen „eingesetzt" hat, darüber findet sich kein Anhalt. Die Erteilung des Segens ist nach dem Deuteronomium (10,8; 21,5) Sache der Priester; „wenn Könige wie David (vgl. 2. Sam. 6,18; vgl. auch Salomo nach 1. Kön. 8,14.55) das Volk gesegnet haben, so nahmen sie damit priesterliche Funktion wahr" (M. Noth z. St, im ATD). Gesegnet wurde beim Betreten des Heiligtums (Ps. 118,26) oder am Schluß (2. Sam. 6,18; Lev. 9,22). Drei parallel gebaute, in schöner Steigerung sich verbreiternde Sprüche, ein jeder mit dem Jahwenamen, der in spätjüdischer Zeit im Tempel bei Spendung des Segens auch ausgesprochen werden durfte, ja sollte (Philo, Vit. Mos. 3,11; Jos. Ant. 2,12.4; b. Berakot 9,5 u. a.), die Segensformel im Jussiv (6mal), und zwar so, daß (ohne Wiederholung des Subjekts Jahwe) der zweite Jussiv als Folgerung aus dem ersten zu verstehen ist (so Noth). Der Segnende ist betontermaßen Jahwe, was in V. 27b (mit ausdrücklichem und betont vorangestelltem „ich") noch einmal besonders ausgesprochen ist (der Segen ist keine unabhängig von Gott wirkende Kraft, ist also von aller Magie weit entfernt). Das „dich" bzw. „dir" kann dem einzelnen, aber auch der ganzen Gemeinde gelten.

V. 24: „Segnen" bedeutet ursprünglich: mit Glück beschenken, also mit reichem Besitz, Wachstum, Fruchtbarkeit, Gedeihen (vgl. Gen. 1,28), also mit allen Gaben geschöpflichen Lebens. Dies gilt „nach dem ursprünglichen Verständnis für den ganzen Segensspruch" (Noth). Wie sich für christliches Verständnis die Wirkung des Segens ausweitet bzw. verwandelt, zeigt Eph. 1,3 – s. u. Segnet Gott, dann „behütet" und „bewahrt" er auch. – V. 25: Daß Jahwe sein Antlitz „zu" einem Menschen „hin" „leuchten läßt", ist der Sprache der Psalmen geläufig (31,17; 67,2; 80,4.8.20). Er verbirgt sein Angesicht nicht (Ps. 27,9; 44,25), er läßt die Menschen im Licht seines Antlitzes wandeln (Ps. 89,16), ihnen widerfährt eine Epiphanie der göttlichen Herrlichkeit (Lev. 9,23). Das „Leuchten" ist dabei mehr als eine quasi-optische Erscheinung; die Menschen erfahren ihren Gott in seiner Freundlichkeit und Güte (nicht mit finsterer Miene). „. . . und sei dir gnädig": in חנן liegt die Bedeutung des Herniedersteigens und Sich-Herabneigens, die Intensivform hat verstärkenden Sinn. – V. 26: „das Angesicht aufheben" = die Aufmerksamkeit auf jemanden richten und freundlich zu ihm hinblicken („wer einen anderen im Zorn nicht ansehen will, der ‚läßt sein Angesicht fallen'; vgl. 1. Mose 4,5.6; Jer. 3,12", Noth). „Frieden" meint, wie immer, das ganze heile Leben, die Unversehrtheit in jederlei Sinn. – V. 27: Diese „Rubrik" stellt die LXX hinter V. 23. Wir würden im Deutschen den Satz wahrscheinlich hypotaktisch gefaßt haben: Wenn sie meinen Namen auf die Israeliten legen, dann will ich selbst sie segnen. Im Namen liegt die Wirklichkeit in ihrer Eindeutigkeit bzw. Identität. Das Wort „legen" deute man möglichst realistisch: vermittels des Segens kommen Name und Wirklichkeit Gottes ganz „massiv" zur Gemeinde.

Die dreifache Gliederung des aaronitischen Segens könnte uns dazu verführen, am Trinitatisfest die drei parallelen Sätze säuberlich auf die drei Personen in der Einheit Gottes zu verteilen; man hat dies nicht selten getan. Doch dies wäre mehr oder weniger geistvolle Spielerei. Das Alte Testament kann noch nicht trinitarisch denken; wir täten mit einer solchen Aufgliederung dem Text, wie er dasteht, Gewalt. Jede der drei großen Aussagen des priesterlichen Segens meint den einen und ganzen Gott (Deut. 6,4 – das Sch'ma). Etwas anderes ist es, daß für uns, die neutestamentliche Gemeinde, Gott von Ewigkeit her der dreifaltige ist, also auch in seinem Sein und Wirken *vor* Christus, als er seiner Gemeinde noch nicht als solcher offenbar war. Indem das Neue Testament viele κύριος (= יהוה)-Stellen des Alten Testaments auf Jesus Christus bezieht, bringt es zum Ausdruck: hier haben wir es mit keinem anderen Gott zu tun als mit dem, der in Jesus Christus *unser* Gott geworden ist. Und nach Augustins Satz, daß „die Werke der Dreieinigkeit nach außen hin ungeteilt sind", wäre dann jeder einzelne der drei Sätze des aaronitischen

Segens trinitarisch zu verstehen. Also nicht: trinitarische Aufgliederung, sondern trinitarische Zusammenschau! Doch wird man, ehe man den Text in das Ganze der biblischen Botschaft einordnet und ihn im großen heilsgeschichtlichen Zusammenhang versteht, sein Eigenzeugnis sorgsam zu hören haben. Dies ist man jedem alttestamentlichen Text schuldig, auch diesem.

Gerade dann aber wird man den Text nicht zum Motto für eine dogmatische Belehrung der Gemeinde über das Wesen Gottes machen, sondern an den Sitz dieses Textes im Leben denken. Die christliche Kirche hat den aaronitischen Segen von Anfang an in ihrem Gottesdienst gehabt. Wir sprechen vom aaronitischen Segen – im Unterschied zu den mancherlei Segenswünschen und -spendungen in Israels Alltag handelt es sich hier um den Segen, der den *Gottesdienst* abschloß. Die große Opferfeier in Lev. 9 endet damit, daß Aaron die Hände aufhebt zum Volk und sie segnet (V. 22). Ein festes Stück der Liturgie im Alten Bunde (Sirach 50,21ff.). Der Segen war wortgetreu zu spenden, auch in spätjüdischer Zeit hebräisch, nicht aramäisch (b. Sota 38 ab; Sifre zu Num. 6,23). Auch die neutestamentliche Gemeinde wird diesen Segen empfangen haben. Er wird zwar im Neuen Testament nirgends zitiert – vielleicht, weil die Formel tabu war. Aber wenn es zutrifft, daß Luk. 24 als ganzes „am ersten Tag der Woche" (V. 1), also am Sonntag spielt und die urchristliche Sonntagsfeier widerspiegelt (V. 5: die Präsenz des Auferstandenen, VV. 25ff.44ff.: die Auslegung des Wortes, VV. 30.35.41–43: die Sakramentsfeier), dann zeigt sich auch darin urchristlicher Brauch, daß Jesus selbst am Schluß die Hände aufhebt und seine Jünger segnet (V. 50, vgl. noch einmal Lev. 9,22). Die Kirche schloß zu allen Zeiten ihren Gottesdienst mit dem Segen, nicht immer in der aaronitischen Form (2. Kor. 13,13; Röm. 16,24; 2. Thess. 3,18; Offb. 22,21), doch diese hat sich für den Schluß des Gottesdienstes weithin durchgesetzt.

So wird uns die Predigt über diesen Text eine willkommene Gelegenheit sein, der Gemeinde deutlich zu machen, was es mit dem gottesdienstlichen Segen auf sich hat. Der Verdacht dürfte begründet sein, daß sich die Gemeinde der Bedeutung des Segens nicht bewußt ist. Daß der Segen ein von Gott „eingesetztes" (VV. 23.27) *Gnadenmittel* ist, ist wahrhaftig der Erwähnung wert. Wir segnen nicht, weil wir dem Gottesdienst gern einen freundlichen Abschluß geben (so wie man nach einer Party die Gäste mit ein paar guten Wünschen entläßt), sondern weil Gott selbst durch den von ihm befohlenen Segen der Gemeinde sein Gutes vermitteln will. Es wird der Gemeinde gut tun, daß sie die uns nicht geläufige und darum meist nur halbverstanden perzipierte Sprache des priesterlichen Segens gedeutet bekommt; die als blaß und nichtssagend empfundene Formel will plastisch werden. Die vorzuschlagende Gliederung stellt diese Aufgabe mehr, als daß sie sie löst: *Gott legt seinen Namen auf die Gemeinde.* (1) *Im Segen wirkt Gott.* (2) *Er schafft uns sein Gutes.* (3) *Er schenkt uns seine Güte.*

I.

Segnen kann nur *einer*, Gott selbst. Im Segen wirkt *Gott*, sagen wir betont. Wir wünschen uns Gottes Segen. Aber wir könnten den Segen Gottes nicht herbeiziehen, wenn Gott nicht selbst segnen wollte. Im Segen *wirkt* Gott – sein Segen ist nicht leeres Wort. Was Gott spricht, das geschieht. So ist der Segen viel mehr als ein frommer Wunsch, mit dem wir die Gemeinde verabschieden. Er ist auch mehr als ein Gebet. Schon wahr: „auch der aaronitische Segen steht durchaus in einer Dimension des Gebets, obwohl er nicht Gebet, sondern Segen, exhibitiver Zuspruch ist" (P. Brunner, Der Segen als dogmatisches und liturgisches Problem, in: Pro ecclesia II, 1966, S. 344; den deprekativen Sinn des Segnens betont W. Schenk, Der Segen im Neuen Testament, 1968). Nicht nur frommer Wunsch

und Gebet, sondern mit exhibitiver Kraft und Effektivität? Man übersehe nicht die Jus-
sivformen, im Deutschen mit den optativ gemeinten Konjunktiven wiedergegeben. Wir
könnten Gott in der Tat seinen Segen nicht abnötigen, wir können Gott schon gar nicht
unter magischen Zwang setzen. Ein Segen, den nicht Gott spendete, sondern der seine
Kraft in sich selbst hätte: das wäre Magie. Ein Segen, der Gott selbst seiner Macht unterwerfen wollte: das wäre geradezu Magie zweiten Grades. Und doch wäre es falsch, wenn
wir sagen wollten, daß wir Gott nur um seinen Segen *bitten* können und es dann darauf
ankommen lassen müssen, ob er wirklich segnen will. Er *will* segnen. Er selbst hat, wie
dieser Text zeigt, geradezu *geboten*, daß in seinem Namen gesegnet werde. Er hat den
Segen zu einem Gnadenmittel gemacht, das die Priester zu verwalten haben. „Ihr sollt
meinen Namen auf die Kinder Israel legen, daß ich sie segne": dies ist das Befehls- und
Deutewort, das das liturgische Geschehen erst verständlich macht. – Umgekehrt gesehen:
Indem Gott segnet, wirkt er nicht seinerseits magisch auf uns ein. Segen ist zwar ein sehr
reales und machtvolles Geschehen, aber der Segen hat personalen Charakter, überrollt
uns also nicht gegen unseren Willen, sondern fordert unsere Entscheidung heraus. Man
kann es sich an Jesu Aussendungsrede verdeutlichen. Kommen die Jünger Jesu mit dem
Segenswort „Friede sei diesem Hause" (Luk. 10,5) zu den Menschen, dann kann dieser
Segen angenommen oder abgewiesen werden; wird er abgewiesen, dann verliert er nichts
an Realität, wendet sich aber zu dem Segnenden zurück, und die, denen er zugedacht war,
gehen leer aus (Matth. 10,13); sie müssen nur wissen, daß ihnen das Reich Gottes nahe
gewesen ist (Luk. 10,11). Die reale Macht des Segens und die personale Freiheit der Empfänger: beides muß zusammengedacht werden. Also auch in dieser Hinsicht: keine Magie.
Wir haben also einen merkwürdig verschränkten Sachverhalt vor uns. Wir sagen: „der
Herr segne . . .", aber Gott ist es, der uns erst zu dieser Bitte veranlaßt und ermächtigt
hat, so daß sie zwar von uns kommt, aber von dem vorausgehenden mandatum und der
promissio Gottes umgriffen ist. (Ein vergleichbarer Sachverhalt: Jesus Christus bringt sich
im Leiden und Sterben Gott dar, um zwischen Gott und der Menschheit Frieden zu
machen; aber diese Selbstdarbringung des Herrn ist von vornherein umschlossen von
dem Willen des Vaters: er ist es, der in Christus die Welt mit sich selbst versöhnt hat.)
Im Segen wirkt *Gott.* Rabbinische Theologie hat diesem Tatbestand viel nachgedacht,
und wir sollten dahinter nicht zurückbleiben. Der Raschi-Kommentar zu den fünf
Büchern Mose (ed. Julius Dessauer, Budapest 1887, S. 374) sagt: „Wer zu den Priestern
aufblickt, während sie den göttlichen Segen sprechen (statt vielmehr sein Herz zu Gott
selbst zu erheben), dessen Augen sind trübe." Also kommt auf das Segnen der ordinierten
Amtsträger nichts an? „In der Stunde, da Gott dem Aaron und seinen Söhnen befahl: so
sollt ihr segnen – da sprachen die Israeliten vor Gott: Herr der Welten, weshalb trägst du
den Priestern auf, daß sie uns segnen? Wir bedürfen nur *deiner* Segnungen, um gesegnet
aus deinem Munde zu sein . . . Gott antwortete ihnen: Obgleich ich den Priestern befohlen habe, daß sie euch segnen, so stehe ich selbst bei ihnen und segne euch. Deshalb brei-
ten die Priester die Hände aus, um anzudeuten: Gott steht hinter uns" (Numeri rabba zu
6,23). „Darum heißt es: Ich will sie segnen. Das bedeutet, daß die Priester nicht etwa
sagen sollen: *Wir* segnen die Israeliten. Darum heißt es: *Ich* will sie segnen" (ebd. zu
6,27). Oder noch einmal Raschi zu Num. 6,27: „Ich, spricht Jahwe, werde in den Priester-
segen *einstimmen.*"
Was sich im Segnen ereignet, kommt nun auch schön zum Ausdruck in der Wendung:
„meinen Namen auf die Israeliten legen". Was die Bibel mit dem Gebrauch des Wortes
„Name" meint, bedürfte eigentlich genauerer Darstellung. Name war den biblischen
Menschen nicht Schall und Rauch. An eine anonyme göttliche Macht, mag man auch
von ihrer Realität und Wirksamkeit überzeugt sein, kann man nicht glauben, sie kann

man nicht anrufen. Ein Gottesbild, auf das hin man seine Gedanken richten konnte, gab es nicht, durfte es nicht geben. So war es denn von größter Bedeutung, daß Jahwe seinen *Namen* Israel anvertraut und sich damit anrufbar gemacht hatte. Im Namen liegt die Identität. Der Name verbürgt die Treue. Im Namen macht Gott sich offenbar. Wer betet, ruft nun nicht mehr ins Unbestimmte oder Leere hinaus; er wendet sich an den Gott, den man kennen kann. Alles, was dieser namentlich bekannte Gott seinem Volk bisher gesagt, getan und gegeben hat, ist jetzt, da man ihn anruft, virtuell präsent. So wird Gott „im Namen Jahwes" angerufen, also unter Berufung auf sein Offenbarungshandeln, in dem Gott seinem Volk entgegengekommen ist und sich ihm aufgeschlossen hat. Es ist nur ein kleiner Schritt bis zum Beten „im Namen Jesu". Hier, in Jesus Christus, ist Gott uns erschlossen; im Bereich seiner Gegenwart befinden wir uns, wenn wir Gott anrufen. – Noch einen Schritt näher an unseren Text heran: Das Deuteronomium spricht gern davon, daß Jahwe sich den „Ort" wählt, da er seinen Namen „hinlegt" (12,5.21; 14,24 u. ö.). „Jahwe selbst ist im Himmel (Deut. 26,15), sein Name – beinahe dinglich fixierbar – ,wohnt' am Kultort schon fast wie ein Wesen für sich" (von Rad, ThAT I, S. 186). So wie Gott seinen Namen im Heiligtum „lokalisiert" (שׂום – dasselbe Wort auch hier), so soll dies nun beim Segnen innerhalb der Gemeinde geschehen: der Name Gottes wird auf sie „gelegt". Es würde nicht viel Sinn und Verständnis für die Sachverhalte unseres Glaubens verraten, wollten wir dies alles, kaum ausgesprochen, sofort spiritualistisch verflüchtigen. Natürlich darf man sich die Anwesenheit Gottes nicht materiell vorstellen – das wäre mythologische und damit zugleich natürliche Theologie; nur: natürliche Theologie läge auch dann vor, wenn wir die Anwesenheit Gottes „geistig" und „gedanklich" verstünden. Gott ist der Ganz-Andere. Seine Sache ist es, sich zu vergegenwärtigen und sich in der Offenbarung an Irdisches zu binden.

So gibt Gott seinem Segen Kraft. Hat er ihn erteilt, so nimmt er ihn nicht zurück (was Luther in der Genesisvorlesung am Isaakssegen, Gen. 27, eindrucksvoll verdeutlicht hat). „Was du, Herr, segnest, das ist gesegnet ewiglich" (1. Chron. 17,27). Gottes Wort tut, was es sagt. Es hat Kraft in sich. Es kann „herausreißen und einreißen, zerstören und verderben", und es kann auch „bauen und pflanzen" (Jer. 1,10). Im Segen will Gott bauen und pflanzen.

2.

Im Segen schafft er uns sein Gutes. Wir haben ein umfassendes Wort gewählt, denn der Segen hat tatsächlich vielfältige und umfassende Wirkung. Dem haben wir jetzt nachzudenken.

Daß wir das Wort „schaffen" gebrauchen, will sagen, daß der Segen, wie überhaupt das Wort Gottes, eine schöpferische Wirkung hat; davon war schon die Rede. Verlassen wir gesegnet den Gottesdienst, dann meinen wir nicht nur, daß das, was da passiert ist, uns wohlgetan und uns weitergebracht hat. Der Name unseres Gottes „liegt" auf uns. Gott will in unserm Leben Gutes wirken. Mit dieser Zuversicht dürfen wir gehen. In dem Wort „Gutes" fassen wir die Wirkungen des Segnens, des Bewahrens und des Heil-Schaffens zusammen.

Daß das Wort „segnen" die Gewährung aller guten Gaben geschöpflichen Lebens meint, haben wir schon eingangs festgestellt. Das Alte Testament denkt an Fruchtbarkeit und Gedeihen, Wohlstand und Glück, Gesundheit und Wohlbefinden. Es denkt ausgesprochen weltoffen und weltfreudig. An Jesus kann man sehen, daß scharfe Weltkritik und gespannte Zukunftshoffnung einerseits und die aus dem Alten Testament kommende Weltfreudigkeit andererseits sich sehr wohl miteinander vertragen. Der Schöpfer *will* seine Welt, und er *liebt* sie. Er möchte, daß seine Menschenkinder glücklich sind. Wer dankt, gibt zu erkennen, daß er das Gute in seinem Leben wahrgenommen hat (versteht sich nicht von selbst) und daß er weiß, wem er es verdankt. Was der Dankende im Rückblick vor Gott bringt, darf der Gesegnete im Vorblick als von Gott ihm zugedacht und zugesprochen erwarten. Gott will Gutes und Erfreuliches wirken. Er bejaht unser Leben – wie sollten wir es nicht ebenfalls bejahen? Wir sollten, wenn wir gesegnet sind, auch mit entsprechenden Erwartungen in die Zukunft hineingehen. Oft läßt unser verhangener Blick uns gar nicht sehen, was Gott tatsächlich für uns bereithält. Unser Sauersehen widerspricht dem Segen, den Gott uns mitgegeben hat. Er schenkt – und wir nehmen's nicht an. Er öffnet seine Hand – und wir merken es oft gar nicht. Segen will angenommen sein. Wir haben einen freigebigen, auf unser Wohl bedachten Gott.

Während das Wort „segnen" von dem redet, was Gott in unser Leben hineinschenkt, geht es bei „behüten" darum, daß er Störendes und Gefahrbringendes ausschaltet. Ich brauche nicht mit Angst in meinen Tag zu gehen. „Der dich behütet, schläft nicht" (Ps. 121,3). Mit meiner falschen Angst habe ich schon manches Mißliche provoziert, das mir gar nicht zugedacht war. Habe ich Gottes Behüten ausgeschlagen, ihm in meinem Unglauben entgegengearbeitet? „Behüten" meint auch soviel wie „bewahren", „schützend umgeben", „Geborgenheit schaffen". Nehme ich es wahr, daß Gott mir dies alles gewährt? Wir registrieren meist die Fälle, in denen uns – oder anderen – etwas „zugestoßen" ist. Daß Gott immerzu Leben erhält, vor dem Untergang bewahrt, in seine schützenden Hände nimmt, das merken wir meist nicht, weil wir's für normal halten, also nicht der Rede wert. Gott will in der Tat mein Leben bewahren! „Allem Unfall will er wehren, kein Leid soll uns widerfahren." Gott behütet.

Und er schafft „Heil", also Frieden, geordnete Verhältnisse, unversehrtes Miteinander der Geschöpfe Gottes, besonders der Menschen. Gott will nicht, daß wir einander das Leben zur Hölle machen. Er tut alles, damit es nicht dazu komme. Leider nehmen wir auch hier sein Segnen oft nicht an. Auch hier gilt, daß Gott das Heile will, das Gesunde, das Geordnete, den Frieden, die Freundschaft der Völker und der einzelnen Gruppen und Familien in ihnen. Er gibt, indem er seinen Namen auf uns legt, auch hier sein Gutes in unser Leben hinein. Wo sein Name ist und geehrt wird, da ist man nicht gegeneinander, da zerstört man nicht eigenes und fremdes Leben, da sät man nicht Mißtrauen und Haß, da hat man Ehrfurcht vor dem Leben und vor dem, was es erhält und gedeihen läßt. Ja, da macht Gott sogar die Feinde mit uns zufrieden (Spr. 16,7). Was immer in der Welt passiert: Gott will unser aller Bestes, und er wünscht nichts mehr als dies, daß wir seine Heils- und Friedensabsichten mit aller Konsequenz nicht nur für uns selbst annehmen, sondern auch in die Welt hineintragen. Das Eintreten für den Frieden in der Welt – im nächstliegenden wie im hintergründigen Sinne – ergibt sich folgerichtig aus dem Empfang des Segens.

Uns wird es zu schaffen machen, daß das, was uns im Segen zugesprochen wird, nicht mit der realen Welterfahrung zusammenstimmt. Ist Gott gegen uns so gut gesinnt, so muß er doch von seinem himmlischen Stellwerk aus die Weichen und Signale sorgfältiger betätigen! Wir brauchten uns diesen Einwand nicht zu machen, wenn er nicht im Denken vieler Menschen, auch der Christen, immer wieder auftauchte. Nicht von ungefähr haben wir soeben ein technisches Gleichnis verwandt; im Denken unseres Zeitalters wird Gott – wenn man ihn überhaupt gelten läßt – als der große Welt-Ingenieur und – man verzeihe den Ausdruck – Ober-Knopf-Drücker angesehen, der für die störungsfreie Funktion aller Weltvorgänge verantwortlich ist. Daran dürfte nicht gerade alles falsch sein, aber im Entscheidenden ist es ein Irrtum. Gott ist Schöpfer, Herr und Vater; damit sind wir auf einer ganz anderen Ebene. Und es darf nicht vergessen werden, daß Gott mit seinem Willen

zum Guten auf den Widerstand seiner aufrührerischen Geschöpfe stößt und diesen guten
Willen oft nur *gegen* sie durchsetzen kann. Natürlich kann man fragen, wieso der, der die
große Weltmaschine konstruiert hat und sie nun bedient und wartet, es überhaupt zur
Sünde hat kommen lassen können. Nur hätte man mit dieser Frage wiederum die Ebene
des Personalen verlassen, vielleicht geleugnet. Wer Liebe will, muß Freiheit geben – mit
allem Risiko. Leider hat die geschaffene Welt diese Freiheit ausgenutzt zum Aufstand
gegen ihren Gott. So kommt Gott mit seinem Wort, seinen Sakramenten und auch mit
seinem Segen in eine gegen ihn anrennende Welt hinein. Er wirkt nicht in den leeren
Raum. Er segnet *Sünder*. Sein Segen begleitet Menschen in die Welt, die wiederum die
Welt in ihrem post-adamitischen Zustand erfahren. Man könnte sagen: der Segen hat
Kampfcharakter – wie Gottes Wort überhaupt. Er trifft auf den Gegendruck des Zerstörerischen. Man kann es sich leicht verdeutlichen, wenn man an das letzte Wort des
Segens denkt: „Frieden“. Der Friede kommt nicht von allein; er muß gegen den Krieg
und gegen alle Heillosigkeit erstritten werden. Gott kämpft gegen das Feindliche und Ver-
nichtende, indem er – *segnet*. Die Sünde vernichtet er mit seinen Wohltaten. „Segnet, die
euch fluchen!“, sagt Jesus, „auf daß ihr Kinder seid eures Vaters im Himmel“, der es
nämlich ebenso macht, wie Jesus es von uns erwartet (Matth. 5,44f.48). Es steckt soviel
„Evangelium“ in dem aaronitischen Segen, daß es wahrhaftig nicht weit ist zu neutestamentlichen, d. h. aber: zu trinitarischem Denken. Auch darin, daß der Segen – über den
Horizont alttestamentlichen Denkens hinaus – eschatologischen Sinn gewinnt: Gott, der
Vater unseres Herrn Jesu Christi, „hat uns gesegnet mit allerlei geistlichem Segen in
himmlischen Gütern durch Christus“ (Eph. 1,3). Also doch: Preisgabe der Welt? Zurück-
nahme der Weltfreudigkeit alttestamentlichen Denkens? Nein: Erlösung begreift die
Schöpfung ein. Gott will den neuen Himmel und die neue Erde. Und sein Segen würde
mich auch dann begleiten, wenn sich herausstellt, daß es doch Krebs ist; er würde auch
dann gültig und kräftig sein, wenn Gott mich bei der Hand nimmt und mich auf den letzten Weg in dieser Welt führt. Was auch immer komme: Gott schafft uns, indem er uns
segnet, sein Gutes.

3.

Daß wir nach Gottes „Gutem“ nun auch von Gottes „Güte“ sprechen, ergibt sich aus
dem, was der Segen über sein „Angesicht“ sagt. Der Text redet nicht nur von dem, was
von Gott *kommt*, sondern auch von *Gott selbst*.
Der Text spricht „unbefangen anthropomorphisierend“ (Noth). Mag sein, daß hinter
dieser Redeweise noch die Erinnerung an eine Gottesmaske steht, die im Kult den Menschen gezeigt wurde und die man dem wandernden Volk vorantrug (von Rad, ThAT I,
S. 284). Doch dergleichen ist längst vorbei. „Du sollst dir kein Bildnis machen.“ So wird
bei den פנים Gottes auch nicht an Stirn, Augen, Nase, Mund und Kinn gedacht sein, sondern an Gott als „Person“. Freilich, auch hier stocken wir. Man hat darauf hingewiesen,
daß, wer „Person“ sagt, immer auch eine bestimmte Prägung und damit Begrenzung
meint, wie sie für die menschliche Person wesentlich ist, jedoch nicht ohne weiteres auf
Gott übertragen werden kann. Richtig: *nichts*, was wir aufgrund menschlicher Vorstellungen und mit unseren Sprachmitteln über Gott aussagen, ist der Wirklichkeit Gottes
vollkommen angemessen. Dennoch hat es Sinn, von Gottes „Angesicht“ zu sprechen.
Gott ist eben nicht das (!) Unbestimmte und Nebelhafte, so daß man der Wahrheit am
nächsten wäre, wenn man über ihn nur schwiege. Indem er uns als sein Ebenbild geschaffen hat, hat er uns auch ein Recht gegeben, über ihn – wohl wissend, daß es sich nur um
inadäquate Rede handeln kann – auch so zu sprechen, wie es sich daraus ergibt, daß wir

sein Gegenüber sind, also mit ihm Gemeinschaft haben können. Und von „Prägung" zu reden – wiederum in solchem kritischen Wissen – würde ich mich nicht scheuen. Hat Gott sich mit seinem Wort gebunden und festgelegt, „definiert" er sich also selbst, indem er sich offenbart: dann ist seine Wahrheit jedenfalls nicht damit erfaßt, daß wir ihm nur die Unendlichkeit des Möglichen zuschreiben, sondern ihn so ansprechen, wie er sich *gibt*. Daß wir mit dem allem – nicht nur innertrinitarisch, sondern auch offenbarungs-theologisch – beim Proprium dieses Tages sind, ist nicht schwer zu sehen.

Haben wir es mit einem Menschen zu tun, dann erkennen wir ihn zumeist nicht an seiner Körpergestalt, sondern an seinem „Angesicht", an den seine Person kennzeichnenden Gesichtszügen. Und nicht nur dies: an der Art, wie er uns anschaut – leeren Gesichts oder offen und aufnahmebereit, verbissen und stumpf oder uns freundlich zugewandt, vergrämt oder fröhlich (usw.) –, erkennen wir, was wir von ihm zu erwarten haben. Aus dem Angesicht, besonders aus den Augen, spricht das Herz.

Von da aus sollten wir verstehen, was der Segen über das uns „leuchtende" und auf uns „erhobene" Angesicht Gottes sagt. „Jahwe lasse sein Angesicht leuchten – zu dir hin": dabei kann zunächst an die Epiphanie Gottes gedacht sein. In Lev. 9,23 sehen wir, wie nach der Spendung des Segens Gott selbst erfahren wird: „Da erschien die Herrlichkeit des Herrn allem Volk." Der ganze Gottesdienst ist durch die Gegenwart Gottes gekennzeichnet. Aber Gott hat verschiedene Weisen sich zu geben. Im Segen will er „auf uns hin" aufleuchten; wir sollen wissen: wir haben ihn bei uns. – Man kann aber auch – und das eine schließt das andere nicht aus – daran denken, daß „das ‚strahlende Antlitz'" „ein naheliegendes Bild (ist) für Wohlwollen und Gunst" (Noth). „Strahlt" ein Mensch uns „an", dann erkennen wir daraus, wie er es mit uns meint. Wir haben nicht einen Gott, der uns wie aus versteinerter Maske anstarrt, sondern einen solchen, dessen Züge aufgehellt sind, wenn er sich segnend uns zuwendet. Empfangen wir den Segen, dann sollten wir an Gottes gütiges, väterliches Angesicht denken. Gott schaut „gnädig" auf uns herab, neigt sich uns zu.

„Erhebt" Gott sein Angesicht auf uns, dann wendet er uns die Aufmerksamkeit seiner Liebe zu. (Wir sahen: Kains „nach unten gefallener" Blick wäre das Gegenteil davon.) Darin liegt: Du bist mir wichtig, ich suche die Verbindung mit dir, ich laß dich nicht aus den Augen. Es könnte sein, daß der mit uns gehende Blick Gottes uns stört; vielleicht wären wir manchmal ganz gern mit uns selbst allein. Aber wenn es der Blick des Gottes ist, der „Frieden" gibt, dann kann uns nichts Besseres geschehen. Als Gesegnete gehen wir anders weg, als wir gekommen sind. Gott schenkt uns seine Güte.

Wir spenden den Segen mit dem Zeichen des Kreuzes. So, wie wir jeden Psalm, den wir beten, mit dem „Gloria patri" der neutestamentlichen Gotteserfahrung assimilieren, so wird der Segen durch das Kreuzeszeichen ausgewiesen als der Segen des dreieinigen Gottes. Jede seiner Aussagen ist mit dem „gefüllt", was uns von Gott, dem Schöpfer, von Jesus Christus, seinem Sohn, und vom Heiligen Geist geschenkt ist. Das „Gute" Gottes entfaltet sich trinitarisch. Die „Güte" Gottes wendet sich uns – freundlich-leuchtend und gemeinschaft-stiftend – auf dreifache Weise zu; *jeder* der drei Segenssätze will trinitarisch verstanden sein. Wir sahen schon: anders als trinitarisch könnten wir zu keinem das Amen sagen.

1. Sonntag nach Trinitatis. Matth. 9,35–38; 10,1(2–4)5–7

Die Perikope umfaßt im wesentlichen die „zwiefach gegliederte Einleitung" (Grdm.) zur Aussendungsrede, deren erster, entscheidender Satz noch einbezogen ist. Die Auslassung des Apostelkatalogs ist vertretbar, sofern damit nicht dem modischen Irrtum Vorschub geleistet wird, es seien gar nicht bestimmte Personen, denen Jesus den apostolischen Auftrag erteilt. Daß die Perikope die Kapitelgrenze übergreift, ist textgemäß. Sowohl Markus (6,6b–13 / Luk. 9,1–6) als auch Q (Luk. 10,1–20) wissen von der Aussendung. „Es gibt keinen Grund", dieser Überlieferung „zu mißtrauen" (Schnwd.). 1. Kor. 9,14 hinge in der Luft, wenn Jesus nicht tatsächlich seine Leute ausgesandt hätte. Man muß nur bedenken, daß Matthäus in Kap. 10 den Text angereichert hat; was er als Dienstanweisung für eine bestimmte Stunde mitteilt, greift über die konkrete Aktion hinaus.

Das Summarium V. 35 nimmt fast wörtlich 4,23 auf. Ein Teil der Überlieferung, darunter die ursprüngliche Fassung von א, fügt hinzu: „im Volke, und sie (oder viele) folgten ihm nach"; dies wohl, um die Menschen auf die Bühne zu bringen, die in V. 36 beschrieben sind: Jesus erbarmt sich ihrer ($\dot{\varepsilon}\sigma\pi\lambda\alpha\gamma\chi\nu\dot{\iota}\sigma\vartheta\eta$ = „es ging ihm durch und durch"). Die ganze Aussendung ist von daher begründet (bei Markus – 6,34 – löst das Erbarmen nur „eine lange Predigt" aus). Das Volk ist eine abgehetzte, mißhandelte Herde ($\sigma\varkappa\dot{\upsilon}\lambda\lambda\varepsilon\iota\nu$ = ermüden, plagen, belästigen), die erschöpft niederfällt ($\dot{\rho}\dot{\iota}\pi\tau\varepsilon\iota\nu$ = werfen, zu Boden werfen). Herde ist Bild für das Volk; Hirt bezeichnet den, der es fürsorglich regiert. – VV. 37f.: Das Wort von der Ernte und den Arbeitern mag Umbildung eines profanen Sprichwortes sein (Bltm., GsTr., S. 103), dessen ursprünglichen Sinn wir nicht mehr wissen. Schniewind legt Wert darauf, daß der Übergang von V. 36 zu VV. 37f. gewollt sei: „gerade weil die Not so groß ist, ist das Feld zur Ernte reif" (z. St.). Ernte ist sonst stehendes Bild für das Jüngste Gericht (Jes. 9,2f.; 27,12; Hos. 6,11; Joel 4,13; Matth. 3,12; 13,8.39f. u. ö.), kann aber auch das Einbringen von Menschen in Gottes Reich meinen (Joh. 4,35). Nach 13,41 besorgen Engel die Ernte; hier werden *Menschen* gesucht. „Jesus befiehlt nicht: ‚seid Arbeiter Gottes', sondern er befiehlt seinen Jüngern zu *beten*", denn „nicht der Mensch kann das notwendige Neue schaffen; Gott allein erwählt sich seine Boten" (Ed. Schweizer im NTD).

Kap. 10: V. 1: Hier erstmalig die Zwölf. (Mark. 3,14: $\dot{\varepsilon}\pi o\dot{\iota}\eta\sigma\varepsilon\nu$ $\delta\dot{\omega}\delta\varepsilon\varkappa\alpha$ entspricht semitischem Sprachgebrauch, vgl. 1. Sam. 12,6; 1. Kön. 12,31.) Ob der Zwölferkreis erst nach Ostern entstanden ist, darüber s. u. Die Jünger, die Jesus sich berufen hat, werden nun zu Aposteln (vgl. 4,18–22; 9,9f.). Jesus gibt ihnen „Vollmacht", d. h. er autorisiert sie, erteilt ihnen eine Befugnis, die sie sonst nicht hätten. Die Aussendung ist ein Kampfunternehmen gegen „unreine Geister", Krankheiten und Schwachheiten. Ein Teil der Überlieferung erweitert ähnlich wie am Ende von V. 35 („im Volke"); die Parallele zwischen Jesu Werk und dem der Jünger ist gewollt. – V. 2: Die Apostellisten (vgl. die Stellen am Nestle-Rand) stimmen in elf der zwölf Namen überein (J. Jeremias meint, der andere Judas, der Sohn des Jakobus, habe nach dem Verrat des „Iskariotes" den Beinamen Taddai (Taddäus) zum Rufnamen gemacht; damit wäre der Unterschied der Listen behoben. Petrus, wie immer, an der Spitze. Die Apostel werden paarweise genannt; nach Luk. 10,1 und Mark. 6,7 hat Jesus sie zu zweit ausgesandt (bei Markus heißt es: $\delta\dot{\upsilon}o$ $\delta\dot{\upsilon}o$ – wieder ein Semitismus, שְׁנַיִם שְׁנַיִם). Daß es einer von den Zwölfen ist, der Jesus verriet, hat die Überlieferung nachdrücklich festgehalten (Mark. 14,10.20.43 Parr; Joh. 6,71). – V. 5: Aus aramäischem Sprachgebrauch ergibt sich, daß „auf den Weg" soviel heißt wie: „in Richtung auf" und artikelloses „Stadt" soviel wie „Provinz". Das Wirkungsgebiet wird also begrenzt. Man kann daran denken, daß Jesus die Gewinnung der Fernstehenden von der Völkerwallfahrt zum Zion erwartet (vgl. 8,11f.). Oder hat man anzunehmen, daß Jesus (bzw. seine judenchristliche Gemeinde?) zunächst eng partikularistisch gedacht hat und erst allmählich überwunden wurde (15,21ff.)? Oder hat die Begrenzung lediglich taktischen Sinn: zuerst das Nächstliegende und dann weiter? Oder bedurfte es für den Universalismus erst der Auferstehung? Für die Predigt kann diese Problematik diesmal auf sich beruhen. – V. 7: Es wird zu bedenken sein, wieso die Predigt vom Reich Abhilfe ist für die in 9,36 gesehene Not.

Zwölf Jünger werden zu Aposteln. D. h. Nachfolger und Schüler werden zu bevollmächtigten Sendboten. Darin liegen Aussagen über das Geschehen, das mit der Aussendung in Gang kommt, und über die Menschen, deren Jesus sich dafür bedient. Beides wird auch für die Predigt ins Auge zu fassen sein.

Was auf das erste der beiden gleichlautenden Summarien folgte (4,23), war das Wirken Jesu in Wort und Tat (5,1 bis 9,34). Mit der Aussendung vervielfältigt sich Jesu Tun im Tun seiner Jünger. Auch hier: Wort und Tat. (Daß das Perikopenende die VV. 7 und 8 voneinander trennt, ist ein Kunstfehler.) Wir sagen übrigens nicht, Jesus delegiere jetzt sein Wirken an seine Apostel. Was sie tun werden, bleibt sein Werk. Die Ernte ist *Gottes*

Ernte (9,38). An der Stellung zu Jesus wird sich das ewige Geschick der Betroffenen entscheiden (10,32f.). Wer die Sendboten aufnimmt, nimmt Jesus auf – und seinen Vater; was den Jüngern widerfährt, widerfährt ihnen in ihrer Eigenschaft als Boten des Auftraggebers (10,40–42). So ist es kein Zufall, daß die Botschaft der Apostel keine andere ist als die ihres Herrn (4,17; 10,7). Spiegelt sich in manchem Satz von Kap. 10 die nachösterliche Situation der Jüngerschaft wider, dann deshalb, weil diese Sendung zwar – als erste – in die Geschichte der Erdenwirksamkeit Jesu hineingehört (dazu s. o.), sich aber im apostolischen Dienst der Kirche fortsetzt, bis in unsere Tage. Was sich in der Situation des Textes zuträgt, das kennzeichnet – trotz der inzwischen stark veränderten Verhältnisse – auch unser Sein und Wirken als Kirche Jesu Christi.

Geht die Sendung der Zwölf bis in Jesu Erdentage zurück? Nach der (von Schleiermacher inspirierten) Wellhausenschen These ist, was Matthäus von der Berufung und Sendung der Zwölf erzählt, eine „Prolepse"; Jesus habe seine μαϑηταί weder geschult noch sie als ἀπόστολοι gesandt, sie seien nur die Repräsentanten der ältesten nachösterlichen Gemeinde. Die These hat immer wieder Befürworter gefunden, z. B. Bultmann (ThNT §§ 6,1; 8,4), G. Klein (Die zwölf Apostel, 1961), W. Schmithals (Das kirchliche Apostelamt, 1961). Andere urteilen anders, z. B. G. Bornkamm (Jesus von Nazareth, 1956), J. Jeremias (Ntl. Th. 1, S. 224), W. Grundmann (Die Geschichte Jesu Christi, 1957, bes. S. 235), W. Trilling (Zur Entstehung des Zwölferkreises, in: Die Kirche des Anfangs, Festschrift für Schürmann, 1977, S. 201ff.). Daß der Auferstandene nach Kephas „den Zwölfen" erschienen ist, sagt die alte (im Kern aramäisch anmutende) Bekenntnisformel; „zwölf" ist so formelhaft, daß das Fehlen des Judas vernachlässigt wird. Judas ist „einer der Zwölf" (Mark. 3,14.16; 14,10) – ein für die nachösterliche Gemeinde offenbar schwerverdauliches Faktum, zumal das anerkannt alte – in der sonstigen Überlieferung nirgends anklingende – Jesuslogion 19,28 (Luk. 22,30) auch über Judas gesprochen wurde; in den Apostellisten wird Judas regelmäßig als der „Auslieferer" besonders gekennzeichnet (Apg. 1,13 ist er natürlich nicht dabei). (Daß es Mark. 3,14.16 einmal „zwölf", das andere Mal „die Zwölf" heißt, erklärt sich wieder aus semitischem Sprachgebrauch, wo beides gleich lautet: וַיַּעַשׂ שְׁנֵים עָשָׂר אִישׁ.) – Daß es sich um *zwölf* Jünger handelt – es gibt, wie wir wissen, in der Leitung der Gemeinde auch einen Dreierkreis –, enthält eine programmatische Aussage von nicht zu unterschätzender Bedeutung: die zwölf Boten sind zu den zwölf Stämmen gesandt, zum gesamten Israel. Da seit 722 v. Chr. zehn Stämme untergegangen sind, liegt in der Berufung der Zwölf das Bekenntnis Jesu zur Wiederherstellung des gesamten Gottesvolkes (vgl. uns. Ausl. zu Jes. 44,1–5, Pfingsten I, und Stellen wie Hes. 37 und Jer. 30f.). „Die Auswahl der Zwölf aus dem Kreise der Jünger ist Jesu eigenes Werk, und Markus bezeichnet sie mit Recht als Jesu Schöpfung" (Grdm., a. a. O., S. 235).

So kommt es zum apostolischen Dienst: (1) *sehen,* (2) *flehen,* (3) *gehen* – oder für diejenigen, denen (verständlicherweise) der Gleichklang und das ältliche Wort „flehen" nicht zusagt: (1) *Erbarmen,* (2) *Gebet,* (3) *Auftrag.*

I.

Der erste Vers des Abschnitts zeigt Jesus selbst am Werk, summarisch nur, so daß das Vorangehende zusammengefaßt wird. Nur ein Rückblick? Nur eine schriftstellerische Überleitung? Alles, was im folgenden zu sagen sein wird, gründet in dem V. 35 beschriebenen Tun Jesu, noch mehr: was folgt, bleibt Jesu eigenes Tun, auch wenn es durch Menschen geschieht. Jesus selbst will umhergehen in allen Städten und Dörfern, will in den Synagogen, nicht minder in den Kirchen und Versammlungsstätten der christlichen Gemeinden lehren („wer euch hört, der hört mich", Luk. 10,16) und alle Krankheit und

Gebrechen heilen. Wenn man das nicht scharf im Blick hat, versteht man überhaupt nicht, was apostolischer Dienst, also Handeln im Amt der Kirche ist. Keiner von uns kann je das handelnde Subjekt, jeder kann nur Werkzeug, also ausführendes Organ sein. „Wir sind (nur) Gottes Mitarbeiter; ihr seid *Gottes* Ackerfeld und *Gottes* Bau" (1. Kor. 3,9). „So sind wir (nur) Botschafter an Christi Statt, denn *Gott* vermahnt durch uns" (2. Kor. 5,20).

Die Einsetzung des – im Amt der Kirche sich fortsetzenden – apostolischen Dienstes ist motiviert durch Jesu Erbarmen, und dieses Erbarmen ist wiederum ausgelöst durch sein Sehen. Die Menschen, die Jesus vor sich sieht, bedeuten eine Herausforderung seines Erbarmens. Noch heute tut der Pfarrer seinen Dienst, weil er es weiß und in zahllosen Fällen seines seelsorgerlichen Wirkens erfährt: die Menschen brauchen's.

Ist auf die, mit denen wir es heute zu tun haben, die Diagnose von V. 36 anzuwenden? Wir werden uns des Unterschieds der Situation bewußt sein müssen. Jesus, selbst ein Mensch in allerbescheidensten Lebensverhältnissen, hatte den Blick für das Los der Ärmsten, der Verachteten, Ausgestoßenen und Hoffnungslosen. Er findet sie „abgerackert" und „erschöpft am Boden liegend" – Menschen, die nicht mehr können! Das mag im nächstliegenden Sinne gelten, aber man kann es sich auch im übertragenen Sinne deuten. Man hat also an die äußere Lage zu denken: den ganzen Tag hart schuften, beengt und armselig hausen, Ernährung und Kleidung hart am Minimum, keine Aussicht auf ein menschenwürdiges Dasein. Dazu die zwischenmenschlichen Probleme. Not macht verdrossen und bitter. Wo nur Jammer und Klage ist, haben's die Menschen schwer miteinander. Die Vergeblichkeit der täglichen Mühen drückt nieder. Es sammelt sich ein Groll gegen die Menschen, gegen die ganze Welt, gegen Gott. Das Klassenschicksal hat auch religiöse Folgen; wer in der Beachtung des Gesetzes nicht mithalten kann, hat nicht nur bei den anerkannten Frommen, sondern angeblich auch bei Gott nichts zu suchen und zu hoffen. Um solche Menschen kümmert sich keiner – Schafe ohne Hirten. – Es gibt leider nicht wenige Gebiete der Erde, in denen Vergleichbares anzutreffen ist. Wir dürfen darüber nicht ruhig werden. Es ist ein bedrückendes Symptom für den *status corruptionis* der Welt, daß die hoch-intelligente, zu atemberaubenden technischen Bravourleistungen fähige Menschheit an diesen Problemen noch immer scheitert. Dabei haben wir es inzwischen besser gelernt, als frühere Generationen es wissen konnten, daß das Elend der Menschheit nicht durch sporadische Aktionen barmherziger Liebe zu beheben ist, vielmehr gesellschaftlicher Natur ist und darum auch nur umfassend, d. h. aber: durch grundlegende Veränderungen in der Gesellschaft angegangen werden kann. Jedoch sind das Fragen der weltlichen Ordnungen, in denen Jesus dem Kaiser gab, was des Kaisers ist, in unsere Sprache und in moderne Verhältnisse umgedacht: den tragenden Kräften der Geschichte in Staat und Gesellschaft zugestand – und auch überließ –, was ihnen zukam und zukommt. Bis zum Jüngsten Tage wird Jesu Gemeinde in dieser Welt leben und an ihrem Geschehen mitverantwortlich teilhaben – so aber, daß weltliche Dinge (in der Verantwortung vor Gott!) *weltlich* anzupacken sind. Es muß uns auffallen, daß das, was Jesus hier in Gang bringt, indem er selber wirkt und seine Boten sendet, sich in ganz anderen, nämlich in eschatologischen Dimensionen abspielt: Verkündigt Gottes Reich – besiegt die finsteren Geister der Zerstörung. Die Menschen, deren Los das Erbarmen Jesu provoziert, brauchen sicher auch Hilfe in ihrem materiellen und gesellschaftlichen Dasein, aber Jesus denkt noch weiter und umfassender: Alle Fragen, die wir uns im Blick auf äußere Schicksale der Menschen stellen müssen, sind (nicht etwa abgeblendet, aber) überholt durch eine radikalere Schau hinsichtlich dessen, was sich zwischen Gott und den Menschen abgespielt hat und abspielen wird. „Das Himmelreich ist nahe herbeigekommen" (V. 7).

Unsere Lage unterscheidet sich von der der hier gemeinten ὄχλοι erheblich. Das liegt so
auf der Hand, daß es hier nicht ausgeführt zu werden braucht. Daß sich die im Text angesprochene Schau des Menschen und damit der apostolische Dienst erledigt hätten, wird
man nicht behaupten. Überarbeitete und abgerackerte Menschen gibt es auch heute (übrigens auch in der Kirche!). Materieller Wohlstand beseitigt noch nicht die oft so bitteren
und zerstörerischen menschlichen Probleme (wie man u. a. an der Ehescheidungsstatistik
ablesen kann). Nicht jeder, der gut verdient, ist glücklich. Wahrscheinlich entstehen viele
unserer inner- und zwischenmenschlichen Schwierigkeiten und Nöte gerade daraus, daß
wir in unserm Wohlstandsdenken und -streben aufgehen. Wir müssen viel leisten, weil
wir *uns* viel leisten wollen. Unsere Hast nehmen wir auch in die Freizeit hinein. Multa –
non multum. Betriebsamkeit und Langeweile sind dicht beieinander. Wir beschäftigen uns
mit Psychologie wie noch kein Zeitalter vor uns, aber der nächste Mensch bleibt uns verschlossen, weil wir ihm nicht zuhören können und es verlernt haben, ihn ernst zu nehmen. Wir eifern darum, auf unsere Kosten zu kommen, aber wir werden darüber arm.
Die Sexualität soll durch äußere Hilfen auf Hochform gebracht werden, aber zur *Liebe*
sind – wie viele Ehetragödien zeigen – viele nicht fähig. Im Rausch wird die Tragödie des
mißglückten Lebens auf Zeit überspielt und vergessen; der Suchtkranke demonstriert
ungewollt sein Scheitern und seine Hoffnungslosigkeit. Die gegenwartsbezogene Auslegung von V. 36 könnte so weitergehen. Die Nöte heutiger Menschen sind andere, aber
man müßte für Menschliches blind sein, wenn man sie nicht sähe.
Das Erbarmen Jesu fängt mit dem *Sehen* an. Es kann bei uns nicht anders sein. Oft
machen wir uns schuldig, weil wir Probleme links oder rechts vom eigenen Wege „erle-
digen", indem wir – wegsehen. Jesus „jammert" des Volks – was er sieht, „geht ihm an
die Nieren". Hat er seine Predigt vom Herrwerden Gottes („Himmelreich") erfunden, um
die bedauernswerten Menschen ein wenig zu trösten und zu beschwichtigen? Für jedes
Wehwehchen ein Pflästerchen? So gerade nicht! Äußere Abhilfen, wo nötig und möglich:
ja. Eine neue Weise, mit Menschen solchen Schicksals umzugehen: ja. Sicher schließt das
Evangelium auch eine neue Humanität ein; sie müßte nichts spezifisch Christliches sein.
Aber hier, bei Jesus, geht es um das „Wurzelhafte", das Radikale: daß die Gottentfremdung behoben wird, in der das, was Jesus „jammert", ihren tiefsten Grund hat. Wem
gehören diese Menschen: den „unsauberen Geistern" – oder ihrem Gott und Schöpfer?
Wem gehört überhaupt die Welt? Gott selbst kann es nicht mehr ansehen, daß Menschen
sich zugrunde richten oder zugrunde gerichtet werden von den unsichtbaren Mächten des
Bösen. Jesus ist in Person das menschgewordene Erbarmen Gottes. Er ist der Heiland mit
dem Blick des Erbarmens für den Jammer der verlorenen Menschen. Eine bedeutsame
christologische Aussage. „Ihn jammerte": das ist „theologische Charakterisierung Jesu als
des Messias, in dem die göttliche Barmherzigkeit gegenwärtig ist", so daß es sich „nicht
um die Ausmalung einer Gefühlsregung, sondern um eine messianische Charakterisierung" handelt (ThWNT VII, S. 554), wobei ich freilich gern hinzufügen möchte, daß die
Zeugen des Lebens und Wirkens Jesu ihren Herrn tatsächlich auch so erlebt und erfahren
haben: Gottes barmherzige Liebe in einem Menschen aus Fleisch und Blut.

2.

Der Fortgang der Perikope überrascht. Sehen und Zufassen müßte eigentlich eins sein. Es
werden ja diejenigen unter uns nicht zu kritisieren sein, die auf Aktivitäten drängen. Dies
um so mehr, wenn man begriffen hat, daß die Stunde im Weltplan Gottes es verlangt.
Wenn Erntezeit ist: Arbeiter in die Ernte! Erstaunlicherweise aber fordert Jesus seine Jünger zum *Gebet* auf. Statt einfach loszugehen und das Nötige zu tun, soll hier darum gebe-

tet werden, daß Gott immer wieder Menschen in die Erntearbeit schickt. Was soll das? Ist den Menschen, deren Geschick Jesus so nahe geht, allein mit der Aufrichtung der Herrschaft Gottes über ihr Leben und über das der ganzen Welt geholfen, dann geht es in dem, was Jesus vorhat, um Gottes eigene Sache. Die läßt Gott sich nicht aus der Hand nehmen. Darum geht es nicht an, daß Jesus, beunruhigt, ja überwältigt durch die Not der Menschen, einfach zur Aktion aufruft, als sei das etwas, was einfach „auf Erden" in Angriff zu nehmen und zu realisieren wäre, sondern hier spricht „der Himmel" das entscheidende Wort. Der Zustand der Menschen allein würde die Aktion nicht rechtfertigen; es gehört Gottes „Sendung" dazu (ἐκβάλλειν nach Bauer „ohne den Nebensinn des Gewaltsamen", dennoch wohl so, daß man dabei den Befehl zum Großeinsatz heraushört). Auf eigene Faust kann man das, was hier beginnen soll, nicht unternehmen. Die Jünger sollen beten, daß Gott den apostolischen Dienst einsetze. Es will uns vielleicht schwer in den Kopf, daß der Hergang so umständlich ist, wo die Jünger doch bloß zu *gehen* brauchten. Es hat tiefen biblischen Grund, daß Luther davor gewarnt hat, in Gottes Gemeinde etwas unternehmen zu wollen ohne die ordentliche *Berufung*. Nicht einmal Jesus selbst, hat die Jünger losgeschickt, ohne daß er der Erhörung beim Vater gewiß war. Wenn er dann ordiniert (VV. 1.5–8), tut er es in Abstimmung mit dem Vater, ein Gedanke, der im vierten Evangelium für Jesu ganzes Werk immer wieder herausgestellt und auch in bezug auf die Ordination (20,21) besonders betont wird.

Das soll nicht heißen, daß es in der Kirche nur Dienste von Ordinierten geben dürfe. Jesus selbst sagt, für diese große Ernte seien *viele* Arbeiter nötig. Es war an anderer Stelle schon davon die Rede, daß aus dem apostolischen Dienst Gemeinden entstehen, in denen Gottes Geist Kräfte zum Dienen entbindet, grundsätzlich bei allen Glaubenden. Jeder empfängt eine Gabe, die er für das Ganze der Gemeinde einsetzen soll. Gaben, die nicht eingesetzt werden, verkümmern bzw. werden wieder weggenommen. Wichtig ist nur: es handelt sich um Gaben des *Geistes*, der uns durch die Gnadenmittel gegeben wird, diese aber werden von dem von Gott „eingesetzten" „Predigtamt" verwaltet (CA V). Die charismatische Lebendigkeit des Leibes Christi ist etwas *Bewirktes*; das *Wirkende* ist Gottes Tun in seinem Wort und seinen Sakramenten; dies ist der „Ort" des apostolischen Amtes. Indem Jesus die Zwölf aus bloßen Jüngern (Schülern) zu *Aposteln* macht, bewirkt er, daß sein Dienst an den Menschen durch sie sich in die Welt hinein fortsetzt.

Daß der apostolische Dienst Gottes eigenes Tun ist, für das Menschen als Werkzeuge in Anspruch genommen werden, daß man also solchen Dienst nicht kraft eigener Initiative in Gang bringen, sondern nur erbitten kann, sollte noch in einer anderen Richtung bedacht werden. Zu dem, was unsere Lage von der der Menschen von V. 36 unterscheidet, gehört wohl auch, daß wir uns zumeist nicht wie hirtenlose Schafe fühlen. Für die Menschen damals trifft dies zu – eine unmündige Menge. Wir wollen heute nicht Menschen, die über uns bestimmen wie ein Hirt über die Herde. Wir haben über das Hirtenamt zu Joh. 21,15–19 (Mis. Dom.) schon das Nötige gesagt. Wollte man es soziologisch begründen und nicht theologisch, dann wäre es für uns in der Tat nicht mehr diskutabel. Wir sind, nach grausigen Erfahrungen mit autoritärem Denken und Handeln, gegen die Verbindung „Befehlen-Gehorchen" empfindlich geworden. So kommt es, daß es in unseren Gemeinden solche gibt, die sich auf die Bildrede von Hirt und Herde von vornherein nicht mehr einlassen und Jesu Wort V. 36b, nun gar mit Bezug aufs Amt der Kirche, einfach abtun. Schade, kann man nur sagen; denn damit geht Wesentliches verloren. Dächten wir jetzt soziologisch, dann befänden wir uns auf der falschen Ebene. Der Amtsträger ist der sozialen Interdependenz der Glieder der Gemeinde nicht entnommen. Aber er hat, als der von Christus Bevollmächtigte (10,1), eine Funktion, die nur theologisch beschrieben werden kann. Er hat, indem er das Wort und die Sakramente verwaltet, einen Auftrag, den er zwar *durch* die Gemeinde empfängt, aber nicht *von* ihr. Die Gemeinde *bittet*, daß *Gott* ihn senden möge. Und gesandt wird er zu nichts anderem als dazu, daß er in der Darreichung der Gnadenmittel Werkzeug sei für Jesu eigenes Tun. Wir sprachen ja eingangs davon: eigentlich sind nicht die Apostel, sondern ist *Jesus selbst* unterwegs in den Städten und Dörfern. Hirten sind die Amtsträger der Kirche nur insoweit, als Jesus Christus selbst der Hirt ist, in dessen Dienst sie stehen. Und entmündigt wird hier niemand, weil es ja gerade Jesu Art ist, uns nicht in ein System von Gesetzen zu zwingen und sich mit Machtmitteln bei (und das hieße: gegen) uns durchzusetzen; seine Art, uns zu leiten und zu versorgen – so der Hirt – besteht gerade darin, daß er uns zur Mündigkeit befreit und erweckt.

Gerade dann aber ist es so wichtig, daß nach unserm Text um die Autorisierung *gebetet* wird. Was hier geschehen soll, ist Gottes Sache und muß Gottes Sache bleiben. Gott muß die „Vollmacht" (10,1) geben. Man tut gut, sich klarzumachen, was das heißt. Im Sprachgebrauch unserer Gemeinden – besonders da, wo sie pietistisch eingefärbt sind – ist „Vollmacht" oft die pneumatische Virulenz und die persönliche Überzeugungskraft eines Erweckten. Sie wird leicht verwechselt mit einer natürlichen Begabung der Persönlichkeit (Redegabe, innere Wärme, persönlicher Charme u. ä.). Das Wort „Vollmacht" im neutestamentlichen Sinne meint die Befugnis, die Autorisierung, die im Auftrag liegende Legitimation. Sie ist für den Träger des kirchlichen Amts – es leitet sich ja von den Aposteln her (CA XXVIII, 121,18ff.) – ein großer Trost; müßte er auf eigene Faust handeln, dann würde er den Menschen das verbindliche Wort schuldig bleiben oder aber sich als Person ihnen gegenüber stark machen (das wäre das Zerrbild des Hirten). Andererseits: geholfen ist den Menschen, deren Los Jesus jammert, indem sie von sich selbst loskommen und den „externen" Standort gewinnen in Gottes gesund machendem Wort. Um es nur an *einem* Beispiel zu verdeutlichen: Fänden die beiden gegeneinander aufgebrachten, einander ständig verletzenden und quälenden Eheleute das gute Wort Gottes, das sie „von außerhalb" anredet, von „jenseits" ihrer Verkrampfungen und Bitterkeiten: ihnen wäre geholfen. Das verkündigte Wort ist eben nicht „meine Meinung über Gott", „meine Vorstellung vom Lauf der Welt" und „vom Umgang der Menschen miteinander", sondern *Gottes* mein Gewissen bindendes und befreiendes Wort. Wir können uns hier nichts nehmen – Gott muß es geben. Darum: „bittet den Herrn der Ernte". Gott selbst bestimmt die Kanäle, durch die sein Gutes zu uns kommt. Die Gemeinde ist zu ermutigen, daß sie *um* rechte Pfarrer und *für* uns Pfarrer betet.

3.

Daß nach 9,38 ein neues Kapitel beginnt – Kapiteleinteilung erst seit 1205 (Stephan Langton), Verseinteilung seit 1551 (Robert Stephanus) –, darf uns nicht darüber hinwegtäuschen, daß der Evangelist selbst 10,1ff. mit dem Vorhergehenden im engsten Zusammenhang sieht, d. h. die Bevollmächtigung der Zwölf und ihre Aussendung als Erfüllung der Bitte 9,38 betrachtet. So kommt es zum apostolischen Dienst – eben mit der besonderen Beauftragung zum „Gehen".

Wir träfen nicht das hier Gesagte, wenn wir Jesus so verstehen wollten, als habe er nur den apostolischen Dienst – als Funktion – eingesetzt, die Ernennung bestimmter Personen aber wäre rein zufällig. Der Zwölferkreis ist fest umrissen. Es werden Namen genannt. Jesus hat viele Jünger. Aber Apostel sind eben diese Zwölf, vgl. Offb. 21,14. Daß der Apostelbegriff nicht nur auf Paulus ausgedehnt, sondern überhaupt auch in einem weiteren Sinne verstanden werden kann (1. Kor. 9,1; Röm. 16,7; 1. Kor. 11,5.13; 12,11ff.; Apg. 14,4), besagt nur, daß es neben dem Merkmal der Augenzeugenschaft und der darin begründeten Einmaligkeit und Unwiederholbarkeit (1. Kor. 9,1; 15,8f.; Apg. 1,21f.; Joh. 15,27; 1. Joh. 1,1–4) auch ein anderes Merkmal der Apostolizität gibt: das der Autorisierung (Bltm., ThNT, § 52,3); in diesem letzten Sinne war das Amt übertragbar und wurde tatsächlich übertragen (Apg. 1,21–26; 1. Tim. 4,14; 2. Tim. 1,6; Tit. 1,5ff.). Ist es wahr, daß unser Text – wir sprachen davon – nicht bloß auf ein einmaliges Geschehen in Jesu Erdentagen aus ist, vielmehr zugleich etwas meint, was sich in der Kirche und durch sie immer aufs neue ereignet, dann ist auch mit der Einsetzung der Bevollmächtigten des Christus zugleich etwas Konkret-Einmaliges und etwas der Kirche bleibend Eingestiftetes in den Blick genommen.

Apostel sollen *gehen* (10,6: πορεύεσϑε). Wer jemanden sendet, der setzt ihn in Bewegung. So wahr Jesus Menschen zu sich ruft und Menschen zum Reiche Gottes kommen sieht (11,28; 8,11), so wahr er seine Gemeinde „bauen" will (16,18) und haben will, daß sie sich in seinem Namen versammelt (18,20): der Hirt *geht*, um Verlorenes zu suchen (18,12–14), und der Bote begibt sich auf die Straße (10,5f.). Eine Kirche, die untätig auf „Kundschaft" wartet, wird am Auftrag ihres Herrn schuldig. „Apostolische Kirche" nennt sie sich zwar, weil sie auf den Grund der Apostel (und Propheten) gebaut ist (Eph. 2,20), und es ist eine Umdeutung, diese Selbstbezeichnung auf ihre missionarische Beweglichkeit zu beziehen. Aber diese Umdeutung trifft etwas, was wir uns heute besonders dringlich gesagt sein lassen sollten. Das Reich Gottes ist in die Welt hinein auszurufen (V. 7). Gott will, daß die Welt wieder sein eigen wird. Er will den abgehetzten, ausgepumpten, direktionslos gewordenen Menschen von V. 36 selbst wieder zum festen Mittelpunkt werden, wenn man so will: zu der Sonne, um die Menschen kreisen und von der sie Licht, Wärme und damit Leben empfangen. Das kommende, das eschatische, jedoch schon hier anbrechende Reich soll Wirklichkeit werden. Gott will uns nicht überrollen. Aber sein Wort soll zu den Menschen kommen. Bietet Gott uns seinen Frieden an (10,13), dann verlieren die „unsauberen Geister" (10,1) ihre Macht, und Krankes wird heil. Selbst da, wo den Menschen ihr Gebrechen noch nicht abgenommen wird (klassische Stelle: 2. Kor. 12,7–10), verliert, was uns quälen kann, den Charakter der Unwiderruflichkeit und Endgültigkeit. Wir sind nicht mehr den Zornes- und Verderbensmächten preisgegeben. Wir gehören Gott. Wir leben im Raum Gottes, haben Zukunft in ihm. Wo das der Fall ist, kann man sich sogar der Trübsale rühmen (Röm. 5,2.3.5). Wo man vor dem Wort der Bevollmächtigten des Christus die Dämonen die Flucht ergreifen sieht, da ist das Neue schon angebrochen.

2. Sonntag nach Trinitatis. Jes. 55,1–3b(3c–5)

Die VV. 1–5 gehören zusammen (anders Volz, der VV. 3b–5 besonders nimmt). Der Wechsel der Person (ihr – du) erklärt sich daraus, daß zuerst in der Form der Weisheitsrede gesprochen ist, von V. 3b ab in der des Heilsorakels (V. 4: perfektische Feststellung, V. 5a die sich daraus ergebenden Folgen, V. 5b die Zweckangabe – so Begrich, Studien zu Deuterojesaja, S. 54). Die Weisheitslehre ist eine „erst verhältnismäßig spät bezeugte Form" (Begrich, S. 53). Die Weisheit beansprucht, Reichtum, Ehre und Leben zu geben (Spr. 3,13–18; 4,22; 8,35; 9,6ff.; Jes. Sir. 4,12); dafür wird gern das Bild der Speisung und Tränkung gebraucht (Spr. 9,2.5; Jes. Sir. 1,17; 15,3; 24,19 u. ö.), auch liest man, wie die personifizierte Weisheit zum Gastmahl einlädt (Spr. 9,1–3.5f.11; Jes. Sir. 24,19ff.). Westermann denkt statt dessen daran, daß die Ausrufe der Wasserverkäufer und Marktschreier nachgeahmt sind.

V. 1: Die Interjektion muß nicht die Bedeutung des Weherufs haben, sondern kann lediglich Aufmerksamkeit wecken wollen (18,1; Sach. 2,10). Man hat den Text als überfüllt empfunden; so hat die LXX וּלְכוּ שִׁבְרוּ ausgelassen. Denkt man an Marktschreier, dann ist die Wiederholung situationsgerecht, ja geradezu Stilmittel, so daß Änderungen sich erübrigen. „Ohne Geld und ohne Bezahlung": hier wird die Marktsituation bewußt verlassen. Statt Wasser hier die Überbietung: Wein und

Milch. – V. 2: יְגִיעַ ist harte, saure Arbeit, aber auch – so hier – das damit Verdiente (45,14; Jer. 3,24). שָׂבְעָה = Sättigung (56,11). Der Inf. absol. zu „hört" verstärkt: „wenn ihr doch hören wolltet!". דֶּשֶׁן = Fett; das „Köstliche" der Luther-Übersetzung paßt den Wortlaut unserm heutigen Geschmack an. – V. 3: Hier ist der Text deutlich von der Weisheit inspiriert. Wstm. gibt V. 3aβ nach dem Vorschlag von North so wieder: „daß ihr das Leben in seiner Fülle haben mögt". Die „verläßlichen Gnaden Davids" stehen im Satz unverbunden. Vgl. 2. Sam. 7,8–16; 23,5; Ps. 89,28–38. „Bund" meint „ein Verhältnis, in das ein Mächtiger einen minder Mächtigen zu sich setzt" (Begrich, S. 54 A. 2). Die an David ergangenen Verheißungen werden auf das Volk übertragen; nach von Rad eine Art „Demokratisierung" (ThAT II, S. 254). Für die messianische Hoffnung war im Vorstellungskreis Deuterojesajas kein Raum (ebd.). – V. 4: Die syrische Übersetzung setzt נְתַתִּיךָ voraus; mit dem „ihn" ist noch an David gedacht, aber der Fortgang des Textes macht deutlich, daß gerade Israel nun zum „Fürsten" (נָגִיד) und „Gebieter" der Völker wird. Ob man zweimal dasselbe Wort für „Volk" stehen läßt oder wechselt (s. Apparat), trägt für den Sinn nichts aus. – V. 5: Das bis dahin völlig unbekannte Israel wird den Völkern auf einmal interessant. Israel ruft, und die Menschen kommen gelaufen. Der Israel „verherrlicht" hat, ist aber „Jahwe, dein Gott", der hier, wie auch 41,14; 43,3; 47,4; 54,5, nach dem Vorbild des ersten Jesaja (1,4; 5,24; 12,6 u. ö.), „der Heilige Israels" (bzw. „in Israel") genannt wird. Was Israel für sich selbst erwarten soll, geht ganz auf seinen Gott zurück.

Zwischen dem Text des vorigen Sonntags und diesem gibt es Berührungen. Aber das Thema „Apostel und Propheten", das den 1. Sonntag nach Trinitatis kennzeichnet, führte uns aufs Amt der Kirche. Hier geht es um „Gottes Einladung". Wieder sind die „Mühseligen und Beladenen" (Wochenspruch) im Blick. Aber diesmal hat sich die Predigt nicht mit den Überbringern des Evangeliums zu beschäftigen, sondern mit dem Evangelium selbst. Evangelium: der Gott, der seine Ansprüche an uns geltend zu machen und auf unsere Abkehr von ihm mit Härte zu reagieren hätte, bemüht sich um seine mißratenen Menschenkinder in *Liebe*. Diese Liebe hat viele Gestalten. Wir erfahren Gott als den Kommenden – er wartet nicht, daß wir uns zu ihm aufmachen. Er sucht das Verlorene – er überläßt es nicht seinem verdienten Schicksal. Er rechnet nicht auf und vergilt nicht, sondern vergibt – die Waage der Gerechtigkeit ins Gleichgewicht zu bringen, das überläßt er seinem Sohn. Wo er beleidigt sich zurückziehen und versperren müßte, da packt ihn das Erbarmen. Wir könnten so fortfahren – immer wieder anders stellt sich das Evangelium dar. Hier, im Text: als die große Einladung. Diesmal sollen wirklich wir zu ihm kommen – aber nicht so, daß wir anklopfen und es darauf ankommen lassen müßten, ob er sich erweichen läßt und öffnet, sondern so, daß er seine Freigebigkeit zusagt und geradezu um uns wirbt. Der auf allerlei Weise um seine Menschen bemühte Gott!

Das Motiv der Einladung tritt in verschiedenen Varianten auf. Das Evangelium des Sonntags spricht vom großen Abendmahl. Auch dort sind zuletzt die Fernen mitgemeint, wie hier in V. 5. Aber der Zusammenhang ist ein anderer. In unserer Perikope wird auch nicht darüber reflektiert, ob die Angeredeten die Einladung annehmen; sie wird einfach ausgesprochen – mag sie nun angenommen werden oder nicht. Aber sie ergeht an Durstige und Hungrige (ähnlich Joh. 7,37–39), und ist vom sauer Verdienten die Rede, dann denkt man an Mühselige und Beladene (Matth. 11,28). „Wen dürstet, der komme; und wer da will, der nehme das Wasser des Lebens *umsonst*" (Offb. 22,17). Der Text steht nicht isoliert im Raum; es gibt eine ganze Reihe biblischer Beziehungen.

Das Besondere dieses Textes wird auf alle Fälle darin zu suchen sein, daß er zunächst der Exilsgemeinde zugesprochen wurde. Er wendet sich also an Menschen, die die Schuld des untreu gewordenen Gottesvolkes büßen und sich – fern vom Lande der Verheißung und vom Wohnsitz Gottes – abgehängt und preisgegeben fühlen mußten. Täuschen sie sich? „Ich habe euch nach Babel wegführen lassen", hatte in Jeremias Brief gestanden (29,7). Es war wirklich Gottes Gericht – freilich, wie eben dieser Brief erkennen ließ, ein Gericht, das letztlich unter Gottes Heils- und Friedensgedanken stand. Deuterojesaja hat es immer neu ausgesprochen, daß Gott nun die Wende zum Guten herbeiführen will. Daß dies nicht allein und nicht einmal zuerst in einer Veränderung der äußeren Verhältnisse geschehen kann, zeigt dieser Text, das erste Stück aus dem Schlußkapitel des von Deuterojesaja uns hinterlassenen Buches (vgl. die Perikope, VV. 6–12a, Sexagesimä). Das, wozu hier eingeladen wird, meint vielleicht das Ganze der Verkündigung des Propheten.

Der Text spricht von der Freigebigkeit Gottes, von der Erneuerung des Bundes, dessen Inhalt „die beständigen Gnaden Davids" sind, und von der Herrlichkeit, die Israel am Ende vor und bei allen Völkern gewinnen wird. Auch diesmal werden wir nicht zu vergessen haben, daß wir den Text als die neutestamentliche Gemeinde lesen. Gott hat eben sein Evangelium „zuvor verheißen durch seine Propheten in der heiligen Schrift", und dieses Evangelium handelt – denkt man nur in den Maßen der gesamten Heilsgeschichte – „von seinem Sohn Jesus Christus, unserm Herrn" (Röm. 1,2f.). Wir wollen die Eigenaussage des Textes nicht einfach neutestamentlich einschmelzen, aber wir sollten sie – stereoskopisch – in der Zeit-Tiefe der großen Gottesgeschichte sehen. Dann könnten wir die Predigt etwa so anlegen: *Weil Gott uns einlädt:* (1) *das Leben – umsonst,* (2) *die Gnaden – verläßlich,* (3) *das Ansehen – weltweit.*

I.

Wer ist dieser Ausschreier auf dem Markt, der Wasser anbietet – und dann auch Brot und noch mehr? Eine echt orientalische Szene; wir malen uns ihre Farbigkeit aus, und uns ist heiß unter der glühenden Sonne. Der Prophet beschwört das Milieu mit wenigen Worten, die wir uns mit der erhobenen Stimme des Marktschreiers gesprochen denken müssen. Dem Inhalt nach wäre es die „Weisheit" – personifiziert gedacht –, die sich so kostümiert hat. Beim Lesen oder Hören des Prophetenwortes merkt man aber sehr bald: so kann nur Gott selbst sprechen. Einen ewigen Bund schließen – das kann nur Gott. Er spricht eine ungewohnte Sprache: werbend, andringend, fast beschwörend. Die Imperative, einer nach dem andern; in V. 2b der absolute Infinitiv, um dem Anruf noch Nachdruck zu verleihen. „Auf euch wartet die Fülle des Lebens" (vgl. V. 3 – so Wstm.).

Wird den Verbannten Leben angeboten, dann heißt das in der Situation der Verbannten, daß sie nicht ausgelöscht werden, nicht untergehen sollen. Leben: Fortbestand der Existenz als Volk und – was man bei Israel immer sofort dazudenken muß – als Gemeinde Gottes. Leben: Nicht-Untergang. Das könnte freilich bedeuten: das Dahinvegetieren wird sich fortsetzen. Aber die Tonart des Textes deutet in ganz andere Richtung: Leben, das es verdient, Leben genannt zu werden. Nicht ein solches, von dem man sagt: „das ist doch kein Leben mehr"! Wie hat man sich das Lebensangebot Gottes zu deuten?

Der Text spricht Durstige und Hungrige an. Zuerst etwas Kühles trinken! Vom Brot ist nachher noch die Rede. Organisches Leben bedarf wegen des Stoffwechsels der Zufuhr von außen. Hunger tut weh, Durst ist geradezu quälend. Uns beunruhigen Nachrichten und Bilder von den Dürre- und Hungergebieten der Erde. Was uns zeitweilig in unserm Leben gequält und geängstigt hat, ist dort dauernde Not. Das Alte Testament denkt so leib- und welthaft, daß es die körperlichen Mängel und Nöte ernst nimmt. Der Übergang von V. 2 und V. 3 läßt freilich erkennen, daß noch an Tieferes gedacht ist. Die Verbannten leiden Mangel – im Leiblichen und Geistlichen. Im Leiblichen: Es ist ein hartes Leben. Man schuftet, um auf dem babylonischen Schwarzmarkt Brot zu kaufen, und was man für das schwer erarbeitete Geld bekommt, verdient den Namen Brot nicht, und man wird nicht satt (V. 2). Aber die Erfahrungen der Notzeit werden sofort zum Gleichnis für die Existenz des inneren, des geistlichen Menschen. Leben ist mehr als das äußere Dasein fristen. Wir sprechen vom Leben in der Fülle, von gehaltvollem, lebenswertem, sinnvollem Leben, und für den Glaubenden heißt das: vom Leben mit und aus Gott.

„Geld für das, was kein Brot ist – und sauer Verdientes für das, was nicht satt macht." Wir kennen das als die Problematik unseres eigenen Daseins. Die Suche nach dem „Leben" ist Thema zahlloser Werke der dramatischen und der Roman-Literatur, das – mehr oder weniger bewußt durchlittene – Thema vieler Menschenleben. In dem immerzu und sehnsüchtig suchenden und verlangenden Doktor Faust wird es auf klassische Weise anschaulich. Einmal den Augenblick erleben, von dem man wünschte, er möchte „verweilen"! Man kennt die Abenteuer, in die Faust sich – mit des Teufels Hilfe – stürzt. Faust lebt – in der Regel erheblich weniger tiefgründig – in unzähligen Varianten auf der Erde. Was opfert er, was setzt er ein – für Dinge, die „nicht satt machen"! Die Predigt hüte sich davor, in einen Ton des Miesmachens zu verfallen. Gott gönnt uns ja alles Gute – im Text steht es. Man greift sich nur allzu oft an die Stirn, wenn man sehen muß, auf wie erbärmliche Weise Menschen sich Freude suchen – und auf wie erbärmliche Weise man selbst es schon versucht hat, den „Augenblick" zu erleben, in dem man die Uhr anhalten möchte. Mit Ersatz- und Betäubungsmitteln, mit Talmi und Lärm, mit dem Rausch des Tempos, der oberflächlichen Leidenschaft und der versklavenden Sucht wird man nicht froh.

Nach dem Gefälle des Textes ist es deutlich, worauf das vom Propheten vermittelte Gotteswort hinauswill: „Wenn ihr doch auf mich hören wolltet, so würdet ihr Gutes essen und euch am Köstlichen (s. o.) laben!" Man erinnert sich an Joh. 4 (3. S. n. Epiphanias): Wasser, nach dem man keinen Durst mehr bekommt. Unser Text drückt sich etwas anders aus: ihr seid auf Wasser aus, aber ihr bekommt – Wein und Milch. Zur Fristung des Daseins würde Wasser genügen; Gott will den Seinen mehr geben als was zum bloßen äußeren Fortbestand nötig ist. Gott will, daß wir – wie Jesus sagen würde – „in ihm reich" sind (Luk. 12,21 – dort eigentlich: „reich auf Gott hin"). Es kann uns nicht gut bekommen, wenn wir nicht dort wurzeln, wo unser Ursprung und unser Ziel ist.

Reich auf Gott hin – man sage dies den Exilierten. Als „Auflage" verstanden, wäre diese Parole rundweg ein „Dysangelion". Menschen, in deren Leben – nach ihrem Eindruck – Gott nicht mehr vorkommt, weil sie annehmen müssen, er habe sie vergessen (49,14) und werde ihnen nie zu ihrem Recht verhelfen (40,27): was sollen die mit solcher „Weisheit"? Nach den Surrogaten greifen die Menschen ja eben deshalb, weil sie das Echte, das Wertvolle, das wirklich Beglückende nicht haben. Aber – und nun wird die Aussage erst richtig zum Evangelium – es heißt ja: das Leben – umsonst. „Kauft ohne Geld und ohne Kaufsumme!" Hier bekommt man's gratis! Wir sahen: noch auf dem letzten Blatt der Bibel findet sich dieses Angebot des einladenden, schenkenden Gottes. Wer fragt, was denn noch zu geschehen habe und welche Bedingungen zu erfüllen seien, ehe man mit Gott wieder ins Einvernehmen kommt, soll wissen: gar nichts braucht zu geschehen, Gott bietet sich selbst an ohne Wenn und Aber.

Man sollte meinen, nun müßten sich die Menschen drängen. Wo es das Beste *umsonst* gibt! Ein Grund mag darin liegen, daß dieser sich so freigebig verschenkende Gott erst entdeckt werden muß – er gehört nicht zur Welt des Sichtbaren, Meßbaren, Beweisbaren. Soll man das bedauern? Gehörte er zur greifbaren Wirklichkeit, wäre er nicht *Gott*, und er wäre dann auch in den Austausch und in das Do-ut-des alles irdischen, welthaften Geschehens einbezogen. Ein zweiter Grund dafür, daß wir uns so schwer tun, ist wohl der, daß wir – als Menschen unserer Welt – uns nicht gern etwas schenken lassen. Jeder wird solche kennen, denen man nichts schenken kann, ohne daß sie das Bedürfnis haben, „sich abzufinden", den Schenkenden also wiederum zu beschenken, damit unterm Strich Null stehe. Wir haben auch Gott im Verdacht, er könnte es mit dem freigebigen Schenken nicht so ernst meinen, sei es, daß man sich gar nicht erst rufen läßt (ich habe ja nichts zu bieten), sei es, daß man sich auf einen nachträglichen Handel (ich muß dann doch auch meinerseits . . .) nicht einlassen will. Dagegen ist einzuwenden, daß es mit dem „umsonst" ganz ernst gemeint ist. Wenn wir alle Eigenmächtigkeit Gott gegenüber vergessen und sein lassen, weil sein Schenken uns beglückt und überwältigt, sind wir wirklich wieder bei Gott. Darum ruft er so anhaltend über den Markt: „Kauft – ohne Geld!"

2.

Hat Gott seinem Volk Leben – gemeint ist: qualifiziertes Leben – und damit Zukunft im Kontakt mit ihm zugesagt, dann so, daß er dieses vermeintlich abgetane, seinem Schicksal preisgegebene Volk erneut in seinen „Bund" aufnimmt. Erneut, sagen wir, denn was jetzt geschieht, ist ja nicht ein Neubeginn aus dem Nichts, sondern knüpft an Vergangenes an. Der zweite Jesaja lebt in den Glaubenstraditionen seines Volkes, nimmt sie auf und wendet sie an. Was er erwartet, ist ja ein zweiter Exodus: Gott steht zu dem, was er beim ersten Exodus gesagt und getan hat. Sein Friedensbund soll nicht hinfallen (54,10). Wir sind uns klar darüber, daß das Wort „Bund" – ebenso wie das Wort „Friede" – den gemeinten Sachverhalt nur sehr unvollkommen wiedergibt. Ein Bund wird – so jedenfalls die ältere Auffassung, an die hier offensichtlich angeknüpft ist – von einem Mächtigeren dem Unterlegenen *gewährt* – verbindlich zwar, aber doch so, daß der weniger Mächtige zu seinem Zustandekommen nichts dazutun kann. Durch diese Bundesgewährung wird ein Rechtsverhältnis begründet, das beide Beteiligten bindet. So kommt es zur Gemeinschaft: beide in dem Bund Zusammengeschlossenen leben im Frieden miteinander, in einem Zustand, in dem jeder von beiden des anderen Freund ist. So also soll das Verhältnis zwischen Gott und den noch immer Verbannten künftig aussehen. Sie sollen zusammengehören, es soll Gemeinschaft sein. Gott will den Bund nicht brechen oder aufkündigen: es soll ein „ewiger" Bund sein. Seine inhaltliche Füllung bekommt diese Zusage durch den Hinweis auf die „verläßlichen Gnaden Davids" (V. 3).
Ehe wir uns klarzumachen suchen, was damit gemeint sein dürfte, sei noch einmal darauf hingewiesen, daß Deuterojesaja auf Tradition zurückgreift (2. Sam. 7,8–16; 1. Chron. 17,7–14 – dieser Text gehört natürlich in spätere Zeit, die Überlieferung selbst ist alt –; Ps. 89,20–38; auch Jer. 33,20f.). Theologische Konstruktion? Formalistisches Argumentieren mit dem „Es steht geschrieben"? In unserm Prophetenwort redet Gott selbst; der Prophet ist überzeugt, nicht seinerseits mit Postulaten an Gott heranzutreten, sondern Gottes eigenes Wort weiterzugeben. Trotz des Schicksals der Verbannung – nun schon ein halbes Jahrhundert –: Gott steht zu seinen Zusagen und Verbindlichkeiten. – So sehr der Prophet sich an diese Zusagen klammert: er geht frei damit um. Was dem *David* zugesagt ist, wendet er auf das *Volk* an. Wahrhaftig, eine kühne Art und Weise, mit Gottes Verheißungen umzugehen. (Dem, der in V. 4 das „dich" in „ihn" = David abänderte – wir lesen heute noch so in unserer deutschen Bibel –, schien dieser Zugriff des Propheten allzu kühn.) 2. Sam. 7 hat sich, im nächstliegenden Sinne jedenfalls, nicht verwirklicht. Das Davidshaus ist mit dem Ende des Staates Juda untergegangen; ein kleiner Silberstreifen am Horizont ist die um 560 erfolgte Befreiung Jojachins aus der Kerkerhaft (nach 37 Jahren!) und eine Erhebung an die Tafel des babylonischen Großkönigs (2. Kön. 25,27–30), aber mehr als ein Silberstreifen ist diese Verbesserung der Lage nicht. Deuterojesaja ist von der Unverbrüchlichkeit der Gnadenzusagen Gottes so überzeugt, daß die Nathanverheißung auch in ganz anderen Verhältnissen festzuhalten und in Kraft ist. – Solche unter uns, die von Tradition in der Kirche nicht viel halten, mögen an diesem Beispiel studieren, was es nach biblischer Einsicht damit auf sich hat. Wer sich

auf Tradition stützt, ist hier mitnichten der zähflüssige Konservative, der die Gegenwart verpaßt, weil er alles beim alten läßt, sondern der mutig Glaubende, der auf die Verläßlichkeit der Zusagen Gottes baut, auch wenn in der vorgefundenen Situation alles gegen sie spricht. Allerdings: die Situation wird ihm nicht (wie mancher von uns meint) zum Gotteswort, als müßte man aus der Lage der Verbannten ablesen, ob Gott sein Volk endgültig habe fallen lassen oder nicht. Der Prophet glaubt und predigt *gegen* die Situation – und gerade darum in sie hinein.

Was ist mit den „zuverlässigen Gnaden Davids" nach 2. Sam. 7 gemeint? David soll der „Fürst" (נָגִיד – dasselbe Wort in uns. Text V. 4) über Gottes Volk sein (V. 8), mit großem Namen in der Welt (V. 9). Dieses Volk soll im Frieden im Lande der Verheißung wohnen und Ruhe haben (VV. 10f.). Das Königshaus soll nicht aussterben und die Königswürde behalten (VV. 12,14). Zwischen Gott und König soll ein Vater-Sohn-Verhältnis bestehen (V. 14). Versündigt sich der König, trifft ihn nur menschliche Strafe; die Gnadenzusage Gottes wird nicht annulliert (VV. 14f.). Wie stark das, was hier ausgedrückt ist, im Glauben der Väter lebte, kann man an Psalm 89 studieren: Den Gesalbten hält Gottes Hand (VV. 21f.). Gott gibt ihm Sieg (VV. 23f.). Er bleibt Gottes Sohn, die Gnade wird Gott ihm bewahren (VV. 27–29). Sündigt das Volk, so bleibt doch der König als König in Jahwes Gnade (VV. 31–35).

„Ich will euch die verläßlichen Gnaden Davids geben" (V. 3) – Gott selbst legt seine Garantien von einst *um* auf das Volk. Gott selbst? Natürlich ist alles, was uns als Aussage Gottes überliefert ist, der Rückfrage ausgesetzt, ob nicht Menschen ihre eigenen Vorstellungen über Gott und ihre Erwartungen an Gott kurzerhand als Rede Gottes ausgegeben haben. Der historische Hergang der Dinge ist ja auch so geartet, daß wir's *durch Menschen* haben, nie von Gott direkt. Aber der Glaube ist *immer* in der Lage, an Gottes Offenbarung zu glauben, wie sie sich *im Menschlichen* ereignet hat, nichtsdestoweniger aber *Gottes eigenes Wort* herauszuhören. So ist es gemeint, wenn wir vorhin sagten, daß der Glaube an Gottes verbindliche Zusage glaubt – *gegen* die vorfindlichen *Tatsachen*.

Die „Gnaden Davids" gehören nun dem Volke Gottes, der Kirche des Alten und des Neuen Testaments. Gott hält an seinem Volke fest. Er baut das Haus. Er gibt der Gemeinde den Lebensraum. Er errettet von Feinden. Alle sind Kinder Gottes, mit ihrem Vater aufs herzlichste verbunden. War es bei David noch so, daß bei sündigem Abfall des Volkes dieses zwar „mit der Rute heimgesucht" wird (Ps. 89,33), Gott aber seine Gnaden nicht vom König wendet: so wird die Unversehrtheit nunmehr auf das Volk übertragen, trotz der „Rute", die nun zum „Kreuz" wird. Der Sünder wird verurteilt – ja, er *ist* verurteilt in Jesu Kreuz; aber der um Gottes Gnade willen in Ehren Gehaltene, der „Gerechte", bleibt und empfängt sein hohes Ansehen, und Gott läßt ihn nicht mehr los. „Ist Gott für uns, wer kann dann wider uns sein?"

Die Verheißung von den „zuverlässigen Gnaden Davids" gehören der christlichen Gemeinde (Apg. 13,34). Sie haben ihre Realität „in Christus" gewonnen. Das heißt zunächst: sie haben sie in der Gebrochenheit des Noch-nicht und des Doch-schon, wie sie dem Iunctim von Kreuz und Auferstehung entspricht. Es wird für die Gemeinde von den Tagen des Exils an noch viele Situationen des Angefochtenseins geben, in denen man sich von der beängstigenden und bedrückenden Macht der Tatsachen glaubend zur Verheißung hinflüchten und sich daran halten muß, daß Gottes Zusagen gültiger, stichhaltiger, wahrer sind als die ihnen oft entgegenstehenden Tatsachen. Man bedenke doch: Deuterojesaja hat die Nathanweissagung, die mit dem Ende des Davidshauses – empirisch gesehen – zu Bruch gegangen war, aufgenommen und dem Volke als ganzem zugesprochen. Nur: welchem Volke – in welcher Lage? Erfüllt ist die Verheißung, die zu den Vätern geschehen ist, in der Auferweckung Jesu (Apg. 13,33), d. h. im Anbruch des Eschaton; vollendet wird sie, indem Gott seine eschatologischen Vorhaben wahr macht. „Sie werden sein Volk sein, und Gott selbst wird mit ihnen sein . . . Ich selbst werde dem Durstigen aus der Quelle des Lebens geben – umsonst" (Offb. 21,3.6).

3.

Das Ansehen – weltweit. Mit dieser Schlagzeile versuchen wir die Aussagen von VV. 4f. aufzufangen. Den Exilierten wird eine große Zukunft versprochen. Es läßt sich nicht leugnen, daß der Text in einem sehr irdischen, sagen wir ruhig: politischen Sinne verstanden werden kann und wohl ursprünglich auch so gemeint ist, trotz des Endes von V. 5, das alle politischen Gedanken sprengt. Israel: Zeuge, Fürst und Befehlshaber der Völker; Israel ruft unbekannte Nationen, und diese laufen hin zu Israel. Verständlich, daß ein gefangengehaltenes, unterdrücktes und, ach wie oft, geschundenes Volk sich danach sehnt, am Ende ganz obenauf zu sein, Mittelpunkt der Welt, die Stimme, die allen gebietet. Soweit unser Text von solchen Gedanken getragen ist, gilt von ihm, was von klassischen Messiasstellen zu sagen ist: Christus ist des Messias Ende – und analog: das Reich Gottes ist auch solcher Hoffnungen Ende.

Aber es verhält sich hier so wie mit den Messiasstellen: ihre Wahrheit ist damit nicht abgetan, sondern im Christusgeschehen auf doppelte Weise „aufgehoben". Was sich hier – als Angekündigtes – vor uns abspielt, ist „ganz und gar Gnadenhandeln Gottes" (Wstm.), und es sollten wirklich aller Augen auf Gott allein gerichtet sein. Es waren böse Zeiten der Kirche, wenn sie sich selbst interessant wurde und es genoß, daß man in der Welt auf sie hörte und sich ihrem „Gebieten" beugte. *Gott* sollte uns interessant sein – der Gott, der in Jesus Christus bei uns ist als *unser* Gott. Dennoch spricht unser Glaube auch von der Kirche. Zu dem Satz: „er wird bei ihnen wohnen" gehört eben auch der andere: „sie werden sein Volk sein" (Offb. 21,3). Die Kirche ist nicht bloß Mittel zum Zweck, so daß Gott vorhätte, sie aufzulösen, wenn sie ihren Auftrag erfüllt hat. Sicher: Gott braucht sie, wir werden gleich noch davon zu reden haben. Aber er *will* sie auch; denn daß seine Menschenkinder um ihn versammelt sind – inmitten der gesamten Kreatur, versteht sich –, ist sein *Ziel*. Gott ist der *Menschengott*. Daß er seine erlösten Menschenkinder „herrlich macht", steht nicht nur im Alten Testament, sondern auch im Neuen (vgl. V. 5 mit Röm. 8,17.30; Eph. 5,27 u. a.). Die verachtete Kirche soll zuletzt Ansehen und Glanz gewinnen – als Widerschein der Glorie Gottes.

„Zeuge für die Völker" soll die Kirche sein; was sie gesehen, erlebt und erfahren hat, ist sie anderen schuldig, und sie steht mit ihrem Zeugnis für die Wahrheit Gottes ein. „Fürst und Gebieter" kann sie nur sein, indem sie *dient*; so hat sie es von ihrem Herrn gelernt (Mark. 10,42–45). In die Weite wirken soll sie, sie ist an die „Völker" gewiesen. Ihr Gott ist der *eine* Gott, neben dem kein anderer ist und der alles geschaffen hat. Deuterojesaja hat dies vielfach ausgeführt. So reicht auch der Wille Gottes zur Offenbarung seiner selbst bis zu den „Inseln", also bis dahin, wo – nach der Meinung der Alten – die Welt zu Ende ist. So bekommt auch die Gemeinde derer, die diesem Gott gehören, einen Weltauftrag. Er wird auf zweierlei Weise erfüllt: zentrifugal und zentripetal. Gottes Volk „ruft" in die Welt hinaus, und dieser Ruf soll nicht etwa nur die Völker treffen, mit denen man schon Kontakt gewonnen hat, sondern alle, auch die, die man „noch nicht kennt". Die Kirche darf um Gottes willen nicht in sich verschlossen sein. Sie hat eine globale Sendung. – Aber dann wird auch das andere geschehen: die Nationen werden zur Gemeinde Gottes hinlaufen, in Richtung auf das Zentrum. Von der Völkerwallfahrt hat schon der erste Jesaja gesprochen – und nicht nur er. Jesus nimmt diese Erwartung auf (Matth. 8,11; Luk. 13,28f.); in einem Mann wie dem äthiopischen Kämmerer wird, was hier gemeint

ist, anschaulich (Apg. 8,26ff.). Die Gemeinde wird mit dem, was sie hat, weiß, glaubt,
hofft, tut, vielleicht auch leidet, für ferne Menschen attraktiv. Beim Aussprechen solcher
Gedanken stockt man: wir haben durch das Schaubild, das wir bieten, schon vielen Menschen die Lust zum Christsein gründlich verdorben; aber vielleicht gehört gerade dies
zum Anziehenden in Christi Gemeinde, daß man das hier weiß und auch aussprechen
kann. Jedoch: daß die Fernen und uns Unbekannten kommen – man denke an das Evangelium des Sonntags –, manche zu unserer größten Überraschung, ist nicht nur Verheißung, auf die hin wir unsere Zukunft wagen, sondern auch Erfahrung, mit der unser Gott
uns immer wieder beglückt und tröstet. Hoffentlich kommen die Menschen zu uns nicht
aus sachfremden Gründen, sondern „um des Herrn willen, deines Gottes und des Heiligen Israels" (V. 5). Kalkuliert die Kirche anders, dann hat sie verspielt. Je mehr *Gott* sich
bei uns durchsetzt – dies ist ja gemeint, wenn wir von der „Herrschaft Gottes" sprechen
–, desto mehr werden Menschen auf uns, nein: durch uns auf *ihn* aufmerksam. Er will
keinen ausschließen: „Kommt her zu mir – alle."

3. Sonntag nach Trinitatis. Luk. 19,1–10

Nach Bultmann (GsTr., S. 33f.) ist der Grundbestand unserer Perikope (VV. 1–7.9) „deutlich eine
ideale Szene, eine weitergesponnene Variante von Mark. 2,14"; die Geschichte ist „viel später entstanden", als daß von der bei Levi-Matthäus berichteten Nachfolge noch die Rede sein könnte. Man
kann aber auch anders urteilen. Woher das Dogma, daß Verbundenheit mit Jesus nur in der Nachfolge bestehen kann? Wieso muß Luk. 19 aus Mark. 2 abgeleitet sein? Wieso nicht eigenständige
Überlieferung, gerade wenn es sich um lukanisches Sondergut handelt? Noch dazu dann, wenn es
sich durch einige Konkreta auszeichnet? Jericho war „wichtige Grenz- und Zollstation" (Rengstorf),
„Übergang in die Arabia" (Grdm.). Der Name Zachäus (Zakchaios = der Gerechte oder Kurzform
von Sacharja) ist nicht selten, aber auch nicht schablonenhaft; daß Zachäus „von Gestalt klein" war,
gibt der Geschichte einen individuellen Zug. Sykomoren (Maulbeerfeigenbäume) sind nach Dalman
in Jericho anzutreffen. Hat die Gemeinde wirklich gedichtet, dann jedenfalls so, daß sie bis in die
Details lokaltreu erzählt hat; Lukas selbst, der nach Conzelmann mit den Örtlichkeiten schlecht vertraut ist, dürfte danach einer einheimischen Quelle folgen, was wiederum späte Entstehung (Bltm.)
fraglich macht. Das „Sujet" ist freilich charakteristisch lukanisch: Rettung des Verlorenen
(bes. 15,1ff.); jedoch könnte diese Eigenheit bereits zur Quelle (S. Luk.) gehören. Was jedoch mit
hoher Wahrscheinlichkeit auf Lukas' eigenes Konto geht, ist V. 8 (vielleicht schon die letzten Worte
von V. 2), denn V. 9 schließt unmittelbar an V. 7 an, und πρὸς αὐτόν in V. 9 (von Cypr. und it^var weggelassen) paßt nicht zum Schluß des Verses, der *über* Zachäus, d. h. zu anderen spricht. V. 8 dürfte
danach eine (auf Lukas zurückgehende, eines seiner großen Anliegen aufnehmende) Zutat sein.
V. 1: In Jericho spielt schon die Geschichte von der Heilung des Blinden (18,35–43, vgl. uns. Ausl. zu
Estomihi); schon dort bringt der Durchzug Jesu die Menschen in Bewegung. – V. 3: Imperfekta
bezeichnen das wiederholte Bemühen und den Zustand des Nicht-Könnens. Daß Zachäus ein mächtiger Mann ist, veranlaßt die zusammengelaufene Menge nicht, ihm Platz zu machen. – V. 4:
Zachäus „läuft voraus"; er muß den Baum erklettert haben, ehe Jesus kommt. – V. 5: betontes
„heute", vgl. V. 9. – V. 7: καταλύειν hier im übertragenen Sinne (eigtl.: die Zugtiere „ausspannen"). –
V. 8: Lev. 5,24 wird bei Erstattung ein Zuschlag von einem Fünftel verlangt; Zachäus geht darüber
weit hinaus (nur bei Viehdiebstahl spricht das Gesetz vom Fünf- bzw. Vierfachen, Exod. 21,37).
Zachäus bezichtigt sich hart, wenn er von „erpresserischem Betrug" (συκοφαντεῖν) spricht. – V. 9:
Das Heil widerfährt dem ganzen „Hause" (Oikos-Formel wie wiederholt besonders in den Acta).
„Sohn Abrahams" deutet auf judenchristliche Überlieferung; da hier den Murrenden widersprochen
wird, dürfte die Abrahamssohnschaft nicht im Sinne von Röm. 4,11, sondern in dem für die Leute
von V. 7 nächstliegenden Sinne zu verstehen sein. (Der Wegfall der Kopula in der Urform von
‏א‎ wäre ein Semitismus *mehr*.) – V. 10 könnte sich auch auf die *beiden* vorangehenden Perikopen beziehen,
also auch auf den Blinden. Das Logion ist Matth. 9,13 und 1. Tim. 1,15 verwandt, nach letzterer
Stelle „ein Wort, wert, daß man's anerkennt bzw. zu Herzen nimmt".

Altchristliche Überlieferung will wissen, daß Zachäus, der Oberzöllner von Jericho, später Bischof von Cäsarea gewesen sei (Belege bei Grdm. z. St.). Falls dies Legende ist, so bliebe noch immer das andere wahrscheinlich: der Mann, dessen Namen man noch weiß, dürfte als Glied der Gemeinde Jesu bekannt gewesen sein, und es hätte sich auch Nachricht darüber erhalten, wie er mit Jesus in Verbindung gekommen ist. Es wäre auch seltsam, wenn in der Gemeinde der ersten christlichen Jahrzehnte, unter denen also, die zum Teil unmittelbar mit Jesus zu tun hatten, jegliches Wissen darüber, wie sie zu Jesus gestoßen sind, untergegangen wäre. Man könnte sagen: Personen-Ätiologien. Man weiß noch von dem Mann, kennt ihn vielleicht sogar (das lukanische Sondergut weist uns wohl in die juden-christliche Gemeinde) und erzählt sich, wie es mit ihm einst gegangen ist: eine gerade bei einer so farbigen Story naheliegenden Annahme. Und selbst wenn die Geschichte als Modellfall für Bekehrung weitererzählt worden ist, also unter der Dominanz eines *sachlichen* Anliegens, so wäre damit noch lange nicht gesagt, daß die Geschichte erdacht wäre. Einer Gemeinde von solchen, die schon Christen sind, würde berichtet, wie einst ein anderer – in diesem Falle sogar ein interessanter Mann – Christ geworden ist. Und wozu das? Daß man sehe, was geschieht, wenn man mit Jesus in Kontakt kommt! Ja, es muß nicht einmal so sein, daß man nur an die erst- und einmalige „Bekehrung" denkt. Auch wenn man die Veränderungen, die Jesus in unserm Leben bewirkt, als ein täglich neues Geschehen ansieht, die große Wende also nicht ein Perfektum oder Definitivum ist: auch dann wäre das punktuelle Geschehen – an diesem einen Tag in Jericho – gegenwärtig in dem iterativen, d. h. täglich neu sich ereignenden Geschehen der Buße. Es wird sich zeigen müssen, ob und, wenn ja, in welchem Sinne ich mit „Zachäus" gleichzusetzen bin. Sicher ist, daß der Jesus, der Zachäus angesprochen und vom Baum herabgeholt hat, mit dem Jesus Christus identisch ist, der mich, als der Erhöhte, noch heute in seinem Worte ansprechen will. In der Mitte der Perikope steht nicht Zachäus, sondern Jesus. Aus diesem einen Beispiel wird uns heute demonstriert, wie Jesus überhaupt mit uns umgeht und was an uns geschieht, wenn wir es mit ihm zu tun bekommen. *Für die Verlorenen ist Jesus da.* (1) *Bei ihnen hält er Einkehr.* (2) *In ihnen bewirkt er Umkehr.*

I.

Der Prediger hat es nicht in der Hand, auf wen von den im Gottesdienst anwesenden Menschen Christus es diesmal besonders abgesehen hat. Auch damals, als Jesus durch die alte Stadt Jericho zog, konnte niemand ahnen, was sich in eben diesen Stunden ereignen und wem Jesu besondere Aufmerksamkeit und Bemühung gelten sollte. Von V. 10 her könnte man, rückblickend, nur sagen: Jesus hat es immer auf den abgesehen, der „verloren" ist. „Verloren" sein könnte ein Gegenstand, der abhanden gekommen ist und irgendwo, wie wir sagen, „gut liegt". „Verloren" sein könnte aber auch etwa eine Gruppe von Bergsteigern, die an hoher, steiler Wand vom Schneesturm überrascht und in einbrechender Nacht und Kälte dem Verderben ausgeliefert sind. Das Wort ἀπόλλυσϑαι meint das letztere. Wer von uns ist das? Genau weiß das nur Jesus selbst. Ob Zachäus sich für einen Verlorenen gehalten hat, darüber sagt die Perikope nichts. Es wäre ja ganz falsch zu meinen, das Evangelium sei nur etwas für Verängstigte, im Gewissen Beunruhigte, Zerknirschte und Verzweifelte. Wie es in Wahrheit um uns steht, merken wir – soweit wir es überhaupt merken – erst dann, wenn wir aus der Situation des Verlorenseins bereits heraus sind.
Die öffentliche Meinung damals in Jericho hielt den Oberzöllner allerdings für einen Verlorenen. In den damaligen Verhältnissen war der Beruf des Zöllners von vornherein

anstößig (vgl. Leipoldt/Grundmann, Umwelt I, S. 183). Für Zachäus galt, was man den
Zöllnern vorwarf, sicher in erhöhtem Ausmaß. Er war Chef der stark frequentierten Zoll-
stelle Jericho, der Hauptverantwortliche dafür, daß den Leuten ihr vielleicht schwerver-
dientes Geld zu einem beträchtlichen Teil abgenommen wurde. „Und war reich" (V. 2):
darin verbirgt sich noch ein besonderer Vorwurf: „und hatte sich kräftig bereichert",
könnte Lukas auch geschrieben haben. In V. 8 wird Zachäus es offen bekennen:
ἐσυχοφάντησα; darin liegt, daß er seine Stellung bedenkenlos ausgenützt hat, die Leute zu
schröpfen. Ein unheimlicher Mensch. Jeder konnte nur froh sein, wenn er mit ihm nicht
zu tun bekam. Es war sicher nicht opportun, es mit ihm zu verderben. Dennoch wird
Zachäus im Gedränge der Menschen nicht respektiert; keiner macht dem kurzgewachse-
nen Oberzöllner Platz. Will man's ihm mal zeigen? Oder erzeugt das Kommen Jesu unter
den Menschen eine Stimmung, die es erlaubt, ihn an den Rand zu drängen? Ist Jesus so
wichtig, daß der verhaßte und verachtete Oberzöllner – für diesmal wenigstens – ganz an
den Rand gerät?

Zachäus begehrt Jesus zu sehen, „wer er wäre". Es wird nicht gesagt, daß ihn anderes auf
die Straße getrieben hätte als eben dies. Er dürfte es wohl auch gewohnt gewesen sein,
geschnitten zu werden; er teilte dies Los mit anderen, die gleichfalls in den Augen der
Maßgebenden als hoffnungslose Fälle „abgehängt" waren. „Verloren" – also „abgeschrie-
ben". Das Heil bleibt für die anderen, für ihn die Heillosigkeit. Die im Laufe der Zeit
immer schwerer gewordene Geldtruhe mochte ihn einigermaßen entschädigen. Es gibt
verschiedene Arten und Weisen, sich in der Hoffnungslosigkeit einigermaßen schadlos zu
halten (vgl. z. B. 1. Kor. 15,32b). Zachäus hofft nicht mehr. Aber die kleine Sensation läßt
er sich nicht entgehen – zwischen der eintönigen Abfertigung von Fuhrwerken und der
Herstellung von (frisierten) Abrechnungen für die Passanten und – soweit dies bei dem
Zoll-Pachtsystem nötig war – für die Römer.

Wird Zachäus Jesu Durchzug wahrnehmen können? Er wird über die gedrängt stehenden
Menschen nicht hinwegsehen können. Platz machen wird ihm keiner. Aber er weiß sich
zu helfen. An den heißesten Stellen Palästinas – und dazu gehört Jericho – wachsen
Maulbeerfeigenbäume (nicht mit den echten Maulbeerbäumen zu verwechseln, deren
Blätter die Nahrung für die Seidenraupe bilden und die erst im Mittelalter nach Palästina
gekommen sind): knorrig, mit schon nahe am Boden ansetzenden weitausladenden Ästen,
daher leicht zu erklettern, und mit dichtem Laub. Von da aus würde Zachäus den viel-
besprochenen, gefeierten, jedoch auch umstrittenen Mann sehen können. Es wird ein
kleines Intermezzo werden – höchstens drei Minuten –, dann wird Jesus mit seinen Leuten durchs nach Jerusalem führende Stadttor hindurch die Stadt verlassen haben, und
Zachäus wird sich wieder den Karawanen zuwenden oder sich über seine Listen setzen.
Das alte Leben wird weitergehen.

Man sieht: die Geschichte reizt zum Nacherzählen. Geschieht dies sachgemäß, dann wird
unsere Predigt gerade nicht ein breit ausgeführtes Histörchen sein, sondern genau auf das
führen, worauf es bei uns selbst ankommt. Bin ich Zuschauer? Gaffer? Ist mir der Gottesdienst – viele halten solches sowieso für schlechterdings unmöglich – eine kleine Sensation, die die Geschäfte des Alltags ein wenig unterbricht? Wer weiß, was die einzelnen
Gottesdienstbesucher diesmal veranlaßt haben mag, zur Kirche zu kommen. Zachäus
gedachte, in dieser Szene – wenn auch auf bevorzugtem Aussichtspunkt – zur Kompar-
serie zu gehören. Aber aus dem vermeintlichen Statisten wird unversehens ein Akteur.
Jesus ist und bleibt die Hauptperson. Aber Zachäus findet sich plötzlich in der Titelrolle.
Ihm ist das passiert, was jedem Predigthörer widerfahren kann: Jesus hatte es eben auf
ihn abgesehen. „Zachäus!" – Jesus kennt seinen Namen. Ich weiß nicht, ob Lukas mit
diesem Einzelzug Geschehenes zu berichten beabsichtigt, oder ob es ihm schon auf die

Deutung ankommt: Jesus spricht *jeden* von uns namentlich an, er meint nicht ein beliebiges Exemplar der Gattung Mensch, er meint *mich*! Der Text beschreibt sehr anschaulich, was in dem entscheidenden Augenblick geschieht. Jesus „hebt den Blick" zu dem halb im Laub des Baumes versteckten Männlein und sagt zu ihm: „Zachäus, schnell, kommt runter, denn heute muß ich" – merkwürdiges „muß"! – „in deinem Hause Rast machen." Eilig klettert Zachäus vom Baum und empfängt Jesus „mit Freude".

Das Evangelium kommt in dieser Perikope besonders schön zum Leuchten. Die Verbindung zwischen Jesus und diesem Manne geht eindeutig auf Jesu Initiative zurück. Nicht wir haben ihn erwählt, sondern er uns (Joh. 15,16). Ergreifen können wir nur, nachdem wir von Christus ergriffen sind (Phil. 3,12); erkennen können wir nur, nachdem wir erkannt sind (1. Kor. 13,12; Gal. 4,9). Jesus interessiert sich unerwarteter- und unverdientermaßen für einen Menschen, und das wird dessen Heil. Jesus ist gekommen, „zu suchen und zu retten"; die Zachäusgeschichte ist ein besonders farbkräftiges Beispiel dafür, wie er das macht.

Jesus kehrt im Haus des Zachäus ein. Jeder Gottesdienst ist das Ereignis nicht nur des „Durchkommens" (V. 4 Ende), sondern auch des „Einkehrens", des „Bleibens" Jesu (Matth. 18,20 – die Perikope ist in Reihe I für den Kirchweihtag vorgesehen; ich habe sie in Band I nicht behandelt). Niemand sage, wenn er erlebte, was Zachäus erlebt hat, dann wollte auch er glauben. Wir erleben es ja! In der Verkündigung des Evangeliums ereignet sich solche „Einkehr"! Im Herrenmahl ereignet sie sich sogar ganz leibhaft; wir nehmen den in uns eingegangenen Christus mit in unsere Häuser. „Heute ist diesem Hause Rettung widerfahren" (V. 9). Jesus ist da.

Noch pointierter kommt das Evangelium zum Ausdruck. Die Menge murrt (διαγογγύζειν = „herum"-murren und -brummen): Zachäus ist ein Sünder; mit einem solchen Menschen gibt man sich nicht ab, sein Haus betritt man nicht, und man setzt sich schon gar nicht mit ihm an einen Tisch (5,30). Und eben bei diesem Zachäus kehrt Jesus ein! Jesus wirft alle Ordnung um, verkehrt alle Maßstäbe. Die Frommen läßt er stehen, und mit diesem zugleich gefürchteten und verachteten Menschen knüpft er Verbindung an. – Jesus kümmert sich nicht um solche Kritik. Doch wohl nicht, weil er guthieße, was Zachäus auf dem Gewissen hat; der Fortgang der Geschichte läßt es deutlich erkennen, daß auch Zachäus Jesus nicht so verstanden hat. Aber Jesu Sendung gilt denen, für die nach menschlichem Ermessen nichts mehr zu hoffen ist, dem „Verlorenen" (V. 10 – beachte das Neutrum). Jesus ist nicht gekommen, menschliches Frommsein zu bestätigen, religiöses Selbstbewußtsein zu erhöhen, menschliche Ansprüche vor Gott seinerseits zu unterstreichen. Jesus ist für solche da, wie Levi einer war (5,27–31) oder die Sünderin (7,36–50); für „Zöllner und Huren" sieht er mehr Chancen als für seine „korrekten" Gegner (Matth. 21,31f.). Es ist nicht Jesu Art, die Schuld des einzelnen zu verharmlosen (vgl. die nachfolgende Perikope) oder zu vertuschen. Aber es wäre auch von der Schuld derer zu reden, die anderen das Himmelreich zuschließen (11,46.52; Matth. 23,13f.). Wäre Zachäus das, was er ist, wenn die „Gemeinde" ihn nicht so verachtete und ostentativ abstieße? Was bleibt dem „Verlorenen" anderes übrig, als eben das Leben eines Verlorenen zu führen? Wenn niemand ihn für wert hält, muß er dann nicht auch für sich selbst resignieren? Die christliche Gemeinde soll sehr gut achtgeben, daß sie nicht wider besseres Wissen immerzu ein Chor von Murrenden, Entrüsteten, Sich-Distanzierenden und von erbarmungslosen Verächtern sei. Jesus gibt dem von allen Gemiedenen und Verachteten durch seine Gegenwart den neuen Wert. Jesus steht für ihn ein – allein darin liegt (es ist sonst noch gar nichts weiter geschehen) sein neues Ansehen, seine Geltung, seine „Gerechtigkeit". Propter Christum – per fidem. Was muß das für einen solchen Mann bedeuten, wenn ihn – nach wie langer Zeit wohl? – erstmalig wieder einer ernst nimmt, für wert achtet, sich zu ihm bekennt! „Einer"? *Dieser*! Wir haben den Zachäus nicht auf seine Christologie zu befragen; diese dürfte – obwohl „Jesus von Nazareth" der Menge immerhin ein Begriff war (18,37) und trotz der durch die Straßen Jerichos hörbaren Akklamation des Blinden (18,38ff.) – noch völlig unartikuliert gewesen sein. Genug, Zachäus hat die σωτηρία aus den Händen Jesu entgegengenommen!

2.

In den Verlorenen bewirkt Jesus Umkehr: eben dadurch, daß sie bei ihm und für ihn keine Verlorenen mehr sind. Die Murrenden haben überhaupt nicht verstanden, daß Jesus gerade durch das, was ihren Widerspruch herausgefordert hat, tatsächlich einen anderen, einen neuen Zachäus entstehen läßt! Nicht durchs Gesetz wird ein Leben neu, sondern durchs Evangelium. Lukas hat die spürbare, ja geradezu nachrechenbare Veränderung im Leben des Zachäus an *dem* Punkt aufgezeigt, der ihm, dem Anwalt der Armen, besonders wichtig war (so jedenfalls, wenn V. 8 von Lukas stammt, s. o.). Jesu Tun an Zachäus hat ein neues Tun des Zachäus an seinen Mitmenschen ausgelöst. Wie ist das geschehen?

Zunächst muß auffallen, daß Jesus beim Eintritt in das Haus des Zachäus, soweit uns berichtet ist, an diesen nicht ein einziges Wort der Zurechtweisung gerichtet hat. Nicht, daß Jesus nicht auch das Gesetz predigte. In der Bergpredigt legt er es so aus, daß es einem die Luft nehmen könnte. Mancher hat Jesus überhaupt zu einem Prediger des Gesetzes machen wollen; dies freilich ist sicher grundfalsch. Aber Zachäus braucht wahrscheinlich keine Reformande. Die öffentliche Meinung, das allgemeine sittlich-religiöse Bewußtsein enthielt genug „Gesetz"; jedenfalls läßt V. 8 erkennen, daß Zachäus selbst sehr deutlich sieht, was bei ihm anders werden muß. Uns fiel schon das scharfe Wort der Selbstanklage auf: ich habe unter Mißbrauch meiner Amtsgewalt die Leute arm gemacht. (Daß V. 8 nicht Selbstverpflichtung, sondern, ähnlich wie 18,12, eine Art Selbstverteidigung sein soll, erledigt sich schon durch das Wort ἐσυκοφάντησα). Wir haben es alle nicht nötig, daß man uns „die Leviten liest", denn wir wissen meist nur zu gut, wo unsere dünnen Stellen sind. Jesus hat nichts weiter getan, als daß er in das Haus des Zachäus das Heil brachte. Die Heiligung erwächst aus der Rechtfertigung, ist deren Konsequenz. Indem Jesus sich zu dem bisher Verlorenen stellte, ihm seinen neuen Wert und damit auch einen neuen Ausgangspunkt für sein Leben gab, brachte er, ohne ein Wort darüber zu verlieren, die *Umkehr* in Gang, die Lukas in V. 8 in ihren Folgen so eindrucksvoll beschreibt. Man erkennt den Zachäus nicht wieder! Sein Heilsstand erweist sich sofort als von erheblicher sozialer Konsequenz. Zachäus wird in Jericho von Haus zu Haus gehen und Gelder verteilen. Die Schatulle in der Hand, die Listen unter dem Arm geklemmt. Er zahlt die zuviel vereinnahmten Beträge zurück – alles mal vier! Natürlich erreicht er nicht mehr alle Geschädigten. Aber was er wieder gutmachen kann, reguliert er. Darüber hinaus gibt er die Hälfte seiner Habe den Armen. Das geht alles weit über das hinaus, was das Gesetz forderte. Wir wissen nicht, was dieser Tag der Begegnung mit Jesus für Zachäus und seine Familie wirtschaftlich bedeutet haben mag; für Lukas mögen Vorstellungen wie Apg. 2,44; 4,32 im Hintergrund gestanden haben. Der Text hält sich nicht mit Einzelheiten auf. Nur das sagt er deutlich: die Umkehr des Zachäus bedeutet einen tiefen Eingriff in seine äußeren Verhältnisse und einen spürbaren Einschnitt in seinem Leben. Man wird im Hause des bisher „neureichen" Zachäus künftig rechnen müssen. Aber die Umkehr vollzieht sich, wie man sieht, genau an *dem* Punkte, der bisher bei Zachäus wirklich der kritische Punkt gewesen ist: bei den Finanzen. Jeder von uns dürfte die Umkehr eben da zu vollziehen haben, wo die Verkehrtheit seines Wesens und sein bisheriges Verlorensein am deutlichsten zum Ausdruck kommen. Eines sollte uns zu denken geben: Zachäus hängt nicht seinen Zöllnerberuf an den Nagel. Nationalistisch denkende Juden hätten dies wohl am ehesten verlangt, denn sie sahen darin Kollaboration, die ihnen im Prinzip mit der Zugehörigkeit zum Volke Gottes nicht vereinbar schien. Jesus denkt anders. Er sieht, daß die Verbundenheit mit Gott und das Leben unter der Gewalt des römischen Kaisers auf ganz verschiedenen Ebenen liegen (20,25). Schon der Täufer hatte den Zöllnern nicht gesagt, sie müßten ihren Beruf aufgeben; sie sollten nur nicht mehr verlangen, als verordnet ist (3,12f.). Christen leben nicht in weltfreien Enklaven. Der Gehorsam der Gerechtfertigten vollzieht sich *in* den Verhältnissen, in denen sie leben. Jesus schafft weder die in der Welt geltenden bzw. geschichtlich vorhandenen Ordnungen ab, noch sieht er es als seine Aufgabe an, sie durch neue, etwa dem Reiche Gottes angemessene, zu ersetzen. Nicht, daß die Welt sich nicht wandeln sollte! Aber es gehört kein neuer Flicken auf ein altes Kleid (5,36). Zachäus soll mit seiner Umkehr nicht warten, bis die Welt anders geworden ist. Er ändert sein Leben im Gefüge des (jeweils) Gegebenen, heute und hier! Vielleicht wird man ihm nachweisen können, daß seine in V. 8 beschriebenen Maßnahmen das begangene Unrecht keineswegs aus der Welt räumen, so daß nun alles beglichen bzw. gar vielfältig aufgewogen wäre. Noch weniger ist zu beweisen, daß die Strukturen der ungerechten Welt durch lauter solche Einzel-Bereinigungen verändert würden. Ja, es wird nicht schwer sein, deutlich zu machen, daß Zachäus allein schon durch sein ferneres Zöllner-Sein – und wo gäbe es eine Tätigkeit, für die das nicht gälte? – neue Schuld auf sich laden wird. Tatsächlich: wir kriegen das Exempel nie so hin, daß es aufgeht! Aber die Umkehr findet statt. Sie kann nur dort wirksam werden, wo man an die Vergebung glaubt.

„Auch er ist Abrahams Sohn" (V. 9). Ebenfalls eine im Zentrum evangelische Aussage. Man muß sie nur richtig verstehen. Die – von Jesus nie zelotisch-chauvinistisch verstandene – Erwählung ist das Werk der allem menschlichen Glauben, Bekennen, Beten und Tun vorauslaufenden Barmherzigkeit Gottes. Der Text sagt nicht, es sei bedeutungslos, ob man zur Gemeinde der Erwählten gehöre oder nicht. Das Heil verwirklicht sich immer geschichtlich, d. h. aber: so, daß es Gestalt gewinnt. Man muß nur wissen, daß Gott so unbedingt gnädig ist, daß der, mit dem er sich einmal verbunden hat, kein „Verlorener" sein soll. Für uns heute heißt das: Wir sind *getauft*. Darum hat Christus seine Kirche auf den Weg geschickt, allen Völkern Evangelium und Taufe zu bringen (Matth. 28,19), weil sie dadurch in das Volk seiner gnädigen Wahl eingegliedert werden. Zachäus gehört zum Volke Gottes. Daran hält Jesus fest, wieviel immer auch gegen diesen als verloren Geltenden sprechen mag. Wenn jemand von uns nicht umzukehren wagte, weil er meint, er sei so weit von Gott weg wie einst Zachäus, vielleicht noch weiter, dann hätten wir ihn auf seine Taufe anzusprechen. „Auch er ist Abrahams Sohn", das hieße für uns: „auch er gehört zum Gottesvolk". Die Erwählung ist – so fremd wir uns Gott gegenüber auch fühlen mögen – nicht verspielt. Wir dürfen umkehren. Es wäre nach allem, was uns von Christus widerfahren ist, geradezu unverständlich, wenn wir es nicht täten.

4. Sonntag nach Trinitatis. Joh. 8,3–11

Der Text kommt in den frühen großen Hss. nicht vor. Er findet sich erst bei D und in der byzantinischen Textgruppe, bisher mit 𝔎 bezeichnet (eine Menge Abweichungen im einzelnen mögen es rechtfertigen, daß die Perikope mit V. 3 beginnt). Hieronymus nimmt den Text in die Vulgata auf. Eusebius (KG III,39,17) meint, Papias (um 130) kenne die Geschichte aus dem Hebräerevangelium.

Zum Text H. von Soden, Die Schriften des NT . . ., 1902, S. 486–524 und U. Becker, Jesus und die Ehebrecherin, 1963. Bultmann rechnet die Perikope nicht zu Joh., erklärt sie darum auch nicht. Der Fülle der Probleme können wir hier auch nicht andeutungsweise gerecht werden; unsere praktische Aufgabe verlangt es, daß wir in einigen Punkten verfahren wie Alexander d. Gr. mit dem gordischen Knoten. Die Botschaft selbst ist, meine ich, hinreichend deutlich.

Aus V. 2 halten wir fest, daß die Szene im Tempel spielt. Besonders Lukas erzählt, daß Jesus im Tempel lehrte (19,47; 20,1; 21,37, vgl. auch Mark. 14,19; Joh. 18,20). Das „Volk" spielt in dem Vorgang keine Rolle mehr; „in ihre Mitte" – V. 3 – könnte auch die Gruppe von Schriftgelehrten und Pharisäern meinen. Nach der Mischna (Sanh. XI, 1.6) war eine ehebrecherische Ehefrau zu erdrosseln; daß Steinigung vorgesehen ist, hat man als Indiz dafür angesehen, daß es sich um eine treulose Braut handelt, also um „ein blutjunges Menschenkind" von 12 bis 13 Jahren (Jeremias in ThWNT IV, S. 1039 A. 8). Doch wird damit spätere Diskussion und Praxis unberechtigt in Jesu Zeit versetzt. 4mal liest man „Frau", und es ist deutlich von „Ehebruch" die Rede. Ist das Urteil des Gerichtshofs schon gefallen, so daß man sich auf dem Wege zur Vollstreckung befindet (es könnte sich, wegen der 18,31 gekennzeichneten Rechtslage, nur um Lynchjustiz handeln), oder wird Jesus um das noch ausstehende Urteil befragt? Die Frage V. 10 deutet auf letzteres. – V. 5: Obwohl nach Lev. 20,10; Deut. 22,22 *beide* an dem Ehebruch Beteiligten zu verurteilen sind, trifft es nur die Frau. – V. 6: Nach den meisten Hss. handelt es sich um eine Fangfrage. Man will gar nicht Gesetzesunterweisung oder -diskussion, sondern Jesus eine Falle stellen (wie in der Zinsgroschengeschichte). Darüber, daß Jesus sich nach vorn neigt und in den Sand schreibt (so auch V. 8), ist viel gerätselt worden. Becker spricht von einem retardierenden Moment (S. 87). Schnbg. denkt an Jer. 17,13: „die Abtrünnigen müssen auf die Erde geschrieben werden". So schon Ambrosius, Augustin und Hieronymus (nach Schnbg.), neuerdings J. Jeremias. Schnbg. hört heraus, daß Jesus damit sagen wolle, *alle* Menschen seien Abtrünnige und unterliegen dem Gericht Gottes. Andere denken daran, daß im römischen Prozeßverfahren der Richter den Spruch, ehe er ihn verkündigt, für sich selbst zu notieren habe. M. E. überzeugt keine der hier angebotenen Lösungen. Wir werden's nachher auf unsere Weise versuchen. – V. 7: ἀναμάρτητος im NT nur hier, jedoch mehrfach in LXX. Matth. 7,1 f. ist hier in sehr eindrucksvoller Weise umgewendet. Wer sündlos wäre, dürfte die Steinigung eröffnen. – V. 8: duratives ἔγραφεν – daß Jesus „sich damit beschäftigte, auf die Erde zu schreiben", gibt den Anklägern die (für den Leser spannende) Denkpause. – V. 9: Eine Reihe Hss. fügen hinzu: „von ihrem Gewissen überführt". Warum die (an Jahren) Ältesten zuerst abtreten? Haben sie die größte Lebenserfahrung und darum auch Menschenkenntnis? die Frau bleibt nun mit Jesus allein; ἐν μέσῳ kann hier (anders als in V. 3) nur bedeuten: „in der Mitte der Szene" – die Handlung konzentriert sich ganz auf sie. Noch ist ihr Schicksal nicht entschieden. – V. 10: Jesu Wort macht die Situation bewußt. – V. 11: „Herr": ehrfürchtige Anrede. Jesus wird zu entscheiden haben. Er schließt sich nicht den Davongegangenen an, er spricht die Frau von sich aus frei. So „erfährt die Ehebrecherin bedingungslos die Vergebung Gottes" (Schnbg., ebenso Becker).

Ein synoptisches Kuckucksei im johanneischen Nest? Nein: „eine verlorene Perle alter Überlieferung" (W. Heitmüller). Der Handschriftenbefund könnte auf späte Entstehung der Perikope deuten, jedoch weist die Papiasspur auf ältere Überlieferung. Der Erzählungsstil ist den synoptischen Perikopen viel näher als den johanneischen. Grundmann spricht von einem „Ereignis, das aus den synoptischen Evangelien getilgt worden ist" und später – wohl durch Zufall – seinen Platz zwischen Joh. 7 und 8 gefunden hat. Man hat vermutet, unsere Perikope habe ursprünglich in Mark. 12 zwischen VV. 17 und 18 gestanden. Daß sie dort weggefallen ist, könnte darin begründet sein, daß die Christenheit des 2. und 3. Jahrhunderts im Ehebruch eine Todsünde gesehen hat, Jesu bedingungslose Vergebung also nicht mehr ertragen wurde (hierzu: Hans Frhr. von Campenhausen, Zur Perikope von der Ehebrecherin, in: Urchristliches und Altkirchliches, Tübingen 1979, S. 193). Wäre die Perikope in dieser Zeit entstanden (von Campenhausen: frühes 2. Jahrhundert), dann wäre sie der Protest gegen die in der Kirche aufgekommene neue Gesetzlichkeit. Aber wir sind nicht genötigt, die Geschichte als ad hoc erfunden anzusehen; manches deutet auf judenchristlichen Ursprung (Schnbg., S. 235), und „die hier erkenn-

bare Haltung Jesu stimmt zu dem unverdächtigen Bild vom ‚historischen Jesus', wie es
aus den syn. Evangelien hervortritt" (ebd., S. 234). Das pointierte Jesuswort V. 7 mag Anlaß gewesen sein, die Geschichte weiterzuerzählen, als Hilfe und Richtmaß für das jesus-
gemäße Verhalten in der christlichen Gemeinde. Es kann aber nicht ohne den Vorfall
umgelaufen sein; die Geschichte gehört also von vornherein dazu, wobei noch zu fragen
wäre, ob VV. 9–11 wirklich novellistische Ausweitung sind (Bltm., GsTr., S. 67), oder ob
nicht der Vorgang erst da an sein Ziel kommt, wo über die Frau das endgültige Urteil
gefällt wird, also der Freispruch ergeht. „Biographisches Apophthegma mit novellisti-
schen Zusätzen": das Denken in formgeschichtlichen Schemata kann wohl helfen, sich
bestimmte Sachverhalte zu verdeutlichen, aber es wird von den komplexen Lebensvor-
gängen immer wieder gesprengt.
Von der *Gemeinde der Sünder* sprechen die Texte dieses Sonntags. Zwar heißt es: „Von
jetzt an sündige nicht mehr!", aber es ist ja zugleich vorausgesetzt, daß wir alle Sünder
sind und einander nicht verurteilen dürfen. Wer in seinem Denken nur glatte, bequeme
Wege gehen will, kommt hiermit nicht zurecht. Gesetzliches Denken ist auf die glatte
Formel aus. Es ist in unseren Gemeinden noch weit verbreitet. Daß der Christ gern in
einem Leben der Heiligung und des Gehorsams seinem Herrn Ehre erweisen und Freude
bereiten will, wird darin zu einem üblen Moralismus verdorben, und statt der Vergebung
dominiert die Verurteilung des anderen. Also soll man sich mit der Sünde abfinden?
Über solche Fragen hat man gestritten, als diese Perikope der Kirche, die sie schon aus-
gemerzt hatte, wieder interessant wurde. Sie enthält nicht in Paragraphen gegossene
Lehre, sondern sie stellt am lebendigen Geschehen dar, wie Jesus selbst mit dem sündigen
Menschen umgegangen ist. Wir versuchen, die spannungsreichen Aussagen der Perikope
so zusammenzufassen: *Die Ahndung der Sünde in Jesu Gemeinde:* (1) *Es gilt das unver-
brüchliche Gesetz.* (2) *Es schweigen die unzuständigen Richter.* (3) *Es entscheidet der
unbedingt-gnädige Herr.*

I.

Man hat erörtert, ob man den Text den Streitgesprächen zuordnen soll, wie sie nach den
Synoptikern besonders in Jesu letzten Tagen und gerade im Tempel stattgefunden haben.
Sie haben ja z. T. die Besonderheit, daß Streitfragen nicht in akademischer Sachbezogen-
heit erörtert werden, sondern mit der Absicht, Jesus daran zu Fall zu bringen. V. 6 drückt
diese Absicht deutlich aus (die – späte – Hs. M. unterstreicht dies noch einmal am
Schluß). Jesus wird also gar nicht deshalb gefragt, weil die Frager sich in der Sache nicht
klar wären, sondern weil er, Jesus, als Ketzer erwiesen werden soll. Taktisches Geplän-
kel, könnte man sagen, nicht ernstes Fragen nach Gottes Willen. Jesus soll unmöglich
gemacht werden. (Es ist ähnlich wie bei der Zinsgroschengeschichte.) Stimmt Jesus dem
Urteil zu, das die Steinigung verlangt, dann ist er nicht mehr der Heiland der Sünder.
Widerspricht er dem Urteil, dann kann man ihn als Gesetzesverächter festnageln. Die
Frager dürften der Meinung sein: wie immer Jesus antwortet, er wird sich unmöglich
machen. Das zu erwartende Ende der Szene: „1:0 für uns."
Wie die Geschichte wirklich weiterläuft, das ist charakteristisch für Begegnungen mit
Jesus – damals und heute. Eine Streitfrage auf akademischer Ebene verwandelt sich
unterderhand in eine Existenzfrage (V. 9, s. o.). Meinte man eben noch, distanziert
diskutieren zu können – sich die Sache vom Leibe haltend –, so geschieht es im Umgang mit Jesus, daß sie einen „anspringt". Fühlte man sich eben noch Jesus gegenüber als überlegen, so daß man ihn aus dem Sattel heben könne, wird unversehens er,
Jesus, zum Angreifer; der zu Befragende wird auf einmal das handelnde Subjekt der

Szene. Am Ende wird keiner von den Angreifern mehr anwesend sein, nur er – und (darin liegt das Evangelium) die Sünderin. Diese Beobachtung wird für unsere ganze Art, mit dem Text umzugehen, von Bedeutung sein müssen.

Dies also soll getestet werden, ob Jesus auf dem Boden des *Gesetzes* steht. „Mose hat . . . geboten" (V. 5). Jetzt, da über das Schicksal dieser Frau zu entscheiden ist, muß es sich ja zeigen, ob der als Freund der Sünder bekannte Jesus das Gesetz achtet und hält oder nicht. Der Tatbestand ist klar: die Frau ist in flagranti ertappt worden – ihren Liebhaber hat man entweder nicht erwischt oder aber laufen lassen. Klar ist auch, was das Gesetz in solchem Falle verlangt. Jetzt muß Jesus Farbe bekennen.

Die Szene bewegt uns tief. Wir ergreifen von vornherein Partei für die Frau. Sie kann nichts anderes erwarten als dies, daß sie nun von der grausamen Strafe getroffen wird und sie eine Stunde wirklichen oder vermeintlichen Glücks, weil es eine Stunde der Schwachheit und des Versagens war, mit dem Leben bezahlen muß. Wir fragen: Will Gott, daß man so mit einem schuldig gewordenen Menschen umgeht? Man muß freilich sehen, daß dies erst unsere *zweite* Frage sein kann. Die erste lautet: Ist die Frau wirklich schuldig, oder soll man sich auf den Standpunkt stellen, daß, was ihr vorzuwerfen ist, so grausam schwer nicht bewertet werden kann? Uns faßt der Schauder vor der Strenge des mosaischen Gesetzes. Soll schon das Gesetz gelten: ein solches *nicht*! Wir üben Kritik an dem hier angelegten *Maßstab*. Wir denken liberaler. „Mose" war unbarmherzig hart. Soll man geltend machen, daß rauhe Menschen nur mit strengen Gesetzen regiert werden können? Man bedenke doch: das Mittelalter hat Diebe gehenkt! Sind wir besser erzogene, kultiviertere, sittlich gereiftere Menschen? Keiner von uns wird für „drakonische" Gesetze sein. Man wird sich freilich sofort klarzumachen haben, daß – gerade in Ehesachen – unsere „liberalen" Auffassungen vom Glauben her ebensowenig vertretbar sind. Wohlgemerkt: es geht jetzt nicht um die Frage, wie man mit Schuldiggewordenen umzugehen habe (Gal. 6,1), sondern es geht uns um die *Norm*, um das, was sein soll. Immer wieder erlebt man, daß beide Ebenen verwechselt werden. Man kann Verständnis dafür haben, daß ein Mensch in schwacher Stunde dem sündigen Verlangen seines Herzens nachgibt und aus der Ehe ausbricht. Man wird solches Verhalten erst recht dann verstehen, wenn man weiß, daß diesem Menschen in der bestehenden Ehe erhofftes Glück versagt geblieben ist. Man wird mitfühlend die Macht der Versuchung einkalkulieren – etwa dann, wenn ein Mensch, der seinem Ehepartner nie untreu zu werden gedachte, von der Faszination eines anderen Menschen getroffen wurde, der unerwartet in sein Leben eintrat. Was kann nicht alles geschehen, wenn wir schwach werden! – Aber hier steht die Frage anders. Sollen wir, weil dem so ist, die Normen ändern? Soll man über eheliche Treue und das Glück der ausschließlichen Gemeinsamkeit – „nur du!" – künftig anders denken, bloß weil es so viele Aus- und Einbrüche gibt? Sicher unterliegt die Gestalt der Ehe geschichtlichen Wandlungen – z. B. durch die veränderte Rolle der Frau in der Gesellschaft, durch ihre Berufstätigkeit, auch infolge der körperlichen Akzeleration in der Entwicklung junger Menschen (Frühehe). Wir haben jetzt nicht die verschiedenen Vorstellungen, Modelle und Varianten durchzunehmen. Deutlich müßte sein, daß jede der sich wandelnden geschichtlichen Gestalten der Ehe das zu respektieren hat, was – nach Jesu Wort – Gott, der Schöpfer, sich „im Anfang", also vom Ursprung der Ehe her, gedacht hat (Mark. 10,6–9): er will die leib-seelische Ganzheitlichkeit der ehelichen Bindung, die die Ausschließlichkeit und Unauflöslichkeit einschließt, und er will eben darin das volle, das ungeteilte Glück. – An diesem Wollen Gottes ist die Frau, auf welche Weise auch immer, schuldig geworden.

Wie verhält sich nun der Heiland der Sünder angesichts solcher Herausforderung? Wir träfen nicht das Gemeinte, wenn wir seine Reaktion (V. 7b) als ein taktisches Ausweichen ansähen. Sowenig der Hinweis auf die Zinsmünze nur ein taktischer Schachzug war –

Mark. 12,17 ist Sachaussage –, sowenig ist dies hier der Fall. Nur, was Jesus zu sagen hat, ist nicht in die Form eines Lehrsatzes gekleidet. Jesus respektiert das Gesetz nach seiner Aussage; die Frau ist danach zu steinigen. Nur: was wird aus der „chemisch reinen" Aussage des Gesetzes, wenn man sich verdeutlicht, in welchen Kontext sie zu stehen kommt? Die Frage stellt sich ja auch sonst, wenn Jesus sich mit dem Gesetz auseinandersetzt. Er ist nicht gekommen aufzulösen, sondern zu erfüllen (Matth. 5,17). Man hätte diesen Satz nie als judenchristlichen Rückfall ansehen sollen. Jesus baut, wenn es um Gottes Ansprüche an uns geht, keineswegs ab, er nimmt es genauer. Das Gesetz fordert mehr, als „zu den Alten gesagt" ist; unsere Gerechtigkeit muß besser sein als die der Schriftgelehrten und Pharisäer (Matth. 5,20). Jesus – einer, der es den Leuten leicht macht? Man könnte schon bejahen (Matth. 11,30), aber nicht in dem Sinne, daß Jesus Gottes Forderungen ermäßigt und für die Sünde grünes Licht gibt. Um es am 6. Gebot zu verdeutlichen: der begehrliche Blick auf die andere Frau macht schon zum Ehebrecher, bereits das Verlangen des Herzens macht schuldig. Denn Gott will uns ganz – nicht bloß unsere äußere Legalität. „Aus dem Herzen der Menschen kommen die bösen Gedanken" (Mark. 7,21). Bis auf den Grund unseres Herzens erstreckt sich Gottes Recht auf uns. Nein, von Ermäßigung und Abbau kann hier nicht die Rede sein. Es ist Jesus ernst mit Gottes Gesetz – ernster als denen, die diese schuldig gewordene Frau angeschleppt bringen. Grundsätzlich – also von der Ebene des bis in die letzten Tiefen ernst genommenen Gesetzes aus – gilt, daß diese Frau vertan hat. Also, bitte: den ersten Stein!

2.

Aber da schweigen die Richter. Jesu Wort hat sie im Ansatz als unzuständig erwiesen. Die Steinigung eröffnen dürfte nur der, der selbst ohne Sünde ist. Wie können Sünder andere Sünder richten? Wer richtet, müßte ja – von Gott – selbst gerichtet werden. Wo es so viel vor der eigenen Tür zu kehren gibt! Alles Richten anderer geht von einer völlig falschen Voraussetzung aus: als stehe man über dem anderen, als sei einem selbst nichts vorzuwerfen. Oder aber: es wird aus richtiger Voraussetzung eine falsche Folgerung gezogen: man müsse den anderen herabsetzen, damit man selbst in seiner zweifelhaften Position sich wenigstens relativ noch von ihm günstig abhebe.
Die schreckliche Aburteilung, Herabsetzung und Verachtung anderer – leider auch in der christlichen Gemeinde – beruht also darauf, daß die Überlegenheit, die wir uns zuschreiben und die auf der Ebene der iustitia civilis wohl auch vorhanden sein mag, uns dem anderen gegenüber zu nichts berechtigt. Vielleicht habe ich's leicht gehabt, ohne Strafpunkte über die Runden zu kommen; was wäre mir passiert, wenn ich unter so ungünstigen Bedingungen hätte laufen müssen wie der andere, auf den ich herabsehe? Welchen Versuchungen war er ausgesetzt, vor denen ich verschont geblieben bin? Was für Voraussetzungen – seelischer und körperlicher Art – waren für das von mir bei ihm inkriminierte Verhalten mitbestimmend? Und andersherum: Was liegt – an Gröberem oder Subtilerem – auch in meinem Leben vor (zum Glück hat sich's nicht herumgesprochen)? Wer ist ohne Sünde? Müßte es unter uns Sündern nicht eine Noblesse der Solidarität geben? Wer von uns könnte/dürfte den ersten Stein werfen?
Es sieht fürs erste so aus, als hätten wir damit einigermaßen beschrieben, was Jesus in dem ersten großen Satz (V. 7b) ausspricht. „Wer schlechthin als Sünder unter dem Gericht Gottes steht, soll sich nicht anmaßen, einen anderen Sünder zu richten" (Schnbg. z. St.). Es könnte allerdings sein, daß einer der Betroffenen Jesus widerspricht. In der Perikope geschieht das nicht, aber der Prediger muß sich den Einwand machen, weil er – ausgesprochen oder nicht – aus der hörenden Gemeinde kommen müßte. Wird nicht an

dieser Geschichte deutlich, daß Jesu gewissentreffendes Wort die ganze vom Gesetz garantierte und aufrechterhaltene Ordnung dieser Welt durcheinanderbringt? Die Frage, ob so harte Strafe vertretbar ist, haben wir uns vorhin gestellt; wir können sie jetzt einklammern. *Daß* Unrecht gestraft werden muß, ist ja damit nicht verneint. Wäre nur der Sündlose zum Urteilen und Strafen berechtigt, dann müßte man ja allem Unrecht in der Welt den Lauf lassen. Man könnte nur proklamieren, was gut ist und böse, aber ahnen könnte man das Böse nicht. Eheliche Treue oder Ehebruch – man müßte beides gewähren lassen. Eigentumsdelikte oder nicht – man dürfte nicht eingreifen. Kommen wir in dieser Welt ohne Strafgesetzbuch aus?

Wir haben bewußt in unserer Überschrift von der Sünde gesprochen, die „in der Gemeinde" auftritt. Für den Lauf der Welt hat Jesus offensichtlich die Geltung und Anwendung des Gesetzes nicht bestritten. Die Obrigkeit hat ihre Macht von Gott (19,11). Etwas anderes ist es, was in der Gemeinde geschieht. Die Perikope ist, soweit wir sehen, der Kirche – nach apokrypher Vergessenheit – wieder wichtig geworden, als sie mit Kirchenzuchtproblemen beschäftigt war. Wir können dieses Thema jetzt nicht in extenso aufnehmen (vgl. Reihe III, 22. S. n. Trin.). Ein konsequenter Antinomist wird es rundweg von sich weisen. Es scheint, daß die Kirche, gerade wenn sie *zurechthelfen* – nicht richten – will, mit dem verkündigten Wort allein nicht auskommt. Soll sie nun dem Bösen widerstehen oder nicht (Matth. 5,39)?

Offensichtlich bewegt sich die vorliegende Geschichte doch noch in größeren Räumen, als es uns zunächst schien. Der Lauf der Welt ist ohne die Geltung des Gesetzes und auch ohne eine dieser entsprechende Rechtspraxis nicht denkbar. Und dennoch ficht Jesus das, was die Schriftgelehrten und Pharisäer vorhaben, an. Er sagt nicht: Ihr seid zu streng – urteilt milde! Er hebt eigentlich das ganze Ensemble von Sünde, Gesetz, Urteil und Strafvollzug aus den Angeln (ähnlich wie Matth. 5,38ff.). Euer juristischer Apparat läuft – ich bin, aus gutem Grunde, an euren Fragen und Maßnahmen nicht interessiert. Ich denke in ganz anderen Zusammenhängen. Das Reich Gottes kommt. Das bedeutet, daß der Ganze Äon des „Gesetzes" – das Wort im theologischen Sinn verstanden – abgelöst wird durch einen ganz anderen. Da wird man der Sünde nicht Widerstand entgegensetzen, indem man Strafen androht, verhängt und vollstreckt. Da flickt man nicht am alten Kleid (Mark. 2,21). Da beschäftigt man sich nicht mit Erbauseinandersetzungen (Luk. 12,14). Man teilt die Menschen nicht mehr ein in Freund und Feind (Matth. 5,43ff.). Da gilt die Barmherzigkeit (Luk. 6,36, altes Evg.). Da entsteht eine neue Welt. Was treibt ihr da noch, indem ihr diese arme Schuldiggewordene zu Tode steinigen wollt? Und nun wollt ihr noch, daß ich mit euch über das Recht diskutiere? Wißt ihr nicht, was die Stunde geschlagen hat?

Wenn ich mir eine – quasiprophetische – Symbolhandlung vorstellen wollte, in der deutlich wird, wie Jesus, dem Kommenden zugewandt, die Schulprobleme pharisäischen Rechtsdenkens als überholt und darum uninteressant ansieht, nicht der Rede wert, dann könnte ich ihn mir vorstellen, wie er nach unten schaut und mit dem Finger Buchstaben oder Figuren in den Sand malt. Das würde heißen: Ich bin mit ganz anderem beschäftigt als ihr mit eurem Dringen aufs Gesetz und seine Auslegung.

Jesus – an diesem Fall uninteressiert? Überholt ist pharisäisches Rechtsdenken, nicht die Frage nach dem Wohl und Wehe dieser Frau! Es ist bezeichnend, daß Jesus seine Demonstration des Desinteresses die entscheidende Aussage umrahmen läßt: Nur der darf den ersten Stein werfen, der ohne Sünde ist. Das bedeutet: die auf das Vergehen des Alten hinweisende Geste – sie ist wichtig genug, zweimal beschrieben zu werden – wird interpretiert durch die Alarmierung der Gewissen, und dies wieder bedeutet, daß Jesus das Gesetzesdenken aushebelt, indem er es – *ernst nimmt, zu Ende denkt.* Genau wie in der Bergpredigt. Eine aufs Gesetz aufgebaute Heilslehre kann, wenn sie sich selbst ernst nimmt, nur in sich selbst scheitern. Paulus hat Jesus aufs beste verstanden. Das Gesetz wird nicht abgetan; seine Ordnung und die darauf gegründete Heilserwartung wird von innen her aufgesprengt.

Wirklich, diese Richter sind nicht zuständig. Sie sind es nicht, weil sie selbst lauter Sün= der sind und dem Gericht Gottes nicht weniger verfallen sind als die Frau, die sie zu Tode bringen wollen. Und sie sind es nicht, weil mit dem Kommen Gottes sowieso das Ganz-Andere anbricht. Mit was für vergehenden Dingen beschäftigt ihr euch? Mit dem, was ihr da noch für der Rede wert haltet, habe ich, Jesus, nichts zu tun.

3.

Es wäre schlimm, wenn die Geschichte nicht weiterginge. Denn mit der Geste des Desinteressements allein wäre weder dem Kommenden Ausdruck verliehen noch wäre das Schicksal der Frau entschieden, das ja mit diesem Kommenden wesentlich zu tun hat. Es entscheidet der unbedingt-gnädige Herr.

Eindrucksvoller Wechsel der Lage auf der Bühne dieses Geschehens. Die im Begriff waren, die tödlichen Steinbrocken auf die Frau zu schleudern, haben sich, einer nach dem andern, davongemacht. Auf der Szene bleiben nur noch Jesus und die Frau. Was für uns, da wir Jesus kennen, klar ist, ist für sie noch offen. Wie wird Jesus urteilen? „Noch immer steht die Frau als angeklagte, überführte, armselige Sünderin vor ihm. Noch immer ist Jesus als Richter angerufen" (Schnbg.). Das letzte Wort hat nun er zu sprechen. Was der Ablauf des Geschehens deutlich und eindrucksvoll genug gezeigt hat, faßt Jesus in Worte, und er veranlaßt die Frau, es ihrerseits in Worte zu fassen. „Frau, wo sind sie, deine Verkläger? Hat dich niemand verdammt?" „Herr, niemand." Was Jesus darauf ant- wortet, könnte ein oberflächliches Verstehen so wiedergeben, als schließe er sich ein- fach denen an, die sich schweigend davongestohlen haben. Es spricht für die Originalität der Erzählung, daß Jesus hier nicht in großen Tönen als der Menschensohn-Richter dar- gestellt wird, der über uns alle, auch über diese Frau, das letzte Wort zu sprechen hat. Ganz schlicht lautet es: „So verurteile ich dich auch nicht." Wenn wir die Geschichte aufmerk- sam gehört haben, dann wissen wir: der einzige, der tatsächlich ohne Sünde ist, also den ersten Stein schleudern dürfte, ist Jesus. Er hat das Recht, mich zu richten. Vor seinem Richterstuhl werde ich auch stehen müssen. Aber er sagt: Ich verurteile dich nicht.

Das ist nun wirklich das Neue, das Jesus bringt und um deswillen all die Tora-Diskus- sionen gegenstandslos sind. In seinem Reich werden die Sünder angenommen und freige- sprochen. Und zwar, wie man sieht, bedingungslos. Welche Vorleistung hätte die Frau auch erbracht, welches Zeichen der Umkehr hätte sie gegeben? „Herr", hat sie gesagt; darin liegt Ehrfurcht; aber als Hoheitstitel muß die Frau diese Anrede nicht verstanden haben (anders die den Text tradierende Gemeinde). Der Erzähler dürfte mit Absicht die Frau so wortkarg geschildert haben („niemand, Herr" – das ist alles) – man spürt die Schüchternheit, ja die kurzatmige Ängstlichkeit dieses Menschenkindes, das jetzt das ent- scheidende Wort erwartet. Jesus spricht sie frei. Ohne Voraussetzung – allein aus der großen Barmherzigkeit und Sünderliebe Gottes, die die Verlorene rettet.

Und verpflichtet. Sie soll hinfort nicht mehr sündigen. Kein Wort davon, daß dies sozu- sagen die nachträglich noch zu erfüllende Bedingung dieses Freispruchs sei. Gerade der Freispruch aber bindet. Der hat mir das Leben gerettet und mich von meiner Schuld ent- lastet; für den will ich jetzt leben! Die große Barmherzigkeit Gottes, die Jesus praktiziert, verändert unser Leben. Man könnte, indem man noch einmal auf die Fragestellung von vorhin zurückgreift, mit Paulus sagen: So – nicht durch Verurteilung und Strafe, sondern durch vergebende Gnade – wird das Gesetz „aufgerichtet" (Röm. 3,31).

5. Sonntag nach Trinitatis. Luk. 14,25–33

Über die Vorgeschichte dieses Textabschnitts läßt der synoptische Vergleich keine eindeutigen Schlüsse zu. Matth. 10,37f. ist anders formuliert als V. 26 unseres Textes. V. 27 hat außer Matth. 10,38 noch Matth. 16,24 und Mark. 8,34 zur Parallele, was wiederum in Luk. 9,23 aufgenommen ist. Es könnte also von Lukas sowohl Markus als auch Q verarbeitet sein, jedoch birgt die Verschiedenheit der mutmaßlichen Q-Zitate Fragen in sich. Hat Matthäus gemildert oder Lukas verschärft? Oder schöpfen sie aus verschiedenen Quellen? – Das Doppelgleichnis VV. 28–32 findet sich nur bei Lukas.

Soll unser Text mit seiner abstoßenden Tendenz einen bewußten Gegensatz zu der einladenden Perikope VV. 16–24 darstellen? „Viel Volks" (V. 25) wäre gewissermaßen die Wirkung von V. 23. Nun muß gegengesteuert werden, ähnlich wie in dem von Matthäus eingefügten Gleichnis vom hochzeitlichen Kleid (22,11–14).

V. 25: Das lukanische Symposium ist zu Ende. Lukas setzt neu ein. Der Zustrom von Menschen veranlaßt Jesus, auf den Ernst und die Konsequenzen des Nachfolgeentschlusses hinzuweisen. – V. 26: Das Wort μισεῖν kann auch im NT den Haß, die Abneigung und Feindschaft bezeichnen, dürfte aber hier wie in 16,13 (vgl. Matth. 6,24) svw. „zurücksetzen, hintansetzen" bedeuten. Vgl. Deut. 21,15–17, wo die „gehaßte" Frau nichts weiter ist als die der Lieblingsfrau gegenüber benachteiligte Frau. Wenn das richtig ist, Lukas also keine feindselig-emotionale Abneigung meint, dann handelt es sich (im Unterschied zu Matthäus mit seiner anderen Formulierung) um einen Hebraismus, und das könnte darauf deuten, daß Lukas seiner auch sonst hebraisierenden Sonderüberlieferung folgt. Vgl. dazu ThWNT IV, S. 693f. Daß die Eltern genannt sind, könnte ein Hinweis darauf sein, daß vor allem junge Menschen Jesus nachfolgen. – V. 27: Man hat in dem Bild vom Kreuztragen einen Hinweis darauf gesehen, daß das Logion bzw. seine jetzt vorliegende Formulierung in die Zeit nach dem Karfreitag gehört; indes könnte die von den Römern häufig geübte Hinrichtungsart auch vorher Anlaß zu gängiger Bildrede gewesen sein, auch kennt man eine Kreuzestätowierung (Dinkler nach Grdm. zu Mark. 8,34). – V. 28: Vgl. J. Jeremias, Die Gleichnisse Jesu, Berlin ³1955, S. 140. Das Doppelgleichnis mit „kleinem" (bäuerlicher Lebenskreis) und „großem" (kriegführender König) Beispiel (so Jeremias) soll die Beweiskraft verstärken (A. Schlatter, S. 344). Πύργος bedeutet Turm oder Wirtschaftsgebäude. Das Gleichnis zielt auf die auch die Zukunft einkalkulierende Selbstprüfung. – V. 31: Hier wird der Ton mehr auf die nüchterne Einschätzung der Lage gelegt. Ἐρωτᾶν τὰ πρὸς εἰρήνην = „sich unterwerfen" (nach 2. Sam. 8,10; 11,7). – V. 33: Warnung vor übereiltem Entschluß auch 9,57f. Ἀποτάσσειν = hinter sich lassen; „Stichwort für den Entschluß eines Menschen . . ., der auf alles verzichtet, z. B. um Mönch zu werden" (Grdm., dort auch Nachweise). S. auch ThWNT VIII, S. 33, I, S. 214 und VI, S. 325.904. Ferner die „Fall-Studie" über diesen Text von Johannes Hempel in: Das lebendige Wort, Festgabe für G. Voigt, 1982, S. 255.

Zu Anfang seien einige Sätze aus A. Schlatters Kommentar mitgeteilt: „Haß gegen alle, die wir zu lieben verpflichtet sind, mit Einschluß der eigenen Seele ist die Bedingung für diejenige Gemeinschaft mit Jesus, die Mitarbeit mit ihm ist . . . Alle, mit denen die Natur uns zusammenbindet, werden für den Jünger zu Feinden, denen er widerstehen muß, weil sie ihm widerstehen. Um ihretwillen soll er seinen Besitz erhalten und mehren, um ihretwillen sich Freunde machen und in Ehren glänzen; um ihretwillen muß er dem Leiden ausweichen; um ihretwillen darf er nicht sterben. Damit begehren sie das von ihm, was auch seine eigene Seele begehrt. Gerade die Vollständigkeit der Liebe, die Jesus verlangt, zersprengt die natürlichen Gemeinschaften. Das Gebot der Bergpredigt ‚die Feinde lieben' verfeindet mit denen, die uns in ihrer Gemeinschaft festhalten . . . Der Riß durch die natürlichen Beziehungen ergibt sich . . . daraus, daß Jesus den Jünger so vor Gott stellt, daß er ganz ihm gehört und deshalb über die Natur erhoben ist" (Das Evangelium des Lukas, S. 343f.).

Schlatter hat die Schärfe und Schroffheit – dieses Wort gebrauchen viele Ausleger – der Rede Jesu nicht gemildert. Wir müssen dem, was Jesus meint, standhalten, auch wenn es hart klingt. Wir werden uns allerdings auch davor zu hüten haben, daß unsere Verkündigung sich in ein unehrliches rigoristisches Pathos hineinsteigert. Wir sind nicht, wie Jesus und seine Jünger, auf dem Wege nach Jerusalem (J. Hempel). Unsere Rede dürfte, wenn sie das Konto unserer Praxis überzieht, nicht gerade glaubwürdig sein. Und es ist noch sehr zu fragen, ob wir in unserer Praxis richtig verfahren, wenn wir uns – unter Berufung auf Jesus – mit bestehender Verfeindung gegenüber unseren nächsten Mitmenschen oder auch nur mit Spannungen und Trübungen abfinden dürfen. Wir haben uns vor Augen zu halten, daß Jesus hyperbolische Redeweise liebt, weil er uns – so wird man ihn verstehen dürfen, nicht anders wach bekommt als so, daß er es auf Schockwirkung anlegt (Häkchen und Tüttel, Kamel und Nadelöhr, Ausreißen des Auges, Abhacken der Hand, Mühlstein u. a.). Er hält es darin wie die Propheten im Alten Testament. Auch wenn man das Verbum „hassen" aller Emotionalität entkleidet und es nur übersetzt mit „hintansetzen", „in die zweite Linie rücken" (s. o.), bleibt Jesu Rede noch hart; und das soll sie, denn wir haben es wohl nötig, so angeredet zu werden. Nur sei dringend geraten, daß wir uns nicht mehr zuschreiben, als wir zu tun bereit sind.

Will die Predigt die Aussagen des Textes aufnehmen, so wird zu bedenken sein, daß das Doppelgleichnis eine Aussage (bzw. Aussagen) enthält, die sich an das Vorhergehende nicht gleichgeordnet anfügt (anfügen), sondern dies Vorangegangene beleuchtet (-en). Die VV. 28–32 überspannen oder tragen – wie man es ansehen will – die VV. 26.27 und den Vers 33, der ihnen zuzuordnen ist. Was die Gleichnisse wollen, könnten wir darum in eine Überschrift über das Ganze transformieren, und die VV. 26.33.27 (in dieser Reihenfolge) könnten die Teile liefern. Also: *Wer Jesus nachfolgen will, muß wissen, was er tut. Er riskiert nämlich (1) die Seinen, (2) das Seine, (3) sich selbst.*

I.

Wir haben es mit dem Thema „Nachfolge" zu tun (hierzu besonders: D. Bonhoeffer, Nachfolge, 1937, bes. S. 59ff.68ff.; K. Barth, KD IV/2, S. 603ff.; G. Wingren, Was bedeutet die Forderung der Nachfolge Christi in der ev. Ethik? ThLZ 1950, Sp. 385ff.; Th. Süss, Nachfolge Jesu, ThLZ 1953, Sp. 129ff.). Jesus *ruft* in die Nachfolge (5,27; 9,59; 18,22; Matth. 4,19; Joh. 1,43; 21,19; 12,26). Hier jedoch (wie auch 9,57f.) *schreckt* er solche *ab*, die unüberlegt geneigt sind, ihm nachzufolgen. Daß „viel Volks" mit Jesus geht, könnte ihn zu solcher Warnung veranlassen. Was täten wir, wenn Menschen in großen Scharen zu uns stießen und in unsere Gottesdienste kämen? Vielleicht hielten wir es für weise, sie nur ganz allmählich und behutsam an das Verständnis des Evangeliums und an die Konsequenzen des Christwerdens heranzuführen, die sich aus der Zugehörigkeit zu Jesus ergeben. (Homöopathische Dosierung! Bloß niemanden verprellen!)

Jesus macht es, in unserm Text jedenfalls, anders. Will er durch die Schroffheit seiner Rede und durch die Steilheit seiner Forderung die Menge von sich fernhalten? Man könnte, kennte man nur diese eine Jesus-Perikope, meinen, er habe es auf eine rigoristische Elite abgesehen. Dann wäre er den Leuten von Qumran verwandt. Lukas scheint ihn – vielleicht von seinem Sondergut her beeinflußt – stärker als die anderen Evangelisten so verstanden zu haben. Er ist mitnichten der Schutzpatron der Volkskirche! – Andererseits weiß er von Jesu großer Weite und von der Güte, mit der er gerade die Gescheiterten und Verachteten aufnimmt. Vieles weist darauf hin, daß Jesus nur zu gern *alle* auf seinen Weg gebracht hätte. Nur: Schleuderware ist das Evangelium nicht. Nachfolgen – das heißt ja: hinter ihm hergehen! Wie aber müßte das aussehen? Eine hosiannarufende Menge, die sich für ihn begeistert, jedoch ihr altes Leben weiterführt, kann nicht das sein, worauf es ihm ankommt. Jesus hätte es leicht gehabt, der Welt mit einer riesigen Anhängerschaft zu imponieren (4,1–13; Joh. 6,15). Dann hätte er freilich nicht so reden dürfen wie in unserm

Abschnitt. Er hätte sagen müssen, was sie alle gern hören, und nur das verlangen dürfen, was keinen stört und was sowieso in der bisher eingehaltenen Linie liegt. Ein Jesus, der es billig macht, hilft und heilt auch nicht.

Die Warnung vor übereiltem Anschluß an Jesu Jüngerschar erweist sich damit, sieht man nur genau genug hin, durchaus nicht als Abwehr, sondern geradezu als Ruf in die Nachfolge! Nur: es wird eben sofort gesagt, wie solche Nachfolge aussieht – aussehen kann. Wir können es nur Schritt für Schritt deutlich machen. Auf alle Fälle riskiert man die Gemeinschaft mit den nächststehenden und liebsten Menschen. Wieso eigentlich? Will Jesus nicht gerade zusammenführen, was zertrennt ist? Bindet er uns nicht gerade das Wohlergehen der alten Eltern aufs Gewissen (Mark. 7,10–13)? Muß nicht unsere Unbarmherzigkeit gegen Menschen die Barmherzigkeit Gottes gegen uns zunichte machen (6,36–38)? Wir könnten so fortfahren. Wir hätten Jesus nicht verstanden, wenn wir meinten, mit den Worten unseres Textes solle dies alles durchgestrichen sein. Jesus *will* nicht den Konflikt mit unseren Nächsten, aber er weiß, daß er nicht ausbleiben wird. Wieso? Wenn einer sich in die Nachfolge Jesu begibt, dann bedeutet das einen tiefen Einschnitt in seinem Leben. Vielleicht sehen wir dies nicht leicht ein. Ist man in christlicher Familie aufgewachsen, dann ist man, wenn es gut ging, in einer Atmosphäre geborgen gewesen, wie sie überhaupt der christlichen Gemeinde eignet bzw. eignen sollte. Selbst in nachchristlicher Umwelt geht im Regelfall alles friedlich zu, denn die Spuren Christi in unserer Umwelt sind so schnell nicht verwischt, und wir sind es gewöhnt, daß auch Nicht-Christen bzw. Nicht-mehr-Christen (gibt es das?) unser Christsein respektieren. Damals, zu Jesu Zeit, bedeutete der Anschluß an ihn unter allen Umständen einen harten Bruch mit dem bisherigen Leben. Für die, die ihre Netze und Fischerboote (5,11) oder ihre Zollstation (5,28) verließen, sowieso. Aber das war mehr ein äußerer Szenenwechsel. Jedoch Jesu Reichspredigt, die Verlagerung allen Hoffens auf Gottes Herrsein in einer verwandelten Welt, der Ruf in den neuen Gehorsam, Jesu Dienst an den Ausgestoßenen und damit auch die Einbindung der Jünger in ganz neue Gemeinschaften, die Vergebung der Sünden und damit das ganz neue Verhältnis zu den Belasteten und Gescheiterten, die harte Kritik an Tempel und synagogaler Gesetzlichkeit, Jesu Wort, Jesu Tun, sein Kämpfen und Leiden: dies alles brachte ihn und die Seinen in einen harten sachlichen Gegensatz zur Umwelt. Nazareth stand gegen Jesus (4,28–30). Nicht in seinen leiblichen Verwandten konnte Jesus seine Mutter und seine Brüder sehen, sondern in denen, die sich um ihn sammelten, ihm zuhörten und danach taten (8,19–21; vgl. Mark. 3,21; 6,4). Für die, die sich in seine Nachfolge begaben, bestand dasselbe Risiko. Das muß man einkalkulieren. Täte man das nicht, dann wäre man in einer Täuschung befangen über das, was man bei Jesus und von Jesus zu erwarten hat.

Übertrieben? Es könnte sein, daß unsere herkömmliche Christlichkeit von unseren Mitmenschen nur darum so gleichmütig akzeptiert wird, weil wir uns – man vergleiche Röm. 12,2 – gar nicht erkennbar von anderen Menschen unterscheiden. Mag sein, mancher ist gerade deswegen an Jesus und seiner Sache irre geworden. Es kann jetzt leicht alles verkehrt werden. Unser Christsein soll ja gerade nicht darin bestehen, daß wir uns dünkelhaft über andere erheben oder uns von ihnen distanzieren. Dennoch: wo Umkehr geschieht, da beginnt ein neues, ein verwandeltes Leben. Es ist nun einmal nicht einerlei, ob man Gott kennt oder nicht, ob man aus Vergebung lebt oder nicht, ob man Christus zum Herrn und Meister hat oder nicht, ob man auf ihn hofft oder auf anderes, ob man sich vor Gott verantwortlich und darum im Gewissen gebunden weiß oder nicht.

So kann es leicht dazu kommen, daß einer, der zu Jesus stoßen will, tatsächlich zu wählen hat: Jesus und seine Sache – *oder* die Menschen, zu denen er bisher gehörte. Je lieber er sie hat, desto schwerer wird es sein. Die Erstbekehrten in bis dahin heidnischem Lande haben zumeist vor der Frage gestanden; denn indem sie Christen wurden, verließen sie notwendigerweise die bisher bergenden Gemeinschaften und Ordnungen (Familie, Sippe, Stammesverband, Religions- bzw. Kultgemeinschaft). Für viele, die im Laufe der Jahrhunderte mit Christus Ernst machten, bedeutete dies einen Abschied. Ich weiß junge Theologen, Gemeindehelferinnen, Diakonissen, deren Entschluß von den Ihren nicht verstanden und nicht gebilligt wurde und die darum vor schwerer Wahl standen. Jesus will, daß wir klar sehen. Wir sollen die Bedeutung des Schrittes, mit dem wir zu ihm treten, nicht unterschätzen. Es könnte sein, wir überschätzen unsere geistliche Kapitalkraft (Turmbaugleichnis), oder wir unterschätzen die äußeren Schwierigkeiten, mit denen unser Glaube und Gehorsam fertig werden muß (Gleichnis vom Kriegszug). Jesus will uns nicht abweisen, aber er will, daß wir wissen, was wir tun, wenn wir Christen werden. Für solche, die nichts einzusetzen bereit sind, ist das Christsein nichts.

2.

Wer zu Jesus kommt, riskiert nicht nur die Seinen, sondern auch *das Seine* (V. 33). Er muß bereit sein, manchem den Abschied zu geben (ἀποτάσσεσθαι), was ihm bisher lieb war. „Alles, was er hat": das können Menschen oder Dinge sein. Sind es Menschen, so führt V. 33 insofern über V. 26 hinaus, als dort, wenn wir richtig ausgelegt haben, an die Konflikte gedacht ist, die der, der Jesus nachfolgt, keinesfalls sucht, in die die Nachfolge ihn jedoch bringt. Hier aber geht es um ein „Zurücklassen", das einfach um des neuen Auftrags und der ihm angemessenen Lebensweise willen nötig wird. Gott braucht den einen oder anderen anderswo, also muß er das Seine verlassen. Er braucht ihn beweglich, also muß er Ballast abwerfen. Vielleicht auch noch anders: Es kann sein, daß nicht um der Aufgabe und des Dienstes willen, sondern um unser selbst willen vieles über Bord gehen muß. Jesus weiß, wann das nötig ist. Bei dem „Obersten" (18,18ff.) war es wohl nötig. Ein allgemeines Armutsprinzip hat Jesus nicht verkündigt. Auch die Gütergemeinschaft der Urgemeinde war nicht allgemeines Gesetz; Ananias hätte seinen Acker gern behalten dürfen (Apg. 5,4). Die ersten Christen in Jerusalem nannten sich „die Armen" (Gal. 2,10 – vgl. ThWNT VI, S. 909). Aber Gesetz war das Armsein so wenig wie etwa 1. Kor. 7 die Ehelosigkeit. Worauf es ankommt, hat Paulus meisterlich formuliert: „haben, als hätte man nicht" (1. Kor. 7,29–32a). Es wird nicht erwartet, daß wir alles Gute und Schöne, das Gott gibt, von uns weisen, als müßte man, wenn man es hat, ein schlechtes Gewissen haben. Der ewig-reiche Gott hat kein Interesse daran, uns zu armen Leuten zu machen. Die Welt, die er für uns aufgebaut hat, ist groß und schön. Gerade der Glaube hat Augen dafür; er vernimmt im Wort, im Klang, im Rauschen und Dröhnen, auch in Licht und Farbe, in der Gestalt des Gewachsenen oder in der Geometrie eines Kristalls, im Außersich-Sein der Freude und im Liebesrausch der Kreatur – um nur einiges zu nennen – den Lobgesang der Schöpfung, in den er einstimmt. Hier wird nicht miesgemacht. Aber: es darf nicht sein, daß Dinge, die *wir* besitzen, *uns* besitzen. Das wäre der Fall, wenn wir von ihnen abhängig wären. Man täusche sich nicht darüber, daß wir es in hohem Maße *sind*. Die Konsumlage der Menschheit heute und morgen verlangt von uns die Freiheit zum einfachen Leben. Mit der ständigen Sorge, uns könnte Habbares entgehen und wir könnten zu kurz kommen, tragen wir selbst zu den Weltproblemen der Zukunft bei. Es muß Menschen geben, die es an sich selbst trainieren und anderen vorexerzieren: es geht auch „ohne". Das gilt erst recht da, wo nicht nur die Zukunft der Welt, sondern das Himmelreich zu gewinnen ist. Der Glaube ist bereit, etwas einzusetzen. Er wagt es auf Gott hin. Das Wasser hat keine Balken, aber der Glaube geht darauf, wenn nur Jesus ruft: „Komm her!" (Matth. 14,29). Der Glaube exponiert sich auch: er verläßt die windgeschützte Behausung und begibt sich, wenn Jesus ruft, in Sturm und Unwetter hinaus. Wer für seinen Herrn nichts riskiert, glaubt nicht.

Bei alledem zeigt sich, wie die Rücksichtnahme auf die Unseren und das Unsere uns fesseln kann. Kierkegaard hat die verbürgerlichte Kirche seiner Zeit hart angegriffen, weil sie in Sicherheit lebte. Nur Märtyrer, meinte er, könne man Wahrheitszeugen nennen; das war übertrieben. Gott kann seiner Gemeinde auch Ruhe und Frieden geben (Apg. 9,31; 1. Tim. 2,2b). Aber wenn Gott uns braucht, dürfen wir nicht hinter dem Ofen hocken. Abraham verließ die Heimat, Lot die Stadt Sodom, die Mosegeneration die „Fleischtöpfe Ägyptens". Jesus wurde arm um unsertwillen (2. Kor. 8,9) und hatte nicht, da er sein Haupt hinlegte (9,58). Die Fischer aus Galiläa haben das Ihre verlassen (Matth. 19,27). Paulus ist ein „Armer" und ein „Habenichts" geworden (2. Kor. 6,10). Da ist nichts von spießiger Feigheit und Bequemlichkeit. Kierkegaard hat oft über das Pfarrhausidyll seiner Zeit gewitzelt. Es hat auch das Gegenteil davon gegeben, und es gibt dies noch immer: bescheidenes Leben, diskussionslosen Dienst an den Menschen, treues Ausharren, oft in schwierigen Verhältnissen. Wir werden uns dennoch immer wieder zu prüfen haben, ob wir wirklich „haben, als hätten wir nicht". Was eben vom Pfarrhaus gesagt wurde, gilt für die Gemeinde als ganze und in ihr den einzelnen Christen. Die Welt erwartet von uns, daß wir es uns etwas kosten lassen. Eine Christenheit, die auf ihr eigenes Wohlergehen, auf die persönliche Unversehrtheit des einzelnen und auf seinen Wohlstand bedacht ist, wird von den Nichtchristen nicht ernst genommen. Wir werden von denen, die sich bewußt *nicht* auf das Evangelium berufen, oft genug in beschämender Weise übertroffen. Lukas fügt als Warnung für die Gemeinde das Wort vom kraftlos gewordenen Salz an (V. 34). Haben wir angefangen, den Turm (bzw. das Wirtschaftsgebäude, s. o.) zu errichten, und müssen uns verspotten lassen, weil wir dabei steckengeblieben sind? Oder haben wir uns – wie so mancher Abenteurer in der Geschichte der Menschheit – zuviel zugetraut?

3.

Jesus rückt uns noch dichter auf den Leib. Es könnte sein, wir raffen uns zu Opfern und Risiken auf, aber wir halten noch immer an *einem* fest, das wir nicht aufgeben wollen: an *uns selbst*. Es könnte sogar die raffinierteste Art der Eigenliebe sein, sich zum Glaubenshelden hinaufzusteigern und bewundern zu lassen. Wer das täte, der hätte seinen Lohn dahin.

V. 27 spricht nun freilich davon, daß wir Jesus das Kreuz nachtragen sollen. Dies kann in der Tat das Martyrium bedeuten. Es ist ergreifend zu lesen, was D. Boenhoeffer (a. a. O., S. 62) über diese Möglichkeit schreibt: „Den einen würdigt Gott großer Leiden, er schenkt ihm die Gnade des Martyriums"; Bonhoeffer konnte ja nicht ahnen, daß eben dies ihm zugedacht war. Überlesen wir aber nicht die Fortsetzung: „Den andern läßt er nicht über seine Kraft versucht werden. Doch es ist das Eine Kreuz". Das Kreuz, das wir zu tragen haben, hat verschiedenerlei Gestalt. Es kommt darauf an, daß wir, wo es uns auferlegt wird, es auch als das Kreuz *erkennen*, d. h. daß wir es im Glauben annehmen. Nach Mark. 8,34 ist die Übernahme des Kreuzes parallel der Selbstverleugnung. Wer sich selbst verleugnet, sagt – nach Schniewinds tiefer Deutung –: „Ich kenne diesen Menschen nicht" (Matth. 26,72). Dieser alte Mensch, der sich selbst immerzu zum Mittelpunkt seiner Welt gemacht, der alles auf sich bezogen, alles an seinem Vorteil und an seiner Geltung gemessen hat, der die Menschen danach einschätzte, ob sie seinem Interesse dienlich waren, der seine Position auch vor Gott zu halten und, wenn nötig, mit allen Mitteln zu verteidigen entschlossen war, der darum auf seine Leistungen und seine Verdienste pochte, sich immer ins rechte Licht zu setzen wußte, sich seines Vorsprungs vor

anderen freute und, wo dieser Vorsprung in Frage gestellt war, unangenehm wurde und die anderen herabzusetzen und klein zu machen wußte: dieser alte Mensch soll gestorben sein. „Ich kenne diesen Menschen nicht"? Leider kenne ich ihn nur zu genau. Und doch: „wir kennen von nun an niemand mehr nach dem Fleisch" (2. Kor. 5,16). In der Nachfolge Jesu lernen wir den andern und sogar uns selbst auf neue Weise anzusehen: „das Alte ist vergangen, siehe, Neues ist entstanden" (ebd., V. 17). Wer sich auf neue Weise ansieht, also weiß, daß für Gott der alte Adam längst außer Gefecht gesetzt ist, der wird – trotz aller Rückfälle sarkischen Lebens – auch in der Praxis die neue Position beziehen. Mit Christus sterben und auferstehen – das ist christliches Leben (Röm. 6,4ff.; Kol. 2,12; 3,3ff.; 2. Tim. 2,11f.). Insofern sind wir eben *doch* auf dem Wege nach Jerusalem (s. o.). Der alte Mensch, der wir vor unserm Anschluß an Christus, d. h. für uns: der wir vor unserer Taufe (s. d. genannten Stellen) waren, ist dahin. Christenleben ist ständiges Sich-Distanzieren von dem, was wir gewesen sind. Zuletzt leben dann gar nicht mehr wir, sondern Christus lebt in uns (Gal. 2,20). So ist Christwerden wirklich ein Vergessen dessen, was dahinten ist, und ein Sich-Ausstrecken nach dem, was vorn ist (Phil. 3,13). Wer die Hand an den Pflug legt, muß nach vorn schauen (Luk. 9,62).
Die scheinbar rigoristische Strenge und Schroffheit, in der Jesus zu uns spricht, soll uns wohl wachrütteln, aber nicht zur Resignation treiben. Es könnte schon sein, daß wir nach dieser Perikope so ähnlich fragen wie die Jünger in 18,26: „Wer kann dann selig werden?" Die Antwort wird nicht anders lauten können als eben dort: „Was bei den Menschen unmöglich ist, das ist bei Gott möglich" (18,27). Jesus will nicht abschrecken. Es wäre schlimm, wenn die Predigt, die wir halten werden, die Menschen mit unerträglichen Lasten belüde (11,46), statt ihnen zu einem fröhlichen und mutigen Start ins neue Leben zu helfen. Genau darauf käme es an. Wir sollten nicht Angst haben, die ganze Wahrheit werde von den Menschen nicht akzeptiert, und darum täte man gut, nur die halbe Wahrheit zu sagen und leiser zu treten. Aber *das* sollte unsere Angst sein, daß wir ihnen verschweigen, wie lohnend dieser Start nach vorn ist. Es sieht so aus, als wolle Jesus uns allerlei *nehmen*; in Wirklichkeit will er *geben*. Es besteht kein Grund zu der Sorge, wir könnten bei ihm zu kurz kommen (Matth. 19,29).

Tag der Geburt Johannes' des Täufers. Matth. 11,11–15

Die Täuferüberlieferung in Matth. 11 hat i. allg. ihre Entsprechung in Luk. 7; zugrunde liegt also Q. Anders der (schwierige) „Stürmerspruch" (VV. 12f.), dessen Parallele Luk. 16,16 steht – schwerlich von Lukas dem geordneten Matthäuszusammenhang entrissen, eher ordnend von Matthäus in die Täuferstrecke eingefügt. Das bedeutet: fürs Verstehen muß dieser Spruch für sich genommen werden. Zur Einordnung dürfte Matthäus die Reihenfolge verändert haben (V. 12a schließt an V. 11 an; das als Notbehelf wirkende γάρ in V. 13 stellt nachträglich die Lukas-Reihenfolge wieder her). Luk. 16,16a wirkt in seinem lapidaren semitischen Stil ursprünglicher; 16,16b klingt eingängiger und dürfte darum Glättung sein, die zweite Satzhälfte muß hier wohl übersetzt werden: „und jeder drängt sich hinein". Als „schwererer" Text dürfte Matthäus hier den Vorzug haben. In der Deutung dieses Textes sind die Meinungen noch immer recht verschieden. Literatur dazu unübersehbar. Ich nenne nur: G. Schrenk, ThWNT, I, S. 608; W. G. Kümmel, Verheißung und Erfüllung, Berlin 1967, S. 114; ders. in: Heilsgeschehen und Geschichte, Band 2, S. 75ff.; W. Trilling, Die Täufertradition bei Matthäus, Theologisches Jahrbuch 1960, S. 61; E. Käsemann, EVuB I, S. 210.
V. 11: „Amen, ich sage euch" – die für Jesus charakteristische, Vollmacht signalisierende Einleitungsformel (J. Jeremias, Ntl. Th. I, S. 43f.). Daß einer „erstanden" ist, sagt man nur von besonderen Gestalten der Heilsgeschichte. „Weibgeborene" sind einfach die Menschen (Hiob 14,1; Gal. 4,4). Johannes ist der Größte unter den Menschen. Jesu Jünger werden „die Kleinen" genannt (10,42; 18,6). Es erscheint indessen fraglich, ob hier speziell daran gedacht ist. Es könnte allein der Kontrast

beschrieben sein zwischen dem, was war, und dem Reich Gottes: Das Niedrigste überragt hier immer noch den höchsten Gipfel des bloß Menschlichen. – V. 12: Die Zeitbestimmung scheint inklusiv gemeint zu sein, d. h. der Täufer gehört, obwohl der letzte der Propheten, in die Ära des Reiches bereits hinein. Er ist mehr als ein Prophet (V. 9). Über den Sinn dieses dunklen Spruches s. u. – V. 13: gängige Formel auch bei Matthäus: „Gesetz und Propheten" (5,17; 7,12; 22,40), also das AT. Matthäus ändert die Reihenfolge, damit „der Ton auf die weissagende Rolle der Schrift zu liegen kommt" (Trilling, S. 58). – V. 14: „Wenn ihr es annehmen wollt": keine Aussage von dogmatischer Stringenz, sondern ein mehr symbolischer Hinweis. Man erwartete die Wiederkunft des Elia vor Anbruch des Endes (Mal. 3,23; Mark. 9,11; Matth. 17,10). Man hat auch in Jesus den Elia redivivus gesehen (Mark. 6,15; 8,28; Luk. 9,7f.). Elia galt i. allg. als Vorläufer des Messias. Ist der Täufer (so etwas wie) der wiedergekommene Elia, dann ist an seinem Auftreten abzulesen, was die heilsgeschichtliche Stunde geschlagen hat: Anbruch der letzten Zeit, der Vollendung. – V. 15: Die Weckformel will dann dem Hörer die Aufmerksamkeit stärken und die Schlußfolgerung überlassen (vgl. 13,43; Offb. 2,7 u. ä.)

Keines der hier zusammengefügten Logien über den Täufer redet in Klartext; Jesus spricht verschlüsselt, und er überläßt es seinen Hörern, herauszufinden, was hier gemeint ist. Daß sie – mit der Weckformel – dazu angeregt werden, die große Entdeckung selbst zu machen, ist hier von großer Wichtigkeit. Jesus hat weder seinen Jüngern noch erst recht dem ihn umgebenden Volk das Geheimnis seiner Person in einem Lehrsatz mitgeteilt, den sie – verstanden und bejaht oder nicht – zur Kenntnis zu nehmen hätten, sondern er hat es darauf ankommen lassen, daß sie dieses Geheimnis entdecken und durchschauen. Es ist mit der Wahrnehmung des heilsgeschichtlichen Kairos nicht anders. Änigmatisch ist der seltsame Kontrast-Satz V. 11, wohl auch der – sehr zurückhaltend vorgebrachte – Hinweis auf Elia V. 14; und geradezu dunkel ist der Stürmerspruch VV. 12f. Es könnte sein, Matthäus selbst hat mit dem Satz über die „Gewalttäter" nichts Rechtes mehr anzufangen gewußt; ganz sicher ist es bei Lukas so, der ihn zu einer Theorie über die missionierende Kirche umgebildet hat. Ob Jesus ein Schlagwort aufgegriffen hat, das damals die Runde machte? Ob er also denen verständlicher war, die in den öffentlich verhandelten religiösen Tagesfragen bewandert waren? Wir wissen es nicht.

Über den „Stürmerspruch" müssen wir uns, soweit möglich, doch im voraus verständigen. Die Verbform βιάζεται könnte intransitiv-medial verstanden werden: „die Gottesherrschaft bricht sich mächtig, mit Gewalt, Bahn" (ich folge dem ThWNT). Dann wäre Gott der, der „Gewalt übt". Aber dabei kämen wir mit dem Parallelsatz in die Brüche: „und Gewalttäter rauben sie" (die Gottesherrschaft). Übersetzt man passiv, dann könnte von dem ungestümen, heilshungrigen Drängen gewalttätiger Menschen die Rede sein, von denen das Reich „Gewalt leidet" und zwar so, daß diese Menschen es gewaltsam „rauben", also „an sich reißen". Grundmann erwägt die Deutung: „Menschen, zu allem entschlossen, vor allem auch gegenüber sich selbst, reißen das herandringende Königtum Gottes an sich" – dabei hätte sich Jesus hier „der herausfordernden paradoxen Ausdrucksweise bedient, die in vielen Jesusworten anzutreffen ist" (z. St.). Jesus könnte dieses Wort aber auch kritisch gemeint und solche im Auge haben, die im Sinne einer glühenden jüdischen Naherwartung ihren Gott herbeizwingen wollen (man könnte an die Zeloten oder an die Leute von Qumran denken). Am nächsten liegt aber doch wohl die passivische Deutung, nach der die Gewaltübung Sache der Feinde der Gottesherrschaft ist, mögen es nun feindselige *Menschen* sein, die denen, die auf ihren Gott warten, das Reich „wegreißen", oder mögen es *unsichtbare Mächte* sein (vgl. 13,19, wo das Wort ἁρπάζειν als Tun des Teufels vorkommt). Das Reich wird noch „gehemmt... durch alle jene Feindesgewalten, die in Jesu Tagen sein Wirken zu durchkreuzen trachten" (ThWNT I, S. 610). Johannes befindet sich als ein Gewalt Leidender im Gefängnis des Gewalttäters. Jesus selbst wird den schweren Weg ans Kreuz gehen müssen. So ist der

Spruch von den Gewalttätern ein Wort von der Kreuzesgestalt des Reiches, die noch immer besteht. Freilich: wer den eschatologischen Stundenschlag vernommen hat, also in der Wiederkunft des „Elia" das Zeichen sieht für die Nähe des Kommenden, der weiß, wohin er gehört.

Wir werden die Gemeinde nicht mit der Erörterung der strittigen Deutungen belasten. Wer sich der – soweit ich sehe – zur Zeit verbreitetsten Deutung anschließen kann, die wir eben mitgeteilt haben, wird die schwierige Perikope der Gemeinde doch in einer annehmbaren Form weitersagen können. Eine weit ausladende Predigt kann es sowieso nicht werden, wenn es nur zu einer Andacht kommt. Um so wichtiger die Thematisierung, die es erlaubt, breiter Ausgeführtes knapp zu greifen: *Der Täufer an der Schwelle der Zeiten. Er ist* (1) *der Zeuge der Verheißung,* (2) *das Opfer der Verfolgung,* (3) *das Signal der Vollendung.*

I.

Die griechische Sprache unterscheidet die sich erstreckende, formal einteilbare, also meßbare Zeit (Chronos) von der erfüllten, also inhaltlich bestimmten und damit qualifizierten Zeit (Kairos). Der Johannestag erinnert uns zunächst an unser Dasein im Chronos. Die Sonne hat wieder gewendet, das Jahr fällt. Ein Halbjahr ist wieder dahingegangen. Wir können Uhr und Kalender nicht zurückdrehen. Die Gemeinde versammelt sich – so will es meist die Sitte – auf dem Friedhof, zwischen Gräbern. Alles vergeht. Wir halten die Zeit nicht an.

Dem Text geht es um das Zeitbewußtsein in anderem Sinne. Während ein Tag chronologisch dem andern gleich ist (24 Stunden), sind die Zeiten kairologisch ungleich. Man muß unterscheiden zwischen dem, was bis zu Johannes war, und dem, was von den Tagen des Johannes bis zur Stunde ist, ja, darüber hinaus erst recht das, was nach dieser jetzigen „Stunde" sein wird. Diese Unterscheidung ist keineswegs von bloß akademischem Interesse. Auch abgesehen von den Inhalten des Glaubens haben wir auf das Besondere der „gefüllten" Zeit zu achten. Ein lebendiges Verhältnis zum jeweiligen Geschehen hat nur der, der „die Zeichen der Zeit" wahrnimmt, also bemerkt, was in der Geschichte und ihrem Verlauf gerade jetzt „dran" ist. Wir können leicht die im Heute fälligen Entscheidungen verpassen, wenn wir nicht darauf achtgeben, was die Stunde von uns verlangt. Historisches Augenmaß nimmt wahr, was einst entschieden wurde und „dran" war, also auch, wieso das heute Fällige damals noch gar nicht „dran" sein konnte, umgekehrt aber, daß die Beschäftigung mit dem anderen von damals uns nicht blind machen darf für das, was heute – erst heute, aber gerade heute – fällig ist.

Es ist in der Geschichte des Reiches Gottes nicht anders. Es ist nicht eine Zeit wie die andere. Hätten wir es im Glauben mit allgemeinen Wahrheiten zu tun, die – wie etwa die Formeln der Mathematik – überall und jederzeit gleich gültig sind, dann würden sich die Zeiten höchstens darin unterscheiden, daß die betreffende Wahrheit entweder noch nicht entdeckt oder bereits entdeckt und darum anwendbar ist, aber grundsätzlich gilt eine Flächenberechnungsformel geschichtslos zu jeder Zeit. Anders im – geschichtlichen – Verhältnis z. B. zweier Menschen. Da gab es ein Noch-nicht, das dann von bestimmten Ereignissen und Entscheidungen abgelöst und überholt wurde, und es kam zu Krisen, Bewährungen, Reifungen. So auch beim Kommen des Reiches Gottes. Nach langem Warten kommt es zu „der Zeiten ungeheurem Bruch" (C. F. Meyer). Man muß ihn nur wahrnehmen.

Der Täufer steht an der Schwelle der Zeiten. Ob er nach unserm Text noch ins Alte Testament gehört oder schon zu dem, was neu anbricht, darüber ergehen sich die Exegeten in scharfsinnigen Überlegungen. Die Predigt braucht sich damit nicht aufzuhalten. Wer von Schwelle spricht, meint das „Zwischen", das an beidem Anteil hat. Obwohl man sagen muß, Johannes sei „mehr als ein Prophet" (V. 9), finden wir ihn doch auch unter den Wartenden, in der Noch-nicht-Situation. Er weist auf den, der nach ihm kommt (3,11). Dem Herrn soll der Weg bereitet werden (3,3). Johannes ist Zeuge der Verheißung, der zeigende Finger, wie Grünewald ihn dargestellt hat. Er hat ein kairologisches Gespür gehabt: „Das Himmelreich ist nahe herbeigekommen" (3,2); er hätte es auch so sagen können wie nach ihm Jesus: „Die Zeit ist erfüllt" (Mark. 1,15). Wollte man etwa – aufgrund des literarischen Werkes – den Täufer mit anderen Propheten vergleichen, dann wäre er nicht der Größte (man denke etwa an die geistigen Leistungen von Amos, Jesaja, Jeremia oder Deuterojesaja). Dennoch stellt Jesus seinem einstigen Meister, dem Vorläufer, das Zeugnis aus: Unter allen Menschen ist keiner erstanden, der größer sei als Johannes der Täufer. Was ihn mehr sein läßt als alle Propheten, ist seine besondere Aufgabe: der Bote zu sein, der den Weg vor dem Kommenden bereitet (V. 10). Die *Funktion* macht ihn zum Größten unter den vom Weibe Geborenen. Der Superlativ deutet auf die letzte und äußerste Möglichkeit des Menschlichen: Wartender zu sein und Zeuge zu werden für den zu Erwartenden, also die Verheißung festzuhalten und zugleich unter die Menschen zu bringen. Die von Johannes sich herleitende Täufersekte hat in ihm mehr sehen wollen: als wäre er selbst das Licht; aber er sollte nur Zeuge sein für das Licht (Joh. 1,8). Darin jedoch, daß er dies war und damit die höchste Möglichkeit des Menschlichen verwirklicht hat, darin liegt seine einsame Größe.

Erst im Zusammenhang mit V. 11b freilich wird das bisher Gesagte erst ganz deutlich. „Der der Kleinste ist im Himmelreich, ist größer als er." Der Satz ist sehr auffällig, ja geradezu überschärft formuliert. Wir sind gewohnt, daß Jesus und der Täufer verglichen werden. Der Täufer ist nicht der Christus – nur die Stimme; nicht das Licht – nur der Zeuge; nur der Wassertäufer – nicht der Geisttäufer; nur der Diener und nicht einmal das – er der Stärkere; nur der Freund des Bräutigams – der Bräutigam selbst ist Jesus. Hier, in unserm Text, steht auf der anderen Seite des Vergleichs nicht Jesus selbst, sondern irgendeiner seiner Nachfolger: der Kleinste im Himmelreich. Die Größe, auf die Jesus hinweisen will, überragt den Täufer, obwohl diese Größe – als die des Kleinsten im Himmelreich – nur abgeleitet ist. Das Niedrigste im Himmelreich sucht Jesus sich heraus, um daran darzustellen, daß das Größte außerhalb des Himmelreichs noch immer unter ihm steht. Will Jesus den Täufer klein, den Jünger groß machen? Er will eigentlich gar nicht *Menschen* vergleichen, sondern – kairologisch verstandene – *Zeiten*. Oder anders: Er will – mit einem seiner bewußt überschärften Worte – deutlich machen, daß die Erfüllung angebrochen ist, die die Verheißung ablöst. Niemand entwerte die Verheißung! Es ist etwas unerhört Großes, daß Gott sich uns in seinem Worte selbst zusagt, sich uns verspricht, sein Wort verpfändet, damit wir aufgrund dieses Wortes glauben und hoffen. Aber wenn das Geglaubte und Gehoffte wirklich eintritt, beginnt ein neuer Akt der Heilsgeschichte. Darin bleibt, was bisher war, weit dahinten. „Viele Propheten und Gerechte haben begehrt zu sehen, was ihr seht, und haben's nicht gesehen, und zu hören, was ihr hört, und haben's nicht gehört" (13,17). Johannes steht nur auf der Schwelle. Mit ihm endet die Zeit der Verheißung. Die Erfüllung hat begonnen.

Man könnte das Wort vielleicht noch ein wenig weiter ausdenken. Vom Weib Geborene sind auch die Kleinsten im Himmelreich. Dennoch: sie sind zugleich „von oben Geborene" (Joh. 3,3; ähnlicher Sprachgebrauch: Matth. 19,28 – „Wiedergeburt"), man könnte auch sagen: „mit dem Geist Getaufte" (3,11). Indem das Reich Gottes kommt, bricht eine neue Welt an. Das Reich Gottes ist eine eschatische Größe, auch in seiner gegenwärtigen Anbruchsphase. Der Täufer bezeugt das Kommende. Seine Größe besteht nicht im Haben, sondern im Warten. Er steht auf der Schwelle. Der Ort, an dem diese Predigt gehalten werden wird, verweist uns an unsere eigene Schwellensituation. Das Noch-nicht ist nicht einfach vorbei. „Wir sind wohl gerettet, doch auf Hoffnung" (Röm. 8,24). Die Simul-Existenz des Christen stellt auch ihn „zwischen die Zeiten". Verheißung ist durch Erfüllung überholt, und doch nicht abgetan.

2.

Man sieht: mit einem einzigen Satz läßt sich nicht ausdrücken, in welchem Kairos, man könnte auch sagen: in welchem Äon wir leben. Gehört Johannes ins Alte oder ins Neue Testament? Wir haben unter (1) den in V. 11 markierten Kontrast herausgearbeitet. Nun müssen wir aber auch das andere sehen. V. 13 – wie Luk. 16,16 zeigt, ein Teil des Spruchs über die Gewalttäter – ordnet den Täufer nun doch anders ein. (Wer V. 13 unbedingt mit V. 11 harmonisieren möchte, verkennt die Selbständigkeit der einzelnen Logia.) Das „bis Johannes" in V. 13 ist „ausschließend" gemeint: „Johannes gehört nicht mehr in die Reihe der Weissagungen von ‚Propheten und Gesetz‘, sondern steht außerhalb derselben" (Trilling, S. 57). Dem entspricht, daß „von den Tagen Johannes' des Täufers bis hierher" „einschließend" zu verstehen ist. „In der Regel und überwiegend verwendet Matthäus ἀπό bei temporalen Bestimmungen vor allem, wenn der andere Zeitpunkt durch ἕως markiert wird, im einschließenden Sinn" (Trilling, S. 56f.). Übrigens sind „die Tage des Johannes" eine – auch rabbinische – Bezeichnung für den Zeitraum des Wirkens (2,1; 23,30; 24,37). Dies alles als Begründung dafür, daß wir in VV. 12f. etwas ausgesprochen finden, was auch vom Täufer gilt.

Kennen wir den Kairos? Für Jesus – und erst recht für uns – gilt, daß das Himmelreich seit den Tagen des Täufers jedenfalls als Realität im Spiel ist. Daß es eschatische Wirklichkeit ist, widerspricht ja nicht seiner heutigen Präsenz. Gott ist im Begriff, sich in seiner Welt durchzusetzen. Dies geschieht in Jesu Wirken. Wo ein Mensch sich von Jesu Wort treffen läßt und sich Jesus im Glauben und Gehorsam anschließt, da wird Gott über ihn Herr: Reich Gottes im Anbruch. Wo durch Jesus Menschen aus ihrem Jammerleben herausgeholfen wird und bei ihnen ein Neues beginnt, da setzt Gott sich durch. Der Täufer hat, aus dem Gefängnis heraus, bei Jesus anfragen lassen, ob er der Kommende sei. Die Antwort steht am Beginn unseres Kapitels. In Jesu Taten und in seiner Evangeliumspredigt an die Armen geschieht Herrschaft Gottes.

Freilich: Jesus muß hinzufügen: „Selig, wer nicht an mir irre wird" (V. 6). Das Reich Gottes ist gegenwärtige Wirklichkeit, aber doch so, daß diese Wirklichkeit nicht offen zutage liegt. Man kann irre werden. Man kann, wie Johannes, von Jesu Taten hören und sich doch nicht darüber im klaren sein, ob das erwartete Neue nun wirklich im Kommen ist (V. 2). Man kann fragen, wann denn das Reich Gottes kommt, und gar nicht merken, daß man es zum Greifen nah hat (Luk. 17,20f.). „Seit den Tagen Johannes' des Täufers" – spürt ihr den Kairos und seine Chance? – kann man's haben, man braucht es bloß anzunehmen, zuzufassen, auf Jesus einzugehen. Ein öffentliches Spectaculum ist dieses Reich Gottes nicht. Man kann es übersehen. Man kann, wie der Täufer (nochmals: V. 2), seine Erkennungsmerkmale vor Augen haben und doch im Zweifel sein. Denn noch ist es gegenwärtig in *verhüllter* Weise.

Aber der Spruch von den Gewalttätern läßt uns noch mehr sehen. Bringt Jesus das Herrsein Gottes in die Welt, dann nicht so, daß er sein Gutes einfach an die Menschen austeilen kann, sofern sie es nur annehmen. Jesus stößt auf *Widerstand*. Wir sahen, daß es nicht eindeutig auszumachen ist, wer die „Gewalttäter" sind, von denen Jesus spricht. Menschen leisten Widerstand, gewiß. Aber doch wohl nicht nur sie. Jesus treibt Dämonen aus; er kämpft mit überindividuellen, übermenschlichen Mächten, die die Menschheit versklaven. Das Kommen des Reiches Gottes geschieht im Kampf. „Wenn ich die Dämonen mit Gottes Geist auswerfe, dann ist das Reich Gottes zu euch gelangt" (12,28). Der Kairos, der seit den Tagen des Täufers währt, ist durch harten Kampf gekennzeichnet. Die Macht, die Jesus einsetzt, ist Gottes Geist. Auf der anderen Seite stehen „Gewalttäter". Es ist ein ungleicher Kampf. Es kann nicht sanft und erholsam zugehen, wenn man sich auf dem „Schlachtgebiet" „zweier Zeiten" befindet (wieder C. F. Meyer in „Huttens letzte Tage" mit Bezug auf Luther).

Wir müssen noch einen Schritt weiter. Wir setzen die vorhin dargelegte passive Deutung des Stürmerspruchs voraus. Das Himmelreich ist der Wirkung *feindlicher Gewalt* ausgesetzt, und die Gewalttäter „rauben" es den Menschen. Es „weist alles darauf hin, daß Jesus hier tatsächlich erklärt, daß Gottes Reich da sei, aber als vergewaltigtes, von den Menschen niedergetretenes. Die Gegenwart des Reiches, von dem man Sieg und Triumph und Lösung aller Probleme erwartete, steht schon unter dem Zeichen des Kreuzes; sie bedeutet Angefochtenheit, Vergewaltigung, Leiden" (Ed. Schweizer im NTD z. St.).

Der Täufer, auf der Schwelle stehend selbst schon ein zur Gottesherrschaft Gehöriger, ist zum *Opfer der Verfolgung* geworden. (Die Perikope über das Ende des Täufers kommt in PTO nicht mehr vor; vgl. d. Ausl. zu Mark. 6,14–29 in: Die große Ernte, S. 323ff.) Man wundert sich nicht darüber, daß ihm Zweifel an der Stichhaltigkeit der Naherwartung des Reiches kommen. Wo ist „der Kommende", „der Stärkere", der mit der Worfschaufel? Jesus sieht die Dinge von vornherein anders. Die Gottesherrschaft ist wohl angebrochen, aber noch gehindert (Ksm., a. a. O., S. 210). Sie leidet Gewalt. So unverständlich es scheinen mag: Gott ist nicht Hammer, sondern Amboß. Des Täufers grausiges Ende und Jesu Kreuz sind nicht unglückliche Zufälle. Hier waltet Notwendigkeit, von Gott her. (Die Authentizität des Stürmerspruchs ist m. W. nirgends bezweifelt; also weiß Jesus auch darum, daß er selbst Gewalt leiden und weggerissen werden muß; auch dies ein Beitrag zu Jesu Wissen um die Notwendigkeit seines Todes.)

So gehört es zum Wissen um den heilsgeschichtlichen Kairos, daß das Reich Gottes sich derzeit („seit den Tagen ...") in der Gestalt des Kreuzes vorfindet bzw. ereignet. Als der gekreuzigte Gott wird der, von dem alle Dinge sind, Herr in seiner abgefallenen Welt.

(Anhangsweise sei vermerkt, daß es sachlich auf Ähnliches hinauskommt, wenn wir in dem Stürmerspruch ein kritisches Wort Jesu gegen diejenigen sehen, die das Reich Gottes von sich aus durch Einsatz von Gewalt herbeizwingen wollen – sei es, daß sie auf Menschen einzuwirken suchen, sei es, daß sie Gott zum Hervorbrechen nötigen wollen. Es wäre nicht ausgeschlossen, daß Jesus sich mit diesem Wort auch mit dem von ihm so hochgeschätzten Täufer auseinandersetzt, sofern dieser von Vorstellungen ausgeht, wie er sie – vielleicht – von Qumran her übernommen hat.)

3.

Deuten wir richtig, wenn wir auch das Elia-Wort (V. 14) als heilsgeschichtlich-kairologische Markierung verstehen? Der Evangelist ist ja an zwei Stellen auf Elia zu sprechen gekommen: außer der unseren noch 17,10–13. Es liegt nahe, Elia in diesem Zusammenhang zu nennen. Sieht man in Mal. 3,1 den Täufer (Mark. 1,2; Matth. 11,10), dann auch in Mal. 3,23. Elia wird wiederkommen, „ehe der große und schreckliche Tag des Herrn kommt". Seine Aufgabe: er soll „alles wiederherstellen" (Mal. 3,23; Matth. 17,11).

Was sich in unserm Abschnitt wie eine zarte, dogmatisch nicht zwingende Andeutung Jesu darstellt, ist in dem schulmäßigen schriftgelehrten Gespräch in 17,10–13 (so Trilling,

S. 59) schon fast lehrhaft verfestigt. Jesus bestätigt die Erwartung des Elia, und er sagt mit klaren Worten: Elia ist bereits gekommen. Dann ist der Täufer aber als das *Signal der Vollendung* gekennzeichnet. Es wird nicht bei dem gegenwärtigen Zustand der Gottesherrschaft bleiben, in dem sie verborgen, bekämpft, niedergehalten und vergewaltigt ist. Es kommt der große Tag Jahwes, und es wird alles in Ordnung gebracht werden. Nach den letzten Worten des Maleachibuches wird Elia den Zorn Jahwes beschwichtigen, das Herz des Vaters zum Sohne und das des Sohnes zum Vater bekehren, die Stämme Israels aufrichten (ThWNT II, S. 933), nach Luk. 1,17 wird er dem Herrn ein für ihn bereites Volk zurichten, nach spätjüdischer Erwartung wird er die Heilszeit ankündigen und den Messias einführen (ThWNT, S. 936).

Der Täufer steht – über das bisher Gesagte hinaus – auf der Schwelle zum Eschaton. Jesus selbst predigt das – in die Gegenwart hereinragende, im Glauben schon heute zu ergreifende – künftige Reich. Er rechnet mit dem Tag des Menschensohnes, mit seiner (baldigen) Parusie in Herrlichkeit. Dafür ist der Täufer unübersehbares Signal. Johannes spricht vom künftigen Zorn, von der Axt, die schon zum Hieb bereit ist, vom Fegen der Tenne und dem unauslöschlichen Feuer (3,10.12). Jesus weiß noch ganz anderes. Er verkündigt den Sieg der Gnade für alle, die sie annehmen wollen. Aber auch er stellt uns an die letzte Schwelle, die wir – Gott weiß, wann – überschreiten werden. Die Predigt wird zwischen Gräbern gehalten. Gott hat sein letztes Wort noch nicht gesprochen.

6. Sonntag nach Trinitatis. Jes. 43,1–7

Die von Deuterojesaja am häufigsten verwendete Gattung: das Heils- oder Erhörungsorakel (J. Begrich, Das priesterliche Heilsorakel, ZAW NF 11, 1934, S. 81ff.; ders., Studien zu Deuterojesaja, 1938, S. 6ff.). Der plötzliche Umschwung von der Klage zur Erhörungsgewißheit, der sich in zahlreichen Psalmen findet, hat Begrich veranlaßt, die Form eines von Gott kommenden (durch den Mund des Priesters oder des Kultpropheten zu erteilenden) Heilsorakels zu postulieren. Die Psalmen sind das „Rollenbuch" der Gemeinde; darum findet sich das Heilsorakel in ihnen nicht, es kann also nur anderwärts aufgefunden werden. Merkmale: Jahwe spricht in 1. Person, der Hilfesuchende wird in 2. Person angeredet. Jahwe stellt sich (mit zwei Nominalaussagen) vor (V. 1a). Es folgt die Heilszusage (V. 1b), die perfektisch und nominal begründet wird. VV. 2–4: futurische Zusagen, die „von der Folge des göttlichen Eingreifens reden" (Begrich, Studien, S. 8). Die VV. 5–7 stellen ein zweites solches Heilsorakel oder eine (kürzere) zweite Runde dieses Ablaufs dar.

V. 1: וְעַתָּה signalisiert eine Wende im Geschehen. Durch die geschichtliche verstandene, also mit der Erwählung zusammengesehene Schöpfung ist Jahwe mit dem Volk von vornherein verbunden. Mit Übersetzungen wird man קְרָאתִיךָ zu lesen haben. גאל = freikaufen, nämlich einen solchen, der in Schuldsklaverei geraten ist. Engste persönliche Verbundenheit zwischen Gott und Volk. – V. 2: נְהָרוֹת ist Subjekt, das ב ist zu streichen. „Wasser und Feuer stehen für elementare Gefährdungen überhaupt, genauso in Ps. 66,12" (Wstm. z. St.). – V. 3: Zu dem Einmaligen („losgekauft", „gerufen") kommt nun das Bleibende: „Ich bin Jahwe, dein Gott" (Exod. 20,2) – „mein bist du" – „ich bin mit dir". „Der Heilige Israels" ist eine vom ersten Jesaja stammende Neuprägung (vgl. 55,5 – uns. Ausl. zum 2. S. n. Trin.), die Deuterojesaja an zahlreichen Stellen, als festgeprägte Formel, aufnimmt. In dem Wort מוֹשִׁיעַ steckt der Wortsinn des Jesusnamens: „Heiland" ist sachgerechte Wiedergabe, vgl. 43,11; 45,15.21; 49,26. Seba gehört nach Gen. 10.7 zu Kusch im weiteren Sinne, ist hier aber von Kusch unterschieden. Nach Duhm meint der Satz, daß Kyros Israel freigeben und dafür mit der Eroberung Afrikas sich entschädigen wird (z. St.). Westermann äußert sich zurückhaltender: „Ob hier Deuterojesaja an einen bestimmten Herrschaftswechsel gedacht hat, können wir nicht mehr erkennen." – V. 4: יקר = kostbar, teuer, wert sein, כבד ni. = geehrt sein; betontes „ich" bei „habe dich lieb": was Erwählung ist, wird hier schön beschrieben; sie ist „nicht bestimmt durch irgendwelche verdienstliche Voraussetzungen" auf seiten der Erwählten (Begrich). Wie V. 7 zeigt, dient die von Jahwe getroffene Wahl ausschließlich seiner eigenen Verherrlichung (dazu Begrich, Studien, S. 105f.). In V. 4b hat schon die LXX אדם gelesen; ursprünglich dürfte אֲדָמוֹת (= Länder) – parallel zu „Völker" – dagestanden haben (das ח dürfte im ersten Buchstaben des folgenden Wortes untergegangen sein, also Haplographie). – V. 5: Duhm meint, die erste Zeile füge sich dem Metrum nicht und passe inhaltlich nicht zu dem, was folgt. Die Einwände sind durch die formgeschichtlichen Beobachtungen erledigt. Alle vier Himmelsrichtungen (VV. 5f.) werden aufgefordert, die Zerstreuten herzugeben. Es wäre verfehlt, die in Frage kommenden Länder auf der Karte aufsuchen zu wollen, denn der Text redet summarisch-universalistisch. – V. 7: s. zu V. 4. Eines der drei am Schluß des Textes stehenden Verben dürfte überfüllende Variante sein. Wieder erweist sich der Schöpfungsglaube als tragende Grundlage.

Das Heilsorakel ergeht, versteht man es aus der ihm eigenen kultischen Situation, an den *einzelnen*; es ist die sein Geschick wendende Antwort Gottes auf seine Klage. Wenn wir den Text zitieren, dann meist ebenfalls auf den einzelnen Christen bezogen. Dies wird auch der Meinung des Propheten nicht entgegenstehen. Nur: im Text selbst ist die den Hörern der prophetischen Botschaft geläufige liturgische Form auf das *Volk* als ganzes angewandt. Angeredet sind „Jakob" und „Israel". Völker sind Lösegeld – doch wohl nicht für einzelne, sondern eben für dieses Volk. Die Menschen, die aus allen Himmelsrichtungen versammelt werden, sind ja nicht die Angehörigen der einzelnen (nach vielen Generationen!), sondern die „Kinder" des Volks. Der Text spricht von der sich eröffnenden neuen Situation der Verbannten und damit Israels überhaupt. Ob die Exilierten wirklich ihre Klagelieder singen oder aber ihre Harfen an die Weiden gehängt haben und nur unartikuliert weinen (Ps. 137): der Prophet unterbricht sie und läßt durch die angewandte Form den angeredeten Menschen nicht nur deutlich werden, wer hier in Wahrheit das Wort ergreift (V. 1), sondern auch, wie das Ganze gemeint ist: Gottes Heilszusage stellt die Wende in Aussicht, ja, *ist* schon, indem sie ergeht, die Wende. Der von der formgeschichtlichen Betrachtung erhobene Sachverhalt ist also theologisch von höchstem Gewicht. Hier meldet sich die *andere* Stimme, nachdem die betrübten Menschen ihr Leid geklagt haben; Gott selbst läßt sein Evangelium ergehen.

Sieht man im Volke Gottes heute *die Kirche*, dann versteht man den Text nicht so, als ginge es um „Israel nach dem Fleisch" (1. Kor. 10,18). Israel ist immer beides gewesen: Volk und Gottesgemeinde. Sofern Israel das letztere ist, sind wir seine legitimen Erben. Schöpfung, Erwählung, Loskauf, Bewahrung, Sammlung und Einung bekommen dann tatsächlich einen neuen Sinn. Er war letztlich auch schon im prophetischen Wort verborgen, sosehr dies zunächst auch auf die konkrete Situation des 6. Jahrhunderts bezogen sein mag. In einem vordergründig-fleischlichen Sinne haben sich ja die Zusagen dieses Textes auch nicht erfüllt; schon damals waren sie nur für einen Dennoch-Glauben stichhaltig, der mehr Wirklichkeit sieht als das, was die registrierende Historie verzeichnet: Befreiung vom babylonischen Joch (aber in welche neuen Abhängigkeiten hinein!), Heimkehr (wie wenig triumphal!), Neuanfang (wie mühsam und kärglich!), Rekonsolidierung des Volkes (wie bruchstückhaft und unter was für bedrückenden äußeren Umständen!). Wir sprechen von der Kirche dem „Israel rechter Art, der aus dem Geist erzeugt ward" (EKG 195,4), d. h. aber: aus dem Sakrament, das den Geist vermittelt: aus der Taufe. Die *Kirche* ist nunmehr das auserwählte Volk; die, die früher „nicht ein Volk" waren, nun aber „Gottes Volk" sind (1. Petr. 2,10, vgl. Hosea 2,25). Wir werden schon den Text beim Wort nehmen, aber wir können es wiederum nur tun in der heilsgeschichtlichen und eschatologischen Raumtiefe, die er gewinnt, wenn man ihn mit den Augen neutestamentlichen Glaubens liest. *Gottes Volk – durch Gottes Gnade und zu Gottes Ehre* (1) *erwählt,* (2) *bewahrt,* (3) *gesammelt.*

I.

Dieser Sonntag ist dem *Taufgedächtnis* gewidmet. Das ganze Leben des Christen wird durch die Taufe bewirkt und getragen. Wir sollten nicht nur an *einem* Sonntag des Jahres an die Taufe denken. Aber diesmal nun doch geradezu thematisch. Im Text kann von der Taufe jedoch nicht die Rede sein, denn sie ist noch nicht eingesetzt; auch vom alttestamentlichen Initiationssakrament, daß hier allenfalls als Typos figurieren könnte (Kol. 2,11), ist hier nicht die Rede. Es wäre nicht gut, das, was die Taufe ist und soll, zu einer allgemeinen Wahrheit zu machen, die sich überall finden läßt, also auch in diesem Text. Käme es darauf hinaus, dann müßten wir unser Wort „thematisch" zurücknehmen. Wir reden von dem, was Gott seinem Volk zusagt und was er, wenn es so weit sein wird, in der Taufe erfüllt und im Eschaton ans Ziel bringt. Das, wovon der Text spricht, wird mir zuteil, indem ich in Christus hineingetauft werde (1. Kor. 12,13).

Mir? Uns! Das „du" des Textes ist die Gemeinde, das Volk Gottes. Daß das ursprünglich auf den einzelnen Menschen und sein individuelles Schicksal zugeschnittene Heilsorakel hier auf Israel angewandt ist, kann uns dazu dienen, das Verständnis unserer Taufe vom Ganzen der Kirche her zu gewinnen. Mein Heil ist einbezogen in das Heil, das der Kirche gehört, in das vom Eschaton her verstandene Heil. Wir täuschen uns nicht: die Taufe ist leider für viele noch so etwas wie eine Garantie für unfallfreies Leben und ein reibungs- und müheloses Schicksal: ebener Weg, behütete Kindheit, erfolgreicher Aufbau der Existenz, keine Widersacher, keine Krankheiten, Glück in Familie und Freundschaft. Wozu nicht die Taufe gut sein soll! Wir werden noch davon zu reden haben, wie die (in V. 2 zugesagte) Bewahrung aussieht. Es wird uns gut tun, daß wir zuerst an unser Eingegliedertsein in Gottes Volk, noch deutlicher: in den Leib Christi denken. Schon wahr: es geht um unser Wohl und Wehe, wirklich auch um das des einzelnen; aber dieses ist aufgenommen und einbezogen in das, was der Kirche in Christus widerfährt. Wir sind in den Tod Christi hineingetaucht und dürfen uns nun so ansehen, daß wir in Christus für Gott leben (Röm. 6,5.6.11), in dem Leben des Auferstandenen, in dem unsere eigene Zukunft schon begonnen hat (Kol. 3,1–4). Gerade so gewinnen wir unsere individuelle Existenz: als Menschen, die vor Gott und für Gott leben, erfüllen wir unsere Bestimmung, Menschen Gottes zu sein. So bekommt unser tägliches Leben einen ganz neuen Zuschnitt und Gehalt. Indem wir zum Eigentum Christi werden – „du bist mein" –, werden wir für Gott zum Du, zur Person, zum Partner. Die „Kategorie des Einzelnen" (Kierkegaard) kommt zur ihrem Recht, gerade indem wir Menschen Gottes werden. Denn Gott vereinnahmt uns nicht pauschal, sondern er wendet sich – im Raume des Ganzen – jedem einzelnen zu.

Wir sind „erwählt". Versteht man Erzählung als geschichtlichen Vorgang, dann wird man sagen müssen, daß ihr ein anderes vorangeht: *die Schöpfung* (V. 1). Wir sahen schon früher (44,1–5, Pfingsten I), daß Schöpfung und Erwählung sehr dicht beieinander zu sehen sind; dies schließt nicht aus, daß man beides doch unterscheidet. Greift Gott in seiner Wahl nach Israel oder nach einem von uns, dann stellt er die Verbindung zu etwas her, das, als sein Werk, von vorherein ihm gehört. Niemand tritt allererst durch die in der Taufe sich an ihm vollziehende Erwählung zu Gott in eine Beziehung; als Geschöpfe haben wir es schon zuvor mit ihm zu tun. Wir verstünden die Taufe ganz falsch, wenn wir meinten, daß wir uns in ihr gewissermaßen den Gott aussuchten, mit dem wir es zu tun bekommen wollen („da muß jeder selbst entscheiden"). Als Geschöpfe sind wir von Gott abhängig und auf ihn bezogen, ob wir es wissen und wollen oder nicht. Und zwar nicht nur darin, daß es uns überhaupt gibt, sondern auch in der geschichtlichen Rolle und Aufgabe, in die wir als Geschöpfe hineingestellt sind. Gott hat „Israel" geschaffen. Wir sollten den in der Schöpfung an uns ergehenden „Beruf" erkennen und ergreifen.

Nun ist *Erwählung* doch noch etwas darüber hinaus. Kreatur Gottes war z. B. Abraham schon, ehe Gott ihn für seinen heilsgeschichtlichen Auftrag berief. Geschöpfe sind wir sowieso. Aber nun hat Gott sein Volk und in ihm jeden Getauften zu besonderer Gemeinschaft erwählt. Schöpfung ist die Gabe des Lebens, Erwählung ist der Ruf mit „Namen". In der Taufe werde ich für Gott zum Du, und er wird es für mich. Daß ich einen Namen habe, gibt mir die Identität der Person. „*Dich* will ich", sagt Gott, „nicht irgendwen." Den einzelnen Tierchen in einem Ameisenhaufen geben wir keine Namen; die Menschheit aber ist für Gott kein Ameisenhaufen. Wählt Gott, so gibt er uns einen Wert. Wir haben ihn nicht in uns selbst, Gott gibt ihn uns. Das Geheimnis der Erwählung: daß „du in meinen Augen so wert geachtet und auch herrlich bist und weil ich dich lieb habe" (V. 4). Gottes Wahl verleiht dem Unwerten seine unendliche Würde; jeder von uns ist einmalig, weil geliebt. Die Liebe versprüht sich nicht wahllos; sie wendet sich ihrem Gegenüber mit besonderem Interesse zu und läßt es sich in seiner Eigenart wichtig sein. Sie entdeckt nicht nur, was an dem Adressaten der Liebe liebenswert ist, sie *verleiht* ihm sein Besonderes – eben damit, daß sie liebend wählt. Wahrscheinlich sträubt sich unser menschliches Empfinden gegen solches Wählen; wir meinen, für Gott gezieme sich Gleichbehandlung aller Menschen. Die einen erwählt, die anderen nicht? Das Erwählungsdogma sieht sich an wie ein Erzeugnis israelitischer Anmaßung. In der Tat muß Israel von einem prätentiösen Mißverständnis seiner Erwählung immer wieder einmal gewarnt werden: „Seid ihr Israeliten mir nicht gleichwie die Mohren?, spricht der Herr. Habe ich nicht Israel aus Ägyptenland geführt und die Philister aus Kaftor und die Aramäer aus Kir?" (Amos 9,7). Und doch: „Aus allen Geschlechtern auf Erden habe ich allein euch erkannt" (Amos 3,2) – und „erkennen" ist im Sprachgebrauch der Bibel das innigste Sich-Verbinden. Wir *sollen* uns wundern, vielleicht protestieren: uns bliebe sonst verborgen, was *Liebe* ist, die sich dem Geliebten besonders zuwendet, – und zwar *ungeschuldete* Liebe. Daß diese selbe ungeschuldete Liebe sich dann wirklich *allen* Menschen zuwenden will (1. Tim. 2,4), ist – anders als bei uns Menschen – bei dem Gott-ohne-Grenzen möglich. Er will sie *alle*, indem er *jeden besonders* will: „Du bist mein."

Gottes Erwählung hat es beim klassischen Exodus zur Befreiung kommen lassen. Auch jetzt, beim neuen Exodus, kommt es zu einer „Erlösung", zum „Loskauf". Ein in Israel üblicher Rechtsvorgang – Loskauf eines in Schuldsklaverei Gefallenen (Lev. 25,47–55) – wird zum Bild für das, was Gott an den Verbannten tut: er befreit sie aus der babylonischen bzw. persischen Leibeigenschaft. Worin besteht das Lösegeld? Seltsam, was der Text hier sagt (VV. 3b.4b). Ob Kyros, indem er Israel freigibt, die Hand auf die Nilländer legt? Wir sind befremdet darüber, mit welcher Unbekümmertheit davon die Rede ist, daß „Menschen" (rev. Text) oder „Länder" (s. o.) an Israels Statt und Völker für seine Seele, d. h. für sein Leben eingesetzt wurden. Dahinter mag die Einsicht stehen, daß die Geschichte immer wieder hohe Kaufsummen fordert und es tatsächlich eine Stellvertretung gibt, über die wir nachdenken sollten, sei es, daß wir selbst stellvertretend für andere stehen und uns in diese Aufgabe zu finden haben, sei es, daß wir vom Opfer anderer leben.

Aber wir haben von der Taufe zu sprechen. Die Macht, aus der sie uns befreit, ist nicht Babel oder sonst eine Weltmacht in der Geschichte, sondern „die Macht der Finsternis", die in Kol. 1,13 gemeint ist, und das „Lösegeld" ist nicht ein Land oder Volk, sondern der Kyrios selbst (Mark. 10,45, vgl. 1. Petr. 1,18), in dessen Tod wir eingetaucht werden, um dann auch an seinem Leben teilzuhaben (Röm. 6,3ff. – Epistel). Taufe: ein Akt der Befreiung, der sich in dem Kol. 1,13 genannten Herrschaftswechsel vollzieht. „Du bist mein" – das ist nicht nur eine Liebeserklärung, sondern die machtvolle Behauptung eines Anspruchs: „Du gehörst nicht mehr der Macht des Bösen, die dich gefangen halten will; ich, dein Gott, habe die Hand auf dich gelegt; du bist mein Eigentum."

2.

Das Eigentum Gottes – mitten in dieser Welt. In der Welt, wie sie ist, – angeredet sind die nach Babel Verbannten. Wir sahen bei unseren formgeschichtlichen Überlegungen, daß wir uns vor dieses Heilsorakel ein – artikuliertes oder stummes – Klagelied denken müssen, Ausdruck der Herzensverfassung von solchen, die den Mut verloren haben und nichts mehr hoffen. Ihnen wird gesagt, daß sie Gottes Volk sind – durch Gottes Gnade und zu Gottes Ehre (V. 7) *bewahrt*. Sie brauchen sich nicht zu fürchten.

Es war schon davon die Rede, daß im Denken nicht weniger Menschen die Taufe eine göttliche Garantie – wenn nicht gar eine Art Zaubermittel – ist für ein ungefährdetes, glückhaftes, unversehrtes, glatt verlaufendes Erdenleben. Daß der Aberglaube an dem von ihm vermeinten „Gott" immer wieder Enttäuschungen erlebt, ist nicht von ungefähr. Fast könnte man sagen: ihm geschieht *recht* damit. Wenn es wahr ist, daß die Taufe uns in Jesu Sterben hineinzieht, dann ist gerade nicht an eine Lebensversicherung für den natürlichen Menschen gedacht. Die Zusagen Gottes (V. 2) wollen tief genug verstanden sein.

Den Verbannten in Babel ist zwar versprochen, daß ihre Heimkehr nicht beschwerlich sein wird (49,10). Sie werden trotzdem ohne Illusionen gelebt haben. Es steht ja auch nicht da: durch gefährliche Wasser werdet ihr nicht hindurchmüssen, und es wird kein Feuer geben, das euch versengen könnte. Es gehört nun einmal zum Menschenleben, daß man durch „Wasser" und „Feuer" hindurchmuß. Wer sich nur schonte, würde sein Leben verpassen. Wir werden uns die Gefahr nicht wünschen, auch nicht suchen. Aber wo das Leben uns in beschwerliche und gefährliche Situationen führt, werden sie bestanden werden müssen. Uns ist nicht versprochen, daß wir *davor* bewahrt werden, sondern daß wir *in* ihnen bewahrt bleiben. Daß kein Leid uns widerfahren soll, ist ein Glaubenssatz, nicht einfach eine Zustandsbeschreibung des Christenlebens oder eine Blankozusage des göttlichen Weltregiments und der individuellen göttlichen Betreuung in allen Lebenslagen.

Was haben wir uns unter „Wasser" und „Feuer" vorzustellen? Alles, was uns gefährlich wird, unser Wohl mindert oder gar unser Leben bedroht. Alles also, was uns Angst bereitet. Es hilft nichts, die Angst wegzuleugnen, sie muß überwunden werden. Dies kann geschehen, indem ihre innerseelischen Ursachen aufgedeckt werden oder indem, was sie von außen her entstehen läßt, beseitigt wird: gegen das Wasser die Dämme, gegen das Feuer den Brandschutz – und den entschlossenen Willen zum Frieden der Welt. Wie aber, wenn „Wasser" und „Feuer" uns dennoch bedrohen: die Heimkehrer aus Babel damals in ihrer besonderen Lage und die Menschen zu allen Zeiten in ihrer Konfrontation mit dem unausweichlichen Schicksal des Sterbenmüssens? In welcher Lage auch immer: es gibt für den, der sich in der Hand des Gottes weiß, der auch die Toten auferweckt (2. Kor. 1,9), keine hoffnungslose Situation. Der Siegfried des Nibelungenliedes hatte in seiner durch Drachenblut gehörnten Haut noch immer die eine Stelle, auf die das Lindenblatt gefallen war; nur hier war er gefährdet, und hier hat es ihn eben doch zuletzt getroffen. Ist Gott für uns und bei uns, dann gibt es für uns nicht einmal dieses winzige Loch im Panzer. Wir denken an Röm. 8,31 ff., dazu an die eben erwähnte Stelle 2. Kor. 1,8–10. Ich denke mir einen Christen, den sie in tiefer Nacht von der Krankenstation in den Operationssaal bringen, weil er sich – er weiß es – in lebensbedrohlicher Verfassung befindet, und dieser Christ weiß, auch wenn er jetzt sterben müßte, um diese letzte Unverletzlichkeit, die aus der Selbstbindung Gottes erwächst: „Ich will bei dir sein" (V. 2): für den gilt wirklich das „Fürchte dich nicht!" (V. 1). „Was bedeutet mir der Schiffbruch, wenn Gott der Ozean ist?" (J. B. H. Lacordaire).

Für gesamtbiblisches Denken kann V. 2 noch eine besondere Zuspitzung bekommen. „Wasser" und „Feuer" können in der Sprache der Bibel Symbolworte für die Urzustände sein, die vor der Schöpfung und am Ende der Geschichte stehen. Das Wasser ist dann die Chaosmacht, der Gott seine Schöpfung abgerungen hat und gegen die er sie immerzu verteidigt (Ps. 104,6f.; Hiob 38,8–11 u. a. m.). Das Feuer ist das Element des zerstörenden Gerichts (66,15; Jer. 4,4; Amos 7,4; Matth. 3,10; 5,22; 25,41; 1. Kor. 3,13; 2. Petr. 3,7.10 u. v. a. m.). Dann hieße V. 2: Gott entreißt uns, indem er schafft, dem wäßrigen Chaos, und er bringt uns durch das Feuer des Endgerichts hindurch. Die altertümliche Sprache, in der hier gedacht und geredet ist, soll uns den Blick auf das, was damit gemeint ist, nicht verstellen. Die soeben nebeneinander erwogenen Auslegungen – Grenzsituationen des individuellen Daseins oder der Welt als ganzer – konvergieren, wenn man nach dem Gemeinten weit genug zurückfragt. Unser Leben haben wir nur, sofern, solange, nein: *weil* Gott dazu ja sagt. In der Taufe ist uns dies verbürgt und widerfahren. Genaugenommen sind wir schon da, wo uns nichts mehr passieren kann. „Du bist mein – ich will bei dir sein." Auch dies tut Gott zu seiner Ehre. Er, der Menschengott, hat sie darin, daß er unbedingt zu uns, den Seinen, steht.

3.

Gottes Volk – durch Gottes Gnade und zu seiner Ehre *gesammelt*. Wir vergegenwärtigen uns, was in den VV. 5f. liegt.

Das, was die Taufe uns für unser individuelles Christsein gibt, gibt sie uns durch unsere Eingliederung in die Kirche, also in das Volk Gottes. Wir werden nach Paulus in den einen Christusleib hineingetauft (1. Kor. 12,13), nach Lukas durch die Taufe zur Gemeinde „hinzugetan" (Apg. 2,41). Es gibt kein Christsein in der Isolierung. Was sich zwischen meinem Gott und mir ereignet, das geschieht in der *Kirche*, also in der gottesdienstlich versammelten und von daher erhaltenen und zusammengehaltenen Gemeinde. In dieser Hinsicht dürften unsere Gemeinden noch viel zu lernen haben, und unsere Taufverkündigung und Taufpraxis sollte sich mehr als bisher üblich darauf einstellen.

Der Text spricht in eine Situation hinein, in der es dieses Volk Gottes eigentlich nicht mehr gibt. „Ihr sollt mein Volk sein" – was ist daraus geworden? Wir haben besonders an die Katastrophenjahre 721, 597 und 586 zu denken. Als das Nordreich zur Provinz des assyrischen Großreiches wurde und man die Oberschicht in die Nordbereiche dieses Mammutstaates deportierte, wo sie in ihrer heidnischen Umgebung auf- und damit untergegangen sind; als die im Lande Verbliebenen sich dann mit den eingesiedelten Fremdstämmigen mischten: da waren faktisch zehn der zwölf Stämme aus dem Gottesvolk herausgelöst. Der Fall Jerusalems führte zur Deportation wichtiger Bevölkerungsteile nach Babylonien und zur Flucht einer beträchtlichen Zahl von Judäern nach Ägypten (Jer. 42f.). Nicht zu reden ist hier von Israeliten, die in Handelskolonien (1. Kön. 10,28f.; 20,34) oder als Söldner in fremden Ländern lebten. Jetzt kommt Gott und ruft in alle vier Himmelsrichtungen: Gebt sie her! Haltet sie nicht länger zurück! Ich will alle meine Kinder heimbringen und beisammen haben.

Uns haben nicht die Vorgänge des 6. Jahrhunderts vor Christus zu interessieren. Uns geht an, daß Gott *heute* sein Volk sammeln will. Das muß, ja das kann gar nicht so realisiert werden, daß alle, die zu Gott gehören, an einem bestimmten Ort der Welt zusammenströmen (der Prophet freilich wird es sich so vorgestellt haben). Die Einheit der Kirche muß auch nicht organisatorische Gestalt annehmen; das Neue Testament ist an einer verfassungsmäßig greifbaren Zentralisierung der jungen Christenheit erstaunlich wenig interessiert (am ehesten noch Gal. 2, aber gerade da kommt es nicht zum Zentralismus).

Genug: man weiß, daß es auch anderwärts Christen gibt, und man denkt an sie (z. B.
1. Kor. 1,2; 1. Thess. 1,8). Man weiß sich im Glauben eins, und man freut sich, wenn man
irgendwo in der Welt auf Christen stößt (in Puteoli „fanden wir Brüder", Apg. 28,14).
Das Zusammensein des Volkes Gottes ist Realität auch über Grenzen und Meere hinweg.
Daß es dieses Zusammensein *gibt* oder daß es doch dazu *kommt*, das ist Gottes erklärtes
Interesse.

Für uns realisiert sich das hier Gemeinte als Sammlung der Kinder Gottes in der *Ökumene*. Die schon zum Volke Gottes gehören, sollen sich zusammenfinden. Die noch nicht
dazu gehören, aber von Gott, dem „Heiland" schon geliebt und gemeint sind, sollen in
der *Mission* herangeführt werden. Die bereits wieder auf- und untergegangen sind im
Säkulum, will die *Volksmission* (oder wie immer wir solches Bemühen nennen mögen)
zurückholen. „Gib her – halte nicht zurück" (V. 6). Wir werden, wenn wir das Ohr am
Text haben, daran denken, daß die Noch-nicht- und die Nicht-mehr-Zugehörigkeit zu
Gott und seinem Volke von soteriologischer Bedeutung ist. Daß Israel Jahwes Volk war,
war seine Berufung und Bestimmung, und Gottes „Bund" garantierte diese Zugehörigkeit
und damit auch Israels Bestand. Man muß sich klarmachen, was der katastrophale Verlauf der Geschichte Israels für dessen Glauben bedeuten mußte. – Nun aber: Gott findet
sich mit dem, was ist, nicht ab. Er will das Zerstreute *sammeln*.

Für neutestamentliches Denken handelt es sich bei dem, was hier im Blick ist, um
Geschehnisse von eschatologischer Qualität. „Und er wird senden seine Engel mit hellen
Posaunen, und sie werden sammeln seine Auserwählten von den vier Winden, von einem
Ende des Himmels bis zum andern", heißt es in der synoptischen Apokalypse
(Mark. 13,27 Par.). Darum betet die Gemeinde nach der Zwölfapostellehre für die ganze Kir-
che: „Führe sie, die geheiligte, von den vier Winden zusammen in dein Reich" (10,5).

Zukunftsmusik? Es wäre schade, wenn wir über dem, was wir hoffen wollten, vergessen
was schon ist. Sind wir in Christus hineingetauft – also in den Himmel und Erde erfüllenden Leib des Auferstandenen eingegliedert (nochmals: 1. Kor. 12,13) –, haben wir also
den kosmischen Christus angezogen wie ein großes, uns alle umschließendes, einhüllen-
des Kleid: dann ist hier schon heute nicht mehr Jude oder Grieche, Sklave noch Freier,
Mann oder Weib oder was es sonst noch an Differenzierungen und Scheidungen in der
Welt geben mag, dann sind wir allzumal *einer* in Christus (Gal. 3,27f.). Noch ehe die
Sammlung der zu Gott Gehörenden sichtbar wird, sind wir zusammengebracht durch
unser Einssein in Christus. Getauftwerden heißt: in die Gemeinschaft der Glaubenden
eingehen. Diese Gemeinschaft ist zunächst die auch äußerlich sichtbare Gemeinde; wir
für allen Spiritualismus so schrecklich anfälligen Protestanten sollten dies – sofern es
dazu nicht schon zu spät ist – endlich lernen. Aber wir sollten auch sehen, daß diese Gemeinschaft wirklich nach allen Himmelsrichtungen mehr umgreift, als wir sehen können.
In welchem Land oder Erdteil auch immer es sein mag: mit den dort wohnenden Menschen Gottes sind wir in Christus verbunden. Gott sammelt. Wir sollen das ernst nehmen, uns daran freuen und auch danach tun. Gott denkt und handelt ökumenisch. Seine
Kinder sind eine große Familie.

Wir könnten am Schluß von der Sorge befallen werden, dies sei ein „Evangelium"
genau nach unseren – allzu menschlichen – Wünschen. *Alles*, was wir zu predigen haben,
ist diesem Verdacht ausgesetzt. Es könnte sein, wir predigen so, daß wir solchem Verdacht noch kräftig Nahrung geben. Wir hätten damit alles, was der Text sagt, in ein falsches Licht gerückt. Der vorpaulinische Christushymnus Phil. 2,6–11 schließt: „zur Ehre
Gottes, des Vaters". Wir lesen das hoffentlich nicht als schmückende liturgische Floskel;
der Passus will ernst genommen sein. Der Schluß unserer Perikope, auf den wir schon
mehrmals kurz verwiesen und dessen Aussage wir auch in der Überschrift verankert

haben, entspricht dem. Das ganze Heilswerk hat Gottes eigene Verherrlichung zum Ziel (vgl. 46,13; 55,5.13). Wir haben einen Gott, der auf seine Glorie bedacht ist und seinen Ruhm nicht den Götzen läßt. Alles, was er uns zuliebe tut, verherrlicht ihn. Aber der Satz würde falsch, wenn wir nicht sofort auch das Umgekehrte sagten: Nichts verherrlicht Gott so sehr wie dies, daß er liebt, rettet, bewahrt und seine Kinder heimbringt.

7. Sonntag nach Trinitatis. Luk. 9,10–17

Von den sechs Speisungsperikopen, die viel Gemeinsames aufweisen, ist diese eine der knappsten. Markus scheint das Aufsuchen der Einsamkeit mit dem Todesschicksal des Täufers zu motivieren (deutlich so: Matth. 14,13); Lukas stellt die Perikope zwischen die Frage: „Wer ist aber dieser?" (V. 9) und das Petrusbekenntnis (V. 18ff.), rahmt sie also christologisch. Eine Verknüpfung mit dem Seewandel (Mark./Matth./Joh.) stellt er nicht her. Jedoch greift der Anfang der Perikope wie bei Markus auf die Aussendung der Zwölf zurück. Gattung: Die Merkmale einer typischen Wundergeschichte (so z. B. der Chorschluß) fehlen. Für eine Novelle ist der Text zu wenig erzählfreudig. Beziehungen zur Eucharistie eignen allen Speisungsgeschichten (bes. deutlich: Joh. 6); aber von einer ätiologischen Kultlegende kann man nicht sprechen (vgl. die Einsetzung 22,7ff.). Kerygmatische Aussage bedient sich der Mittel der palästinischen Haggada (Schürmann zu V. 14a, S. 515). V. 10: „Apostel" wie schon Mark. 6,30; mit den „Jüngern" in V. 16 könnte ein größerer Kreis gemeint sein. Bethsaida, ein „Dorf" (Mark. 8,23.26), das Philippus freilich zu einer „Stadt" mit Namen „Julias" (nach einer Kaiserstochter genannt) gemacht hatte. Der Ort ist auch Mark. 6,45 erwähnt. Jesus sucht dort Abgeschiedenheit (κατ᾽ ἰδίαν), aber vergeblich; das Volk – V. 11 – folgt ihm. Indem Jesus sie „aufnimmt", ist seine Gastfreundschaft, die in der Speisung zum Ausdruck kommt, gewissermaßen bereits programmiert. Dem Mahl geht die Predigt voraus: es könnte schon hier vom Gottesdienst her gedacht sein. Der Jesus, der den Hunger stillt, nimmt sich auch sonst leiblicher Not an (Seelsorge + Leibsorge). – V. 12: Der sich neigende Tag löst auch sonst eucharistische Assoziationen aus (24,29). Lautloser Ortswechsel: man befindet sich an einsamem Ort, also in unbewohnter Gegend (wie bei allen Speisungsgeschichten). Die Zwölf fungieren kollegial wie Apg. 6,2 (Schürmann). Was sie vorbringen, klingt irreal: „Wo sollen fünftausend Männer mit ihrem Anhang in den Dörfern und Gehöften der Umgebung Quartier und spät abends noch Verpflegung bekommen?" (Schürmann). Die Verlegenheit macht das Wunder nötig. – V. 13: „Gebt *ihr* ihnen zu essen!" Im Hintergrund steht deutlich 2. Kön. 4,42–44 (s. u.). Speisung der Armen in der Gemeinde gehörte ursprünglich zum Amt der Apostel (Apg. 6,2). Ihr Vorschlag, Verpflegung zu besorgen, ist so irreal wie der, die Leute wegzuschicken. „Brot mit gesalzenem (eingelegtem) Fisch als Zukost ist die übliche... Abendmahlzeit" (Schürmann z. St.). Auch hier werden eucharistische Assoziationen geweckt (24,42; Joh. 21,13). – V. 14: Bei einer so großen Menschenmenge eine unvorstellbare organisatorische Leistung, die Menschen so einzuteilen und zu Gruppen zu versammeln. Das Zahlenverhältnis von 2. Kön. 4,42ff. wird ins Immense gesteigert: „mit runden Zahlen" soll „die vollendete Fülle zum Ausdruck gebracht werden" (Schürmann). – V. 15: Jesus selbst speist nicht mit, er ist nur dabei. Wieder ist von der Eucharistiefeier der (späteren) Gemeinde her gedacht. – V. 16: Geprägte Sprache wie beim Sakrament. Lukas könnte das εὐλόγησεν als Konsekrationsakt verstanden haben. – V. 17: Alle wurden satt wie beim Manna (Exod. 16,12). Es bleibt noch übrig wie bei Elisa (2. Kön. 4,44). Zwölf Körbe – doch wohl nach der Zahl der Apostel.

Der Prediger wird sich die Schwierigkeiten zu verdeutlichen haben, die sich der inneren Annahme eines solchen Textes für das Bewußtsein des heutigen, besonders des naturwissenschaftlich gebildeten Hörers entgegenstellen. Mit Naturwundern haben wir's sowieso schwerer als mit solchen, bei denen es sich um Vorgänge im menschlichen Bereich handelt. Aber innerhalb der Naturwunder stößt sich die Brotvermehrung noch viel härter als bei anderen mit unseren wissenschaftlichen Überzeugungen: Jesus geht nicht nur in souveräner Weise mit Vorhandenem um, sondern schafft Neues aus dem Nichts – man müßte sagen: im Widerspruch zum Lomonossowschen Gesetz von der Erhaltung, d. h. aber auch: von der Nicht-Vermehrung der Materie. Sehen wir den im Text gemeinten

Vorgang richtig? „Für den Evangelisten bestand kein Zweifel daran, daß Jesus Anteil an Gottes Schöpfermacht besaß. Ist er des Todes und des Sturmes mächtig, so kann er auch Brot schaffen, so viel wie nötig ist" (Rengstorf z. St.). Oder haben wir uns mit der Vorstellung von der creatio ex nihilo in bezug auf das Wie viel zu sehr festgelegt? Wir sollten es mit M. Doerne halten: „Wieso er (Jesus) dann auch dem leiblichen Hunger abgeholfen hat, das wollen wir nicht zu erklären versuchen – ich würde mich allerdings auch scheuen, die Tatsache zu leugnen, darum, weil wir sie nicht erklären können" (in: Die Finsternis vergeht. Predigten, 1963, S. 136). Es wäre unbedacht, wenn wir, was Jesus tut, ausschließlich an dem messen wollten, was unserm Stande der Welterkenntnis entspricht und darüber hinaus in das Gefüge unserer Weltwirklichkeit eingepaßt ist.

Zudem sollte man sich freilich klarmachen, daß nicht derjenige der beste Christ ist, der die meisten in der Bibel erzählten Wundergeschichten für historisch hält. Bestreiter und Verfechter des wirklichen Geschehenseins solcher Vorgänge sind sich in einem auffällig einig: für sie zählt nur das Faktische; was nicht historisch treu berichtet ist, ist keine „wahre Geschichte". (Ich bekam einmal nach einer Bibelstundenreihe über das Jonabuch harten Widerspruch von fundamentalistischer Seite her, weil ich die Jonageschichte als „Lehrerzählung" bezeichnet hatte.) Wer dem Wort der Bibel treu bleiben will, muß sich auch auf die biblische Denkweise einstellen, d. h. aber: er darf nicht unkritisch modernes Welt- und Geschichtsbewußsein in die biblischen Texte eintragen bzw. ihnen damit Gewalt antun. Zweifellos: Jesu Leben und Wirken ist nicht etwas Ersonnenes oder Gesponnenes; Lukas selbst ist an der Faktentreue interessiert (1,1–4). Das hindert aber nicht, daß über das Göttliche an Jesus, über das pneumatische Geschehen und über die eschatologische Dimension des Christusereignisses in der Sprache der Haggada, also im „erbaulichen" Stil geredet wird. „Das Wort sie sollen lassen stahn": dazu gehört auch, daß man die besondere Weise biblischen Denkens und Redens respektiert.

Was immer sich in der Nähe des Nordostufers des Galiläischen Sees in menschenleerer Gegend ereignet hat – es entzieht sich sowohl überlieferungsgeschichtlich als auch theologisch-grundsätzlich unserm Zugriff –: wir sollen die *Botschaft* vernehmen, um deretwillen die Geschichte auf uns gekommen ist. Es zeigt sich, daß – sieht man nur genau genug hin – die tiefgründige johanneische Ausdeutung der Speisungsgeschichte (Kap. 6 – Evangelium des Sonntags) dem synoptischen, besonders dem lukanischen Verständnis des Vorgangs erstaunlich nahe ist. Das gilt nicht nur für die alttestamentlichen Hintergründe – wir kommen noch darauf zu sprechen –, sondern auch für das ekklesiale Verständnis der Perikope, besonders für deren Beziehungen zur Eucharistie, an die besonders Lukas beinahe Schritt für Schritt gedacht haben dürfte. Die Geschichte ist also doppelbödig – und das wird unsere Predigt zu berücksichtigen haben. Sie spricht zunächst von dem Herrn, der sich auch der leiblichen Nöte und Bedürfnisse der Menschen annimmt. Sie spricht aber auch von der Gabe des ewigen Heils im Sakrament; es wird noch aufzuzeigen sein, wieso.

Christus will umfassend helfen: (1) *Er gibt zum Geistlichen das Leibliche*. (2) *Er gibt zum Irdischen das Himmlische*.

I.

Umfassende Hilfe für den Menschen: dies schließt auf alle Fälle die Wirtschafts-, die Versorgungs- und Ernährungsprobleme ein. Für die meisten Menschen bedeutet die Beschäftigung damit den Inhalt ihres Arbeitslebens. Für die ganze Menschheit ist neben der Frage des Friedens die nach dem täglichen Brot die Frage nach Sein und Nichtsein. Hätte Jesus aus Steinen Brot gemacht (4,3), dann hätte er nicht nur eine Unmenge Mühsal,

Angst und Verzweiflung aus der Welt geschafft; er wäre auch im Nu der gefeiertste Mann der Menschheitsgeschichte geworden. Man hätte ihn auf den Schild gehoben (Joh. 6,15). Allen Ernstes: wer jemals lange Zeit unter Hunger gelitten hat oder gar in Ländern leben muß, in denen zahllose Menschen – Kinder schon – Hungers sterben, weiß, daß es nicht nur unrealistisch, sondern geradezu zynisch wäre, die Menschen geistlich trösten zu wollen, sie jedoch physisch zugrunde gehen zu lassen. Der Predigttext stellt uns Jesus vor als den Heiland nicht nur der Seele, sondern auch des Leibes. Er macht die Fünftausend satt.

Nun aber eben anders, als der Teufel es ihm hat einreden wollen. Die Speisung ist gerade nach Lukas nicht nur christologisch eingerahmt (s. o.), sondern sie ist auch fest verbunden mit der großen missionarischen Aktion, von der die VV. 1–6 berichten und von der die Apostel zu Beginn unserer Perikope gerade heimkehren. Wir sollen wohl den Zustrom von Menschen (V. 11) als Wirkung und als Erfolg dieser Aktion ansehen. Die Dinge laufen eigentlich programmwidrig: den Jüngern sollte nach pausenlosem Dienst an den Menschen eine Verschnaufpause gegönnt sein (so die Parallele Mark. 6,31), und zwar in Bethsaida (nach Joh. 1,44 der Heimat von Petrus, Andreas und Philippus). Aber nun strömen die Menschen in Scharen herzu. Der Schauplatz wechselt, ohne daß dies vermerkt wäre; in einem kleinen Ort könnte man die Riesenmenge nicht versammeln. – Was geschieht? Jesus setzt fort, was zuvor auf seine Weisung hin die Apostel getan haben (vgl. V. 6). Er redet zu ihnen vom Reich Gottes – nach Mark. 6,34 eine *lange* Predigt.

So also fängt das große Versorgungs- und Ernährungswunder an. Die Menschen hören Jesus zu. Sie sind, von seiner Predigt angesprochen, mit der Frage beschäftigt, wie Gott in der Welt und in ihrem Leben endlich die „Herrschaft" bekommt. Daß der Mensch „vom Brot allein" lebe – dies offensichtlich die Intention der dem Herrn widerfahrenen Versuchung (4,4) –: dieser Irrtum kann hier, in der Einöde nahe dem Nordostufer des Sees Genezareth, nicht aufkommen. „Trachtet am ersten nach dem Reiche Gottes" – dann kommt das andere, was Gegenstand unserer täglichen „Sorge" ist, von allein (12,31). Wir dürfen uns nicht verhehlen, daß die Dringlichkeitsskala nicht nur des säkularen Menschen, sondern in der Praxis auch des Frommen zumeist gerade anders aussieht. Der Vorrang des Ökumenischen läßt sich ja auch so leicht plausibel machen: zuvor muß man *leben*, und dann erst mag man, wenn man will, an den lieben *Gott* denken; zum Lebenkönnen aber ist vor allem nötig, daß man ißt und trinkt. Wie kurzsichtig dies jedoch gedacht ist, kann man sich etwa an unserer Situation am Ende des zweiten Weltkriegs klarmachen: wir hätten nicht hungern müssen, wenn wir „nach Gottes Reich getrachtet" und damit auch dem Verführer widerstanden hätten. Der reiche Kornbauer stand wirtschaftlich ausgezeichnet da, aber seine Vorstellungen von der Sicherung des Lebens waren eine einzige Illusion (12,16–21).

Die Menschen sind so bei der „Sache" Jesu, daß sie gar nicht merken, wie der Abend hereinbricht (V. 12). Hat Jesus selbst es nicht gemerkt? Die Jünger müssen Jesus auf die Situation aufmerksam machen. (In Mark. 8,2f. geht der Anstoß von Jesus selbst aus.) Ein großer Kirchentag bringt auch Versorgungsprobleme mit sich. Der Vorschlag der Zwölf (V. 12) zeigt, daß es hier noch an Erfahrungen fehlt. – Worauf es ankommt und was die Parallelen noch besser zeigen als die Lukasfassung, ist dies: Jesus nimmt auch die leiblichen Bedürfnisse und Nöte ernst. Fast nebenher lesen wir: „Er machte gesund, die es bedurften." Dies hatte schon zum Auftrag seiner Sendboten gehört (V. 6); genaugenommen war Jesus auch damals schon der Heilende, als sie „die Dörfer durchzogen". Daß Menschen zu Gott finden, bringt noch heute in vielen Fällen auch körperliche Heilung, und jede Heilung, wenn sie geschieht, ist Zeichen für das Kommende.

Jesus gibt zum Geistlichen das Leibliche. Er nimmt sich auch der körperlichen Nöte an.

Er will, daß zur Verkündigung die Diakonie tritt, zur Seelsorge die Leibsorge, zur Proklamation der Herrschaft Gottes die Austeilung der Gaben Gottes, zur Heilung der Gott-Mensch-Beziehung die Erneuerung der Beziehung der Menschen untereinander, also im Bereich des Sozialen.

Man kann einwenden, daß wir soeben das Wunder der Speisung ins Ethische umgewendet und damit dem Text seinen ursprünglichen Charakter genommen haben. Gemeint ist es freilich nicht so. Jesus bleibt der souverän handelnde Herr. Nur: wie zeigt sich das? Die Geschichte ist – schon bei Markus – so erzählt, daß man darin das Zueinander von Christus und Gemeinde in der nachösterlichen Situation wiedererkennt. Christus selbst wirkt zunächst nur im Wort – der Vollzug dessen, was er gebietet, ist Sache der Jünger. „Gebt ihr ihnen zu essen!" (V. 13 – betontes „ihr"). Er wird dann als Hausvater und Gastgeber noch die Beraka sprechen und das Brot brechen und die Fische teilen. Aber gefordert sind zuerst ganz einfach die Jünger. Kennzeichnend für die Versuchung der Kirche zu allen Zeiten: sie ist geneigt, die Menschen zu „entlassen", sie wegzuschicken – mögen sie sehen, wie sie in den umliegenden Ortschaften unterkommen und satt werden. Jesus dagegen: „Gebt *ihr* ihnen zu essen!" Nicht abschieben, wo man selbst gefordert ist! Jesu Leute sind die Werkzeuge für sein wunderbares Wirken. Schon wahr: *er* macht's, aber er will es *durch uns* tun. Das Speisungswunder in der Wüste ist kein die Welt revolutionierendes Programm. An eine allmähliche organisatorische Veränderung der Welt hat Jesus nicht gedacht. Wir müßten, verstünden wir ihn so, die eschatologische Koordinate seiner gesamten Predigt außer Betracht lassen. Immer wieder ist Jesus gesetzlich, also auch nicht-eschatologisch verstanden – und darin eben mißverstanden worden. Alle seine Wunder sind Vorzeichen, Hinweise auf das Kommende. Aber das ganze Handeln der Kirche soll eben diesen Zeichencharakter haben und beispielhaft, anbruchweise zu erkennen geben, was Gott mit seinen Erlösten vorhat. Man kann auch so sagen: in Jesu Handeln – auch wenn es durch seine Kirche geschieht – ragt das Kommende anbruchweise in unsere Welt hinein. Das Wunder in der menschenleeren, nun aber von der Riesenzuhörerschaft Jesu aufgesuchten Gegend ist ein Stück vorausgenommenes Eschaton. So ist denn auch die Diakonie der Kirche nicht nur humanitäre Hilfeleistung – das ist sie *auch*! –, sondern tathafte Ankündigung des Kommenden.

„Gebt ihr ihnen!" – „Wir haben ja selber (fast) nichts." Eine nicht selten gebrauchte Ausrede. Oder eine nüchterne Einschätzung der Lage aufgrund der Tatsachen? Wenn Jesus nicht da wäre und wenn der ergangene Befehl nicht der seine wäre, dann spräche die Wirklichkeit eindeutig für die Jünger. Man könnte Jesu Anordnung auch so aufnehmen, daß man der Sache mit „Organisation" beizukommen sucht: Verpflegung heranholen (V. 13b). Woher, das wäre dann freilich sofort die Frage, vielleicht auch: mit welchen Mitteln. Man könnte den „es-sei-denn"-Satz als Ausdruck des Unwillens verstehen: nicht ernst gemeint, nur das Absurde des Verlangens Jesu aufzeigend.

Daß wir selbst (fast) nichts haben, braucht, wo Jesus ist und wirkt, durchaus kein Grund zu sein, daß man aufgibt. Toyohiko Kagawa hat in den ersten 15 Jahren seiner Tätigkeit an Elenden und Eingebrochenen – in den Slums von Kobe – zuweilen von den Küchenabfällen gelebt, die eine alte Bettlerin ihm brachte, und von seinem Wirken ging Segen und Hilfe für ungezählte Menschen aus. – August Hermann Francke findet in der bisher nur kärglich gefüllten Sammelbüchse in Glaucha bei Halle eines Tages 4 Taler und 16 Groschen. „Als ich dies in die Hände nahm, sagte ich mit Glaubensfreudigkeit: Das ist ein ehrliches Capital, davon muß man etwas Rechtes stiften; ich will eine Armenschule damit anfangen." Wir wissen, was daraus geworden ist. „Aus nichts wird nichts": das mag gelten, wo Jesus nicht ist; aber hier, wo er das wenige vermehrt, sind Christen immer wieder „die Armen, aber die doch viele reich machen" (2. Kor. 6,10).

Wie kommt es? Wir wissen es nicht, wie es zugeht. Wir sehen nur – in unserm Text – Jesus die Brote und Fische nehmen, sehen ihn – im Aufblick nach oben – Verbindung mit dem Vater suchen und unter Dank, wie es fromme Tischsitte will, Brot brechen und Fische teilen und das Abgebrochene den Jüngern reichen und immer weiter weggeben, mehr und mehr, bis sie alle satt sind. Der Text sagt nichts darüber, daß denen, die er satt gemacht hat, etwas aufgefallen wäre, so daß sie in Staunen oder Jubel hätten ausbrechen müssen. Der Text ist nicht aufs Sensationelle aus. Ja, das Wunder wird nicht als solches empfunden. Vielleicht müssen wir jetzt so fortfahren: In dem, was wir für normal halten, geschieht Jesu lebenerhaltenes Wunderwirken. Es versteht sich nicht von selbst, daß wir satt werden; es ist dies auch nicht allein eine Sache der landwirtschaftlichen Produktion. Schon: es bedarf in der Regel der natürlichen Bemühungen und Abläufe. Aber hinter und in dem allem vollzieht sich das Wirken des Schöpfer- und Erhalterwillens Gottes, den wir im Text an Jesu Tun ablesen. Wenn es auf den Feldern draußen wächst, dann teilen sich die Zellen im Korn, wie wenn Jesus von dem bißchen vorhandenen Brot abbricht und gibt und gibt. Und wenn nicht „Normalfall" ist, sondern Not und Verlegenheit? Wir wissen's noch aus der Zeit des Darbens: nicht selten, daß alles aufgezehrt war, und am anderen Morgen zeigte es sich überraschend, daß der unsichtbare Geber an uns gedacht hatte. Wie in der vorangehenden Auslegung sagen wir: das ist kein automatisch wirkendes Gestz, aber das ist Erfahrung des Glaubens, oft gegen alle „Realitäten".

2.

Es geht in dieser Geschichte um mehr als um das Versorgungsproblem. Man kann dies auch an den anderen Speisungsperikopen studieren. Die Gabe ist wichtig – Jesus läßt sich unsere leiblichen Bedürfnisse angelegen sein –, aber der Geber ist noch wichtiger. Wir haben schon auf die christologische Rahmung der Perikope geachtet (s. o.). Es will aber noch anderes mitgesehen sein, damit wir ihre Mehrdimensionalität erkennen.

Man hat immer wieder auf die alttestamentlichen Hintergründe des hier Erzählten hingewiesen. Der sein Gutes vervielfältigende und so freigebig und wunderbar schenkende Gott wird schon in der Elisageschichte 2. Kön. 4,42–44 erkennbar. In der messianischen Zeit, so erwartete man es, sollten sich die Wohltaten Gottes in Überfülle ereignen. Mit dem Kommen Jesu ist die messianische Zeit angebrochen. – in Joh. 6 ist die – bei Lukas nur latente – Erinnerung an das Mannawunder deutlich ausgeführt, und dieses Wunder ist christologisch überformt: Jesus ist das Brot des Lebens. Auch hier sind bei genauerem Hinsehen die Beziehungen zu erkennen. Auch hier: Wüste. Der Herr bei seinem Volke. Num. 11,21f. und Luk. 9,13b.14 entsprechen einander auffällig. Num. 11,5 ist von Fischen die Rede; statt ihrer werden dem Volk Wachteln gegeben (in Weish. 19,12 will man wissen, diese seien aus dem Meer gekommen). Das Mannawunder in der Wüste: Brot vom Himmel, nach Johannes: Lebensbrot, das Jesus nicht nur *gibt*, sondern *ist*.

So wundert man sich auch nicht, wenn in der Perikope so viele Hindeutungen auf das Abendmahl zu finden sind. Das Augenmerk richtet sich keineswegs bloß auf einen Vorgang in einsamer Gegend nahe bei Bethsaida. Man denkt, indem man so erzählt und erzählen hört, an das Leben der Gemeinde in der nachösterlichen Zeit. Einzelzüge des Vorgangs, die in der Wüstensituation mit den Fünftausend schwer verständlich oder unverständlich sind, erklären sich von der Transparenz der Geschichte für das Herrenmahl her. „Was erzählt wird, stimmt nicht gänzlich im Damals, wohl aber im kultischen Heute" (Schürmann, S. 517). Armenspeisung und Herrenmahl sind, wie der epistolische Text des Sonntags zeigt, im Urchristentum dicht beieinander (Apg. 2,45; 4,34ff.; 6,1f.). Daß man sich in Gruppen zu fünfzig lagert, ist in der Wüstensituation nicht nur schwer vorstellbar, sondern auch nicht gerade sinnvoll. Anders wird es sofort, wenn man sich klarmacht, daß 5 000 Menschen keine „Gemeinde" sind, in der gelebte Verbundenheit entstehen kann, geschwisterliches Miteinander. Die Gruppen, die nach Apg. 2,46 schon in der Urgemeinde sich gebildet haben – ohne daß man die Gesamtgemeinde, das Volk Gottes, darüber aufgegeben hätte –, könnten etwa von dieser überschaubaren Zahl gewesen sein. Die Zwölf – „Apostel" genannt – wissen sich für das Ganze verantwortlich. Sie – und vielleicht ein erweiterter Kreis von „Jüngern" – sind es, die die vom Herrn „gebrochene" Speise austeilen. Aber der Gastgeber ist von vornherein Jesus. Er „nimmt" die Menschen „auf", empfängt sie (V. 10b). Er selbst gehört nicht mit zu den Tischgemeinschaften. Er steht, als der Gebende, über dem Geschehen, wie der Herr, der zwischen den sieben Leuchtern (Offb. 1,12f.), also den Gemeinden (Offb. 1,20), „wandelt" (Offb. 2,1). „Hier wird nicht nur vom ‚historischen Jesus' erzählt, sondern auch von den Erfahrungen mit dem in der Gemeinde gegenwärtigen Kyrios" (Schürmann, S. 516 – von ihm auch der Hinweis auf die Stellen aus der Apokalypse). Und wenn Jesus dann die Beraka spricht – zunächst einfach gemäß jüdischer Tischsitte –, dann lassen die an dieser Stelle auffällig ins einzelne gehenden Worte deutlich die Beziehung zu den Konsekrationsworten im Herrenmahl erkennen. (Das ἐδίδου fällt auf. Sollte nur ein einzelnes Ereignis erzählt werden, wäre der Aorist zu erwarten; das Imperfektum weist auf ein immer neu sich wiederholendes Geschehen.)

„Ich bin das Brot, das vom Himmel gekommen ist", würde es in der Formulierung des vierten Evangeliums heißen (6,41). Jesus gibt zum Irdischen das Himmlische. Wir wiederholen damit nicht einfach das unter (1) Gesagte. Man könnte ja „das Geistliche" auch so verstehen, daß der Mensch, weil er Natur ist *und* Person, von Kalorien allein nicht leben kann: er braucht Anrede, Zuspruch, Austausch, Gemeinschaft – mit Menschen, auch mit Gott. Das Abendmahl ist nicht einfach eine Weise der Anrede Jesu an uns. Die Predigt (V. 11) hat ihren Ort für sich. Jetzt kommt dazu die Speise, das Mahl. Nun wird Jesus selbst zum „Brot". Man nimmt nicht nur auf, was er gibt, sondern was er ist, ihn selbst. Er teilt sich aus – nein: er *wird* ausgeteilt, nachdem er selbst über dem Auszuteilenden den „Segen" gesprochen hat. Und er teilt sich *mit*: wir sollen ihn in uns haben wie das Brot, das wir aufnehmen und das sich in Lebenskraft umsetzt. Die Gemeinde feiert das Mahl; indem sie es tut, ist Jesus da – so wie bei der Mannaspeisung einst „die Herrlichkeit des Herrn" auf einmal mitten im Volke erscheint (Exod. 16,10). „Wer ist aber dieser?" (V. 9). Auch die Speisungsgeschichte ist, wie das nachfolgende Petrusbekenntnis, eine Antwort auf diese Frage.

Ein Chorschluß, stünde er da, würde die Perikope historisieren und die Transparenz für das Sakrament zerstören. Um so besser paßt an den Schluß der starke Hinweis auf die Unerschöpflichkeit dessen, was Christus gibt. Das Brot, das aus der Erde wächst, ist selbst Kreatur; es hat soviel Lebenskraft in sich, wie es empfängt, und es dient nur dem Austausch innerhalb des Geschaffenen. Beim himmlischen Brot ist es anders. „Ich bin das lebendige Brot, vom Himmel gekommen" (Joh. 6,51). Es wird uns gut sein, wenn wir bei jeder Sakramentsfeier die Szene dieses Textes vor Augen haben. Der Herr, der das Brot bricht – unerschöpflich –; die Jünger, die es austeilen; die Gemeinde, die es empfängt und damit von Jesus nicht nur das Irdische, sondern auch das Himmlische geschenkt bekommt.

8. Sonntag nach Trinitatis. Joh. 9,1–7

Unter dem Thema „Das Licht der Welt" ordnet Bultmann zusammen: 9,1–41; 8,12; 12,44–50; 8,21–29; 12,34–36; 10,19–21. Wenn das richtig ist, wird noch deutlicher: die – vermutlich aus der „Zeichen"-Quelle stammende – Heilungsgeschichte – in die der Evangelist die VV. 4f. eingeschaltet haben dürfte – ist Ausgangsbasis für eine weitausholende, in Szenen dargestellte und so gegliederte christologische Erörterung, die ebenfalls Material aus der Quelle enthält. Die Existenz einer Semeiaquelle ist übrigens umstritten. Auffällig ist besonders auch in unserm Abschnitt die semitisierende Sprache (Merkmale bei Bltm., S. 250, A. 1). Es wäre im Sinne des Evangelisten, wenn Kap. 9 als Ganzheit genommen würde. Wir müssen uns bescheiden, werden freilich der in V. 5 angesprochenen Hintergrundsebene besondere Aufmerksamkeit widmen.

V. 1: Das „und" entspricht semitischem Erzählstil (vgl. auch VV. 2.6.7). Es sieht so aus, als „gehe" Jesus beim Verlassen des Tempels (8,59b) an dem blinden Bettler (V. 8) „vorbei". Menschen mit Gebrechen durften das Tempelinnere nicht betreten; man hat also an ein Tempeltor zu denken (Apg. 3,2), zumal auch der Siloahteich in der Nähe zu suchen sein dürfte (vgl. zu V. 7). Die Lokalisierung träfe auch dann zu, wenn keinerlei Zusammenhang mit dem Vorangehenden besteht, was nach dem Charakter des Stücks anzunehmen ist. – V. 2: Die Frage der Jünger beruht auf der verbreiteten jüdischen Anschauung, daß Krankheit und Sünde zusammenhängen (vgl. 5,14). Daß Kinder an den Sünden der Eltern leiden, ist kein seltener Gedanke („bis ins dritte und vierte Glied"). Wie soll der Blinde aber selbst gesündigt haben? Dachte man an Sünde im Mutterleib oder in einem präexistenten Vorleben, oder greift in zeitlicher Verschränkung die Wirkung der Ursache vor? Oder soll schon in der Frage diese ganze Denkart ad absurdum geführt werden? – V. 3: Das elliptische ἀλλ' ἵνα ist echt johanneisch (1,8.31; 13,18; 14,31; 15,25). In Jesus wirkt Gott (5,17.36). – V. 4: Auffälliges ἡμᾶς; im Unterschied zu dem με (vgl. die ausgleichenden LAA im Apparat) schließt Jesus sich hier mit den Jüngern zusammen (vgl. 14,12; 15,20.27). Paulus: „solange wir noch Zeit haben" (Gal. 6,10). Jesus sieht die „Stunde" vor sich (12,23.35). (Fast will es scheinen, als denke Jesus nicht über sein irdisches Leben hinaus. Gemeint sein dürfte jedoch, daß man nicht versäumen soll, was jeweils die Stunde fordert.) – V. 5: Vgl. 8,12. Auch hier dürfte es darum gehen, daß die Gegenwart dieses Lichtes wahrgenommen und ergriffen wird. „Licht": wir sind längst nicht mehr bei dem natürlichen Sehvermögen, das der Blinde bekommen soll; man vergleiche VV. 39–41. Es gibt zweierlei Blindheit und zweierlei Sehen. – V. 6: „Dem Speichel wird eine besondere Heilkraft zugeschrieben, und er ist darum als Heil- und Zaubermittel weit verbreitet, vor allem wird er bei Augenkrankheiten angewendet" (Grdm. zu Mark. 7,33). Vgl. auch Mark. 8,23. Die Heilung kommt erst am Siloahteich zustande; an eine magische Wirkung des Breis aus Speichel und Sand ist also nicht gedacht. Das Anrühren des Breis war Übertretung des Sabbatgebots: zu den 39 verbotenen Arbeiten gehörte das Teigkneten (Schab. VII,2). Daß es sich um eine Sabbatheilung handelt, erfahren wir erst V. 14. – V. 7: Der Siloahteich wurde von der am Tempel entspringenden Gichon-Quelle gespeist; Hiskia hat einen unterirdischen Kanal anlegen lassen (2. Chron. 32,30); die Kupferrolle von Qumran belegt das Vorhandensein des Teiches auch zu Jesu Zeit. Sein Name spricht von dem künstlich „entsendeten", also geleiteten Wasser; der Evangelist sieht darin einen Hinweis auf den „gesandten" Christus. Anders als Mark. 8,24 wird von dem subjektiven Erleben des Geheilten nicht berichtet; es interessiert nichts außer der Faktizität des Geheiltseins (VV. 11,25.30).

Eine Auslegung des ganzen Kapitels (aufgrund einer Auswahl von Versen) habe ich gegeben in: Der rechte Weinstock, S. 316ff.

Der uns vorliegende Abschnitt dürfte – mit nur wenigen johanneischen Zufügungen in VV. 4f.7b – älteres Überlieferungsgut enthalten. Der Brei aus Speichel und Sand ist zwar auch anderwärts bezeugt (im NT: Mark. 7,33; 8,23), wirkt aber ebenso „urtümlich" (Schnbg.) wie die Waschung im Siloahteich. Gibt es synoptische Anhaltspunkte für diese Geschichte? Wohl nicht in Mark. 8,22–26 (Bethsaida) und 10,46–52 (Jericho) – in beiden Fällen geht es auch nicht ausdrücklich um Blindheit von Geburt an. Matth. 11,5; 15,30; Luk. 7,21f. wirken allzu summarisch (keine Ortsangabe, keine näheren Umstände). Matth. 21,14 ist von Blinden im Tempel die Rede, die Jesus heilt; hier stimmt der Schauplatz überein. Es ist, wie wir schon wiederholt fanden, Art des vierten Evangeliums, dort, wo verschiedenen Menschen Gleiches widerfahren ist, die „Kamera" an einen von ihnen dicht heranzurücken und ihn in „Großaufnahme" darzustellen. Hier könnte ein solcher Fall vorliegen. Summarien sind additiv zustande gekommen; hier wird entweder im einzelnen festgehalten, was dort in der Summe erscheint, oder es wird, im Interesse am einzelnen, aus der Summe der besondere Fall herausgelöst.

Dies freilich wiederum so, daß an dem Einzelfall das Grundsätzliche herausgearbeitet wird; das ganze Kapitel ist damit beschäftigt. Blind geboren: darin könnte abgebildet sein, daß alle Welt grundsätzlich gottblind ist (VV. 39ff.); hier dürfte nicht das individuelle Schicksal interessieren. Daß der Geheilte Eltern hat, ist ebenfalls kein individueller Zug: diese bezeugen das Faktum seines bisherigen Blindseins. Konkret ist – wenn wir richtig vermuten – der Ort. Das Grundsätzliche, um das es in dem ganzen Kapitel geht, ist in dem Thema befaßt: Christi Person und Werk. Jesus gibt sich kund als der Menschensohn, der nicht nur sehend macht, sondern selbst das Licht ist (Schwerpunkte die VV. 35 – 7.11.15.20f.25.30 – 5.17.33.39). Daß dem Blinden das Augenlicht gegeben wird, ist wichtig und so gemeint, wie es dasteht; aber es bedarf, wie der Fortgang der Geschichte zeigt, noch einer zweiten Öffnung der Augen – für den Geheilten und auch für die andern, die sich für sehend halten und es nicht sind (V. 40). (Die Denkstruktur dieser Perikope ist der der vorangehenden auffällig verwandt.)

Die Abgrenzung der Perikope verlangt nun, daß wir – ohne das Hintergündige zu übersehen – den Heilungsvorgang selbst in den Blick nehmen. Für den Prediger wieder einmal ein Anreiz, die Wunderfrage grundsätzlich anzufassen. Ich möchte davor warnen, daß dies zu oft geschieht. Nur eines sollte auch diesmal herausgestellt werden: Wunder sind Zeichenhandlungen, man könnte auch sagen: Verheißungen in Gestalt von Geschehnissen, getätigte Zusagen fürs Eschaton, in dem kein Tod, kein Leid, kein Geschrei und Schmerz mehr sein wird. Es wird aller Wahrscheinlichkeit nach nicht passieren, daß über dieser Predigt dem blinden Glied unserer Gemeinde die Augen aufgehen. Wer die Heilungsgeschichte nur so predigt, daß er historisierend die Geschichte zwischen Tempelpforte und Siloahteich berichtet, hilft niemandem. Bliebe, was wir predigen, in die Grenzen dieses irdischen Lebens eingeschlossen, dann könnten wir vielleicht mit allem Nachdruck verkündigen, daß Jesus gesunde Augen zu geben vermag, aber der Blinde (oder in anderer Weise Geschädigte und Behinderte) in unserer Gemeinde würde mit Recht fragen: Warum der damals – und nicht ich heute? Wo immer Wunder geschehen *sind* oder auch *heute* geschehen, da sind sie Hinweis auf das Kommende.

Das schließt nicht aus, sondern ein, daß wir nun doch speziell mit den Menschen in unserer Gemeinde sprechen, denen ein körperliches Leiden auferlegt ist – die Blindheit ist nur Beispiel, wenn auch, in unserm Falle, ein solches, das für das Aufleuchten des Geheimnisses der Person Jesu besonders symbolkräftig ist. Die Frage der Jünger veranlaßt uns, konkret – wie der Text – bei der Lage des Betroffenen einzusetzen. Wir tun damit nichts Überflüssiges; der „Pfahl im Fleisch" hat viele Gestalten. Also vielleicht so:

Der Sinn des Menschenschicksals: (1) *daß Gott zum Zuge kommt,* (2) *daß Jesus zum Leuchten kommt.*

I.

Die Sinnfrage wird von den Jüngern gestellt. Muß man sie stellen? Wer nicht an Gott glaubt, kann sie gar nicht – er kann sie zumindest nicht so stellen wie die Jünger. Er wird sich zuerst mit dem sozialen Schicksal dieses behinderten Menschen befassen. Der Blinde sitzt bettelnd vor der Tempeltür (wenn wir den Ort richtig vermuten, V. 8). Er könnte und sollte einen anderen Platz in der Gesellschaft finden, an dem er sich als ein zwar in seiner körperlichen Ausstattung eingeschränkter, aber doch vollwertiger Mensch nützlich machen und seinem Leben etwas abgewinnen kann. Der Christ wird vor allem anderen ebendies zu sagen haben. Gerade als Christ wird er so denken, zumal dann, wenn er selbst behindert ist: Wer glaubt, wird – wie jeder andere – die Möglichkeiten, sein Leben auszuschöpfen, ergreifen, aber er wird zugleich – einschließlich dieser Möglichkeiten –

sein Leben so, wie es ist, annehmen. Wir sagen: einschließlich dieser Möglichkeiten, denn das Mögliche soll man auch *wollen*; man soll sich also nicht fatalistisch in den Groll- und Schmollwinkel zurückziehen und – aufgeben. Nur, es wäre zersetzend und lähmend, wenn man das Unmögliche wollte und sein Leben damit zubrächte, daß man immerzu meditierte: was wäre, wenn...? Gott hat mir Zeit und Ort meines Lebens angewiesen; die Menschen geschickt, mit denen ich's zu tun habe; die Gaben gegeben, die ich habe, und andere Gaben mir versagt; er hat mir Wege geöffnet und andere Wege versperrt; er hat mir Lasten auferlegt, aber auch viele Freuden geschenkt. Es käme darauf an, daß ich das Leben so annehme und nutze, wie es ist. Blinde werden von anderen Menschen oft (hörbar) bedauert und in falscher Hilfsbereitschaft gegängelt. Sie wollen das nicht. Sie haben ein Recht auf unsere Hilfe, wo sie nötig ist, – ganz sachlich, ohne den Unterton der „Barmherzigkeit", vor allem ohne Bedauern. Jeder kennt Blinde, die, was Gott ihnen zugedacht hat, angenommen haben, eine volle, achtunggebietende Lebensleistung erbringen und – fröhlich sind. Ehe wir in unserer Predigt weiterreden, sollten wir dies der Gemeinde klarmachen. – Der Text bietet das Beispiel des Blinden; man könnte und sollte – bei aller nötigen Differenzierung – bei anderen Behinderten und Geschädigten ähnlich denken und handeln.

Nun stellt sich aber die Sinnfrage doch auch so oder so ähnlich, wie die Jünger sie stellen. Für die Betroffenen in Stunden der Anfechtung; für die Gesunden, weil Abweichungen von der Norm eine Anfrage an ihre Welt- und Lebensanschauung sind, wohl auch eine Anfrage an ihre Gedanken über Gott. Was ist das für ein Gott, der es den einen so leicht macht, den anderen so schwer? Zugrunde liegt dieser Frage wohl die Vorstellung, daß ein Gott, der etwas auf sich hält, den Menschen das Glück und die Gesundheit schuldig ist und alle Dinge in der Welt störungsfrei, wohlgeordnet und gerecht fügen und lenken sollte. Warum gerade diesem Menschen so Schweres und Schmerzhaftes?

Fürwahr: diese Gottesvorstellung wäre zu hinterfragen. Das Hiobbuch – um nur dieses zu nennen – tut dies in großer, oft gewagter Nüchternheit. Was ist Gott uns schuldig? Worin besteht eigentlich das Gute, auf das wir Anspruch zu haben meinen? Dient uns wirklich nur das zum Besten, was wir für erfreulich und förderlich halten? – Aber genug damit: die Jünger gehen offensichtlich von der Vorstellung aus, daß in Gottes Welt klar sein muß, was gut und erfreulich genannt zu werden verdient, daß Gott für dieses Gute und Erfreuliche zuständig ist und, falls er einem Menschen anderes zugedacht hat, irgendeine Störung vorliegen muß – Sünde also, die mit auferlegtem Leiden vergolten wird.

Wie verhält es sich mit dem Zusammenhang zwischen Sünde und Krankheit? Nach dem Vergeltungsschema, in dem der Jude dachte, kann dieser Unglückliche im Kreise seiner Mitmenschen nur wie ein Gezeichneter, Gebrandmarkter erscheinen: seine toten Augen sind das Mal seines Schuldigseins. Aber vielleicht liegt hier ein Sonderfall vor: er ist ja schon blind auf die Welt gekommen. Dies ist es, was die Frage der Jünger veranlaßt. Ist der Mensch blind geboren, dann ist wohl die Ursache für sein Schicksal bei seinen Eltern zu suchen. Oder sollte sich dahinter etwas noch schwerer Begreifliches verbergen: daß Gott in seinem Vorherwissen die Schuldfrage gewissermaßen vorweggenommen und mit seinem Richten begonnen habe, bevor der Blinde die Schuld auf sich lud, die ihm zum Verhängnis geworden ist? (Auf die obenerwähnten anderen Gesichtspunkte gehen wir nicht noch einmal ein.)

Bestehen Zusammenhänge zwischen Sünde und *Tod* (Röm. 5,12.21; 6,23; 1. Kor. 15,56; in etwas anderer Blickrichtung Ps. 90,7), dann wird es auch nicht abwegig sein, sie zwischen Sünde und *Krankheit* zu sehen (5,14; Mark. 2,5.9.11). Es geht nur über unsere Erkenntnis und Befugnis hinaus, beim einzelnen Menschen Schuld und Schicksal gegeneinander aufrechnen zu wollen. Es gibt ja, wie bes. Röm. 5,12ff. zeigt, überindividuelle Verflechtungen, sozusagen eine Menschheitssumme von Schuld und darum auch Zerstörungen unseres Lebens bis ins Leibliche hinein, die auf dem Kontenblatt des einzelnen Menschen nicht zu verrechnen sind. Die Krankheit gehört zu den Merkmalen der gefallenen Welt. In gewissem Umfange kann man es sogar im einzelnen Leben aufzeigen. Von dem guten Rat: „Sie dürfen sich nicht aufregen" zu der Mahnung: „Laß alte Schuld nicht unberäumt!" ist nicht weit. Es ist sogar zu fragen, mit welchem Recht wir das erste für plausibel halten und uns dem zweiten so gern widersetzen (Ps. 32,3–5).

Aber nun gilt es, das Steuer herumzuwerfen. Jesus läßt sich auf die ganze Fragestellung nicht ein. Man könnte meinen: weil es unfruchtbar, ja irreführend ist, die Schuldfrage zuschauerisch und in bezug auf andere zu stellen (so Luk. 13,1–5). Hier noch anders. Die Antwort Jesu klingt beinahe heftig: „Es hat weder dieser gesündigt noch seine Eltern" – ein dogmatisch geradezu unvertretbarer Satz, verständlich nur als unwirsche Ablehnung einer ganzen Denkweise. Ehe wir fortfahren, sollten wir diese Abwehr noch etwas auf uns wirken lassen. Es ist leider ein verbreiteter Zug von Unmenschlichkeit in unserm Herzen, dem geschädigten Menschen gegenüber ein gewisses Distanzgefühl zu haben. Die Vogelmutter wirft das mißgebildete Junge aus dem Nest – sozusagen aktive vorsorgliche Zuchtwahl. Es gibt in uns einen verborgenen Nazi, der auch so denkt. Oder ist es noch etwas anderes? Es könnte sein, tief im Unbewußten rumort noch das alte Vergeltungsdogma, das unsere Einstellung zum Mitmenschen stört und verdirbt. Jesus wehrt heftig ab: Weder dieser noch seine Eltern . . .! Das Gesetz sucht nach dem, was den Menschen belastet; das Evangelium sagt das an, was Gott – in Jesus Christus – mit dem Menschen vorhat (vgl. V. 28). Jesus wandelt die Warum-Frage in die Wozu-Frage – wobei das Wozu nicht auf eine innerweltliche Finalität zielt („wer weiß, wozu es gut ist"), sondern auf Gottes Vorhaben mit uns. Er, Gott, will zum Zuge kommen – so haben wir es, bewußt nicht klischeehaft, formuliert. Der Blinde bekommt es mit Jesus zu tun – und darin mit Gott. „Ich muß die Werke dessen vollbringen, der mich gesandt hat" (V. 4). Was an dem Blinden unter den Händen Jesu geschieht – mit oder ohne Speichelbrei –, wird allen Blinden widerfahren, wenn Gott alles ans Ziel bringt. Ich versuche mir vorzustellen, was einer erlebt, wenn ihm das Augenlicht geschenkt wird – erstmalig –: er erlebt Gottes Welt auf ganz neue Weise. Vorfreude für die Blinden: Gott wird sie sehend machen. Und für die Tauben: im Himmel werden sie das zarteste Pianissimo Mozarts vernehmen (seit einiger Zeit weiß man ja sicher, daß Mozart im Himmel gespielt wird). Und für die Gelähmten: ihre Glieder und Sprechwerkzeuge werden ihnen gehorchen, ohne Mühe. Und die Frau mit der so schmerzhaften Lendenwirbeldeformation: die Qualen werden weg sein. Die Bibel redet leibhaft-konkret; wir scheuen uns nicht, es ebenso zu halten, obwohl wir wissen, daß in Gottes Vollendung alles noch „ganz anders" sein wird.

Der Blinde läßt sich gefallen, was Jesus an ihm tut, und dann geht er zum Siloahteich, wie Jesus ihm geboten hat. Da geschieht das Wunder: Gottes Werk wird an ihm offenbar. Wo Jesus ist, bekommen die Leiden dieser Zeit einen neuen Sinn. Gott will bei den Menschen, die mit ihnen behaftet sind, zum Zuge kommen. Schicksal? Das Unverständliche, weil wahllos und unüberlegt, lediglich mit statistischer Notwendigkeit über die Menschen Ausgestreute? Etwas also, was man nur mit zusammengebissenen Zähnen, sich ins Unvermeidliche und Sinnlose fügend, zu tragen versuchen kann, diszipliniert und mit Anstand? Nein, sondern das von Gott so Bestimmte und Gefügte, damit sein großes Tun und seine Herrlichkeit daran aufleuchten. – Es wäre nicht verwunderlich, wenn jemand – besonders einer der Betroffenen – einwendete: Was für ein Gott, der unsereinen leiden läßt, bloß um sich selbst, wenn seine Stunde kommt, zu offenbaren – und diese Stunde kann noch weit weg sein, wahrscheinlich ein ganzes Menschenleben weit! Es würde ihm doch zukommen, den Leiden und Schicksalslasten der Menschheit gar nicht erst Raum

zu geben. Und: will er sich verherrlichen – warum das auf unsere Kosten? – Wir dürfen
die Theodizeefrage nicht mit einer billigen apologetischen Auskunft abtun; wir wären
damit schlechte Tröster und unglaubwürdige Zeugen Gottes. Wir dürfen nicht Bewältigung simulieren, wo wir ratlos sind. Und wir dürfen nicht so tun, als hätten wir Gott über
die Schulter gesehen, wo es gilt, Gottes Geheimnisse zu respektieren und Gott in der Annahme dessen, was er verfügt, gehorsam zu sein. Rechtsansprüche anzumelden hat keiner
von uns Sündern. Daß die adamitische Welt intakt zu sein habe, heil und wohlgeordnet,
das können wir nicht fordern. Daß einer in Glaubensnöte und Anfechtungen gerät, wird
Gott niemandem übelnehmen, aber daß wir ihm vorhalten, er müsse es besser machen,
steht uns nicht zu. Noch einen Schritt weiter: Fragt man sich, wie es dazu kommt, daß
Gott endlich in unserm Denken, Wollen, Begehren, Hoffen (usw.) den Platz einnimmt,
der ihm gebührt, dann keinesfalls so, daß er uns die heile Welt und das heile Leben *automatisch* gibt. So wie wir geartet sind, würden wir's kassieren – gedankenlos, stumpf,
undenkbar, als müßte es so sein. Wir werden aber nicht heil, es sei denn, Gott wird zur
Mitte unseres Lebens. Genau dies geschieht, wo wir dem begegnen und Glauben schenken, in dem Gott sein Werk an uns tut. Der Sinn unseres Lebens, auch wenn es Leiden
ist, liegt *vorn*, dort, wo Gott ist. Gesegnet die Not, in der wir begreifen: wir brauchen ihn,
und er soll von uns seine Ehre haben. Er will bei uns zum Zuge kommen. Am Ende soll
es heißen: „Herr, ich glaube" – und wir fallen vor ihm nieder und ehren ihn (V. 38).

2.

Die Geschichte geht weiter. Was von V. 8 an in dem ganzen weiteren Kapitel steht, ist
keimhaft in V. 5 angelegt. Insofern haben wir die Pflicht, nicht zwar in unserer Predigt
alles Folgende noch aufzuarbeiten, wohl aber die christologische Aussage des Kapitels,
soweit nötig, aufzunehmen. Eigentlich sind wir bereits durch das zuletzt Gesagte darauf
gestoßen.
Der bislang Blinde kann wieder sehen. Kann er wirklich sehen? Er hat das Augenlicht
bekommen; das ist viel. Man kann es haben und doch – auf andere Weise – blind sein
(V. 40). Ja, man kann erst recht blind *werden*, indem man den übersieht, der das Licht der
Welt ist (V. 39). „Das Licht scheint in der Finsternis" (1,5) – wird die Finsternis es
„ergreifen", also so in sich aufnehmen, daß sie dadurch aufhört, Finsternis zu sein, und
selbst Licht wird (ebd.)? – An dem Geheilten wird in geradezu spannender Weise aufgezeigt, wie er – Schritt für Schritt – begreifen lernt, mit wem er es hier zu tun bekommen
hat. Jesus hat ihn gesund gemacht, das weiß er, und er kennt den Vorgang, in dem dies
geschehen ist. Aber Jesus ist ein umstrittener Mann. Indem der Geheilte seinen Retter
verteidigen muß, begreift er, daß er ein Prophet ist (V. 17), sicher gottesfürchtig (denn
sonst würde Gott ihn nicht erhören, V. 31), ja, er muß „von Gott" sein (V. 33). Dicht ist
der Mann am Geheimnis der Person Jesu dran. Nur: die letzte Hülle muß Jesus selbst
noch wegnehmen: Den Menschensohn hast du gesehen; der mit dir redet, der ist's. Da
kommt es dann zum Bekenntnis des Glaubens an Jesus, den Kyrios, und der Mensch fällt
vor ihm nieder (VV. 35–38).
Jetzt weiß der Geheilte, von wem er das Augenlicht bekommen hat. So richtig und wichtig das ist: das Eigentliche hätten wir damit noch nicht erfaßt. Im Besitz aller Sinne sein,
auch sonst einen funktionstüchtigen Körper haben, ohne Schwächen und Schmerzen –
wer wollte das unterschätzen? Aber christlicher Glaube kann darin allein noch nicht das
unversehrte, das bestimmungsgemäße Menschsein erkennen. Gott gibt Gesundheit. Aber
was er uns zu bedeuten hat, das erschöpft sich nicht im Geben dessen, was zum Fortbestand des Lebens nötig und wünschenswert ist. Gott selber gehört ins Leben mit hinein!

Der Mensch, der mir etwas „liefert", was ich zum täglichen Leben brauche, kann, bis ich wieder etwas nötig haben werde, gern seiner Wege gehen; ich bin ja nicht an ihm interessiert, sondern an seiner Ware. Bei Gott ist es ganz anders. Er ist mein Ursprung und mein Gegenüber. Ich bin „von ihm" und „zu ihm". Ohne die Gemeinschaft mit ihm – dies ist für das christliche Menschenbild wesentlich – würde ich mein Menschsein gar nicht erfüllen. Gott in mir und ich in ihm: das erst macht mich zum Menschen, wie Gott ihn sich gedacht hat. Der Schöpfer ist nicht die „erste Ursache", von der sich die Kreatur längst abgelöst hätte, so daß sie nun ihr Eigenleben führte, ohne ihn. Sie kann es gar nicht, denn Gott ist Schöpfer in jedem Augenblick. Freilich: sie versucht es doch, indem sie ihren Gott vergißt, ignoriert, mißachtet, von ihm abrückt, ihre eigenen Wege geht. Widersprüchlicher Zustand: von Gott abhängig und erhalten, obwohl immerzu im Abfall von ihm und auf der Flucht vor ihm. Wie kann das gut gehen, selbst wenn die äußere Existenz unbeschädigt wäre?

Aber da meldet sich der, der „das Licht der Welt" ist (V. 5). „In ihm war das Leben, und das Leben war das Licht der Menschen" (1,4). Es genügt nicht die Tageshelligkeit – erst recht genügen nicht die künstlichen Lichter –, um sich im Leben zurechtzufinden und das Leben zu haben. Natürlich brauchen wir das Licht der Sonne; bliebe es aus, wäre in Kürze alles Leben erstorben. Es bedarf darüber hinaus des „wahrhaftigen Lichts" (1,9). Da wird Leben verstanden und vollzogen als Leben aus Gott, im Du-und-Du, in persönlicher Verbundenheit, Liebe, Hingabe. Dieses Licht ist Jesus. Wir hätten Gott nicht, wäre er nicht gekommen, und zwar in die abgefallene, eigenmächtig und gottentfremdet dahinlebende und ihre eigenen Wege gehende Welt. „Licht" nennt sich Jesus, weil, was hier geschieht, der Klarheit und Einsicht bedarf, der deutlichen Wahrnehmung. Gottesgemeinschaft vollzieht sich nicht im Dunkel des Undefinierbaren und Nicht-Unterscheidbaren. In Jesus gewinnt Gott Konturen. Wer ihn sieht, der sieht den Vater. Dies ist das zweite Augenwunder, das dem vormals Blinden widerfährt.

Darin besteht nun die Sendung Jesu. „Ich muß wirken die Werke des, der mich gesandt hat, solange es Tag ist; es kommt die Nacht, da niemand wirken kann." Ein seltsam-sperriges Wort. Es fällt uns schwer, es einzuordnen. Steht Jesus unter Zeitdruck? Wird, wenn „die Nacht" hereinbricht, sein Wirken zu Ende sein? Muß er *deshalb* auch am Sabbat heilen, weil es ihn drängt? Erschöpft sich sein Wirken in dem, was er auf Erden hat ausrichten können? Wir gehen mit solcher Auslegung in die Irre. Wie sollte der in der Ferne eines menschlichen Lebens eingezwängt sein, der in den Abschiedsreden seine entschränkte, weltweite Wirksamkeit ankündigt? Als der Erhöhte und Verherrlichte und so zu den Seinen Kommende wird Jesus erst recht wirksam werden. Die „Nacht" ist nicht die des Karfreitags. Es gibt schon eine „Nacht": die Finsternis, die da bleibt, wo Jesus nicht aufgenommen wird, wo das Angebot ausgeschlagen wird, wo man gegen Gott verschlossen bleibt und damit im Gericht (V. 39; 8,12; 12,35.46; 1. Joh. 1,5f.; 2,8ff. – das Gericht: 3,19). Daß Jesus die Stunde nicht verpassen darf, liegt gerade in dem Entscheidungscharakter seines Wirkens. Zu allgemeinen Wahrheiten hat man immer Zugang. Der Satz des Thales oder die binomischen Formeln warten auf mich, bis ich sie zur Kenntnis genommen und kapiert habe. Jesu Wirken geschieht in der Begegnung mit Menschen; ihr Zum-Glauben-Kommen in der Begegnung mit ihm. Hier heißt es – beiderseits –: zufassen! Dies gilt in dieser Stunde, das gilt auch für später; und es gilt nicht nur für Jesus, sondern auch für seine Jünger, die – nach seiner Verherrlichung und Erhöhung – für ihn auf Erden wirken werden (V. 4: ἡμᾶς). Christuszeit ist Entscheidungszeit. Das Licht kann man nicht einfangen (wie die Schildbürger für ihr fensterloses Rathaus). Licht „geschieht". *Jetzt* scheint es (1. Joh. 2,8). Jesus selbst nimmt dieses Jetzt wahr: er gibt dem Blinden nicht nur das Augenlicht, er wird ihm selbst zur Erhellung seines Menschseins.

Nachträglich wird deutlich, warum dem Blinden gar nicht anders geholfen werden konnte als so, daß Gott sich an ihm offenbarte. Es ging ja nicht nur ums Optische. Dies wird nun noch einmal deutlich an der augenfälligen Zweigliedrigkeit des Heilungsvorgangs. Wie immer Johannes die Heilungsgeschichte vorgefunden haben mag: dem Gang zum Siloah- teich gibt er den hintergründigen Sinn. Geht es bloß darum, den Schlamm abzuwaschen? Siloah (griechisch: Siloam) wird angedeutet als „der Gesandte" (5,36; 6,29; 7,29; 8,42 u. ö.). Das kann nur heißen: Siloah – das *bin ich*; in mir sollst du dich waschen. Das könnte ein – nicht einmal sonderlich verhüllter – Hinweis auf die Taufe sein. In einem urchristlichen Taufhymnus heißt es: „Wache auf, der du schläfst, und steh auf von den Toten, so wird Christus dich *erleuchten*" (Eph. 5,14). Auf zweierlei Weise hat der Blinde *sehen gelernt*.

9. Sonntag nach Trinitatis. Matth. 13,44–46

Matthäisches Sondergut. Vergleichbares im Thomasevangelium (109 und 76); das erste Gleichnis handelt dort freilich nicht von der wahrgenommenen, sondern von der verpaßten Gelegenheit: ein Sohn verkauft den geerbten Acker, ohne zu wissen, daß sein Vater einen Schatz darin verborgen hat. Obwohl im Thomasevangelium an verschiedenen Stellen überliefert, ein *Doppelgleichnis*, jedenfalls nach Auffassung des Evangelisten; der Anschluß πάλιν (V. 45) gibt dies deutlich zu erkennen. Andere Doppelgleichnisse: s. J. Jeremias, Gl., Berlin ³1955, S. 70. „Jesus (hat) solche Doppelungen mit Vor- liebe benutzt . . ., um einen Gedanken eindringlich zu machen" (ebd., S. 71). Das eine Mal handelt es sich um einen Armen, das andere Mal um einen Reichen. Der eine findet zufällig, der andere hat gesucht. Beide verkaufen ihre Habe (V. 44: πωλεῖ ὅσα ἔχεν – V. 46: πέπρακεν πάντα ὅσα εἶχεν), aus Freude ausdrücklich der erste, der andere wohl, obwohl das nicht gesagt ist, ebenso. Die Bildsprache ist durch die Weisheitsliteratur bestimmt: die Weisheit ist ein großer Schatz (Spr. 2,4; 8,18f.; Jes. 33,6) und wird mit einer Perle verglichen (Spr. 3,14f.; 8,11; Hiob 28,18).
Jeremias macht auf Aramaismen aufmerksam. Daß es in V. 44 „in dem Acker" heißt, wo wir erwar- ten würden: „in einem Acker" entspricht aramäischer Sprachgepflogenheit. Das Semitische kennt keine Komposita; so heißt es in V. 44 einfach ἔκρυφεν wo man erwarten würde: „er versteckte ihn wieder". Das ἕνα entspricht dem aramäischen indefiniten חַד bzw. חֲדָה (eigtl. Zahlwort); man wird also nicht von der *einen* kostbaren Perle zu sprechen haben, sondern einfach von einer besonders wertvollen Perle. Derselbe Matthäus, der die markinischen Praesentia historica in Aoriste verwan- delt, läßt sie in V. 44b stehen (ὑπάγει, πωλεῖ, ἀγοράζει) und bleibt damit dicht am vorauszusetzenden Original.
Die Einleitungsformel der Gleichnisse ist zu übersetzen: „Es verhält sich mit dem Reich . . . wie mit . . .". Dann ist auch die formale Verschiebung des Vergleichspunktes in V. 45 (nicht dem Kauf- mann, sondern der Perle gleicht das Reich) nicht mehr von Bedeutung. „Himmelreich" = Gottesreich (Name Gottes umschrieben). V. 44: In Zeiten der Gefahr wurden Schätze vergraben. Der Eigentümer mag inzwischen verstorben sein. Die Auffindung muß nicht so wie in der Geschichte von dem pflü- genden Abba Judan vor sich gehen, dessen Kuh einsinkt, sich das Bein bricht, der Pflüger aber eben dadurch den Schatz findet. Es kann der Pflug einfach an den Schatz gestoßen sein. Über die Frage, ob in dem Ackerkauf nicht eine Unredlichkeit liegt, sollen wir so wenig nachdenken wie über das anfechtbare Verhalten des ungerechten Haushalters in Luk. 16,1ff. – V. 46: Ob der (ἄνϑρωπος) ἔμπορος (s. Apparat) ein Perlenhändler ist oder mit anderem handelt, trotzdem aber schöne Perlen sucht, weil dies seine Liebhaberei ist, ist nicht gesagt und auch nicht von Interesse; Perlen waren im Altertum ein begehrter Artikel. Das Perfektum πέπρακεν hat hier die Bedeutung eines Aorists (Bl.-Debr. § 343,1).
Zwei Gleichnisse – *eine* Aussage. Wir gehen von der Meinung aus, daß es sich wirklich um ein *Doppelgleichnis* handelt. Dies wäre auch dann der Fall, wenn die Gleichnisse (wie im Thomasevangelium) nicht beieinander stünden (W. Michaelis, Die Gleichnisse Jesu, ³1959, S. 61).
Diese Meinung ist nicht unbestritten. Bultmann hält es für „unwahrscheinlich . . ., daß

die beiden Gleichnisse ursprünglich zusammengehören" (GsTr., S. 187). Otto Glombitza (s. Grundmann, S. 354) nimmt VV. 47ff. dazu und sieht – durch das zweimalige πάλιν (VV. 45.47) verbunden – eine Gruppe von *drei* Gleichnissen verschiedener Aussage vorliegen: 1. Das Reich Gottes ist ein Fund, der uns nur zufallen, nie aber durch eigenes Bemühen herbeigezwungen werden kann, dann freilich erworben wird, indem man alles hingibt (V. 44). 2. Der Mensch (!) ist für Gott kostbar wie eine Perle, so daß er, Gott (!), alles, nämlich seinen Sohn, hingibt, um den Menschen zu gewinnen. 3. Gottes Reich will wie ein Fischnetz alle Menschen umschließen, aber am Ende kommt die Scheidung.

Die Gleichsinnigkeit der beiden uns aufgegebenen Gleichnisse scheint uns demgegenüber doch so stark, daß wir sie (mit Schlatter, Jülicher, Schniewind, Jeremias, Michaelis, Grundmann, Jüngel, Schweizer u. a.) als Zwillinge ansehen. Was folgt daraus für die Auslegung? Man könnte meinen, wesentlich sollte für das Verständnis nur das sein, worin sich beide Gleichnisse decken. Dann bestünde die Aussage allein darin, daß das Reich Gottes etwas so Kostbares und Begehrenswertes ist, daß sich, um es zu gewinnen, die Drangabe alles anderen lohnt, ja, eigentlich von selbst versteht. Dies wäre die Botschaft. Nebenzüge haben außer Betracht zu bleiben. Es ist gut, dies zunächst zu Herzen zu nehmen, damit man nicht ins Allegorisieren verfällt. (Daß es um den *einen* Vergleichspunkt geht, nicht um eine Mehrzahl von Entsprechungen, habe ich meinen Konfirmanden gern an der Perle deutlich gemacht: Das Reich Gottes ist wertvoll wie eine Perle – nicht aber: es ist winzig wie eine Perle, rund, schillernd, schmückend, leichtverlierbar usw.) Und trotzdem wird man nicht mit unangebrachter methodischer Strenge verfahren. Tendenzen zur Allegorisierung, wie wir sie gern als Merkmale einer überfremdenden Überlieferung ansehen, können ansatzweise schon im Original – sagen wir ruhig: in Jesu Urdarbietung – vorhanden sein. Jeder, der selbst gelegentlich in Gleichnissen redet, weiß, daß das Gleichnis zunächst auf *ein* Tertium comparationis hin entworfen ist, aber sehr schnell Seitentriebe bekommt, wenn man – vielleicht schon beim ersten Erzählen – merkt, daß sich die eine oder andere weitere (lehrbuchwidrige) Analogie ergibt. Bei Doppelgleichnissen scheint sich dergleichen geradezu anzubieten. Wir sahen: Ackerknecht oder Großkaufmann (der kleine Krämer wäre nicht der ἔμπορος, sondern der κάπηλος oder der πωλῶν) – das Reich Gottes ist für Arme da und für Reiche und verlangt in beiden Fällen alles. Zufällig finden oder planmäßig suchen – man braucht daraus keine große Theorie zu machen wie Th. Zahn, aber man wird den Unterschied auch nicht übersehen. Im Acker verborgen oder zum Verkauf ausgestellt und angeboten – es könnte mit beidem etwas ausgesagt sein, was für die Sache nicht ohne Belang ist. So könnten sich die beiden Gleichnisse – die wir erzählfroh wiedergeben sollten – gegenseitig ergänzen und berichtigen (G. Zweynert in ZdZ 1965, Pr. H. S. 73). So könnten wir unsere Predigt so anlegen: *Unsere Chance, wenn es um das Reich Gottes geht:* (1) *entdecken,* (2) *erwerben,* (3) *gewinnen.*

I.

In beiden Gleichnissen heißt es: εὑρών. Das Reich Gottes kann nur „gefunden" werden, es kann nur „entdeckt" werden wie ein Schatz im Acker, wie eine Perle im Basar oder beim Juwelier.

Die Gleichnisse zeichnen das Geschehen in schlagender Kürze und bunter Anschaulichkeit. Ein Mensch, wohl der Ackerknecht des Mannes, dem der Acker gehört, findet den Schatz. Niemand hat geahnt, was da im Erdreich versteckt ist. In Kriegszeiten wird jemand bei Nacht und Nebel seinen Besitz hastig eingescharrt haben. Es könnte so ähnlich sein wie bei den drei Tonkrügen, die man in Qumran, allerdings in bebautem Bereich, vergraben gefunden hat; Silbermünzen (223, 185 und mehr als 150 Stück), ihres

Metallwertes wegen von unbegrenzter Laufzeit, auch wenn sie schon lange vorher geprägt worden sind und lange in ihrem Versteck gelagert haben. (H. Bardtke, Die Handschriftenfunde am Toten Meer, II, Berlin 1958, S. 75; vgl. auch S. 176ff., wo von den auf der Kupferrolle vermerkten Verstecken die Rede ist.) Was mag aus dem geworden sein, der sie über die Gefahrenzeit hinweg sich hat sichern wollen und dann nicht wieder dorthin gelangt ist, wo sein Schatz lag? Der bisherige Eigentümer des Ackers scheint nichts davon zu ahnen, was dieser birgt; er würde ihn sonst nie und nimmer verkaufen. Der Schatz ist κεκρυμμένος – in einem, wie man sieht, noch umfassenderen Sinne, als derjenige, der ihn vergrub, sich vorstellte.

Der Pflügende könnte es – falls der Schatz in Tonkrügen verwahrt gewesen ist – haben klirren hören. Vielleicht soll man sich auch denken, der Pflug könnte an etwas Hartes, also etwa an eine eiserne Truhe, gestoßen sein. Nicht ausgeschlossen, daß der Mann zunächst geflucht hat. Das Hindernis, das dem Hakenpflug Widerstand leistet, muß aus dem Boden heraus. Und eben da geschieht die Entdeckung. Ungesucht, unvermutet stößt der Mann auf das, was der Reichtum seines Lebens sein wird. Niemand hätte damit rechnen können, daß hier dergleichen zu finden ist. Auch er selbst nicht. Hier ist nichts zu erzwingen, aufzuspüren, zu erdienen, zu leisten und darum als Lohn einzuheimsen. Hier wird – „zufällig" – ein Schatz entdeckt.

Man könnte sagen, beim Perlenkaufmann sei das völlig anders. Er hat wirklich gesucht. Schöne Perlen suchen ist sein tägliches Geschäft. Selbst wenn er noch mit anderem handelt, selbst wenn er die Perle nur für seine privaten Zwecke und Interessen erwirbt: er wird suchen. Gewiß, auch hier ist der Fall denkbar, daß er zufällig auf eine besonders wertvolle Perle stieße, ja sogar, daß er sie im Abfall fände. Aber er wird uns nun doch so geschildert, daß er hinter schönen Perlen her ist. – Jedoch auch bei ihm heißt es: „er fand". Sein Suchen könnte die Perle nicht herbeischaffen, wenn sie nicht für sein Finden bereitläge. Der Augenblick, da er sie entdeckt, ist darum die große Stunde seines Lebens, die er nicht hätte herbeizwingen können.

Das Reich Gottes will also *entdeckt* werden. Da das Reich in Christus verwirklicht ist und wird, kann man auch sagen: *Jesus* will entdeckt werden. Man könnte auch sagen: *das Evangelium* bedarf solcher Entdeckung, von Hause aus ist es „verdeckt" (2. Kor. 4,3 – wenn Paulus ebendort V. 7 vom ϑησαυρός spricht, wirkt dies geradezu so, als meditiere er unser Gleichnis). Gott und sein Herrwerden gehören also nicht zu den Realitäten, die jeder ohne weiteres wahrnimmt und mit denen „man" also zu rechnen, auf die „man" sich einzustellen hat. Es gibt Fakten, die sich uns so unwiderstehlich aufdrängen, daß man ein Narr wäre, sie zu leugnen; womit nicht gesagt ist, daß nur das Unleugbare und Unübersehbare zu den Fakten zu rechnen sei. Gewiß, der Schatz war, einmal aufgegraben, auch Realität im Sinne des Handfesten; zur Überraschung des Pflügenden nur nicht aus Erde, auch nicht aus Stein, sondern – wahrscheinlich – Silber! Wer sich an das Tatsächliche halten will, wird uns zusichern: wenn sein „Pflug" wirklich einmal an etwas so Hartes stößt, dann will auch er zusehen, daß er in den Besitz des Reichtums kommt. Jedoch: Jesus redet im Gleichnis. Was Jesus uns gibt, ist nichts in diesem Sinne „Handfestes". Aber es wäre doch töricht, zu sagen: also sei es überhaupt nichts. Jesus und mit ihm das Reich Gottes, das er bringt, muß nur erst entdeckt werden! Die – in unserm eigenen Leben geschehene oder bei uns noch geschehenwollende – Entdeckung Jesu ist eine Geschichte, die nicht weniger abenteuerlich ist als diese beiden Kurzgeschichten, die Jesus selbst uns hier erzählt. Das ist ja gerade der Witz an der Sache: man kann auf das, was dann kommt, wirklich nicht gefaßt sein. Auch der „suchende" Kaufmann muß beim Gang durch die Läden, Basare und Marktbuden damit rechnen, daß er unverrichteterdinge wieder heimkehren wird; wie schon so oft. Perlen haben Seltenheitswert. Man hat sich normalerweise darauf einzustellen, daß man nichts findet. Erst recht gilt dies für den Mann mit dem Pfluge. Als es unter dem Pflugschar „rumst", stößt der Mann auf ein Stück Wirklichkeit, das in seinem Denken, Planen, ja sogar in seinen Wünschen bis dahin schlechterdings nicht vorkommen konnte. Für uns heißt das: Der eine könnte auf die „Perle" aus sein, weil er weiß, daß es eben Perlen *gibt*. Und darum meint er auch, es habe Sinn, nach Gott und seinem Reich zu *suchen*, nur – er hat eben noch nicht gefunden; wo Gott hingehört, ist bei ihm noch ein weißer Fleck. Theistische „Vorgabe"? Man sollte es nicht so nennen, aber man sollte nicht leugnen, daß uns ein Wissen darum, welcher „Ort" dem uns unbekannten Gott gebührt, auch vor dem großen „Finden" eigen ist (Röm. 1,19ff.). Das Evangelium rechnet mit der Möglichkeit des Suchens nach Gott (Apg. 17,27). Aber es weiß auch, daß das Gott-Finden durchaus nicht nur eine Chance der Gott-Sucher ist. Es könnte sein – vielleicht wird dies heute in sehr viel mehr Fällen so sein als ehedem – , daß einer wirklich auf nichts aus war („und nichts zu suchen, das war mein Sinn"), und plötzlich bleibt sein „Pflug" stecken, und wenn er nur ein bißchen in die Tiefe buddelt, traut er seinen Augen nicht...! Man muß Gott vorher durchaus nicht auf dem „Programm" haben wie der Perlenhändler – der Intention nach – die schönen Perlen. Wir haben auch dem, der gar nichts erwartet, zu sagen, daß bei ihm die Chance des Findens gegeben ist.

Man muß noch einen Schritt weitergehen. Luther hat die Verborgenheit des Schatzes sehr tief durchmeditiert. „Unser Gut ist verborgen... unter seinem Widerspiel... So ist unser Leben verborgen unter dem Tode, die Liebe unter dem Haß wider uns, die Herrlichkeit unter der Schmach, das Heil unter dem Verderben, das Königreich unter dem Elend, der Himmel unter der Hölle, die Weisheit unter der Torheit, die Gerechtigkeit unter der Sünde, die Kraft unter der Schwachheit... So ist das Himmelreich gleich einem verborgenen Schatz im Acker... Und doch verbirgt er ihn. So ist auch ‚unser Leben verborgen mit Christus in Gott'" (aus der Römerbriefvorlesung von 1515/16, übers. von E. Ellwein, zu Röm. 9,3). Es bedarf der Entdeckung nicht nur deshalb, weil das Reich Gottes kein Ding der Raum-Zeit-Welt ist, also auch nicht so angetroffen, wahrgenommen, festgestellt werden kann, als wäre es ein solches, sondern auch deshalb, weil Gott, was er tut, immer geradezu ins Gegenteil hinein verbirgt. Gott hilft uns weiter, indem er uns festfahren läßt. Gott läßt die große Freude an unserer Traurigkeit entstehen (vgl. den vorangehenden Text). Gott scheint uns zu entschwinden, statt dessen ist er uns so nahe wie nie.

Gesucht oder ungesucht: Gott läßt sich finden. Wir haben es vielleicht gerade dann am gewissesten erlebt, wenn wir nicht darauf aus waren. Gott kann auf einmal da sein, eine verblüffende Erfahrung. Wir könnten eine Sicht des Lebens und der Welt haben, die in sich so geschlossen und nach außen so abgegrenzt und eingeigelt ist, daß wir es nicht für möglich halten, ein Gott könne sich noch melden; und Gott weiß sich uns doch zu vergewissern. Die Menschen, die Gott nachgefolgt sind, als er auf menschliche Weise unter uns war, die haben es erlebt; sie wären ihm sonst nicht nachgegangen.

2.

Eilig versenkt der Pflüger den entdeckten Schatz wieder in dem Erdloch, aus dem er ihn soeben hervorgeholt hat. Das Herz muß ihm wohl heftig klopfen. Schnell Erde darüber! Niemand soll etwas sehen! Und dann mit Überlegung ans Werk. Der Acker soll *sein* werden, mitsamt dem, was er birgt. Über den Schatz kein Wort. Nur den Acker will er erwerben. Ob der bisherige Eigentümer bereit ist, ihn ihm zu verkaufen, darüber wird im Text nicht nachgedacht. Auch nicht über die Rechtslage. J. Jeremias weist nach, daß beim

Kauf von Immobilien die Mobilien miterworben werden (Qidduschin 1,5 – Str.-B. I, S. 674). Dennoch: der Mann hat ein weites Gewissen; seinen Fall sieht das Gesetz nicht vor. Der den Schatz vergraben hat, kann nicht derselbe sein, von dem er den Acker kauft, denn dieser wüßte ja, was er birgt. Geschädigt wird ein Unbekannter. Beinahe Stoff für einen Krimi. Jesus hat Humor genug, seinen Leuten nicht nur biedere und brave Geschichten zu erzählen.

Der glückliche Finder muß achtgeben, daß sein Begehren, den Acker zu kaufen, nicht Aufsehen erregt. Er muß nämlich verkaufen, „soviel er hat", um das nötige Geld dafür flüssig zu bekommen. Ein wenig Kopfschütteln bei den lieben Mitmenschen ist wohl kaum zu vermeiden. Aber allzusehr auffallen darf er nicht. Auf alle Fälle spielt die Geschichte hart am Rande dessen, was man noch für üblich halten kann. Dies soll wohl so sein. Darin spiegelt sich das unerhört Sensationelle, das der Fund für den bedeutet, der ihn gemacht hat. Freilich: nun steckt sein ganzes Vermögen in dem Stück Land, das er erworben hat; übrigens: ein *kleines* Vermögen, denn der Ackerknecht gehört nicht zu den Wohlhabenden. Abgesehen von diesem Acker ist er nun ein mittelloser Mann. Aber er weiß, warum er sich über seine Lage nicht beklagt.

Seltsam und ausgefallen ist auch der Fall des Kaufmanns. Daß er mit Perlen handelt oder doch wenigstens – falls es sein Hobby ist – schöne Perlen für sich selbst sammelt, ist noch nicht seltsam. Der eine sammelt Tabakspfeifen, der andere Kuckucksuhren; dieser eben Perlen. „Perlen, zu Halsbändern und anderem Schmuck verwendet, galten als größte Kostbarkeit, so daß das Wort Perle Bildwort für den höchsten Wert auf der Welt wird" (ThWNT IV, S. 476). Ist der Kaufmann immerzu nach schönen Perlen auf der Suche, so wird er ein Kenner sein; auch das ist noch nichts Besonderes. Aber nun kommt es. Die Perle, die er entdeckt, hat einen hohen Preis. Wir wissen nicht, wie reich wir uns den Mann denken sollen; auf alle Fälle muß er, um die Perle zu erwerben, „alles" verkaufen, „was er hat". Und er ist von dem kostbaren Stück so fasziniert, er ist in die wertvolle Perle so verliebt, daß er sein ganzes Hab und Gut dafür veräußert. Der bisherige Großkaufmann (ἔμπορος) hat sich selbst um der Perle willen zum armen Mann gemacht. Die Leute werden sagen, er habe einen Tick. Mögen sie es sagen! Die Perle ist sein!

Wir sind wiederholt – zuletzt am 5. S. n. Trin. – auf Texte gestoßen, die von dem Opfer reden, das mit der Zugehörigkeit zu Christus verbunden ist. Man denke an den reichen Jüngling (Mark. 10,17–27). „Siehe, wir haben alles verlassen und sind dir nachgefolgt", stellt Petrus fest (Matth. 19,27). Es kann Situationen geben, in denen der Eintritt in Jesu Dienst tatsächlich die Preisgabe „alles" dessen verlangt, „was einer hat". Wir wissen: Gesetz ist das nicht. Aber es gibt solche, an die ein Ruf ergangen ist, der das besondere Opfer verlangte. Der eine wurde Mönch. Der andere nahm als Missionar die apostolische Armut auf sich und gab alle bürgerlichen Sicherungen preis. Ein Albert Schweitzer opferte eine glänzende akademische Laufbahn und den Zugang zu einer reichen Kulturwelt, für die er wahrhaftig Sinn und Geschmack gehabt hätte. Eine Diakonisse besitzt außer ihrer Kleidung kaum mehr, als was ein Koffer faßt. Martin Luther King sah sich um Christi willen in einen Dienst gestellt, in dem er nicht nur alle Ruhe eines normalen Lebensstiles preisgab, sondern auch sein Leben riskierte und – opferte. Es wird viel darauf ankommen, daß unsere Predigt auch nicht den Schein einer Gesetzlichkeit aufkommen läßt, besonders auch darin wachsam bleibt, daß sich nicht der Lohngedanke einschleicht, als werde das Himmelreich durch den Heroismus des Verzichts erlangt. Aber das müßte doch herauskommen, daß Jünger Jesu, wenn es die Lage erfordert, den Verzicht nicht scheuen. „Die In-Anspruchnahme der heilsamen Nähe Gottes fordert in der Tat den ganzen Einsatz, wenn sie konkret gemacht wird" (E. Linnemann, Gleichnisse Jesu. 1961, S. 110). Gott verschleudert sich nicht. Er will „über alle Dinge" geliebt sein.

Kann sein, er braucht uns irgendwo, wo wir wirklich alles drangeben müssen. Sollten wir, die Gemeinde Jesu, uns in unserer Wohlstandswelt so häuslich einrichten, daß wir, falls es einmal entweder-oder heißt, unsere Siebensachen für wichtiger halten als Gottes Sache, dann dürfen wir uns nicht wundern, wenn die Menschen uns nichts mehr glauben.

Alles verkaufen – das wird im Normalfall heute anders aussehen als bei den Fischern vom See Genezareth. Von der Freiheit des Habens und Loslassens wäre besonders zu reden (1. Kor. 7,29ff.; Phil. 4,12f.). Wir wollen nichts spiritualisieren, wo es um Entscheidungen „hart im Raume" geht. Aber wir müssen auch wieder tief genug ansetzen.,,Das teuerste Gut des alten Menschen, an dessen ‚Verkauf' keiner vorbeikommt und das auch nicht bloß einmal, sondern immer von neuem abgestoßen werden muß, ist die Vergötzung des Ich in allen ihren Formen und Tarnungen" (M. Doerne, Siehe, ich sende euch, 1935, S. 52). Als Paulus von Christus umgeworfen wurde, brach ihm alles zusammen, worauf er bisher – vom „Gesetz" her mit Recht – stolz gewesen war. Den Selbstwert, den er aus seinen Leistungen ableitete, hatte er loszulassen. Die Korrektheit im Gesetz (es dürfte nicht schwer sein, dies ins Moderne zu übersetzen); das daraus resultierende Ansehen nicht nur vor Menschen, sondern, wie Paulus bis dahin gemeint hatte, auch vor Gott; das Wertbewußtsein, das sich aus einem korrekten und entsprechend honorierten Leben ergibt; das Zutrauen zu sich selbst, auch künftig mit eigener Kraft zu fahren: das ist für Paulus dahin. „Was mir Gewinn war, das habe ich um Christi willen für Schaden geachtet" (Phil. 3,7 – Epistel des Sonntags). Darum „geht er hin und verkauft alles, was er hat, und kauft den Acker" (V. 44).

3.

Entdecken, erwerben – und gewinnen. Wir haben schon soeben in der Überschrift den Akzent nicht aufs Verkaufen, sondern aufs Erwerben gelegt. Jetzt soll noch ausführlich davon die Rede sein, daß beim Pflüger wie beim Kaufmann der Ton eindeutig nicht auf dem liegt, was einer preisgibt, sondern auf dem, was er *gewinnt*. Es stimmt ja gar nicht, was wir für einen Augenblick meinten feststellen zu sollen: daß der neue Eigentümer des Ackers und der glückliche Besitzer der kostbarsten Perle nunmehr arme Leute geworden sind. Das Herzklopfen des Pflügers, von dem wir – den Text ausmalend – gesprochen haben, kam ja gar nicht bloß daher, daß der Schatz noch solange in Gefahr war, bis der Mann den Acker rechtskräftig erworben hatte. Es kam ja von der *Freude* her (ἀπο τῆς χαρᾶς αὐτοῦ – vgl. Luk. 24,41; Apg. 12,14; die Gemütsbewegung hat ein geradezu lokales Woher). Der arme Tagelöhner – mit einem Mal ein reicher Mann! Alles verkaufen? Kleinigkeit – wenn man diesen Schatz dafür erwirbt! – Beim Perlenkaufmann ist es ein bißchen anders. Wohlhabend war er schon vordem. Nun hat er alles verkauft. Wollte ihn jemand darum bedauern, so würde er einwenden, daß er mitnichten zu bemitleiden sei; er sei der glücklichste Mensch auf der Welt, denn ihm gehöre die Perle aller Perlen. Opfer? Nein – ein Opfer wäre es ihm gewesen, wenn er sie hätte einem andern lassen müssen. Traurig wäre er, wenn die Perle ihrem bisherigen Eigentümer nicht feil gewesen wäre. So aber – was brauche es anderes, wenn er die Perle habe?

Es wird viel darauf ankommen, daß das unter (2) Bedachte nicht unversehens zum Schwerpunkt wird. Es könnte sonst ein ganz falscher Zug in das Ganze kommen. Preisgabe allen Besitzes, um mittels dieser Transaktion das Ersehnte, Lohnende einzuhandeln? Ein frommes Tauschgeschäft? Ein Sich-Starkmachen im Verzicht, damit man dann das Anrecht auf das Bessere gewinnt? So wäre in der Tat alles falsch. Auf dem Preisgeben des Alten liegt kein Ton. Es findet statt. Es steht nicht da: behalte, was du hast, du bekommst den Acker mit dem Schatz und die Perle auch so. Doch, man *läßt*, was man hatte, aber nicht in einer gezielten und berechneten Aktion, sondern ganz und gar im „Sog" des Neuen. „Die wirklich Handelnden, die die ganze Aktion auslösen und bestimmen, sind Schatz und Perle, also gerade das, was von außen gesehen rein passiv ‚gefunden' wird. Von ihnen geht alle Kraft aus ... Aus dem Handeln des Himmelreiches heraus fließt das Handeln der Menschen" (E. Schweizer im NTD z. St.). Auf das eben Gesagte weist nachdrücklich E. Jüngel: Es „ist das Verhalten der glücklichen Finder so sehr von dem Mehr des Gefundenen her dirigiert, daß das scheinbar *passive* Element (das Gefundene) zum activum wird, demgegenüber das sich mit Selbstverständlichkeit und Notwendigkeit ergebende Verhalten der Finder, also das scheinbar aktive Element, nur als das jenem activum entsprechende passivum bestimmt werden kann, so ‚daß dem Handeln Gottes auf der Seite des Menschen ein Nichthandeln entspricht – weil ja Gott schon gehandelt hat'" (E. Jüngel, Paulus und Jesus, [3]1967, S. 145 mit Zitat aus E. Fuchs, Das Zeitverständnis Jesu, in: Zur Frage nach dem historischen Jesus, Ges. Aufs. II, 1960, S. 334). Richtpunkt: *evangelisches* Verständnis des Doppelgleichnisses.

Die Predigt soll der Gemeinde sagen, wieso es Grund zu höchster *Freude* ist, daß wir das Reich Gottes, d. h. aber: daß wir Jesus entdecken und gewinnen. Man kann die Gegenprobe machen: Wer Jesus einmal kennengelernt hat und bei ihm lebt, für den ist es geradezu unvorstellbar, ohne ihn sein zu müssen. Was würde sein, wenn Jesus nicht wäre? Ein schauriges Denkexperiment! „Schätze" und „Juwelen" spielen in Krimis eine bevorzugte Rolle. Mancher ist schon unglücklich geworden mit solchem Besitz. Hier, bei Jesus, ist es anders. Am ersten nach dem Reiche Gottes trachten und nach seiner Gerechtigkeit, das läßt uns auf keinen Fall arm werden (6,33). Man denke z. B. an unsere Diakonissen. Gewiß gibt es auch bei ihnen Anfechtungen – wie bei jedem Christen. Aber man kennt ihrer genug, die in der Hingabe des Dienens und in der familia Dei, in der sie ein neues Zuhause gefunden haben, ausgesprochen glücklich sind. Hingabe macht nicht arm, sondern reich.

Man meditiere Johann Francks Lied „Jesu, meine Freude" (EKG 293), am besten in J. S. Bachs Auslegung. „Weg mit allen Schätzen, du bist mein Ergötzen." Wieso? „So ist nun nichts – nichts? – nichts Verdammliches an denen, die in Christo Jesu sind" (Röm. 8,1 in der von Bach verwendeten Luther-Version). Einfach davon leben und darauf zuleben, daß Gott uns um Christi willen bejaht, akzeptiert, wert hält und uns damit auch zur Auferstehung der Toten gelangen läßt (noch einmal: Phil. 3,7–11). Was gewesen ist, ist sowieso „Schaden" und „Kot". So läßt man, was war, und streckt sich nach dem, was vorn ist. Es ist gut, daß uns dazu Mut gemacht wird.

10. Sonntag nach Trinitatis. Jer. 7,1–11 (12–15)

Kein Zweifel: die Tempelrede VV. 1–15 gehört in den Vorgang, der in Kap. 26, dem ältesten Stück der Barucherzählung, berichtet ist (nach 26,1 im Jahre 609 oder bald danach). Mit der dort nur summarisch wiedergegebenen Rede (vgl. 7,2 mit 26,2; 7,3.5 mit 26,3.13; 7,12–14 mit 26,6) hat die Perikope die wesentlichen Gedanken gemein, doch nimmt man an (so Rudolph), daß echte Worte des Propheten in deuteronomischer Bearbeitung vorliegen, wobei die Kritik am Tempel und das charakteristische Wort V. 11a unverkennbar jeremianisch sind. Die äußeren Geschehnisse, wie sie in Kap. 26 erzählt sind, sollte sich der Prediger nicht entgehen lassen, wohl auch nicht einige Details des zeitgeschichtlichen Hintergrundes (s. u.).

Die Abgrenzung ist problemlos. Was ab V. 16 folgt, gehört nicht mehr in den Vorgang im Tempel (nur der Prosastil ist mit dem Vorangehenden gemeinsam). Bei der Vorlesung kann man die in Klammern stehenden Verse weglassen, wird sie in der Predigt aber zur Verdeutlichung der VV. 3 und 7 heranziehen.

V. 1: LXX und Vetus latina ersparen sich die ausführlichen Einleitungsformeln und lassen auch die

Situationsschilderung V. 2 (Ende) weg. – V. 2: Die Szene spielt „am" bzw. „im" Tor des Hauses Jahwes (Rudolph: besser im Vorhof, 26,2). Gerade an die, die sich zum Kultus dort versammeln, ergeht die Rede. – V. 3: Obwohl die Überlieferung des masoretischen Textes breit bezeugt ist („ich will euch wohnen lassen"), wird man nach Aquila und der Vulgata zu punktieren haben: וְאֶשְׁכְּנָה אִתְּכֶם („ich will bei euch wohnen"), so auch der Luthertext. Im ersteren Falle müßte man מָקוֹם mit „Land", im zweiten mit „(heiligen) Ort" übersetzen. Die breitere Überlieferung denkt an das Schicksal des Exils, doch dürfte hier der Tempel im Mittelpunkt stehen. „Laßt eure Wege und eure Taten gut sein", wobei „gut" theonom zu verstehen ist. בטח = sorglos, sicher sein, ruhig sein, aber auch im Sinne gedankenloser Indolenz, sodann: vertrauen, sich verlassen („euch" mit לְ wie 2. Kön. 18,21) – die genannten Bedeutungen schwingen in dem letzten mit. „Lügenworte" (VV. 4.8): gedacht ist wohl an die falschen Propheten (23,9ff.; 28). Dreimaliger Ausruf – wie 22,29 Zeichen des Nachdrucks, vielleicht steht gar die Vorstellung des Beschwörens im Hintergrund (der Teufel im Faust: „Du mußt es dreimal sagen!"). Am Versende darf man bei הֵמָּה bleiben (gegen LXX und die Vetus latina); gedacht ist an den ganzen Gebäudekomplex des Tempelbezirks (Matth. 24,2: ταῦτα πάντα, vgl. aber Mark. 13,2). – V. 5: Man achte auf den Inf. abs.: „Nur wenn ihr tatsächlich (!) euren Wandel und eure Taten bessert…", „nur wenn ihr wirklich (!) für Recht sorgt…". – V. 6: Das אַל (neben לֹא) verrät, daß der Passus vom Vergießen unschuldigen Blutes aus 22,3 hierherversetzt ist. – V. 7: Textänderung entsprechend V. 3. Das den Vätern zugesagte Land *umgibt* dann den heiligen „Ort". Inf. abs. in erregter Rede (zuvor: Fragepartikel), also: „Nicht wahr?: stehlen, morden, ehebrechen…, (V. 10:) und dann kommt ihr…" נִצַּלְנוּ = ni. von נצל: „wir sind gerettet", also sicher und geborgen. תּוֹעֵבָה = Abscheuliches, Greueltat. Statt עֲשׂוֹת schlägt Rudolph שְׁנֹת vor: „wiederholen".
V. 12: Der Hinweis auf die Zerstörung von Silo hat nach Kap. 26 den Tumult ausgelöst. Man kann sich den Ausklang der Tempelrede darum nicht so wortreich denken: deuteronomische Weiterbildung. Selbst ein Heiligtum kann vernichtet werden. Über das Ende des Heiligtums in Silo findet sich im AT keine Nachricht. Nur die Ausgrabung in chirbet sēlūn läßt erkennen, daß es um 1050 v. Chr. stattgefunden hat (Rudolph z. St.). – Mit V. 15 wird das Tempel-Thema überschritten: „gut deuteronomische Geschichtsbetrachtung" (Rudolph).

Ein harter Text, ohne Evangelium. Die Tempelrede ist, wie der Paralleltext zeigt, eine Aktion auf Leben und Tod. Daß man sich eines Präzedenzfalles erinnert (Micha 3,12), läßt Jeremia diesmal ohne Schaden davonkommen. Aber in Gefahr wird er bleiben; gerade das Volk wird ihm nach dem Leben trachten (26,24). Seine harte Kritik entlarvt ja die Frömmigkeit der Tempelbesucher als religiös verbrämten Ungehorsam, und der in Gottes Zusagen und Garantien begründete Heilsglaube wird ihnen unbarmherzig zerschlagen. Es geht nicht nur gegen ihre Denkweise – da könnte man mit dem unbequemen Propheten noch immer streiten –, sondern es geht gegen ihre Existenz und gegen den diese Existenz tragenden Heilsglauben (V. 10: „wir sind geborgen", „gerettet", „im Heil"). Alles, worauf sie „sich verlassen" (VV. 4.8) und was ihr frommes Selbstbewußtsein begründet, wird als Lüge gebrandmarkt. Jeremia stört und verunsichert sie. Wie einst Amos (Kap. 7) unter die Festpilger von Bethel getreten ist mit seiner schneidenden Kritik an dem ganzen frommen Betrieb, so hier Jeremia, der den Auftrag hat, in die Menge der Tempelbesucher hinein zu „rufen" (V. 2) und damit das gottesdienstliche Geschehen empfindlich zu stören. Gott kann nicht ja und amen sagen zu dem, was sie denken und tun.
Kann der Text Grundlage einer christlichen, einer evangelischen Predigt sein? Auf jeden Fall in dem Sinne, daß Jesus die prophetische Kritik an der selbstsicheren und dem wirklichen Gehorsam gegen Gott ausweichenden Scheingerechtigkeit seiner frommen Zeitgenossen aufgenommen, ja sogar noch radikalisiert hat. Das Wort von der Räuberhöhle (Mark. 11,17) stammt sogar aus unserm Text. Die Tempelreinigung ist ein zeichenhafter Protest gegen die von der Anbetung Gottes wegführende Kultfrömmigkeit, in der der Mensch, betriebsam und geschäftstüchtig, nur seinen eigenen Interessen dient. Gesetzliche Korrektheit hindert nicht, daß man sich in skandalöser Weise am Mitmenschen schuldig macht: Man bringt etwas Gott zum Opfer, und die alten Eltern gehen leer aus

(Mark. 7,9–12). Man verrichtet lange Gebete, aber man frißt der Witwen Häuser (Mark. 12,40). „Dies Volk ehrt mich mit seinen Lippen; aber ihr Herz ist ferne von mir" (Mark. 7,6). Man betet das „Höre Israel" (Mark. 12,29), aber man dient eben doch auch anderen Göttern (Matth. 6,24). Sollten wir der Meinung sein, von dergleichen Verirrungen seien wir längst abgerückt und bei uns habe eine Reinigung des Ethos stattgefunden, die den Intentionen Jesu gerecht wird, so wäre eben dies an Jesu Wort erneut zu prüfen. Spätjüdische Gesetzlichkeit ist nicht mehr unsere Versuchung, aber damit sind wir aus den Problemen keineswegs heraus.

Wie aber, wenn wir nach dem *Evangelium* fragen, das doch auch diesmal verkündigt werden soll? Jeremia ist in den meisten Texten seines auf uns gekommenen Erbes Unheilsprophet. Was er sagt, deutet alles auf die bevorstehende babylonische Katastrophe. Weiß er nichts von Gottes „vorauslaufender" Gnade? Bei genauem Hinsehen *doch* (V. 7). Wir werden dies noch genauer darzustellen haben. Dennoch: die Spitze dieses Textes ist Warnung und Androhung des Gerichts. Bei Jesus ist das anders: seine Kritik ist die eine Seite der Sache – die andere ist die überwältigende Einladung zu dem Ganz-Anderen, das er bringt. Wir werden als seine Gemeinde heute davon nicht abzusehen haben. Unsere Predigt wird darum bewußt die Aussagen dieses Textes, nachdem sie sie aufgenommen hat, *überschreiten* und sich auf die neue Plattform stellen, die uns mit Jesu Person und Werk gegeben ist. Versuchen wir es wieder in etwas aufgelockerter Weise: *Gegen die falsche Sicherheit.* (1) *Wir können Gott nicht täuschen.* (2) *Wir sollen uns nicht täuschen.* (3) *Gott will uns nicht enttäuschen.*

I.

Menschen strömen durch das Tempeltor, um Jahwe „anzubeten". Das religiöse Leben blüht. Wir wünschen uns das: Menschen, die an Gott denken, sich zu ihm bekennen, sich um ihn versammeln, zu ihm beten, in seinem „Namen" miteinander Gemeinschaft haben, seine Sache in der Welt betreiben. Man muß nur wissen: an der Stelle, an der der Mensch – als Gegenüber Gottes – seine höchste Bestimmung zu erfüllen sucht und mit den erhabensten Dingen beschäftigt ist, – an eben dieser Stelle ist er am meisten gefährdet. Nichts verkehrt und entstellt sich so leicht zum Zerrbild dessen, was es sein will und soll, wie die Religion. Sie lebt vom Unsichtbaren her und auf dieses hin. Während im Bereich der erfahrbaren Welt der Irrtum meist sehr bald durch die Wucht handfester Tatsachen entlarvt und zurechtgestellt wird, hat die Religion ihre Korrektive – wie eben auch den Ursprung – in dem, was Gegenstand des Glaubens ist, sich also nicht so massiv „meldet" und durchsetzt: die stille, verhaltene, verborgene Weise Gottes, auf uns einzuwirken, läßt dem Mißbrauch viele Möglichkeiten. Da kann nur das (in diesem Falle: prophetische) Wort eingreifen, beschwörend ernst, aber eben wehrlos, ja, selbst der Verfolgung ausgesetzt. In der Religion kann der Mensch unter dem Anschein, es gehe ihm um Gott, sich selbst in Szene setzen, sich „aufführen", sich darstellen, sich bestätigen, sich Weihen und Segnungen anmaßen, fromm scheinen, auf Gott hingewendet in seinen Gebärden, aber im Herzen Gott fern. Dies hat Jeremia vor sich.

Inwieweit die, die er anredet, sich der Verkehrung und Verfälschung ihres Frommseins bewußt sind, wird man fragen müssen. Der hier geschilderte Auftritt Jeremias ereignet sich zu Anfang der Regierungszeit Jojakims. Josias Reform, die ein ganz neues frommes Wertbewußtsein hervorgerufen hat, liegt schon länger als ein Jahrzehnt zurück; ihr Ertrag mag im Denken und Verhalten gewissermaßen inventarisiert sein – schon nicht mehr als etwas Neues, Veränderndes, Verpflichtendes empfunden, sondern ins allgemeine Bewußtsein eingesickert, nicht mehr bejaht und ergriffen, sondern nur noch übernommen, abgeblaßt, so daß die zur Josiageneration Gehörigen nur noch Epigonen ihrer selbst sind. So kann es mit einer kirchlichen Erneuerung gehen! Man meint zu haben und hat schon längst nicht mehr. Die auf die Präsenz Jahwes im Tempel sich gründende Heilsgewißheit ist geblieben wie eine feste äußere Schale, aber die Einstellung im Alltag und die Praxis des Lebens, also die ganze innere Verfassung, passen dazu nicht.

Josia fand Jeremias Anerkennung (22,15bf.). Jojakim steht ganz woanders als sein Vater (22,13–19). Die Tempelrede findet zum Beginn seiner Regierungszeit statt (26,1); man kann noch nicht wissen, wohin es mit ihm laufen wird. Aber er scheint im Laufe seiner Regierungszeit nur das getan zu haben, was der allgemeinen Situation entspricht.

Jeremias Vorwürfe sind hart, vielleicht überzogen. Daß man sobald nach der äußeren und inneren Konzentration auf die Verehrung Jahwes nach Josias einschneidenden Maßnahmen, „den Baalen opfert und anderen Göttern nachfolgt" (V. 9), sich also gegen das erste Gebot versündigt und gleich darauf, als wäre nichts geschehen, im Tempel Jahwes erscheint, könnte eine prophetische Übertreibung und Zuspitzung eines sehr viel weniger sichtbaren, freilich nicht weniger verhängnisvollen Sachverhalts sein. Für die Gemeinde heute ist der Abfall zu „anderen Göttern" nicht die schwerste Versuchung – es sei denn, man begreift, daß die Götter, auf die man alles Vertrauen setzt, durchaus nicht „Götter" heißen müssen. Baal ist sowieso die vergötzte Natur, der Gott-von-unten-her, die Hypostasierung der Fruchtbarkeit und der Vitalität. Ist Gott das, woran man sein Herz hängt und sich drauf verläßt (Luther), dann gibt es, bei aller unserer (mehr oder weniger) korrekten Kirchlichkeit, genug an Götzendienst auch bei uns. Glaube an die erlösende Macht des Geldes und Reichtums (Mammon), Angst oder Hoffnung und Vertrauen (beides) in bezug auf das immer schrecklicher werdende Potential der kriegerischen Weltvernichtung, quasi-mystisches Versinken im Rausch als der vermeintlichen Erlösung, geradezu originaler Baalismus in der Hingabe an den Sex: alles Formen der Vergötzung des Weltlichen, das seinen Sinn hätte, wenn es unter Gott bliebe und sich darum in Grenzen hielte und sich nicht aufplusterte zur zerstörerischen Macht der Götzen. Frappierend, wie diese Sünde des Abfalls vom wahren Gott sich dann sofort auch auf dem Gebiet der anderen Gebote auswirkt (V. 9). „Stehlen": Wer dem Mammon verfallen ist, bereichert sich dann auch an dem, was dem andern gehört, übervorteilt ihn, beutet ihn aus, lebt auf seine Kosten (und wenn es „Fremdlinge, Waisen und Witwen" sind, also die sozial und wirtschaftlich Schwachen, wer immer sie seien, V. 6), läßt ihn in Slums wohnen und macht sich nichts draus, wenn er verhungert. „Morden": Wer der Gewalt vertraut, bedroht den anderen an Leib und Leben und „vergießt unschuldig Blut" (V. 6); im großen wird er zum Aggressor, der gegen die anderen seine schrecklichen Waffen einsetzt; im kleinen zum Terroristen, der angeblich für Recht streitet, indem er das Recht zerstört; im potentiellen Einsatz der Macht, also in der Drohung wird er zum Erpresser, der dem anderen seinen Willen aufnötigt oder ihn seinerseits zum Machtgebrauch zwingt. „Ehebrechen": Daß man – sonst leer im Herzen – alles Glück im Sexus sucht und hier, koste es, was es wolle, auf seine „Kosten" zu kommen sucht, liegt wiederum daran, daß ein Götze regiert – ein unbarmherziger Götze, denn das Glück, das man sich verspricht, ist keins, und das, was man haben könnte, zerstört man. „Falsch schwören": der verantwortungslose Umgang mit der Wahrheit, die „frisierte" Wahrheit, die Halbwahrheit, die, weil sie Wesentliches verschweigt, Lüge ist, also die Atmosphäre vergiftet, Gemeinschaft zerstört, die Autorität des Staates untergräbt, den Frieden gefährdet, die Beziehungen von Mensch zu Mensch brüchig macht. „Eure Rede sei ja, ja, nein, nein."

Das Schlimme ist nun, daß sich das alles abspielen kann unter der dekorativen Tarnung scheinbar intakter Religion. Eigentlich weiß man's, daß alles anders sein müßte: Sonntag und Alltag dürfen um Gottes willen nicht auseinanderklaffen. Die fromme Gebärde aber wird zur Lüge, zur Gotteslästerung. Gottesdienst: eine kurze Unterbrechung eines sonst schändlichen Lebens? – eine manierliche Art, sich den wirklichen Gott vom Leibe zu halten? – Ein bloßer Vorwand, ein Tun-als-ob? Der Tempel: Operationsbasis für weitere Greueltaten (Räubernest)? Man holt sich Absolution und macht dann fröhlich weiter im alten Stil? Kultus: der Versuch, sich dem Anspruch Gottes auf eine ansehnliche und achtbare Art zu entziehen? – ein Sich-Loskaufen von der Gehorsamspflicht gegen Gott im Alltag? – die große Heuchelei unter den Augen Gottes? Wie sagt Gott? „Ich hab's doch mit eigenen Augen gesehen" (V. 11). Rudolph gibt den Satz so wieder: „Ich bin nicht blind." Wir können Gott nicht täuschen. (Damit wären wir bei dem Satz, den wir über die erste Überlegung gestellt haben.) Vor Menschen mag das fromme Gehabe Eindruck machen und ein heiles, gottgemäßes Leben vortäuschen. Gott sieht die Diskrepanz, die „doppelte Wahrheit" unseres Frommseins, also die Lüge.

Die im Tempel von Jerusalem dies gehört haben, dürften sich von dieser Rede nicht unmittelbar getroffen gefühlt haben. Es gibt ergreifende Aussagen Jeremias über die Erfolglosigkeit seines prophetischen Wirkens. Es könnte auch sein, daß unsere Predigt, wenn sie dies alles unmittelbar aufnimmt, die Wirkung erzeugt, daß *andere* entlarvt scheinen, nicht die Hörer selbst. Nun darf es in der Tat nicht die Absicht der Predigt sein, ihrerseits Menschen zu verleumden und zu Verbrechern zu stempeln. Die harte prophetische Rede hat ihr Recht an ihrem Ort; wir haben dies nicht zu imitieren. Aber vielleicht wird eine zarte, behutsame Überführung der Gewissen sachlich zu keinem sehr viel anderen Ergebnis kommen. Vielleicht leiden wir selbst – ohne es zu wissen – an dem Zwiespalt zwischen dem Schaubild nach außen und dem Bild, das Gott von uns haben muß. Er versteht unsere Gedanken von ferne. Was sieht er da?

2.

Wir haben von den so Angesprochenen Widerspruch zu erwarten. Man könnte sagen: einen spezifisch *evangelischen* Widerspruch, nur leider, vom Mißverständnis des Evangeliums her. Es könnte sein, die Leute von Juda (V. 2) weisen darauf hin, daß sie sich ihrer Sündigkeit, Verkehrtheit und Unvollkommenheit wohl bewußt sind, daß aber doch eben dies der Grund ihres Heils ist: Unser Gott hält *doch* zu uns! Wir leben als Volk der gnädigen Wahl Gottes (vgl. z. B. Deut. 7,7f.) nicht davon, daß wir so groß, so heilig, so gehorsam, so tüchtig und fromm sind, sondern davon, daß es Gott gefallen hat, uns zu erwählen, zu seinem Eigentum zu machen und bei uns zu wohnen – eben an dem „Ort", an dem er seinen Namen wohnen lassen wollte. Es ist etwas Großes und Wunderbares, daß Gott uns darin einen unverdienten Vorzug vor allen Völkern gegeben hat. Hier, mitten unter uns, hat Gott seinen Thron, da sitzt er über den Kerubim, hinter dem Vorhang, den wir nicht durchschreiten dürfen und hinter dem wir ihn doch finden können. Wie oft steht es im Deuteronomium: hier wohnt sein „Name" – also Gott in seiner Gegenwart und Anrufbarkeit. Josia, der das aufgefundene Gesetzbuch in Kraft gesetzt hat, hat damit ja auch die große Bedeutung des Tempels in Jerusalem dem Volk wieder bewußt gemacht. Hier, nur hier, will der Gott Israels gefunden und angebetet sein. „Hier ist des Herrn Tempel!"

Es wäre allzu billig, wenn wir hier von einer superstitiösen Tempelgläubigkeit reden wollten, die ihren Grund in einem naiv-selbstischen Sicherheitsbedürfnis habe und sich, abergläubisch wie sie ist, ans Dingliche halte. Gott hat sich wirklich an den Tempel binden und hier finden lassen wollen. Man mag sich, was hier gemeint ist, zudem an Ps. 46 klarmachen, dem Vorbild für Luthers Lied von der festen Burg. Wenn Heiden und Königreiche gegen die Gottesstadt anrennten, ja wenn die Welt unterginge und die Berge mitten ins Meer stürzten: die Stadt Gottes soll „fein lustig bleiben mit ihren Brünnlein,

da die heiligen Wohnungen des Höchsten sind". Im Hintergrund steht ehrwürdige Überlieferung. Man denke an die Texte, in denen Jesaja von der Unverletzlichkeit des Zion
spricht (10,27b–34; 14,28–32; 17,12–14 u. a.), auch er übrigens auf dem Boden (vermutlich) älterer Tradition (Ps. 46; 48; 76). Es wird nicht deutlich, was mit den andringenden
Wellen der Völker gemeint ist; manches erinnert an den Chaosdrachenkampfmythos
(Jes. 17,12b. 13a). Aber in Situationen der Bedrängnis wird dieser Glaube an die von Gott
garantierte Festigkeit des Zion aktualisiert: „Gläubt ihr nicht, dann bleibt ihr nicht"
(Jes. 7,9). „Durch Stillesein und Hoffen würdet ihr stark sein" (Jes. 30,15). Es gibt eine in
der gnädigen Wahl Gottes begründete Heilszuversicht, von der man sich tragen lassen
kann. „Wir sind gerettet" bzw. „geborgen" (V. 10), denn „hier ist Jahwes Tempel". Es
heißt übrigens auch bei Jeremia: „. . . so werde ich bei euch wohnen an dieser Stätte, in
dem Lande, das ich euren Vätern gegeben habe, von Ewigkeit zu Ewigkeit" (V. 7) – Gottes in weite Zukunft reichende Verheißung und Zusage, gültig seit den Tagen der Väter
und grundsätzlich nicht befristet. Es ist ja wahr: hier ist des Herrn Tempel! Es ist nicht
etwa selbstausgedacht: „Ich will euer Gott sein, und ihr sollt mein Volk sein" (V. 23).
Nur: welchen Gebrauch macht man von Gottes Zuwendungen und Zusagen? Jeremia wirft
seinen Zeitgenossen vor, daß das, was Grund der Gewißheit für den angefochtenen Glauben sein sollte, bei ihnen verfälscht ist zum selbstgerechten Anspruch einer „fleischlichen" Sicherhiet. Es gibt paradoxerweise ein Vertrauen auf Gott, daß sich von Gott
selbst unabhängig gemacht hat. Die gnädige Zusage des souveränen Gottes ist verfälscht
zu einer göttlichen Verpflichtung, mit der Gott von den Menschen abhängig wird, ihr
Diener, ihr „Garant", über den sie für ihre eigenen Zwecke verfügen. Da wird nicht mehr
gefragt, was man selbst Gott schuldig ist; da pocht man nur auf das, was Gott einem
schuldet. Da ruft man mit Pathos: נִצַּלְנוּ – „uns kann nichts passieren". Und dabei hat
man sich mit seinem ganzen Wesen und Tun von diesem Gott losgesagt, indem man
gegen sein Gebot handelt. Gott ist nicht mehr Herr, sondern nur noch Büttel. Er hat
gefälligst die zu schützen und zu sichern, die sich mit ihrem Herzen längst von ihn losgesagt haben. Der mißbrauchte, gelästerte, geschmähte Gott. So wird dann das Wort vom
Tempel des Herrn zur „Lüge". Hier will Gott nicht mehr wohnen.
Im Hintergrund findet sich bei den „Sicheren" die Erwartung, daß auf die von Josia ein-
geleitete, bzw. befestigte Periode des Glücks und Wohlstands ein Absturz keinesfalls folgen kann, der Prophet mit seiner Unheilsweissagung also im Unrecht ist. Hier befinden
wir uns auf dem Felde der Auseinandersetzung mit den falschen Propheten. „Lüge", sagt
Jeremia. Der Verlauf der Geschichte hat ihm recht gegeben. Immer wieder hat man die
Einbrüche und Katastrophen der Geschichte als Beweis dafür angesehen, daß Gott nicht
im Regimente sitze; dergleichen hätte sonst nicht geschehen dürfen. Nicht minder in den
Schicksalserfahrungen der einzelnen Menschen: wie konnte Gott mein Unglück „zulassen" (daß er es beschlossen und geschickt hat, kommt in dieser vielgebrauchten Formel
bezeichenderweise gar nicht vor)? Unausgesprochene Grundüberzeugung: Gott ist mir
etwas schuldig; der Gedanke, daß es sich gerade umgekehrt verhalten könnte, wird nicht
gedacht, erst recht nicht der andere, daß Gott mich auch dann und gerade dann einbrechen lassen kann, wenn er „Gedanken des Friedens" hat (29,11). Aber dies wird im
Text nicht weiter verfolgt.
Anders das Thema der Einwohnung Gottes im Heiligtum, seine gnädige Gegenwart. Es
ist wohl nicht überflüssig, festzuhalten, daß Jeremia nicht davon spricht, es sei überhaupt
nicht Gottes Art, im irdischen Heiligtum zu wohnen (Apg. 17,24 muß aus dem Zusammenhang verstanden werden, spricht also nicht dagegen). Doch, Gott will oder wollte
schon bei uns wohnen – nur: unser Tun und Treiben kann ihn veranlassen, uns seine Gegenwart zu entziehen. In dem Haus, in dem sein Name wohnen sollte, das wir aber zur

Räuberhöhle gemacht haben, will er nicht sein. Ja, wenn wir unser „Leben und Tun" „gut machen" wollten: dann würde er auch bei uns wohnen. In einem gehorsamen Volk will er zu Hause sein.

Hesekiel meint gesehen zu haben, wie Gott seine schreckliche Ankündigung wahr gemacht hat: „Da schwangen die Kerubim ihre Flügel, und die Räder gingen mit, und die Herrlichkeit des Gottes Israels war oben über ihnen. Und die Herrlichkeit des Herrn erhob sich aus der Stadt und stellte sich auf den Berg, der im Osten vor der Stadt liegt" (11,22 f.). Gott – nicht mehr in seinem Tempel, die Schekina ist ausgezogen. – Es kommt der Tag, da widerfährt dem Jerusalemer Tempel – für die Zeitgenossen Jeremias unvorstellbar! – das Schicksal von Silo (VV. 12 ff.): Jerusalem steht in Flammen, und mit der Stadt auch der Tempel (2. Kön. 25,8 ff.). Wir sollen uns nicht täuschen. Brennende und einstürzende Gotteshäuser hat es immer wieder gegeben. Gott zerbricht unsere falsche Sicherheit. Ehe sich im Jahre 70 n. Ch. das Drama von 586 v. Chr. wiederholte, hat Jesus selbst gesagt: „Ich will diesen Tempel, der mit Händen gemacht ist, abbrechen und in drei Tagen einen anderen bauen, der nicht mit Händen gemacht ist" (Mark. 14,58). Dieser Tempel ist er selbst.

3.

Was wir soeben in den Blick bekommen haben, veranlaßt uns, diese dritte Überlegung anzuschließen. Nicht, um mit einem versöhnlichen Ende den scharfen Worten Jeremias ihren Ernst zu nehmen. Wohl aber, um zu zeigen, daß in Gottes weiterem Handeln das bisher Gesagte zwar nicht abgetan, aber überboten ist.

Verstünde man, was Jeremia sagt, nicht als kritisches Wort an die Gewissen, sondern als einen abstrakten theologischen Lehrsatz, dann wäre kein silberner Streifen am Horizont mehr zu sehen. Man bedenke doch: „Nur wenn ihr wirklich euren Wandel und eure Taten bessert, ... nur dann will ich bei euch wohnen" (VV. 6 f.). Das würde, als Lehrsatz verstanden, besagen, daß Gottes Zuwendung und Präsenz von unserem Wohlverhalten abhängig ist, die „Geborgenheit" bei Gott also wirklich nur dann geglaubt werden darf, wenn wir eine Gemeinde sind, die in ihrem wirklich gelebten Leben – und Gott „hat Augen im Kopfe" (V. 11) – dem fordernden Willen Gottes entspricht. Wer hätte dann noch etwas von Gott zu hoffen, und welche Gemeinde könnte der Gegenwart ihres Herrn gewiß sein? Das Kondizionalschema, in dem besonders das Deuteronomium denkt (z. B. 7,12), wäre das Ende des Evangeliums.

„Sollte ihre (der Israeliten) Untreue die Treue Gottes aufheben? Das sei ferne!" (Röm. 3,3 f.). „Da bin ich mitten unter ihnen" – das steht zum Glück in dem Kapitel, in dem vom sündigen Bruder die Rede ist, mit dem wir in der Solidarität der Schuld und in der Erfahrung der Vergebung und der Verpflichtung zur Vergebung verbunden sind (Matth. 18,20.15–18.23–35). Gott hält in seiner Barmherzigkeit zu den Sündern – nicht nur zu denen, die es einmal waren, sondern auch zu denen (und das gilt für uns alle, 1. Joh. 1,8), die es immer wieder sind.

Nun sollten wir freilich die Teilüberschrift 3 noch einen Augenblick kritisch betrachten. Ich würde sagen: Gott will uns *doch* „enttäuschen", dann nämlich, wenn damit gemeint ist, daß wir von einer Täuschung befreit und in diesem Sinne ent-täuscht werden. Wer sich in seiner Sünde häuslich einrichtet und das Sündigen für sein gutes Recht hält, darf von Gott nicht heilsame Gegenwart und Hilfe erwarten. Gott widersteht unserer falschen Sicherheit.

Aber wenn wir, über unsere Sünde erschrocken und sie hassend und loswerden wollend, ihn um seine gnädige Gegenwart bitten, dann will er uns *nicht* enttäuschen. Wohl: der alte Adam muß sterben. Wir sollten uns nicht wehren, wenn Gott ihn kaputt macht. Wie? Das Kreuz Jesu ist das Ende des Sünders, der meinen Namen trägt. Übernehme ich das Kreuz Jesu Christi als das meine, dann werde ich es wohl auch erleben, daß Gott in für mich schmerzhafter Weise an mir arbeitet. Aber man kann, wenn man einmal gemerkt hat, was sich da zuträgt, diese Anteilhabe an Jesu Kreuz liebgewinnen. Garantien für den „fleischlichen" Menschen gibt es nicht. Aber Gott hat in Christus die neue Weise gefunden, „unsere Wege und unser Leben gut sein zu lassen" (VV. 3.5). Gut – nicht *damit* Gott unter uns wohne, sondern *dadurch, daß* er in uns wohnt. Wer – nicht zuletzt aus diesem Text – begriffen hat, wie nötig das ist, wird sich auf neue Weise auf die den Vätern gegebenen Zusagen verlassen.

11. Sonntag nach Trinitatis. Luk. 7,36–50

W. Grundmann zeigt das kunstvolle Geflecht des Kapitelaufbaus auf. 7,36–50 folgt im Zusammenhang des lukanischen Sondergutes auf 7,11–17; beiden gemeinsam: Jesus ist Prophet (VV. 16 und 39). Unser Text knüpft im jetzigen Evangelium an V. 34 an: Fresser und Weinsäufer (Jesus läßt sich einladen), Gesell der Zöllner und Sünder (er läßt sich die Dankbarkeit der Frau gefallen). Aufschlußreich ist der Vergleich mit Matth. 26,7–13; Mark. 14,3–9; Joh. 12,3–8: Kaleidoskopsplitter der Überlieferung bauen sich in verschiedenen Szenen verschieden zusammen. Ich gebe eine Überschau mit den wichtigsten analogen Stichworten:

Matthäus	Markus	Lukas	Johannes
Bethanien	Bethanien	–	Bethanien
Simon (der Aussätzige)	Simon (der Aussätzige	Simon (Pharisäer, erst in VV. 40.43)	(Lazarus)
ein Weib	ein Weib	eine Sünderin	Maria
ἀλάβαστρον μύρου πολυτιμίου	ἀλάβαστρον μύρου νάρδου πιστικῆς πολυτελοῦς	ἀλάβαστρον μύρου –	λίτρα μύρου νάρδου πιστικῆς πολυτίμου
Haupt	Haupt	Füße	Füße
ἀπώλεια	ἀπώλεια	–	–
Erlös für Arme	Erlös für Arme	–	Erlös für Arme
gutes Werk	gutes Werk	(Benetzen der Füße, Kuß, Salbung)	–
πρὸς τὸ ἐνταφιάσαι με	εἰς τὸν ἐνταφιασμόν		εἰς τὴν ἡμέραν τοῦ ἐνταφιασμοῦ μου
allezeit Arme	allezeit Arme	–	Arme allezeit

Man wird in den vier Perikopen nicht einfach Varianten ein und desselben Vorgangs sehen, obwohl es auffallen muß, daß Lukas die Salbung in Bethanien wegläßt. Sicher aber haben die beiden Traditionen, die in den vier Texten stecken, „aufeinander sekundär abgefärbt" (Schürmann im Kommentar S. 441), ja, es entsteht der „Verdacht . . ., daß das ganze Salbungsmotiv VV. 37f.46 . . . aus der Bethanienerzählung hierher zugewandert ist" (ebd.). Worin Lukas sonst noch über die anderen hinausgeht, muß die Auslegung zeigen. Unsere Perikope hat ihr eigenes Thema, das auch sonst von Lukas liebevoll behandelt ist: Jesus und die Sünder, und sie hat eben darin ihre Eigenständigkeit. Grdm. zu

V. 38: „Diese Schilderung erweckt einen unerfindlichen Eindruck"; dies wieder spräche gegen den eben geäußerten „Verdacht".

V. 36: Auch von den Pharisäern hat Jesus sich also nicht grundsätzlich zurückgezogen (vgl. 11,37–52; 14,1–24), der Pharisäer wiederum bekundet an Jesus Interesse; er nennt ihn, den Nichtordinierten, sogar „Rabbi" (V. 40). – V. 37: Ein Gastmahl steht Zuschauern offen (mit Grdm. und Schürmann gg. Bltm., der darin eine Ungeschicklichkeit der Szenenbildung sieht, die sich an das tradierte Logion V. 47 nachträglich ankristallisiert habe). – V. 38: Die Vorgeschichte ist nicht erzählt, sie deutet sich in V. 45 (s. dort) aufs sparsamste an. Man *liegt* zu Tische, so kann die Frau von rückwärts an Jesus herantreten. Auch ohne das Salböl (V. 37 Ende und V. 46) wäre die Geschichte vollständig. Freilich bringt V. 46 noch eine Pointe hinzu: nicht das Haupt, sondern die Füße (umgekehrt Joh. 13,9). – V. 39: „der" Prophet, d. h. der erwartete messianische Prophet (Deut. 18,15; vielleicht auch Joh. 4,19) nach B, Ξ und der ursprünglichen LA der Minuskel 482; ohne Artikel in den übrigen Hss., auch in der korrigierten Fassung von B. – VV. 44–46: Es war, wenn man einen Gast besonders herzlich aufnehmen wollte, Sitte, ihm (durch Sklaven) die Füße waschen zu lassen oder wenigstens Wasser dafür bereitzustellen (Gen. 18,4), ihn mit einem Kuß zu begrüßen (Gen. 29,13; 2. Sam. 15,5), sein Haupt mit Öl zu salben (Ps. 23,5); aber (so besonders Schürmann) verpflichtend war das nicht. Die LA εἰσῆλϑεν ist die eingängigere, also verdächtig. Zu ἀφ ἧς könnte man ὥρας ergänzen; dann wäre die Frau zugleich mit Jesus in das Haus des Pharisäers gekommen. Man kann aber auch (näherliegend) ἧς auf αὕτη beziehen: „Diese aber, von der ich hier hineingekommen bin . . ."; in diesem Falle verbirgt sich in der kleinen Bemerkung die Vorgeschichte (Grdm.). – Die VV. 48–50 sind nach einigen ein sekundärer Anhang, in V. 49 mit einem neuen Motiv (Bltm.). Die Frage nach der Person Jesu stellt sich aber dort, wo er Sünden vergibt, notwendig. Daß sie nicht „zum Austrag gebracht" ist, ist richtig; die Überlieferung könnte aber gerade darin etwas aufbewahrt haben (ohne formgeschichtliches Prokustesbett), was gerade für Begebenheiten wie diese charakteristisch ist.

Das Gleichnis von den beiden Schuldnern, von Schlatter – wohl zu Unrecht – mit Matth. 18,23–35 parallelisiert, wird man als die Mitte der Perikope anzusehen haben, gleich, ob man die Begebenheit für eine nachträglich ersonnene Geschichte hält, die sich um das Gleichnis herumgelegt hat, oder ob man der Meinung ist, hier habe sich die Erinnerung an einen der vielen Fälle erhalten, in denen Jesus sich als der Freund und Heiland der Sünder erwiesen hat. Daß bei der mündlichen Weitergabe Einzelheiten aus anderen Szenen oder aus *einer* anderen Szene – wie Blumensamen – „anfliegen", wird uns noch nicht in der Überzeugung irremachen können, daß die Christenheit der ersten Jahrzehnte eine so charakteristische Geschichte im Gedächtnis behalten hat, und die methodisch gewichtige Frage nach dem „Sitz im Leben" – wie geht die Kirche mit Sündern um? – kann die Frage nach dem „Ursprung im Leben" nicht überflüssig machen: wie hat Jesus selbst seinen Umgang mit Sündern begründet und wie hat er es seiner Umwelt verständlich gemacht, daß gerade sie es sind, die in der Begegnung mit ihm ihrem alten Leben den Abschied geben und in der Verbundenheit mit ihm ein neues beginnen? Das Gleichnis aus dem Vorgang herauszulösen sehe ich keinen Anlaß. Jesus hat seine Gleichnisse aus bestimmtem Anlaß und in bestimmte Situationen hinein ersonnen und erzählt; „wir bekommen in dieser Geschichte ein Beispiel für die Art, wie Jesus die Form der Gleichnisrede anwendet" (H. Gollwitzer, Die Freude Gottes, S. 85).

Ein verwandtes Gleichnis, das von den beiden ungleichen Söhnen, schließt mit dem Satz: „Die Zöllner und die Dirnen gehen euch ins Gottesreich voran" (Matth. 21,31). Merkwürdiger Sachverhalt: Die mit aller Kraftanstrengung und mit einem Maximum an Korrektheit in der Gesetzeserfüllung dem Herrsein Gottes gerecht werden wollen, schaffen es nicht, verhärten sich vielmehr und werden, indem sie Jesus ablehnen, zu Feinden Gottes. Aber die anderen, die Abgehängten, die mit dem höchst zweifelhaften Ruf und ihrer anrüchigen Vergangenheit, die gewinnen Anschluß an Jesus, und ihre Sünde wird ihnen leid, daß sie darüber weinen, freilich ebensosehr darüber, daß hier einer ist, der sie liebhat und annimmt und ihnen die Chance eines neuen Lebens gibt. Was die einen erstreben und nicht erlangen, die anderen gewinnen es; sie sind es, die zu Menschen Gottes werden und Gott zur Verfügung stehen.

Man könnte den Sachverhalt auch anders ausdrücken. Es ist die Grundüberzeugung des natürlichen Menschen, daß das Vorankommen in seiner sittlichen Reifung und im Werden einer ethisch-religiösen Persönlichkeit Sache des Willens, der Anstrengung, der Arbeit an sich selbst, der moralischen Leistung sei. Wer wollte bestreiten, daß dies auf der Ebene des „weltlich Ding" sein Recht hat? Alles pädagogische Bemühen, alles Bestreben um Menschenformung und -bildung setzt hier an. Nur: in unserer Existenz „vor Gott" liegen die Dinge anders. Da versagt das Gesetz, das die eigene Anstrengung und Bewährung fordert. Ja, da wird das Selbsterarbeitete und -erkämpfte zur Gefahr, sogar zum Hindernis. Der Zöllner geht gerechtfertigt hinab in sein Haus, nicht der Pharisäer (18,9–14 – Evg. des Sonntags). Die grundlos – sola gratia – Angenommen sind die neuen Menschen in ihrer vorher schlechterdings undenkbaren Verbundenheit mit Gott in Liebe und Gehorsam.

Wem viel vergeben ist, der liebt viel. (1) *Darum die Kälte des Untadeligen.* (2) *Daher die Liebe des Sünders.* (3) *Darin die Chance für uns alle.*

I.

Schauen wir zunächst auf den Gastgeber, den Pharisäer, der im Laufe der Geschichte den Namen Simon bekommt. Man kann an ihm ablesen, wie gesetzliche Korrektheit Kälte erzeugt. Simon spricht in der ganzen Szene i. w. nur einen einzigen Satz (V. 43) – und dieser ist noch die Antwort auf eine ihm präzis gestellte, also notwendigerweise zu respektierende Frage. Sonst spricht nur Jesus. Das kann seinen Grund in der literarischen Eigenart der Perikope haben; damit kann aber auch Wirklichkeit abgebildet sein. Die Szene verläuft zumeist sehr wortkarg. Daß diese Frau hereinkommt, ist ja nicht vorgesehen. Ihr Erscheinen wirkt peinlich – in solcher Situation erstirbt das Gespräch. Man kann sich leicht vorstellen, wie der Hausherr über das denkt, was sich da abspielt. „Sie ist eine Sünderin" (V. 39) – dies ist Ausdruck des Abscheus.

Simon verhält sich korrekt. Zu dieser Korrektheit gehört, daß man durchreisende Rabbinen zu sich einlädt. Als „Rabbi" hat Simon Jesus aufgenommen, so redet er ihn auch an (V. 40, vgl. Mark. 9,5; 11,21; 14,45; Joh. 1,38 u. ö.) und erweist ihm damit Ehre – eigentlich ein Stück weit mehr, als ihm amtlicherweise zukommt. Die VV. 44–46 zeigen jedoch, daß Simon sich äußerst reserviert verhält. Vielleicht ginge man zu weit, wenn man ihm geradezu Unhöflichkeit vorhielte. All die von der Sitte bereitgehaltenen Freundlichkeitsbekundungen gehören ja auch nicht zum Pflichtpensum der Gastlichkeit. Aber mehr Herzlichkeit und Wärme hätte Jesus sich schon gewünscht, und er hat sie nicht empfangen. Der Pharisäer hat getan, was das Minimum an Abstand von ihm verlangte, mehr nicht. Was verbindet ihn auch schon mit diesem Jesus?

Völlig abweisend verhält er sich der Frau gegenüber. „Siehst du diese Frau?" Das klingt so, als habe Simon ostentativ weggesehen. Er läßt sich nicht träumen, daß der Vergleich zwischen ihm und ihr so eindeutig zu seinen Ungunsten ausfallen wird. Bei ihm ist doch – im Unterschied zu ihr – alles wohlgeordnet. Er kennt Gott. Er kennt Gottes Gesetz. Er hat sich darin eingeübt, das Gesetz sorgfältig zu halten. Also sind seine Beziehungen zu Gott durchaus normal. Hier ist nichts zu bereinigen, nichts zu befürchten. Die ewige Seligkeit ist im Falle Simon ausgemachte Sache. Während es andererseits ausgemachte Sache ist, daß Gott sich von solchen, wie diese Frau ist, nur trennen kann. Eine Sünderin! Simon kennt einigermaßen ihre Lebensgeschichte; was er weiß, reicht völlig hin, um Klarheit darüber zu gewinnen, wie man sich ihr gegenüber zu verhalten hat. Hier gibt es nur reinliche Scheidung. Auch für Gott muß es wohl klar sein: die Frau hat bei ihm verspielt. Dieser Jesus wird für einen Propheten gehalten; als Prophet müßte er wissen, wie es um diese Frau steht (Joh. 4,19). Er weiß es offensichtlich *nicht*. Statt dessen läßt er sich diese Szene gefallen. Der Rabbi Jesus müßte Geschmack genug haben, solche überschwenglichen, aufdringlichen, ihrer Intention nach mindestens undurchsichtigen, nein – hier kann kein Zweifel bestehen – sogar höchst eindeutigen Ehrerweisungen abzuwehren und dieses Weib zum Teufel zu jagen.

Das alles *sagt* Simon nicht, er *denkt* es nur (V. 39). Und in demselben Augenblick, in dem es sich für ihn erwiesen hat, daß Jesus über keinerlei prophetische Gabe verfügt, hört er seinen Namen: „Simon, ich habe dir etwas zu sagen.“ Die Evangelisten psychologisieren nicht. Es ist um so erstaunlicher, wie hier auch feinste Einzelheiten dem Leben abgelauscht sind. „Meister, sprich!“ Die ehrerbietige Anrede will gar nicht zu dem passen, was Simon soeben gedacht hat. Es ist, als ob Jesu an ihn gerichtetes Wort ihn unversehens und unsanft aus dem Zusammenhang seiner Überlegungen herausgerissen hätte und er im Augenblick versuchen muß, Haltung zu gewinnen. Voller Entrüstung im Innern – aber korrekt: „Meister!“

Die nächsten Augenblicke sind für Simon nicht leicht zu bestehen. Das Gleichnis von den beiden Schuldnern ist derart plausibel, daß es hier kein Ausweichen gibt. „Welcher nun von ihnen wird ihn mehr lieben?“ Simon muß antworten, und es gibt nur *eine* Antwort. Simon leitet sie ein mit „ich vermute“ – man sieht, wie er sich innerlich zu wehren versucht. „Du hast richtig geurteilt“ – das heißt ja nicht nur: die richtige Meinung geäußert, sondern zugleich: das richtige Urteil gefällt, doch wohl auch über dich selbst (Doppelbedeutung von κρίνειν). Simon wird in dieser Geschichte kein Wort mehr von sich geben. Er ist sich eben noch ganz sicher gewesen, daß Jesus die divinatorische Gabe des Propheten abgeht. Aber da hat sich doch dieser Mann in das „bei sich selbst“ (ἐν ἑαυτῷ) geführte, also von keinem Menschen vernommene Gespräch eingeschaltet, als hätte er jedes Wort gehört. Simons Irrtum hinsichtlich der Person Jesu wird an seinem eigenen Beispiel aufgeklärt. Was Nathanael und die Samariterin verblüfft und verwirrt hat, ist auch ihm widerfahren: vor diesem Jesus gibt es kein Versteckspielen. Was beim Untersuchungsrichter technischer Trick ist („es hat keinen Zweck, daß Sie leugnen; wir wissen alles“), das erlebt Simon ganz unmittelbar an Jesus: er ist von ihm durchschaut. Und zugleich mattgesetzt! Denn den Kardinalsatz – cardo ist das, worum sich's dreht: die Türangel – dieser ganzen Perikope hat nicht Jesus ausgesprochen, sondern er, Simon, selbst. Soweit es seine Person angeht, muß er eingestehen: er ist derjenige von den beiden Schuldnern, dem wenig erlassen ist, der darum auch *wenig liebt*. Da haben wir's! Man könnte sagen: quod erat demonstrandum.

Man wird nicht die ganze paulinische Lehre vom Gesetz und von der aus dem Gesetz erhofften Gerechtigkeit in diese Geschichte hineinlegen dürfen. Dennoch dürfte an ihr etwas davon abzulesen sein. Die Gesetzesgerechtigkeit – gerade wenn sie gelingt (Phil. 3,6: „tadellos“) – macht Gott gegenüber nicht dankbar, bindet nicht an Gott, läßt keine Liebe aufkommen, denn Gott wird durch sie zum Vertragspartner, dem man etwas bringt und der einem darum auch etwas schuldet. Das stolze Menschenherz pocht auf das Selbstvollbrachte, auf das Konto von Verdiensten, die der Mensch geltend macht, auf seine Korrektheit, die von Gott honoriert werden muß. Ist das Ganze ein nüchternes Kalkül – *do ut des* –, dann beweist man Gott nicht nur seine Unschuld, sondern auch seine Erfolge und Vorzüge, und man braucht sich nichts schenken zu lassen. Jesus gegenüber wirkt sich das so aus, daß man einen Sünderheiland für seine eigene Person nicht nötig hat und darum auf Distanz gehen kann. Kein Zeichen der Freude, der Dankbarkeit – warum auch? –, kein Zeichen der Liebe und Zuneigung. Korrektheit erzeugt Kälte. Das sieht man an dem Pharisäer.

2.

Aber aus der Vergebung leben, das läßt Liebe entstehen. Das kann man an der Frau erkennen. Sie wohnt in derselben Stadt wie Simon (V. 37). Man kennt sie als Sünderin. Worin ihre Sünde besteht, wird nicht gesagt. Die Auslegung denkt bei dieser Geschichte leicht an Ehebruch, wie denn – zufolge eines falschen Augenmaßes – die Verstöße gegen das sechste Gebot immer wieder als „die" Sünden angesehen werden, beinahe so, als gäbe es keine anderen. Daß es sich indes um eine Ehebrecherin handelt, ist unwahrscheinlich: „Ehebrecherinnen hat ein Pharisäer nicht nur verachtet, sondern gesteinigt" (A. Schlatter z. St., vgl. uns Ausl. zum 4. S. n. Trin.). Schürmann spricht von einer stadtbekannten Dirne. Das verwandte Gleichnis Matth. 21,28–31 legt diese Auffassung nahe. Immerhin sei Schlatters Ansicht mitgeteilt: „Am häufigsten kam eine Frau dadurch in den Ruf, sie sei eine Sünderin, wenn ihr Mann ein ‚Sünder' war, weil er das Gesetz öffentlich übertrat und die Frau zu ihrem Manne hielt. Wenn die Frau eines freidenkenden Juden wie ihr Mann den synagogalen Gottesdienst mied, den Rabbi haßte und verlachte und die pharisäische Satzung absichtlich mißachtete, war sie ‚Sünderin'." Die Frage nach dem Schuldkonto der Frau muß und kann offen bleiben.

Das Verhalten der Frau ist bewegend. Ein Ausleger spricht von Pantomime. Der Ausdruck paßt insofern nicht, als hier nicht dargestellt oder „gespielt" wird, sondern ein Menschenherz unmittelbar ausspricht, wovon es bewegt ist; er paßt insofern, als er auf die Wortlosigkeit des Geschehens hinweist. Die Frau ist in der Geschichte eine stumme Figur. Um so deutlicher spricht zu uns, was sie tut. Daß ihre Art, sich zu geben, überschwenglich ist, fiel uns schon auf. Nach den Vorstellungen jener Zeit wird man sogar sagen müssen: unschicklich. Nicht das Salben der Füße – ans Haupt gelangt die Frau nicht, da man zu Tische liegt –, auch nicht das Küssen der Füße – „immer ein Zeichen tiefer Verehrung, hier ein solches demütiger Dankbarkeit (... 17,16)" –, wohl aber die aufgelösten Haare, mit der die Frau ihre Tränen auftrocknet, weil sie Jesus nicht damit verunreinigt haben will. „Das Haar vor Männern zu lösen, galt als Schamlosigkeit" (Schürmann, nach Tosefta Sota 5,9; Gittin 9,50d). Wer vermöchte es, in solcher Lage die erotischen Nebentöne sauber herauszufiltern? Genug: was die Frau tut, sind „Zeichen einer Liebe, die im Zerbrechen aller Formen zeichenhaft wird" (Schürmann z. St.). Die Frau spricht *ihre* – stumme – Sprache, und Jesus versteht sie. Er hört daraus die Liebe, die Verehrung, die Dankbarkeit, auch die Reue, denn „es wäre wahrlich unwahrscheinlich, wenn die dankbare Liebe, kalt angeweht durch die von ‚Gerechtigkeit' gesättigte Luft des Raumes, vor allem aber im Angesicht der Heiligkeit Jesu, nicht erneut eine reuige geworden wäre" (Schürmann z. St.). Vor Jesus braucht sich, wer über seine Sünde weint, nicht zu schämen. Wer über seine Sünde weint, hat sich damit von ihr losgesagt, nicht nur mit Worten, sondern aus tiefstem Herzen.

Woher diese Bewegung des Herzens in Reue, Dankbarkeit und Liebe? Sie entspringt in der Vergebung, die die Frau von Jesus empfängt. Oder soll man sagen: empfangen hat? Der Satz V. 47 hat die Exegeten (und vielleicht noch mehr die Dogmatiker) in Not gebracht: „Ihr sind viele Sünden vergeben, denn sie hat viel geliebt." Während im Hauptstrang der Erzählung die empfangene Vergebung die Liebe hat entstehen lassen, scheint hier die Jesus zugewandte Liebe (in der die Reue drinsteckt) Grund für die Vergebung zu sein, und der Eindruck verstärkt sich noch, wenn man daran denkt, daß – nach V. 48 – der Frau die Vergebung zugesprochen wird – wohlgemerkt: *nach* dieser eindrucksvollen Bekundung ihrer Liebe. Schürmann stellt einen deutlichen „Knick" im Gedankengang fest. Der revidierte Luthertext verdeckt die Schwierigkeit, indem er das ὅτι (V. 47) mit „darum" übersetzt und aus dem Satz vom Erzeigen der Liebe einen (folgernden) Hauptsatz macht. Schürmann hält beides fest: „Die geforderte Liebe ist sowohl Auswirkung wie Wirkgrund der Vergebung, da Vergebung, am Anfang gänzlich ungeschuldete Gnade, am Ende doch die menschliche Liebe fordert (vgl. Matth. 18,23–34) und ‚Vergebung' Gottes in dieser Zeit nur ‚schichtig' verstanden werden kann" (Kommentar S. 430).

Das zweimalige „fordern" in diesem Zitat wird uns stören; es trübt das evangelische Verständnis der Perikope, wie es sich aus dem Gleichnis von den beiden Schuldnern ergibt und wie es am Schluß sich noch einmal deutlich ausspricht: nicht die Liebe der Frau, sondern ihr *Glaube* hat sie *gerettet* (V. 50). Mag sein, daß eine ursprüngliche Fassung der Perikope – die auch Schürmann in Betracht zieht – die in V. 47 auftretende Spannung nicht enthalten hat. Die Handschrift D läßt den Denn-Satz und die übrigen Worte von V. 47 überhaupt weg (der Nestle-Text ist aber sonst bestens bezeugt). – Es könnte auch sein, daß das οὗ χάριν nicht auf den ὅτι-Satz vorausweist, sondern auf das Vorangehende zurückdeutet („ich dage dir" könnte dann, müßte aber nicht Parenthese sein), wobei dieses Vorangehende dann nicht Realgrund, sondern Erkenntnisgrund wäre (so auch Grdm. und viele andere), und auch der Denn-Satz bekäme dann dieselbe logische Funktion. Man kann – wie im Gleichnis gemeint – von der sich hier aussprechenden Liebe zurückschließen auf die Größe der Vergebung, die ihr widerfahren ist. Wem am meisten erlassen ist, der liebt am meisten. Ein wunderbares und bewegtes Fazit: Gerade so gewinnt Gott seine verlorenen Menschenkinder zurück, daß ihnen die gottgemäße Haltung nicht *auf*gegeben, sondern die gottwidrige Haltung *ver*geben wird bzw. ist. Menschen Gottes sind gerade nicht die, die sich zutrauen, es zu sein, sondern die es offensichtlich nicht waren, aber Gottes vergebende Gnade empfingen. Gerade so kommt es zur Liebe, wie sie in unserer Szene ergreifenden Ausdruck findet. Dies ist *die* Aussage der Perikope, die durch keine zweite ergänzt – und das könnte heißen: begrenzt – werden darf. Wir müßten daran nötigenfalls gegen Lukas selbst festhalten, aber Lukas wird nichts anderes gemeint haben.

Das von uns vorausgesetzte Nacheinander könnte freilich dadurch erschüttert werden, daß in V. 48 eine in aller Form erteilte Absolution erfolgt. Man könnte darauf bestehen: erst die Liebe – dann die Lossprechung. Daß die Lossprechung nicht nur deklarativ verstanden wird – „ich stelle fest, daß Gott dir längst vergeben hat" (so könnte man die passivische Perfektform zur Not deuten) –, sondern Vollzugscharakter hat, zeigt deutlich das kritische Fragen der Tischgenossen: „Wer ist dieser, der auch Sünden vergibt?" Darauf kommt es ja gerade an: *Jesus* vergibt, und er tut das mit der Formel, die das Passivum divinum enthält. Nur: hat die Vergebung, nach dem Gleichnis und seiner konsequenten Anwendung, nicht schon vorher stattgefunden? Wir fanden vorhin (s. o.) eine (wenn auch schwache) Spur der *Vorgeschichte* dieser Szene. Es kann nicht anders sein: die große Dankbarkeit der Frau rührt von daher, daß ihr die Vergebung in Jesu Tun schon zuvor zuteil geworden ist. Jesus – der Freund der Zöllner und Sünder (V. 34). Kann sein, die Frau hat Jesu Vergebung einfach darin erfahren, daß er sie angenommen, geachtet, als Mensch für voll genommen, ihr ihre Ehre gegeben, sie mit seiner Heilandsliebe aufgewertet hat. Der Pharisäer hat sie verachtet. Jesus hat sie für wert gehalten – so, wie sie war, mit all ihren „vielen" Sünden (V. 47). Wenn das so ist, dann ist es von großer Bedeutung, daß Lukas offensichtlich der Meinung ist, durch das Geschehene werde die formelle Absolution nicht überflüssig. Die Sündenvergebung besteht eben nicht nur in einer neuen Weise des Verhaltens dem Sünder gegenüber, sondern sie wird in der Gestalt eines *Gnadenmittels* erteilt. Eins macht das andere nicht überflüssig. Indem Jesus Sünden vergibt, macht er aus solchen, die von Gott nichts mehr zu hoffen haben und darum ihm gegenüber unansprechbar und verstockt sind, solche, die neues Zutrauen gewinnen und wieder zu Menschen Gottes werden.

3.

An zwei Gestalten wurde uns der im Gleichnis dargestellte Sachverhalt veranschaulicht. Wenn wir richtig gelesen und gehört haben, haben wir uns immer wieder selbst angesprochen gefühlt. Wie aber, wenn man die Anrede an uns artikulieren soll?

Die Predigt hüte sich, ein jedes Gemeindeglied in schablonenhafter Weise mit der „großen Sünderin" zu identifizieren. Die Gemeinde hat sich längst daran gewöhnt, daß solches in der Kirche immer wieder geschieht, und läßt es sich darum auch nicht sonderlich nahegehen. „Ich bin ja nicht so" – der Pfarrer sagt es zwar immer wieder, aber es stimmt nicht. Zudem könnte es geschehen, daß die Direktanwendung der leidenschaftlichen Liebeskundgabe der Frau auf uns eher peinlich als ermutigend und befreiend wirkt. Sollte ich aber nicht einfach der große Sünder bzw. die große Sünderin sein, was bin ich dann? Der Pharisäer Simon?

Der Text redet vorsichtig. Die Verschuldungen der beiden Menschen im Gleichnis verhalten sich wie 10:1, nicht wie 10:0. Jesus vertritt aber auch nicht eine Hamartiologie, in der alle Unterschiede dahinfallen. Er kann von Gesunden und Kranken reden. Es wäre freilich verkehrt, die Sünder in Gruppen einzuteilen. Jeder ist Sünder auf *seine* Weise – auf mehr grobe und auffällige Art oder subtiler, verdeckter, nobler. Jesus wird wissen, daß für den „Stil" unseres Sünderseins die Ausgangslage mitspielt: Veranlagung, Temperament, soziale Lage, Erziehung, Milieu; vielleicht darf man das Logion 12,48 von daher verstehen. Aber viel wichtiger ist noch etwas anderes. Wer vergleicht, denkt noch immer aus der Distanz. Jesus aber redet mit einem jeden über *seine* Sünde, nicht über die der anderen. Wollte der Pharisäer Simon das Gleichnis von den beiden Schuldnern so hören, daß er selbst sich in dem Wenigverschuldeten erkennt und sich seines Vorteils freut, so würde der Katalog der Enttäuschungen Jesu (VV. 44ff.) ihn sofort verunsichern müssen. Seine Sünde liegt gerade in der Korrektheit, in dem also, was er der Frau gegenüber vorauszuhaben meint. Angesehen oder in übler Weise stadtbekannt, honorig oder schändlich, diszipliniert oder haltlos, Freude und Genugtuung im Edlen findend oder, weil es am Edlen wirklich gebricht, irgendwo im Anstößigen und Zweifelhaften: unser Herz ist je auf seine Weise gottfern und gottfremd. Aber die Geschichte wird uns erzählt, weil wir die Chance haben, durch Jesu Vergebung zu der großen Freude und Dankbarkeit zu gelangen, in der wir ihn und damit Gott in bisher noch nie geahnter Weise liebgewinnen können. Wie immer sich dann unsere Liebe Ausdruck verschafft: das neue Leben entsteht aus dem Überwältigtsein von der vergebenden Güte Gottes, die uns in Christus begegnet und uns all unser „vieles" Böses „reichlich und täglich" vergibt.

12. Sonntag nach Trinitatis.

Der von PTO vorgesehene Text Mark. 8,22–26 erzählt von einer Blindenheilung, der dritten in diesem Kirchenjahr (Estomihi: Luk. 18,31–43; 8. S. n. Trin.: Joh. 9,1–7), hinsichtlich des Umfeldes der am wenigsten charakteristischen. Wir machen von der Möglichkeit Gebrauch, den Marginaltext zu behandeln:

Apg. 14,8–18

Die Perikope ist sinnvoll abgegrenzt, sie enthält die Ereignisse, die sich nach Lukas in Lystra abgespielt haben, einer Stadt in Lykaonien, seit Augustus römische Kolonie, nach 16,1f. Heimat des Timotheus. Das dramatische Ende des Aufenthaltes in Lystra (VV. 19.20a) ist nicht einbezogen und für die Aussage des Textes wohl nur insofern von Bedeutung, als die Steinigung den äußersten Kontrast zur göttlichen Verehrung darstellt; beides ist nicht zum Ziel gekommen.

Die Heilungsgeschichte (der die Perikope die Zuordnung zum Sonntag von der „großen Krankenheilung" verdankt) ist „nur Vorbereitung für die in V. 11 beginnende Erzählung" (Haenchen). Was

Paulus und Barnabas in VV. 15–17 vom wahren Gott sagen, setzt ja den Irrtum VV. 11f. und den Versuch des Opfers V. 13 voraus, und dieser Irrtum ist durch die Heilung ausgelöst. Das Gefälle der Erzählung ist eindeutig. Wir verfahren also nicht ganz textgemäß, wenn wir – der Thematik des Sonntags zuliebe – nun doch auch den VV. 8–10 eine eigene Aussage entnehmen; aber diese Freiheit ist dem Prediger wohl zuzugestehen.

V. 8: Wortstellung holprig (nach der Urfassung von ℵ und nach B); andere wichtige Zeugen stellen um (s. Apparat); aber vielleicht hat Lukas die schwierige Wortfolge gerade als elegant empfunden. Die genaue Beschreibung des Krankheitsfalles läßt vermuten, daß hinter der Überlieferung tatsächlich „der liebe Arzt" (Kol. 4,14) steht. ἀδύνατος bezeichnet das Nicht-Können (worin immer es seine Ursache haben mag), in diesem Falle von Geburt an. – V. 9: Was Paulus „redet", sagt V. 7; es ist sicher nicht unwichtig, daß der Mann das Evangelium gehört hat. Die πίστις τοῦ σωθῆναι kann die Zuversicht zur Heilung, aber auch Heilsglaube sein; Lukas dürfte das zweite gemeint haben (vgl. in Lk. 17 die VV. 14 und 19). Das „Aufschauen" (ἀτενίζειν) wie 3,4; es kommt Lukas darauf an, daß er zu der Petrusheilung Kap. 3 nun eine Gegenstück mit Paulus bieten kann (es finden sich in der Apg. auch sonst Entsprechungen). – V. 10: Die „große Stimme" bekundet die wunderwirkende Kraft Gottes im Menschen (ThWNT IX, S. 288), man mag sie auch (eben darum) als Merkmal des autoritativen Wortes verstehen. ἅλλομαι meint die rasche, ruckartige Bewegung (das Wort ebenfalls in 3,8). – VV.11f.: Paulus und Barnabas verstehen nicht, was die Leute sagen; so erklärt es sich, daß sie nicht sofort widersprechen. Überall im Nahen Osten versteht man Griechisch, aber die Volkssprachen leben fort. Die Menschen sind so perplex, daß sie in die heimatliche Sprache verfallen. Nach der phrygischen Sage sind Zeus und Hermes in Menschengestalt bei Philemon und Baucis eingekehrt (Ovid, Metamorphosen VIII, 611ff.); die Anspielung liegt auch dann nahe, wenn der Verlauf des Geschehens hier und dort sehr verschieden ist. „Die Überordnung des Barnabas ist nur eine scheinbare. Seine Gleichsetzung mit Zeus" – der würdevoll schweigt – „macht ihn zum Statisten" (Czlm. z. St.). – V. 13: Tempeltor oder Stadttor? V. 19 läßt auf ersteres zurückschließen. – V. 14: Man zerreißt die Kleider als Ausdruck des Entsetzens bei Gotteslästerung (Mark. 14,63). – V. 15: ὁμοιοπαθής (im NT nur noch Jak. 5,17) = gleichgeartet, gleich, also: „wir sind nur Menschen genau wie ihr" (ThWNT V, S 938f.). τὰ μάταια = die Götzen, in LXX Wiedergabe von אָוֶן (Hos. 4,15; 10,5). – V. 16: eine Entschuldigung? Vgl. Röm. 1,20. – V. 17: korrekter wäre die LA ἑαυτόν, darum dürfte sie Glättung sein (vgl. ℵ* und ℵ). – V. 18: Die missionarische Verkündigung geht nicht in Ruhe vor sich; man spürt die Vitalität des Heidnischen.

Die VV. 19f. „sehen wie ein Einschub aus" (Czlm.), stellen jedenfalls „eine neue Szene" dar (Haenchen). Es ist sachgemäß, daß die Perikope vorher abbricht (s. o.). Daß das Volk, das eben noch opfern wollte, sich so bald von den Juden „überreden" läßt und an der Steinigung (2. Kor. 11,25) mitschuldig wird, mag aber jedenfalls angemerkt sein.

Eine farbkräftige Missionsgeschichte, wie sie sich heute noch ereignen kann, wo das Evangelium von Christus auf urtümliches Heidentum trifft. So ist der Drehpunkt des Ganzen der Aufruf, sich von den falschen, den „nichtigen" Göttern zum lebendigen Gott zu bekehren, und dieser lebendige Gott ist – obwohl das in diesem Text nur angedeutet ist (s. u.) – der in Jesus Christus offenbare Gott. Das besagt: die Bekehrung zum wahren Gott koinzidiert mit der Annahme des Heils, das wir im Glauben an Christus gewinnen und haben. Karl Holl hat es für Luthers Theologie schön aufgezeigt (Was verstand Luther unter Religion? Gesammelte Aufsätze zur Kirchengeschichte, Bd. 1): in der Rechtfertigung propter Christum per fidem wird das erste Gebot erfüllt. Die Anerkennung des einen, wahren Gottes wäre sonst eine Sache des theoretischen Denkens, um nicht zu sagen: eine papierene Angelegenheit. Man kann dasselbe auch noch anders wenden. Ein gesundetes Verhältnis zu Gott führt auch zur Gesundung des Menschen in sich, in diesem Fall von zeichenhafter Bedeutung sogar auf der Stelle (manche Hss. fügen in V. 10 ein παραχρῆμα ein). Es wäre völlig falsch, wenn man den Sachverhalt von 2. Kor. 12,7–10 übersähe (oder in demselben Brief 4,10–12): so wahr es, wo das Christusheil vollendet wird, auch zur leiblichen Heilung kommt bzw. zu einer Existenz, in der es Gebrechen und Schmerzen nicht mehr gibt, so wahr wandeln wir auch in dieser Hinsicht noch im

Glauben, nicht im Schauen, denn gerade unsere Trübsal „schafft" die über alle Maßen gewichtige Herrlichkeit (2. Kor. 5,5; 4,17). Es ist auch diesmal darauf hinzuweisen: Heilungswunder sind Zeichen, die auf die Zukunft deuten. Man muß das Ganze des Evangeliums im Blick haben.

Gerade dies zeigt freilich die Perikope nicht gerade überzeugend. Die Heilung des Lahmen scheint nur die Bedeutung der Ausgangsbasis für die folgende Auseinandersetzung zu haben; der Geheilte verschwindet unmerklich von der Bühne. Daß die Abwendung von den nichtigen Götzen zum lebendigen Gott gerade auch bei ihm Ereignis geworden wäre, sagt der Text nicht ausdrücklich. Er sagt übrigens auch nicht, daß es bei dieser Bekehrung um die Entstehung von Christusglauben ginge. Fast scheint es, als bleibe er bei einer natürlichen Theologie des ersten Artikels stehen (V. 17). Die Predigt wirkt bruchstückhaft, sie kommt nicht an ihr Ziel. Diese Beobachtungen scheinen alles, was wir über die integrale Einheit von Gottes- und Heilsglauben gesagt haben, durchzustreichen.

Ich meine aber, dieser Schein trügt. Lukas hat nicht in jeder Szene das Ganze des Evangeliums ausgeführt. Wie hätte er das tun können? Geschah die Heilung des Lahmen in Kap. 3 „im Namen Jesu Christi von Nazareth" (3,6), so sollen wir uns dies hier gewiß nicht anders denken. Ist die Rede vom „lebendigen Gott" (V. 15), so diesmal in bezug auf sein Schöpferwirken, nachdem z. B. im vorangehenden Kapitel von seinem Handeln an und in Christus die Rede war (13,32ff.). Wir müssen unsern Text vom Ganzen des Buches her verstehen. Und es darf nicht übersehen werden, daß, ehe es zu den hier geschilderten Vorgängen kommt, Paulus und Barnabas „daselbst *das Evangelium* gepredigt" haben (V. 7) – nicht eine Allerweltslehre im Sinne natürlicher Theologie, sondern eben „das Evangelium". Ich denke schon, wir sollen im Sinne des Lukas einheitlich und spezifisch christlich verstehen.

Heilung und Heil von dem lebendigen Gott, (1) *dem unverwechselbaren,* (2) *dem sich selbst bezeugenden,* (3) *dem rettenwollenden Gott.*

I.

Ohne das *Wunder* wäre es zu dem aufregenden Zwischenfall, der Verwechslung von Gott und Mensch, nicht gekommen. Für die Lykaonier ist es *die* Sensation, und wie V. 18 zeigt, sind sie so leicht davon auch nicht abzubringen: an der Heilung erkennt man, daß sich wiederholt hat, was man aus alten Tagen von dem seltsamen Erlebnis von Philemon und Baucis erzählt, nämlich daß Zeus und Hermes in Menschengestalt zu den Sterblichen gekommen und bei ihnen eingekehrt sind. Diese Meinung schließt kein Evangelium ein – von Zeus und Hermes ist in dieser Hinsicht nichts zu erwarten –, sondern eben nur das Aufregende einer Götterepiphanie. Der Heide weiß es nicht anders: sind die Olympier da, muß man ihnen Opfer darbringen. Man stelle sich vor: diese aufwendig-feierliche Prozedur vor Barnabas und Paulus und für sie!

Das Wunder ist allerdings erstaunlich. Anamnese und Diagnose wird mit einer den Kommentatoren immer wieder eindrücklichen Umständlichkeit dargelegt, eingehender jedenfalls, als es die Topik antiker Wundergeschichten verlangt; man meint, hier spreche der fachlich interessierte und urteilsfähige Arzt (s. o.). Der Kranke ist „unfähig auf den Füßen", kann „nur sitzen". Für die Beurteilung des Falles nicht uninteressant ist, daß vor dem Eingreifen Paulus ihn energisch, jedenfalls lautstark anruft, er sich daraufhin einen „Ruck" gibt (ἥλατο) und gehen kann; der Psychotherapeut könnte sich wohl einen Vers drauf machen. Dennoch: Lukas wird es für ein veritables Wunder gehalten haben, denn wer zeitlebens noch nicht auf eigenen Füßen gestanden hat, kann nicht „umhergehen", wenigstens nicht in kürzester Frist. Was immer sich da in Lystra zugetragen hat:

wir sollen die Heilung als eine Tat des lebendigen Gottes ansehen, als beispielhafte
Vordeutung auf das, was im Eschaton allen zuteil werden soll, die auf irgendeine Weise
körperlich geschädigt und behindert sind. So wahr auch alles, was geschieht, seine
natürliche Seite hat: damit, daß wir die Heilung ausschließlich natürlich erklärten,
würden wir gerade das verfehlen, worauf es im Evangelium ankommt. Heilung und Heil
hängen zusammen. Ohne Gottes eschatisches Handeln wäre das Vorkommnis nicht das,
was es ist. Ganz so falsch haben die Lykaonier die Sache nicht gesehen. Sie haben
gemerkt, daß sie es auf irgendeine – von ihnen freilich arg mißverstandene – Weise mit
Gott zu tun haben.

Wie verblüfft die Leute von Lystra sind über das, was sie da erlebt haben, zeigt sich sofort. Lukas hat fein beobachtet. Daß Barnabas und Paulus nicht sofort Widerspruch
gegen das sich anlassende Opfer anmelden, weil sie Lykaonisch nicht verstehen, – das ist
nicht bloß ein literarischer Kunstgriff des Verfassers, sondern ein bemerkenswerter Zug
des hier erzählten Vorgangs (die Exegeten lieben es, aus Elementen des gelebten Lebens
Schreibtischprodukte zu machen). Die Menschen sind von dem, was sie da mit angesehen
haben, so betroffen, daß mit dem kollektiven Unbewußten und seinen heidnischen Resi-
duen zugleich die Sprache der Väter wieder lebendig wird. So kommt es, daß der Protest
der Apostel (V. 14) noch nicht erfolgen kann, als die Menschen sich den Vorgang auf ihre
– nämlich auf heidnische – Weise deuten („die Götter sind den Menschen gleich geworden und zu uns herniedergekommen"), sondern erst, als die Ochsen und Kränze heraus-
gebracht werden und man erkennt, was hier gespielt wird. Dann aber reagieren die Sendboten Jesu Christi aufs heftigste. Man halte zunächst fest: zu einer überlegten und wohl-
disponierten Predigt ist es überhaupt nicht gekommen, und was Paulus und Barnabas
spontan äußern, wird keine abgerundete Darbietung des Evangeliums sein. Auch nach
dem, was VV. 16f. gesagt werden wird, kommt es nicht zu Einsicht, Klarheit und Ruhe.
(Übrigens hat auch die Areopagrede keinen abgerundeten Schluß, sie bricht ab!) Man
muß sich die Szene sehr erregt vorstellen. Auf der einen Seite die wohlmeinend frommen
Heiden, die sich von ihrem Vorhaben nicht abbringen lassen, weil sie meinen, eine
Stunde zu erleben, wie sie Menschen nur alle paar hundert Jahre gegönnt ist, und weil sie
die aus der Epiphanie sich ergebenden religiösen Pflichten keineswegs versäumen dürfen.
Auf der anderen Seite die Apostel, die entsetzt sind über das, was sich hier anbahnt, ihre
Kleider zerreißen – hier geschieht Gotteslästerung – und schreiend unter das Volk sprin-
gen: „Was macht ihr da? Wir sind ja nur Menschen wie ihr auch!" Was hier geschieht, ist
eben nicht einfach ein heidnischer Irrtum, den man geschehen lassen kann wie eine Kin-
dertorheit, über die man verstehend lächelt. Das eben gälte es zu begreifen, daß Gott und
Geschöpf nicht verwechselt werden dürfen. Diese Verwechslung ist ja gewissermaßen das
Axiom alles heidnischen Aberglaubens (Röm. 1,25), in grober oder in feinerer Form sich
darstellend und auf verschiedenste Weise praktiziert, aber verhängnisvoll, zerstörend, gefährlich! Es gilt, durch die religionsgeschichtlichen Phänomene hindurchzuschauen und
das Wesentliche in den Griff zu bekommen. Es ist eine allgemeinmenschliche Versuchung, sich – um es mit Worten Kierkegaards zu sagen – zum Relativen absolut zu verhalten. Menschen werden zu Göttern hinaufgesteigert – sei es, daß sie dies selbst betreiben (wie z. B. die römischen Cäsaren), sei es, daß ihre Verehrer und Gläubigen sie vergöt-
zen, indem sie niemanden mehr *über* ihnen sehen. Auch Dinge, Sachverhalte, „Zwangs-
läufigkeiten" können den Rang des Göttlichen bekommen; sie werden gefürchtet oder geliebt, man hat Angst vor ihnen oder setzt alle Hoffnung auf sie. „Ihr Männer, was macht
ihr da?" Ihr tut nicht nur Törichtes – das könnte man hinnehmen –, ihr vergeht euch an
der Majestät des einen, des unsichtbaren, des lebendigen Gottes, der nicht mit Menschen
verwechselt werden darf. „Ich bin der Herr, dein Gott."

Das geschehene Wunder löst, wie man sieht, nicht die Frage nach dem lebendigen Gott; es *stellt* diese Frage. Niemand sage zu uns: Wenn du uns ein Wunder wie dieses vormachen könntest, dann wollten wir anfangen, an den „lebendigen" Gott zu glauben. Man übersehe nicht: der Lahme glaubt, *bevor* das Wunder an ihm geschieht. Er glaubt sozusagen mit nichts in der Hand; nur: er hat das Evangelium gehört (V. 7). So kann Paulus ihm helfen im Namen des Gottes, der ihn gesandt hat. Die Unterscheidung zwischen Gott und Mensch, Herr und Diener, Sendendem und Gesandtem, Handelndem und Werkzeug gehört zum Abc des Glaubens.

Man kann es bedauern, daß unsere Kirche, aufs Ganze gesehen, solche Machttaten nicht mehr vollbringt, obwohl sie uns zugesagt sind (vgl. uns. Ausl. zu Quasimodogeniti). Man schreibe Schriftstellen wie diese nicht einer halbabergläubischen Wundersucht des Lukas (und seiner Evangelisten-Kollegen) zu. Paulus selbst sagt, seine Wirksamkeit vollziehe sich „in der Kraft von Zeichen und Wundern, in der Kraft des Geistes" (Röm. 15,19; ähnlich 2. Kor. 12,12; Gal. 3,5; vielleicht 1. Thess. 1,5). Wer den Blick des Glaubens hat, erlebt Vergleichbares auch unter uns; nicht als tägliche Erfahrung, aber im besonderen Fall. Man braucht nicht nach Lourdes oder Tschenstochau zu gehen, auch nicht nach Möttlingen, Bad Boll, Teichwolframsdorf, Salzelmen oder Timor (diese Ortsnamen fallen uns in diesem Zusammenhang meist zuerst ein). Geschähen unter uns eindrucksvolle Wunder, staunenerregend und auch für „heidnische" Augen unübersehbar: ob es uns geistlich gut bekäme? Gewisse Erfahrungen, die man mit wundergläubigen Sektierern machen kann, sind gerade *nicht* ermutigend. Gott wird wissen, warum er uns knapp hält. Zu leicht flammt über solchen Erfahrungen Heidnisches auf, und die Menschen kommen mit „Ochsen" und „Kränzen" herangezogen. Gott bleibt Subjekt des Heilshandelns. Er will mit keiner Kreatur verwechselt sein.

2.

Die beiden Sendboten Jesu Christi lassen es nicht bei ihrem Protest. Sie gehen zur – positiven – Bezeugung Gottes über, eigentlich sogar: zum Hinweis darauf, daß der lebendige Gott sich selbst bezeugt. Man hat es dem Lukas verdacht, daß er den Barnabas und Paulus nicht des weiteren von dem geschehenen Wunder reden, sondern das Thema wechseln läßt. Zudem: bei den Leuten von Lystra finden die Apostel, wie es scheint, wenig Verständnis (V. 18). Aber man wird Paulus – dem Wortführer (V. 12) – recht geben müssen: hat er es darauf abgesehen, daß die Heiden, die Götter und Menschen verwechseln, den „lebendigen Gott" kennenlernen, so tut er gut daran, die Rede auf den Schöpfergott zu bringen, der ja – unerkannt – längst auch ihr Gott ist, sofern sie es nämlich – unwissend – mit ihm zu tun haben. Vom Schreibtisch her gedacht, mag dieser Themawechsel unpassend sein; der Fortgang des Geschehens nimmt das neue Thema auch nicht auf. Wo steht aber geschrieben, daß die hier erzählten Vorgänge logisch ablaufen müssen? Vom wirklichen Geschehen her – auf das Lukas es ja abgesehen hat in seiner Berichterstattung – kann man verschiedenes fragen: Haben denn alle (also auch die von V. 18) die „Predigt" gehört? Haben alle, die sie gehört haben, sie auch verstanden? Tun denn alle Predighörer, was sie verstanden haben? Tun sie es nach der *ersten* Predigt eines Missionars? Weckt nicht oft diese Predigt heidnisches Denken und Trachten erst recht auf? Sollte Paulus, nach unserm Bericht, in der Auswahl seiner Gesichtspunkte wirklich so danebengegriffen haben?

Also: Themawechsel – weg vom Wunder, hin zu der ganz schlichten Botschaft von Gott, den die Heiden kennen könnten, aber faktisch nicht kennen. Man könnte auch sagen: weg vom Außerordentlichen, hin zum Alltäglichen. Es ist auch für unsere Gemeinde wichtig, zu begreifen, daß wir Gott nicht eigentlich im Außerordentlichen zu suchen haben – das sich an einem Gelähmten oder sonst an einem Kranken im besonderen Falle ereignen mag –, sondern im Geschehen unseres Alltags. Wir haben Gottes Wirken hier und heute wahrzunehmen. Ganz unsensationell wird hier geredet. Gott darf zwar mit keiner Größe dieser Welt verwechselt werden, aber er ist in allen Dingen dieser Welt wirksam. Er ist als der Creator von aller Creatur grundverschieden, aber alle Geschöpfe hängen von ihm ab, ob sie es wissen oder nicht. Ich, Paulus, bringe euch Lykaoniern keinen „neuen" Gott. In euren Augen nimmt sich das zwar so aus, muß es sich – denn ihr seid Heiden – so ausnehmen. Gewiß, ich protestiere gegen Zeus und Hermes und dagegen, daß ihr uns heute mit ihnen gleichsetzt. Ich muß euch eure heidnischen Gedanken möglichst gründlich austreiben. Aber ich zeige euch den Gott, mit dem ihr es schon immer zu tun habt, ohne euch darüber im klaren zu sein. (Die innere Übereinstimmung mit der Areopagrede ist offenkundig.) Seit eh und je lebt ihr nämlich aus seinen Händen. Ihr verdankt ihm euer Dasein, wie denn „Himmel und Erde und Meer und alles, darinnen ist", sein Werk ist.

Das Thema „Heilung und Heil" haben wir damit tatsächlich – für eine kleine Weile – aus den Augen verloren. Man kann jedoch mit Fug und Recht sagen: auch mit dem Schöpfergott kann ich nur so Gemeinschaft haben, daß er mir in lebendiger Begegnung zum Gegenüber wird. Dieses Gegenüber muß so lange ein unversöhntes und darum heilloses Gegenüber sein, als ich nicht durch Christus mit Gott zum Frieden komme, und es wird auch kein wirkliches Gegenüber sein können, so lange es sich nicht konstituiert in Wort und Antwort, also in personalem Geschehen. Was soll es, auf diesen Gott hinzuweisen, in dessen Händen wir bereits dadurch sind, daß er uns geschaffen hat und unser Leben erhält? Ist nicht auch der Glaube an den Schöpfer persönliche, also in Wort und Glaube sich ereignende Verbundenheit?

Wir übersehen nicht: der lebendige Gott wird hier *verkündigt*. Es ist wirklich auf das abgesehen, wovon wir soeben gesprochen haben. Aber gerade ein lebendiger Schöpfungs*glaube* wird entdecken und bekennen, daß unser Bezogensein auf Gott nicht erst in eins mit dem Glauben *entsteht*. Gott ist unser Schöpfer, ehe wir ihn entdecken. Wir haben es ungefragt mit Gott zu tun. Gott, von welchem alle Dinge sind und wir zu ihm, und der eine Herr, Jesus Christus, durch welchen alle Dinge sind und wir durch ihn (1. Kor. 8,6), ist in seinem Tun und Walten allem unseren Glauben und Erkennen *voraus*. Er wäre der uns tragende und unser Leben nicht nur hervorbringende, sondern auch bewahrende Gott, auch wenn wir ihn nie entdeckten. Sprächen wir, wie es vor einiger Zeit unter uns beliebt war, von der „Abwesenheit Gottes", dann kann dies immer nur gelten, sofern wir den Gott, der vor allem Glauben ist, *noch nicht gefunden* haben. Wir predigen nicht: Wir haben nicht geglaubt, also war er nicht da. Sondern: Er war schon immer dabei; es wird Zeit, daß wir ihn kennenlernen und begreifen, was wir ihm verdanken und wie wir ihm verpflichtet sind (Luther: „des alles ich ihm zu danken . . ."). Unsere Erde vollzieht nicht eine Drehung um ihre Achse ohne ihn. In allen Kräften der Natur ist er am Werke. Im Schlagen unseres Herzens, im Zufassen unserer Hände, in jedem Schritt, den wir tun. Man muß ihn sich von Luther in „De servo arbitrio" zeigen lassen, den deus semper actuosus, den inquietus actor in omnibus creaturis – nullamque sinit feriari (den Gott, der immer am Werke ist, den nimmer ruhenden Handelnden in allen Geschöpfen – und er gibt keiner seiner Kreaturen die Möglichkeit zu feiern, WA 18,711).

Wie kommt es aber dann, daß dieser Gott, von dem alle Dinge sind, der Welt nicht bekannt ist? Die Frage hat ihren Sinn für alles Heidentum damals und heute und auch für die Gottverschlossenheit des säkularen Menschen unserer Tage, der wir ja selbst (trotz aller Religiosität und Kirchlichkeit) ein Stück weit auch noch sind. Es versteht sich wirklich nicht von selbst, daß man sich dieses Gottes bewußt ist. Immer und in allem von ihm abhängig – und doch von Hause aus gottblind; wie ist das zu erklären? V. 16 antwortet: Auch das ist nicht ohne sein Wollen und Verfügen so. „Gott hat in den vergangenen Zeiten alle Heiden ihre eigenen Wege gehen lassen." Jetzt ist freilich ein neuer Kairos eingetreten. Nicht für alle auf einmal – die neue Situation tritt ein, indem dieser Gott uns – jedem einzelnen – verkündigt wird (vgl.17,30f.). Inzwischen, bis dahin also, ist es so, daß Gott den Menschen ihren Weg freigegeben hat – der „verborgene" Gott, der Gott, der im Hintergrund wirkt. Jetzt, da man ihn kennenlernt, merkt man: er hat schon immer seine – von uns verkannten, übersehenen oder mißdeuteten – Zeichen seines väterlichen Wohlwollens und seiner Fürsorge gegeben (V. 17). Wir hätten es schon immer merken sollen: bei jeder Schnitte Brot – bei jeder Arbeit – in jeder Begegnung mit einem Menschen (usw.). Wir sollten jetzt, da wir ihn kennenlernen, merken, warum uns die frische Luft so wohlgetan hat; warum der saftige und würzige Pfirsich so gut schmeckte; warum die Liebe zwischen Mann und Weib so reich macht; warum Musik einen Menschen so bewegen und erheben kann. „Gott hat sich nicht unbezeugt gelassen – er hat eure Herzen erfüllt mit Speise und Freude." Kein Götze, sondern der lebendige Gott ist es, von dem uns alles Gute kommt.

3.

Sind wir mit dem soeben Ausgeführten bei der guten Nachricht vom *Heil*? Und: haben wir den Text hinter uns – nicht nur seinen Anfang, sondern das Ganze des Textes –, wenn wir nun vom „retten wollenden Gott" sprechen? Was vom Schöpfergott gesagt ist, scheint eher einen metaphysischen Sachverhalt zu meinen als die Botschaft von einer Rettung.

Unser Text ist dem oft ausgesprochenen Verdacht ausgesetzt, nicht nur in einer Theologie des ersten Artikels steckenzubleiben, sondern es auch – und dies scheint damit zusammenzuhängen – auf eine natürliche Theologie abgesehen zu haben. Wir sind freilich in unseren Überlegungen ganz von selbst darauf gekommen, daß, wenn vom Schöpfer die Rede ist, sofort auch die Frage aufkommt, wie es denn zwischen ihm und uns stehe, d. h., ob wir ihn wirklich kennen, Gemeinschaft mit ihn haben, ihm in Dankbarkeit und Gehorsam verbunden sind, oder ob das Verhältnis gestört ist und zwischen Gott und seinen Geschöpfen ein Konflikt bestehe, vielleicht gar ein unheilbarer Bruch. Stünden solche Fragen nicht sofort auf, dann wäre die Aussage über Gott als Schöpfer nur eine theoretische, und die Frage nach dem „Heil" und – im Fall von Konflikt und Bruch – nach „Rettung" und „Heilung" wäre überhaupt nicht im Blick. Das hieße aber: indem man den ersten Glaubensartikel vom zweiten und dritten abtrennte, müßte er verfälscht werden und zum Heidnischen entarten. Die Isolierung, in der er hier im Text zu stehen scheint, nährt diesen Verdacht.

Von einer solchen Verfälschung kann aber m. E. nicht die Rede sein. Auch der Hinweis auf den lebendigen Gott als Schöpfer der Welt ist ein Kapitel christlicher Botschaft. Botschaft – also nicht Aufdeckung und Darlegung eines metaphysischen Tatbestandes. Die hier gemeinte Gotteserkenntnis vollzieht sich im Ergehen des *Wortes*. Paulus macht die längst ergangene Selbstkundgabe Gottes zum Gegenstand klarer *Rede*. Dies ist erforderlich. Es ist ja hier ebenso wie in Röm. 1,18ff.: die Selbstkundgabe Gottes, deren Tatsächlichkeit anzuzweifeln uns allerdings mit dem Neuen Testament in Konflikt brächte, hat *faktisch* nicht dazu geführt, daß Gott als Gott geehrt, daß ihm gedankt und er, wie es ihm zusteht, gepriesen wurde. Was Röm. 1,18ff. steht, wird hier anschaulich: das Geschöpf wird göttlich verehrt statt des Schöpfers. Es kann ja gar nicht anders sein, als daß, wo man nicht durch Christus an Gott glaubt, ein falsches, ein unsachgemäßes, ein nicht stichhaltiges Verhältnis zu Gott herauskommt, in unserm Falle: massiver heidnischer Aberglaube. Wo man ohne Christus mit Gott meint im reinen zu sein, da ist immer die Sünde samt ihren verheerenden Folgen abgeblendet; da lebt man in einem fatalen Als-ob. Erst die hier berichtete Predigt deckt ja das wahre Verhältnis zu Gott auf. Natürliche Theologie? Bestätigung dessen, was Paulus hier an Religion vorgefunden hat? Nein – „ihr sollt euch *bekehren* von diesen falschen Göttern zum lebendigen Gott".

Und nun noch deutlicher: „Wir predigen euch das *Evangelium*" (V. 15). Mit diesem Satz ist auf das zurückgegriffen, was in V. 7 steht: „und predigten daselbst das *Evangelium*". Man verlange doch nicht von Lukas das schriftstellerisch Unmögliche, daß er in jeder Misssionsszene den ganzen christlichen Katechismus aufsagt, also das Normal-Kerygma christlicher Mission expliziert. Das Wort Evangelium sagt schon deutlich genug, was mit Bekehrung gemeint ist. Und damit nur ja kein Zweifel entstehe, was da zu vernehmen war, wird in V. 9 – „der hörte Paulus reden" – ausdrücklich gesagt, was für ein Glaube – wenn es gut geht – beim Anhören solcher Predigt herauskommt, nämlich „Glaube, wie er nötig ist, um *gerettet* zu werden" (über die doppelte Möglichkeit der Übersetzung s. o.). Indem man sich von den Götzen weg- und dem lebendigen Gott zuwendet, wird man nicht nur zu besserer Sachkenntnis angeleitet, von primitiven, atavistischen Vorstellungen befreit, zu einer höheren Stufe der Religion geführt und zu einer kultivierteren Gesittung, sondern man wird – *gerettet*. Bisher hat Gott die Heilsfrage anstehen lassen, die Heiden konnten ihre eigenen Wege gehen (14,16), und die Zeit der Unwissenheit hat er „übersehen" (17,30). Aber nun ist der Entscheidungskairos da (17,30b; 14,15b), jetzt wird – unter dem retten wollenden Evangelium die Gottesfrage brennend, die „Umkehr" wird fällig. Wir predigen den Gott, der in Christus *unser* Gott geworden ist, also den „lebendigen" Gott. Es ist gut, daß uns in den verschiedenen Texten des Neuen Testaments vorgeführt wird, welche Räume sich damit auftun. Heute sollen wir die Augen dafür geöffnet bekommen, daß der Gott, der uns gern retten will, unerkannt schon immer unser Gott gewesen ist, als der Schöpfer, dem wir alles Gute verdanken. Er ist derselbe, der dem armen Menschen auf die Beine geholfen hat und der – dieser Fall ist Exempel und Vordeutung – die ganze Welt heil machen will. Auch in uns soll der Glaube entstehen, uns „könne geholfen", d. h. aber letztlich: wir sollen „gerettet werden".

13. Sonntag nach Trinitatis. Matth. 6,1–4

Matthäus bietet (ohne synoptische Parallelen) in VV. 2–4.5–6.16–18 drei Sprüche über die Hauptwerke jüdischer Frömmigkeit (Tob. 12,9; nur Gebet und Almosen: Sir. 7,10f.; Apg. 10,4.31). Diese Sprüche sind i. w. von streng analogem Strophenbau (kleine Unstimmigkeit: der erste ὅταν-Satz, V. 2, hat im Unterschied zu den anderen den Plural). (Zwischen die zweite und dritte Strophe ist – vom Thema her begründet – ein locker geformtes Logion vom Beten eingefügt, sodann das Vaterunser. Man erkennt an dieser Einführung, daß die drei Sprüche ihre strenge Form nicht erst durch den Evangelisten bzw. Endredaktor bekommen haben.) 6,1 erweist sich aufgrund dieser Beobachtungen als die den drei Sprüchen vorgeordnete Überschrift. Das haben eine Reihe von Hss. der Koine-Gruppe, ferner Θ, auch die Mehrzahl der Syrer (außer den Sinai-Syrern) verkannt; sie schreiben, als gehörte V. 1 thematisch zu VV. 2–4, ἐλεημοσύνην (wofür sich, vor allem aufgrund der Übersetzungen und der Kirchenväter, Walter Nagel einsetzt: Gerechtigkeit – oder Almosen? Vigiliae Christianae, Sept. 1961, Amsterdam). Das hebräische Äquivalent kann beides bedeuten: צְדָקָה. Wir lesen δικαιοσύνη (vgl. VV. 6.10.20 u. ö.) als Oberbegriff für die Werke der Frömmigkeit: Almosengeben, Beten und Fasten; diese „erschöpfen nicht etwa den Begriff der Gerechtigkeit, aber sie geben charakteristische Beispiele ab für das Thema δικαιοσύνη als Handeln vor und für Gott" (ThWNT II, S. 201).

V. 1: προσέχειν ist matthäisches Vorzugswort. „Gerechtigkeit" ist das der Verbundenheit mit Gott entsprechende Verhalten, „Frömmigkeit" ist passende Wiedergabe. Die Absicht, „gesehen zu werden", außer in VV. 2.5.16 auch 23,5. „Euer Vater": so lehrt Jesus uns von Gott zu denken; „in den Himmeln": der Plural ist Semitismus. – V. 2: ἐλεημοσύνη (unser „Almosen") eigentlich Mitleid, dann Wohltätigkeit an Armen (Luk. 11,41; 12,33; Apg. 3,2f.10; 9,36 u. ö.). Semitische Ausdrucksweise: ποιεῖν ἐλεημοσύνην = עשׂה צדקה; διδόναι ἐλεημοσύνην = נתן צדקה (Luk. 11,41; 12,33, s. Str.-B. II, S. 188). Neben der geordneten Armenfürsorge (Armenzehnt nach Deut. 14,29; 26,12) gab es eine freiwillige Wohltätigkeit; an sie ist hier gedacht. Vgl. ThWNT VI, S. 899ff. Daß „in den Synagogen, wenn besonders hohe Spenden gemacht waren, ... in das Horn gestoßen" wurde, hält G. Friedrich (ThWNT VII, S. 86) für „wahrscheinlich". Sichere Belege fehlen sowohl für einen solchen Brauch als auch für ein bildliches Verständnis dieses Ausdrucks (im Sinne von „ausposaunen", „an die große Glocke hängen"). Im Traktat Taanit ist davon die Rede, daß bei Fastengottesdiensten in Notzeiten größere Almosen gelobt werden; in solchen Gottesdiensten, wie überhaupt im jüdischen Kult, spielt die Posaune eine nicht geringe Rolle (nach den Benediktionen am Ende der Gebetsabschnitte: „Blast, ihr Priester, blast, tönt, ihr Söhne Aarons, tönt!"); aber nicht ausdrücklich bezeugt ist, daß Almosenversprechen und Posaunenblasen direkt aufeinander bezogen sind. G. Klein vermutet ein Mißverständnis: die 13 Opferstöcke im Tempel (Mark. 12,41) hießen שׁוֹפָרוֹת (= Hörner, nach ihrer Form so genannt); 6,2 könnte danach vor dem Einlegen in die Opferstöcke warnen (ZNW 1905, S. 204). G. Friedrich hält solches Mißverständnis für unwahrscheinlich. – ὑποκριτής eigentlich „Schauspieler" (nach Bauer, WB, spielt diese Bedeutung in Matth. 6 stark hinein, vgl. das ὐεαῦῆναι dazu 1. Kor. 4,9; Hebr. 10,33, dort freilich in anderem Zusammenhang), dann auch „Heuchler", „Scheinheiliger". Schniewind bestreitet, daß Unehrlichkeit im Spiel sei, er spricht (z. St.) von „objektivem Selbstwiderspruch" (so auch E. Schweizer). – ἀπέχειν = (Geschuldetes) bekommen haben, übliche Quittungsformel. Nach Schweizer geht das Wort nicht über eine auch im Judentum mögliche Reform der Frömmigkeit hinaus. – Anders in V. 3: hier „ist der Durchbruch durch alles Denken vollzogen, das überhaupt noch messen möchte, was geleistet wird" (Schweizer). – V. 4: Sieht Gott im Verborgenen (in dem er sich für uns befindet), oder sieht er ins Verborgene? Der Lohngedanke ist nicht beseitigt, aber überboten. Das ἐν τῷ φανερῷ („öffentlich"), das Luther gelesen hat, findet sich in den besten Hss. nicht.

Von der besseren Gerechtigkeit handelt die Bergpredigt (5,20). Das Thema wird noch einmal in aller Form aufgenommen und variiert (V. 1). Gerechtigkeit ist zusammenfassender Begriff für betätigte Frömmigkeit. „Almosen" sind, wie sich aus dem oben Gesagten ergibt, nur Beispiel; man könnte mit gleichem Recht von allen anderen guten Taten des Christen sprechen: vom Schenken und Helfen, vom Opfern und Sich-Plagen, von der Geduld und vom Vergeben, von der gediegenen Arbeit im Betrieb und der gern getragenen Verantwortung, von der absoluten Ehrlichkeit, Reinheit, Selbstlosigkeit und Liebe u. a. m. Unsere Gerechtigkeit soll „besser" sein, die bisher gekannte und praktizierte Frömmigkeit überragen, „überfließen". Man könnte an eine quantitative Steigerung denken: mehr gute Werke, größere Opfer, ein stattlicheres Konto frommer Leistungen. Aber Jesus ist es, wie Kap. 5 zeigt, um anderes zu tun: von der Wurzel her sollte unsere Gerechtigkeit anders sein; Gott geht es jedesmal ums Ganze.

Ähnliches beobachten wir an unserem Text. Auch hier geht es nicht darum, daß *mehr* gute Werke geschehen. Daß gute Werke geschehen, wird überhaupt nicht gefordert, scheint vielmehr vorausgesetzt. Geredet wird nicht zu denen, die sie *nicht* tun, sondern zu denen, *die sie tun*. Es wäre in der Tat bedenklich, wenn sie nicht geschähen; aber diesmal geht es um die Gefahren, die dann auftreten, *wenn* sie geschehen. Von Gott nichts wissen wollen und Frommsein: *beides* ist gefährlich. An mehr als an einer Stelle der Bergpredigt läßt sich das erkennen.

„Achtet auf eure Frömmigkeit." Vielleicht wäre diese Mahnung bei uns vor wenigen Jahrzehnten ins Leere gelaufen, weil wir vom Frommsein, von den sichtbaren Verhaltensweisen im Bereich der „Religion", wenig gehalten haben. Wir sind sehr scharf darauf aufmerksam gemacht worden, daß die Sünde schon in der Geste der Anbetung steckt. Und uns ist eindrucksvoll deutlich gemacht worden, daß es keinen Sektor Religion in unserem Leben geben darf, in dem wir in besonderer Weise mit Gott verbunden sind; das ganze

Leben gehört Gott. Wir werden, was daran wahr ist, hoffentlich nicht zu schnell vergessen. Aber uns ist dennoch erneut aufgegangen, daß ein Mensch, der seinen Gott und Herrn liebhat, auch wohl in irgendeiner Weise *fromm* sein wird. Ja, es täte uns wohl gut, wir würden allenthalben ein wenig frömmer. Gott liebhaben, gern mit ihm reden, ihm viel zuliebe tun und darum ihn auch in den Mitmenschen ernst nehmen und ehren: darin sollten wir weiterkommen, und dies will auch „eingeübt" sein und braucht seine bestimmte Form im Vollzug unseres Lebens. Vom Heiligtum geht das neue Leben aus. Wir haben an dieser Stelle viel zu lernen.

Aber gerade dann, wenn es dazu kommt, wird Jesu Warnung uns im Ohr klingen müssen. *Frommsein – ja, aber* (1) *ungesehen,* (2) *absichtslos,* (3) *unbewußt.*

I.

Das erste leuchtet uns am leichtesten ein. Gute Werke sollen *ungesehen* getan werden. Jesu Spruch – semitische Sprechweise deutet auf hohes Alter der Überlieferung – polemisiert dagegen, daß Frömmigkeit betätigt wird ἔμπροσϑεν ἀνϑρώπων (לִפְנֵי בְנֵי אָדָם) πρὸς τὸ ϑεαϑῆναι (לְהֵרָאוֹת) = im Blick darauf, daß die Leute einen sehen). Nichts anderes ist gemeint mit dem (eigentlich oder bildlich zu verstehenden) Ausposaunen in den Synagogen und auf den Straßen (letzteres spricht für das bildliche Verständnis) in der Absicht (ὅπως), von den Menschen dafür Applaus zu bekommen. Was sich hier ereignet, ist die Pervertierung dessen, was 5,16 gemeint ist. Solche „Frömmigkeit" wäre in Wahrheit Unfrommsein, sie muß peinlich und widerlich wirken. Unser Tun wird damit in der Wurzel verdorben.

Liebe meint immer den Menschen, dem sie gilt. Sie nimmt ihn ernst, sie wendet sich ihm ganz zu, sie hat ihren Schwerpunkt in diesem Menschen, dem sie dient, sie ist allein auf sein Wohl bedacht. Geschieht „Liebe" und „Wohltat" aber in der Absicht, den Blick möglichst vieler auf den Täter zu ziehen, dann meint dieser sich selbst, dient sich selbst, liebt also auch sich selbst und tut damit etwas, was den Namen Liebe überhaupt nicht verdient. Er ist zum „Schauspieler" geworden, der für das Publikum spielt. Beim Schauspieler ist das „Gesehenwerden" Sinn und Ziel seiner Kunst; ein Schauspieler, der im Verborgenen bliebe und seine Rolle nur für sich selbst spielte, ohne Publikum, hätte seinen Zweck verfehlt. Anders der Christ: lebte er sein frommes Leben für ein Publikum, dann hätte er es eben damit verdorben. Der Schauspieler steht im Scheinwerferlicht, der Christ handelt im Verborgenen. Der Schauspieler zählt die „Vorhänge" und beachtet die Stärke des Beifalls, der Christ ist nicht auf Beifall bedacht.

Wir sollten uns nicht zu sehr von dem Begriff Almosen fixieren lassen; wir sahen: Almosen ist nur eines der frommen Werke. Das Wort hat bei uns keinen guten Klang mehr. Barmherzigkeit? Nein: Gerechtigkeit! Die Figur des Bettlers paßt nicht in unsere Gesellschaftsordnung. In den Verhältnissen, die der Text voraussetzt, war es anders. Zwar kannte auch das Judentum eine öffentliche Armenfürsorge, die Kommentatoren (Grdm., Schweizer) nennen sie vorbildlich. Dennoch scheint sie Lücken gehabt zu haben; im Blick auf Blinde, Gelähmte, Krüppel ist bei Leipoldt-Grundmann, Umwelt . . . I, S. 186f. gesagt: „Eine offizielle Sozialfürsorge gab es nicht. Wollten diese Menschen nicht ihrer Familie zur Last fallen, mußten sie betteln." Hier war dann die private „Wohltätigkeit" gefordert. Menschenkenner wußten, daß es hierzu eines Anreizes bedurfte, wenn solchen armen Menschen Hilfe zuteil werden sollte. Man „posaunte" – tatsächlich oder bildlich. Der Appell an das Geltungsbedürfnis als Hebel sozialer Aktivität. Betrübliche Kehrseite derselben Sache: Die, denen man die Münze in die Mütze warf, waren gesellschaftlich geächtet; auch religiös: „Blinde und Lahme werden nicht hineinkommen in das Haus des Herrn" (2. Sam. 5,8 nach LXX). Liebe, die sich dem bedürftigen Menschen zuwendet? Keineswegs – er wird verachtet, aber dem „Wohltäter" wird die Posaune geblasen. Man gibt Almosen – zum eigenen Vorteil.

Noch in anderer Hinsicht ist unsere Lage gegenüber der damaligen verändert. Mit spezifisch christlichen Werken macht man „vor den Menschen" zumeist keinen Eindruck mehr. Wer sich mit der Sammelbüchse der Inneren Mission auf die Straße stellt, braucht keine Sorge zu haben, er werde deshalb „verherrlicht". Nur innerhalb des engsten Kreises der Gemeinde könnten Bravourleistungen christlicher Barmherzigkeit noch besonderen Beifall finden. So sind wir also aus der Gefahrenzone heraus? Keineswegs! Denn hat auch unser aus dem Christsein resultierendes Wohlverhalten einen mehr weltlichen Charakter, die Gefahr, daß wir es dabei auf ein vor den Menschen gültiges καύχημα abgesehen haben könnten, ist dieselbe. Die frommen Werke von einst sind durch die des Anstandes, der Tüchtigkeit, des Gemeinschaftssinnes, der Pflichterfüllung usw. ersetzt; das ist alles. Unser Christsein ist „weltlich" geworden. Aber niemand sage, das Verlangen nach Anerkennung seitens der Umwelt sei in der Christenheit von heute einer vom eigenen Ich und seiner Geltung absehenden unverfälschten und rein sachlichen Dienstgesinnung gewichen. Wir kennen es alle. Die Fußangeln des bösen Feindes liegen überall. Man braucht gar nicht daran zu denken, daß „christliche" Geltungssucht sich in besonders aufdringlicher und geschmackloser Weise zur Schau stellt. Ungewollt, ja gegen den eigenen Willen passiert es. Da hat man nun wirklich einmal etwas getan, woran ein Mensch oder gar der Herr selbst Freude haben könnte; aber man schielt sofort, ob es nicht – hoffentlich! – jemand gemerkt hat, der von nun an denken wird: ein vorbildlicher Christ! Nach ein wenig Beifall juckt es uns immer wieder. Schlimmer noch: in unserer narzißtischen Art beziehen wir fast zwangshaft alle Dinge auf uns selbst, auf unser Image, auf unser Prestige unter den Menschen, wir streben heimlich nach dem Wohlgefühl der eigenen Geltung. Damit ist unsere Liebe in Selbstliebe verdorben.

Zur richtigen Diagnose gehört freilich auch die Einsicht, daß das Verlangen, „gesehen", also beachtet und ästimiert „zu werden", die Fehlgestalt eines zum Menschsein gehörigen Urbedürfnisses ist. „Gerechtigkeit" bedeutet ja nicht nur ein bestimmtes frommes Wohlverhalten, sondern auch die Geltung und das Ansehen, das jemand genießt, der seiner Zugehörigkeit zu Gott – δικαιοσύνη ist ein Verhältnisbegriff, nicht die Übereinstimmung mit einer idealen Norm – entspricht. Gerecht ist, wer ist, was er sein soll, und zwar – im Sinne des Neuen Testaments – als Mensch vor Gott. Das Urverlangen nach Anerkenntnis des „Gerechtseins" gibt es nicht nur dort, wo man sich vor Gott weiß. Ich kenne keinen Menschen, der darauf verzichtete, als der ernst genommen zu werden, der er sein soll. Daß wir uns ein „Image" aufbauen und, wenn nötig, verteidigen, hat darin seinen Grund: wir müssen auf „Gerechtigkeit" bedacht sein. Die Frage ist nur, wie wir dazu kommen.

Die Bergpredigt enthält noch nicht die paulinische Rechtfertigungslehre; aber Paulus hat in ihr genau das gedanklich weiterverfolgt und begrifflich ausgeformt, was hier angelegt ist. Wer durch Werke gerecht zu werden hofft bzw. sich unter der peinlichen Nötigung sieht, sich das Ansehen bei Gott durch Leistung und Pflichterfüllung zu verdienen, *muß* sich immer wieder der guten Zensuren vergewissern, die er von Fall zu Fall erlangt hat. Da Gottes Stimme im Augenblick noch nicht oder doch wenigstens nicht klar genug vernehmbar scheint, muß man sich ans Beifallklatschen der Mitmenschen halten. Wie sollen sie aber Beifall klatschen, wenn sie gar keine Gelegenheit hatten, zu beobachten und zu registrieren, was wir Verdienstliches getan haben?

Es kommt noch eines hinzu. Haben wir – etwa aufgrund von 5,20–48 – begriffen, daß unser Leben im Wurzelgrund faul ist, dann sind wir ja geradezu genötigt, das Verfehlen der wesenhaften „besseren Gerechtigkeit" zu kompensieren durch eine mehr oder weniger bewußt in Szene gesetzte *Demonstration* der Gerechtigkeit, die Tat des Herzens durch eine eindrucksvolle *Geste*, die schlichte, aber echte Liebe durch die imponieren sollende und in großer Aufmachung dargereichte „*Wohltat*". Der Herr kennt unsere Herzen – und darum auch unsere Schliche. Er weiß gewiß auch dies, daß wir uns gegen diese Entlarvung zur Wehr setzen. Aber er weiß wohl auch, daß dieser Drang, gesehen zu werden, uns selbst peinlich ist. Könnte man den immerzu um sich selbst kreisenden alten Adam los werden!

2.

Frommsein, ja – aber absichtslos! Gute Werke sollen schon getan werden, aber in der Uneigennützigkeit selbstloser Hingabe und in der Sachlichkeit der dem andern zugewandten Hilfsbereitschaft. Wieder dürfen und sollen wir das hier Gesagte ausdehnen auf *alles* Verhalten des Christen, nicht nur auf die „Barmherzigkeit". Was hier zu sagen ist, klang in dem bisher Besprochenen schon mit; unser Denken muß aber Komplexes auseinanderfalten, um es klar zu fassen.

Muß es denn sein, daß die angestrengte, hingebungsvolle, im höchsten Maße vom Pflichtbewußtsein diktierte fromme Leistung von vorherein mit selbstischen Motiven durchsetzt ist? Soll sie nicht gelten, bloß weil andere es „sehen"? Und wenn es schon darauf abgelegt wäre, daß sie es sehen: gehört dies nicht zum Menschsein, daß wir auf unser Ansehen bedacht sind (s. o.) und dann schließlich, wenn es recht zugeht, auch die Anerkennung der Mitwelt finden (wie z. B. in den Reden, die bei einem Dienstjubiläum gehalten werden, oder in den Zensuren, die ein Student sich im Abschlußexamen nach strebsamem Studium einheimst)? Wir werden Gedanken solcher Art nicht von vornherein beiseite schieben. Es wird sogar in der Welt, wie sie ist, ohne eine solche Art von Gerechtigkeit nicht abgehen: wo Leistung ist, muß auch Lohn sein, nicht nur als Anreiz zu intensivem Schaffen, sondern auch weil es gerecht ist so. „Der Arbeiter ist seines Lohnes wert", sagt Jesus selbst (Luk. 10,7, vgl. 1. Tim. 5,18). Der Reiche, der dem Arbeiter den schuldigen Lohn verweigert, hat Gott gegen sich (Jak. 5,4). Ja, Jesus braucht auch in Hinsicht auf Gott unbefangen das Wort Lohn (z. B. 5,12), wenn er auch den Lohngedanken aus der Rechtssphäre der Verdienstberechnung heraushebt und in seiner Güte viel reicher lohnt als nach Verdienst (z. B. 19,29; 20,1ff. – vgl. ThWNT IV, S. 702f.; S. 722f.). Auch Paulus – der scharfe Kritiker alles Verdienstdenkens – spricht unbefangen davon, daß ein jeder seinen Lohn empfangen wird nach seiner Arbeit . . . Wird jemandes Werk bleiben, das er gebaut hat, so wird er Lohn empfangen (1. Kor. 3,8.14). Hierher gehören auch alle Stellen über das Gericht nach den Werken, z. B. 16,27; 25,31ff.; Röm. 2,6ff.; 1. Kor. 1,8; 3,12–15; 4,4f.; 2. Kor. 5,10; 1. Thess. 3,13.

Trotzdem kritisiert Jesus die guten Taten, die in selbstischer Absicht geschehen und im Blick auf das Lob, das man von Menschen erhält (V. 2), oder sonst mit eigennützigen Gedanken (vgl. 5,46). Wer sich den Lohn eigenmächtig vorausnimmt, hat von Gott her nicht mehr mit Lohn zu rechnen. Wer seine Taten tut, um sich selbst zu genießen und zu bewundern, sich als Wohltäter „in Szene zu setzen" und eine große Rolle zu spielen, der hat seinen Lohn dahin.

Wir fragen jetzt also eigens nach der *Absicht*, die hinter dem Gesehen-werden-Wollen steht. Man will in seine Bilanz Aktivposten einbringen, Punkte sammeln – vor den Menschen und wohl auch vor Gott –, den Ehrgeiz befriedigen, sein eigenes Ich herausstreichen, es genießen, daß man so edel, so großherzig, so menschenfreundlich, so sauber, so opferbereit und – paradoxerweise – so uneigennützig ist. Was man auch tut, immer meldet sich das eitle Ich, das sich selbst Beifall klatscht und sich bewundert. Es tut so gut, ein edler Mensch zu sein! Freilich: eben damit verderben wir unser bestes Tun. In dem Augenblick, da es berechnend geschieht, hat es seinen Glanz verloren. „Man merkt die Absicht, und man ist verstimmt" (Goethe). Aus allen Knopflöchern guckt die Eitelkeit hervor. Mögen die Prädikate stimmen – gemeint ist: das, was einer tut –, das Subjekt verdirbt's. Da erwartet ein Mensch meine liebende Hingabe, vertraut sich mir an, freut sich, daß er mich hat; aber mit *einer* Bemerkung hab ich mich verraten: es ging mir zuletzt um *mich*, und der andere war enttäuscht und verlor allen Mut. Alles bekommt einen üblen Beigeschmack, wo Hingabe „gespielt", aber Eigensucht gelebt wird.

Auch Gott gegenüber wird alles faul, wenn das eigensüchtige Ich sein Interesse wahrnimmt. Luther hat sich in den Gewissensqualen seiner Klosterzeit damit geplagt. Er wollte Gott lieben, aus reinem Herzen, uneigennützig, sozusagen ohne Nebengeräusche. Aber er erwischte sich immer wieder dabei, wie es ihm gar nicht um Gott, sondern um sein eigenes Seligwerden ging. Ginge es mir um Gott, meinte er, dann müßte ich zur resignatio ad infernum bereit sein, wenn Gott es wollte, also zum Verzicht auf die Seligkeit um Gottes willen. Aber das Herz des Menschen ist *incurvatum in se*, so „in sich selbst verkrümmt", daß alle Gedanken, die es zu Gott oder zum Nächsten aussendet, umkehren und zu ihm, dem sie aussendenden Menschen selbst, zurückkommen.

Jesus: Wer seinen Lohn hier schon einkassiert hat, hat künftig – vor Gott – keinen mehr zu erwarten. Zweimal Lohn – das gibt es nicht. – Ein hartes Wort. Es könnte uns ganz befangen machen. Was wird aus uns, wenn alles nichts mehr gilt, was wir durch Einmischung selbstischer Gedanken ins Zwielicht gebracht oder gar verunstaltet haben? Soll es nicht so sein, daß man am Tun des Guten auch *Freude* hat? Und soll uns der Gedanke, daß man das Gute um des Guten willen tut (I. Kant), also absichtslos und ohne nach eigenem Vorteil zu schielen, damit vermiest werden, daß jede eigensüchtige Regung des Herzens unnachsichtig aufgedeckt und damit auch ehrliches Bemühen zynisch in Verruf gebracht wird?

Wir brauchen nur so zu formulieren, und es wird sofort klar: so hat es Jesus nicht gemeint. Den Schock, den wir eben empfunden haben, will er uns nicht ersparen. Aber nicht, um uns moralisch zu vernichten, sondern um uns aus einem ganzen System „berechnenden" Denkens herauszuholen. Mit größter innerer Freiheit dürfen wir nach Jesu eigenem Wort darauf hoffen, daß der himmlische Vater – „dein Vater", sagt Jesus in ganz persönlichem Zuspruch – alles Gute, das wir tun, „vergelten" wird. Nicht, weil wir ein Recht darauf hätten, sondern weil er so gütig ist (20,15). Daß Gott ins Verborgene sieht, könnte man als bedrängend empfinden (vgl. 1. Kor. 4,5); was bekommt er da alles zu sehen? Aber der Zusammenhang sagt es: was kein Mensch gesehen und wofür der Barmherzige von niemandem Dank empfangen hat: der Vater *hat's* gesehen und wird es nicht vergessen. Dies sollen wir im Zusammenhang des Textes nicht übersehen.

Dennoch: wo unser Tun auf Belohnung *zielt* und in eigennütziger Absicht geschieht, da wird es von Jesu harter Kritik getroffen. Wir geraten wirklich in Verlegenheit. Es war, als wir 5,20–48 überblickten, nicht anders. Die Bergpredigt denkt das Thema Gesetz kompromißlos zu Ende. Gott hat ein Recht auf den *ganzen* Gehorsam, auf den Gehorsam aus einem Guß – wie denn Gott selbst in seiner Vollkommenheit – man verzeihe den Ausdruck – „aus einem Guß" ist (5,48 – dies ist letztlich Deut. 6,4f., im Sch'ma Jisrael, gemeint). Gott will nicht Erfüllung von Vorschriften und Pflichten, er will das Herz. Es ist hier, bei der Kritik der menschlich-allzumenschlichen Frömmigkeit, nicht anders. Jesus weiß: wir „kriegen's" niemals „hin"; aber er will, daß *auch wir selbst* dies wissen. Wieder fragen wir: wie könnte man den immerzu um sich selbst kreisenden alten Adam loswerden?

3.

Am schwersten werden wir es mit diesem dritten haben: Frommsein, ja – aber *unbewußt*. Bei Licht besehen, lief auch das soeben Gesagte darauf hinaus; V. 3 bestätigt unsere Auslegung. Uns wird gesagt: Nicht nur keine Demonstration (1), nicht nur keine Spekulation (2), sondern auch keine Reflexion (3).

Die linke Hand soll nicht wissen, was die rechte tut. Es kann angenommen werden, daß Jesus damit ein umlaufendes Sprichwort aufnimmt (das arabische Sprichwort, an das J. Wellhausen erinnert, meint freilich: die „Linke" ist der beste Freund – auch ihm soll man nicht seine Verdienste rühmen). Man kann hier und da die Meinung lesen, dieser Satz (V. 3) dürfe theologisch nicht zu stark befrachtet werden. Man soll sich eine solche Warnung stets gesagt sein lassen; besonders, wer homiletische Auslegungen schreibt, es also mit einem mehr distanzierten Umgang mit dem Text nicht bewenden lassen kann, sondern auf ein Maximum an Durchleuchtung, Verdeutlichung und (soweit möglich) Vergegenwärtigung bedacht sein muß, ist hier ständig in Gefahr, das Konto des Textes zu überziehen. Andererseits: wer eine solche Warnung ausspricht, darf sich nicht darauf beschränken, anzugeben, was der betreffende Text *nicht* sagt, er muß vielmehr aus dem Wortlaut des Textes deutlich machen, *was* er sagt. Wenn ich recht sehe, doch wohl dies: Wenn die linke Hand nicht erfährt, was die rechte getan hat, dann geht das Wissen um das Getane nicht einmal durch mich selbst hindurch. Meine guten Werke bleiben mir unbewußt. Ich habe darüber, was an meinem Werk „gut" ist, auch schlechterdings kein Urteil.

Mag sein, uns kommen noch schwerere Bedenken als bei dem vorhin Erörterten. Wird die Schraube hier nicht überdreht? Einmal: Wenn ich „prüfen" soll, was das Rechte ist (Röm. 12,2; Eph. 5,10) und mein eigenes Tun verantwortlich bedenken soll (1. Kor. 11,28), dann *muß* doch das Wissen um mein Tun durch mich selbst hindurchgehen – schon ehe ich handle, aber auch dann, wenn ich gehandelt habe. Gehört nicht solche Bewußtheit zum Humanum? – Zum anderen: Wenn mir schon klar ist, daß es hier nicht um die ethische Wahrheitsfrage geht, sondern um die Selbsteinschätzung und damit darum, daß ich endlich aufhöre, mir selbst Beifall zu spenden: weiß ich es eben nicht doch, wieviel meine rechte Hand in die Sammelbüchse getan hat und wie ich diesem oder jenem Menschen durch mein Tun zu Hilfe gekommen bin? Kann ich der von mir selbst vollzogenen Bewertung und Bilanzierung entgehen? Und da ich ihm nicht entgehen kann: habe ich nicht unentrinnbar meinen Lohn dahin? Wenn wir auf diesem Gleis weiterfahren: predigen wir nicht ein Dysangelion?

Jesus ist nicht gesonnen, uns zu quälen. Er denkt nur auch hier bestimmte Gedanken über Gottes Gesetz zu Ende. Er ist ja nicht gekommen, aufzulösen, sondern zu erfüllen (5,17). Es ist schon wahr: die „bilanzierende" Reflexion über unser Handeln verdirbt dieses. Die säuberliche Buchführung des Gesetzesmenschen dient gerade nicht dem wirklichen Gehorsam. Am besten, wir wüßten wirklich nicht, was wir Gutes getan haben (mit ein wenig veränderter Akzentuierung: 25,37.44). Denn dieses Wissen stört. Es geschieht hier auf dem Gebiet personalen Lebens das, was bei der Beobachtung atomarer Vorgänge geschieht: die Tatsache, daß wir, um ein Atom sichtbar zu machen, dieses ionisieren müssen, läßt das Atom schon nicht mehr sein, was es ohne die notwendige Versuchsanordnung, also „an sich" wäre. Unser Handeln wird zu etwas anderem in demselben Augenblick, in dem es reflektiert wird. A. von Chamisso erzählt die wundersame Geschichte von Peter Schlemihl, der keinen Schatten hatte; es ist Peter nicht gut bekommen, daß dem so war. Aber in bezug auf unsere „Gerechtigkeit" wäre es schön, der Schatten des noch immer in uns anwesenden Gesetzesmenschen folgte uns nicht.

Und wenn er doch folgt? Was Jesus hier sagt, und zwar in allen Sätzen dieses Textes, könnte uns nicht helfen, wenn wir es abermals *gesetzlich* verstünden. Das Gesetz – zu Ende gedacht. Aber zugleich: aus den Angeln gehoben. In bezug auf V. 3: Die linke Hand *darf* nicht wissen, was die rechte tut? Sie *braucht* es nicht mehr zu wissen. Überflüssig geworden ist alles Registrieren und Punkte-Sammeln, gegenstandslos die Statistik, die ich vielleicht mit Sorgfalt geführt habe und, sofern ich noch alter Mensch bin, unnötigerweise sogar weiterhin führe. Gott, der ins Verborgene sieht, braucht sie nicht. Und was noch wichtiger ist: Christus selbst ist uns zur „Gerechtigkeit" geworden (1. Kor. 1,30). Man braucht nur *ihn* anzusehen, und dann weiß man, was über *mich* zu sagen ist. Das Evangelium sagt mir, daß meine Plus- und Minus-Punkte sowieso nicht mehr ins Gewicht fallen. Also kann ich in meinem Handeln ganz unbefangen sein. Wie frei dies macht, kann man etwa an Paulus studieren: was Menschen über ihn denken, trägt nichts aus – der Herr ist's, der ihn richtet (1. Kor. 4,3–5). Wer glaubt, braucht nur noch an den Herrn zu denken, der für ihn gutsteht und dem er dient. Gerade so kommt es zu dem Handeln, das nicht mehr demonstriert, spekuliert und reflektiert, – zu dem neuen Gehorsam. Dies ist „die bessere Gerechtigkeit".

14. Sonntag nach Trinitatis. 1. Mose 28,10–19a

Dreierlei will die Geschichte ätiologisch erklären: Wie kam es dazu, daß das bedeutende Heiligtum Bethel als Ort entdeckt wurde, an dem man Gott finden kann? Was hat es auf sich mit der (gesalbten) Massebe in Bethel? Wie kommt es, daß man dort den Zehnten entrichtet? Das Gelübde, mit dem Jakob sich bindet und in das sich die kommenden Generationen eingeschlossen wissen, läßt die Perikope weg, ebenso die (nachgetragene) Ortsangabe „Lus". Die Begrenzung ist mit dem Gebrauch, den wir Heutigen von der Perikope machen, zu begründen. Religionsgeschichtlich interessant ist, daß nach V. 22 ursprünglich der *Stein* das „Gotteshaus" gewesen ist; erst eine spätere Zeit sieht Gott im Himmel (V. 13), eine „Leiter" (doch s. u.) stellt die Verbindung mit dem Ort seiner irdischen Präsenz her. Grundbestand elohistisch (VV. 11.12.17.18.20–22). Der Elohist liebt Träume und „Gottesboten" (Engel): die Beziehung zu Gott ist nicht unmittelbar zu denken, sondern vermittelt. Jahwistische Einsprengsel: VV. 13–16.19a – eine unmittelbare Erscheinung Jahwes, des „Vätergottes", mit Verheißung von Landbesitz, Vermehrung und Bewahrung. V. 10: Anschluß an die Betrugsgeschichte. Jakob ist auf der Flucht (vgl. 27,41–45), das Ziel – Haran – hat die Mutter ihm geraten (27,43). – V. 11: Zufällig „stößt" Jakob „auf" einen Stein (פגע mit ב), der ihm als „Kopfkissen" dienen kann. Jakob sucht die Stelle nicht aus, Gott selbst kennzeichnet sie als Ort seiner Nähe. – V. 12: Hier und V. 13 dreimaliges „siehe!" – „Fingerzeige kindlichen Staunens auf die hehre Erscheinung" (Delitzsch). סֻלָּם von סלל = aufschütten, also nicht eigentlich „Leiter", sondern „Rampe" (von Rad), die man sich freilich gestuft denken kann. Gott wohnt im Himmel, aber er erscheint auf Erden; die große Freitreppe schafft die Verbindung. Die Engel sind nicht geflügelt; sie benutzen die Treppe. V. 13: Mit dem „darauf" (עָלָיו) ist die Verbindung zur Leiter (redaktionell?) hergestellt; sonst nimmt die jahwistische Theophanie keinen Bezug darauf. Die Erscheinung als solche identifiziert Gott nicht; dies geschieht erst im Wort, in dem Jahwe sich als Gott der Väter zu erkennen gibt. Jakob muß als Flüchtiger das Land verlassen, und in diesem Augenblick wird es ihm erneut zugesagt. – V. 14: Der Segen, den Jakob nach 27,27 (J) und 27,28 (E) erlistet hat, ist in Kraft, hier in der Variante der Vermehrung zum großen Volk (vgl. 15,5). – V. 15: Dem Flüchtigen wird Behütung und Rückkehr in die Heimat zugesagt. „Israel hat es zwar nie anders gewußt, als daß Jahwe nur in Kanaan verehrt werden könne, aber der Machtbereich seines Waltens schloß auch alle fremden Länder ein" (von Rad). – V. 16: Wenn Jakob jetzt erwacht, so ist also die Theophanie (J) ebenfalls ein Traum gewesen. Die Gegenwart Gottes an einem bestimmten Ort ist von unserem Bewußtsein unabhängig, sie kann nur entdeckt werden. – V. 17: Wer Gott erfährt, fürchtet sich, und der Ort selbst ist „furchterregend", „schauerlich". Der Name Bethel wird erklärt. „Himmelstor" beschreibt seine Funktion: hier bekommt man „Zugang" zu Gott.

V. 18: Die Massebe, die durch Öl Gott geweiht wird (was auch fernerhin Brauch war), ist der eigentliche Kultgegenstand in Bethel. Auch im Jerusalemer Tempel dürfte sich ein solcher Stein gefunden haben (2. Kön. 12,10 LXX). Jakob hat Riesenkräfte, eine solche Massebe konnte bis zu 2 m hoch sein. Die Prophetie hat den Kult der Steine als kanaanäischen Götzendienst verurteilt (Hos. 10,1f.; Micha 5,12 u. a., nach Duhm), doch erinnert die Formel „Fels Israels" noch daran.

Es sieht so aus, als müsse der, der heute über diesen Text predigen will, ihn seiner ursprünglichen Absicht, seinem Aussagewillen entfremden. Die Geschichte ist überliefert, um den Bestand des Heiligtums Bethel zu begründen bzw. zu rechtfertigen. Bald nach dem Zerfall des davidischen Reiches hat Jerobeam I., König des Nordreichs, die Notwendigkeit erkannt, das Volk seines Staatsgebiets vom Heiligtum in Jerusalem kultisch unabhängig zu machen (1. Kön. 12,26ff.). Für die Alten war dergleichen nie einfach Sache eines eigenen Entschlusses. Nur Gott selbst konnte ein Heiligtum und seinen Kult begründen. Diese Voraussetzung war in diesem Fall gegeben; Jerobeam konnte an sehr alte Traditionen anknüpfen. Der „Gott der Väter", so erzählte man sich in Israel, hat sich dem Stammvater des Volkes Israel offenbart, eben an dieser Stelle, und hier ist er in ältesten Tagen schon kultisch verehrt worden. Bethel war Orakelstätte (Richt. 20,18.26f.) und Wallfahrtsort (1. Sam. 10,3); nun wurde es Reichsheiligtum (Amos 7,13). Für seinen Bestand und seine Würde konnte man mit dieser Geschichte Argumente von schwerstem Gewicht geltend machen (s. u.). Sie war freilich nicht in jeder Hinsicht bequem. Jerobeam hatte eines der beiden auf seine Veranlassung verfertigten Stierbilder in Bethel aufstellen lassen: „Siehe, da ist dein Gott, Israel" (1. Kön. 12,28 – die Darstellung ist polemisch, man hat sich das Stierbild als Postament für den als unsichtbar anwesend gedachten Jahwe vorzustellen). Unsere Geschichte sagt dagegen: nicht das Stierbild, sondern der Stein ist der Gegenstand, an den Jahwe seine Gegenwart gebunden hat. Dennoch: Bethel ist als der Ort, an dem Himmel und Erde sich berühren, aufs eindrücklichste legitimiert als Ort der Verehrung Jahwes. Es war schon ein starkes Stück, daß Josia das Heiligtum zerstörte (2. Kön. 23,15ff.). – Geht dies alles die Gemeinde von heute noch an?

Da scheint es doch ergiebiger, sich dem jahwistischen Strang der Erzählung zuzuwenden. Ein junger Mann erfährt auf der Flucht die Zusage Gottes, daß er behütet und geführt sein soll und das Land wiedersehen werde, das er jetzt verlassen muß. Man könnte ganz allgemein von der Fürsorge und Leitung Gottes sprechen, der sich ein jeder anvertrauen darf. Freilich wäre man damit nicht auf der Linie des Textes. Die Zusage gilt *Jakob*. Im Stammvater sieht Israel sich selbst angelegt (V. 14), und in dieser Theophanie weiß es sich in seiner Gesamtheit angeredet. Israel – als *Volk*? Zunächst schon. Wir haben als Kirche Jesu Christi guten Grund, Wert darauf zu legen, daß Israel darüber hinaus und sogar recht eigentlich *Gemeinde* Gottes ist, das Volk der zwölf Stämme, das die zwölf Apostel Jesu regieren werden (Matth. 19,28), also das Gottesvolk, dessen Herr Jesus Christus ist. Es ist schon richtig, daß Israel im Stammvater sich selbst anschaut. Aber was da abzulesen und zum Verständnis der eigenen Existenz vor Gott aufzunehmen ist, das gilt überall da, wo man in dieser Deszendenz steht, also auch für uns als christliche Kirche. Wir werden die Perikope auch daraufhin abzuhören haben.

Von diesen Überlegungen her könnte unsere Predigt entworfen werden: *Bethel – Gotteshaus,* (1) *der Ort der Berührung,* (2) *der Ort der Begnadung,* (3) *der Ort der Verheißung.*

I.

Jakob entdeckt zu seiner größten Überraschung: hier ist die Stelle, an der eine Himmel und Erde verbindende Treppe (Rampe, Leiter) auf der Erde „aufsitzt" (V. 12), also die Kontaktstelle zwischen der Wirklichkeit Gottes und der Erdenwelt, der Ort, an dem

Himmel und Erde sich „berühren". Bethel ist „Gottes Haus", der Platz seiner Gegenwart in der Welt.

Wir sind bei Joh. 4,19–26 (Pfingstmontag) schon mit der Frage nach dem heiligen Ort beschäftigt gewesen. Es wird der Gemeinde nicht lästig sein, nach geraumer Zeit wieder auf dieses Thema zu stoßen. Wir tun gut daran, noch entschlossener als dort auf Joh. 1,51 zuzugehen: „Ihr werdet den Himmel offen sehen und die Engel Gottes hinauf und herab fahren auf des Menschen Sohn." Bethel als Ort ist für uns abgetan. Aber was einst in Bethel geschehen ist, das ereignet sich überall dort, wo Jesus Christus ist. Er ist unser „Bethel". Er ist der Stein, den man mit Fug und Recht „Wohnung Gottes" nennt (V. 22). Er ist die Stelle in der Welt, an der – und an der allein – die Verbindung zwischen „Oben" und „Unten" hergestellt ist. Sucht man Verbindung mit Gott, dann muß man dieses „Bethel" „suchen" (vgl. Amos 5,5 – „suchen" ist kultischer Ausdruck). Hier hat der Himmel ein „Tor" (V. 17), den Durchlaß, den die Engel Gottes benutzen. Jesus steht an dieser Kontaktstelle, er *ist* sie.

Knüpft der johanneische Christus deutlich an unsere Stelle an, so sind wir berechtigt und gehalten, sie auf ihn hin zu lesen und ihn von dieser Stelle her zu verstehen.

Der flüchtige Jakob muß sich, weil die Nacht hereinbricht, unter freiem Himmel ein Lager herrichten. Es wird ein hartes Lager. Ganz zufällig (das liegt in dem Verb פגע, V. 11) macht Jakob an diesem Ort halt. Er ahnt nicht, was es mit dieser Stätte auf sich hat. Er weiß nicht, was für ein Stein das ist, der ihm als Kopfkissen dienen muß. Er träumt. Es ist ein stiller, lautloser Traum. Wie immer man sich diese Treppe denken muß: die Engel benutzen sie als Verkehrsweg zwischen dem Raum Gottes und der Erdenwelt (an der Reihenfolge des „auf" und „nieder" liegt nichts). Die Engel führen Gottes Aufträge auf der Erde aus. In der ganzen Bibel haben sie keine Eigenbedeutung; sie sind nur Diener und Werkzeuge Gottes. Gott ist im Himmel. Die Raumvorstellung der biblischen Menschen bindet uns nicht mehr. Wir würden sagen: Gott ist allgegenwärtig – oder (was auf dasselbe hinausläuft) er ist ganz unräumlich zu denken. Wichtiger noch ist das andere: Daß Gott allgegenwärtig ist, seine Macht also auch in ferne Länder reicht, so daß er Jakob auch „auf dem Wege, den ich reise" (V. 20) behüten kann, dies bedeutet nicht, daß jeder Platz der Welt Offenbarungsort wäre. Es ist ein Unterschied, ob Gott „da ist" oder ob er „dir da ist" (Luther). Die ganze Welt ist Gottes Welt, aber die Selbstmitteilung Gottes ereignet sich nur da, wo er sich gibt. Wir können nur daneben greifen, wenn wir von uns aus versuchen, den *deus absconditus* aufzufinden und zu verstehen. Gott ist nur da, wo er sich gibt, sagten wir; Jesus: „Niemand kommt zum Vater denn durch mich" (Joh. 14,6). Und wie findet man Jesus? Auch er hat als der Erhöhte Anteil an des Vaters Allgegenwart. Man könnte sagen: Christus ist überall. Aber *für uns*, so also, daß man ihn haben und mit ihm Kontakt gewinnen kann, ist er in seinen Gnadenmitteln. „Seht, wie so mancher Ort / hochtröstlich ist zu nennen, / da wir ihn finden können / in Nachtmahl, Tauf und Wort" (Johann Rist, EKG 8,2). Unser Gotteshaus ist uns heilig um dieser Sancta willen.

Die Predigt hat eine große Aufgabe darin, der Gemeinde zu rechtem Verstehen des Gottesdienstes zu verhelfen. An der Entwöhnung und Entfremdung so vieler unter uns vom Gottesdienst haben wir selbst viel Schuld – durch falsche oder mindestens mangelhafte Verkündigung. Daß man Gott haben könne auch ohne Predigt und Sakramente, ist die irrige Meinung, mit der viele, die Christen zu sein meinen und es auch sein wollen, sich für ihre gottesdienstliche Abstinenz ein gutes Gewissen machen. Dahinter steht die von natürlicher oder schwärmerischer Theologie inspirierte Denkweise: „Bethel" braucht es nicht zu geben, die Welt ist voller Himmelsleitern, ein jeder hat seine Gottverbundenheit im Erleben der Natur, der Kunst, der Geschichte, vielleicht in den Regungen des eigenen

Herzens. Es bedarf dann keiner Offenbarung mehr, denn man fühlt sich gottunmittelbar. Wir brauchen hier nicht auszuführen, wieso hier nicht nur über Gott falsch gedacht ist, sondern auch über den Menschen. „Der natürliche Mensch vernimmt nichts vom Geiste Gottes" (1. Kor. 2,14): mit diesem Satz sind alle schwärmerischen Affinitäts- oder gar Identitätsträume ad absurdum geführt. Wo nicht „Bethel" ist, können wir nicht zu Gott gelangen. „Niemand kennt den Vater als nur der Sohn und wem es der Sohn will offenbaren" (Matth. 11,27). Jakob hat – für seine Zeit, für den heilsgeschichtlichen Kairos von damals – die Stelle entdeckt, an der Gott zu finden war. Die Geschichte meint: *nur* hier kann man ihn finden (Gunkel: Bethel ist der Nabel der Welt). Wir wissen, warum wir dieses „nur" nicht mehr auf einen bestimmten Kultort zu beziehen brauchen; die Frage: Bethel oder Jerusalem oder der Garizim? ist für uns christologisch aufgehoben (vgl. Pfingstmontag). Gunkel schreibt richtig: „Die Heiligkeit des Ortes wird hier, wie sonst, als etwas objektiv Vorhandenes vorgestellt; der Ort war schon heilig, und die Leiter stand daselbst, ehe die Menschen etwas davon wußten." Leider fährt er fort: „Die moderne Anschauung dagegen ist: nichts ist an und für sich heilig; das Denken macht es erst dazu." Dem ist kräftig zu widersprechen. Unser Denken kann überhaupt nichts heilig machen. Es kann Gott nicht herbeiziehen. Es hieße wirklich die Dinge auf den Kopf stellen, wenn es in unsere Hand gegeben wäre, festzulegen, wo und wie Gott sich offenbaren will. Als ob wir es wären, die ein Wort Gottes erst zum Gotteswort *machen*. Als ob die Taufe das, was sie ist, erst dadurch würde, daß wir bereit sind, ihr den Rang eines Sakraments zu geben. Als ob die Präsenz Christi in den Elementen des Herrenmahls erst dadurch zustande käme, daß wir sie glauben. Der Glaube bringt doch nichts hervor, er empfängt, was sich ihm anbietet. Es ist ja auch nicht so, daß der glaubende Mensch Gott herbeiholte. Und beinahe noch wichtiger: In welcher verzweifelten Lage wäre ich, wenn Gott in seinem Zugehen auf mich nicht allem meinem Wünschen, Suchen, Denken, Hoffen, Glauben *voraus*wäre und unabhängig von meinem (noch) nicht vorhandenen oder schwankenden, schwachen, durchlöcherten, versagenden Glauben bei mir aushielte! Daß mein Glaube *zufaßt*, wenn Gott mir sich oder sein Gutes entgegenstreckt, darüber brauchen wir nicht zu streiten; nur, der Anreiz zum Zufassen geht doch eben von dem aus, womit Gott mir – vor allem meinem Glauben und unabhängig von ihm – entgegenkommt. Jakob war auf nichts aus, hat nichts gewußt, nichts geahnt – aber er hat es entdeckt: hier ist die Kontaktstelle zwischen Himmel und Erde, „Gottes Haus".
Überlesen sollten wir auch nicht, daß Jakob sich gefürchtet hat und die Stätte schauererregend fand. Warum? Weil es Nacht war? Weil es gruselig war, unter dem dunklen Himmel in öder Gegend allein zu sein? Wir werden niemand wiederlegen können, der meint, das sei es und weiter nichts. Aber dem Jakob ist *Gott* begegnet, übrigens – nach dem Verlauf der bisherigen Jakobsgeschichten – zum ersten Mal. Wir haben als geschulte Theologen den Fachausdruck „tremendum" schnell zur Hand, eine religionswissenschaftliche Kategorie, mit der wir uns leicht die hier gemeinte Realität vom Leibe halten. Daß wir zu Gott *Vater* sagen dürfen, rechtfertigt nicht die unter uns mitunter anzutreffende plumpe Vertraulichkeit oder auch die routinemäßige Unerschütterlichkeit, die sich unter den Gesten der Devotion verbirgt. „Gott ist gegenwärtig" – hier ist die Stelle, an der das Himmlische die Erdenwelt berührt.

2.

Hier könnte unsere Auslegung zu Ende sein – dann nämlich, wenn wir den Text als ganzen auf den Kultort beziehen, der durch ihn sanktioniert werden soll. G. von Rad (im ATD) legt sich bewußt solche Beschränkung auf; er meint, daß dem Text dadurch Genüge geschehen ist, daß er von der Begründung Bethels spricht, dem Ereignis, das „tiefe Spuren . . . in die Geschichte und in den Raum, in dem Israel lebte, eingegraben" hat. Daß es gerade *Jakob* ist, der den Traum gehabt und den Kultus initiiert hat, mag deshalb von Bedeutung sein, weil man froh ist, wenn man die Würde eines Heiligtums von einem illustren Namen herleiten kann; aber es könnte dann auch ein anderer Name hier stehen, Porträt und Lebensgeschichte Jakobs wären nicht wichtig.

Im Unterschied dazu scheint mir jedoch, daß auch der jahwistische Anteil des Textes besondere Beachtung verlangt. Mit der Geschichte von der Himmelsleiter ist er, wenn wir richtig gedeutet haben, lediglich durch das „darauf" zu Beginn von V. 13 verhakt, ja, Gunkel behauptet sogar, er wisse nichts von der Leiter oder von den Engeln, sondern nur von einer Erscheinung Jahwes selber. Daß es zu dieser Erscheinung gekommen ist, würde mit zu der Kultsage gehören, ebenso, wenn wir der Aufgliederung Gunkels folgen (s. o.) V. 19a, die Benennung des Ortes. Aber darüber hinaus ist ja nun wichtig, was Jahwe in seiner Theophanie dem Jakob zuspricht, und dies stellt ihn – wir werden es sofort deutlich sehen – in die Vätergeschichte hinein. Damit greift die Erzählung weit über das ätiologische Thema – Begründung des Heiligtums – hinaus, oder anders gesagt: die Kultätiologie wird durch die Arbeit des Sammlers in die Väter-, speziell in die Jakobsgeschichte einbezogen. Wir müssen uns der Thematik auch dieser Überlieferungsgeschichte stellen.

Im Kranz der Jakobsgeschichten ist es nun von Bedeutung, daß Traumerlebnis und Jahweerscheinung einem Flüchtenden zuteil werden. Gottes Hand greift nach ihm. Man sage nicht, wir seien jetzt im Begriff, eine Erzählung von allgemeiner Bedeutung („Bethel") zu individualisieren. Wir sagten es schon: Jakob interessiert hier als der Stammvater des Zwölfstämmevolkes; in ihm schaut Israel sich selbst an; in seinem Geschick, in seiner Schuld, in der ihm widerfahrenden Begnadung sieht Israel im voraus abgebildet, was es selbst ist und tut und leidet. Wer also ist es, dem diese schauerregende und zugleich beglückende Schau widerfährt, und was bedeutet dies für Israel insgemein?

Wir brauchen hier nicht aufzuführen, was Jakob auf dem Kerbholz hat. Er hat sich den Segen erlistet – und zugleich alles, was er ihm einbringen sollte, verspielt. „Einige Zeit", hatte die Mutter gemeint, werde er abwesend sein müssen (27,44); in Wirklichkeit hat ihn der Betrug zwanzig Jahre seines Lebens gekostet, und daß er überhaupt je würde zurückkehren können, das hat er, als er flüchtete, nicht einmal wissen können. Wenn er sich jetzt, in seiner Lage, den ergaunerten Segen rekapituliert (27,27–29), muß er ihm wie eine gemeine Verhöhnung klingen. Was ist nun mit dem Segen? Was ist es mit dem kräftigen Wort Gottes, das dem Jakob das Land, seine Fruchtbarkeit, den Vorrang unter seinen Brüdern, ja vor allen Völkern verbürgt? (Das Volk Israel hat in seiner Geschichte, bis in unsere Tage, genau diese Fragen immer wieder zu stellen Anlaß gehabt.) Nun ist „alles vertan und verspielt" (von Rad). Daß er alles aufgeben muß, gerade das im Segen ihm Zugesagte, widerfährt ihm zu Recht. Wenn es der von Abraham her ererbte Segen ist, der in ungezählten Generationen gedacht ist, dann hat Jakob nicht nur das Seine vertan, sondern auch das Heil seiner Nachkommen, sozusagen die ganze Heilsgeschichte.

Nun ist es wahr, was von Rad feststellt: „es fällt kein Wort des Gerichts über das menschlich-allzumenschliche Verhalten des Listenreichen", und „die Erzählung selbst" „verschmäht" es „gelassen, . . . das zu erklären, zu begründen oder zu deuten", „daß der flüchtige Betrüger ein solches Gnadenwort empfing". Keinerlei Reflexion – aber das Faktum! Jakob flieht – zum Bruder seiner Mutter, nach Haran. Man muß wissen: er flieht, trotz der Familienbeziehungen, in heidnisches Land, für israelitisches Denken: in ein Land, in dem man Israels Gott nicht finden und erreichen kann. Abgesehen von der Zuflucht bei Laban (27,43) hat Jakob keinen Halt und kein Ziel. Vor ihm das Leere. In dieser Lage kommt über ihn nun noch die Nacht. Und gerade jetzt wird ihm die große

Erfahrung zuteil, die nun eben nicht nur seine persönliche Herzensangelegenheit ist, sondern für Israels Gottesverhältnis von weittragenden Folgen: Jakob darf den Bethel-Kult begründen, und dem Unwürdigen, Abgehängten, Zukunftslosen wird – diesmal nicht durch seine List, sondern durch Gottes spontane Begnadung – der von den Vätern ererbte Segen (erneut) zuteil.

Jakob ist Israel. Israel ist die Gemeinde Gottes. In der Bethelgeschichte wird in überwältigender Weise anschaulich, daß die Gottesgemeinschaft, wie sie in der Theophanie erneut begründet und wie sie in dem hier legitimierten Heiligtum praktiziert bzw. erfahren wird, allein auf Gottes Gnade beruht. Sie wird dem Unwürdigen zuteil. Jakob, schon durch seinen Namen als fragwürdige Gestalt gekennzeichnet, ist alles andere als ein musterhafter Frommer. Er wird es auch nach dem Bethelerlebnis nicht sein. Die Überlieferung macht keine Versuche, ihn, den Stammvater Israels, mit frommen Tugenden zu schmücken. Das ist Israel: das Volk derer, die es nicht verdient haben und von Gott trotzdem gesegnet und zur Gemeinschaft mit ihm bestimmt sind. – Die Kirche: das Gottesvolk, das aus lauter begnadigten Sündern besteht. Man muß nun speziell an Bethel denken: Daß es heilige Stätten bei uns gibt, die Gnadenmittel, in denen der dreieinige Gott selbst an uns handelt, daß es demzufolge auch Gottesdienst unter uns gibt, das Beisammensein von Menschen im Angesicht Gottes und unter der Wirkung seines Wortes und seiner Sakramente: das ist nicht darin begründet, daß geheiligte Menschen ihr Frommsein praktizieren, sondern darin, daß Gott sich unheiliger Menschen annimmt und sich ihnen schenkt. Wer „Bethel" sagt, muß dies mit im Blick haben. Ganz deutlich wird es für den, der, wenn er „Bethel" sagt, an Jesus Christus denkt (noch einmal: Joh. 1,51). Die Präsenz Gottes in Jesus Christus widerfährt solchen, die es nicht wert sind. Für sie steigen die Engel Gottes auf und ab und stellen die Verbindung mit Gott her. Dem Hoffnungslosen tut sich die ganze Pracht des Himmlischen auf, das „Tor" steht offen, so daß Gottes Engel zu ihm kommen können. Ja, Gott selbst wird oben „auf" der Treppe sichtbar und spricht mit dem, der verspielt hatte. Und wer im Sanctum herzutritt – damals zu der Massebe, heute zur Austeilung des Wortes und der Sakramente –, der hat ihn, und zwar als den ihm persönlich zugewandten Gott.

3.

Wir haben bisher fast nur von der Tatsache der Begnadung als solcher gesprochen, noch nicht davon, worin sie besteht. Es gilt jetzt, den Text noch auf die Verheißung abzuhören, die dem Jakob zugesprochen worden ist und – mutatis mutandis – seiner (leiblichen und geistlichen) Nachkommenschaft gilt.

Wir lesen uns die VV. 13–15 laut vor. Man kann sich nur wundern: lauteres *Evangelium*, ohne jede Bedingung, die Jakob zu erfüllen hätte, ohne jede Einschränkung. Der von Israel unwissend gewährte Segen, der Segen also, den Jakob sich durch ein unverantwortliches Gaunerstück erschlichen hat, soll gelten! Der Wortlaut ist anders, aber der Substanz nach verheißt Jahwe jetzt dasselbe, was Isaaks Segen enthielt. Der Flüchtende, der das Land schleunigst verlassen muß, bekommt dieses Land für sich und seine Nachkommen aufs neue zugesprochen. Der Einsamgewordene soll zum unübersehbar großen Volke werden. Er und seine Nachkommen sollen Segensträger für alle Geschlechter auf Erden werden. Wir übersehen nicht: Gott bedient sich bei der Erneuerung seines Segens genau den Formeln, unter denen die Väter gestanden haben (12,3.7; 13,14–16; 15,5). Jakob ist aus der Geschichte, die Gott mit diesen wenigen Menschen begonnen hat und die sich ins Unermeßliche ausweiten soll, nicht ausgeschlossen. Er geht des Erbes nicht verlustig, sondern bleibt im heilsgeschichtlichen Strom des Segens. Man muß Röm. 4 u. ä. lesen und sich daran klarmachen, wohin dieser Strom fließt.

Dahin gehört nun auch, was dem Jakob über die ihm zuteil werdende persönliche Führung und Behütung gesagt ist. Ein abenteuerliches Leben wird es. Aber wie bei allen, die unter Gottes Zusagen stehen, nicht ein Wagnis auf Gedeih oder Verderb, sondern ein Weg in eine – nicht von uns, wohl aber von Gott – vorausgesehene und vorausgedachte Zukunft. Du mußt fliehen – aber du wirst zurückkehren, und alles wird dein sein. Jakob zieht nicht ins Ungewisse.

15. Sonntag nach Trinitatis. Luk. 17,5–6

Das Logion von dem Glauben, der einen Baum bzw. einen Berg zu versetzen vermag, ist fünfmal überliefert: Mark. 11,23; Matth. 21,21; Matth. 17,20; Luk 17,6; 1. Kor. 13,2 – letzteres nur eine Anspielung, aber deutlich genug; einer der zahlreichen Belege dafür, daß Paulus synoptisches Überlieferungsgut im Ohr hat. Das Wort stammt offenbar nicht aus Q, sondern aus markinischer Überlieferung. Daß es einmal in die Geschichte vom epileptischen Knaben eingeordnet (Matth. 17,20, vgl. Mark. 9,23), das andere Mal mit der Verfluchung des Feigenbaums verbunden ist (Matth. 21,21; Mark. 11,22f.), bei Lukas hingegen allein steht, ohne erkennbaren Zusammenhang mit der Umgebung, läßt erkennen, daß es für sich betrachtet sein will, nicht von einer bestimmten Szene her.
Matth. 17,20 und Mark. 11,23 ist vom Berg gesprochen, Luk. 17,6 vom „Maulbeerbaum" (συχάμινος), und in Matth. 21,21 ist das Wort vom Berg an das Vorkommnis vom „Feigenbaum" (συχῆ) angeschlossen. Es soll nicht erörtert sein, welche Assoziationen für die Überlieferung mitbestimmend gewesen sein mögen. „Im Griechischen dient ein Baum oder auch ein Berg im Meer als Bild für etwas Unmögliches" (E. Schweizer zu Matth. 17,20, NTD). Das Senfkorn findet sich außer an unserer Stelle auch in Matth. 17,20, nicht in den anderen Stellen.
Das Logion – gleich, welche Fassung der Urform am nächsten ist – ist „ohne wirkliches Beispiel im jüdischen und spätjüdischen Bereich" (W. Marxsen, Anfangsprobleme der Christologie, 1960, S. 39), ja, man „entdeckt . . . ein Reden vom Glauben, das sich von der jüdischen Umwelt wie von der Gemeindessprache unterscheidet, das zweifellos Jesus eigen ist" (L. Goppelt, ThNT I, S. 199).
V. 5: Die Einleitungsformel dürfte auf Lukas zurückgehen, wie aus der „kirchlichen" Redeweise erkennbar ist: „die Apostel" – zum „Herrn". Der Herr wird gebeten, Glauben „hinzuzufügen", also den schon vorhandenen, aber wohl nicht als ausreichend empfundenen Glauben zu vermehren. Hinter der Bitte muß die Überzeugung stehen, daß man sich Glauben nicht selber geben kann, man empfängt ihn von Jesus. – V. 6: wieder „der Kyrios". Das Senfkorn gilt als geradezu sprichwörtlich klein (Mark. 4,31), besonders wenn an den „schwarzen Senf" gedacht ist, dessen Saatkörner außerordentlich klein sind (auf ein Gramm gehen mehr als 700 Stück – ThWNT VII, S. 288). „Bereits dem geringsten Glauben gilt die größte Verheißung" (ebd., S. 289). Der (oder die – beides kommt vor) συχάμινος kann der Maulbeerfeigenbaum, die Sykomore, sein (19,4), aber auch der (schwarze) Maulbeerbaum (1. Makk. 6,34). Lukas braucht, wie man sieht, in 19,4 und 17,6 verschiedene Worte, scheint also zu unterscheiden (wie dies übrigens „vor allem medizinische Schriftsteller" des Altertums tun, ThWNT VII, S. 758). Für den Maulbeerfeigenbaum könnte sprechen, daß er „als besonders fest und tief verwurzelt galt" (ebd.), rabbinische Belege bei Str.-B. II, S. 234. Der Baum wird angeredet, als wäre er ein verstehendes Wesen: „Entwurzle dich und pflanze dich im Meer!" Damit wird der paradoxe Charakter des Logions noch gesteigert.

Der Text – soweit ich sehen kann, mit Epistel und Evangelium des Sonntags thematisch nicht erkennbar verbunden – wird der Gemeinde willkommener Anstoß sein, über den Glauben nachzudenken. Ich zögere etwas, zu sagen: über *ihren* Glauben. Jesus spricht Menschen auf ihren persönlichen Glauben an: „Dein Glaube hat dich gerettet" (7,50; 17,19; 18,42). „Weib, dein Glaube ist groß!" (Matth. 15,28). Aber es ist ein Unterschied, ob *Jesus* von meinem Glauben spricht, oder ob ich ihn selbst taxiere. Jesu Zuspruch hat kreative Kraft. Verlasse ich mich auf die Größe meines Glaubens, könnte es mir gehen wie dem sinkenden Petrus (Matth. 14,28–31). Niemand wird es wagen, den eigenen Glauben einzuschätzen. Aber vom Glauben überhaupt können und müssen wir reden. Christ sein heißt: glauben.

Die religionsgeschichtliche Forschung hat aufgezeigt, daß keiner der Götter der religiösen Umwelt der Bibel von seinen Verehrern Glauben erwartet oder empfängt. Gott ist z. B. für die Griechen dem Erkennen und Denken zugänglich, denn er ist die metaphysische Tiefe der Welt. Es bedarf nicht des Glaubens, sondern der Einsicht, des Begreifens. Ganz anders in der Welt der Bibel. Wir werden noch im einzelnen davon zu reden haben. Glaube ist hier das wagende und vertrauende „Sich-Festmachen" an Gott und seinen Zusagen, nachdem Gott sich dem Menschen zugewendet und ihn zu solchem Zutrauen ermutigt hat. Auffällig ist nun wiederum innerhalb der biblischen Welt, daß Jesu Wunder, wie er selbst es immer wieder ausgesprochen hat, *dem Glauben* widerfahren (anders z. B. bei Wundern der Rabbinen). Und nicht minder auffällig ist, daß bei den Synoptikern Wörter vom Stamme πιστ- zumeist in Worten begegnen, die Jesus zugeschrieben werden (Statistik bei G. Ebeling, Jesus und Glaube, in: Wort und Glaube, 1960, S. 229 – der gesamte Aufsatz ist für unser Thema besonders aufschlußreich), und da diese Logien „in ihrem Kern im aramäischen Sprachbereich beheimatet" sind (J. Jeremias, Ntl. Th. I, S. 159), sind wir in der Tat dicht bei Jesus selbst, bei seinem Proprium. Daß „der Glaube kam", hängt eben aufs engste damit zusammen, daß Gott „seinen Sohn sandte" (Gal. 3,23; 4,4).

Wir, die vom naturwissenschaftlich-technischen Denken herkommen, haben es nicht immer leicht, das Wesen des Glaubens zu begreifen. Naturgesetze werden nicht geglaubt, sondern erforscht, experimentell nachgewiesen und mathematisch formuliert. Die Tragfähigkeit eines Treppenaufgangs ist nicht Gegenstand des Glaubens, sondern statischer Berechnungen. Wer immerzu mit dergleichen umgeht, hat den Verdacht, er werde, wenn vom Glauben die Rede ist, aufs Unzuverlässige verwiesen: aufs bloße Meinen, aufs Vermuten, wenn nicht gar aufs Phantastische und Gesponnene. Der Glaube ist aber nicht etwa ein Nicht-genau-Wissen, er ist überhaupt kein Wissen, er bewegt sich in einer ganz anderen Dimension. Er gehört ins Personale. So wie das Vertrauen zwischen zwei Menschen nicht auf Experimenten, z. B. Messungen, oder Deduktionen beruht, sondern Wagnis ist, Zutrauen ohne Beweis, Vorgabe, Entschluß: so auch der Glaube. Vertrauen basiert nicht auf der bewiesenen Zuverlässigkeit eines (z. B. seelischen) Mechanismus, sondern gründet in der Kenntnis des anderen als freier Person, die ethisch ansprechbar, also auch zurechnungsfähig und damit verantwortlich ist. „Mit dir wag ich's!" – wer so spricht, nimmt den anderen als Person ernst und ehrt ihn mit seinem Vertrauen. Wissen? – nein: Zutrauen, ohne Beweis, ohne Sicherheiten (der Versuch eines Beweises könnte dieses spezifisch Menschliche nur kaputt machen).

Jesus ermutigt uns zum Glauben. Die Form, in der er es tut, müßte den beirren, der sich nicht auf seine paradoxe und hyperbolische Sprechweise versteht (Ausreißen des Auges, Abhacken der Hand, Mühlstein, Kamel/Nadelöhr, Iota und Tüttel). Jesus will von der Macht reden, die dem Glauben gegeben ist. Natürlich ist er nicht in die Welt gekommen, damit bei seinen zahlreichen Nachfolgern ein allgemeines Berge-Versetzen und Bäume-Ausreißen beginne. Unser Logion ist wahr, auch wenn kein Berg sich je auch nur einen Deut von der Stelle bewegt und kein Baum seinen Standort verändert hat. Ich denke, die Predigt muß dies offen und deutlich sagen, besonders dort, wo sie es mit tierisch-ernsten Fundamentalisten oder auch mit solchen zu tun hat, die Gott überhaupt nichts zutrauen.

Das Recht des vorgeschlagenen Aufrisses wird sich, hoffe ich, im Gang der Überlegungen erweisen: *Die Macht des Glaubens* – (1) *des großen Glaubens*, (2) *des kleinen Glaubens*, (2) *des wachsenden Glaubens*.

I.

„Die Apostel" bitten „den Herrn", er möge ihnen „Glauben hinzufügen". Sie brauchen mehr Glauben, sie sind sich der Unzulänglichkeit ihres Glaubens bewußt. Einen großen Glauben müßte man haben! – Wir haben uns mit der Teilüberschrift zu (1) auf diese Denkweise eingelassen, obwohl sie eigentlich in Jesu Antwort (V. 6) negiert wird. In der Tat, man kann den Glauben nicht mit der Elle messen. – Dennoch: was Jesus nach V. 6 in besonderer Zuspitzung sagt, ist nicht das Ganze. Es hat schon Sinn, vom „Maß des Glaubens" zu sprechen (Röm. 12,3), von der „Festigkeit im Glauben" (Kol. 2,7). Jesus selbst hat vom Hauptmann von Kapernaum gesagt, „so großen" ($\tau o \sigma a \dot{v} \tau \eta \nu$) „Glauben" habe er in Israel nicht gefunden, und vom „großen" ($\mu \varepsilon \gamma \dot{a} \lambda \eta$) „Glauben" der „kanaanäischen Frau" (Matth. 15,28) war vorhin schon die Rede. Umgekehrt: Jesus kann über die „Kleingläubigkeit" seiner Leute enttäuscht sein (Matth. 6,30; 8,26; 14,31; 16,8; 17,20). Das Wort kommt in der griechischen Literatur nicht vor, wohl aber im semitischen Raum (b. Ber. 24b; b. Sota 48b). „Wenig Glaube": das gibt es. Man weiß, daß Gott zur Stelle sein will, aber man traut sich nicht, es mit ihm zu wagen. Man könnte Großes vollbringen, aber das Herz ist zaghaft und fürchtet, Gott könnte sein Wort nicht halten. Auf Gottes Seite fehlt es an nichts, aber wir trauen ihm nicht genug zu.

Mit dem eben Gesagten ist schon die Richtung gewiesen, in die wir zu denken haben. Der Glaube hat nicht, wie man früher immer dachte, lediglich kategorialen, also formalen Sinn – etwa als eine bestimmte Weise, eines unsichbaren Gegenstandes – in diesem Falle: eines unsichtbaren Gegenstandes – inne oder gar gewiß zu werden. Der Glaube ist – um es mit einem Vergleich zu verdeutlichen – nicht einfach wie eine Infrarotkamera anzusehen, die Gegenstände abbilden kann, die das bloße natürliche Auge nicht wahrnimmt. Es geht nicht um Gegenstände und Sachverhalte, sondern um die „Person" Gottes. Und hier ist nichts abzubilden wie bei einer Kamera, sondern hier findet Begegnung statt – zwischen Gott und mir. Die Kamera „begegnet" nicht; sie bleibt – auch wenn es sich um eine Ton-Farbfilm-Kamera handelt (es fehlen nur noch Geruch, Wärme und Kälte) – außerhalb des Geschehens, sie spielt nicht mit. Der Glaubende aber *spielt mit*; sonst wäre es ja keine *Begegnung*. Das Subjekt-Objekt-Schema ist ungeeignet, das Geschehen der Begegnung wiederzugeben. Das soll nicht heißen, daß es beim Prozeß des Glaubens völlig ausschiede. Auch bei einer Begegnung wird der andere zunächst Objekt meines Sehens, Hörens (usw.) sein, wie umgekehrt ich ihm zum Objekt werde. Aber das Eigentliche bei der Begegnung ist damit nicht erfaßt. Dies gilt noch in besonderer Weise bei dem, was zwischen Gott und uns passiert. Gott kommt auf uns zu in den Gnadenmitteln, die zunächst wahrgenommen sein wollen. Ich höre das Wort – ein akustischer und noetischer Vorgang („der Glaube kommt aus dem Hören", Röm. 10,17). Ich sehe und schmecke die Elemente des Herrenmahls, an die der Herr seine Gegenwart bindet. Aber aus dem Subjekt-Objekt-Geschehen „springt" der Funke persönlicher Zuwendung über. Gott ist, wenn er mein Gott wird, nicht Objekt; er ist handelndes Subjekt. Er kommt auf mich zu. Sein Wort ist, recht verstanden, nie Aussage, sondern Anrede (Ebeling, S. 214). Schon: das Ein-für-allemal des Heilsgeschehens (etwa die Menschwerdung des Sohnes, sein Heilstod, seine Auferstehung) muß *mitgeteilt* werden, aber die Mitteilung bleibt wirkungslos, wenn sie sich nicht unterderhand in Anrede, Zuspruch, Ermutigung, Weisung, Tröstung (usw.) verwandelt. (Ein Schade vieler Predigten, daß sie im „Objektiven" steckenbleiben.) Je heute will der dreieinige Gott in seiner Gemeinde etwas tun. Er will *Glauben wecken*. Und wo schon geglaubt wird: er will *Glauben stärken, mehren*.

Eben darum bitten „die Apostel". Sie bitten darum, weil das Christsein überhaupt *Glaube* ist. Wir sahen es: nicht in dem Sinne, daß Sachverhalte entdeckt und für wahr gehalten werden, die ihrer Natur nach so sind, wie sie sind, und immer so waren und sein werden. Glaube kommt aus der Begegnung mit Gott, wie sie sich in Jesus Christus ereignet, er ist das verwegene Zutrauen zu diesem Gott, der sich selbst uns verspricht und uns festzuhalten zusagt. So war es schon im Alten Testament. „Glaube im alttestamentlichen Sinne heißt nicht: etwas über Gott denken, sondern: etwas von Gott erwarten. Er glaubt nicht an das Vorhandensein Gottes, sondern an das Kommen Gottes" (Ebeling, S. 218). Glaube ist Erwartung, aber auch Erinnerung (ebd.). Er ist „transitus aus dem Gestern in das Morgen"; „blinder Glaube, der sich führen lassen muß, ohne den Weg zu sehen, ein dauernd in Finsternis hineingehender Glaube" (ebd. S. 219). Glaube ist „nicht so sehr das Sich-an-Gott-Halten im täglichen Leben", eher „das Greifen nach Gott in der Krise, das Niederringen der Anfechtung. Gemeint ist der Glaube, der Gott wider den Augenschein traut... Glaube ist ein Vertrauen, das sich nicht beirren läßt" (J. Jeremias, a. a. O. S. 160). Im Neuen Testament richtet sich der Glaube auf den in Jesus Christus offenbaren Gott und auf das eschatische Heil, das er den Seinen zusagt. Alles, was Christus ist, tut und gibt, wird im Glauben ergriffen. Der Glaube betrifft die ganze Existenz. Er richtet alle Aufmerksamkeit auf den ihn anredenden Gott. Er schafft Gewißheit – gegen Furcht und Zweifel. Dies alles *hat* man nur, indem man es *empfängt*.

Die „Apostel" bitten um Mehrung des Glaubens nicht nur, weil ihr persönliches Christsein damit steht und fällt. Sie brauchen den großen Glauben für ihr apostolisches Wirken. Bedrückend, wenn „ein Mann unter dem Volk" von dem bösen Geist, der sein Kind quält, sagt: „Ich habe deine Jünger gebeten, daß sie ihn austrieben, und sie konnten nicht" (9,40) – und Jesus ist tief enttäuscht. Es liegt sozusagen im „dienstlichen" Interesse, daß die Jünger mehr Glauben haben möchten. Es wird an unserem Glauben liegen, wenn es darum geht, daß Gott mit seinem Willen zum Ziel kommt, die Welt den Mächten der Zerstörung, der Bosheit, des Abfalls, der Eigenmächtigkeit zu entreißen; jede einzelne Heilungsgeschichte ist nur ein Splitter aus diesem Gesamtbild. Die Kirche – das Wort „Apostel" zeigte uns schon, daß an die Kirche auf ihrem Weg durch die Zeiten gedacht ist – ist immerzu in der Lage, Jesus um Vermehrung ihres Glaubens zu bitten. „Sie konnten nicht": die deprimierende Enttäuschung – immer wieder. Immer wieder entdecken wir uns als die Kirche, die ihrem Gott und Herrn nichts zutraut. Wir können Glauben nicht aus uns selbst produzieren. Kleingläubige, die wir sind, können sich nur an ihren Herrn wenden mit der Bitte um Vermehrung ihres Glaubens. Aus der Begegnung mit Jesus entsteht Glaube. Es ist in Ordnung, daß die Jünger so bitten. Lukas hat, als er diesen Vers bildete, aus richtiger geistlicher Einsicht heraus formuliert. Wir hätten gern den *großen* Glauben, der zuversichtlich und gespannt von Gott große Dinge erwartet.

2.

Daß Jesus in seiner Antwort auf das Begehren der Jünger dem Glauben eine so unwahrscheinliche Macht zuschreibt, könnte – zunächst jedenfalls – alles andere als ein Trost sein. Nur ein ganz klein wenig Glaube, und es müssen die größten Wunder geschehen. Bei mir geschehen sie nicht. Vielleicht würde uns die Markusparallele noch mehr bedrücken, wo es in bezug auf den Berg heißt: „Wenn jemand in seinem Herzen nicht zweifelte, sondern glaubte, es werde geschehen, was er sagt: so wird's ihm geschehen" (11,23). Ich darf nicht zweifeln – gelänge mir dies nur!

Wir sollten im Auge behalten, daß nur Jesus selbst ein solches Wort sprechen kann; keinem anderen dürfte man es abnehmen. Die gelehrte Forschung schreibt das Logion – nicht die Einpassung in bestimmte synoptische Szenen (s. o.) – tatsächlich Jesus selbst zu.

„Das Wort vom bergeversetzenden Glauben" – man sieht diese Variante gern als die ursprüngliche an – „ist von einer so elementaren Kraft, geht den Zusammenhängen des Seins so tief an die Wurzel und steht so isoliert in der spätjüdischen Umgebung, daß schwer ein Grund gefunden werden könnte, es Jesus abzusprechen und für eine anonyme Gemeindebildung zu halten" (Ebeling, a. a. O., S. 235). Nur Jesus selbst, sagten wir; als allgemeine Wahrheit wäre das Wort nicht wahr. Gäbe es Jesus oder – was dasselbe meint – den in ihm handelnden Gott nicht, wäre auch dieses Wort nicht stichhaltig. Es kommt jetzt alles darauf an, daß wir festhalten: hier wird uns nicht etwas abverlangt, sondern *etwas zugesprochen*. Unser Glaube wird nicht mit Auflagen belastet, als müßte er, um als Glaube gelten zu können, bestimmte Wirkungen und Erfolge hervorzubringen. Du hast noch keinen Berg versetzt? – dann bist du kein Christ. Man könnte nicht falscher mit Jesu Wort umgehen. Das Gegenteil ist richtig.

Wäre der Glaube die auf Gott einwirkende Kraft meines eigenen Herzens und müßte ich die Gewißheit in mir selbst kultivieren, so daß sie Energie genug hat, um das Gewünschte hervorzubringen, dann wären wir nicht bei dem von Jesus gemeinten Glauben. Man könnte freilich auf einen solchen Gedanken kommen, weil die Worte „Glaube" und „glauben" in der synoptischen Überlieferung durchweg *absolut* gebraucht werden; wenige – scheinbare – Ausnahmen erklären sich aus der vorausgesetzten Situation. Das könnte den Eindruck erwecken, als sei hier eine gewissermaßen auf eigenen Füßen stehende Gläubigkeit gemeint, die den Bezug auf Gott gar nicht nötig hat und dann allerdings auf das eigene Kraftpotential angewiesen ist. Der Glaube hätte dann seine Kraft in sich; er wäre selbst Macht, die die größten Dinge vollbringt. – Jesus: „Wenn ihr Glauben habt wie ein Senfkorn . . ." Das Senfkorn galt als der kleinste dem menschlichen Auge wahrnehmbare· Gegenstand (Str.-B. I, S. 669 – Jeremias, Ntl. Th. I, S. 159). Großer, energiegeladener, mächtiger Glaube? Es wäre abwegig, in Quantitäten zu denken. Ein minimaler, unscheinbarer Glaube würde genügen. Hier horche ich auf. Denn wenn ich Glauben habe, dann ist es ein so kleiner, bescheidener, seiner sich selbst nicht gewisser, also sich selbst nichts zutrauender Glaube. Wie paßt das zu dem, was wir über die Gewißheit des Glaubens gesagt haben? Der Glaube glaubt nicht an sich selbst, er glaubt an Gott. Der Glaube sagt nicht: ich traue mir das und das zu; er sagt: ich traue es *Gott* zu! Derjenige, den Jesus auf seinen Glauben anspricht, ist ja der, der sich selbst nicht helfen kann (der Hauptmann, die Syrophönikierin). Er weiß gar nicht, daß er glaubt; Jesus muß ihm nachträglich erst deutlich machen, was hier eigentlich geschehen ist: „Dein Glaube hat dich gerettet" (Matth. 9,22; Mark. 5,34; 10,52; Luk. 7,50; 8,48; 17,19; 18,42). Der Glaube hält sich nicht an sich selbst, sondern ganz und gar an den, dem er alle Macht zutraut und von dem er alle Hilfe erwartet.

Eine Zwischenbemerkung ist hier wohl nötig. Man vernimmt so oft in theologischen Diskussionen, daß unser Heil an Gottes Wirken im Wort und den Sakramenten hänge, daß aber selbstverständlich der Glaube „hinzukommen" müsse. Diese Rede ist deshalb gedankenlos, ja geradezu gefährlich, weil gerade der Angefochtene damit auf sich selbst zurückgeworfen wird: Glaube ich denn auch wirklich – oder bin ich so einer, der sich nur aufs Wort und aufs Sakrament verläßt, ohne daß bei ihm etwas „hinzukommt"? Man beachte: der Glaube steckt ja bereits in dem Sich-Verlassen auf Gott in seinem Wort und Sakrament! Die Lehre, daß, wer nicht glaubt, im heiligen Mahl nur Brot und Wein empfängt, muß dem angefochtenen Glaubenden zum Verhängnis werden. Gerade der Glaube muß auf der „manducatio impiorum" bestehen! Wie sollte sonst mir, dem impius, geholfen werden? Ich brauche nur Glaube wie ein Senfkorn: an der Grenze des eben noch Wahrnehmbaren. „Ich glaube – hilf meinem Unglauben!"

Aus demselben Grunde wird vom Evangelium her zu widersprechen sein, wo das eigene

Bekehrtsein, die an der eigenen Biographie und am eigenen inneren Zustand abgelesene Hinwendung zu Christus zum Glaubenskriterium gemacht wird. Der Glaube ist das punctum mathematicum – ohne Ausdehnung im Empirischen. Der Glaube ist so mit dem beschäftigt, *an den* er glaubt, daß er sich selbst darüber vergißt.

Darin also liegt die Macht des Glaubens, daß er alle Zuversicht auf Gott setzt. „Alles ist möglich dem, der glaubt" (Mark. 9,23). „Alles ist möglich bei Gott" (Mark. 10,27). Das sind nicht zwei verschiedene Aussagen, sondern eine. „Denn der Glaube ist nur insoweit Macht, als Gott ihn mächtig sein läßt" (Ebeling, a. a. O., S. 249). Er tritt nicht zu Gott in Konkurrenz. Was er vermag, vermag er deshalb, weil Gott es will und tut. Er hat kein Interesse daran, etwas *gegen* Gott durchzusetzen. Wohl aber widersetzt sich der Glaube – im Einklang mit Gott – der Heillosigkeit gottentfremdeten Lebens. Gott will das Heil der Welt; also glaubt der Glaube an die Entmachtung alles Heillosen. Er verwirklicht sich „im Gegenan-Glauben gegen die Übermacht der massiven Realitäten" (ebd.). In solchem Glauben geschehen heute noch Heilungen und Bewahrungen. „Zum Wesen des Glaubens, wie er sich selbst versteht, gehört dies, daß er Ungewöhnliches, Exzeptionelles vermag. Er ist nicht ein resigniertes Sichergeben in die Wirklichkeit, sondern ein Machtgewinnen über die Wirklichkeit. Auch in der Weise des echten Sichergebens ist der Glaube nicht Ohnmacht, sondern Macht" (ebd.). Glaube nimmt teil an Gott und darum auch an seiner Allmacht. Glaube ist zukunftsgerichtet. Er ist gewiß, daß die auf Christus sich gründende Hoffnung nicht zuschanden werden läßt. Er traut Gott alles zu, aber er gibt auch Gott alles anheim. Man sehe in diesem letzteren nicht ein Ausweichen. Wenn es wahr ist, daß der Glaube seine Macht allein in Gott hat, dann kann er wohl mit Gott ringen (Matth. 15,27), aber nicht um sich gegen Gott durchzusetzen, sondern um Gott zu gewinnen. Es ist wie beim Beten: wer im Namen Jesu betet, empfängt alles, was er bittet, aber er ist mit seinem Beten von vornherein in Jesu Willen eingebunden und empfängt von daher die Erhörungsgewißheit. Jesus will Menschen, die von ihm etwas erwarten.

3.

Das unter (1) und unter (2) Gesagte muß nun aber wohl noch etwas zusammengebunden werden. Es könnte sein, der Glaube erscheint uns jetzt als etwas geradezu Unwirkliches. Der Senfkornvergleich führt uns zur Vorstellung vom mathematischen Punkt und zur Selbstvergessenheit des Glaubens, dazu also, daß der Glaube an sich nicht interessiert ist und sich selbst nicht reflektiert. Trotzdem haben wir immerzu über den Glauben nachgedacht, ja, ihn sogar beschrieben. Denn es ist ja immer der konkrete Mensch, der glaubt. Der Glaube wird auch nicht nur nachträglich festgestellt, sondern es wird zum Glauben aufgerufen: „Fürchte dich nicht, glaube nur!" (Mark. 5,36). „Wie du geglaubt hast, soll dir geschehen" (Matth. 8,13; 9,29). „Groß ist dein Glaube, dir geschehe, wie du willst" (Matth. 15,28). So wahr der Glaube auf ein Externum – den Externus – bezogen ist, so wahr ist er auch ein Geschehen im menschlichen Herzen. So besteht auch zwischen dem „großen" und dem „kleinen" Glauben ein Zusammenhang.

Nicht der, daß das Glauben sich – kraft vielfältiger Erfahrung – allmählich in eine andere Form von Gewißheit bzw. Sicherheit verwandelte. Glaube bleibt immer „ein Sichere-Schritte-Tun, obwohl kein Weg zu sehen ist, ein Hoffen, obwohl es aussichtslos ist, ein Nichtverzweifeln, obwohl es verzweifelt steht, ein Grundhaben, obwohl man ins Bodenlose tritt" (Ebeling, S. 247). Es ist bei zwischenmenschlichen Beziehungen nicht anders: das Vertrauen, das zwei Menschen sich schenken, bleibt wagendes Vertrauen; es würde auch seinen Glanz verlieren, wenn es zur langweiligen Gewohnheit entartete. Es bleibt dabei, daß der Glaube ein „transitus", ein Übergang ist: ein Loslassen der weltlich-

„fleischlichen" Sicherungen und Stützen und ein wagendes Mitgehen mit Jesus. Aber eben in diesem Überschritt macht der Glaube Erfahrungen. Immer neue Anfechtungen – aber immer neue Durchhilfe. Man sieht: es geht. Gott enttäuscht uns nicht. Von einer Gotteserfahrung zur anderen kann man neuen Mut gewinnen.

Glaube kann wachsen. „Euer Glaube wächst sehr" (2. Thess. 1,3). Man kann in der Gnade und Erkenntnis Jesu Christi wachsen (2. Petr. 3,18). So kann auch die Liebe je mehr und mehr reich werden in Erkenntnis und Erfahrung" (Phil. 1,9). Unser Christenleben hat auch seine wahrnehmbare Geschichte. So wäre es falsch, wenn die Überlegungen zur Nicht-Objektivierbarkeit des Glaubens (Senfkorn) uns dazu führten, von vornherein auf Wachstum und Erfahrung zu verzichten. Das, woran der Glaube sich hält, bleibt unanschaulich. Aber daß er sich an seinen Gott hält, das kann er als beglückende Erfahrung verbuchen.

Wie kommt es dann dazu, daß mein Glaube wächst? Nicht so, daß ich mir ein Pensum auferlege. Damit wäre ich wieder beim „Werk". Wohl aber so, daß ich mich an Jesus halte. Er weckt, er provoziert den Glauben. Im Umgang mit ihm bekommt man Mut, sich ihm anzuvertrauen. Er ist der Anfänger und Vollender des Glaubens (Hebr. 12,2).

16. Sonntag nach Trinitatis. Luk. 7,11–16

Lukanisches Sondergut mit deutlichen Merkmalen semitischer Sprachgewohnheiten und palästinischen Ursprungs: häufige Parataxe, καὶ ἐγένετο ἐν τῷ ἑξῆς (χρόνῳ) oder ἐν τῇ ἑ. (ἡμέρᾳ) – vgl. Apparat –,ὡς ἤγγισεν, καὶ ἰδοῦ, λαὸς θεοῦ; ferner der Gedanke der Heimsuchung Israels durch Gott (vgl. 1,68.78), des Wiedererwachens der Prophetie (V. 16); auch die κύριος-Stellen „gehören meist dem SLuk an" (Grdm. zu V. 13). Die redaktionelle Hand des Evangelisten wird verschiedentlich erkennbar, vor allem in der Einordnung des Stoffes in den großen Zusammenhang VV. 1–50 (Hauptmann/ Jüngling von Nain/Täuferfrage und Zeugnis über den Täufer/große Sünderin), wobei Jesu Selbstzeugnis V. 22 durch die Szenen illustriert wird. Daß von ἡ σορός = Kastensarg die Rede ist, dürfte Anpassung an griechische Verhältnisse sein; in Palästina verwendete man die offene Bahre. Auffällig ist die Verdoppelung des Chorschlusses (VV. 16 und 17).

V. 11: Jesus mit den Jüngern auf Wanderung. Nain am Nordhang des Kleinen Hermon, dem Tabor gegenüber; Stadtmauer und Tor sind noch nicht ausgegraben, aber zu vermuten. Jesus, die Jünger, viel Volk – die eine Gruppe. – V. 12: Der Tote, die Mutter und das zahlreiche Trauergeleit – die andere Gruppe. ἐκκομίζειν tt für das Hinaustragen („Fortschaffen") einer Leiche. Man begrub, des Klimas wegen, am Sterbetage, meist gegen Abend, außerhalb der Stadt. Die Mutter ist Witwe, der Tote ihr einziger Sohn, nach V. 14 ein „junger Mann". – V. 13: Luk. scheut gewöhnlich das Wort σπλαγχνίζεσθαι bei Jesus (vgl. 5,13; 9,11); hier, nachdem Jesus die Frau „gesehen" hat, wendet er es an. 8,52 und Joh. 11,33 zeigen: vor der Erweckung des Toten verbietet Jesus die (abergläubisch lärmende) Totenklage; hier Imp. sing.: „Weine nicht!" Die meisten Texte lesen ὁ κύριος, s. o.; „hoheitliche Bezeichnung" (Schürmann), vgl. 10,41; 13,15; 16,8; 11,39; 12,42: jedesmal steht sie dort, wo Jesus „hoheitliche Worte" spricht (Schürmann z. St.). – V. 14: Jesus scheut sich nicht, sich an dem Sarg zu verunreinigen. Machtvolles Befehlswort (wie 8,54, noch deutlicher Mark. 5,41; Joh. 11,43). – V. 15: Sich-Aufsetzen und Sprechen sind die Beweise des Lebens. „Er gab ihn seiner Mutter" wörtlich wie 1. Kön. 17,23 (s. u.). Die ganze Tat war eine Tat des Erbarmens an dieser Frau. – V. 16: Mit φόβος dürfte der Schauer des Unheimlichen wiedergegeben sein. Auch sonst ist V. 16 mehr als der von der Topik geforderte Chorschluß. Einmal: Jesus wird als ein großer Prophet gepriesen. Seit Maleachi war die Prophetie erloschen. Mit dem Täufer (1,15) und Jesus ist sie wieder erwacht. Die christologische Erkenntnis der Zeugen dieses Wunders bleibt hinter dem Kyrios-Titel von V. 13 noch weit zurück; sie wird auch durch Jesu Selbstzeugnis V. 22 überboten werden. Sodann: Was im Lobgesang des Zacharias angekündigt ist (1,68.78 – ebenfalls lukanisches Sondergut), erfüllt sich: die Heimsuchung Israels durch seinen Gott. – V. 17 ist für die Predigt entbehrlich. Absicht des Evangelisten: Die Kunde von Jesus zieht immer weitere Kreise (vgl. 4,14b.37; 5,17).

Totenerweckungen sind von allen Wundern das Wunderbarste oder Verwunderlichste. Der Tod ist unwiderruflich. Wie sollte er überwunden werden? Wir werden die Möglichkeiten Gottes nicht einengen wollen noch dürfen. Wir können einen Text wie diesen nicht an unseren Erfahrungen messen. Was sich am Stadttor von Nain ereignet hat und wie es zugegangen ist, entzieht sich unserm Urteil.

Allerdings ergeben sich eine Reihe von Fragen, die nicht von der Frage abzuleiten sind, ob Gott „so etwas" kann. Sie beziehen sich zunächst auf die Überlieferung. In dem Selbstzeugnis Jesu V. 22 (Q) weist Jesus auf die „Messiaswerke" (so Matth. 11,2) im Sinne von Jes. 35,5f. und fügt dem, was dort steht, hinzu: „Aussätzige werden rein, ... Tote stehen auf." Der Text aus dem Jesajabuch hätte dies, wie man sieht, nicht erfordert; was hier hinzugefügt ist, scheint im wirklichen Jesus-Geschehen begründet zu sein. Um so merkwürdiger, daß das Sensationellste des Sensationellen (wenn denn diese Kategorie angemessen wäre) so völlig unbetont in einer Reihe mit den anderen Werken Jesu steht, z. B. unmittelbar neben der Predigt des Evangeliums an die Armen. Dem entspricht, daß die im Neuen Testament erzählten Totenerweckungen – außer Joh. 11 – so wenig „Furore machen". (Joh. 11 steht auf einem besonderen Blatt, vgl. m. Ausl. in „Der schmale Weg", S. 407 ff.) Was im Hause des Jairus geschehen ist, bringen alle drei Synoptiker. Das Wunder von Nain scheint sich nicht herumgesprochen zu haben – obwohl es für das Alter der Überlieferung, wie wir sahen, einige wichtige Indizien gibt (anders urteilt Bultmann, GsTr., S. 230). Kann ein solches Geschehnis in der tradierenden Gemeinde übergangen oder vergessen werden? Oder mißt man ihm gar nicht die Bedeutung bei, die ihm – nach unseren Maßstäben – zukäme? Nach Apg. 9,36–42 hat Petrus die Tabea aus dem Tode erweckt; in Joppe wird es zur Kenntnis genommen, viele werden gläubig, aber ein Ereignis, das die Ökumene aufhorchen läßt, ist es nicht. Man sieht: die Urchristenheit denkt und wertet anders als wir. Die Erinnerung an Elia (1. Kön. 17,17–24), punktuell auch an Elisa (2. Kön. 4,18–37), ist gewollt: daß ein großer Prophet aufgestanden ist, ist für den Zusammenhang von noch größerer Bedeutung, als daß der Tod seinen Besieger gefunden hat. Die Gewichte sind in der urchristlichen Überlieferung anders verteilt als bei uns.

Dennoch werden wir über eine Totenerweckung zu predigen haben. Wie aber? Das Wunder von Nain kann nur dann zu uns sprechen, wenn wir erfahren, was die Gegenwart und Wirksamkeit Jesu für *unsern* Tod bedeutet. Es wird sich an uns nicht einfach wiederholen. Ich entsinne mich einer kirchlichen Tagung Anfang der 50er Jahre. Als beim Begrüßungsabend jeder ein paar Sätze darüber sagte, wer er ist und woher er kommt, berichtete ein Tagungsteilnehmer, ein Mann in mittleren Jahren: „Ich war schon einmal tot, aber ich bin ins Leben zurückgerufen worden." Keiner hat ihn gefragt, wie das zugegangen sei; man sah sich einem Tabu gegenüber. Damals sprach man noch nicht von Reanimierung. Dieselbe Erfahrung: wie hätte sie jemand in neutestamentlicher Zeit ausgedrückt? Oder war das damals etwas ganz anderes? Jairi Töchterlein und der junge Mann aus Nain sind längst ein zweites Mal gestorben – soll man sie darum beneiden? –; man kann sie nicht fragen. Ihre Erfahrung hat sich auch nicht mit *einer* Spur im Neuen Testament niedergeschlagen. Haben sie wirklich die Überwindung des Todes durch Jesus erlebt? Eine weitere Frage: *wenn* der Tod in dieser Welt besiegt würde, wäre das das Heil – oder erst recht die Menschheitskatastrophe?

Man könnte so weiterfragen, und es würde sich dabei nur zeigen, daß wir damit völlig in die Irre gingen. Wunder Jesu sind *Zeichen*. W. Heitmüller hat davon gesprochen, daß Jesu Werke *Transparente seiner Worte* seien. W. Stählin spricht von *Gleichnishandlungen*. Die Perikope will als Ganzes genommen sein; was Beiwerk scheint, wird uns wichtig sein müssen. Schon wahr: es geht gegen den Tod. Aber soll er besiegt werden, muß mehr geschehen als ein Zurückrollen des Sterbens ins alte Leben und in die alte Welt hinein. Das Gotteslob, mit dem die Perikope schließt, ist nicht ein Nachhall, den man sich auch wegdenken könnte. „Gott hat sein Volk gnädiglich ‚heimgesucht'." Denn nicht die Fähigkeit Jesu zu einer Totenerweckung soll bestaunt, vielmehr soll Gottes helfende Gnadennähe im Wirken Jesu dankbar gepriesen werden" (Schürmann im Kommentar S. 398). Versuchen wir es so: *Schach dem Tode* – (1) *in Gottes Gnadennähe*, (2) *in Gottes Erbarmen*, (3) *in Gottes Machtzeichen.*

I.

Schach dem Tode. Mattgesetzt ist er noch nicht. Er ist der *letzte* Feind, der vernichtet werden wird (1. Kor. 15,26). Was sich in Nain abspielt, kann nur Vorausdeutung sein. Man darf auch die Überwindung des Todes nicht isoliert betrachten. Das Belastende am Todesgeschehen ist nicht bloß darin zu sehen, daß wir „davonmüssen" (Ps. 39,5). Der uns anerschaffene Lebenswille sträubt sich dagegen; auch damit erhält Gott Leben. Aber der Tod ist Merkmal der Heillosigkeit der Welt und ihres Zerfallenseins mit Gott. „Der Stachel des Todes ist die Sünde" (1. Kor. 15,56) – ohne diesen Stachel wäre der Tod ein sanftes Einschlafen wie nach einem anstrengenden langen Tag. Auf dem tiefsten Grund unseres Herzens wissen wir schon, warum wir uns gegen das Sterben auflehnen: das Preisgegebensein an den Verderber ist Wirkung des Zornes Gottes (Ps. 90,7). Wir wären eigentlich zu anderem bestimmt. Die Überwindung – das Mattsetzen – des Todes kann sich darum nur in einem Ganzen vollziehen, innerhalb dessen mehr geschieht als ein Sprung vom Vergehenmüssen zur Unvergänglichkeit.

Um das sichtbar zu machen, setzen wir bei dem letzten kleinen Sätzchen der Perikope ein: „Gott hat sein Volk heimgesucht." Er hat es „besucht", ihm seine gnädige Nähe zuteilwerden lassen. So, wie wir sind, sind wir weit weg von Gott; aber er hat sich aufgemacht und ist gekommen. Der Gott Israels „hat besucht und erlöst sein Volk", in der „herzlichen Barmherzigkeit", „durch welche uns besucht hat der Aufgang aus der Höhe" (1,68.78). V. 16c ist nicht bloß eine wohlklingende Schlußfloskel; der ganze Text ist darin erfaßt.

Es ist aufgefallen, daß sich in der Nain-Perikope eine Reihe Anklänge an 1. Kön. 17 finden. Schon in der Einleitung: „Und er wanderte (ἐπορεύθη) nach Zarpath zum Stadttor und siehe, da (war) eine verwitwete Frau" (1. Kön. 17,9f.). Man kann die Gemeinsamkeiten aufreihen: die Witwe, der einzige Sohn (dies auch in der Elisageschichte 2. Kön. 4,18–37), das Stadttor, das Zurückholen ins Leben (wenn auch auf verschiedene Weise – Elia spricht nicht das herrscherliche Machtwort), die Rückgabe des Erweckten an die Mutter. Man könnte sagen (und hat gesagt), die Naingeschichte sei eine Nachbildung des Eliawunders; erzählte man sich von dem alten Propheten so große Dinge, so mußte man Jesus dergleichen ebenfalls zuschreiben. Die Dinge liegen jedoch ganz anders. Die Erinnerung an Elia ist *gewollt*, sie ist ein Stück *Deutung* der (in charakteristischen Einzelheiten anders verlaufenden, also selbständigen) Naingeschichte. Was besagt diese Deutung? Die Prophetie ist wieder erwacht! Wir stehen in einer Wende der Zeiten. „Es ist ein großer Prophet unter uns aufgestanden."

Diese Erfahrung und Entdeckung wird man nur dann richtig würdigen können, wenn man sich den Hintergrund verdeutlicht: Seit langem klagte man darüber, daß man sich in einer prophetenlosen Zeit befand. An Stellen wie 1. Makk. 4,43ff.; 9,27; 14,41 kann man erkennen: man entbehrte die Prophetie, und man wartete darauf, „daß ein glaubhafter Prophet erstehen würde". Für die Maßgebenden im damaligen Judentum war der Geist der Prophetie seit Esra verstummt. Ps. 74,9 dürfte sich zwar auf die Zeit nach 586 beziehen, gibt aber die Stimmung wieder, in der man sich befand: „Kein Prophet ist mehr da, und keiner ist bei uns, der etwas weiß." Auch die Qumran-Leute warteten auf das Wiedererwachen der Prophetie und sahen sie gegeben im „Lehrer der Gerechtigkeit". Elia wird wiederkommen, hoffte man allgemein in Israel. Die christliche Gemeinde sah im Täufer den wiederkehrenden Elia (Matth. 11,14), von der Volksmenge ist auch Jesus mit Elia identifiziert worden (9,8). Jesus selbst wurde als Prophet angesehen (Mark. 6,15; 8,28; Matth. 21,11.46; Luk. 7,16, vgl. 7,39; Joh. 4,19; 6,14; 7,40.52; 9,17), und er hat sich das gefallen lassen (13,33; Matth. 23,31f.34–36.37–39), ja selbst darauf hingewiesen (4,18.21.24) und sein Wirken vom Geistbesitz her gedeutet (vgl. 11,20 mit Matth. 12,28). Die Menschen von Nain entdecken Jesus als Propheten. Daß er mehr ist als das, wissen sie noch nicht (z. B. 11,32c); nur der Evangelist weiß es (V. 13).

Es gibt unter uns wieder Prophetie! Das bedeutet: der Himmel ist gegen uns nicht mehr abgeriegelt, Gott wendet sich – in der Gestalt bzw. durch das Wort dieses Propheten und durch sein mächtiges Wirken – uns wieder zu. War der Geist wegen der Sünde Israels verstummt (Str.-B. I, S. 127), so bedeutet dies, daß Gott sich durch sie nicht mehr von seinem Volke fernhalten läßt. Die Zeit der Gottesferne, des Gerichts, des bedrückenden Schweigens Gottes ist zu Ende. „Jetzt ist die angenehme Zeit" (2. Kor. 6,2).

Gottes Gnadennähe – wir haben damit das Wort „Heimsuchung" wiedergegeben. Das Verb ἐπισκέπτομαι bedeutet besehen, sich umsehen nach jemand, besuchen, und es wird auch gebraucht von der „heilbringenden göttlichen Gnadenheimsuchung" (Bauer, WB). Gott hat sich aufgemacht, sein Volk zu besuchen. Gott – im hohen Himmel, weit weg? Gott – mit einer Wolke verdeckt, so daß kein Gebet zu ihm gelangen kann (Klagl. 3,44)? Gott – abwesend, die Welt sich selbst, ihrer Sünde und Verlorenheit überlassend? Nein, Gott ist da, wir haben ihn unter uns. Die Menschen, die von dieser Gnadennähe Gottes sprechen, wissen selbst nicht, wie wörtlich ihre Spontanaussage, die zur Homologie der Kirche geworden ist, verstanden werden kann. Man kann sich eine konturenlose, fluidumartige, mehr geahnte als erkannte und erkennbare Nähe Gottes denken. Man kann diese Nähe aus der Machttat erschließen – vom Tode erwecken kann nur Gott. Man könnte aber auch daran denken, daß hier der „Kyrios" steht und die Totenbahre anrührt. Gott hat sich seiner Welt wieder zugewandt, in diesem Falle: den Leuten von Nain.

Ein Toter lebt wieder? Wer Augenmaß genug hat, wird feststellen, daß man dies beinahe vergessen kann über dem anderen, daß Gott in die heillose Welt gekommen ist und einem unerträglichen, finsteren, hoffnungslosen Zustand ein Ende gemacht hat. Wären wir der Meinung: „Hauptsache leben – die Sache mit Gott mag dann eine erfreuliche, bereichernde Zutat sein", dann hätten wir dieses Augenmaß *nicht*. Im Konflikt mit Gott oder im Frieden mit Gott? Daran entscheidet sich alles. Man könnte dasselbe auch in das Wort des johanneischen Christus kleiden, das Tod und Leben von der Stellung zu seiner Person abhängig macht (11,25f. – altes Evangelium). Ist der Tod die Folge unseres Sünderseins (Röm. 5,12), dann wäre die Rückkehr eines Verstorbenen ins alte Leben nur die zweifelhafte Bevorzugung, dem physischen Sterbenmüssen aufs neue ausgesetzt zu werden und das Sterben an Gott unverändert vor sich zu haben. Aber es ist ja bei Jesus anders. In der persönlichen gnadenhaften Zuwendung („heimgesucht") durchbricht Gott – der Gott-in-Christus – die folgenreiche Distanz, die verschuldete Entfremdung. Was an dem „Jüngling" geschieht, ist eingebunden in das große Geschehen des Gottesheils. Wen Gott liebt, dem gibt er das Leben. Wer „gerecht geworden" ist und den „Frieden mit Gott" durch Christus erlangt hat, der darf sich „der Hoffnung der zukünftigen Herrlichkeit" rühmen (Röm. 5,1f.). Die Überwindung des Todes ist nur die Folge der Gnadenheimsuchung. Die Leute von Nain haben richtig reagiert: sie haben nicht ein sensationelles Mirakel bestaunt, sondern den Zeichencharakter dieses Einbruchs Jesu in die Welt des

Todes wahrgenommen. Sein eigentliches Leben, das der Auferstehung, hat der Jüngling nicht am Stadttor seiner Heimatstadt bekommen, sondern in der Auferstehung der Toten in der neuen Wirklichkeit. In Nain hat Jesus dem Tode *Schach* geboten.

2.

Dem Tode und seiner Macht widersteht auch *Gottes* – im Wirken Jesu sich verwirklichendes – *Erbarmen*. Daß den Mächten des Verderbens Schach geboten wird, das ereignet sich ja nicht nur dadurch, daß eine neue Weltstunde ausgerufen wird, sondern im konkreten Handeln an (zwei) bestimmten Menschen. Das Ausrufen des neuen Kairos werden wir nicht unterschätzen (Mark. 1,15). Indem das Herrwerden Gottes gepredigt wird, ereignet es sich; das Wort hat wirkende Kraft. Aber unsere Geschichte zeigt, daß dazu das diakonische Wirken Jesu an hilfsbedürftigen Menschen kommt. Die Situation fordert Jesu Erbarmen. Schlatter möchte überhaupt diese Totenerweckung als eine Tat der Barmherzigkeit ansehen: „Dem vorzeitigen Tod, der den Nächsten schwer trifft, nicht dem Sterben an sich, stellt er (Jesus) seine Macht entgegen. Für die der Hilfe bedürftige Mutter erweckte er den Sohn" (Das Evg. des Lukas, S. 253). Ähnlich Grundmann: „Sein Handeln ist Zeichen seiner Vollmacht über den Tod, das von seiner Barmherzigkeit bestimmt ist" (z. St.). Wir hätten Jesus nicht verstanden, wenn dieser Zweikampf mit dem Tod den Sinn hätte, vor den Menschen zu erweisen, wer mehr Macht habe, der Tod oder Jesus. Jesu ganzes Wirken ist nicht Machtkampf, sondern Großeinsatz der sich erbarmenden Gottesliebe. Es ist wahr: Gott erobert sich, indem er sein Reich aufrichtet, die ihm davongelaufene Welt zurück, aber er tut es nicht, indem er sie mit Macht zur Räson bringt, sondern indem er sie herumliebt. Er könnte seine Schöpfung fallen lassen, aber er *liebt* sie, er kann es nicht ansehen, daß sie an ihrer Sünde kaputtgeht.

So treibt ihn auch hier das Erbarmen. Anschauliche Schilderung. Jesus mit seinem Gefolge auf dem Weg zur Stadt. Sie sind schon nahe am Tor. Da („siehe") – ein Leichenzug. Jesu Blick (V. 13) gilt der trauernden Mutter. Liebe und Erbarmen fangen mit dem *Sehen* an. Wie anzunehmen ist, auch mit bestimmten Erkundigungen. Die hinterbliebene Mutter ist Witwe. Sie muß ihren Schmerz allein tragen. Schon das Alte Testament kennt die notvolle soziale Lage der Witwen, die Gesetzgebung nimmt sich ihrer – wie auch der anderen benachteiligten Gruppen (Waise, Fremdlinge, Arme, Tagelöhner) – besonders an. Daß die Propheten für das Recht der Witwen kämpfen müssen (z. B. Jes. 1,17; Jer. 22,3; Sach. 7,10), zeigt: ihnen wird ihr Recht vorenthalten. Jesus sieht auch so: er prangert gewisse Schriftgelehrte an, die scheinbar die prophetische Forderung befolgen und den Witwen zu ihrem Recht verhelfen, sich aber so hoch bezahlen lassen, daß das Eigentum der Witwen ihnen verfällt (20,47). Die Witwe hat es schwer, ihr Recht zu erkämpfen (18,2–5). Nun hat die Frau, die Jesus hier „sieht", zudem noch ihren einzigen Sohn verloren, einen jungen Menschen. Er war bisher ihr Ernährer. Was nun? Es ist wohl nicht allzu modern gedacht, wenn man dieser Feststellung hinzufügt: er war der Gegenstand ihrer ganzen Liebe, ihr Lebensinhalt. Immer wieder tritt Jesus für die Außenseiter, für die Benachteiligten und Rechtlosen ein. Ist es zuviel gesagt, wenn wir meinen, gerade für sie habe er „ein Herz"? Es ist *zuwenig* gesagt! In bezug auf Jesus meidet Lukas sonst ein so starkes Wort wie ἐσπλαγχνίσϑη; hier wendet er es an bzw. er läßt es stehen, wie seine Sonderquelle es bietet. „Es ging ihm an die Nieren" (σπλάγχα = Eingeweide). Die Frau mit ihrem Schicksal ist ihm mit einem Schlage ganz nah. Zweimal schon hat das Sterben des ihr nächsten Menschen sie getroffen (man übersehe nicht eine Feinheit: der Verstorbene war der einzige Sohn „für" seine Mutter – Dativus commodi, möglicherweise auch Semitismus, da „eingeborener Sohn" die übliche Genitivverbindung nicht zuläßt und Bildung mit ל nötig macht). Hier muß Jesus sich stark machen. Er wird den Frühverstorbenen ins Leben zurückrufen. Er wird der Mutter den Sohn zurückgeben. Aus seiner Heilandshand soll sie ihn wiederbekommen.

Die Machttat ist also eine Liebestat. Wieder werden wir an den Chorschluß denken, der das Geschehen deutet. So wahr Jesu Heilungen Liebestaten sind, auch sein tätiges Eintreten für Rechtlose, Arme, Bedrängte, Verlassene: wir hätten, worauf es ankommt, nicht erfaßt, wenn wir darin lediglich Zeichen einer humanitären Gesinnung sähen. „Gott hat sein Volk heimgesucht" – das ist der Kern der Sache. Es werden nicht bessere Sitten in der Welt eingeführt, sondern hier erfolgt der Angriff der Liebe Gottes auf das ganze Geflecht von unsichtbaren Mächten und Zwängen, denen die Welt um ihrer Sünde willen unterworfen ist. Gott „besucht" seine Welt und bringt seine Liebe und sein Erbarmen in sie hinein. Wohin immer Jesus kommt, geschieht dies. Die Frau, die sich von Gott vergessen, übersehen fühlen muß, fallengelassen und ihrem Schicksal preisgegeben: sie erfährt unerwartet die Liebe, die ihr Geschick wendet. „Er gab ihn seiner Mutter", damit fängt im Hause der Witwe überraschend ein ganz neues Leben an.

„Schach" – nicht „matt". Darin liegt die Anfechtung, der wir ausgesetzt sind. Es wäre zwar sachlich nicht falsch, aber menschlich taktlos, wollten wir am Sarge eines 17jährigen über Luk. 7 predigen; die Nächstbetroffenen könnten es nicht verkraften. Wir drängen auf Generallösungen: warum sorgt Jesu Erbarmen nicht dafür, daß tragische Fälle solcher Art sich überhaupt nicht mehr ereignen? Warum das „Erbarmen" nur in wenigen Einzelfällen? Warum nur die Zeichen und nicht die Sache selbst? Wir wollen uns vor vorlauten Antworten hüten. Die glatten Auskünfte wären lieblos und unwahr. Wir seufzen noch und sehnen uns. Wir sind wohl errettet, doch auf Hoffnung (Röm. 8,22–24). Wir sind aufs Glauben angewiesen, darauf, daß wir uns in Gott „festmachen" (hi. von אמן) gegen den Augenschein. Wer die Pauschallösungen will, die ungefragt, sozusagen über unsern Kopf hinweg, über uns kommen, will gerade nicht den Weg des glaubenden Wagnisses. Daß uns noch zugemutet wird, uns durch die Anfechtungen durchzukämpfen, läßt uns nach Gott fragen. Vielleicht aus großer Angst und Traurigkeit heraus. Die biblischen Glaubenszeugen wissen, daß man gerade so seine Erfahrungen mit Gott machen kann. Und andersherum gedacht: Wir sind nicht Jesus, und wir können nicht bewirken, daß der Tote sich aufrichtet und zu reden anfängt. Aber traurigen Menschen und solchen, die verlassen und ohne Hoffnung sind, beistehen, das können wir. Jesu Dienst durch seine Kirche! Man sage nicht, daß die Szene von Nain dann gar nicht hätte zu geschehen brauchen. Die Mächte des Verderbens, auch der Tod, stehen im Schach; im Prinzip haben sie das Spiel verloren. Unser diakonisches Erbarmen, in dem Jesus selbst wirksam sein will, ereignet sich im eschatologischen Horizont. Wir nehmen uns hilfsbedürftiger Menschen nicht *hinhaltend* an, sondern *hoffend*. Also nicht: man tut, was man kann, und am Ende der Tod. Sondern: wir tun, was wir vermögen, aber immer im Sinne des Zeichens, das auf Kommendes hinweist. Nicht *wir* stehen im Schach – noch für einen oder zwei Züge. Sondern *der Tod* steht im Schach. Glauben heißt hoffen.

3.

Aber nun ist, was am Stadttor von Nain geschehen ist, doch auch Gottes *Machtzeichen*. Es darf nicht der Eindruck entstehen, als wolle unsere Predigt den Sieg über den Tod verschweigen und statt dessen einfach über „Heimsuchung" und „Erbarmen" reden. So wahr die Auferweckung dieses jungen Menschen nur im Zusammenhang mit dem Ganzen des Evangeliums gesehen werden kann, so wahr ist, daß das Evangelium von der Auferstehung der Toten spricht, also von der Überwindung auch des „letzten Feindes"

(1. Kor. 15; Joh. 11). Wir halten fest: der Tag von Nain ist noch nicht der große Tag der Auferstehung. Aber das Machtzeichen deutet auf ihn hin. Jesus wird mit dem Tode fertig. Der verhangene Horizont wird aufgerissen. Man soll das Zeichen wahrnehmen.

Fleisch und Blut können das Reich Gottes nicht erben, auch wird das Verwesliche nicht die Unverweslichkeit erben (1. Kor. 15,51). Wir haben uns eingangs schon klargemacht: die Wiederherstellung sterblichen Lebens wäre nicht die Überwindung des Todes. Unvergängliches Leben gibt es nur in einer neuen – unverweslichen, den Begrenzungen irdischen Lebens entnommenen – *Welt*. Es liegt ja auf der Hand: eine Beseitigung des Todes unter den Bedingungen der begrenzten Welt ist schlechthin undenkbar. Die Medizin erhöht unsere Lebenserwartung. Wir nehmen dies alle dankbar an. Aber wir sollten den Tod als eine wohltätige Gesetzmäßigkeit irdischen Lebens ansehen. Auferweckung in die alte Welt hinein? Aufs Ganze gesehen: nein.

Dennoch wehren wir uns gegen das Sterben-Müssen. Mit Recht. Der Mensch ist in der Anrede Gottes begründetes Person-Sein. Er stirbt darum nicht wie irgendein anderes Geschöpf. Schaut Gott mich in Liebe an – als sein personhaftes Gegenüber –, dann bin ich zur Ewigkeit bestimmt. Aber ich muß sterben – verdientermaßen (Röm. 6,23; 1. Kor. 15,56). Das ist der Konflikt: ich habe mein Bestes, mein Eigentliches verspielt. Des Menschen Größe und sein Elend gehören zusammen (Pascal). Käme ich frei von meiner Belastung durch die Sünde, dann könnte ich wieder sein, wozu ich bestimmt bin.

Hier, an dieser Stelle, geschieht Gottes Machtwirken in Jesus Christus. Man könnte, was hier zu sagen ist, an 1. Kor. 15,12ff. aufzeigen. Heute versuchen wir, das „Zeichen" von Nain zu verstehen. Jesus geht dem Leichenzug entgegen. „Weine nicht!", sagt er der Frau. Im Hause des Jairus und am Grab des Lazarus gilt die Aufforderung dem Klagegeheul derer, die in der Atmosphäre des Todes die Dämonen abwehren wollen. Wo Jesus ist, haben sie keine Macht mehr. Es tritt Stille ein. Der Kult des Todes hat hier nicht mehr Sinn noch Raum. Auch der Sarg ist nicht unrein; Jesus berührt ihn ohne Scheu. Den Trauerzug bringt er zum Stehen. Mit mächtigem Wort redet Jesus den Toten an. Schon ist er kein Toter mehr.

Was sich in der Szene wirklich ereignet hat, können wir nicht wissen – nicht nur aus historischen Gründen. Wir brauchen es auch nicht zu wissen. Gott hat sein Volk besucht. Das Trennende ist weg. Damit sind auch unsere Feinde erledigt, auch der letzte Feind. Ohne Sterben kommt es nicht zur Auferstehung (1. Kor. 15,36). Vielleicht wird uns das Sterben schwer werden. Aber das ist nur die Kreuzesseite des Geschehens. Die Figur des Todes steht noch auf dem Brett. Jesus weiß aber schon seine nächsten Züge; der Ausgang dieses Spiels ist nicht zweifelhaft. Wir können uns ruhig schlafen legen. An unsern Sarg wird Jesus treten (V. 14).

17. Sonntag nach Trinitatis. Joh. 9,35–41

Über den Anfang des Kapitels haben wir am 8. S. n. Trin. gepredigt (s. d.). Die stufenweise vor sich gehende christologische Darlegung kommt mit dem Bekenntnis und der Proskynese des Geheilten an ihr Ziel. Es schließt sich ein kurzes Streitgespräch mit Pharisäern an, die seit V. 13 als Widersacher im Spiel sind – „offenbar ist an Gesetzeslehrer gedacht, die zu autoritativen Entscheidungen befugt sind" (Schnbg. zu V. 13). – In Kap. 9 wiederholen sich die wichtigsten Motive von Kap. 5. Die Transparenz des Geschehens für hintergründige Sachverhalte erinnert auch an Kap. 6, die Selbstoffenbarung Jesu an Kap. 4.

V. 35: Seit V. 7 ist Jesus nicht mehr auf der Szene. Die Auseinandersetzungen um den Geheilten enden mit dessen Ausschluß aus der Synagogengemeinschaft. So wird man ἐκβάλλειν verstehen müssen, wenn man an V. 22, auch 12,42; 16,2 denkt, auf christlichem Boden 3. Joh. 10 (so Bltm. z. St., auch ThWNT I, S. 526). Nun „findet" Jesus den Geheilten, wohl nicht zufällig. Er spricht ihn an;

der Mann, der ihn ja noch nie gesehen hat, kann ihn sehr wohl an der Stimme erkannt haben (man „darf" schon danach fragen – gg. Bltm. –, aber man muß nicht). Betontes σύ: „Wie steht das mit *dir*: glaubst du an den Menschensohn?" Die Menschensohnerwartung war nicht Allgemeingut. So ist die Frage sinnvoll, wenn sie sich zunächst nicht auf die Person Jesu, sondern allgemein auf die Gestalt des Menschensohnes bezieht (s. u.). – V. 36: καὶ τίς = wer denn? (14,22). Mit dem ἵνα-Satz drängt die Erzählung schon zum Folgenden. – V. 37: Das doppelte καί liebt der Vf. (7,28; 12,28 u. ö.): „Du hast ihn ‚sogar' gesehen (und hast ihn noch vor Augen – Perf.), ‚ja', der mit dir redet, der ist es." Ähnlich 4,26. – V. 38: Wie schon in V. 36 ist „Herr" einfache Anrede ohne christologische Bedeutung (Schnbg.). In welchem Sinne der Mann an Jesus glaubt, ist nicht nötig zu sagen, nachdem vom Menschensohn die Rede gewesen ist. Die Proskynese kommt im Joh.-Evg. sonst nur im Sinne der Verehrung Gottes vor (4,20–24; 12,20) – ein andeutendes Bekenntnis zur Gottheit Jesu.
V. 39: Mit dem Stichwort „Gericht" wird eine bestimmte Deutung des Menschensohnbegriffs aufgegriffen. κρίμα = Urteilsspruch, Gerichtsentscheidung. Über die „kritische" Bedeutung der Sendung Jesu schon 3,17–21; 5,22f.27.30. Das Sehen wird hintergründig verstanden – die ganze Heilungsgeschichte hat (ähnlich wie das Brotwunder Kap. 6) einen tieferen Sinn bekommen. Blind sein und sehen korrespondieren dem Begriffspaar Finsternis und Licht. Das Kommen des Lichtes bedeutet Gericht (12,46ff.). „Radikale Umkehrung der menschlichen Verfassung" (Bltm.). Das Sehen und die Blindheit im tieferen Sinn auch 8,12; 11,9f.; 12,35f.; 1. Joh. 2,8–11. Hinter dem Gericht steht die göttliche Sendung Jesu: so will es Gott. Beachte: „diese" Welt (wie 8,23; 12,31; 16,11). – V. 40: Sie bilden sich ein zu sehen – „eigentümliche Ironie" (Bltm.). Was geistliche Blindheit ist, könnten sie freilich wissen (Jes. 42,16.18ff.; 43,8, am eindrücklichsten 6,9f., zitiert Joh. 12,40). – V. 41: Doppelbedeutung von Blindheit. Noch mehr: sogar im Geistlichen reicht das Sehvermögen zum Schuldigwerden. An der Einstellung zu Jesus und seiner Sendung entscheidet sich, auf welche Seite die Menschen gehören.

Blind sein oder sehen: das ist natürlich zunächst ganz einfach die Frage nach der Funktionstüchtigkeit unserer Sehorgane. Wer im Wartezimmer eines Augenarztes sitzt und versucht, sich die Schicksale, Nöte und Hoffnungen der vielen Wartenden zu verdeutlichen, wird diese Frage nicht leichtnehmen. Aber das Kapitel, aus dem die Perikope stammt, sieht dahinter noch einen anderen Sinn dieser Frage, ohne ihre erste Bedeutung geringzuachten. Man könnte einwenden: erbaulicher Tiefsinn. Natürlich kann man vom Sehen im Sinne einer inneren Wahrnehmung reden. Aber muß man denn, was hier gemeint ist, so wichtig nehmen wie der Ausklang dieses Kapitels, also unser Text?
Die Denkfigur ist dieselbe wie in Kap. 6. Brot ist nötig; der Herr selbst hat die 5000 satt gemacht. Aber davon allein leben kann man nicht. Es bedarf des Brotes „vom Himmel", es bedarf dessen, der selbst das Brot ist. So ist es auch mit dem Sehen. Der Evangelist meint, mit dem Geschenk des Augenlichts – so wichtig dieses ist – wäre diesem Menschen noch nicht geholfen. Das Kapitel könnte da, wo die Perikope des 8. S. n. Trin. schloß, nicht zu Ende sein. Der Geheilte muß noch den Blick dafür bekommen, wer es ist, der ihn gesund gemacht hat. Anders: er muß noch seinen Gott und Herrn finden.
Was den Dringlichkeitsgrad *dieser* Erleuchtung angeht, werden die Meinungen der Menschen verschieden sein. Auch innerhalb der christlichen Gemeinde. Ja, in uns selbst dürften da – weniger in der dogmatischen Theorie, mehr in der Praxis des Lebens – mancherlei Unausgeglichenheiten und (geologisch gesprochen) Verwerfungen anzutreffen sein. Gesundheit, Auskommen, Sicherheit, Karriere, verschiedenerlei erfreuliche Zutaten zum Leben – und dann lange *nichts* – und ganz am Ende der liebe Gott, sozusagen als krönender Abschluß (zur Not freilich entbehrlich). Die Bibel sieht es ganz anders. Der, von dem, durch den und zu dem alle Dinge sind, ist nicht Überhöhung und Zierat, etwas, was man sich neben allem Lebensnotwendigen auch noch leisten kann, wenn man will. Er muß, sollen wir unser Dasein als Menschen nicht verfehlen, bei uns zu seinem Recht kommen. Gott – wir meinen Gott so, wie er für uns erfahrbar, greifbar, anschaubar wird: den Gott, der in Christus unser Gott wurde. Ihn muß der Geheilte noch „sehen" lernen, wenn er wirklich geheilt sein soll.

Jesus verschwindet zeitweilig aus dem Geschehen dieses Kapitels. Weil er, nachdem das Heilungswunder geschehen ist, überflüssig geworden wäre? Der Arzt, der Psychotherapeut, der Lehrer sollen sich überflüssig machen; es wäre schlecht, wenn der Mensch, denen ihr Dienst gilt, zu ihnen in Abhängigkeit geriete. Bei Jesus ist es anders (15,5c). Alle Geraden des – perspektivisch zu verstehenden – Kapitels laufen auf den christologisch-soteriologischen Ausgang zu, der uns als Grundlage für die Predigt gegeben ist. Diesmal ist es der Hoheitstitel *Menschensohn*, auf den hin sich der Gedankengang zuspitzt. Er legt sich nahe durch den Bildzusammenhang: Licht – Finsternis. Der Einfall des Lichts in die Welt der Finsternis hat *kritische* Bedeutung. Dazu paßt die Erwartung des Menschensohn-Richters, wie sie in der besonderen johanneischen Umprägung, d. h. aber: in der Vergegenwärtigung des Künftigen vorliegt. Wir versuchen, in der Überschrift den Sachgehalt dieser Menschensohn-Aussage aufzunehmen und in unsere Sprache zu übersetzen. So könnte sich etwa folgender Aufriß ergeben: *Der das letzte Wort über die Welt spricht, ist Jesus.* (1) *Blinde können dafür sehend werden.* (2) *Sehende können dafür blind bleiben.* (3) *Blind oder sehend: das ist das Gericht.*

I.

Der Blindgeborene ist zweimal sehend geworden; einmal, als er das Augenlicht empfing, das andere Mal, als er entdeckte, wer Jesus für ihn war und für alle Welt sein will und ist. Warum bedarf es dieser zweiten Erleuchtung? Wir leben nicht nur davon, daß Jesus uns das Licht gibt, sondern ebensosehr, ja überhaupt wesentlich davon, daß er es uns *ist*. Der, „ohn' den nichts ist, was ist“, muß in unserm Leben wirksam werden. Es kommt ja nicht nur darauf an, daß die Gegenstände unserer Welt beleuchtet sind und mit unseren Augen wahrgenommen und unterschieden werden können, so daß wir uns in unserer Welt zurechtfinden und nicht zu Fall kommen. Unser Dasein muß erhellt, durchlichtet, von seinem Ursprung und seinem Ziel her sinnerfüllt sein. Sind wir zur Gemeinschaft mit Gott erschaffen, dann sind wir blind, solange wir nur die Gegenstände der Welt und nicht *ihn* sehen. Leben ist nur, wo „Licht“ ist – im nächstliegenden, aber eben auch im übertragenen, d. h. in diesem Falle: im geistlichen Sinn. „Licht“ ist oft Bezeichnung von Glück und Heil, vor allem aber der göttlichen Sphäre. Wo Gott ist, ist Licht und Glanz (Ps. 104,2; Jes. 60,9f.; Jak. 1,17 u. a.). Nun wird aber der Gedanke des Sehens himmlischer Wirklichkeit in unserm Text anders gewendet. Nicht darin, daß Gotteserkenntnis Christuserkenntnis ist; dies findet sich auch an vielen anderen Stellen des Evangeliums. Hier zielt die christologische Auseinandersetzung, wie unser Kapitel sie darstellt, auf Christus als *Menschensohn*. Wir sahen: damit wird die kritische, die aufdeckende und zugleich scheidende Funktion des Lichts beschrieben, ähnlich wie in 12,46–48. Es wird davon nachher noch zu reden sein. Gott sehen? Niemand kann das (1,18; 6,46; 1. Joh. 4,12a). Nur wer den Sohn sieht, sieht den Vater (14,9; 12,45). Jedoch: wer erkennt schon in diesem Jesus von Nazareth „den Sohn“? Es ist nicht die Art der Offenbarung Gottes, sich den Blicken des Unglaubens preiszugeben. Wieder einmal – in den Texten dieser Reihe war dies nicht selten das Thema – geht es um die Durchdringung des Geheimnisses der Person Jesu, um seine Entdeckung. Das Kapitel zeigt, wie es bei dem ehemals Blinden und nunmehr Sehenden dazu kommt. Anlaß, nach der Person Jesu zu fragen, ist nicht einmal das Verlangen des Geheilten selbst. Auf die Frage, wie es zu seiner Heilung kam, kann er nur auf „den Menschen, der Jesus heißt“ hinweisen (V. 11). Für die christologisch Wissenden sicher eine bedeutsame Aussage; für die Titelfigur unserer Geschichte ein Ausdruck christologischer Naivität.

Der Verlauf der Heilungsgeschichte – Gang zum Teich Siloah – bringt es mit sich, daß der Blinde seinen Helfer verloren hat. Ein Mißgeschick? Es deutet freilich auch nichts darauf hin, daß er ohne die Nachfrage der Umstehenden und die beiden Verhöre an Jesu Person des weiteren interessiert wäre. Höhere Fügung: er wird so geleitet und zugleich gefordert, daß er zuletzt auch geistlich sehen lernt.

„Dieser Mensch ist nicht von Gott", behaupten die Gegner (V. 16). Schon mancher ist gerade durch den Widerspruch der Widersacher Jesu zu weiterem Nachdenken angeregt worden. Ein sündiger Mensch kann doch nicht ein solches Zeichen tun! Wie in der vorangehenden Perikope legt sich der Schluß nahe: „Er ist ein Prophet" (V. 17). In der Tat: das Faktum der Heilung spricht sehr dafür. Darum müssen die Gegner ebendieses Faktum in Zweifel ziehen (VV. 18ff.). Vergeblich. Ebendas Faktum wiegt für den Geheilten verständlicherweise so schwer, daß er auf die Beschuldigung, Jesus sei ein Sünder, geradezu belustigt reagiert: „Ob er ein Sünder ist, weiß ich nicht; (nur) eins weiß ich: ich war blind und sehe jetzt" (V. 25). Die Parteinahme des Geheilten für seinen Wohltäter ist unverkennbar; er scheint heimlich sein Jünger geworden zu sein (V. 28). Es ist geradezu faszinierend, wie unter dem Widerspruch der Gegner sich die Christuserkenntnis des Geheilten herauskristallisiert. „Woher dieser ist, wissen wir nicht", haben sie gesagt und damit – nicht wissend, was sie tun – auf die Stelle gedeutet, von der her die Antwort gesucht werden muß. Der Geheilte ist wach geworden, er sieht, in welche Richtung er weiterdenken muß. „Das finde ich verblüffend, daß ihr nichts wißt, woher er ist, und er hat doch meine Augen geöffnet ... Wäre dieser nicht von Gott, hätte er nichts vollbringen können" (VV. 30–33).

Diese Auskunft ist so markant, daß sie zur Exkommunikation aus der Synagoge führt. Und doch bedarf sie noch der Vertiefung und Konkretisierung. Diese kommt von Jesus selbst. Man beachte: auch die Erfahrung eines Wunders macht die Christuserkenntnis noch nicht eindeutig, nicht einmal dann, wenn man das Wunder nicht nur als Augenzeuge mit angesehen, sondern an sich selbst erfahren hat. Jesus tritt wieder auf. Er hat von der Exkommunikation gehört; sein Schützling soll nicht heimatlos werden, Jesus selbst macht ihn sehend für das Geheimnis seiner Person.

Man kann den kleinen katechetischen Gesprächsgang verschieden verstehen. Die Rückfrage des Mannes (V. 36) veranlaßt die Kommentatoren, die Frage nach dem Menschensohn (V. 35) auf eine gegenwärtige Gestalt zu beziehen, also nicht – nach Dan. 7 – an den auf den Wolken des Himmels Kommenden zu denken. Mir scheint, daß damit die Pointe verlorengeht. Die Menschensohnerwartung konkurriert im spätjüdischen Denken mit anderen Erwartungen (königlicher oder priesterlicher Messias, wiederkehrender Elia oder Mose oder auch Heilserwartung ohne bestimmte Gestalt) (ThWNT VIII, S. 432). Bestimmte Gruppen erwarteten den Menschensohn (ebd.). Jesu Frage ist daher sinnvoll; sie testet, ob das, was Jesus dem Manne beibringen will, anhand der Menschensohnvorstellung zu verdeutlichen ist. Daß der Mann dann doch nicht auf den am Himmel erscheinenden Menschensohn aus ist, sondern ganz weit gefaßt fragt (die Frage: „wer ist es?" muß nicht einmal auf eine Gegenwartsgestalt zielen), ist Anpassung an das Gefälle des Gesprächs. Entscheidend ist Jesu Selbstbekenntnis.

Nach Dan. 7,14 wird dem Menschensohn vom „Hochbetagten" die Weltherrschaft übertragen, nach dem äthiopischen Henochbuch (wahrscheinlich 1. Jh. v. Chr.) wird er außerdem das Gericht halten (62,5; 69,27.29). An letzteres ist hier angeknüpft. Der Vater hat dem Sohn „Macht gegeben, das Gericht zu halten, weil er des Menschen Sohn ist" (5,27). Man wartet auf den, der vom Himmel kommt und über die Welt – als Richter – das letzte Wort spricht. Und Jesus sagt: „Du hast ihn gesehen (und hast ihn eben jetzt vor Augen); und der mit dir redet, der ist es." Die Erwartung des kommenden Menschensohnes wird vergegenwärtigt. Wo Jesus ist und mit Menschen umgeht, da fällt schon die Entscheidung fürs Eschaton. Da ist Gott unmittelbar gegenwärtig. Was für eine Entdeckung: der Geheilte hat es, wenn er vor Jesus steht, mit dem ‚Kyrios" zu tun, der die Schlüsselfigur der Geschichte ist, die sich zwischen Gott und der Menschheit abspielt. Erst hieß es: „der Mensch, der Jesus heißt"; jetzt fällt der Mann Jesus zu Füßen. Sein Retter ist nicht irgendeiner. Er hat es mit dem zu tun bekommen, dem alle Vollmacht gegeben ist im Himmel und auf Erden. Ihm sind noch einmal die Augen aufgegangen – in der Sprache des Epheserbriefs: die erleuchteten Augen des Herzens (1,18). Die Geste der Anbetung und Huldigung besagt: er hat seinen *Gott* gefunden.

2.

Die Christuserkenntnis des Geheilten hat sich zwar schrittweise vollzogen, in bestimmten noch erkennbaren Überlegungen und dann unter dem eigenen Wort Jesu; aber in dem allem doch recht mühelos, weil mit einer bestimmten inneren Notwendigkeit. Es war keine umständliche dogmatische Belehrung nötig. Das Christusbekenntnis der Kirche sieht sich nur von außen her so an, als bedürfe es bestimmter innerer Kraftanstrengungen und Aufschwünge, vielleicht gar einer Vergewaltigung des menschlichen Denkens. Für die, denen es „aufgegangen" ist, ist es nicht „dogmatischer" Zwang, sondern innere Erfahrung. Sie sind von Jesus und seiner göttlichen Vollmacht nicht nur überzeugt, wie man von irgendeinem Sachverhalt überzeugt ist, sondern überwunden, überwältigt. Fleisch und Blut hat es ihnen nicht offenbart, sondern der Vater im Himmel. In Freiheit bekennen sie: er ist es!
Man kann Jesus natürlich auch mit anderen Augen ansehen. Es muß nicht einmal die feindselige „Optik" sein, wie wir sie im Text bei den Pharisäern finden. Man kann Jesus so sehen, daß man ihn einfach ins Humanum mit seinen vielerlei möglichen Variationen einordnet. Es gibt nur wenige, die ihm, so gesehen, ihren Respekt versagt haben, und dies nicht nur im abendländischen Kulturkreis. Zum Humanismus gehört nicht nur das Ethos, sondern auch die Religion, sofern man sie nicht grundsätzlich negiert und das Humanum bewußt ohne sie verwirklichen will. Auch als besonders eindrucksvolle religiöse Persönlichkeit wäre Jesus einfach einer von uns. Das moderne Judentum zollt ihm in dieser Hinsicht hohe Achtung. Daß Jesus tief in der frommen Überlieferung seines Volkes verankert war und aus ihr lebte, dafür gibt es viele eindrucksvolle Belege. Sollen wir uns nicht mit dieser Sicht begnügen? Der vom Dogma für Jesus erhobene Anspruch der Göttlichkeit könnte uns den Zugang zu Jesus eher versperren als eröffnen.
Nun kommt es aber im Text zur Proskynese, die nur Gott gebührt (so jedenfalls nach dem vierten Evangelium, 4,20–24; 12,20). Es würde nicht genügen, zu sagen, „dieser Mensch" sei „von Gott", was die Juden zugestehen würden, wenn Jesus den Sabbat nicht gebrochen hätte (V. 16). Ihr Protest erhebt sich auch noch nicht unmittelbar gegen die Prädizierung Jesu als „Prophet" (V. 17). Sie selbst haben auf den entscheidenden Punkt hingedeutet: „Woher aber dieser ist, wissen wir nicht" (V. 29). Auf diese Frage gibt unser Evangelium mannigfach Antwort. Schon der Prolog sagt es, „daß in der Person Jesu die jenseitige göttliche Wirklichkeit im Raume der irdischen Welt hörbar, sichtbar, greifbar geworden ist" (Joh. 1,1–18; 1. Joh. 1,1–4) (So Bltm., ThNT § 45,1). Jesus ist „der Christus, der Sohn Gottes, der in die Welt gekommen ist" (11,27); er ist vom Vater gekommen, von oben, vom Himmel (viele Stellen, s. Konkordanz). Jesus steht gewiß auch mit uns auf einer Ebene („der Mensch, der Jesus heißt", V. 11), aber er ist zugleich ganz anderen Ursprungs, so anstößig dies den Pharisäern unseres Textes auch sein mag. Und eben dafür sind sie *blind* (V. 40).

Sie sind es nicht in dem Sinne, daß für sie nur die den Sinnen zugängliche Welt als Wirklichkeit anerkannt würde. Bei uns selbst könnten solche Gedanken aufkommen, und im Gespräch mit Nichtchristen werden sie selbstverständlich immer wieder eine Rolle spielen. Auch hier würde Jesus natürlich von Blindheit reden. Daß nur das Erfahrbare wirklich ist, ist für das Denken des Glaubens eine gewaltige Verengung des Wirklichkeitsverständnisses. Der lückenlose Zusammenhang natürlichen Geschehens wäre kein überzeugender Beweis für das Nichtsein Gottes und seiner „himmlischen" Welt, denn den Gott in den Lücken predigen wir sowieso nicht. Wie wollte man aber das Ganz-Andere mit Argumenten leugnen, die dem Vorfindlichen entnommen sind? Wer Gott negiert, kann das nur mit der Begründung, daß er für dieses Ganz-Andere eben kein Organ habe. Dies nehmen wir ihm selbstverständlich ab. Ja, wir sagen selbst, daß der natürliche Mensch gottblind ist; er „vernimmt nichts vom Geist Gottes" (1. Kor. 2,14). Etwas komplizierter liegen die Dinge bei den Pharisäern, die im Text als Gegenspieler auftreten. Sie müßten eigentlich „sehen", aber sie sehen nicht. „Sind wir etwa blind?" Ja und nein; wir kommen noch darauf.

Die Christusblindheit der Gegner hat zwei Gründe. Sie sind beide theologischer Art. Der eine: „Dieser Mensch ist nicht von Gott, weil er den Sabbat nicht hält" (V. 16). Der Blick für das Göttliche in Jesus ist ihnen verstellt durch die Planke ihrer Gesetzlichkeit. Da kann Gott selbst in diese Welt kommen – über die Tora darf er sich nicht hinwegsetzen; gemeint ist das Gesetz, wie sie es verstehen. Gott ist gefangen in der Lehre der theologischen Fachleute. Sie meinen, Gott werde doch seinem im Gesetz deklarierten Willen nicht widersprechen. Jesus weiß: Gott hat den Sabbat anders gemeint, als seine jüdischen Toragelehrten ihn verstehen (Mark. 2,27f.; 3,4), und für ihn steht fest, daß keine menschliche Korrektheit – weder die jüdische noch die anders formierte irgendwo und -wann – das Reich Gottes herbeiführt, sondern Gottes eigene Initiative des weltweiten Erbarmens. – Der zweite Grund: Die Pharisäer sind überzeugt, „daß Gott mit Mose geredet hat" (V. 29); daß er aber selbst Mensch werden und unter uns leben und wirken kann, das ist für sie Blasphemie. Der Gedanke der Inkarnation ist ihnen fremd und indiskutabel. Auch das ist für das wirkliche Kommen Gottes in Jesus Christus eine Sperre ihres Denkens. So sind sie blind für das, was sich im Auftreten und Wirken Jesu ereignet.

Die Gegner Jesu sehen, aber für die Christuswirklichkeit sind sie blind. Sie übersehen und übergehen den wirklichen Gott, wie er in Christus zu uns gekommen ist. Ja, sie werden ihn noch ans Kreuz bringen. Die Juden? Sie sind wohl in der Passionsgeschichte gewissermaßen die Akteure gewesen (z. B. 19,15), aber doch nur als Exponenten des Allgemein-Menschheitlichen. Jesus ist nicht an der Blindheit der Juden allein gestorben, sondern an der Gottentfremdung und Verblendung der ganzen Welt. Die Juden sind nur Beispiel dafür, „wie der menschliche Sicherungswille das Wissen um Gott verdreht" (Bltm., a. a. O., § 44,2). Man könnte ja einwenden: wenn die Doxa Jesu dem natürlichen Auge sowieso nicht erkennbar ist, woher dann der Vorwurf schuldhafter Verblendung? Der Einwand hat nicht nur historischen Sinn. Wie soll ich die Aureole Jesu entdecken, wenn er keine trägt? Der Evangelist würde entgegnen, daß mein Einwand in ganz verkehrte Richtung geht. Ich sollte nicht versuchen, betrachtend an Jesus himmlischen Goldglanz zu entdecken, sondern ich sollte *mich ihm stellen*. Man muß Gottes Willen, wie er in Jesus erkennbar wird, *tun*, dann wird man „innewerden, ob diese Lehre von Gott sei, oder ob ich von mir selbst rede" (7,17). Die „Wahrheit" will *getan* sein (3,21), und ebendies geschieht, indem man an Jesus *glaubt*. In der theoretischen Haltung ist hier nichts zu entdecken. Christ ist man in der glaubenden *Existenz*. Erkenntnisvermögen und Praxis hängen zusammen. Blindheit ist eben nicht bloß eine Sache des mangelnden Wahrnehmungsvermögens. Man muß es mit Jesus wagen, dann wird man merken, wer und woher er ist.

Weigern wir uns, dann bleiben wir blind. Vielleicht beteuern wir, wir hätten an diesem Jesus wirklich nichts Zwingendes entdeckt; in Wirklichkeit haben wir uns von innen her versperrt.

3.

Wir müssen auf die Aussage vom *Menschensohn* zurückkommen. Das Johannesevangelium versteht den Begriff zumeist als Bezeichnung für den Präexistenten, der Mensch geworden ist und – in seiner Erhöhung – zu Gott zurückkehren muß (1,51; 3,13f.; 12,23.34; 13,31 u. ö.). Der jüdische Hintergrund des Begriffs zeigt sich darin, daß Jesus der *Weltrichter* ist (noch einmal: 5,27). Er spricht über uns alle das letzte Wort. Das letzte Wort: das kann heißen, daß er am Ende der Zeit über uns urteilt, das kann auch bedeuten, daß sein Wort das letztgültige Wort über uns ist, gleich, wann es gesprochen wird. Es ist die Eigenart johanneischer Denkweise, daß das Zukünftige des Eschaton nicht etwa geleugnet wird – man müßte sonst mit dem Rotstift arbeiten – , wohl aber ganz ins Gegenwärtige projiziert wird. *Heute* entscheidet sich, was *morgen* sein wird. Indem ich heute glaube, verwirklicht sich die Gottverbundenheit, die in Ewigkeit mein bestes Teil sein wird. Heute schon bin ich auferstanden, indem ich mit Christus verbunden bin, und dieses Auferstandensein wird sich fortsetzen und vollenden in der kommenden Welt, in der der Herr jetzt schon ist. So ist es auch mit dem Gericht. Christus spricht über uns alle sein letztes Wort, aber wie es lautet, entscheidet sich jeweils im jetzigen Augenblick.

In Jesu Kommen in die Welt vollzieht sich das Gericht (V. 39). An ihm scheiden sich die Menschen (z. B. 6,60–71). Eigentlich soll und will Jesus gar nicht Richter sein (3,17). Aber faktisch ist er es darin, daß sein an uns ergehendes Wort unsere Entscheidung herausfordert und damit auch die Scheidung bewirkt (3,19–21). Im Sinn unseres Textes und mit seinen Worten: das Gericht besteht darin „daß, die da nicht sehen, sehend werden, und die da sehen, blind werden". Einfach eine mechanische Umkehrung dessen, was ist? Sicher nicht. Wir haben es unter (1) und (2) bedacht. Aber tatsächlich vollzieht sich die Scheidung. Es liest sich geradezu beunruhigend, besonders wenn man 12,38–41 mit heranzieht. Hat Jesu Kommen diesen Sinn, die große Scheidung zu bewirken, dann steht dahinter „göttliche Verfügung". Es sieht so aus, als dürften die bisher Blinden sich des Sehens freuen, während die nicht-sehenden Sehenden immer blinder werden müssen. Aber es ist wohl richtig gedacht, was Schnackenburg in diesem Zusammenhang ausführt: „Das gleiche Geschehen kann gleichsam von unten, aus der Verfassung des Menschen, und von oben, aus der Festsetzung Gottes betrachtet werden. Beides ist für Johannes unaufhebbar und unentwirrbar miteinander gegeben. Sobald man die göttliche Verfügung als gewollte Verblendung bestimmter Menschen isoliert, verfehlt man die theologische Intention des Evangelisten" (z. St.).

In der Tat: die Blindheit der Widersacher Jesu ist nicht prädestinatianisches Schicksal, sondern *Schuld*. Sehen sie auch, eingesponnen in ihre theologischen Vorurteile, die Doxa Jesu nicht, so sind sie doch nicht so blind, daß sie keine Sünde hätten; gerade weil sie sich für sehend halten – und es in bestimmtem Sinne auch sind – , bleibt ihre Sünde. Sie haben Jesu Wort gehört, und sie können es auf dem Hintergrunde der überlieferten Glaubenserfahrung Israels verstehen. Sie können *soviel* verstehen, daß sie wissen, was sie ablehnen. „Wäre ich nicht gekommen und hätte es ihnen gesagt, so hätten sie keine Sünde; nun aber können sie nichts vorwenden, ihre Sünde zu entschuldigen" (15,22). Das ergehende Wort Jesu zwingt uns, zu ihm Stellung zu nehmen. Wir können's nicht anstehen lassen. Insofern ist es gefährlich, das Wort zu hören. Aber es ist auch etwas höchst Erfreuliches. Denn so kommt es dazu, daß wir aus unserer Unentschiedenheit, aus dem das spe zifisch Menschliche verleugnenden Dämmern herausgeholt werden. Jesus stellt uns. Nicht um uns zu verurteilen, sondern um uns die Entscheidung für ihn abzuverlangen, die fällige Entscheidung zu unserm Besten. Der Geheilte hat sie vollzogen. Daß wir richtig ausgelegt haben, als wir die ganze Perikope auf den Menschensohn bezogen, zeigt das Logion, das den synoptischen Hintergrund für unsere Perikope bilden dürfte: Wie man sich zu Jesus stellt, so wird Jesus sich in seiner Rolle als der (heutige und künftige) Menschensohn zu uns stellen (Matth. 10,33 oder auch die wahrscheinlich ältere Fassung Luk. 9,26). An ihm entscheidet sich, was wir sind und sein werden.

18. Sonntag nach Trinitatis. 2. Mose 20, 1–17

Es finden sich im AT außer dem Dekalog noch andere festgeprägte Gebotsreihen, so z. B. der „sichemitische Dodekalog" (Deut. 27,15ff.) und die Zwölferreihe aus dem Heiligkeitsgesetz (Lev. 19,13–18), auch der „Torso" Exod. 21,12.15–17, der in das Bundesbuch eingegangen ist. Dem Dekalog, im AT als „die Zehn Worte" bezeichnet (34,28; Deut. 4,13; 10,4), kommt aber dabei eine besondere Bedeutung zu. „Sitz im Leben" dürfte das Bundeserneuerungsfest von Sichem sein, das wohl alle sieben Jahre gehalten wurde (Deut. 31,10f.) und bei dem die Zehn Gebote an hervorgehobener Stelle feierlich verlesen wurden (G. von Rad, ThAT I, S. 194). Dies im Blick zu haben ist wichtig, weil damit deutlich wird: die Gebote sind nicht bloß zeitlos geltendes Gottesrecht, sondern der Gehorsamsanspruch des Bundesgottes wurde aktuell über jeder Generation erneuert, als wäre sie die Generation des Auszugs (Deut. 5,2–4; 29,10ff. – man könnte von „repraesentatio" sprechen). Es handelt sich um apodiktisches, also situationslos proklamiertes und immer wieder unbedingt geltend gemachtes Gottesrecht.

Die Form zeigt, daß der Dekalog in seiner heutigen Gestalt nicht aus einem Guß ist. Wechsel zwischen Gottes eigener Rede und Rede über Gott, zwischen positiv und negativ gewendeten Geboten, zwischen knapp formulierten Geboten und solchen mit erläuternden oder begründenden Zutaten (wobei beim Sabbatgebot der Unterschied zwischen der schöpfungstheologischen Begründung in Exod. 20 und der sozialen in Deut. 5 auffällt). Indem der Katechismus das Beiwerk weitgehend wegläßt, nähert er sich der vorauszusetzenden lapidaren Urform.

Anhaltspunkte zur Bestimmung des Alters bietet der Dekalog nicht; seine Herkunft von Mose ist weder zu beweisen noch zu bestreiten (von Rad, a. a. O., S. 27, A. 7). Die Einkleidung in die Sinaiperikope ist natürlich sekundär. Klassische Prophetie setzt ihn voraus (Hos. 4,2); er enthält aber noch nicht ihre im engeren Sinne sozialen Forderungen (M. Noth im ATD, S. 134).

V. 2: Selbstvorstellungsformel wichtig in einer Zeit, in der man die Götter anderer Völker noch nicht als nichtexistent ansah (2. Kön. 3,27: Kamosch, der Gott der Moabiter). Sie ist zu übersetzen: „Ich bin Jahwe, dein Gott", nicht: „Ich, Jahwe, bin dein Gott" (W. Zimmerli, Ich bin Jahwe, Festschrift f. Alt, 1953, S. 179ff.). Vgl. Gen. 28,13; Exod. 3,6.– V. 3: Der Singular des Prädikats neben dem pluralischen Subjekt ist auffällig, vgl. aber Jos. 24,19; Jer. 10,10. אֵל אַחֵר wäre aber, wie 34,14; Ps. 81,10 zeigen, durchaus möglich. עַל־פְּנֵי scheint in den kultischen Bereich zu deuten („mir gegenüber", d. h. „entgegen bzw. vor meinem Angesicht" – so Noth z. St.); von Rad (a. a. O., I, S. 203) empfiehlt die von L. Köhler vorgeschlagene Übersetzung: „mir zum Trotz" oder (nach Deut. 21,16) „mir zum Nachteil". – V. 4: Gottheiten in Fischgestalt kannten die Philister und die nordsemitischen Völker. „Wasser unter der Erde" nach dem babylonischen Weltbild (Gen. 7,11). Es geht nicht nur gegen die Großgottheiten, sondern auch gegen den Glauben an Mächte der untern Sphäre (Dämonen, Totengeister usw.). Über den Sinn des Bilderverbots s. u. – V. 5: Zutat aus dem Bereich des Deuteronomiums. Rückbezug auf V. 3. Auswirkung auf „mehrere Generationen". – V. 6: Breitenwirkung (ohne daß noch in Generationen gedacht wäre). – V. 7: Den Namen „anheben" (wie ein Lied – Num. 23,7ff.; Ps. 81,3) = ihn „aussprechen" darf man nicht „zu nichtigem Zweck". Im Namen ist der Namensträger anwesend! – V. 8: gedenken = nicht übersehen = halten. Von Kulthandlungen ist nicht die Rede, durch die der Sabbat sich heraushöbe. – V. 11: Begründung weist auf P-Schöpfungsbericht, ist also späten Ursprungs. – V. 12: Angeredet sind erwachsene Kinder, die ihre alten Eltern ehren sollen. – V. 13: רצח = totschlagen (die Todesstrafe vollstrecken würde mit dem hi. von מות, das Töten im Kriege durch הרג ausgedrückt sein). – V. 15: Ursprünglich dürfte an Raub von Menschen gedacht sein (Gen. 40,15; Exod. 21,16; Deut. 24,7), später verallgemeinert. – V. 16: forensische Situation (im Tor). – V. 17: „begehren" bedeutet immer auch „sich bemächtigen"; bei „Haus" kann auch an das Zelt und die Familie gedacht sein. Unantastbar muß der ganze Besitz sein (zu dem nach atl. Eherecht auch die Frau gehört).

Auf die Frage des Schriftgelehrten im alten Evangelium des Sonntags antwortet Jesus mit dem „Höre, Israel" und dem Gebot der Nächstenliebe aus dem Heiligkeitsgesetz (Mark. 12,29–31). Jesus hätte auch auf den Dekalog hinweisen können wie bei der Frage des „reichen Jünglings" nach dem Weg zum ewigen Leben (Matth. 19,17–19). Paulus sieht die Gebote des Dekalogs – genauer: die der zweiten Tafel – im Gebot der Nächstenliebe zusammengefaßt; er kann sich darin mit dem synoptischen Jesus eins wissen (Röm. 13,9). Die Urchristenheit hat den Dekalog im Ohr (z. B. Jak. 2,11; Röm. 7,7). Und zwar nicht im Sinne des „Gesetzes", das nur dazu da ist, die Sünde aufzudecken, ja zu steigern und die Eigenmächtigkeit des auf sich selbst gestellten Menschen ad absurdum zu führen, sondern im Sinne des Gebotes, das heilig, gerecht und gut ist (Röm. 7,12) und in dem christliches Leben seine Gestalt gewinnt. Der Dekalog ist ja auch ursprünglich nicht so gemeint gewesen, wie in nachexilischer oder gar spätjüdischer Zeit das „Gesetz" überhaupt verstanden wurde: als eine „absolute Größe", nicht mehr in dienender Funktion, sondern als das „Diktat", „das sich seine Gemeinde gebieterisch selbst schuf" (von Rad, a. a. O., S. 201), vor allem aber: als Weg zum Heil, zum Freiwerden vom Bösen und zum Ausbau der eigenen Position vor Gott. Wir werden noch sehen, wie der Dekalog die Heilstat Gottes voraussetzt, die Befreiung aus Ägypten und den Bund, in dem Jahwe sich als „dein Gott" vorstellt. Der Dekalog ist ursprünglich „evangelisch" gemeint, er wird erst recht von uns, der neutestamentlichen Gemeinde, evangelisch zu verstehen sein.

Ein System der Ethik bietet er nicht. Er ist überwiegend negativ formuliert. Die Umformung ins Positive dürfte schon ein späteres Stadium der Entwicklung darstellen (vgl. V. 12 mit 21,17 und Deut. 27,16). Es werden nur besonders krasse Versündigungen genannt, Zeichen gesetzt, an denen zu erkennen ist, wo die Verbundenheit mit dem Gott Israels verleugnet und zerbrochen ist. Das ist übrigens in der christlichen Gemeinde nicht anders – man denke an die Anathema-Stellen des Neuen Testaments oder an Offb. 22,15. Die Imperative sind nicht mit אַל verneint, wie man erwarten sollte, sondern mit לֹא; es wird also nicht gewarnt und verwehrt, sondern deklariert: „Das gibt es nicht, daß du tötest, die Ehe brichst oder stiehlst." Der Dekalog ist wie ein Tafelberg: an den Rändern steile Abstürze, aber oben ein großes Plateau, auf dem man sich frei bewegt. Der Dekalog läßt viel Spielraum für eigene sittliche Entscheidung. Er stellt nicht Maximalforderungen auf. Die Zugehörigkeit zu Jahwe setzt Maßstäbe, aber diese schlagen sich nicht – wie in spätjüdischer Gesetzlichkeit – in einem Gitterwerk von Vorschriften nieder, sondern bestimmen die Richtung, in der man eigene Entscheidungen zu fällen hat. Auch wenn Jesus den Dekalog auslegt (Matth. 5), füllt er den Freiraum nicht mit Gesetzen, sondern fragt – und das allerdings unerbittlich scharf – nach dem, was sich auf dem Grund des Herzens findet. Darin trifft er, was im Dekalog durch die totale Bindung an Jahwe gemeint ist.

Unsere Predigt kann den Dekalog nicht auslegen; wir brauchten dazu Reihenpredigten (etwa wie sie Luthers Großem Katechismus, 1. Hauptstück, zugrunde liegen). Wir können nur unter verschiedenen Gesichtspunkten jeweils das Ganze zu beleuchten versuchen. Etwa so: *Du sollst – du sollst nicht, das ist* (1) *Gebot,* (2) *Gottes Gebot,* (3) *Gottes Gebot für sein Volk.*

I.

Die Formulierung unserer Schlagzeile – „du sollst/du sollst nicht" – will deutlich machen, daß es sich hier nicht um Ratschläge und Anregungen, sondern wirklich um Gebote handelt. Für den sich autonom verstehenden Menschen eine Zumutung: er soll sich diskussionslos einem anderen Willen beugen. Überzeichnen wir den Sachverhalt? Auch wer sein eigener Gesetzgeber sein will, wird nicht töten oder stehlen oder sich sonst an fremdem Gut bereichern wollen; er braucht kein Gebot, denn sein eigener Kompaß zeigt ihm die einzuschlagende Richtung. Wir halten trotzdem an dem Wort Gebot fest und meinen damit tatsächlich den souveränen gebieterischen Willen, der über uns ist. Das Zeremoniell des Bundeserneuerungsfestes von Sichem läßt es erkennen, daß hier heiliger Wille sich kundtut und respektiert, mehr noch: befolgt sein will. Hier geht man nicht davon aus, daß „jeder selbst am besten weiß, was er zu tun und zu lassen hat" – so drükken wir uns ja gern aus – , sondern daß wir hier einem fordernden und verbietenden Willen unterworfen sind. Es scheint, dies müsse gesagt werden, weil wir uns in unserm modernen Leben sehr an Beliebigkeit gewöhnt haben und an das Ermessen als oberste Instanz. Wer hat mir schon etwas vorzuschreiben?

Es ist daran, daß man sich ans eigene ethische Urteil hält, viel Richtiges. Sich gedanken- und kritiklos fremdem Willen unterstellen und sittliche Entscheidung gewissermaßen delegieren: das wäre nicht der in der Schrift gemeinte Gehorsam. Gottes Gebote wollen nicht einfach hingenommen, sondern begriffen werden (v. Rad, S. 199). Auch sind die Gebote so weit gefaßt, daß man ihnen sozusagen „erfinderisch" gehorchen kann, im eigenen Nachdenken darüber, wie man dem Willen Gottes in der jeweiligen Situation gerecht wird. Gebote sind eingeschlagene Richtungspfähle und unversetzbare Grenzsteine. Deutlich ist gesagt, wohin Gottes Wille zielt und wie weit sich unser Spielraum erstreckt. Aber wie im Konkreten das Gebot zu erfüllen ist, das haben wir selbst ausfindig zu machen.

Am vierten Gebot sahen wir schon das schöpferische Weiterdenken. Was sich erst nur auf die alt gewordenen Eltern der inzwischen selbständig gewordenen Kinder erstreckte, gewinnt erweiterte Bedeutung. Am fünften Gebot ist uns längst klargeworden, daß wir der Unantastbarkeit des Lebens nicht einfach so gerecht werden, daß wir die verschiedenen Verben säuberlich scheiden, als dürfe man zwar nicht morden, könne aber beim Krieg ein gutes Gewissen haben. Oder, um nur noch ein Beispiel zu nennen, die Unverletzlichkeit des Eigentums und des Lebensbestandes des Mitmenschen: das Gebot schließt für uns auch das Volkseigentum ein, und wir haben beim Wort vom Stehlen und Begehren an viel mehr zu denken als an Gegenstände, die wir womöglich dem Nächsten aus der Tasche holen oder aus dem Hause wegtragen; der ganze Bereich der sozialen Ordnung ist inbegriffen. Immer neue Situationen fordern die sittliche Entscheidung stets aufs neue.

Aber wie gut, daß uns unverrückbare Gebote gesetzt sind! Gottes Gebot ist eben nicht nur das harte Gesetz, von dem der Galaterbrief spricht, sondern auch die hilfreiche Weisung, die die Psalmen 1 und 119 meinen. „Er hat uns wissen lassen sein herrlich Recht und sein Gericht" (EKG 188,2). – Ein Katechet berichtete, er habe es mit Kindern zu tun gehabt, die einen starken Widerwillen gegen die Gebote hatten. Er erbot sich, mit ihnen einmal in Ruhe zu bedenken, was wohl wäre, wenn es die Gebote nicht gäbe; sie sollten sich als Beispiel eines der Zehn Gebote auswählen. Sie wählten das siebente. Wir brauchen hier nicht auszumalen, was wohl geschähe, wenn niemand gehindert wäre, zu ergreifen, was ihm beliebt: in der Wohnung des anderen, in dem großen Kaufhaus, aus den Kassen und Konten der Banken (usw.). Es bedarf nur geringer Phantasie für die Vision des Chaos, die sich hier einstellen muß. Gottes gutes Gebot erhält uns das Leben. Wir sollten es ja nicht als Fessel ansehen, sondern als Hilfe.

Die geschaffene Welt Gottes ist in Ordnungen verfaßt; die gefallene Welt wird durch sie vor Schlimmstem bewahrt. In der Natur funktioniert die ihr eingeschaffene Ordnung von allein; wir sind noch immer dabei, zu lernen, was für Frevel wir begehen, wenn wir den natürlichen Zusammenhang der Dinge stören und die Welt aus dem Gleichgewicht bringen. Was in der Natur kraft der ihr innewohnenden Gesetze funktioniert, hat seine Entsprechung in den den Menschen gegebenen Geboten – nur, daß der Mensch sie in eigener Entscheidung zu befolgen hat. Auch hier: Störungen bedeuten Zerstörungen. Das Halten der Gebote bringt irdischen Segen und erhält Leben (V. 12), und es ist Gottes Art, daß zwar Sünden der Väter sich noch an Kindern und Enkeln auswirken können – das Leben bestätigt es vielfach – , daß aber Gottes Treue sich ausbreitet über „Tausende", wo Gottes Gebot gehalten wird. Es bekommt uns gut, wenn wir Gottes Gebote halten! Die Predigt soll Lust dazu machen.

Was wir hier aussprechen, ist uns nicht so selbstverständlich, wie es scheint. Allzu leicht ersetzen wir das Hören auf Gottes Gebot durch Opportunitätsüberlegungen. Wird es schwer, den Gehorsam durchzuhalten, dann fallen uns Gründe ein, es anders zu machen – versteht sich: „nur in diesem besonderen Falle"! Das wäre dann nicht mehr der erfinderische Gehorsam, dessen Recht wir vorhin bedacht haben, sondern der besserwisserische Ungehorsam, der Gott und seinem Gebot nicht mehr trauen will. Man könnte es an zahlreichen Ehetragödien verdeutlichen. Gottes Gebot ist ein verläßlicheres Fundament einer Ehe als das Verliebtsein und die Stimmung des eigenen – so unzuverlässigen – Herzens. Daß zwei Eheleute ihren Halt im Externum des Gebotes Gottes suchen (Matth. 19,6b), das bindet sie fester als das wetterwendische Wollen und Begehren dieses eigenen Herzens und ist die tragende Grundlage des wirklichen Glücks, das sie bloß nicht sehen, weil sie in ihrem Verwundetsein, in ihren Enttäuschungen und iher Verbitterung sich selbst mehr glauben als dem Gott, der ihr Bestes will. – Oder ein anderes Beispiel: Der leichtfertige Umgang mit der Wahrheit (achtes Gebot) scheint nicht selten aus Verlegenheiten zu helfen, auf Kosten des anderen, der in ein schiefes Licht gerät oder gar moralisch (gesellschaftlich, politisch usw.) unmöglich gemacht wird. In Wirklichkeit untergräbt das falsche Zeugnis die Glaubwürdigkeit des Redenden, macht ihn bleibend verdächtig, also gemeinschaftsfremd, kreditunwürdig. Der Taktiker genießt kein Vertrauen. Es spricht für einen Menschen, wenn er am Recht auch dann festhält, wenn es gegen ihn steht. Es war der Spruch eines üblen Verführers: „Recht ist, was dem Volke nützt." Das Umgekehrte ist richtig: Dem Volke (wie auch dem einzelnen Menschen) nützt nur, was recht ist. Man tut gut, im Konfliktsfall dem eigenen Herzen und seinen listigen Überlegungen und Winkelzügen zu mißtrauen und sich einfach und einfältig an Gottes gutes Gebot zu halten, ohne Wenn und Aber. Es will uns nicht versklaven, sondern uns zur eigenen Entscheidung wachrufen. Es ist – im Unterschied zum kasuistisch ausziselierten „Gesetz" des späten Judentums – „das Gesetz der Freiheit" (Jak. 1,25; 2,12). Gerade als Christen werden wir es wieder so verstehen, wie es gemeint war und verstanden werden sollte.

2.

Das uns bindende Gebot ist *Gottes* Gebot. Man kann es nur mißverstehen, wenn man es nicht von diesem Gesetzgeber her versteht. Man wird, wenn man nur – gewissermaßen in der Luft hängende – sittliche Grundsätze kennt, aber keinen „Herrn", nie im eigentlichen Sinne von Gehorsam reden können, sondern höchstens von sachgemäßem Verhalten. Man kann sich ethische Systeme aufbauen oder an ein weltimmanentes Naturrecht glauben – es wird sich dabei immer um etwas grundlegend anderes handeln als um das, was die Bibel unter Gebot versteht. Schon gar nicht kann man, wenn man biblisch denkt, das

Gebot als den Niederschlag bestimmter Interessen ansehen, sozusagen als deren ethische Objektivierung. Der Dekalog will als das Gebot *Gottes* verstanden sein. In ihm proklamiert Jahwe sein Herrenrecht über sein Volk. Man kann sagen, er sei „die Stiftungs- und Lebensurkunde des beginnenden Gottesreichs" (Volz).

Da hat uns zunächst die „erste Tafel" der Gebote zu interessieren. Gott will als Gott in unserm Tun und Reden, im Denken und Wünschen, im Hoffen und Vertrauen zu seinem Recht kommen. „Über alle Dinge fürchten, lieben und vertrauen" – Luther hat, worauf es ankommt, in meisterhafter Prägnanz ausgesprochen. Der Ausschließlichkeitsanspruch Jahwes ist natürlich nur darum sinnvoll, weil er von dem Gott erhoben wird, der sich *offenbart* hat. Daß in allen Religionen Elemente von Gotteserkenntnis stecken, braucht man nicht zu leugnen; nur würde ein solcher Satz auf einer ganz anderen Ebene liegen als der Satz vom „eifrigen" (= eifersüchtigen) Gott (V. 3; vgl. 34,14; Deut. 6,14f.). Gott kommt hier personhaft auf uns zu, in ganzer Zuwendung, so also, daß er selbst sein ganzes „Herz" aufschließt und drangibt und darum auch unsere ganze Zuwendung zu ihm erwarten kann. Hosea spricht von der Leidenschaft eines Liebenden. Das Deuteronomium hat das erste Gebot klassisch interpretiert: „Du sollst Jahwe, deinen Gott liebhaben mit deinem ganzen Herzen und deiner ganzen Seele und" – man erlaube mir die sinn-nächste Übersetzung – „mit aller deiner Vehemenz" (6,5). Der Ausschließlichkeitsanspruch Jahwes wäre sinnlos bei einem Gott, der unerreichbar über den Dingen schwebte und von Menschen bestenfalls erahnt werden könnte; er ist also auch nicht das Postulat irgendwelcher Kathederweisheit. Dieser Anspruch – „religionsgeschichtlich ein Unicum" (von Rad, a. a. O., S. 207), alle anderen Götter waren tolerant – ergibt sich da, wo es mit Gott ernst geworden ist, weil Gott selbst auf persönlichste Weise Ernst gemacht hat. Es hat übrigens noch lange gedauert, bis aus dem Gebot der Monolatrie – „wirf dich nicht vor ihnen nieder und diene ihnen nicht" (V. 5) – die grundsätzliche Erkenntnis hervorging: „Außer mir ist kein Gott" (Jes. 44,6). An einer monotheistischen Theorie ist Israel primär nicht interessiert gewesen; es ging um die Praxis der ganzen Hinwendung zu Gott.

Wir sind nicht in Versuchung, „andere Götter" anzubeten. Man übersehe nur nicht, daß schon Israel durch das erste Gebot nicht nur vor den Göttern der großen Religionen gewarnt wurde, sondern auch, ja vordringlich vor Einwirkungen, Mächten und Kräften des täglichen Lebens, denen man Gutes und Böses, Erfreuendes oder Gefährliches zuschrieb und die neben Gott gesucht, geliebt und gefürchtet wurden. Das erste Gebot ist verletzt, wo Größen aus dem Bereich des Geschaffenen die Bedeutung des Göttlichen erlangen, so daß sie letzter Richtpunkt des Wollens und Tuns, des Begehrens und Hoffens werden. Solches Vertrauen ins Kreatürliche vollzieht sich „mir ins Angesicht" (V. 3 – andere Übersetzungen s. o.; zum Sprachgebrauch könnte man Gal. 2,11 vergleichen). Daß wir uns an „Götter" hängen, das trifft Gott im „Innersten".

Das *Bilderverbot* will nicht, wie man immer wieder gemeint hat, die Geistigkeit Gottes wahren. Auch die Heiden haben ihre Bilder nicht für die Gottheit selbst gehalten, sondern gemeint, daß die unsichtbare Gottheit sich im Bilde darstelle und offenbare. Der Bilderkult zwingt der Gottheit die Selbstkundgabe ab, eigenmächtig, theurgisch, magisch. Das Bilderverbot hält den Platz für den Deus incarnatus frei. Wo das Bild als Offenbarungsträger angesehen und entsprechend verehrt wird, verdrängt es den, der selbst und allein „die Ikone des unsichtbaren Gottes" ist (Kol. 1,15; 2. Kor. 4,4). – Es verhält sich ähnlich mit Gottes *Namen*. Sein Mißbrauch will Gott die Freiheit nehmen. In seinem Namen ist aber Gott präsent; in ihm will er geehrt sein (zweites und drittes Gebot).

Wir haben es aber in diesem Zusammenhang – das Gebot ist *Gottes* Gebot – nicht nur mit der ersten Tafel zu tun. Der Dekalog will Gottes Hoheitsrecht gerade für den Alltag geltend machen, es gilt für alle Bereiche des Lebens. Darum sind alle Gebote auf das erste wie auf ihr Zentrum bezogen. Oder anders gesagt: alle anderen Gebote sind Entfaltungen und Auslegungen des ersten Gebots. „Wir sollen Gott fürchten und lieben, daß wir . . .“: Luther hat diesen Bezug mit größter Treffsicherheit und zugleich Einfachheit herausgestellt. Mit unserer Sünde am Mitmenschen treffen wir immer zugleich Gott (Ps. 51,6). Was wir unsern Mitmenschen zuliebe oder zuleide tun, sieht der Herr als ihm selbst angetan an (Matth. 25,40). Noch eine Gewindedrehung weiter: „Alles, was ihr tut, das tut von Herzen als dem Herrn und nicht den Menschen“ (Kol. 3,23). Was immer wir Menschen untereinander auszumachen haben, wie immer wir miteinander umgehen, was wir einander nehmen oder geben, wie wir einander bedrohen oder uns gegenseitig helfen, ob wir einander verachten oder ehren, uns das Leben gegenseitig schwer machen oder einander Freude bereiten: immer ist Gott dabei als der Hüter seiner heiligen Ordnung, als der Anwalt meiner Mitmenschen. Wo immer wir in Versuchung sind, Menschen als Mittel für unsere Zwecke zu mißbrauchen und Gottes Recht zu unserm Vorteil zu beugen und zu verdrehen, haben wir Gott gegen uns. Die Schuld der Väter müssen noch Generationen abzahlen; wir haben darin einige Erfahrung. Übersehen wir aber nicht, daß Gottes vergeltendes Handeln nicht nach strenger Gesetzmäßigkeit verläuft: der Vergleich zwischen V. 5b und V. 6 ergibt, daß das Schwergewicht auf dem Erweis der Barmherzigkeit liegt. Wir haben einen Gott, der lieber segnet als straft.

3.

Noch einmal müssen wir die Aussage erweitern: Gottes Gebot *für sein Volk*. Hierin hat der Text seine evangelische Kernaussage.
Sein Volk – darauf muß jetzt der Ton liegen. Zweifellos gilt das, was die Gebote verlangen, allen Menschen, wie es bei allen Menschen ein Wissen um Recht und Unrecht gibt, das ins Herz geschriebene Gesetz, die einander verklagenden und entschuldigenden Gedanken (Röm. 2,15), wobei es eine Frage für sich ist, inwieweit dieses sittliche und dieses Rechtsbewußtsein variieren. Soviel, daß sie sich nicht entschuldigen können, wissen alle Menschen von Gott und seinem Gesetz. Aber das ist das Einmalige an Israel, daß das Gesetz im „Raume“ einer besonderen Gemeinschaft zwischen Gott und seinem Volke gilt. Der Bundesgott gibt seinem Bundesvolk die Ordnung, in der diese besondere Gemeinschaft verfaßt ist. Man muß sich verdeutlichen, wie anders die Lage wäre, wenn diese Erwählungs- und Bundesgemeinschaft nicht bestünde. Von Gottes Gebot gefordert wird ja nicht der Mensch in neutraler Situation, sozusagen als unbeschriebenes Blatt. Es könnte an den heillosen Menschen ergehen, der, weil er Sünder ist, im Widerstreit mit Gott lebt, in der Auflehnung, in der Abkehr, in der Eigenmächtigkeit. An einen also, der in seiner Renitenz Gott nicht liebt, ja diese Liebe zu Gott gar nicht wollen kann – denn er ist mit Gott verfeindet, und der zornige Gott ist sein Verderben – , ein solcher also soll die Gebote halten! Extra gratiam aber ist dies ja die Situation. Wir verstehen oft das Evangelium deshalb nicht, weil wir unbedacht der Meinung sind, das Wort vom „verlorenen und verdammten Menschen“ sei übertrieben und darum nicht sonderlich ernst zu nehmen. Nein, Paulus hat das schon richtig gesehen: daß der im Aufstand gegen Gott befindliche und darum verlorene Mensch aufgefordert wird, das Gesetz Gottes zu halten, ist eine geradezu absurde Paradoxie. – Ganz anders, wenn zwischen Gott und seinem Volk ein Zustand des Einvernehmens besteht, begründet in Gottes gnädiger Zuwendung. Die „Selbstvorstellungsformel“ (V. 2) hat enormes theologisches Gewicht. „Dein Gott“ – darin liegt das Evangelium. Die Verheißung, die Selbstverpflichtung, dieses Liebesgelöbnis Gottes hat sich schon bewährt: „ich habe dich aus Ägyptenland, aus dem Sklavenhause heraus-

geholt" – das ist die alttestamentliche Gestalt des Evangeliums. Profangeschichtlich höchst belanglos, ist das Exodusgeschehen die große Rettungstat Gottes, in der Jahwe sich als Israels Gott erwies; der Sinaibund hat dieses Verhältnis stabilisiert und damit aller Zufälligkeit entkleidet. Die Gebote wollen in diesem Zusammenhang gesehen sein. Mit ihnen „hat Jahwe seinem Volk das Leben angeboten, mit dem Hören der Gebote ist Israel hineingetreten in die Entscheidung über Leben und Tod. Gewiß, diese Entscheidung erwartete Jahwe von Israel, aber auf keinen Fall waren diese Gebote dem Bund in einem konditionalen Sinne vorgeordnet, als hinge das Inkrafttreten des Bundes überhaupt erst von dem geleisteten Gehorsam ab" (von Rad, a. a. O., S. 195). Freilich: daß Segen und Fluch beim Bundeserneuerungsfest in Sichem so dicht und so gleichstark nebeneinander stehen (Deut. 27), zeigt, daß der von Gott her gesehen unkündbare Bund (Röm. 11,29) von Israels Seite her eben doch verlassen und gebrochen werden kann (Jer. 31,32: „ein Bund, den sie nicht gehalten haben"). Diese Feststellung gewinnt an Schärfe, wenn man Gottes Gebote so auslegt wie der Bergprediger. Israel sieht die Forderungen des Dekalogs als erfüllbar, und zwar als leicht erfüllbar an (von Rad, S. 197). Schon wer Deut. 6,5 (s. o.) ernst nimmt, wird daran zweifeln. Wer wie Jesus auf die Ganzheitlichkeit und Wurzelechtheit des Gehorsams dringt und das „Höre, Israel" mit seinem Bekenntnis zur Unteilbarkeit Gottes auf unsere Gebotserfüllung anwendet (Matth. 5,48, vgl. Lev. 19,2), der wird wissen, daß keiner von uns mit Gottes Anspruch zurechtkommt. Es bedarf des neuen Bundes. Hier heißt es: Wer glaubt, der ist gerecht (Röm. 10,10). Weder vorgängig noch nachträglich wird der Gehorsam gegen die Gebote zur Bedingung für den Bestand des Bundes. Aber wer glaubt, wird die Gebote halten, in Freiheit, ohne damit etwas gewinnen oder verdienen zu müssen. Ja, er wird als der von Gottes Geist erfüllte Mensch sagen: „Seine Gebote sind nicht schwer" (1. Joh. 5,3), denn des Glaubenden Werke „sind in Gott getan" (Joh. 3,21). Ist der Dekalog Gesetz oder Evangelium? Es wäre allzu simpel, wenn wir sagen wollten: bis Mal. 3 – Gesetz, ab Matth. 1 – Evangelium. Maßgeblich für die Antwort ist nicht, wo *der Dekalog* steht, sondern wo *wir* stehen. In Jesus Christus sind wir Gottes Volk. Sein Geist treibt uns zum Gehorsam. Wir dürfen ihn in der Freiheit praktizieren, zu der uns Christus befreit hat (Gal. 5,1).

Michaelistag. Matth. 18,1–6.10

Die von Matthäus geformte Einleitung (vgl. 13,1) und der Neueinsatz 19,1 kennzeichnen Kap. 18 als in sich gerundete Einheit: eine *Gemeindeordnung* (oder nach W. Trillings Buchtitel: Hausordnung Gottes – 1960). Gliederung: VV. 1–5.6–14.15–20.21–35. Matthäus geht frei mit der Markusvorlage um: er läßt weg und erweitert. Den Rangstreit läßt er beiseite (schont er die Jünger oder will er gleich ins Grundsätzliche kommen?), es geht nicht mehr darum, wer unter den Zwölfen, sondern wer überhaupt im Himmelreich der Größte ist. Aus dem markinischen Kinderevangelium wird 10,15 übernommen (V. 3). V. 10 ist Sondergut.

V. 1: „Zu jener Stunde" wird nur Übergangsformel sein; auf zeitlichen Zusammenhang kommt es nicht an. Dasselbe wird für die Ortsangabe (17,24) gelten. Sie „traten zu Jesus": es ist nicht ein beiläufiges Gespräch, sondern eine gezielte Anfrage. – V. 2: Jesus antwortet mit einer demonstrierenden Handlung, ein schönes Beispiel für die Leibhaftigkeit des Denkens und Redens Jesu. – V. 3: Ein Amen-Wort – Eigentümlichkeit der Rede Jesu – schon in Mark. 10,15, auch in Joh. 3,3.5 (dort mit dem johanneisch verdoppelten Amen und in der Formulierung „von neuem (von oben) geboren werden" johanneisch umgeschmolzen). Statt des uns sonst geläufigen μετανοεῖν hier στρέφειν im Passiv, das reflexiv verstanden werden kann. Das Hebräische und Aramäische haben kein Wort für „wieder" (עוֹד, woran man allenfalls denken könnte, hat mehrere Bedeutungen) und wird gern mit dem Verbum שׁוּב umschrieben. Sinn hier also: „wieder zum Kind werden" (mit J. Jeremias, Grdm., Ed. Schweizer gg. Trilling, Das wahre Israel, 1975, S. 108, A. 19, der darin eine Abschwächung sieht). – V. 4: vgl. 23,12; Luk. 14,11; 18,14 – es handelt sich um ein „Wanderlogion" – wonach der

Spruch gebildet ist. Es ist wohl nicht daran gedacht, daß man „sich erniedrigt wie ein Kind"; die Aussage dürfte elliptisch zu verstehen sein: „sich erniedrigt (,so daß man wieder wird) wie ein Kind". Der Jünger soll sich „so klein machen, wie dieses Kind im Verhältnis zum Erwachsenen klein ist oder sich klein empfindet" (Trilling, a. a. O., S. 108). – V. 5: Jetzt wieder parallel zu Markus, nur knapper. Hier ist vom Kind die Rede; in 10,40 von den Jüngern, wobei zu beachten ist, daß diese in 10,42 als „die Kleinen" bezeichnet werden). Daß Jesus sich mit dem zu liebenden Menschen identifiziert, findet sich auch in 25,31ff.

V. 6: Jetzt ist nicht mehr vom „Kinde" die Rede, sondern von den „Kleinen", wie VV. 10.14, auch 10,42, vielleicht 11,11, also von den Gemeindegliedern, die wie Kinder sind oder wieder zu Kindern geworden sind. Sie sind „Glaubende" – Matth. fügt hinzu: „an mich", wobei dieses εἰς im Zushg. mit „glauben" bei den Synoptikern nur hier vorkommt (27,42: ἐπί). Das Skandalon ist eigentlich das Stellholz der Vogelfalle. Das Verbum also: jemanden zu Fall bringen, ins Verderben, dadurch nämlich, daß man ihn im Glauben irremacht. Matthäus verschärft gegenüber Markus: καταποντίζεσϑαι = versenkt – und ertränkt werden (nur noch 14,30), πέλαγος = die hohe See, die Tiefe (nur noch Apg. 27,5). Mit nicht zu überbietendem Nachdruck setzt Jesus sich für die Schonung der „Kleinen" ein.

V. 10: Nach jüdischen Vorstellungen sehen nur die Obersten in der Engelhierarchie das Angesicht Gottes. Das scheint bei Jesus anders zu sein. Auch ist wahrscheinlich nicht an den persönlichen Schutzengel zu denken (Tob. 5,22). Hier werden den „Kleinen" solche Engel zugeschrieben, die schon im Himmel Gottes Angesicht sehen (E. Schweizer z. St.), „eine Art Doppelgänger seiner (des Kleinen) irdischen Existenz im Himmel" (J. Schniewind z. St.), vgl. Apg. 12,15. Weiß man, daß die „Kleinen" im Himmel so repräsentiert sind, wird man sie nicht verachten.

Was die Bibel von den Engeln zu sagen hat, gilt manchem – besonders aus der jungen Generation – als märchenhaft. Daran mögen Darstellungen der Engel in der bildenden Kunst nicht geringen Anteil haben; der Versuch, das Unweltliche auf weltliche und dann doch wieder von allem Weltlichen sich unterscheidende Weise zu veranschaulichen, muß die gemeinte Sache in Mißkredit bringen. Vielleicht würde abstrakte Malerei der Wirklichkeit eher gerecht. Aber was Engel wirklich sind, kann auch sie nicht aussagen. Die Engel den zahlreichen biblischen Zeugnissen zuwider abzuschaffen, ist nicht ratsam. Man hat die Sorge, daß sie bei manchem unter uns ihre himmlischen „Planstellen" zugleich mit dem Himmel überhaupt verlieren, daß es also keine Engel geben kann, weil kein „Raum" für sie ist, nachdem unterderhand „das, was unsichtbar ist" aus dem Nicaenum gestrichen worden ist und wir angewiesen werden, allein in diesem Leben auf Christum zu hoffen (vgl. 1. Kor. 15,19). Aber vielleicht ist die Zeit, in der man so dachte, schon wieder vorbei. Vielleicht gibt es den „Himmel" wieder, und der dreieinige Gott braucht ihn auch nicht mehr allein zu bewohnen, ohne daß sich also seine Herrlichkeit in Geschöpfen spiegelt, die unmittelbar zu ihm sind. Daß wir hier von den Geheimnissen reden und unserer Phantasie sehr straffe Zügel anzulegen haben, darüber sollte kein Streit sein.

Nun macht es dieser Michaelistext uns leicht, uns angelologisch zu bescheiden. Er spricht nur in dem – schwer zu deutenden – V. 10 von Engeln. Es ist von ihnen wirklich nur nebenher die Rede, die Thematik des Abschnitts ist eine ganz andere. Wir befinden uns im Anfang der matthäischen *Gemeindeordnung*. In ihr ist die Rede – ja, wovon? Ich möchte antworten: von den „Kleinen" im Himmelreich. Nicht speziell von den Kindern in der Gemeinde. Das Kind, das Jesus in die Mitte des Jüngerkreises stellt, ist nur das vom Herrn gebrauchte eindrucksvolle Veranschaulichungsmittel für das, was er sagen will. Wieder ein Kind werden, sich klein machen, so daß man wird wie dieses Kind, – darum geht es. Die assoziative Denkart des Evangelisten bringt es mit sich, daß dann doch ein Satz in den Text eingeht, der wirklich von einem Kinde redet, nicht im Sinne des Gleichnisses oder Zeichens, sondern ganz eigentlich (V. 5). Man sollte sich dadurch im Gesamtverständnis des Textes nicht beirren lassen. Die von den Jüngern gestellte Frage, wer der Größte im Himmelreich sei, bestimmt die Thematik. Die „Kleinen" sind dann schlichte, einfache, einfältige Christen in der Gemeinde. „Das ist der vor Gott gül-

tige Maßstab: Nicht der Bedeutende, Angesehene, Geachtete, der ‚in der Welt' als groß
gewertet wird, sondern der Geringe, Unscheinbare, im Hintergrund und im Schatten der
Mächtigen Stehende gilt vor ihm als groß" (Trilling, Das wahre Israel, S. 109). Daß dabei
die Kinder mit eingeschlossen sind, versteht sich von selbst (19,13–15).
Eine Zwischenbemerkung: In Reihe I war uns für den 20.S.n. Trin. der Text
Mark. 10,2–16 aufgegeben: die Stelle über Ehe und Ehescheidung und dazu das Kinderevangelium. Der übergreifende Gesichtspunkt der „Ordnungen" (Thema des Sonntags)
konnte uns nicht ausreichen, so Verschiedenes und so Gewichtiges in *einer* Predigt
zusammen zu behandeln. Wir haben damals das Kinderevangelium beiseite gelassen. Der
heutige Text erlaubt es, von dem damals Versäumten ein weniges nachzuholen, zumal
Mark. 10,15 in unsern Text eingegangen ist.
Man könnte das Gelände so abstecken: *Den Kleinen gehört das Himmelreich. Wir sollten*
(1) *wie sie werden,* (2) *uns schützend vor sie stellen,* (3) *ihre himmlische Würde achten.*

I.

Bei den einfachen Menschen hat Jesus Resonanz gefunden, bei den „Kleinen". Die An-
sehnlichen, Prominenten, Hochgeachteten, Bewunderten und Gefürchteten haben ihn
abgelehnt. Ein historischer Zufall? War es Willkür, daß Jesus sich den „Armen im Geiste" besonders zuwandte und ihr Vertrauen fand, jedoch diejenigen angriff, zu denen man
aufschaute und die auch geachtet sein *wollten*? Die Perikope zeigt, daß hier eine innere
Notwendigkeit waltet, nicht nur in Jesu Erdenzeit und in seinem Heimatland
(1. Kor. 1,26ff.). Die Frage nach „Oben" und „Unten" stellt sich überall, wo Menschen
es miteinander zu tun haben. Sie ist leider auch in der Kirche durch das, was Jesus hier
getan und gesagt hat, nicht erledigt. Rangstreitigkeiten unter den Jüngern werden uns
mehrfach berichtet. Matthäus verallgemeinert die Frage – gleich, ob den Zwölfen zur
Schonung oder aus anderem Grunde. Sie steht immer wieder auf. Das Oben-sein-Wollen
richtet auch in der Kirche viel Schaden an. Natürlich geht es auch in ihr, wie in jedem
anderen Sozialgebilde, nicht ohne abgestufte Kompetenzen. Das ist kein Unglück. Das
Unglück besteht darin, daß man „Ehre voneinander nimmt" (Joh. 5,44), sich größer
dünkt als der andere, den anderen die Überlegenheit spüren läßt, raffinierterweise manchmal sogar auf die Weise, daß man sich besonders gütig zu ihm hinabneigt. Schlimmer
aber noch ist das andere: daß man das Höherstehen sogar *vor Gott* geltend macht und
seinen Platz im Himmelreich beansprucht nach Vermögen und Verdienst.
Die Gleichnishandlung, mit der Jesus die in aller Form gestellte Jüngerfrage beantwortet,
ist deutlich genug. Sie muß freilich überraschen. Wir reden gern vom mündigen Christen.
Gemeint ist damit der Christ, der sein Christendasein selbst begreift und verantwortet
und nicht andere – etwa die Amtsträger der Kirche – für sich denken läßt. Es ist außer
aller Frage, daß Jesus solche Mündigkeit will. Seine ganze Predigt und Lehre will zu solchem wachen Christsein aufrufen und befähigen. Sie stellt auch Ansprüche an das Mit-
denken und Begreifen. Bei Paulus wird dies sogar noch deutlicher; man wundert sich über
die intellektuelle Höhenlage, die Paulus bei seinen Lesern voraussetzt. Jedes Lebensalter
gehört dem Herrn Jesus Christus auf seine Weise. Auch der Glaube soll, wie alles am her-
anwachsenden Menschen, reifer werden, verständiger, durchdachter, erfahrener, verantwortlicher. Dennoch ist die intellektuelle Leistung für den Platz in Gottes Reich kein
Kriterium. So wahr der Kinderglaube durch einen fragenden, prüfenden, sich durchklä-
renden Glauben abgelöst oder in ihn hinübergeleitet werden soll.: das Kind glaubt auf
seine Weise, und sein Glaube gilt bei Jesus nicht geringer als der des Erwachsenen.
Ein kleines Mädchen, vielleicht vier Jahre alt, war es gewöhnt, daß die Mutter abends am

Bett sang: „Müde bin ich, geh zur Ruh", auch die Strophe, in der es heißt: „deine Gnad und Jesu Blut . . ." Eines Tages fragt das Kind die Mutter: „Was is'n in der Kirche?" Eine Mutter findet leichter eine Antwort als ein „schwerbewaffneter" Theologe: „Da wohnt der Herr Jesus." Darauf das Kind nach einigem Nachdenken: „Der macht allen Schaden gut." Ein in der Kirche an wichtiger Stelle stehender Mann, dem ich die Story erzählte, urteilte: „Leerformel." – Jesus denkt darüber anders. Ein Kind glaubt auf seine Weise, gewiß nicht weniger stichhaltig als der Erwachsene. Ja, das was am Glauben des Erwachsenen wirklich trägt, das hat er mit dem Kinde gemeinsam. „Jesus sieht nicht wie seine Umgebung im Kinde den späteren Erwachsenen, sondern im Erwachsenen das ver-lorene Kind" (Grdm. z. St.). „Wenn ihr nicht wieder zu Kindern werdet, so werdet ihr nicht ins Himmelreich kommen."

Was hat das Kind uns Erwachsenen voraus? Man darf in dem, worauf es hier ankommt, nicht eine Tugend sehen, etwas Geleistetes. Das Kind ist *klein*; es weiß es nicht anders. Zwar denkt es in die Zukunft: „Wenn ich erst groß bin, . . .!" Aber so weit ist es noch nicht. Das Kind weiß, daß es auf die Mutter angewiesen ist. Es läßt sich beschenken, unreflektiert, ohne Berechnung, ohne die leidige (gesetzliche) Do-ut-des-Vorstellung, die unser Verhältnis zu Gott immer wieder so heillos verdirbt. Sich liebhaben lassen – mehr bedarf es nicht, auch im Reich Gottes. Wir fragen also nicht nach Tugenden. Ein Kind hat – auf kindliche Weise – seine Untugenden wie jeder andere Mensch. Es kann sehr ich-betont, sehr eigensinnig und trotzig sein. Aber wer sagt auch, es sei sündlos? Worin Jesus uns das Kind zum Vorbild macht, das ist die als selbstverständlich hingenommene Kleinheit und Niedrigkeit. Darin müßten wir lernen.

Wie aber lernt man das? Jesus spricht vom Sich-Erniedrigen in dem Wort, das mehrfach überliefert ist und das sich offenbar der Urchristenheit tief eingeprägt hat (V. 4). Das Gegenteil von dem, was Jesus meint, wäre das Sich-Großmachen, das Sich-Aufspielen, Sich-nach-vorn-Drängen; die Gesinnung auch, in der man sich anderen überlegen fühlt. Wir haben tatsächlich zunächst an unsere Relation zum Mitmenschen, zum Mitchristen zu denken. Die Ausgangsfrage, erst recht natürlich der Rangstreit in den Paralleltexten, weist uns in diese Richtung. Das Schwierige ist, daß das hochmütige Herz das Niedrigsein schwer verlernt. Versuchen wir es mit Gewalt, dann kommt die erzwungene, abgerun-gene, vielleicht gespielte, wahrscheinlich dick aufgetragene Demut heraus, der der Hoch-mut zu allen Knopflöchern herausschaut. Mehr Demut, mehr Bescheidenheit, mehr Kri-tik an uns selber: das könnte auf Werkerei höherer Ordnung hinauslaufen. – Es wird auf etwas ganz anderes ankommen. Daß das Kind klein ist und sich auch als klein empfindet, soll bei uns seine Analogie in unserer Stellung *vor Gott* haben. Sich klein machen, das heißt: „sich in die rechte Stellung vor Gott bringen, nämlich einer werden, der alles von Gott und nichts von sich selbst erwartet im Blick auf das Reich der Himmel" (Grdm. z. St.). Wir sind, ganz nüchtern betrachtet, vor Gott nicht in der Lage, daß wir unsere Über-legenheit gegen den Mitchristen ausspielen und uns über ihn erheben könnten, weil wir – zusammen mit ihm – vor Gott in der Lage sind, in der es nichts „auszuspielen" gibt. Ob ich mich auf dem Berge befinde und mein Mitmensch im Tal (oder umgekehrt): zur Sonne haben wir praktisch den gleichen Abstand. Mein Angewiesensein auf Gottes Barmherzigkeit mag sich im Tatsächlichen ein wenig anders darstellen als das meines Bruders oder meiner Schwester: wir leben beide davon, daß Gott zu uns so unverdient gütig ist. Nur: ich mit meinem stolzen Herzen habe Gott noch mehr abzubitten als der „Kleine", dessen äußere und innere Situation ihn gar nicht auf den Gedanken kommen läßt, sich über mich zu erheben. Wir leben beide davon, daß Gott auf wunderbare Weise und ohne erkennbaren menschlichen Grund *für uns* ist. Die Szene mit dem Kind mitten unter den Jüngern ist eine schlichte, eindrucksvolle Darstellung der Rechtfertigung allein aus dem Glauben. Die mir zugedachte „Größe" (V. 4) besteht darin, daß ich dies einsehe und annehme. Es bedarf keiner Verkümmerung und Verrenkung. Es bedarf nur der illusionslosen und zugleich fröhlichen Wahrnehmung meiner Situation vor Gott. Sollte einer von uns im Prozeß des Mündigwerdens weit vorangekommen sein, sein Christsein tief durchdacht und verstanden haben, Andersgläubigen darüber in fundierter Weise Rechenschaft geben können, in der Gemeinde Jesu darum auch große Verantwortung tragen: als Bestes kann und soll ihm bleiben die *Einfalt*, in der er sich von seinem Gott und Herrn liebhaben läßt – wie ein Kind, das Jesus „herzt" und „segnet" (Mark. 10,16).

2.

In den Versen 5f., auf die wir jetzt das Augenmerk zu richten haben, ist die Blickrichtung eine andere. Der Gemeindeordnung ging es zuerst darum, daß das Klein-Sein der Kleinen für Glauben und Leben maßgebend sein soll. Jetzt werden die „Kleinen" zum Gegenstand besonderer Fürsorge und besonderen Schutzes. Den Kleinen gehört das Himmelreich, wir sollten uns schützend vor sie stellen.
Grundmann schlägt für V. 5 ein anderes Verständnis vor: „Dazu" – nämlich daß man wird wie ein Kind – „gehört auch ein Tun, das auf den anerkannten Erfolg verzichtet und das kleine unscheinbare Werk treu tut, wie es in der Aufnahme eines einzigen verwaisten Kindes geschieht" (z. St.). Die Deutung hat den Vorzug, daß sie den V. 5 genau in die Fluchtlinie des ganzen Abschnitts bringt: aufs Klein-Sein kommt es an, nach Grundmann hier also: auf das Klein-Sein dessen, der etwas Gutes an dem Kinde tut. Mir scheint dagegen, daß Matthäus im Sinne einer Stichwortassoziation den Spruch von dem *Kinde* hier einfügt und ihn dem leitenden Gedanken unterordnet, daß diese „Kleinen" – aller Altersstufen, die Kinder selbstverständlich eingeschlossen – in der Mitte der Gemeinde Schutz und Geborgenheit finden sollen. Die „Kleinen" sind die in besonderer Weise Schutzbedürftigen. Wir sollen uns vor sie stellen – wie Jesus sich hinter sie stellt. Wer ein Kind aufnimmt, nimmt damit Jesus auf (V. 5). Überhaupt: wer Jesu Jünger und Boten aufnimmt, nimmt ihn auf und zugleich den, der Jesus gesandt hat, und wer einem dieser „Kleinen" – gemeint sind Jesu Jünger – auch nur einen Becher kalten Wassers reicht, dem wird es nicht unbelohnt bleiben (10,40.42). Endlich: was man dem „Geringsten", „Kleinsten" unter Jesu Brüdern getan hat – an Gutem wie an Bösem – das ist *ihm* zuliebe oder zuleide geschehen (Matth. 25,40.45). So sehr weiß Jesus sich mit den einfachen, einfältigen, schlichten, hilfsbedürftigen Menschen seiner Gemeinde verbunden, daß er in allem, was ihnen widerfährt, mitbetroffen ist. Bei allem, was hier geschieht, ist er mit im Spiel. Mit den Menschen, mit denen wir zu tun haben, geht er bei uns ein und aus. Ihre Enttäuschung ist die seine. Ihr Aufatmen läßt ihn aufatmen. Ihr Frohwerden macht ihn froh. Er selbst leidet Einsamkeit, wo wir einen Menschen übersehen oder meiden. Er selbst findet ein Zuhause, wo ein verwaistes Kind aufgenommen wird und Liebe erfährt.
Im Klein-Sein liegt, daß das betreffende Menschenkind – jung oder alt – auf Hilfe und Liebe anderer angewiesen ist. Die Gemeinde hat hier eine unendliche Aufgabe. Wir sind sehr schnell dabei, Menschen solcher Art an die kirchlich institutionalisierte Diakonie – abzuschieben. Auch wenn die Kapazitäten dort zureichen: es kommt darauf an, daß wir einen Menschen, der es braucht, „aufnehmen", nicht abschieben. Die Diakonie ist primär Sache der Gemeinde selbst, und zwar wiederum zuerst der einzelnen Glieder in ihr. Jesus will – in dem vorhin ausgeführten Sinne – in ihr aus- und eingehen. Merken die „Kleinen" an unserm Verhalten, daß ihnen das Himmelreich gehört?
Noch besorgtere Sorge, so möchte man sagen, wendet Jesus „diesen Kleinen" – wie 10,42

mit dem Demonstrativpronomen, als sähe er sie vor sich – zu, wenn es um die Gefahr geht, daß sie im Glauben an Jesus beirrt werden könnten. Die Gesamtszene: Die Gemeinde befindet sich in einer Kampf- und Anfechtungssituation. Der Feind – er wird beim Namen genannt: der Teufel – sät Unkraut unter den Weizen; bis zum Endgericht dauert das bedrohliche Durcheinander von Weizen und Taumellolch an. Die Situation ist noch lange nicht bereinigt, solange die unsichtbaren widergöttlichen Mächte noch auf dem Plan sind. Jeder Mensch ist hart umkämpft. Jesus selbst war es (4,1–11; 16,23). Die in der Welt wirkende Gemeinde wird bedroht sein (10,16). In der Endgeschichte – man weiß: sie ist schon im Gange – werden die Kräfte der Verführung wirksam sein (24,4), viele werden der Anfechtung erliegen (24,10), der Unglaube wird überhandnehmen und die Liebe in vielen erkalten (24,12). Die Glaubenden werden harten Proben ausgesetzt sein. – Die Betroffenen: Das sind in diesem Falle „diese Kleinen", die „im Geiste Armen" (5,3), die leicht Beeinflußbaren und Verführbaren, die nicht über das Rüstzeug verfügen, sich selbst und ihren Glauben verteidigen, wenn – um mit Luther zu reden – „groß Macht und viel List" vom Satan gegen sie eingesetzt werden. Die „Kleinen" sind alle die, die ihren angefochtenen, allen möglichen Belastungen ausgesetzten Glauben nicht selbst verteidigen können, die also in hohem Maße verletzlich sind. – Das Skandalon: das, womit sie zu Fall gebracht werden, was sie also im Glauben an Jesus irremacht und sie um das ewige Heil bringt (ThWNT VII, S. 351).

Die unerhörte Schärfe, mit der Jesus spricht – bei Matthäus mit Worten von geradezu aufgeregter Vehemenz –, erklärt sich nur daraus, daß Jesus gerade um seine liebsten Brüder und Schwestern, um die „geringen Christen", bangt. Denen, die sich an ihrem Heil schuldig machen, droht er das ewige Gericht an. Man mache sich klar, daß das affektgeladene Gleichniswort V. 6b nur der „leichte" Teil eines Qalwachomer ist, also eines Schlusses a minore (!) ad maius. Dieses maius ist gar nicht ausgeführt, man soll es sich denken.

Jesus hat mehrere Weisen, sich schützend vor die Seinen zu stellen. Hier, im Text, warnt er *uns*, daß wir „diese Kleinen" am Glaube irremachen. Vor dem Vater tritt er für sie ein, daß ihr Glaube nicht aufhöre (Luk. 22,32; Joh. 17). Er sorgt sich sogar darum, daß er selbst Menschen zum Abfall verführen könnte (17,27 – „was hier kein konziliantes Rücksichtnehmen meint", so Trilling, a. a. O., S. 111, S. 35). Mit Zerbrechlichem muß man behutsam umgehen! Der Gelegenheiten, in dieser Hinsicht schuldig zu werden, gibt es viele. Mein Lebensstil könnte meinem Bruder „Anstoß oder Ärgernis bereiten" (Röm. 14,13). Es könnte auch sein, daß ich eine auf Stelzen gehende Theologie betreibe und durch kritische Operationen am Text den Eindruck entstehen lasse, hier gehe alles zu Bruch; für den in diesen Dingen Ungeübten leicht ein Anlaß, nun alles über Bord zu werfen. Man beachte wohl: der nach Wahrheit suchenden Theologie sollen nicht Fesseln angelegt werden, aber sie hat in der Art und Weise, wie sie ihr Denken artikuliert, die schlichten Menschen mit im Blick zu haben, die mit dem, was sie da lesen oder hören, fertig werden müssen. Umgekehrt: Fundamentalistische Ängstlichkeit kann Menschen den Himmel zuschließen, weil sie in ihrer gesetzlichen Enge ihnen zumutet, was sie guten Gewissens schlechterdings nicht nachvollziehen können. Überall, wo das Evangelium zum Gesetz verfälscht wird, entsteht das Skandalon – wir meinen nicht das notwendige, das unvermeidliche Skandalon des Kreuzes, sondern das von uns verschuldete, das wir wehrlosen Menschen bereiten. Was auf dem Spiel steht und was zugleich Jesus zu so leidenschaftlicher Mahnung veranlaßt, sagt er selbst: „Es ist nicht der Wille vor eurem Vater im Himmel, daß eines von diesen Kleinen (ewig) umkomme" (V. 14).

3.

V. 10, so schwierig er sein mag, eröffnet uns noch einen anderen Blick für das, was Jesus selbst von den „Geringen" hält. Wir sollten ihre himmlische Würde achten; diese Formulierung ist ein Versuch, das Anliegen der Rede von ihren Engeln aufzugreifen und umzusprechen.

Wir sind leicht versucht, zu sagen: „*nur* diese Kleinen" – als wären sie nicht vollwertige Christen und als müßten sie von der Gemeinde eben nur so „mitgeschleppt" werden. Bei den Kindern sagt man sich: sie werden heranwachsen (obwohl wir gerade vorhin gesehen haben, daß Jesus genau in andere Richtung denkt). Bei manchem alten Weiblein ist zweifelhaft, wieviel es wohl von der Verkündigung mitbekommen haben wird. Manches „lahme Entchen" hat seine Heimat in der Gemeinde gefunden; aber die Gemeinde weiß oft mit solchen nicht viel anzufangen. Was man wahrnimmt und erlebt, könnte entmutigen. Soll sich die Gemeinde nicht doch lieber an ihre ansehnlicheren Glieder halten, an die, mit denen man sich sehen lassen kann und die im Ganzen der Gemeinde etwas bedeuten?

„Seht zu, daß ihr nicht jemand von diesen Kleinen" – wieder das Demonstrativpronomen – „verachtet." Begründet wird diese Mahnung nicht mit Gesichtspunkten der allgemeinen Menschlichkeit, sondern mit dem Hinweis auf die Engel. Wir machen es uns wahrscheinlich unnötig schwer, wenn wir jetzt an Schutz-, Geleits- oder Dienstengel denken, schon eher sollten wir von den Engeln reden, die vor Gott „den Thronndienst versehen" (so Trilling S. 112 in Übereinstimmung mit Holtzmann, Klostermann und J. Schmid), aber vielleicht bedarf es noch einer besonderen Zuspitzung. Schniewind spricht, wie wir sahen, von einer Art Doppelgänger der irdischen Existenz im Himmel. Wie, wenn die Art, wie Gott mich sieht – als den Menschen in Christus, als die neue Kreatur, als den „von oben Geborenen" – sich hier vergegenständlichte zur Gestalt eines Engels, der mir, dem noch auf Erden Weilenden, Lebenden, vielleicht Kämpfenden, zugeordnet wäre? Was Gott denkt und redet, das *ist*. Wie, wenn er mich als den neuen Menschen denkt, dessen Wandel im Himmel ist und der, sofern er der aus der Taufe gekommene eschatische Mensch ist, bereits in das himmlische Wesen versetzt ist „in Christus Jesus" (Phil. 3,20; Eph. 2,6)? Ist der Heilige Geist „Anbruch" des Kommenden: wie dann, wenn dieser Geist mich vor Gott vertritt, wenn ich hier auf Erden versage (Röm. 8,26)? Man muß es ja nicht immer in angelologischer Terminologie ausdrücken; das Neue Testament hat viele Bezeichnungen für die eschatische Realität des (unsern Blicken noch verborgenen, 1. Joh. 3,2; Kol. 3,4) neuen Menschen. Dies sind Gedanken, die sich für mich an den Hinweis von Schniewind ankristallisieren.

Was würde das für unsern Zusammenhang bedeuten? Dies, daß wir hinfort niemanden mehr nach dem Fleisch kennen, sondern in ihm die noch verborgene neue Kreatur sehen (2. Kor. 5,16f.). Der „Engel" vor Gottes Angesicht (noch einmal ist 1. Joh. 3,2 zu vergleichen) ist die in den Augen Gottes schon reale Zukunft unser selbst. Ein getauftes Kind – Gott hat schon vor Augen, was er daraus macht. Ein einfältiges Glied der Gemeinde – mit wie anderen Augen sieht Gott es an als ich! In einem Heim der Inneren Mission für Hirngeschädigte: Menschen jeden Alters, deren Schaubild uns vielleicht erschüttert – aber Gott sieht schon das Vollkommene, das er draus machen will. Ich selbst als einer der „Kleinen" – vor Gott steht mein himmlischer Doppelgänger, nämlich das, was der Vater um Christi willen an mir sieht bzw. in mich hineinsieht. Könnten wir alle Vorstellungen von Entwicklung abstreifen, so dürfte man vielleicht von unserer eschatischen Entelechie reden. Wer „diese Kleinen" so betrachtet, daß er ihr himmlisches Pendant heimlich mitsieht, der verachtet niemanden mehr, sondern sieht in jedem den Wert, die Würde, die

Gott ihm in Christus beigelegt hat. Wir würden in der Gemeinde noch anders miteinander umgehen, wenn wir – mit dem Auge des Glaubens – in dem andern die neue Kreatur sähen, den kommenden Menschen, den Gott selbst schon vor sich hat.

Erntedankfest. Matth. 6,19–23(24)

Anders als PTO halte ich, wenn man schon einen Zusammenhang zwischen VV. 22f. und VV. 19f. sehen will, die Hinzunahme von V. 24 für unerläßlich. So auch Grundmann, der das „Lehrgedicht" (VV. 19–24) von seinem Ende her interpretiert (z. St.). Es handelt sich freilich um Einzelsprüche aus Q, die der Evangelist miteinander verbunden hat. Was hier beisammen steht, findet sich bei Lukas an verschiedenen Stellen (12,33f.; 11,34–36; 16,13). *Lukas* fügt Texte zusammen unter dem Thema: Gefahr des Reichtums (12,13–34); hier hat auch das Gleichnis vom reichen Kornbauern (altes Evangelium) seinen Platz. *Matthäus* ist seit 6,1 mit dem Thema: Lohn bei Gott / Lohn bei den Menschen (so E. Schweizer z. St.) beschäftigt. Da schließt sich das Wort vom Schatz im Himmel gut an; es wird in VV. 22f. und V. 24 ausgelegt. Dies ist von Grundmanns Ansatz nicht so weit entfernt, wie es aussieht (s. o.).
Wie es scheint, war es Matthäus, der in VV. 19f. den genauen Parallelismus hergestellt hat (den Lukas nicht zerstört haben würde, wenn er sich in Q schon gefunden hätte). Irdische Schätze vergehen. Kleider werden von Motten zerfressen (Grdm.: „eine orientalische Plage"), Truhen und Schränke vom „Fraß" ($\beta\rho\tilde{\omega}\sigma\iota\varsigma$) von Insekten, Eisen vom „Rost" (ebenfalls $\beta\rho\tilde{\omega}\sigma\iota\varsigma$). Diebe „graben" sich unter den Mauern „durch". Irdischer Besitz ist in jeder Hinsicht unsicher. Das Wort vom Sammeln himmlischer Schätze kommt auch bei Rabbinen vor; dort meint man, gute Werke werden einem im Himmel gutgeschrieben; irdische Schätze aber werden positiv bewertet. Im Qumran verzichtet man auf irdischen Reichtum, ohne von himmlischen Schätzen zu reden. Jesus vertritt also eine eigene Stellung (gg. Bltm., mit H. Braun und W. Grundmann). – V. 21 im Urtext Einzahl – im Unterschied zu VV. 19f. und auch zur Parallele Luk. 12,34, nach Bltm. vielleicht „eine freie Gnome", die – nach dem Hinweis auf die Vergänglichkeit und Unsicherheit des Irdischen – eine zweite Begründung dafür liefert, daß unser Herz (also auch unser „Schatz") im Himmel sein soll.
VV. 22f.: Ein Gleichnis – oder „nicht eigentlich ein Gleichnis, sondern ein Satz mit bildlichen Ausdrücken" (E. Schweizer z. St.). Deutung strittig. Grdm.: „Der Mensch, der auf das Anhäufen irdischer Schätze aus ist, verhindert seine Erleuchtung." A. Schlatter: Am Blick des Menschen zeigt sich, wie er sich zu seinem Besitz verhalte. Ähnlich J. Jeremias, der VV. 22f. im Zusammenhang bei Matthäus als Warnung vor Habgier versteht (Gleichnisse, Berlin 1955, S. 124, A. 6). Man wird das Wort vom Auge als des Leibes (= des Menschen) Licht zunächst für sich zu verstehen haben. Sinn wohl: der Mensch ist immer als ein Ganzes zu sehen, sei es, daß durch das Auge (quasi als Fenster) Gottes Licht einfällt oder (durch „Bosheit") ausgesperrt bleibt. (Zur ganzheitlichen Sicht des Menschen vgl. 15,19; 5,48.) Indem Matthäus das Gleichnis zwischen VV. 19f. und 24 stellt, bezieht er es auf die Bindung ans Irdische oder Himmlische bzw. an den Mammon oder an Gott. „Dann will der Satz also sagen, daß wie das ganze Leben des Menschen in Finsternis verfällt, wo das Auge blind ist, so auch der Mensch, der nicht mehr in Lauterkeit auf Gott ausschaut, sondern sich durch seine irdischen Schätze von ihnen abziehen läßt" (E. Schweizer z. St.).
V. 24: „Mammon" ($\mu\alpha\mu\omega\nu\tilde{\alpha}\varsigma$, wahrscheinlich von der Wurzel אמן, also = „das, worauf man traut", ThWNT IV, S. 390), zunächst einfach „Vermögen, irdsches Gut", aber dann mit dem Nebensinn, daß dieses die Stelle Gottes einnimmt bzw. mit Gott in Konkurrenz tritt. Im NT nur bei Jesus. Im semitischen Sprachgebrauch kann „lieben" und „verachten" (oder „hassen") so gebraucht werden, daß nicht an freundliche oder feindselige Affekte gedacht ist, sondern einfach an die Entscheidung der Wahl. Die Wahl zwischen Gott und dem Mammon ist unausweichlich.
Der Ansatz für das Verständnis und für die homiletische Auswertung dieser Perikope ist schwer zu finden. Das liegt zunächst an dem nicht leicht zu erkennenden Zusammenhang bei Matthäus. War, wie wir sahen, in den VV. 1–18 das Thema „Lohn bei Menschen / Lohn bei Gott" leitend, so würde sich in der Tat VV. 19f. leicht anschließen, wenn auch hier auf den Lohngedanken gezielt ist. Man sollte aber dem suggestiven Zwang, der darin liegen könnte, nicht nachgeben. Wir sahen schon früher (13. S. n. Trin.), daß in den

VV. 1–4 der Lohngedanke bereits „überholt" wird, und bei genauem Hinsehen wird sich zeigen, daß es auch beim Schätzesammeln im Himmel nicht um ein Kapital von Verdiensten geht, die sich dort auszahlen. Daß Matthäus den – ursprünglich selbständigen – V. 21 hinzugefügt hat, zeigt deutlich genug: Jesu Wort zielt nicht auf künftige Lohnansprüche oder auch nur Lohnhoffnungen, sondern auf die Strebungen und Bindungen des Herzens, auf sein Gegründet- und Verankertsein hier oder dort, also auf das Verständnis und die Verwirklichung der eigenen Existenz. Hängt das Herz am Vergänglichen oder am Unvergänglichen? Woher nehmen wir die Zukunftsgewißheit für unser Leben? Sieht man die VV. 19–21 so, dann fügen sich VV. 22f. gut an: Je nachdem, ob ich sehend bin oder blind für das, was im „Himmel" mir gehört, wird mein irdisches Leben hell oder finster sein, wobei das Sehen und die Einfalt des Herzens auf der einen Seite, die Blindheit und das Bösesein auf der anderen Seite zusammengehören. In jedem Fall: der ganze Mensch wird mit Licht oder Finsternis erfüllt sein, je nachdem, ob Licht durch das Augenfenster einfallen kann oder nicht. Dieser Gedanke verbindet sich leicht mit dem von der Bindung des „Herzens", denn das Herz ist die zentrale Stelle im Menschen, die sein ganzes Sein und Tun bestimmt. Ist das richtig gesehen, dann gehört der auf VV. 19f. zurückweisende V. 24 zur Perikope hinzu; er nimmt das Entweder-Oder von VV. 19f. in etwas variierter Form wieder auf.

Die zweite Schwierigkeit beim Finden des Ansatzes liegt in dem kasuellen Charakter des Sonntags. Nichts von Ernte, nichts von Dank. Eine Verbindung zur Erzählung vom reichen Kornbauern (Luk. 12,16–21 – „altes" Evangelium des Tages) ist leicht zu sehen; schon darin war die Beziehung zum Erntedank nicht ohne Mühe herzustellen, obwohl dort von dem Felde die Rede war, das gut getragen hatte, und von der Errichtung neuer Speicher. Von diesem Hintergrund ist die Aussage unserer Perikope ganz abgelöst, wir müssen ihn in unserer Predigt gewissermaßen neu erstehen lassen. „Schatz" und „Mammon" müssen für die gefüllten Speicher stehen. Wir haben den Eindruck, hier werde allzu eilig über die besondere und berechtigte Thematik des Erntedankes hinausgeführt. Es ist gut, daß wir diesen Tag nicht mit einer isolierten und in der Isolation notwendig auf natürliche Theologie hinführenden Frömmigkeit des ersten Artikels bestreiten. Es wäre aber falsch, den ersten Artikel einfach ausfallen zu lassen. Mit der neuen Ernte erhält der ewig reiche und immerzu schenkende Gott abermals unser Leben, ein Stück weit wieder. Es wäre nicht recht, wenn wir dies nur eben kurz erwähnten, um sofort dazu überzugehen, daß darauf eigentlich nicht viel ankomme – wichtig sei allein, was wir im Himmel speichern. Wir werden sehen: so hat es Jesus auch nicht gemeint. Seine eschatologische Botschaft will nicht das Geschaffene entwerten. Er weiß, daß wir das tägliche Brot nötig haben (V. 11). Er macht die Menschen auch leiblich satt (14,13ff.; 15,32ff.). Er selbst verachtet nicht die Gaben Gottes, die auf den Tisch kommen (11,19). Appetitanregender Duft aus der Küche kann ihm Gleichnis werden für das, was der Vater mit den Seinen vorhat (22,4). In der Vollendung will Jesus mit den Seinen vom Gewächs des Weinstocks trinken (26,29). Nein, das Erntedankfestthema soll nicht verdrängt werden. Auf die richtige Verbindung von Text- und Kasusanliegen kommt es an. Wir sagen versuchsweise: Weltoffenheit, aber nicht Weltgläubigkeit. Dankbar nehmen, ohne daran zu hängen. Nicht: wir haben die Ernte, also sind wir gesichert; sondern: wir haben Gott, der sorgt für uns.

Versuchen wir's vom Text her anzugehen, dann könnte man etwa so ansetzen: *Die Gewissensfrage am Erntedankfest: Wo ist unser Herz – (1) beim Vergehenden oder beim Ewigen?, (2) beim Kreatürlichen oder bei Gott?*

I.

Der überlieferungsgeschichtliche Befund zeigt, daß V. 21 für sich genommen und aus sich heraus verstanden werden will. Dennoch dürfte es, von der Redaktion her gesehen, richtig sein, ihn zum Aufhänger zu machen. Wo ist unser Herz? Woran hängen wir mit unserer Liebe, was sehen wir als das Tragende in unserem Leben an, worauf verwenden wir unsere ganze Aufmerksamkeit, Kraft und Mühe, worauf setzen wir unsere Hoffnung?
Fragen wir so, dann werden wir im Verständnis von V. 19f. nicht mehr auf die Lohnfrage fixiert sein. Im Spätjudentum ist es so. Die guten Werke, die der Fromme leistet, besonders seine Wohltätigkeitsgaben, werden als ein „Schatz" betrachtet, der bei Gott im Himmel aufgehoben wird; schon in diesem Leben trägt das himmlische Kapital Zinsen, am Gerichtstag im Himmel wird es ausbezahlt (Tob. 4,8ff.;4. Esra 6,5ff. – vgl. Str.-B. I, S. 430 und ThWNT III, S. 137). Man könnte versucht sein, solche Gedanken – meinetwegen: in verwandelter Form – aufzunehmen, etwa so, daß man alles, was Gott einem gönnt – diesmal: die Früchte vom Feld, aus dem Garten, vom Weinberg (usw.) –, in einer verantwortlichen Weise verwendet, und das hieße in der Welt von heute: dafür sorgt, daß die ungezählten Hungernden in der Welt satt werden. Viele Texte der Bibel binden uns das Gewissen, auch Jesu eigene Worte, und die Lage weiter Teile der Menschheit schreit danach. Man muß ja nicht den Verdienstgedanken strapazieren; man könnte auch den Himmel entmythologisieren und die Aussage von VV. 19ff. aufs Irdische umlegen. Das, worüber man selbst verfügt, also z. B. die reichen landwirtschaftlichen Erträge des Jahres, anderen zugute kommen lassen: dies ist die beste Kapitalanlage.
Von der Sache her werden wir keinesfalls widersprechen. Nur, der Text hat eine andere Spitze. Er fragt nicht, was wir mit dem Vorhandenen anfangen, sondern wie wir es bewerten. Und er fragt, welches Vertrauen die „Schätze" verdienen, die wir „sammeln", die irdischen und die himmlischen. Hängt sich unser Herz an die irdischen Schätze, dann werden wir erleben, wie unsicher sie sind: Motten und Rost zerstören sie, Diebe entwenden sie. Wir sind damit gegenüber dem Lohndenken auf einer ganz anderen Ebene. Wäre beim Schätzesammeln an die Akkumulation himmlischer Guthaben gedacht, an die zielstrebige Aufstockung himmlischer Konten, dann wäre unser Herz noch immer bei dem, was uns gehört bzw. gehören wird: transformierter Geiz des frommen Egoisten. Es ist aber in ganz andere Richtung gedacht. Wir sollen von einer Illusion befreit werden. Wir sollen davor bewahrt werden, daß Dinge, die uns zum Leben dienen, in unserem Denken, Begehren, Wünschen, Hoffen, Vertrauen (usw.) eine Stelle einnehmen, die ihnen nicht zukommt. Es wird nacher noch davon die Rede sein, was dies mit dem ersten Gebot zu tun hat. Hier – vorerst – geht es noch um etwas anderes. Wir halten die irdischen Sicherungen des Lebens für so „real" und darum verläßlich, als garantierten sie das Leben. Jesus: „Das Leben ist mehr als die Speise" (V. 25). Sicher meint Jesus nicht, wir könnten aufs tägliche Brot verzichten. Aber wir müssen wissen. wie wir die Dinge des iridschen Lebens einzuschätzen haben.
Im Unterschied zu der Beispielerzählung vom reichen Kornbauern ist hier nicht nur von Erträgnissen des Feldes und von dem die Rede, was in den Scheunen gehortet wird. „Schatz" ist das Niedergelegte, Aufbewahrte, besonders dann, wenn es wertvoll ist (ThWNT III, S. 136). Der Begriff ist weit. Wir denken am Erntedankfest an das, was eingebracht wurde und, sorgsam verwahrt, auf Verbrauch und Verzehr wartet. Im modernen Wirtschaftsleben ist aber die landwirtschaftliche Produktion mit dem, was in anderen Bereichen der Wirtschaft geschieht, fest verzahnt. Zur Versorgung der Menschen gehört mehr als Säen und Ernten. Das Wirtschaftsleben ist ein kompliziertes Geflecht von vielen Funktionen. So sind auch die Produktionsgüter nur im großen Ensemble denkbar. Land-

wirtschaft braucht Industrie, Handel, Transportwesen, wirtschaftliche Organisation (usw.); ja, die Landwirtschaft selbst hat mehr und mehr die Merkmale des Industriellen angenommen. Wer im Sinne des Textes heute von „Schatz" redet, muß eine Unmenge von Dingen, Abläufen, Funktionen (usw.) mit im Blick haben.

Jetzt wird die Frage, wie wir dies alles einzuschätzen haben, um so dringlicher. „Ihr sollt euch nicht Schätze sammeln auf Erden." Dies könnte so aussehen wie eine totale Entwertung dessen, woran wir täglich unsere Arbeitskraft wenden und was unser tägliches Leben ausmacht. Nach dem vorhin Gesagten werden wir auf einen solchen Irrtum nicht verfallen. Auch das Nicht-Sorgen (V. 25) besteht ja nicht im Nichtstun. Jesus hat die arbeitenden Menschen zu Figuren seiner Gleichnisse gemacht: den Säemann, den Pflüger, den Schnitter, den Arbeiter im Weinberg, den Fischer, den Hirten, und aus anderem Bereich: den Mann vom Bau. Das apostolische Zeugnis nimmt es auf: „Wenn jemand nicht arbeiten will, der soll auch nicht essen" (2. Thess. 3,10). Und nach Jesu Wort: „Der Arbeiter ist seines Lohnes wert" (Luk. 10,7). So wird der Erntedanktag willkommene Gelegenheit sein, die Arbeit der Menschen zu würdigen und – diesmal – denen besonders Dank zu sagen, die das ganze Jahr über fürs tägliche Brot sorgen, im Großeinsatz der Erntezeit unter besonderem Aufwand an Kraft und Ausdauer. Dies muß gesagt sein, damit der Text mit seiner anderen Akzentsetzung nicht Mißverständnisse hervorruft. Ja, es muß sogar noch hinzugefügt sein, daß es in Ordnung und den Wünschen Gottes gemäß ist, wenn Menschen ihre Arbeit „von Herzen" tun (Kol. 3,23), nicht gezwungen und voll inneren Widerstrebens (auf Kol. 3,23b wird deuten, was nacher noch zu sagen ist). In diesem Sinne darf auf die Frage, wo unser Herz ist, durchaus geantwortet werden: bei unserem täglichen Werk und Dienst.

Und doch wird, was wir an diesem Tag bedenken, zur Gewissensfrage. Hielten wir bloß „Erntefest", dann wäre die Frage nach dem, was uns trägt und sichert, eine Sache der in sich verschlossenen Weltlichkeit. Christlicher Glaube bejaht die Welt. Aber er bejaht sie als Schöpfung Gottes (davon mehr unter 2) und im Wissen um ihre Vergänglichkeit. In beidem kann die Welt eben nicht als „in sich verschlossen" angesehen werden: sie ist – dimensional – begrenzt durch das, was die Bibel „Himmel" nennt. Irdische Schätze vergehen oder werden uns entrissen. Hängen wir an sie unser Herz, dann geht mit ihnen auch alles zugrunde, was dieses Herz von ihnen erhofft. So nötig die Güter dieser Welt sind – die Ernte dieses Jahres eingeschlossen –, sie entreißen uns nicht dem Los alles Vergehenden. Auch wenn Joseph Getreide für die sieben dürren Jahre gehortet hat, seine Vorsorge hat nur hinausschiebende Bedeutung. Was bei entsprechender Lagerung beim Getreide möglich ist, mit den Kartoffeln – wären sie damals in Ägypten bekannt gewesen – wäre es Joseph nicht gelungen. Durch Essen und Trinken fristen wir unser Leben; aber aus dem Bereich des Vergänglichen kommen wir damit nicht heraus. Alles unterliegt dem Vergehen, dem Verschleiß und Verbrauch. Und wenn es Wertbeständiges und Bleibendes gäbe, die Diebe könnten es stehlen, eine Inflation oder ein Währungsschnitt können es – wir haben es erlebt – im Nu auf ein Minimum reduzieren, ein Krieg – auch das kennen wir leider aus Erfahrung – kann es gründlich zunichte machen. Der reiche Kornbauer im Evangelium hatte sein Herz bei den Scheunen und bei den Vorräten, die sie bargen; er hatte sich gründlich verrechnet.

Der Einwand nicht weniger Menschen – die nicht aus Jesu Schule kommen – wird lauten: Laßt uns doch die Vergänglichkeit bejahen und dann auch die Enttäuschungen in Kauf nehmen, die man mit den Dingen dieser Welt erlebt; laßt uns für alle Fälle – eine im Rahmen des Weltlichen durchaus sinnvolle Maßnahme – eine Versicherung abschließen, mit der wir das Risiko (wenn auch nicht das durch Motten und Rost, aber doch das durch Brand, Wasser und Diebe) umverteilen und dadurch die „Sicherheit" gewinnen, die man braucht, soweit sie überhaupt zu gewinnen ist. Tritt der Herzinfarkt noch heute abend ein, dann hat man eben Pech gehabt. – Was daran richtig ist, wird auch der Christ nicht verachten. Nur: der Christ weiß, daß die Frage nach dem, was „im Himmel" ist, durch dieses Denken und Leben in in sich verschlossener Weltlichkeit nicht erledigt ist. Es wäre ja ganz falsch gesehen, wenn man meinte, daß der glaubende Mensch nur deshalb ins „Himmlische" „ausweicht", weil er nicht Manns genug ist, mit den Enttäuschungen und Einbrüchen seines Lebens auf weltliche Weise fertig zu werden. Das Himmlische ist für den Glauben nicht das Traumreich, in das man durch einen Notausgang gelangt. Es ist die eschatische Wirklichkeit, in der man einen „Schatz", eine Existenzgrundlage, ein geistliches „Kapital" haben muß. Wir sprechen vom „Ewigen" nicht in platonisierendem Sinne, sondern von der Auferstehung Jesu Christi her – wie Paulus, der auf die „über alle Maßen gewichtige Herrlichkeit" hinweist und dabei sich des Begriffspaars zeitlich-ewig bedient (2. Kor. 4,17f.). Wir können die Frage nicht offen lassen, wovon wir „dann" leben wollen; womit aber sofort die Frage gestellt ist, wovon wir – „vor Gott" – eigentlich „heute schon" leben. Unser Text bereitet aufs beste den Zielsatz der nachfolgenden Erörterung über das Sorgen vor: „Trachtet am ersten nach dem Reich Gottes" – das andere, das euer „Herz" zur Zeit noch so sehr in Anspruch nimmt und euch unfrei macht, ergibt sich dann von selbst.

Unsere Predigt sollte, um diesen Gedankengang abzuschließen, noch einmal an das erinnern, was uns im Text zum 7. S. n. Trin. gesagt war und was unsere Aulegung dazu ausgeführt hat. Letzten Endes geht es bei dem „Himmlischen" um nichts anderes als um *Gott selbst*. Er, der in Christus offenbare Gott, ist der Schatz im Himmel; sein Reich und seine Gerechtigkeit sind unsere ewige „Existenzgrundlage". Damit wird das Irdische, also auch das tägliche Brot, nicht entwertet. Aber der Glaube weiß die Dinge richtig einzuordnen. Er wird nicht sagen: Was brauche ich Gott, wenn ich nur habe, was zum Leben nötig ist? Der Mensch lebt nicht vom Brot allein.

2.

Das, was bisher gesagt wurde, wollte das Trügerische vom Verläßlichen scheiden. Jetzt geht es darum, daß Gott und Götze voneinander unterschieden werden. „Ihr könnt nicht Gott dienen und dem Mammon." Wir haben V. 24 zur Perikope hinzugenommen; erst so rundet sie sich zu einem Ganzen.

„Woran einer sein Herz hängt, das ist sein Gott" (Luther). Man könnte sagen, daß mit V. 24 eigentlich gar nichts Neues zum bisher Ausgeführten hinzukomme. Wir sind ja, indem wir vom „Schatz" sprachen, wie von selbst dazu geführt worden, auf den in Christus offenbaren Gott zu blicken. Dennoch tut sich gegenüber VV. 19f. ein neuer Blick auf. Man könnte sagen, der reiche Kornbauer habe sich mit Illusionen betäubt; nun habe er selbst den Schaden. Wäre der Herzinfarkt nicht eingetreten, dann hätte seine Rechnung gestimmt. – Nein, sie hätte *nicht* gestimmt. Auch als ein vom Tode Verschonter wäre er schuldig gewesen – an dem Gott, dem – „über alle Dinge" – unsere Furcht, unsere Liebe und unser Vertrauen gebührt. Es genügt nicht, zu warnen: Häng dein Herz nicht an Brüchiges. Es gilt auch: Häng dein Herz nicht an Kreatürliches. Gott hat ein Recht auf unsern Dank, unsere Ehrerbietung, unsern „Dienst", unser Vertrauen.

Mammon (im Aramäischen mit *einem* m) „ist zunächst objektiv: *Vermögen*, wobei nicht allein an das Geld, sondern auch an die Habe und an alles, was Geldeswert hat ..., gedacht ist" (ThWNT IV, S. 391). Rabbinische Redeweise besagt, daß es „ethisch einwandfreien Mammon" gibt (ebd.), neutral gebraucht für Hab, Gut und Besitz. Auch bei Jesus ist mit dem Wort zunächst Vermögen und irdisches Gut gemeint, „aber besonders mit dem abwertenden Nebensinn des bloß materiellen, gottgegensätzlichen, sündebehafteten" (a. a. O., S. 392). „Wegen der dämonischen Macht, die dem Besitz innewohnt, wird die Hinkehr zum Vermögen praktisch zur Versklavung unter dasselbe . . . Es gilt für den Frommen, sich mit starkem Entschluß aus solcher Umklammerung loszureißen, um in alleiniger religiöser Abhängigkeit von Gott zu stehen" (ebd.).

Der Mammon ist ein Götze. Er müßte es nicht sein. So scharf Jesus die Gefährlichkeit des Mammon gesehen hat, er konnte doch in größter innerer Freiheit, man könnte sagen: lächelnd seinen Jüngern raten: „Macht euch Freunde mit dem ungerechten Mammon", also mit dem Geld, an dem so viel Unrecht klebt (Luk. 16,9). Aber dazu bedarf es wirklich seiner Entdämonisierung. An ungezählten Vorgängen in der kapitalistischen Welt wird es geradezu sinnenfällig, daß Geld, also wirtschaftliche Macht, einzelne Menschen, Menschengruppen, Staaten und Staatengruppen unter Zwänge bringt, aus denen sie nicht mehr herausfinden. So nötigt das Zwangsziel des Wirtschaftswachstums zu immer weitergehender Ausbeutung unseres Planeten, zu immer wachsender Verunstaltung und Vergiftung unserer Welt. Investitionen müssen rentabel sein, mag daran kaputtgehen, was da will. Mahnungen, die Gürtel enger zu schnallen, stoßen auf fast allgemeine Ablehnung. Abbauen, zurückstecken, verzichten – der begehrliche Mensch will es nicht, und der Götze Mammon erlaubt es nicht. Wir sind als Prediger nicht in der Lage und auch nicht dafür zuständig, das Kräftespiel der Wirtschaft zu analysieren. Das soeben Festgestellte sind ja auch nur Binsenweisheiten, für deren Wahrnehmung es besonderer Schulung nicht bedarf, und es sind sicher nur Teilwahrheiten, die der Einfügung in größere Zusammenhänge bedürfen. Aber was uns als Prediger beschäftigen muß, ist dies, daß wir in der Tat – der eine mehr, der andere weniger – solchem Denken verfallen sind und das auch dort, wo wir bewußt nicht kapitalistisch denken und leben. Das und das „muß" man haben – warum eigentlich? Dienen wir dem Mammon – oder sind Geld und überhaupt alle wirtschaftlichen Gegebenheiten nur Mittel in unserer Hand, dem Leben zu dienen? Sind wir von unserem Hab und Gut und allem, was wir uns leisten, so fasziniert, daß wir darin unfrei werden? Haben wir die Dinge, oder haben sie uns? (Kriminalromane bieten eine Überfülle von Material für die versklavende, zerstörende, katastrophenerzeugende Macht des Mammon.)

Kreatürliches zum Letztwert und zur Höchsdistanz erhoben: das ist der Götze. Das Thema könnte vielfältig variiert werden. Diesmal geht es ums Wirtschaftliche. Es darf nicht in Konkurrenz zu Gott treten. „Ihr könnt nicht Gott dienen und dem Mammon." – Ich entsinne mich, in den Jahren nach 1933 einem Mann der Wirtschaft wegen der damals uns bedrückenden Ungeheuerlichkeiten in den Ohren gelegen zu haben und von ihm abgewiesen worden zu sein: „Erst müssen die wirtschaftlichen Fragen gelöst sein – dann kann man meinetwegen an das ‚Menschliche' denken." Sein Götze hat furchtbare Opfer gefordert.

Die Verdrängung Gottes durch das Kreatürliche ist uns meist nicht bewußt. Der Glaube an Gott braucht nicht abgemeldet zu sein, aber es reagiert der Götze. „Ihr könnt nicht . . ." Das Gleichnis vom Auge macht es deutlich. Der Mensch ist ein Ganzes. Eine Dunkelkammer – oder ein lichtdurchfluteter Raum? Jesus spricht äußerst scharf, man könnte meinen: unbarmherzig. In der Erfahrung meines Lebens ist es anders. Ich will ja an Gott glauben. Aber wem widerführe das nicht, daß kreatürliche Dinge ihn faszinieren, vielleicht beruhigen (z. B. der Betrag auf der hohen Kante), ja vielleicht unentbehrlich scheinen? Und wer würde nicht nervös, wenn alles Kreatürliche versagt und nur noch das Wunder Gottes übrigbleibt?

Halten wir fest: Jesus will in VV. 22f. keine empirischen Feststellungen über den Menschen machen. Er ruft uns zur Kompromißlosigkeit auf. Er will uns die Unmöglichkeit des friedlichen Nebeneinander von Gott und Götze deutlich machen. Geschieht es auch immer wieder, daß man zugleich an Gott und an Geschöpfliches glaubt, also nach zwei Richtungen vertraut und hofft: so kann es nicht sein, also darf man sich darauf auch nicht einrichten. Freilich: vollzieht sich die Entscheidung zwischen Gott und Götze im „Herzen", in der Personmitte, dann ist es eben doch jedesmal der ganze Mensch, der glaubt oder nicht bzw. falsch glaubt. Wir können uns nicht zerteilen. Sind wir nun böse und finster – oder einfältig und hell? Wir versuchen nicht, die Antwort an uns selbst abzulesen. Jesus ruft dazu auf, „am ersten" nach dem Reich Gottes zu trachten, d. h. zu glauben. Indem ich glaube, wird es in mir hell.

Und noch etwas anderes ist auf unsere Fragen von vorhin zu antworten. Verstehen wir Jesus doch nicht so, als wolle er das Kreatürliche überhaupt durchstreichen! Er sagt nicht: Vertrau auf Gott – und verzichte aufs tägliche Brot (oder auf deinen Arbeitslohn usw.). Das Kreatürliche *hat* seinen Platz in unserm Leben, und zwar den Platz nicht neben, sondern unter Gott. Aufs Erntedankfest bezogen: Wir sagen nicht, wir hätten ja die Ernte, und da brauche es keinen Gott – oder umgekehrt. Gott hat sie gegeben – er weiß ja, daß wir des alles bedürfen (V. 32). Wir sollen auf Gottes Gaben nicht verzichten, aber wir sollen sie auch nicht so ansehen, als kämen sie nicht von Gott, oder gar: als machten sie ihn überflüssig. Jesus hätte gern, daß es in uns hell wird, weil uns aufgegangen ist, was Gott uns auch diesmal wieder zuliebe getan hat, weil ihm an uns liegt.

Kirchweihtag. Jes. 66,1–2

Ob wir dieses Wort – es ist „vollständig" und „in sich abgerundet" (Wstm.) – Tritojesaja zuschreiben können oder nicht, hängt von der Deutung ab. Kultkritik findet sich z. B. auch 58,1–12: dort wird das Fasten, hier der Tempel kritisch betrachtet. Das unstreitig dem Propheten zugehörige Kapitel 60 (dessen Anfang zu Epiphanias Predigttext war, s. d.) sieht die Völker gerade zum Zion strömen (vgl. auch Kap. 62). Unser Text scheint vorauszusetzen, daß der Tempel steht; nach 60,13 steht er noch nicht. Hat Tritojesaja noch bis zur Zeit von Haggai und Sacharja gewirkt? Oder müssen wir die Verse einem Späteren zuschreiben? Spricht hier eine Prophetie, die der überschwenglichen Erwartung Haggais, mit dem Tempelbau breche die Heilszeit an (2,15–19), widerstehen will? Bedeutet solche Kritik, daß der Tempel und sein Bau überhaupt abgelehnt wird? Man vergleiche 1. Kön. 8,27 und 29: Kritik und Bejahung können (wie immer auch das Kapitel 1. Kön. 8 zustandegekommen sein mag) nebeneinander stehen. So wohl auch hier, wo Gedanken aus den Psalmen aufgenommen sind, bes. Ps. 50. Ps. 11,4: „Jahwe ist in seinem heiligen Tempel – Jahwes Thron ist im Himmel."

V. 1: Was in den Psalmen lobende Anrede Gottes ist, ist hier (wie nicht selten bei Deuterojesaja) in Selbstaussage Gottes umgewandelt. Daß Gott im Himmel wohnt oder thront, findet sich, besonders in den Psalmen, häufig (Ps. 2,4; 8,2; 103,19; Pred. 5,1). Daß die Erde sein Fußschemel ist, liest man sonst nicht (wir werden am 23. S. n. Trin./Matth. 5,34 auf ein entsprechendes Jesuswort stoßen); die Lade gilt als Gottes Fußschemel (Ps. 132,7). (Woran ist in Ps. 110,1 gedacht?). Gott ist also nicht nur im Himmel anwesend, sondern auch auf der Erde (vgl. Deut. 4,39; Jes. 6,3b; Jer. 23,24 u. a.). Die Vorstellung, daß er in ein Haus eingeschlossen sein könnte, ist absurd. „Ort der Ruhe": wahrscheinlich ist daran gedacht, daß für den unablässig tätigen Gott diese Vorstellung abwegig sein muß. – V. 2: Die ganze Welt – Himmel und Erde – ist Gottes Schöpfung (vgl. 40,22; Spr. 8,27; Hiob 26,7–13 u. a.). Lies mit LXX und der syr. Übersetzung וְלִי הָיוּ: „mir gehört dies alles" (vgl. u. a. Exod. 19,5; Deut. 10,14; Ps. 24,1). Dem Stil des „beschreibenden Lobpsalms" (Wstm.) entspricht es, daß Gott in der Höhe thront, aber in die Tiefe sieht (Ps. 113,5; Luk. 1,46–48). חָרֵד = zittern, erschrecken, auch als Adjektiv mit עַל (vgl. Esra 10,3: „die das Gebot unseres Gottes fürchten". Das Wort נָכֵה ist verdächtig selten (noch 2. Sam. 4,4; 9,3 – dort „lahm"). Die BHK schlägt das ni. von כאה vor: „verscheucht, gedemütigt" (vgl. Ps. 109,16; Dan. 11,30).

Am Kirchweihtag wollen wir der Gemeinde Lust machen zum Beheimatetsein in Gottes
Haus. „Der Vogel hat ein Haus gefunden . . . , deine Altäre, Herr Zebaoth." Bei Gott zu
Hause sein, das wird anschaulich und erfahrbar, „wo die heiligen Wohnungen des Höchsten sind" (Ps. 84,4; 46,5). Geborgenheit in Gottes Nähe, Daheimsein, wo er sich finden
läßt, Eingegliedertsein in den Leib Christi, der im Beisammensein der Christen anschaulich wird. Die Gemeinde wird ihr Gotteshaus liebhaben. Hoffentlich erfährt sie durch uns
auch etwas von seiner Geschichte und damit von denen, die vor uns geglaubt haben
(Hebr. 11). Hoffentlich hat ihr jemand das in leibhafter Form verkündigende Glaubens-
zeugnis der Erbauer und Gestalter des Gotteshauses verständlich gemacht: die Sprache
der Proportionen, der statischen Elemente des Baus, der Lichtführung, des Spiels der Farben, der bildhaften Darstellung dessen, was Gott „im Fleische", also in anschaulicher
Leibhaftigkeit hat geschehen lassen, zudem die Sprache der gottesdienstlichen Musik.
Nun scheint freilich ein kultkritischer Text wie dieser dafür ungeeignet. Stimmen unsere
Vorstellungen nicht von dem, was ein Gotteshaus ist und soll, – oder stimmt der Text
nicht? „Wo ist denn so ein Haus, das ihr mir bauen könntet? Wo ist denn so ein Ort, wo
ich ruhen könnte?" Hier scheint – im Blick auf die Allgegenwart und Allwirksamkeit
Gottes – die Errichtung und der Gebrauch eines Hauses für Gott überhaupt bestritten zu
sein. Mit noch schärferen Worten ist in den VV. 3.4a das angegriffen, was in dem Hause
Gottes geschehen soll: harte Kritik am Kultgeschehen, wie es Israel geläufig ist. Solche
Kritik kennen wir auch von der klassischen Prophetie (z. B. 1,10ff.; Amos 5,21ff.;
Micha 6,6ff.), übrigens ohne daß diese Tempel und Gottesdienst grundsätzlich negiert
hätte. Liest man in unserm Kapitel V. 4b, dann wird klar: der Ungehorsam läßt den
frommen Betrieb als bloßen Schein und als Leerlauf erkennen; *hier* liegt der Grund für
die harte Kritik. Und im Blick auf VV. 1f. ist zu sagen, daß, wer allem Gottesdienst ab-
hold ist, sich nicht in der Gedankenwelt und dem Sprachmaterial ausgerechnet der *Psalmen* bewegen wird. Die kultkritischen Aussagen des Prophetenwortes werden wir behutsam und differenziert zu deuten haben. Tritojesaja – der trotz Bedenken hinter dem Text
stehen dürfte – sieht auch sonst in der Gemeinde schwere Schuld, die noch immer das
Wahrwerden des von Deuterojesaja angekündigten Heils blockiert (59,9). Die kultischen
Mißbräuche – von Rad spricht von schweren kultischen Greueln (ThAT II, S. 293) – „be-
leidigen" Jahwe (65,3). Mit dem Mißbrauch ist der rechte Brauch noch nicht verdammt.
Es könnte, ähnlich wie in Jer. 7 kritisiert (10. S. n. Trin.), eine Tempelgläubigkeit geben,
mit der der Prophet sich um Gottes willen nicht abfinden darf. Diese Tempelgläubigkeit
könnte überhitzt sein, weil der stockende Tempelbau gewisse Kreise dazu anreizen
mußte, die Heilsbedeutung des Hauses Gottes ideologisch zu überziehen. Wie war es
doch gegangen? 538 hatte Kyros das – uns im Wortlaut vorliegende (Esra 6,3–5) – Edikt
erlassen, das Heimkehr und Tempelbau erlaubte. Mit dem Bau des Tempels wurde alsbald begonnen (Esra 5,14–16), aber die äußeren Verhältnisse waren so ärmlich, daß man
den Bau liegen ließ (Haggai 1,2). Eine „Erweckung" (Haggai 1,14) bringt die Arbeit wieder in Gang. Mit dem Bau des Tempels, meint Haggai (s. o.), bricht die Heilszeit an, ja
überhaupt: von jetzt an ist Heilszeit, auch die äußeren Verhältnisse werden sich schlagartig zum Guten wenden (Hagg. 2,15–19; Sach. 8,10–12). – Man versteht, daß unser Text
aus seiner kultkritischen Sicht solcher Euphorie widersteht und, vielleicht in prophetischer Einseitigkeit, auch die theologischen Grundlagen des Tempelglaubens kritisch angeht. Er sagt dabei nichts, was man nicht anderwärts ebenfalls lesen kann; er sagt freilich
nicht alles, was zu diesem Thema zu sagen ist. Wir haben vorhin „komplementäre"
Aussagen über Gottes Wohnen im Himmel und im Tempel genannt. Unsere Predigt wird
sich gerade am Kirchweihtag nicht darin erschöpfen, daß sie beweist: ein Gotteshaus
kann es gar nicht geben. Sie wird – ich meine: nicht gegen den Text, aber über ihn hinaus

– auch den Sinn dessen deutlich machen, was hier nur im Hintergrund steht (wir erinnern noch einmal an Kapp. 60; 62 und an die Welt der Psalmen).

So wird es vertretbar sein, wenn wir so ansetzen: *Gott ist gegenwärtig, indem er* (1) *sich überall verherrlicht,* (2) *sich besonders anbindet,* (3) *sich tief herabneigt.*

I.

Wer beteuert, daß er Gott auch außerhalb der christlichen Gemeinde, und das schließt ein: auch außerhalb des Gotteshauses findet, bekommt durch unsern Text ein gutes Stück weit recht. Natürlich muß er sich fragen, was er meint, wenn er vom „Finden" spricht, und erst recht wäre zu klären, auf was für einen „Gott" er aus ist. Der Paulus der Areopagrede gibt ihm recht: Gott „wohnt nicht in Tempeln, mit Händen gemacht, auch läßt er sich nicht von Menschenhänden dienen, als bedürfe er jemandes". Nur: dieser Gott ist es, der an einem bestimmten Tag die Welt richtet „durch *einen* Mann, den er dazu bestimmt hat", und damit ist klar, daß man Gott gegenüber nicht im Unverbindlichen bleiben kann, sondern sich ihm stellen muß, – eben dem Gott, der in dem „einen Mann" auf uns zukommt (Apg. 17,24f.31). Aber das ist deutlich, und darin will uns der Text bestärken: Gott ist überall, und er verherrlicht sich überall. Wir sind auf Schritt und Tritt mit ihm im Kontakt, wissend oder unwissend.

Damit ist zunächst einer Meinung widersprochen, von der wir nicht sicher wissen, ob sie in dem Tempel-Aberglauben, den der Prophet bekämpft, mit enthalten war oder wenigstens mit unterlaufen ist: der Meinung, als sei Gott überhaupt nur da präsent, wo er eine irdische Wohnung hat, wo ihm kultisch gedient wird und wo er Menschen findet, die sich auf fromme Weise mit ihm beschäftigen. Subtiler gedacht und geredet: es ist höchst bedenklich und irreführend, von der „Abwesenheit Gottes" zu reden da, wo er im Denken der Menschen nicht mehr vorkommt und man nicht bereit ist, sich ihm im Glauben zu öffnen. Ob mehr kultisch oder mehr „innerlich" (gedanklich, gefühlsmäßig, existentiell), dies macht in *diesem* Zusammenhang nichts aus. Gott ist im Himmel und auf Erden – vor uns, außer uns, unabhängig von uns, ohne uns, trotz uns. Darin liegt dann auch, daß seine Anwesenheit bei uns nicht erst damit beginnt, daß wir ihm ein Haus bauen und weihen. Gott darf nicht mit kultischen Dingen und Vorgängen identifiziert werden. Es ist nicht so, daß die Heimgekehrten es erst in dem Augenblick wieder mit ihm zu tun bekämen, da sein Haus errichtet und in Gebrauch genommen ist, – als bedürfe er für sein Wirklich- und Gegenwärtigsein des Kultes.

Auch dies ist damit abgewehrt, daß unsere Gottesbeziehung sich nur auf dem Sektor Religion ereigne. „Die ganze Erde ist mein", sagt Gott (Exod. 19,5). Gott will Herr sein innerhalb und außerhalb der Kirchenmauern. Ja, er *ist* es, von der Schöpfung her, und er bleibt es – durch sein Gesetz und in seinem Gericht, erst recht aber in seinem heimlichen Erhalten, Bewahren und Geben – auch nach dem Fall, in einer Welt, die sich gegen ihn sträubt und ihn mißachtet. Gott ist nicht nur da, wo er gesucht und geglaubt wird. Gott ist, wie Bonhoeffer betont hat, mitten in unserm weltlichen Leben jenseitig.

Dieses letztere muß noch einen Augenblick bedacht werden. Den Begriff der Jenseitigkeit kann der biblische Mensch nur denken, indem er – wissend oder mehr ahnend – die Grenzen des alten Weltbildes durchbricht. Solange der Himmel nur das obere Stockwerk einer Welt ist, die man sich – bis zu Gott hinauf – physisch dachte, ist Gott eigentlich gar nicht „jenseitig", sondern nur, sofern er „im Himmel" ist, an einem anderen Ort. Man denkt im – unterteilten – gegenständlichen Raum; eine echte Transzendenz gibt es gar nicht. Die Transzendenz Gottes muß ja ganz anders gedacht werden. Nicht im Sinne des Idealismus (z. B. Platons), als wäre Gott die der Welt zugeordnete höchste Idee (wie die

Idee des Baumes dem Baum zugeordnet ist). Gott ist nicht der ideale Hintergrund der Welt. Er ist Schöpfer und Herr. Seine Transzendenz besteht im Ganz-anders-Sein. Die Welt ist nicht die Vergegenständlichung Gottes, die ihm zum Zu-sich-selbst-Kommen dient. Sie ist seine Kreatur. Er wäre er selbst auch ohne sie. Er will die Welt, weil er liebt; aber er muß sie nicht wollen, er liebt – und verherrlicht sich – in Freiheit. So wirkt er in der Welt, an keinen Ort gebunden, und ebendarum allgegenwärtig. Er wirkt in der Welt in seiner Unterschiedenheit von ihr. Schöpfer und Schöpfung stehen einander gegenüber, trotz und gerade in der Allgegenwart Gottes in seiner Schöpfung.

So können wir, ohne an das Weltbild der Alten gebunden zu sein, von Gottes Gegenwart im Himmel und auf Erden sprechen. Die schöne Bildersprache – Thron und Fußschemel – werden wir uns nicht entgehen lassen. Himmel steht für Gottes Majestät, für seinen überirdischen Glanz, für die Herrlichkeit seines Gottseins. Mit den Füßen – das anthropomorphe Bild wird uns nicht schrecken – findet er sich im weltlichen Alltag. Auch da, wo man ihm keine Hymnen singt, steht und geht er. Er ist nicht nur in Tempeln, Domen und Kirchen. Unsere bloßen Augen sehen ihn nicht. Wir sagen: Welt, Natur, Schicksal, Geschichte. In allem wirkt er – wie der Bach das Mühlrad treibt (so hat es Luther in De servo arbitrio beschrieben), als der nie ruhende Handelnde, der seine Kreaturen in Bewegung hält und sie nicht feiern läßt. Was für ein Ungedanke, diesen Gott, von dem und durch den und zu dem alle Dinge sind, in den Kultraum einsperren zu wollen und so zu tun, als sei er ohne Tempel weder real noch tätig noch gegenwärtig. Wohin unser Fuß auch tritt: er ist da. In welchem Erdteil oder Staat wir leben: er ist da. Wir sagen Schicksal, aber es ist seine Schickung. Wir haben es mit Menschen zu tun; er hat sie uns begegnen lassen. Das Leben stellt uns Aufgaben; sie kommen von ihm. Womit wir zu tun haben: es ist alles sein eigen (V. 2, emendierter Text). Wir verwalten, was ihm gehört. Es müßte für unsere ganze Einstellung zur Welt von Bedeutung sein, daß wir ihren Eigentümer kennen. Was ich habe, ist mir zu Lehen gegeben: „damit ich's brauch zum Lobe dein / zu Nutz und Dienst des Nächsten mein" (EKG 247,2). Gottesdienst – im Alltag (Röm. 12,1). Verherrlichung Gottes im weltlichen Leben. Wir verstehen, warum Tritojesaja auf den Alltagsgehorsam drängt. Es müssen scheußliche Dinge unter den Heimgekehrten vorgekommen sein. „Eure Frevel, sie verdecken das Angesicht (Gottes) vor euch, daß er nicht hört. Denn eure Hände sind befleckt mit Blut und eure Finger von Schuld; eure Lippen reden Lüge, Frevel flüstert eure Zunge. Keiner lädt gerecht vor (zur Gerichtsverhandlung), und keiner prozessiert ehrlich. Man vertraut auf Nichtiges, redet Eitles, geht schwanger mit Mühsal und gebiert Trug" (59,2–4 – Übers. Wstm.). Man begehrt Gottes Weisung, aber man tut nicht was er sagt (58,2–4; 66,4b). Man fastet – aber *das* wäre das „Fasten", das Gott gefällt: Verknechtete freigeben, dem Hungrigen das Brot brechen, Arme aufnehmen (58,6f.). Das Kultische, sofern es Vorwand, Alibi, Ersatzleistung ist, sollte ersetzt werden durch den Gottesdienst im Alltag, und das hieße: durch den Gottesdienst, in dem mit dem universalen Herrsein Gottes praktisch Ernst gemacht wird. Zugespitzt könnte man also sagen: Gottes Tempel ist die Welt, der Gottesdienst ist der tägliche Gehorsam. Hier wird Gott verherrlicht. Ja, hier verherrlicht er sich, indem er als Schöpfer und Erhalter wirksam ist. „Kirchweihe" müßte sich in „Weltweihe" verwandeln. Wer sagt, dies sei sein Gottesdienst, den kann man nur beglückwünschen. Er hat es geistlich unerhört weit gebracht. Daß er es *will*, das kann man nur loben; weh dem, der es nicht wollte. Nur wird man fragen müssen: Findest du Gott wirklich? Schaffst du es, ihm gehorsam zu sein? Verherrlicht sich Gott wirklich in dem, was du bist und tust? Du hast recht: „Alle Lande sind seiner Ehre voll." Nur: wird dir nicht angst (wie Jesaja, 6,5)? Könnte nicht die Parole: „die Welt ist meine Kirche" einen Anspruch enthalten, mit dem keiner von uns bestehen kann?

2.

Daß Gott gegenwärtig ist, das gilt nur fürs „Heiligtum" in besonderer Weise. Wer meint, die Welt könne seine Kirche sein, übersieht zweierlei: einmal die Tatsache, daß Gott in aller Welt zwar gegenwärtig, aber eben auf verborgene Weise gegenwärtig ist, zum andern, daß aufgrund des Zustandes, in dem wir uns als Sünder befinden, unser Verhältnis zu ihm gestört ist und weder durch das Gelingen unserer Arbeit noch durch den Eindruck einer weisen Weltregierung Gottes noch durch einen überwältigend schönen Sonnenaufgang repariert werden kann. Es bedarf schon, damit es zwischen Gott und uns zur Gemeinschaft kommt, bestimmter besonderer Unternehmungen Gottes. Um sie geht es in der Kirche, das Wort durchaus auch einmal im Sinne des Gebäudes verstanden, das Gottes Haus ist.

Es ist wahr: im Himmel und auf Erden ist Gott gegenwärtig, nicht untätig, sondern unablässig am Werke. Nur, dieses Anwesend- und Tätigsein Gottes ereignet sich in tiefer Unkenntlichkeit. Dies gilt trotz der grundsätzlich bestehenden Möglichkeit, seiner auf irgendeine Weise innezuwerden, so weit, daß man ihn als Schöpfer ehren und ihm danken müßte. Und doch ist und bleibt er uns rätselhaft. Mit einer natürlichen Theologie kämen wir in die Brüche. Mit einer enthusiastischen Theologie – die zwar an die Notwendigkeit einer neuen, von Gott selbst ermöglichten Erkenntnis glaubt, diese aber schon in vollendeter Weise, ohne eschatologischen Vorbehalt zu haben meint – mit einer solchen enthusiastischen Theologie, sagen wir, müßten wir ebenfalls scheitern. Ob Gotteserkenntnis aus Natur und Geschichte, ob mystische Versenkung, Denkmystik oder Entrückungserlebnisse: in jedem dieser Fälle wäre die Grenze nicht geachtet, die sich aus der Verborgenheit Gottes ergibt. Sie kann nur von Gott selbst überschritten werden, und zwar so, daß er sich im Irdischen für den Glauben – nicht fürs Schauen – zu erkennen gibt. Es bedarf der Offenbarung. Der Glaube greift das, woran er sich hält, nicht aus der Luft; er ist auf solche Selbstmitteilung und Selbstkundgabe Gottes angewiesen. Diesen Tatbestand hat Luther im Sinn, wenn er sagt, es sei wohl zu unterscheiden, ob Gott *da* ist oder ob er *dir* da ist. Wir sind auf diesen Sachverhalt schon wiederholt aufmerksam gemacht worden, z. B. am Pfingstmontag und am 14. S. n. Trin.

Ehe wir weiterdenken, muß noch auf den anderen Tatbestand hingewiesen werden: auf das gestörte Gottesverhältnis des Sünders. Wer meint, die Welt sei seine Kirche, meint, daß da nichts in Ordnung zu bringen ist – oder aber, daß man die Vergebung der Sünden am Aufblühen einer Rose – kaum freilich an einer Flutkatastrophe oder einem Waldbrand – ablesen kann. Wir werden auf dieses Thema am 22. S. n. Trin. zurückkommen müssen. Zwischen Gott und uns ist etwas zu bereinigen. Etwas? Alles! Man sollte nicht übersehen, daß im Opferkultus dies *gemeint* ist; man denke besonders an das Ritual des Großen Versöhnungstages. Aller Opferkult wird unglaubwürdig, wenn danach dreist weitergesündigt wird. Aber damit ist der Kult selbst nicht abgetan. Man weiß in Israel, daß wir den Zugang zu Gott nur auf besonderem Wege gewinnen können.

Nun ist für uns, Menschen des Neuen Bundes, weder der Tempel von Jerusalem noch von Bedeutung noch „der Böcke und der Kälber Blut" (Hebr. 9,12). Unser Opfer ist der gekreuzigte Christus – und zwar als das Opfer, das Gott selbst für uns gebracht hat. Und der Gnadenort, an dem Gott sich offenbart? Wir haben – auch am Kirchweihtag – nicht an ein bestimmtes Haus zu denken, sondern an den Christus, der unser „Bethel" ist (Joh. 1,51). Damit ist, was israelitisch-jüdische Tempeltheologie lehrte, für uns wirklich abgetan. Also erübrigt sich die Rede von der „besonderen Anbindung" Gottes, und wir könnten uns nun einfach wieder an das halten, was unter (1) ausgeführt wurde? Dies gerade nicht. „Niemand kommt zum Vater denn durch mich", sagt Jesus (Joh. 14,6). Nicht:

man kann Gott überall finden, weil er überall ist. Ich soll ihn finden, wo er *mir* da ist, am
„Ort" seiner Offenbarung, in Christus. Christus aber haben wir nicht anders als im Wort
und Sakrament, also in den Gnadenmitteln, die er selbst eingesetzt hat, um seine Gegenwart für uns daran zu binden. Es ist hier nicht der Ort, eine Lehre über die Gnadenmittel
zu entfalten; besonders über das Verhältnis von Wort und Sakrament soll jetzt nicht gesprochen sein. Tritojesaja kann – ein Halbjahrtausend vor Christus – von den Sakramenten
überhaupt noch nicht sprechen. Aber vom Wort spricht er, auch in V. 2 unseres Textes.
„Zittern vor meinem Wort": ein starker Ausdruck dafür, daß es ganz ernst genommen sein
will. Der Prophet kann auch ganz anders vom Worte reden – er selbst ist ja sein Überbringer –: „Der Geist des Herrn Jahwe ist auf mir, weil Jahwe mich gesalbt hat. Frohe Botschaft den Armen zu bringen hat er mich gesandt . . ." (61,1 – vgl. Luk. 4,18–21).
Wir wollen jetzt nicht den ganzen Tritojesaja nach vergleichbaren Stellen abhören; er
weiß, daß Gott sich des Wortes bedient, um sein Volk aufzurichten. Gedacht ist an die
viva vox evangelii – an das lebendig gesprochene, aufgrund des Auftrags von Gott her
ausgerichtete (s. o.) Wort Gottes. Dieses Wort kann ich mir nicht selber sagen. Ich kann
Mathematik „im Selbststudium" treiben. Das befreiende Wort muß mir *gesagt werden*.
Denn es geht hier nicht um eine objektivierbare Wahrheit, die man zur Kenntnis nimmt,
sich aneignet im Selbstbedienungsverfahren, sondern um das Ereignis, das seine Wahrheit
im Vollzug hat. Machen wir es uns an einem Punkte deutlich, an dem man es leicht erkennen kann: Ich weiß zwar, daß „es" Vergebung der Sünden „gibt" (und das ist ein gefährliches Wissen, weil es stumpf und gleichgültig machen kann), aber wenn ich die Absolution empfange, geschieht Sündenvergebung „im Vollzug", und so hat Jesus es gewollt
und befohlen. Das Wort Gottes soll ausgeteilt werden wie eine Speise. Dies geschieht im
Gottesdienst, und der Gottesdienst findet – normalerweise – im Gotteshaus statt. Um der
Gnadenmittel willen – nicht aus sich heraus – ist uns unsere Kirche heiliger Ort. An sie
hat Gott *sich angebunden*. „Ich habe lieb die Stätte deines Hauses" (Ps. 26,8), und zwar
um deswillen, was in diesem Hause *geschieht*. Gott bleibt nicht im Dunkel. In seinen
Heilsmitteln tritt er hervor und sucht Verbindung mit uns und gewährt uns zugleich den
Zugang zu sich.
Sammelt Gottes Wort des Volk Gottes, dann bedarf es – weil alles Leben in dieser Welt
leibhaft ist – des Raumes. Zum Wort gehört die Antwort. Sie geschieht im Amen, im Bekenntnis, Lobpreis, Gebet. Auch das Bauen ist liturgische Gebärde. Das Gotteshaus mit
seinen verschiedenen Gestaltungselementen lobt und bekennt mit. Es steht im Dienst des
Heiligen und nimmt insoweit – also im abgeleiteten Sinne – daran teil. Ist einmal eingesehen, daß Gott sich in seiner Offenbarung an bestimmte Dinge und Vorgänge (Wort und
Sakramente) anbindet, dann weiß man auch um den Raum des Heiligen, den Gottes
Handeln sich schafft. Es ist nicht gut, daß viele unter uns die Kategorie des Heiligen aus
ihrem Denken verbannt haben. Von der Inkarnation her sollte uns dafür der Blick wieder
gegeben werden.

3.

Daß Gott sich an Irdisches anbindet, schließt eigentlich das dritte schon ein: daß er sich
tief herabbeugt. „Gott ist im Himmel und du auf Erden" (Pred. 5,1). Auch wenn wir das
räumliche Oben aufgegeben haben, mit gutem Grunde, bleibt der so bezeichnete Unterschied. (Ein erfahrener Pfarrer sagte es so: Auch wenn der Kapitän in den Maschinen-
raum des Schiffes hinabsteigt, ist er „oben".) Bachs Vertonung des „Et incarnatus est" in
der Hohen Messe macht vernehmbar, wie Gott sich herabbeugt. In der Perikope ist es
noch ein „Sehen", in der Menschwerdung ist es ein „Gehen", ein Sich-Einleiben, ein Ab-

stieg in die Tiefen des Geschöpflichen. Aber noch mehr. Gott wählt, indem er zu seinen Geschöpfen kommt, nicht die für seine besondere Zuwendung aus, die schon in ihrem Erdenleben am gottgemäßesten, also am imponierendsten, überzeugendsten, am seligsten sind; er kommt zu den Elenden. „Ich sehe aber auf den Elenden und auf den, der zerbrochenen Geistes ist und der erzittert vor meinem Wort."

Man kann in diesem Prophetenwort einen zeitgeschichtlich bedingten Zufall sehen. Tritojesaja hat es mit Menschen zu tun gehabt, die in ihrer großen Enttäuschung an Gott irre geworden sind. Haggai und Sacharja werden sagen: Baut nur den Tempel, und alles wird gut! Unser Prophet kann nicht so sprechen. Aber er weiß, daß es Gottes Art ist, sich tief hinabzubeugen. Gott ist immer denen am nächsten, die ihn am nötigsten haben.

Wir dürfen dies als ein Wort von übergreifender Bedeutung ansehen. „Der Herr hilft denen, die ein zerschlagenes Gemüt haben" (Ps. 34,19); ein geängstetes Herz wird er nicht verachten (Ps. 51,19; Jes. 57,15). Menschen in solcher Lage verkündigt Jesus die Freiheit (Luk. 4,18). Gott beugt sich herab. Damit ist nicht gemeint, daß wir in unseren Gottesdiensten Zerschlagenheit und Gebrochenheit zu demonstrieren hätten; es ist leider Anlaß, darauf mit Nachdruck hinzuweisen. Dick aufgetragene Demut und Niedrigkeit steht solchen schlecht, die sich von Gott in überwältigender Weise geliebt wissen dürfen und zur gewissesten Hoffnung ermutigt werden. Aber das sollte herauskommen, daß sich in Gottes Haus jeder einfinden kann – auch der, in dessen Leben, wie es scheint, nichts stimmen und gelingen will und der den festen Halt braucht, den Christus ihm gibt. Die Kirche soll nicht der Ort sein für die, die „es können" und vor dem lieben Gott keine Probleme mehr haben. Wer meint, seinem Unglauben müsse geholfen werden (Mark. 9,24), der ist hier gerade richtig. Die Begegnung mit dem Heiligen soll gerade uns Unheiligen zuteil werden. Die Nähe Gottes bewirkt nicht Exklusivität. Es könnte sein, es kommt einer in Gottes Haus, der eben noch fest auf beiden Beinen zu stehen meinte, aber es geht ihm wie dem Mann aus 1. Kor. 14,24f. Aber dem wird es gegangen sein wie uns allen: „es ward ihm zum Heil, es riß ihn nach oben". Zittern vor Gottes Wort? Es muß nicht wörtlich so geschehen. Aber wenn so etwas geschieht, dann nicht anders, als daß wir erneut zum Stehen kommen, anders als zuvor: nicht in der eigenen Standfestigkeit, aber durch den neuen Halt, der uns gegeben wird. Gott erhebt die Niedrigen (Luk. 1,52).

19. Sonntag nach Trinitatis. Joh. 5,1–16

Gewisse bei Johannes sonst nicht oder nur selten vorkommende Worte und auch die knapp berichtende Erzählweise lassen auf Übernahme aus der Semeia-Quelle (Bltm.) schließen. Eine auffällige synoptische Entsprechung findet sich nicht, es sei denn, man denkt an die Heilung des Gelähmten (Mark. 2,1–12 – vgl. V. 8 mit Mark. 2,9, den κράβατος und den sonst nicht vorkommenden Zusammenhang zwischen Krankheit und Sünde). Semitisierendes Griechisch, vgl. bes. die vorangestellten Verben. Aus der Quelle stammt natürlich nur der Heilungsvorgang (VV. 1–9a); was folgt, nämlich das Streitgespräch im Tempel (VV. 9b–18), gehört dem Evangelisten zu. Die Übereinstimmungen mit Kap. 9 (vgl. uns. Auslegungen am 8. und 17. S. n. Trin.) sind zahlreich.

Zum Schauplatz vgl. J. Jeremias, Die Wiederentdeckung von Bethesda, Göttingen 1949, und die Besprechung von M. Noth, ThLZ 1951, Sp. 168, auch H. Bardtke, Bibel, Spaten und Geschichte, [2]1970, S. 267ff. und G. Kroll, Auf den Spuren Jesu, [8]1980, S. 329ff. Es handelt sich um „zwei große" (mehr als 40 mal 50 m messende) „aus dem Felsen ausgehauene und durch einen Mitteltrakt" (Felsband 6,5 m breit) „voneinander getrennte Teichanlagen, zahlreiche herumliegende Säulenbasen, -trommeln und -kapitäle" (Noth a. a. O.). Durch eine unterirdische Kanalisation kommunizierten die Teiche mit dem Teich Siloah, für den der intermittierende Wasserausstoß der Quelle bezeugt ist, der auch für den Bethesdateich wirksam wurde (wenn dieser nicht selbst, wie Jeremias für möglich hält, eine intermittierende Quelle hatte). Die Kupferrolle von Qumran (Höhle 3) enthält ein Verzeichnis von 64 Bergungsorten von Wertgegenständen; sie gibt unter Nr. 57 an: „Ganz in der Nähe, in Beth Eschdathajin, im Teich, da, wo der Zugang zu jemumith ist: Gefäß mit Aromata und Gefäß mit Wohlgerüchen." Eschdathajin ist Dualform: „zwei" Teiche von „Bethesda", jemumith ist Verkleinerungsform von ‭ם‬‭י‬, also „Meerlein", d. h. eines der beiden Bassins. Die Deutung des Namens als „Haus der Gnade" ist spätere erbauliche Auslegung. Die Namensform Bethesda (vgl. Apparat) ist durch den archäologischen Befund gesichert.

V. 1: Redaktionelle Verknüpfung. Das Fest (welches?) motiviert die Reise nach Jerusalem. – V. 2: Von einem Schaftor wissen Neh. 3,1.32; 12,39, doch dürfte προβατικῇ zu κολυμβήϑρᾳ (sic) zu ziehen sein (Jeremias, Schnbg.). Die fünf Hallen (vier die ganze Anlage umgebend, eine auf dem Felsband) sind archäologisch erwiesen; sie dürfen nicht allegorisch gedeutet werden. – V. 4 fehlt in den besten Hss., eine kommentierende Glosse. „Der Glaube, daß Engel oder Geister einer bestimmten Quelle zugehören oder zu bestimmten Zeiten einem Wasser Heilkraft verleihen, ist verbreitet" (Bltm. z. St., A. 4). – V. 5: Die Zahl 38 hat man nach Deut. 2,14 als Anspielung auf Wüstenwanderung deuten wollen; es interessiert aber wohl nur das Tatsächliche, nämlich die lange Dauer der Krankheit (Topos in Heilungsgeschichten). Welche Krankheit, ist nicht gesagt. – V. 6: Nach Bltm. hat die Frage nur den Sinn, das Gespräch in Gang zu bringen. Muß der Versuch, mehr in der Frage zu sehen, unbedingt als „Psychologisieren" abgetan sein? S. u. Heilung durch befehlendes Wort Jesu. – V. 9: sofortige Wirkung gehört ebenfalls zur Wundertopik. – V. 9b: Erst jetzt (wie 9,14) erfahren wir, daß Sabbat ist. Anstoß erregt nicht, wie bei den Synoptikern, daß Jesus am Sabbat geheilt hat, sondern daß der Geheilte – übrigens auf Jesu Geheiß – eine Last trägt. – VV. 12f.: Der Geheilte weiß nicht, wer Jesus ist; die Tat allein ist ihm wichtig. Jesus selbst ist (wie Kap. 9) nicht mehr auf der Szene. – V. 14: Spätestens hier ist die Handlung in den Tempel verlegt (Dankopfer des Geheilten? oder weil der Tempel der Ort für solche Erörterungen war?). – V. 15: Die Meinung, der Geheilte habe Jesus den Juden „angezeigt" (die LA ἀπήγγειλεν könnte ein solches Verständnis voraussetzen), scheint mir im Text nicht hinreichend begründet. Liegt auch hier eine Analogie zu Kap. 9 vor, dann handelt es sich eher um ein Bekenntnis zu Jesus (9,30–33).

Es ist sicher mehr als eine Äußerlichkeit, daß diese Heilungsgeschichte den in der Topik antiker Wundererzählungen standardisierten „Chorschluß" vermissen läßt. Nicht: „Wir haben solches noch nie gesehen" (Mark. 2,12), auch nicht: „Er hat alles wohl gemacht" (Mark. 7,37). Der „Chorschluß" ist, wenn man so sagen will, die Verfolgung Jesu durch die „Juden" (V. 16 – sie stehen auch hier symbolisch verallgemeinernd für alle, die Jesus widerstehen) und die Absicht, ihn umzubringen (V. 18). Was bringt die Gegner so gegen ihn auf? Nicht dies, daß einem bedauernswerten Menschen geholfen wurde; sie hätten es ihm wohl gegönnt. Nicht einmal die Wundertat als solche erregt Anstoß. Es ist vielmehr dies, daß Jesus durch sein Tun die Menschen zum Abfall von der Religion des Gesetzes verführt. Daß Jesus Wunder getan hat, wird auch von seinen Gegnern nicht bestritten (vgl. Mark. 3,22; Joh. 8,48). Rabbi Elieser ben Hyrkanos (um 95) spricht von Jesu Zauberkünsten (Schabbat 104b; Tos. Schabbat 11,15). Um die Jahrhundertwende heißt es: „Jesus hat gezaubert und verführt und Israel abwendig gemacht" (Sanh. 43a; 107b). Nach den jüdischen Ketzergesetzen, die man aus reichhaltigem Material zusammengestellt, auf kurze Formeln gebracht und mit Paragraphenzahlen versehen hat, ist ein Pseudoprophet „ein Abfallprediger, der Israel durch ... Zauberei, Totenbeschwörung, Sinnestäuschung oder echte Wundertaten zur Apostasie zu verführen versucht". Ein Pseudoprophet aber war nach jüdischem Recht hinzurichten. Hätte die hier geschehene Heilung nichts mit Gott und nichts mit dem Anspruch Jesu zu tun, die Werke Gottes zu vollbringen (VV. 17.19ff.), dann hätte sich aus dem Geschehen nichts weiter ergeben, was unsere besondere Aufmerksamkeit erfordert. Der Hintergrund erst verleiht ihm seine Bedeutung. Die Juden haben richtig gemerkt, daß Jesus behauptet, Gott sei sein Vater, und sich dadurch selbst Gott gleichmacht. Man könnte sagen: das zu den Prädikaten dieser Geschichte gehörige *Subjekt* ist der Anlaß zum Streit. *Gott* „ist am Werk" (ἐργάζεται, V. 17). Man muß die Heilung im großen Zusammenhang sehen. Gott gewinnt die von ihm stammende, aber schuldhaft gegen ihn verschlossene Welt zurück (Prolog), indem er sie in Christus „richtet", ihr das „Leben" gibt (5,19ff.), die Werke des Teufels zerstört (12,31; 1. Joh. 3,8), sie statt unter der Herrschaft des „Gesetzes" künftig unter seiner „Gnade und Wahrheit" leben läßt (1,17). Dies ist – wir haben nur weniges genannt, um das eine anzudeuten, worauf alles ankommt – der Horizont, in dem auch diese Heilungsgeschichte steht. Wir werden das im einzelnen zu durchdenken haben. Es bietet sich etwa folgender Grundriß an: *In Jesus wirkt Gott – indem er* (1) *heilt,* (2) *befreit,* (3) *verpflichtet.* Oder ganz ähnlich, nur etwas lockerer: *Es gilt der höhere Befehl. Durch ihn macht Jesus uns* (1) *gesund,* (2) *frei,* (3) *gehorsam.*

I.

Wäre uns Bethesda als Örtlichkeit nicht bekannt (s. o.), dann könnten wir geneigt sein, die hier vorausgesetzte Szenerie als ein frei erfundenes Seitenstück zu Epidauros anzusehen, schon im 5. Jahrhundert vor Christus ein berühmtes und elegantes Modebad auf der Peloponnes, ein „Gnadenort" des Gottes Asklepios und mehr und mehr zum heidnischen „Lourdes" der ausgehenden Antike geworden. Ausgedehnte Liegehallen boten denen Raum, die sich hier einquartierten („Inkubation"), um in diesem Wundersanatorium Heilung zu finden. „Wasseranlagen gehörten zu jedem Asklepieion" (G. Haufe in Leipoldt/Grundmann, Umwelt I, 1965, S. 70, A. 12), denn heilkräftiges Quellwasser war eines der die Heilung bewirkenden Elemente. Es ist nicht abwegig, dem vierten Evangelium (auch schon der Semeiaquelle?) eine gewisse Beflissenheit in der Herstellung von Parallelen zuzutrauen. Es setzt sich ja nicht nur mit dem Judentum und den Täufergemeinden, sondern auch mit den dionysischen und eleusinischen Mysterien und anderen Erscheinungen der Umwelt, besonders natürlich mit der Gnosis, auseinander. An unserer Stelle offensichtlich mit Asklepios. Was man gemeinhin religionsgeschichtliche Parallelen nennt, sollte *theologisch* ernst genommen werden. Gerade das vierte Evangelium leitet uns dazu an. Ihr sucht das Wasser, das den Durst bleibend löscht? Ihr sucht das Brot, das Licht, den Weinstock, auf dem wächst, was Freude bringt? Ihr sucht die Auferstehung? Christus ist dies alles! Auf unsern Text bezogen: Ihr sucht Heilung? Sucht sie nicht bei Asklepios, sondern bei Christus! Was die Menschen in Epidauros suchen, wird nicht geringgeachtet. Gesundheit ist ein hohes Gut, Krankheit eines der bedrückendsten Merkmale der unerlösten Welt. Asklepios wurde σωτήρ genannt. Der wahre Heiland aber ist Christus.

Auch die Topik der Wundererzählungen will ernst genommen sein. 38 Jahre krank: man wird darin – mit oder ohne symbolisches Verständnis der Zahl (s. o.) – den in Wundergeschichten üblichen und darum auch hier fälligen Hinweis auf die Schwere der Krankheit und des daraus entstehenden Schicksals sehen. Nur liegt hierin ja eine Sachaussage! In der Zahl spricht sich die ganze Ohnmacht und Hilflosigkeit aus, das Übermaß an Geduld, die hier aufzubringen ist, die (in V. 7 beschriebene) Misere dieses Menschenschicksals: immerzu dicht an der erhofften Hilfe, von Mal zu Mal das Warten auf das Hervorsprudeln der Quelle und auf die Bewegung des Wassers, das gespannte Ausschauen nach der darin liegenden Chance, die immer neuen Enttäuschungen, die allmählich erschlaffende Hoffnung, die Akkumulation bitterer Erfahrung, das Irrewerden an den Menschen, die, gerade wo es um die Gesundheit geht, immer sich selbst die Nächsten sind und nicht danach fragen, wie lange vor ihnen diese Elendsgestalt im „Hause der Barmherzigkeit" – was für ein Hohn! – ihren Platz schon belegt hat (es stehe dahin, ob die erbauliche Ausdeutung des Namens zu akzeptieren ist). Es bildet sich in dem, was hier erzählt ist, die Geschichte vieler Leiden ab, die von Menschen je und je ertragen werden mußten. Gottes

Wort geht nicht an denen vorbei, die in ihrem Bett liegen und – bisher – vergeblich auf
Heilung gewartet haben: mit versteiften Gelenken, mit der unaufhaltsam wachsenden
bösartigen Geschwulst, mit multipler Sklerose oder was es auch sei. Hier: 38 Jahre Warten – oder schon Nicht-mehr-Warten? – auf die Stunde, die die Wendung bringt. Es ist
Jesu Stunde.

Jetzt kommt es darauf an zu begreifen, daß *Gott* in Jesus „am Werke ist". Weil in schweren Fällen nur Gott helfen kann? Das wäre töricht geredet. *Alle* Fälle sind Gottes Fälle!
Man sollte auch *die* Fälle mit hierherrechnen, in denen Menschen – *gesund* sind! Nichts
ohne Gott. Wir sollten ihn nicht übersehen. Das aber dürfte richtig sein: Für Gott ist kein
„Fall" zu schwer. – Wir müssen aber sofort weiterdenken. Heilung steht für biblisches
Denken nicht allein; sie gehört untrennbar zu dem, was wir Heil nennen. Hier liegt der
wichtigste Berührungspunkt zum „alten" Evangelium dieses Tages, an das wir eingangs
schon gedacht haben. Hier liegt – und davon hört man bei Asklepios nichts – das Wahrheitsmoment des Denkens in der Korrelation von Schuld und Krankheit. Man kann beides nicht aufrechnen, als werde mit jeder Krankheit heimgezahlt, was man sich mit entsprechender Sünde verdient hat. Aber daß Krankheit zur Heillosigkeit der gefallenen
Welt gehört, ist für biblisches Denken keine Frage. Krankheit ist „ein Element und Zeichen der die Schöpfung bedrohenden *Chaosmacht* einerseits – und andererseits ein Element und Zeichen des gerechten göttlichen *Zornes* und *Gerichtes*, kurz: eine Element und
Zeichen des mit der menschlichen Sünde verwandten und auf sie antwortenden objektiven *Verderbens*" (K. Barth, KD III/4, S. 417). Tritt Christus hier als der Heilende auf,
dann eben so, daß er in die chaosbedrohte und dem Verderben ausgelieferte Welt des Leidens einbricht und auch hier wie sonst in all seinem Wirken „die Werke des Teufels zerstört".

Wie geschieht das? Zunächst so, daß Jesu *Liebe* auf dem Plan ist. Der von allen anderen
Übersehene, im Stich Gelassene, tausendmal unbarmherzig Überrundete und Überfah-
rene, der keinen Menschen hat, der sich seiner annimmt, findet Jesu Anteilnahme. Jesus
„sieht ihn liegen", während alle anderen mehr oder weniger geflissentlich wegsehen. Jesus
läßt sich sein Schicksal schildern. Schon darin unterscheidet sich Jesus von denen, die der
Mann nun schon fast vier Jahrzehnte um sich her erlebt hat. Diese aktive Liebe Jesu ist
bereits Einbruch in Satans Reich.

Dann kommt die Frage, die das kurze Gespräch eröffnet. Sie hat sicher nicht den Sinn, Jesu
Handeln als eine Art Suggestion zu erklären, die den erschlafften Willen des Kranken stimuliert. Wir sollten sie aber auch nicht bloß als das technische Mittel ansehen, irgendein
Gespräch in Gang zu bringen. Sie ist Appell an den Glauben des Kranken, ja, sie will
diesen Glauben provozieren, d. h. in diesem Falle: ihn aus dem Nichts „hervorrufen", daß
er sei (vgl. Röm. 4,17). (Wir erinnern uns an die Perikope vom 15. S. n. Trin.)

Erst dann kommt es zu dem Befehl, den wir als den „höheren" bezeichnet haben: der, in
dem allein das Leben ist (1,4) und das Licht, welches alle Menschen erleuchtet (1,9), der,
dem die Welt gehört, weil sie durch ihn erschaffen ist (1,10f.), tritt in ihr nunmehr als der
Befehlende, als der Gebietende auf, als wollte er sagen: „Alles hört auf mein Kommando." Er überläßt diesen geplagten, hoffnungslosen Menschen nicht der Macht der
Zerstörung, die in seinem Leben schon so lange am Werke ist. *Jesus* „ist am Werke",
Gott „ist am Werke" (V. 17). In Jesu autoritärem Wort wird der Kranke heil. Strenggenommen ein *eschatisches* Geschehen. Es vollzieht sich an diesem Menschen der Herrschaftswechsel, von dem Kol. 1,13 die Rede ist. Jedes Wunder ist als eschatologisches
Vorzeichen zu verstehen. Was uns Offb. 21,4 gesagt ist, ereignet sich je und dann schon
jetzt und hier. Und wenn jemandem von uns Heilung versagt bleibt? Dann befindet er
sich noch innerhalb der „38 Jahre", in denen er auf Jesu Stunde wartet. Sollte diese

Stunde keine Stunde des sterblichen Lebens mehr sein, dann ist es eben die des ewigen Tages, in den hinein wir auferstehen sollen. Man wende sich nicht enttäuscht ab, als werde damit der Zukunft zugeschrieben, was sich für eben diese Zukunft doch eigentlich von selbst verstehe und darum der Rede nicht wert sei. Gar nichts versteht sich von selbst! Gott hätte Recht und Grund, uns für Zeit und Ewigkeit, also unwiderruflich fallen zu lassen. Wir sollten aber aus unserm Text vernehmen, daß er dies erstaunlicherweise *nicht will*. Wir sollten uns also ins Vertrauen auf Christus einüben. Jesus heilt durch seinen vollmächtigen Befehl. Er tut es immer wieder. Zur Einübung gehört auch dies, daß wir uns auf unsere letzte Krankheit einstellen. „Wenn mir am allerbängsten...“: das wird der Augenblick sein, in dem ich gefragt werde, ob ich *gesund* werden will! Ἔγειρε bekommt dann den geheimen eschatologischen Hintersinn, der in unserer Geschichte – indem sie von einem „Zeichen“ erzählt – nur durchschimmert. Wir sollen „zeitlich und ewig gesund“ werden (EKG 346,8). So weit ist der Horizont, in dem hier gedacht wird.

2.

Daß die Heilung am Sabbat geschehen ist, erfahren wir erst in V. 9b. Es ist, als ob damit der zweite Teil einer Predigt angekündigt würde. Wahrscheinlich stand vom Sabbat nichts in der Quelle; der Stoff hat also ursprünglich nicht unter diesem Vorzeichen gestanden. Aber so, wie wir die Heilungsgeschichte jetzt vor uns haben, hat sie in der Sabbatproblematik ihren zweiten Schwerpunkt. – Wir haben am 18. S. n. Trin., beim Dekalog, das Sabbatthema absichtlich nur berührt, und wir werden daran zu denken haben, daß es am 20. S. n. Trin. den Text beherrscht; der Prediger wird in dem, was er anspricht und was er *nicht* anspricht, Ökonomie walten lassen.

Ist der Evangelist von seinem Thema abgeglitten, oder muß er aus inneren Gründen auf die Sabbatfrage kommen? Wenn es zutrifft, daß die geschehene Heilung nicht das Bravourstück eines Wunderdoktors ist, sondern in das Ganze des Heilswerks Christi hineingehört, dann hängt die Frage nach dem Gesetz und nach der Freiheit ganz eng damit zusammen. Zu Mose gehört das Gesetz; mit Jesus aber kommen Gnade und Wahrheit (1,17). Mose hat das Gesetz gegeben; aber nicht einmal die Juden tun es (7,19). Aus der Knechtschaft der Sünde befreit nicht das Gesetz, sondern der Sohn (8,34–36). Christusjünger sind nicht Jünger des Mose (9,28). Nicht durch Halten des Gesetzes wird die verlorene Welt wieder zur Welt Gottes, sondern durch das Wirken der gnädigen Liebe Gottes.

Die Juden weisen den Geheilten zurecht, weil er am Sabbat die Unterlage trägt, die ihm in der langen Zeit seines Elends hat dienen müssen. Man hat den Eindruck, daß Jesus, indem er den Mann sein Bett aufnehmen und wegtragen heißt, den Konflikt geradezu vom Zaune bricht (so jedenfalls nach dem jetzigen Zustand der Perikope). Es ist ja wahr: „Der mich gesund gemacht hat, der hat gesagt: Nimm dein Bett und gehe hin!“ Wäre das Bett – die Matte – in der Säulenhalle liegengeblieben, dann hätte niemand Anstoß genommen. Aber es war ja bei Jeremia (17,19–27) zu lesen, daß das Tragen von Lasten am Sabbat verboten war und daß an der Einhaltung oder Nichtachtung dieses Gebots Jerusalems Wohl und Wehe hing. Es ist bekannt, was rabbinische Kasuistik alles erfunden hat, das Gebot Exod. 20,12 mit Ausführungsbestimmungen zu versehen. Dahinter steht die Überzeugung, daß das – von uns unlängst nahezu übergangene – Sabbatgebot so schwer wiege wie alle anderen Gebote zusammen (j. Berakot 1,3c; j. Nedarim 3,38b u. ö.). Sabbatkonflikte betreffen danach nicht Einzelfragen der Gesetzeskasuistik, sondern meinen das Ganze des Gesetzes.

Mit dem „höheren Befehl“ (V. 8) setzt Jesus sich über die Tora und erst recht über ihre rabbinische Interpretation und Verästelung hinweg. Indem der Kranke sich seinem auto-

ritativen Befehl unterwirft, entzieht er sich dem Gesetz. Sonst müßte er sagen: Ich kann
mein Bett nicht aufnehmen; das Gesetz verbietet es. So aber tritt der Mann, indem er tut,
was Jesus sagt, geradezu auf eine neue Ebene. Er nimmt an der Freiheit teil, die Jesus selber hat.

Hat Jesus solche Freiheit? Rabbinische Theologie diskutierte über die Frage, ob Gott selber an das Sabbatgebot gebunden sei, und verneinte sie: Gott hört nie auf zu schaffen und
zu arbeiten (ThWNT VII, bes. S. 27). So erst wird verständlich, daß der Bruch des Sabbats durch Jesus darauf hinausläuft, daß Jesus sich Gott gleichmacht (V. 18b). Der Sohn
ist, wie wir sahen, eben nicht Sklave (8,35). Er muß zwar „arbeiten", „wirken", „tätig
sein" (ἐργάζεσθαι) – aber er tut dies in göttlicher Macht und Freiheit. – Die Perikope zeigt
darüber hinaus, daß er die Seinen ebenfalls in die Freiheit stellt – nicht, weil sie wären,
der *er* ist, aber weil sie in Gottes Hause Kinder sind. Allerdings bringt Jesus seine Leute
damit in Gefahr. Er selbst zieht sich durch sein Tun das Kreuzesschicksal zu (V. 18a),
und die Seinen geraten in den Sog dieses Geschehens. Unsere Freiheit ist nicht denkbar
ohne Jesu Kreuz und Auferstehung.

Man wird nicht die ganze paulinische Lehre von Gesetz und Freiheit ins vierte Evangelium hineinlesen dürfen. Aber es gibt – bei aller Differenzierung im einzelnen – eine ge-
mein-neutestamentliche Botschaft von dieser Christusfreiheit. Wir wollen den Widerstand der Juden gegen diesen Gebrauch der Freiheit, d. h. aber gegen diese Absage an den
Nomismus nicht zu leicht abtun. Daß Gottes fordernder Wille eine bestimmte und für
alle verbindliche Gestalt hat, ist uns eine große Hilfe; beim Dekalog war davon die Rede.
Wir bedürfen des Gesetzes. Gott erhält durchs Gesetz eine sündige, sich selbst ständig ge-
fährdende und zersetzende Welt, indem er dem Zerstörerischen seinen Damm entgegen-
setzt. Der verantwortlich denkende Mensch wird sich der allgemeinverbindlichen Ordnung unterwerfen, selbst dann, wenn er mit gutem Grund der Meinung ist, für ihn selbst
sei sie eigentlich entbehrlich. Also käme es doch darauf hinaus, daß nicht das Gesetz als
Gesetz abgetan wird, sondern nur, daß man eine schlechte – in diesem Falle die rabbinische – Auslegung und Handhabung des Gesetzes durch eine bessere zu ersetzen habe?
Das würde heißen: daß man *ein* Gesetz durch ein anderes ablöst? Ist es so gemeint? Wir
hätten, wenn wir so dächten, die Tragweite der Botschaft Jesu nicht begriffen. Der alten
Welt wird nicht ein neues Gesetz gegeben. Wo „Gnade und Wahrheit" geschehen (1,17),
da bricht eine neue, die eschatologische Welt an. Da eröffnet sich ein ganz neuer Weg zu
Gott. Wer sich unter der „Befehlsgewalt der Finsternis" befunden hat, wird in das Reich
des geliebten Sohnes Gottes versetzt (Kol. 1,13 – wir erinnerten bereits an diese Stelle).
Da beginnt – bereits unter den Bedingungen der vorfindlichen Welt – die neue Existenz.
Da gilt dann auch der „höhere Befehl", der jedes Du-sollst des Mose und seiner Epigonen
aussticht. Der höhere Befehl und die rettende Wohltat sind nicht zweierlei, sondern eines.
So stellt sich keine Vorschrift mehr zwischen Gott und uns, keine Leistung mehr zwischen uns und Gott. Stand und fiel die Gerechtigkeit aus dem Gesetz damit, daß uns das
gottgefällige Leben gelang, so war alle von dorther erhoffte Sicherheit trügerisch, denn wir
haben es eben *nicht* geschafft; und *wenn* wir's geschafft hätten, dann würden wir aus
unseren Leistungen *Ansprüche* ableiten, mit denen wir frevelhaft Gott zu unserm Schuld-
ner machten. Aus diesen Zwängen werden wir durch Jesus frei.

Wie frei der Geheilte ist, erkennt man aus der Unmittelbarkeit seines Gehorchens. Er
weiß nicht einmal, wer sein Erretter ist, aber er hält sich an sein Wort. Die Frage, wieso
dieser Unbekannte Vertrauen verdient, wird gar nicht gestellt; der Herr hat es ihm durch
das, was er war, sagte und tat, unmittelbar abgewonnen. Der bisher so Elende gehorcht.
Er muß nicht anders, er will nicht anders, er kann nicht anders – das ist seine Freiheit.
Nicht einmal eine christologische oder soteriologische Formel ist zur Hand; alles, was die

Christenheit künftighin von ihrem Herrn zu bekennen hat, wird nichts weiter sein als die Beschreibung dessen, was der Kranke und nun Geheilte direkt an Jesus erfahren hat und was die Christenheit im Laufe der Zeit an und mit ihm erfährt. Das christliche Bekenntnis ist Zeugnis von dieser Freiheit und ihrem Wieso und Woher.

3.

Nun ist diese Freiheit doch – Gehorsam, und zwar gegenüber dem „höheren Befehl". Wir sahen: dieser Befehl ist qualitativ von ganz anderer Art als das, was das Gesetz des Mose befiehlt. Er ist, so könnte man sagen, das „neue Gebot" (13,34). Es ist jedenfalls nicht so, daß Jesus uns in die Unverbindlichkeit, in eine eigenmächtige, sich nur an sich selbst messende Liberalität entließe; schon gar nicht überläßt er uns unserer sündigen Verlorenheit. *Christus* ist unsere Freiheit, sagen wir in bewußtem Gegensatz zu J. P. Sartres Diktum: „Ich bin meine Freiheit." „Sündige hinfort nicht mehr!", heißt es auch in der – erratischen – Perikope 8,1–11, die gerade zum Thema „Gesetz und Evangelium" Tiefgründiges beiträgt (4. S. n. Trin.). Gerade in der Christusfreiheit, ja *nur* in ihr kommt es zur realen Überwindung der Sünde, also des folgenschweren Widereinanders zwischen Gott und uns.

V. 14 könnte als Ausdruck jüdischen Vergeltungsdenkens verstanden werden. Dann würde der Satz besagen: Krankheit ist Sündenfolge; sündigst du wieder, dann wirst du bald wieder auf deiner Matratze liegen, ja, dir droht Schlimmeres. Nach allem, was wir ausgeführt haben, wären wir damit weit weg vom Evangelium. Würde der Geheilte mit dem Befehl, hinfort nicht mehr zu sündigen, abermals unter das Gesetz gestellt werden, dann wäre für ihn – wie für jeden anderen – nichts zu hoffen. „Sündige künftig nicht", das bedeutet: tritt nicht wieder heraus aus der neuen Freiheit, die dir geschenkt ist, indem du deinen Retter gefunden hast. Heil und Heilung gehören eben zusammen. Man kann nicht gesund werden und dabei Sünder bleiben wollen. Der Zusammenhang von Krankheit und Sünde wird allerdings hier, bei Jesus, nicht unter dem Gesichtswinkel des Vergeltungsdogmas gesehen, sondern von dem Gnadenangebot Gottes her, durch das die *ganze* Existenz erneuert und damit heil wird. In der Bindung an Christus erledigt sich die Sünde sowieso – ohne Zwang, ohne Anstrengung, einfach aus der wunderbaren Erfahrung seines Helfens und Heilens. Darum kann Freiheit nicht Bindungslosigkeit sein; sie besteht ja im Gebundensein an diesen Helfer. Wer frei ist, ist nicht Sklave, so daß ein fremder, unerwünschter, zwanghafter Wille über ihm wäre. Wer frei ist, freut sich, weil er kann, was er will. Sind wir an Christus gebunden, dann würden wir es als Sklaverei empfinden, etwas anderes tun zu müssen, als was ihm gefällt. Sündigen wäre im Falle dieses Geheilten Rückfall in das christuslose und hoffnungslose Leben. Dann würde sich Kol. 1,13 umkehren: aus dem Reich des Sohnes Gottes würde der Gerettete zurückfallen unter die Verfügungsgewalt der Finsternis. Nein – nicht sündigen! Den Vater im Sohne „wirken" lassen. Jesu Befehlen und Heilen ist ebenso eines wie unser absichtsloses, aber vertrauendes Gehorchen in der Nachfolge dieses Jesus, dem wir alles verdanken.

20. Sonntag nach Trinitatis. Mark. 2,23–28

Eines der Streit- und Schulgespräche. Daß die Auseinandersetzung nur das Verhalten der Jünger betrifft, Jesus selbst von der Kritik der Gegner nur mittelbar betroffen ist („deine Jünger"), deutet darauf hin, daß es um eine Lebensfrage der nachösterlichen Gemeinde geht, deren Beantwortung jedoch Anhalt an Jesu Reden und Tun in seinen Erdentagen hat. Man beruft sich also nicht auf Eingebungen vom erhöhten Christus, sondern auf Szenen aus Jesu Leben. Die Frage der

Pharisäer, die in Wirklichkeit eine Verwarnung ist (s. u.), wird dreifach beantwortet: durch einen Schriftbeweis, durch ein Logion über den Zweck des Sabbats und durch einen Hinweis auf die Vollmacht des Menschensohnes. Klostermann sieht in den VV. 23.24.27 die Urform der Perikope. Bultmann: Mit V. 26 müßte die Debatte stilgemäß zu Ende sein, Mark. fügt aber V. 27 hinzu (keine Entsprechung bei Matth. und Luk.; bei Matth. jedoch noch ein zweiter Schriftbeweis und das Hoseazitat). Ebenso „überstehend" auch das (allen drei Synoptikern gemeinsame) Menschensohnwort. Markus wird V. 27 als Verständnisschlüssel für das Schriftzitat angesehen haben.

V. 23: Die LA „vorübergehen ... durch" dürfte als lectio difficilior den Vorzug haben. Man würde erwarten: ἤρξαντο ὁδὸν ποιοῦντες τίλλειν ...; die aramäische Parataxe scheint ungeschickt wiedergegeben zu sein (Grdm.). Das Armenrecht gestattete, auch auf fremdem Felde den eigenen Hunger zu stillen. Die Jünger tun Erlaubtes – aber am verbotenen Tag (Grdm.). Matthäus nennt als Motiv den Hunger. – V. 24: Wie die Pharisäer in die Szene kommen, wird nicht gesagt, weil es für den Zusammenhang unwichtig ist. Ähren abzupfen gilt als Erntearbeit (so ausdrücklich Moses Maimonides [1135–1204] nach alter Überlieferung [Schabbat VII, 2]). Wer das Sabbatgebot unwissend übertritt, ist zu verwarnen (so hier); fruchtet dies nicht, erfolgt Steinigung (bleibt der Sabbatbruch unbemerkt, wird Gott selbst den Gesetzesbrecher ausrotten). Das Buch der Jubiläen und die Damaskusschrift sind noch rigoroser als die pharisäisch-rabbinische Tradition. Belege bei Grdm. z. St. – VV. 25f.: Das rabbinische Streitgespräch arbeitet mit Schriftbeweisen. 1. Sam. 21,1–6 ist kein Sabbatvorkommnis; ein Midrasch macht die Geschichte dazu, doch geht unsere Perikope darauf überhaupt nicht ein. Jesus nimmt die Gesetzesfrage grundsätzlich. „Abjathar" nicht bei Matth. und Luk., auch nicht im westlichen Markustext; wohl eine nachträgliche Ergänzung, und zwar eine falsche, denn der damals Zuständige war Achimelech (1. Sam. 21,2). Die Schaubrote („Brot des Angesichts", Lev. 24,5–9) waren zwölf (denn sie stellten Israels Stämme dar) fingerdicke Weizenkuchen, die an jedem Sabbat frisch und noch warm auf den Schaubrottisch gelegt wurden (vor Gottes „Angesicht", also für *ihn* zum „Schauen"): eine Darbringung des Volkes an Jahwe und darum etwas Hochheiliges. Nach Ersetzen der Brote durch neue durften nur Priester sie essen. Der Priester selbst hat David und seinen Leuten in der Notsituation die Schaubrote zum Verzehr gegeben. – V. 27: Ein ähnliches Wort (auf den Makkabäer Mattathias zurückgehend) ist rabbinischen Theologen bekannt: „Euch ist der Sabbat übergeben, aber ihr seid nicht dem Sabbat übergeben" (Mech. Exod. 31,14). Hier ist an das Volk gedacht, bei Jesus an den einzelnen Menschen. Der Unterschied dürfte noch weiter gehen (s. u.). – V. 28 ist nicht eine Ausfaltung aus V. 27, sondern führt weiter. Während in V. 27 zur Frage stand „wer" bzw. „was" für „was" bzw. „wen" da ist, „Mensch" also ganz allgemein zu nehmen ist, ist *Menschensohn* in V. 28 Hoheitstitel, eine Selbstaussage Jesu (so immer, wenn von „Menschensohn" die Rede ist). Man darf also das ὥστε nicht streng folgernd nehmen.

Eine Predigt über das dritte Gebot täte der Gemeinde gut. Daß wir nicht töten, nicht ehebrechen, nicht stehlen sollen, ist – mit gewissen Einschränkungen – in der Christenheit und auch in ihrer Umwelt anerkannt; daß der Feiertag zu heiligen ist, wird nicht mehr als Gebot empfunden. Man arbeitet nicht, man gönnt sich manches, wofür am Werktag nicht Raum ist. Aber daß der Tag Gott gehört – und das ist ja mit „heiligen" gemeint – , ist zumeist vergessen. Wir selbst haben lange genug der Gemeinde eine falsch verstandene christliche Freiheit gepredigt, und sie hat uns gerade das, was falsch daran ist, gelehrig und willig abgenommen. Die evangelischen Sabbatperikopen (Mark. 2,23–28; 3,1–6 Parr.; Luk. 13,10–17; 14,1–6; Joh. 5 und 9) schienen der Säkularisierung des Gott geweihten Tages das innere Recht zu geben, als wäre Jesus gekommen, den Anspruch Gottes auf unser Leben, unser Denken, Wollen, Tun, Feiern usw. abzubauen. – Dieses Thema wäre von Zeit zu Zeit eine Predigt wert.

Jedoch beschäftigt uns diesmal eine weiter gespannte Thematik. Die Perikope ist gut plaziert. Es geht an diesem Sonntag um die *Ordnungen*, in denen unser Leben verfaßt ist. Der fromme Jude mißt dem Sabbat als Gottesordnung eine unvergleichliche Bedeutung zu. Mit dem Sabbat hat Gott sein Schöpfungswerk gekrönt. Wer ihn heiligt, wird zum Teilhaber Gottes an der Weltschöpfung (b. Schabbat 119a) und hilft der Welt die Erlösung bringen (ebd., 118). Der Sabbat ist die Ordnung aller Ordnungen. An Jesu Argumentationsweise in VV. 25f. erkennt man, daß er die Sabbatfrage als eine Frage nach dem Sinn und der Geltung der *Ordnungen überhaupt* sieht; sie ist der Aufhänger für grundsätzliche Erwägungen. Wir könnten mit demselben Recht nach Sinn und Geltung des *Gesetzes* fragen, sofern es gegeben ist, um in der Welt das Leben des einzelnen Menschen und das Miteinander der Menschen zu ordnen. Läßt Jesus Gesetz und Ordnung gelten? Die Sabbatperikopen zeigen, wie er sich über das von seiner Umwelt so hoch geschätzte und peinlich beachtete Sabbatgesetz kühn hinwegsetzt. Er durchbricht es in demonstrativem Verhalten (L. Goppelt, ThWNT I, S. 144). Während seine Heilungen sonst meist im Verborgenen stattfinden, läßt Jesus in 3,1–6 „den Kranken in der Synagogenversammlung demonstrativ in die Mitte treten" (ebd.). Die im Strafrecht vorgesehene Warnung, die Jesus in unserer Perikope widerfährt, ist ja nur das Vorspiel für den Ketzer- und Verführerprozeß. Jesus weiß, was er riskiert, wenn er das Gesetz durchbricht. Soll man sagen, er negiere es? Sind die Demonstrationen seiner Freiheit nicht ein totales Nein zur bestehenden Ordnung?

Wir werden sehen, daß Jesus differenziert urteilt. Mag der uns gegebene Text auf einer – überlieferungsgeschichtlich mehr zufälligen – Addition beruhen: das, was herausgekommen ist, läßt Stufungen erkennen. Sie sind, meine ich, für unser Leben in den Ordnungen von großer Bedeutung. Wir müssen sie herausarbeiten. Wir können, was hier zu sagen ist, nicht in *einen* Satz fassen; wir können das Letzte auch nicht gleich zuerst sagen. Christliches Leben ist in der Tat „gestuft". Wir leben als Christen in der Erwartung des Kommenden, das das Alte ablöst. Aber wir leben – im Glauben – noch immer unser Leben „im Fleische", wenn auch „nicht gemäß dem Fleische" (Gal. 2,20; 2. Kor. 10,3). Christen räumen die Welt nicht (1. Kor. 5,10). Sie fügen sich in die hier geltenden Ordnungen (1. Petr. 2,13 u. ä.). Wie die Haustafeln zeigen, brechen sie nicht aus ihnen aus, sondern bringen ihr Christliches in sie ein. Jesus hat den Kaiser gelten lassen (12,17). Er hat sogar, wenn wir uns an Matth. 17,24–27 halten dürfen, die Tempelsteuer bezahlt – wissend, daß „die Kinder frei" sind, aber in der erklärten Absicht, „keinen Anstoß zu geben". Jesus ist überhaupt nicht gekommen, aufzulösen, sondern zu erfüllen (Matth. 5,17). Seine Kritik am Bestehenden ist nicht einfach Negation, sondern Überbietung (Matth. 5,20, Titel dieses Bandes). Kahlschlag? Nein, etwas anderes. Christen leben gleichzeitig in zwei Äonen: sie gehören „in Christus" schon dem kommenden Äon zu, aber sie leben ihr Christenleben noch immer als die Wartenden unter den Daseinsbedingungen der alten Welt. Was könnte dies alles für unsern Zusammenhang bedeuten?

Versuchen wir es in Schritten bzw. Stufen: *Verantwortlich leben in Gottes guter Ordnung.* (1) *Not kann sie durchbrechen.* (2) *Dem Menschen soll sie dienen.* (3) *Der Herr will sie überbieten.*

I.

Der Umwelt Jesu ist sein freiheitliches Verhalten dem Gesetz, besonders der Sabbatfeier gegenüber ein schwerer Anstoß. Der Sabbat ist im ganzen Gesetz die dominierende Verpflichtung; alle anderen Gebote sind dem Sabbatgebot untergeordnet. Das Sabbatgebot – Arbeitsruhe auch für Sklave, Sklavin, Fremdling und Vieh (Exod. 20,8–11) – ist in der Ruhe Gottes begründet, mit der Gott sein Schöpfungswerk vollendet hat (Gen. 2,2f.). Sie kann natürlich nicht selbst ein Schöpfungswerk genannt werden, aber ohne sie wäre die Schöpfung unvollständig. Noch ehe es den Menschen geboten ist, am siebenten Tage zu ruhen, ist diese Ruhe durch Gott selbst vorgegeben, geradezu ein ontisch realer Bereich, in den man eintritt (G. von Rad, ThAT II, S. 116) und in dem man an Gottes Ruhe Anteil hat. Der Sabbat ist also der Welt von vornherein mitgegeben; die kommende Welterlösung wird der große Sabbat sein. Im Sabbatgebot ist eigentlich das ganze Heil enthalten. Wer den Sabbat antastet, vergreift sich am ganzen jüdischen Glauben. Ja, man könnte in dem, was wir eben dargelegt haben, geradezu einen *evangelischen* Sinn des Sabbats sehen: nicht durch eigene Aktivitäten, sondern durch Teilhaben an der Ruhe Gottes wird der ursprüngliche Sinn der Schöpfung und die künftige Bestimmung der Welt vollendet. Luther hat dies in bemerkenswerter Weise erfaßt und schlicht formuliert: „du sollst von deim Tun lassen ab, daß Gott sein Werk in dir hab" (EKG 240,4). Der Sabbat ist seinem Ursinn nach viel mehr als eine Sache des Gesetzes; er enthält das ganze Heil.

Nur: was ist daraus geworden? Man möchte sagen: Gewalttäter versuchen damit, das Reich Gottes an sich zu reißen (Matth. 11,12). „Jeder, der am Sabbat Arbeit tut, soll sterben ..., und jeder Mensch, der ihn dabei beobachtet: heilig und gesegnet wird er sein" (Buch der Jubiläen 2,19ff.). Die Damaskusschrift der Qumrangemeinde verschärft das noch: dem Vieh wird keine Geburtshilfe geleistet, man zieht es nicht aus Brunnen oder Grube, und selbst wenn ein Mensch in ein Wasserloch oder sonst in ein Loch fällt, darf man ihn nicht mit einer Leiter, einem Seil oder sonst einem Gerät herausholen (Grdm. z. St.). Rabbinische Kasuistik versucht, Erleichterungen auszutüfteln, Anpassungen an die Bedürfnisse des Lebens. 39 Hauptarbeiten sind verboten, aber man teilt sie noch in „Unterarbeiten" ein (so ist Ährenausraufen eine Unterarbeit des Erntens). Man darf nicht Gegenstände von einem Wohnbereich in den anderen tragen; aber man kann ja um mehrere Bereiche eine Schnur spannen und sie zu einem Bereich zusammenschließen. Es ist ergreifend zu sehen, mit welcher Beflissenheit der fromme Jude durch Gesetzesstrenge das Heil herbeizuzwingen versucht, und es ist zugleich deprimierend, in welche Menschenquälerei dieses Bemühen ausartet, welche Skrupel und Ängste da gezüchtet werden, wie die Sabbatfreude, die man ernstlich sucht, zur Pein wird. „Mühselig und beladen" nennt Jesus die in der Kleinlichkeit der Gesetzesreligion befangenen jüdischen Frommen; sein Joch hingegen ist sanft, und seine Last ist leicht (Matth. 11,28.30).

Schafft Jesus den Sabbat ab? Man hat die Sabbatperikopen unserer Evangelien insgesamt so deuten wollen. Jesus durchbricht das Sabbatgebot, aber er hebt es nicht grundsätzlich auf. Die evangelische Überlieferung zeigt ihn uns am Sabbat in den Synagogen – an einigen Stellen ist es nicht ausdrücklich gesagt, daß der Synagogenbesuch am Sabbat stattfand, aber dessen bedarf es auch nicht (1,21; 3,1; Matth. 4,23; 9,35; 13,54; Luk. 4,16.31; 6,6; 13,10). Es kann auch sein, daß Jesus sich zur häuslichen Sabbatfeier von einem Pharisäer einladen läßt (Luk. 14,1). Jesus hält den Sabbat. Aber er *durchbricht* das Gebot, wo es nötig ist. Er geht frei damit um. Den Konflikten, die sich daraus ergeben, weicht er nicht aus; sie durchzustehen, gehört zu seinem Auftrag.

Wir sahen: das Ährenabrupfen war erlaubt (Deut. 23,26), aber Erntearbeit am Sabbat war verboten. Die Verwarnung wird zum Streitgespräch. Es muß uns auffallen, daß Jesus das Material für seine Antwort nicht der Sabbatüberlieferung entnimmt, sondern einem anderen Lebensbereich. Er spricht von Gesetz und Ordnung *überhaupt*. Daß, wie spätjüdische Überlieferung wissen will, die Begebenheit mit den Schaubroten sich an einem Sabbat ereignet haben soll, spielt in unserer Perikope keinerlei Rolle. Wichtig ist nur: Not kann die Ordnung durchbrechen. Man stelle sich die Szene vor: David und seine Leute sind Verfolgte, sie leiden Hunger, gewöhnliches Brot ist im Heiligtum nicht aufzutreiben. Aber da liegen die Brote, die die zwölf Stämme Israels darstellen und Gott geweiht sind, damit er bei ihrem Anblick („Schau"-Brote) immer seines Volks gedenke. Auf dem unbefugten Essen dieser Brote stand die Todesstrafe (Lohmeyer z. St.). Achimelech und David handeln in freier Entscheidung. Not bricht Gebot, könnte man – in bewußter Abwandlung des Sprichwortes – sagen. Denn daß die Not kein Gebot „kenne", dafür darf man sich nicht auf V.V. 25f. berufen. Es handelt sich um eine Ausnahme von der sonst gültigen Regel. Auch jüdische Gesetzeslehrer konnten diesen Grundsatz vertreten (Str.-B. I. S. 618f.). Verantwortlicher Umgang mit Gottes Gebot und Ordnung ist nicht sklavischer Buchstabengehorsam, engherziger Legalismus. Die Ordnung gilt, aber sie soll mit Überlegung und situationsgerecht verstanden und wahrgenommen werden.

Der Sabbat ist heute nicht mehr das Problem. Es ist gut, daß der Text das Thema nach den Ordnungen insgemein hin ausweitet. Wir denken freiheitlich und verhalten uns danach. Engherziger Legalismus ist uns fremd. Die Liebe soll unser Tun und Lassen bestimmen. Es gibt ernsthafte Gründe für eine „Ethik ohne Normen". Die sittliche Entscheidung muß aus der Liebe heraus getroffen werden, und zwar situationsgerecht, nach dem „Gebot der Stunde". Ob dabei Regeln und Vorschriften durchbrochen werden, steht kaum noch zur Diskussion. Ordnungen sind variabel. Wir haben unseren eigenen Weg zu finden.

Dies alles kann hier – teils provozierend, teils mit kritischem Unterton – nur angedeutet werden. Luther hat in seinen letzten Briefen an Käthe besorgt und betroffen davon gesprochen, wie er sich um seine Wittenberger sorgt, die sich daran gewöhnt hätten, die neue christliche Freiheit kräftig zu mißbrauchen. Was würde er heute sagen? Wir reden jetzt nicht von dem, was außerhalb der christlichen Gemeinde geschieht, sondern von der mißverstandenen *christlichen* Freiheit. Soll die Gemeinde Jesu der Raum sein, in dem alles möglich ist, weil da jeder unter Berufung auf sein individuelles Gewissen seine Entscheidung nach eigenem Gutdünken fällt, also ohne Rücksicht auf eine Ordnung, die alle bindet? Wir loben nicht die braven, man muß sagen: allzu braven, ja ängstlichen Christen, die schuldig werden, indem sie keine eigenen, freien Entscheidungen riskieren, und andere verachten, weil diese ihr Leben nicht nach der Gesittung aus Großmutters Zeiten führen. Wir tadeln aber den unter uns grassierenden Antinomismus, der nicht mehr wissen will, daß wir tatsächlich in einer uns alle gleichermaßen bindenden Ordnung leben müssen – so freilich, daß sie „verantwortlich" gehandhabt wird. Jesu Antwort spricht von der Notsituation, die die freie Entscheidung fordert und rechtfertigt. Nicht alles, was mein wetterwendisches, eigensüchtiges, sich autonom verstehen wollendes Herz sich ausdenkt, ist mit der (vorgewendeten) Notsituation gerechtfertigt. Daß unser Leben in bestimmten Gesetzen geordnet und verfaßt ist, ist hilfreich. Unser Zusammenleben bedarf auch der Ordnung. Es ist gut, daß wir an sie gebunden und damit auch „berechenbar" sind, daß also der andere weiß, was er von uns zu erwarten hat. (Man kann sich dies am Beispiel der Straßenverkehrsordnung verdeutlichen, bei deren Handhabung das Originelle und Schöpferische durchaus nicht das Förderliche wäre.) Aber wo die Not es erfordert, da muß Freiheit sein. Da können auch einmal die Schaubrote verzehrt werden. Da kann es auch einmal einen Sonntag geben, an dem man auf den Kontakt mit Gott in der um die Gnadenmittel versammelten Gemeinde verzichtet. Da kann, um der Verhärtung der Herzen willen, auch einmal eine Ehe geschieden werden. Das Gesetz soll nicht abgeschafft, aber es kann durchbrochen werden, aus Not. Jesus gibt uns solche Freiheit.

2.

Aus Not – oder um des Menschen willen. Markus fügt V. 27 hinzu. Vielleicht will er damit die David-Episode deuten: man hat das abstrakte Prinzip durchbrochen, weil da Menschen waren, die Hunger hatten (wie übrigens nach Matth. 12,1 die Jünger im Kornfeld); im Konfliktsfall geht das Menschliche vor. Doch scheint mir V. 27 mehr zu sein als eine Explikation von VV. 25f. Im Bild gesprochen: Dort wurde ein vorhandener Zaun durchbrochen, bekam also eine Lücke, blieb aber, was er war: ein Zaun (sagen wir:) aus Eisenstäben, die ein wenig an die Gitterstäbe eines ganz anderen Lebensbereichs erinnern.

Wir sagten eingangs, hier werde in Stufen gedacht. Ich meine hier eine solche Stufe zu sehen. Der Zaun ist jetzt nicht mehr aus Eisen, ja, es ist eigentlich gar kein Zaun, sondern eine lebendige, gewachsene Hecke. Auch sie grenzt ab: hier darfst du gehen, dort nicht. Die gute Ordnung Gottes aber soll *dem Menschen dienen.* Das Wohl des Menschen regiert also nicht nur den Ausnahmefall. Es ist überhaupt der Sinn der ganzen Ordnung.

Der Satz, daß der Sabbat um des Menschen willen gemacht ist und nicht der Mensch um des Sabbats willen, ist von einer so unmittelbaren Evidenz, daß wir uns damit, wie es scheint, nicht aufzuhalten brauchen. Alle Ordnung ist daran zu messen, ob sie dem Menschen dient, im singularischen, aber auch im kollektiven Sinne verstanden. Gibt sich ein Staat eine Verfassung, beschließt eine Volksvertretung ein Gesetz, regelt die Sitte, was unter den Menschen geschieht: immer wird danach zu urteilen sein, ob, was hier geordnet wird, dem Menschen und seinem Leben dienlich ist. Übergzeugungen dieser Art sind tief in unser Bewußtsein eingegangen. Daß irgendwelche Prinzipien durchgehalten werden auf Kosten von Menschen, daß Macht um der Macht und nicht um der Menschen willen errungen oder vielleicht gar unter riesigen Menschenopfern verteidigt wird, ist für uns Unmenschlichkeit und damit auch das Gegenteil von guter Ordnung.

Wir könnten freilich von dem eben Gesagten auch einen falschen Gebrauch machen. Wer in dem, was die Priesterschrift vom siebenten Tage, dem Tage der Vollendung der Schöpfung, schreibt, den doxologischen Sinn der ganzen Schöpfung erkennt, der wird nicht unbefangen anthropozentrisch denken, sondern wissen, daß letztlich alles seinen Sinn von Gott her und auf ihn hin hat. Dann ist zwar noch immer nicht der Sabbat – als der in bestimmter Weise unter uns begangene Feiertag – das Telos unseres Menschseins, wohl aber das, was er meint: das Eschaton Gottes, auf das hin alle Welt geschaffen ist. Wir sahen, daß die jüdische Sabbattheologie sich nicht im engmaschigen Nomismus erschöpft, in dem die Menschen gefangen sind; sie kommt vom doxologisch-eschatologischen Verständnis der Schöpfung her und schaut aus nach der Vollendung des Heils. Darin liegt aber: die Heiligung des Sabbats könnte von theozentrischem Denken her bestimmt sein. Dann wäre nicht einfach zu fragen: Dient unsere Art, den Feiertag zu begehen, unserm Wohl (Ruhe, Entspannung, Freude durch Abstreifen der täglichen Mühsal, Hingabe an das, was Freude macht, Zeit für Familie und Freundschaft usw.)? Dann wäre darauf zu achten, ob in unserer „Sabbatfeier" *Gott* zu seinem Rechte kommt. Dann wäre der Sabbat also nicht (oder nicht allein) um des Menschen willen da, sondern um Gottes willen, und wir, die Menschen, wären dann – auch in unserm Feiern – um Gottes und seiner Verherrlichung willen da (Eph. 1,2:„auf daß wir etwas seien zum Lobe seiner Herrlichkeit"). Wir müssen uns das klarmachen, damit wir Jesu Wort nicht kurzschlüssig im Sinne einer anthropozentrisch-verzwecklichten Denkweise auslegen.

Auch wenn man nicht in die Dimension des Doxologischen und Eschatologischen aufsteigt, kann Jesu Wort noch mißverstanden werden, nämlich im Sinn des Protagoras: „Aller Dinge Maß ist der Mensch" (II, S. 263, ed. Diels) – oder gar so, daß mein persönliches Ermessen und Bedürfnis zum Maßstab aller Ordnungen wird. Ordnung ist immer etwas Übergreifendes, uns alle gemeinsam Bindendes und Verpflichtendes. Habe ich einmal begriffen, was Ordnung ist, dann werde ich mein eigenes Wünschen, Urteilen, Begehren usw. in das Ganze hineingeben und vom Interesse des Ganzen her normiert sein lassen. Also doch: „der Mensch" – aber als Kollektivum verstanden: der Mensch im Miteinander, in Gesellschaft, Familie, in der Arbeitsgemeinschaft mit anderen Menschen, der Mensch auch im Sinne von Menschheit. Soll man also sagen: gute Ordnung ist, was „dem Menschen" – in diesem weiten Sinne – zuträglich ist? Der Prinz vom Homburg – in Kleists Drama – hat dem Großen Kurfürsten die Schlacht gewonnen – aber durch eine Eigenmächtigkeit. Problem: was geht vor, der eigenmächtig errungene, im Augenblick dem Staatswesen dienliche Erfolg – oder die unantastbare höhere Ordnung? Ganz ähnlich in W. Bergengruens Novelle „Das Feuerzeichen": das – im Widerspruch zur geltenden Ordnung entzündete – Leuchtfeuer hat Schiffbrüchige gerettet – nur: was wird aus der Sicherheit der Küstenschiffahrt, wenn diese Eigenmächtigkeit einreißt? Was kann, was darf geschehen und zugelassen werden „um des Menschen willen"? Bergengruens eigentliche Frage: was wird aus dem Recht, wenn es nicht nur elastisch und situationsgerecht gehandhabt, sondern nach Bedürfnis pragmatisch verbogen und gebrochen wird? Wo liegt die Grenze zwischen dieser Elastizität und der Verderbnis im Grundsätzlichen? Wie ist – auf weite Sicht – dem Menschen wirklich gedient: durch Anpassung an die Pragmatik der jeweiligen Stunde oder durch Festhalten an dem, was – um mit Kant zu reden – „Prinzip einer allgemeinen Gesetzgebung" sein könnte? Was dient nun wirklich dem Menschen – auf weite Sicht?

Einen ganz neuen Akzent bekommt Jesu Wort dadurch, daß er den Gott verkündigt, dessen großes Anliegen nun eben doch des Menschen Bestes ist. Gottes Ehre und des Menschen Wohl: die beiden sind im Evangelium nicht widereinander. Wir haben einen Gott, dem nichts mehr am Herzen liegt, als das Wohl seiner – verlorenen, aber eben wiederzugewinnenden – Menschenkinder. Sie sollen nicht mühselig und beladen sein, sie sollen erquickt werden. Der Sabbat ist nicht etwas zum Ächzen, sondern zum Freuen. Überhaupt die Ordnungen Gottes: Gott will in ihnen „Leben erhalten" (3,4). Sie sind noch nicht das Ende und Ziel seiner Wege. Staat, Gesellschaft, Familie, Ehe, Erziehung, Wirtschaft, Kultur (usw.): in allem wird geschöpfliches Leben – nicht erlöst und vollendet, aber – erhalten und bewahrt. Auch der Sabbat als eine Ordnung dieser Welt hat diesen Sinn. Wir finden Jesus in den Synagogen. Er bekennt sich zu dem, was da geschieht. Auch dort tut er den Menschen sein Gutes. Dem Menschen soll gedient sein.

3.

Aber wir müssen wirklich noch eine Stufe weiter steigen, um das zu treffen, was Jesus zum Sabbat zu sagen hat, ja was überhaupt von den Ordnungen dieser Welt gilt: *der Herr will sie überbieten.* „Des Menschen Sohn ist ein Herr auch über den Sabbat." Zuerst: die Ordnungen wurden durchbrochen. Sodann: sie bekamen einen neuen Sinn – von dem gnädigen menschenfreundlichen Erhalterwillen Gottes her. Jetzt: sie werden überboten durch die eschatologische Botschaft des Menschensohnes und sein die gegenwärtige Gestalt der Welt veränderndes, neuschaffendes Wirken.

Wir sahen, daß „Menschensohn" hier Hoheitstitel ist, nicht einfach (wie in Ps. 8,5) Synonym für „Mensch". Es ist also nicht gesagt, daß jeder von uns Herr über den Sabbat (und über die anderen Ordnungen dieser Welt) sei. Wäre dem so, dann verlöre der V. 28 – den wieder alle drei Synoptiker an dieser Stelle bringen – seinen eschatologischen Sinn. Der Mensch *ist* auch nicht „Herr" über die Ordnungen; sie gelten vor und über ihm. „Herr" ist Jesus; das Wort hat „implizit eschatologischen-christologischen Sinn" (L. Goppelt, a. a. O., S. 146).

Die Überbietung geschieht zunächst auf der Ebene des Ethischen. Der Parallelismus in 3,4 läßt erkennen: „Gut ist es, Leben zu retten; böse ist es, Leben zu töten" (Goppelt, S. 145). In der Totalforderung Jesu, wie sie in der Bergpredigt vernehmbar wird, wird jedes einzelne Gebot „gleichsam verschlungen". „Jesus hebt das Sabbatgebot als selbständige Einzelsatzung in einer überbietenden totalen Forderung auf" (ebd.).

Ist damit der Sabbat abgetan? Jesus ist nicht gekommen, aufzulösen, sondern zu erfüllen. Doch, doch: es soll zu dem großen Sabbat kommen, den die Juden von der Schöpfung her als der Welt eingestiftet ansehen und den sie für die Zukunft erwarten. Nur, es ist auch hier so wie mit der Erfüllung des göttlichen Willens überhaupt: es kommt dazu nicht durch menschliche Anstrengung, durch Drängen und Treiben, Drohen und Strafen. Was für eine paradoxe Situation: daß, nachdem Gott längst zur Ruhe der Vollendung gekommen ist, der Menschen Teilnahme an dieser Ruhe ausgerechnet damit erzwungen wird, daß dem Menschen ein bedrückendes, einengendes, quälendes Gitterwerk von Vorschriften auferlegt und das Einhalten dieser Vorschriften unter schwerste Strafe gestellt wird! Die durch Anstrengung erkämpfte, aus harter Mühsal zusammengebaute und durch harte Drohung erzwungene Ruhe! Jesus verkündigt demgegenüber das Kommen Gottes, und dies ereignet sich an solchen, die es sich einfach widerfahren lassen! Jesus selbst bringt in seiner Person das Reich, in dem die Schöpfung eschatisch vollendet wird. In dem Kommen dieses Reiches haben die irdischen Ordnungen ihre Grenze, auch der Sabbat. Die Matthäusfassung bringt noch den Hinweis darauf, daß priesterlicher Dienst ja eigentlich auch Arbeit ist, aber am Sabbat geschehen darf; und dann das Wort, in dem Jesus verhüllend ausspricht, daß auch dies überboten wird durch sein eigenes Wirken: „Hier ist Größeres als der Tempel" (Matth. 12,6). Wer an Mark. 14,58 und Joh. 2,19–21 denkt, sieht auch hier die eschatische Vollendung angekündigt. Der evangelische Sinn des Sabbats erfüllt das, was die Gegner Jesu mit ihrer Beeiferung um den Sabbat berechtigterweise meinen. „In der Proklamation der Nähe des Reiches Gottes steht bevor, was der priesterliche Schöpfungshymnus vom Sabbat sagt, die Vollendung der Schöpfung durch Gott selbst. Was im Schöpfungsbericht, der einem liturgischen Hymnus gleicht, verheißen ist, das dem Menschen bestimmte Heil, auf das hin der Mensch geschaffen ist, das ist nahe gekommen, dazu lädt Jesus ein, dazu öffnet er die Tür. Denn die Proklamation der Nähe des Reiches bedeutet, daß die Tür zum Vaterhaus offen steht. Jesus verkündet und bietet dar, was im Schöpfungsbericht verheißen ist, worauf der Sabbat erinnernd hinweist: die Ruhe für den Menschen in seinem Heil" (Grdm., Die Geschichte Jesu Christi, 1957, S. 139).

21. Sonntag nach Trinitatis. Joh. 15,9–12(13–17)

Es muß dem Prediger überlassen bleiben, ob er die in Klammern stehenden Verse für die Predigt mit heranziehen will. Sicher ist, daß die Rede von der Liebe durch VV. 13–17 noch kräftigere Konturen bekommt. Die homiletische Auslegung ist dem Leser die Einführung in das Ganze schuldig.
Über die Abgrenzung des Abschnitts gibt es bei den Exegeten Differenzen. Schnackenburg meint, schon das λελάληκα (V. 11) lasse erkennen, daß der Abschnitt VV. 1ff. hier zu Ende sein soll. Das Weinstockthema wird ab V. 12 verlassen; die „Freude" dürfte ihm noch zugehören. Freilich gehen die Gedanken (assoziativ) ineinander über; so ist auch die Abgrenzung VV. 9–17 gerechtfertigt. „V. 9–17 variiert das Thema von V. 1–8 in der Weise, daß das μένειν ἐν ἐμοί jetzt als das μένειν ἐν τῇ ἀγάπῃ τῇ ἐμῇ erläutert wird; das Bild vom Weinstock ist dabei bis auf die Metapher des καρπὸν φέρειν verschwunden (Bltm. z. St.). Die beiden Versgruppen sind parallel aufgebaut – auch dies spricht dafür, VV. 1–8 und VV. 9–17 voneinander abzuheben.
V. 9: Was in den VV. 4–7 bildhaft gesagt ist (das Angewachsensein an den Weinstock), erscheint hier unverschlüsselt: Bleiben in Jesu Liebe – die Pointe der Aussage (Bltm.). Es geht also zunächst um die Liebe, die Jesus und die Jünger verbindet. Nur so stimmt das Weinstockgleichnis. – V. 10: Die logische Verknüpfung könnte überraschen: es wäre evangelisch gedacht, das Bleiben zur Bedingung zu machen. Ähnlich 1. Joh. 2,3–5; 3,10.14 u. ö. Das Lieben ist Erkenntnisgrund, das Bleiben Realgrund. Wo Liebe ist, da *werden* eben die Gebote gehalten. – V. 11: Das Gebot bedeutet keine Last für die Jünger, vielmehr nehmen sie an Jesu Freude teil. Durch Jesus wird die Freude „erfüllt", sie erreicht ihr Vollmaß, wird vollendet. „Durch die Offenbarung empfängt man alles, die vollendete Fülle der Heilswirklichkeit selbst" (ThWNT VI, S. 296). Gemeint ist „die Freude, die aus der Gemeinschaft mit Christus erwächst" (Schnbg.).
V. 12: Alle Gebote sind im Grunde nur eines, Liebe, „das Sein für den anderen, das die eigene Exi-

stenz völlig bestimmt" (Bltm.). – V. 13: Von Freundesliebe bis zum Tode wird in der Antike viel gesprochen. Daß Jesus dieses Sprichwort auf sich bezieht, wird aus V. 14 deutlich, ja sogar bereits aus dem Schluß von V. 12 (ἠγάπησα – punktueller Aorist). – V. 14: Denkfigur wie V. 10. Indem das Evangelium von „Freundschaft" spricht, beschreibt es das Verhältnis Jesu zu seinen Jüngern auf hellenistische Weise, spricht also den Sachverhalt adressatengerecht um. – V. 15: Der Freund ist der Freie (vgl. Gal. 4,1ff.). Schwingt der jüdische Gedanke der „Gottesfreundschaft" mit (Jes. 41,8; 2. Chron. 20,7), so bleibt noch immer eine gewisse Distanz, es liegt aber darin auch der Gedanke der Bevorzugung (als Freunde Gottes gelten Abraham, Mose u. ä. – Belege bei Schnbg.). Jesus hat vor seinen Freunden nicht nur keine Geheimnisse, er hat ihnen vielmehr alles, was er vom Vater gehört hat, „anvertraut und erschlossen" und ihnen so die Liebe Gottes vermittelt. Was Jesus tut, ist ihnen von daher verständlich (während der Sklave unverstandene Befehle ausführen muß).
V. 16: 6,70. Das Wort ἐκλέγεσθαι meint nicht ein Aussortieren aus einer Zahl von Menschen, sondern das Herausholen aus dem κόσμος, der hier als Bereich der Heillosigkeit verstanden ist; positiv: Begründung einer Gemeinschaft der Liebe. Dabei entsteht insofern kein Verhältnis der Gegenseitigkeit, als die Initiative des Erwählens einseitig bei Christus liegt. Die Liebe zu Christus kann sich nur darin äußern, daß seine Freunde „Frucht bringen" (vgl. 1. Joh. 4,20). „Bleibende" Frucht: das neue Leben der Glaubenden hat Ewigkeit (so Bltm.), vgl. 4, 14. Das Bleiben in Jesu Liebe und damit auch das Fruchtbringen realisiert sich im Gebet. Dieses geschieht in Jesu Namen, also unter Berufung auf ihn.
Das alte Evangelium dieses Sonntags spricht von der unbedingten und grenzenlosen Liebe. Gott lieben und den Nächsten: darin faßt sich nach Jesus der ganze im Gesetz sich ausdrückende fordernde Gotteswille zusammen. Liebe wird erwartet „mit einer Ausschließlichkeit, daß alle anderen Gebote darin aufgehen, daß alle Gerechtigkeit in der Liebe ihr Maß finden muß" (ThWNT I, S. 45; nachfolgende Seitenzahlen beziehen sich auf diesen Artikel). Alle anderen Bindungen zerreißen, wenn mit der Liebe zu Gott Ernst gemacht wird, besonders die Bindung an Mammon und Ehrgeiz. Und wo es um die Liebe zum Menschen geht, da hält man nichts von einer „schweifenden Allerweltsliebe", sondern da blickt man auf den Nächsten, wer immer er sei, und in diese Liebe ist auch der Feind eingeschlossen; „die Feindesliebe, die Jesus fordert, ist die Haltung der Söhne des neuen Gottesvolkes, dem die Zukunft gehört, gegenüber den Kindern dieser Weltzeit" (S. 46). „Sie sollen Liebe üben, ohne Gegenliebe zu erwarten, ausleihen, auch wo keine Hoffnung auf Rückgabe ist, hergeben ohne Rückhalt und Grenze. Sie sollen die Feindschaft der Welt willig, widerstandslos und opfermutig auf sich nehmen (Luk. 6,28), ja, ihren Hassern wohltun, sollen Fluch mit Segen erwidern und beten für ihre Verfolger" (ebd.). Und dies alles in einer „neuen Selbstverständlichkeit" (S. 47) – in ihr liegt das Geheimnis.
Was der zitierte Artikel hier aus synoptischem Material erhebt, tritt uns im Text für unsere Predigt in neuer Gestalt entgegen. Man könnte sagen, hier werde diese „neue Selbstverständlichkeit" durchleuchtet. Schon bei Matthäus war die Liebe zu den Menschen in der Liebe Gottes begründet, die Guten und Bösen, Gerechten und Ungerechten gilt (5,45). Bei Johannes tun sich noch viel deutlicher die Hintergründe der von Jesus erwarteten Liebe auf. Gott hat die Welt geliebt (3,16), und zwar in freier, gnädiger und schöpferischer Initiative; die Liebe besteht nicht darin, daß *wir Gott* geliebt hätten – so daß es der Menschen Sache (gewesen) wäre, die Liebe in die Welt hineinzubringen –, sondern daß *er uns* geliebt hat (1. Joh. 4,10). Die große Liebesbewegung Gottes auf die Welt zu, auf *uns* zu! Wie geht sie vor sich? Alle Liebe Gottes konzentriert sich zunächst auf den Sohn – er ist „der Geliebte" (so schon Mark. 12,5). Liebt Gott die Welt, dann so, daß er „den Sohn" liebt, und in diesem oder von dem aus pflanzt sich die Gottesliebe in die Welt hinein fort. Die Liebe Gottes wird nicht diffus über die ganze Welt verstreut, sie fließt sozusagen im Flußbett des Christusgeschehens. „Die johanneische ἀγάπη ist ganz ausgesprochen die herabsteigende Liebe, nicht genug, sie ist eine himmlische Wirklich-

keit, die gewissermaßen von Stufe zu Stufe sich niedersenkt in diese Welt" (S. 53). Sie
geht in die Welt ein und wird hier – so will es Jesus – zur Tat. „Die Welt des Lichtes und
Lebens kommt innerhalb dieser Erdenwelt zur Durchsetzung in der Form der Liebe.
Darum kann Johannes nicht nur, er muß den Tatcharakter der ἀγάπη betonen, im Christusleben so gut wie im Christenleben" (S. 53).
Von diesem Geschehen spricht der Text. Was das Bildwort vom Weinstock ausdrückte,
wird hier in Klartext umgesprochen. Es wird gezeigt, wie das im Christuswerk und im
Jüngerleben vor sich geht. Es wird von vornherein festzuhalten sein, daß diese in Gottes
Initiative begründete und in der Person Jesu Christi in diese Welt einströmende Liebe in
keinem Augenblick von dieser Person abgelöst werden kann. Die Rebe muß am Weinstock bleiben. Wo immer Liebe geschieht, und wäre es in der unauffälligsten Alltagssitua-
tion, wird es sich um dieses Einströmen und Sich-Herabneigen handeln. Die Liebe als
„Frucht" (V. 16) lebt aus dem Saft und der Kraft des Weinstocks.
Darum: *Bleiben in Jesu Liebe* – (1) *aufgrund seiner Wahl*, (2) *kraft seines Opfers*, (3) *in
seiner Freude.*

I.

Wie ist es zu dieser Verbundenheit mit Christus gekommen, in der wir „bleiben" sollen?
Man hat zunächst an die Berufungen zu denken, wie sie im 1. Kapitel erzählt werden,
oder – noch stärker biographisch – an die Vorgänge, wie sie die Synoptiker berichten. Die
einen hat Jesus von ihren Fischerkähnen und Netzen weggeholt, den andern von der Zoll-
schranke. Wieder einen anderen wird er sich greifen, wenn er unterwegs sein wird, um
Christen aufzuspüren und zu verhaften. Jesu Berufen vollzieht sich immer in einem –
irgendwie nacherzählbaren – äußeren Vorgang. Aber dieser hat, wenn man so will, seine
geistlich-eschatische Innenseite. Jesus spricht von Erwählung (V. 16). „Ich habe euch
erwählt" – das meint nicht: ich habe euch aus einer Vielzahl von Menschen einfach so
ausgesucht, wie man aus einem Warensortiment aussucht, was einem gefällt und was
man brauchen kann. Jesu Wählen ist Tat der Zuwendung, der Liebe und der Rettung. So
hat auch Paulus den Umbruch in seinem Leben empfunden: es war ein Akt der Wahl,
Gott hatte es auf Paulus sogar abgesehen, noch ehe sein irdisches Leben begann
(Gal. 1,15). Wählt Jesus sich Menschen aus, dann holt er sie aus dem heillosen κόσμος
heraus (s. o.) und stellt sie bzw. zieht sie in das Strahlenbündel des von oben her einfal-
lenden Lichtes der großen Liebes- und Rettungsbewegung Gottes. „Gleichwie mich mein
Vater liebt, so liebe ich euch auch" (V. 9). Es wäre abwegig, die Liebe des Vaters zum
Sohn lediglich als Modell für das Lieben Jesu anzusehen, das jetzt den Jüngern zuteil
wird. Das Wort „gleichwie" (καθώς) könnte uns dazu verführen, hier lediglich an eine
Entsprechung zu denken; es kann aber auch begründenden Sinn haben (s. Bauer, WB,
Bedeutung 3). Der Vater liebt den Sohn (3,35; 10,17). Die Liebe des Vaters zur Welt (3,16)
verwirklicht sich nicht anders als so, daß sich seine Liebe zum Sohn in diesem fortsetzt.
Durch ihn erreicht die Gottesliebe die Menschenwelt. V. 9a beschreibt diese Himmel und
Erde verbindende Gottesbewegung auf uns zu. Wo diese Bewegung bei uns auftrifft, da
soll sie sich in tätiger Liebe auswirken. Denn erwählt sind wir, um Frucht zu bringen –
wie die Reben am Weinstock (V. 16b). Wir sind in die große Heilsaktion Gottes tätig einbezogen.
Dies geschieht in der uns widerfahrenen Erwählung. Es steht ja bei uns anders als bei
Jesus selbst: er ist von Hause aus beim Vater (1,2), in des Vaters Schoß (1,18). Er ist also
nicht einfach ein Mensch, den Gottes erwählende Liebe getroffen hat, damit er sie weiter-
gebe. Das Wort ist in ihm Fleisch geworden. Die Liebesbewegung Gottes zur Welt hin

richtete sich zunächst auf sein Eigenstes, auf den Sohn, den er dann „senden"„ in die Welt „kommen" und „hinabsteigen" lassen wollte. Die erste Stufe der Liebesaktion Gottes ist also ein innertrinitarisches Geschehen. Setzt sich diese Aktion bei uns fort, dann muß sie auf andere, auf weltliche Weise geschehen: in der Berufung, die an uns ergangen ist.

Nicht darin steht die Liebe, daß wir Gott geliebt hätten. Dieses (vorhin zitierte) Wort hat seine genaue Entsprechung darin, daß nicht wir den Herrn Jesus Christus erwählt haben, sondern er uns. Wir, die Entfremdeten, von Gott Geschiedenen, also im Kosmos befindlichen Verlorenen hätten nicht die Möglichkeit, die Liebesbewegung in anderer Richtung – von unten nach oben – zu beginnen. So könnten wir auch nicht ohne sein, des Herrn, Erwählen zu seinen Freunden werden. Es mag Geschmackssache oder Erfahrungs- und Einsichtssache sein, eine bestimmte Religion zu wählen – wie man den Beruf, den Wohnort, die Freunde, die Hobbys, die Sportart wählen kann. Aber in die große Liebesbewegung Gottes zur Welt hin gelangt und gerät man nicht kraft eigenen Entschlusses. Sicher, Jesus läßt uns Freiheit; wir können „hinter uns gehen", d. h. uns abwenden (6,66). Aber das Verhältnis zu Jesus und damit zum Vater selbst herstellen, das können wir nicht. Nicht das also macht uns zu Christen, daß *wir* uns auf *Christus* zubewegen, sondern daß *er* sich auf *uns* zubewegt.

Wir greifen eben Gesagtes noch einmal auf: Ohne dieses liebende Erwählen wären wir Verlorene („auf daß alle, die an ihn glauben, . . ."). Die in Christus auf uns zukommende Liebe wählt Sünder. Jesus hat es auf Leute abgesehen, wie wir sind: abgewandt, für Gott nicht zu sprechen, unerschüttert, selbstherrlich, verkehrt, undankbar, stolz. Die uns widerfahrende wählende Liebe geht nicht von unserer Würdigkeit oder Brauchbarkeit aus. Sie ist also auch keine verdiente, von uns gesuchte, an unserer Liebenswürdigkeit sich entzündende Liebe, sondern eine Liebe, die liebt, wo eigentlich nichts zu lieben ist. Gott hat tatsächlich in Jesus Christus seine Feinde geliebt (Matth. 5,44 – altes Evangelium). Gerade dies zu wissen, wird in uns betroffene, staunende, beglückte Gegenliebe wecken. Aber es bleibt bei dem unumkehrbaren Voraussein der Liebe Jesu. Dies soll uns auch in Situationen der Anfechtung, des Kleinglaubens, des Ausbrechens und Versagens trösten.

Uns ist diese Erwählung in der *Taufe* widerfahren. Wenn die Taufe nicht Menschenwerk ist, sondern des dreieinigen Gottes eigenes Tun (2. Kor. 1,21; Eph. 5,26; Kol. 2,11; Tit. 3,4f.), und wenn der Glaube kein Werk ist, sondern das vertrauensvolle Annehmen dessen, was Gott darreicht, dann kam sie keinesfalls zu früh in unser Leben. Nicht wir ihn . . ., sondern er uns . . . Wir dürfen uns daran halten, daß es Jesus ernst ist mit seinem Erwählen. Wir haben ihn nicht gesucht, aber er uns. Er ist mit seinem Lieben uns immer voraus. Dasselbe anders: unser Glaube folgt seinem vorangehenden Tun immer nach – auch bei der Erwachsenentaufe. Wo jemand durchaus auf Synchronismus aus ist, besteht der dringende Verdacht, es sei Interdependenz gemeint. Der Weinstock ist vor den Reben da. Aber die Reben sollen am Weinstock bleiben. Bleiben in Jesu Liebe – darauf kommt es an. Und wenn ich nicht geblieben bin und auch im Augenblick nicht gewiß bin, ob es bei mir mit dieser Liebe stimmt? Sein Wählen bleibt in Geltung, auch in den Flauten, die mein Glaube durchmacht. So wird mein „Bleiben" oft genug, wahrscheinlich sogar in jedem Augenblick aufs neue – Rückkehr sein. Aber diese Rückkehr ist jederzeit möglich, denn Jesu Liebe hält an uns fest.

2.

Nicht wir haben Gott geliebt, aber er uns – und er „hat seinen Sohn gesandt zur Versöhnung für unsere Sünden" (1. Joh. 4,10). Ein Mensch stirbt für das Volk, damit nicht das ganze Volk verderbe (11,50). Gottes Lamm trägt die Sünde der Welt (1,29). Die große Liebesbewegung Gottes zur Welt vollzieht sich in Jesu Lebensopfer. Darum: bleiben in Jesu Liebe kraft seines Opfers.

Was wir soeben mit Bestandteilen des johanneischen Gesamtzeugnisses zusammenfassend dargestellt haben, wird im Text in bemerkenswert lockerer Weise wiedergegeben. „Niemand hat größere Liebe als (die, die darin besteht), daß er sein Leben für seine Freunde hingibt." Das könnte ein Sprichwort sein. Diese Einsicht ist in der Umwelt des Urchristentums mehrfach bezeugt. Fast könnte man auf den Gedanken kommen: Jesu Liebe, ein Spezialfall im Bereich des Humanum, aber eben über die Möglichkeiten des Humanum nicht hinausgehend. Es gibt ja auch im nichtchristlichen Bereich bewegende Erweise von Liebe im täglichen Dienst an den Menschen, in schonungslosem Einsatz des eigenen Lebens in Not- und Gefahrensituationen, auch in der Hingabe des Lebens. Von da aus könnte man sagen, Jesus habe, was im Bereich des Menschen möglich ist, – neben anderen – in bewegender und respektgebietender Weise vollbracht. Und noch einen Schritt weiter: Wo immer in der Welt solcher Dienst an Menschen geschieht – bis zur Selbstaufopferung –, da sollte man die Liebe Gottes am Werke sehen, ja, man sollte sogar sagen: das Humanum in seinen größten und schönsten Möglichkeiten *ist* eben das Divinum; man braucht gar nicht nach einem Gott zu suchen, der solches alles gebe, sondern man sollte sagen, daß ebensolches Verhalten, Tun und Leiden *Gott ist*. „Gott ist – Liebe." – Wir haben uns Gedanken dieser Art nicht zusammengereimt; sie werden ja hin und wieder unter uns vertreten, und es liegt uns fern, ihnen ihren Ernst abzusprechen.

Nur: wenn das bisher Gesagte richtig ist, dann werden solche Gedanken unmöglich. Die Liebe des Vaters ereignet sich im Sohn. Sie „besteht" darin, daß der Vater den Sohn gesandt hat zur Versöhnung für unsere Sünden. Niemand kommt zum Vater als eben durch diesen Sohn. Das Heil ist nicht splitterartig über die ganze Welt verstreut, sondern es ist an den gebunden, der für uns Fleisch wurde. An ihm gilt es zu bleiben, wenn man in diesem Strahlenbündel der in den Kosmos einfallenden Gottesliebe bleiben will. (Ich sehe es in meiner Vorstellung immer so vor mir, als strahle ein Scheinwerfer sein Licht ins Dunkle durch staub- oder feuchtigkeitsdurchsetzte Luft: „das Licht scheint in der Finsternis", 1,5.). Das Heil ist an die Person des in die Welt Gekommenen und Fleischgewordenen gebunden. Die im Evangelium gemeinte Liebe „steht" in diesem Kommen und in dieser Versöhnung.

Nun wird man freilich bei der „Hingabe" des Lebens nicht ausschließlich an den Tod zu denken haben. Zuletzt schon: wie man die Kleider „ablegt" (τιϑέναι auch hier, 13,4), so „legt" Jesus sein Leben „hin" (so als der kämpfende gute Hirte, 10,11.15.17.18b, aber auch sonst: 13,37f.; 1. Joh. 3,16). Aber das ist eigentlich nur der Endpunkt einer Lebenshingabe, die im Ganzen des Dienstes Jesu an den Menschen geschieht. Man denkt an Mark. 10,45: Dienst und Lebenshingabe gehören zusammen, Jesus bringt das Opfer des Lebens und des Sterbens.

Daran wird die Art seiner Liebe deutlich. Wer sich kennt, weiß, wie leicht wir uns immer wieder zum Mittelpunkt unseres ganzen Lebens machen. Als hätten die Menschen *uns* zur Verfügung zu stehen. Als käme es darauf an, daß *wir* auf unsere Kosten kommen. Als müsse alles unseren Wünschen förderlich sein. Als ginge es darum, daß wir „die ganze Welt gewinnen" (Matth. 16,26) oder doch wenigstens von den Annehmlichkeiten, die das Leben bietet, uns so viele wie möglich zu eigen machen. Hauptsache: glücklich. Menschen werden danach bewertet, ob sie solchem Begehren dienlich sind. Die Verhältnisse beurteilt man danach. Ein neues Gesetz ist gut, wenn es (z. B.) meinen wirtschaftlichen Interessen entgegenkommt, den Raum meiner Freiheit erweitert oder meine soziale Stellung anhebt. – Es ist unmöglich, sich vorzustellen, daß Jesus mit derlei Gedanken umgeht. Seine Liebe hat ihren Schwerpunkt in den Menschen, denen er dient. Er will nichts für sich, er will alles Gute für sie. Das ist die Art der Liebe, daß sie von sich wegsieht zum andern hin. So ist es schon bei Gott. Er hätte an sich selbst genug. Aber er ist „aus sich herausgegangen", hat sich in Liebe dem Sohne und in ihm wiederum der ganzen – aufsässigen und darum verlorenen – Welt zugewandt. An sich selbst denken, sich schützen, sich in Sicherheit bringen, sich verteidigen, seine Interessen wahrnehmen: dieses und ähnliches ist Jesus nicht in den Sinn gekommen. Er „legt" sein Leben „hin" für seine Freunde.

Das Stichwort „Freunde" aus der Gnome wird aufgegriffen. Es sagt – wiederum in sehr wenig nachdrücklicher, aber gerade in „Leichtigkeit" sprechender Weise – aus, was durch den Tod und das Opfer Jesu bewirkt wurde: aus „Sklaven" sind „Freunde" geworden (V. 15). Wären wir noch Sklaven, dann wären wir einem anderen zu eigen, gezwungenermaßen, wider Willen, in Unfreiheit, der Willkür des Herrn ausgeliefert, begrenzten Rechtes, verfügbar, vielleicht zu hartem Dasein verurteilt. Fragt man, *wessen* „Knechte" wir wären, wenn wir uns noch in diesem Stande befänden, so würde unser Evangelium mit 8,34 (nach der erdrückenden Mehrzahl der Handschriften) antworten: Knechte der *Sünde*, wobei die Sünde vorgestellt ist wie eine Macht, der man unterworfen ist und die einem den Ausweg in die Freiheit nicht gewährt. – Aber wir sind nicht mehr Sklaven, wir sind Freunde. Menschen, die Jesus liebhat. Seine Vertrauten. Nichts steht mehr zwischen ihm und uns, seit er die Versöhnung vollbracht hat. Die Liebe, mit der er liebt, hat den Konflikt zwischen Gott und der in Rebellion befindlichen Welt überwunden – „auf daß alle, die an ihn glauben, nicht verloren werden" (3,16).

Über den Sklaven wird verfügt; er hat zu gehorchen, ohne daß er weiß, was der Herr mit seinem Befehl bezweckt, erst recht: ohne daß er, der Sklave, zustimmt. Bei Jesus, dessen Freunde wir sind, ist alles anders. Wir sind in alles, was der Vater wollte und noch will, eingeweiht; Jesus hat es uns gesagt. Haben wir vorhin von der großen Liebesbewegung Gottes gesprochen, dann ist das der Versuch, das durch Christus in die Welt hineinwirkende Gottesgeschehen zu beschreiben. Denn Liebe ist „für Johannes das Prinzip der Christuswelt, die sich aufbaut mitten in der kosmischen Krisis der Gegenwart" (ThWNT I, S. 53). Die Liebe Gottes ist „in die Welt gekommen".

Hier könnte sich ein Gedanke anschließen, den wir bei V. 16 bisher überschlagen haben: was wir in Jesu Namen bitten, wird der Vater uns geben. Wir sind Jesu Freunde, wir dürfen uns auf ihn berufen. Beten wir, dann stellen wir uns hinter ihn, unsern großen Vorbeter und Fürbitter. Wir tun es zugleich als die von ihm in Gottes Wollen Eingeweihten; wir werden vom Vater nichts erbitten wollen, was seinen guten, heilsamen Gedanken, Plänen und Unternehmungen für die Welt zuwider ist; wir werden mit unserm Beten in das Wollen unseres großen Freundes eingeschlossen sein.

Und nicht nur mit unserm Beten, sondern auch mit unserm Tun. Daß (wie wir sagten) die göttliche Liebe „gewissermaßen von Stufe zu Stufe sich niedersenkt in dieser Welt": „diese kosmische Realität ... kommt zu Offenbarung und Sieg in sittlicher Tat" (ebd.). Davon wird jetzt noch zu reden sein.

3.

Wir tun es unter der Überschrift: Bleiben in Jesu Liebe ist Bleiben in seiner Freude. Es wird zu zeigen sein, wie dies beides zusammenhängt: das Halten seiner Gebote (VV. 10.12.17) und die bleibende, ja „vollwerdende" Freude.

Je deutlicher uns wurde, was für ein wunderbares und wunderwirkendes Geschehen die vom Himmel kommende Gottesliebe ist, desto kleinlauter werden wir davon sprechen, daß wir selbst mit unserm Tun in dieses Einstrahlen des Göttlichen in unsere Welt einbezogen sein sollen, nicht nur als die ins Licht Gerückten, sondern so, daß wir die empfangene Liebe selbst weiter ausstrahlen. So selbstlos wie Christus, in solcher Hingabe wie er. Wohin das führen kann, mag man sich an einem Satz wie diesem deutlich machen: „Daran haben wir die Liebe erkannt, daß er sein Leben für uns gelassen hat; und wir sollen auch das Leben für die Brüder lassen" (1. Joh. 3,16). Jetzt wird es auf einmal sehr schwer. An Jesus selbst kann man es wahrnehmen: seine Liebe ist ja auf Widerstand gestoßen. Es war ja nicht so, daß er allen, die er lieben wollte, willkommen war; als ein Fremdkörper ist diese Liebe in den Kosmos eingedrungen. Es wird bei uns nicht anders sein. Jesu Liebe stößt auf Widerstand – zunächst bei uns selbst, sodann aber auch bei denen, denen wir sie bringen wollen. Das gehört mit zur Liebe, daß sie es schwer hat und doch nicht aufgibt.

Dennoch ist von *Freude* die Rede. Wir könnten uns dies wohl von zwei Seiten her verständlich machen. Einmal, indem wir an die Motivation denken. Der Weinstock (VV. 1ff.) ist noch nicht vergessen. Warum hat Johannes das synoptische Bild vom Baum (Matth. 7,17) in das vom Weinstock verwandelt? Er spricht Dionysosverehrer an. Sie suchen die Freude. Auf *diesem* Weinstock wächst und reift sie. Die Werke der Liebe sind gar nicht Bestandteile eines Pflichtpensums. „Früchte" wachsen. Sie entstehen ohne jeden Zwang, ohne Anstrengung, ohne Ächzen. Man müßte dem Weinstock Gewalt antun, wenn man ihm verbieten wollte, Trauben hervorzubringen. Bedingung: die Reben müssen am Weinstock „bleiben", den Saft aus ihm ziehen, an seiner Lebenskraft teilhaben. Es wäre irreführend, wenn wir der von Christus kommenden Liebe eine „dionysische" Freude zuschrieben; aber das Wahrheitsmoment sollten wir nicht übersehen: wo die „strahlende" Christusnähe erfahren wird, da entsteht „die neue Selbstverständlichkeit", von der wir eingangs gesprochen haben, vielleicht könnte man sagen: in einem ans Triebhafte erinnernden inneren Muß.

Und das andere. Wir denken an den Effekt, im besten Sinne des Wortes. Was macht Freude? Wir suchen sie, gönnen sie uns gern. Sich etwas Schönes kaufen, sich etwas leisten, etwas unternehmen, was erfreut, auf festliche Weise fröhlich sein. Alles gut und recht; Jesus erhebt nicht Einspruch. Wir finden ihn selbst auf der Hochzeit, er beschafft sogar den besseren Wein. Wie aber, wenn man nach der „bleibenden" Freude fragt (V. 11)? Kaufen, sich etwas leisten, sich Erfreuliches verschaffen, das gehört alles auf die Einnahmenseite; dahin, wo ich noch immer – s. o. – an *mich* denke. An Jesus kann man lernen, daß die große Freude da entsteht, wo man *ausgibt*: das Zuhausesein bei sich selbst aufgeben und zu dem anderen gehen, dem man Glück und Freude bringen kann; ihn annehmen, ihn wertachten, ihn aufrichten, ihn in Bewegung bringen, ihn reich machen, glücklich, zufrieden. Wir brauchen nicht alles aufzuzählen, was sich da ereignen kann. Man kann sein Leben verjubeln und wird nicht froh dabei. Man kann es in den Dienst anderer Menschen stellen, und was man investiert hat, kommt – ohne daß man es darauf abgesehen hätte – vielfältig zurück. Und wenn es einem niemand dankte? Da ist doch der Herr, der sich freut, wenn sein Dienst, seine Hingabe, seine Liebe sich fortpflanzt und vervielfältigt. „Mein Lohn ist, daß ich darf", heißt es in Löhes Diakonissenspruch. Ich darf teilnehmen an der großen Bewegung der Liebe Gottes vom Himmel auf die Erde. Ein solches Leben ist nicht nur nicht vertan, es hat – weil es von Gott kommt – seine Freude in sich selbst.

22. Sonntag nach Trinitatis. Micha 6,6–8

Die Perikope ist Bestandteil des größeren Abschnittes VV. 1–8. Man hat zwar die VV. 6–8 von VV. 1–5 abtrennen wollen (zuletzt Theodor Lescow, Micha 6,6–8, Stuttgart 1966), aber die Anfrage an den Priester und die (hier vom Propheten erteilte) „priesterliche Tora" ist wohl (wie von den meisten angenommen) Element des *Streitgesprächs* zwischen Jahwe und seinem Volk. Über den Verlauf dieses Streitgesprächs (man kann mit A. Weiser auch von einem Rechtsstreit sprechen, würde aber damit auch nur die dichterische Einkleidung meinen, so daß beide Gattungsbestimmungen nahezu auf dasselbe hinauskommen) s. u. Jahwe hat sich der Anklage des Volkes gestellt und seinerseits auf die dem Volke gewährten Wohltaten in der Mose- und Landnahmezeit verwiesen, die Israel ja immer auch in ihrer Gegenwartsbedeutung verstanden hat. Das Volk antwortet darauf nicht. Aber ein einzelner fragt in aller Form an, was nun zu geschehen habe, und erwartet die Antwort des Priesters. Tora ist ja eigentlich die „Belehrung". „Die Priester ‚lehren' Israel Jahwes Rechte und seine Tora (Deut. 33,10) . . . Außerdem hatte der Priester in sakralrechtlichen Fragen Entscheidungen zu treffen (Deut. 7,8ff.)" (von Rad, ThAT I, S. 243f.).

V. 6: קדם pi. = jemandem „mit" (בְּ) etwas entgegenkommen, ihm etwas darbringen (Deut. 23,5). כפף ni. = sich beugen, sich demütigen. Das Brandopfer ist das aufwendigste Tieropfer; für den menschlichen Genuß bleibt, im Unterschied zum Schlachtopfer, nichts übrig. Opfert man Kälber, die ein Jahr alt sind, so geht man über das vom Gesetz Erforderte (Exod. 22,29; Lev. 22,27: man darf schon acht Tage alte Tiere opfern) weit hinaus. – V. 7: רצה = Wohlgefallen haben, kultischer Ausdruck für die Annahme des Opfers und damit auch des Opfernden (von Rad, ThAT I, S. 259.378). Ölbäche – offensichtliche Übertreibung, wie auch die Tausende von Widdern. Das Sündopfer fehlt bei kaum einer Opferbegehung: „es entlastet den Darbringer von allen unvorsätzlich . . . begangenen Verfehlungen" (von Rad, a. a. O., S. 256 – vgl. Lev. 4,27–35; Num. 15,27–29). Bedenkt man dies, so wird das Angebot des Menschenopfers noch viel ungeheuerlicher. Dabei weiß ja der Frager, daß das Menschenopfer längst „abgelöst" ist (Exod. 34,20; Gen. 22,13). – V. 8: Nun die Tora. Anrede „Mensch": „Das erdgeborene Geschöpf Gottes steht mit seinem Schöpfer nicht auf gleicher Ebene, sondern ist ihm untertan und verpflichtet zum Gehorsam" (Weiser z. St.). Vom „erhabenen" Gott, vor dem der Mensch steht, war schon in V. 6a die Rede. Rudolph führt darüber hinaus: Gott erwartet das spezifisch Menschliche, die Selbsthingabe. „Du bietest alles Mögliche aus deinem Besitz an bis hin zum eigenen Kind, nur eines vergißt du anzubieten, nämlich dich selbst!" (Rudolph z. St.). Das „Gute" ist der Inbegriff der göttlichen Forderung. Es wird entfaltet in drei Begriffen, die man möglichst dicht neben- bzw. sogar ineinander denken soll: Recht tun, Güte lieben und „bedachtsam" (Rud.) wandeln vor deinem Gott. Man hat sich also den von Jahwe gegebenen Geboten und Ordnungen zu fügen. Man soll „Güte" „lieben": Freundlichkeit, Gütigkeit, Liebe, sogar der gewinnende Charme ist in dem Wort mitgemeint. Das dritte Wort kann Demut bedeuten, hier also: demütig sein und handeln; die Übersetzungen haben aber, wie Rudolph nachweist, „bereit sein", „vorsichtig sein", „bedacht sein" herausgehört (vgl. Eph. 5,15). Menschenleben vollzieht sich „im Angesicht Gottes", und zwar des Gottes, der sich als „dein" Gott zu erkennen gegeben hat.

Mit der Abgrenzung der Perikope kann man einverstanden sein, freilich nur aus praktischen Gründen. Der gesamte Text würde uns verpflichten, in den VV. 4f. die einzelnen dort genannten Groß- und Wohltaten Gottes zu erläutern, und noch bevor dies geschehen ist, könnte die Predigtgemeinde, ärgerlich über soviel Ballast, abgeschaltet haben. Wir werden aber, was da steht, in der nötigen Auswahl und Vereinfachung in die Predigt aufzunehmen haben. Das Streitgespräch ist ein Ganzes; es hat seine Aussagekraft gerade in der Bewegung. Die vorgestellte äußere Szenerie deutet auf das Gewicht dessen, was hier verhandelt wird. Der ganze Kosmos, angeschaut in den Bergen, Hügeln und Grundfesten der Erde, hat die Geschichte mit angesehen, die sich zwischen Gott und seinem Volk abgespielt hat. Hier ist ein Streit auszutragen. Worum es in diesem Streit geht, können wir mangels Kenntnis der aktuellen Details nur erahnen. In V. 3 kommt es zum Ausdruck: Israel fühlt sich durch seinen Gott „ermüdet", „beschwert", „überfordert"; er ist ein Gott, der mit dem, was sein Volk ihm darbringt, nicht zufrieden ist und immer noch mehr will. Und Gott stellt sich dieser Anklage. Vielleicht kommen zu den als allzu hoch empfundenen Forderungen noch bestimmte Enttäuschungen. Rudolph denkt an die Zeit nach der Reform Hiskias (2. Kön. 18,4), von der man erwartete, daß sie Jahwes Wohlgefallen finden und glückliche Zeiten heraufführen würde. Soviel ist zur Ehre Jahwes geschehen – und noch immer nicht genug? Was ist das für ein Gott, der immer noch mehr verlangt?

Es ist Jahwes Art, daß er nicht fordert, ohne daß seine Menschen begreifen, was er damit will. Deshalb begibt er sich in die für Gott eigentlich unzumutbare Situation, sich von seinem Volk sagen zu lassen, *worin* die Überforderung bestehe. Die Kirche hat aus dem ergreifenden Satz V. 3 die Improperien entwickelt, die am Karfreitag gesungen wurden. „Was habe ich dir getan mein Volk, und womit habe ich dich beleidigt?" Die Menschen, gerade die frommen Menschen, befinden sich im harten Konflikt mit ihrem Gott. Dieser Konflikt kommt in der Kreuzigung Jesu auf seinen Höhepunkt. Warum dieser Unwille, dieser Haß, dieses Aufbegehren, dieses gewaltsame Sich-Vergreifen an Gott? Gott erhebt die vorwurfsvolle Klage gegen die, die sich von ihm belästigt und überfordert fühlen.

Rudolph nimmt an, man habe sich hinter V. 3 eine Pause zu denken: betretenes, verlegenes Schweigen, weil die Herausgeforderten keine Antwort zu geben wissen. Man wird es so sehen, wenn man die Frage V. 3 für eine *echte* Frage hält. Ist es eine *rhetorische* Frage, dann wird ja eine Antwort nicht erwartet, und dann ist es angemessen, wenn Gott seinerseits antwortet. In Bachs Matthäuspassion heißt es: „Er hat uns allen wohlgetan . . ."; das ist sicher nicht nur ein erbaulicher Einfall des Textverfassers, sondern greift auf unsere Stelle zurück. Das murrende Volk übersieht völlig, daß Gott in den klassischen Zeiten seiner Geschichte große Dinge getan hat: Befreiung aus Ägypten – Wüstenzug unter viel Durchhilfe und Bewahrung – die wunderbare Beeinflussung Bileams, der zum Fluchen bestellt war und dann segnen mußte – der erstaunliche, durch Gottes Wunder ermöglichte Durchzug durch den Jordan (Jos. 3). Auf all dem beruht doch Israels Existenz als Volk und Gemeinde! Gott war ja da, hat mit seiner Macht und Güte zu seinem Volk gestanden! Er hat sich in dem allem zu erkennen gegeben – wie könnt ihr das alles vergessen!

Dies ist gewissermaßen die Exposition zu dem, was in den uns aufgegebenen drei Versen zu verhandeln ist. Ihr Verständnis erschließt sich nicht leicht. Man hat darin eine generelle Absage an Kult und Opfer sehen wollen. Hier bietet einer die denkbar größten kultischen Leistungen an, aber Gott will etwas ganz anderes; damit, sagt man, sei alles Kultische erledigt. Wir urteilen heute vorsichtiger. Auch vom Neuen Testament her. Die Opfer sind nicht „abgeschafft", sondern – im doppelten Sinne des Wortes – „aufgehoben". Es ist mit der „sittlichen Religion" nicht so einfach, wie mancher Neuprotestant sich das gedacht hat. Ich meine sogar, wir sollten den neutestamentlichen Ausblick in unsere Predigt einbeziehen, damit wir nicht einem Kurzschluß verfallen.

Von daher könnte man die Predigt so anlegen: *Im Konflikt zwischen Gott und seinem Volk* (1) *die Frage des Betroffenen: Was kann ich geben?*, (2) *die Antwort Gottes: Gib dich selbst!* und (3) *die Aushilfe Jesu: Ich geb mich für euch.*

I.

Man kann die VV. 6f. auf zweierlei Weise verstehen. Wir wollen beide Möglichkeiten durchprobieren.

Hier fragt wirklich ein Betroffener. Zu allem, was er Gott bisher schon schuldig geblieben ist, kommt nun noch die Auflehnung, die sich in dem Streitgespräch darstellt. Man ist unzufrieden mit Gott, und was Gott fordert, ist einem zuviel. Und dabei ist es doch der Gott – wie konnte man das bloß vergessen! –, der sein Volk mit Wohl- und Wundertaten begleitet und gerettet und sich durch einen förmlichen Bund ihm verpflichtet hat. Dem Fragenden ist jetzt „klargeworden, daß man nicht fragen darf: ‚Das und das haben wir getan, was wird uns dafür?‘, sondern: ‚Wir haben offenbar noch nicht genug getan, was bleibt uns zu tun?‘" (Rudolph z. St.). Der Versuch, Gott zur Verantwortung zu ziehen und ihm Vorwürfe zu machen, weil man ihn jetzt nicht versteht, verletzt seine Hoheit und verlangt Sühne, und die Frage ist nun, wie das geschehen kann (nach Rudolph). Der Fragende ist „zur Einsicht seiner Fehler gekommen und bereit . . ., für seine Verkennung Gottes Buße zu tun, um wieder mit Gott in Gemeinschaft zu kommen" (Weiser z. St.). Vom „Gott der Höhe" ist die Rede; hier wird also mit großem Respekt gesprochen. Sich beugen will der Büßende. Er will Gott ganz ernst nehmen. Die Frage: Wie kriege ich einen gnädigen Gott? ist ihm so groß und drängend geworden, daß er die überschwenglichen Angebote macht. Brandopfer – das ist noch im Bereich des Üblichen, wenn auch das aufwendigste der Opfer, die man darzubringen pflegte. Es wurde auch Ganzopfer genannt: das ganze Opfertier ging auf dem Altar in Rauch und Flammen auf. Zuvor hat man ihm die Hände aufgestemmt (Lev. 1,4 – allerdings erst von P bezeugt): Sollte damit die Sünde auf das Tier übertragen werden, oder war es ein Gestus der Selbstidentifikation des Opfernden mit dem Opfertier (von Rad, I, S. 254)? Das Angebot geht weiter: einjährige Kälber will der Mann opfern (vgl. das eingangs Gesagte). Nicht genug: Tausende von Widdern will er darbringen, Zehntausende (!) von Bächen (!) Öls (es wurde nicht nur bei Speiseopfern verwandt, sondern auch den anderen Opfern beigegeben). Und dann „für die eigene Sünde" das Opfer des Erstgeborenen! (In Zeiten der Bedrängnis kam solches vor, daß man ein Kind opferte, aber das galt als heidnisch, 1. Kön. 16,34; 2. Kön. 16,3.) Was Gott dem Abraham erspart hat, das will der vor Gott Erschrockene und von seiner Rede Betroffene auf sich nehmen. Aber es ist ja nur Anfrage! Der um den gnädigen Gott ringende Mensch mag hoffen, daß der Priester, der ihm antworten wird, Glimpflicheres sagt, und das hieße, daß Gott soviel nicht fordern wird. Immerhin: ein ergreifendes Bild eines Menschen – wie viele in Israel würden sich seine Frage wohl zu eigen gemacht haben? –, der den Konflikt mit Gott tief durchlitten hat. Nicht jedem ist es gegeben, die Frage nach dem Frieden mit Gott so tief zu stellen. Wir neigen zumeist dazu, von Gott viel mehr zu verlangen, als wir ihm geben, und seine Großzügigkeit – von Gnade wäre dabei ja schon nicht mehr zu reden – als das von ihm Geschuldete anzusehen. Noch mehr: es reicht bis tief in die Theologie hinein, die Notwendigkeit eines sühnenden, den objektiven Konfliktstoff aus der Welt schaffenden, also die Last unserer Schuld wirklich beseitigenden Geschehens zu bestreiten. Ist Gott Liebe, sagt man, dann bedürfe es nicht mehr des Kreuzes zur Versöhnung für unsere Sünden, und dann kann das Kreuz eigentlich nur noch demonstrative Bedeutung haben. Hier, in diesem erschütternden Angebot, ist anders gedacht, und man erkennt das Verlangen nach Heilsgewißheit; wer sie sehnsüchtig begehrt, hat sie noch nicht. „Womit soll ich vor den Herrn treten?"

Es wurde soeben versucht, das *eine* mögliche Verständnis der Stelle zu verdolmetschen, bis in die – unbestreitbar gültigen – geistlichen und theologischen Hintergründe hinein. Ich muß

dennoch gestehen, daß mich die Deutung nicht recht überzeugt. Ich vermag noch nicht
recht einzusehen, daß diese aufgeregten Fragen aus der Bußhaltung dessen kommen, der
durch Gottes Vorhaltungen bereits überwunden ist und kapituliert hat. Es könnte sein,
daß der Mann weiterkämpft. Wie lautete der Vorwurf gegen Gott (V. 3)? Du hast uns
müde gemacht, du hast mehr verlangt, als man leisten kann! Wenn du, Gott, das nicht
einsiehst, dann kann ich nur fragen: Was soll ich denn noch alles leisten? Wann wirst du
unersättlicher Gott endlich befriedigt sein? Man achte auf die dreimalige Fragepartikel ה
(VV. 6b.7a.7b). Wohl kann sie die Frage einleiten, auf die keine bestimmte Antwort
erwartet wird. Aber sie kann auch darauf deuten, daß man auf eine verneinende Antwort
aus ist. „Soll ich etwa meines Bruders Hüter sein?" (Gen. 4,9). „Wird ein Toter etwa wieder aufleben?" (Hiob 14,14). Man kann dasselbe mit einer solchen Etwa-Frage (2. Sam.
7,5) oder auch mit direkter Verneinung (1. Chron. 17,4) sagen. Das hieße in unserm Falle:
„Soll ich etwa mit Brandopfern vor ihn treten . . ., oder hat er vielleicht gar Gefallen an
Tausenden von Widdern, an Zehntausenden von Strömen Öls? Oder soll ich am Ende
(auch dies für ה) meinen Erstgeborenen hingeben für Sünde, von der ich noch nicht einmal *weiß* (s. o.)?" Daß hier der Unterton des Unmuts mitschwingt, hat auch Rudolph
empfunden. Ich meine, dieser Unmut kennzeichnet die ganze Stelle. So fragt man im
Zorn, in der Auflehnung. Hier soll die Forderung Gottes ad absurdum geführt werden.
Soll man sagen: „Der Frager ist ganz im kultischen Denken befangen" (Rudolph)? Ja,
schon; er sieht gar nicht, daß es eine andere Weise der Hingabe an Gott geben könnte als
die im Opferdienst sich darstellende. Nur: er bejaht den Opferdienst nicht, sondern stellt
in seinen Fragen dessen ganze Sinnlosigkeit heraus, oder vorsichtiger: die Untragbarkeit
weitergehender Forderungen Jahwes. Doch, doch: du, Gott, machst uns müde, machst
uns „fertig" mit deinen maßlosen Ansprüchen.
Die beiden vorgeführten Deutungen gehen, wie es scheint, extrem weit auseinander. Doch
dem ist gar nicht so. Bei der ersten Deutung findet sich der Fragende in seinem ungestill-
ten Verlangen nach Frieden mit Gott und nach Heilsgewißheit an der Grenze der Verzweiflung (denn anders kann man die überschwenglichen Angebote nicht verstehen).
Hier, bei der zweiten Auslegung stellt einer seine (nur mehr rhetorischen) Fragen aus der
Verzweiflung heraus und darum in grotesker Übertreibung. Aus der Betroffenheit heraus
redet der Fragende in dem einen wie im anderen Falle, denn er spricht aus der Anfechtung. Wenn hier „Kultkritik" vorliegt, dann so, daß der Kult nicht von außen her abgelehnt wird, sondern so, daß er als Heilsmittel von innen her zweifelhaft oder gar unmöglich wird. Von innen her, das heißt aber, es geht gar nicht um miteinander konkurrierende Auffassungen über das, was zwischen Gott und seinen Menschen geschehen soll,
sondern es geht um einen in konkreter Situation auszutragenden Konflikt. Wie soll es
nun weitergehen zwischen Gott und seinem Volke?

2.

Ihr seid müde? Es wird euch zu schwer? Ihr fragt: was denn *nun* noch? Ihr blickt in ganz
falsche Richtung. Ich, euer Gott, erwarte von euch etwas ganz Einfaches. Ihr wißt es
längst. Vom Bundesschluß her – ihr vergeßt doch diese grundlegende Tatsache nicht?
– wißt ihr, was gut ist. Euch sind die Gebote mitgegeben. Damals schon hieß es: „Ihr habt
gesehen, was ich mit den Ägyptern getan habe und wie ich euch getragen habe auf Adlers-
flügeln und euch zu mir gebracht. Werdet ihr nun meiner Stimme gehorchen und meinen
Bund halten, so sollt ihr mein Eigentum sein vor allen Völkern" (Exod. 19,4f.). Das erste
habe ich euch soeben wieder gesagt (VV. 4f.) – das zweite ergibt sich fast von selbst. – Nach
den aufgeregten Fragen antwortet der Prophet – in Jahwes Auftrag (V. 1) – mit

großer Ruhe und in großer Entspanntheit. Die Antwort selbst wirkt entspannend. Was Gott will, ist etwas so Einfaches. Das Gute – aufgefächert in das Dreieine: Recht tun, Güte lieben, bedachtsam wandeln mit Gott.

„Es ist dir gesagt . . .“ Ich sah ein Stück, in dem es an einer Stelle hieß: „Wer weiß denn heute überhaupt, was normal ist?“ Das Stück spielte in Kanada; die Frage könnte in anderen Ländern ebenso gestellt werden. Gebote und Ordnungen sind zeit- und situationsgebunden, also variabel. Wir sollten uns dagegen nicht von vornherein sträuben. Gebote und Verhaltensregeln, die einem Nomadenstamm gegeben wurden, eignen sich nicht in jedem Falle für die Industriegesellschaft und für das Atomzeitalter. Die Ethik steht ständig vor neuen Fragen und Aufgaben. Was „gut“ ist, bleibt immer neu zu fragen. Nicht: neu zu erfinden. Bei allen neuen – z. T. sogar unlösbaren – Problemen: wir *wissen* um das Gute. Wir dispensieren uns nicht selten davon mit allerlei scharfsinnigen Begründungen und Ausflüchten. Aber wir wissen es. Der Dekalog stellt uns, wenn es um die Konkretisierung geht, vor immer neue Aufgaben. Aber es geht eben nicht darum, neue Normen zu finden, sondern die alte Norm so durchzukonjugieren, daß sie in der neuen Situation und Problemlage zum Tragen kommt. Dabei dürfen wir uns gegenseitig große Freiheit zugestehen, wenn wir nur miteinander darin eins sind, daß wir – jeder an seinem Ort – dem Gott dienen, der uns als Schöpfer und Herr in die Verantwortung ruft.

So ist auch, was hier gesagt ist, sehr summarisch gehalten. Wir versuchen, die drei Ausfaltungen des „Guten“ der Reihe nach besonders anzuschauen. *Recht tun*: Hier geht es um die übergreifenden Ordnungen, in denen Gemeinschaftsleben verfaßt ist. Übrigens: das Kultische ist eingeschlossen; das Recht „ist das Fundament des Kultus, von dem aus sich alles weitere ergab“ (von Rad, ThAT I, S. 241). Aber wir denken natürlich vor allem an die den Alltag bestimmenden Grundsätze unseres Zusammenlebens. Das Recht ordnet, bewahrt, schützt das Ganze. Es ist, als *Gottes* Recht, allem unserem Ordnen vorgegeben. Ich versündige mich am Grundsatz der Rechtlichkeit, wenn ich mein Gebundensein an das Ganze und sein Wohl eigensüchtig durchbreche, so daß Staat, Gesellschaft, Betrieb, Familie (usw.) Schaden leiden. Das Recht wird mißbraucht, wo es zum Mittel wird für die Durchsetzung bestimmter eigensüchtiger Interessen und wo es zur taktischen Waffe wird. Es wird verletzt, wo einer Nutznießer der Arbeit des andern wird, wo einer des anderen Rechte zu seinen eigenen Gunsten schmälert, seine Sicherheit und sein Glück gefährdet, ihm seinen Lebensraum streitig macht. Wir könnten so fortfahren; es sollte nur gezeigt werden, daß es sehr wohl Grundsätze gibt, die wir „wissen“ und die es in situationsgerechter Weise zu handhaben gilt. Man könnte und müßte es vielleicht noch am Thema Ehe exemplifizieren. Die Ehe wandelt ihre Gestalt. Es muß unter uns nicht so zugehen wie vor hundert Jahren. Was bei allem Gestaltwandel bleiben muß – und sich in jeder neuen Situation auch neu Gestalt verschaffen müßte – wäre dies, daß in der Ehe das Biologisch-Naturhafte und das Personale – und darin liegt das spezifisch Menschliche – sich gegenseitig durchdringen müssen. Die Ganzheitlichkeit der gegenseitigen Hingabe ist auf Dauer und Verantwortlichkeit angelegt. Wem die Liebe nur Triebbefriedigung und Abenteuer ist, der verschleudert das Tiefste und Schönste, was der Schöpfer dem Menschen in seiner Differenzierung als Mann und Frau mitgegeben hat. Er verleugnet die Verantwortung, die er für den Partner übernimmt – und für das (mögliche) Kind, das nicht allein den Sinn der Ehe ergibt, das aber aus der Ordnung Ehe nicht grundsätzlich ausgeschlossen sein darf. „Es ist dir gesagt.“ Mit der Auflösung dessen, was Gott uns hier mitgegeben hat, machen wir einander nur unglücklich.

Güte lieben: Die Spielbreite des Wortes חֶסֶד gibt uns allerlei Fingerzeige. Korrektheit im Rechtlichen allein brächte uns wiederum ums spezifisch Menschliche. Der Ort der Güte ist das Herz. Hier entspricht man nicht nur den festgelegten Pflichten. Man bringt Liebe ins zwischenmenschliche Leben, Verstehen, Herzlichkeit, Erbarmen, Anteilnahme, Fröhlichkeit. Wir sind verschieden geartet; dem einen fällt es leichter, Güte auszustrahlen, als dem andern. Manchem gelingt es leicht, einen traurigen Menschen fröhlich zu machen, einen verhärteten Menschen aufzuschließen, einen Müden zu ermuntern. Aber es wird viel auf die Einstellung ankommen, mit der ich den anderen ansehe. Begegne ich, auf meine eigene Geltung und auf meinen Erfolg bedacht, dem anderen nur mit Kritik, spüre ich mit den Augen eines Detektivs die dunklen oder schwachen Punkte in seiner Lebensführung und in seinem Wesen auf, dann kann ich ihm auch nicht mit Güte begegnen. „Gutes von ihm reden und alles zum Besten kehren", sagt Luther; man füge hinzu: Gutes von ihm *denken*. Mancher Mensch blüht auf, wenn ihm Güte begegnet. Wir haben sie so nötig in unserm hastigen, nervösen, vom Erfolgszwang und vom Tempo in Unruhe gehaltenen Leben.

Achtsam sein vor Gott: Die Demut vor Gott ist eingeschlossen. Aber wenn wir die eingangs angegebenen Übersetzungsäquivalente mitbedenken, wird alles noch plastischer. Für Gott „bereit sein" – hörfähig, aufmerksam, ansprechbar; willig, ihn liebzuhaben und ihn zu ehren und zu erfreuen. „Vorsichtig sein" – sorgfältig im Bedenken dessen, was aus dem soeben Anstehenden wird und wie es sich in näherer oder ferner Zukunft auswirken wird. „Bedacht sein" – die Dinge vor ihm und mit ihm zusammen (Gebet) überlegen und sich seine Weisung und seinen Rat gefallen lassen. Eine schöne Beschreibung unserer Coram-Deo-Situation.

Das Eigentliche, worauf es im Zusammenhang des Textes ankommt, was das soeben Ausgeführte summarisch einschließt und von uns auch in die Schlagzeile dieses Abschnittes genommen wurde: Gib dich selbst! Gott will nicht Kälber und Widder oder Ströme von Öl – er will *uns*. Nach all seiner Zuwendung, seiner Führung, seinem Schenken und Retten (VV. 4f.) will er *uns selbst*. Opfer sind sowieso immer nur Ersatzleistungen. Paulus hat es erfaßt: „Gebt eure Leiber zum Opfer, das da lebendig, heilig und Gott wohlgefällig sei. Das sei euer vernünftiger Gottesdienst" (Röm. 12,1). Was soll ich geben? Da hast du *mich*.

3.

Nach dem Text könnte unsere Predigt hier zu Ende sein und damit auch die homiletische Auslegung. Wir fügen dennoch eine abschließende Besinnung hinzu. Man könnte sagen: es ist jetzt alles ganz wunderbar *einfach* geworden. Du weißt, was gut ist – also tu es doch! Gott will dich haben – also gib dich doch! Auf den gelebten Gehorsam kommt es an – also leiste ihn doch! Ist es mit Gottes Anspruch an uns wirklich einfacher geworden? Man könnte mit gutem Grunde genau das Gegenteil behaupten. Bestimmte definierbare und registrierbare religiöse Verpflichtungen kann man erfüllen. Ein Kalb aus dem Stalle holen, das tut weh, gewiß; aber Gott will es so, und es stehen noch mehr Kälber im Stall. Man bringt das Opfer dar, die Leistung kann (wie man gern sagt) „abgehakt" werden. Das, was Gott wirklich von uns erwartet, die Hingabe unser selbst, ist hingegen nicht dingfest zu machen. Und wer sich kennt, weiß, daß er sich auf seine „reine Innerlichkeit" durchaus nicht verlassen kann. Lebten wir alle nach V. 8, dann wäre die Welt heute schon ein Paradies. Sie ist es nicht. Auch das Leben mitten in der christlichen Gemeinde ist nicht paradiesisch. Dieselben Skrupel, die der Fragende in seinem Herzen bewegte und die bei ihm zum verzweifelt weitgehenden Angebot wurden, müssen uns auch beim „Opfer" des Alltags umtreiben. Wenn Gott uns wirklich *hätte*!

Sagen wir abermals: du „überlastest" uns (V. 3)? Oder meinen wir heimlich, die Hingabe unser selbst sei ja weniger zu kontrollieren und darum nicht zu schwerzunehmen wie die kultischen Leistungen? Es muß bei uns nicht so dramatisch zugehen wie bei unserm „Betroffenen" nach der zweiten Auslegungsweise, aber es könnte wohl sein, wir haben uns heimlich längst auf ähnliche Fragen eingestellt. „Was will er denn nun noch?" Ist die Erwartung der ganzen Hingabe an Gott nicht überzogen? Wer schafft denn das in dieser Welt? – Wir wollen mit Überlegungen dieser Art nur dies sagen, daß niemand auf den Gedanken komme, mit dem „Rezept" von V. 8 sei die Möglichkeit einer – nun reden wir abkürzend in gewohnter theologischer Sprache – „eigenen Gerechtigkeit" behauptet und aufgewiesen.

Vergessen werden darf nicht, daß V. 8 sich aus VV. 4f. ergibt. Dies alles habt ihr mit eurem Gott erlebt – daraus folgt eure Bindung an ihn. Der Text schließt mit: „vor deinem Gott" – in dem „deinen" steckt das Evangelium. Mose, Aaron, Mirjam, Bileam – ist die Reihe damit zu Ende? Wir predigen der Gemeinde Jesu Christi. Zu den Großtaten Gottes gehört, was *er* getan hat. Zielen wir sofort in die Mitte: Er hat die Sünder angenommen, also gerade die, denen ihr Leben *nicht* gelungen ist. Wir könnten es schön am alten Evangelium des Sonntags verdeutlichen. Empfangene Gnade verpflichtet, aber sie macht sich auch nicht überflüssig.

Wir müssen es nun doch noch etwas spezialisieren, was sich aus unserer Christuserfahrung für das Textverständnis ergibt. Die alttestamentlichen Opfer sind nicht abgeschafft, sagten wir, sondern „aufgehoben", in Christi Opfer. Mit dem Stichwort „Kultkritik" werden wir dem Sachverhalt nicht gerecht. Wer hier nicht mitgehen will, lese, bitte, was von Rad (I, S. 261ff.) über die Opfer in der Priesterschrift schreibt. Ein Kernsatz: Nicht Jahwe ist der Empfänger der Sühne, sondern Israel (a. a. O., S. 269). Es könnte jemand unserm Text entnehmen wollen, alles Opferwesen sei ein einziger großer Irrtum; Gott sei auf ganz anderes aus. Es ist anders. Die alttestamentlichen Opfer sind „Schatten" des einen großen Opfers, von dem wir alle leben (Hebr. 10,1). Jesus sagt: Ich gebe mich für euch. Daraus entsteht für uns die neue Situation vor Gott, und darauf beruht unser „vernünftiger Gottesdienst". „Soll ich meinen Erstgeborenen . . . geben?" Der Vater im Himmel hat seinen Eingeborenen geopfert. So ernst nimmt Gott sich selbst und uns.

23. Sonntag nach Trinitatis. Matth. 5,33–37

Die vierte Antithese der Bergpredigt, im Unterschied zur dritten, fünften und sechsten ohne Lukas-Parallele, also nicht aus Q stammend. Auffällige Nähe zu Jak. 5,12. Dort nicht antithetische Form; Jakobus schöpft also nicht aus Matthäus, sondern verfügt über eigene Überlieferung. Die einfachere, „ethisch reinere" Form dürfte für die Priorität des Jak. sprechen (M. Dibelius, auch J. Schneider im ThWNT V, S. 182). Dann könnte die antithetische Gestalt in der Bergpredigt von Matthäus stammen, vielleicht in Nachbildung der auf Jesus zurückgehenden (so L. Goppelt, ThNT I, S. 150) anderen Antithesen.

Sachlich verwandte kritische Stellungnahmen zum Eid auch bei den Pythagoreern, bei Epiktet, bei Philo, in jüdischer Weisheitsliteratur, in der Gemeinschaft von Qumran. Im Unterschied zu den ersten beiden Antithesen geht diese nicht unmittelbar von einem Gebot des Dekalogs aus, sondern kombiniert andere Vorschriften der Tora mit Aussagen schriftgelehrter Diskussion. Es handelt sich offenbar um „eine lose Sammlung von Beispielen, deren gemeinsame Basis von relativ allgemeiner Art zu sein scheint" (W. Trilling, Das wahre Israel, 1959, S. 184, zustimmend Grdm. z. St.).

V. 33: Einleitungsformel in vollem Wortlaut wie V. 21 (abgekürzte Form: VV. 27.31.38.43), es scheint (noch durch πάλιν abgehoben) ein zweiter Abschnitt der Antithesen zu beginnen. Bei den „Alten" dürfte an die am Sinai vor Gott stehende Generation gedacht sein (ἐρρέθη ist Passivum divinum). Auch Lev. 19,12 wird auf die Mosezeit zurückgeführt, ist also Gottes eigenes Wort: „Ihr sollt nicht falsch schwören." Da es dabei um die Wahrung der Heiligkeit des Gottesnamens geht, ist V. 33 dem zweiten Gebot am nächsten; auch das achte Gebot ist berührt. In der Bezugnahme auf Num. 30,3 ist an eidlich bekräftigte Gelübde gedacht, vgl. auch Deut. 23,22–24. In Israel wurde viel geschworen. –

V. 34: Jesus lehnt jegliches Schwören ab, nicht nur den Gelübdeeid (wie man gemeint hat, vgl.
ThWNT V, S. 178), auch nicht nur das gedankenlose Allzuviel beim Schwören. Jesus selbst sagt
allerdings vor Gericht unter Eid aus (26,63f.). Der Eid ruft eigentlich Gott als Zeugen an. Die Scheu,
seinen Namen auszusprechen, läßt Ausweichformeln entstehen und erzeugt eine kleinliche Kasuistik
(23,16–22). Hier und in V. 35 weist Jesus darauf hin, daß solches Ausweichen sinnlos ist: in jedem
Falle ist Gott in das Geschehen hereingezogen; in jedem Falle kann sein Name mißbraucht werden;
in jedem Falle ist Gott ohnehin präsent. – V. 36: Wie der Mensch Gottes nicht mächtig ist, so ist er
auch seiner selbst nicht mächtig. Ist der Eid als Selbstverfluchung für den Fall der Unwahrhaftigkeit
verstanden, so muß der Mensch wissen, daß damit Gott das Herrenrecht genommen wird. Denn
kann der Mensch schon sein Haar nicht weiß oder schwarz machen (man verstand es damals, das
Haar zu färben, doch dies ist hier natürlich nicht im Blick), dann kann er viel weniger über Bestand
und Ende seines Lebens verfügen. – V. 37: Es scheint, daß Jesus an die Stelle des Schwörens das einfache Ja oder Nein setzen will (Jak. 5,12). Die Verdoppelung fällt freilich auf. Das slavische Henochbuch (49,1) sagt: „Laß sie mit einem Wort schwören Ja Ja oder Nein Nein." Schniewind vertritt die
Meinung, Jesus meine mit der Verdoppelung doch den Schwur. Die Wahrheit dürfte darin liegen,
daß Jesus sagen will: ohne jede eidliche Bekräftigung soll das Wort des Christen die Verbindlichkeit
eines Schwures haben. Daß (bzw. wenn) darüber hinaus eine Bekräftigung nötig ist, dann ist dies
Konzession an die sündige Welt.

Vom Umgang des Christen mit der Wahrheit ist zu reden. Die Sprache ist das Besondere
am Menschen. Da Tiere und Pflanzen nicht sprechen können, können sie auch nicht lügen. Indem der Mensch Wahrheit verdirbt, verschleiert, entstellt, verdreht (usw.), sündigt
er an seinem Besten. Er vergeht sich damit zugleich am Mitmenschen. Denn wenn man
lügt, lügt man ja nicht „nur so", ins Blaue hinein – wie man sich ein Liedchen pfeift –,
sondern in der Absicht zu täuschen, irrezuführen. Lüge unteriniert Gemeinschaft, zerstört sie. Behaupten, was nicht ist; abstreiten, was ist; Richtiges nur halb sagen und damit
ein falsches Bild von den Dingen entwerfen; Wahrheit frisieren; falschen Schein erwek-
ken: wenn bei jeder solcher Verletzung der Wahrheit eine Sirene aufheulte, was gäbe das
für ein Konzert! Dabei haben Lügen bekanntlich kurze Beine. Niemand gewinnt auf die
Dauer etwas durch Unwahrhaftigkeit. Einmal kommt es heraus, und dann hat der Lügner
das Vertrauen verspielt, das andere ihm bisher entgegengebracht haben und das er für ein
gesundes Leben braucht. Das gilt im persönlichen Leben des einzelnen ebenso wie in Gesellschaft und Politik. Als Voraussetzung des Friedens ist Vertrauen nötig, hinüber und
herüber. Alles, was es dem andern schwer macht, Vertrauen zu haben, mehrt die Gefahr
der Menschheitskatastrophe; hierher gehört nicht *nur* der korrekte Umgang mit der
Wahrheit, aber er ist für das „Klima" von großer Bedeutung. Der Moralprediger hat an
diesem Thema viel Stoff.

Aber nun ist vom Umgang mit der Wahrheit aufgrund der *Bergpredigt* zu sprechen. Man
hat ihr erhabenes Ethos gepriesen – nicht selten mit dem Unterton: endlich einmal nicht
„Dogmatik", sondern das Einsehbare, das man bejahen kann und muß, also etwa: „die
bessere Gerechtigkeit". – im Vorwort wurde schon darauf hingewiesen, daß der dieses
Stichwort enthaltende Text (5,20) in der Perikopenreihe, ja leider sogar in der ganzen
PTO, nicht vorkommt. Von den eindrucksvollen Antithesen aus Kap. 5 sind außer unserm Text nur die VV. 38–48 in sie eingegangen (Reihe I, 21. S. n. Trin.), nicht jedoch
Abschnitte wie VV. 21ff. und VV. 27ff., an denen sich die Problematik der Bergpredigt
m. E. noch leichter hätte aufzeigen lassen. Immerhin: sie wird auch an diesem Text
erkennbar. Ein der pharisäischen Gesetzlichkeit überlegenes Ethos? Das wäre nicht falsch
gedacht, ginge aber am Eigentlichen vorbei. Schon darum, weil, wer Jesu Wort ernst
nimmt, sehr schnell daran scheitert. Jesus deckt die Wurzeln unseres Denkens, Wollens,
Tuns und Lassens auf. Wer sich ihm stellt, begreift sehr schnell, daß es nicht damit getan
sein kann, statt der religiösen Moral der Zeitgenossen Jesu ein besseres Reglement für
christliches Handeln aufzustellen. Wer so ist, wie *ich* bin, kommt mit der Bergpredigt

nicht durch den einfachen Entschluß zurecht, es künftig besser zu machen, eben so, wie
der Bergprediger es sagt. Es ist leicht zu sehen: in jedem Schwur, der verlangt oder geleistet wird, verbirgt sich das Eingeständnis: normalerweise kann man der Wahrhaftigkeit
des Redenden nicht sicher sein. Was wollen unsere Beteuerungsformeln, wie immer sie
aussehen mögen? Sie wollen sagen: Diesmal – ja, diesmal – kannst du mir Glauben
schenken. – Und wie soll, wie kann es anders werden? Es bedarf nichts weniger als des
neuen Menschen. Man müßte zu einem Menschen geworden sein, der „dem Lichte zugehörig ist" – und zu den „Früchten", die das Licht entstehen läßt, gehört neben Gütigkeit
und Gerechtigkeit eben – die Wahrheit (Eph. 5,9). Der neue Mensch ist eigentlich und
vom Ursprung her: *Jesus*. Die Bergpredigt ist nicht ein Traktat, der ein neues mit
menschlichen Mitteln und aus menschlichem Willen zu realisierendes höheres Ethos entwickelt, sondern Predigt vom Reiche Gottes, das durch und in Jesus Christus Wirklichkeit wird. Der eben noch froh war, der „Dogmatik" entronnen zu sein, wird von ihr wieder eingeholt. Um es auch schon an dieser Stelle zu sagen: die Bergpredigt verkündigt
nicht nur den in Christus geschaffenen neuen Menschen, sondern zugleich die von ihm
initiierte *neue* (eschatologische) *Welt*. Man kann die Ethik der Bergpredigt nicht in die
bestehende Welt hinein-realisieren, wie man einen Betrieb auf eine neue Weise der Fertigung umstellt. Die Wahrheit, der der Christ verpflichtet ist, nein: die in der Präsenz
Christi in ihm Raum gewinnt, kann in der Welt, wie sie ist, nur wirksam werden im
Sinne des Durchbruchs, des zeichenhaften Anfangs, der „Demonstration". (E. Thurneysen hat in seiner aufschlußreichen Schrift „Die Bergpredigt", München 1936, nicht
nur die konsequent christologische Auslegung der Bergpredigt vertreten, sondern auch
den Barthschen Begriff der „Demonstration" aufgegriffen.)
Diese Überlegungen sollten mindestens stillschweigend mitlaufen, wenn wir uns nun dem
Text selbst zuwenden. Was er will, könnte man – in gewollter Zuspitzung – so thematisie-
ren: *Die Herrschaft Christi in unserem Reden*: (1) *Nicht schwören, denn wir sind Gottes
nicht mächtig*. (2) *Nur noch schwören, denn Gott ist allezeit da*.

I.

Der Eid soll die Wahrheit einer Aussage sichern, indem man sich selbst verflucht für den
Fall, daß die Aussage unwahr ist. Die Sanktion wird von Gott erwartet, den man als Zeu-
gen anruft und dessen Gericht man erwartet, wenn man meineidig ist. Beim „weltlichen"
Eid liegt die Bekräftigung der Aussage nur darin, daß man verschärfte strafrechtliche Ver-
folgung der falschen Aussage ins Auge faßt. Schwört man bei Gott, zieht man sein
Gericht auf sich.
Man unterscheidet promissorische (Amtseid, Fahneneid, Gelübde) und assertorische Eide
(Bekräftigung von Aussagen über Sachverhalte). „Den Zeugeneid zur Bekräftigung einer
Aussage vor Gericht kennt weder das biblische noch das talmudische Recht"
(ThWNT V, S. 461). Aber der Angeklagte konnte selbst unter Eid vernommen werden
(26,63). Fehlten Zeugen, so konnte er seine Unschuld durch einen „Reinigungseid"
beschwören (Exod. 22,8.10). Soviel zum historischen Sachverhalt.
Wie bei den vorangehenden Antithesen, geht Jesus vom geltenden Recht aus. Nicht töten,
nicht ehebrechen, nicht falsch schwören. Dem geltenden Recht muß und kann auch entsprochen werden. Wer es übertritt, hat Strafe zu gewärtigen. Der Richter geht vom nachweisbaren Tatbestand aus. Kam es nicht zum Mord, zum massiven Ehebruch, zum
Meineid, wird niemand belangt; was nur in der Tiefe eines Menschenherzens vorgeht, ist
nicht Gegenstand strafrechtlicher Verfolgung. In dem, was „den Alten gesagt" ist, handelt
es sich um „vollstreckbares Recht" (L. Goppelt, a. a. O., S. 151). Man darf nicht falsch

schwören, so verlangt es Gottes Gesetz. Im alten Israel wurde die Gültigkeit des Eides sehr ernst genommen. Propheten klagen über Verfall der Eidesethik (Jer. 5,2; 7,9; Sach. 5,3f.; Mal. 3,5). Daß die Menschen das Gesetz halten, kann und muß aber insoweit erwartet werden.

„Ich aber sage euch" – Jesus widerspricht dem bisher Selbstverständlichen. Man muß sich zunächst klarmachen, was es bedeutet, wenn einer in jüdischer Umwelt sich vom Überlieferten distanziert, das doch, wie er selbst zum Ausdruck bringt, auf *Gott* zurückgeht („es *wurde* gesagt"). Hier wird also nicht zurückgefragt: „Was steht im Gesetz, wie liesest du?" (Luk. 10,26) und dann auf dem Boden der Tradition weitergefragt. Hier wird in kühnster Weise Neues proklamiert. Jesu Gebot: „Überhaupt nicht schwören."

Wir hätten, was hier vor sich geht, völlig mißverstanden, wenn wir darin einfach ein neues Gesetz sähen und – wie diese oder jene christliche Sekte – den im öffentlichen Leben verlangten Eid ablehnten. Wir sahen: Jesus selbst hat in seinem Prozeß unter Eid ausgesagt. Er weiß ja, daß er und seine Gemeinde sich noch im alten Äon befinden, in dem das Gesetz Gottes gilt. Das geltende Recht, mit dem Gott selbst das in der Welt wirksame Böse niederhält, setzt das Böse als grundsätzlich nicht zu beseitigende *Gegebenheit* voraus (Goppelt ebd.). Insofern ist, was über das Ja-Ja, Nein-Nein hinausgeht, tatsächlich „vom Bösen" (V. 37); lebten wir nicht in einer von der Sünde gezeichneten Welt, wäre (u. a.) das Schwören vor Gericht nicht nötig. Wir sagten schon: wer einen Eid fordert und wer ihn leistet, gesteht damit ein, daß wir in einer Welt leben, in der man das bloße, unbekräftigte Wort nicht zur Grundlage von schwerwiegenden Entscheidungen machen kann. „Geschworen wird, weil die Lüge eine Gegebenheit ist" (Goppelt ebd.). „Alle Menschen sind Lügner" (Ps. 116,11). So ist der Eid ein Symptom des Status corruptionis der Welt. „Ihr, die ihr arg seid", sagt Jesus ohne jeden Beweis, weil es für ihn eines Beweises dafür nicht bedarf (7,11). Bei jedem Eid müßte es uns einen Stich durchs Herz geben: wer sind wir, in welcher Welt leben wir? Jesus weiß, daß wir uns dieser Welt, wie sie ist, nicht entziehen können. Aber – und dies steht auf einem anderen Blatt, dem eigentlichen, auf das Jesus schreibt – Jesus findet sich mit dem sündigen und darum heillosen Zustand der Welt nicht ab. Er verkündigt das kommende Reich Gottes. In seiner Person ist es – verborgen noch unter den Daseinsmerkmalen der alten Welt – schon da.

„Das mosaische Gesetz war darauf bedacht, die Heiligkeit des Eides zu wahren: es sollten keine falschen Eide geschworen und die geleisteten Eide und Gelübde gehalten werden. Jesus richtet als der neue messianische Gesetzgeber eine neue Ordnung auf. In der durch das Reich Gottes bestimmten Lebensordnung hat der Eid keinen Raum mehr. Er hat nur da einen Sinn, wo die Wahrhaftigkeit der Menschen in Frage gestellt ist. Als Bürger und Künder des Reiches Gottes hat Jesus nicht den Mißbrauch des Eides angegriffen, sondern den Eid überhaupt verneint. Die radikale Stellung Jesu zum Eid erklärt sich also aus seiner Reichs-Gottes-Predigt" (J. Schneider in ThWNT V, S. 178). So geht also mit der einstweilen noch nötigen Kompromißhaltung – der alte Äon ist noch nicht aufgehoben – eine radikale Bestreitung der bestehenden Welt einher und die demonstrative Durchbrechung des Bestehenden darin, daß Menschen in der Nachfolge Jesu nicht mehr schwören.

Ginge es Jesus nur um eine Einschärfung des achten Gebots, könnten wir jetzt schon zum zweiten Gedankenkomplex weitergehen. Aber unser Abschnitt greift in seiner Begründung auf das zweite Gebot zurück: Heiligung des Namens Gottes, Absage an allen Mißbrauch dieses heiligen Namens. Der Eid stellt demnach nicht nur eine peinliche – leider unvermeidliche – Selbstbezichtigung des sündigen Menschen dar, sondern auch ein Sich-Vergreifen am Namen Gottes. Jesu Verbot des Eides ist von daher inhaltlich begründet. „Geheiligt werde dein Name" – das gehört notwendig zu „Dein Reich komme" und „Dein Wille geschehe".

Das Judentum der Zeit Jesu hat ein Gespür dafür gehabt, daß Gottes Name nicht durch gedankenlosen oder gar frevelhaften Gebrauch entwertet werden darf. Man vermied es, ihn
auszusprechen. Das Tetragramm kam nur noch im Geschriebenen vor. Man sagte „Himmel" oder „Kraft" oder „der Name" oder „die Weisheit" – und meinte Gott. Dennoch:
geschworen wurde viel; es war „verbreitet . . ., alle möglichen Äußerungen mit einem
Schwur zu bekräftigen" (Schneider, a. a. O., S. 183). Auch beim Schwören vermied man den
Namen Gottes. Geschworen wurde „beim Gold des Tempels" und „beim Opfer" (vgl.
23,16–22), „beim Himmel" und „bei der Erde" (unser Text), „beim Bunde", „bei der
Tora", „beim Tempeldienst", „bei Mose" (Schneider ebd.). Man entwickelte sogar eine
umständliche Kasuistik (nochmals 23,16ff.). Schwüre beim Tempel oder Altar galten als
verbindlich, aber „wer sagt ‚Jerusalem', hat überhaupt nichts gesagt" (Str.–B. I, S. 931).
Jesus dazu: Solches Ausweichen bringt überhaupt nichts ein. Nicht schwören! Zwar
bedient sich Jesus selbst – in Anpassung an seine Zeitgenossen – nicht selten der Umschreibung des Gottesnamens (Zusammenstellung bei J. Jeremias, Ntl. Th. I, S. 20f.), wie
wir sahen, sogar in unserem Text (V. 33). Man darf aber doch nicht übersehen, daß man
auch mit dem umschreibenden Ausdruck an der gemeinten Wirklichkeit dran ist! Der
Himmel – Gottes Thron. Die Erde – seine Fußbank. Jerusalem – des großen Königs Stadt
(„großer König" ist übrigens wieder eine solche Umschreibung, nach Ps. 48,3). Schon: der
„Name" soll unantastbar sein; aber doch nur, weil im Namen die *Wirklichkeit* Gottes
gegenwärtig ist. Man ist auch mit der Umschreibung an Gott „dran"! Es kommt doch
darauf an, in welchem Sinne, in welcher Meinung und Einstellung man von Gott redet.
Eine Inflation der Umschreibungen kommt auf dasselbe hinaus wie ein allzu häufiger und
darum gedankenloser Gebrauch des Namens selbst. Es ist auf keinen Fall in Jesu Sinn,
daß wir Gottes Namen entwerten, indem wir ihn – schwörend, ihn zum Zeugen anrufend
oder über ihn palavernd – dauernd im Munde führen.
Aber der eigentliche Nerv des Einspruchs Jesu gegen die gängige Eidespraxis dürfte noch
an anderer Stelle liegen. Es ist ein unerhörtes Wagnis, Gott herbeizurufen, daß er Zeuge
sei für das, was wir bekräftigen wollen. Jedesmal, wenn wir das tun, verfügen wir über
ihn. Er muß uns, wenn wir ihn brauchen, zu Diensten sein – aber nun nicht so, daß wir
„ihn in allen Nöten anrufen" und uns in seine Hand geben, sondern so, daß er genötigt
wird, uns zu verteidigen und zu bekräftigen.
Eide sind „Übergriffe in die Sphäre der Majestät Gottes" (Bltm., GsTr., S. 143). Natürlich
kann man es auch anders sehen: indem ich schwöre, liefere ich mich Gott aus, der im
Falle der Unwahrheit aus meinem Munde mein Verderben bewirken soll. Es wäre schon
denkbar, daß einer in äußerster Not sich zu seinem Gott flüchtet, nun wirklich „auf
Gedeih und Verderb". Aber so ist es normalerweise bei Eidschwüren nicht. Da ist man
sich des Einverständnisses Gottes meist restlos sicher und hält Gottes Bundesgenossen-
schaft nahezu für etwas Selbstverständliches. Das ist nicht mehr das auf dem Evangelium
von Christus beruhende „Ist Gott für uns", sondern das ist das Im-Recht-sein-Wollen des
natürlichen Menschen, dem die Frage, ob seine Aussage wirklich „die ganze Wahrheit
und nichts als die Wahrheit" ist, schon gar nicht mehr zu schaffen macht. Auch mit
„Himmel" und „Erde" und „Jerusalem" rührt man an das, was unter „Hochspannung"
steht. Die neue Unbefangenheit, die wir durch Jesus dem Vater gegenüber haben dürfen,
beruht eben gerade nicht auf unserer Gewißheit, mit ihm zusammen recht zu haben, sondern darauf, daß er die Unwürdigen zu seinen Kindern gemacht hat. Einen Eid kann man
eigentlich nur dann schwören, wenn man zu dieser – evangelischen – Erkenntnis noch
nicht durchgedrungen ist, oder aber: wenn man der Tatsache Rechnung trägt, daß die alte
Welt noch nicht überwunden ist und auch der Christ, solange er in ihr lebt, ihren
Rechts- und Normordnungen sich einfügen muß. Es ist ein großer Trost, zu wissen: wir

leben nicht davon, daß wir recht tun und recht haben, sondern davon, daß wir – so, wie wir sind – angenommen sind.

2.

Indem wir nun sagen: „nur noch schwören", bringen wir in einer noch näher zu erläuternden Weise zum Ausdruck, daß das Ja-Ja, Nein-Nein – auch wenn es nicht als Schwur gemeint ist – für Christen die Qualität einer Schwuraussage hat. Wir knüpfen damit vor allem an Schniewinds Auslegung der Stelle an. Es ist vielleicht nicht überflüssig, sich vor Augen zu führen, daß Jesu Schwurverbot, wie es scheint, nicht sehr tief ins Bewußtsein seiner Leute eingegangen ist. Die Verleugnung des Petrus geschieht unter Eid: „verfluchen" (ohne Objekt, daher auch die anderen mit einschließend) und „schwören" sind (nach Schlatter, Matthäus, S. 764) ein Hendiadyoin (26,74). In seiner Angst macht sich „der Felsenmann" aufs schwerste schuldig. In ganz anderem Zusammenhang ruft Paulus Gott (Röm. 1,9; 2. Kor. 1,23; Phil. 1,8) oder sein Gewissen zum Zeugen an (Röm. 9,1); auch bei 1. Kor. 15,31 ist ein „ich schwöre" dem Sinne nach zu ergänzen (Schneider, S. 185). Im Fall des Paulus könnte man sagen, daß hier nicht Gott zum Garanten des eigenen menschlichen Standpunktes herangerufen wird, sondern Paulus damit nur sichtbar macht, was für *all* sein verkündigendes Reden gilt: es ist ja sowieso Gottes eigenes Wort, also nicht Menschenwort, für das dann Gott geradestehen soll (vgl. 1. Thess. 2,13; 2. Kor. 5,20). Der Hinweis auf Gott und seine Zeugenschaft wäre dann nichts anderes als ein Zeichen für das Woher aller Verkündigung.
Nach Jakobus 5,12 soll das Ja ein Ja, das Nein ein Nein sein. Auf das Wort des Christen soll man sich in jedem Fall verlassen können. Freilich soll noch einmal der Stelle aus dem slavischen Henochbuch gedacht sein (s. o.). Ein doppeltes Ja oder Nein wird dort als Ersatz für den Schwur empfohlen. Oder soll man darin nur „eine mit Nachdruck und Eifer gegebene Versicherung" sehen (Schlatter, Matthäus, S. 183)? Eine Reihe von Kirchenvätern deutet im Sinne von Jakobus. Ein Christ kann nicht etwas anderes sagen, als was er meint. Jesus selbst ist nicht „Ja und Nein", „auf alle Gottesverheißungen ist in ihm das Ja" (2. Kor. 1,19f. – hat Paulus unsern Text im Ohr?). Jesus selbst ist „der Amen", „der zuverlässige und wahrhaftige Zeuge" (Offb. 3,14; vgl. 19,11). In seinem Munde „ist kein Betrug erfunden" (1. Petr. 2,22). Im Strahlungsbereich seiner Wahrhaftigkeit gedeiht die Lüge und Verstellung nicht. Unwahrhaftig können wir nur dann werden, wenn wir seine Nähe und seine Art vergessen oder verleugnen.
Indem wir die Dinge so sehen, befinden wir uns genau in der Spur des Textes. Entsinnen wir uns doch noch einmal der Gründe, die Jesus gegen das Ausweichen vom Mißbrauch des Gottesnamens auf die Ersatzformeln geltend gemacht hat. Man kommt ja durch solches Ausweichen von der Wirklichkeit Gottes nicht los. Welcher Nomenklatur man sich auch bedient, um – vermeintlich ganz von ferne her – auf den Garanten des Schwurs hinzuweisen: er ist da, gegenwärtig, wir befinden uns auf alle Fälle im Strahlungsfeld seiner Omnipräsenz. Von allen Seiten umgibt er uns, er versteht unsere Gedanken von ferne (Ps. 139,5 und 2). Was wir sagen, er hört es mit. Was wir verschweigen, er weiß es längst. Was wir – wissentlich oder unbewußt – entstellen und verdrehen, er sieht es, wie es ist, und kennt die Zusammenhänge. Wenn Menschen unser Geheimstes belauschen („Wanzen") oder aufdecken („Lügendetektor"), so sind diese Errungenschaften und Praktiken unmenschlich; daß es in der technisch fortgeschrittenen Menschheit dergleichen gibt, vergiftet die Atmosphäre, macht Menschen gegeneinander mißtrauisch, behindert das freie Atmen, bringt Menschen gegeneinander auf, verletzt das Personsein. Aber wenn *Gott* „mithört", ist das keine Last. Wir werden von niemandem so ernst genommen und so gut verstanden wie von ihm. Wir werden von niemandem so in Schutz genommen und verteidigt

wie von ihm. Er darf gern zuhören, wenn wir reden. Wenn wir nur immer an ihn dächten, dann wären uns auch die rechten Worte gegeben. Und wenn wir ihn übersehen, auch dann ist er bereit, an uns festzuhalten.

Der Himmel – sein Thron. Die Erde – sein Fußschemel. Jerusalem – seine Königsstadt. Unser Gotteshaus – seine Wohnung. Auch unser Zuhause. Und wenn wir vor Menschen gefordert sind, dann wird uns gegeben werden (Passivum divinum!), was wir reden sollen (10,19). Wir brauchen ihn, wenn wir reden – wo auch immer – nicht als Zeugen herbeizurufen, er *ist* es, und – erstaunlich – er steht für uns ein. So ist es dann richtig, wenn J. Schniewind Jesu Wort so wiedergibt: „Jedes Wort, das ihr sprecht, sei ein Schwur; ihr steht mit jedem Wort, das ihr sprecht, vor Gott."

Es wird wichtig sein, auch dies nicht als Beschreibung eines sich durchhaltenden Ist-Zustandes zu verstehen, als dürfte man behaupten: bei Christen ist das so. Wir haben vorhin den Felsenmann einbrechen sehen. Wer dürfte ihn verachten? Was die Bergpredigt sagt, ist Wirklichkeit zunächst in Jesus Christus selbst, in ihm allein. Aber was er ist und hat, will er uns geben. Auf sein Reich warten wir. Im Glauben ist es schon die neue Wirklichkeit unseres Lebens. Je fester man sich von Jesus Christus ergriffen weiß, desto leichter hat man es, wahrhaftig zu sein.

Reformationstag. Jes. 62,6–7.10–12

Abgrenzung: Daß die VV. 8f. herausgeschnitten sind, hat guten Grund: sie finden sich fast wörtlich in 65,21f. und dürften dort ihren ursprünglichen Ort haben, während sie an unserer Stelle fremd wirken. Was dann von dem Kapitel übrig bleibt, ist freilich eine Einheit, die sich durch den Aufbau zu erkennen gibt. Man erkennt zwei einigermaßen parallel gebaute Blöcke, wobei allerdings im zweiten Teil eine (chiastische) Umstellung erfolgt. Schematisch geredet:

V. 1: Ich kann nicht schweigen, bis das Heil kommt.	V. 6: Sie sollen nicht schweigen, V. 7: bis Jerusalem zu Ehren kommt.
V. 2: Neuer Name, V. 3: indem Jahwe sich bräutlich mit seiner Gemeinde verbindet.	VV. 10f.: Indem Jahwe sein Volk heimkehren läßt, V. 12: neuer Name.

(Das Schema stellt die Feststellungen Westermanns dar.) Indem wir predigen, was rechts steht, laufen wir in dieselbe Richtung, die links eingehalten ist.

V. 1: פקד ist uns sonst als „heimsuchen" geläufig, hier im hi. = „bestellen", „einsetzen". Wer der einsetzende „Ich" ist, ist nicht gesagt, s. u. Die Funktion der Wächter: Jahwe zu „erinnern", und zwar an Jerusalem, „ähnlich wie jener Sklave täglich den Perserkönig an die Athener erinnern mußte" (Duhm). Versteht man die Stelle so, dann ist an den מַזְכִּיר gedacht, der als Hofbeamter den König zu erinnern hatte (2. Kön. 8,16; Jes. 36,3).

Von da aus hat man an himmlische Wesen gedacht, die Gott, auf sein eigenes Geheiß hin („ich"), an Jerusalem zu erinnern hätten. Ich halte solche himmlische Fürbitter nicht (wie Wstm.) für unwahrscheinlich („Die neue Kreatur", S. 24). Aber ich schließe mich nachfolgend der heute meistvertretenen Deutung an: Der Prophet (V. 1) will mit seinem bittenden Drängen nicht allein bleiben; die Hörer seiner Predigt sollen mit ihm zu „Erinnernden" werden, die Jahwe mit seinen Verheißungen ständig bedrängen. – V. 7: Noch lebt Jerusalem, also Israel, also die Gemeinde Gottes in bedrückenden Verhältnissen (vgl. die die Kapp. 60–62 umgebenden Klagelieder). Sie soll zum „Ruhm" werden bzw. zum „Gegenstand, dessen man sich rühmt" (Gesenius).

V. 10: Hier und nachfolgend eine Menge Zitate aus Deuterojesaja; Westermann erkennt in den VV. 10–12 die abschließende Zusammenfassung der Botschaft Tritojesajas. Sie greift bewußt auf den Vorgänger und Lehrer zurück. Die Lage ist freilich inzwischen eine andere. „Nicht die Israeliten im Exil sind zum Auszug aufgerufen, sondern die jetzt in Jerusalem schon Wohnenden, durch die Tore Jerusalems auszuziehen, um ‚dem Volk', d. h. den noch erwarteten Exilierten, den Weg zu bahnen. Dieses Wegbahnen und Wegräumen der Steine ist im übertragenen Sinne gemeint: als Beseitigen der Hindernisse, die die vielen noch in der Fremde weilenden Israeliten hindern, wieder nach Jerusalem zu kommen" (Wstm. z. St.). „Signal" einfach = Wegweiser. – V. 11: Statt der großen eschatologischen Wende (40,10) ist hier das Kommen im Wort gemeint (הִשְׁמִיעַ = er läßt hören: „Terminus für die Verkündigung der Heilsbotschaft", Wstm.). „Lohn" und „Ertrag" haben hier einen allgemeinen Sinn gewonnen (nicht mehr, wie 40,10, die Heimgekehrten als das, was Gott sich „erworben" hat). – V. 12: Der neue Name lautet: „heiliges Volk" (Exod. 19,6; 1. Petr. 2,9), „die Erlösten Jahwes" (35,10), „die Gesuchte" greift auf V. 4 zurück: nicht mehr die Verlassene und Einsame.

Der Text bereitet schon in sich dem Ausleger einige Mühe; daß er uns für den bestimmten Kasus Reformationstag dienen soll, verringert diese Mühe keineswegs. Es kommt hoffentlich niemand auf den Gedanken, in V. 6a Luther und Melanchthon, Zwingli und Calvin geweissagt zu finden als die tapferen Kämpfer, „die auf der Mauer als treue Wächter stehn, die Tag und Nächte nimmer schweigen und die getrost dem Feind" – welcher Feind wäre in diesem Falle gemeint? – „entgegengehn" (EKG 216,1 – nichts gegen das Lied als solches!). Man hat einst solche Töne vernommen; wir feiern den Reformationstag in sehr viel anderem Sinne. Die Reformation ist der Intention nach auf das Ganze der Kirche gerichtet, hat ökumenischen, wenn man so will: katholischen Sinn. Hat es auch harten Kampf und Streit gegeben – mit viel Unerfreulichem und Unnötigem –: die Reformation war nicht *gegen* jemanden gerichtet, sie sollte *in* der Kirche und *für* die Kirche geschehen, und sie war nicht auf deren Zerreißung aus, sondern auf ihre Reinigung und auf die Rückkehr zum Ursprung. Wir führen heute den brüderlichen Dialog mit der röm.-kath. Kirche in großer Hoffnung. Wir suchen voneinander zu lernen. Wir erkennen das Gemeinsame. Auch was uns trennt, sieht sich anders an, wenn man besser versteht, was die andere Seite meint, auch wenn dort eine andere Sprache gesprochen wird. – Dazu eine kleine Story: Ein lutherischer Theologe berichtete, daß sich gelegentlich einer von ihm betreuten kirchlichen Bilderausstellung auch mitunter Gespräche über Glaubensfragen ergeben hätten. Er habe u. a. auch über die Frage Auskunft geben müssen, worin der Unterschied zwischen Evangelisch und Katholisch bestehe. Darauf ein diesen Bericht mit hörender katholischer Theologe: „Konnten Sie das?"

Wir können den Reformationstag nur so richtig – und das heißt auch: im Sinne der Reformatoren – begehen, wenn wir uns aufs neue *zur Sache* rufen lassen. Wenn der Text überhaupt für christliche Predigt taugt und wenn er insbesondere für diesen Tag geeignet ist, dann wird er uns an seinem Teil zu dieser Sache führen. Diese „Sache" sind nicht die katholisch-evangelischen Unterscheidungslehren, sondern ist die Heilsbotschaft selbst. Ob ein alttestamentlicher Text dies leisten kann, wird sich erweisen müssen.

Für den Ansatz unserer Predigt wird es wichtig sein, sich klarzumachen, daß die Kapp. 60–62, die den Kernbestand der Botschaft Tritojesajas ausmachen, eingerahmt sind von Klageliedern – nicht am Schreibtisch verfertigten, sondern, wie uns scheint, im kultischen Gebrauch der Exils- und Nachexilszeit der Gemeinde geläufigen Klageliedern. Wir haben früher schon darauf hingewiesen, vgl. die Auslegung zu Epiphanias. Man muß sich klarmachen, mit welchen Erwartungen man die geschichtliche Wende – Untergang des neubabylonischen Reichs und damit verbunden die Heimkehr – erhofft und dann erlebt hat. Nach Deuterojesajas Prophetie schien es, als solle Gottes großer Tag anbrechen. Statt dessen lebte man nun, nach Jerusalem zurückgekehrt, unter dürftigsten, deprimierendsten Verhältnissen. Man klagte Gott an – und auch sich selbst. „Viel sind unserer Frevel vor dir, unsere Sünden sagen gegen uns aus, ja, Frevel gehen mit uns, und unsere Sünden: wir kennen sie" (59,12, Übers. Wstm.); man muß das ganze Kap. 59 lesen, und man halte sich 63,15ff. vor Augen. So betet die *angefochtene* Gemeinde. Wie glaubt man sich durch – in solcher Lage? Tritojesaja hat den Mut, die Botschaft seines Meisters, also des Zweiten Jesaja, für die gegebene Situation neu zu artikulieren oder gar im Originalwortlaut zu aktualisieren. Man hat ihm den Mangel an Originalität verdacht (z. B.

Duhm). Als käme es auf Originalität an und nicht darauf, daß Gott zu seinem Worte steht und dieses Wort hält, was es sagt! Auf Originalität ist es auch den Reformatoren nicht angekommen. „Das Wort sie sollen lassen stahn." Daran lag ihnen, die lebendige, wirkende Kraft dieses alten und immer neuen Wortes aufzuspüren und davon zu leben. „Anfechtung lehrt aufs Wort merken" (Luther). Tritojesaja ist dafür ein eindrucksvolles Beispiel. Ich denke, wir haben damit sogar den Schlüssel zu dem uns aufgegebenen Text: *Die Gemeinde der Angefochtenen – (1) im Gott bestürmenden Gebet, (2) unter Gottes wirksamem Wort, (3) als Gottes heiliges Volk.*

I.

Wir haben uns dafür entschieden, daß wir in den Wächtern vom Propheten eingesetzte „Erinnerer" Gottes sehen wollen. Wer uns darin nicht folgen will, kann natürlich auch daran denken, daß Gott selbst es ist, der himmlische Wesen mit solchem Dienst beauftragt hat. Hat er es nötig, an Jerusalem erinnert zu werden? Muß er auf die Mauern Jerusalems solche unsichtbare, nicht der irdischen Welt zugehörige Mahner und Dränger stellen? Die Frage würde auch dann anstehen, wenn es sich um bittende Menschen auf dieser Erde handelt. Gott weiß, was wir nötig haben, ehe wir ihn bitten. Aber er *will* unser Gebet; was er gibt, gibt er solchen, die es im Glauben begehren und empfangen. So ist es denn kein großer Unterschied, ob wir bei den Wächtern und „Erinnerern" (מַזְכִּרִים) an Engel (oder „vollendete Gerechte", Hebr. 12,23) denken oder an Glieder der irdischen Gemeinde, die der Prophet in sein eigenes nicht locker lassendes Gebet für Jerusalem einbezieht. Es sind sowieso die himmlische und die irdische Gemeinde im Lob Gottes, im Bekenntnis und im Gebet miteinander verbunden (Phil. 2,10; Hebr. 12,22f.; Offb. 5,8–14 u. a.). Wir können, auch im Verständnis des Gottesdienstes überhaupt, nicht weiträumig genug denken. Vor Gott ist alle Kreatur zusammengefaßt, die im Himmel und die auf Erden. Gönnt euch keine Ruhe, laßt Gott keine Ruhe: hier wird Gott im Gebet wirklich bestürmt. Versucht hier der Mensch, mit sanfter Gewalt, aber im Sinne des steten Tropfens auf Gott Einfluß zu nehmen, oder soll ihm hier gar mit magischer Beeinflussung das Heil abgetrotzt werden? Das pausenlose Gebet, in dem weder den Betern noch Gott Ruhe gegönnt wird, könnte an Heidnisches erinnern (fatigare deos). Es ist anders. Mit diesem Beten will ja nicht der Mensch Gott sich gefügig machen, er spricht vielmehr den Gott an, der durch seine Verheißungen sein Kommen, sein Helfen, sein Schenken und Befreien längst zugesagt hat. Seine Zusagen sind das erste, das Beten das zweite. Wir nehmen die Frage von vorhin noch einmal auf: Wozu beten, wenn Gott sowieso für unser Gutes entschieden ist? Werden hier nicht offene Türen eingerannt? Eben nicht! Es wird nur durch die geöffnete Tür hindurchgegangen. Gott will sein Heil nicht so über die Welt bringen, daß es sozusagen über uns abregnet: über die, die es haben wollen, und ebenso über die, die es nicht begehren, denen es gleichgültig ist oder die es gar abwehren. Denn Gottes Heil verwirklicht sich in personalem Geschehen. Nichts vermöchten wir, wenn Gott in seinem Herzen mit uns fertig wäre: abgewandt, unzugänglich, zornig. Aber er *will* sein Heil *glaubenden* Menschen geben, solchen also, die es von Herzen ihm abnehmen, ja die auf sein Angebot zuversichtlich eingehen, hier sogar: ihn im Eingehen auf dieses Angebot belagern und bestürmen. Es ist ja Luthers Wort: man muß Gott mit seinen Verheißungen die Ohren reiben. Wir sagten vorhin: sich durchglauben; man könnte auch sagen: sich durchbeten. Gott will, daß wir von ihm im Ernst etwas erwarten und nicht aufgeben. Es ist ihm recht, wenn er an seine Zusagen „erinnert" wird. „Es muß erbeten sein" (Paul Gerhardt, EKG 294,2).

Wer sind die „Erinnerer"? Man könnte an eine Gruppe besonders Beauftragter denken, die stellvertretend für die ganze Gemeinde das Amt des Betens übernommen hat. Man könnte auch an die ganze Gemeinde denken, die stellvertretend für die ganze Welt sich vor Gott stark macht. In der Schule Deuterojesajas denkt man an das Heil für die ganze Welt (45,22; 49,6; 52,10; 54,5). In letzterem Falle wäre es schwer, sich das תָּמִיד vorzustellen, das freilich bei Paulus eben im Blick auf die ganze Gemeinde vorkommt und – dort wie hier – hyperbolisch zu verstehen ist: „Betet unablässig" (1. Thess. 5,17). Es muß ja wirklich nicht an die Pausenlosigkeit einer tibetanischen Gebetsmühle gedacht sein, wohl aber daran, daß man im Beten nicht müde und flau wird und es nicht sein läßt. Also doch: die ganze Gemeinde?

Wenn es so ist, wird uns hier eine Dimension des *Priestertums aller Gläubigen* vorgeführt. In der kirchlichen Öffentlichkeit versteht man darunter irrigerweise immer wieder die Wahrnehmung von Funktionen, die nach CA XIV dem kirchlichen Amt zustehen, durch nichtordinierte Glieder der Gemeinde. Priestertum wird hier unterderhand als „Pfarrertum" verstanden. Man mache für diesen Irrtum nicht die Reformation verantwortlich. Sie hat sehr deutlich gesagt: durch die Taufe sind alle zu Priestern geweiht – es gibt in der Kirche keinen höheren Gnadenstand als den des getauften Christen. Aber daß alle das Amt der öffentlichen Verkündigung des Evangeliums und der Sakramentsverwaltung hätten, hat sie nicht gesagt, sondern bestritten. Wir können die Frage an dieser Stelle nicht diskutieren. Worum es jetzt gehen muß, ist dies: Im unbeirrten, anhaltenden, wenn nötig: Gott bestürmenden Gebet nimmt die Gemeinde – die ganze Gemeinde – ihr Priestertum vor Gott wahr. Gott will, daß sie das tut. Wächter auf Jerusalems Mauer! Es läuft nicht auf dasselbe hinaus, ob sie diesen beharrlichen Gebetsdienst tut oder ihn vernachlässigt oder ganz sein läßt. Das uns und aller Welt zugedachte Heil wird nicht über unsere Köpfe hinweg verwirklicht, sondern so, daß wir es aktiv annehmen. Wir bangen um das Wohl der Welt, erst recht um ihr Heil. Befremdlich, daß wir so ruhig, so passiv und gleichgültig sind. Die zum Gottesdienst zusammenkommende Gemeinde hat hier für alle Welt eine *Arbeit* zu tun. Der Prediger sagt mir nicht zu? Was soll's? Wenn ich fehle, ist eine Lücke in der Reihe der Wächter. „Erinnere" ich Gott nicht an seine Verheißungen, dann läuft das darauf hinaus, daß ich sie unterschätze oder gar verachte, ja sogar, daß ich mit dieser Lücke dem „altbösen Feind" eine Chance gebe – eine der unzähligen Chancen, die wir mit unserem Unglauben ihm lassen.

Wir alle sind als Priester und Fürbitter freilich nur Nachfolger und Helfer des einen, unvergleichlichen מַזְכִּיר, des ewigen „Erinnerers", „welcher ist zur Rechten Gottes und vertritt uns" (Röm. 8,34; Hebr. 7,25; 9,24). Das Beten der Gemeinde ist nichts anderes als ein Sich-Einschalten in seine unaufhörliche intercessio. So hat unser drängendes Beten also doch seinen Mittel- und Schwerpunkt im Himmel. Oder doch nicht? Es muß an dieser Stelle doch ein Beitrag geleistet werden zum Gespräch zwischen den (noch) getrennten Kirchen. Das werkische Mißverständnis und der entsprechende Mißbrauch der röm.-kath. Meßopferlehre hat uns Protestanten blind gemacht dafür, daß wir den großen Hohenpriester und „Erinnerer" zugleich im Himmel und mitten unter uns haben. er ist ja auf unserem Altar gegenwärtig, und indem wir seinen Leib und sein Blut empfangen, geht er selbst in uns ein. Wenn das so ist, dann geschieht seine intercessio *aus uns heraus*, und sein Beten und das unsere kommen auf eine geheimnisvolle Weise zur Deckung. Was ist hier zu „erinnern"? Sein *Opfer* für uns und damit der Rechtsgrund für all unser Beten und unsere Fürbitte für die Welt.

2.

Wir wenden uns jetzt den VV. 10f. zu. Es ist dabei zu bedenken, was die Akzentverlagerung bedeutet, die wir vorhin schon registriert haben. „Jahwe läßt hören . . .: Siehe, dein Heil kommt!" Den Jerusalemern („Tochter Zion") soll es weitergesagt werden. Sie haben es nötig. Sie sind ja die Gemeinde der Angefochtenen. Gerade als diese kommen sie nun unter Gottes wirksames Wort zu stehen.

Der Zweite Jesaja hatte mit dem Kommen Gottes, das er ankündigte, die Erwartung einer umfassenden Weltverwandlung verbunden. Neue Machtverhältnisse in der Welt – der Perserkönig der „Gesalbte" Jahwes – Heimkehr der bisher Verbannten auf der Wunderstraße, die für Gott selbst gebaut worden ist – Verwandlung der gesamten Natur in ein großes Paradies – Erhöhung der Gemeinde zu Ansehen und Ehre in der Welt. Was nun? Die Heimkehr hat stattgefunden, aber die große Wende ist ausgeblieben. Die Welt ist immer noch, wie sie seit eh und je war. Das Leben immer noch Mühsal. Stoff für Klagelieder – noch und noch. Tritojesaja spricht aus der Situation der großen Ernüchterung heraus. Ernüchterung ist noch zu schwach: von Anfechtung muß man reden. Deuterojesaja hat – neutestamentlich gesprochen – den Jüngsten Tag für ganz nah gehalten. Tritojesaja weiß: wir stehen noch diesseits der Grenze zum Eschaton. Genau dies ist ja die Einsicht, die ein Mann wie Luther konsequent durchgehalten hat. So in seiner Theologie des Kreuzes: das Wirken Gottes in Jesus Christus ist tief verborgen in Niedrigkeit und Schande, in Schwachheit und Niederlage. Auch das Leben des Christen ist Leben unter dem Kreuz. Was man sieht, ist der peccator; den iustus *glaubt* man, gegen den Augenschein. Sofern sich das Christsein im erfahrbaren Leben auswirkt, ist es ein „Nachjagen", wie Paulus sagt: der empirische Mensch ist dem geglaubtem, dem iustus, „hinterher", und Christenleben ist immer neues Sterben des alten und Auferstehen des neuen Menschen, darum auch immer wieder Umkehr, das ganze Leben lang. Für die Kirche gilt das nicht minder. Auch sie steht unter dem Kreuz. Was Gott ist und gibt, das gilt, steht fest und bleibt. Aber die empirischen Wirkungen der Tat Gottes sind wiederum unter dem Gesetz des Sterbens und Auferstehens zu sehen. Ecclesia semper reformanda. Nicht Gott ist zu reformieren, auch nicht seine Heilsmittel und Gaben. Wohl aber die Kirche, die immer wieder von dem, was sie *ist*, „übertreten" muß zu dem, was der dreieinige Gott in seinem heilsamen Handeln *aus ihr macht.* Nicht die Botschaft wandelt sich, nicht die Sakramente, nicht das, was der Herr selbst seiner Kirche mitgegeben hat und in ihr tut. Aber wir, seine Kirche, sofern wir fehlsame und schwache Menschen sind, wir müssen es. Wir stehen noch diesseits der Grenze des Eschaton. (Man könnte von da aus auch die Lehre von den beiden Reichen anleuchten; wir sparen uns dies jetzt.)

Sind wir noch mit Tritojesaja auf einem Nenner? Gewiß! Mitten in der Anfechtung verkündigt er: „Siehe, dein Heil kommt!" Merkwürdig: denen, die längst daheim sind, ruft er zu: „Zieht aus durch die Tore, bahnt den Weg dem Volk! Schüttet auf, schüttet auf – die Straße, macht sie frei von Steinen!" Was soll das?

Der Verborgenheit des Handelns Gottes „unter dem Kreuz" – wie wir neutestamentlich sagen würden – entspricht es, daß sein Heil im *Wort* zu uns kommt. „Jahwe läßt hören . . ." Wir hätten, was gemeint ist, noch nicht verstanden, wenn unsere Gesichter jetzt lang würden: ach, im Wort nur? Tritojesaja würde es ganz anders empfinden. „Frohe Botschaft den Armen zu bringen hat Jahwe mich gesandt, zu verbinden, die zerbrochenen Herzens sind . . ." (61,1). Das Wort ist ja nicht wie ein ungedeckter Scheck. Das Wort ist ein Geschehen von höchster Realität. Haben zwei, die räumlich dicht beieinander wohnen, lange Zeit nicht miteinander gesprochen, dann ist das erste Wort, das sie aneinander richten – wenn es denn nicht wieder ein abgrenzendes, abweisendes, kaltes, zorniges Wort ist, sondern ein verbindendes –, ein Geschehnis von größter Bedeutung. Da ist Gemeinschaft hergestellt. Da geben zwei einander Einblick in ihre Gedanken, Probleme, Sorgen, Freuden, Hoffnungen. Sie gehören einander auf irgendeine neue Weise: als Ehegatten, als Kollegen, als Freunde, als Brüder. Das Wort ist *Ereignis*! Es ist sogar das spezifisch Menschliche, das zwischen uns geschieht. Und *das* nun auch zwischen Gott und uns! Sein Wort sagt uns: Ich nehme dich an. Du bist mir lieb. Ich habe nichts mehr gegen dich. Alles ist bereinigt. Du bist mein liebes Kind. Ich hänge mit meinem Herzen an dir. Nichts soll uns wieder auseinanderbringen. – Und es könnte wohl sein, daß ich antworte: „Wenn ich nur dich habe, so frage ich nichts nach Himmel und Erde" (Ps. 73,25).

Das Wort tut etwas; es bewirkt, was es sagt. Dies freilich hat Deuterojesaja auch schon gewußt und ausgesprochen (z. B. 40,8); die Differenz liegt in der Naherwartung (obwohl die Ebed-Jahwe-Lieder auch wieder neue Aspekte ergeben). Warum ist das Wort so wirksam? Es ist *Gottes* Wort. „Jahwe läßt hören . . ." Mit Sorge bemerkt man in unserer Kirche, daß das Gespür für das „So spricht der Herr" in unseren Gemeinden mehr und mehr abhanden kommt. Die Predigt wird zum Reden „über" Gott, zum distanzierten Umgang mit einschlägigen Fragen, zum Diskussionsbeitrag. Kein Wunder, daß die Predigt und überhaupt das gottesdienstliche Geschehen ihren Vollzugscharakter verlieren. Man läßt sich – zugegeben: mit viel gutem Willen und Liebe – allerlei einfallen, aber man verläßt sich bestenfalls darauf, daß aus dem, was man da tut, irgendein Funke herausschlägt, der bei dem einen oder anderen zündet. Der Prophet, der mit der Botenformel auftrat, der Apostel, der sich als Botschafter an Christi Statt wußte und kühnlich behauptete, Gott vermahne durch ihn, wäre in solchen Unternehmungen ein Fremdkörper. Wir predigen unter Christi mandatum und promissio. Daß die Predigt auch Menschenwort ist, war der Reformation nie zweifelhaft. Aber sie hat gewußt, daß die Gnadenmittel das Instrumentarium sind, dessen Gott selbst sich bedient, „wo und wann er will" (CA V).

Nur das Wort? Der Text spricht von „Lohn" und „Ertrag". Er meint damit doch wohl eine bestimmte Effektivität. Wir geben nicht auf, was vorhin von der Grenze zum Eschaton gesagt wurde. Aber das Eschaton wird nicht gestrichen. Wir gehen darauf zu. Nichts wird zurückgenommen von dem, was Deuterojesaja über das kommende Gottesheil gesagt hat. Es bekommt für uns eine neue Zuspitzung oder (wenn man so will) Einfärbung durch die Auferstehung Jesu Christi von den Toten. „Wir müssen verwandelt werden" (1. Kor. 15,51). Dann wird unser neues Sein erfahrbar werden. Das Leben, das jetzt noch mit Christus verborgen ist in Gott, wird zusammen mit Christus offenbar, anschaulich, sichtbar werden in der Herrlichkeit (Kol. 3,4). Bis dahin werden wir auch die Situation der Anfechtung zu ertragen haben, die uns aus dem „simul iustus et peccator" entsteht. Aber sie läßt sich ertragen. Das freisprechende Wort des Evangeliums gilt bedingungslos einem jeden, der es sich sagen läßt, also glaubt. Darin gründet die Heilsgewißheit (V. 11).

3.

Die kleinasiatischen Gemeinden der Zeit Domitians werden sich wohl an unsere Stelle erinnert haben, wenn sie in dem Sendschreiben an Philadelphia lasen: „Wer (in dem großen Kampf der Glaubensbewährung) siegt, . . . auf den will ich schreiben . . . den Namen des neuen Jerusalem, der Stadt meines Gottes" (Offb. 3,12). Auch dort: angefochtene Gemeinden. Der Konflikt, in den die göttlichen Ansprüche des Kaisers sie zog, hat sie in schwere Situationen gebracht. Das römische Imperium ließ sie seine Macht spüren. Es ist bitter, wehrlos zu sein und in Schande. Aber da bekommt man von Christus den neuen Namen zugelegt, den Christusnamen selbst und den des neuen Jerusalem.

Diese Parallele mag uns die Gemeinde der Zeit Tritojesajas vielleicht noch ein Stück näher bringen. Was für bedrückendes Erleben mag dahinterstehen, wenn der Prophet davon spricht, daß man Gottes Gemeinde „die Verlassene", „die Einsame" genannt hat. Wie das Wort, so enthält ja auch der Name Wirksamkeit. Es löst sozusagen Schicksal aus, wenn jemand „Dreckskerl" oder „Hure" genannt wird. Beschimpft oder herabgesetzt werden tut weh. Ein Name kann aber jemanden auch aufwerten. Gott gibt seiner Gemeinde einen neuen Namen.

Der Text entscheidet sich nicht für *einen*. Es stehe dahin, wie man sich dies erklären soll. In V. 2b wird der neue Name Jerusalems nicht genannt; anders in V. 4. Vielleicht hat ein Leser das Vermißte aufgefüllt. Natürlich behält Jerusalem seinen Stadtnamen. Aber es bekommt einen neuen Wert. Hätten wir über das ganze Kapitel zu predigen, dann wäre davon zu reden, was es bedeutet, daß die Stadt und das dazugehörige Land zu Gottes geliebter Braut werden. – In unserer Predigt halten wir uns an V. 12. „Man nennt sie: heiliges Volk, die Erlösten Jahwes, . . . die Gesuchte, (die) Stadt, die nicht verlassen blieb" (Übers. Wstm.).

Wir haben in der Schlagzeile besonders die Bezeichnung „heiliges Volk" herausgestellt, weil sie vor anderen klassische Bedeutung erlangt hat (s. o.). Heilig ist, was Gott gehört. Man könnte sagen, die ganze Welt gehöre Gott; aber damit wäre ja gerade das Auszeichnende unserer Stelle beseitigt. Die Welt gehört Gott, weil er ihr Schöpfer ist, und dies auch in ihrem Widerspruch zu Gott, im Abfall und Konflikt. Er ist ihrer mächtig, darin gehört sie ihm. Hier ist das andere gemeint: das Volk der Erlösten ist Gottes Eigentum in der besonderen Bindung, die durch seine gnädige Liebe entstanden ist. „Heiligkeit" ist nicht eine dem Volke Gottes inhärierende Qualität. Sie beruht darauf, daß Gott es sich in seiner Gnade angeeignet und in den Wirkraum seiner Gnade gezogen hat. „Heiliges Volk", dieser Name bedeutet höchste Aufwertung. Er soll uns nicht stolz machen. Aber es gehört nun einmal zu dem, was Gott gerade seiner in der Anfechtung befindlichen Gemeinde zuliebe tut: er bekennt sich zu ihr als zu seinem heiligen Volk. Wo Gottes Wort ist, da muß auch Gottes Volk sein, lehrt uns Luther. Seit dem Zweiten Vatikanischen Konzil wird auch bei unsern Brüdern „drüben" das Verständnis der Kirche als Volk Gottes mehr und mehr betont. In den Augen unseres Herrn sind wir alle *ein* Volk, eben: sein heiliges, das ihm gehörige Volk.

Drittletzter Sonntag des Kirchenjahres. Luk. 18,1–8

Das Gleichnis vom „ungerechten" (J. Jeremias, W. Grundmann) bzw. „gottlosen Richter" (R. Bultmann, W. Michaelis, G. Delling) ist von Lukas an Sprüche vom Ende und vom Kommen des Menschensohnes (17,20–37) angeschlossen. Mit der darin begründeten Deutung konkurriert der von Lukas (vielleicht auch von einem seiner Gewährsleute) vorangestellte Skopus V. 1 (anhaltendes, unbeirrbares Beten), der eine solche eschatologische Zuspitzung nicht erkennen läßt, schon eher eine gewisse Nähe zu 18,9–14 unter dem (beiden Gleichnissen ursprünglich fremden) Gesichtspunkt des rechten Betens. Ohne diesen wie den eschatologischen Gesichtspunkt wäre das Gleichnis (bes. in seinem – aus sich selbst freilich nicht verständlichen – Kern VV. 2–5) eine gewisse Parallele zu 11,5–8. Die beiden Schlüsse (VV. 6–8a und 8b) stehen wiederum untereinander in Konkurrenz; vielleicht ist V. 8b nicht einmal ein Schluß, sondern ein neuer, fortführender Gedanke. Man sieht: die Überlieferung ist mehrfach abgewandelt bzw. in verschiedene Zusammenhänge gestellt worden. Bultmann: „Luk. 11,5–8; 18,1–8 werden in der Tat schon ursprünglich zum Gebet mahnen, aber: zu einer bestimmten Bitte? zu der Bitte um das Kommen der Gottesherrschaft?" (GsTr., S. 216). W. G. Kümmel (Verheißung und Erfüllung, Berlin 1967, S. 52f.) bejaht diese Frage und behauptet die Einheitlichkeit und Ursprünglichkeit von VV. 2–8a. Vgl. G. Delling, Das Gleichnis vom gottlosen Richter, ZNW 1962, S. 1–25.

V. 1: ἐγκακεῖν außerbiblisch selten; allgemein „sich etwas leid sein lassen" (A. Mauersberger, Poly-bios-Lexikon I/2, S. 609), „überdrüssig werden", „sich etwas verdrießen lassen"; am genauesten trifft wohl das vulgäre „sauer werden". πρὸς τὸ... gibt die Stoßrichtung des Gleichnisses (im Sinne von V. 1) an. – V. 2: Gott fürchten = ihn als höchsten Richter ernst nehmen. – V. 3: ἐκδικεῖν – der Stamm wird in VV. 5.7 noch zweimal aufgegriffen (für die Beurteilung des Schwerpunktes der Perikope wich-tig): „jemandem zu seinem Recht verhelfen, Genugtuung verschaffen". – V. 5: J. Jeremias nimmt für ὑπωπιάζειν die Bedeutung „belästigen" an: „damit sie nicht ewig quengeln komme"; (vgl. die von ihm beigebrachte mesopotamische Analogie aus unserer Zeit. Die Gleichnisse Jesu, Berlin³ 1955, S. 118). Anders Delling a. a. O.: ὑπώπιον ist die Stelle unter den Augen, dann die durch einen Faust-schlag entstandene blutunterlaufene Schwellung; ὑπωπιάζειν dann also: „grün und blau schlagen". – V. 6 f.: Die Deutung geht von dem Unterschied zwischen dem „Richter der Ungerechtigkeit" und Gott aus. Der Wechsel von Konjunktiv (ποιήσῃ) und Indikativ (μακροθυμεῖ) kennzeichnet einen Ara-maismus (der für das Alter der Überlieferung spricht, J. Jeremias gegen Bultmann): „die er geduldig anhört, wenn sie zu ihm schreien..." (s. bei Jeremias a. a. O.). μακροθυμεῖν wird indes auch anders gewendet: „zögern, langmütig sein". Also: „er zögert nur, wenn..." oder „er ist nur langmütig, wenn..." βοᾶν (= צעק), der Notschrei der Bedrängten zu Gott. Die „Auserwählten" besonders in der synoptischen Apokalypse (Mark. 13,20.22.27; Matth. 24,22.24.31): die Schar derer, die auf Rettung hoffen dürfen. – ἐν τάχει = unverzüglich, schleunigst, in Kürze, rasch, plötzlich (alle Bedeutungen kommen vor). – V. 8: Der Menschensohn in seinem zukünftigen Erscheinen nach Dan. 7,13 (Mark. 13,26b; 14,62b). Damit ist die Beziehung zu 17,20–37 hergestellt. „Der für griechisches Sprachgefühl harte Artikel vor dem Nomen (πίστις)... gibt die im Aramäischen idiomatische Deter-mination von hemanuta wieder" (J. Jeremias, Ntl. Th. I, S. 159); wieder ein Hinweis auf den Ur-sprung des Gleichnisses im aramäischen Sprachraum.

Die soeben aufgewiesene überlieferungsgeschichtliche Schichtung der Perikope macht es schwierig, herauszufinden, was der Text will. Der Text? Es handelt sich, wie man sieht, gar nicht um ein homogenes Gebilde, dem ein einheitliches Wollen zu entnehmen wäre. Die Analyse läßt Merkmale einer sehr wechselvollen Überlieferungsgeschichte erkennen. Überlieferungsgeschichte ist ja immer auch Deutungs- und Anwendungsgeschichte. Den Prediger beschäftigt dieser Tatbestand unter der Frage nach dem Skopus. Wir müssen uns dafür Zeit nehmen. Sind die Texte Zeugnis der verkündigenden Gemeinde, dann hat uns nicht nur die älteste Schicht zu interessieren, sondern auch die jeweilige Applikation der Botschaft, die in der immer neuen Ausformung der Texte zum Ausdruck kommt. Es wäre dabei kurzschlüssig gedacht, wenn man meinte, der Zusammenhang mit Jesus und sei-nem Wort sei nur dann gewährleistet, wenn seine „ipsissima verba" vernehmbar sind (wofür freilich die Aramaismen ins Gewicht fallen); die Sachtreue und Jesusgemäßheit muß ihr Kriterium nicht im wörtlichen Zitat haben.

Zunächst wird man – älteste Schicht – auf die VV. 2–5 mit der für das Verständnis unent-behrlichen Deutung durch den Herrn in VV. 7.8a (ähnlich 16,8) schauen. Es handelt sich da um einen Schluß a minore ad maius, und zwar in zwei Aussagen: a) Wenn schon ein so gearteter Richter durch Beharrlichkeit und zähes Draufgängertum zu bewegen ist, um wieviel mehr der menschenfreundliche Gott! b) Wenn schon eine rechtlose Witwe Aus-sicht hat, sich ihr Recht zu verschaffen, wieviel mehr ihr Auserwählten! Jesus redet von unseren Chancen bei Gott. Das Wesentliche ist hier nicht das beharrliche Beten (V. 1), vielmehr die von vornherein bestehende Geneigtheit Gottes, sich seiner Auserwählten anzunehmen.

Eine zweite Schicht: Die (meist Lukas zugeschriebene) Einleitung fügt dem die Mahnung zu: Allezeit beten und es sich nicht verdrießen lassen. Hier ist also nicht davon die Rede, wie es mit unserer Sache bei Gott steht, sondern – ich schematisiere ein wenig – wie es mit Gottes Sache bei uns, nämlich in unserem Glaubensleben stehen soll. Vielleicht ist auch von einer bestimmten Anfechtungssituation her gedacht, in der einem die Güte Got-tes fraglich geworden ist und man darum im Beten und Warten auf Gott müde wird. In

V. 7 ist der Gedanke angefügt: Gott läßt sich Zeit, er läßt es also auf die Ausdauer der Gläubigen im Gebet ankommen, und dies – man könnte jetzt auf die erste Schicht zurückblicken –, obwohl bei ihm im Unterschied zum ungerechten Richter von vornherein die Bereitschaft zur ἐκδίκησις seiner Auserwählten vorhanden ist. Der Rettungsbereitschaft Gottes steht auf Menschenseite der geduldig wartende, also auch ausdauernd betende Glaube gegenüber. War die Grundschicht – durch die Figur des Qalwachomer – ein *Ungleichnis*, so ist diese zweite Schicht *Gleichnis*: im anhaltenden Beten soll es die Gemeinde genauso machen wie die Witwe, die sich nicht kleinkriegen läßt.

Eine dritte Schicht – auch mit einer dritten Deutung – ergibt sich aus der Situation der endzeitlichen Bedrängnis, in die der Text hineingesprochen ist. Das „in Kürze" deutet auf das apokalyptische Zeitbewußtsein – man denke nur an Offb. 1,1. Es geht jetzt nicht bloß darum, daß Gott diesem oder jenem hilft, wie er eben überhaupt seine Kinder aus verschiedenen Nöten erretten kann, nicht ohne daß es auch ferner zu neuen Situationen der Verlegenheit, der Bedrängnis, der Angst und des Leidens kommt. Die ἐκδίκησις ist die große, endgültige Rehabilitierung und Befreiung, die Gott den Seinen nach aller Drangsal zuteil werden läßt. Schon das Alte Testament schaut an ungezählten Stellen danach aus; Delling hält es sogar für wahrscheinlich, daß Jesus zunächst nicht an die christliche Gemeinde, sondern an jüdische Fromme gedacht hat (a. a. O., S. 22). – Wieder muß man sagen: diese Anwendung des Gleichnisses ist nicht ohne Anhalt in seinem Text. Die „Auserwählten" sind, wie wir sahen, Terminus der apokalyptischen Sprache; gemeint ist also die Gemeinde, die der Herr sich aus der großen Bedrängnis herausrettet. So bekommt das Gleichnis eschatologischen Sinn. Dies wird dadurch noch unterstrichen, daß der Text an die seit 17,20 aufgereihten Stoffe angeschlossen, also in den eschatologischen Zusammenhang gestellt wird. Und von da aus wird es nun wiederum verständlich, daß V. 8b angefügt ist – wie wir sahen, eine thematische Ausweitung, die vom Gleichnis selbst nicht gefordert würde; jedoch in den großen Zusammenhang von 17,20 her paßt er aufs beste. Delling verweist auf das verwandte Thema der Wachsamkeit (Mark. 13,34; Matth. 24,43; 25,1–12). Der Bezug auf das Gleichnis könnte sogar noch enger sein: Nicht das ist die Sorge, ob Gott bereit ist, seiner bedrängten Gemeinde zu helfen; vielmehr da liegt die Gefahr, daß der Menschensohn, durch den ihr diese Hilfe widerfahren soll, von ihr gar nicht als Helfer erwartet und empfangen wird. Nicht auf der Menschen Seite ist Besorgnis am Platz, sondern auf Gottes Seite. – Man wird fragen, ob Lukas es war, der das Gleichnis in den eschatologischen Zusammenhang stellte und ihm damit die zuletzt dargestellte Zuspitzung gab. Wäre dies der Fall, dann dürfte Lukas die ganz andere Deutung von V. 1 in der auf ihn gekommenen Überlieferung vorgefunden haben. Freilich deuten Besonderheiten der Ausdrucksweise eben für V. 1 auf Lukas (vgl. etwa 12,16; 13,6: 14,7: 15,3; 19,11). Es ist nicht unsere Sache, die Details der Traditionsgeschichte aufzuhellen.

Der Prediger könnte nun *einen* der genannten Gesichtspunkte herausgreifen und für seine Verkündigung maßgebend sein lassen. Thema also vielleicht die Bereitschaft zum Erhören und Helfen auf Gottes Seite (womit man allenfalls die Ermutigung zu anhaltendem, unverdrossenem Beten verbinden könnte). Oder aber: die in Bälde zu erwartende eschatologische Rehabilitierung der Gemeinde (und im Zusammenhang damit etwa die in V. 8b gemeinte Sorge, es könnte wohl Gott nicht an Bereitschaft zum helfenden Eingreifen, wohl aber uns an dem die Hilfe annehmenden Glauben mangeln). Vielleicht das eine diesmal, das andere in sechs Jahren, wenn der Text wieder zu predigen sein wird. – Mir scheint indessen, man sollte nicht wählen, sondern den Text – in Aufnahme seiner verschiedenen Anliegen – so predigen, daß man die genannten Gesichtspunkte in *einer* Predigt aufgreift. Etwa so: *Wir wollen beherzt und ausdauernd beten, denn wir haben einen*

Gott, (1) *der gern erhört,* (2) *der bald errettet,* (3) *der besorgt wartet.* Da unsere Vorüberlegungen zum Ansatz so ausführlich sein mußten und bereits eine Menge sachlicher Hinweise enthalten, kann die gegliederte Entfaltung nun kürzer sein.

I.

Auch dieser Text geht, wie so viele, von der Situation der Anfechtung aus. Denn obwohl das Gleichnis – zunächst jedenfalls – als ein „Ungleichnis" anzusehen ist, wird man in der Lage der von ihrem Widersacher übervorteilten, betrogenen oder bedrängten Witwe die Gemeinde Jesu in der Welt, als ecclesia pressa, wiedererkennen. Durchs ganze Neue Testament kann man diese Linie durchziehen. Die junge Christenheit hat nahezu alle gegen sich: die Pharisäer, Sadduzäer und Zeloten, Synedrium und Rabbinat, die Vertreter heidnischer Religionen – man denke an Philippi, Athen und Ephesus –, das Imperium Romanum mit seinen die Christen zum letzten Opfer herausfordernden Kaiserkult. Lukas hat Anlaß, aus der auf ihn gekommenen Jesusüberlieferung aufzunehmen, was die Gemeinde tröstet und stärkt. Steht sie doch ständig im Kampfe. Hinter allen sichtbaren und greifbaren Widersachern weiß sie den unsichtbaren Feind, den „Widersacher" schlechthin, der „wie ein brüllender Löwe umhergeht . . . (1. Petr. 5,8). Und das widerfährt nun – man muß die Härte empfinden – denen, denen das Reich gehört und die angeblich Gott auf ihrer Seite haben! Die Lage der Gemeinde nimmt sich aus wie eine Widerlegung ihrer Botschaft. Oder doch nicht? „Wer nicht sein Kreuz auf sich nimmt und folgt mir nach . . ." – sie haben es aus ihres Herrn Munde vernommen und behalten (14,27). Aber solches Wissen sichert noch nicht gegen das Irrewerden. Jesus weiß, in welche Situationen die Seinen kommen werden. Ist wirklich Grund, müde zu werden, klein beizugeben, die Hoffnung fahrenzulassen? Nehmen wir einmal den ungünstigsten aller denkbaren Fälle an! Da wäre eine *Witwe* – von jeher (in den sozialen Gegebenheiten der biblischen Welt) der Inbegriff der Recht- und Schutzlosigkeit (der das alttestamentliche Recht und die Predigt der Propheten entgegenwirkt). Wer macht sich schon für diese Witwe stark? Wen kann sie zu Hilfe rufen? So allein gelassen, so preisgegeben, so „vogelfrei": das ist das passende Gleichnis für die Lage der Gemeinde, man muß sogar sagen: hier ist in bezug auf ihr Los der erbärmlichste aller denkbaren Fälle ins Auge gefaßt. – Und an was für einen *Richter* gerät die Witwe? Denken wir uns wiederum die ungünstigste aller Möglichkeiten! Nehmen wir also an, es handle sich um einen Mann, der Gott nicht fürchtet und sich vor keinem Menschen scheut. Er fürchtet Gott nicht – das heißt: er weiß nichts davon oder will nichts davon wissen, daß alle Rechtsetzung und Rechtshandhabung wiederum dem Richten eines höchsten Richters unterworfen ist. Ihm fehlt die letzte Gewissensbindung, wie sie für biblisches Rechtsdenken maßgeblich ist. Nun gut, das mag es geben. Der ungünstigste Fall wäre das noch nicht. Man könnte ja immerhin annehmen, daß der Mann das Recht zwar nicht als Divinum, wohl aber als ein wesentliches Merkmal des Humanum ansieht, und in diesem Falle dürfte man ihm Vertrauen entgegenbringen. Lassen wir aber auch diesen Fall außer Betracht, sondern nehmen wir an, auch darin sei bei dem Richter nichts zu hoffen. Ein fieser Kerl! Den lieben Gott läßt er einen frommen Mann sein, und was die Menschen von ihm denken, läßt ihn kalt. „Er kennt nur ein Maß für sein Verhalten: sich selbst, (wie sich dann zeigt) seinen eigenen Vorteil" (Delling). Hier sind, wenn die Frau um ihr Recht kämpft, wirklich alle Voraussetzungen für den Mißerfolg gegeben. Aber die Frau schafft es! Wodurch? Die Szene ist äußerst realistisch geschildert; wenn nicht alles täuscht, sogar belustigt und schmunzelnd. Die Frau – resolut, draufgängerisch, zu allem bereit. Der Richter unternimmt für lange Zeit nichts. Was kümmert ihn dieses Weib? Dem Recht zur Geltung verhelfen, sich für die Schutzlosen einsetzen? Er denkt nicht an dergleichen. Aber die Frau ist immer wieder da, sooft er sie auch weggeschickt hat. Sie setzt die einzige Waffe ein, über die sie verfügt: die Zähigkeit. Es ist sinnlos, an das Rechtsethos dieses Mannes zu appellieren; aber man kann ihm auf die Nerven fallen. Tatsächlich, zuletzt verhilft er der Frau zu ihrem Recht. Nur, um sie loszuwerden! Sie wird ihm lästig. „Man weiß auch nicht, wozu dieses resolute Weibsbild sich noch hinreißen läßt – eines schönen Tages geht sie noch auf mich los und schlägt mein Auge blau!“ – Moral: Auch im ungünstigsten Falle kann man bei entsprechender Beharrlichkeit sein Recht finden.

Aber nun das, worauf es Jesus ankommt: Wieviel mehr darf die *Gemeinde Jesu* erwarten, *bei Gott* ihr Recht zu finden! Wieso? Macht es das anhaltende Beten? V. 1 legt darauf den Ton – wir sehen: hier wird ein Zug aus dem „Ungleichnis“ gelöst und verselbständigt aufgenommen. Methodisch ist, was Lukas hier tut, anfechtbar (er hätte Jülicher lesen sollen!). Aber unchristlich hat Lukas damit nicht geredet. Jesus hat uns zu beharrlichem Beten ermuntert. Nicht, weil wir Gott mit Gewalt willig machen müßten, sondern weil Gott daran liegt, von uns angesprochen zu werden (und damit sind wir bereits wieder beim „maius“). „Betet ohne Unterlaß!“ (1. Thess. 5,17). Beharrlichkeit im Beten, obwohl der Vater weiß, was wir nötig haben (12,30). Um unsertwillen ist diese Ausdauer nötig, nicht um Gottes willen. Denn – und hier liegt nun wirklich die Pointe – Gott ist eben ganz anders als dieser Richter! Gott, besonders nach dem Alten Testament der Ursprung und Bürge allen Rechts, müßte sich ja selbst aufgeben, wenn er hier versagen wollte. Gott erbarmt sich der Witwen in besonderem Maße, weil er immer für die Rechtlosen Partei ergreift (z. B. Exod. 22,21; Deut. 10,18; 27,19; Ps. 68,6; Jes. 1,17; Jer. 7,6: 22,3; Sach. 7,10). Und der Vater Jesu Christi, Gott also, wie er im Neuen Testament erkennbar wird, nimmt sich seiner Verlorenen an, derer also, für die sonst nichts zu hoffen ist. Gott und der Richter im Gleichnis sind so verschieden wie nur möglich.

Aber nicht nur hinsichtlich der Person des Richters muß man von einer geradezu extremen Ungleichheit sprechen. Auch die Gemeinde ist in einer gänzlich anderen Lage als die Witwe. Fast wie im Vorbeigehen wird das ausgesprochen: Ihr seid ja „die Auserwählten“ (V. 7), gewissermaßen Gottes Augapfel (Ps. 17,8). Die ständige, durch die Zugehörigkeit zum gekreuzigten Herrn begründete Anfechtung ändert nichts daran, daß Gott einer Gemeinde eben in dieser Lage beisteht. Wir sollten nicht vergessen: trotz Hunger, Blöße, Fährlichkeit und Schwert kann nichts uns von Gottes Liebe scheiden (Röm. 8,35.39). Man übersehe nicht, daß V. 7 erst im Munde Jesu seine Geltung und Kraft bekommt. *Jesus* spricht uns dies zu: So steht Gott zu euch – so seid ihr bei ihm geachtet! Das Evangelium ist in unserer Perikope nur behutsam und zart, aber doch hinreichend deutlich ausgesprochen. Es ergibt sich aus dem Schluß vom Geringeren auf das Größere.

2.

Wir beten zu einem Gott, der plötzlich, bald, schnell hilft (bes. V. 8a). Wir sahen, daß die eschatologische Zuspitzung der Perikope auf eine nächste Stufe der Überlieferungsgeschichte gehört. So könnte das ἐν τάχει schon Auslegung bzw. Anwendung sein. Vor allem aber bekommt das Gleichnis die eschatologische Blickrichtung dadurch, daß der Evangelist es an die Zukunftslogia in Kap. 17 angeschlossen hat. Nicht nur das Gleichnis gibt also Anlaß, die Linien so weiterzuziehen. Lange Zeit, so liest man aber bereits in der kleinen Geschichte, täglich neu muß die Witwe bitten und drängen, bis es endlich zur Herstellung ihres Rechtes kommt. Von Gottes – vielleicht äußerst befremdlichem – Zuwarten (μακροθυμεῖ) sprach auch Jesu Deutewort.

Die Frage, wann Gott endlich zufassen wird und warum es bis dahin immer wieder so weit zu sein scheint, ist für die Gemeinde unabweisbar. Sie bestünde nicht, wenn das Evangelium nur dies meinte, daß alles in der Welt sich ereignende Unrecht, besonders aber die der Gemeinde widerfahrende Bedrängnis vom Kreuz Christi her gewissermaßen dialektisch umzudeuten wäre. Dann brauchte man nicht mehr zu beten: *ἐκδίκησόν με* (vgl. Ps. 43,1), sondern dann müßte man die Heilsgeschichte mit einem – positiv interpretierten – Karfreitag schließen lassen. (Das Eschaton bestünde dann eben darin, daß es zu dieser positiven Interpretation bei uns kommt.) Aber das Neue Testament lehrt uns anders. Gewiß, das Herrsein Christi, des Auferstandenen, ist für uns noch immer in Schwachheit und Schande verborgen. Aber er selbst hängt nicht mehr am Kreuz, und die Kreuzesgestalt der Kirche ist nicht das Ende der Wege Gottes. Wir dürfen uns auf die künftige Doxa freuen, gegenüber der die Leiden dieser Zeit nicht ins Gewicht fallen (Röm. 8,18). Es wird, am herrlichen Tage Jesu Christi, zur großen *ἐκδίκησις* seiner Gemeinde kommen. Ohne diese Hoffnung wären wir „die erbärmlichsten unter allen Menschen" (1. Kor. 15,19).

Das „in Kürze", das sowohl auf die Naherwartung als auch auf die Plötzlichkeit des Situationswandels gehen könnte, weist jedenfalls auf die Parusie. Man sollte nicht zuviel mit Worten wie „Naherwartung" und „Fernerwartung" operieren. Wie, wenn es Jesus mit dem Bekenntnis des Nichtwissens um den Termin der Parusie ernst gewesen wäre (Mark. 13,32; Matth. 24,36; Apg. 1,7; vgl. auch 1. Thess. 5,1) und sowohl die scheinbar auf „Naherwartung" wie die auf „Fernerwartung" deutenden Worte auf die Wachsamkeit (Mark. 13,37 u. ö.) zielen, die *jederzeit* mit Jesu Parusie rechnet? „Eine Angabe über die Frist bis zur Parusie ist ... mit diesem *ἐν τάχει* in der Tat insofern nicht gemacht, als die Zeit des Wartens sich für die Bedrängten bis zum Eingreifen Gottes dehnt, ihnen lang erscheint, während sie hernach zum Urteil *ἐν τάχει* zustimmen werden" (Delling). Gott ist mit dem, was jetzt ist, nicht am Ende.

3.

Zuletzt kehrt sich die Blickrichtung um. Wir beten zu einem Gott, der seinerseits besorgt wartet! Nicht das ist eigentlich die bedrängende Frage, ob auf Gott Verlaß ist; darin hat Jesu Wort uns nur ermutigen wollen. Kritisch stehen die Dinge hinsichtlich einer Frage, die wir uns in solcher Lage immer wieder nur ganz zuletzt oder aber – gar nicht stellen. Jesus kommt gewiß, aber es könnte sein, er findet auf Erden keinen Glauben vor (V. 8b). Der große Abfall gehört im endgeschichtlichen Denken und Erwarten der Urchristenheit zu den Merkmalen letzter Zeit. Die Vorstellung einer die ganze Welt erfassenden christlichen Evolution ist dem Neuen Testament fremd. Es rechnet mit der Entscheidung, die Scheidung bewirkt. Man denke an Stellen wie Matth. 24,10–12; Luk. 17,25–30; 2. Thess. 2,3; 1. Tim. 4,1; 1. Joh. 2,18. Gedacht ist keineswegs bloß an die große Säkularisierung der Welt, sondern auch an die Verirrung, Verführung, Aushöhlung der Gemeinde. Käme Jesus in Herrlichkeit zu uns und fände keinen Glauben, dann wäre seine Parusie für uns nicht die große *ἐκδίκησις*, sondern das genaue Gegenteil (über die beiden Möglichkeiten vgl. 1. Thess. 1,5–10). Kein Öl in den Lampen, würde Jesus in der Sprache eines anderen Gleichnisses sagen; in diesem Falle stünde man am Ende draußen. Was uns hier gesagt wird, ist eine dringende Einladung. Bei Gott stehen die Türen offen – die Frage ist, ob Christus *bei uns* Zugang findet. An Gott scheitert unser Heil nicht – es könnte *an uns* scheitern. Es könnte dahin kommen, daß wir von Gott bzw. seinem Sohn gar nichts mehr erwarten. Es könnte bei uns auf das „Sauerwerden", auf das innere Aufgeben hinauslaufen (V. 1). Von daher könnte in der Tat Gottes „Zuwarten" (V. 7) einen posi tiven Sinn haben: er gibt uns – wie lange noch? – Zeit zur Bewährung vor dem Gericht (Delling, S. 18) oder ganz einfach dazu, daß wir lernen, uns auf das Kommen des Menschensohnes einzustellen. Wir sollten Gottes Zögern keinesfalls ansehen als das Nicht-Wollen des herzlosen Richters, sondern als die Chance, uns für das Kommen des Menschensohnes zu bereiten. Gerade so bekommt das Beten einen guten Sinn.

Der Ausgang der Geschichte von den beiden Söhnen (wir sprechen gewöhnlich vom „verlorenen Sohn") schließt so, daß man nicht erfährt, ob der ältere Bruder sich noch überwinden läßt, die Heimkehr des Jüngeren mitzufeiern: die Situation ist offen, Jesu Gleichnis ist eine (unaufdringliche) Einladung. Hier liegt etwas Ähnliches vor: unser Gleichnis ist das einzige, das mit einer Frage schließt. Jesus beantwortet die Frage nicht (vgl. uns. Ausl. zum Bußtag). Sie soll mit uns gehen.

Vorletzter Sonntag des Kirchenjahres. Jer. 8,4–7

Die redaktionelle Überleitung V. 1a kennzeichnet den Text als Gottesspruch (Botenformel), wobei freilich das Ende des Textes von der Linie abweicht (nicht jedoch V. 6, wo m. E. nicht der Prophet – so Rudolph –, sondern Jahwe selbst spricht). Die jeremianische Herkunft des Textes ist nicht bestritten, eine bestimmte Situation, die eine Datierung zuließe, ist nicht zu erkennen.
V. 4: Weisheitlicher Denkstil. Beobachtungen aus dem Leben werden zur Anfrage. Die 3. Pers. plur. steht für „man" bzw. für „jemand". „Abirren" und „umkehren" sind im Hebräischen dasselbe Verbum (שוּב) – Wortspiel. Diesmal Singular, auch das ist möglich (man braucht also nicht auf das Qere zurückzugreifen). – V. 5: lies שׁוֹבֵב (Dittographie beim ה): „Warum wendet sich dieses Volk ab?" Jerusalem ist zu streichen, nach „dieses" kann es nicht Genitiv sein. Das Ni. von נצח (das uns vom מְנַצֵּח, dem Chorleiter, der Psalmen bekannt ist) ist einmalig; Rudolph übersetzt „immerwährender Fehlgang" (sollte man die Paradoxie: „wohldirigierter Fehlgang" heraushören?). Mit „Trug" ist nicht der Betrug im Alltagsleben gemeint, sondern die falschen Götter. – V. 6: Jahwe selbst hat der Menschen Tun im Blick und hört, was sie sagen. לוֹא־כֵן ist als *ein* Begriff zu nehmen: das „Nicht-So", also die Unwahrheit. V. 6c: „Sie alle kehren sich weg in ihrem Laufen" (Rückgriff auf V. 4b). מְרוּצָה: man wird wohl mit dem Qere den Singular zu lesen haben. Das Verb beim Schlachtroß (שׁטף) wird sonst vom reißenden Wasser gebraucht: sich ergießen, überströmen; es ist an die nichtgesteuerte reißende Bewegung gedacht. – V. 7: Das Hebräische hat kein Wort für „Luft", dafür hier: „Himmel". Der Mauersegler ruft si-si-si – Lautmalerei (lies nach Qere).

„Die Welt ist schlecht", sagte er wenigstens einmal am Tage – und meinte damit (wahrscheinlich) die anderen. Die Bibel sieht es ganz anders. „Da ist keiner, der gerecht sei, auch nicht einer. Da ist keiner, der verständig sei; da ist keiner der nach Gott frage. Sie sind alle abgewichen" (Röm. 3,10–12 – Psalmenzitate). Das hamartiologische Totalurteil über die adamitische Menschheit (Röm. 5,12ff.) könnte uns lähmen. Wer an das Gute im Menschen appelliert, muß auch an das Gute im Menschen *glauben*. Ist das so? „Gutes von ihm reden", wurden wir erst unlängst ermahnt, und wir fügten hinzu: Gutes von ihm denken. Die christliche Lehre von der Allgemeinheit der Sünde scheint damit aufgehoben. Aber es ist ein Unterschied, ob man an das Gutsein des Menschen glaubt oder an die Gültigkeit und Macht der Vergebung. Daß wir hoch denken vom lieben Mitmenschen, beruht darauf, daß Gott ihn – wie auch uns selbst – angenommen hat und wir Unrecht täten, wenn wir ihn weiter verklagten, wo Gott ihn doch freispricht, oder wenn wir ihn verachteten, wo Gott ihn doch in Christus zu höchster Würde erhoben hat. Ohne diesen uns rechtfertigenden und erhebenden Gott befinden wir uns in der Rebellion des Geschöpfes gegen den Schöpfer, in Trotz und Hochmut, im Sein-Wollen-wie-Gott, in der Emanzipation von Gott, in der Verachtung seiner Gesetze und Ordnungen, im ständigen Schuldigwerden darum auch an unseren Mitmenschen.

Die prophetische Predigt hat dies immer wieder aufgezeigt. Meist in bezug auf konkrete Situationen. Unser Text, im weisheitlichen Denkstil gehalten, verallgemeinert. Wir brauchen ihn dennoch nicht auf uns zu beziehen, wenn er unser Gewissen nicht trifft. Wir brauchen ihn auch nicht auf die Allgemeinheit – „Volk" oder meinetwegen auch Menschheit – zu beziehen, wenn es das, wovon hier die Rede ist, nicht gibt. Nur, jeder sündigt auf seine Weise. Wären die im Text aufgezeigten Sünden unter uns nicht zu finden, so wäre damit noch lange nicht gesagt, daß es unter uns nicht andere Sünden gebe. Wir haben viel Anlaß, uns über die „schlechte Welt" aufzuregen. Wie böse sind – die anderen! Der Pharisäer steckt in uns allen: Wenn sie alle so wären, dächten, handelten wie ich! Wir mögen uns vor uns selbst dieser Illusion hingeben; vor Gott gelingt es uns nicht.

Der Text enthält augenscheinlich keinerlei Evangelium. So scheint also diesmal eine Predigt zu entstehen, die keinen tröstet, sondern nur aufdeckt, anklagt – und dies (drücken wir es so menschgemäß aus) mit sichtlichem Kopfschütteln Gottes. „Nein – diese Menschen!" – Homiletische Faustregel: Wenn das Evangelium nicht unmittelbar zu erkennen ist, dann soll man es „mit der Laterne suchen". Wir stellen zunächst fest, daß es sich hier nicht um ein Drohwort handelt. Damit sollen die wirklichen – und zahlreichen – Drohworte, die sich bei den Propheten finden, nicht entschärft sein. Wir werden gerade an dem Sonntag, der Gottes Weltgericht zum Thema hat, nicht schönfärben. Aber festzustellen ist, daß dieses Gotteswort eher vom Kopfschütteln redet als von Gottes Dreinschlagen. Wir erkennen in ihm Gottes Bekümmernis. Von ihr ist auch die Gestalt und die Botschaft Jeremias inspiriert. Er will – und soll – nicht nur „ausreißen und einreißen, zerstören und verderben", sondern auch „bauen und pflanzen". Es könnte sein, wir spüren etwas davon in diesem – harten – Text.

So schwer hat Gott es mit uns: *wir leben* (1) *ohne Instinkt*, (2) *uns selbst zum Schaden*, (3) *Gott zum Kummer*.

I.

„Er wird sich nicht mehr ändern." Eine seufzende, resignierende, vielleicht fast fatalistisch gemeinte Feststellung. Ein Wahrheitsmoment dürfte sie in jedem Falle haben. In unserer charakterlichen Grundstruktur sind wir festgelegt. Wir können, menschlich gesehen, immer nur mit dem Instrumentarium umgehen, das in unserer Konstitution liegt. Aber *wie* wir damit umgehen, dies allerdings haben wir zu verantworten. Verantwortlichkeit ist die Substanz des Menschseins. In ihr ist alles enthalten, was den Menschen ausmacht: Freiheit und Gebundenheit, Selbständigkeit des einzelnen und Verbundenheit in der Gemeinschaft, das Verhältnis zu Gott, zum Mitmenschen, zur Welt. Wir wissen um unser Verpflichtetsein. Gerade daß wir uns „vor Gott" wissen, weckt das Bewußtsein, daß wir Rechenschaft zu geben haben über das, was wir sind und tun.

Daß unsere Schlagzeile uns auf den Instinkt weist, könnte man als ein Abirren gerade von diesen Einsichten ansehen. Wir entnehmen es, der Sache nach, dem letzten Vers der Perikope. Rudolph macht zwar mit Recht darauf aufmerksam, daß es für die antike Welt- und Naturbetrachtung Instinkt und Naturgesetz in unserm Sinne nicht gibt – alles gehorcht dem Befehl Gottes. Und doch wird man, was das theoretische Denken noch nicht erfaßt hat, in der praktischen Anschauung der Natur, in diesem Falle: im Zug der Vögel unmittelbar wahrnehmen. Sie „wissen" in einer erstaunlichen Weise um die „Ordnung" Gottes (מִשְׁפָּט). Mit einer geradezu frappanten kalendarischen Präzision tun sie das Naturgemäße. Moderne Verhaltensforschung veranschaulicht uns diesen Tatbestand aus dem Tierreich in faszinierender Weise. Welche Sicherheit und Zuverlässigkeit, welche Einfühlung und Einordnung, was für ein Einssein mit der Aufgabe, Leben zu erhalten, zu fördern, zu bergen, zu schützen und fortzupflanzen; welcher Gemeinschaftssinn in der selbstverständlichen Handhabung und Einhaltung der Rituale, die das Miteinander (auch in den Konflikten) regeln. Wenn wir Menschen davon mehr hätten! Im Vergleich zum Tierreich scheinen wir entwurzelt, aus der Ordnung gefallen, unbehaust, instinktunsicher, allem möglichen Verschrobenen verfallen, krank an Herz und Seele. Das Nervenbündel Mensch, so unsicher, oft so unnatürlich, in seinen Reaktionen nicht selten unberechenbar, nach allem Möglichen suchend und tappend – und eben in dem allem schuldig werdend an seinen Mitmenschen, an der Gesellschaft, am Leben überhaupt.

Richten wir den Blick speziell auf des Menschen Handeln und seine Lebensführung. Das Schlimme an ihm ist nicht, daß er „abirrt", sondern daß er den einmal eingeschlagenen falschen Weg mit einer unbeirrbaren Selbstverständlichkeit, ja Sturheit weitergeht (V. 4). Was wäre dabei, wenn er es sich und anderen eingestehen wollte: ich habe mich verirrt, es darf mit mir nicht so weitergehen? Das schlösse freilich das Eingeständnis ein, daß man sich verfehlt hat. Wie oft erwischen wir uns selbst und andere dabei, daß wir, was wir aus Schwachheit getan haben, nun trotzig zum Grundsatz erheben („mit voller Absicht", „mit gutem Grunde" – „oh, das ist wohlüberlegt!"). Wir sind erfinderisch darin, Begründungen für unsere Einbrüche zu finden, sie damit nachträglich zu legalisieren und geradezu zur Maxime zu erheben. Oder noch anders, viel weniger rational: In dem krankhaften Bestreben, recht gehabt zu haben und um keinen Preis das Gesicht zu verlieren, rennen wir den Irrweg weiter „wie ein Roß, das in der Schlacht dahinstürmt" (V. 6), aufgeregt, leidenschaftlich, noch angetrieben (von wem?), mit der unberechenbaren Vehemenz eines Wasserfalls (s. o.). – Oder mit dem anderen Beispiel aus dem Leben: Man sollte meinen, daß einer, der hingefallen ist, sofort wieder aufsteht. Stolpern, fallen, daliegen – das kann es geben in unserm Dasein. Wem widerführe es nicht? Nur, daß man aus dieser Situation nicht wieder herauswill, das ist alles andere als selbstverständlich – und doch im gelebten Menschenleben so häufig. Der Prophet erkennt darin die Unbereitschaft zur „Umkehr" in seinem Volke. Kein Kurswechsel! Keine Neubesinnung! Immer weiter im alten, unheilvollen Stil!

Unsere Lage in der modernen Menschheit ist vielleicht insofern noch schwieriger, als uns nicht nur die Instinktsicherheit fehlt, mit der man zur „Ordnung" zurückkehrt, sondern wir an der „Ordnung" Gottes als solcher irre geworden sind. Man wird es verstehen: gerade jungen Menschen ist der Begriff durch das, was man uns als „Ordnung" vorgeführt hat, so tief verdächtig geworden, daß man dabei immer den Unterton des Zwanghaften und der Tyrannei mithört. Da könnte es denn wirklich eine Hilfe sein, daß das Wort „Recht des Herrn", das wir mit „Ordnung" wiedergaben (so auch Rudolph), in so engem Zusammenhang mit der Natur gesehen wird. Wir waren so stolz darauf, uns die Natur „untertan" zu machen, indem sie uns zu allem dienen sollte, was uns einfiel. Wir waren auf die „Machbarkeit aller Dinge" stolz. Erwies sich – um nur ein Beispiel zu nennen – der Mensch für die von modernen Flugkörpern erreichten Geschwindigkeiten als ungeeignet, nun, so erklärte man ihn als „Fehlkonstruktion" und überlegte, wie man den neuen, der Technik angepaßten Menschen schaffen könnte. Inzwischen ist die Biogenetik längst erschrocken über die in ihr liegenden Möglichkeiten. Wir merken, daß wir aus der gegebenen Ordnung der Natur und der Welt nicht ausbrechen dürfen. Es könnten sich doch Ansätze dafür finden, daß der Begriff Ordnung für uns eine neue Dignität gewinnt. Wir haben, auch im Rahmen dieser Textreihe, zu oft davon gesprochen, daß das Gesetz in seiner Geschichtlichkeit variabel ist, als daß jemand auf den Gedanken kommen könnte, wir wollten „der Juden Sachsenspiegel", das biblische Gesetz, unbesehen auf unsere Situation übertragen. Aber es darf nicht dazu kommen, daß die Zugvögel auf die Dauer mit ihrem Instinkt uns weiterhin so weit voraus bleiben.

Zurück zur Hauptlinie: Gott sucht Menschen, die bereit sind, „umzukehren". Er hat auch bei uns sehr genau hingesehen und hingehört (V. 6). Er kennt ja unsere Gedanken, hört, was wir reden, geht mit auf unsern Wegen, weiß, was wir tun und was wir zu tun versäumen. Er findet lauter Menschen, die vor sich selbst noch nicht erschrocken sind. „Keinem tut seine Bosheit leid, daß er spräche: Was hab ich getan?" Jesus hat es schwer gehabt nicht mit denen, die eingebrochen waren und denen es leid tat, sondern mit den anderen. Auch in der religiösen Form gibt es Gottverschlossenheit und Verhärtung. Gott erlebt es am Volk seiner Wahl, an der Kirche. „Ein Ochse kennt seinen Herrn und ein Esel die Krippe seines Herrn; aber Israel kennt's nicht, und mein Volk versteht's nicht" (Jes. 1,3). Auch die vierbeinigen Kreaturen haben Instinkt wie die geflügelten. Nur die zweibeinige und vernunftbegabte Kreatur, die verharrt in ihrem sündigen Eigensinn. Gott hat es schwer mit uns.

2.

Mit dem, was jetzt zu bedenken ist, soll auf das Thema des Sonntags: „Weltgericht" eingegangen werden. Der Text spricht es nicht ausdrücklich an. Es findet sich sozusagen zwischen dem Geäst seiner Gedanken, und zwar so, daß das Gericht sich gegenwärtig schon vollzieht. Man wird nicht generell sagen dürfen, die Weltgeschichte sei das Weltgericht, obwohl der Satz eine Teilwahrheit ausspricht. Nicht alle Schuld rächt sich auf Erden. Oft genug ist es, gerade im Alten Testament, die Anfechtung der Frommen, daß es den Bösen gut geht, während die Frommen leiden. Sowohl im großen wie im kleinen Maßstab gilt, daß die Verläufe irdischen Lebens mit keiner Gerechtigkeits- oder Vergeltungsformel zu erfassen sind; überhaupt ist der Gott der Geschichte, im Großen wie im Kleinen, der Deus absconditus. Seine richtende Gerechtigkeit wird erst noch hervortreten, im Eschaton. „Wir müssen alle offenbar werden vor dem Richterstuhl Christi, auf daß ein jeglicher empfange, wie er gehandelt hat bei Leibesleben, es sei gut oder böse" (2. Kor. 5,10 – Wochenspruch).

Dennoch ist Gottes judikatorisches Handeln auch jetzt schon im Gange. Schon darin, daß wir uns vor ihm verantwortlich wissen. Davon war vorhin bereits die Rede. Auch durch Wegsehen – jeremianisch gesprochen: so, daß man „seiner nicht mehr gedenken" will (20,9) – sind wir dieser Verantwortlichkeit nicht ledig. Gott achtet auf uns und hört hin (V. 6); früher oder später wird er uns stellen. Viel stärker weist uns der Text aber dadurch auf Gottes Richten, daß Sünde mit Sünde bestraft wird. Als Sünder leben wir uns selbst zum Schaden. Mit der Sünde zerstören wir unser Leben. Sie ist „der Leute Verderben" (Prov. 14,34).

Es ist nicht schwer, dies aus der Erfahrung des Lebens aufzuzeigen. Der ichzentrierte Mensch stößt seine Mitmenschen vor den Kopf und wird einsam. Der Lügner (V. 6) hat bald das Vertrauen der anderen verloren. Wer die Arbeit nur als Mittel zum Geldverdienen ansieht und nicht als Dienst an den Mitmenschen, darf sich nicht wundern, wenn er an ihr keine Freude findet, sondern nur Mühsal und Last darin erkennt. Wer, denkfaul und oberflächlich, immer nur auf die ersten besten Vergnügungen aus ist, wird sehr bald – in seiner Sprache – sagen, das Leben „stinke" ihn „an". – Was wir soeben an Beispielen aus dem privaten Leben belegten, wäre auch im Verhältnis der Völker und Staaten zueinander aufzuzeigen. Das Unrecht, das die einen den anderen zufügen; das skrupellose Spiel mit der Macht; Provokation statt Entspannung; Konfrontation statt friedlicher Koexistenz: dies und ähnliches vergiftet die Atmosphäre und stört das Zusammenleben. Wo gesündigt wird, da lebt man sich selbst zum Schaden.

Der Text zeigt die Lage noch erregender. Es wäre das Normalste von der Welt, daß man nach dem Hinfallen wieder aufsteht, und daß man nach Einschlagen eines falschen Weges wieder umkehrt. Das einzig Vernünftige tut der Sünder *nicht*. Er verweigert die Umkehr. Er verfällt einem furchtbaren Zwang zum Weitersündigen. Einmal deshalb, weil jede Niederlage uns schwächer macht. Zum soundsovielten Male eingebrochen, glauben wir zuletzt selbst nicht mehr an die Normalisierbarkeit des Lebens. Es ist dabei nicht nur an Suchtkranke zu denken. Das Einwilligen ins Böse läßt leicht die Meinung entstehen, hier komme man nicht wieder heraus. Zudem – wir greifen vorhin Gesagtes wieder auf –: Wir pflegen uns unsere Einbrüche nicht einzugestehen, anderen erst recht nicht. Weil das so ist, fangen wir an, unsern falschen Weg zu verteidigen. Damit bestärken wir uns selbst in unserm Bösen. Endlich: Es gibt Situationen, in denen der Zwang zum Weitersündigen von außen über uns kommt. An vielen Kriminalgeschichten kann man es studieren. Durch Schuld fällt man dem Erpresser in die Hände und fügt, um die eigene Haut zu retten, ein Verbrechen zum andern. Das zugkräftigste Argument des altbösen Feindes: Du hast nichts mehr zu verlieren, mach weiter so!

Man könnte von den hier angesprochenen Einsichten her z. B. den Nonsens der Aufrüstung durchleuchten. Der alte Drahtzieher im Hintergrund des Weltgeschehens, der „Fürst dieser Welt", leistet hier sein Meisterstück und genießt seine Erfolge. Jeder weiß, wie sinnlos das Ganze ist, aber es kommt nicht zum Zurück (V. 4b). Die Angst vor dem andern macht unfrei. Wir leben uns selbst zum Schaden. Man tut das politisch, militärisch, wirtschaftlich und menschlich Sinnlose, weil „die Sünde der Welt" – wie die Bibel dieses menschheitsweite Grundübel nennt – es zu vernünftigem Handeln nicht kommen läßt. „Warum geht dieses Volk", warum gehen die Völker bzw. ihre Verantwortlichen, „fehl in immerwährender Verirrung?" (V. 5). Gesegnet sei der, der dem andern die Hand hinstreckt. (Daß ein Buch wie dieses die Fragen grundsätzlich sieht und nicht die aktuellen Tagesfragen der Weltpolitik angeht, ist einfach ein Erfordernis der Kompetenz; der mangelnden Kompetenz im Politischen; der im Auftrag der Kirche begründeten Kompetenz im Geistlichen. Daß wir *alle* Sünder sind, verbietet es uns, im Namen Gottes über die einen oder die anderen zu Gericht zu sitzen. Dies ist und bleibt in der alleinigen Kompetenz Gottes.)

Wie wichtig es ist, daß – über den Text hinaus – der Blick des Glaubens auf das nur eschatologisch zu verstehende Weltgericht geht („von dort wird er kommen, zu richten...“), kann man gerade aufgrund der zuletzt angestellten Überlegungen erkennen. Daß uns etwas gelingt, ist noch nicht der Freispruch Gottes; daß wir irgendwo Schaden leiden oder unterliegen, besagt nicht, daß er uns verurteilt hat. Wir würden mit Sicherheit übereinander mit unseren Anklagen und Verurteilungen herfallen, wenn Gottes Wort uns nicht dazu anhielte, uns vor dem zu beugen, der das letzte Wort spricht. Wir sind virtuose Pharisäer: wir sind groß darin, den andern zu verachten, zu verurteilen, zu verteufeln und dann womöglich festzustellen, daß es ihn zu Recht getroffen hat. Unsere private, familiäre (usw.) Situation, auch die große Weltlage, haben wir selbst durch das, was wir sind, mitgeschaffen. Das, worunter wir seufzen, geht auch auf unser Konto. Es ist ernst gemeint, wenn wir in unserer Schlagzeile nicht von anderen reden, sondern von uns. So schwer hat es Gott mit uns: wir leben uns selbst zum Schaden.

3.

Was jetzt noch zu sagen ist, ist nun vollends nicht aus dem Wortlaut, sondern aus der Tonart des Textes zu entnehmen. Wir leben Gott zum Kummer. Der Ton ist nicht der der Drohung, der Anklage oder der Verurteilung, sondern des bekümmerten Sich-Wunderns. Was man von jedem Menschen erwarten würde, sofern er sich normal verhält (V. 4) und was die Tiere mit ihrer instinktiven Sicherheit tun (V. 7): die Menschen ringen sich nicht dazu durch, sie finden nicht zurück zu Gottes guter Ordnung. Gott kann s nur trauernd feststellen. Er will nicht daß wir uns quälen in unserer sündigen Selbstverwirrung und Selbstzerstörung. Gott will Leben erhalten. Gott sieht gern glückliche Menschen. Er leidet mit am Leid der Menschen, er freut sich mit an ihrer Freude. So ist es schon im Alten Bunde, im Neuen Bunde erst recht.

Jeremia ist überwiegend Unheilsprophet. „Vom Norden her siedet das Böse", von daher wird also das Unheil losbrechen (1,14). Israel hat seinen Gott verlassen, die Zeit der ersten Liebe ist dahin (2,1–13). Der Abfall Israels ist widersinnig; in der ganzen Welt gibt es dafür keinen Präzedenzfall (2,10f. – von Rad, ThAT II, S. 205). Israel hat die Ehe mit Gott verlassen (3,1ff.). In falscher Sicherheit schwört man auf den Tempel (7,26). Aber Gott wird „das Geschlecht seines Grimmes" von sich stoßen (7,29). Es könnte alles anders werden, wenn sie ihr Leben und Tun bessern wollten (7,3). Wie der Töpfer den schon geformten Ton noch einmal in eine ganz andere Form bringen kann, so ist Gott auch hinsichtlich Israels zu ganz neuen Entschlüssen bereit (18,1ff.). Aber es ist nichts mit den Schalmeientönen der Heilspropheten (23,9ff.; 28). Gottes Gericht wird sich erfüllen.

Und doch ist aufgefallen, daß der Ton der prophetischen Predigt bei Jeremia eher der des Leidens als des Drohens ist. Man kann das im Naturell des Propheten begründet sehen. Jeremia selbst hat darin Gottes eigenes Herz wiedererkannt. Gott hat Sehnsucht nach dem Verlorenen (2,1–13). Er überhört nicht das jämmerliche Schreien der Menschen (3,4f.). Auch sein Bote erleidet das Schicksal seines Volkes bis an die Grenzen der Tragkraft (von Rad, S. 207). Es tut Gott selbst weh: „Mein Volk hat mich vergessen seit unzähligen Tagen" (2,32). Und als sich alles erfüllt hat, läßt Gott in sein Herz blicken: „Ich weiß wohl, was für Gedanken ich über euch habe . . ., Gedanken des Friedens und nicht des Leides" (29,11). Auf diesem darf man wohl auch unser Textwort verstehen.

Wir leben Gott zum Kummer. Gott leidet an seiner Welt. Wenn er „sieht und hört" (V. 6), dann nicht nur als der Aufpasser, der alles in die Akten bringt. Die Fakten, die uns in Nachrichtensendungen bekanntgemacht werden, kennt er ja schon zuvor. Vieles, was er sieht und hört, tut ihm weh. Wenn wir es nicht aus Prophetenworten heraushörten, müßte es vom Neuen Testament her deutlich werden. In seiner Menschwerdung nimmt Gott an den Leiden der Welt teil. Über Jerusalem weint er. Ihn faßt das Erbarmen über die verirrten Menschen. In ihren Häusern findet man ihn, bei ihnen am Tisch. Um der Sünde der Sünder willen wird er umgebracht. Das nimmt er auf sich. Die Gerichtspredigt der alttestamentlichen Propheten war nicht leeres Drohen. Gottes Widerstand gegen das, was die Welt zerstört, mußte sein. Jesus fängt das auf, zieht es auf sich. Wir brauchen unsere Sünde nicht mehr zu verteidigen, weil sie nicht mehr unser Konto belastet. Was Gott bekümmert hat, hat er zu seiner eigensten Last gemacht. Aus dem Mit-Leiden ist das Für-Leiden geworden. Am Karfreitag sieht man, wie schwer Gott es mit uns hat. Das Gericht hat ihn selbst getroffen. Wer an Christus glaubt, den belastet nun nichts mehr, und er kann getrost neu anfangen.

Bußtag. Luk. 13,22–27 (28–30)

Ein in der vorliegenden Form sehr geschlossener Abschnitt (die VV. 28–30 gehören, wie sich zeigen wird, dazu), von Lukas jedoch aus verschiedenen Materialien komponiert. Die Berührungen mit Matth. 7,13.14.21–23; 25,11f. sind zwar unverkennbar, „aber weit von wörtlicher Gemeinsamkeit entfernt" (A. Schlatter). Bei Matthäus (7,13f.) zwei Türen, hier nur eine, die sehr eng ist. Bei Matthäus (25,11) ist die verschlossene Tür ein Zug im Gleichnis von den zehn Jungfrauen; hier schließt sich die Erwähnung der Tür von V. 25 nur assoziativ an die von V. 24 an, allerdings so, daß die Szene von Matth. 25,11 beschworen wird. Matth. 7,22f. kehrt bei Lukas in verknappter Form wieder (Schlatter z. St. übertreibt m. E. die sachliche Verschiedenheit).

Matth. 8,11f. sind von Matthäus sinnvoll an die Geschichte vom Hauptmann angeschlossen; daß Lukas sie an anderer Stelle hat, läßt die ursprüngliche Selbständigkeit erkennen. Sollte Lukas aus Q schöpfen? Dann wäre er (oder Matthäus?) mit dem Material sehr frei umgegangen. Die freie Verwendung der Materialien deutet eher auf mündliche Überlieferung. Die enge Tür, die verschlossene Tür (und das Verlangen, sie zu öffnen), das Heranströmen der Völker zum großen Gastmahl Gottes (Jes. 25,6–8; Matth. 22,1–14; Luk. 14,16ff.; auch Jes. 2,2ff.; 49,12; Micha 4,1), besonders auch das Wort von den Letzten und Ersten (Mark. 10,31; Matth. 19,30; 20,16) mögen „stehende" Motive sein, die in der Predigt der Urchristenheit, ja vielleicht in Jesu eigener Predigt vielfältig, also auch in verschiedenen Zusammenhängen, vorgekommen sein dürften. Die von Lukas getroffene Zusammenstellung verfährt nur dann „höchst ungeschickt" (Bltm., GsTr., S. 137f.), wenn man es der Verkündigung Jesu oder auch der Gemeinde grundsätzlich verbietet, Predigtmotive zu variieren, also mit bildsamem Material frei umzugehen. Wie verschieden die Ausleger über die vorliegende Perikope urteilen, mag man aus Grundmanns Kommentar (z. St.) ersehen. Daß ein Wort wie VV. 25f. „auf Jesu abgeschlossene Wirksamkeit zurückschaut und ihn sich als Weltrichter proklamieren läßt" (Bltm., a. a. O., S. 123), auch daß Jesus sich als Pförtner an der Himmelstür darstellt, braucht m. E. durchaus nicht darauf zu deuten, daß sekundäre Bildung der Gemeinde vorliegt. Die Predigtsituation macht auch den „künstlichen" Übergang von V. 24 zu V. 25 begreiflich (E. Grässer, Das Problem der Parusieverzögerung... Berlin 1957, S. 193). Der Gesichtspunkt der Naherwartung ist durch den der Unvorhersehbarkeit des Endes ersetzt (H. Czlm., Die Mitte der Zeit, [4]1962, S. 100f.); Lukas erweist sich darin als ausgezeichneter Theologe (vgl. unsere letzte Auslegung).

Der Bußtag hat sein Gesicht verändert. In einer Zeit, die noch ungebrochen volkskirchlich denken konnte, vermochte man zu sagen: hier „tritt das ganze Land und Volk vor Gott mit dem Bekenntnis seiner Schuld und mit dem Gelöbnis der Umkehr und Besserung" (Fr. Niebergall in RGG[2] I, Sp. 1388). Von seiner Entstehungsgeschichte her ist der Bußtag damit richtig charakterisiert: in Gefahren- und Notzeiten hat man – im Sinne dessen, was prophetische Verkündigung im Alten Testament gewollt und gemeint hat – nach dem fordernden Willen Gottes gefragt, und im Vordergrund stand die „gemeinsame öffentliche Schuld" (M. Doerne, Furcht ist nicht in der Liebe, 1947, S. 261). Die Gemeinde, die sich am Bußtag zusammenfindet, wird ihre Aufgabe in der priesterlichen Stellvertretung für die vielen sehen, die sich zu gleichem Tun nicht bewogen fühlen. Die Gemeinde lebt nicht isoliert in der Welt; wie auch sonst soll sich in solcher Stellvertretung ihre Proexistenz bewähren: ihr – nicht zu unterschätzender – Beitrag zum Fortbestand der Welt.

Diesmal freilich leitet uns der Text nicht an, gemeinsame öffentliche Schuld zu bedenken. Es geht um „Buße überhaupt". Man ist auf dieses Thema zunächst nicht gefaßt. Der Text zeigt überraschende Wendungen und Kehren. Die Predigt wird sie hoffentlich der Gemeinde bewußt machen. Auch auf das Buß-Thema kommen wir unerwartet. Aber gerade darin liegt ja eine der wesentlichen Pointen des Textes, ja wohl die entscheidende. Der ganze Text steht unter der an Jesus gerichteten Frage: „Herr, sind es wenige, die gerettet werden?" (Man mag sich bei Grundmann Auskunft darüber holen, wieso die Frage damals in der Luft lag.) Allerdings sind die aus dem Text hervortretenden Antworten samt und sonders keine direkten und präzisen Antworten auf diese Frage. Sähen wir dies als Mangel an, so hätten wir überhaupt nichts begriffen. Wir werden herauszufinden und der Gemeinde deutlich zu machen haben, wieso eben darin die Antwort liegt, daß Jesus so tut, als wäre ganz anders gefragt, bzw. daß er sich durch die Art der gestellten Frage nicht festlegen läßt.

Damit soll noch nichts gegen die Frage überhaupt gesagt sein. Sie wird sich gerade dann einstellen, wenn der äußere Erfolg der Wirksamkeit Jesu und seiner Leute ausbleibt oder schwindet. Rengstorf macht darauf aufmerksam, daß für Lukas V. 22 mit dem Folgenden sehr wohl in engerem Zusammenhang stehen könnte; dann nämlich, wenn es sich nicht nur um eine Bemerkung zum äußeren Rahmen (und, so gesehen, etwa gar um eine bloße

schriftstellerische „Naht") handelte, sondern wenn damit etwas sachlich Wichtiges ausgesagt wäre. Durch die Städte und Dörfer zieht Jesus, weil er Menschen erreichen will, zu
denen er bisher noch nicht vorgedrungen ist (vgl. Röm. 15,20.23). Aber dies geschieht
eben „auf dem Wege nach Jerusalem" (vgl. 9,22.44.51). Wie nun, wenn alle von Jesus auf-
gewandte Mühe ein Fehlschlag ist? Wie, wenn der Frager und seine Freunde sich einer
vergeblichen Sache verschrieben haben? Schon so gestellt, wäre die Frage verständlich.
Aber sie lautet noch anders: Ob es wohl nur wenige sind, die *gerettet* werden? Da ist
nicht mehr nur nach dem Erfolg oder Mißerfolg Jesu und der Seinen, sondern nach den
Menschen gefragt, denen dieses ganze Unternehmen gilt. Man übersehe nicht: „ selig
werden" (Luther) bedeutet ja nicht nur, daß man „glückselig" wird im Sinne einer
eudämonistischen Lebensanschauung oder Grund hat, befriedigt zu schmunzeln wie die
„Seligen" im Bogenfeld des sogenannten Fürstentors am Bamberger Dom; „selig werden"
heißt nach dem Urtext und im Sinne des ganzen Neuen Testaments „gerettet werden" –
aus der Trostlosigkeit eines verfehlten Lebens, aus dem Preisgegebensein an Gottes Ver-
werfungsurteil, aus der Verlorenheit, die dann unser Schicksal sein müßte, wenn es Jesus
nicht gäbe.
Die in unserm Text gestellte Frage muß uns schon bedrängen, wenn wir an vergangene
Generationen und an die unsere und auch an die Menschheit der Zukunft denken. Wer
meint, daß es hier keine Gefahr gebe, der mag ruhig schlafen. Auch wer sich damit be-
ruhigt, daß es sich für einen Gott, der etwas auf sich hält, gezieme, unterschiedslos alle
Menschen selig zu machen. Die Perikope läßt indessen keinen Zweifel aufkommen, wie
ernst die Lage ist. Die Frage des „Jemand" (V. 23) kommt also nicht aus einer Gemeinde,
die am eigenen Bestand und an ihrer Zukunft interessiert ist, als ginge es zuerst um sie
selbst. So, wie hier gefragt wird, fragt die Sorge um Mitmenschen: um bekannte und
unbekannte, Menschen von einst, von heute, von morgen. Man liest im 4. Esrabuch:
„Diese Welt hat der Höchste um vieler willen geschaffen, aber die zukünftige Welt nur
für wenige; . . . viele sind geschaffen, aber wenige gerettet" (zit. nach Grdm. z. St.).
Gottes Heil – eine elitäre Angelegenheit? Man erschrickt. Wer so fragt wie der Frager von
V. 23, ist offensichtlich aufgewacht aus der sträflichen Ruhe, die sich am eigenen Heil
genug sein läßt, mag aus den anderen werden, was da will. Soviel zum Hintergrund.
Werden nur wenige gerettet? Jesus antwortet: (1) *Frag nicht so falsch!* (2) *Sei nicht so
sicher!* (3) *Denk nicht so eng!*

I.

So dringlich die Themafrage uns soeben schien: Jesus beantwortet sie nicht. Deshalb,
weil sie in sich falsch ist. Man kann – auch sonst – falsch fragen und wird in solchem
Falle eine falsche Antwort erhalten können. Die richtige Frage könnte man aus Jesu
Antwort erschließen. Jesu Antwort lautet: „Kämpft darum, durch die enge Pforte einzugehen!" Der Frager war, wie es scheint, mit dem Wohl und Wehe der anderen beschäftigt, weil er wohl gemeint haben mag, in seinem eigenen Falle sei hier nichts mehr zu
fragen. Statt dessen wird ihm deutlich gemacht, daß für ihn, nein: für alle die, die die
Antwort hören, noch alles offen ist, alles auf dem Spiel steht. Es ist nichts mit der Selbstsicherheit, die meint, die reservierten Plätze im Reich Gottes werde uns niemand streitig
machen können. Wir werden um den Zugang zu diesem „Hause" kämpfen müssen.
Damit hängt ein Weiteres zusammen. Es geht hier um eine Sache, die man von der Position des Zuschauers aus nicht mitbekommt. Gesetzt den Fall, niemand wollte uns den
Zugang zu Gottes Reich verwehren: es könnte trotzdem nur falsch werden, wenn man die
Frage nach dem Heil von außen her, auf Distanz, zu beantworten suchte. Es gibt schon

Fragen, die man so stellen kann: ob der Maulwurf blind ist oder nicht; wie stark die Eisschicht der Antarktis an ihrer mächtigsten Stelle sein dürfte; ob Wallenstein seinen Tod vorausgeahnt hat. Nach dem, worum es im Worte Gottes geht, kann man nicht so fragen. Denn es meint nicht Tatsachen, die gleichermaßen wirksam sind, ob ich mich nun für sie interessiere oder nicht. Das Wort Gottes wendet sich immer direkt an mich und fordert mich zum Aufmerken, zur Stellungnahme, zur Umkehr, zum Vertrauen, zum Schritt nach vorn, zum Wagnis heraus. Nicht so, daß es, weil dem so ist, abwegig sei, nach dem zu fragen, was Gott – extra nos – gesagt, getan, verheißen hat. Was mich zur Stellungnahme, zur Umkehr, zum Neuanfang, zum Vertrauen und zur Hoffnung herausfordert, ist ja gerade das, was Gott – auf mich hin – getan hat, ohne daß ich damals schon mit auf der Szene gewesen wäre. Auf unsern Text bezogen: Weil Jesus da ist, ist da auch eine Tür – die Frage ist: ob ich hindurchgehen werde. Da ist schon ein Haus – die Frage ist: ob ich darin meinen Platz einnehmen werde. Ohne diese Tür und ohne dieses Haus wäre all mein Kämpfen sinnlos. Aber es muß gekämpft werden. Es kann etwas kosten: eine alte Lebensgewohnheit; einen Plan vielleicht, mit dem wir uns sehr befreundet hatten; ganz sicher unser anspruchsvolles liebes Ich, das immer recht gehabt haben will. Verständlich, daß wir hier gern ausweichen. Wir tun es meist nicht so, daß wir uns in aller Form von Gott lossagen, sondern so, daß wir uns hinter frommen Problemen verschanzen. Meist sind es Zuschauerfragen, die wir dann vorschieben. Ob Gott sei und wie man ihn sich vorzustellen habe. Oder der christliche Glaube sich mit modernem Denken verbinden lasse. Ob Beten sinnvoll sei. Welche Bewandtnis es eigentlich mit der Prädestination habe. (Letztere Frage, übrigens der Frage unseres Textes benachbart, ist für Ausweichmanöver besonders brauchbar, weil hier ein bündiges Ergebnis am wenigsten zu erwarten ist.)

Ob wenige selig werden? Doch, die Frage kann schon sinnvoll gestellt werden, sie meldet sich sogar immer wieder. Gesegnete – Verfluchte (Matth. 25,31.41)? Drinnen – draußen (Offb. 22,14f.)? Apokatastasis panton oder partikulares Heil? Kann jemand selig sein, wenn er andere unselig weiß? Die Fragen sind schon da. Aber sie sind zuletzt Gottes Fragen allein. Gelänge es uns, die Antworten in der Form festformulierter Lehrsätze zu geben, dann wäre jeder von uns nichts weiter als einer der vielen Fälle, die im allgemeinen vorentschieden – nein, eigentlich überhaupt nicht entschieden, sondern metaphysisch vorgegeben sind. Vergleichbares schon im Alltagsleben: Mit 65 Jahren tritt man ins Rentenalter; da ist nichts zu „kämpfen", zu entscheiden, zu hoffen, zu bangen; das kommt auf den Menschen (so er es erlebt) problemlos zu, sein Herz und Gewissen werden von dieser Sache nicht in Anspruch genommen – außer dem einen, daß er sich wahrscheinlich auf die Vorzüge und Annehmlichkeiten seines künftigen Lebensstandes freut. Das Allgemeine verwirklicht sich *sowieso*. Das Christsein und damit das Gerettetsein *nicht*. Hätte Jesus im Sinne des Fragers geantwortet, so hätte seine Antwort lauten können: Alle. Oder: Niemand. Oder: Ein bestimmter Prozentsatz. Auch in letzterem Falle hätte sich die Frage nach der Rettung noch nicht in eine Existenzfrage verwandelt; sie wäre zu einer Frage der Statistik geworden. Von uns aus gesehen: „Ob ich wohl drunterfalle?" So fragt der Glaube nicht. Das Seligwerden ist *Geschehen*. Da fallen Entscheidungen.

Jesus könnte es auch so gesagt haben: „Laßt das, was ihr gefragt habt, *meine* Sorge sein! Ringet *ihr* aber danach, daß *ihr* durch die enge Pforte eingeht! Und was die anderen angeht und ihr ewiges Geschick, so diskutiert darüber nicht bis in die Nacht, sondern geht hin und verkündigt ihnen das Reich Gottes (9,60). Bemüht eure Phantasie nicht um den mutmaßlichen Ausgang der Glaubens- und Unglaubensgeschichte der Menschheit, sondern habt Phantasie in der Bemühung um den Mitmenschen. Denn daß *ihr* selig werdet, das wird sehr eng mit dem anderen zusammenhängen, daß durch eure Vermittlung und Verkündigung auch andere selig werden. Vergrab dein Pfund nicht, du verlierst es sonst!" Wir haben uns nicht in Spekulationen zu verlieren, sondern zuzufassen und zu tun, was von uns erwartet wird.

2.

Das soeben Ausgeführte wird nicht dadurch zurückgenommen, daß Jesus fortfährt, indem er nun doch noch etwas direkter antwortet. Wir haben die zugespitzte Form der Anrede in unserer Teilüberschrift beibehalten bzw. dem Logion Jesu einen Sinn abzugewinnen versucht, der dieser zugespitzten Form entspricht: Sei nicht so sicher! Jesus drückt es – stärker objektivierend – so aus (auch jetzt transformieren bzw. deuten wir noch): Wundert euch nicht, wenn viel *weniger* Menschen gerettet werden, als ihr meint bzw. als die Betreffenden selbst meinen. „Viele werden, das sage ich euch, danach trachten, wie sie hineinkommen, und werden's nicht können."

Dem Lukas oder seinen Gewährsleuten wird die Situation lebendig, mit der das Gleichnis von den Jungfrauen schließt (Matth. 25,1–12). Es mag dahingestellt bleiben, auf welche Weise Lukas veranlaßt wurde, diese Worte in unsere Perikope aufzunehmen (s. o.). Der Faden wird von Jesus – bzw. unter Berufung auf Jesus – sogar noch weitergesponnen. Es entsteht zwischen denen vor der Tür und dem im Hause befindlichen Hausherrn ein Wortwechsel, in dem die Draußenstehenden ihre Ansprüche geltend zu machen suchen. Wie – du willst uns nicht kennen? Wir haben vor dir gegessen und getrunken, waren also deine Gäste und Tischgenossen – und Tischgemeinschaft ist nach der Sitte des Landes die engste Gemeinschaft unter Freunden –, und auf unseren Gassen hast du gelehrt! Du müßtest uns kennen, denn wir waren in der großen Traube von Menschen zu finden, die sich um dich sammelte. Du wirst uns nicht Interesselosigkeit vorwerfen. Unser Konfirmationsschein befindet sich in der Dokumentenmappe. – Vielleicht ist auf viel mehr hinzuweisen (es wäre viel zu billig, bei dieser Gelegenheit bloß wieder einmal die Volkskirche schlechtzumachen). Wir sind doch in der Gemeinde die Treuesten: die „Seele" des Hauskreises, langjährige Mitarbeiter, Synodale, ordinierte Amtsträger – und Jesus könnte sagen: Ihr seid so schrecklich sicher – dabei kenne ich euch nicht und weiß nicht, wo ihr her seid.

„Kennen" ist in der Sprache der Bibel meist viel mehr als die Bekanntschaft im äußeren Sinne, die vielleicht nicht viel mehr ist als die Möglichkeit der Identifikation (wozu auch der Personalausweis dienlich ist). „Kennen" meint die innerste Gemeinschaft, das Offensein füreinander, das Festhalten aneinander. Wenn es so ist, wie Offb. 22,11 steht, daß unser ewiges Geschick darin besteht, daß das, was jetzt schon ist, „festgestellt" wird nicht nur im Sinne einer Beweisaufnahme, sondern so, daß das, was jetzt noch bildsam und korrigierbar ist, dann in Ewigkeit *bleiben* muß: dann wird die fehlende Gemeinschaft mit Christus eben das Schicksal derer sein, die draußen bleiben. Sie haben es vorher dabei bewenden lassen, nur in äußerlichstem Kontakt mit Jesus zu stehen und trotz einer vielleicht an den Tag gelegten perfekten Kirchlichkeit Jesus nicht an sich heranzulassen; so wird es nun auch künftig dabei bleiben müssen. Er kennt sie nicht.

Der Prediger wird achtgeben müssen, daß er mit dieser notwendigen Warnung an die Sicheren und Unerschütterten nicht *die* um den Trost bringt, die wirklich gern „hinein" wollen, jedoch davon überzeugt sind, daß sie kein Recht dazu haben. Übersehen wir nicht: Jesus setzt sich hier mit denen auseinander, die ihre mehr oder weniger erheblichen kirchlichen Verdienste aufzuzählen wissen (einschließlich der Abendmahlsgänge, an die V. 26 zu erinnern scheint), die also *Ansprüche* geltend machen. Wer aus dem Evangelium lebt, dem wird es nicht einfallen, mit Forderungen aufzutreten oder gar, wenn es dazu käme, den Herrn der Ungerechtigkeit zu beschuldigen, weil er sie nicht anerkennt. – Es wäre natürlich vollkommen irrig, wegen solcher möglichen Erfahrungen vor Gottes Tür künftig das Hören auf Jesus auf den Gassen (oder wo auch sonst) und das Essen und Trinken „vor" ihm zu unterlassen. Verallgemeinern wir es: Das Sola gratia meint nicht, daß man die Verbundenheit mit Jesus sein lassen solle, weil das ja doch nur „Religion" sei. Nur: das Sola gratia gilt nicht propter religionem, sondern propter Christum. So wäre es auch verfehlt, den Grund für die verschlossene Tür darin zu suchen, daß der Kontakt mit Jesus zu wenig gepflegt worden sei: man hätte ihn ernster nehmen, mehr leisten müssen, damit man vor der Tür Jesu kräftigere Trümpfe ausspielen könne. Der Kontakt mit Jesus ist nötig, aber nicht, damit wir mit unserm Frommsein zum Zuge kommen, sondern damit er mit seiner rettenden Liebe zum Zuge kommt. Wer glaubt, wird, wenn es soweit ist, sich nicht verteidigen oder gar herausstreichen: „Wir haben vor dir . . ." Er wird sich vielmehr daran halten: „Du hast für uns . . ." Er wird für sich nichts vorbringen und es gerade dann erleben, wie der Herr – über die hinweg, die sich mit ihren Forderungen und Ansprüchen nach vorn drängen – ihm zuruft: Dich kenne ich! – Die Tür, die wir zu durchschreiten haben, ist eng (V. 24). Aber sie ist immerhin weit genug, um hindurchzukommen, wenn man nur aus Jesu Gnade lebt.

3.

Eine dritte Antwort enthält V. 29. Wir vernehmen sie wieder als Mahnung an uns: Denk nicht so eng! Vielleicht stand hinter der Eingangsfrage die Meinung, die wir aus dem 4. Esrabuch zitierten: die zukünftige Welt für eine fromme Elite, allein für das Volk der Wahl Gottes und aus diesem Volk noch die Auswahl der Besten, Frömmsten, Genauesten. Man könnte dies alles ja auch ins christliche Schema transponieren: der Himmel für Superchristen, für Asketen und Märtyrer oder – anderer Stil – für die Erweckten mit nachweisbaren Bekehrungserlebnissen und einer in aller Form vollzogenen „Übergabe". Denk nicht so eng!
Man könnte, in Analogie zu vorhin Gesagtem, Jesu Wort so umsprechen: Wundert euch nicht, wenn sehr viel *mehr* Menschen gerettet werden, als ihr meint bzw. als die Betreffenden selber meinen. „Es werden kommen vom Osten und vom Westen, vom Norden und vom Süden, die zu Tische sitzen werden im Reich Gottes." Von hier aus fällt ein Licht zurück auf V. 28. Hier stehen also die Verschlossenheit der Juden gegenüber Jesus und die Bereitschaft und Offenheit der Heiden gegeneinander. Die, die am nächsten „dran" sind, also besondere Anrechte zu haben meinen, finden sich ausgestoßen und merken auf einmal, daß sie nicht in der Gemeinschaft derer sind, zu denen sie sich immer gerechnet und als deren Nachfolger sie sich angesehen haben. Lukas hat sich für den merkwürdigen Verlauf der Heilsgeschichte immer wieder interessiert (vgl. Apg. 13,46; 28,25–28). Es ist wahr: man erkennt Gottes Weg durch diese bestimmte Geschichte, man sieht Zusammenhänge aus Verheißung und Erfüllung, Bund, Abfall und Wiederannahme, Gericht und Gnade. Nur ist es so, daß in diesem gewissermaßen auf den Straßen dieser Welt verfolgbaren und sogar markierbaren Geschehen immer wieder der Funke von Gott zu seinem Volk und zu den einzelnen überspringt, manchmal schrecklich und zerstörend wie ein Blitz, manchmal wie der Zündfunke für pneumatisches Leben. Es läuft nicht alles einlinig. Gott kann Ninive retten, wie er Jerusalem in Flammen aufgehen lassen kann.
Was uns diesmal interessiert, ist das Grundsätzliche. Wir werden uns darüber wundern, wer am Ende *nicht* in Jesu Nähe zu finden ist. Ebenso aber auch darüber, wer alles dabeisein wird. Der Jude, der gewöhnt ist, auf sein Vorrecht den Heiden gegenüber zu pochen,

wird erstaunt oder entrüstet fragen: Was sollen denn *diese* Menschen, die von ferne herangezogen kommen, um an Gottes Freudenmahl teilzunehmen? Wieso diese? Bei ihnen
fehlen doch alle Voraussetzungen! Gott sieht doch seine Leute an! – Wer so denkt, irrt
sich. Die auf ihre Rechte pochen, können vor verschlossener Tür stehen. Für andere
kann Jesus die Tür ganz weit aufmachen. Die Evangelisten schildern das immer wieder.
Was für Menschen hat Jesus an seinen Tisch geholt! Nach unseren Begriffen und Berechnungen ist, was Jesus tut, falsch und widersinnig (V. 30). Aber es geht zum Glück nicht
nach uns. Also hat sich am Ende das Seligwerden doch als eine weltweite Selbstverständlichkeit herausgestellt? Wir müßten alles Bisherige vergessen haben, wenn wir so dächten.
Keine allgemeine Lösung, die dann automatisch für alle gilt. Das Evangelium ist also
keine allgemeine Wahrheit, unter die sämtliche denkbaren Einzelfälle subsumiert werden.
Noch immer: „Ringet danach, daß ihr durch die enge Tür eingeht!" Rettung geschieht
darin, daß Menschen den entdecken, ohne den niemand zum Vater kommt. Aber nun
wird die Tür ganz weit: Jeder kann ihn entdecken, ohne Vorbedingungen, vor allem:
ohne Vorleistungen. Wenn wir es glauben, daß es Jesus ganz ernst ist mit seiner weltweiten Missions-, d. h. aber: Rettungsabsicht, dann müßten wir unsere Folgerungen
ziehen. Dann müßten wir den noch Fernstehenden so ansehen, daß wir in ihm den potentiellen Bruder erkennen. Dann gibt es keinen hoffnungslosen Fall mehr. Dann werden
wir, weil Jesus das so will, alle Menschen liebhaben und keinen aufgeben. Dann werden
wir für die Rettung der Fernsten beten, und wir werden zu ihnen hingehen.
Auf eine theoretisch gemeinte Frage antwortet Jesus so, daß er uns anredet und aufruft.
Er gibt nicht Auskünfte, sondern bringt uns in Bewegung. Unsere herkömmlichen Vorstellungen streicht er durch. Statt dessen greift er nach uns – wie er nach allen Menschen
greift. Er ruft uns heran, woher wir auch kommen mögen. Die Buße könnte diesmal darin
bestehen, daß wir uns nicht nur rufen lassen, sondern darin umlernen, daß Jesus keinen
verloren gehen lassen will. Dies könnte eine große Wende in unserer Einstellung zu den
Menschen ergeben.

Letzter Sonntag des Kirchenjahres. Mark. 13,31–37

Die markinische Apokalypse ist eine auf den Evangelisten zurückgehende Komposition. Dies zeigt
sich daran, daß das verwendete Material bei anderen Evangelisten z. T. an anderen Stellen zu finden
ist (z. B. V. 11 in Luk. 12,11 f.; V. 13a in Matth. 10,22a; V. 13b in Matth. 10,22b). Die Vorstellungen,
in denen hier gedacht ist, entstammen zu einem nicht geringen Teil jüdischer Apokalyptik; man
denkt sogar daran, daß eine jüdische Apokalypse zugrunde liege, in die Christliches eingebaut sei
(Bltm., GsTr., S. 129); christliche Zusätze seien VV. 5 f.9–11.13a.23 (ebd.). Jedoch: „keine Ausmalung des eschatologischen Endzustandes, kein nationaler Messianismus und keine jüdische Weltherrschaft, … Entfernung aller Haß- und Racheäußerungen, keine Darstellung des Völker- und Weltgerichts, keine Schilderung der zunehmenden Gottlosigkeit der Welt" (Grdm., Markus, S. 261). Vor
allem: paränetischer Grundton (Lohmeyer). Die „apokalyptischen Schrecknisse wie Krieg, Hunger,
Erdbeben (werden) nicht aufgezählt, um ‚Vorzeichen' des Endes zu nennen, sondern um die Wesens-
gestalt des dem Ende entgegengeführten Geschichtsablaufs zu kennzeichnen" (Goppelt, ThNT I,
S. 109). Übernommenes Gut „empfängt von Jesus eine neue Bestimmtheit" (Schnwd.). Dies wird
besonders deutlich am Schluß der Rede, also in unserem Abschnitt. Er enthält vieles, was unver-
kennbar Jesu eigene Art an sich trägt.
V. 31: Jesus erwartet „ein vollständiges Vergehen der alten und die Entstehung einer neuen Welt",
darin einig mit spätjüdischer Anschauung (W. G. Kümmel, Verheißung und Erfüllung, 1967, S. 84).
Keine Beschreibung der neuen Welt. Was bleibt, sind seine Worte (vgl. 8,38). Das Gesetz gilt, bis
Himmel und Erde vergehen (Matth. 5,17); Jesu Worte gelten darüber hinaus. – V. 32: Das Wort hat
Anstoß erregt; Lukas läßt es weg. Es wird auf Jesus selbst zurückgehen; „denn in der Gemeinde hatte
man kein Interesse, ihm Unwissenheit anzudichten" (Goppelt, a. a. O., S. 252). Der absolute Ge-

brauch von „der Vater" und „der Sohn" (bei den Synoptikern nur noch Matth. 11,27) hat das Wort allerdings verdächtig gemacht, da es auf hellenistischen Ursprung deute (Kümmel a. a. O., S. 34; F. Hahn, Christologische Hoheitstitel, S. 321ff.). Lohmeyer, Grundmann, Goppelt u. a. meinen jedoch, diese Redeweise sei „religionsgeschichtlich analogielos", so daß es sehr wohl möglich sei, daß das Wort „nicht nur der ältesten palästinischen Überlieferung sondern auch der Verkündigung Jesu zugehört" (Lohmeyer, von Grdm. zitiert). – V. 33: Paränetischer Ton – so weder in der jüdischen Apokalyptik noch in rabbinischer Theologie. – V. 34: Eines der Parusiegleichnisse (vgl. Matth. 24,42; 25,14ff.; Luk. 12,36ff.; 19,12ff.). Sklaven sind Verwalter des hausherrlichen Anwesens. Der Pförtner hat zu wachen. – V. 35: *Alle* sollen wachen – das Gleichnis ist von der gemeinten Wirklichkeit her entworfen. Daß das nächtliche Eintreffen des Herrn „unmotiviert" sei (Bltm., a. a. O., S. 125), kann ich nicht finden; man reise gern in der (kühlen) Nacht. Die Nachtwachen sind nach römischem Brauch gezählt (einer der Hinweise auf Entstehung des Evangeliums in Rom oder Umgebung). Der Herr kann jederzeit eintreffen; die Unbestimmtheit entspricht V. 32. Auf das Wachen hat Jesus es abgesehen, das ganze Kapitel ist paränetisch gemeint (kein apokalyptischer „Fahrplan"). – V. 37: „Die jüdische Apokalyptik ist Geheimliteratur, und das Rabbinat verbietet die öffentliche Erörterung der eschatologischen Fragen" (Grdm., S. 259). In V. 3 ist gesagt, daß diese Rede nur für vier Jünger bestimmt ist. Das letzte und entscheidende Wort sagt Jesus *allen*. Das Wachen ist der leitende Gesichtspunkt aller seiner Gegenwarts- und Zukunftsaussagen.

Sonntag vom Jüngsten Tage / Ewigkeitssonntag / Sonntag zum Gedächtnis der Entschlafenen: diese Sinntrias wird für die Predigt an diesem Sonntag zu berücksichtigen sein. Versuche, dem Gedächtnis der Entschlafenen im Kirchenjahr einen besonderen Platz zu schaffen, sind, soweit ich weiß, nirgends zum Ziel gekommen; im Bewußtsein der Gemeinde ist der letzte Sonntag des Kirchenjahres nach wie vor der „Totensonntag". Wir werden nicht gegen Windmühlen kämpfen wollen. Wir werden freilich auch die eschatologische Botschaft dieses Sonntags nicht verdrängen oder untergehen lassen. Wie sollte man auch von den in Christus Entschlafenen anders reden als so, daß man sie in der „Ewigkeit" sucht? Und wie von der „Zukunft" Jesu Christi, wenn man nicht ins Auge faßt, daß es – nach Paulus (1. Thess. 4,13ff.) – auf eins hinausläuft, ob die Grenze zum Eschaton durch Christi Wiederkunft oder durch unser „Entschlafen" überschritten wird? Das Neue Testament ist, wie die Paulusstelle zeigt, hinsichtlich des Wie der erwarteten Vollendung durchaus flexibel; wir sollten nicht engherzig sein und uns keine unbiblisch-biblizistischen Fesseln anlegen. Es dürfte sowieso schwerhalten, die eschatologischen Zukunftsaussagen des Neuen Testaments in ein einziges und stimmiges Schema zu bringen. Und wenn es gelänge? Der paränetische Grundton der Zukunftspredigt Jesu zeigt, daß es nicht auf ein objektives Wissen ankommt von dem, was sich künftig ereignen wird, sondern auf die Bereitschaft, die Zeit irdischen Lebens in Wachheit auszukaufen und für das Kommende sich offenzuhalten. Genau auf diesen Ton ist unsere Perikope gestimmt.

Es liegt im Zug unserer Zeit, daß man auch auf christlichem Boden gern „weltlich" denkt und das Evangelium fast ausschließlich danach befragt, was es für die Gestaltung und Bewältigung *dieses* Lebens austrägt und erbringt. Die Texte auch dieser Perikopenreihe haben, denke ich, dafür in der Tat vieles hergegeben, es wird auch bei diesem so sein. Jedoch darf nicht vergessen werden, daß das Evangelium in seinem Kern eschatologische Botschaft ist. Nicht, um Jenseitsträume zu nähren, sondern um Diesseitsentscheidungen zu provozieren; aber gerade das heute Fällige bekommt seinen Charakter durch das morgen Kommende. Auch das wird sich an diesem Text zeigen. Im allgemeinen Bewußtsein unserer Zeit sind apokalyptische Motive, Einsichten, Erwartungen, Befürchtungen, sogar Ängste durchaus verbreitet. Die Atomrüstung der Großmächte ist dafür der stärkste Anlaß. Wir fürchten die Schlußkatastrophe der Menschheit, und wir wehren uns dagegen, selbstverständlich mit Recht. Aber auch sonst ist uns die Brüchigkeit unserer Welt bewußt. Der Smog, auf den sich (z. B.) Tokio gefaßt zu machen und den diese Stadt auch wirklich schon erlebt hat, ist nur ein Symptom unter anderen. Was wird aus unserer Welt? Und wenn wir alle die beunruhigenden Erscheinungen unseres modernen Lebens in den Griff bekommen: ich, der einzelne Mensch, spüre die Symptome des Älterwerdens, und an anderen habe ich den Verfall schon oft erlebt; eines Tages bin auch ich dran. Gesunder Lebenswille setzt sich gegen den näherrückenden Tod zur Wehr; aber eines Tages werden wir unterliegen. Merkwürdig, daß wir das Sicherste in unserem Dasein („todsicher") so wenig in unser Denken aufnehmen und uns so wenig damit vertraut machen. Wir schieben es von uns weg, decken es zu. Der Tod sollte, wenn er kommt, für uns etwas zuvor Bedachtes, in gewissem Maße sogar innerlich Eingeübtes sein. „Lehre doch mich, daß es ein Ende mit mir haben muß" (Ps. 39,5). Mehr noch: daß „Himmel und Erde vergehen werden" (V. 31 unseres Textes). Also sollen wir immerzu mit Todesgedanken herumlaufen? Durchaus nicht – denn wovon der Text spricht, das sind erfreuliche, ermutigende, unser Hoffen beflügelnde Ankündigungen. In die Hoffnung sollen wir uns einüben. So gedenken wir auch in richtiger Weise unserer Toten und unseres eigenen – irgendwann einmal fälligen – Todes. „Erhebt eure Häupter!", heißt es in diesem Zusammhang bei Lukas (21,28). Was hinsichtlich der innerweltlichen Vorgänge und Entwicklungen die Prognostik will – sie dient ja nicht der Neugier, sondern der vorausschauenden Planung –, das sollte im Menschlichen und Geistlichen der Umgang mit Jesu Zukunftswort bewirken: *An der Schwelle zum Kommenden* (1) *an den Worten Jesu festhalten,* (2) *auf den Tag Jesu warten,* (3) *im Dienste Jesu wachen.*

I.

Vom Kommenden sprechen wir auch im innerweltlichen Sinne. Es ist ja auch keineswegs so, daß, wer auf die „zukünftige Herrlichkeit" hofft (Röm. 5,2), seine Hoffnungen für diese Welt begraben müßte. Es soll besser werden in unserer Welt: friedlicher, gerechter, weniger mühselig, weniger störungsanfällig, fröhlicher, menschlicher; darum sind wir bemüht. Die Zukunftsschau des Evangeliums will uns das nicht ausreden. Aber sie geht davon aus, daß alles Leben zuletzt zum „Vergehen" bestimmt ist (V. 31). Gelänge es, den Tod abzuschaffen, so wäre das erst recht die Weltkatastrophe. Wir müssen dahin. Ja, Jesus geht noch weiter: „Himmel und Erde werden vergehen." Was er ankündigt und bringt, muß durch den großen Bruch hindurch verwirklicht werden (1. Kor. 15,36.50). Wie sollen wir uns das denken?
Der Satz V. 31a ist naturwissenschaftlich gesehen nicht nachvollziehbar, wenn man von den Gesetzen der Erhaltung des Stoffes und der Kraft ausgeht. Die Menschheit kann aussterben; im großen erdgeschichtlichen Prozeß ist ihr Auftauchen und Vergehen geradezu eine Episode; im Maß eines 24-Stunden-Ablaufs gedacht, eine Sache weniger Sekunden. Die Menschheit ist sogar in großer Gefahr, auszusterben: dann nämlich, wenn sie sich selbst den Atomtod bereitet, und dies wäre ein schlagartiges Ende. Aber Jesus denkt ja universal, er spricht von Himmel und Erde. Man wird sich – wie immer es damit im Bereich der Naturwissenschaft stehe – klarzumachen haben, daß der Satz *theologisch* zu verstehen ist. Die ganze Welt – samt Raum und Zeit und allen in ihr waltenden Gesetzmäßigkeiten – ist umschlossen von der schöpfungstheologischen „Klammer", ist also „begrenzt" – man kann es nur im Gleichnis sagen – durch die „Wirklichkeit", die unserer Raum-Zeit-Welt jenseitig ist, so „anders", daß man mit Recht von einem „unendlichen qualitativen Unterschied" gesprochen hat. Theologische Aussagen können nicht mit naturwissenschaftlichen verrechnet werden – und umgekehrt. Im Eschaton wird die „erste" Welt für uns vergangen sein (Offb. 21,4); man wird „der vorigen nicht mehr gedenken" (Jes. 65,17).

Andere Stellen der Schrift – so die eben zitierte, auch Jes. 66,22; Offb. 21,1; 2. Petr. 3,13 – sprechen vom neuen Himmel und der neuen Erde, die an die Stelle der alten Welt treten. Wir werden dies nicht für unwichtig halten. Darin liegt ein Ja auch zur gegenwärtigen Schöpfung: Gott will nicht nur freischwebende oder auf mathematische Punkte reduzierte Menschenseelen, sondern er will *Welt*, und man wird sogar sagen müssen, daß es theologisch nicht viel austrägt, ob man vom Abbruch der alten Welt und vom Neubau der kommenden Welt spricht oder von der durchgreifenden, nun wirklich das „Ganz-Andere" hervorbringenden Verwandlung der alten. Noch einmal: Gott will *Welt*! – Aber unser Text hält sich darin in bemerkenswerter Weise zurück. Er malt uns – anders als jüdische Apokalyptik – das Kommende nicht aus. Vielleicht wäre es manchem unter unseren Gemeindegliedern lieb, wenn wir den „Himmel", in dem sie ihre Toten suchen und in den sie selbst eines Tages – jenseits aller irdischen Tage – einziehen werden, im Detail beschreiben könnten. Uns ist hier Zurückhaltung geboten. Wir predigen nicht, um Neugier zu befriedigen, sondern um zum Glauben zu rufen. Christliche Hoffnung ist dennoch nicht ein weißer Fleck. Sie geht von unserer Christuserfahrung aus. Wir fahren nicht ins „Blaue". Aber wir haben uns klarzumachen, daß bei einem von uns zu schaffenden Zukunftsgemälde die Leinwand, die Farben und die Formen alle aus dieser zeitlichen Welt stammen müßten. Über gleichnishafte Aussagen kommen wir nicht hinaus.

Kein weißer Fleck: Jesus selbst sagt uns, woran wir bei unserem Blick in die uns noch unbekannte Zukunft festhalten können und sollen: „Meine Worte werden nicht vergehen." Was ist damit gesagt? Es könnte sein, wir suchen uns aus dem Schatz der auf uns gekommenen Jesusworte nun doch diejenigen heraus, denen Auskünfte über das Kommende abzugewinnen sind. Nach dem bisher Ausgeführten wäre dies ein verfehltes Beginnen. Es wird nachher sofort noch einiges zu sagen sein, was in diese Richtung weist, aber das Vorzeichen muß ein ganz anderes sein.

Jesu Worte sind nicht Auskünfte, sondern Anrede. (Der Text zum Bußtag hat es uns anschaulich gemacht.) Jesus malt uns nicht das soeben erwähnte Bild, sondern – und darauf kommt alles an – er *redet* mit uns, und dieses Reden ist selbst das Eigentliche. In Jesus stellt Gott die Verbindung mit uns her. Sein Wort schafft Gemeinschaft. Er und wir: wir gehören nun zusammen. Nichts steht mehr zwischen ihm und uns. Daß Jesu Worte nicht vergehen, dies besagt zuallererst und eigentlich ebendies. *Daß* Jesus mit uns redet und *wie* er mit uns redet, das hört nicht auf. Diese von ihm hergestellte Gemeinschaft geht nicht mit der Welt unter, sie überdauert das Zeitliche. Daß Jesus uns annimmt, indem er mit uns redet, das bleibt, ja, es wird sich erst noch voll auswirken. Dein ist das Himmelreich – du sollst getröstet werden – du sollst, wenn du nach Gerechtigkeit hungerst und dürstest, endlich satt werden – du wirst Barmherzigkeit erlangen – du wirst Gott schauen – du wirst Kind Gottes genannt werden (Matth. 5,3–10). Was Jesus uns zuspricht – als seine Gabe schon heute –, das wird in der großen Zukunft erst recht und in unmittelbarer Anschaulichkeit unser sein. Wer etwas von seiner ewigen Zukunft heute schon erleben will, der braucht nur Jesu Wort anzunehmen: das aufrichtende, befreiende, tröstende, uns annehmende und wert achtende, uns wohltuende und in Liebe einhüllende Wort. Also doch die Punktualität der ganz aufs Innerliche zurückgeschnittenen Existenz? Wir haben bei den Seligpreisungen soeben ausgelassen: Du wirst das Erdreich besitzen. Oder man könnte noch an andere Worte denken: Wir werden miteinander vom Gewächs des Weinstocks trinken (14,25). Wir werden das Brot essen im Reich Gottes (Luk. 14,15 und das folgende Gleichnis). Oder – wenn Paulus seinen Herrn richtig verstanden und wiedergegeben hat –: Die Liebe, die Menschen nach Christi Art und in seinem Namen verbindet, „hört niemals auf" (1. Kor. 13,8). Wir suchen nicht weiter – zu leicht könnte doch die Neugier uns die Hand führen. Nur dies soll noch gesagt sein: Wir werden ihm gleich sein und ihn sehen, wie er ist (1. Joh. 3,2) – dies ist zwar nicht Jesu eigenes Wort (wie auch bei 1. Kor. 13,8), aber sachgemäße Wiedergabe dessen, was auch von Jesus selbst zu hören war. Ja, noch mehr: ihn sehen, wie er ist, das heißt ja auch: mit ihm sprechen dürfen, ungehindert, unmittelbar, in der ungestörten Gemeinschaft mit ihm. „Sie werden Gott schauen", hat Jesus selbst gesagt (Matth. 5,8). Und wer Gott schaut, der ist in ihm und durch ihn auch mit allen anderen verbunden, die ihm gehören und in ihm sind.

Dieser Blick nach vorn ist, wenn wir uns selbst jetzt richtig zugehört haben, nicht begleitet vom Seufzer einer weltfernen Sehnsucht. Unsere Schlagzeile sagte: An der Schwelle zum Kommenden an den Worten Jesu festhalten. Stehen wir auch noch vor der eschatologischen Grenze, stehen wir also Jesus auch noch nicht Auge in Auge gegenüber, so haben wir doch in seinem Worte die uns suchende und aus der Liebe kommende Anrede. In aller Verborgenheit und Indirektheit, doch das Kommende schon heute: in dem Maße, in dem wir mit Christus verbunden sind, sind wir schon jetzt „in das himmlische Wesen gesetzt" (Eph. 2,6).

2.

„Man wird den Menschensohn kommen sehen mit großer Kraft und Glorie" (V. 26). Was Jesus hier von sich sagt, kann er auch vom offenbaren Kommen der Gottesherrschaft sagen (9,1). Jesus spricht von dem „Tage" (V. 32) und meint damit den „Tag des Menschensohnes" (Luk. 17,22.26), der schnell über uns kommen kann (Luk. 21,34). Paulus spricht gern vom „Tage" (1. Thess. 5,2; 2. Thess. 2,2; 1. Kor. 1,8; Phil. 1,6.10 u. ö.). „Der Tag der Offenbarung der Herrlichkeit des Christus steht ja in allerengstem Zusammenhang mit dem Tag des Weltgerichts" (ThWNT II, S. 955). Im Unterschied zu chiliastischen Gedanken halten wir fest: der „Tag" ist eben der Zeitpunkt, an dem mit dem Kommen Jesu Christi in Herrlichkeit auch „Himmel und Erde" ihr Ende finden werden. Es ist der Tag, an dem Jesus aus seiner Verborgenheit heraustritt und allen offenbar wird in seiner göttlichen Herrlichkeit. „Der Parusiegedanke gehört nach allem, was wir wissen, zum Urgestein der Überlieferung von Jesus" (ThWNT V, S. 864). So schwer es auch mit der Zeit werden mochte, trotz seines Ausbleibens mit ihm zu rechnen: das Urchristentum hat daran festgehalten – wie ich meine, auch Johannes.

Zu den Gründen der verbalen Bezeugung, über die die Konkordanz leicht Auskunft gibt, kommen innere Gründe. Die Nichterkennbarkeit der für alle Welt zentralen Würde und Rolle Jesu, die Verborgenheit der Messianität und der göttlichen Herkunft (vgl. V. 32), also das Messiasgeheimnis, das gerade für Markus zum Verständnis und zur Erkenntnis der Person Jesu der Schlüssel ist: dies schreit geradezu nach der öffentlichen Enthüllung und nach dem Heraustreten aus dieser Verborgenheit, die im Kreuz am dichtesten und undurchdringlichsten ist. Wer das Eschaton, eingeleitet durch Jesu Parusie, nicht erwartet, muß das Reich Gottes entweder gesetzlich verstehen – Durchsetzung der Herrschaft Gottes mit äußeren Mitteln, nötigenfalls mit Macht –, oder er wird es in die reine Innerlichkeit verweisen, in den Bereich des Dennochglaubens, der es auf sich nimmt, die Situation der Anfechtung ohne Ende zu tragen. „Herr, wie lange?", fragen die Beter (Ps. 6,4; 79,5; Offb. 6,10 u. ö.). Und die Glaubenden sehnen sich nach der unmittelbaren Verbundenheit mit ihrem Herrn: „Komm, Herr Jesu!" (Offb. 22,20). Der Glaube nimmt die Verborgenheit Christi hin, aber er sehnt sich nach der zukünftigen Herrlichkeit, speziell danach, daß der himmlische Herr ihm unverhüllt schaubar wird.

Nun hat das Ausbleiben der Parusie die Gemeinde immer wieder beirrt, schon zu neutestamentlicher Zeit (2. Petr. 3,4ff.). Hat sich, was die ersten Christen erwarteten, als Irrtum herausgestellt? Sollte man sich nicht auf ein Verständnis des Evangeliums einigen, bei dem das „Von dort wird er kommen . . ." entfällt? – Wir machen uns das Zurechtkommen mit diesem entweder vergessenen oder nur noch so mitgeschleppten Glaubensartikel unnötig schwer durch unsere unangemessenen Denkgewohnheiten. Wer das Proton und das Eschaton zeitlich so aneinandergrenzen läßt wie zwei Jahre, die der Silvesterglockenschlag voneinander trennt, kommt in die Brüche. Auch der, der Jesusworte der Naherwartung und solche der Fernerwartung gegeneinander ausspielt – etwa nach dem simplen Schema: Naherwartung – echt jesuanisch (oder genuin urchristlich); Fernerwartung – Verlegenheitsauskunft der enttäuschten Generationen. Es sollte aber auffallen, daß es Jesusworte gibt, die gerade Jesu Nichtwissen bezeugen, deutlicher: in denen Jesus selbst behauptet, er wisse den Zeitpunkt nicht (V. 32). Wieso er selbst? Die soeben erwähnte Verlegenheit der Urchristenheit zu bemänteln hätte es weniger peinliche Möglichkeiten gegeben als die, daß man ausgerechnet den „Sohn" damit belastet. Jesus hat Tag und Stunde wirklich nicht gewußt – und es wäre auch ganz unsachgemäß, sie wissen zu wollen. Auf den Tag Jesu Christi sollen wir *immer* warten. Dies ist für das eschatologische Zeitbewußtsein des Urchristentums wesentlich (wie man etwa an Röm. 13,11ff. schön ablesen kann). Christliches Leben ist Leben im Interim, „an der Schwelle zum Kommenden". Der Glaube gibt sich nüchtern Rechenschaft über das Noch-nicht, aber er lebt von dem, was kommt. Glaube und Hoffnung sind im Neuen Testament zuweilen geradezu Wechselbegriffe (z. B. Röm. 8,24f.; Hebr. 11,1). Glaube *erwartet* etwas von Gott. Was noch nicht ist, wird kommen! Glaubend nehme ich meine Zukunft voraus: ich glaube mich als den Gerechten, der ich durch den Zuspruch Gottes schon bin, im eschatischen Neusein aber erst noch werde: peccator in re, iustus in spe. Glaubend nehme ich auch die Zukunft der Kirche voraus: der Haufe Menschen, dem man die Zugehörigkeit zu Gott noch so wenig ansieht, ist die Schar der Erlösten, dereinst ohne das Belastende und Deprimierende, ohne Ach und Weh. Christen leben im Interim. – Was wäre nun, wenn Jesus die Worte der Naherwartung nicht gesprochen hätte? Wir lebten dann in der jeweiligen Gegenwart, *als wäre sie nicht voll Zukunft.* „Mein Herr kommt noch lange nicht", sagt der böse Knecht (Matth. 24,48). Und wenn Jesus die Worte der Fernerwartung nicht gesprochen hätte? Wir würden dann – sofern wir die Worte zu Herzen nehmen – so auf die Zukunft aus sein, *daß wir die Gegenwart darüber verlören* und, wenn die Parusie auf sich warten läßt, *die Zukunft dazu!* Sieht man die Worte des Nichtwissens (so auch V. 33), der Nah- und der Fernerwartung ineinander, dann kommt man auf die rechte Spur. Damit ist nicht gemeint, daß man sich gewissermaßen auf das arithmetische Mittel einigt, sondern etwas ganz anderes: die Erwartung des Tages Jesu Christi *soll* in keinen eschatologischen Zeitplan eingetragen werden, sondern *jeden Tag* kennzeichnen, den wir durchleben. Das Warten auf den Tag Jesu ist fürs Christsein wesentlich.

Nicht, daß Jesu Tag nicht käme, sondern nur als eine Art eschatologisches Stimulans mich durch die Zeiten begleitete. Doch, er kommt. Wie aber, wenn er nach zwei Jahrtausenden noch nicht eingetreten ist? Für keinen von uns hat es je länger gedauert und wird es länger dauern als bis zur Erreichung der eschatologischen Grenze im Sterben. Kommt der Herr noch heute in die überraschte Welt, dann ist sein „Tag" eben das universale Ereignis, wie es die Urchristenheit zumeist sieht. Kommt er, indem er mich in meinem letzten Augenblick über die Grenze zum Eschaton zu sich zieht, dann erlebe ich seinen „Tag" eben auf diese Weise. Wir haben eingangs an 1. Thess. 4,13ff. erinnert und an die Biegsamkeit urchristlicher Glaubenssprache (vgl. Phil. 1,23). Es könnte uns guttun, auch in unserer Predigt davon etwas zu gewinnen. Wir brauchen keine apologetischen Rückzüge, wenn wir die in der Schrift gemeinte Sache nur angemessen ausdrücken.

3.

Es gilt jetzt nur noch, die paränetische Konsequenz aus dem Bedachten zu ziehen. Warten und Wachen sind sowieso dicht beieinander. Mit dem letzten Wort der apokalyptischen Rede sagt uns Jesus, worauf allein es ihm ankommt – und das allerdings müssen alle Christen erfahren. Wachet!

Das Gleichnis von den Sklaven, die das Hauswesen des Herrn versorgen und verwalten, ist der gemeinten Wirklichkeit so nah, daß es nicht erläutert werden muß. Es dürfte uns guttun, uns immer wieder daran zu erinnern, daß die Gemeinde, in der wir leben und dienen, Jesu Eigentum ist. Schon das müßte unsere Einstellung zu Menschen und Dingen und zu unseren jeweiligen Aufgaben und Verhaltensweisen erheblich korrigieren. Aber dies liegt hier am Rande. Hier geht es um die Wachsamkeit, darum also, daß wir auf den Herrn und sein Kommen gefaßt sind zu jeder Stunde, Tag und Nacht.

Es könnte sein, wir hören das nicht gern. Vielleicht wären wir lieber ungestört – also auch nicht gefaßt auf die mögliche, in jedem Augenblick drohende Störung. Matthäus hat dem Gleichnis eine solche Wende gegeben: mit dem Knecht, der, des Herrn nicht gewärtig, mit seinen Mitknechten übel umspringt, rechnet der wiederkommende Herr unbarmherzig ab. Aber das ist ja nur der ganz und gar nicht erwünschte Grenzfall. Erwünscht ist das andere, daß man auf Christus wartet wie auf einen lieben, lang ersehnten Gast, oder aber, da die Vorstellung des Gastes das Gleichnis durcheinanderbringt, eben wie den lieben freundlich-väterlichen Eigentümer des Hauswesens, den man während seiner Abwesenheit – sagen wir: seit Himmelfahrt – vermißt hat und den man lieber heute als morgen, lieber jetzt als dann, wiedersehen und wiederhaben möchte. Es kann uns ja nichts Besseres widerfahren, als daß er kommt.

Im Dienst Jesu wachen. Überflüssig zu sagen, daß man Jesus auch mit einem gesunden, wohlverdienten Schlaf ehren kann. Gemeint ist auch keinesfalls, daß wir uns ein nervöses, eschatologisch überspanntes Christenleben angewöhnen. Wir fangen ja nicht erst dann an, unserm Herrn zu dienen, wenn er kommt; wir dienen ihm ja schon heute – eben unter den Bedingungen der noch aufs Warten angewiesenen Kirche. Wir tun hoffentlich in diesem Dienst an Jesu Hauswesen sachliche Arbeit. Es wäre übrigens auch nicht gut, wenn wir uns durch das „Memento mori" dazu verführen ließen, unser tägliches Werk gewissermaßen auf Abbruch und unter dem Vorzeichen des Provisoriums zu tun. „Kaufet die Zeit aus" (Eph. 5,16) – es ist nicht ganz sicher, wie man das Wort zu verstehen hat, aber es ist wohl nicht unchristlich gedeutet, wenn wir daran denken, daß uns die Zeit gegeben ist, um auch die Möglichkeiten des Lebens unter den Bedingungen der alten Welt möglichst weitgehend auszuschöpfen. Wer „wacht", tut, was er tut, in der Bewußtheit des Wartenden. Illusionen und Träume passen nicht zur Wachsamkeit. Wohl aber die Vorfreude. Der Herr soll es bei uns schön finden, wenn er hereintritt.

Register

1. Texte nach dem Kirchenjahr

2. Texte nach der Ordnung der Bibel